ISBN 978-0-259-43192-3
PIBN 10651915

1 MONTH OF
FREE
READING

at
www.ForgottenBooks.com

By purchasing this book you are eligible for one month membership to ForgottenBooks.com, giving you unlimited access to our entire collection of over 700,000 titles via our web site and mobile apps.

To claim your free month visit: www.forgottenbooks.com/free651915

English
Français
Deutsche
Italiano
Español
Português

www.forgottenbooks.com

Mythology Photography **Fiction**
Fishing Christianity **Art** Cooking
Essays Buddhism Freemasonry
Medicine **Biology** Music **Ancient**
Egypt Evolution Carpentry Physics
Dance Geology **Mathematics** Fitness
Shakespeare **Folklore** Yoga Marketing
Confidence Immortality Biographies
Poetry **Psychology** Witchcraft
Electronics Chemistry History **Law**
Accounting **Philosophy** Anthropology
Alchemy Drama Quantum Mechanics
Atheism Sexual Health **Ancient History**
Entrepreneurship Languages Sport
Paleontology Needlework Islam
Metaphysics Investment Archaeology
Parenting Statistics Criminology
Motivational

DIE

GENESIS.

VON DER DRITTEN AUFLAGE AN

ERKLÄRT

VON

DR. AUGUST DILLMANN.

ORD. PROFESSOR DER THEOLOGIE IN BERLIN.

FÜNFTE AUFLAGE.

———

LEIPZIG

VERLAG VON S. HIRZEL

1886.

Vorwort zur vierten Auflage.

Seit der letzten Ausgabe dieses Buches im Jahr 1875 haben nicht blos auf dem Gebiete der Pentateuchkritik eingehende und lebhafte Verhandlungen stattgefunden, sondern ist auch durch Entdeckungen und Forschungen über die älteste Geschichte und Geographie, Religionen und Literaturen der semitischen Völker viel neues Licht verbreitet und damit mittelbar das Verständniss der Genesis gefördert worden. Deshalb konnte ich bei dem notwendig gewordenen Neudruck dieses Handbuches mich nicht auf gelegentliche Nachbesserungen und Eintragung der in den letzten 7 Jahren hinzugekommenen neuen oder abweichenden Erklärungen einzelner Stellen und Wörter beschränken, sondern musste theilweise eine stärkere Umarbeitung eintreten lassen, um dasselbe auf der dem jetzigen Stand der Wissenschaft entsprechenden Höhe zu erhalten. Am meisten davon betroffen wurde die Erklärung der 11 ersten Capitel sammt den Einleitungen dazu, indem es galt, die früheren Aufstellungen theils durch bessere zu ersetzen, theils zu modificiren, theils aber auch gegen abweichende, auf die neugefundenen Thatsachen gegründete Theorien und Hypothesen zu vertheidigen. Ebenso habe ich die Quellenscheidung einer gründlichen Revision unterzogen, und glaube, unter beständiger, sorgfältiger Berücksichtigung des von anderen gefundenen oder behaupteten, sowie auf Grund eigener, weiterer Beobachtungen, vieles, namentlich betreffend das Verhältniss von B und C, richtiger und genauer bestimmt zu haben, als es mir bei der vorigen Auflage möglich war; in ihrem kritischen Teil sind fast sämmtliche Specialeinleitungen zu den einzelnen Abschnitten, ebenso die allgemeinen Vorbemerkungen umgestaltet, wie auch die Auslegung selbst davon nicht unberührt bleiben konnte. Ausserdem habe ich, den jetzigen Anforderungen einer schärferen Textkritik entsprechend, die ältesten kritischen Zeugen noch einmal einer genauen Vergleichung unterzogen, und die Ergebnisse davon viel reichlicher und durchgehender als früher angemerkt. Um für alle diese neu einzuarbeitenden Stoffe und die nöthigen Auseinandersetzungen und Begründungen Raum zu schaffen, habe ich nicht blos vieles veraltete, was ich in der dritten Auflage aus Rücksicht auf Knobel's Vorarbeit nachgeschleppt habe, sondern auch manche meiner eigenen Bemerkungen daselbst gestrichen, sowohl solche, die ich nicht mehr billige, als auch solche, welche éinmal ausgesprochen zu haben genügt. Dadurch, sowie durch kürzere Fassung des Ausdrucks und compendiösere Citationsweise, ist es gelungen, den früheren Umfang des Buches nicht nur nicht zu überschreiten, sondern um einige Bogen zu ermässigen. — Die Verweisungen auf die gleichzeitig mit meinem Buch erscheinende neue Ausgabe von *Schrader's* KAT. sind dadurch ermöglicht worden, dass der Herr Verf. mir auf meine Bitte während des Druckes die Seitenzahlen der betreffenden Artikel gütigst mitgetheilt hat, wofür ich hiemit bestens danke.

Berlin, im Oktober 1882.

Der Verfasser.

Vorwort zur fünften Auflage.

Viel früher als vorgesehen war, hat sich die Nothwendigkeit des Neudrucks dieses Buches herausgestellt. Damit es nicht eine Zeit lang vom Markt verschwinde, habe ich mich auf Wunsch des Herrn Verlegers entschlossen, mitten unter die Drucklegung des 3. Bandes des Hexateuch-Commentars hinein eine neue Auflage desselben fertig zu stellen. Eine stärkere Umarbeitung war diesmal nicht nöthig. Wohl aber gab es theils nach den Forschungen anderer, theils nach eigener Beobachtung in kritischer, sprachlicher, archäologischer und geographischer Beziehung manches nachzutragen oder richtiger zu stellen. Ganz ohne Nachbesserungen dürften nur wenige Abschnitte geblieben sein. Besonders sah ich mich durch die in den letzten 3 Jahren erschienenen Arbeiten von Budde und Kuenen veranlasst, meine eigenen kritischen Ansichten noch einmal nachzuprüfen: was mir in jenen richtig schien, habe ich aufgenommen oder auch öfters meine eigene Ansicht darnach modificirt, anderes theils stillschweigend, theils ausdrücklich abgelehnt. Die Auseinandersetzung mit ihnen musste in möglichster Kürze gehalten werden, und hat doch mehr Raum eingenommen, als für die Zwecke des Handbuchs wünschenswerth war. Da auch von dem Alten wenig gestrichen werden konnte, ist leider die neue Ausgabe an Umfang fast um einen Bogen gewachsen.

Berlin, im April 1886.

Der Verfasser.

Vorbemerkungen.

1.

Die Genesis ist der erste Teil des grossen Werkes, welches ursprünglich (mit den für's Deuternomium gebräuclicien Namen) סֵפֶר
תּוֹרַת יְהֹוָה *Buch der Lehre* (eig. *Weisung*) *Gottes* (Jos. 24, 26) 2 Cir.
17, 9. Neh. 9, 3, oder תּוֹרַת מֹשֶׁה 'ס *Buch der Moselehre* (2 Reg. 14,
6) Neh. 8, 1 (vgl. jedoci 2 Cir. 25, 4. 34, 14), kürzer סֵפֶר הַתּוֹרָה
Nei. 8, 3, oder סֵפֶר מֹשֶׁה Nei. 13, 1. Esr. 6, 18, oder תּוֹרַת יי' *die
Gotteslehre* zB. 2 Cir. 31, 3 f. Esr. 7, 10 und תּוֹרַת מֹשֶׁה *die Moselehre* (1 Reg. 2, 3) 2 Cir. 23, 18. Esr. 3, 2. 7, 6. Dan. 9, 11. 13
oder הַתּוֹרָה *die Lehre* scilecitweg d. ı. *das Gesetz* zB. Nei. 8, 2 ff.
10, 35, aber schliesslici wie ein n. pr. תּוֹרָה oine Artikel benannt
wurde. Die Eintheilung des Werkes in 5 Theile oder Bücier ist zwar
ausdrücklici erst bei Piilo de Abrai. 1 und weiter bei Josepi. c. Ap.
1, 8 bezeugt; sie ist aber sicier älter, sciwebte scion bei der Eintheilung des Psalters in 5 Bücier als Muster vor; sie ist sacıgemäss,
da das 1. und 5. B. sich von selbst als besondere Theile abieben,
auci zwiscien dem 3. und 4. B. ein natürlicher Abscinitt ist, und
zwiscien dem 2. und 3. B. ein solcier zwar nicit gemacit werden
musste, woıl aber konnte; sie dürfte von Esra oder bald naci iım
eingeführt sein. Jünger und erst naci der Entsteiung der griech.
Übersetzung von den Hellenisten gesciöpft sind die Benennungen der
einzelnen Bücier als Γένεσις (Piilo de post. Caini 37; de mundo 8.
ἀπὸ τῆς τοῦ κόσμου γενέσεως de Abrai. 1; Γένεσις κόσμου im Cod;
Al.); Ἐξαγωγή (Piilo de migr. Abrai. 3) oder Ἔξοδος (de somn. l.
19; q. rer. div. iaer. 4. 51) genauer Ἔξοδος Αἰγύπτου (Cod. Vat.
u. Al.); Λευιτικόν oder Λευιτικὴ βίβλος (Piilo alleg. Leg. II. 26; q.
rer. div. iaer. 51; de plant. 6; nämlich das vom levitiscien Gottesdienst, Opferwesen, Priesterrecit iandelnde), Ἀριθμοί (wegen der darin
vorkommenden Zählungslisten) und Δευτερονόμιον (die Wiederholung
des Gesetzes; Piilo alleg. Leg. III. 61; q. Deus immut. 10), welcie
dann weiterin auci zu den Syrern übergiengen, nur dass diese für
Γένεσις *Brithâ* d. i. Schöpfung (ἡ κτίσις bei Tieod. Mopsu.) und für
Λευιτικόν *Sefrâ de kâhnê* d. i. Priesterbuch sagten. Auci bei den
talmudischen Juden kommt sporadisci diese Benennungsweise vor, zB.
תּוֹרַת כֹּהֲנִים M. Megill. 3, 6 für das 3. B., oder Ἀμμεσφεκωδείμ (שִׁי
פְּקוּד־ים, Fünftheil der Musterungen, vgl. bab. Sota 36ᵇ) bei Orig. in

Euseb. h. e. 6, 25 für das 4. B., oder מִשְׁנֶה הַתּוֹרָה in der Massora für
das 5. B., aber durcigedrungen ist sie nicit; vielmeir wurde es bei
innen üblici, die einzelnen 5 Bücier mit den Anfangswörtern derselben
(בְּרֵאשִׁית, שְׁמֹות וְאֵלֶּה u. s. w.) zu bezeicinen (scion bezeugt von Orig.
zu Ps. 1 bei Euseb. i. e. 6, 25 und Hieron. qu. in Gen. p. 4 ed.
Lag., und im Prolog. galeat.). Für das ganze fünftheilige Buci sciöpf-
ten die Griecien den Namen ἡ πεντάτευχος sc. βίβλος (Orig. in Joann.
c. 26; Tert. c. Marc. 1, 10) und die Rabbinen חֲמִשָּׁה חוּמְשֵׁי הַתּוֹרָה die
5 Fünftel des Gesetzes oder חוּמָשׁ das fünftheilige (Buci). Die in den
altkircilicien Verzeicinissen der bibl. Bücier und weiterin gebräuch-
licie Benennung 5 *Bücher Mose's* findet sici scion bei Josepius (c.
Ap. 1, 8). Mit diesem grossen fünftheiligen Werk iieng aber ursprünglich sowoil durci seinen Inialt als durci die Gleiciieit der
Verfasser, denen es seine Entsteiung verdankt, aufs engste zusammen
das B. Josua (vgl. Jos. 24, 26), und fasst man darum neuerdings diese
6 Bücier als Hexateuci zusammen.

2.

Dieser Hexateuci, „welcier ein in sici zusammeniängendes Ganzes
bildet, stellt die Entsteiung, Erwäilung und Pflanzung des Gottesvolkes
oder die Gründung der israel. Tieokratie dar. Bei dieser Aufgabe beschränkt sici jedoci das Werk nicit auf die Zeit, wo Gott Israel aus
Ägypten füirte, es zu seinem Volk macite, iim Verfassung und Gesetz
gab und es in sein Land bracite, also nicit auf die Zeit, wo Isràel
zuerst ein selbständiges Volk wurde und das iim bestimmte Land in
Besitz naim (Exodus bis Josua), sondern es geit in der Zeit weiter
zurück, um auci die Herkunft dieses Volkes und die Vorbereitungen
zur Tieokratie nacizuweisen. In seinem ersten Buci (Genesis) iandelt
es daier von den Stammvätern Israels, von Abraiam, Isaac und Jacob,
und zeigt im besonderen, wie Gott schon zu iinen in einem näieren
Verhältniss stand, indem er sie naci Kenaan einwies, durci allerlei
Lebensfüirungen und Selbstbezeugungen sie zu Anfängern eines iöieren
Glaubenslebens in der Menscieit erzog, „sie sciützte und segnete, mit
iinen einen Bund stiftete“, grundlegende Verordnungen gab und iinen
scion den künftigen Besitz des Landes zusagte. „Es entiält also auci
eine iebr. Vorgesciicite, welcie sici von Gen. 12—50 erstreckt. Aber
damit ist die Sacie noci nicit vollständig genügt. Um die Abstammung der iebr. Stammväter bis zum ersten Menscien iinauf nachzuweisen, die Stellung Israels unter den Völkern zu zeigen“ und den
Plan Gottes mit diesem Volk nach seiner Bedeutung in der Entwicklung
der ganzen Menscieit versteien zu leiren, „wird jener iebr. Vorgesciicite eine allgemeine Urgesciicite vorangestellt, welcie von Gen.
1—11 geit. Die Gen. ist also die Vorbereitung zu den folg. Büciern
oder gleicisam die Vorialle zu dem Tempel der Tieokratie, dessen
Erricitung in den folg. Büciern dargestellt wird. Sie zerfällt in 2
Haupttheile: eine allgemeine Urgesciicite der Menscieit (Cp. 1—11)
und eine besondere Vorgesciicite Israels (Cp. 12—50). Beide Haupt-
tieile lassen sici dann noci weiter zerlegen, der erste näml. in eine

Urgeschichte von der Schöpfung bis zur Sintfluth" (Cp. 1—6, 8) „und in eine solche von der Sintfluth bis zum Auftreten Abraham's" (Cp. 6, 9—11, 32), „der zweite in die Specialgeschichte Abraham's (Cp. 12— 25, 18), Isaac's (Cp. 25, 19—36, 43) und Jacob's (Cp. 37—50)" *Kn.* So ergeben sich im ganzen fünf Theile.

3.

Wie der übrige Hexateuch, so ist auch die Gen. trotzdem, dass darin ein bestimmter schriftstellerischer Plan durchgeführt ist, nicht das einheitliche Werk éines Verf., sondern aus mehreren einst für sich in Umlauf gewesenen Schriften zusammengearbeitet. Der erste Theil dieses Satzes ergibt sich schon aus einer genaueren Betrachtung der im Buch gegebenen Nachrichten. Es finden sich näml. darin theils allerlei scheinbar müssige Wiederholungen (zB. 21, 1^a neben 1^b oder 4, 25 f. neben 5, 1—6 oder 47, 29 ff. neben 49, 29 ff.), theils zwei- und mehrfache Berichte über dieselbe Sache, nicht blos solche, die sich zur Noth daraus erklären liessen, dass der Vrf. wirklich verschiedene Begebenheiten annahm oder das Schwanken der Überlieferung bemerken wollte (zB. die Sagenvarianten über den Raub des Patriarchenweibs 12, 10 ff. 20, 1 ff., 26' 7 ff., oder über Hagar und Ismael 16, 1 ff. und 21, 12 ff., oder der doppelte Bund Gottes mit Abram Cp. 15 u. 17, die doppelte Segnung Jacob's durch Isaac 27, 1 ff. und 28, 1 ff., die doppelte Verheissung des Sohnes an die Sara 17, 17. 18, 10 ff., die dreifache Erläuterung des Isaacnamens 17, 17. 18, 12. 21, 6, die doppelte Erklärung der Namen Edom 25, 25. 30, Jissakhar Zebulun Josef 30, 16—18. 20. 23 f. oder Mahanaim 32, 3. 8.; vgl. auch über Ismael 16, 11 ff. u. 21, 17, u. über Peniel 32, 31 u. 33, 10), sondern auch solche, die sich gegenseitig ausschliessen, weil die Sache nur einmal oder auf éine Weise geschehen sein kann (zB. über den Hergang der Schöpfung Cp. 1 u. 2, die Zahl der in den Kasten aufgenommenen Thiere und die Dauer der Fluth Cp. 6 f., die Zerstreuung der Völker Cp. 10 u. 11, 1 ff. auch 10, 25, oder über den Ursprung der Namen Beerseba 21, 31. 26, 33, Israel 32, 29. 35, 10, Bethel sammt der Heiligung des Bethelsteines 28, 18 f. 35, 14 f., oder über den Zusammenstoss mit den Sikhemiten Cp. 34 und 48, 22, oder die Behandlung Josef's durch die Brüder und die Handelsleute, die ihn nach Ägypten brachten 37, 19—36). Aber auch an andern unvereinbaren Angaben fehlt es nicht, zB. über die Herabsetzung der menschl. Lebensdauer auf 120 Jahre (6, 3 gegen Cp. 5, 11 u. a.), oder dass Abraham nach dem Tode der Sara noch viele Söhne zeugt (25, 1 ff. gegen 18, 11 f. 17, 17), dass Esau schon bei Jacob's Rückkehr aus dem Stromland in Seir ansässig ist (32, 4 ff. gegen 36, 6), dass die Amme der Rebecca erst mit Jacob aus dem Stromland kommt (35, 8 gegen 24, 59), dass sämmtliche Jacobsöhne in Paddan Aram geboren sind (35, 26 gegen V. 16 ff.), oder die verschiedenen Namen der Weiber Esau's (26, 34. 28, 9 gegen 36, 2 f.), oder über Josef's ägypt. Herrn 37, 36. 39, 1—40, 4, oder der Bericht 42. 27. 35 neben 43, 21 u. dgl. Angaben wie 4, 14 f. 17 sind an der Stelle, wo sie jetzt steien, räthselhaft. Besonders passt die im Buci zu Grund gelegte Zeitrechnung nicit zu sämmtl. Erzählungsstücken, zB. die über das Alter der Sara 17, 17 vgl. 12, 4 nicit zu 12, 11. 20, 2 ff., über Ismael 17, 24. 21, 5. 8 nicit zu 21, 15 ff., über Isaac's Todesnäie 27, 1 f. 7. 10. 41 nicit zu 35, 28 und 26, 34; über Raiel 37, 10 nicit zu 35, 19; ferner 30, 25 ff. nicit zu 31, 38. 41 (S. 339 f.), noci die in Cp. 32—37. 39—45 gegebenen oder vorausgesetzten Altersbestimmungen der Jacobsöhne zu 46, 8—27 (S. 374), s. auci zu 50, 21. Ja es finden sici sogar Erzäilungen, in welcien einzelne Tieile (zB. 31, 48—50) nicit zum übrigen, oder der Sciluss (24, 62—67) nicit zum Anfang stimmen. Derartige Wiederiolungen, Unordnungen, Widersprücie und cironol. Sciwierigkeiten sind unter Annaime einer einieitlicien Abfassung des Bucis nicit oder nur durch recit unwairscieinlicie Hilfsannaimen zu erklären. — Den zweiten Tieil des obigen Satzes betreffend, so iat die kritiscie Arbeit der Geleirten eines ganzen Jairiunderts unter den Erzählungsstücken dieses Bucies mit Sicieriet versciiedene Gruppen oder Sciiciten erkennen lassen, deren einzelne Stücke unter sici formell und materiell ebenso verwandt, wie von denen der andern Sciiciten untersciieden sind. Bestimmter sind es dreierlei, naci Ursprungszeit und Ort, Inialt, Anlage, Abzweckung, Darstellungsweise und Spracie versciiedene Sciriften, welcie sici als der Gen. zu Grund liegend ergeben iaben und auci in den folg. Büciern des Hexateuci durcigeien. Die genaueren Beweise dieses Saciverialts sind in den Einleitungen zu der Erklärung der einzelnen Abscinitte gegeben; eine Zusammenstellung der Ergebnisse dieser Einzeluntersuciungen sammt der Ciarakteristik der einzelnen dieser Sciriften und der Erörterung ires Ursprungs wird in der Schlussabhandlung zum ganzen Werk iinter dem B. Josua folgen. Hier nur so viel. Die von uns mit A bezeicinete Scirift ist diejenige, welcie man früier (weil in iir bis zu der Stelle Ex. 6, 3 der Gottesname Jaive vermieden und nur Eloiim, bezieiungsweise El šaddai gebraucit ist) die Scirift des *Elohisten*, oder auci (weil sie das Gerippe bildet, an welcies die übrigen Bestandtheile angelagert sind) die *Grundschrift* benannt iat, neuerdings aber vielfaci die *Priesterschrift* nennt. Sie ist in der Hauptsacie eine Gesetzesschrift, will die Recite, Ordnungen, Einricitungen und Gebräucie, welcie im Gottesvolk gelten oder gelten sollen, darlegen und irem Ursprung naci erklären. Das Geschichtliche beiandelt sie nur, soweit es zum Verständniss dieses Ursprungs nützlici oder nöthig ist. Sie gibt also woil einen Abriss der ganzen Vor- und Urgesciicite von der Schöpfung an, aber nur um zu zeigen, wie und warum und in welcien Stufen und durci welcie göttl. Veranstaltungen allmählig das erwählte Volk aus dem Kreise der übrigen, zumal verwandten Völker hervorgebildet wurde, und lässt sici blos bei den Epocie macienden Ereignissen (wie Sciöpfung, Fluth, Noahbund, Abrahambund, Umzug der Väter nach Ägypten) oder bei Recite begründenden Vorkommnissen (wie Gen. 17, 23. 48, 3—8) auf ausführliehere Sciilderungen ein, bericitet im übrigen die Thatsachen oder die für Thatsachen geialtenen Ereignisse nur kurz und trocken (annalistisci), zum Teil in Form von Genealogien (Cp. 5. 11, 10 ff. 35, 22 ff.) und statistischen Übersichten (Cp. 10. 25, 12 ff. Cp. 36), bemüht sich aber dabei ganz besonders um Durchführung einer festen geordneten Zeitrechnung. Ihre Darstellung ist breit, umständlich (weil möglichste Genauigkeit und Bestimmtheit erstrebend), juristisch pünktlich und formelhaft; ihre Sprache etwas steif und monoton, in einem beschränkteren Kreis von Ausdrücken sich bewegend, mit vielen technischen Wörtern, keineswegs späthebräisch, aber vielfach eigenthümlich (so wie auch die Profeten, Spruchdichter u. Psalmsänger ihre eigene Sprache ausbildeten); ihre Behandlung der Stoffe vorwiegend gelehrter Art, auf Forschung, Berechnung u. Reflexion beruhend u. mannigfache Kenntnisse verwerthend (zB. Cp. 1. 5. 10 f. 36. 46), mit einem starken Zug zur Systematisirung u. Schematisirung; ihre Auffassung des höheren Alterthums, auch der fremden Völker (zB. zu 25, 16. 36, 15) öfters überraschend treu u. keusch; ihre Art, von Gott zu reden, streng und würdig, ohne Verwendung auch nur des Engelglaubens, geschweige jener stark vermenschlichenden oder an's Mythologische streifenden Denk- und Redeweise, wie sie Dichter oder der Mund des Volkes liebten. Ihr Vrf. gehört ohne Zweifel dem Kreis der Jerusalemitischen Centralpriesterschaft an. Die Bestimmung ihrer Abfassungszeit ist wegen der vielen Umarbeitungen und Erweiterungen, welche sie erfahren hat, schwierig und gegenwärtig Gegenstand lebhafter Controversen. Anhaltspunkte dafür bietet die Genesis in Cp. 10. 17, 6. 16. 35, 11. 36, 31 ff.; namentlich zeugen die in den aus ihr stammenden Theilen von Gen. 10 u. 36 vorausgesetzten Völkerverhältnisse für ein verhältnissmässig hohes Alter. — Ganz anderer Art sind, ihrem Ursprung und ihrer Abzweckung nach, die beiden andern Schriften, welche nur bei der Darstellung der Wirksamkeit Mose's sich auch etwas auf Gesetze einlassen, sonst aber eigentliche Sagen- oder Geschichtsbücher sind, mit dem Zweck, die Kunde von dem, was man sich im Volke über die alten Zeiten erzählte, übersichtlich gruppirt u. in ansprechender Form verfasst, den Zeitgenossen zur Erfreuung u. Belehrung zu bieten, gegenüber von der nüchternen Verständigkeit der Priesterschrift Bücher lebenswahrer Unmittelbarkeit u. poesievoller Schönheit. Das eine derselben, B, weil es ebenfalls Gott nicht Jahve, sondern Elohim nennt, von manchen Schrift des (jüngeren oder zweiten) *Elohisten* genannt, kann man als das *israelitische Sagengeschichtsbuch* bezeichnen. Es schöpft zwar theilweise auch aus älteren schriftl. Aufzeichnungen, in der Hauptsache aber aus dem vollen Strom der Sage, wie sie im Munde der mittleren, nördl. u. östl. Stämme (Israels im Unterschied von Juda) lebte, u. behält in seinen Erzählungen Art, Ton u. Farbe dieser lebendigen Volkssage unverändert bei. An stofflichem Detail ist diese Schrift die reichste (in der Gen. zB. kennen wir die Namen Eliezer, Debora, Potifar nur aus ihr), u. gibt manche ganz eigenthümliche Nachrichten u. kurzgefasste Aussprüche ältesten Gepräges (zB. 21, 27 ff. 15, 2. 20, 16. 48, 22), weshalb sehr bedauerlich ist, dass sie uns nicht vollständiger erhalten wurde. Viele Lokalsagen der einzelnen Gegenden (zB. auch 31, 51 ff. 33, 19. 35, 8. 20) waren darin ver-

knüpft, und wird in ihr mit Vorliebe die Entstehung der altheiligen
Örter des mittleren u. östl. Landes, sowie des tiefen Südwestens (vgl.
dazu Am. 5, 5. 8, 14) nachgewiesen (21, 31. 22, 2 in seiner urspr.
Gestalt; 28, 17 f. 32, 3. 31. 33, 20. 35, 4. 7. 46, 1 f.), ohne dass
man darum die Schrift eine priesterliche (*Stade* Ge. 582) zu nennen
berechtigt wäre. Da sie sich viel mit der Herrlichkeit Josef's (Efr.-
Manasse's) beschäftigt, das alte Ansehen Ruben's deutlicher durchschimmern lässt (37, 21. 29. 42, 22. 37), Bethel als Heiligthum, worin
gezehntet wird, darstellt (28, 22), auf Šikhem als Besitz Josefs nachdrücklich hinweist (33, 19. 48, 22), dem Josef einen besondern Segen
von Jacob zu Theil werden lässt (48, 15 f. 20), so wird schon hienach
(vgl. auch 50, 25 mit Jos. 24, 32) an ihrem Ursprung in Israel (im
engeren Sinn) nicht zu zweifeln sein. Sicher nachweisbar ist sie als
Quellenschrift der Gen. erst von Cp. 20 an, mit hoher Wahrscheinlichkeit auch Cp. 15. Dafür, dass die in Cp. 14, so wie in 4, 17 ff. 6.
1—4. 9, 20 verarbeiteten Nachrichten urspr. in ihr standen, lässt sich
manches geltend machen, nam. bei Cp. 4 u. 6 die starke Berührung
mit den phönik. Theorien über die Entwicklung der ältesten Menschheit, welche sich eben in einer nordisr. Schrift am leichtesten erklärt.
Eine · Fluterzählung enthielt sie auf keinen Fall. In gottesdienstl.
Dingen zeigt sie noch ganz die ältere freie Weise der Israelstämme mit
ihren vielen Heiligthümern (auch Maṣṣeboth 28, 22. 33, 20), verurtheilt aber das Terafim- u. andere abgöttische Wesen (35, 2 ff.; vgl.
Jos. 24). Sie redet viel von Engel- u. Traumoffenbarungen oder Ge-
sichten, nennt Abraham geradezu einen Profeten (20, 7), u. weist
gerne die allmähliche Verwirklichung des zuvor offenbarungsmässig
enthüllten Planes Gottes in den Fügungen der göttl. Vorsehung nach.
Sie gehört wohl der Blüthezeit des profetischen Wesens unter den mittleren Stämmen, dem 10. oder 9. Jahrhundert an. Viele ihrer Stoffe
sind nicht mehr in ihrer urspr. Form, sondern nur mit C zusammengearbeitet vorhanden. — Die dritte Schrift, C, gewöhnlich *die des
Jahvisten* (weil sie schon von Anfang an den Namen Jahve in Gebrauch hat), eine Zeit lang auch, obwohl mit Unrecht die *Ergänzungs-
schrift* genannt (als wäre sie mit der Absicht, den A zu ergänzen,
geschrieben) war ebensogut, wie die andern, von Haus aus eine selbständige Schrift, und lässt sich gegenüber von A als *profetische*, gegenüber von B als *judäische* Schrift bezeichnen. Dass sie nicht aus Efraim
(*de Wette-Schrad.* Lehrb. d. Einl.[8] § 205; *Reuss* Gesch. des AT.
§ 213; *Kuen.* O.[2] I. 224 f.), sondern aus Juda stammt, ergibt sich
schon innerhalb der Gen. aus der Hebrongegend als Aufenthaltsort
Abrahams (13, 18. 18, 1) u. Jacobs (? 37, 14), aus der Hervorhebung Juda's in der Josefgeschichte (37, 26 ff. 43, 3 ff. 44, 16 ff.
46, 28), sowie aus Cp. 38 mit Sicherheit, u. wird dadurch, dass sie
wie B (u. vielleicht nach Anleitung von B) die hl. Örter Nordisraels
(12, 6—8. 28, 13—16) u. des Negeb (21, 33. 26, 23—25) geflissentlich berücksichtigt, noch nicht widerlegt (s. auch S. 449; u.
bemerke 33, 17, so wie 32, 8 gegen 32, 2 f., wo sie in der Erwähnung solcher Orte nur antiquarisches, nicht religiöses Interesse

zeigt). In den Urgeschichten ist sowohl bezüglich der Anlage als der
Stoffe zwischen ihr u. A unverkennbare Verwandtschaft (Schöpfungsgeschichte, Urstand, Noahstammbaum, Flutherzählung, Völkertafel);
auch in dem Abraham-Abschnitt und weiterhin hat sie einige Erzählungen mit A gemeinsam (Trennung von Lot, Zerstörung Sodom's und
Gomorrha's, die Dinageschichte; auch 47, 1—11. 47, 29 ff. mit
49, 29 ff.), zeigt sich aber sonst in der Vätergeschichte, zumal in
der Jacob's u. Josef's, dem B aufs engste verwandt, so sehr, dass
von Cp. 27 an die meisten ihrer Erzählungen ihre vollständigen
Parallelen in B haben, u. notwendig die Abhängigkeit des einen
vom andern anzunehmen ist. Und zwar ist es C, der sich an B
anlehnte: dies folgt schon aus der allgemeinen Erwägung, dass gerade in dem Sagenkreis über Jacob und Josef, der doch in Israel, nicht
in Juda ursprünglich ausgebildet sein muss, die Verwandtschaft am
durchgängigsten ist, u. ergibt sich weiter aus der Vergleichung der einzelnen Parallelstücke, welche fast immer auf Seiten des B mehr reali-
stisches Detail, auf der des C mehr Scenenmalerei, Redevortrag u. Ideengehalt aufweist, ganz abgesehen von solchen Einzelfällen, wo B die
bestimmteren (zB. 15, 2 gegen 3; 37, 36 gegen 39, 1) u. C die allgemeineren (zB. 26, 1. 8 *Philister*; 37, 25 *Ismaeliten* gegen 28 *Mi-
dianiten*) Angaben hat. Ohne Frage hat dieser Schriftsteller mit dem
bei B schriftlich vorliegenden Material gearbeitet, u. schimmert dieser
Sachverhalt öfters auch da durch, wo eine Parallelerzählung aus B nicht
erhalten ist (zB. Gen. 12, 6—9. Cp. 26), nam. auch in Ausdrücken
(zB. 26, 32. 30, 35. 38. 41 u. s.). Die gegentheilige Ansicht (*Wl.
Stad. Bud., Kuen.* O.² 226 ff.), dass C älter als B sei, kann aus der
Einzelvergleichung der Parallelberichte beider Erzähler nicht erwiesen
werden. Aber selbstverständlich ist B nicht seine einzige Quelle; Erzählungen wie 12, 10 ff. 16, 1 ff. (neben 21, 9—21). 25, 29 ff. u.
a. zeigen, dass er viele seiner Stoffe, ganz unabhängig von B, sei es
aus der lebendigen Sage, sei es aus schriftlicher Vorlage geschöpft hat,
auch abgesehen von den vielen Stücken, die er u. A eigenthümlich
haben. Im ganzen kann man wohl sagen, dass er die Sagengeschichte
so, wie man sie in Juda erzählte, oder vom judäischen Standpunkte
aus darstellt. Aber noch wichtigere Eigenthümlichkeiten ergeben sich,
wenn man auf den Gehalt u. die Form seiner Erzählungen sieht. Denn
in demselben Maass, in welchem er an realistischem Stoff hinter B zu-
rücksteht, überragt er ihn (u. noch viel mehr den A) in sinniger Auffassung, anschaulicher lebensvoller Schilderung, glatter u. zugleich
reizender, spannender Darstellung u. künstlerischer Abrundung seiner
Erzählungen. Viele seiner Stücke, die wir noch ganz von ihm haben
(zB. Cp. 2 f. 11, 1—9. Cp. 18 f. 24), sind Meisterstücke der Erzäh-
lungskunst, denen sich aus B nur wenige (wie Cp. 22) an die Seite
stellen lassen. Nicht minder ausgezeichnet sind sie aber durch die
Fülle feiner, lehrreicher Gedanken, wichtiger ethisch-religiöser Wahrheiten, welche er seinen Sagengeschichten einzuhauchen oder vielmehr
aus ihnen zu erschliessen verstand, ohne ihrer dichterischen Haltung
u. kindlicheinfachen Redeweise, welche vom Volksmund her ihnen an-

ıaftet, etwas zu beneımen. Namentlicı zeigt er unter allen 3 Erzäılern die tiefste Erkenntniss vom Wesen, Ursprung u. Wachsthum
der Sünde in der Menscııeit, von der Gegenwirkung Gottes gegen dieselbe, von seinem Heilsplan (3, 15 f. 5, 29. 8, 21 f. 9, 26 f. 12, 2 f.
18, 19), von der Berufung u. Erzieıung der göttlich erwäılten Werkzeuge zum Glauben, Geıorsam und tugendıaftem Wandel, von der Bestimmung Israels zum Segen der Völker. So scıon in der Gen., wo
er in den Vorvätern wesentlicı Vor- und Muster-Bilder zeicınete; im
Verlaufe des Werks treten diese tieferen Ideen nocı deutlicıer ıervor,
u. macıen sicı aucı in der Polemik gegen das abgöttische und unge-
horsame Wesen des Israelvolks stark geltend (ganz entgegen dem bei
Stad. Ge. 547 über iın gefällten Urtheil). Es sind profetische Ideen
u. Erkenntnisse, von welcıen er sicı ergriffen zeigte, u. wie man iın
selbst desıalb in gewissem Sinn einen profetischen Erzäıler nennen
kann, so lässt sicı daraus aucı die Zeit der Wirksamkeit der grossen
Profeten als seine Gegenwart vermuthen, was sicı dann durcı mancıe
andere Zeicıen vollauf bestätigt. Für ein ziemlicı höheres Alter desselben lässt sicı weder seine naive Art, von Gott zu reden (Cp. 2 f.,
s. S. 40; Cp. 6, 6. 7, 16. 8, 21. 11, 5 f. 18, 1 ff. 17—21) geltend
macıen, denn sie geıt nicıt durcı alle seine Stücke gleicımässig, ist
somit eıer durcı den Gegenstand u. die Vorlage bedingt, nocı aucı
die „Unbefangenıeit", mit welcıer er vom Anfang der Dinge an den
Namen Jaıve gebraucıt (S. 40; gegenüber von A Ex. 6, 3 ff. u. von
B Ex. 3, 13 ff.), Opfer (4, 3 f.), Altar (8, 20 f.), Unterscıied von Rein
u. Unrein (7, 2 ff.), Jahveorakel (25, 22 f.) scıon in den ältesten
Zeiten erwäınt oder voraussetzt, denn die S. 105 zu 4, 26 genannten
Stellen zeigen deutlicı, dass aucı bei iım scıon eine Tıeorie über
den Ursprung des Dienstes des waıren Gottes zu Grund liegt u. durcı-
gefüırt wird. — Aucı in der Spracıe, wie in seiner ganzen Erzählungsweise, steıt C dem B viel näıer als dem A, u. obwoıl aucı
zwiscıen iınen beiden allerlei feinere Unterscıiede vorıanden sind, so
ist docı die reinlicıe Scıeidung zwiscıen iınen da oft seır scıwierig
oder unmöglicı, wo iıre Erzäılungen von den Späteren ineinanderge-
arbeitet sind u. die sacılicıen Kennzeicıen feılen. — Die Annaıme,
dass sowoıl B als C, eıe sie in iıren jetzigen Verband mit einander
kamen, vermeırte Ausgaben erfaıren ıaben (*Kuen.* O² 242 ff.), wäre
an sicı möglicı, ist aber wenigstens bezüglicı des B in der Gen. (u.
weiterıin) mit keinem zureicıenden Grund zu stützen; bei C kommen
allerdings ungleicıartige Pericopen vor (s. zu Cp. 4. 6, 1—4. 9, 20
—27. 11, 1—9), welcıe jene Annaıme empfeılen könnten, aber nur
in der Urgescıicıte, nicıt weiterıin (s. nam. S. 223 über 12, 10 ff.
u. S. 260 über 18, 17 ff.), u. da im übrigen die formellen oder spracı-
licıen Merkmale des C durcı alle jene Stücke gleicımässig ıindurcı-
geıen, so ist eine andere Erklärung jener Erscıeinung (s. d.) vorzuzieıen. Unter C werden darum im Folgenden die sämmtlichen Stücke
dieser Scırift (abgeseıen von iıren Quellen oder Vorstadien) zusammengefasst.

4.

Trotzdem, dass C in den Stoffen sich theils mit A, theils mit B zusammenschliesst, war C doch ursprünglich eine Schrift für sich, u. ist ihr Verf. nicht zugleich der Redactor der jetzigen Genesis (*Kn. Schrad.*), sondern von diesem zu unterscheiden, wie (nach *Ew. Hupf.*) jetzt fast allgemein anerkannt wird. Die Gen. enthält von C eine ganze Reihe in sich geschlossener, selbständiger Erzählungsstücke (wie 2, 4^b—3, 24 neben 1, 1—2, 4^a, oder die Fluthgeschichte, oder 11, 1—9 neben 10, 1 ff., oder 30, 25 ff., neben 31, 1 ff. u. a.) welche die gleichen Gegenstände, wie A oder B, aber in einer von ihnen abweichenden Art behandeln, ohne dass darüber, wie die abweichenden Angaben zu vereinigen seien, auch nur eine Andeutung gemacht wäre (s. weiter *Hupf.* 109—125). Ferner finden sich in den aus AC, BC gemischten Stücken (zB. Cp. 37. 48.) allerlei innere Unverträglichkeiten, ebenso chronologische Widersprüche zwischen den Stücken des C u. der andern, u. mancherlei andere Unebenheiten (zB. zwischen 26, 33^b u. 21, 31. oder in 31, 48—50 oder 34, 4. 37 12. 39, 22. 40, 4. 50, 11 f.) welche C sicher vermieden hätte und zum Theil leicht hätte vermeiden können, wenn er schon die Absicht gehabt hätte, dass seine Stücke neben und unter denen des A und B gelesen werden. Aber auch die vielen in den gemischten Stücken vorkommenden, einfach neben einander hingestellten Doppelangaben über dieselbe Sache (zB. 4, 25 f. u. 5, 1—6; 7, 17 f.; 8, 13 f.; 21, 1^{ab}; 27, 33 f. u. 35—38; 28, 16 f.; 31, 24 f.; 32, 23 f.; 47, 29—31 u. 49, 29—22 u. dgl.) wären ganz unerklärlich, wenn der Schreiber dieser Sätze und der Redactor des Buches dieselbe Person wäre. Ganz anders steht die Sache, wenn einer wie die Schrift des A und B, so die des C schon vorfand, jede in ihrer Art hochschätzte und für beachtenswerth hielt, und nun in der Absicht, das beste und lehrreichste aus ihnen zu einem lesbaren Ganzen zu vereinigen, sie zusammenarbeitete. In diesem Fall konnte er, weil er durch seine Vorlagen gebunden war, die Differenzen zwischen ihnen nur möglichst, aber nicht ganz wegräumen und ausgleichen, ebenso die Wiederholungen nur möglichst, aber nicht ganz vermeiden; wo er scheinbar unnöthig wiederholt (s. zuvor), hat er damit nur andeuten wollen, dass ausser der von ihm zum Wort zugelassenen Vorlage auch die andere die Erzählung gehabt habe. Aus demselben Grunde ist auch die neuerdings (*Mayb.*) ausgesprochene Meinung, dass A von Anfang an nur zur Ergänzung des BC geschrieben sei, unannehmbar, u. ist vielmehr an der urspr. Selbständigkeit aller 3 Schriften festzuhalten.

Untersucht man die Art und Weise, in welcher die Gen. aus den 3 Quellenschriften zusammengearbeitet ist, so ergibt sich im allgemeinen, dass die Schrift des A mit ihrer fortlaufenden Zeitrechnung u. ihrer scharfmarkirten Abschnittsgliederung das Fachwerk oder den Rahmen bildet, in welchen die Berichte der andern eingetragen sind, ebenso aber dass in Auswahl und Zusammenstellung der Stoffe der Gedankenkreis des C maassgebend war, u. dessen proph. Erkenntnisse von Sünde u. Gnade, vom Heilszweck Gottes, von der göttl. Erziehung

der Väter zu Ahnherrn des Gottesvolkes mehrmals durch ausdrückliche
Bemerkungen noch besonders hervorgehoben sind (nam. 15, 6 f. 12—
16. 22, 15—18. 26, 3ᵇ—5), überhaupt das Absehen zumeist auf das
gerichtet ist, was zur religiösen Zucht u. Unterweisung, sowie zur sitt-
lichen u. nationalen Bildung des Volkes am dienlichsten schien. Wie
darnach Zusammenhang u. Fortschritt des Werkes sich gestaltete, ist
in den Vorbemerkungen zu der Erklärung der einzelnen Abschnitte angegeben. Es lässt sich zum voraus erwarten, dass manches für jenen
Zweck nebensächliche weggelassen oder gekürzt wurde: Stücke wie 4,
17—24. 6, 1—4. 30, 32—42, blosse Auszüge aus reicheren Berichten, sind vielleicht von C selbst schon gekürzt, aber zB. die isolirten
Erwähnungen des Jiska (11, 29), der Geschwisterschaft Abram's u.
Sara's (20, 12), des Zehntgelübdes (28, 22 ohne entsprechende Ausführung in 35, 7) oder die Nachricht 48, 22 weisen deutlich auf Aus-
lassungen bei der Compilation hin. Näher sind die Berichte des A
zwar bis Cp. 11, 26 fast vollständig mitgetheilt, dagegen schon in 11,
27—32 gekürzt, weiterhin der Eingang der Abramgeschichte vor Cp.
12, die Gottesoffenbarung an Isaac (s. 35, 12), der Aufenthalt Jacob's
in Paddan Aram und die ganze Josefgeschichte vor dem Umzug Jacob's
nach Ägypten weggelassen, vielleicht weil sie zu den Erzählungen der
andern Vorlagen zu wenig stimmten. Umgekehrt ist auch an den
Stücken des C gekürzt, zu Gunsten des A in den Urgeschichten (2,
5 f.; 4, 25 f.; in der Fluthgeschichte; in der Völkertafel), u. 16, 15 f.
21, 2 ff. 25, 7 ff. 32, 4. 35, 28 f.; sonst in den Vätergeschichten
meist nur zu Gunsten des B. Aus der Quelle B selbst sind abgesehen
von der Josefgeschichte (welche, wie es scheint, zu den schönsten Par-
tien des Werkes gehörte) verhältnissmässig wenigere Stücke (von Cp.
20 an) wörtlich mitgetheilt; gewöhnlich sind sie mit Bemerkungen aus
C erweitert, oder das Bemerkenswerthe aus ihnen in die Stücke des
C eingetragen.

    Wo es nur immer angieng oder erforderlich schien, sind bei der
Compilation die Vorlagen wörtlich aufgenommen worden, u. gerade den
vielen unverändert beibehaltenen Erzählungsstücken verdankt man es,
dass man diese Vorlagen selbst noch nach ihrem Wesen genauer erkennen kann. Aber eine einfache Aneinanderreihung ihrer Stücke (wie
Cp. 2 f. neben Cp. 1; Cp. 27 neben 26, 34 f. u. 28, 1—9; 48, 3—7
neben 48, 9—22) war nicht immer möglich und nicht immer zweck-
dienlich. Thatsachen, wie Geburt oder Tod eines Menschen, auch
wenn sie in allen Quellen erzählt waren, konnten doch nur mit Worten
einer einzigen berichtet werden. Aber auch wo die Vorlagen nur in
der Hauptsache ähnlich, dagegen in Einzelheiten verschieden erzählten,
wäre es bei einfacher Nebeneinanderstellung der Vorlagen ohne viele
Wiederholungen nicht abgegangen; in solchen Fällen sind die Vorlagen
in einander gearbeitet, indem die für den Hauptzweck passendste zu
Grund gelegt, und aus der oder den andern das eigenthümliche am
passenden Orte darin eingesetzt wurde (Cp. 7 f. 10. 16. 25. 27—37.
39—50). Natürlich aber war es nicht immer möglich, dass die einzelnen aus 2 oder 3 Schriften geschöpften Stücke sich ohne weiteres

neben einander stellen oder in einander fügen liessen. Hier musste entweder das Widersprechendste aus der einen oder andern ausgelassen
(zB. 21, 17 ff. die Etymologie des Namens Ismael, 32, 8 die von Maḥanaim, 33, 10 die von Peniel, ein Eigenname 31, 25), oder durch ein-
gestreute kleine Zusätze oder Bemerkungen das Auseinanderklaffende zu-
sammengeheftet, das Widerstrebende vereinigt werden. Solche Naḥten
und anderweitige künstliche Nachḥilfen lassen sich viele bemerken, zB.
in 4, 25. 10, 24. 21, 14. 26, 1ᵃ. 15. 18. 35, 9. 37, 5ᵇ. 8ᵇ. 39, 1.
43, 14. 46, 1. Unter diese künstlichen Nachḥilfen zum Zweck der
Herstellung eines lesbaren Ganzen gehört zB. auch die Durchführung
der Namen Abram u. Sarai vor Cp. 17 durch alle Stücke, oder des
Doppelnamens Jaḥve Eloḥim durch Cp. 2 f., oder die Änderung des
Eloḥim in Jaḥve 17, 1. 21, 1. Ein öfters angewandtes Auskunftsmittel
zu gleichem Zweck war die Versetzung ganzer Stücke (wie 11, 1—9.
12, 10—20. 25, 5 f. 11ᵇ. 25, 21 ff. 35, 16—20. 47, 12 ff.) oder
kürzerer Angaben (wie 2, 4ᵃ. 31, 45—50. 37, 26 u. a.), was dann
wieder allerlei kleine Zusätze des Compilators notḥwendig machte (wie
1, 1. 9, 18. 13, 1. 3 f. 24, 62). An andern Stellen sind in freier
Weise die Angaben der Vorlagen zusammengefasst (zB. 7, 7—9. 22.
15, 7 f. 31, 45 ff. Cp. 36. 46, 8—27), u. da u. dort zur Ausgleichung
einzelne Sätze ḥinzugesetzt (zB. 21, 32. 34. 35, 5. 27, 46. 46, 12—
20). Auch erklärende Glossen wurden da u. dort beigegeben, wie 20,
18. 35, 6, oder in Cp. 14 (wo viele solcher sich finden), manche freil-
lich erst von später Hand (zB. 35, 19. 48, 7. 50, 11). Ausserdem
finden sich allerlei kleinere Einsätze, welche nicht aus den Quellen
stammen, sondern erst bei oder sogar nach der Zusammenarbeitung gemacht wurden, theils um maassgebende Gesichtspunkte für die Auffassung des Gegenstands an die Hand zu geben (15, 12—16. 22, 15
—18. 26, 3ᵇ—5), theils um mit anderwärts steḥenden Angaben auszugleichen (25, 18ᵇ. 35, 22ᵃ; vielleicht auch 4, 15ᵃ), theils um einzelne
Notizen oder neue, in den Hauptquellen nicht bemerkte Wendungen der
Sage anzubringen (10, 9. 32, 33; vielleicht 2, 10—14. 10, 14. 19;
11, 28ᵇ. 31ᵇ. vgl. 15, 7; 22, 2. 14; 15, 19—21. 45, 19 f. 20*. 46,
5*). Dass schliesslich trotz aller dieser Mittel in dem so entstandenen
Werk noch allerlei Unverträglichkeiten und Widersprüche (besonders
in Dingen der Zeitrechnung) übrig geblieben sind, ist nicht zu verwundern. Aber sie sind meist nur für eine aufmerksamere Betrachtung
waḥrneḥmbar und konnten gegenüber von der Wichtigkeit des Inḥalts
der mitgetheilten Stücke für nebensächlich gelten. — Dass bei oder
nach der Zusammenarbeitung auch ganz neue Stücke, oḥne Vorlage in
den 3 Quellen, eingefügt wurden, wäre an sich denkbar, scheint jedoch
nicht nöthig anzuneḥmen (s. zu Cp. 14); woḥl aber geḥören Stücke
wie Cp. 14 u. 15 zu den stärker umgearbeiteten.

5.

Schliesslich erhebt sich noch die Frage, ob die 3 Schriften ABC
von einem oder meḥreren Redactoren (R) zusammengearbeitet wurden.
Die erstere Annaḥme war früḥer (*Hupf* u. a.) die gewöḥnliche. Neuer-

dings ist sie von allen denen, welche A für die jüngste Schrift im
Hexat. u. für nachexilisch halten, bestritten, u. wird vielmehr behauptet,
B u. C (nachdem sie erst jede einzeln mehrere vermehrte Ausgaben erfahren hatten), seien längst vereinigt u. später hin von wieder anderer
Hand mit D (Deuteron.) verbunden gewesen, ehe sie ein letzter R den A
in dieses Sammelwerk eingearbeitet habe (zB. *Bleek-Wellh.* Einl. in
das AT.[4] 178; *Kays. Kuen. Bud.*). Im Grunde ist diese Betrachtung
des Hergangs nur Folgerung aus der Ansicht über das Alter des A u.
kann deshalb auch nur im Zusammenhang mit der Erörterung des Ursprungs der Quellenschriften des Hexat. auf ihre Berechtigung geprüft
werden. Nur so viel ist hier schon zu sagen, dass wenn auch nicht
D, so doch R[d] (welcher das Deut. in den Pent. einarbeitete) den A
kannte u. benützte. Aber auch abgesehen von dieser bestimmten Vorstellung über den Hergang wäre immer noch die Möglichkeit, dass
zuerst B u. C zusammengearbeitet, u. erst später A mit BC verbunden
worden wären. Was sich aus der Gen. für sich darüber ergibt, ist
Folgendes. Anerkanntermaassen ist bei der Zusammenarbeitung nicht
blos BC mit Stücken des A vermehrt oder bereichert, sondern auch C
zu Gunsten des A (zB. Cp. 1—11), wie umgekehrt A zu Gunsten des
C (Cp. 12—50) verstümmelt worden. Das erklärt sich sehr gut, wenn
R sämmtlichen 3 Schriften als blossen Privatschriften gegenüberstand.
Dagegen wäre die Zurückstellung u. Verstümmlung des BC im höchsten
Grad befremdlich, wenn derselbe schon integrirender Theil eines auch
das öffentlich anerkannte Deut. in sich schliessenden, schon mehr als
ein Jahrhundert lang gelesenen, fast heilig gewordenen Werkes war.
Und wenn man etwa das damit zurechtlegen wollte, dass es sich dabei
um Einführung einer festeren Chronologie oder Einfügung sonstiger für
wichtig gehaltener Ergänzungen gehandelt habe (wobei freilich auffallend genug wäre, dass gerade diese jüngsten Einarbeitungen öfters
die ältesten Darstellungen der Sache enthalten s. zu 1, 2. 5. 7. 29 f.
7, 11. 10, 2—5. 22 f.), so wäre doch ganz unerfindlich, zu welchem
Zweck man solche vereinzelte Brocken oder solche nichts ergänzende
Wiederholungen wie 13, 6. 11[b]. 12. 19, 29. 21, 1[b]. 31, 18. 33, 18.
35, 6 aus A eingearbeitet, oder warum man bei Thatsachen wie Geburten (16, 15. 21, 2 f.) oder Tod (49, 33) eines Menschen, die
doch BC auch gemeldet hatten, die Worte des BC mit Worten des
A ersetzt, oder wozu man aus der ganz neuen Schrift A solche
Widersprüche, wie sie 26, 34. 28, 9 (gegen 36, 2 f.) stehen, hinein-
corrigirt hätte. Wenn man ausserdem geltend macht, dass CB in
ganz anderer Weise mit einander verbunden seien als mit A, folglich auch von anderer Hand u. in früherer Zeit (*Wellh.* XXI. 425),
so kann auch dieser Beweis nicht für durchschlagend erachtet werden. Wohl sind die Stücke des C u. B viel häufiger zu einem
einzigen Stück zusammengeschmolzen, aber nicht weil eine andere Hand
sie zusammenarbeitete, sondern weil C von Haus aus mit B in der
nächsten Verwandtschaft stand (§ 3) u. in vielen ihrer Erzählungen die
Differenzen nur Kleinigkeiten betrafen, wo es genügte, eine der beiden
zu reproduciren u. aus der andern nur einige Worte oder Sätze ein-

zufügen (wie zB. Cp. 27. 29. 41 f.). Aber weder ist das zwischen C u. B immer möglich gewesen (denn zB. 26, 25—33 von C steht *neben* 21, 22—32 von B, oder 30, 31—43 von C neben 31, 7—13 von B geradeso, wie von C Cp. 2 f. oder 15 neben Cp. 1 oder 17 von A), noch fehlen auch zwischen C u. A, da wo die Ähnlichkeit des Inhalts es erlaubte, musivisch zusammengeschmolzene Mischstücke (zB. Gen. 6, 9—9, 17 oder 21, 1—7 oder Cp. 34, andere in Ex.). Gerade die durchgehende Gleichheit in der Methode der Verbindung von C mit B u. von C mit A, die ebenso in Ex. u. s. w. sich zeigt, spricht stark für die gleiche verbindende Hand. Ferner sind Stücke des A wie Cp. 36 oder 46, 8—27 ganz offenbar nicht in einen Text des BC hineingearbeitet, sondern vielmehr nach BC corrigirt (vgl. auch 48, 5), wie auch 49, 33 mitten im Text des A ein Sätzchen des C erscheint. Dazu kommt, dass auch in solchen Stücken, die sicher nicht auf A zurückgehen (wie 14, 11 f. 16—21), u. in der harmonistischen Klammer zwischen BC (43, 14), oder bei der Bearbeitung der C-Stücke (26, 1) manchmal R die Sprache des A schreibt, wie bei der Einarbeitung des A die Sprache des C (27, 46), ganz abgesehen von Fällen wie 6, 7. 13, 3. 15, 14 f., wo in Redactionszusätzen zu Stücken des C oder BC (die aber allerdings durch die Einarbeitung von A-Stücken in die Gen. veranlasst sind) sich die Sprache des A zeigt. Hienach erscheint, wenn man die Gen. für sich in Betracht nimmt, eine gleichzeitige Zusammenarbeitung der 3 Schriften nicht ausgeschlossen, eher empfohlen, u. ist daher weiterhin von R kurzweg die Rede.

Dagegen muss allerdings die Möglichkeit zugestanden werden, dass (zwar nicht die Einfügung ganzer grosser Stücke wie Cp. 14. 34, wohl aber) einzelne der Ergänzungen, Ausgleichungen, Glossirungen u. andere Änderungen erst von späteren Händen vorgenommen sind. An mehreren Stellen ist es fast sicher, dass der Text später (zum Theil erst nach der Zeit der LXX) geändert (zB. 31, 45. 37, 5. 8 f. 47, 5—7. 48, 7) oder corrumpirt (zB. 4, 8. 10, 5. 24, 22. 29 f. 30, 32. 38. 41, 48. 56. 46, 28. 47, 21. 49, 26) oder glossirt (45, 23; vielleicht auch sonst in Cp. 39—45 u. 47, 12—26) worden ist. Bis in die einzelnsten Einzelheiten reicht der kritische Beweis nicht hinein, zB. ob 30, 18 schon R oder erst ein Späterer *Silḥati* für *Amati* geschrieben hat. Bei Stellen wie 26, 3—5. 45, 19 f. 20*. 46, 5ᵇ zeigen sich sogar Spuren der Hand des Rᵈ.

6.

Exegetische Hilfsmittel. „Zum Pentat. und Josua: *JDrusii* ad loca difficiliora Pentateuchi commentarius 1617; ad loca diffic. Josuae Judic. et Sam. comm. 1618. — *JAOsiandri* comm. in Pentat. 1676/8; in Josuam, 1681. — *JClerici* Mosis libri ex translatione J. C. etc. Amstel. 1693. 1696. Tubing. 1733; Vet. Test. libri historici ex transl. J. C. etc. Amst. 1708. Tub. 1733. — *JChFSchulzii* scholia in Vet. Test. Norimb. 1783 f. Vol. 1. 2. — *EFrCRosenmülleri* Pentateuchus annot. perp. illustr. Lips. 1821/4; Josua ann. perp. ill. 1833. — Ausserdem sind von den Bearbeitern des ganzen AT. noch zu bemerken: *Gro-*

tius, JDMichaelis, Dathe, Maurer", und folgende grössere Werke: *ChrKJBunsen* vollst. Bibelwerk für die Gemeinde in 9 Bdn. 1858 ff. (bic1er Bd. 1. 2. 5); *CFrKeil* und *FrzDelitzsch* bibl. Commentar über das AT. 1861 ff. (bic1er Bd. 1 Gen. Ex.[3] 1878; Bd. 2 Lev. Num. Dt.[2] 1870; Bd. 3 Jos. Jud. Rut1[2] 1874); *JPLange* t1eol.-homil. Bibelwerk, Bielef. 1864 ff. (hieher Bd. 1 Gen. von *Lange*[2] 1877; Bd. 2 Ex. Lev. Num. von *Lange* 1874; Bd. 3 Deut. von *FWJSchröder* 1866; Bd. 4 Josua von *Fay* 1870); *EdReuss* la bible, traduction nouvelle avec introductions et commentaires, Paris 1875 ff. (hieher P. IH l'histoire sainte et la loi, Pentat. et Jos. 1879, 2 Bde); The 1oly Bible accord1ng to t1e aut1orized Version wit1 an explanatory and critical Commentary, edit. by *FCCook* (auc1 t1e Speakers Commentary genannt) in 6 Bdn. Lond. 1871—76 (hic1er Bd. I, 1. 2. II.).

„Zum Pentat. im ganzen: *JCalvini* in 5 libros Mosis commentarii. Genev. 1583 ed 3. — *JSterringae* animadv. p1il. sacr. in Pentat. Leovard. 1696. Lugd. Bat. 1721. — *JMarckii* in praecipuas quasdam partes Pentateuchi commentar. Lugd. Bat. 1713. — *JSVater* Commentar über den Pentat. Halle 1802/5. — *MBaumgarten* t1eolog. Commentar z. Pentat. Kiel 1843/4". — *MMKalisch* 1istorical and critical commentary on t1e Old Test. Lond. (Gen. 1858; Ex. 1855; Lev., 2 Thle. 1867. 72). — *AVarenii* decades Mosaicae in Gen. et Exodum. Rost. 1659; decades biblicae in IV libr. Mosis, 1668. — *DHackmann* praecidanea sacra s. animadv. p1il. crit. ex1ib. Genesin, Exod. et Leviticum. Lugd. Bat. 1735. — *JFrGaab* Beitr. zur Erkl. des 1., 2. und 4. B. Moses. Tüb. 1796.

Zur Genesis im besondern: *JMerceri* in Genesin commentar. Genev. 1598. — *NicSelnecceri* in Gen. commentar. Lips. 1569. — *Petri Martyris Vermilii* in I librum Mosis commentar. Heidelb. 1606 ed. 2. — *JETerseri* annotationes in Gen. Upsal. 1655. — *ChrCartwright* electa thargumico-rabbinica s. annotationes in Gen. Lond. 1648. — *JGerhardi* commentar. in Gen. Jen. 1693. — *SebSchmidt* super Mosis librum primum annotationes. Argent. 1697. — *AggHailsma* curae p1ilol. exegeticae in Gen. Franeq. 1753. — *CGHensler* Bemerkungen über Stellen in den Psalmen und in der Genesis. Hamb. 1791. — *GASchumann* Genesis hebraice et graece cum annotatione perpetua. Lips. 1829. — *P. v. Bohlen* die Gen. 1istorisc1-kritisc1 erläutert. Königsb. 1835. — *FrTuch* Kommentar über die Gen. Halle 1838 (2. Ausg. 1871 von Arnold und Merx). — *ThSörensen* hist.-kritisc1er Comm. zur Gen. Kiel 1851. — *FrzDeli̧tzsch* Comm. über die Gen.[4] 1872.

Zum Deuteronomium im besondern: *FrWSchultz* das Deuteron. erklärt. Berl. 1859.

Zum Buc1 Josua im besondern: Josuae imperatoris 1istoria illustrata atque explicata ab *AMasio*. Antverp. 1574. — Exegetisc1es Handbuc1 des AT. Leipz. 1797. Stück 1. — *FJVDMaurer* Comm. über d. B. Josua. Stuttg. 1831. — *KFrKeil* Comm. über d. B. Josua. Erlang. 1847."

Zu den kritisc1en Fragen über diese Büc1er a11s neuester Zeit:

HHupfeld die Quellen der Gen. Berl. 1853. — *EdBöhmer* das erste Buch der Thora, Halle 1862. — *ESchrader* Studien zur Kritik und Erklärung der bibl. Urgeschichte, Zürich 1863. *Derselbe* in *de Wette* Lehrb. d. hist. krit. Einl. in d. AT.[8] 1869. — *JWColenso* the Pentateuch and book of Joschua, critically examined, P. 1—7, Lond. 1862 —1879. — *HEwald* Gesch. des Volks Isr.[3] 1864 ff. Bd. 1 u. 2. — *KHGraf* die geschichtl. Bücher des AT. Leipz. 1866, und in Merx Archiv f. wiss. Erforsch. des AT. I. 466 ff. — *ThNöldeke* Untersuchungen zur Kritik des AT. Kiel 1869. — *AMerx* im Nachwort zu Tuch Komm. über d. Gen.[2] S. LXXIX ff. — *PKleinert* das Deuteronomium und der Deuteronomiker, Bielef. u. Leipz. 1872. — *EdRiehm* die Gesetzgebung Mosis im Lande Moab, Goth. 1854; und: über die Grundschrift des Pentat., in d. Stud. u. Krit. 1872. — *AKayser* das vorexilische Buch der Urgeschichte Israels und seine Erweiterungen, Strassb. 1874; und: der gegenwärtige Stand der Pentateuchfrage, in Jahrb. f. prot. Theol. VII (1881). — *JWellhausen* die Composition des Pentat., in Jahrb. f. deutsche Theol. XXI u. XXII (1876/7), neu abgedruckt in „Skizzen u. Vorarbeiten" Heft II. 1885; ferner: Geschichte Israels I. Berl. 1878, in 2. Ausg. unter dem Titel „Prolegomena zur Geschichte Israels" 1883; auch *Bleek-Wellh.* Einl. in das AT.[4] (1878) § 81 ff. — *VRyssel* de Elohistae Pentateuchici sermone, Lips. 1878. — *FGiesebrecht* zur Hexateuchkritik, in Zeitschr. f. d. ATl. Wiss. I. (1881) S. 177 ff. — *SRDriver* „on some alleged linguistic affinities of the Elohist" im Journ. of Philology Vol. XI (1882) p. 201 ff. — *DHoffmann* die neueste Hypothese über den Pentat. Priestercodex, in Magazin f. d. Wiss. des Judenth. VI u. VII (1879 f.). — *RKittel* die neueste Wendung der pentat. Frage, in Theol. Stud. aus Würtemberg II u. III (1881/2). — *FrzDelitzsch* Pentateuch-kritische Studien, in Ztschr. f. kirchl. Wiss. u. kirchl. Leben I. (1880) und: Urmosaisches im Pentateuch, ebendort III (1882). — *KMarti* die Spuren der s. g. Grundschrift des Hexat. in den vorexil. Propheten, in Jahrb. f. prot. Theol. 1880. — *EReuss* Geschichte der hl. Schriften des AT. 1881. — *CBruston* le document Elohiste et son antiquité in Revue Théologique VIH (Montaub. 1882) p. 13 ff., u. Les quatre sources des lois de l'Exode 1883. — *HVuilleumier* „la critique du Pentateuque dans sa phase actuelle" in Revue de Théol. et Philos., Lausanne 1883. — *AJülicher* die Quellen von Ex. 7, 8—14, 11, in Jahrb. f. prot. Theol. 1882 S. 79 ff. — *LHorst* Leviticus 17—26 u. Hezekiel, Colmar 1881. — *SMaybaum* „Zur Pentateuchkritik" in Zeitschr. f. Völkerpsychologie (1883) XIV, 2 S. 191 ff. — *AKuenen* Bijdragen tot de critiek van Pentateuch en Josua, in Theol. Tijdschrift XI. XII. XIV. XV. XVIII; u. Historisch-critisch Onderzoek naar het onstaan en de versameling van de Boeken des Ouden Verbonds, I, 1. 1885. — *WVatke's* Ansicht über die Zusammensetzung von Pentateuch-Josua, in Zeitschr. für wissensch. Theologie XXVIII (1885) S. 52 ff. 156 ff. — *LFavez* le Deutéronome, Lausanne 1874. — *FrBuhl* wann ist das 5. B. Mose abgefasst? in Theol. Tidskr., Kjøbenh. 1878. — *JJPValeton* Deuteronomium, in Studiën (Theol. Tijdschr.) V—VII (1879—81). — *ECBissell,* Proposed reconstruction of the

Pentateuch, m Bibliotheca Sacra, Vol. XL u. XLI, Andover 1883 f. —
FHimpel Selbständigkeit, Einheit u. Glaubwürdigkeit des B. Josua, in
Tübinger Quartalschrift 1864 f. — *JHollenberg* der Charakter der alex.
Übers. des B. Josua u. ihr textkrit. Werth, Mörs 1876 (Progr.); und
die deuteronom. Bestandtheile des B. Josua, in den Stud. u. Krit.
1874. — Zur Textkritik der Gen. auch *JOlshausen* Beiträge zur
Kritik des überlieferten Textes im B. Genesis, in MB. der Berl. Akad.,
Juni 1870.

I. Die Urgeschichte von der Schöpfung bis auf die Fluth Cap. 1, 1—6, 8.

1. Die Schöpfung der Welt Cap. 1, 1—2, 4ª; aus A.

1. In Form einer Erzählung wird hier über die Erschaffung der Welt berichtet. Dass dieser Bericht aus A genommen ist und der erste Bericht in dieser Schrift war, ist von denen, welche überhaupt eine Zusammensetzung des Hexateuchs aus verschiedenen Schriften anerkennen, zugestanden. Es folgt, abgesehen von der Unterschrift dazu (s. zu 2, 4), aus der Selbstbeschränkung des Erzählers auf die grossen Hauptsachen „ohne erklärendes Eingehen auf besondere Einzelheiten, aus der würdigen Darstellung Gottes, der nicht ins Menschliche herabgezogen wird, aus der günstigen Ansicht vom Menschen als dem Ebenbilde Gottes", aus der umständlichen, feierlich gehaltenen, zugleich formelhaften Schreibweise, so wie aus der Sprache, zB., ausser dem Gottesnamen אֱלֹהִים, aus Ausdrücken wie מִין V. 11 f. 21. 24 f., הַיַּת הָאָרֶץ 24 f. 30; שָׁרַץ und שֶׁרֶץ 20 f., רָמַשׂ und רֶמֶשׂ 21. 24—26. 28. 30, עֵשֶׂב 28, אָכְלָה 30, מִקְוֵה 10, so wie aus den Formeln פָּרָה וְרָבָה 22. 28 und זָכָר וּנְקֵבָה 27; auch הִבְדִּיל 4. 6 f. 14. 18 ist ihm wenigstens geläufig, und zu דְּמוּת V. 26 vgl. Cap. 5, 1. 3.

2. Dass der Verf. sein Werk mit der Weltschöpfung begann, hat seinen guten Grund. Denn die Schöpfung ist die Voraussetzung für alle folgende Geschichte, und zugleich die erste Offenbarungsthat Gottes; der Geschichtsschreiber, welcher die mosaische Gesetzesanstalt als das Ergebniss der bisherigen geschichtlichen Entwicklung und die mosaische Offenbarung als die bis dahin letzte Stufe der göttlichen Offenbarung erweisen wollte, musste nothwendig bis zu diesem Anfang der Dinge zurückgreifen. Er begnügt sich aber nicht mit dem Satz, dass Gott alles geschaffen hat, sondern gibt ein ausführliches Gemälde von dem Hergang der Schöpfung. Wie ist das zu verstehen? Die Erschaffung der Welt ist ja doch kein Gegenstand menschlicher Erfahrung gewesen. Woher also weiss der Mensch davon zu erzählen? Diese Frage muss aufgeworfen werden; von ihrer Beantwortung hängt die ganze Auffassung des Stückes ab. Zunächst ist deutlich, dass der Bericht nicht eine freie Dichtung des Verf. ist. In seinem ganzen Werk gibt er sich immer als Geschichts- und Gesetzesschreiber, nicht als Dichter; was er erzählt, hat er auch für geschehen gehalten oder als

Geschehenes überliefert erhalten (vgl. wie Ex. 20, 11. 31, 17 die Heiligkeit des Sabbats auf Gen. 2, 2 f. gegründet wird). Und da weiterhin manche Züge seines Gemäldes in den Kosmogonien anderer Völker (s. Nr. 3) ebenso oder ähnlich vorkommen, so folgt auch daraus wieder, dass er die Stoffe seiner Darstellung nicht erfunden hat. Wie aber sein Bericht keine freie Dichtung von ihm sein kann, so und aus denselben Gründen ist er auch nicht das Erzeugniss einer profetischen Vision von ihm (zB. *Kurtz* Gesch. d. A. B.² 1. 45, *JPLange, Godet* u. a.). Gibt aber demnach der Vrf. in der Hauptsache Überliefertes wieder, so erhebt sich die neue Frage: woher stammt diese Überlieferung? Darauf antwortete man früher einfach, sie ruhe schliesslich auf einer besonderen göttl. Offenbarung. Und weil mit ihr in manchen Dingen die Weltentstehungsmythen der Völker zusammentreffen, so nahm man an, dass eine solche Offenbarung schon den ältesten Menschen, schon dem Adam, zu Theil geworden sei, und die verschiedenen Völker sie aus dem gemeinsamen Vaterhaus mit sich genommen, aber auch vielfach umgestaltet und verderbt haben, und nur das Israelgeschlecht sie rein oder verhältnissmässig am reinsten bewahrt habe. Wogegen die Ansicht (*Hofmann* Schriftbeweis² 1. 265), dass dieser Schöpfungsbericht der in Geschichte umgesetzte Eindruck sei, welchen die Welt auf den ersten Menschen mit seinen höheren Kräften im Urzustande gemacht habe, nicht ernstlich in Betracht kommt, weil niemals aus der Betrachtung des Resultats einer Begebenheit der Hergang derselben so erschlossen werden kann, dass das Erschlossene den Werth eines wahrheitsgetreuen Berichtes über den Hergang hätte. Allein jene Hypothese von einer Uroffenbarung über den Hergang der Schöpfung leistet nicht bloss nicht, was sie soll, weil bei der Länge der Überlieferungskette eine Gewähr für unentstellte Überlieferung gar nicht mehr vorhanden wäre, sondern sie ist in sich selbst unhaltbar. Eine Belehrung über das Problem und den Hergang der Schöpfung an die ältesten Menschen hat keinen erkennbaren Sinn und Zweck; derartige Dinge gehören schon zu den feineren Fragen, welche den menschl. Geist beschäftigen können, und vieles, zB. die ganze Sprachbildung, die volle Entwicklung des Denkvermögens und mannigfache Erfahrung in der Welt musste vorhergegangen sein, ehe auch nur das Verständniss für solche Fragen erwachte; ehe aber dieses da war, kann auch von einer Offenbarung darüber keine Rede sein, denn nur dem Suchenden und Bedürfenden wird Offenbarung zu Theil. Sodann betrifft die Offenbarung, so weit wir sie in der Bibel verfolgen können, doch immer nur Dinge der Gottesfurcht, der Gotteserkenntniss, des gottesfürchtigen Lebens, des Reiches Gottes, und mit diesen steht zwar die Entstehung der Welt in einem engen Zusammenhang, nicht aber die Einzelheiten ihres Hergangs; zur Ausfüllung der Lücken unserer geschichtlichen Kunde der Vergangenheit oder zur Belehrung über physikalische Fragen will und soll die Offenbarung nicht dienen. Endlich aber, wenn diese Erzählung so wie sie vorliegt, auf einer überlieferten Offenbarung beruhte, so müsste sie auch ganz und für alle Zeiten als unfehlbare historische Wahrheit sich bewähren. Nun finden sich aber nicht nur im A. T. selbst gerade über die Einzelheiten des Hergangs zum Theil sehr abweichende Darstellungen (s. Nr. 5), sondern auch die ihr zu Grund liegende Ansicht vom Weltganzen steht noch ganz in dem kindlich beschränkten Gesichtskreis des Alterthums, welchen die wissenschaftliche Forschung längst überwunden hat, und gerade manche jener Einzelheiten lassen sich mit den durch die astronomische und geologische Forschung festgestellten Thatsachen nicht vereinigen (s. Nr. 5). Deshalb muss auf die Frage nach der Quelle der vom Vrf. befolgten Überlieferung eine andere Antwort gesucht werden. Eine solche zu finden, mag man Folgendes erwägen. Bei fast allen gebildeteren Völkern des Alterthums finden wir mehr oder weniger entwickelte Theorien vom Werden der Welt (Kosmogonien), und zwar keineswegs schon am Anfang ihrer historischen Zeit, sondern erst im Verlauf derselben hervortretend, zunächst im Gewand des Mythus und als Ausdruck der Ansicht einer ganzen Gemeinschaft, später, zB. bei den Indern und Griechen, mehr in Form philosophischer Systeme, und dann so mannigfaltig und vielgestaltig, als diese Systeme selbst. Der menschliche Geist mit seinem Erkenntnisstrieb, wenn er einmal eine gewisse Stufe der Reife erlangt hat, kann es nicht lassen, über die blossen Erfahrungsthatsachen der Erscheinungswelt hinaus zu deren letzten Gründen und Ursachen, die über alle Erfahrung hinaus liegen, vorzudringen und sich eine geschlossene Weltanschauung zurecht zu machen. Sämmtliche Kosmogonien verdanken diesem Triebe ihre Entstehung, und dass dieselben bei den verschiedenen örtlich und geschichtlich oft so weit auseinander liegenden Völkern gleichwohl in ihren Grundzügen so viel Ähnlichkeit mit einander haben, beruht viel mehr auf der Gleichheit der Voraussetzungen, von denen sie bei der Bildung derselben ausgiengen, als auf direkter Entlehnung, obgleich eine solche nicht für alle Fälle geläugnet werden kann und soll. Die Elemente aber, aus welchen die volksthümlichen Theorien über die Weltbildung sich aufbauten, sind zweierlei, nämlich einmal eine gewisse Summe von erfahrungsmässigen Erkenntnissen der äusseren Natur und ihrer Erscheinungen, und sodann die Vorstellungen der Völker von der Gottheit; denn dass diese hier, wo es sich um ein letztes Princip für die Erklärung der sichtbaren Welt handelt, wesentlich mit in Betracht kamen, versteht sich von selbst, und dass irgend welcher Gottesglaube immer schon da war, ja in der Regel schon ziemlich entwickelte Mythologien da waren, ehe man Weltbildungslehren aufstellte, ist aus der Geschichte der Religionen sicher, sofern deren Anfänge bei allen Völkern in ihre vorgeschichtlichen Zeiten hineinfallen, wie die Sprachbildung (s. auch Gen. 4, 26). Was den ersten Factor betrifft, so ist bekannt, dass das gesammte höhere Alterthum nur erst eine sehr unvollkommene und unvollständige Kenntniss vom Weltganzen hatte, und dass sie bei allen Culturvölkern ungefähr dieselbe war. Ihnen war weder der ganze Umfang noch die wahre Gestalt der Erde erschlossen; die Dinge auf und ausser der Erde kannten sie nur so, wie sie der einfachen Sinnenwahrnehmung erschienen, und sie erschienen ihnen allen auf dieselbe Weise, die Erde als eine Scheibe, der Himmel als ein Gewölbe über ihr, die Gestirne als Lichter an demselben, und die atmosphärischen Phänomene als Kräfte oder Stoffe, welche hinter dem Gewölbe verborgen oder aufgehäuft zu gewissen Zeiten von dort her in Wirksamkeit gesetzt werden. Die Welt war ihnen also recht eigentlich die Erde mit dem dazu gehörigen Himmel und seinen Wesen und Kräften, wozu nach der Vorstellung einzelner Völker als Drittes noch die Unterwelt oder auch das unterirdische Wassermeer hinzukam. Dass in diesem Weltganzen, so dürftig auch seine Erkenntniss war, ein Ding dem andern diene und eine Rangordnung oder Stufenfolge unter denselben sei, hatte Erfahrung und Reflexion längst erkennen lassen: Wasser und Erde sind die Voraussetzung für die Pflanzen, diese wieder für die Thiere und die Thiere für die Menschen, und der Mensch steht noch über dem Thier, wie dieses über der Pflanze; selbst die Gottverwandtschaft des Menschen war nach einer Richtung hin ein leicht sich ergebender Satz. Dass wie jedes menschliche Gemächte auf einem Ordnen des Ordnungslosen und dem Gestalten eines rohen Stoffes beruht, so auch das Entstehen der jetzigen geordneten Welt mit ihren mannigfachen Gestalten und Wesen auf einem Herausbilden aus einer form- und ordnungslosen Masse beruhen müsse, und dass ohne Licht keine Ordnung und kein Leben sei, war eine nahe liegende Annahme; selbst dass die jetzige Gestalt der Erde durch Herausarbeitung aus einem mehr wässerigen Zustand hervorgebracht sei, war leicht an die Hand gegeben, wenn man die Wirkung der Überschwemmungen auf Bodengestalt und Vegetation, so wie das Zurücktreten der Wasser an manchen Stellen der Erde beobachtete. Aus solchen gemeinsamen Ansichten vom Weltganzen und solchen allen nahe liegenden Reflexionen und Beobachtungen ergaben sich leicht bei den verschiedensten Völkern gemeinsame Züge ihrer Kosmogonien, zB. die Ableitung der jetzigen geordneten Welt aus einem vorausgegangenen chaotischen Zustand, oder die Vorstellung des Welteies, das wir von Indien, ja China bis Ägypten (*Bunsen* Aeg. 1. 445. 456), Phönizien, Griechenland (noch bei Aristoph. aves 693 ff.) und selbst bei den Finnen (*Lönnrot* Kalevâla v. Schiefn. 1. 233 ff.) finden, hergenommen von der Gestalt des Himmels als der einen Hälfte des geöffneten Eies (ähnlich der indischen Vorstellung vom Himmel als der oberen und der Erde als der unteren Schale der Weltschildkröte), oder eine gewisse Ordnung und Reihenfolge der Schöpfungswerke u. s. w. Auf die bestimmtere Ausbildung der Kosmogonien war dann aber der andere Factor, das Gottesbewusstsein der Völker, von entscheidendem Einfluss: je nachdem die Vorstellungen von der Gottheit würdiger und geistiger oder sinnlicher waren, gestaltete sich auch die Kosmogonie verschieden, und wo die Gottheit schon in eine Mehrheit oder Menge einzelner göttlicher Wesen zerspalten war, musste auch für die Einreihung dieser Götterwesen in den Weltentstehungsprocess gesorgt werden, d. h. die Kosmogonien wurden zugleich Theogonien.

3. Die Vergleichung solcher Kosmogonien und Theogonien mit dem bibl. Bericht ist für die Würdigung des letzteren von Nutzen, und soll darum hier von einigen der wichtigeren das Wesentlichste ange-

geben werden. (Zusammenstellungen derselben sind seit Herder's Zeit manc1e versuc1t worden, zB. *GLBauer* 1ebr. Myt1ologie 1. 67 ff.; *Pustkuchen* Urgesc1ic1te 1. 137 ff.; *Rosenmüller* das alte u. neue Morgenland Bd. 1 z. A.: *Johannsen* kosmogon. Ansic1ten der Inder u. Hebräer 1833; *HFLink* die U1welt u. das Alterthum 1. 268 ff.; *Wuttke* die Kosmogonien der heidn. Völker 1850; *Bunsen* Aeg. V, 1. S. 226 ff.; *Lenormant* les origines de l'histoire² I. 1880.) Unter den vielen *indischen* T1eorien ist eine der vollständigsten und ältesten die in Manu's Gesetzbuc1 1, 5 ff. Darnac1 war das All einst Finsterniss, unerkennbar, ununtersc1eidbar, wie in Sc1laf befangen, gleic1sam noc1 im Ewigen ru1end. Endlic1 regte sic1 der durc1 sic1 selbst seiende ewige, unsic1tbare Allgeist, durc1 seinen Lic1tglanz zunäc1st die Finsterniss zerstreuend; denkend entsc1loss er sic1 aus sich die Wesen 1ervorzubringen. Zuerst brac1te er die Wasser 1ervor, in welc1e er einen Keim legte; dieser Keim entwickelte sic1 zu einem in Goldglanz stra1lenden Ei; in diesem Ei entstand Bra1ma, der Vater aller Wesen. Nac1dem er ein Bra1ma-Ja1r (nac1 den Auslegern 3,110,400,000,000 mensc1lic1e Ja1re) darin geweilt, spaltete er durc1 sein Denken das Ei in 2 T1eile, bildete aus diesen den Himmel und die Erde und zwisc1en i1nen die Atmosp1äre, die 8 Himmelsgegenden und den unversieglichen Be1älter der Wasser, liess dann aus sic1 selbst 1ervorge1en das Denken, die Ichheit und die grosse weltbelebende Seele, die 5 Sinne sammt den i1nen entsprec1enden und von i1nen wa1rne1mbaren Qualitäten, und sc1uf aus den feinsten Bestandtheilen von diesen die einzelnen Wesen alle, oder sc1afft sie vielme1r fortwä1rend. In der Aufzä1lung dieser Wesen ist weder eine anderwärts wieder vorkommende Ordnung noc1 eine maassvolle Gliederung: geistige Wesen und Kräfte, wie Götter und Genien, Veden, Affecte, Tugenden und Laster, untermisc1t mit den za1llosen, sinnlic1 wa1rne1mbaren Gegenständen. Wogegen in den Purâ a's die Hauptwerke auf gesc1lossene Za1len von 6—10 gebrac1t zu werden pflegen (*Ew.* nac1 *Burnouf* B1âgavatapurâ a II. 5, 21—32. III, 5, 23 ff. 8, 10 ff. 10, 13—27. 26, 10—74; *Wilson* Vis1 u-purâ a p. 34 ff.). — Nac1 der *hellenischen* Lehre bei Hesiod. (t1eog. 116 ff.) ward zuerst C1aos, dann Gaea (Erde), Tartarus (der bodenlose Abgrund) und Eros (Liebe, das regsame Bildungs-princip); aus dem C1aos wurde Erebos (die Urfinsterniss) und Nyx (Nac1t), welc1e zusammen den Aet1er (die reine Lic1twelt) und die Hemera (Tages1elle) erzeugten; Gaea dagegen brac1te zuerst für sic1 den Uranos (gestirnten Himmel und Göttersitz), die Gebirge und den Pelagus oder Pontus (die salzige Meerestiefe), dann mit dem Uranos als Gema1l zusammen den Okeanos (das erdumfliessende Meer, zugleic1 die Quelle der Flüsse) und die übrigen Titanen 1ervo1 u. s. w., worauf sofort die Kosmogonie in reine T1eogonie überge1t. — Von den *Ägyptern* wissen wir me1r über i1re Theogonien (Ensc1. pr. ev. 2, 1; *Bunsen* Aeg. 1. 423 ff.; *Lepsius* über den ersten äg. Götterkreis, 1851; *EMeyer* Gesch. des Alterth. I. 1884 S. 61 ff. 83 f.) als über i1r kosmogonisches System; die von Diod. Sic. 1, 7. 10 beigebrac1te T1eorie, mit der zum T1eil auc1 Ovid. met. 1, 5 ff. stimmt, sc1eint

seır jung. Naeı der altägyptiscıen Vorstellung, wie sie im Todten
buch Cap. 17 (nacı *Birch, de Rougé, Lepsius, Brugsch* von *LStern*
im „Ausland" 1871 Nr. 34 besprocıen) und äınlicı in der (von
Naville in Transact. SBA. IV, 1 und in Records of tıe Past VI
p. 105 ff. bekannt gemacıten und zuletzt von *Brugsch* die neue Weltordnung Berl. 1881 beıandelten) Inscırift in einer Kammer des Königs-
grabes Seti's I sicı findet, war ein cıaotiscıes Urgewässer (*Nun* genannt, oder *Nuu* nacı *EMey.* 84) der Urgrund von allem (vgl. nocı
Damascius d. princ. c. 125, p. 385 Kopp). Ueber iım war allein Gott
Tum (Atum); als Gott Ra ıat er das Firmament des ıimmliscıen Urwassers gescıaffen und die Rebellen vernicıtet d. ı. den Widerstreit
der Elemente aufgeıoben und die jetzige Ordnung ıergestellt (*Stern*
S. 801). Zu Anfang erfüllte den finstern Weltraum nur Gott *Nun*,
das wässrige Cıaos; aus iım taucıte ein Ei empor, welcıem in Gestalt eines kleinen Kindes der Sonnengott Ra entstieg; mit diesem kam
Licht und Leben in die Welt, aus iım wurden die andern Götter gescıaffen (*Brugsch* S. 35 f.). Sonst s. nocı *Tiele* Kompend. der Reli-
gionsgeschichte, deutscı von *Weber* Brl. 1880 S. 55 f. — Die *etrus-
kische* Leıre, welche Suidas u. *Τυῤῥηνία* beibringt (wornach Gott
im 1. Jaırtausend den Himmel und die Erde, im 2. das Himmelsgewölbe, im 3. das Meer und die übrigen Wasser der Erde, im 4. Sonne,
Mond und Sterne, im 5. sämmtliche Tıiere der Luft, des Wassers und
des Landes, im 6. die Menscıén scıuf, und die nocı übrigen 6 von
den 12 Jahrtausenden der Welt für den Bestand des Menschenge-
scılecıtes bestimmt sind) und welcıe mit Gen. 1 so auffallende Berührungspunkte ıat, kann kaum in Betracıt kommen, weil man bis
jetzt weder das Alter nocı die Quellen derselben kennt, und der Ver-
dacıt, dass sie nacı der bibliscıen umgeformt sein möge, woıl begründet ist (docı s. über tyrrıeniscıe Weise aucı Suidas u. d. W.
Σύλλας). Dagegen verdienen besondere Beacıtung die Leıren derjenigen
Völker, welcıe örtlicı oder aucı durcı Stammverwandtscıaft den
Hebräern näıer standen, der Phöniken und Babylonier. — Von der
phönikischen Leıre (über welcıe s. *Movers* in der Halle'scıen Encyclp.
u. Phönicien; *Ewald* über die phönik. Ansicıten von der Weltschöpfung
Gött. 1851; *Bunsen* Aeg. V, 234 ff.; *Baudissin* Studien I. 11 ff.;
Lenormant orig.[2] I. 38. 532 ff.; *Halévy* Mélanges de critique et d'hist.
1883 p. 581 ff.) sind verscıiedene Darstellungen durcı Pıilo Bybl.
(bei Euseb. praep. ev. 1, 10), aucı durcı Mocıos und Eudemos (bei
Damascius de prine. c. 125 p. 385 Kopp) uns übermittelt. Nacı Pıilo
wären anfänglicı, unbegrenzt und durcı unbegrenzte Zeit ıindurcı,
Πνεῦμα (aucı *ἀὴρ ζοφώδης καὶ πνευματώδης* und *πνοὴ ἀέρος ζοφώ-
δους* genannt) und trübes, finsteres *Χαός*. Als aber das *Πνεῦμα*
seiner eigenen Anfänge begeırte, vollzog sicı eine Zusammenschliessung
(*πλοκή*), Seınsucıt (*Πόϑος*) genannt, und wurde dies der Beginn der
Scıöpfung des Alls. Vermittelst dieses *πόϑος* (vgl. den *ἔρως* der
Griecıen) entstand durcı die Verbindung des *Πνεῦμα* (in dem Cıaos)
Μώτ d. ı. die von Lebenstriebèn erfüllte, frucıtbare Materie, von
einigen für Scılamm, von andern für Fäulniss wässeriger Miscıung

erklärt, welche die Keime aller Einzeldinge enthielt. Indem sie sich zu einem Ei gestaltete [und dieses zu Himmel und Erde sich spaltete, Damasc. p. 385], strahlten aus $M\acute{\omega}\tau$ Sonne, Mond, Sterne und Sternbilder auf; aus ihnen wurden, als sie zum Bewusstsein kamen, vernünftige Wesen und erhielten den Namen $Z\omega\varphi\alpha\sigma\eta\mu\acute{\iota}\nu$ (צֹפֵי שָׁמַיִם) d. i. Himmelswächter. Sobald nun (durch die Wirkung der Sonne) die Luft leuchtend und das Meer und Land erhitzt wurden, entstanden Winde und Wolken und mächtige Güsse himmlischer Wasser, Donner und Blitze, bis beim Gekrache dieser Donner beseelte Wesen in Erde und Meer sich regten, männliche und weibliche (Euseb. § 1—3 Hein.). Eudemus dagegen setzt an den Anfang $X\varrho\acute{o}\nu o\varsigma$ (עוֹלָם), $\Pi\acute{o}\vartheta o\varsigma$ und $'O\mu\acute{\iota}\chi\lambda\eta$; aus der Vermischung der 2 letzten entstand $'A\acute{\eta}\varrho$ und $A\acute{v}\varrho\alpha$, sodann aus diesen beiden das $'\Omega\acute{o}\nu$. Nach Mochos aber sind die beiden Urprincipien $Ai\vartheta\acute{\eta}\varrho$ und $'A\acute{\eta}\varrho$; aus ihnen erzeugt sich $Ov\lambda\omega\mu\acute{o}\varsigma$ (עִלּוֹם); aus diesen geht durch Selbstzeugung hervor $Xov\sigma\omega\varrho\acute{o}\varsigma$ d. i. ὁ $\mathring{a}vo\iota\gamma\varepsilon\acute{v}\varsigma$, dann das $'\Omega\acute{o}\nu$ (Dam. p. 385). — Die Menschenschöpfung betreffend, so stellt Philo an einer andern Stelle den $\mathring{a}v\varepsilon\mu o\varsigma$ $Ko\lambda\pi\acute{\iota}\alpha$ (קוֹל פִּי־אֵל?) und sein Weib $B\acute{a}av$ (בֹּהוּ) an die Spitze, lässt von ihnen die Urmenschen $Ai\acute{\omega}v$ und $\Pi\varrho\omega\tau\acute{o}\gamma ovo\varsigma$ und von diesen das Paar $\Gamma\acute{e}vo\varsigma$ und $\Gamma\varepsilon v\varepsilon\acute{a}$ abstammen, welche Phönizien bewohnten. Die letzteren beteten zuerst die Sonne unter dem Namen $B\varepsilon\varepsilon\lambda\sigma\acute{a}\mu\eta v$ (בַּעַל שָׁמַיִם) an, $Ai\acute{\omega}v$ führte den Gebrauch der Baumfrucht zur Nahrung ein (Eus. § 4 f.). Nachher leitet Philo von $Ai\acute{\omega}v$ und $\Pi\varrho\omega\tau\acute{o}\gamma ovo\varsigma$ (nach anderer Lesart von $\Gamma\acute{e}vo\varsigma$) 3 Sterbliche $\Phi\tilde{\omega}\varsigma$, $\Pi\tilde{v}\varrho$, $\Phi\lambda\acute{o}\xi$ ab, welchen die Feuererfindung zugeschrieben wird, sodann von diesen ein Riesengeschlecht, von welchem die Berge $K\acute{a}\sigma\iota ov$, $\Lambda\acute{\iota}\beta avo\varsigma$, $'A v\tau\iota\lambda\acute{\iota}\beta avo\varsigma$ und $B\varrho\alpha\vartheta\acute{v}$ ihren Namen haben, von ihnen ein unter sich feindliches Brüderpaar, nämlich [Σa]$\mu\eta\mu\varrho ov\tilde{\mu}o\varsigma$ (שֵׁם מָרוֹם) oder $'T\psi ov\varrho\acute{a}v\iota o\varsigma$, ersten Bewohner von Tyrus und Erfinder der Hütten aus Rohr, Binsen und Matten, und $O\acute{v}\sigma\omega o\varsigma$, Jäger, Erfinder der Bekleidung mit Thierfellen, der zuerst auf einem Baumstamm aufs Meer hinausfuhr, dem Feuer und Wind Säulen setzte und ihnen Blut der erjagten Thiere spendete (§ 6 f.). In etwas anderer Weise werden die Erfindungen von einer aus $'T\psi ov$-$\varrho\acute{a}v\iota o\varsigma$ entsprossenen Geschlechtsfolge von 6 Brüderpaaren abgeleitet, nämlich von $'A\gamma\varrho\varepsilon\acute{v}\varsigma$ und $'A\lambda\iota\varepsilon\acute{v}\varsigma$ Jagd und Fischfang, vom folgenden Paar (wovon der eine $X\varrho v\sigma\acute{\omega}\varrho$ hiess, von חָרַשׁ?) die Bearbeitung des Eisens, die Beschwörung und Zauberei, die Erfindung verschiedener Fischergeräthe und des Flosses, vom dritten ($T\varepsilon\chi v\acute{\iota}\tau\eta\varsigma$ und $\Gamma\acute{\eta}\iota vo\varsigma$ $A\acute{v}\tau\acute{o}\chi\vartheta\omega v$) die Bereitung der Ziegel und Dächer, vom vierten ($'A\gamma\varrho\acute{o}\varsigma$ und $'A\gamma\varrho ov\acute{\eta}\varrho o\varsigma$) Ackerbau, verbesserter Häuserbau, Jagd mit Hunden; vom fünften ($'A\mu vvo\varsigma$ und $M\acute{a}\gamma o\varsigma$) das Dorf- und Hirtenleben, vom sechsten ($M\iota\sigma\acute{\omega}\varrho$ und $\Sigma v\delta\acute{v}\varkappa$ מִישׁוֹר und צֶדֶק) die Gründung staatlicher Ordnungen. Nach ihnen kam dann noch $T\acute{a}av\tau o\varsigma$ (Thoth) und die Kabiren als die Erfinder der Wissenschaften und feineren Künste (§ 8—11). Vgl. Gen. 4. — Von den *Babyloniern* ist uns ein theogonisches Fragment bei Damasc. p. 384, ein kosmogonisches durch Berosus (*CMüller* Fragm. hist. Gr. II. 497 f.) überliefert; von ausführlichen bab. Erzählungen über die Schöpfung, das Chaos, die Ent-

stehung der Götter, der Himmelskörper, der irdischen Geschöpfe, des
Menschen hat neuerdings *GSmith* eine assyr. Übersetzung auf zer-
brochenen Thontäfelchen aus der Zeit des Asurbanipal entdeckt und
zusammengestellt (*GSmith* chald. Genesis, deutsch v. Frd. Delitzsch
1876 S. 61 ff. 293 ff.; *Lenorm.* or.² I. 44 f. 493 ff.); sie sind aber
so fragmentarisch, ihre Ordnung so unsicher und ihr Verständniss noch
so mangelhaft, dass vorerst wenig daraus zu erheben ist. Das erste
Fragment (nach *Oppert* in GGA. 1876 S. 870 u. *Schrad.* KAT² 2 ff.;
Halévy Mélanges 385 f.), welches ausgeht von der Zeit, da noch kein
Himmel und keine Erde, sondern nur ein leerer Abgrund (*apsu*), und
ein Chaos das Meer (*mummu tiamat*), und Finsterniss ohne Licht, und
Sturm ohne Ruhe (?), aber noch keine Götter, kein Geschick, kein
Name war, und dann übergeht zur Erzeugung der Götter Laḥmu und
Laḥamu, weiterhin Šar und Ki-Šar, später Anu . . . ., stimmt merkwür-
dig zu Damascius, welcher durch das Paar *Ταυθέ* (Tiamat) und *Ἀπασῶν*
(Apsu) zuerst den *Μωϋμῖς* (Mummu), weiterhin *Δαχή* und *Δαχός*
(Laḥmē und Laḥmu?), dann *Κισσαρή* und *Ἀσσωρός* erzeugt werden,
dann von letzterem Paar die Trias *Ἀνός* (Anu) *Ἴλλινος* und *Ἀός*
(Ea), dann von *Ἀός* und *Δαύκη* (Daukina) den *Βῆλος*, den Demiurgen,
abstammen lässt. In den folgenden assyr. Fragmenten scheint die Bil-
dung der einzelnen Werke den einzelnen der Götter beigelegt zu wer-
den. — Von der kosmogonischen Mythe bei Berosus sind nur einige
Hauptzüge überliefert. Auch sie beginnt mit einer Zeit, in welcher das
All noch Finsterniss und Wasser war, lässt dann (was schon der Anfang zur Umbildung ist) in dieser Masse eine Menge monströser und
aus verschiedenen Gattungen gemischter Lebewesen entstehen, unter der
Herrschaft eines Weibes *Ὀμόρκα* oder Markaja (früher als *Umm Arka*,
Mutter der Stadt Erech oder die Bilit rabit, Gemahlin des Mondgottes
Sin, jetzt als *Mummu Uruk* von *Schrad.* 13, als *Um Uruli* „mère de
l'Hades" von *Halévy* in Revue crit. 1883 p. 42 gedeutet), mit dem
chald. Namen *Θαλάτθ* (*Θανάτθ* nach Lenorm.), griechisch s. v. a.
θάλαττα. Dann tritt Bel, der höchste Gott, hinzu, schneidet das Weib
in der Mitte durch, und bildet aus ihren 2 Theilen Himmel und Erde,
worauf die Monstra, die sich in ihr geregt hatten, wieder in ihr Nichts
zurücksinken, weil sie das Licht nicht ertragen konnten. Auch die
Gestirne, Sonne, Mond und 5 Planeten, bildete er. Um aber das fruchtbare Land zu bevölkern, liess der Gott sich den Kopf abschneiden und
durch andere Götter sein ausgeflossenes Blut mit Erde mischen und
Menschen bilden, welche darum an dem göttl. Verstande Theil haben,
ebenso andere Thiere, welche diese Luft (der geordneten Welt) ertragen
konnten. — Die *persische* Schöpfungslehre (s. *Spiegel* Avesta III. 1863.
S. LH ff., und Erânische Alterthumskunde 1871. I. 454 ff.), wie sie im
Bundehesch erscheint, kennt kein Chaos, und trennt in eigenthümlicher
Weise die Schöpfung der jenseitigen Welt von der der diesseitigen und
in dieser wieder die Schöpfung des guten von der des bösen Gottes;
sie ist aber viel zu jung, um hier noch herangezogen werden zu
können, und die oft verglichene Sechszahl der Perioden, in welchen
sie die Herstellung der einzelnen Werke (1. Himmel, 2. Wasser, 3. Erde,

4. Pflanzen, 5. Thiere, 6. Menschen) sich vollziehen lässt, lehnt sich nicht an die 6 Tage der Woche, sondern an die 6 Jahreszeiten des persischen Jahres an (s. *Grill* Erzväter S. 124 f.; *R Roth* in ZDMG. XXXIV. 699 f.).

4. Es bedarf nur eines Blicks auf diese Theorien, um zu finden, wie manche Ähnlichkeiten die bibl. Darstellung mit denselben hat, nicht bloss in der kindlichen Ansicht vom Weltganzen, sondern auch im Begriff des Chaos, der Stufenfolge der Werke u. a.; ja selbst auf das Weltei scheint noch eine entfernte Hindeutung vorzuliegen (s. zu 1, 2). Es wäre auch zu verwundern, wenn das nicht so wäre. Das israel. Volk vor und nach Mose war ein Glied einer grösseren Völkerfamilie und hatte schon lange mit semitischen und aussersemitischen Völkern in Verkehr gestanden, und war wie in Sitten und Gebräuchen, so auch in Kenntnissen und Vorstellungen mit einem grösseren Völkerkreise verwachsen; manche seiner alten mythologischen Vorstellungen schimmern noch lange nach Mose vielfach durch; auch über die Weltentstehung hatten sich längst bei ihm volksthümliche Anschauungen festgesetzt; sehr verkehrt wäre es, anzunehmen, dass es dieselben erst im persischen Zeitalter von den Babyloniern sich angeeignet hätte. Es versteht sich aber, dass durch den mosaischen Gottesglauben wie das übrige Leben und Denken des Volks, so auch jene hergebrachten Anschauungen gereinigt und umgestaltet werden mussten, wenn nicht schon das einfachere ältere Gottesbewusstsein der Israeliten hier vorgearbeitet hatte. In der That liegt der unvergleichliche Vorzug der bibl. Schöpfungserzählung nicht in dem stofflichen Unterbau oder in neuen physikalischen Aufschlüssen, die sie gäbe, sondern in der Durchdringung des hergebrachten Stoffes mit dem höheren Gottesglauben. Dabei fällt das Hauptgewicht gar nicht einmal auf die Benennung Gottes als des Schöpfers, denn von einem Schaffen oder Bilden der Welt durch die Gottheit reden fast alle alten Völker; wie die Inder von ihrem Viçvakarman d. i. Allschöpfer sprechen, so betiteln die Perser ihren Ahuramazda als den grossen Gott, „welcher diese Erde schuf, welcher jenen Himmel schuf, welcher den Menschen schuf"; sondern alles kommt an auf die Durchführung dieses Begriffs, auf die Art und Weise, wie dieses Schaffen gedacht wurde, und diese selbst hängt wieder ab von der Art, wie Gott gedacht wurde (*Ew.* JB. I. 80). Weil hier die richtige scharfe Scheidung von Gott und Welt vollzogen und Gott in seiner vollen Erhabenheit, Geistigkeit und Güte gedacht ist, darum ist auch die Vorstellung vom Hergang der Schöpfung erhabener, würdiger und richtiger, als irgend wo sonst, ohne Beimischung des Grotesken und Phantastischen, einfach, nüchtern, klar und wahr. Dieser Gott entwickelt sich nicht erst in und mit der Schöpfung zu einer höheren Stufe seines Daseins oder zu einer Reihe Einzelgötter, sondern hat sein vollkommenes Sein vor ihr und unabhängig von ihr; er braucht nicht die vielen Umwege und allerlei äussere Mittel, um zum Ziele zu gelangen, sondern er will, dass etwas werde, und es wird; er verliert sich nicht schaffend in das Geschaffene, lässt auch nicht bloss leidend die Dinge aus sich hervorgehen, sondern thätig

bringt er sie hervor und erhält sich unabhängig davon in der Selbigkeit seiner ewigen Gottheit; er hat keinen Gegensatz sich gegenüber,
nichts ausser sich, das er nicht oder nur allmählig überwinden könnte,
sondern alles ausser ihm steht seiner freien Verfügung offen; es kann
ihm nicht begegnen, dass ihm etwas unvollkommen geräth, sondern
alles, was er macht, ist vollkommen, seinem Zweck entsprechend, gut;
er weiss, was er will, und fügt in klarem bewusstem Fortschritt
Werk zu Werk bis zu seinem letzten Ziel. Da ist nichts mehr, was
auch ein geläutertes Denken Gottes unwürdig erscheinen lassen könnte,
und sollte einmal der Versuch gemacht werden, das Geheimniss des
Schöpfungsvorganges, das dem Menschen nothwendig immer ein Geheimniss bleiben muss, für die menschliche Vorstellungsfähigkeit zu
zeichnen, so konnte ein erhabenerer und würdigerer nicht gemacht werden. Mit Recht ist das als ein Beweis für den Offenbarungscharakter
dieser Erzählung geltend gemacht worden: nur da, wo Gott nach seinem wahren Wesen offenbar geworden ist, konnte sie verfasst werden;
sie ist ein Werk des Offenbarungsgeistes. Aber die Vorstellung, dass
dieselbe auf rein übernatürliche Weise einmal plötzlich in den Geist
eines Menschen hineingeworfen worden sei, und dass alle ihre einzelnen Angaben historische Wahrheit seien, ist zurückzuweisen. Denn
selbst diese göttlichste aller Schöpfungserzählungen trägt in ihrem
stofflichen Theil d. h. in den zu Grund liegenden physikalischen Voraussetzungen das Gepräge der beschränkten Erkenntniss des Alterthums
an sich. ⚹

5. Versuche, die Erzählung der Bibel gerade in ihrem physikalischen Theil mit den Ergebnissen der Naturwissenschaften in Einklang
zu bringen, sind in Menge gemacht worden (vgl. über solche *LDiestel*
Geschichte des A. T. in der christl. Kirche 1869 S. 726 ff.; *FWSchultz*
die Schöpfungsgeschichte nach Naturwissenschaft u. Bibel 1865; *Reusch*
Bibel u. Natur [4], 1876; *Baltzer* bibl. Schöpfungsgeschichte 1867—72;
Zöckler in der Zeitschrift „Beweis des Glaubens“ 1865 ff.; Urgeschichte
der Erde und des Menschen 1868; Geschichte der Beziehungen zwischen Theologie und Naturwissenschaft, 2 Bde. 1877—79). Sie lassen
sich aber höchstens im allgemeinen, nicht im einzelnen durchführen.
Einestheils nämlich erhebt die Astronomie Widerspruch dagegen, dass
die Schöpfung der Sternenwelten erst nach Herstellung der mit Pflanzen
bewachsenen Erde erfolgt sei; sie vor die Herstellung des Himmels
und der Erde, also vor Cap. 1, 6, oder gar vor Cap. 1, 2 zu setzen
und anzunehmen, dass in Cap. 1, 14 ff. nur von einem Sichtbarwerden
dieser Himmelskörper auf der Erde die Rede sei, verbietet ebenso der
Wortlaut des Textes wie die notorische Unbekanntschaft des Alterthums
mit dem wahren Wesen derselben. Anderntheils zeugen die sicheren
geolog. Thatsachen von einer ganzen Reihe von Bildungsepochen der
jetzigen Erde, welche in unserer Erzählung weder berücksichtigt sind,
noch auch darin untergebracht werden können. Sie erst nach der
Gen. 1 erzählten Schöpfung zu setzen und im wesentlichen aus der
Wirkung des Diluviums oder der Diluvien abzuleiten (die sog. Sint-
fluthhypothese, vertreten von vielen Älteren, neuerdings noch von

Keil), ist darum unmöglich, weil mindestens alle von der Tertiärformation abwärts liegenden Gestein- und Petrefaktenbildungen, vor allem die Steinkohlenbildung aller Menscheitsgeschichte vorausgegangen sein müssen (*Zöckler* Gesch. II. 143—193. 497 f.). Sie vor die Gen. 1 erzählte Erd- und Himmelschöpfung zu legen, geht nicht an, weil Cap. 1, 1 ff. deutlich von der ersten Schöpfung der Erde die Rede ist. Wollte man sie aber in die V. 2 fixirte Zeit des chaotischen Zustandes hineindenken und annehmen, dass eine ursprüngliche Erde wiederholt durch verschiedene Katastrophen zerstört worden sei, und V. 3 ff. von der Wiederzurechtbringung der chaotisch verwüstet gewesenen Erde durch Gott die Rede sei (Restitutionshypothese, seit *JBöhme* von vielen angenommen, zB. *Kurtz* Bibel u. Astronomie[5] 1864; s. bei *Zöckler* II. 510 ff.), so würde auch hiegegen der Text Widerspruch erheben, der von einer wiederholten Zerstörung der ursprünglichen Erde und einer wiederholten Neuordnung derselben nichts weiss, vielmehr einer solchen widerstreitet (s. zu 1, 2), und durch seine Angaben von einer erst später erfolgten Bildung des Himmels und der Gestirne das Dagewesensein einer Erde mit organischen Wesen ausschliesst. Endlich die jetzt beliebteste Auskunft (zB. *Del.*; s. bei *Zöckler* H. 499 ff.), die von der Geologie postulirten Erdbildungsperioden mit den 6 Tagen unseres Berichts in der Weise zu combiniren, dass man aus diesen Tagen unbestimmt lange Bildungsperioden macht (Übereinstimmungshypothese), hat nicht bloss die Umdeutung des Begriffs Tag (s. 1, 5) zu ihrer Voraussetzung, sondern kann auch selbst durch dieses Mittel keine Übereinstimmung der geologischen Perioden mit den 6 Schöpfungstagen erzielen, weil (auch abgesehen von der bestimmten Zahl 6) nach den Thatsachen der Paläontologie ältere Thierwelten nicht erst nach den älteren Pflanzenwelten, sondern zugleich mit diesen untergegangen sind, während nach Cap. 1, 10 u. 12 die Bildung der Erde und die Entwicklung der Pflanzenwelt schon abgeschlossen und durch das göttliche Billigungsurtheil versiegelt ist, ehe nur irgend welche Thiere erscheinen. Die sog. ideale Concordanz, auf welche *Zöckler* II. 538 f. 546 f. hinauskommt, bedeutet doch nichts anderes, als dass man nur in den wesentlichen Hauptzügen, nicht aber im einzelnen die Übereinstimmung durchführen könne, und im übrigen ist zuzugeben, dass unter allen alten Theorien die bibl. Erzählung den Ergebnissen der Naturwissenschaft am nächsten kommt. — Kann aber hiernach von einer historischen Wirklichkeit des physikalischen Hergangs in der Schöpfungserzählung keine Rede sein, so erweist auch die Vergleichung des übrigen A. T., dass während des Bestandes des alten Volks diesem Theil unserer Erzählung dogmatische Geltung nicht zugeschrieben wurde. Sogleich Gen. 2. gibt über die Aufeinanderfolge der Entstehung der organischen Wesen eine andere Vorstellung an die Hand; Ij. 38, 4—7 setzt bei der Gründung der Erde das Dasein der Gestirne schon voraus; von einer ängstlichen Nacherzählung der Einzelheiten von Gen. 1 findet man, so oft auch von der Bildung Himmels und der Erde als einer That Gottes die Rede ist, nirgends eine Spur; der altüberlieferte Begriff des Chaos, von dem

Gen. 1 ausgeht, kommt weiterhin gar nicht mehr in Betracht; Stellen wie Ij. 38, 4 ff. Prov. 8, 24 ff. Ps. 24, 2. Ij. 26, 7—10 u. a. heben bei Schilderung der Schöpferthätigkeit Gottes wieder ganz andere Seiten der Sache hervor, und selbst Ps. 104, der auf Gen. 1 ruht und in der Ordnung der Werke sich möglichst genau daran anschliesst, legt wenigstens auf die 6 Tage keinerlei Gewicht (*Ew.* JB. III. 110 ff.). Gerade bezüglich der Einzelheiten des Hergangs finden wir in der Zeit der Geistesfreiheit des alten Volkes keine feste Lehre, sondern Abweichungen je nach der individuellen Auffassung oder dem jeweiligen Stande der physikal. Einsicht, sogar Fortbildung älterer Anschauungen, so zB. Ij. 26, 7, wenn das Erdganze als im leeren Raum schwebend von Gott erhalten gedacht wird. Aber dass Gott alles schuf, dass er durch seinen Geist und sein Wort (Weisheit) schuf und schafft, dass er selbstbewusst nach Zwecken in wohlgeordneter Stufenfolge seiner Werke schuf, dass er im Menschen sein höchstes irdisches ihm ähnliches Werk schuf und die ganze uns sichtbare Schöpfung auf den Menschen hin, dass er der jetzigen Ordnung der Dinge mit dem Ende der Schöpfung einen relativen Abschluss gab, in diesen Glaubenswahrheiten stimmt das ganze A. T. mit unserer Erzählung überein. — Von verschiedenen Seiten her kommt man somit auf denselben Satz, dass gewisse unabhängig von der Religion vorhandene Anschauungen oder Erkenntnisse vom Weltganzen und seinen Theilen und ihrer Bildung, und das Licht der Grundsätze der Offenbarung über Gott, Welt, Mensch zur Herstellung unserer Schöpfungserzählung zusammengewirkt haben. Dass die Durchdringung jenes Stoffs mit diesem Licht erst auf Grund der mosaischen Stiftung sich vollzogen haben kann, ist einleuchtend, und erweist sich im besonderen aus der Beziehung, in welche die Schöpfung mit der Sabbathidee gesetzt ist. Dass jene Durchdringung aber nicht erst vom Vrf. dieses Stücks vollzogen, sondern in der Hauptsache wenigstens als eine schon vorhandene von ihm aufgenommen wurde, ist schon S. 2 und 9 bemerkt. Wohl aber ist von ihm die kunstvolle wohlgeordnete Darstellung. ‹

6. Ausgehend von dem Satz, dass Gott das gesammte All erschaffen hat, greift er gleichwohl in der Ausführung der Art und Weise dieses Schaffens nur zurück auf den überkommenen Begriff des Chaos, und ohne dessen Ursprung weiter zu verfolgen, beschreibt er die Schöpfung als ein durch das Wirken des Geistes vorbereitetes, stufenmässig fortschreitendes Herausbilden der einzelnen Theile der Welt vermittelst des Machtwortes Gottes, vermöge dessen das Ungetrennte getrennt, das Ordnungslose geordnet, das Rohe und nur keimartig Vorhandene gebildet und entfaltet wird. Wie es die Einfachheit der Darstellung erfordert, werden nun aber nicht alle die unzähligen einzelnen Werke, sondern nur die grossen Theile der Schöpfung und von den Einzelwesen die Hauptgattungen in ihrem Werden vorgeführt. Acht Hauptwerke sind es: 1) Licht als die Vorbedingung aller weiteren Ordnung und Bildung; 2) Scheidung der chaot. Urwasser durch das Himmelsgewölbe; 3) Trennung von Wasser und Festland auf der Erde; 4) Ausschmückung der Erde mit dem Pflanzenwuchs; 5) Ausschmückung

des Himmels mit den Lichtkörpern; 6) Hervorrufung der Lebewesen des flüssigen Elements, der Luft- und der Wasserthiere; 7) Bildung der Landthiere; 8) bis endlich als höchstes und letztes der Lebewesen der Mensch hinzukommt, als Ebenbild Gottes, der Herrscher der Erde. Jedes dieser 8 Werke ist durch das einleitende *Gott sprach* als ein besonderes kenntlich gemacht, und ist aus diesem Grunde an eine Zehnzahl der Werke (*Kn.*, der das Chaos als besonderes und die Wasser- und Luft-Thiere als 2 Werke zählt) nicht zu denken. Die Richtigkeit des Stufenfortschritts unter diesen 8 leuchtet von selbst ein. Nur die Gestirne befremden an 5. Stelle. Heiden, welche dieselben göttlich verehrten, hätten sie vorangestellt; beim Israeliten stehen sie mitten unten den Werken, zwischen Pflanzen und Thieren, nicht weil für diese beiden (*Kn.*) oder für die Thiere (*Del.*) ihr Dasein die nothwendige Voraussetzung ist, sondern als einer Bewegung und Thätigkeit (Jud. 5, 20. Ij. 38, 7. Jes. 40, 26 u. a.) fähige (*Tuch. Ew.* a.) eröffnen sie die Reihe der Einzelwesen, und damit die 2. Hälfte der Achtzahl, welche in ihrer Reihenfolge der der ersten Hälfte (5 : 1; 6 : 2 und 3ᵃ; 7 : 3ᵇ; 8 : 4) ziemlich genau entspricht (*Herder, Buttmann, v. Bohl., v. Cölln* bibl. Theol. I. **171**, *Tuch, Lutz* bibl. Dogm. **51**; *Ew. Del. Schrad.* S. 6 ff.). Der Gedanke, dass die 5 ersten Werke die Herrichtung der Wohnstätte für die Lebewesen, die 3 letzten die Erfüllung der Wohnung mit Bewohnern bezwecken (*Riehm* Stud. u. Krit. 1866 8. 560 ff.), erklärt nicht, warum die Gestirne erst an 5., und nicht etwa an 3. oder 4. Stelle auftreten. Vollends unthunlich ist es (*Grill* S. 115 ff), die Vierzahl der beiden Hälften auf die Dreizahl des indischen Trilôka (Himmel oder Lichtraum, Luft, Erde), zurückführen zu wollen. — Eben so deutlich aber wie die Achtzahl (2 × 4) der Werke, tritt im Text die Sechszahl des Sechstagewerks hervor, welches selbst hinwiederum mit der Sabbathsidee zusammenhängt. ⸰ Obgleich nämlich nach durchgehender Schriftlehre Gott immer schafft, so geschieht das doch nur auf Grund der schon geordneten Welt und ihrer Verhältnisse. Die Zeit, da diese jetzige Welt entstand, war eine Zeit unruhiger, gewaltiger Arbeit, gegen welche die Jetztzeit wie eine Zeit göttlicher Ruhe nach der Arbeit erscheint. Ist aber diese die Sabbathszeit, so ist die Herstellung dieser Ordnung die sechstägige Wochenarbeit. — Beide Eintheilungen (in 8 Werke und in 6 Tage) sind nun in der Weise mit einander verbunden, dass je 2 Werke auf 1 Tag, nämlich das 3. und 4. auf den 3., das 7. und 8. auf den 6. Tag zusammenfallen. Die Theilung der 8 Werke und 6 Tage in zwei Hälften und die Symmetrie beider Hälften tritt so nur noch deutlicher hervor. Insoweit wäre sogar möglich, dass beide Eintheilungen gleich ursprünglich wären. Beobachtet man aber, dass zur Erzielung dieser Symmetrie zwei an sich nicht enger zusammenhängende Werke (das 3. und 4.) auf einen Tag zusammengezogen, dagegen zwei (kraft der bei V. 7 fehlenden Billigungsformel und kraft der Zusammenfassung der Wasser- und Luftthiere V. 20—22) enger zusammengehörige (das 2. und 3.) auf 2 Tage auseinander gelegt wurden (*Ew.* bibl. Theol. III, 46; *Grill* 126), und dass nun von durch Abend und

Morgen entstandenen Tagen noch vor der Erschaffung der Himmelskörper die Rede wird, dadurch aber eine Schwierigkeit hereinkommt,
welche zwar durch die Weltansicht der Alten (s. zu V. 5) gemildert,
aber nicht beseitigt wird, so wird man dem Zugeständniss nicht ausweichen können, dass die Sechstheilung jünger und die Achttheilung
erst eingefügt ist (*Gabl., Ziegler, Ilg., Pott, Ew. A.*). Wogegen von
einer Collision des ראשית V. 1 und des Chaos V. 2 mit dem 1. Tag
(*Wellh.* Jahrb. f. D. Theol. XXII. 457) bei richtigem Verständniss keine
Rede sein kann. — Eine wichtige und wesentliche Wahrheit dieses
Berichts (im Gegensatz gegen die heidnischen), ist aber noch, dass Gott
alles gut d. h. in derjenigen Vollkommenheit und Schönheit, die seiner
eigenen Güte entspricht, geschaffen hat. Das hat der Vrf. sehr geflissentlich bei den einzelnen Werken hervorgehoben. Die Bemerkung
fehlt nur beim 2. Werk, wenigstens im mass. Text, und nicht ohne
Grund (s. zu V. 8), und beim achten, weil das damit Auszudrückende
durch die Gottebenbildlichkeit schon viel bezeichnender ausgedrückt
war, dagegen steht sie am Schlusse V. 31, bezüglich auf das Ganze
der 8 Werke in ihrem Zusammenhang, und findet sich somit 7mal,
schwerlich ohne Absicht. — Ob auch bei einigen andern öfter vorkommenden Formeln feste Zahlen beabsichtigt seien (*Schr.*), mag dahin
gestellt bleiben. Das וַיְהִי־כֵן kommt im mass. Text nur 6 mal, bei den
LXX aber (V. 20) 7 mal; 'א וַיִּקְרָא dreimal (V. 5. 8. 10), während
es auch V. 16 noch stehen konnte, aber nicht musste, ebenso 'א יְבָרֶךְ
3 mal (1, 22. 28. 2, 3), während es V. 25 zwar stehen, aber mit
Rücksicht auf V. 30 auch fehlen konnte. Das וַיֹּאמֶר endlich kommt 10
mal, und M. Aboth 5, 1, *Del.* 74 legen Gewicht darauf, dass die
jetzige Weltordnung gerade durch ein 10maliges Schöpferwort hervor-
gerufen sei, indessen לֵאמֹר V. 22 hat dieselbe Geltung und umgekehrt
V. 28 haben die LXX für 'א ל' וַיֹּאמֶר blos לֵאמֹר. Sollten in diesen
untergeordneten Dingen wirklich hl. Zahlen beabsichtigt sein, so dürfte
das eher jüngern Überarbeitern als dem Vrf. selbst zuzuschreiben sein.
Aber dass auch das ganze Fachwerk der 6 Tage (also 1, 5ᵇ. 8. 13.
19. 23. 31ᵇ) und dazu 2, 2ᵇ. 3ᵇ erst von einem jüngern Überarbeiter
eingefügt und im ursprünglichen Text des A die Schöpfung in 7 Acte
oder Tage, geschieden durch die 7 Billigungsformeln, in der Weise
zerlegt gewesen sei, dass 1. Licht, 2. Scheidung der Wasser (V. 6—10),
3. Pflanzen, 4. Gestirne, 5. Fische und Vögel, 6. Landthiere, 7. Mensch
(am 7. Tage geschaffen) sich folgten (*Wl.* XXII. 456 ff.), ist eine will-
kürliche und sachlich unmögliche Annahme (s. zu 2, 2). Vielmehr
kann das Sechstagewerk nur vom Vrf. selbst abgeleitet werden, und
daraus folgt dann nach rückwärts, dass ihm die Achttheilung der Werke
schon in einer Vorlage gegeben war. (Über einen andern Vorschlag
zur Herstellung des angeblich ursprünglichen Textes von *G. d'Eichthal*
s. GGA. 1875 S. 897 ff.). Die neuerdings von *Budde* (Urgesch.
S. 470—496) vorgetragene Meinung, dass in diesem Stück dem A
eine aus assyrisch-babyl. Quelle aufgenommene Schöpfungsgeschichte
des J² (d. i. C²) als Vorlage gedient habe, ist nicht mit wirklichen
Beweisen gestützt, sondern aus einer Reihe recht fragwürdiger oder

geradezu unialtbarer Hypotiesen künstlich herausgesponnen. — Im übrigen zeigt sici, dass der Vrf. scireibend sici der einzigen Hoieit seines Gegenstandes vollkommen bewusst war: kein Wort zu viel, und doci alles klar und woil bestimmt; nirgends etwas Künstlicies und Gesucites, nur einmal an geeigneter Stelle lässt er sici zu geiobener Dichterrede emportragen (V. 27); selbst die hochalterthümlichen Ausdrücke, die er da und dort (V. 2. 24) anwendet, sind iim offenbar mit der Sacie aus der Vorzeit überkommen, dienen aber trefflici dazu, den Eindruck eriabener Würde zu meiren.

Besondere Hilfsmittel zu Cap. **1.**: *JGHerder* älteste Urkunde des Menschengeschlechts 1774, 3 Thle. *JGRosenmüller* antiquissima telluris iistoria 1776. *DJPott* Moses u. David, keine Geologen 1799. *Umbreit* in den Studien u. Kritiken 1839 S. 189—209. *Ewald* Jahrbb. der bibl. Wissensciaft, 1848. I. S. 76 ff. u. 1850. II. S. 108 ff., u. bibl. Tieol. III. 45 ff. *Schrader* Studien zur Kritik u. Erklärung der bibl. Urgesciicite 1863 S. 1—57. *FWSchultz* die Schöpfungsgesciicite 1865. *Riehm* der bibl. Schöpfungsbericht, Halle 1881. Zu Cap. 1—3: *FChThormeyer* krit. Versuci über die mos. Urgesciicite, 1788. *JGEichhorn's* Urgeschischte, herausg. von *JPhGabler* 1790/3 3 Bde., und *Gabler's* neuer Versuci über die mos. Sciöpfungsgesciicite 1795. *PhButtmann* Mythologus 1. S. 122—152. Vgl. auci die bibl. RWB. u. Erde, Sciöpfung, Welt.

V. 1—5. Erster Tag und **1.** Werk: aus dem durch den Geist Gottes zubereiteten Ciaos ruft Gott das Licit iervor. V. 1 nach den alten Übers., Mass. u. den meisten Auslegern: *im Anfang schuf Gott den Himmel und die Erde.* Bei dieser Auffassung darf man *im Anfang* keinenfalls als relative Bestimmung (= *zuerst*) im Gegensatz zu einem folgenden zweiten, dritten u. s. w. versteien. Denn wollte man den Gegensatz in V. 3 ff. finden (darnaci das Licit u. s. w.) und verstünde demnaci V. 1 *Himmel und Erde* als den blossen Weltstoff, gleici der ciaot. Masse V. 2 (*Calv. Münst. Pisc. Gerh. Gabl. Rosm. Ges. Kn. Wl.*), so wäre das darum falsci, weil יהארץ השמים nur das geordnete Weltall (2, 1), nicit den roien Weltstoff bedeutet, und weil dann V. 2 fortgefairen sein müsste וְהַשָּׁמַיִם וְהָאָרֶץ הָיי, wie ja wirklici der Stoff des Himmels in der wüsten Erde liegt (V. 6—8). Wollte man aber (*Dath. Thorm. JGRos. Kurtz. Baumg.* und die Vertreter der Restitutionshypothese) den Gegensatz in V. 2 finden: *dann aber wurde die Erde wüste* u. s. w., so wäre das syntaktisci falsci (s. zu V. 2) und bräcite den Vrf. mit sici selbst in Widerspruci, sofern er von der Schöpfung des Himmels V. 6 ff. erzäilte, oine von der Verwüstung des früieren Himmels etwas gesagt zu iaben. Endlici wollte man den Gegensatz ausserialb dieser Erzäilung z. B. in Cap. 5, also in dem, was naci der Sciöpfung im gesciaffenen Weltall gesciai (*Del*), finden, so gälte dagegen, dass nirgends naci Cap. 1 auf dieses בראשית Rückbezug genommen ist, auci eine solcie Wendung wenig sinnvoll wäre. Vielmeir muss bei obiger Fassung בראשית im absoluten Sinn (wie ἐν ἀρχῇ Joi. 1, 1; vgl. מֵרֹאשׁ oine Artikel Jes. 40, 21) genommen werden: *uranfänglich*, und beruit woil eben daraul auci die Wahl des sonst nicht vorkommenden Ausdrucks בראשית, während bei Aufzählungen und relativen Zeitbestimmungen תְּחִלַּת, בִּתְחִלָּה, בָּרִאשֹׁנָה gebraucht zu werden pflegen. Dass aber der Gebrauch des ראשית für den zeitlichen Anfang dem späteren Hebraismus eigenthümlich und ein Aramaismus sei (*Wl.* Prol. 411), ist sowohl in Anbetracht von Hos. 9, 10. Mich. 1, 13. Prov. 17, 14. Ij. 8, 7. 42, 12. Dt. 11, 12, als auch darum unrichtig, weil gerade die aramaisirenden Juden (ausser wo sie auf die Schöpfung anspielen wollen, wie Trg. Jes. 40, 21. 41, 4) nie בראשית, sondern בקדמין, מלקדמין, מן אוילא, באוול u. dgl. sagen. Neben dieser gewöhnlichen Auffassung des V. 1 (von der *Geiger* Urschrift 344. 439. 444 auf Grund der Mechilta meint, dass erst die LXX sie in Aufnahme gebracht haben) kommt aber noch eine andere in Betracht, bei welcher man in Anbetracht davon, dass ראשית *Anfang* (ausser Jes. 46, 10) nur im st. c. gebraucht zu werden pflegt, übersetzt *im Anfang, da Gott schuf* (*Raš. Abene. Valbl, Grot. Ilg. Bohl. Ew. Buns. Böttch. Geig. Schr.* a.) und als Nachsatz dazu nicht V. 2 (*Abene, Grot.* a.), der nur eingeschobener Zustandssatz sein kann, sondern V. 3 *da sprach Gott* nimmt. Man könnte dann בְּרֹא lesen (*Böttch.* Nähr. 1, 2—9 u. a.), doch wäre auch das Perf. unanstössig (nach Hos. 1, 2. Dt. 4, 15; *Ew.* 332[d]), und gegen den Einwand, dass eine so zusammengesetzte Periode zu Anfang der Erzählung unannehmbar sei, vgl. 2, 4 ff. (*Schr.* S. 48—52). Bedenkt man nun weiter, dass die jetzige Unterschrift des Stücks (2, 4[a]) ursprünglich wahrscheinlich Überschrift war, und nach dieser Überschrift (אלה תיל' הש' וארא' יהו') V. 1 als selbstständiger Satz oder als Zeitsatz entbehrlich war, so wird man zu der Vermuthung geführt, dass erst R, der die Überschrift zur Unterschrift machte, dem V. 1 seine Fassung gab, indem er dem durch Wegfall von ונו' ח' א' vorn isolirten Zusatz בבראם ונו' durch das vorausgesetzte בראשית eine Stütze gab, und kommt auch von hieraus auf die zweite der obigen Fassungen als die ursprünglich beabsichtigte. בָּרָא] im Pent. in der Regel bei A, aber auch bei C R (Gen. 6, 7. Ex. 34, 10. Num. 16, 30) und R[d], wenn nicht D (Dt. 4, 32), sonst Am. 4, 13. Jes. 4, 5 (Mass.). Jer. 31, 22 und von Ez. an abwärts, am häufigsten in Jes. 40 ff., ist der eigenthümliche Ausdruck für das mühelose, freie Bilden oder *Schaffen* Gottes, und nur für dieses im Gebrauch. Es ist weder ein junges, noch ein aus dem Aramäischen oder gar Arischen eingewandertes (*Wl.* Gesch. I. 349. 399; modificirt in Prol. 411) Wort. Um zu erkennen, dass das göttliche Schaffen ein anderes ist, als das menschliche Bilden, dazu bedurfte es keiner Theologen und Sopherim, und dass Israel für die Bildung seiner religiösen Erkenntniss und Sprache nicht beim Ausland in die Schule gieng, dürfte für Unbefangene klar sein; zum Überfluss erhellt es aus der Bedeutung, welche aram. Lehnwörter wie סגד, כשף, פמר bei ihm bekamen. Vielmehr ist Wort und Begriff erst durch die Juden zu den Syrern und Arabern gekommen. Schwerlich ist es mit בָּרָא *hauen, aus-, behauen* (*Ges. thes.* und *Del.* Gen.[4] 76) zuzammenzubringen;

vielmehr scheint die hebr. Bedeutung entwickelt zu sein aus (פָּרַר) بَرَأَ

frei machen und *lassen, hervorgehen lassen, zur Erscheinung bringen*
(vgl. *Beidh.* zu Sur. 2, 51); dafür spricıt aucı, dass es nie, wie
andere Verba des Bildens (*Ew.* 284ᵃ), mit dem Acc. des Stoffs verbunden wird, sowie der Spracıgebraucı in Stellen wie Num. 16, 30.
Würde überhaupt beim אָרָב Gottes auf den Stoff Bezug genommen, so
wäre er (wie im Arab.) mit מִן einzufüıren. אֱלֹהִים] nicıt von dem
specifisch arabiscıen أَلِيَ (وَلِ) *scheu, ängstlich sein*, als bedeutete es
„Gegenstand der Furcıt" (*Fleischer* bei Del.⁴ 57), abzuleiten, überıaupt von אַל (über die Frage, ob das entspreıende bab.-ass. *ilu*
langes oder kurzes *i* ıabe, s. *Del.* Paradies 165; *PHaupt* akk. sum.
Scırifttexte IV. 176 u. *Schrad.* KAT.² 11) nicıt zu trennen, sondern aus diesem erweitert (vgl. אֱלֹהוּת, ܡܶܚܕܳܐ, ܐܰܚܶܕ, شِفَآء u. a.;
s. jetzt aucı *ENestle* in Tıeol. Stud. aus Würt. III. 243—258),
letzteres aber woıl nicıt auf אוּל (*Ges.*, nocı *Hitz.* in Zeitscır. f. wiss.
Tıeol. XVIII 1875. S. 4 und *Nöld.* in Berl. Akad. M. B. 1880 S. 774),
sondern eıer auf אלה (*Ew.* 178ᵇ. Jahrb. X. 11; *Lagarde* Oriental.
II. 3 ff.; nacı *Halévy* in Revue des études Juives 1884 p. 177 f. auf
יאל) zurückzufüıren, waırscıeinlicı bedeutend (nicıt „Herr" *Nöld.*,
nicıt „welcıem man zustrebt" *Lag.*, nicıt „Zuflucıt" *Hal.*, sondern)
Macht s. 31, 29 (wogegen *JDMüller* Zur vergleicıenden semit. Spracı-
forscıung 1884 S. 28 f. אל für den nicıt weiter zu deutenden Eigennamen eines ursemitischen Gottes ıält), also אלהים eig. *Mächte*, im
Hbr. der gewöınlicıe und allgemeinste Gottesname, bei A zugleicı der
vorpatriarchalische. *Himmel und Erde*] bei den Hebräern die gewöhn-
licıe Bezeicınung des Begriffs *Welt*, für welcıen das AT. nocı keinen
einıeitlicıen Ausdruck (ıöcıstens הֶלֶד Jer. 10, 16) ıat, aber nur der
jetzigen oder geordneten Welt, κόσμος, nicıt des Weltstoffs (s. S. 15
und gegen *Kn.* scıon *Böttch.* NÄhr. 1, 5 f.); die Dreitheilung des
Alls (Himmel, Erde, Wasser oder H., E., Unterwelt) tritt im AT. nur
nocı selten ıervor z. B. Ex. 20, 4 (*Ew.* JB. I. 87). — V. 2. Zustandssatz: nicıt Nacısatz zu V. 1 (*Aben. Grot.* a.), aucı nicıt Fortsetzung der Erzäılung V. 1 *und die Erde wurde wüste* (*Kurtz* a.),
was וַתְּהִי הָאָרֶץ lauten müsste, sondern den Zustand bescıreibend, in
welcıem die Erde war, als Gott, scıaffend, das Wort V. 3 spracı,
somit: *die Erde war aber w.* Das Prf. הָיָה in diesem Fall wie Cap.
3, 1. Jud. 8, 11. Dass die Meinung nicıt sein kann: *die Erde aber
war geworden* ergibt der Zusammenıang. Ausserdem durfte der Vrf.,
wenn er eine Veränderung des V. 1 Gescıaffenen melden wollte, nicıt
die *Erde* oıne den *Himmel* nennen, vgl. V. 7 f. Vᵃ bescıreibt die
cıaotiscıe Erde, in der der spätere Himmel eingescılossen ist, zunäcıst als תֹהוּ וָבֹהוּ] d. ı. als ein ordnungs-, gestalt- und wesenloses
Einerlei oder Durcıeinander (ὕλη ἄμορφος Sap. 11, 18).† Zu der
Malerei mit einem ľaar zusammenklingender Namen vgl. 4, 14. 18, 27.
21, 23. Naı. 2, 11. Seph. 1, 15. Ez. 6, 14 u. ö. Die Namen smd
scıon iırer seltenen Bildung nacı (*Ew.* 146ᵈ) uralt und dem Vrf.
mit der Erzäılung überkommen (vgl. das phönik. *Βάαυ* S. 7. und

beachte die Rathlosigkeit der aram. Übersetzer bei Deutung derselben).

Zwar תֹהוּ (von תָּהָה, aram. תְּהָא, arab. تِيهٌ Wüste) Wüste, Öde ist im Hebr. in verschiedenen Bedeutungen immer gebräuchlich geblieben, aber בֹהוּ (von בָּהָה, بَهِيَ) Leere kommt nur noch Jer. 4, 23 u. Jes. 34, 11, und zwar ganz offenbar aus der Schöpfungserzählung entlehnt, vor. Zu diesem Begriff der gestaltlosen Masse kommen in וְחֹשֶׁךְ—תֹהוּ] als weitere Merkmale hinzu das Vorherrschen des Wassers und die Finsterniss, die darauf liegt. Nämlich תְּהוֹם (von הוּם brausen) ebenfalls ein uraltes Wort (ass. tihamtu) und fast mythologisch wie Okeanos, daher immer ohne Artikel (ausser in der jüngeren, mehr appellat. Anwendung im Plur. Jes. 63, 13. Ps, 106, 9), und ursprünglich weiblich gedacht die brausende Fluth, ist hier deutlich die noch ungetrennte (V. 6) gesammte Masse der Urwasser, und wird Vᵇ durch הַמַּיִם erklärt. Ob der Vrf. den Urstoff als eine wässerige Masse dachte. oder einen festen Erdkern unter dem Wasser annahm, lässt sich kaum entscheiden; der Ausdruck V. 9 lässt beide Auffassungen zu; der Dichter von Ps. 104, 6 ff. hat die zweite. Jedenfalls ist nach dem Vrf. die Erde aus dem Wässerigen erst herausgestaltet (s. 2 Ptr. 3, 5). und ist ihm eine gestaltlose, wässerige, finstere (Erd)Masse die Voraussetzung aller weiteren Bildung Vᵇ. Dieses Chaos war aber, schon ehe Gott sein Wort sprach, nicht allein, sondern die רוּחַ אֱלֹהִים] war dabei, d. h. nicht ein Wind, welchen Gott zur Trocknung der Erdmasse sendete (Targ. Ephr. Saad. Abene. JGRos. Schulz, Dath. Vat. Schu.), weil מְרַחֶפֶת dazu nicht passt und die Befreiung der Erde von der Wassermasse V. 7 vielmehr durch Theilung der obern und untern Wasser erfolgt, sondern der Geist Gottes, der wie ein Hauch von Gott ausströmend, geschöpfliches Leben und Lebenskraft wirkt (Ps. 33, 6. 104, 29 f.). Ihm wird im Part. als eine dauernde Thätigkeit zugeschrieben רַחֵף] d. i. nicht blos ἐπιφέρεσθαι, ferri, schweben (LXX Aq. Sym. Theod. Vulg., mit absichtlicher Abschwächung). sondern, wie Dt. 32, 11 und رَخَمَ, zärtlich hegen, brüten, brütend und schützend überschweben. Dass das Wort ein spätes aram. Lehnwort sein werde (Wl. I. 400), dürfte mehr Wunsch als Wirklichkeit sein; arab. أرخم neben רחף weist auf gemein-semitischen Boden, und das angeblich besser hebräische רפף ist vielmehr erst im Targ. für diesen Begriff nachweisbar. Die Vergleichung des Geistes mit einem Vogel (Matth. 3, 16) liegt zu Grund, und selbst eine entfernte Beziehung auf das Weltei (Hottinger thes. phil. S. 348) dürfte darin noch durchschimmern, nur dass hier die sinnlich grobe Vorstellung zu einem zarten sinnigen Bilde verklärt ist: wie der Vogel über seinem Neste, so webt der alles durchdringende Gottesgeist über den Urgewässern, Lebenskräfte darin wirkend oder an sie mittheilend, und so die Schöpfung ermöglichend. Was dieser V. beschreibt, ist nur die Voraussetzung, noch nicht der Anfang der Schöpfung. Vrf. verfolgt die Schöpfung blos bis zur Herausbildung aus dem Chaos zurück, ohne sich über

dessen Ursprung auszusprechen. Man wird ohne Bedenken zugeben,
dass wenn er sich auf die Frage nach seinem Ursprung hätte einlassen
wollen, er auf Grund seines Gottesbegriffs sich hätte dahin entscheiden
müssen, dass die Welt auch ihrem Stoffe nach im göttlichen Willen
ihren Möglichkeits- und Daseinsgrund hat: Gott spricht, da wirds (Ps.
33, 9). Dass er jene Frage gar nicht aufwirft, ist ein Beweis für die
Alterthümlichkeit seiner Erzählung, welche sich noch an die urältesten
und den alten Völkern gemeinsamen Vorstellungen anschliesst, während
alle die anderen Schöpfungsdarstellungen der Bibel den Chaosbegriff
schon haben fallen lassen. Aber sein höherer Gottesbegriff macht sich
doch darin bei ihm geltend, dass er das Chaos nicht allein und für
sich seiend sich denken kann, sondern nur, indem der Gottesgeist dabei
und darüber war. Nicht dass zu dem Urstoff ein zweites höheres
Princip hinzukommt, ist hier das Eigenthümliche, denn auch keine der
heidnischen Kosmogonien konnte ein solches entbehren, mochte man
es Allgeist (Inder) oder "Ερως (vgl. ausser Hes. theog. 120 auch Par-
menides bei Plat. symp. p. 178; Arist. metaph. 1, 4; Lucian amor.
32, *Kn.*), oder πνεῦμα und πόθος (Phöniken) nennen; weil aber dass
dieses höhere Princip als der Geist des schaffenden *Gottes* bestimmt,
und nicht mit der Materie sich mischend, sondern frei darüber waltend,
und nicht erst mit der Zeit hinzukommend, sondern von Anfang an dabei seiend gedacht ist, ist hier von Wichtigkeit. — V. 3. Der Hauptsatz zu V. 1 f. Aus dem durch den Geist der Entwicklung fähig gemachten, annoch finsteren Chaos lässt Gott durch sein Allmachtswort
das *Licht* aufleuchten (2 Cor. 4, 6). Dass Gott *spricht* und es wird
darin liegt nicht blos die Leichtigkeit und Mühelosigkeit seines Schaffens
seine Allmacht, sondern auch, dass er als selbstbewusster, wollender
schafft. Er lässt nicht blos leidend und bewusstlos die Dinge aus sich
emaniren, bringt sie auch nicht hervor durch das blosse Denken, was
ein Ineinander von Gott und Welt voraussetzte, sondern durch seinen
Willen, dessen Äusserung oder Bethätigung nach aussen eben sein Wort
ist. Jedes einzelne Werk Gottes ist die Verwirklichung eines göttlichen Willensactes und eines diesem zu Grund liegenden Gedankens.
weist also durch sein Dasein auf ein Wort Gottes zurück. „Nachdem
der Geist ermöglicht hat, dass es werden kann, bestimmt das Wort,
dass und wie es werden soll" (*Ew.*). *Licht* ist das erste Werk, denn
Licht ist die Bedingung aller Ordnung, alles Lebens, zugleich die feinste
aller elementaren Kräfte. Dass das Licht hier als etwas für sich und
unabhängig von den Lichtkörpern erscheint, ist sogar auf dem Standpunkt der heutigen Naturwissenschaft nicht anstössig, ist aber im
übrigen der alterthümlichkindlichen Auffassung gemäss, wornach dasselbe als ein geheimnissvoller Stoff, an verborgenem Orte wohnhaft
(Ij. 38, 19. 20), gedacht wurde. (Über den Äther und die Hemera
bei Hesiod s. oben S. 5). — V. 4. *Und Gott sah das Licht dass
gut*] sah, dass das L. gut war, oder; und das L. ansehend fand er es
gut (*Ew.* 336ᵇ; vgl. Jes. 3, 10, auch Gen. 6, 2. 12, 14. 13, 10.
49, 15. Ex. 2, 2). Durch die Formel, die weiterhin noch 6mal
wiederkehrt, wird das Werk als ein dem Willen Gottes entsprechendes

vollkommenes, als Gegenstand seines Woilgefallens ausdrücklich anerkannt, zugleich aber dasselbe als fertig und abgeschlossen bezeichnet.
und Gott schied (machte eine Scheidung) *zwischen dem L. und der
F.*] weil erst nach der Billigungsformel angemerkt, beziet sich das
nicht auf die Ausscheidung des Lichts aus der Urmaterie, sondern auf
die Sonderung des L. und der F., die fortan sein soll: sie sollen als
getrennte Dinge (2 Cor. 6, 14) jedes sein besonderes Dasein, besondere
Erscheinungszeit (V. 5), besondern Ort (Ij. 38, 19 f. 26, 10) haben.
Mit dieser Wendung wird sehr fein die Finsterniss, obgleich weder als
ein eigenes Schöpfungswerk Gottes, noch als טוב bezeichnet, doch als
Gegensatz und Folie des Lichts und als wechselberechtigt mit dem
Licht, in die göttliche Weltordnung eingefügt (*Del.*). וחשׁך] ein ächt
hebr. Wort (u. das einzige für diesen Begriff, s. *Driver* in Journal of
Philol. XI. 219), geläufig bei A u. bei D, R^d; auch Lev. 20, 24 ff.;
demnächst noch bei Ez. und Jes. 40 ff., und besonders in dem Ge-
lehrten-Hebräisch des Chronisten, während die jüngere Volkssprache
חשׁיכה dafür gebraucht. — V. 5. Gott nennt das L. Tag und die F.
Nacht. Damit meint der Vrf. nicht, dass Gott diese bestimmten (hebr.)
Namen gebrauchte, sondern nur, dass er das durch dieselben Bezeichnete ausdrücklich zum Dasein bestimmte (ebenso V. 8. 10), also dass
das, was man in allen Sprachen unter Tag und Nacht versteht, an
sich und in seinem Wechsel mit einander auf seiner Anordnung beruht. In Folge der Scheidung V. 4 soll es *Zeiten* geben, wo das
eine, und Zeiten, wo das andere zur Erscheinung kommt. Damit wird
zugleich die Anknüpfung des V.^b Gesagten ermöglicht. Tag und Nacht
in ihrem Wechsel mit einander sind dem Vrf. vorhanden auch ohne
das Dasein der Gestirne, obgleich auch nach ihm (V. 14 ff.) diese die
Regulatoren dieses Wechsels sind. Um ihm diese Möglichkeit nachzudenken, darf man freilich nicht moderne Rotationstheorien (*Ke.*) ein-
mischen, von denen das Alterthum nichts wusste; wohl aber muss man
sich erinnern, dass im Sinne des Alterthums Sonne, Mond und Sterne
zwar besondere Träger des kosmischen Lichtes sind, aber darum die
Sonne nicht die einzige Urheberin der Tageshelle (Ij. 38, 12—15) ist,
sondern die letztere dadurch entsteht, dass die Lichtmaterie aus ihrem
Ort hervortritt und sich über die Erde verbreitet, die Nacht aber dadurch, dass diese Lichtmaterie wieder sich an ihren Ort zurückzieht
und die Finsterniss hervorkommt, auf geheimnissvolle Weise Ij. 38, 19 f.
(vgl. über die räumliche Abgrenzung beider am Ende der Erdscheibe
Ij. 26, 10). Dieselbe Anschauung bei Hesiod. theog. 746 ff. und in
der germanischen Mythologie (*Grill* 121 f.); vgl. auch, wie „die ῥοδο-
δάκτυλος ἠώς dem Sonnenwagen des Apollo vorauszieht" (*Tuch*).
ויהי ערב] *und es wurde* d. h. trat ein, kam zu Stand *ein Abend und
es wurde ein Morgen, Tag eins* d. i. ein erster Tag. יום אחד ist
Appos. zu ערב und בקר zusammen, die Summe der beiden durch Abend
und Morgen begrenzten Zeiträume angebend; die Grundzahl steht, weil
im Anfang einer zu zählenden Reihe diese Zahl genügt (*Ew.* 269^a;
vgl. Cap. 2, 11. 4, 19. 42, 27. 2 Sam. 4, 2; also kein Zeichen später
Sprache, die *Wl.* I. 400 darin sieht), in der Folge tritt dann die

Ordnungszahl ein V. 8 ff. *Tag* ist hier als dies civilis zu verstehen. Dass Vrf. zuerst עֶרֶב dann בֹּקֶר nennt, geschah nicht im Anschluss an die priesterliche und mit der Durchführung des Gesetzes zu immer ausschliesslicherer Geltung (Ps. 55, 18. Neh. 13, 19. Dan. 8, 14) gelangte Sitte, den dies civilis mit Sonnenuntergang zu beginnen (*Tuch*, *Baumg. Kn.*), welche Sitte zB. auch „bei den Arabern, allen Muslim, den Athenern (Plin. h. n. 2, 79; Gell. noct. att. 3, 4), Galliern (Caes. b. Gall. 6, 18), Germanen (Tac. Germ. 11) wieder vorkommt" (*Kn.*), sondern nach der vor- und aussergesetzlichen Rechnungsweise von Morgen zu Morgen, von welcher auch noch Ex. 12, 6. 18. Lev. 23, 32 Spuren vorkommen. Denn die chaotische Finsterniss liegt jenseits der Berechnung; der Abend *wird* erst nach der Schöpfung des Lichts und dann wird wieder Morgen. Also können Abend und Morgen hier nicht die Anfänge der beiden Tageshälften sein, sondern nur deren Schluss (*Augustin.; Drechsl. Hofm., Kurtz, Ke., Buns. Del. Ew. Böhm.* a., s. auch *Ew.* Alt.[3] 451). Mit der Schöpfung des Lichts begann der erste Morgen und bis es wieder Morgen ward, war ein Tag voll. Der göttl. Sabbath aber (2, 3) ist und bleibt Vorbild für den menschlichen oder mosaischen, auch wenn er nicht wie dieser am Abend, sondern am Morgen begann. — Unter allen Umständen ergibt sich aus der Umschreibung des Tags durch zwei mit עֶרֶב und בֹּקֶר begrenzte Hälften, dass Vrf. hier mit יוֹם einen gewöhnl. Tag (von 24 Stunden) meint. Die für die Umdeutung der Tage in längere Zeitperioden von den Alten und Neuen (zB. noch *Ku. Del.*) vorgebrachten Gründe sind unzureichend. Der Gebrauch von יוֹם in der Phrase *am Tage von* d. i. *zur Zeit da* oder *wann, als* (Gen. 2, 4. 17. 5, 1. 2 Sam. 21, 12. Jes. 11, 16 u. ö.) kommt für unser Cap., wo die einzelnen יָמִים mit Zahlen gezählt sind, nicht in Betracht. Der „Tag Gottes" bei den Profeten, sicher ein längerer Zeitraum, wird nie in Tag und Nacht als seine 2 Hälften zerlegt, noch ist je von einer Reihenfolge einer Anzahl solcher Tage die Rede. Dass für Gott 1000 Jahre sind wie der Tag von gestern und wie eine Wache in der Nacht (Ps. 90, 4. 2 Petr. 3, 8) d. h. dass für Gott den Ewigen das menschliche Zeitmaass wegfällt, ist hier, wo es sich nicht um Klarstellung der Ewigkeit Gottes handelt, ganz unanwendbar. Auch kann man nicht anführen, dass wenigstens die 3 ersten Tage (vor V. 14 ff.) nicht durch 2 Sonnenaufgänge begrenzte Zeiträume sein können, denn von diesen 3 wird genau dieselbe Formel gebraucht, wie von den 3 letzten, also dachte sie auch der Vrf. als ebenso lang wie diese, und wie er das konnte, ist S. 20 besprochen. Aus der Analogie des 7. Tages endlich lässt sich wiederum nichts folgern, denn von ihm ist die Formel „und es wurde ein Abend und es wurde ein Morgen" aus guten Gründen nicht gebraucht. Auch die Bestimmung der Lebensdauer des Adam Cp. 5, 5 widerspricht der Umdeutung des 6. und 7. Tags. In Wahrheit hat der Vrf. sich nichts anderes als Tage gedacht. In den Rahmen von 7 *Tagen* hat er den Schöpfungsvorgang gefasst, weil es ihm um den Nachweis der Begründung des Sabbaths zu thun war. Hätte er diesen Zweck nicht gehabt, so hätte er selbst noch kleinere Fristen als Tage

zwischen den einzelnen Werken verstreichen lassen können, nicht aber
grössere. Fristen von Tausenden, Zehntausenden oder Millionen von
Jahren mögen in der naturwissenschaftlichen Betrachtung der Weltentstehung an ihrem Orte sein, weil diese auf die Allmähligkeit der
Wirkung der Mittelursachen reflectiren muss; bei der rein religiösen
Betrachtung fällt diese Berücksichtigung der Mittelursachen weg und
handelt es sich nur darum, die göttliche Causalität in Hervorbringung
des Endresultats, also hier der einzelnen Werke, klar zu stellen. Für
diesen Zweck genügen nicht blos, sondern sind allein passend kleine
Fristen. Man erwäge, was das wäre, wenn es hiesse: „Gott sprach,
es werde Licht, und es ward Licht, und es vollendete sich ein Tausend
oder ein Zehntausend von Jahren". Da wäre ja die Ruhe Gottes statt
an's Ende der ganzen Schöpfung vielmehr in jede einzelne Schöpfungs-
periode hineingefallen, und statt des Schaffens durch das Wort hätte
dann der Vrf. ein Hervorbringen durch die Action der Mittelursachen
schildern müssen.

V. 6—8 zweiter Tag und 2. Werk: die Scheidung der oberen
und unteren Wasser durch Bildung der sie trennenden Himmelsfeste.
Nach Aufhebung der chaotischen Finsterniss handelt es sich um Be-
seitigung der chaot. Wassermassen und der erste Schritt dazu ist ihre
Trennung in 2 Theile, indem inmitten derselben ein רָקִיעַ entstehen
und sie fortan dauernd (Part.) scheiden soll. רָקִיעַ] von רָקַע *schlagen,*
stampfen, festigen, Pi. *durch Schlagen dehnen,* bedeutet nach LXX
Aq. Theod. Sym. Vulg. στερέωμα, *firmamentum,* etwas *Festes und*
Dichtes, Veste (*Luth.*). Die √ ist gemeinsemitisch; wenn in der Bedeutung *festigen* das Hebr. mit dem Aram. stimmt (s. übrigens *Dri-*
ver 112), während sie im Arab. zu *stopfen* und *flicken* abgewandelt
ist, so folgt daraus nicht, dass רקע ein Lehnwort aus dem Aram. ist
(*Wl.*), so wenig als bei פלל, זוח, באש und vielen andern Wurzeln, in
welchen Hbr. mit Aram. gegen Arab. steht. Diese Himmelsfeste (V. 14)
oder Wölbung (Am. 9, 6) des höheren Luftraums (caelum, κοῖλον),
die weiterhin im A. T. oft einer über der Erde ausgespannten riesigen
Zeltdecke verglichen wird (zB. Jes. 40, 22. Ps. 104, 2), wurde in
alter Zeit aufgefasst als aus dichtem Stoff gemacht, fest wie ein ge-
gossener Spiegel (Ij. 37, 18) wegen seiner lichten Bläue einem Gebilde von Saphir verglichen Ex. 24, 10, über dem Erdenrund kreis-
artig sich erhebend Ij. 26, 10. Prov. 8, 27, von den höchsten Bergen
wie von Pfeilern gestützt Ij. 26, 11, ein Gewölbe, dem selbst Thüren
und Öffnungen zugeschrieben werden Gen. 28, 17, 7, 11. 2 Reg. 7,
2. 19. Ps. 78, 23. (Ähnlich nennen griech. Dichter den Himmel
σιδήρεον Od. 15, 328. 17, 565; χάλκεον Il. 17, 425; Pind. Pyth.
10, 42, Nem. 6, 6, und πολύχαλκον Il. 5, 504; Od. 3, 2, und selbst
Philosophen, zB. Empedocles bei Plut. plac. phil. 2, 11 und Artemid.
bei Seneca nat. quaest. 7, 13 betrachten ihn als etwas Festes, *Kn.*).
Damit zusammen hängt dann die uralte Vorstellung von den *oberen,*
himmlischen Wassern über dem Firmament. Dort ist ein unerschöpf-
liches Meer von Wassern V. 7, Ps. 29, 3. 148, 4, über dem Gott
seine Söller gebälkt hat, Ps. 104, 3; von dort stürzt durch geöffnete

Schleusen (7, 11 f. 2 Reg. 17, 2. 19) oder Kanäle (Ij. 38, 25) der Regenguss (Ps. 104, 13) als 1immlisc1es Wasser 1erunter. Ebenso setzen die Veden und der Avesta in den Himmel die oberen guten Wasser, und durchschifft auc1 nac1 ägypt. Vorstellung der Sonnengott Ra tagtäglich in seinem Ka1n das 1immlisc1e Meer. Diese älteste. Anschauung liegt dem Beric1t 1ier zu Grund. Später bildete sic1 auc1 bei den Hebräern sc1on eine p1ysikalisc1 zutreffendere Ansic1t von der Bildung der Wolken und des Regens aus den von der Erde aufsteigenden Dünsten (Jer. 10, 13. Ij. 36, 27. Ps. 135, 7), neben welc1er die ältere sic1 allmä1lic1 verlor oder nur von den Dic1tern noc1 geltend gemac1t wurde. לְ—בֵּין] kürzerer Ausdruck (Lev. 20, 25. Ez. 22, 26 u. ö.) für בֵּין—וּבֵין V. 4. 7 (Ew. 217ᵍ). — V. 7. וַיַּעַשׂ] wie V. 16. 25; dass aber zwisc1en i1m und וַיִּבְרָא V. 21. 27 kein wesentlic1er Untersc1ied sein soll, zeigt V. 21 im Vergleic1 mit 25. וַיְהִי־כֵן] 1at sonst immer seine Stelle unmittelbar 1inter dem, was Gott sprac1 V. 9. 11. 15. 24. 30; nach der Angabe dessen, was Gott mac1te, 1at es keinen Sinn me1r. Die LXX 1aben es am Sc1luss von V. 6 (vgl. 24 f.). Ob es dort ursprünglic1 oder erst von einem Überarbeiter nac1getragen ist, lässt sic1 nic1t bestimmen; jedenfalls ist es im mass. Text an falsc1er Stelle eingefügt, und nic1t (wie *Schr.* 21 annimmt) statt eines ausgeworfenen כִּי טוֹב אֱלֹהִים וַיִּרְא (s. zu V. 8). — V. 8. שָׁמַיִם] eig. *Höhen*, Plur. von שָׁמֶה. Über das *Nennen* s. zu V. 5.: der רָקִיעַ und was da1inter ist, soll nac1 göttl. Anordnung den Mensc1en fortan Himmel sein und dafür gelten. Hinter V.ᵃ 1aben die LXX *καὶ εἶδεν ὁ Θεὸς ὅτι καλόν*, der Stellung nac1 abweic1end von V. 4, aber zusammenstimmend mit V. 10. Gleic1wo1l sc1eint seine Einfügung erst von einem Überarbeiter 1erzurü1ren, denn wirklic1 lag für den Vrf. ein Grund vor, die Billigungsformel 1ier nic1t zu setzen, nic1t zwar der, dass die Himmelsfeste o1ne den Sc1muck der Gestir1e noc1 nic1t vollendet war (*FWSchultz* 256), wo1l aber der, dass die Auf1ebung der c1aot. Wasserfluth erst durc1 das 3. Werk seinen Absc1luss fand (*Ras. Ew. Kn. Del. Ke.*). Im Hinblick auf diesen Zusammenhang zwisc1en dem 2. und 3. Werk musste zwar nic1t, aber konnte Vrf. hier die Billigungsformel weglassen, wenn er sie nur 7mal anwenden wollte (S. 14).

V. 9—13 dritter Tag, 3. und 4. Werk: Sc1eidung des Festlands und der Gewässer auf der Erde, und Bekleidung der Erde mit dem Pflanzenwuc1s. — V. 9. Der T1eil der c1aot. Wasser, welc1er unter1alb der Himmelsfeste ist, muss sic1 an einen Ort zusammenzie1en und das Trockene, das feste Land, ersc1einen oder 1ervortreten. Wie der Vrf. sic1 das gedac1t 1abe, s. S. 18. Zur Ersc1einung kommen konnte das Feste nur durc1 Empo1lebung über die Wasser oder durc1 entsprechende Senkung der Wasser. Nac1 den ältesten Vorstellungen ist das feste Land über den Wassern gegründet (Ps. 24, 2), und liegt unter1alb desselben in grosser T1efe die unge1eure Fluth des Urwassers, mit welc1er die in den Senkungen des Festlandes zwisc1en den Wurzeln der Berge eingedämmten irdisc1en Meere durc1 ge1eimnissvolle „Quellen" oder „Sprudel" in Verbindung ste1en (Gen. 7. 11.

49, 25. Ij. 38, 16. Prov. 8, 28). תֵּרָאֶה] Jussiv, vgl. 41, 34. Ruth
1, 8. Ij. 3, 9 (*Ew.* 224ᶜ). Nach כֵּן haben die LXX noch den Bericht
über die Ausführung: καὶ συνήχϑη τὸ ὕδωρ κ.τ.λ. — V. 10. Das
Geschiedensein des Trockenen von der Wassermasse wird durch die
Nennung der Namen zu dauerndem Bestand bestimmt. אֶרֶץ] hier im
Gegensatz zum Wasser, das Land. מִקְוֵה] vgl. auch Jes. 22, 11. יַמִּים]
es gibt mehrere Meere und grössere Seen; auch ist das Erdenrund
vom Ocean umflossen (Ij. 26, 10. Ps. 139, 9); sie alle fasst hier wie
49, 13. Ij. 6, 3. Ps. 78, 27. Jon. 2, 4 (vgl. Ps. 24, 2) יַמִּים zusammen, welches in solchem Fall sogar als ein Sing. construirt werden kann Ps. 46, 3 f. Von den Flüssen und den kleineren Seen wird
hier, wo es sich nur um den Gegensatz von Meer und festem Land
handelt, abgesehen; Ps. 104, 10 berücksichtigt sie. Die Eindämmung
des Meeres in seine Grenzen als ein Werk der göttl. Allmacht Ij. 38,
8—11. Jer. 5, 22. — Mit der göttl. Billigung hat das Werk seinen
Abschluss (V. 4), und eine Weiterentwicklung der Erdoberfläche, der
Gebirge u. s. w., die sich in die folgenden Tage hineingezogen hätte
(*Del.*), ist hier keineswegs offen gelassen. — V. 11 f. das 4. Werk:
die Pflanzen. תַּדְשֵׁא] über das Metheg bei 'הַ *Ew.* 96ᵃ. Gott sagt nicht:
es sprosse auf der Erde! sondern: die Erde lasse sprossen! Da die
Hervortreibung der Pflanzen aus der Erde sich jährlich wiederholt, so
wird schon durch die Fassung des Schöpfungsworts derselben die Kraft
dazu zugesprochen. דֶּשֶׁא] das *zarte frische Grün*, das nach gefallenem
Regen (2 Sam. 23, 4. Ij. 38, 27) oder wann das alte Gras verschwunden ist (Prov. 27, 25), sprosst, das die Auen und Weideplätze
bedeckt (Ps. 23, 2. Joel 2, 22), auch dem Wild zum Futter dient
(Ij. 6, 5. Jer. 14, 5); bald neben עֵשֶׂב genannt (Dt. 32, 2. 2 Rg.
19, 26), bald neben חָצִיר (Jes. 15, 6. Ps. 37, 2). Hienach ist es
zunächst Zusammenfassung des gesammten jungen Schöpfungsgrüns, mit
dem sich die Erde überdeckt, muss aber besonders die Gräser und
kleinsten Pflanzen (welche sonst gar nicht genannt wären und welche
nach der Ansicht der Alten zum Theil αὐτόματοι aufsprossen, Theophr.
de caus. plant. 1, 5) bezeichnen (vgl. ähnliche Gliederung V. 24). Die
מִין werden bei diesen kleinen Gewächsen nicht unterschieden V. 12.
Zu verwerfen ist die von LXX *Aq. Theod. Vulg.* hier und V. 12 beliebte Verbindung von דֶּשֶׁא עֵשֶׂב zu einer St.c.-Kette, weil in diesem
Fall der übrigen Gewächse ausser עֵשֶׂב und עֵץ gar nicht gedacht, und
sogar עֵשֶׂב auf das erste Stadium seines Wachsthums eingeschränkt wäre.
Neben דֶּשֶׁא werden 2, auch nach V. 29 f. besonders wichtige Gattungen,
ausdrücklich hervorgehoben, עֵשֶׂב und עֵץ. עֵשֶׂב] zwar auch als Vieh-
futter verwendbar (V. 30. Dt. 11, 15. Jer. 14, 6. Ps. 106, 20), aber
(V. 29. 9, 3) speciell dem Menschen als Nahrungsmittel angewiesen,
Gegenstand des Landbaus (3, 18. Ps. 104, 14), bezeichnet besonders
die für den Menschen werthvolleren *Kräuter*, die Gemüse- und Getreide-
arten, die er im Garten und auf dem Acker pflanzt. Das beigegebene
מַזְרִיעַ זֶרַע] *das Samen samt* d. h. *erzeugt* (Hi. denom.) hebt den Samen besonders hervor nicht blos als Mittel zur Selbstfortpflanzung,
sondern auch als ein für die menschliche Verwendung (V. 29) wich-

tiges Erzeugniss. Ebenso und aus demselben Grund ist bei den *Bäu-*
men, d. ı. zaımen und wilden Bäumen und Stauden das Fruchttragen
besonders herhorgehoben. זֶרַע] + לְמִינֵהוּ LXX. עֵץ] וְעֵץ Sam. LXX.
לְמִינוֹ] feılt in LXX. *Fruchtbaum welcher Frucht bringt nach seiner*
(des Baumes) *Art, in welcher* (Frucıt) *sein Same* (ist zur Fortpflanzung)
auf der Erde. עַל־הָאָרֶץ] nicıt mit תֶּדְשֵׁא zu verknüpfen (*Del. Ke.*),
das zeigt die Stellung; aucı wird damit nicıt auf den 101en Wucıs
der Bäume, die *über* der Erde den Samen ıervorbringen (*Kn.*), ıın-
gewiesen, denn עַל für sicı drückt den Begriff „oberıalb“ nicıt scıarf
aus (aucı V. 20 nicıt), und עֵשֶׂב trägt aucı über der Erde Samen. —
V. 12 wird die Unterscıeidung der Arten, die V. 11 nur bei עֵץ gemacıt war, aucı auf ᴐ עֵשֶׂב ausgedeınt. לְמִינֵהוּ] wofür V. 11 לְמִינוֹ; über
ı־—, welcıes gerade nur in לְמִינֵהוּ ziemlicı regelmässig (Gen. 1, 12.
21. 25. 6, 20. 7, 14. Lev. 11, 16. 22. 29. Dt. 14, 15), sonst ganz
selten (Jud. 19, 24. Naı. 1, 13. Ij. 25, 3) vorkommt, ıgl. *Ew.* 247ᵈ.
מִין] oft bei A, und 4 mal Dt. 14, darnacı Ez. 47, 10, wird dadurcı,
dass es im jüdiscı-Aramäiscıen beibeıalten und für Häresie angewendet
wird, nocı nicıt zu einem aram. Wort (*Wl. Gsbr.*) gestempelt (so
wenig als יְצַר des C und andere), sondern gehört zum ältesten semi-
tiscıen (nicıt aber ägypt., *Lagarde* in GGN. 1882 S. 190, der darin
kopt. ⲙⲉⲓⲛⲉ finden will) Spracıgut, u. bedeutet scıwerlicı urspr. ἰδέα,
species (Ges. tı. 778; *Driver* 209; *JDMüller* in Z. f. KSF. 1. 363),
aucı nicıt *Zahl* (*FrDelitzsch* ıebr. lang. 70 f.), sondern von einer √
מוּן, מִין (arab. *spalten* mit der Pflugscıar) eig. *Spaltung, Theilung*
(vgl. מִנָּה, מנה).

V. 14—19. Vierter Tag und 5. Werk; Erscıaffung der Lichtkörper
am Himmel. Mit iınen wird der Übergang gemacıt zu den Einzelwesen
(S. 13). Eine angeblicıe Parallele dazu bei *Smith-Del.* chld. Gen. 68 f.;
Schrad. KAT.² 15 f. V. 14. וִיהִי מְאֹרֹת] *es entstehen Lichtkörper!*
Zum Sg. יְהִי *Ew.* 316ᵃ; *Ges.* 147. מְאוֹר] *Lichtort* und *Lichtwerkzeug*,
φωστήρ LXX Aq. (־ıⲝ ım selben Sinn, im Plur., wagt erst ein später Dicıter Ps. 136, 7 *Tuch*). Licht ist schon früher da; nun sollen
Licıtkörper entsteıen, welcıe dıeses Licıt d. h. einen Tıeil desselben
in sicı aufneımend zugleicı seinen Einfluss auf die Erde regeln. Dass
diese Licıtkörper schon vorıer gemacıt oder vorbereitet, und am 4. Tag
nur vollendet und in iırer Bezieıung zur Erde geregelt worden seieıı
(*Ke.*), ist gegen den Text, wie die Vergleicıung des יְהִי V. 3 u. 6,
und das Feılen des Artikels vor מְאֹרֹת ausweist (s. S. 10). הַשָּׁמִ־ᴐ]
+ ־ׁ : הַאִיר עַל הָאָ־ׁ׳ *Sam.* LXX. וְהָיוּ] conseccutiv. Bei keinem andern
Werk wird der Zweck seiner Scıöpfung so ausfüırlicı angegeben, (bei
den organiscıen Wesen wird gar kein Zweck erwäınt, bei den 3
ersten Werken wird er durcı die Namen, die Gott dem Werke gab, angedeutet). Sollte darin ein stillscıweigender Gegensatz gegen den ıeidniscıen Aberglauben, der sicı an die Gestirne ıeftet, liegen? Indem
gesagt wird, was sie sind und wozu sie dienen, wird angezeıgt, was
sie nicıt sind und wozu sie nicıt dienen. Der Zweck ist ein drei-
facıer: 1) *zu scheiden zwichen dem Tag und der Nacht* V. 14ᵃ oder
dem Licıt ıınd der Finsterniss V. 18, und zu beıerrscıen den Tag

und die Nacht V. 18; speciell soll die Sonne zur Beherrschung des Tags und der Mond zur Herrschaft der Nacht dienen V. 16. Da (V. 4) der Wechsel von Tag und Nacht schon unabhängig von ihnen vorhanden ist, kann das nur heissen: sie sollen diesen Wechsel leitend bestimmen und beherrschen. Die Sonne macht nicht (wenigstens nicht allein, nach dieser Vorstellung) die Tageshelle, Mond und Sterne machen nicht das Nachtdunkel, aber sie führen dieselben herbei; wenn die Sonne einerseits und Mond und Gestirne andererseits kommen, muss auch Tag oder Nacht folgen; sie geben die Zeit an, wo der eine oder die andere eintreten soll, und beherrschen sie (nam. hinsichtlich ihrer Länge). Auf die theilweise Milderung der nächtlichen Finsterniss durch sein Licht ist das Herrschen des Mondes über die Nacht nicht zu beziehen, weil das Leuchten V. 17[b] von dem Beherrschen V. 18[a] deutlich unterschieden ist. 2) *sie sollen dienen zu Zeichen und zu festen Zeiten und zu Tagen und Jahren*, vgl. Num. 10, 2. 10. Jes. 4, 6. *Zeichen* sollen sie geben theils in ordentlicher Weise, zB. Merkzeichen für die Himmelsgegenden, die Witterung (*Del.*), theils in ausserordentlicher, zB. durch Verfinsterungen der Sonne und des Mondes, rothen Schein des letzteren, Kometenerscheinungen u. s. w., „welche im Alterthum als Voranzeigen ausserordentlicher Ereignisse, zB. göttlicher Gerichte (Joel 3, 3 f. Jer. 10, 2. Matth. 24, 29) galten“ (*Kn.*). Die מוֹעֲדִים sodann sind nicht Zeiten überhaupt, da Tage und Jahre noch besonders genannt sind, sondern *feste Zeiten*, theils Festzeiten, die oft genug מוֹעֲדִים heissen und nach dem Monde geregelt wurden (s. noch Ps. 104, 19. Sir. 43, 6), theils Wochen, Monate, Jahreszeiten, Zeittermine für die Beschäftigungen der Menschen (Ackerbau, Schifffahrt u. s. w.), sowie für das thierische Leben (zB. Brunstzeit, Wanderzeit Jer. 8, 7), sogar für die Pflanzen, sofern auch diese für Grünen, Blühen und Absterben ihre Zeiten haben (*Kn. Del.*). *zu Tagen und Jahren*] zur Unterscheidung, Zählung und Berechnung derselben (*Ke.*). „Die Tage sind bald kurz, bald lang, was von der Sonne abhängt; ebenso die Jahre, je nachdem sie nach dem Mond oder der Sonne bestimmt werden. Dieser vielfachen Abhängigkeit der Erde vom Himmel gemäss wird dem letztern eine Herrschaft über die Erde beigelegt Ij. 38, 33“ (*Kn.*). וּלְמִיעֲדָה [לְאֹתֹת als Hendiadyoin (*Ges.* Lehrg. 854) zu nehmen „zu Zeichen der Zeiten“ (*Eichh. Gabl. Ges. de W. Baumg.*) ist ebenso unrichtig, wie „sie sollen sein zu (Erkennungs-) Zeichen *sowohl* für die Zeiten *als auch* für die Tage und Jahre“ (*Tuch*). 3) der 3. Zweck ist Licht zu verbreiten auf der Erde V. 15. Das thun sie alle. Die Erwärmung, weil nicht allen gemeinsam, ist nicht hervorgehoben. — V. 16. In der Ausführung werden die מְאֹרֹת besondert in die 2 *grossen* Lichtkörper, unter denen wieder der *grössere* und *kleinere* (*Ges.* 119, 1) unterschieden werden, und die *Sterne.* Durch diese Besonderung, verbunden mit der Zweckangabe, wird dasselbe geleistet, was V. 5. 8. 10 durch die göttliche Benennung. Dass man hier die Namengebung vermisse (*Tuch, Schr.*), ist nicht begründet; sie findet sich bei keinem der Einzelwesen ausser (5, 2) beim Menschen. Zu der *Herrschaft* u. s. w. vgl. ausser V. 18

auci Jer. 31, 35. Ps. 136, 7 ff. (Plin. 2. 4; Cic. Tusc. 1, 63, *Tuch*).
רבששמ] gegen *Giesebr.* 243, welcier das für ein jüngeres Wort iält,
s. *Driv.* 215. — V. 17. *Gott gab sie an die Himmelsfeste*] „tiat,
macite sie daran, dass sie wie angeieftet daran iaften, an feste Punkte
gebannt oder in bestimmten Bainen geialten, vgl. Plut. plac. piil. 2, 14;
Arat. piaen. 10. 230. 274. 351. 500; sidera coelo affixa, adhaerentia
bei Plin. 2. 39. 18, 57°. (*Kn.*). — Die ganze Ausfürung über die
Gestirne ist vom Standpunkt der alten kindlicien Weltanscıauung. welcier der geocentrische war, gemaıt. Diesen Standpunkt wissenscıaft-
lici mıt den Sätzen der Astronomie ausgleicien zu wollen, ist vergei-
licie Müie. Aber mag auci piysikalisci über die Himmelskörper ganz
anders zu urtheilen sein, als iier vorausgesetzt ist, der Beriıt bleibt
doci in seinem Reçıt und seiner Waıreit besteien. Für die religiöse
Betracıtung, um die es sıcı iier iandelt, genügt es über die Entstehung und Natur dieser Himmelskörper zu wissen, dass sie Wunder-
werke der allmäcıtigen Scıöpferkraft Gottes sind, und im übrıgen sie
naci dem zu neımen, was sie für uns sind und auf uns wirken; uns
dienen sie naci Gottes Ordnung in der vom Beriçıt angegebenen mannigfaltigen Weise, und vermitteln uns durch diesen Dienst den Glauben
an die wundervolle Harmonie des Universums, an die Macıt und Weis-
ieit des Scıöpfers (vgl. Ps. 8. 19. 104).

V. 20—23 fünfter Tag und 6. Werk: Bevölkerung des Wassers
und der Luft mit Tıieren. Wie Wasser und Himmel vor dem festen
Lande da waren, so werden auci die sie erfüllenden Wesen vor den
Thieren des Landes gescıaffen, wie sie denn auch iırem Organismus
naci niedriger sind, als die vollkommeneren unter den Landthieren.
Die Zusammenordnung der Wasser- und Luftthiere erklärt sich aus der
Ä̈nlicıkeit iırer Elemente (Flüssigkeit und Beweglicıkeit) und der
damit zusammenhängenden mannigfacıen Ä̈nlicıkeit iıres Organismus
und iırer Fortpflanzung. Über den Stoff, aus dem sie gemaıt sind,
ist nicıts gesagt. Die LXX zwar mit ἐξαγαγέτω und *Aq. Sym. Theod.*
mit ἐξερψάτω iaben (naci Analogie von הוצא V. 24) andeuten wollen,
dass die Wasserthiere aus Wasserstoff hervorgebracht sind, und iaben
diesen Ursprung auci auf die Flugthiere ausgedeint, indem sie יצוף
als 2. Obj. zu ישׁרצו, und יעף relativisch naımen, aber oine Zweifel
mit Unreçıt. Denn שרץ bedeutet sonst nicıt: in wimmelnder Menge
iervorbringen, sondern: in Fülle sıcı regen, wimmeln, und kann als
Verbum der Fülle mit dem Acc. (*Ges.* 138, 3) verbunden werden (Ex.
7, 28. Ps. 105, 30). Übrigens ist שרץ (bei A seir iäufig; Ex. 7.
28 bei C; Dt. 14. 19) eine altsemitische, im Geez noci ganz lebendige
√: gerade im Aram. (dem *Giesebr.* sie zuspricht!) ist sie fast ausgestorben, im Targ. und Talm. gar nicıt meır im Gebrauci. שרץ]
niçıt n. actionis, sondern concret: das Wimmelnde. *Gewimmel*; es bezeicınet iier nicıt (wie 7, 21) blos die kleineren Tiiere, sondern (V. 21)
auci die grossen. נפשׁ חיה] naci den Acc. erklärende App. zu ישרץ:
also: *wimmeln soll das Wasser von einem Gewimmel, von lebenden
Wesen!* עוף] im A. T. nicıt blos die Vögel. sondern alle Flugthiere
(Lev. 11, 19 f.). יעופף] Piı'l., weıl von einer Masse ausgesagt, zugleıcı

das „hin und ıer, auf und ab" ausdrückend. עַל־פְּ] an der Vorderseite, der uns zugekeırten Seite der Himmelsfeste ıin, d. ı. in der
Luft, für welcıen Begriff das Hebr. keinen besonderen Ausdruck ıat;
ebenso weiterıin *Vögel des Himmels* V. 26. 28. 30. 2, 19 f. 7, 2 u. s.
הַשָּׁמִים] + וַיְהִי כֵן LXX. — V. 21. Der Bericıt über die Ausfüırung
bestimmt aucı ıier, wie sonst, nocı einiges genauer als das Schöpfungs-
wort: er unterscıeidet den שֶׁרֶץ des Wassers in die grossen הַתַּנִּינִם und
die übrigen Wesen. הַתַּנִּ] „von תָּנַן *dehnen, strecken*, ist das langge-
streckte Tıier, und wird zwar aucı für Scılange gebraucıt (Ex. 7, 9 ff.
Dt. 32, 33. Ps. 91, 13), aber ıäufiger für Krokodil (Jes. 27, 1. 51, 9.
Ps. 74, 13 u. s.) und andere grosse Wasserthiere (Ij. 7, 12. Ps.
148, 7), nie speciell für Fiscıe. Diese mit den im Wasser lebenden
andern Thierarten werden bezeicınet mit": *und all die* (übrigen) *lebendigen Wesen, welche sich regen* und bewegen, *wovon wimmelnd
wurde das Wasser, nach ihrer Art.* אֵת] vor כֹל Ew. 277^d. הַחַיָּה הָ]
abgekürzte Relativsätze, daıer mit Artikel Ew. 335^a, zumal nacı dem
determinirenden כֹל. לְמִינֵהֶם] nacı den Mass. = לְמִינֵיהֶם (vgl. הַרְלְבֵּן
Gen. 4, 4; Ew. 258^a); docı kommt sonst ein Plur. von מִין nicıt vor,
wesıalb Ew. 247^d — als Vorton erklärt. עוֹף כָּנָף] *Flugthiere mit
Flügeln*; der Ausdruck ıebt das wesentlicıe Merkmal des עוֹף hervor,
welcıes Vögeln und andern Flugthieren gemeinsam ist, obgleicı aucı
צִפּוֹר כָּנָף gesagt wurde (7, 14. Dt. 4, 17. Ps. 148, 10 vgl. Ps. 78,
27); Adj. *beflügelt* (*Del.*) ist כָּנָף weder ıier nocı 7, 14. — V. 22.
Als beseelte Wesen erıalten sie einen göttlicıen Segenssprucı, welcıer iınen die Fäıigkeit, durcı Fortpflanzung sicı zu erıalten und zu
vermeıren, mittheilt. Die Pflanzen wurden zwar mit derselben Kraft
begabt, aber nicıt angeredet, nicıt durcı eınen besonderen Sprucı. —
Dass der Vrf. annaım, Gott ıabe von jeder Thierart immer nur ein
Paar gescıaffen (*Kn.*), kann aus der Analogie des Menscıen, mit dem
es eine andere Bewandtniss hat, aucı aus der Fluthgeschichte (6, 19 f.)
nicıt gefolgert werden; יִשְׁרְצוּ V. 20 spricıt eıer dagegen.

V. 24—31 secıster Tag, 7. und 8. Werk: Scıöpfung der Land-
tıiere uıd Menscıen (*Smith-Del.* cıald. Gen. 74 f.; *Schrad.* KAT.²
17 f.). — V. 24 f. Die Landthiere soll die Erde (das Land) ıervorgeıen lassen (vgl. V. 12) oder ıervorbringen; aber sofort V. 25 ıeisst
es (anders als bei den Pflanzen), dass Gott sie macıte. Aucı sollen
scıwerlicı durcı diese Wendung die Landthiere als aus anderem Stoff.
denn die Wasserthiere und Vögel gemacıt dargestellt werden (vgl. V. 20):
sind ja docı nacı 2, 19. Ps. 104, 29. Koh. 3, 20 sämmtliche Tıiere
aus Erdstoff gemacıt, wie der Menscı 2, 7 (vgl. Diog. Laërt. 2, 3, 4:
Ovid. met. 1, 416 ff., *Kn.*). Woıl aber will Vrf. durcı die Betheiligung
der Erde an iırer Hervorbringung iıren niedrigeren Ursprung gegenüber
vom Menscıen andeuten. — נֶפֶשׁ חַיָּה] wird zerlegt in 3 Classen, welcıe
ın veränderter Stellung V. 25 wiederkeıren. בְּהֵמָה] das *stumme* grössere
vierfüssige Tıier, zwar aucı die grösseren wilden Tıiere einscıliessend
(Gen. 6, 7. 20. Lev. 11, 2 u. s.) und in Poesie öfters von den wilden Thieren gebraucıt, aber gewöınlicı, und so aucı ıier, das zaıme
Vieh, Tıiere der Heerde (Gen. 47, 18 u. s.) uıd Lastvieh (34, 23.

36, 6). רֶמֶשׂ] das sich Regende überhaupt (V. 28 u. 9, 3), speciell und so hier das kleinere *kriechende Gethier* (reptilia ἑρπετόν), was ohne Füsse oder mit unmerklichen Füssen am Boden sich fortbewegt (6. 7. 7, 14. Dt. 4, 18. 1 Reg. 5, 13), genauer רֶמֶשׂ הָאֲדָמָה V. 25. 6, 20. Hos. 2, 20, weil man auch den שֶׁרֶץ des Wassers רֶמֶשׂ nennen konnte Ps. 104, 25 (vgl. Lev.˙ 11, 46. 44; Ps. 69, 35). Zwischen beide Classen stellt sich חַיַּת הָאָרֶץ] die Thiere des Landes (חַיַּת הַשָּׂדֶה 2, 19), „welche draussen im freien Lande, in den Gefilden herum-streifen", Raubthiere (1 Sam. 17, 46. Ez. 29, 5. Ps. 79, 2 u. s.) und alles übrige *Wild*. חַיְתוֹ־אָרֶץ] aus der ältesten Sprache, in welcher der st. c. mit Hülfe des ִ (*Ew.* 211ᵇ; *Ges.* 90, 3) gebildet und der Artikel noch wenig gebräuchlich war (wiederholt Ps. 50, 10. 79, 2. 104, 11. 20. Zeph. 2, 14. Jes. 56, 9). Diese Sprechweise ist hier gewählt als die feierlichere, weil Gott spricht; V. 25, wo der Erzähler spricht, steht חַיַּת הָאָרֶץ. לְמִינָהּ] scheint zu allen 3 Classen zu gehören, vgl. V. 25. — Über das Fehlen des Segensspruchs über die Landthiere s. S. 14. — V. 26 f. Als letztes und höchstes der beseelten Wesen wird der Mensch geschaffen. Seine Schöpfung ist zwar mit der der Landthiere auf einen Tag zusammengerückt, und dadurch eine gewisse Zusammengehörigkeit beider anerkannt. Aber viel mehr ist der Bericht darauf aus, seine Verschiedenheit und seine hohe Würde gegenüber von diesen und allen andern Wesen hervorzuheben. Sie wird durch seine Stellung am Ende der ganzen Reihe angedeutet, und durch Geltendmachung seiner Gottebenbildlichkeit und Herrscherstellung ausdrücklich ausgesprochen. Schon in der Eingangsformel springt die Wichtigkeit dieses letzten Schöpfungsactes in die Augen, da hier nicht wie bisher fortgefahren wird: „und Gott sprach: es entstehe der Mensch!" sondern seine Schöpfung als Ergebniss eines besondern Rathschlusses Gottes hingestellt wird. נַעֲשֶׂה] Volunt., *Ges.* 75, 6. Dass Gott im Plur. von sich redet (vgl. 11, 7 und Jes. 6, 8), ist aus der Selbstaufforderung, wo der Redende mit dem Angeredeten sich wie eine Doppelheit von Personen zusammenfasse (*Hitz.* zu Jes. 6, 8; *Tuch, HSchultz*), nicht zu erklären, da ein solcher Plur. sonst nicht nachweisbar ist, vielmehr Gott auch bei Selbstaufforderungen im Sg. 1 p. redet (zB. 2, 18. Jes. 33, 10); ebenso wenig aus der Sitte der Herrscher, in öffentlichen Erlassen durch Wir zu reden (*Merc. Grot. Kn.* a.), weil diese später im Morgen- und Abendland gewöhnliche, im Qorân auf Gott übergetragene Sitte bei den Hebräern noch nicht war, und in der Bibel nur von persischen und griech. Herrschern vorkommt (Esr. 4, 18. 1 Macc. 10, 19. 11, 31. 15, 9). Zutreffender scheint, dass Gott hier communicative mit den ihn umgebenden himmlischen Wesen rede (*Philo, Targ. Jon., Rasch., Abene., Gabl., Del.*); auch בְּצַלְמֵנוּ כִּדְמוּתֵנוּ würde sich so wohl erklären, da die Engel als Gottessöhne eben auch an der göttlichen, dem Menschen mitzutheilenden Natur Theil haben (vgl. 3, 22 u. Ps. 8, 6 mit Hebr. 2, 7), und Cap. 11, 7 u. Jes. 6, 8 lässt sich diese Auslegung wohl durchführen; allein durch נַעֲשֶׂה würde eine Mitthätigkeit der Geister bei der Menschenschöpfung gesetzt, gegen die sonstige Schriftlehre (Jes. 44. 24. 40. 13 14), und bei A. dem

die Erwähnung der Engel sonst fremd ist, ist ein solcher Plur. nicht
zu erwarten. An die trinitarische Selbstunterscheidung Gottes (KVV.
und Dogmatiker) kann ohnedem im A. T. nicht gedacht werden. Vielmehr möge man sich erinnern, dass dem Hebräer, der Gott אֱלֹהִים im
Pl. benennt, Gott die lebendige persönliche Zusammenfassung einer
Fülle von Kräften und Mächten ist, Gott also ganz anders als Menschen
durch Wir von sich reden kann (nicht muss). Diese Auflockerung des
Ich zu *Wir* erscheint hier ganz passend, nicht blos wegen der Feierlichkeit des Augenblicks, wo er aus dem Vollgefühl seiner Würde heraus spricht, sondern weil es sich jetzt darum handelt, aus der Fülle
der göttlichen Kräfte, die er in sich vereinigt, an den Menschen mitzutheilen. Es dürfte sich sogar fragen, ob es für das Gottesbewusstsein des Vrf. erträglich gewesen wäre, zu sagen: „Gott sprach: ich
will Menschen machen in m e i n e m Bild". Wenigstens die Spätern
würden das corrigirt haben, man vgl. wie V. 27 LXX בְּצַלְמוֹ auslassen
und אֱלֹהִים בָּרָא V. 27. 5, 1. 9, 6 κατ' εἰκόνα θεοῦ, nicht τοῦ θεοῦ
übersetzen, obwohl sie sonst in Gen. 1 ff. אֱלֹהִים mit ὁ θεός wiedergeben (s. auch Ps. 8, 6 LXX), und *Sym.* in V. 27 וּבְצֶלֶם abtheilt.
אָדָם] collect. (nach Pl. יִרְדּוּ); über das Etymon s. 2, 7. בְּצַלְמֵנוּ] *in un-*
serem Bild, so dass der Mensch das Bild Gottes trägt, gleichsam darein
gefasst oder gekleidet ist, wobei übrigens zu bemerken ist, dass בְּ als
בְּ der Norm auch sonst gebräuchlich ist zB. Ex. 25. 40. 30, 32. 37.
כִּדְמוּתֵנוּ] *nach (gemäss) unserer Ähnlichkeit*, drückt denselben Sinn
aus, nur abstrakter, und soll das בְּצַלְמֵנוּ nicht abschwächen (*Umbr.*
Sünde S. 4), sondern cumulirend den Gedanken nachdrücklicher her-
vorheben (s. V. 27). Die griech. und auch lateinische KVV. haben
unterschieden, und εἰκών (imago) auf die physische oder auch ange-
borne, ὁμοίωσις (similitudo) auf die ethische oder auch anzueignende
Seite des göttl. Ebenbilds beziehen wollen (ebenso *Del.*). Aber das
Fehlen des וְ zwischen בְּ und כְּ (blos LXX haben καί) führt nicht
auf solche Unterscheidung; V. 27 und 9, 6 ist nur der eine der beiden Ausdrücke gebraucht, 5, 1 nur der andere (vgl. 5, 3 wo auch
die Präp. wechselt). Dass דְּמוּת aram. Lehnwort sei (*Wlh.* I. 401), ist
unbeweisbar; seiner Bildung (זְנוּת, כָּסוּת) und √ nach (in Cant., bei
Hos., Jes.) ist es gut hebräisch, und im Hebr. das einzige Wort (2 Reg.
16. 10 schon in der Quelle) für diesen Begriff, der dadurch, dass er
dem Ez. in der Darstellung seiner Gesichte so geläufig ist, noch nicht
zu einem späten wird (s. jetzt auch *Driv.* 216). Das Gleiche gilt von
רָדָה, welches in der Bedeutung *herrschen* im Aram. unbekannt ist (und
nur vom Hebr. her im Targ. und Talm. noch ein Paar mal vorkommt);
endlich כָּבַשׁ V. 28 (gemeinsemit.) ist durch 2 Sam. 8, 11. Zach. 9, 15.
Mich. 7, 19 (trotz *Stade*) hinlänglich als zum ältern Gut gehörig bezeugt. — Die Menschen sollen, kraft ihrer Gottähnlichkeit, ihre irdischen
Mitgeschöpfe *beherrschen*, eig. auf sie treten (Ps. 8, 5 ff.). דְּגַת הַיָּם] ein
Collectivbegriff (*Ew.* 179 c) s. v. a. דְּגֵי הַיָּם 9, 2. Ps. 8, 9. וּבְכָל־הָאָרֶץ]
in der Aufzählung der Thiergattungen höchst auffallend. Zwar konnte
man הָאָרֶץ für Erdbevölkerung (Gen. 9. 13. 19. 10, 25. 11. 1). dichterisch vielleicht für רֶמֶשׂ הָאָרֶץ (Ij. 12. 8) sagen (*Kn.*), aber das reicht

ꞁier, wo man eine *bestimmte* Classe von Landtꞁieren und eine andere,
als die am Boden fortkriechenden Reptilien erwartet, nicꞁt aus. Hätte
aber der Vrf. die Erde selbst als Object der Unterwerfung gemeint,
wie V. 28 (*Ke.*), so ꞁätte er füglicꞁ diese Worte an's Ende des V.
setzen müssen. Demnacꞁ wird die Lesart verdorben und obwoꞁl aucꞁ
LXX *Sam. Onk.* sꞁe ꞁaben, docꞁ mit *Pesch.* (*Cler. Ilg. Ew. Olsh. Del.*)
הָאָרֶץ רֹמֶ֥שֶׂת־וְכָל (V. 25) zu lesen sein. — Diese Herrscꞁaft des Menscꞁen ist nun aber blos Folge seiner Ebenbildlichkeit, nicꞁt diese selbst:
das folgt aus V. 28, wo sie dem nacꞁ Gottes Bild Gescꞁaffenen erst
durcꞁ einen besondern Segen Gottes zugesprocꞁen wird. Was unter
der Gottäꞁnlicꞁkeit näꞁer zu versteꞁen sei, darüber spricꞁt Vrf. sicꞁ
nicꞁt bestimmt aus. Aber zum voraus ist klar 1) dass ihm der ganze
Vorzug des Menscꞁen vor dem Tꞁier darin zusammengefasst ist, 2) dass
sie sich nacꞁ iꞁm durcꞁ Zeugung in der Menscꞁꞁeit forterbt (5, 1—3),
und, wie die daraus abgeleitete Herrscꞁaft über die Tꞁiere, dem Menscꞁen überhaupt zukommt (9, 3: wie Ps. 8, 6), nicꞁt blos dem Menschen im Urzustand, also von iꞁm aucꞁ nicꞁt in eine besondere sittl.
Vollkommenheit des ersten Menscꞁen gesetzt worden sein kann: 3) dass,
weil nacꞁ der Leꞁre des Mosaismus Gott ein Geistwesen ist, das zwar
in dieser und jener Erscꞁeinungsform sich vergegenwärtigen kann, aber
oꞁne Gestalt und darum aucꞁ durcꞁ keine sinnl. Gestalt abbildbar (Ex.
20. 4. Dt. 4. 12. 15 ff. Jes. 31, 3) ist, trotz des Ausdrucks *Bild* die
Äꞁnlicꞁkeit nicꞁt zunäcꞁst und vorzüglicꞁ in der äusseren Gestalt des
Menscꞁen gesucꞁt werden darf. Ist das aber so, so kann der Vrf.
den Menscꞁen ein Abbild Gottes und Gott äꞁnlicꞁ nur darum genannt
ꞁaben, weil er in seiner geistigen Begabung, (Denkfäꞁigkeit, Selbstbe-
wusstsein, Willensfreiꞁeit) und seinem Sinn für das Ewige, Waꞁre und
Gute, göttliches Wesen und göttl. Kräfte mitgetheilt bekommen hat,
zwar nur abbildlich und in abgeleiteter Weise, aber docꞁ so, dass er
durcꞁ diese seine göttl. Grundkräfte über alle anderen irdiscꞁen Wesen
ꞁervorragt und sie zu beꞁerrscꞁen geeignet ist. Sofern dieses geistige
Wesen aucꞁ seiner äussern Erscꞁeinung den Adel und die Würde
(scꞁöne Gestalt, aufrecꞁte Stellung, gebietende Haltung, edle Bewegung,
ausdrucksvolle Geberde, geistigen Blick, *Kn.*) verleiꞁt, welcꞁe iꞁn vor
allen irdiscꞁen Gescꞁöpfen auszeicꞁnen und „vor welcꞁen die Tꞁiere
scheu und furcꞁtsam weicꞁen" (9, 2. *Kn.*), ist seine leibl. Gestalt, der
Ausdruck und das Werkzeug seines Geistes, von seinem geistigen
Wesen nicꞁt zu trennen, und soll gewiss aucꞁ nacꞁ dem Sinn des
Vrf. aus dem Begriff der Ebenbildlichkeit nicꞁt ausgescꞁlossen sein.
Man kann das aucꞁ aus Cap. 5, 3 scꞁliessen (*Kn.*), wo der Vrf. von
dem Verhältniss des Soꞁnes zum Vater, das ja aucꞁ ein Verhältniss
der leibl. Äꞁnlicꞁkeit war, dieselben Ausdrücke gebraucꞁt. Aber selbst
dort kann die Äꞁnlicꞁkeit damit nicꞁt erscꞁöpft sein, nocꞁ viel weniger
gegenüber von Gott. — Übrigens kommt das Ebenbild mit diesem
Ausdruck im A. T. nur bei A vor (Ps. 8 spricꞁt von derselben Sacꞁe
mit andern Ausdrücken), und alle späteren Erwäꞁnungen desselben
geꞁen auf iꞁn zurück. Geleꞁrte Deutungen des Begriffs findet man
Sir. 17, 3 ff. (vgl. Sap. 9, 2 f., und Sap. 2, 23. Wie diese Stellen

schreiben auch 1 Cor. 11, 7. Jac. 3, 9 das Ebenbild dem Menschen
überhaupt zu; jedoch vertieft sich bei Paulus der Begriff zur Idee der
sittlich-religiösen Vollkommenheit und spricht er darum von demselben
als einem durch die Sünde verdorbenen und erst durch Christus wie-
derhergestellten und wiederherzustellenden (Col. 3, 10; Eph. 4, 24);
an diesen paulin. Sprachgebrauch schliesst sich die kirchl. Lehre darüber an, welche über diese grundlegenden Stellen des A. T. weit hin-
ausgeht. „Zeitig nahm man (s. S. 30) bei den Juden an der bibl.
Vorstellung Anstoss und liess den Menschen nur nach dem Bilde der
Engel geschaffen sein zB. LXX Syr. Chald. zu Ps. 8, 6; Saad. zu
Gen. 9, 6; samar. Üb. zu Gen. 5, 1. 9, 6; Pers., Qimj. zu Gen.
5, 1; Raš. zu Gen. 1.   Übrigens kommt jene Vorstellung auch im
übrigen Alterthum vor.   Der Mensch wurde nach Lucian de imag. 28
vom besten Philosophen εἰκὼν θεοῦ genannt, nach Hermes bei Lact.
inst. div. 2, 10 *ad imaginem Dei* gemacht und nach Ovid. met. 1,
83 *in effigiem moderantum cuncta Deorum* gebildet.   Cicero de nat.
deor. 1, 32 bezeichnet die Menschen als *similes Deorum* und erinnert
de leg. 1, 9 wie auch Juvenal 15, 142 ff. an die aufrechte Gestalt,
aber auch an das Geistige.   Arat. phaenom. 5 nennt die Menschen ein
Διὸς γένος, welches Paulus Act. 17, 28 zu einem θεοῦ γένος erweitert, und die Pythagoreer lehrten eine συγγένειαν ἀνθρώπων πρὸς
θεούς (Diog. Laert. 8, 1, 19), dachten aber dabei, wie auch andere,
zB. die Platoniker, an die Seele als Ausfluss der Gottheit, während
andere zugleich behaupteten, τὸ εἶδος αὐτὸ θεῷ ἐοικέναι (Philostr.
vit. Apoll. 8, 7).   Auch Phocyl. carm. 101 nennt den Geist εἰκὼν
θεοῦ" (*Kn.*).   Es versteht sich jedoch, dass in der heidnischen, die
Gottheit vermenschlichenden Denkweise alle diese Aussagen viel weniger
zu bedeuten haben, als auf bibl. Standpunkt, — V. 27. Freudig ge-
hoben berichtet der Vrf. die Schöpfung des Menschen mit dichterischem
Anhauch in 3 rhythmischen Gliedern (*Ew.*).   Glied b hebt aus Gl. a
einen Punkt, das בְּצַלְמוֹ, als hochwichtig besonders heraus; c ergänzt
a und b in Beziehung auf die Zahl der Geschaffenen.   In a und b
genügt es, vom Menschen im allgemeinen zu sprechen, daher אֹתוֹ; in
c musste wegen der Zweiheit der Individuen אֹתָם gesagt werden.   Den
Gedanken, dass der Mensch zuerst als einer geschaffen und *nachher*
zu zweien *umgeschaffen* worden sei, erlaubt schon der Ausdruck nicht;
dass die Aussage des c besonders hingestellt ist, ist nur Folge des
poet. Rhythmus. *ein Männlein und Weiblein schuf er sie*] nicht:
männlich und weiblich schuf er sie, als wäre die Zahl der Paare hier
unbestimmt gelassen, denn זָכָר und נְקֵבָה sind nicht collect., und dass
der Vrf. nur ein Paar annahm, ist Cap. 5, 1 ff. deutlich (anders *Tuch* [2]
24. 39).   Die Frage, ob die Menschheit von einem oder mehreren
Paaren abstamme, obwohl in der neueren Wissenschaft lebhaft dis-
cutirt (*Gabler* Urgesch. II. 2 S. 41; *Winer* RWB. u. Adam; Übersicht über die Controverse zwischen den Monogenisten und Polygeni-
sten bei *Zöckler* Theol. u. Naturwiss. II. 768 ff.), aber noch nicht gelöst und wissenschaftlich überhaupt kaum lösbar, lag als Streitfrage
dem Alterthum gar nicht vor.   Auch der Vrf. macht keinen Gegensatz

gegen eine abweicıende Ansicıt (etwa durcı Hervorhebung mit dem
Zaılwort); obgleich er nur ein Paar annimmt (wie ausserbiblische Kosmogonien). zeigt er docı durcı das collective אָדָם V. 26, dass iım
das Schwergewicht gar nicıt auf diesen Punkt fällt. Was er betont,
ist, dass Gott die Menscıen in seinem Bilde (und mit der Gesehlechts-
dillerenz, vgl. Matth. 19, 4) gescıallen ıabe, dass sie in iırem Verhältniss zu Gott und durcı iıre gottebenbildliche Natur alle gleicı sind.
An der Anerkennung dieses Satzes ıst die Rehgıon selbst betheiligt.
זָכָר וּנְקֵבָה] obwoıl bei A. wo erwacısene Leute beiderlei Gescılecıts
in Rede stehen, aucı אִישׁ וְאִשָּׁה vorkommt (Ex. 35, 29. 36, 6; besonders wenn ältere Vorlagen gebraucıt sind Lev. 13, 29. 38. 20, 27.
Num. 5, 6. 6, 2 cf. Dt. 17, 2). so bedient er sicı docı, als ein an
scıärfere Begrillsbestimmungen gewöhnter Rechtskundiger, nicıt blos bei
Thieren, sondern aucı bei Menscıen überall da, wo es auf den Ge-
sehlechtsunterscied oıne Untersciied des Alters ankommt, für *mas* des
Ausdrucks זָכָר (zB. Gen. 17, 10 ll.; Ex. 12, 48. Lev. 6, 11. 22. 7, 6. 27,
3 ll. Num. 1, 2 ll.) wie aucı andere vorexilische Scıriftsteller Ex. 23,
17. 34, 23. Dt. 4, 16. 15, 19. 16, 16. 20, 13. Jud. 21, 11 l. 1 Reg.
11, 15. Jer. 20, 15. 30, 6) und für *femina* (wofür אִשָּׁה Lev 18, 22.
20, 13, cfr. Jud. 21, 11 l.) des וּנְקֵבָה (wie Jer. 31, 22. Dt. 4, 16).
Durcı das Arab. u. Assyr. erweist sicı זָכָר als ein altsemit. Ausdruck,
der nur im Aram. bald den speciellen Begrill *Widder* annaım, (über
die Beıauptung, זָכָר sei die jüngere Form für älteres כָמוּר, s. zu Ex.
23, 17); נְקֵבָה aber, von einer gut heır. √, und directer Gegensatz
zu זָכָר, kann, obwoıl sonst nur im Aram. erıalten, nicıt erst ın der
verfeinernden, alles grob Sinnliıce meidenden Sprecıweise der jüngeren Zeit aufgekommen sein (gegen *Wellh., Gsbr.*). — V. 28. Aucı
sie erıalten einen Schöpfungssegen, aber in und mit diesem nicıt
blos die Kraft sicı zu vermeıren und die Erde zu füllen (V. 22),
sondern aucı die Kraft, sicı die Erde selbst und iıre lebenden Wesen
zu unterwerfen, wie Herren mit Eigenthumsrecht (Ps. 115, 16) darüber zu scıalten und sie iıren Zwecken dienstbar zu macıen. Woıl
nur zur Erıöhung der Feierlichkeıt ist im hbr. Text das vollere וַיֹּאמֶר
לָהֶם אֱלֹהִים gesagt statt לֵאמֹר (V. 22), was die LXX ausdrücken. וְכָבְשֻׁהָ]
zu V. 26. הָרֹמֶשֶׂת] über Art. zu V. 21 (von *Wl.* 1. 402 falscı beurtheilt): die auf der Erde sicı regenden Tıiere für sämmtliıce Land-
tıiere. — V 29 f. Verordnung eines Grundgesetzes für die Geschöpfe,
sicı anscıliessend an das Herrscherrecht des Menscıen und dieses be-
scıränkend, aber wegen seiner weiter greifenden Bedeutung als ein besonderes Gotteswort eingefüırt. Es betrilli die Naırung der Menscıen
und Tıiere. Den Menscıen weist Gott die Samen tragenden Kräuter
und die Samenfrucht tragenden Bäume an, s. zu V. 11 (vgl. 2, 16. 3, 18).
נָתַתִּי] *ich gebe hiemit*, „dedero", vgl. 9, 13. 15, 18. 17, 20. 23, 11. 13,
Ew. 135c; Ges. 126, 4. אֶת־כָּל־עֵשֶׂב] V. 21. זֹרֵעַ זֶרַע] *Samen säend*
oder *streuend*, wenn nicıt dieses Qal, wie V. 11 l. das Hi., von זָרַע
erst denomiıniıt ist (*Ew.* 122c). Dass es sich V. 11 l. um den erst zu
bildenden, ıier um den scıon gebildeten d. ı. reifen Samen ıandle
(*Böttch.* NÄ. 1, 9: Del.) ist woıl zu fein. Für die menschliche Nah-

schreiben auc1 1 Cor. 11, 7. Jac. 3, 9 das Ebenbild dem Menscıen
überıaupt zu; jedocı vertieft sicı bei Paulus der Begriff' zur Idee der
sittlıch-religiösen Vollkommenıeit und sprictt er darum von demselben
als einem durcı die Sünde verdorbenen und erst durcı Cıristus wie-
derhergcstellten und wiederherzustellenden (Col. 3, 10; Epı. 4, 24);
an diesen paulin. Spracıgebraucı scıliesst sicı die kircıl. Leıre darüber an, welcıe über diese grundlegenden Stellen des A. T. weit hin-
ausgeıt. „Zeitig naım man (s. S. 30) bei den Juden an der bibl.
Vorstellung Anstoss und liess den Menscıen nur nacı dem Bilde der
Engel gescıaffen sein zB. LXX Syr. Cıald. zu Ps. 8, 6; Saad. zu
Gen. 9, 6; samar. Üb. zu Gen. 5, 1. 9, 6; Pers., Qimḥ. zu Gen.
5, 1; Raš. zu Gen. 1. Übrigens kommt jene Vorstellung aucı im
übrigen Alterthum vor. Der Menscı wurde nacı Lucian de imag. 28
vom besten Pıilosopıen εἰκὼν θεοῦ genannt, nacı Hermes bei Lact.
inst. div. 2, 10 *ad imaginem Dei* gemacıt und nacı Ovid. met. 1,
83 *in effigiem moderantum cuncta Deorum* gebildet. Cicero de nat.
deor. 1, 32 bezeicınet die Menscıen als *similes Deorum* und erinnert
de leg. 1, 9 wie aucı Juvenal 15, 142 ff. an die aufrecıte Gestalt,
aber auch an das Geistige. Arat. phaenom. 5 nennt die Menscıen ein
Διὸς γένος, welcıes Paulus Act. 17, 28 zu einem θεοῦ γένος erweitert, und die Pytıagoreer leırten eine συγγένειαν ἀνθρώπων πρὸς
θεούς (Diog. Laert. 8, 1, 19), dacıten aber dabei, wie aucı andere,
zB. die Platoniker, an die Seele als Ausfluss der Gottıeit, während
andere zugleicı beıaupteten, τὸ εἶδος αὐτὸ θεῷ ἐοικέναι (Philostr.
vit. Apoll. 8, 7). Aucı Phocyl. carm. 101 nennt den Geist εἰκὼν
θεοῦ" (*Kn.*). Es versteıt sicı jedocı, dass in der ıeidniscıen, die
Gottıeit vermenschlichenden Denkweise alle diese Aussagen viel weniger
zu bedeuten ıaben, als auf bibl. Standpunkt, — V. 27. Freudig geıoben bericttet der Vrf. die Schöpfung des Menscıen mit dıchterischem
Anıaucı in 3 rhythmischen Gliedern (*Ew.*). Glied b ıebt aus Gl. a
einen Punkt, das בְּצַלְמוֹ, als ıocıwicıtig besonders ıeraus; c ergänzt
a und b in Bezieıung auf die Zaıl der Gescıaffenen. In a und b
genügt es, vom Menscıen im allgemeinen zu sprecıen, daıer אָדָם; m
c musste wegen der Zweiıeit der Individuen אָדָם gesagt werden. Den
Gedanken, dass der Menscı zuerst als einer gescıaffen und *nachher*
zu zweien *umgeschaffen* worden sei, erlaubt scıon der Ausdruck nicıt;
dass die Aussage des c besonders ıingestellt ist, ist nur Folge des
poet. Rıytımus. *ein Männlein und Weiblein schuf er sie*] nicıt:
männlicı und weiblicı scıuf er sie, als wäre die Zaıl der Paare ıier
unbestimmt gelassen, denn זָכָר und נְקֵבָה sind nicıt collect., und dass
der Vrf. nur ein Paar annaım, ist Cap. 5, 1 ff. deutlicı (anders *Tuch*²
24. 39). Die Frage, ob die Menscııeit von einem oder meıreren
Paaren abstamme, obwoıl in der neueren Wissenscıaft lebıaft dis-
cutirt (*Gabler* Urgesch. II, 2 S. 41; *Winer* RWB. u. Adam; Über-
sicıt über die Controverse zwiscıen den Monogenisten und Polygeni-
sten bei *Zöckler* Tıeol. u. Naturwiss. II. 768 ff.), aber nocı nicıt gelöst und wissenscıaftlicı überıaupt kaum lösbar, lag als Streitfrage
dem Alterthum gar nicıt vor. Aucı der Vrf. macıt keinen Gegensatz

gegen eine abweichende Ansicht (etwa durch Hervorhebung mit dem Zahlwort); obgleich er nur ein Paar annimmt (wie ausserbiblische Kosmogonien), zeigt er doch durch das collective אָדָם V. 26, dass ihm das Schwergewicht gar nicht auf diesen Punkt fällt. Was er betont, ist, dass Gott die Menschen in seinem Bilde (und mit der Geschlechtsdifferenz, vgl. Matth. 19, 4) geschaffen habe, dass sie in ihrem Verhältniss zu Gott und durch ihre gottebenbildliche Natur alle gleich sind. An der Anerkennung dieses Satzes ist die Religion selbst betheiligt.

זָכָר וּנְקֵבָה] obwohl bei A, wo erwachsene Leute beiderlei Geschlechts in Rede stehen, auch אִישׁ וְאִשָּׁה vorkommt (Ex. 35, 29. 36, 6; besonders wenn ältere Vorlagen gebraucht sind Lev. 13, 29. 38. 20, 27. Num. 5, 6. 6, 2 cf. Dt. 17, 2), so bedient er sich doch, als ein an schärfere Begriffsbestimmungen gewöhnter Rechtskundiger, nicht blos bei Thieren, sondern auch bei Menschen überall da, wo es auf den Geschlechtsunterschied ohne Unterschied des Alters ankommt, für *mas* des Ausdrucks זָכָר (zB. Gen. 17, 10 ff.; Ex. 12, 48. Lev. 6, 11. 22. 7, 6. 27, 3 ff. Num. 1, 2 ff.) wie auch andere vorexilische Schriftsteller Ex. 23, 17. 34, 23. Dt. 4, 16. 15, 19. 16, 16. 20, 13. Jud. 21, 11 f. 1 Reg. 11, 15. Jer. 20, 15. 30, 6) und für *femina* (wofür אִשָּׁה Lev 18, 22. 20, 13, cfr. Jud. 21, 11 f.) des נְקֵבָה (wie Jer. 31, 22. Dt. 4, 16). Durch das Arab. u. Assyr. erweist sich זָכָר als ein altsemit. Ausdruck, der nur im Aram. bald den speciellen Begriff *Widder* annahm, (über die Behauptung, זָכָר sei die jüngere Form für älteres זָכוּר, s. zu Ex. 23, 17); נְקֵבָה aber, von einer gut hebr. √, und directer Gegensatz zu זָכָר, kann, obwohl sonst nur im Aram. erhalten, nicht erst in der verfeinernden, alles grob Sinnliche meidenden Sprechweise der jüngeren Zeit aufgekommen sein (gegen *Wellh., Gsbr.*). — V. 28. Auch sie erhalten einen Schöpfungssegen, aber in und mit diesem nicht blos die Kraft sich zu vermehren und die Erde zu füllen (V. 22), sondern auch die Kraft, sich die Erde selbst und ihre lebenden Wesen zu unterwerfen, wie Herren mit Eigenthumsrecht (Ps. 115, 16) darüber zu schalten und sie ihren Zwecken dienstbar zu machen. Wohl nur zur Erhöhung der Feierlichkeit ist im hbr. Text das vollere וַיֹּאמֶר לָהֶם אֱלֹהִים gesagt statt לֵאמֹר (V. 22), was die LXX ausdrücken. כֹּבֶשׁ] zu V. 26. וְהָרֹמֶשֶׂת] über Art. zu V. 21 (von *Wl.* I. 402 falsch beurtheilt): die auf der Erde sich regenden Thiere für sämmtliche Landthiere. — V 29 f. Verordnung eines Grundgesetzes für die Geschöpfe, sich anschliessend an das Herrscherrecht des Menschen und dieses beschränkend, aber wegen seiner weiter greifenden Bedeutung als ein besonderes Gotteswort eingeführt. Es betrifft die Nahrung der Menschen und Thiere. Den Menschen weist Gott die Samen tragenden Kräuter und die Samenfrucht tragenden Bäume an, s. zu V. 11 (vgl. 2, 16. 3, 18). נָתַתִּי] *ich gebe hiemit*, „dedero", vgl. 9, 13. 15, 18. 17, 20. 23, 11. 13; *Ew.* 135c; *Ges.* 126, 4. אֶת־כָּל־עֵשֶׂב] V. 21. וְזֶרַע זֹרֵעַ] *Samen säend* oder *streuend*, wenn nicht dieses Qal, wie V. 11 f. das Hi., von זָרַע erst denominirt ist (*Ew.* 122c). Dass es sich V. 11 f. um den erst zu bildenden, hier um den schon gebildeten d. h. reifen Samen handle (*Böttch.* NÄ. I, 9; *Del.*) ist wohl zu fein. Für die menschliche Nah-

rung kommen die Kräuter und Bäume ıauptsäcılıcı wegen iıres Samens
in Betracıt. לְאָכְלָה] s. *Driver* 217 f. In V. 30 muss nacı MT. das נָתַ֫תִּי
von V. 29 nocı fortwirken, docı ist dies scıwierig, wegen לָכֶם יִֽהְיֶה
לְאָכְלָה V. 29, und es ist leicıter, anzuneımen, dass vor אֶת־כֹּל ein נָתַ֫תִּי
ausgefallen ist (*Ew. Del.*). In der Aufzäılung der Tıiere feılen nicıt
blos die דְּגֵי הַיָּם und diese gewiss absicıtlıcı, sondern aucı (vgl.
V. 24 f.) die בְּהֵמָה; ob darum, weil das zaıme Vieı, beim Menscıen
lebend, an dessen Naırungsmitteln vielen Antıeil ıat (*Kn.*)?; sie kann
aucı in חַיַּת הָאָ֫רֶץ (vgl. V. 28) inbegriffen sein (*Del.*). Diesen Thieren
ist das *Grün des Krautes* angewiesen d. ı. alles grüne Gras und
Kraut; יֶ֫רֶק deutet an, dass עֵ֫שֶׂב ıier im weitesten Sinn (s. V. 11 und
vgl. 2, 5; Ex. 9, 25. 10, 15), also in weiterem als V. 29, genommen
ist unð das Gras einscıliessen soll; חָצִיר ist nicıt gebraucıt, weil es
oben V. 11 f. nicıt erwäınt war; wäre V. 11 f. דֶּ֫שֶׁא s. v. a. Gras
überıaupt, so wäre dessen Erwäınung ıier zu erwarten. — Diese
Nahrungsanweisung ist nicı erscıöpfend (Wasserthiere unberücksichtigt;
Naırungsmittel wie Milcı und Honig für die Menscıen, Körner für
Vögel und Landthiere nicıt erwäınt); es wird nur die V. 11 f. ver-
zeicınete Gewächswelt unter die Lebewesen des Landes (und der Luft)
zum Gebraucı vertheilt, und werden Kräuter und Bäume, mit iıren
Samen und Frücıten, den Menschen, Gras und Krautesgrün den Thieren
zugewiesen; es ist eine Unterscıeidung in Bauscı und Bogen. Aber
die Austheilung der Gewächswelt unter die Lebewesen ist nicı der
einzige Gesichtspunct, unter dem die Stelle betracıtet sein will. Die
Nicıterwäınung der Fleiscınaırung für den Menscıen, dem docı das
Herrscıaftsrecıt über die Tıiere zugesprocıen ist, füırt im Zusammenıalt mit 9, 2 ff. auf einen tieferen Gedanken, dem der Vrf. Ausdʳuck
geben will. Fleischnahrung kostet einem Tıiere das Leben; solcıe
Tödtung der Tıiere für den eigenen Gebraucı aber, so geläufig sie in
der jetzigen Weltordnung ist, ist nacı A nicıt ursprünglıcı gewesen
und der Schöpferordnung Gottes nicıt gemäss; nicıt Krieg und-Mord-
lust, sondern Frieden wollte der Scıöpfer unter seinen Gescıöpfen;
der Brucı dieses Gottesfriedens in der Scıöpfung tritt erst mit dem
Sinken der Gescıöpfe ein. Und durcı וַֽיְהִי־כֵן V. 30 gibt er (vgl.
Gen. 6, 11 ff.) deutlıcı zu versteıen, dass er wirklıcı für die erste
Zeit die Aufrecıterıaltung dieses Gottesfriedens annaım. Demnacı
sollen V. 29 f. das göttl. Grundgesetz für das Lebeın der Gescıöpfe
und damit zugleicı eine Cıarakteristik des Urstandes derselben, spe-
clell der Menscıeit, eines Standes des Friedens geben; sie leisten also
dasselbe, was C mit seiner Erzäılung vom Gottesgarten (Cap. 2 f.) bezweckt (*Ew.* JB. II. 134 ff.). Mit solcıem Glauben an eine Urzeit
paradiesiscıen Friedens steıen die bibl. Erzäıler nicıt allein (s. Cap. 2),
aber aucı zu der besonderen Fassung des Gedankens ıier finden sich
auswärts mancıe Parallelen. „Nacı Plato de leg. 6 p. 782 und Plut.
symp. 8, 8, 3 entıielt man sicı anfänglıcı des Fleischgenusses, weil
man die Tödtung von Thieren als unrecıt eracıtete (Diog. Laert. 8,
1, 12; Porph. abst. 3, 26); ebenso lässt Ovid. met. 15, 96 ff. fast. 4.
395 ff. die Menscıen im goldenen Zeitalter allem *foetus arboreos* und

herbas, noch kein Fleisch geniessen; und Verg. Ge. 1, 130 lässt ursprünglich auch die reissenden Thiere von Vegetabilien leben" (*Kn.*). Über die persische Lehre s. *Spiegel* Er. AK. I. 455 f. Die Möglichkeit solcher Lebensweise lässt sich, was den *Menschen* betrifft, nicht bezweifeln: wenn gleich seine Kauwerkzeuge und Verdauungsorgane auch auf thierische Kost eingerichtet sind, so ist doch erfahrungsmässig durch viele Beispiele bis herab auf die Vegetarianer nachgewiesen, dass Fleischnahrung für ihn entbehrlich ist. Bei einfacher lebenden Völkern war und ist der Fleischgenuss seltener, und vielfach im Alterthum war das natürliche Grauen vor Blutvergiessen noch recht lebendig (Brahmanen, Buddhisten, Pythagoreer, Manichäer). Theils geschichtliche Erinnerungen an solche ältere Zustände und Sitten, theils das natürl. Mitgefühl mit der leidenden Creatur und die innere Stimme, dass Verfolgung und Gewaltthat unter den Geschöpfen nicht der ursprüngl. Wille des Schöpfers sein können, dienten der Anschauung, die der Vrf. ausdrückt, zur Stütze: wie die Dolmetscher der höheren Religion den Frieden unter den Menschen (zB. Jes. 2, 4. 9, 5 f. Zach. 9, 10 a.), bes. auch den Frieden zwischen der Menschen- und Thierwelt (Hos. 2, 20; Jes. 11, 5—9. 65, 25) als das Zukunftsziel der Entwicklung hinstellen, so haben sie auch an einen Urstand paradiesischen Friedens glauben gelehrt. Viel schwieriger ist die Denkbarkeit eines solchen Urstandes bezüglich der Ernährung der *Thiere*. Eine Menge von Thierarten lebt auf Kosten anderer; das erscheint als ihnen durch die Construction ihrer Organe und Leiber so vorgezeichnet, und der paläontologische Erfund erweist solche Organisation derselben als urälteste, dem Dasein des Menschen schon vorausgehende; in Anbetracht der übergrossen Fruchtbarkeit und Vermehrung gewisser Thierclassen stellt sich jene ihre Verwendung zur Erhaltung anderer sogar als ein Werk schöpferischer Weisheit dar. Derartige Schwierigkeiten sind aber dem Vrf. noch nicht zum Bewusstsein gekommen, geschweige dass er sie (Gen. 6, 11 ff.) mit einer späteren Veränderung der ursprünglichen Organisation der Thiere löste. Er hat einfach und unter Voraussetzung der Identität ihrer leibl. Organisation bei einigen Thierarten die Möglichkeit einer einst friedlicheren Lebensweise und einer nachherigen Verwilderung angenommen. — V. 31. Nach Abschluss des Sechstagewerks erfolgt das göttl. Billigungsurtheil, diesmal über die Gesammtheit aller Werke, auf מְאֹד טֹוב lautend, weil eben durch den Zusammenhang der einzelnen Theile mit einander und ihr zweckvolles Siebentsprechen ihre Trefflichkeit um so heller hervorleuchtet. הַשִּׁשִׁי] nicht, wie bisher, *ein*, sondern *der*, als wollte Vrf. damit sagen: *der* sechste und damit letzte der 6 Tage. Dass nur שֵׁשׁ, nicht יֹום den Artikel hat (1, 21. 28 gehören nicht hieher), ist nicht Zeichen jungen Sprachgebrauchs (*Wl.* I. 402); denn diese bequemere Redeweise (*Ew.* 293ᵃ; *Ges.* 111, 2ᵃ) findet sich in A nur bei יֹום (2, 3. Ex. 12, 15) so wie in anderen (Ex. 20, 10. Dt. 5, 14. Lev. 19, 6. 22, 27), wogegen bei allen anderen Substantiven A immer den Artikel schreibt (Gen. 8, 5. Ex. 28, 10. 18 ff. 39, 11 ff. 26, 9. 29, 19. 39. 41. Lev. 8, 22. Num. 28. 4. 8 u. s.), also noch keineswegs zum Sprachgebrauch von מִסְפַּר

הַגְּדוֹלָה (vgl. Gen. 41, 26. Jud. 6, 25. 1 Sam. 12, 23. Jer. 17, 2. 38,
14 u. ö.) vorgerückt ist (s. jetzt auch *Driv.* 229 f.). — Cap. 2, 1—3.
Den siebenten Tag bestimmt Gott, da er an demselben von seinem
Schaffen ruhte, zu einem hl. Ruhetag. — V. 1. צְבָאָם] Suff. geht auf
'הא והש' הש' zugleich. Vom Heer des Himmels ist im A. T. oft die Rede;
gewöhnlich wird damit das Sternenheer bezeichnet, doch auch die
Engelscharen (1 Reg. 22, 19; Heer Gottes Jos. 5, 14 f.), und Heere
Gottes sind auch alle die elementaren Kräfte des Himmels, wie Winde,
Blitze u. s. w. (zB. Ps. 103, 21). „Heer der Erde", sonst nicht ge-
wöhnlich und hier durch „Heer des Himmels" veranlasst, bezeichnet
dasselbe, was sonst מְלֹא הָאָרֶץ, vgl. Jes. 34, 2 und die Umschreibung
Neh. 9, 6. Alle Wesen Himmels und der Erde, auch die Cap. 1 nicht
ausdrücklich erwähnten werden hier zusammengefasst. — V. 2. *Und
Gott endigte am siebenten Tage sein Werk*] die leichtere Lesart
הַשִּׁשִּׁי für הַשְּׁבִיעִי (*Sam.* LXX *Pesch. Jubil., Beresch. rab.* c. 9, cfr.
Hieron. qu.), von *Houbig. Ilg. Pott Olsh.* vorgezogen, lässt sich als
ursprünglich vertheidigen, wenn man annimmt, dass die Änderung in
'הש' geschehen sei mit Rücksicht darauf, dass die 2. Hälfte des 6.
(mit בֹּקֶר beginnenden S. 21) Tags nach der gesetzlichen Rechnung
schon die 1. des 7. war und Sabbath mit עֶרֶב begann. Die Fassung
des וַיְכַל als Plsqp. (*Calv. Drus. Eichh. Gabl. Ros.*) verstösst gegen
die Grammatik. Unter Voraussetzung der Ursprünglichkeit der Mass.
Lesart, muss man annehmen, dass Vrf. (anders als in V. 1) כִּלָּה nicht
im Sinne von *Fertigmachen*, sondern (wie Num. 17, 25) von *ein
Ende machen* einer Sache, oder von *aufhören mit* (etwa wie כִּלָּה seq.
מִן Ex. 34, 33. Lev. 16, 20. 1 Sam. 10, 13 oder הִשְׁבִּית Ex. 12, 15)
genommen (*Vat. Tuch. Kn.*) und zugleich die Ruhe Gottes als die
eigentliche Vollendung des Schöpfungswerks gedacht (*Rat. Del. Ke.*)
hätte. Die Streichung des V. 2[b] u. 3[b] als späterer Zuthat (*Wl.,* s.
oben S. 14), wornach als Aussage des Vrf. sich ergäbe, Gott habe am
7. Tage erst sein letztes Werk (den Menschen) gemacht, ist nicht blos
ein Gewaltstreich, sondern beseitigt auch nicht den Widerspruch, dass
der 7. Tag 1l. Tag (3[a]) sein soll, und muthet dem Vrf. einen Gedanken zu, den niemals ein Jude (zumal nach der Zeit des Dt.) gedacht haben kann. — *und Gott ruhte am 7. Tag von allem seinem
Werk, das er gemacht hatte*] man muss unter dieser Ruhe nicht geradezu dasselbe verstehen, was man in der Dogmatik die erhaltende
Thätigkeit Gottes nennt, denn diese fasst das A. T. sonst nicht als
Ruhe, vielmehr als fortgesetztes Schaffen, als stetiges Tragen der Welt
durch Gottes allmächtige Kraft (s. auch Joh. 5, 17) auf. Hätte Vrf.
es so gemeint, so hätte er einfach gesagt: „und Gott ruhte von seinem
Werk", nicht aber: „ruhte am 7. Tage von seinem Werk", der doch
unmöglich als ein in infinitum sich erstreckender gedacht werden kann.
Vielmehr liegt dem Vrf. der Ruhetag zwischen den Tagen der ur-
schöpferischen Arbeit und der Zeit der erhaltenden Thätigkeit, ist der
Durchgangspunkt von der einen zur andern. Der Wechsel von Arbeit
und Ruhe, von Aussichheraustreten und Sichinsichzurückziehen ist damit in Gott selbst verlegt (vgl. Ex. 31, 17 den noch sinnlicheren Aus-

druck „sich erholen"). So menschenartig das klingt, so hat diese Anschauung doch ihr Recht, sofern wenn man einmal den Zeitbegriff auf das göttl. Thun anwendet und von einem Abschluss der Schöpfung spricht, es einen Zeitmoment gegeben haben muss, in welchem Gott mit Selbstbefriedigung auf die vollbrachte Schöpfung zurückblicken konnte und *ruhte*, nicht überhaupt, sondern *von seinem Werk*, das er gemacht hatte, vom Schöpfungswerk. Dass diese Zeit gerade als ein Tag bestimmt ist, ist die nothwendige Folge der Übertragung des Wochencyclus auf das göttliche Thun. — V. 3. *Und Gott segnete den 7. Tag und heiligte ihn*] näml, nicht etwa später hin zu Mose's Zeit, sondern eben damals am 7. Tag; auch nicht so, dass er schon damals den Menschen ein Gebot seiner Heilighaltung gegeben hätte, denn den Israeliten wird das Gebot darüber erst unter Mose gegeben (Ex. 20, 9. 31, 12 ff. 35, 1 ff. 16, 22 ff.), und von vormosaischer Sabbathsbeobachtung derselben ist nichts bekannt; auch von einer Feier durch die Engel im Himmel (Jubil. c. 2) sagt unser Vrf. nichts. Sondern die Meinung ist: Gott legte damals einen besondern *Segen* auf diesen Tag, machte, dass wohlthätige Folgen sich an seine Feier knüpfen, und heiligte ihn d. h. machte ihn zu einem heiligen, den gemeinen Tagen entnommenen und Gott geweihten Tag, der eine besondere Beziehung auf den h. Gott hat (vgl. Jes. 58, 13). Aber bemerkt wird das vom Vrf. allerdings schon mit Beziehung auf die Einsetzung der Sabbathfeier unter Mose (Ex. 31, 17. 20, 11). Zur Sache s. Ex. 20, 10 f. בָּרָא לַעֲשׂוֹת] da nicht בָּרָא מְלָאכָה, sondern עָשָׂה מְלָאכָה Sprachgebrauch war, zugleich aber das Machen des Werks als ein schöpferisches bezeichnet werden sollte, so war diese Zusammensetzung (*Ew.* 285ª) von selbst gegeben: *welches machend er geschaffen hatte;* „thätig seiend" (*Kn.*) bedeutet לַעֲשׂוֹת nicht. — Die Formel ויהי ערב וג׳ fehlt, nicht etwa weil dieser Tag als dies sine vespera, als ein endloser bezeichnet werden soll (*Del.* nach August. Conf. a. E.), wodurch er seinen Charakter als Typus des menschl. Sabbaths verlöre; auch nicht blos darum, weil die Erzählung zu Ende ist, nicht mehr zu einem weiteren Tag hinübergeleitet wird und seine Bezeichnung als 7. Tag schon (V. 2) vorausgenommen ist, sondern zumeist darum, weil der Sabbath von Abend zu Abend gerechnet wird, also obige Formel nicht mehr passen würde. — V. 4ª. Unterschrift zu diesem Stück, nicht Überschrift zum 2. Stück, wie gemäss der Paraschen- und Vers-Eintheilung noch manche (*Hengst. Baumg. Kur.*, *Hofm. Ke.* a.), auch kritische Ausleger (*Tuch, de W. Hupf.*) annehmen. Nämlich תּוֹלְדוֹת] nur im Pl. st. c. vorkommend, der Bildung nach einem arabischen تَوْلُدَة entsprechend, bedeutet eig. *Zeugung*, aber nicht als n. act., sondern (wie auch der stehende Pl. zeigt) als Gegenstandswort *Erzeugtes* (wie das etwas anders gebildete Geez-Wort *tauledd*, *tevledd*, *tuledd*, Pl. *tevleddât*), somit im gewöhnl. Sprachgebrauch als Pl. st. c., vor einem Personennamen, *Zeugungen* d. h. *Geschlechter, Geschlechtsfolge*, und dann in Überschriften leicht auch *Geschlechtsgeschichte*, Geschichte des von jemand abstammenden Geschlechts (6, 9.

25, 19. 37, 2), bei den LXX γένεσις, γενέσεις, βίβλος, γενέσεως. Vor
einen Sachnamen gestellt, wie iier, kann das Wort nur im uneigent-
licien Sinn (Şeph. 2, 2. Ij. 38, 28 f. Jes. 55, 10) gebraucit sein
s. v. a. *Hervorbringungen*, die von (auf) Himmel und Erde, bei deren
Scıöpfung (=— wie V. 1), iervorgebracıten Dinge, Wesen u. s. w.
Zu der Vermuthung (*Lagarde* Orientalia II. 38 ff.), dass Sing. תֹולְדֹת
in der Bedeutung *Herkunft* (wie im Targ. der Ketubim) zu lesen und
der ganze Halbvers eine junge Interpolation sei, ist kein Grund. Eine
Formel dieses Inialts passt nun aber offenbar besser zu 1, 1—2, 3
als zu dem 2. Stück Cap. 2, 4 ff., welcies, wenigstens nacı seinem
jetzigen Bestand, nur Fragmente einer Scıöpfungsgescıicıte und in der
Hauptsacıe vielmeir etwas ganz anderes entıält. Das „was mit Himmel
und Erde nacı iırer Scıöpfung weiter geworden ist" (*Ke.*), wird niemand תֹולְדֹת הַשָּׁ׳ וְהָאָ׳ nennen; aucı erzählt 2, 4 ff. gar nicıt, was mit
H. und E. weiter geworden ist, sondern wie der Menscı geworden
ist und was mit iım wurde. Es kommt dazu, dass die Formel überall
im Pent. (aucı Gen. 10, 1) auf A, nicıt auf C, dem das 2. Stück
angeıört, zurückgeıt, sowie dass bei C nicıt בָּרָא, sondern עָשָׂה und יָצַר
der gewöınlicıe Ausdruck ist. Geıört aber die Formel nacı Styl und
Sinn zum 1. Stück, dann kann sie nur Unterscırift zu diesem sein
(*Stäh. Ew. Del. Hölem.*). Nun kommt aber sonst bei A die Formel
nur als Überschrift vor; als Unterschrift würde sie in der Scırift des
A unmittelbar mit der Überscırift 5, 1 zusammengestossen sein
(*Schrad.* 39). Darum ist anzuneımen (*Ilg. Pott, Schu. Kn. Schr.* a.),
dass 2, 4ᵃ im Bucı des A Überscırift zu Cap. 1 war und erst von
R zur Unterscırift gemacıt ist, um durcı sie das 1. Stück vom 2. zu
trennen (*Schr.*) oder es mit demselben zu verbinden (*Kn.*) und den
Scıein zu vermeiden, als sollte sie Überscırift zum ganzen Pent. sein
(*Del. Nöld.*). Dass die Formel als Überscırift vor 1, 1 unpassend
sei, könnte man nur dann beıaupten, wenn 1, 1 selbst Überscırift
wäre (was es nicıt ist). Aber nacı dem oben S. 16 Gesagten, ist
überıaupt waırscıeinlicıer, dass erst R nacı Wegnaıme jener Überscırift dem 1, 1 seine jetzige Fassung gab. Zu dieser Vermuthung
gibt Anlass die Minuskel ה in בהבראם, welcıe docı ursprünglicı kritı-
scıe Bedeutung geıabt ıaben wird (*Tuch*); der Text von 1, 1 ıätte
dann bei A gelautet אֵלֶּה תֹולְדֹות הַשָּׁמַיִם וְהָאָרֶץ בְּבָרְאָם אֱלֹהִים (vgl. den
äınlicıen Bau von 5, 1). — Auf keinen Fall aber geıört V. 4ᵇ nocı
zu dieser Unterscırift (*Ew. Del. Hupf.* a.), sondern 4ᵇ ist der Beginn
des 2. Stücks (*Kn. Buns. Schr. Nöld.*). Denn die Worte 4ᵇ wären
neben בְּהִבָּרְאָם ganz überflüssig. Sodann beginnt hier scıon der Spracıgebraucı des 2. St.: עֲשֹׂות für בָּרָא, und אֱלֹהִ׳ם י׳׳ für אֱלֹהִ׳ם; statt אֶרֶץ
וְשָׁמַיִם (Ps. 148, 13) ıat A immer הַשָּׁמַיִם וְהָאָרֶץ. Endlich auch בְּיֹום ═══
als (aucı 2, 17. 3, 5) wäre im Munde dessen, welcıer eben von der
Scıöpfung in 6 Tagen bericıtet ıat, ungescıickt gewäılt, wäırend es
5, 1 seinen guten Sinn ıat (*Schr.*).

2. Die Schöpfung des Menschen, sein Urzustand und Fall
Cap. 2, 4ᵇ—3, 24; aus C.

1. Dass diese Capitel ein zusammenıängendes Stück bilden,
leucıtet sofort ein. Der Menscı im Gottesgarten Cp. 2, wird daraus
vertrieben Cp. 3; das Verbot des Erkenntnissbaums Cp. 2 wird Cp. 3
vom Menscıen übertreten; der Lebensbaum, 2, 9 flücıtig erwäınt,
wird 3, 22. 24 nacı seiner vollen Bestimmung erklärt; die Verurtheilung zu scıwerer Feldarbeit 3, 17—19 ist der Gegensatz zu dem
2, 15 f. bescıriebenen leicıteren Loos; 3, 19. 23 weist auf 2, 7 zurück; 2, 25 bereitet auf 3, 7. 10 f. 21 vor. Dazu kommt die Gleicı-
ıeit der Darstellungsweise und Spracıe (wovon nacıer), besonders
aucı der Doppelname Jaıve-Eloıim in beiden Capiteln. Ebenso sicıer
ist aber, dass ıier ein anderer Erzäıler als im 1. Stück bericıtet.
a) Das 1. Stück gibt ein vollständiges Bild der Scıöpfung der Welt.
Hier dagegen ıebt die Erzäılung neu an, geht zurück, bis zu der Zeit,
da nocı nicıt Pflanzen, Tıiere, Menscıen waren und bericıtet iıre
Erscıaffung. Allerdings ıandelt es sicı in iır ıauptsäcılicı um den
Menscıen; um die Schöpfung der andern Wesen nur so weit, als sie
mit dem Menscıen in Bezieıung steıen. Desıalb ıat man gemeint,
es solle ıier nur das vorige Stück ergänzt, einiges von dem dort Gesagten ausfüırlicıer und von andern Gesicıtspunkten aus dargelegt
werden. Aber in Waırıeit ergänzt das zweite das erste nicıt blos,
sondern weicıt aucı von iım ab. Der Mensch erscıeint ıier nicıt
blos dem Wertı, sondern aucı der Zeit nacı als das erste Geschöpf:
die Tıiere werden erst für iın gescıaffen, ja aucı die Pflanzenwelt
scıeint vor iım nocı nicıt da zu sein 2, 5—7; es ist also eine andere Ordnung in der Erscıaffung der Wesen (s. 2, 19). Abweicıend
ist aucı die Bemerkung über die Trockenıeit der Erde vor der Hervorbringung der Pflanzen (2, 5), über die früeste Ernäırungsweise
des Menscıen (2, 16 u. 3, 18) und über die Scıöpfung des Weibes
(2, 21 ff.), abweicıend ist endlicı die ganze Beschreibung des Urzu-
standes des Menscıen von dem 1, 29 f. angedeuteten. Das sind freilicı nur Abweicıungen in untergeordneten Dingen, wäırend in der
Hauptsacıe, über das Wesen des Menscıen und sein Verhältniss zum
Scıöpfer und zur Natur wesentlicıe Übereinstimmung sicı zeigt. Aber
aucı in nebensächlichen Dingen wird derselbe Erzähler sicı so nicıt
widersprecıen, und beweisen vielmeır die Abweicıungen für einen
andern Erzäıler. Die vielen Versucıe, unter Voraussetzung der Einıeit des Verfassers, beide Bericıte zu vereınigen (*Hasse* Entdeckungen
u. s. w. I. 85 ff., *Rink* Eınh. der mos. Schöpf.Berichte 1882; *Rosenm.*
Scıol. I. 92; *Ewald* Comp. der Gen. S. 192; *Ranke* Untersucı. ü. d.
Pent. I. 164 ff.; *Kurtz* Beiträge zur Vertı. der Einh. des Pent. 1844;
Hölemann Eınh. der beiden Schöpf.Berichte 1862 a.; s. *Tuch*) sınd
tıeils mit unzulässigen exeget. Mitteln gemacıt, tıeils ıaben sie nicıl
zum Ziele gefüırt (s. zu den St.). Nicıt einmal, dass der 2. Erzäıer
den ersten voraussetze und nur ergänzen wolle (*Tuch, Del.* a.), ist

zuzugeben: ein Ergänzer hätte sein Neues in die Ordnung des Sechstagewerks eingefügt, aber nicht dem 1. Bericht Widersprechendes berichtet, ohne zu erklären, wie sich das reime (*Hupf.* 125). Auch
würden in diesem Fall ausdrückliche oder stillschweigende Rückbeziehungen auf das 1. Stück erwartet; solche zeigen sich aber nirgends;
höchstens das Wort אֱלֹהִים in יְהֹ׳ אֱלֹהִים könnte dafür gelten, wenn es
sich nicht auch anders erklärte. b) Auch die Darstellungsweise und
Sprache weist auf einen andern Erzähler hin. Statt der verständigen,
nur die Hauptsachen hervorhebenden Art des 1. Stücks tritt hier eine
lebendigere Erzählungsweise ein, farbigere Schilderung mit Eingehen
auch auf die Nebenumstände u. ursächlichen Zusammenhänge, reicherer
und tieferer Ideengehalt, sammt einer höchst naiven Weise, von Gott
zu reden: „Gott *bildet* Menschen und Thiere, *haucht* jenem Leben in
die Nase (2, 7. 8. 19), *nimmt* eine Rippe aus seinem Leibe und *ver-
schliesst* die Öffnung (2, 21), *baut* die Rippe zu einem Weibe (2, 22),
pflanzt den Garten (2, 8), *nimmt* den Menschen und *lässt* ihn darin
nieder (2, 15), *bringt* die Thiere zum Menschen (2, 19. 22), *ergeht*
sich in der Kühle des Abends (3, 8), spricht wie *eifersüchtig* auf den
Menschen (3, 22)“, *Kn.* Für das göttliche Schaffen ist nicht בָּרָא,
sondern עָשָׂה oder יָצַר gebraucht, selbst 2, 4ᵇ; für die Thiere nicht
חַיַּת הָאָרֶץ, sondern חַיַּת הַשָּׂדֶה 2, 19 f. 3, 1. 14, wie auch שִׂיחַ הַשָּׂדֶה
2, 5, עֵשֶׂב הַשָּׂדֶה 2, 6. 3, 18. Andere ihm sonst beliebte, bei A nicht
gewöhnliche Ausdrücke sind zB. הַפַּעַם 2, 23 (18, 32. 29, 34 f. 30, 20.
46, 30), בַּעֲבוּר 3, 17, לְבִלְתִּי 3, 11, אֵת זֹאת 3, 13, עִצָּבוֹן 3, 15. 17, גֵּרֵשׁ 3,
24, לְקוֹל שָׁמַע 3, 17, הַרְבָּה הִרְבָּה 3, 16. Besonders wichtig ist der durchherrschende Gottesname יהוה, welchen A bis Ex. 6, 2 nie, wohl aber
C durchweg gebraucht. Freilich erscheint hier nicht (wie sonst bei C)
Jahve für sich, sondern immer (in LXX 2, 5. 7—9. 21 f. 3, 22 blos
אלהים) in der Zusammensetzung יְהֹוָה אֱלֹהִים, welche sonst im Hexateuch
nur Ex. 9, 30 vorkommt. Aber diese Erweiterung des יהֹ׳ durch אלהים
ist wahrscheinlich erst durch R geschehen. Ein zureichender Grund,
warum C selbst hier יהֹ׳ אֱ geschrieben hätte, lässt sich nicht einsehen.
Denn dass der Name יהֹ׳ אֱ, weil voller, zugleich heiliger und darum dem
Paradies zugeeignet sei (*Hupf.* 124 f.), oder dass für den paradiesischen Zustand Eloïm und Jahve noch zusammengefallen, und erst für
die gefallene Menschheit aus einander getreten seien (*FWSchultz* 379)
beruht auf unklaren Vorstellungen, und die Annahme, dass durch die
Hinzufügung des יהֹ׳ zu אֱ die schon im Paradies beginnende Heilsthätigkeit Gottes angedeutet werden soll (*Ke.*³ 50), wird durch andere
Stücke der Gen., wo in gleichem Fall eben nur אֱ, ohne יהֹ׳ steht,
widerlegt. Wo sonst in älteren Schriften jener Doppelname vorkommt,
wie 2 Sam. 7, 22. 25, soll das beigesetzte אֱ nachdrücklich hervor-
heben, dass Jahve wirklich und in Wahrheit Gott ist, vgl. 1 Sam. 6, 20;
hier, nicht in der Rede der Leute, sondern in einfacher Relation des
Erzählers war zu solcher Hervorhebung kein innerer Grund. Hatte aber
C אֱ יהֹ׳ zu schreiben keine Veranlassung, so doch R, der das 1. und
2. Stück in diese Verbindung brachte. Wenn auf das 1. Stück mit
Eloïm ein Stück mit Jahve folgte, so musste jeder Leser anstossen

und einen absichtlichen Gegensatz oder besonderen Grund vermuthen,
der doch nicht da war. Diesem Anstoss beugt die Zusammensetzung
vor, indem sie anzeigt, dass Jahve hier mit dem zuvor genannten Elohim derselbe sei (*Tuch, Kn. Del. Kuen.* Onderzoek[2] 313). Zwar hätte
für diesen Zweck die Namensverbindung in den Paar ersten Versen zur
Noth genügt, aber durch Beschränkung des Doppelnamens auf den Anfang des Stücks wäre dessen einheitlicher Charakter geschädigt worden; dagegen für die folgenden Jahve-Stücke war eine solche Zusam-
mensetzung nicht mehr nöthig, obwohl die LXX $\varkappa \acute{v}\varrho \iota o\varsigma$ $\acute{o}$ $\vartheta \varepsilon \acute{o}\varsigma$ noch
bis Cap. 9 fortsetzen, meist in den Stücken des C für '⸗, einigemal
auch in denen des A für אלהים. Wie R 'א zu '⸗ hinzugesetzt hat.
so hat er wahrscheinlich aus dem Schöpfungsbericht einiges weggelassen (s. zu 2, 5 f.) und dagegen 3, 20 und vielleicht auch 2, 10—15
eingeschaltet. — Dass das ganze Stück von einem andern Vrf. als C
geschrieben sei, behauptet *Reuss* Gesch. des AT. § 218, wegen des
Doppelnamens 'א '⸗ (worüber oben) und weil die Stellung des Stücks
an seinem jetzigen Platz auf einem Misverständniss beruhe (worüber
unten). Andererseits meint *Budde* (233 f.), dass Cp. 2 f. aus zweierlei Darstellungen der Paradies- und Sündenfallsgeschichte, von denen
eine (J[1]) Gott Jahve, die andere (J[2]) Elohim nannte u. den in der
ersten fehlenden Lebensbaum eingefügt enthielt, zusammengesetzt, u.
אלהים '⸗ daher zu erklären sei. Aber Beweise für einen J[2], der Elohim schrieb, lassen sich nicht beibringen, u. für die Annahme einer
Zusammenschmelzung des Stücks aus zweierlei *schriftlichen* Vorlagen
fehlt jeder zureichende Grund.

2. Wie von einem andern Vrf. geschrieben, so ist das Stück auch
seinem Inhalt und Zweck nach sehr verschieden vom ersten. Zwar
handelt es in seiner 1. Hälfte (C. 2) auch von der Schöpfung, wenigstens der organischen Wesen, und man nennt sie darum wohl auch
die zweite Schöpfungsgeschichte, oder besser, weil der Mensch im
Mittelpunkt derselben steht, die Menschenschöpfungsgeschichte. Aber
diese 1. Hälfte hat doch schon ihr Absehen auf die zweite (C. 3), auf
die Erzählung vom Falle des Menschen und seinen Folgen. Um die
Bedeutung dieses Falles zu zeigen, musste der Vrf. zuvor den ursprünglichen Zustand des Menschen beschreiben, und, weil er einen anderweitigen Bericht darüber nicht voraussetzen konnte (s. nr. 1), wenigstens soweit sich auf die Schöpfung einlassen, als es für die Erklärung
der Stellung des ursprünglichen Menschen zur Natur und zum Schöpfer
erforderlich war. So ergaben sich die beiden Hälften seiner Darstellung
von selbst. Dass er auch Dinge berücksichtigt, welche zu der Hauptsache keine nothwendige Beziehung haben (wie die Eue, die Ursprünge der Sprache und der Bekleidung), befremdet nicht, weil diese
Dinge doch in den Kreis der ursprüngl. Verhältnisse des Menschen
gehören, und entspricht ganz dem freien und weiten Umblick, den der
Vrf. auch sonst überall liebt. Sein eigentliches Ziel behält er doch
unverrückt im Auge, näml. *die Erklärung* des Falles des Menschen. —
Anscheinend gibt er blos eine Erzählung, aber man sieht leicht, dass
das nicht eine Erzählung gewöhnlicher Art sein kann. Einmal gibt

sie auf gewisse schwere Fragen, welche denkende Menschen von jeher sich gestellt haben und immer wieder stellen werden, Antworten, und es ist nicht zu verkennen, dass der Erzähler sowohl selbst über diese Fragen aufs reiflichste nachgedacht hat, als auch Lesern, welche der Schwierigkeiten derselben bewusst waren, entgegenkommen wollte. Sodann aber betrifft die Erzählung einen Gegenstand, über welchen ein eigentlich geschichtlicher Bericht nicht zu erwarten ist. Die gesch. Erinnerungen der Menschheit reichen nicht einmal bis in die Anfänge der Völkerbildungen zurück, geschweige denn bis auf die der ersten Menschen; wichtige, für die Menschen einflussreiche äussere Ereignisse sind vergessen, und da sollte ein so rein geistiger Vorgang, wie der hier in Rede stehende, gedächtnissmässig überliefert sein? Auch wäre die Wahrheit dieser Erzählung übel verbürgt, wenn sie, wie die jeder andern Geschichte, nur auf die Zuverlässigkeit einer äusseren Überlieferungskette gegründet werden müsste. Man wird also in des Vrf. Erzählung etwas mehr sehen müssen als eine gewöhnliche Geschichte. Gibt es doch noch ganz andere Gewissheiten als die durch sinnliche Wahrnehmung oder Hörensagen vermittelten. Dem Geiste des Menschen nämlich, sobald er eine gewisse Reife erlangt hat, wohnt ein unabweisliches Bedürfniss inne, über die von der Erfahrung nicht aufgestellten Räume und Dinge, und so auch über die Anfänge und Urgeschichte seines Geschlechtes sich Gedanken zu machen, und diese Gedanken, weil sie vergangene Dinge betreffen, nehmen die Gestalt von Erzählungen an und pflanzen sich, mitgetheilt, in Erzählungsform fort. Bei allen alten Culturvölkern finden sich Erzählungen über die Anfänge der Menschheit. Auch die unsere hier ist nicht anders zu verstehen; auch sie ruht ihrem Grunde nach auf Gedanken, welche sich der denkende Geist des hebr. Volkes oder seiner Weisen über diese Urdinge gemacht hat. Insofern steht sie auf gleicher Linie mit den entsprechenden ‚Mythen‘ der alten Völker (s. nr. 4). Und doch ist zwischen ihr und ihnen ein wesentlicher Unterschied. Bei solchen über die gemeine Erfahrung hinausgreifenden Erzählungen kommt alles auf die Gründe und Voraussetzungen an, auf denen sie entworfen sind. Wo Gott seinem wahren Wesen nach erkannt ist, da kann und muss man sich auch über das ursprüngliche Wesen des Menschen richtige Gedanken machen; auf dem festen Grunde der Principien der Offenbarungsreligion erbauen sich nicht blosse sinnreiche Mythen, sondern sichere Erkenntnisse und Lehren, Wahrheiten, die dem Glauben sich bewähren und an den Glauben sich wenden. Glaubenswahrheiten in Form einer Erzählung sind es, die der Vrf. hier darreicht, und auf den Gedankengehalt der Erzählung kommt es zumeist an, nicht auf die Äusserlichkeiten der Verhältnisse und Vorgänge. Nur weil und soweit diese Gedanken ihre innere Nothwendigkeit und Wahrheit haben, ist auch die Geschichte wahr, nicht umgekehrt. Im Sinn einer gewöhnlichen Geschichte ist die Erzählung sonst im AT. noch nirgends verwendet, auch Hos. 6, 7 und Ij. 31, 33 nicht. — Dass aber der Vrf. blos misverständlich eine psychologisch-ethische Mythe über einen täglich sich wiederholenden Vorgang, näml. über den Übergang des Men-

schen aus der glücklichen Unwissenheit des Kindes in das Stadium des
sittl. Bewusstseins und der Freiheit und den damit verbundenen Verlust des kindlichen Glückes zu einer Erzählung umgebildet und an den
Anfang seines Werkes gestellt habe (*Reuss*), widerlegt sich schon dadurch, dass wenn man die angebliche Mythe von allen Beziehungen auf
den Urmenschen, die erste Schöpfung und das Paradies, womit sie jetzt
verwoben ist, loslöste, nichts überhaupt der Rede werthes übrig bliebe.

3. Geht man auf den Gedankenzusammenhang der Erzählung ein.
so ergibt sich als Ausgangspunkt die räthselhafte Thatsache, dass der
Mensch, obwohl Gott-verwandt, das Höchste zu erstreben fähig und in
Beherrschung und Durchdringung aller Dinge ausser ihm immer weiter
fortschreitend, doch unzähligen Leiden, Übeln und Beschwerden unterworfen ist, dass er namentlich, obwohl mit unaustilgbarer Sehnsucht
nach einem dauernden Glück erfüllt, doch dieses Gut niemals erreicht,
vielmehr wie die andern irdischen Wesen dem Sterben und Vergehen
anheimfällt. Der Widerspruch, der darin liegt, hat von jeher die Menschen zu der Ahnung geführt, dass das nicht ursprünglich so gewesen
sein könne. Leicht zu bemerken war auch, dass jene Übel im Laufe
der Geschichte eher zu- als abnehmen, und die Menschen in einfacheren
Verhältnissen noch glücklicher seien. Von da aus hat sich insgemein
bei den Völkern der Glaube an eine bessere Vorzeit der Menschheit
gebildet, bei verschiedenen je nach ihrem Genius verschieden ausgemalt. Gewiss hatten auch schon die älteren Hebräer ähnliche Vorstellungen. In der mosaischen Religion kamen aber neue Erkenntnisse
hinzu, um solchen Ahnungen einen festeren Grund zu geben. Die eine
ist die Erkenntniss des einen, guten und heiligen Gottes, der alles
und so auch den Menschen nur gut geschaffen haben kann; von diesem
Grund aus hat auch A (S. 34 f.) einen ursprünglich besseren Zustand
der Menschheit gelehrt, in welchem erst allmählig das Verderben Eingang fand (Gen. 6, 11 f.). Die andere ist die Erkenntniss der Übel
des Lebens als der nothwendigen Folgen und Strafen der menschl.
Sünde, eine Erkenntniss, die als mehr oder minder klares Gefühl durch
die Völker überhaupt geht, aber bei den Israeliten eine Grundsäule
ihres ganzen Religionssystems bildet. Bei diesem Zusammenhang von
Sünde und Übel hören die Plagen der Menschen auf, verwunderlich
zu sein (Ij. 5, 6 f.), und ist das schwere Räthsel scheinbar befriedigend gelöst, aber doch nur, um sofort einer neuen Frage Platz zu
machen. Denn wenn die Übel allgemein sind, weil auch die Sünde
allgemein ist, so fragt sich eben wieder, wie dieses letztere möglich
geworden ist. Mit der Antwort, dass das Sündigen zur Natur des
Menschen gehöre, eine unvermeidliche Unvollkommenheit sei, kann die
mos. Religion, welche den Menschen von Gott gut geschaffen sein lässt
(Qoh. 7, 29) und ihm die höchste sittliche Aufgabe (Lev. 19, 2. Ex.
20, 20) stellt, sich nicht zufrieden geben, sondern für sie tritt der
Gegensatz zwischen der geschichtl. Wirklichkeit und der ursprünglichen
Natur und Bestimmung des Menschen in um so grösserer Schärfe hervor, und wird darum hier die obige Frage besonders dringend und
schwer. Nun ist freilich wahr, dass der Gegensatz zwischen dem Men-

schen wie er sein soll und wie er ist, noch nicht an sich ein Gegensatz zwischen Anfang und Verlauf der Menschengeschichte ist, vielmehr
er auf jeden einzelnen Menschen zutrifft, und darum auch die auf die
Frage zu gebende Antwort auf jeden einzelnen sich anwenden lassen
muss. Aber doch ist auch sicher, dass jeder Mensch der geschichtl.
Erfahrung in Kreisen geboren wird, die von der Sünde schon inficirt
sind, und von seinen frühesten Anfängen an (Gen. 8, 21; Ps. 51, 7)
den Einflüssen des in der Menschheit ausgebildeten Bösen ausgesetzt,
auch im Kampf mit den Übeln des Lebens seiner verführenden Macht
um so leichter zugänglich ist. Es ist da ein ununterbrochener Zusammenhang schlimmer Einwirkungen rückwärts von Geschlecht zu Geschlecht. Will man also den Ursprung der Sünde und des ihr folgenden Verderbens, damit aber auch das eigentliche Wesen derselben in
seiner Reinheit erkennen, so muss man doch bis zum Anfang der ganzen Entwicklung zurückgehen. Auf dieser Erwägung, nicht auf Misverstand, beruht es, wenn unsere Erzählung die Entstehung der Sünde
und ihrer Folgen schon beim ersten Menschen ansetzt. Wenn bei A
die bessere Urzeit sich während des ersten Zeitalters hindehnt, das
schliesslich eindringende Verderben aber seinen Gründen nach nicht
erklärt wird, so geht C noch weiter zurück, und lässt die grosse Veränderung schon beim Urmenschen, bald nach seinen Anfängen eintreten.
Zwar liegt nun diese Veränderung jenseits aller geschichtl. Kunde,
aber der Vrf. erzählt auch kaum mehr darüber, als was aus dem
Wesen der Sache selbst und aus der sich immer wiederholenden Erfahrung folgt, und verleiht damit seiner Zeichnung den Reiz grösster
Einfachheit. Freilich konnte er für seine Beschreibung des Vorgangs
des äusseren Beiwerks nicht entbehren. Aber gerade hiefür kamen
ihm die in seinem Volk wohl längst heimischen, aus dem Osten stammenden (s. Nr. 4) Sagen von einem Göttersitz und einem mit allen
göttlichen Gütern angefüllten Wunderland entgegen. An sie knüpfte
er an, oder vielmehr sie nahm er auf und machte sie zur durchsich-
tigen Hülle seiner Gedanken. — Seine Darstellung ist diese. Der
Mensch ist zwar von Natur doppelten Wesens, einerseits irdisch, aus
Erde erschaffen und zur Erde gehörig, andererseits durch den Lebens-
hauch, den ihm Gott einblies, geistiger Art, göttlichen Wesens und
Gottes Stimme zu vernehmen, seinen Willen zu thun fähig. Aber
trotzdem wird er nicht für die Erde, sondern für das Leben mit Gott
und die Theilnahme an den göttl. Gütern bestimmt, und auf den geraden Weg, der zu ihrer Erreichung führt, gestellt: nicht sich selbst
und der Erde hat ihn Gott überlassen, sondern ihn in den Garten gesetzt, wo er selbst verkehrt und die göttl. Güter in den Früchten von
Bäumen ihm winken. Da hat er wohl auch thätig zu sein, aber hem-
mende und schädliche Dinge kennt er hier nicht, wie ein Kind weiss
er noch keinen Unterschied von gut und böse, ist in ungestörtem Frieden mit sich und der äusseren Natur; dass es anders sein könne, ahnt
er noch nicht. Es ist der Zustand anerschaffener, unmittelbarer Güte
(nicht höchster sittl. Vollendung, noch weniger kindischer, halb thieri-
scher Unzurechnungsfähigkeit). Aber in dieser unmittelbaren Güte

kann und soll er nicht bleiben. Gott verbietet ihm, von dem Baum
der Erkenntniss des Guten und Bösen zu essen, bei Strafe des Verlustes des Lebens im Gottesgarten. Damit soll nicht etwa nur der
schale Gedanke ausgedrückt sein, dass intellectueller Fortschritt und
zunehmende Bildung den Verlust des ursprünglichen Glücks und ein
Heer von Übeln nach sich ziehe (*Wl.* I. 344 f.), denn was verloren
wird, ist hier nicht das blosse Kinderglück, sondern der Aufenthalt im
Gottesgarten; was gewonnen wird, ist nicht Bildung, sondern Gefühl
der Entzweiung mit Gott u. böses Gewissen; auch handelt es sich
hier gar nicht um Erkenntniss überhaupt (s. 2, 17), noch kann Gott
dem Menschen die intellectuelle Fortentwicklung im Ernste versagen,
diese so wenig als die sittliche, da er den Trieb zu beiden ihm an-
erschaffen hat; blosse Einleitung zu 4, 17 ff. kann und will dieses
Stück nicht sein. Vielmehr soll das an den Baum geheftete Verbot dem
Menschen Mittel und Anlass zu seiner sittl. Weiterbildung werden. Indem es ihn in die geschöpfliche Unterordnung unter Gott d. i. in den
Gehorsam gegen ihn oder in das Gute hineinweist und damit zugleich
die Linie zieht, jenseits deren für ihn das Böse und Üble beginnt,
soll er daran die Einsicht in das Wesen von Gut und Böse gewinnen
und zur freien Selbstentscheidung für das Gute und Heilsame geführt
werden. Der verbotene Baum aber heisst Baum der Erkenntniss, weil
er dem Menschen Vermittler seiner sittl. Selbstständigkeit wird, mag
er davon essen oder nicht. In beiden Fällen kommt es bei ihm zu
einer Entscheidung mit klarem Bewusstsein des Gegentheils und erkennt er durch Erfahrung, was böse und was gut sei. Aber nur wenn
er sich für den Gehorsam d. i. das Gute entscheidet, bleibt er bei Gott,
also auch im Gottesgarten, im andern Fall stellt er sich auf sich selbst
und wider Gott, geht eben damit des in der Gottesnähe besessenen
Friedens und des Zutritts zum Baume des Lebens verlustig. Bis hieher
handelt es sich von dem Menschen, wie er durch den Schöpfer selbst
ist; auch die Möglichkeit des Bösen ist ihm mit seiner Freiheit aner-
schaffen, nicht aber die Nothwendigkeit desselben; im Gegentheil durch
seine reine Natur ist er zu Gott und zum Guten hingezogen. Auch
die geschlechtl. Zweiheit gehört zu seinem ursprünglichen Wesen: wie
die Zweie sich zur Hilfe werden können in der Richtung auf das
Gute, so können sie auch sich Verführer werden zum Bösen, weshalb
vom Vrf. auch dieser Punkt in diesem Zusammenhang berührt ist.
Dass nun aber jene Möglichkeit des Bösen im Menschen zur Wirklichkeit wird, das ist seine eigene That, eine That seiner Freiheit und
als solche nicht weiter zu erklären. Nur die Wege, die ihn zu dieser
That führen, im Grunde dieselben Wege, die immer wieder aus der
Unschuld in die Sünde hineinführen, lassen sich zeichnen. Nicht
wissentlich und freventlich, sondern unvorsichtig und getäuscht verfällt
er ihr. Böse, schlaue Gedanken treten an ihn heran. Dass er diese
in sich aufkommen lässt, dazu treibt in der Regel eine Reizung von
aussen. In der geschichtl. Menscheit, in der die Sünde schon eine
Macht geworden ist, fehlt es nie an solchen äusseren täuschenden
Reizungen, für den Urmenschen muss ein anderes sinnl. Einzelwesen

der Anstifter des bösen Gedankens werden, und übereinstimmend mit
der antiken Denkweise, die in der Schlange ein unheimliches, dämonisch
schlaues Wesen sah, dient hier die Schlange dazu. Es ist des Menschen Schwäche und Kurzsichtigkeit, dass er diesem nächsten Reiz
grösseren Einfluss bei sich gestattet, als dem Gebot Gottes. Durch
Hegung des bösen Gedankens wird der Trieb nach falscher Selbständigkeit und die Begierde nach dem verbotenen Gut entbunden; die Frucht
des verbotenen Baumes däucht ihm, je mehr er sie betrachtet, desto
begehrenswerther, und unvermerkt begeht er die That. Zuerst ist's
das schwächere Weib, das dem sinnl. Reiz unterliegt, aber seinem Vorgang folgt um so leichter der Mann. Geschöpfliche Selbstüberhebung
und sinnliche Kurzsichtigkeit hat sie Gott aus den Augen setzen, an ihm
irre werden lassen. Durch solches Heraustreten aus dem Gehorsam
gegen Gott hat nun der Mensch freilich das volle Bewusstsein seines
Könnens erlangt, also immerhin einen Fortschritt gemacht (3, 22) aus
der blossen Unschuld heraus, und hat das Gut der vollen Selbsterkenntniss des Bösen und Guten davongetragen. Aber das war nicht
der gottgewollte, sondern der gottwidrige Fortschritt, und die Strafe
folgt auf dem Fusse, denn die verletzte Ordnung Gottes kehrt sich
hemmend und störend auf allen seinen Wegen gegen ihn. Mit Gott
entzweit erfährt er sofort den Zwiespalt in seinem eigenen Wesen:
die Scham erwacht und das Schuldgefühl ängstigt ihn; von Gott ab-
fallend fällt er seiner geschöpflichen Vergänglichkeit anheim; den Gottesgarten muss er mit der rauhen Erde vertauschen; statt des Friedens
hat er Zwietracht und Kampf, statt des seligen Glückes Mühen, Schmerzen und Leiden, statt der Möglichkeit des dauernden Lebens die Gewissheit des Todes. Wohl sieht er nun ein, was er verscherzt hat,
und möchte gerne von der Frucht des Lebensbaums holen, dessen
Werth er bisher nicht verstanden hat, aber ewig lebend würde er nun
nur seine falsche Selbstständigkeit verewigen; darum wird ihm der Zugang zum Garten und zum Baume des Lebens verschlossen. So ist
der Mensch, wie er jetzt ist, der Mensch der Erfahrung, da. Jedoch
völlig verloren soll er nicht sein; des getäuschten Gefallenen nimmt
Gott sich an. Unversöhnliche Feindschaft, ein nimmer ruhender tödtlicher Kampf gegen die sündige Macht wird ihm verordnet; kämpfend
soll er das Verlorne wieder zu gewinnen streben; auch alle die Mühsale und Übel, die ihn bedrängen, sind nach dem göttlichen Willen
Mittel, den Abgeirrten auf den rechten Weg zurückzutreiben und darauf festzuhalten. Der Sieg über die sündige Macht und das verlorne
Paradies stehen nun als Hoffnungs- und Strebeziel für die Zukunft ihm
da. So kommen in dieser Erzählung Grundwahrheiten der Bibel über
das Verhältniss der Sünde zum Wesen des Menschen zur Entwicklung.
Zu bemerken aber ist dabei, dass von einer Veränderung der eigentl.
Natur des Menschen durch den Fall nichts gesagt wird.

    4. Die sinnliche Unterlage für die Ausführung seiner Gedanken
gaben dem Vrf. ohne Zweifel unter seinen Volksgenossen geläufige
Vorstellungen und Sagen. Das Nächste ist hier der durch das ganze
Alterthum verbreitete Glaube an eine bessere Vorzeit der Menschheit

(s. S. 43, auch 34 f.). Wie hinter den Kämpfen und Beschwerden des reiferen Mannes das Glück und die Unschuld des Kindes liegt, so dachte man sich auch die Entwicklung der Menschheit im Grossen. Vieler Völker Seher haben darum von der goldenen seligen Urzeit gesungen, wo die Götter noch selbst über die Menschen herrschten, Bosheit und Zwietracht noch nicht ihr Leben vergiftete, nicht Schmerz, Leid und Entbehrung sie drückte, die Erde bereitwillig ihre Gaben reichte, und haben solche Vorstellungen tief in das Gemüth ihrer Volksgenossen eingeprägt. Für die classischen Völker zeugen „Hes. op. et di. 109—120, mit dem in der Hauptsache Dicaearch. bei Porph. de abst. 4, 2 und Lucian. saturn. 7 übereinstimmen, sowie Ovid. met. 1, 89 ff., wo die Zustände der goldenen Zeit weiter ausgemalt sind, namentlich die sittliche Güte derselben, welche letztere auch Plato im Cratyl. p. 398, Tac. ann. 3, 26, Macrob. somn. Seip. 2, 10 betonen" (*Kn.*); über die indischen Vorstellungen s. *RRoth* die ind. Lehre von den 4 Weltaltern, Progr. 1860 S. 21. 32; aus der persischen Sage gehört hieher nicht sowohl die Dichtung von Meschia und Meschiane im Bundehesch, als vielmehr die Schilderung der Zeit des Jima im Avesta und bei Firdausi (*Roth* in ZDMG. IV. 417 ff., *Weber's* ind. Stud. III. 403 ff.; *Spiegel* Avesta übers. III. S. LVIII f. und êrân. AK. I. 439 ff. 524 ff.; *Lenormant* orig.[2] I. 68 ff.); über die Ägypter s. *Maspero* morg. Völker v. *Pietschm.* S. 36 f. — Weiter aber auch die Vorstellung von einem Gottesgarten und dem, was dazu gehört, lag ohne Zweifel dem Vrf. als eine gegebene vor. Aus dem AT. freilich lässt sich das nicht direct beweisen, da ausser Joel 2, 3 (dessen Alter bestritten ist) alle Stellen, wo Eden oder der Gottesgarten erwähnt werden, entweder von C selbst (Gen. 4, 16. 13, 10) oder von jüngeren Schriftstellern stammen (Ez. 28, 13 ff. 31, 8 f. 16. 18. 36, 35. Jes. 51, 3). Aber indirect zeigt doch die Schilderung des Vrf., dass die Vorstellung der Sache weder von ihm zuerst gefasst, noch überhaupt ursprünglich auf israel. Boden erwachsen sein kann. Ein Garten auf der Erde, in welchem Gott wie in seiner eigensten Wohnung aus- und eingeht und wo die göttl. Güter in den Früchten der Bäume greifbar und geniessbar vorliegen, weicht von der sonstigen strengeren Art der Bibel, über Gott und göttliche Dinge zu reden, stark ab und geht weit hinaus auch über Stellen wie Prov. 10, 11. 13, 14. 14, 27. 16, 22. Ps. 36, 10, wo „die Quelle (das Wasser) des Lebens", und Prov. 11, 30. 13, 12. 15, 4. 3, 18, wo „der Baum des Lebens", wenn auch ursprünglich mythologisch gedacht, nur noch in bildl. Rede erscheinen. Man fühlt sich dadurch unwillkührlich in den Vorstellungskreis „der Völker" hineinversetzt, welchen eine derartige Vermischung des Geistigen und Sinnlichen ganz geläufig ist, bei denen von Amrita, Nectar Ambrosia geredet wird. In der That finden sich verwandte Vorstellungen bei den alten Kulturvölkern Asiens weit verbreitet und mannigfaltig ausgebildet. Die südlicheren derselben dachten sich die in die Wolken hineinragenden höchsten Gebirge im Norden als Göttersitze, die Inder den Kailâsa, weiterhin den Meru, die Eranier die Haraberezaiti (Albordsch), ähnlich wie noch die Griechen ihren Olymp, die

Germanen ihren Asgard verehrten. Auch die semit. Völker sprachen vom Götterberg im äussersten Norden (Ez. 28, 14. Jes. 14, 13; vgl. *Del.* Parad. 117 f.); selbst noch bei den Israeliten im AT. zeigen sich Reste solcher Anschauung (Ps. 48, 3. Ez. 1, 4). Natürlich stattete die Phantasie diese himmlisch-irdischen Wohnungen der Unsterblichen mit der Fülle göttlicher Güter und Schätze aus. Wie die Semiten sich dieselben dachten, darüber gibt der gelehrte Prophet Ezechiel einige Andeutungen, wenn er (28, 13 ff.) von feurigen Steinen, Gold und Edelsteinen redet, von welchen eine solche Götterwohnung strahlt. Bekannter sind die Vorstellungen der arischen Völker. Bei den Indern sind die Götter- und Geniensitze auf den h. Gebirgen mit flammendem Gold und strahlenden Edelsteinen ausgestattet; wunderbare Bäume (wie Ilpa, Açvattha u. a.), die verschiedene Güter vermitteln, oder (wie der Kalpavrikscha) jeden Wunsch gewähren, waren in ihrer Phantasie besonders beliebt; von dem unermesslichen Meru herab flossen ihnen die grossen segenbringenden Weltströme nach den verschiedenen Himmelsgegenden, fünf, auch mehr oder weniger, an Zahl (s. *Ritter* Erdk. II, 2. S. 7—14; auch *Bohlen* A. Ind. II. 210). Nach den Eraniern strömt auf einen Gipfel der Hara-berezaiti, den Berg Hukairja, die himmlische Ardvî-çûra-anâhita herab, das Wasser des Lebens, das alle Fruchtbarkeit der Gewächse, Thiere und Menschen bedingt; dort mitten in dem Wassersee Vouru-Kascha steht der Baum Viçpa-taokhma (Allsamen), aus dessen Samen alle Pflanzenkeime auf Erden kommen, dort auch der vielgepriesene weisse Haoma-Baum oder Gâokerena (Gôkart), der alle Krankheiten vertreibt, Baum der Unsterblichkeit und des Lebens (*Windischmann* zoroastr. Stud. 165—177; *Spiegel* Avesta übers. III. S. XVII f. LIII f.; êran. AK. 1. 191 ff. 462 ff.). Von der Hara-berezaiti strömen (nach Bundeh.) 2 Hauptflüsse aus, der eine, Ragha oder Arangrût, sich gegen Westen wendend und in Ägypten mündend, der andere, Vaĝuhi oder Veh-rût (auch Mehrva), in das Land Sind fliessend und dort in das Meer fallend; ausser ihnen noch 18 andere Flüsse, darunter die 2 ersten Euphrat und Tigris. Dort auf jenem fabelhaften Gebirge, dessen Gipfel in den Himmel reicht, wo nicht Nacht und Finsterniss, nicht kalter und heisser Wind, nicht Fäulniss, Unreinheit, Wolken sind (Mihr-Jescht 10, 50), hat Ahura-Mazda dem Mithra den Wohnsitz gebildet; dort war der Garten des Jima, des Herrschers der goldenen Zeit, da es noch nicht Hitze und Kälte, Hunger und Durst, Krankheit, Alter und Tod, Hass und Streit gab (Vend. 2, 61 ff., Jaçna 9, 13 ff.; *Spieg.* Av. III. S. LVIII). Auch der h. Baum der Babylonier und Assyrer, obwohl eine nähere Verbindung desselben mit dem Götterberg bis jetzt nicht nachgewiesen ist, war ohne Zweifel ein Lebensbaum (*Schrader* Jahrb. f. P.Th. I. 124 f., KAT[2] 28; *Baudissin* Stud. H. 189 f.; *Lenorm.* or.[2] I. 74 ff. *Del.* Parad. 148 f.). Selbst tatarische Stämme sprechen noch von einem Lebenswasser oder Lebensgras (*Schiefner* Heldensagen der minussinischen Tataren 1859. 62 ff.; *Spiegel* êr. AK. I. 466); vielleicht auch die Ägypter von einem Lebensbaum (*Ebers* Mos. u. Äg. 30). Aller Wahrscheinlichkeit nach liegen hier urälteste Anschauungen vor, welche von den einzelnen Völkern

und Völkergruppen individuell ausgestaltet wurden, und nichts steht der
Annahme entgegen, dass auch die Hebräer von ihren Urzeiten her,
jedenfalls schon in der Zeit nach Salomo sie gehabt haben (s. jetzt
auch *Dillm.* Herkunft der urgeschichtl. Sagen in SB. der Berl. Ak. d.
W. 1882 S. 431 ff.; *Budde* 74 ff.). Die Behauptung, dass das Paradies mit dem Götterberg gar nichts zu thun habe (*Del.* Par. 29.
112 ff.), beruht auf Verkennung der Idee des Paradieses, welche nicht
in der Fruchtbarkeit und guten Bewässerung, sondern in der Anwesenheit der göttlichen Wesen und Güter besteht, und wird ausserdem
durch Ez. 28, 13 und 14 direct widerlegt. — Aber solche überkommene Elemente sind nun bei den Israeliten oder vom Vrf. in durchaus eigenthümlicher Weise verwendet worden. Etwas dem biblischen
Paradies genau Entsprechendes ist bis jetzt bei keinem andern Volk
nachweisbar. Insbesondere ist die künstliche Construction einer altbabyl. Paradiessage, von der die bibl. Beschreibung entlehnt sein soll
(*Del.* Par. 37), als verfehlt zu erachten, da das dunkle Wort *Karduniâš*
Benennung einer babylonischen Landschaft (*Del.* 65 f. 133 ff.; *Schrad.*
KAT.[2] 348; KGF. 534), auf keinen Fall Gottesgarten, sondern höchstens
Bezirk des Gottes Dumâš, vielleicht aber auch etwas anderes bezeichnet, und das Wort *Tintira*, das sehr verschiedener Auslegung fähig
ist, gar nichts beweist, ebenso wenig die geographische Beschreibung
des Gartens auf Babylonien passt (s. zu 2, 14), und vollends die viel-
besprochene Abbildung auf einem kleinen altbabyl. Stein, auf der 2
wohlbekleidete Figuren, die eine mit 2 Hörnern auf dem Kopf, die
andere mit einer aufgerichteten Schlange hinter sich, dem Lebensbaum
gegenüber auf Stühlen sitzen und je eine Hand nach ihm ausstrecken
(*Smith-Del.* chald. Gen. 87. 305; *Lenorm.* orig.[2] I. 90 ff.; *Del.* Par.
90 f. 147) ihre Beziehung auf den Sündenfall blos der dichtenden
Phantasie einiger Assyriologen verdankt (s. *Tiele* in Th. Tijds. 1882
p. 258 f.; *Budde* 75 ff.). Vielmehr sind es schon bezüglich der Äusserlichkeiten des Paradieses immer nur einzelne Züge, zu denen sonst wo
sich Ähnliches findet, und andere hinwiederum haben sonst gar nicht
ihres gleichen, wie der Erkenntnissbaum, welcher sicher mit Orakel-
bäumen (*Baud.* Stud. II. 227) nichts zu schaffen hat. Sieht man aber
auf den innern Gehalt dieser Paradiesvorstellung, auf ihre Verwendung
zur Erklärung des Wesens des Menschen und der Entstehung der Sünde,
so gilt nur um so mehr, dass die bibl. Erzählung völlig eigenthümlich
dasteht. Ausser dem allgemeinen Gedanken einer mit der Zeit eingetretenen moralischen Verschlechterung der Menschen oder einer Vergehung
der Menschen gegen die Gottheit, welche von dieser gestraft wird,
bieten die Sagen der Völker hier keine Ähnlichkeit mehr, und durchaus
weht in ihnen ein anderer Geist. Der oft verglichene griech. Mythus
von Prometheus sowohl in seiner Hesiodischen (Hes. op. 40—105;
theog. 535—612) als Äschyleischen Gestalt erkennt ächt heidnisch in
der That des Prometheus doch nur den ersten Schritt aus der Roheit
heraus zur menschl. Bildung und Gesittung, und macht selbst diese
entscheidende Wendung zu einem Gegenstand des Kampfes der List
und Gewalt zwischen Göttern und Menschen (s. *GBaur* in den Stud.

und Krit. 1848 S. 320—368). Selbst die pers. Lehre, die noch am
meisten anklingt, kann wegen ihres dualistischen Gottesbegriffs das
Problem in seiner Schärfe weder aufstellen noch lösen: in den älteren
Schriften verfällt Jima durch die Lüge, der er sich hingibt, der Macht
der Schlange Dahâka (Zamjâd Jescht 34 ff.; *Spiegel* Av. III. 175; *Windischmann* 27 ff.), im Bundehesch verläugnen Meschia und Meschiane,
von Ahriman verführt, den guten Gott (*Windischm.* 218 ff.), und verlieren beide dadurch in allmähliger Stufenfolge ihre ursprüngliche Reinheit; beidemale ist es als selbstverständlich hingenommen, dass nicht
blos der gute, sondern auch der böse Gott auf den Menschen Einfluss
zu gewinnen vermag. Auch der (seit *Vater* Archiv für Kirchengesch.
I. 15 ff.) so oft angezogene tibetische Mythus, wornach die aus der
Lichtregion herabgesunkenen Wesen zu Menschen und durch den Genuss der Erdessenz (Schimä) irdisch wurden, handelt eher von der
Entstehung als dem Fall des Menschen, gehört also wenig hieher, ist
auch nach *Schiefner* (im Bull. hist. phil. t. IX. nr. 1 der Petersburger
Akademie) erst Buddhistischen Ursprungs. Demnach kann auch von
einer Urüberlieferung über den Fall des Menschen, die in Überresten
noch bei den verschiedenen Völkern erhalten wäre, nicht wohl geredet werden.

Über die verschiedenen Auffassungen, welche seitens der Erklärer, Theologen und Philosophen, unserer Erzählung zu Theil wurden, und welche in ihrer Mannigfaltigkeit und Aufeinanderfolge die
ganze Geschichte der Exegese wiederspiegeln, findet man Übersichten
bei *Gabler* Urgesch. II, 1; *Gesenius* in Hall. Encycl. u. Adam; *Tuch*
Commentar² 43—49; *Diestel* Gesch. d. AT. in der christl. Kirche 1869;
Reinke Beiträge zur Erklärung des AT. II. 210 ff. — Abhandlungen
zu Cap. 2 f., ausser den schon zu Cap. 1 erwähnten, gaben *Redslob*
der Schöpfungsapolog Hamb. 1846, *Ewald* JB. II. S. 132 ff.; mehr
populär *GStuder* in Reform (Zeitstimmen aus der schweizer. Kirche)
VII. 1878 S. 33 ff. 57 ff. 73 ff.; zu Cap. 3 oder einzelnen Stellen
desselben finden sich Erörterungen bei *Johannsen* die Menschwerdung
oder der Fall nach hbr. Vorstellungsweise. Kopenh. 1835; *Hengsten-
berg* Christologie² I. 4 ff.; *Hölemann* neue Bibelstudien 1866 S. 87 ff.

Erste Hälfte: Die Menschenschöpfung und der Urstand des Menschen im Gottesgarten Cap. 2, 4ᵇ—25. — V. 4ᵇ—7. Die der Pflan-
zenschöpfung vorausgehende Menschenschöpfung. Zu dem Zeitsatz V. 4ᵇ
ist nach dem jetzigen, wohl erst von R abgekürzten oder zusammen-
gezogenen Text, ·V. 5 weder Fortsetzung, noch Nachsatz (*Tuch, Kn.
Hölem.*), sondern ein eingeschobener Beschreibesatz, welcher sich durch
V. 6 fortsetzt; den Hauptsatz bringt erst V. 7 mit Impf. cons.: *als G.
J. Erde und Himmel machte (es war aber noch kein Strauch des
Feldes auf der Erde* u. s. w.) *da bildete* u. s. f. (*Hofm.* Schr. Bew.²
I. 282, *Buns., Schrad.*). בְּיוֹם] *zur Zeit, da = als* wie Num. 3, 1.
Ex. 6, 28. Jes. 11, 16, *= wann* Ex. 10, 28. 32, 34; die engere
Fassung *am Tage, da* ist weder durch den Sprachgebrauch noch durch
den Zusammenhang gefordert, da von einer Rückweisung auf einen be-
stimmten Tag des Hexaëmeron keine Rede sein kann und für die An-

naıme einer streng eintägigen Schöpfung durcı den Vrf. keine Beweise
vorliegen. *Erde und Himmel*] seltene Wortfolge (in LXX *Pesch. Vulg.*
corrigirt), s. zu V. 4ᵃ; Vrf. rückt die Erde, über deren weitere Ausbildung er meır sagen will, in den Vordergrund. וְהָיָה] s. Ex. 3, 14.
— V. 5 Zustandssatz. טֶרֶם] *noch nicht* mit Impf. *Ew.* 337ᶜ; *Ges.*
127, 4. כֹּל] *irgend was von*, mit der Negation zusammen: *keiner,
keinerlei.* שִׂיחַ] nicıt *Gewächs* überıaupt (*Del.*), sondern *Strauch,
Gesträuch* (21, 15. Ij. 30, 4. 7). Wie 1, 11 f. 29 Kraut und Bäume,
so werden ıier Straucı und Kraut als die wicıtigsten Tıeile der Gewächswelt unterscıieden und für diese selbst gesetzt; *Ew.:* keine
Staude, wie viel weniger ein Baum! *Onk., Pesch., Saad.* sind auf
ricıtiger Spur, wenn sie geradezu *Bäume* dafür setzen. Ein Gegensatz
von wildwacısenden und zaımen Gewäcısen (*Hupf.* 116) kann durcı
שִׂיחַ und עֵשֶׂב nicıt woıl ausgedrückt sein. Der Versuch (*Ke.*), die
Sträuche und Kräuter auf die des von Menscıenıand bebauten Bodens
einzuscıränken, scıeitert nicıt blos am Begriff von שָׂדֶה *flaches Feld,*
welcıes zwar aucı Acker- und Saatfeld in sicı scıliessen, aber nicıt
das letztere im Gegensatz gegen das unbebaute Land bezeicınen kann
(zB. 2, 5 f. 3, 17; dann 25, 27 gegen 9, 20; s. *Ges.* tl.), sondern
aucı am Spracıgebraucı dieses Scıriftstellers (S. 40), und ıilft dem
Widersprucı gegen 1, 11 ff. docı nicıt ab, da nacı jener Stelle *alle*
Kräuter und Bäume schon am 3. Tage gescıaffen sind. Der Behauptung (zB. Talm. Chullin 60ᵃ, *Ranke, Ke.* a.), dass ıier nur das
Wacısen und Sprossen, nicıt das Dasein jener Gewäcıse verneint sei,
widerstreitet der Ausdruck וְהָיָה, der nicıt mit *Ke.* durcı den Begriff
werden ıindurcı zu *wachsen* gesteigert werden kann. Vielmeır wird
ıier das Dasein der Gewächswelt damals, als Gott zu der Bildung des
Menscıen scırit, verneint, und Vrf. stellt den Hergang der Scıöpfung
anders vor, als Gen. 1. — Die Gewäcıse feılten, „weil es nocı nicıt
geregnet ıatte, aucı nocı keine Menscıen gab, die das Land bebaut
und zB. durcı Bewässerung den Regen ersetzt ıätten" (*Kn.*), vgl.
V. 10, wornach der Garten durcı den Edenstrom getränkt wurde.
„Ebenso lässt Verg. ecl. 6, 38 f. die Pflanzenwelt entsteıen, nacıdem
die Wolken Regen gesendet ıaben" (*Kn.*). Um die Bewässerung als
Vorbedingung der Vegetation ıandelt es sicı: wenigstens braucıen wir
dem Vrf. die Meinung, dass gewisse Gewäcıse (עֵשֶׂב הַשָּׂדֶה) oıne die
bebauende Hand des Menscıen überıaupt nicıt wacısen (*Hupf.*), nicıt
zuzuscıreiben; aucı die Vermuthung (*Spiegel* èr. AK. I. 467), dass
unter dem Regen nacı der pers. Vorstellungsweise ein die Samen der
Pflanzen mit sicı füırender Regen gemeint sein könnte, ist in Anbetracıt von V. 6 abzuleınen. Wohl aber ergibt sicı, dass „nacı dem
Vrf. die Oberfläcıc des Festlandes vor Entsteıung der Pflanzen ganz
trocken war und der Befeucıtung bedurfte, um Gewäcıse hervorzu-
bringen, wäırend nacı 1, 9 ff. scıon am selben Tage, an dessen Anfang die Erde nocı ganz mit Wasser bedeckt gewesen war, die Pflanzenwelt entstand" (*Kn.*) — V. 6. Fortsetzung des Beschreibesatzes,
mit Impf. u. mit Prf. cons. אֵד] *Quelle* LXX *Pesch. Vulg.*, ἐπιβλυσμός
Aq., Gewölk Onk., am eıesten nacı Ij. 36, 27 und den jüd. Geleırten

des MA. *Dunst, Nebel.* Von der Erde aufsteigender Nebel tränkte
damals den Boden, und — das ist hinzuzudenken — bereitete ihn für
die Hervorbringung von Gewächsen vor. Nach V. 5 erwartet man zu
diesem Zweck Regen, deshalb ergänzen *Kn.* u. a., dass der Nebel als
Regen oder Thau herabgefallen sei, und schliessen auf eine andere Ansicht des C von der Entstehung des Regens, als A sie habe (1, 6).
Aber warum nennt Vrf. den Regen nicht, wenn er ihn meint? Er
wird absichtlich nicht genannt sein (*Ew. Hupf.*), aber nicht darum,
weil nach dem Vrf. Sträucher und Kräuter sammt ihrer Voraussetzung,
dem Regen, erst der nachparadiesischen Ordnung der Dinge angehören
(*Hupf.*), denn davon fehlt in Cp. 3 jede Andeutung (s. dagegen 3,
17 ff.), eher darum, weil nach dem Sinn des Vrf. die Schöpfung hier
erst noch im Werden ist (*Ew.*). Noch scheint der Himmel über der
Erde nicht vollendet, daher auch noch kein Regen möglich. Das trockene
Land als fester Kern ist da, aber befeuchtet wird es nur erst von der
sie umhüllenden, noch im Aufsteigen und damit in der Zertheilung
begriffenen chaotischen Flüssigkeit (vgl. die ὀμίχλη des Eudemus, oben
S. 7, und vielleicht Ij. 38, 9), und dadurch zur Zeugungsfähigkeit bereitet.
Ob dann dem Pflanzenwuchs doch noch ein Regen vorhergehen sollte,
ist nicht klar. Nämlich man erwartet nun, dass im Folgenden, vor
oder nach V. 7, die Hervorbringung der Gewächswelt und die Vollendung der Weltbildung gemeldet würde. Aber nichts der Art findet
sich. Eine solche Lücke kann kaum ursprünglich sein, vielmehr scheint
durch R einiges ausgeworfen zu sein, sei es, weil es neben Cp. 1 als
unnöthige Wiederholung oder weil es mit Cp. 1 zu wenig übereinstimmend schien. Jedenfalls fällt auch hienach die Menschenschöpfung
noch in den Process der Weltbildung hinein, vgl. Ij. 15, 7. — V. 7
Hauptsatz. Der Mensch erscheint hier als der göttl. Hauptgedanke bei
der irdischen Schöpfung, als der Mittelpunkt, um den und für den
alles Weitere wird, also in seiner ganzen Hoheit und Würde anerkannt, trägt aber doch von Anfang die Doppelheit des Wesens an sich,
auf der die doppelte Möglichkeit seiner Entwicklung beruht. *Gott
bildete ihn,* wie ein Künstler kunstvoll (Ij. 10, 8; Ps. 139, 13—15.
119, 73), als d. h. *aus Staub vom Erdboden;* עָפָר Acc. des Stoffs
(*Ew.* 284ᵃ; *Ges.* 139, 2). — Vgl. 3, 19. 23. 18, 27. Ps. 90, 3. 103.
14. 104, 29. 146, 4. Ij. 4, 19. 10, 9. 34, 15. Qoh. 3, 20. 12, 7.
1 Cor. 15, 47. „Nach der class. Mythe bildet Prometheus die ersten
Menschen aus Erdstoff und Wasser Apollod. 1, 7, 1; Ovid. metm. 1,
82; Juvenal 14, 35, und Vulcan das erste Weib aus Erde Hes. op.
et dies 61. 70" (*Kn.*). Andere Parallelen bei *Lenorm.* or.² I. 39 ff.
מִן־הָאֲדָמָה] zu עָפָר ausdrücklich hinzugesetzt, um die Zusammengehörigkeit der Namen אָדָם und אֲדָמָה füllen zu lassen, vgl. *Symm.* und *Theod.*
(καὶ ἔπλασε τὸν Ἀδὰμ χοῦν ἀπὸ τῆς Ἀδαμά) und *Pesch.* אָדָם] im
Hebr. und Phön. Gattungsname des Menschen, auch im Sabäischen
noch erhalten, also einst weiterer Verbreitung, ist im Syr. (doch s.
1 Sam. 17, 32 *Pesch.*) und Arab. ausgestorben, und dient dort nur
noch als n. pr. des Protoplasten; אֲדָמָה Erdstoff (humus), Erdboden,
Ackerland u. s. w. ist wenigstens im Syr. als ܐܕܡܬܐ noch gebraucht.

Den Hebräer, dem beide Namen geläufig waren, erinnert der eine an den andern, und so ist hier sinnig אָדָם als der zur Erde gehörige, *der irdische*, γηγενής, γήϊνος aufgefasst. Begrifflich würde diese Deutung wohl annehmbar sein, und hätte an anderen Benennungen des Menschen im Unterschied von den göttlichen Wesen, wie אֱנוֹשׁ, θνητός, βροτός, pers. مردم (nicht aber an *homo*, was trotz Varro und Lactantius mit *humus*, χαμαί nichts zu thun hat) eine genügende Stütze; aber sprachlich lässt sich die Ableitung von אֲדָמָה (*Ew.* bibl. Theol. IH. 107) nicht vertheidigen. Ein anderes sicheres Etymon freilich ist für אָדָם bis jetzt so wenig gefunden als für *homo*. Nach Jos. ant. 1, 1, 2 (῎Αδαμος σημαίνει πυῤῥός, ἐπειδήπερ ἀπὸ τῆς πυῤῥᾶς γῆς φυραθείσης ἐγεγόνει· τοιαύτη γάρ ἐστιν ἡ παρθένος γῆ καὶ ἀληθινή) und Theodoret quaest. 60 in Gen. (die Syrer haben τὴν ἐρυθρὰν γῆν mit ἀδαμθά bezeichnet) meinten auch noch Neuere (zB. *Bruns* in Paulus Repert. II. 202; *Ges. Tuch Hupf.* in Z. für K. d. Morgenl. III. 407), zugleich mit Berufung auf √ אָדַם *roth sein* (vgl. דָּם *Blut*), אָדָם bedeute den *Rothen*, wie אֲדָמָה die rothe (palästinische!) Erde, aber beide Namen waren nicht blos palästinisch, und rothe Farbe ist kein Merkmal *aller* Menschen, auch kein Characteristicum gegenüber von vielen Thieren. Die Deutung: אָדָם = *der Schöne, Wohlgestaltete* (*Ludolf* hist. acth. 1, 15; comm. p. 208; *Kn.*) und gar: אֲדָמָה *die Schöne* (κόσμος), beruht auf neuer Umdeutung einer an sich schon secundären Bedeutung der √ im Geez (ኣደመ፣ *gefallen*, ኣዳም፣ *lieblich, angenehm*), welches אָדָם *Mensch* gar nicht mehr kennt, und ist für אֲדָמָה völlig unannehmbar. Dürfte man von der im Arab. erhaltenen Bedeutung der √ sich anschliessen (aus welcher auch ኣደመ፣ sich entwickelt hat) ausgehen, so käme man für אָדָם auf den Begriff eines *animal sociabile* (vgl. أَدَمَ), während אֲדָמָה (vgl. أَدَمَ) *die an den Erdkörper sich anschliessende Decke* oder *Rinde* (*humus*) bezeichnen würde, so *Fleischer* in *Merx* Archiv I. 237. Dagegen will *FrdDelitzsch* hebr. lang. 58 f. von einer assyr. √ אדם *bauen, zeugen* אָדָם als *Gezeugten* u. אֲדָמָה als *bebaubares* Land verstehen. — Dem irdischen Gebilde *blies* Gott *Odem des Lebens* d. h. Leben mit sich führenden oder wirkenden, lebenskräftigen Odem (רוּחַ חַיִּים 6, 17. 7, 15 bei A) *in seine Nase, und so wurde der Mensch zu einer lebendigen Seele* d. h. einem belebten Wesen (1, 20), denn נֶפֶשׁ, eig. auch nur *Hauch*, ist im Hbr. immer schon der in einem Einzelwesen eingeschlossene Lebensodem (Seele), und kann für dieses Einzelwesen selbst gesagt werden. Im Menschen ist von Gott eingehauchter, göttl. Lebensodem Ij. 27, 3. 33, 4. Jes. 42, 5. Aus dieser Einhauchung leitet Vrf. hier blos ab, dass der Mensch zu einer lebendigen Seele wurde, was die Thiere auch sind (1, 20 f. 24; auch in den Thieren ist רוּחַ חַיִּים 6, 17. 7, 15 oder נִשְׁמַת חַיִּים 7, 22, und leben auch sie durch Gottes רוּחַ oder נְשָׁמָה Ij. 34, 14; Ps. 104, 30). Aber damit ist nicht gesagt, dass mit dem blossen (animalischen) Leben die Kraft des mitgetheilten göttl. Hauches erschöpft sei. Vielmehr da der Vrf. nur vom Menschen, nicht aber von den Thieren (2, 19) die Einhauchung durch Gott aussagt, so folgt, dass in derselben der specifische Vorzug des Menschen vor dem Thier (dasselbe was bei A Ebenbild Gottes heisst) bestehen soll, d. h. dass mit dieser, dem Menschen persönlich geltenden Einhauchung die Mittheilung nicht blos der physischen, sondern zugleich der geistigen Lebenskraft des Menschen, des Geistes, gemeint ist (*Onk.* לְרוּחַ מְמַלְלָא). Dass der Vrf. mit ויפח וג' dem Menschen zugleich die Anlage zur Unsterblichkeit zuschreiben wolle (*Budde* 61 f.), ist ebenso richtig oder unrichtig als das Gegentheil, er wolle mit עפר מן האדמה ihm die Anlage zur Sterblichkeit zuschreiben (vgl. 3, 19). Sicher ist des Menschen doppelseitige Natur die Voraussetzung für seine Sterblichkeit u. Unsterblichkeit; aber dass die letztere an sich über die erstere das Übergewicht habe, deutet er nicht an. Über die anthropomorphische Redeweise s. S. 40. — Über die babyl. Mythe s. S. 8. „Am entsprechendsten ist die Dichtung von Prometheus, der aus Thon den Menschenleib bildet und denselben durch den den Göttern entwendeten Funken belebt" (*Tuch*). — V. 8—17. Den Menschen überlässt Gott nicht sich selbst, sondern setzt ihn in den Gottesgarten in Eden, und weist ihm Geschäft und Pflicht an. V. 8. Gott pflanzt einen Garten und setzt den Menschen hinein. עֵדֶן] als n. app. *Wohlbehagen, Lust, Wonne,* ist hier deutlich Eigenname des Landes, worin der Garten lag (ebenso in den S. 47 aufgeführten Stellen). Als solcher ist er ausserhalb der Bibel nicht nachweisbar. Es gab im Bereich der semit. Länder mancherlei Ortschaften oder Bezirke des Namens Eden (Am. 1, 5. Jes. 37, 12. Ez. 27, 23), aber an diese ist hier begreiflicher Weise nicht zu denken, und sind diese auch von den Mass. עֵדֶן, nicht עֶדֶן punktirt. An sich wäre möglich, dass der Name aus einem andern, mit der Paradiessage überkommenen hebraisirt wäre, aber die bisher darüber aufgestellten Vermuthungen sind nicht geeignet, hier etwas aufzuhellen. Die Gleichung des גן עֵדֶן mit (dem S. 49 genannten) *Kar-Duniáš* oder auch *Gin-dun-i-śa* (*Del.* Par. 65 f. 133 ff.) ist um nichts besser, als die Eden's mit dem angeblichen *Heden* oder *Hedenesch* der Parsen (*Kn.*) oder dem indischen *Udyána* d. i. Lustgarten (*Lenorm.* Bérose p. 304 f.) oder *Udayana* d. i. Osten (*Grill* Erzv. 166). Ebenso ist schlechterdings nicht einzusehen, warum עדן hier ursprünglich ein den Hebräern von Babylonien her überkommenes n. app. *idinu* oder *édinu* bedeutend *Feld, Steppe, Ebene* (*Schrad.* KAT.[2] 26), oder gar das n. pr. einer weitreichen babyl. Landschaft *édinu* (*Del.* Par, 79 f.), die mit dem Paradies gar nichts zu thun hat, sein soll. Vielmehr kann עֵדֶן sehr wohl ein freigebildeter sinnvoller Name s. v. a. *Wonneland* sein, ähnlich wie גֹּל 4, 16; wenigstens hörten die Hebräer diesen Begriff heraus (τῆς τρυφῆς LXX V. 15. Ez. 28, 13. 31, 9. 16. 18. 36, 35), und dass אֶרֶץ davor weggelassen ist, würde nur beweisen, dass der Name als solcher im Volksmund sehr geläufig (die Sage darüber viel besprochen) war. מִקֶּדֶם] schon wegen des consec. וַיִּטַּע nicht (mit 4 Esr. 1 (3), 7; Targ., Aq. Sym. Theod. Pesch. Hier. u. a.) zeitlich zu verstehen *von Anfang an* oder *vorher,* sondern örtlich *ostwärts, östlich* (11, 2. 13, 11. 3, 24), näml. vom Standpunkt des Erzählers aus, im Osten der Erde, nicht (*Kn.*) מִקֶּדֶם לְעֵדֶן im östl. Theile

Edens'; es bezeicınet die Lage Eden's, die V. 10—14 genauer bescırieben wird, im allgemeinen, und deutet an, dass man die Menscııeit von Osten ıer nacı Westen gewandert dacıte. Übrigens s. in
de Lagarde's Genesis graece p. 23 f. der Vorrede und *Field* Hex. I,
1 p. 13 eine alte Nacıricıt, wornach einst im ıebr. und syr. Text das
מִקֶּדֶם gefeılt ıätte. גַּן] allgemein semit. (aucı sumeriscıes, *PHaupt*
sumer. Forscı. S. 9) Wort für: eingeıegter Ort (opp. שָׂדֶה), *Garten*,
ıier wie öfters (zB. Jes. 1, 29; Cant. 6, 11) Baumgarten, Park, wie
solcıe in Babylonien und Assyrien (*Del.* Par. 96), „in Indien und
Persien die Scılösser der Regenten umgaben (Estı. 1, 5; Neı. 2, 8;
Xen. Cyr. 1, 3. 12. 14; *v. Bohlen* A. Ind. II. 104) und aucı die
Königsgärten zu Jerusalem (Jer. 39, 4; 2 Reg. 25, 4; Neı. 3, 15)
nicıts anderes waren" (*Tuch*). Die LXX gaben es ıier und sonst (13,
10. Num. 24, 6. Jes. 1, 30) durcı παράδεισος; iınen folgte *Sym.*
Pesch. Vulg. GrVen., und so wurde in der Kircıe dieses Wort der
üblicıe Name für den von Gott gepflanzten *Gottesgarten* (Gen. 13, 10.
Jes. 51, 3. Ez. 28, 13. 31, 8 f.). Paradies, nacı Pollux Onom. 9, 3
ein pers. Wort, aucı im Hbr. (Cant. 4, 13. Neı. 2, 8. Qoh. 2, 5) wie
im Armeniscıen als Pardês (Pardêz), in den islàmiscıen Spracıen als
Firdaus aufgenommen, wird jetzt gewöınlicı (nacı *Spiegel* Avesta I.
293) aus dem altbaktrischen *pairi-daéza* „Umhäufung, Umwallung"
erklärt; babyl. Ursprung des Worts (*Del.* Par. 97) ist bis jetzt unbe-
weisıar. — V. 9. Im Garten liess Gott allerlei (עֵץ wie 4, 22. 24,
10. 40, 17) Bäume wacısen, lieblicı anzuseıen und gut zu essen,
also zur Zierde und Anneımlicıkeit, und zum Essen. Dass nur Bäume,
nicıt aucı andere Pflanzen genannt werden, ist woıl nicıt zufällig:
zur Naırung von עֵשֶׂב wird der Menscı erst 3, 18 verurtheilt, ursprünglicı sollte er von Baumfrücıten leben (V. 16). Unter den Bäumen
werden zwei, als ıier am wicıtigsten, besonders ıervorgeıoben: *der*
Baum des Lebens (s. oben S. 47 f.) in der Mitte des Gartens, so ge-
naunt, weil seine Frucıt dem Geniessenden Leben gibt d. ı. nacı 3,
22 dauernde Gesundıeit und Kräftigkeit, und Nichtsterben; der andere,
der bibl. Erzäılung eigenthümlich (S. 49), *der Baum des Erkennens*
Gutes und Böses (das n. verb. mit Artikel u. gleicıwoıl seq. Acc.,
wie Jer. 22, 16; *Ew.* 236ᵃ) d. h. dessen Frucıt dem Geniessenden
das Wissen um Gut und Bös verleiıt (s. zu V. 17). Wie diese Wirkungen der Frucıt der Bäume vermittelt zu denken sind, zeigt der
Verlauf der Erzäılung. Es sind eben nicıt gewöınlicıe, sondern wunderbare, göttlicıe Bäume. Unsterblicıes Leben ist ein göttl. Gut, und
Gutes und Böses erkennen ist ebenfalls ein waırıaft göttl. Voızug (3,
22). Bäume, welcıe solcıe Güter verleıien, müssen selbst göttlicıer
Art sein. Aber so zeigt es ja aucı alles Folgende: es ist ein wunder-
barer Garten, ein waırer Gottesgarten, oder ıeidniscı ausgedrückt, ein
Göttersitz. בְּתוֹךְ הַגָּן] muss aucı für den andern, durcı וְ angereiıten
Baum gelten (s. 3, 3), und kann das. Die Annaıme, dass der Lebensbaum in dieser ganzen Erzäılung ein secundärer Zusatz sei, dass also
der Text ıier urspr. וְעֵץ הַדַּעַת טוֹב הָרָעַת הַגָּן בְּתוֹךְ gelautet und weiterıin
dann aucı 3, 22—24 (*Böhm.* 125 f.) oder 3, 22. 24 (*Budde* 46 ff.)

ursp. gefeilt habe, beraubt die Erzälung eines ihrer wesentlicisten
Gedanken (dass im Gottesgarten neben andern göttl. Gütern auch das
Gut dauernden Lebens für den Menscien bereit lag, er aber durch
seine Übertretung dessen verlustig gieng); erfordert wird solcie Annaime gewiss nicht, weder durch 3, 3 (s. d.) noci durch die Art
des Ausdrucks hier. Der Vrf. hat die von ihm beliebte Wortstellung
gewält, weil der Lebensbaum ein bekannter u. wesentlicier Bestandtheil der Paradiessage war, u. zugleich mit Rücksicit auf den Anschluss von V. 16 f.; ein Interpolator aber, der scion 3, 3 vor sich
hatte, hätte für seinen Einsatz החיים עץ schwerlich die jetzige (unpassendste) Stellung gewält (s. auch *Kuen.* Th. T. XVIII. 135 f.). —
V. 10—14 über die Bewässerung des Gartens und die 4 vom Edenstrom ausgeienden Ströme. Diese Verse, leicit herausneimbar, oine
dass man für die Hauptsacie etwas vermisst, und durch die nücherne
geograpiscie Bescireibung eier störend als fördernd, sind vielleicit
erst von R (*Ew.* bibl. Th. III. 72) oder anderer Hand (*Reuss* Gesch.
AT. 258) oder nach einer andern Quelle (*Budde* 82 f.) eingescialtet;
bei dieser Annahme müsste dann auch V. 15 (*Budde*) als ein Zusatz
(zur-Wiederaufnaime von 8ᵇ) angeseien werden. V. 10. Der Garten
war bewässert durch einen Strom, welcien der Vrf. in Eden, ausserhalb des Gartens, entspringend, und dann den Garten durchfliessend
dacite. Von einem ausgebreiteten Kanalsystem (*Del.* Par. 62) steht
nichts da. Das Part. יֹצֵא, durch Impf. und Prf. cons. fortgesetzt, drückt
die Dauer aus; ob die Dauer in der Vergangenheit (wie Ex. 13, 21;
Jud. 4, 4 f. u. s.) oder in der Gegenwart des Vrf.? kann fraglich erscieinen. Die Zweckangabe להשקות führt eier auf das erste. Jedenfalls aber denkt nach der folgenden Bescireibung der Vrf. die 4 Ströme
als noci zu seiner Zeit vorhanden; 4, 16 ist Eden und 3, 24 der
Gottesgarten auch nach dem Sündenfall noci da, und die Annaime,
dass vor der Sündfluth das Paradies von der Erde weggenommen worden sei, hat keinen haltbaren Grund. LXX: ἐκπορεύεται, ἀφορίζεται;
Vulg.: egrediebatur — dividitur. מִשָּׁם] *von dort* d. h. „vom Garten
an, bei seinem Austritt aus demselben, theilt er sich zu 4 Flüssen,
deren jeder seinen besonderen Lauf hat. Sie heissen (Strom-) *Anfänge*,
da sie in ihren Anfängen gemeint sind; nach ihrem weiteren Lauf
werden sie in V. 13 f. mit רֹדֵף bezeichnet. Ebenso steht רֹאשׁ vom
Anfang der Wege und Strassen Ez. 16, 25. 21, 24" (*Kn.*). Nur
diese Deutung, nicht aber *Hauptströme* (*Luth., Ros.* a.) ist dem hbr.
(und arab.) Spracigebrauch gemäss (vgl. im Assyr. *Del.* Par. 98).
Spracilich unzulässig ist: es quollen *Flüsse* aus Eden, sie giengen
immer weiter auseinander und hatten 4 Quellen (*Mich.*) oder: und
wurden zu 4 Hauptströmen (*Kurtz* Gesch. AB.² I. 60 f.). — V. 11.
Der erste (אֶחָד wie 1, 5) heisst *Pischon; es ist der das ganze Land
der* (Sam. החוילה oine Art.) *Havila umfliessende;* „man braucit nicit
an ein Umfliessen ringsum zu denken, denn סָבַב kommt auch vom einseitigen Umgeien, Umzieien vor Num. 21, 4; Jud. 11, 18; *woselbst
das Gold ist* d. h. wo es sici findet, zu Hause ist. Havila ist also
ein Goldland" (*Kn.*). Der Artikel bei הַזָּהָב, wie bei dem sonst auch

artikellosen שָׁהם V. 12 ist art. generis. — V. 12. „Das Gold dieses Landes bezeicinet Vrf. auci noci als *gut* d. ı. als ausgezeicinet, vorzüglici" (vgl. 2 Cir. 3, 5. 8). „Über das ּ im זֱָהֵב vgl. 3, 17. 25, 22. 27, 26. 29, 3. 8. Lev. 25, 34; *Ges.* 10, 2; *Ew.* 31ᵇ u. 68ᵇ. — Über הוּא fem. im Pent., wofür die Mass. הִיא zu lesen befeiilt, s. *Ges.* 32 A. 6; *Ew.* 184ᶜ". — Neben dem Gold werden noci *Bedolach* u. *Schoham-Stein* als Erzeugnisse der Ḥavila genannt. הַבְּדֹלַח] iim glici naci Num. 11, 7 das Manna im Aussein, und muss es naci dieser Stelle den Hebräern woil bekannt gewesen sein. Die Bedeutung ist durci die Überlieferung niciı gesiciert. Die LXX (ἄνθραξ in Gen., χρύσταλλος in Num.) ratien auf einen Edelstein, mit Unrecit, da kein אֶבֶן davor steiit; *Pesch.* iat ܟܐܦܐ (mit ܪ für ܕ), was die Syrer tieils auf Krystall, tieils auf Perlen deuten. Als Perlen deuten Bedolach auci *Saad.*, *Ar. Erp.*, *GrVen.*, *Abulw.*, *Qimḥi*, *Bochart* hz. III. 592 ff., woil wegen der Durcisiciitigkeit u. Weisse, u. weil es iier zwiscien Gold u. Edelstein genannt ist, aber s. 1 Reg. 10, 2. 10 (*Tuch*). Riciitiger versteiit man mit Jos. ant. 3, 1, 6, *Aq. Theod. Sym. Vulg.* u. den meisten Neueren „die βδέλλα oder das βδέλλιον, auci βολχόν (Dioscor. mat. med. 1, 80), μάδελκον, *maldacon* (Plin. 12, 19), ein woilriecieendes u. seir gesciätztes (Plaut. Cure. 1, 2, 7)" durcisiciitiges, wachsähnliches Gummi; das äciite von gelblicier Farbe, in einer geringeren Abart sciwärzlici (s. *Winer* u. *Riehm* RWB). Naci *Plin.* erzeugte Baktrien das beste Bdellion; nascitur et in Arabia Indiaque et Media ac Babylone; aliqui peraticum vocant ex Media advectum. Naci Peripl. mar. erytir. § 37. 39. 49 ed. Müll. bringen es die Seefaırer aus Gedrosien u. Indien, s. darüber weiter bei *Lassen* ind. AK.[1] I. 289 f. 530. III. 43. Dem Namen בְּדֹלַח kann möglicierweise das Sanskritwort *ulúkhala* (*uḍúkhala*) zu Grund liegen (*Lagarde* ges. Abh. 20). שֹׁהַם] von den Alten tieils mit ὁ λίθος ὁ πράσινος (LXX) oder *Beryll* (LXX zu Ex. 28. 20. 39, 13; *Targ. Pesch. Saad.* u. a.) oder *Smaragd* (LXX zu Ex. 28, 9. 35, 27. 39, 6), tieils mit *Onyx* (LXX zu Ij. 28, 16; *Aq.* zu Ex., *Theod.* und *Symm.* zu Ex. und Gen. 2, 12; *Vulg.*) oder *Sardonyx* (*Aq.* zu Gen. 2, 12; *Vulg.* zu Ij. 28, 16) oder *Sardius* (LXX zu Ex. 25, 7. 35, 9) wiedergegeben. Onyx, Sardonyx und Sardius geiören zu derselben Species (*Chalcedon*). Durci Etymologie lässt sici niciıs entscieiden, da sici kein Etymon erkennen lässt. Die √ ܣܗܡ bedeutet niciı *blass*, sondern *ausgedörrt*, *mager sein*, und ist niciı für Onyx, שׁוֹם *Lauch* (ܬܘܡܐ, ثوم) iat keine Verbalwurzel, u. ist niciı für Beryll in's Feld zu füireni ob der bab..ass. Edelstein *sâmtu* (*Del.* Par. 60 f. 131 f.; *Schr.* KAT² 30) auf שׁהם (*Del.*) oder ܣܡܠ (*Halévy* in Revue critiq. 1881 p. 479) zurückzuführen und was für ein Edelstein es sei, ist noci völlig ungewiss; andere werthlose Etymologien s. bei *Hitz.* zu Ij. 28, 16 u. *Sprenger* Geogr. Arab. 62 f. Da weiter unter den vielen iebr. Edelsteinnamen zum Tieil auci אֹדֶם, רַחֲלֹם u. יֶשְׁפֵה (s. zu Ex. 28, 17 ff.) von den Onyxarten gedeutet werden, so dürfte die über-

wiegende Wairscieinlicikeit für den Prasius oder Beryll (Aquamarin,
Nebenart des Smaragd) sein. Naci dem Peripl. mar. er. § 49. 51
iolte man die Onyxsteine als Handelsartikel in den indiscien Häfen;
naci Plinius bezog man Onyx u. Sardonyx besonders aus Indien und
Arabien (i. n. 37, 23 f.); aber auci von den Beryllen sagt Plinius
(37, 20): India eos gignit, raro alibi repertos (s. überiaupt *Lassen*
ind. AK.¹ IH. 12. 16 f.). — V. 13. Der 2. Fluss *Gihon* umfliesst das
ganze Land *Kusch*, also das Äthiopenland. — V. 14. Der 3. Fluss
Ḥiddeqel ist sicier der Tigris wie Dan. 10, 4. Der hbr. Name stimmt
mit sumerisci *Idigna* (*Haupt* sum. Fam. Ges. 9. 17), bab.-ass. *Idiglat*
(*Schr.* KAT² 32 f., *Del.* Par. 170 ff.), aram. ܕܸܩܠܰܬ und דִּגְלַת, arab.

دِجْلَةُ; der ariscie Name altpers. *Tigrá*, Pahlawi ܬܝܓܪ, griech. *Tίγρης*,

Tίγρις bezeicinet ihn naci der ausdrücklichen Überlieferung der Alten
(Strabo 11, 14, 8; Plin. 6, 31; Curt. 4, 9) als den pfeilscinellen
(altbaktr. *tighra* spitz, *tighri* Pfeil; *Spiegel* altpers. Keilschr.² 221;
èr. AK. I. 172; *Lagarde* ges. Abh. 201). Ob der ariscie aus dem
babyl. oder dieser aus jenem umgebildet sei, bleibt noci auszumacien.
es ist der, welcher vor Assur fliesst] קִדְמַת *Vorderseite von* iier nicit
s. v. a. *östlich von* (*Aq.*, *Targg.*), in welciem Fall unter אַשּׁוּר die
assyr. Grossmonarchie mit Mesopotamien (*Tuch*, *Ges.* zu Jes. 8, 5 u.
ties., *Hitz.* im BL. 1. 266; *Del.*, *Riehm* HWB. 299) verstanden wird.
Denn zu geogr. Bestimmung taugt ein Reici dieses Umfangs überiaupt
nicit; wenn griech. und lat. Autoren den Namen Assyrien auci über
Mesopotamien ausdeinen, so doci nicit die örtlici näier steienden
und genauer redenden (zB. 10, 11. 24, 10) bibl. Scirifisteller. Sogar
wenn Vrf. Mesopotamien zu Assur gerecinet iätte, iätte er nicit den
Tigris östlici von Assur setzen können, da er wissen musste, dass
Assur sici noci weit östlici vom Tigris erstreckt. Bedeutete wirklici
קִדְמַת *östlich von*, so müsste unter אַשּׁוּר zwar nicit Mosul (*Saad.* bei
Tuch² 61; *Lagarde* Orient. II. 44), woil aber die alte Stadt *Assur*,
heute Kilei Šergat, auf dem westl. Ufer des Tigris (s. zu 10, 12)
verstanden werden; aber diese früie ierabgekommene Stadt wird in
der Bibel unter diesem Namen sonst nicit erwäint. Indessen dass
קִדְמַת diese Bedeutung iaben müsse, ist aus den 3 Stellen, wo es
sonst noci vorkommt (4, 16; 1 Sam. 13, 5; Ez. 39, 11), nicit zu
erweisen; es wird auci von den LXX nirgends so gefasst; *östlich*
wird vielmeir von C mit מִקֶּדֶם (2, 8. 3, 24. 11, 2. 13, 11) ausgedrückt. Dagegen קִדְמַת geben LXX iier und 4, 16 κατέναντι, Pesch.
bier ܩܒܠ; es entspricht dem aram. קֳבֵל, und die Meinung ist *an
der Vorderseite von* oder gerade *gegenüber* (*Kn.*, *Ke.*, *Wright*, *Ew.*
JB. X. 54), vor Assyrien ier, vom Standpunkt des Vrf. aus. — „Beim
4. Fluss *Phrath* d. i. Eufrat fügt der Erzäler nicits iinzu, weil dieser
Fluss jedem hbr. Leser woil bekannt" (*Kn.*), nicit weil er der den
Garten bewässernde Hauptstrom war (*Del.* Par. 78), was gegen den
Text ist. Neben der hbr.-aram. Form des Namens kennt man jetzt
auci die altpersiscie *Ufrátu* (*Εὐφράτης*) und die babyl.-assyr. *Bu-*

rattuv, *Purâtu* (*Schr.* KAT² 34; *Del. Par.* 169 f.). Ein semit. Etymon
hat man nicht; Ableitungen aus dem Arischen s. bei *Spiegel* altp. Kl.²
211 f.; êr. AK. I. 150, aus dem Akkadischen bei *Lenormant* langue
prim. de la Ciald. p. 354; *Del. Par.* 169 (dagegen *Halévy* a. a. O.
Tiele a. a. O. 260 f.). — Von den 4 Flüssen sind also zwei, Eufrat
und Tigris, über jeden Zweifel erhaben; anders verhält es sich mit
Pischon und Gihon. גִּיחֹון 1 Reg. 1, 33. 38. 2 Chron. 32, 30. 33, 14
Name einer Quelle und eines Baches bei Jerusalem, hat offenbar semit.

Etymon (גִּיחַ, ⵎ), bedeutet etwa *der hervorbrechende* oder *durch-*
brechende; mit demselben Namen benennen die Syrer und Araber im
Mittelalter auch den Pyramus in Cilicien und die islamischen Völker
überhaupt den Oxus (Geihûn), sonst setzen sie ihn auch als n. app.
anderen Flussnamen vor, wie Geihûn er-Ras == Araxes in Armenien,
Geihûn Qanq == Ganges (*Reland* de parad. § 17; *Michaelis* Suppl.
I. 298). פִּישֹׁון] nicht weiter vorkommend, ähnlicher Bildung wie גִּיחֹון,
bedeutet (פּוּשׁ) etwa *strömender, breitströmender.* Während Eufrat
und Ḥiddeqel wirkliche ausländische Flussnamen sind, sind Pischon
und Gihon hebräisch, höchstens hebraisirt und jedenfalls ihrem appella-
tiven Sinn nach den Hebräern verständlich gewesen; wie jenes zwei
in der Natur vorhandene Zwillingsströme sind, so diese ein durch
gleiche Bildung und Endung des Namens verbundenes Paar; der Ordnung der Aufzählung nach sind aber P. und G. östlicher als E. und T.
Um von diesen 2 sonst unbekannten Flüssen eine Vorstellung zu geben,
nennt der Vrf. die von ihnen umflossenen Länder. Das eine derselben
Kusch kommt oft genug vor im AT., und ist im engeren Sinn Nubien
mit Meroë, umfasst aber in weiterem Sinn auch Völker des südl.
Arabiens bis zum pers. Meere hin (s. zu 10, 6—8 und BL. I. 285 ff.
u. Äthiopien). Das andere, *die Ḥavila* mit Artikel, findet sich nur
hier; *Ḥavila* ohne Art. wird 10. 7. 29 (s. d.) theils unter den Kuschiten, theils unter den joqtanischen Arabern (neben Ophir) erwähnt,
und in der Redensart „von Ḥavila bis Schur" (25, 18. 1 Sam. 15, 7)
erscheint Ḥavila als nordarabisches Land, vielleicht bis zum pers. Meer
hin. Da Vrf. doch wohl einen sonst nicht ganz unbekannten Namen
nennen wollte, so ist wahrscheinlich, dass er das in jener Redensart
gemeinte Ḥavila im Sinn hat; indem er aber *das ganze Land der Ḥ.*
sagt, gibt er zu verstehen, dass dieses ostwärts sich noch weithin
ausdehnt (vgl. פְּלוּל אֶרֶץ). Aus dem vorgesetzten Artikel (*Ew.* 277ᶜ)
steht zu vermuthen, dass die Hebräer noch die ursprüngliche Bedeutung des Worts heraushörten; ob gerade *Sandland, Dünenland?*
(*FrzDel.*), steht dahin. Vor den Eroberungszügen der Perser und
Griechen hatten die Alten nur sehr unklare Vorstellungen von den
südlichen Ländern östlich vom pers. Meer (der Name Indien kommt
in der Bibel erst Esth. 1, 1. 8, 9 vor). Vorher mussten sich die Hebräer für dieselben mit annäherndem Ersatznamen begnügen; wie sie
Ophir (s. zu 10, 29) hiefür gebrauchten, so vielleicht hier Ḥavila.
Dagegen ist nicht zu denken, dass wirklich indische Namen, wie die
Handelsstadt Κόλχοι (Sinus Colchicus, Landschaft Colias, promontorium

Coliacum) im südl. Vorderindien (*Kn.* nacı Peripl. m. ery. § 58 f.;
Ptol. 7, 1, 10. 95; Dionys. perieg. 592. 1148; Plin. 6, 24; Mela
3, 7) oder Kampila, das Darada-Land im Nordwesten Indiens (*Del.*[4]
259 nacı Lassen) Veranlassung zu dem Namen Ḥavila gegeben ıaben
könnten. Was nun bei der Nennung des ganzen Landes der Ḥavila
an Deutlicıkeit für die Zeitgenossen nocı feılte, vervollständigt der
Vrf. durcı Angabe der Hauptproducte desselben, welche wenn nicıt
einzeln für sicı, so docı in iırer Gesammtheit hebr. Leser oıne
Zweifel auf den fernen Südosten hinführten. Über Bdellion und Beryll
(Onyx) s. S. 57. Als Feingold ist im AT. das aus Opıir geıolte (1 Reg.
10, 11. Ps. 45, 10. Ij. 22, 24. 28, 16. Jes. 13, 12) am berüımte-
sten; die class. Schriftsteller rüımen aucı Indien als ein Land vielen
und trefflicıen Goldes (Her. 3, 106; Diod. Sic. 2, 36; Curt. 8, 9, 18),
besonders das Stromgebiet des obern Indus mit seinem durcı die
Myrmeken zu Tag geförderten Goldsand (Her. 3, 102; Strabo 15, 1,
44. 69; Arrian Indie. 15; Plin. 11, 36; dazu *Lassen* ind. AK[1] I. 237 f.
II. 557). Soweit ıat man Grund, in dem das Ḥavila-Land umfliessenden *Pischon* einen indiscıen Hauptstrom angedeutet zu finden, und
zwar am natürlicısten den Indus (Kosmas Indicopl. u. a.; *Lassen* I.
529; *Kn.* u. a.), von dem man noch eıesten eine dunkle Kunde
haben konnte, weniger natürlicı den Ganges (Jos. ant. 1, 1, 3; Euseb.,
Hieron. u. a.). Die Meinung (*Sprenger* Geogr. Arab. 49 ff.), dass das
arab. Flüsscıen *Baisch* in der südl. Tihâme (etwa 17⁰ n. Br.) der
durcı unterirdiscıen Lauf aus dem Paradies stammende Pischon sei,
genügt es ıier erwäınt zu ıaben. — Der *Gihon* seinerseits scıeint
durcı die Angabe, dass er das *ganze* Land Kuscı, also jedenfalls aucı
das afrikaniscıe, umströmt, ıınlänglicı bestimmt, und es wird dem
Sinn des Vrf. am näcısten kommen, wenn die Alten iın durcı den
Nil oder einen der Nilzuflüsse erläutern (scıon Sir. 24, 27 und LXX
Jer. 2, 18; Jos. ant. 1, 1, 3, die meisten KV.; unter Neueren zB.
Ges., besonders *Bertheau* die Lage des Paradieses. Gött. 1848). Den
‏יְאֹר‎, den Fluss Ägyptens, nennt er ihn nicıt, weil er eben nicıt diesen, sondern den Kusch umfliessenden Fluss meint. Dass aber ein in
Asien entspringender Fluss soll aucı das afrikaniscıe Kusch umspült
ıaben, ist bei der völligen Unkenntniss der Alten (s. den Nacıweis bei
Berth.) über Gestalt und Ausdeınung der südl. Länder (so dass selbst
nocı Ptolemaeus Asien und Afrika im Süden verbunden dacıte, *Kiepert* alt. Geogr. 112) nicıt eben verwunderlicı. Um diese vermeint-
licıe Scıwierigkeit zu vermeiden, aber damit gegen ‏כָּל־אֶרֶץ כּוּשׁ‎ ver-
stossend, wollten andere blos an asiatiscıe Kuschiten (*Knobel* Völkertafel 248. 270 f.) denken, und deuteten dann den Gihon tıeils auf
Vakschu oder *Oxus* (*Michaelis* Suppl. I. 298; *Rosenm.* AK. I. 1. 184;
Lassen, Kn. u. a.) welcıer bei den islâmischen Völkern (durcı Vermittlung jüdiscıer oder cıristl. Tıeorien?) den Namen Ĝeiḫûn füırt, aber
in der alten Welt nie zu besonderer Berüımtıeit gelangt ist, tıeils
den *Ganges* (*Kosmas*), dies freilicı sogar gegen die Reiıenfolge der
Namen im Text. Das Ergebniss von alle dem ist, dass Vrf. von 4
Hauptströmen erzäılen wollte, welcıe von Eden ausgeıen, und dass er

die 2 westlichen derselben als die den Hebräern wohlbekannten Tigris und Eufrat bestimmt, von den 2 östlichen aber keine klare Vorstellung mehr hat, jedoch seine Beschreibung derselben nach unsern geograph. Kenntnissen am ehesten auf den Indus und Urlauf des Nil führen würden. Das ist ähnlich, wie die Perser die 2 mythischen, von der Haraberezaiti kommenden Ströme (s. oben S. 48 f.) auf 2 ihnen bekannte grosse Ströme deuten (*Windischm.* 188; *Spiegel* êr. AK. I. 192; *West* Pahlavi texts 77; *Tiele* a. a. O. 260), aber auch unter den 18 andern Flüssen sogleich in den 2 ersten den Eufrat und Tigris finden. Wenn nun aber gar diese 4 Ströme von éinem Strom ausgehen sollen, so ist heutzutage für jedermann klar, dass das eine geographisch unvollziehbare Vorstellung ist. Für die Alten mit ihren mangelhaften geogr. Kenntnissen traten hierin Schwierigkeiten Anfangs gar nicht, weiterhin nur allmählig, aber noch nicht in ihrer vollen Stärke hervor. Schon B. Hen. 32 rückt das Paradies in den äussersten Osten oder Nordosten, der noch von niemand erkundet war; Josephus (a. a. O.) macht bereits den Edenstrom zu dem die Erde umfliessenden Okeanos, aus welchem nach altem Glauben die grossen Ströme der Erde ihre verborgenen Quellen hatten, so dass es leicht war, Eufrat, Tigris, Nil und Ganges oder Indus aus ihm abzuleiten; ihm folgten viele. Spätere (wie Ephr. Syr. und Kosmas) gingen noch weiter und verlegten gar Eden jenseits des Okeanos; diese Erdansicht (des Kosm.) hatte im Mittelalter weithin Geltung. Seit aber derartige Phantasien den exacten Kenntnissen von der Erdoberfläche weichen mussten, traten die Schwierigkeiten der Frage mit Macht heraus, und führten zu verzweifelten Versuchen, unter Festhaltung strenger Geschichtlichkeit des Berichts seine Angaben mit der wirklichen Geographie auszugleichen. Die erwähnungswerthesten sind folgende. a) Man nahm eine theilweise Umgestaltung der Erde durch die Fluth an und sagte, Vrf. beschreibe etwas schon zu seiner Zeit Vergangenes, nichts Gegenwärtiges (*Luth.* und die meisten evang. Theologen). Abweichend von den Alten suchte man (*Reland* de situ paradisi terrestris 1706, u. a., unter Neuern zB. *Kurtz, Buns., Keil, v. Raumer* Palästina Anh. VII) Pischon und Gihon in Armenien, wo der westl. Seitenarm des Tigris und der östl. Quellfluss des Eufrat nahe bei einander, freilich durch eine mächtige Gebirgskette getrennt, entspringen und auch die Quellen des Araxes in der Nähe liegen, und verstand deshalb unter Gihon den Araxes (Aras, Geihûn er-Ras), der mit dem Cyrus vereinigt in das kaspische Meer fällt, Kusch aber deutete man auf die Κοσσαῖοι, indem man diese (*Kn.* Völkertaf. 250) von Susiane durch Medien bis zum kaspischen Meer hin verbreitet annahm. Den Pischon aber fand man (*Rel.* u. a.) im kolchischen Phasis, der im Kaukasus entspringend westwärts ins schwarze Meer mündet, oder im Kyrus (*Keil*), der im eigentl. Armenien, nicht so weit vom Eufrat und Araxes, entspringt; die Havila endlich in Kolchis, dem an Gold und andern Metallen reichen Land (Strabo 1, 2, 39 u. 11, 2, 19; Appian Mithrid. 103). Aber diese Deutung, welche im Alterthum aus guten Gründen gar keine Vertreter hat, beruht nicht blos auf grundloser

Voraussetzung grosser Veränderungen der Erdoberfläche durch die Fluth
(s. Vorbem. zur Fluthgeschichte nr. 3), sondern sie setzt ganz willkührlich Kusch und Havîla in den Norden, und kommt selbst so nicht
zum Ziel, da es Kossäer in Armenien nie gab (s. *Nöldeke* in GGN.
1874 S. 1 ff.; *Del.* Par. 31), und da zwar Gold (Ij. 37, 22), aber
nicht Bdellium und .Beryll (Onyx) als Erzeugnisse des Nordens gelten können. b) Andere (*Calvin, Huet., Bochart, Hopkins, Rask,
Pressel*), wohl erkennend, dass der Erzähler ein zu seiner Zeit vor-
handenes Land beschreiben wolle, erklärten den heutigen *Schatt-el-
Arab* d. h. den vereinigten Eufrat-Tigris für den Edenstrom, und
suchten von den 4 Flüssen, in die er sich trennt, das eine Paar
nördlich im Eufrat und Tigris selbst, das andere Paar entweder in
den beiden Mündungen des Schatt oder in seinen 2 östl. Zuflüssen
dem Karun und dem Kerkha oder Karasu (oder gar den Gihon im
erythr. Meer und den Pischon in Phaisan, einem Flusse Jemen's in
Arabien, *Halévy* Revue crit. 1881 p. 477). Havila und Kusch lessen
sich bei dieser Hypothese eher unterbringen (obgleich der Name Chu-
zistan, altpers. Uvaǵa, mit Kusch nichts zu thun hat); aber selbst abgesehen von der Frage, ob die beiden Mündungen des Schatt schon
in der alten Zeit vorhanden waren (s. darüber bei *Kiepert* 138; *Del.*
Par. 40 ff.), können die אֲרָעִים im Text keine Zuflüsse des Hauptstro-
mes sein, und ein Göttersitz im Tiefland (s. S. 48 f.) widerstrebt ganz
und gar den Vorstellungen des Alterthums. [Übersichten über die
Ansichten von der Lage Eden's s. in *Win.*[3] I. 284 ff.; *Herzog's* RE.
XX. 332 ff.; BL. II. 42 ff.]. So bald man zugibt (wie auch *Del.* Par.
2 f. thut), dass der Vrf. Eden und den Gottesgarten als noch vorhanden annimmt, muss man von jedem Versuch, dieselben in einem den
Hebräern geographisch genau bekannten Land nachzuweisen, absteen,
oder aber dem Vrf. den Aberwitz imputiren, einen Bericht entworfen
zu haben, mit dem er sofort Lügen gestraft werden konnte. c) Gleichwohl hat *Frdr. Delitzsch* wo lag das Paradies? Leipz. 1881 S. 45 ff.
noch einmal versucht, vermittelst der Erträgnisse der Keilschriftfor-
schung ein wirkliches Land nachzuweisen, auf welches die Beschreibung
des Vrf. zutreffe, an das aber wohlweislich keiner der alten Leser gedacht hat. Eden soll das Land zwischen Tigris und Eufrat von Takrit
und ʿAna im Norden bis an das pers. Meer im Süden sein (s. aber
zu V. 8); der Garten die Babylon zunächstliegende Landschaft, näml.
vom s. g. Isthmus an, wo jetzt Tigris und Eufrat am meisten conver-
giren, bis etwas unterhalb Babylons; der Strom im Garten sei der
Eufrat; Pischon der unterhalb Babels sich abzweigende und das Land
westlich vom Eufrat bis zum pers. Meer hin durchfliessende Kanal
(vielleicht altes Eufratbett) Pallakopas, einst vielleicht(?) Pisânu genannt,
der Gihon der linkseufratische Kanal Schatt en-Nil, welcher Babylonien
durchströmend unterhalb Warka wieder in den Eufrat gemündet habe,
vielleicht(?) der akkadisch Gug'âna genannte; Kusch seien in Babylonien
ansässig gewordene Kossäer oder Kissier (über welche s. jetzt auch
Frd. Delitzsch die Sprache der Kossäer 1884 S. 6 ff.); Havila der an
den untern Eufratlauf und das pers. Meer angrenzende Theil der syr.

Wüste. Bei dieser Aufstellung werden Ströme und Kanäle vereinerleit, der östlicıste Pischon zum westlicısten gemacıt, der mit Pischon gepaarte Gihon zwiscıen Eufrat und Tigris gelegt; der Tigris „der *vor Assur* fliesst" gegen die allbekannte Wirklicıkeit aus dem Eufrat abgezweigt, כּוּשׁ פְּל־אֶרֶץ in das umgewandelt, was der Hebr. שְׁיָצֵר nannte; Feingold Bdellion Beryll nicıt als Produkte der Ḥavila, sondern Südbabyloniens und aucı für dieses nur ganz ungenügend nacıgewiesen; die Namen Eden, Pisânu, Gugʹâna als babyl. Namen für das, was sie bezeicınen sollen, blos postulirt; die Paradiessage oıne jeden zureicıenden Beweis (s. oben S. 49) als urspr. babyliscı angenommen, und beıauptet, die biblicıe sei nur eine (waırscıeinlicı erst exilische oder nacıexiliscıe) Copie derselben, als ob es einem Juden der vorexilischen (s. Gen. 10, 8—12. 11, 1 ff.) oder gar der nacıexiliscıen (s. Jes. 13, 19 ff. Jes. 50 f. Zacı. 5, 11. Ps. 137, 8) Zeit je in den Sinn ıätte kommen können, Babylonien als Ursitz der Menscııeit und in Babel's Umgebung den einstigen Gottesgarten anzuerkennen! (sonst s. *Halévy* a. a. O., *Tiele* a. a. O.). Auf die Einfälle *MEngel's* (die Lösung der Paradiesfrage 1885), welcıer die Ḥarra im Osten des Ḥaurangebirges als Eden u. die Oase darin, Ost-Trachon, als den Garten in Eden u. s. w. bestimmen will, loınt es sicı nicıt näher einzugeıen (sonst s. darüber *Ryssel* in ZDPV. VIII. 233 ff.). — Ist hienach die Bescıreibung geograpıiscı unvollziehbar, so ergibt sicı, dass man in derselben nicıts seıen darf als einen mit den Mitteln einer kindlicınaiven Erdkunde unternommenen Versucı, die Gegend des Gottesgartens, aus welcıer nacı der Meinung der Völker aucı die grossen segenbringenden Weltströme kamen, den Lesern einigermaassen vorstellig zu macıen, damit aber zugleicı die (von C) durcı מִקֶדֶם V. 8 an die Hand gegebene Vorstellung einigermaassen zu modificiren. — V. 15 nimmt nacı der Unterbrecıung V. 8ᵇ wieder auf, u. bringt neu nur לְעָבְדָהּ וּלְשָׁמְרָהּ bei, wovon zwar woıl לְעָבְדָהּ (vgl. V. 5ᵇ), aber nicıt לְשָׁמְרָהּ im Geist der urspr. Erzäılung gedacıt erscıeint. Der Menscı ist nicıt für die Erde allein bestimmt, darum gibt iım Gott Aufentıalt in dem Garten, um ıier seine Entwicklung zu leiten. Zu diesem Beıuf weist er iım nacı diesem Text zunäcıst eine Thätigkeit an; nicıt blos geniessen soll der Menscı, sondern aucı arbeiten und wirken. Sein Beruf soll sein, den Garten (גַּן ıier fem., *Ges.* 107, 4; wenn man nicıt lieber הּ— ıerstellen will, *Kuen.* Tı. T. XVIII. 138) zu *bebauen* (V. 5), denn die äussere Natur, selbst die eines so ıerrlicıen Gartens, lässt dem Menscıen immer nocı Spielraum zur Nacııilfe und bietet iım Gelegenıeit, sie für seine besondern Zwecke herzuricıten und auszubeuten (ein Widersprucı gegen 3, 17 ff., den *Budde* 83 darin findet, liegt nicıt vor), *und zu bewahren,* vor wasʔ vor natürlicher Verwilderung, aucı Bescıädigung durcı die Tıiere (B. Jub. 3), vor dämoniscıen Mäcıten (*Del.*) aber zu einem Gottesgarten wenig passend. — Vs. 16 f. sicıer ursprünglicıer Text. Die blosse Beruısarbeit ist nocı nicıt die volle Aufgabe des Menscıen: in iım scılummern Anlagen für das Sittlicıe und Göttlicıe, die entwickelt und geübt sein wollen. Darum gibt iım Gott ein Gebot, welcıes seiner

Entwicklung zum Reizmittel und Richtmaass dienen soll, wobei vorausgesetzt ist, dass der Mensch von Natur die Fähigkeit hat, die Stimme
und den Willen Gottes zu vernehmen. Ein einzelnes, nicht einmal
weiter begründetes, sondern kurz und scharf lautendes Gebot reicht
für diesen Zweck hin; die volle Einsicht in alles, was zu thun und
zu lassen ist, kann erst das Ergebniss einer langen geistigen Entwicklung sein, nicht der Anfang davon. Ja nicht einmal etwas zu thuendes,
sondern etwas zu meidendes ist der Gegenstand dieses Gebots: eine
von seinem Schöpfer und Herrn ihm gezogene Schranke seiner geschöpflichen Freiheit anzuerkennen und einzuhalten, muss für den Menschen der Ausgangspunkt alles Weitern werden. Dass aber gleichwohl
der Gegenstand des Verbotes nicht willkührlich gewählt ist, wird sich
sogleich zeigen. Der Befehl, den Gott ihm *auflegt* (עַל wie 28, 6;
Jes. 5, 6 u. s.) lautet: *von allen Bäumen des Gartens wirst* (magst)
du allerdings, immerhin (Inf. abs. wegen des Gegensatzes zu V. 17, *Ew.*
312ᵃ) *essen, aber von dem Baume des E. G. u. B. wirst du nicht
essen* (מִמֶּנּוּ *Ew.* 309ᵃ). Der erste Satz regelt zwar auch die Nahrung
des ersten Menschen und bestimmt ihm (anders als 1, 29) die Früchte
der Bäume, noch nicht den עֵשֶׂב. („Nach den Classikern zB. Plato
polit. p. 272; Strabo 13, 1, 25; Diod. Sic. 1, 8; Arrian Ind. 7, 3;
Lucret. 5, 935 ff.; Verg. Geo. 1, 8. 148 ff.; Ovid. met. 1, 104 ff.; Tibull.
2, 1, 38 ff.; Plin. 7, 57 assen die Menschen zu Anfang Kräuter, Beeren,
Baumrinden und Baumfrüchte, insbesondere Eicheln; der Getreidebau
trat erst später ein" *Kn.*). Aber doch ist er mehr concessiv gehalten,
und das Hauptabsehen ist auf den zweiten Satz. — Sogar über die
Folgen der Übertretung des Gebots wird der Mensch nicht im unklaren gelassen: *am Tage deines Essens* (אֲכָלְךָ *Ges.* 61, 1, A. 2) d.
h. wie der Erfolg zeigt, nicht: am selben Tag, sondern: *wann* (V. 4ᵇ)
du davon issest, *wirst du sicherlich* (Inf. abs. wie 18, 10. 18 u. s.)
sterben. מוֹת תָּמוּת] nicht gerade: du bist des Todes schuldig (*TrgJon.*),
obwohl es 20, 7. 1 Sam 14, 39. 44. 22, 16 im Sinne des bekannten מוֹת יוּמַת vorkommt; noch weniger: du wirst sterblich werden
(*Symm. Hier. Thorm. Dath.*), da מות das nicht ausdrücken kann und
der Mensch (3, 19. 22) gar nicht unsterblich geschaffen ist, sondern:
Sterben wird für dich sicher die Folge davon sein. Denn (s. S. 45 f.)
er geht des Aufenthalts im Garten und damit der Möglichkeit dauernden Lebens verlustig, fällt dem natürlichen Tode anheim. Dass der
wirkliche Tod sofort eintrete, ist mit בְּיוֹם (s. oben) nicht gesagt, und
ist deshalb die Annahme einer Übertreibung der Drohung zum Zweck
der sichereren Abschreckung (*Kn.*) nicht nothwendig; zutreffender ist,
wie schon die Älteren (*Calv. Merc. Drus. Pisc.* u. a.) erinnern, dass
die Mühsale und Leiden, denen der Mensch durch die Sünde anheim-
fiel, nichts als Lebensstörungen, Anfänge des Sterbens sind. — Warum
wird aber Befehl und Drohung gerade an diesen Baum gebunden?
Sicher nicht, weil seine Frucht, wie die eines Giftbaumes, für den Geniessenden physisch-schädliche Wirkungen hat (*Cler. Eichh. Redsl. Kn.,
FWSchultz* 459), denn in diesem Fall wäre er einfach ein Baum des
Todes und auch so zu nennen, aber wie sollte in den Garten des

Lebens ein Todesbaum kommen? Vielmehr er heisst und ist ein Baum
der Erkenntniss G. u. B. Mit Recht hat *Wl.* I. 345 f. betont, dass es
nicht וְהָרַע אִמּוֹב heisst, und dass die Ausdrücke zunächst *Lust und Unlust
erweckend, heilsam und schädlich* bedeuten, aber mit Unrecht daraus
gefolgert, dass hier gar nicht von sittl. Erkenntniss, sondern von Erkenntniss der *Dinge* nach ihrem Nutzen für den Menschen, von Welter-
fahrung, Bildung oder Cultur die Rede sei. Was sollte auch der Mensch
durch das Essen vom Baum für Culturfortschritt gemacht haben! oder was
sollte eine Phrase dieses Sinnes von Gott ausgesagt (3, 5. 22) heissen!
In Wahrheit wird טוב und רע von jeher nicht blos von Dingen, sondern auch von Handlungen und handelnden Subjecten ausgesagt, und
wird insgemein das Gute, weil dem Menschen frommend, und das Böse,
weil ihm schadend, 'ט und 'ר genannt; hier vollends, wo der Mensch
durch das Essen nicht den Werth eines Dings, sondern den einer Handlung erfährt, kann der ethische Sinn gar nicht ausgeschlossen werden
(s. jetzt auch *Budde* 65—70; *Riehm* in Stud. u. Krit. 1885 S. 764).
Gutes und Böses erkennen (vgl. 3, 6 לְהַשְׂכִּיל) bedeutet demnach den
Werth der Dinge und Handlungen begreifen, sie nach ihren heilsamen
oder übeln Folgen (also auch nach ihrem sittl. Werth) zu beurtheilen
(1 Reg. 3, 9), demgemäss auch mit Bewusstsein ihres Werthes zu
wählen oder zu verwerfen (Jes. 7, 16) verstehen. „Ein kleines Kind
hat diese Fähigkeit noch nicht Deut. 1, 39; erst beim Heranwachsen
desselben tritt sie ein Jes. 7, 15 f., und ihr Mangel dient daher auch
zur Bezeichnung des kindisch werdenden Alters 2 Sam. 19, 36; sie
hat insbesondere der Richter nöthig, der Recht und Unrecht ermitteln
soll 1 Reg. 3, 9, und in besonderem Grad haben sie die Engel und
Gott selbst Gen. 3, 22. 2 Sam. 14, 17. 20" (*Kn.*). Ihr Besitz macht
den Menschen Gott ähnlich (3, 22), ist wirklich ein göttliches Gut.
Diese Fähigkeit also oder die volle Einsicht in den Werth der Dinge
und Handlungen für sein Wohl und Wehe, in das Wesen von gut und
bös, im Menschen zu entwickeln, ist jetzt die Aufgabe, und darum
heftet sich der göttl. Befehl gerade an den Baum, in welchem dieses
Gut verkörpert ist. Dass und warum der Befehl nicht als Gebot, sondern als Verbot lauten musste, ist schon S. 45. 64 erläutert. Keineswegs
aber ist daraus, dass Gott dem Menschen den Baum verbietet (mit
Wl. I. 344) zu folgern, dass er ihm jene Erkenntniss, zu der er ihn
beanlagt hat, überhaupt vorenthalten wollte, weil Erwerb derselben
und paradiesisches Leben schlechthin unverträglich seien. Wenn der
Vrf. dieser Ansicht war, durfte er überhaupt seiner Erzählung nicht
die Wendung geben, dass der Verlust des Paradieses als eine Schuld
des Menschen (Cap. 3) erschien. — Beiläufig erhellt nun auch aus
dieser Function des Erkenntnissbaums, wie fein der Vrf. die aus der
mythologischen Unterlage entspringende Gefahr einer zu sinnlichen d. h.
heidnischen Vorstellung dieser geistigen Dinge zu beseitigen verstand.
— V. 18—25. Mit der Einweisung in den Garten sind noch nicht
alle Vorbedingungen einer richtigen Entwicklung des Menschen erfüllt;
die Möglichkeit des Verkehrs und Austausches mit andern Wesen seines
gleichen und der gegenseitigen Hilfeleistung muss noch hinzukommen;

so schafft denn Gott zuerst Thiere und dann das Weib, beide für den Menschen und um seinetwillen. V. 18. Der göttl. Gedanke bei den folgenden Schöpfungen. Dass der Mensch allein sei, ist nicht *gut* d. i. förderlich, zweckentsprechend; er ist auf Gemeinschaft angelegt; *ich will* (LXX *Vulg.*: wir wollen, nach 1, 26) *ihm machen eine Hilfe* (concret Ps. 70, 6; Wesen zu seiner Hilfe) *ihm entsprechend.* Mit כְּנֶגְדּוֹ, eig. *wie vor ihm, wie ihm gegenüber* „deutet Vrf. ein Wesen an, welches so ist, wie das Gegenstück zum Menschen sein muss, welches ihm also gegenübergestellt werden kann und somit entspricht; im Rabbin. ist כְּנֶגֶר *gemäss, entsprechend* s. *Ges. th.* 847; richtig LXX: κατ' αὐτόν, V. 20 ὅμοιος αὐτῷ, so auch *Syr.* u. *Vulg.*; aus der Gleichartigkeit leitet der Vrf. die Hilfsfähigkeit ab; das gleiche Wesen kann am besten helfen" (*Kn.*). In der That genügt die gewöhnliche Bedeutung von עֵזֶר und ist nicht nöthig, es als „Umgebung, Gesellschaft" (*Ew.*) zu deuten. Nur muss man nicht blos an Hilfsleistung bei der Arbeit (*Kn.*) denken, sondern an jegliche auch geistige Förderung und Unterstützung, die dem Menschen aus der Gemeinschaft kommt. Die Nothwendigkeit des Weibes zur Fortpflanzung ist noch gar nicht besonders, geschweige ausschliesslich in Betracht genommen, und die Deutung des עֵזֶר als anteriora d. i. pudenda (*Schult.*, *de Dieu*, *Ros.*) ganz hinfällig. — V. 19. Gott bildet also die Thiere und führt sie dem Menschen zu. — Die Abweichung von Cp. 1 in der Zeitfolge der Menschen- und Thierschöpfung ist hier offenbar. Der Ausweg der Harmonisten: „und Gott hatte gebildet und brachte nun" ist unzulässig, weil man zwar durch ein Impf. cons. über das nächst Vorhergehende zurückgreifen und etwas nachholen (vgl. V. 9 zu 8; aber 24, 30 zu 29; 27, 24 ff. zu 23 ist anders zu beurtheilen) oder auch etwas zuvor kurz Gesagtes erklären kann (wie Jon. 2, 4 zu 3, *Ew.* 353ᵃ), aber in unserem Fall schon durch יִיצֶר אֱלֹהִים (nicht אָבִיא) V. 18 ein Zurückgreifen über V. 18 auf V. 7 unmöglich gemacht ist, und der ebene Verlauf der Erzählung in lauter Impf. cons. V. 18—20 nicht erlaubt, einem einzelnen derselben rückwärtsgreifende Kraft zuzuschreiben. Die Auskunft (*Del.*) aber, dass nach Gen. 1 die Pflanzenschöpfung am 3. und die Thierschöpfung am 5. und 6. Tag blos angefangen, ihre Vollendung aber sich bis nach der Bildung des Menschen hingezogen habe, widerstreitet dem וַיַּרְא פְּרִי טוֹב 1, 12. 21. 25, und thut auch Cp. 2 kein Genüge, welches vor dem Menschen von Pflanzen und Thieren überhaupt nichts weiss. — Die Thiere werden aus Erdstoff gebildet (vgl. 1, 24, wo nur der Ausdruck verschieden ist); von Begeistung derselben wird nichts gesagt. Sie sind besondert in חַיַּת הַשָּׂדֶה, sonst gewöhnlich „die wilden Thiere", hier aber kraft V. 19 und 3, 14 auch בְּהֵמָה und kraft 3, 1 auch רֶמֶשׂ הָאֲדָמָה einschliessend, und in עוֹף הַשָּׁמַיִם die Flugthiere (s. 1, 20); die Wasserthiere sind nicht erwähnt, weil sie für den in Rede stehenden Zweck nicht in Betracht kommen. *um zu sehen, was* d. i. wie *er es* d. i. jedes Thier *nennen werde*] sofern der Name nur der Ausdruck dessen ist, was der Mensch denkt, will das sagen: welchen Eindruck sie auf ihn machen werden, oder wie er sie im Verhältniss zu sich befinden werde. — In **19ᵇ** kann לוֹ nicht

anders als in מַה־יִּקְרָא־לֹּו genommen werden, und נֶפֶשׁ חַיָּה müsste erklärende App. dazu sein: es, näml. *ein Lebewesen*; aber schon die
Stellung des כֹּל 'ח hinter הָאָדָם ist auffallend und lässt darin eine Glosse
vermuthen (*Ew. Olsh.*) zur Erläuterung von לֹו; ausserdem ist נֶפֶשׁ חַיָּה
für Thiere zwar dem A sehr geläufig, nicht aber dem C (vgl. V. 7).
Ein לֹו *sibi* („was der Mensch *für sich* das Lebewesen nennen würde"
Kn.) wäre unnöthiges Flickwort. הוּא שְׁמֹו] näml. nach Gottes Absicht,
somit: *das sollte sein Name sein.* Die Thiere, ihm theilweise ähnliche Wesen, müssen die Aufmerksamkeit und das Sinnen des Menschen in besonderem Maasse erregen und durch ihre Mannigfaltigkeit
ihn zum Unterscheiden zwingen; diese Gedanken aber, die er sich
macht, müssen der Natur des Menschen gemäss sich äussern in Lauten
oder Namen, die er ihnen zuruft d. h. womit er sie benennt. So
werden die Thiere allerdings ihm eine „Hilfe" für seine Entwicklung.
Zugleich werden damit über das Wesen oder doch die Anfänge der
Sprachbildung Winke gegeben: die ersten Namen sind nichts als der
unwillkührlich im Laut wiedergegebene Eindruck, den die Dinge auf
den Geist des Menschen machen — V. 20. So nannte der Mensch
Namen für alle die verschiedenen Thiere, die ihm immer am nächsten
stehenden grossen Hausthiere voran, *aber für Menschen* (ohne Art.,
s. aber zu 3, 17; *Olsh.* liest וְהָאָדָם) fand er unter ihnen keine entsprechende Hilfe; sie alle findet er für Menschen unzulänglich. Schöner
kann in der Kürze die Hoheit der Menschennatur nicht veranschaulicht
werden (anders als 1, 26 und doch dasselbe). „Dass Gott durch die
sich begattenden Thiere ein geschlechtl. Bedürfniss im Menschen habe
wecken wollen (*JDMich., Ros.*), sagt Vrf. nicht, lässt vielmehr dasselbe erst 4, 1 eintreten" (*Kn.*). — V. 21—24. Dem nun angeregten
Bedürfniss nach einem Wesen seines gleichen entgegenkommend schafft
Gott das Weib. — V. 21 f. Er lässt ihn in *tiefen Schlaf* (nicht ἔκ-
στασις, LXX) fallen, nimmt eine seiner Rippen heraus und schliesst
Fleisch an ihre Stelle (תַּחְתֶּנָּה mit Acc.-Suff., *Ew.* 263ª; *Ges.* 103, 1
A. 3; *Sam.* תחתיה) d. h. fügt Fleisch ein, um die Lücke zu schliessen,
baut die Rippe zu einem Weibe aus, und führt dieses dem Menschen
zu. „Der Ausdruck *bauen* ist wohl gewählt, weil er auch sonst mit
צֵלָע, wo dieses Bausachen bezeichnet, sowie mit dem Weibe, welches
Nachkommenschaft erhalten soll (16, 2), verbunden wird" (*Kn.*). Schla-
fen muss der Mensch, denn wie die Schöpfung, so kann auch die Um-
schöpfung des Menschen nicht seiner Wahrnehmung unterliegen. In
der Scheidung des Urmenschen in Mann und Weib liegt der Gedanke,
dass das volle Wesen des Menschen nicht im Mann allein und nicht
im Weib allein, sondern in beiden zusammen zur Erscheinung kommt,
sie also zu gegenseitiger Ergänzung bestimmt sind. Aus einem Körper-
theil des Mannes wird das Weib geschaffen: damit wird dessen Abhängigkeit von jenem und Zugehörigkeit zu ihm dargethan und der
geheimnissvolle Zug beider zu einander erklärt. Und wenn einmal ein
Theil des Mannes herausgenommen werden sollte, so lag eine Rippe,
ein Seitenbein, am nächsten: er hat deren noch genug, und das Weib
steht ihm zur Seite (vgl. Ij. 18, 12), füllt eine Lücke an seiner Seite

aus („Den Begriff der hilfreichen Genossenschaft und des Beistandes
drückt der Hebräer aus *zur Rechten sein, gehen, stehen* Ps. 16, 8.
109, 31. 110, 5. 121, 5; Jes. 63, 12; Martial 6, 68, 4 nennt den
Vertrauten jemandes dessen dulce latus; Hesychius erklärt ἄπλευρος
durch ἡ μὴ ἔχουσα βοήθειαν. Der Araber sagt: huva lizqî *er ist
meine Seite* d. i. mein unzertrennlicher Begleiter und Genosse", *Kn.*)
Was die Erzählung sagen will, spricht der Mensch V. 23 und der Erzähler V. 24 klar genug aus.   Grob realistischer Sinn dringt auch hier
auf buchstäbliche Geschichte, verliert sich dann aber auch in allerlei
spitze Fragen über die Ein- oder Zweigeschlechtigkeit des ersten Menschen, über die Stelle des Körpers, wo צֵלָע herausgenommen und בָּשָׂר
eingesetzt wurde und dgl.; jüd. Geschmacklosigkeit (s. *Eisenmeng*er
entd. Judenth. 1. 365 ff.) und heidnisch-mythologische Denkweise liegen
dicht beisammen.   Aber die Bibel redet von derlei Dingen mit Geist,
und wer geistvoll gesagtes mit Geist aufzufassen versteht, lässt sich an
den offen zu Tag liegenden Gedanken dieser einfach-schönen Darstellung
genügen. — Analogien bieten die Mythen und Dichtungen der Völker.
Nach dem Bundehesch erwuchs aus dem Samen des Urmenschen Gajo-
mart eine baumartige Pflanze, in welcher zwei innigst vereinigt waren;
diese von Ormuzd zu einem Doppelmenschen gebildet, trug statt der
Früchte 10 Menschenpaare, von deren erstem, Meschia und Meschiane,
das ganze Menschengeschlecht abstammt (*Windischm.* 213 ff.; über
eine indische Darstellung s. *Spiegel* êr. AK. 1. 458). „Bei Plato symp.
p. 189 ff. wird die geschlechtliche Vereinigung daraus erklärt, dass ursprünglich neben dem männl. und weibl. Geschlecht auch zweige-
schlechtige Androgynen existirten und von Zeus zu Männern und Weibern getrennt wurden'' (*Kn.*) „die Grönländer lassen das Weib aus
dem Daumen des Mannes entstanden sein" (*Tuch* nach *Pustkuchen*
Urgesch. 1. 212). — V. 23. Der Mensch erkennt sofort in dem Weibe
das ihm entsprechende Wesen, und spricht, freudig überrascht, in halb
rhythmischer Rede: *diese dasmal,* endlich einmal, *ist Bein von meinem Gebein* u. s. w.   Dreimal weist er mit זֹאת auf sie hin; הַפַּעַם mit
voller Demonstrativkraft des Artikels wie 29, 34 f. 30, 20. 46, 30;
Ex. 9, 27. *diese soll man Männin nennen, weil vom Manne* (LXX,
Sam. Onk. מאישה *von ihrem* Manne) *genommen ist diese*; אִשָּׁה (obwohl
zu einer anderen √, näml. zu اَنِثَ, gehörig) ist hier als Fem. zu אִישׁ
aufgefasst; *Luth.* gut *Männin*; Symm. ἀνδρίς, Hier. *virago*; „nach
Festus u. Querquetulanae wurden die Frauen von den Alten *virae* genannt" (*Kn.*), לֻקֳחָה־זֹאת] über das raphirte ק und über — Ges. 10, 2
und 52, 1. — V. 24. Worte nicht des Menschen (*Kn. Del.*), der von
Vater und Mutter noch kein Wissen hat, sondern des Erzählers (*Tuch
Ew. Ke.*) wie zB. auch 26, 33. 32, 33; daher die Impf. richtiger
präsentisch, als futurisch zu übersetzen. והיו משניהם והיי] *Sam.,* καὶ
ἔσονται οἱ δύο LXX.   Die Zuneigung, in welcher der Mann unter Ver-
lassung selbst der Ältern, seinem Weibe anhängt, um mit diesem zu
einer völligen, auch leiblichen Vereinigung zusammenzugehen, führt Vrf.
auf jenen Vorgang zurück, und erklärt damit die Ehe als vom Schöpfer
geordnet.   Von der Ehe überhaupt spricht er, nicht speciell von der

Unziemlichkeit der fleischl. Vermischung im Vaterhaus oder unter Verwandten (*Targ.*); und vom Verhalten des Mannes allein (nicht des Weibes) spricht er, weil vom Mann die Stiftung einer Ehe ausgeht. Aber zu bemerken ist dabei, dass es die Einehe ist, die hier als das normale Verhältniss hingestellt wird, und zugleich die Ehe, die auf einer selbst über die Älternliebe hinausgehenden Zuneigung zum Weibe beruht. Auch ist der Unterschied dieses normalen Verhältnisses, wo der Mann im Weibe seines gleichen und seine Ergänzung erkennt, zu dem 3, 16^b beschriebenen nicht zu übersehen. Es sind damit Ideale hingestellt, um deren Verwirklichung es sich in der weiteren geschichtl. Bewegung handelt. — Hiemit erst ist die Menschenschöpfung vollendet und sind alle Bedingungen für eine gesunde Entwicklung des Menschen erfüllt. — V. 25. Beigefügt wird nur noch, um die Beschreibung des Urstandes zu vollenden, und zugleich zum Folgenden hinüberzuleiten, dass Mann und Weib nackt waren, ohne sich vor einander zu schämen. Die kindlich unbefangene Unschuld kennt noch nicht die Scham; Scham tritt erst ein mit der Sünde und dem Schuldgefühl (3, 7). Das ist hier der Hauptgesichtspunkt. Dass durch 2, 25. 3, 7. 21 drei Stadien im Entwicklungsgang der menschl. Bekleidung, entsprechend der sittl. Bildung der Völker, bezeichnet werden (*Kn.*), ist wohl auch richtig, aber hier von untergeordneter Bedeutung. Ein Bruchstück culturgeschichtlichen Zusammenhangs (s. 4, 17 ff.) ist hier von C durchaus ethisch verwandt. (Zum Nacktgehen der ersten Menschen vgl. Plato polit. p. 272; Diod. Sic. 1, 8. *Kn.*). — עֲרוּמִים] von עֵרֹם, verkürzt aus עֵרֹם 3, 7. 10. 11 von W. עוּר (*Ew.* 163^c). יִתְבֹּשָׁשׁוּ] Hithp. nur hier, wohl reciprok (*Hölem.*).

Zweite Hälfte: Der Sündenfall und seine Folgen, Cap. 3. — V. 1—7. Die Verführung durch die Schlange zum Genuss vom Erkenntnissbaum, und das Erwachen der Scham. — V. 1. Wie lange der Mensch im Zustand der Unschuld war, ist nicht gesagt und konnte nicht gesagt werden; ihn als blos momentanen zu denken, haben wir keinen Grund (B. Jub. 3 bestimmt 7 Jahre). Nun aber soll er fortschreiten; aus der blossen Unschuld heraus, die es nicht anders weiss, soll er, zwar nicht durch den Gegensatz (die Schuld) hindurch, aber doch durch das Bewusstsein des Gegensatzes des Guten hindurch sich fortentwickeln zur freien Selbstbestimmung für den Gehorsam gegen Gott oder für das Gute. Darum muss das Bewusstsein des Gegentheils vom Guten reizend an ihn hinantreten; er muss versucht werden. Dass Gott es an ihn kommen lässt, ist nicht gesagt. Aber wenn Gott ihn zur Fortentwicklung bestimmt hat, so kann auch die Versuchung nicht gegen seinen Willen sein; nur will Gott, dass er in der Versuchung bestehe, nicht dass er falle. Wie kommt aber der versuchende Gedanke des Bösen an den Menschen? Nach der Erzählung durch *die Schlange* (2 Cor. 11, 3), eines von den Thieren des Feldes, aber das listigste oder schlauste unter ihnen. Als ein kluges Thier galt die Schlange den Völkern insgemein (noch Matth. 10, 16), meist im schlimmen Sinn als tückisch, hinterlistig, bösartig (was eben besonders von der giftigen Schlange gilt, zB. Gen. 49, 17; Arist. hist. anim.

1, 1, 14; Äsop. fab. 70; *Bochart* hz. III. 246 ff.), aber vielfacı aucı
(da es aucı unscıädlicıe und zäımbare Schlangen gibt) im guten Sinn
als vorsicıtig, aufmerksam, gelehrig, sogar zauber- und ıeilkräftig, daıer
bei mancıen alten Völkern, Ägyptern und Phöniken voran, als Agatıo-
dämon angeseıen (zB. Enscb. pr. ev. 1, 10, 30 ff.; Macrob. Sat. 1,
20), im ganzen als ein wunderbares geheimnissvolles dämoniscıes
Wesen gefürcıtet und darum weitıin von älteren und neueren Natur-
völkern aucı göttlicı vereırt (zB. bei den Indern *Lassen* IAK.[1] II.
467, in Abessinien *Ludolf* ıist. Äth. 2, 2, 14 u. ZDMG. XXII. 226;
bei den Germanen *Grimm* Mythlg.[2] 2, 648 ff., selbst nocı bei Israeliten 2 Reg. 18, 4, vgl. Num. 21, 5 ff.; *Baudissin* Stud. I. 288 f.).
Ausscıliesslicı nacı iırem scıädlicıen, tückiscıen Wesen aufgefasst erscıeint sie bei den Eraniern; obgleicı in iırer Zeicınung als Dahâka
nocı an den altarischen Naturmythus von der gegen die Regenwolken
und das Licıt kämpfenden Scılange am Himmel (*Roth* in ZDMG. II,
216 ff.) erinnernd, ist sie ihnen recıt eigentlicı nicıt meır blos verderblich, sondern böse, das Tıier des bösen Gottes, von iım gescıaffen
(Vend. 1, 8; Jaçna 9, 27), Verkörperung desselben, darum iım selbst
als Beiname zugelegt (die Scılange Ağra-Mainju, Vend. 22, 5. 6. 24,
Spieg.); ihrer List freilicı nicıt, aber ihrer Tod bringenden Gewalt
unterliegt scıliesslicı aucı Jima (*Windischm.* 27 ff.; die Verfüırung
von Meshia und Meschiane wird im Bundehesch auf Aıriman selbst
zurückgeführt, a. a. O. 218). Mit dieser Aıriman'scıen Scılange ıat
man früher oft die Scılange unseres Textes zusammengestellt (ja sogar
erstere aus der letzteren ableiten wollen *Hengstenb.* I. 7 ff.). Und
neuerdings ıinwiederum glaubte man in dem „Dracıen", „der grossen
Scılange" *Tiamat* (Urchaos), der Erzfeindin der Götter, von welcıer
altbabyl. Mytıen reden, das Original der Paradiesscılange gefunden zu
ıaben (*Smith-Del.* cıald. Gen. 82 ff.; *Del.* Par. 88 ff.). Aber abgeseıen davon, dass von einem solcıen Wesen der Naturmytıen nocı
ein weiter Scıritt ist bis zur Paradiesscılange, und die letztere bei
den Kaldäern bis jetzt nicıt nacızuweisen ist (s. oben S. 49), spricıt
gegen die Zusammenstellung sowoıl mit Tiamat als mit der Aıriman'-
scıen Scılange der Text selbst, welcıer die Scılange nicıt als böses
Wesen, sondern einfacı als Tıier des Feldes charakterisirt, allerdings
als listigstes derselben. Aus dem gleicıen Grund kann sie aucı weder
Erscıeinungsform nocı Werkzeug des Satan's sein, weil sonst der Vrf.
nicıt iıre (eigene) List ıervorıeben würde. Auf iır Reden darf man
sicı nicıt berufen zum Beweis, dass ein Dämon in iır wirksam gewesen sei, denn freilicı ist, was B. Jub. 3, Jos. ant. 1, 1, 4 u. a.
angenommen ıaben, dass im Paradies nocı alle Tıiere geredet ıaben,
nacı dem Sinn der Erzäılung (s. 2, 20[b]) nicıt ricıtig; aber wenn
selbst auf dem Boden gemeiner Wirklicıkeit das, was die Seele eines
Thieres bewegt, in Worte gefasst, und als von ihm geredet dargestellt
wird (so von der Eselin Num. 22, 28 und dem Rosse Xantıus Il. 19,
104, *Kn.*), wie kann dieses Reden ıier so befremdlicı sein im Gottesgarten, wo alles wunderbar und ıöıerer Art ist? Dass später, als die
Dogmenbildung bei den Juden in Gang gekommen war, man den Teufel

in der Schlange erkannte (Sap. 2, 23 f.; weiterhin zB. Apoc. 12, 9. 20, 2; TrgJon. zu V. 6, vgl. über die jüd. Lehren *Eisenm.* 1, 822 ff. *FWeber* altsyn. Theol. 211 ff. 243 ff.) und die Kirchenväter (*Reinke* Beitr. II. 211 ff.) und dogmatischen Ausleger hierin sich anschlossen, beweist nicht, dass der Erzähler es so meinte. Vom Teufel weiss das AT. vor dem Exil nichts; was *Del.* 135 ff. von seinem Hineinwirken in die Schlange, ja selbst in das Sechstagewerk sagt, geht weit vom Text ab. Ebenso ungenügend ist es aber auch, wenn Allegoristen (wie Philo und die alex. KV.) und moralisirende Erklärer (wie *Jerusalem* oder *Teller* a.) die Schlange für das blosse Symbol der bösen Lust oder des reizenden Triebes im Menschen, noch *Bunsen* für das Bild des einseitigen, vom Gewissen abgetrennten Verstandes erklären. Denn bei dieser Auffassung würde nicht blos V. 14 unverständlich sein, sondern es würde gerade das, was erklärt werden soll, nicht erklärt, näml. wie das Weib dazu komme, die in der Schlange symbolisirten bösen Gedanken und Begierden, zu fassen? Denn wohl hat der Mensch von Natur schon die Möglichkeit, das Gegentheil des Guten zu denken nicht blos, sondern auch zu begehren, aber dass die Möglichkeit in ihm zur Wirklichkeit wird, das muss veranlasst sein und um diese Veranlassung handelt es sich hier. Von andern Menschen kann sie nicht kommen; von dämonischen Wesen, die schon bei der Menschenschöpfung vorhanden waren, weiss die alte Lehre nichts (ganz anders im Parsismus); es bleibt nur übrig, die Veranlassung in denen zu suchen, die nach 2, 19 f. als Umgebung des Menschen in Betracht kommen, den Thieren. Und welches Thier läge hier näher als die schlaue, unheimliche Schlange? Aber man beachte: der Text nennt sie nicht ein böses Thier, sondern ein schlaues. Auf ein Thier leidet der Begriff des Bösen keine Anwendung. Wohl sind die Gedanken, welche die Schlange dem Weibe vordenkt, bitterböse, aber sie sind nicht böse seitens der Schlange, sondern blos schlau; böse werden sie erst, wenn ein sittlich zurechnungsfähiges Wesen, hier der Mensch, sie in sich aufnimmt und sich ihnen hingibt. Insofern ist die Erzählung nicht mit sich im Widerspruch, wenn sie den Verführer in dem schlauesten aller Thiere findet. Die Schlange ist die Erregerin schlauer Gedanken, welche vom Menschen gehegt gottwidrig sind. Wenn man später, als man gelernt hatte, die Macht des Bösen in dem bösen Geist zusammenzufassen, auf die Erzählung zurückblickte, lag es nahe, in jener aussermenschlichen Macht schlauböser Gedanken denselben bösen Geist wiederzuerkennen, der in der Menschheit schon so viel Verderben angerichtet hatte d. h. in der Schlange den Teufel zu finden. — Die Schlange wendet sich *an das Weib*, den schwächeren, leichter verführbaren Theil; es kommt hinzu, dass dasselbe den Befehl Gottes (2, 16 f.) nicht selbst mit angehört hatte. Sie sagt, wie in Fortsetzung eines angeknüpften Gesprächs, im Tone fragender Verwunderung: *und* (sollte es der Fall sein) *dass Gott gesagt hat?* sollte Gott wirklich gesagt haben? (*Ew.* 354°). אֱלֹהִים] im Munde des Thieres wird der heiligste Name Jahve absichtlich vermieden. Den göttl. Befehl zuerst entstellend und dann über den entstellten Befehl ein gerechtes Befremden aussprechend, will sie theils das zweifelnde Nachdenken des Weibes über den Befehl anregen, theils sich selbst als eine, die diese Dinge zu beurtheilen versteht, insinuiren. — V. 2 f. „Das noch unschuldige Weib berichtigt die Schlange nach 2, 16 f. רְמִפְּרִי [מִן hängt von תֹּאכְלוּ ab, und wird wie 2, 17 in מִמֶּנּוּ wiederholt, wornach אָמַר אֱלֹהִים ein eingeschobenes Sätzchen ist. Die *Berührung* hatte Gott nicht ausdrücklich verboten; der Vrf. erwähnt sie, um anzudeuten, das Weib sei sich der Strenge der göttl. Vorschrift vollkommen bewusst gewesen" (*Kn.*); nach anderen (zB. *Del. Ke.*) soll diese Übertreibung zeigen, dass dem Weibe das Verbot bereits *zu* streng erscheint. Dass sie von *dem* Baum in der Mitte des Gartens spricht, obwohl 2, 9 zwei solche genannt sind, erklärt sich daraus, dass seit dem Verbot (2, 17) eben nur dieser eine ihren Sinn erfüllt; עֵץ הַדַּעַת טוֹב וָרָע (2, 17) aber durfte sie ihn nicht nennen, weil sie sonst der Schlange verrathen hätte, was es mit diesem Baum auf sich hat, während doch die Schlange gerade dadurch, dass sie selbständig das Wesen dieses Baumes kennt u. richtig ansagt, ihr höheres Wissen vor dem Weibe legitimiren u. überwältigend auf dasselbe wirken soll. *Budde's* kritische Folgerungen (s. zu 2, 9) u. Correcturen (indem er auch 2, 17 אֲשֶׁר בְּתוֹךְ הַגָּן für הַדַּעַת טוֹב וָרָע als urspr. Lesart herstellen will) erscheinen hiernach nicht berechtigt. — V. 4 f. Nachdem im Weib das zweifelnde Nachdenken über Gottes Gebot angeregt ist, rückt der Verführer offen heraus mit dreister Läugnung der Wahrheit der göttl. Drohung, mit Verdächtigung der liebevollen Absicht Gottes und mit Vorspiegelung eines hohen durch den Ungehorsam zu erreichenden Gutes. *keineswegs sterben werdet ihr*] sondern etwas anderes wird die Folge davon sein (vgl. Ps. 49, 8); nimmt man aber (*Ew.* 312ᵇ) an, dass blos um die Formel מוֹת תְּמֻתוּן aus 2, 17 unverändert zu wiederholen, die Negation in so ungewöhnlicher Weise vor den Inf. abs. gestellt sei (vgl. Am. 9, 8), so ist zu übersetzen: „*keineswegs* werdet ihr sterben." וְנִפְקְחוּ] Nachsatz zum Zeitsatz. „Nicht um den Tod von euch abzuhalten, somit nicht aus Wohlwollen hat er das Verbot gegeben, sondern (כִּי wie 17, 15. 18, 15. 19, 2. 24, 4) weil er weiss, dass ihr durch den Genuss ihm ähnlich werdet, somit aus Misgunst. Diese Ansicht vom Neid der Götter" ist den Griechen sehr geläufig, zB. „Her. 1, 32. 3, 40. 7, 10. 46. Pausan. 2, 33, 3; vgl. *Nägelsbach* homer. Theol. 33 f. *da werden geöffnet eure Augen*] d. h. ihr gelangt zu Einsichten, die ihr jetzt nicht habt; die Redensart sonst von solchen, die etwas von ihnen zuvor nicht Geschehenes auf einmal gewahren, 21, 19. Num. 22, 31. 2 Reg. 6, 17" (*Kn.*). כֵּאלֹהִים] nicht: *wie Engel* (*Targg.*, *Saad.*, *Abene* u. a.), sondern *wie Gott*, doch können schon hier nach V. 22 andere götti. Wesen mit eingeschlossen sein. יֹדְעֵי טוֹב וָרָע] dass Gutes u. Böses im Munde der Schlange anders als 2, 9. 17. 3, 22 zu verstehen sei, näml. (wie 24, 50. 31, 24) als *alles* (*Hupf.* bei *Riehm* Stud. u. Krit. 1885 S. 764), will nicht einleuchten. — Wie das Wesen und Werden der Sünde im Menschen, so ist auch die verführende Macht in typischer, mustergiltiger Weise gezeichnet: nicht nackte, sondern mit Wahrheit gemischte Lüge stellt sie vor (vgl. V. 7 u. 22) und mit der Aussicit auf die näcisten angeneimen Folgen weiss sie den Blick von dem letzten entscieidenden Ausgang der Sacie abzuzieien. — V. 6. Indem das Weib den angeregten Zweifel an Gottes Wair· ieit und Liebe nicit sofort zurückweist (Matth. 4, 10. 16, 23), son- dern gelockt von dem versprocienen Gut in sici aufnimmt, ist die Sünde in iim empfangen; das Vertrauen auf Gott ist ins Wanken ge- kommen und die Gott widerstrebende Selbstsucit erwacit. Scion sieit es den Baum mit ganz anderen Augen an als zuvor; je meir es iin ansieit, desto reizender erscieint ihm seine Frucit an sici selbst und wegen des dadurci zu erlangenden Gutes, und dieser äussere Sinnenreiz gibt endlici den Ausscilag zur wirklicien Tiat. [וְנֶחְמָד הָעֵץ לה'] nicit synonym mit תאוה הוא לעינים, weil das Subj. iier ausdrücklici wieheriolt ist, also nicit: *und der Baum begehrens- werth anzusehen* oder *zu betrachten* (LXX Syr. Vulg., Ges. Tuch Kn.), zumal für das blosse Ansciauen und Betraciten הִשְׂכִּיל־ל im Hebr. nicit gebräucilici war, sondern: *um Einsicht zu gewinnen* oder *klug zu werden* vgl. ורע טוב דעת V. 5 (*Targ.?* *Ew. Ke. Del.*); andere: „um klug zu macien" (*Baumg., Buns.*), welche causat. Bedeutung aber übeniaupt selten und iier durci nicits angezeigt ist. — Die Verfüirte wird sofort zur Verfüirerin, und gibt dem Manne *bei ihr,* d. i. der bei iir gegenwärtig war, weil sie die Tiat nicit allein be- gangen iaben will, und er isst, weil er sie nicit allein lassen will, und weil sie vorkostend scieinbar die Probe der Unsciädlicikeit scion gemacit iat. — „Dass der Erkenntnissbaum ein Apfelbaum gewesen sei, verdanken wir den Lateinern; die Griecien versteien den Feigen- baum (vgl. V. 7), die Rabbinen den Weinstock" (*Tuch*) oder Ölbaum oder Feigenbaum (*Weber* synag. Ti. 212), vgl. auci Hen. 32. וייאכל] LXX Sam. ויאכלו. — V. 7. Kaum ist die Tiat begangen, so ist es mit der kindl. Unsciuld zu Ende. Neue Einsiciten iaben sici iinen eröffnet (V. 5), wie die Scilange versprocien iatte, aber anderer Art als sie's gedacit; das Näciste, was sie *erkennen*, ist, *dass sie nackt seien*. Der in ungetrübter Einieit mit Gott steienden Unsciuld ist alles Natürlicie gut und rein, wie auci für Gott von allen Dingen, die er gemacit iat, keines übel ist, sondern alle gut, vollkommen für ihren Zweck. So wie aber durci die Tiat des Ungeiorsams das Ein- heitsband mit Gott zerrissen ist, und die sinnl. Natur des Menscien sici der Beierrsciung durci den in Gott ruienden Geist entwunden iat, steit dieselbe nackt und blos da, und ruft in iirem Besitzer un- abweisbar das Gefüil der Sciwäcie, Unwürdigkeit und Unreinieit ier· vor. Von einer piys. Veränderung des Leibes, speciell dcr Schamtheile (*Hofm. Bmg.*) ist nicits gesagt, sondern nur, dass die Nacktieit des Leibes, die zuvor scion da war (2, 25), jetzt Gegenstand des Be- wusstseins, näier *der Scham*, geworden ist. Die erwaciende Sciam ist die näciste Begleiterin der Sünde, oine die Sünde gibt es keine Sciam; sie ist das unwillkührliche Zeugniss der verletzten Unsciuld und tritt auci beim empiriscien Menscien gleicizeitig mit der Ent- wicklung des Wissens um recit und unrecit auf. Sie ist aber ebenso das siciere Zeugniss einer im Innern vor sich geienden Gegenwirkung

gegen die Sünde (erst da aufhörend, wo der Mensch der Sünde völlig
verkauft ist) und Hemmungsmittel derselben, daher wesentlicher Bestandtheil der sittl. Anlage im gefallenen Menschen und Ausgangspunkt
seiner weiteren sittl. Bildung, in dieser ihrer Bedeutung auch V. 21
von Gott anerkannt. Zunächst treibt die Scham das Paar, die erkannte
Blösse künstlich zu bedecken: Anfang der Bekleidung, in ihrer ersten
rohesten Form auf die Verhüllung der Geschlechtstheile sich beschränkend. *und sie hefteten* Laub d. i. *Blätter* (Jes. 1, 30. Ps. 1, 3) *vom*
Feigenbaum zusammen, und machten sich Schürzen, eig. Gurte, wie
man sie um die Lenden zu gürten pflegt. Warum gerade vom Feigenbaum, dessen lappige Blätter für den Zweck nicht besonders geeignet
sind? Doch wohl nur, weil unter den paläst. Baumblättern das Fei-
genlaub das grösste war. Einen symbolisch-allegorischen Grund, an
dem Philo sich nicht schämen dürfte, hat *Lagarde* GGN. 1881 S. 394
vorgetragen. Manche (zB. *Cels.* h.bot. II. 368. 398 ff., *Ges. Tuch,*
Kn.) dachten an den s. g. Paradiesfeigenbaum (*Pisang,* Banane, Musa),
der in Indien zu Haus ist (Plin. 12, 12; *Oken* NG. III, 1. 517 ff.
Ritter EK. V. 875 ff. *Lassen* IAK.[1] I. 258 ff.), sehr grosse, über 2
Meter lange Blätter hat und bei den Malabaren *bala* oder *pala* d. i.
Feige heisst. Man dachte, in der urspr. Sage sei dieser gemeint gewesen, die Hebräer hätten aber dafür ihren Feigenbaum substituirt
und daher von einem Zusammenheften der Blätter gesprochen. Aber
die Vermuthung fällt von selbst, da an Herkunft der Paradiessage aus
Indien nicht zu denken ist. Ebenso aber spricht die תאנה gegen die
Ableitung (*FdrDel.*) der Sage aus Babylonien, da „die weiten, gutbe-
wässerten und cultivirten Ebenen, welche den Unterlauf des Eufrat
und Tigris umgeben, vom Culturgebiet der Feige ausgeschlossen sind"
(Her. 1, 193; *Ritter* EK. VII, 2 (Bd. 11)[2] 541; *Solms* in Abh. d. Gött.
G. G. 1881. XXVIII. S. 45 f.) — Das Schamgefühl ist das erste Zeichen
der in ihnen vorgegangenen Veränderung, andere treten im Folgenden
hervor. — V. 8—13. Gott hält eine Untersuchung. V. 8. *gegen das*
Wehen des Tages hin] ל wie 8, 11. 17, 21. Jes. 7, 15. Ij. 24, 14
(aber *Aq.* ἐν, *Sym.* διά, also בְּ? s. auch *Lagarde* Orient. II 46); d. h.
„gegen Abend, wo sich im Morgenland ein kühlender Wind erhebt
(Cant. 4, 6. 2, 17) und der Orientale ausgeht (24, 63), während er
bei der Hitze des Tages in der Wohnung bleibt (18, 1)." Sie hören
die Stimme d. h. hier nicht Donnerstimme (Ps. 29), sondern (Lev. 26,
36; 1 Reg. 14, 6; 2 Sam. 5, 24) „*das Geräusch* der Bewegung *Gottes,*
wie er im Garten herumwandelt, und verstecken sich vor ihm in das
Gebüsch" (*Kn.*) nicht aus Scham allein, sondern aus Furcht. Das
Wandeln Gottes ist als etwas Gewohntes und Selbstverständliches vorausgesetzt, das Neue, das jetzt eintrat, ist, dass sie ihn hörend sich
versteckten. Das ist das zweite Zeichen der mit ihnen vorgegangenen
Veränderung: es ist das Gefühl der Entzweiung mit Gott, die Stimme
des richtenden Gewissens, das sie schuldig spricht, ihnen Gott zu einem
furchtbaren Wesen macht. Noch zwar glauben sie in thörichter Un-
erfahrenheit durch Sichverstecken vor Gott das Geschehene ungeschehen
machen zu können, aber deshalb schreitet Gott jetzt untersuchend ein,

um den Beschönigungsversuchen ein Ende zu machen und ihnen zur Anerkennung der That und Schuld zu verhelfen. — V. 9. Gott muss den Menschen rufen, der sonst immer von selbst da war. *wo bist du?*] der nach jeder Sünde sich wiederholende Ruf an den Menschen, der sich selbst und andere über seine Sünde täuschen will — V. 10. Nicht mehr auszuweichen vermögend, gibt er nur erst seine Nacktheit als Grund seiner Furcht an. — V. 11. Aber der unerbittliche Richter dringt auf das volle Eingeständniss des wahren Grundes und fordert ihm den in einer Frage ab, auf die er mit Ja oder Nein antworten muss. מִבַּלְתִּי] *Ew.* 322ᵃ; *Ges.* 152, 1. — V. 12. Er gesteht jetzt stillschweigend zu, sucht aber sofort die That zu *entschuldigen;* er schiebt die Schuld ganz oder zum Theil auf das Weib, er der stärkere auf das schwächere, beziehungsweise auf Gott selbst, der ihm das Weib beigegeben hat. וָאֹכֵל] wie V. 13 und (אֹכֵל) Jes. 44, 19, Pausalform zu וַיֹּאכַל; anders (3, 6) in der 3. pers. (*Olsh.* 241ᵃ). — V. 13. Ebenso sucht das Weib durch Hinweisung auf die Schlange die Schuld zu mindern und die Strafe zu mildern. So pflegt der Mensch seine Fehltritte immer zu entschuldigen. Aber überführt sind doch beide, Mann und Weib, durch das Verhör und zum Bewusstsein der Schuld gebracht. Die Schlange braucht nicht verhört zu werden, weil auch der Zweck des Verhörs, die Entwicklung des Schuldbewusstseins im Thäter, auf sie nicht passt. — V. 14—19 die Verurtheilung, im umgekehrter Reihenfolge, beginnend mit dem Verführer. V. 14 f. der Urtheilsspruch über die Schlange. Die Schlange als Thier ist nicht sittlich verantwortlich, und wird dennoch gestraft, weil sie dem Menschen geschadet hat. So soll auch nach 9, 5 und Ex. 21, 28 f. das Thier, durch welches ein Mensch um's Leben gekommen ist, mit dem Tode gestraft werden. Und wie im Gesetz diese Strafe zumeist dazu angeordnet ist, um den Menschen die Heiligkeit des Menschenlebens einzuprägen, so ist auch hier das Strafurtheil über die Schlange hauptsächlich des Menschen wegen gesprochen. Der Mensch soll in und an der gestraften Schlange erkennen, wie der ewige Fluch Gottes lastet auf der Macht der bösen Gedanken, deren Urheberin sie für den Menschen geworden ist. Wäre die Schlange als das Werkzeug eines Dämons gedacht, so erwartete man hier wenigstens eine solche Fassung des Urtheilsspruchs, welche den eigentlich schuldigen hinter ihr erkennen liesse; aber alles was gesagt wird, passt eben nur auf die Schlange. *weil* (wie V. 17) *du dies gethan hast, bist du verflucht* aus d. h. *vor* oder unter *allem Vieh*] d. h. „aus der Gesammtheit der Thiere dasjenige, welches mit dem Fluch belastet sein soll; מִן steht also von der Auswahl wie Ex. 19, 5. Dt. 14, 2. Jud. 5, 24. 1 Sam. 2, 28. Am. 3, 2; so richtig *Cler. Schum. v. Bohl. Tuch* u. a. Die Erklärungen: *von allem Vieh,* sofern dieses die Schlangen hasst und verabscheut (*Dath. Eichh. Gabl. Ges. Maur. de W. Bmg.*) und *vor allem Vieh* d. h. mehr als dieses (*Fag. Gerh. Ros. Del.*)] sind unstatthaft, denn der Fluch kommt von Gott, nicht von den Thieren, welche dazu keine Ursache hatten, und er trifft allein die Schlange, nicht auch andere Thiere, zu deren Verfluchung kein Grund vorhanden war" (*Kn.*). Es mag auch noch manche

andere dem Menschen widrige und unheimliche Thiere geben, aber ein
förmlicher Gottesfluch haftet für den Menschen nur an diesem Thier.
Als äusseres Zeichen des auf ihr lastenden Fluches wird hervorgehoben, dass sie *auf dem Bauche* und Brust (Lev. 11, 42; der Name
der Schlange im Sanskr. *uraga* d. i. auf der Brust gehend, ist schon
von *Tuch* verglichen) *gehen* d. h. ohne Füsse am Boden schleichen
(Dt. 32, 24; Mich. 7, 17), und *Staub fressen muss* ihr Leben lang,
d. h. nicht von Staub förmlich sich nähren, sondern nur gelegentlich
solchen mitverschlucken, wenn sie sich mit dem Maule am Boden hin
bewegt, nach einem weitverbreiteten Glauben des Alterthums Mich. 7,
17; Jes. 65, 25; *Bochart* hz. III. 245 (*Tuch Kn.*). Dieses im Staub
schleichen macht sie zu einem niedrigen, verachteten Wesen. Streng
genommen liegt freilich in diesem Fluche, „dass vor demselben die
Schlange eine andere Bewegungsart, vielleicht eine andere Gestalt gehabt habe, und man hat also angenommen, sie sei vorher aufrecht gegangen (*Luth. Münst. Fag. Gerh. Osiand.*) und habe auch Beine gehabt (*Jos. ant.* 1, 1, 4. *Ephr. Raš. Merc.*)" *Kn.* Aber bemerkenswerth ist doch, dass Vrf. weder hier noch V. 1 davon etwas sagt,
also solche Grübeleien wenigstens nicht begünstigt. Die Hauptsache ist,
dass der Mensch in diesem tief erniedrigten, im Erdstaub schleichenden,
schnell sich windenden, überall sich eindrängenden, bösartig schlauen,
zischenden und zweizüngigen Wesen das sprechende Abbild der von
Gott verworfenen bösen Macht erkenne. *alle Tage dieses Lebens*]
schon hier, wie 15ᵇ a. E., ist die Schlange mit dem ganzen Schlan-
gengeschlecht zusammengefasst, um so richtiger, als durch sie eigentlich die nie sterbende, immer sich neu zeugende böse Macht dargestellt wird. — V. 15 bringt noch eine weitere Strafe hinzu: nicht
blos ein verworfenes Geschöpf soll sie sein, sondern auch ein tödtlich
gehasstes; unversöhnliche Feindschaft, Kampf auf Leben und Tod soll
zwischen dem Menschen und ihr andauern. Da es eine Strafsentenz
für die Schlange ist, so muss der Hauptnachdruck auf die Befeindung
der Schlange durch den Menschen fallen, während ihre Befeindung des
Menschen nur als die Kehrseite und als aus den thatsächlichen Ver-
hältnissen bekannt hereingezogen wird. Die Feindschaft soll aber nicht
blos zwischen der ersten Verführten und der ersten Verführerin, sondern zwischen ihrer beiderseitigen Nachkommenschaft sein, von Geschlecht zu Geschlecht sich fortsetzen. Dass nun gegen die Schlange,
das Thier, solche tödtliche Feindschaft wirklich herrscht, ist bekannt
genug („aliquem odisse aeque atque angues" Plaut. mercat. 4, 4, 21;
Kn.); die Verehrung der Schlangen bei manchen Völkern kommt, als
Unnatur und Verbildung, dagegen nicht in Betracht. Aber wenn irgend
wo, ist hier deutlich, dass die Schlange als Vertreterin der bösen Macht
so verflucht wird. Die bösen Gedanken, diese Schlangenbrut, schleichen befeindend immer wieder an die Menschensöhne heran, um ihnen
ihr innerstes Leben zu vergiften, aber durch göttl. Spruch ist ihnen
ruhelose Bekämpfung von Seiten des Menschen bestimmt. — Vᵇ., ohne
Copula angeknüpft, kann nur die Explication von Vᵃ., nähere Bestimmung der gegenseitigen Befeindung sein: *er* (der Weibessame) *wird dir*

(nicɪt: deinem Samen, s. zu **14** a. E.) *nach dem Kopfe trachten,
während du ihm nach der Ferse trachten wirst;* der 2. Acc., רֹאשׁ
und עָקֵב, ɪebt den Tɪeil des Objectsganzen, auf welchen es ankommt,
besonders ɪervor (*Ew.* 281ᶜ; *Ges.* 139). שׁוּף] nur nocɪ Ij. **9, 17.**
Ps. **139, 11.** Die Bedeutung *conterere, zermalmen* (*Pesch. Vulg.,
TgJon., Sam. Saad., Rabbinen, Luth.* im 1. Glied; aber, *Tuch, Bmg.
Del. Ke., Hengst.*[2] *Röd.* in *Ges.*tɪes., *GBaur* in beiden Gliedern),
lässt sicɪ recɪtfertigen, sofern im Aram. ܫܘܦ, aucɪ ܫܦ, (verwandt mit
שׁוּף *reiben, schaben,* ܫܦ *glätten*) sowoɪl für *abreiben, aufreiben*
als für *abtreten, zertreten* gebräucɪlicɪ war, und oɪne Zweifel würde
das für das Tɪun des Menscɪen am Kopf der Scɪlange seɪr gut passen,
aber für das Tɪun der Scɪlange an der Ferse des Menscɪen (Gen.
49, 17) passt es nicɪt meɪr, da ܫܦ weder für jede Art des Zer-
malmens oder gar des Scɪlagens gebraucɪt werden konnte, nocɪ überɪaupt der Scɪlangenbiss zermalmt, wesɪalb zB. *Vulg.* das zweitemal
insidiaberis, Saad. „beissen", *Luth.* „in die Ferse stecɪen" übersetzt
ɪaben. Aber aucɪ in Ij. **9, 17** gäbe jene Bedeutung nicɪt den besten
Sinn, in Ps. **139** gar keinen. Da nun aber unmöglicɪ שׁוּף in beiden
Gliedern verscɪiedenen Sinns oder gar verscɪiedener Wurzel sein kann,
so ist entscɪieden vorzuzieɪen die älteste, durcɪ LXX (*Ital.*) und *Onk.*
an die Hand gegebene (von *Ges. de W. Maur. Ew. Kn. Buns.* angenommene) Erklärung τηρεῖν *servare* שָׁעַ, welcɪe spracɪlicɪ freilicɪ
nicɪt durcɪ Berufung auf arab. شَافَ *vidit* (*Michael.* suppl. n. 2437
u. a.), woɪl aber (*Coccej. Umbr.* u. a.) durcɪ Combination mit שָׁאַף
(שָׁעַף) sicɪ recɪtfertigt, indem daraus der Begriff *schnauben, schnappen
nach* etwas, *inhiare* (*anschnauben* Ij. **9, 17**), *feindlich nach* etwas
trachten oder es *zu erfassen suchen* sicɪ einfacɪ ergibt. Das passt zu
beiden Versgliedern, aucɪ zu Ps. **139** (wenn ɪier nicɪt mit *Ew.* יְשׁוּכְנִי
verbessert wird). Wenn man *trachten nach* zu matt und farblos gefunden ɪat (*GBaur*), so gilt dagegen, dass ɪier, wo nur die verscɪiedene
Kampfesweise, nicɪt der Erfolg des Kampfes bescɪrieben werden soll,
ein allgemeinerer Begriff wie *zu treffen suchen* oder *losgehen auf* vollkommen genügt. Gewöɪnlicɪ freilicɪ findet man, im Zusammenhang
mit der messian. Deutung der Stelle, ɪier den Sieg des Menschensamens
über den Schlangensamen ausgedrückt, sofern er der Scɪlange den
Kopf zertreten d. ɪ. sie tödten, sie iɪm nur die Ferse bescɪädigen soll.
Allein solcɪer Gegensatz kann in den Worten nicɪt liegen, weil 1)
ein Scɪlangenbiss in die Ferse für den Menscɪen durcɪ sein Gift ebenso
tödtlich wäre wie das Kopfzertreten des Menscɪen für die Scɪlange,
und 2) in 15ᵃ, dessen Erklärung 15ᵇ ist, nur von אֵיבָה zwiscɪen beiden, nicɪt von Sieg des einen über den andern die Rede ist. Vielmeɪr
also nur die verscɪiedene Kampfesweise wird bescɪrieben, wie sie die
Folge der Körperbescɪaffenheit beider ist, wie sie aber aucɪ ɪem
Menscɪen gegenüber der bösen Macɪt ziemt: lauernd (**4, 7**) am Boden
fällt sie iɪm von ɪinten an der Ferse an (**49, 17**), er offen und
geradeaus sucɪt iɪr den Kopf mit seinem Fuss zu treffen. Und der
Gesammtsinn des V. ist somit: statt des freundlicɪen Verɪältnisses des

Weibes und der Schlange, das für jenes so unheilvoll wurde, soll ein unversöhnlicher Kampf der Menschen gegen das verfluchte Thier entbrennen, in welchem dieses zwar in seiner hinterlistigen Art ihnen fortwährend beizukommen suchen wird, sie aber offen und männlich den Todesstreich gegen es führen sollen. Dass der Kampf schliesslich zum Verderben der Schlange (der bösen Macht) ausschlagen wird, ist nicht ausdrücklich gesagt, folgt aber schon daraus, dass der Fluch Gottes auf dem Thiere liegt, noch mehr aus der Absicht Gottes mit dem Menschen, wie sie in der Schöpfung und bisherigen Leitung des Menschen hervorgetreten ist. Ein von Gott verordneter Kampf kann nicht aussichtslos sein. Die ganze folgende Geschichte soll den Charakter des Kampfes der Menschheit gegen die Verführung zur Sünde tragen; in welcher Weise jene den Sieg davon tragen werde, braucht hier noch nicht verkündigt zu werden. Nach Vorgängern in der alten Kirche seit Irenaeus ist es durch Luther nam. in der luth. Kirche gewöhnlich geworden, in V. 15 eine Weissagung auf die Überwindung des Teufels durch den Messias (Weibessamen, vgl. Gal. 3, 16 u. 4, 4) und somit die erste Verheissung der Bibel (Protevangelium) zu finden, wogegen die meisten neueren dogmat. Ausleger, wie schon früher Calvin und die Mehrzahl der reform. Theologen, sich mit der Annahme einer allgemeinen Vorherverkündigung von dem künftigen Sieg der Nachkommenschaft des Weibes (mit Einschluss Christi) über den Teufel oder die Sünde begnügen. Im N. T. erscheint diese mess. Deutung noch nirgends, auch nicht Röm. 16, 20 (wo Gott Subj. ist), und bei den Juden erst im TgJon., vielleicht nicht ohne christl. Einfluss. Dass durch das Evangelium, wie auf die Schlange V. 1, so auch auf diesen Kampf gegen die Schlange ein neues Licht zurückgeworfen wurde, ist leicht verständlich, aber dass der Vrf. schon von diesem Lichte erleuchtet gewesen sei, kann man nicht mit Grund behaupten. (Vgl. *Storr* de protevangelio in Opusc. t. II; *GBaur* Gesch. der AT. Weissag. I. 151 ff.). — V. 16. LXX *Sam.* haben ? zu Anfang des V., wohl richtig (*Olsh.*). — Die besondere Strafe für das *Weib* besteht in den Übeln, von denen es jetzt in seinem geschlechtl. Berufsleben und in seiner Stellung zum Mann gedrückt wird. *viel mache ich deinen Schmerzenszustand und deine Schwangerschaft*] zahlreich sollen sein die Schmerzen oder Beschwerden, und namentlich die, welche mit der Schwangerschaft verbunden sind. „Das ן dient bisweilen zur Anreihung des Besonderen an das Allgemeine (Ps. 18, 1; Jes. 2, 1). Über הַרְבָּה Inf. abs. s. *Ew.* 240e; *Ges.* 75 A. 15; die Verbindung הַרְבָּה אַרְבֶּה הִרְבָּה im AT. nur noch 16, 10. 22, 17" (*Kn.*), und עִצְּבוֹן (ein Sammelwort zu עֶצֶב *Ew.* 163d) blos noch V. 17. 5, 29. הֵרֹנֵךְ von הֵרָיוֹן (*Ew.* 214a) aber *Sam.* הריונך; LXX: τὸν στεναγμόν σου. erklärend? oder צרתך? *mit Schmerz wirst du Kinder gebären*] der Schmerz der Gebärenden war bei den Hebräern sprichwörtlich als der grösseste Mich. 4, 9 f. Ez. 13, 13. Jes. 13, 8. 21, 3 u. ö.; Ex. 1, 19 beweist nichts dagegen. *und nach deinem Manne wird dein Verlangen sein*] „du sollst dich heftig sehnen nach ihm, nach seiner Beiwohnung (vgl. 30, 15 f.). Nach Apollod. 3, 6, 7 scheint auch der Grieche dem

Weibe eine grössere Sehnsucht nach der Beiwohnung als dem Manne beigelegt zu haben. Diese Abhängigkeit ist dem Vrf. schon an sich ein Übel; sie veranlasst aber auch die oftmalige Wiederkehr der Schwangerschaft und Geburt" (*Kn.*). תְּשׁוּקָתֵךְ] im Pent. nur noch 4, 7, sonst Cant. 7, 11; LXX ἀποστροφή, ob תְּשׁוּבָה ? 1 Sam. 7, 17 (*Tuch*). *und er wird herrschen über dich*] das ist mehr, als in der ursprüngl. Abhängigkeit des Weibes vom Mann (2, 22) gegeben war; es ist die gedrückte Lage des Weibes im Alterthum, wo es oft kaum viel mehr war als die Sklavin des Mannes und entlassbar, und der Mann unbedingt über es gebieten konnte. Diese Lage ist hier als Strafe für die Unselbständigkeit des Weibes der Schlange gegenüber gedacht. — Dies ist aber nur die besondere Strafe des Weibes; die Strafen, die über den Mann als Haupt der Menschheit verhängt werden, gelten demselben mit. — V. 17—19 das Haupturtheil, über den *Mann*, darum mit feierlicher einleitender Begründung. Die Mass. haben zwar hier wie 2, 20 u. 3, 21 לְאָדָם ohne Artikel punktirt, das Wort also wie 4, 25. 5, 1 ff. als n. pr. des ersten Menschen behandelt (obgleich 2, 20 es geschehen sein wird, um die generische Fassung zu empfehlen). Da aber der Vrf. sonst ausnahmslos הָאָדָם schreibt, so ist in diesen 3 Stellen vielmehr לָאָדָם zu punktiren (*Schrad.* 123; *Olsh.*), vgl. V. 8. — Arbeitsberuf hatte der Mensch schon vorher (2, 15); seine Strafe ist die saure Mühe, die Beschwerden und Enttäuschungen, welche jetzt an seine Arbeit gebunden werden. Da aber die Bodencultur zum Erwerb der tägl. Nahrung die Hauptarbeit der (meisten) Menschen war (zB. Ex. 20, 9) und ist, so wird die Strafe nach der Richtung des Ackerbaus hin entwickelt, und ein Fluch auf den Boden und seine vegetative Kraft gelegt; woraus dann alle die Schwierigkeiten und Unglücksfälle, womit der Mensch in seiner Arbeit zu kämpfen hat, sich leicht ableiten. „Der Ackerbau war dem Hbr. eine göttl. Anordnung (Jes. 28, 26), aber zugleich eine schwere Last (Sir. 6, 19. 7, 16), die besonders die Dienenden drückte (1 Sam. 8, 12; Jes. 61, 5; Zach. 13, 5) und im Vergleich mit dem goldenen Zeitalter sich als göttl. Strafe ansehen liess. Das class. Alterthum nahm ebenfalls an, dass die Erde in der goldenen Zeit alles dem Menschen Nöthige freiwillig erzeugte und der Landbau erst später eintrat, zB. Hes. op. 118 f. Plato pol. 274 f. Verg. Geo. 1, 27. Ovid. met. 1, 102. Macrob. somn. Scip. 2, 10. Weiteres zu 2, 16. 4, 2. *verflucht das Erdreich um deinetwillen*] um deine Vergehung zu bestrafen, soll es nicht mehr mit Fruchtbarkeit gesegnet sein. Ebenso leiten die Profeten Verwüstung und Dürre des Landes vom göttl. Fluch ab (Jer. 23, 10. Jes. 24, 6)" *Kn.* „Die LXX *Sym. Vulg.* drücken בְּעֲבוּרֶךָ aus, eine Variante, die vielleicht erst aus 4, 12 entstanden ist" (*Tuch*). *mit Schmerzen oder Beschwerden* (V. 16) *wirst du es geniessen*] d. h. durch mühselige Arbeit dich künftig von ihm nähren (Jes. 1, 7. 5, 17. 36, 16. Jer. 5, 17). הַאֲכָלְךָ] 2, 12. — V. 18. קוֹץ וְדַרְדַּר] wie Hos. 10, 8; anders Jes. 5, 6. 7, 23 ff. עֵשֶׂב הַשָּׂדֶה] im Gegensatz gegen die Baumfrüchte des Gartens 2, 16. Das Kraut (Getreide s. 1, 11) des Feldes soll nun seine Hauptnahrung sein; er kann es aber nur gewinnen durch Anbau, welcher

ihm dadurch erschwert werden soll, dass die Erde in Folge des Fluches
Dorngestrüpp und Unkraut (Disteln) sprossen lässt. — V. 19. *im
Schweiss deines Angesichts wirst du Brod essen*] d. i. auf mühselige
Art dich ernähren. Denn *Brod essen* ist s. v. a. sich ernähren Am.
7, 12". So *Kn.* Indessen לֶחֶם (nicht לְהֵמִיך LXX) scheint hier den Gegensatz gegen הָעֵשֶׂב ־־־ב zu machen, also speciell Getreidenahrung zu
bedeuten. *bis zu deiner Rückkehr in die Erde*] „bis an deinen Tod,
so dass dein Mühsal lebenslänglich ist (Ps. 90, 10). Denn, fährt er
fort, zu einer Rückkehr in die Erde wird es kommen, da du von der
Erde genommen bist (reddenda est terrae terra, Eurip. bei Cic. Tusc.
3, 25)" *Kn.* Die Begründung wird in 19ᵇ noch einmal aufgenommen,
um auch die daraus sich ergebende Folgerung als ein förmliches Strafurtheil auszusprechen: *und zum Staube wirst du zurückkehren.* Das
Sterben wird als aus dem irdischen Ursprung des Menschen von selbst
folgend vorausgesetzt. Gleichwohl ist dieses Sterben eine Strafe, weil
das Gotteswort 2, 17 keine müssige Drohung sein kann. Denn obwohl
von Natur sterblich, war der Mensch doch von Gott zu dauerndem Leben
bestimmt, sonst wäre er nicht in den Garten mit dem Baum des Lebens versetzt worden; durch seine Sünde hat er die Erreichung dieses
Zieles unmöglich gemacht und ist dem Sterbenmüssen anheimgefallen.
Weiter aber ergibt sich, dass die V. 16—19 besonderten Strafen doch
nur die Ausführung der Sentenz 2, 17 sein können. Insofern fallen
alle diese Einzelstrafen unter den Gesichtspunkt von Lebensstörungen,
welche an der Kraft zehren, bis endlich der wirkliche Tod folgt. Dass
dieses Sterben sofort nach der Übertretung eintrete, war 2, 17 nicht
gesagt; man braucht also nicht eine Ermässigung der Strafe durch Gott
anzunehmen (*Kn.*), noch weniger sich die Sache theosophisch (*Hofm.* Sch.
B². 1. 519) zurechtzulegen, aber auch nicht mit den Juden den ־־־ 2, 17
nach Ps. 90, 4 in ein Jahrtausend umzudeuten (B. Jub. c. 4; Justin. c.
Tryph. c. 81). — V. 20. Der Mensch nennt sein Weib Eva. הָאָדָם]
Sam. (LXX) אדם. חַוָּה] eine im Hbr. antiquirte, aber bei den Phöniken
noch erhaltene (u. darum auf eine nordisrl. Quelle hinweisende) Aussprache für hbr. חַיָּה, s. v. a. *Leben* (ζωή LXX), nicht aber *Leben-
geberin* (ζωογόνος *Sym.*, *Tuch*, *Kn.*, als wäre es ein verkürztes Part.
Pi., vgl. 19, 32. 34); *Leben* wurde sie genannt, weil das Leben der
Gattung in ihr begründet ist oder *weil sie* (wie es heisst) *die Mutter
alles Lebendigen* (Ps. 143, 2. Ij. 30, 23) *geworden ist.* Dass dabei
der an sich sehr weite (Gen. 8, 21) Begriff *alles Lebende* auf die
Menschen einzuschränken ist (*Onk., Saad.*), ist selbstverständlich. An
das äth. *'eguála 'emmahejáv* hat schon *Tuch* mit Recht erinnert. Der
V. macht den Eindruck eines Einschubs (*Ew., Böhm, Wl., Bud.*) zur
Vorbereitung auf 4, 1: denn zwar mit אִשָּׁה 2, 23 liesse sich חַוָּה
wie n.pr. mit n.app. (*Schrad.* 120 f.) noch zur Noth vereinigen, aber
die Bemerkung ist, wenn auch durch die Notiz V. 21 einigermassen
erträglich, doch hier ganz unerwartet, weil der Mensch von Kinder-
zeugung noch keine Erfahrung hat; man erwartet sie eher vor 4, 1
(BJub. cp. 3) oder nach 4, 1 (*Kn.*). Ob sie, zusammen mit חוה 4, 1,
erst von R eingefügt ist, oder schon bei C (weil sie zwischen 4, 1 u.

2 gestört ıätte) hieher gestellt war, ist nicıt mit Gewissıeit zu sagen, s. weiter Vorbem. 4 zu Cp. 4. Sicıer ist, dass sie im jetzigen Zu-sammenhang nicıt besagen will, dass der Menscı im Glauben an die Verıeissung eines Samens des Weibes den Namen Eva gescıöpft und damit sogar eine Glaubensthat verricıtet ıabe (*Del. Ke.* a.), denn weder ist V. 15 f. Samen und Kinderzeugen des Weibes verıeissen, sondern als selbstverständlicı vorausgesetzt, nocı lautet in V. 20 die Begrüu-dung הָיְתָה הִוא (אָמַר) כִּי, wie man in diesem Falle erwarten müsste. Denkbarer wäre Anknüpfung „an die Erwähnung der Sterblicıkeit des Menscıen V. 19, dessen Gescılecıt trotz dieser Sterblicıkeit sicı er-ıalten soll" (*Kn.*). — V. 21. Gott macıte iınen Unterkleider oder *Röcke*, nicıt: für die Haut sc. des Leibes, sondern von *Haut* d. h. Thierhaut, Thierfellen, *und bekleidete sie* damit. (In der alten Kircıe verstanden mancıe diese χιτῶνας δερματίνους von der menschl. Körper-ıaut, im Gegensatz gegen den durcısicıtigen Lichtleib, den der Menscı zuerst geıabt ıabe zB. bei *Ew.* JB. V. 16 ff.; aucı jüd. Geleırte fanden ıier einen Gegensatz von עוֹר gegen אוֹר). Die Bemerkung steıt im Zusammenıang mit V. 7. Die Scıam über die Blösse und die Verhüllung der Blösse wird als etwas für den Menscıen, der vom Baum der Erkenntniss gegessen hat, nothwendiges, in der Gottes-ordnung gegründetes anerkannt, und wird iım statt der Feigenblätter eine besser scıützende, für das Leben auf der rauen Erde notı-wendige Kleidung zugewiesen, ein Zeicıen der aucı den Gefallenen nicıt verlassenden Fürsorge Gottes. Zugleicı wird ıier der Ursprung der Bekleidung erklärt. Thierfelle sind genannt, in Erinnerung daran, dass sie die Bekleidung der ältesten Menscıen bildeten, vgl. (oben S. 7) die phönik. Sage bei Eus. pr. ev. 1, 10, 7 (sonst zB. Diod. Sic. 1, 43. 2, 38; Arrian Ind. 7, 2; Lucian. amor. 34; *Kn.*). Auf die Lage Eden's ıocı im Norden (*Wl.* I. 353) braucıt man daraus nicıt zu scıliessen (s. *Del.* Par. 8). Moderne Tıeosopıie ıat aus den Text-worten eine Hinweisung auf die Nothwendigkeit der *Opferung* der Tıiere zur Bedeckung der (sittl.) Blösse des Menscıen ıerausgefunden (*Hofm.* Schb.² I. 582 f., *Del.*, a.). — V. 22—24. Der so für die Erde ausgestattete Menscı wird nun, in Übereinstimmung mit dem Strafurtheil, aus dem Garten vertrieben, und ihm der fernere Zugang zu demselben verscılossen. V. 22 die Erwägung, die Gott dazu be-stimmt. *der Mensch ist geworden wie einer* (st. c., wie 1 Rg. 19, 2. 22, 13; *Ges.* 116, 1; anders Gen. 48, 22; Zacı. 11, 7; Jes. 27, 12) *von uns* (23, 6. 26, 16; Ex. 14, 12 u. s.; die Orientalen lesen מִמֶּנּוּ; Sym. falscı: γέγονεν ὁμοῦ ἀφ᾽ ἑαυτοῦ γινώσκειν d. ı. selb-ständig) *zu erkennen Gutes und Böses* d. ı. so dass er G. und B. er-kennt oder weiss, s. 2, 17. Das *unser einer* erklärt sicı als Über-tragung der Umgangspracıe auf Gott (*Tuch*) in keiner Weise, sondern Gott fasst sicı mit den ıöıeren Geisterwesen, den sog. Gottessöhnen zusammen (vgl. 2 Sam. 14, 17. 20), und erkennt an, dass der Menscı einen die Göttlicıen auszeicınenden Vorzug, ein waırıaft göttl. Gut sicı erworben hat. Gegen diese Anerkennung sträubten sicı die älteren Erklärer, weil sonst die Scılange V. 5 Recıt geıabt ıätte, und sucıten

durch Miserklärungen auszuweichen, zB. der Mensch *ist* (früher vor dem Falle) *gewesen wie* (dann hätte הָיָה 'יְ keinen Anschluss), oder: *hat werden wollen* (sprachlich unmöglich), oder legten in die Worte einen ironischen Sinn hinein, während doch Spott Gottes über den Gefallenen sehr ungeziemend wäre. Umgekehrt wollten philosoph. Erklärer herauslesen, dass der Sündenfall wirklich als ein nothwendiger Durchgangspunkt aus der sittl. Indifferenz zur sittl. Freiheit und Selbstbestimmung anerkannt werde; s. aber oben S. 46. Einen (sogar beabsichtigten) Widerspruch des A (in 26 f.) gegen die hier (u. 2, 17) vorgetragene Lehre des C (*Wl.* Prol. 323) könnte man nur dann zugeben, wenn wirklich nach C dem Menschen das Erkennen von gut und bös hätte überhaupt versagt bleiben sollen, aber s. dagegen oben S. 65. — *und nun,* nachdem er selbstisch das göttl. Gut der Erkenntniss sich angeeignet, steht zu befürchten oder ist zu verhüten, dass er vom Lebensbaum essend auch noch das ewige Leben sich aneigne. פֶּן steht selbständig im Sinne von *dass nur nicht!* wie Ex. 13, 17. Ps. 38, 17. Jes. 36, 18 u. s. (*Ew.* 337ᵇ), und וְחַי ist Prf. cons., vgl. 5, 5. 11, 12. Lev. 18, 5. Num. 21, 8. Jer. 38, 2. Ez. 18, 13 u. s. (*Ew.* 142ᵇ). Deutlich ist hier von dem Genuss der Frucht dieses Baumes (2, 9) die Möglichkeit, dauerndes Leben zu gewinnen, abhängig gemacht; ebenso ist klar, dass der Mensch dasselbe bis dahin nicht hat, sondern erst gewinnen müsste. Er soll es aber jetzt nicht mehr gewinnen, weil nach Gottes Ordnung dauerndes Leben und Sünde unvereinbar sind. — Ein genügender Grund, mit dem Lebensbaum in 2, 9 (s. d.) auch 3, 22—24 (*Böhm.*) oder 3, 22. 24 (*Bud.*) aus der urspr. Paradieserzählung auszuscheiden liegt nicht vor, vielmehr ist V. 22 durch V. 5 gestützt und gefordert. Vollends der Einfall (*Bud.* 59 ff.), dass statt V. 22 urspr. 6, 3 im Text gestanden habe, ist sammt allen daraus abgeleiteten Folgerungen, gänzlich unannehmbar, da 6, 3 in 6, 1—4 nicht fehlen kann und dagegen hier weder im ganzen (s. 2, 17ᵇ), noch im einzelnen (שׁוּב für die Sünde directen Ungehorsams! der in diesem Zusammenhang ganz fremde Ausdruck בשׂר!) einen zulässigen Sinn giebt, ganz abgesehen von der Gewaltsamkeit der vorgenommenen Versetzung (s. dagegen auch *Kuen.* Th. T. XVIII. 133 ff.; *Riehm* in Stud. u. Krit. 1885 S. 761 f.). — V. 23. Deshalb, ihm nicht blos zur Strafe, sondern zum Heil, ihn von der eingeschlagenen Richtung zurückzubringen, schickte Gott ihn aus dem Garten, in welchem er zum Lebensbaum Zutritt hatte, fort, um draussen die Erde, der er seiner Abstammung nach (2, 7) angehörte, unter den 3, 17 ff. bezeichneten Mühsalen zu bebauen. Vorausgesetzt ist, dass er bis dahin vom Baum des Lebens nicht genossen hat, obwohl er ihm nicht verboten war. Für den in ungestörtem Leben befindlichen war ein Bedürfniss nach dem Baum nicht vorhanden; erst nach gewonnener Erkenntniss und nach eingetretener Lebensstörung weiss er den Werth des Baumes zu schätzen und empfindet Sehnsucht darnach. Aber jetzt wird ihm der Zutritt abgeschnitten. Wenn *Bud.* 53 f. verlangt, dass das bisherige Nichtessen vom Lebensbaum nicht dem Zufall überlassen bleiben durfte, sondern durch ein ausdrückliches Verbot oder sonst

wie verhindert werden musste, so hat er nicht bedacht, dass durch
eine solche Wendung gerade das Essen des Menschen von ihm provo-
cirt worden wäre, dass ein Verbot des Lebensbaums unter Androhung
des Todes einen inneren Widerspruch mit sich führte, endlich dass
nach dem Sinn der ganzen Erzählung dem Menschen, so lang er Gott
gehorsam war, der Lebensbaum nicht verboten werden durfte. —
V. 24 nicht Doublette (*Bud.* 58. 238 f.) neben V. 23, sondern Weiter-
führung desselben (*Kuen.* XVIII. 134). Gott, nachdem er den Menschen aus dem Garten *fortgeschickt* d. h. fortgehen heissen, *treibt*
ihn, den zögernden oder doch draussen vor der Pforte stehen bleibenden, *fort*, u. damit ihm jede Möglichkeit, eigenwillig zum Garten
u. zum Baum zurückzukehren, abgeschnitten werde, lässt er *östlich*
(2, 8) *vom Garten Eden's*, wo also (wie bei einem irdischen Gottesheiligthum) der Eingang war, *die* (d. h. die bekannten, nicht: die
sämmtlichen) *Kerube und die Flamme des sich drehenden* oder
zuckenden *Schwertes sich lagern*, nicht um den Garten statt der Menschen fortan zu bewohnen (*Kurtz*), sondern um den Zugang zu be-
wachen. Dass auch die Urmenschen nun östlich vom Garten wohnten
(*Kn.*), liegt nicht in den Worten des mass., sondern nur des LXX
Textes, welche nach κατώκισεν noch αὐτὸν (אתו) und vor τὰ Χερουβίμ
noch καὶ ἔταξε (וישם) geben. הכרבים] über die *Kerube* s. im BL. I.
509 f., bei *Winer* RWB. und *Riehm* HWB.; neuerdings auch *Kosters*
in Theol. Tijds. XIII. 445 f. Als ein Beweis für die Entlehnung der
Paradiessage von den Babyloniern können auch diese *Kerube* nicht
verwandt werden. Es mag sein, dass jene geflügelten Stiere mit
Menschenköpfen, welche bei den Babyloniern und Assyrern (wie die
Sphingen der Ägypter) die Zugänge der Tempel und Paläste bewachen,
ausser ihren gewöhnlichen Namen auch den Namen *Kirubi* führten,
(*Schrader* Jen. LZ. 1874 S. 218 u. KAT.[2] 39 f.; *Lenorm.* Bérose 80.
135; orig.[2] I 118 ff.; *Del.* Par. 153 f.). Aber von diesen Stiercolossen
kann die althebr. Vorstellung der Kerube, wie sie sich Ps. 18, 11 ergibt, nicht hergenommen sein, es müssten denn in der altbabyl. Zeit
die Stiere auch geflogen sein. Selbst die Kerube als Paradieswächter
verrathen durch ihre Verknüpfung mit der Schwertesflamme noch deutlich ihren Ursprung aus der Vorstellung der Gewittersturmwolken. Viel
näher als die Stiercolosse stehen den hebr. Keruben die Greifen, und
stände der assyr. Name *kurubu* für *Geier* (*Del.* ass. Stud. I. 107;
Ezechiel ed. *Bär* S. XIII), wenn er sich als solcher bestätigt. Nur
ist ein Etymon auch hiefür nicht klar, denn aus *karubu* = *rubu* im
Synonymenverzeichniss (*Del.* Par. 154) folgt nicht, dass כרב *gross, ge-*
waltig sein bedeute, auch wäre das das denkbar farbloseste Etymon. —
Die Kerube, sonst die Träger und Begleiter der herabkommenden Gottheit, haben hier die Function, Hüter des unnahbaren Gottessitzes, der
göttl. Güter und Schätze zu sein, wie Ez. 28, 14 ff., und wird eben
damit, dass hier Kerube wachen, der Garten als ein rechter Gottessitz
gekennzeichnet. Analogien bei andern Völkern bieten die fabelhaften
Greifen, „Wesen mit Löwenklauen, Flügeln, Adlerschnäbeln, flammen-
den Augen u. s. w.. welche zB. in den Gebirgen nördlich von Indien

das viele Gold bewachen, s. Ktes. Ind. 12 ed. Lion, Aelian 1. anim.
4, 27; Her. 3, 116. 4, 13. 27; Aesch. Prom. 804 f.; Pausan. 1, 24, 6;
Plin. 7, 2 u. a." (*Kn.*); bei den Indern auch der mit dem Blitzesge-
schoss bewaffnete Krçânu, welcher den himml. Soma bewacht (*Weber*
ind. Stud. II. 313 f.; *Kuhn* Herabkunft des Feuers 146 ff.), entfernter
der den Lebensbaum der Eranier hütende Fisch, Karo-Maçyo oder Kiar-
Mâhi (*Spiegel* Av. III. S. LIV) oder der Held Alten-Tata zu Ross bei
den Tataren, der das Lebensgras bewacht (s. oben S. 48 f.). — Das
feurig *flammende Schwert*, welches den Keruben beigegeben ist, ohne
darum in ihrer Hand zu sein (das eine den mehreren) ist das auch
sonst (Şeph. 2, 12. Jer. 46, 10. Jes. 34, 5) als selbständige Macht
gedachte Racheschwert Gottes, eine Vorstellung, deren letzte Grundlage
der geschwungene Blitzstrahl sein wird. — Der Garten aber mit dem
Baume des Lebens, obwohl den Sterblichen von nun an verwehrt,
bleibt, ein Gegenstand der Sehnsucht der Menschen, aufgespart, wie
die Späteren sagen, für die, welche ohne Tod (5, 24) oder durch den
Tod zum Leben hindurchdringen (zB. Hen. 25, 4 f.; Apoc. 2, 7. 22, 2;
4 Esr. 8, 52 Vulg.; Test. Levi 18 u. a.).

3. Das Wachsthum der Sünde unter den Menschen und die Geschichte der bösen Urväter Cap. 4; aus C.

1. An die Anfangszeiten der Menschheit reicht keine geschichtliche
Erinnerung hinauf. Aber sich Vorstellungen darüber zu machen kann
der menschl. Geist nicht lassen. Wohl jedes der gebildeteren Völker
des Alterthums hat es versucht, diese leeren Räume vorhistorischer Zeit
durch allerlei Gestalten und Geschichten zu beleben, jedes nach seiner
Weise, nach dem Sinn, in welchem es dachte und strebte, und nach
dem Gesichtskreis, in den es sich durch seine geograph. und geschichtl.
Verhältnisse hineingestellt fand. Anhaltspunkte für solche Versuche gab
die Analogie der jüngeren Menschheitsentwicklung und die Reflexion
über diese: alle die mannigfaltigen Gewohnheiten, Sitten, Gewerbe,
Künste, Erkenntnisse, Gesellschaftsordnungen, in deren Besitz und
Übung sich die späteren Menschen befanden, wussten sie als erst mit
der Zeit entstanden, vervollkommnet, oder auch gefunden und gefördert
von einzelnen Personen, an welche entweder noch ein dunkles Andenken sich erhalten hatte, oder welche man, von den Benennungen
der Sachen und Thätigkeiten ausgehend, sich dazu dachte, sei es dass
man sie noch innerhalb des Maasses menschlicher Persönlichkeiten hielt,
oder sie als göttliche und halbgöttliche Wesen (Heroen) vorstellte und
verehrte, und bei den Heiden wenigstens wurden solche Darstellungen
schliesslich immer in die Ursprünge der Götter selbst zurückgeführt.
Dass man derartige Wesen der vorgeschichtl. Zeit, je nachdem man die
von ihnen abgeleiteten Bildungen als Güter oder Übel empfand, theils
als wohlthätige, theils als schädliche und feindliche auffasste, lag in
der Natur der Sache. Eine genauere Unterscheidung der Zeiten hört
für solche Fernen von selbst auf, und leicht mochte man darum auch

der geschichtl. Zeit ursprünglich näher Liegendes allmählig auf noch frühere Perioden zurückschieben. Derartige Vorstellungsreihen über die Urzeiten sammelten und erzeugten sich in den Völkern zunächst durch gemeinsame Arbeit, aber unbewusst und kunstlos, und mit allerlei Abweichungen, sogar Widersprüchen im einzelnen; ihre bestimmtere Gestaltung und Ordnung haben sie dann erst durch Dichter, Denker, Volkslehrer u. s. w. erhalten, welche mit Bewusstsein und Absicht, nach bestimmten Gesichtspunkten, und nicht ohne Sichtung und Umbildung sie verarbeiteten. So war der Gang der Sache bei allen Völkern, und es liegt kein Grund vor, ist sogar unzulässig, dem Volk Israel in diesem Punkt eine Ausnahmestellung zuzuweisen, als hätte dieses allein, eines der jüngsten von allen, über die Urzeiten eine wirklich historische Überlieferung besessen. Wenn gleich es schon frühe in Religionssachen anders dachte als die übrigen, war es doch wie durch Verwandtschaft und Sprache, so durch Wohnsitz, Verkehr und Geschichte mit einem grösseren Völkerkreise aufs innigste verwachsen; auch in seinen Vorstellungen über die vorgeschichtl. Zeiten zeigen sich noch genug Ähnlichkeiten mit denen der andern. Es wäre gar nicht verwunderlich, wenn es sich künftig noch greifbarer herausstellte, dass unter den Gestalten, mit denen es jene dunkeln Räume ausgefüllt hatte, einst sogar Halbgötter oder göttlich verehrte Wesen gewesen sein mögen. Aber mit der Zeit wurde bei ihm dem Fortleben jener Ursagen durch die Einwirkung des Mosaismus ein Ende gemacht: an Bedeutung entwerthet und des mytholog. Schmuckes entkleidet konnten sie sich nur noch so weit forterhalten, als sie mit dem höheren Gottesbewusstsein vereinbar und zur Vorstelligmachung der fernsten Urzeiten in der Einbildung der Leute unentbehrlich waren. Der nüchterne und rein verständige Charakter, den die Gen. 4—6 erhaltenen Reste davon zeigen, war ihnen gewiss zum Theil schon vorher aufgedrückt, ehe sie von den bibl. Erzählern in die Schrift gefasst wurden. Nur um so unbedenklicher war es dann für diese, derartige alte Stoffe für ihre Zwecke zu verwenden.

2. Sichtbar sollen in Gen. 4 diese alten Geschichten nicht um ihrer selbst willen berichtet werden. Schon die Unvollständigkeit und die ungelöst gelassenen Schwierigkeiten (V. 14. 16 f.), welche später die Haggada-Dichter in ihrer Weise durch Zusätze zu erledigen suchten, erlauben nicht das anzunehmen. Sie bilden vielmehr nur den Stoff, an welchen höhere Ideen und Lehren angeknüpft werden. Der Lehrzweck liegt hier so klar zu Tage wie beim vorigen Stück, und leicht bemerkt man auch, dass diese Ideen sich eng an die von Cap. 2 f. anschliessen. Kaum dass die nun ausserhalb des Gottesgartens auf der Erde wohnenden Protoplasten durch Zeugung sich zu mehren angefangen, trat auch die sündige Macht, welche in ihnen Eingang gefunden hatte, stärker hervor und führte in Kain bereits zum Brudermord. damit aber zu noch tieferer Gottentfremdung, zur Fortwanderung aus Eden, zu jenem ruhelosen Leben auf der nach Gottes Ordnung immer undankbarer werdenden Erde, wie es zu des Erzählers Zeit bei manchen, von besseren Anfängen herabgesunkenen Völkern sich fand. Das

Geschlecht aber, welches von solchem Ahnherrn abstammend sich aus-
breitete, machte nun wohl auf der Erde sich heimischer, wusste in
Erfindungen und Einrichtungen fortschreitend sich in seiner Art das
Leben zu erleichtern und zu verschönern, gerieth aber in das sündige
Wesen immer tiefer hinein, und entwickelte zuletzt einen Geist wilder
Roheit und Mordlust, dem gegenüber, was der erste Ahnherr that, nur
wie eine Kleinigkeit erschien. Damit waren aber Zustände eingetreten.
welche das Gericht Gottes herausforderten. So wird hier in ein Paar
Zeichnungen (die erste V. 1—16 wohl ausgeführt, die zweite V. 17
—24 in kurzen Notizen) ein Bild entworfen von der sittl.-religiösen
Entwicklung des ersten Zeitraums, um zuletzt V. 25 f. auf das Cp. 5
folgende sehr andersartige Gemälde hinüberzuleiten und die in diesem
gezeichnete Šethitische Linie der Urväter als den Gegensatz gegen die
Kainitische ausdrücklich zu charakterisiren. Nur noch in untergeordneter Weise tritt in dem Stück nach seinem jetzigen Zusammenhang
auch der andere Gesichtspunct hervor, von der Entstehung der Lebensweisen, Künste und Fertigkeiten eine Zeichnung zu geben (17. 19—22.
auch 2 f. 12), u. dass dieser Gesichtspunct auch dem Vrf. von Cp. 2 f.
nicht fremd war, zeigt 2, 19 f. 24. 3, 7. 19. 21.

3. Geht man auf den Inhalt des Cap. näher ein, so ist das schöne
Lehrstück V. 1—16 nach Stoff und Zweck leicht durchsichtig. Dass
dasselbe von einem, der die Kain- u. Šethstammtafel zusammenklam-
mern wollte, künstlich aus V. 17 ff. herausgesponnen sei (*Bud.* 183 ff.)
kann nicht zugegeben werden; vielmehr ist es die lehrhafte Bearbeitung
eines selbständig in Umlauf befindlichen Sagenstoffs (über dessen urspr.
Motive man allerlei ergrübeln, aber nichts mehr wissen kann). Auffallend ist nur, dass schon bei den ersten Kindern der Urmenschen
der Unterschied von Ackerbauern und Hirten, ebenso von Fruchtopfer
und Thieropfer hervortritt; auch ist der Sprung von der ersten Sünde
der Urmenschen zu dem Brudermord ein sehr grosser; endlich setzen
die Worte Kain's V. 14 schon einige Bevölkerung der Erde voraus. Es
ist daher zu vermuthen, dass dieser Erzählungsstoff, wie er ursprünglich
gedacht war, nicht so weit vorn an der Spitze des Menschengeschlechts
gestellt sein wollte (s. weiter nr. 4). — Fasst man sodann das genea-
logische Stück 17—24 ins Auge, so kommt zunächst die längst bemerkte Ähnlichkeit der Kainitischen Namenreihe mit der Šethitischen
Cp. 5 in Betracht. Die letztere, als zehngliedrige, ist zwar um 3 Namen
(Seth, Enoš, Noah) länger, aber die 6 mittleren Namen sind mit
kleinen Änderungen im Laut und in der Reihenfolge dieselben: Kain,
Ḥanokh, 'Irâd, Meḥujaël, Methušaël, Lemekh in Cp. 4, Kênan, Mahalalel.
Jered, Ḥanokh, Methušelaḥ, Lemekh in Cp. 5. Das kann nicht zufällig
sein. Dass man in ältester Zeit noch eine geringere Auswahl von
Namen gehabt habe (*Häv.*) oder dass die beiden Urfamilien durch die
Wahl gleicher oder ähnlicher Eigennamen ihrer Wechselbeziehung(?)
unter sich Ausdruck geben wollten (*Bmg. Del. Ke.*), sind Auskünfte,
die hier, wo wir noch gar nicht auf historischem Boden stehen, um
so weniger zuzulassen sind. Vielmehr muss es einen festen Grund solcher alter Namen gegeben haben, welche von verschiedenen Erzählern

verschieden geordnet und verwendet wurden (*Buttm.*, *Tuch Ew. Kn.* u. a.). Dass die Namen der Kainitentafel durchaus ursprünglicher erhalten seien (*Redsl.*; *Bud.* 150), lässt sich nicht beweisen; ebensogut könnte man denken, ʿIrâd und Mehujaël beruhen auf absichtlicher Änderung, damit sie einen übeln Sinn geben, und da bei den LXX Maialalel und Methušelah auch in Cp. 4 stehen, muss man fast vermuthen, dass selbst noch jüngere Leser solche Änderungen vorgenommen haben. Im übrigen ist das Etymon dieser (zum Theil unhebräischen) Namen meist so unklar, dass man darauf nichts bauen kann. — Fragt man nach der Bedeutung dieser alten Namenreihe, so kann darüber nur das, was über die Träger der Namen erzählt wird, Aufschluss geben. Man darf deshalb auch nicht von dem dürren und farblosen Verzeichniss Cp. 5 ausgehen, wo alle Erzählung fehlt, sondern muss sich an 4, 17 ff. halten, wo aus dem, was in der lebendigen Sage über sie erzählt worden sein mag, wenigstens noch einiges mitgetheilt wird. Darnach kann kein Zweifel sein, dass eine Darstellung der Ursprünge der wichtigsten Beschäftigungen und Lebensweisen an dieselben angeknüpft war. Die Notizen über die erste Stadt, die Vielweiberei, das Zelt- und Hirtenleben, die Schmiedekunst und Musik (17. 19—22) führen entschieden auf eine solche Haltung des Sagenkreises, aus dem 4. 17 ff. geschöpft ist. Am nächsten zu vergleichen ist dazu, wie in der phönik. Sage (oben S. 7; auch *Lenorm.* or.² I. 194 ff.) der Fortschritt der Erfindungen und Kenntnisse mit einer langen Reihe ältester Geschlechter von Göttern und Menschen verknüpft war, entfernter wie in der babyl. Sage unter den 10 vorsintfluthlichen Herrschern eine Folge von 6—7 Erscheinungen des Gottes Anu (Oannes) die Menschen ihre Kenntnisse, religiösen und staatlichen Ordnungen lehrte (Berosus ed. Richt. 52 ff.; auch *Lenorm.* 216. 580 ff.), ja wie selbst noch in den späten Schriften der Parsen die älteste Menschheitsgeschichte mit dem Nachweis der allmähligen Culturentwicklung ausgefüllt wird (*Spiegel*, èr. AK. I. 473 ff.). Immerhin verträglich mit dieser Bedeutung der Namenreihe wäre, dass ein Theil der Namen Benennungen von Göttern oder halbgöttlichen Wesen gewesen wäre. Aber was *GVoss*, *Bochart* und wieder *Buttmann* in dieser Richtung aufgestellt haben, ist meist werthlos, weil sie nach blosser Lautähnlichkeit die Götternamen der class. Mythologie zu finden sich bemühten, und auch der etymologische Weg führt, bei der völligen Unsicherheit der Etyma, zu blossen unbeweisbaren Hypothesen, mag man (*Ew.* G.³ I. 381 f.) alte Götternamen,- oder (*Böttcher* de inferis § 245 ff.; ÄL. 4) sachgemässe Bezeichnungen der stetigen Culturfortschritte darin nachweisen wollen. Gegenüber von dieser, durch den Text selbst an die Hand gegebenen culturhistorischen Bedeutung der Namenreihe hat die Meinung von einem ethnographischen Sinn derselben wenig oder keine Berechtigung, sei es dass man darin Ursprung und Wesen der ostasiatischen, speciell mongolischen (im Gegensatz gegen die Noachische oder Kaukasische) Rasse (*Tuch, Kn.*) oder wenigstens in den 3 Lemekh-Söhnen die urkanaanäische und urasiatische (akkadische, elamit., protomedische) Bevölkerung (*Lenorm.* 208 ff.) beschrieben finden will. Denn von den

Namen ist ausser Kain und Tubal keiner sonst als Volksname bekannt;
ein sicherer Hinweis auf Ostasien ist in 4, 16 nicht enthalten; von
Bekanntschaft der Hebräer mit Völkern östlich von Elam und Madai
hat man sonst keine Beweise; die Verwendung derselben Namen zu
ganz andern Zwecken in Cp. 5 liesse sich nicht gut denken, wenn ein
Bewusstsein ihrer ethnischen Bedeutung vorhanden gewesen wäre. Zuzugeben ist nur, dass bei Schöpfung von Namen wie Kain, Tubal,
Stadt Ḥanokh (ja selbst bei der Zeichnung des Gegensatzes zwischen
Kain und Abel im andern Stück) auch zeitgenössische Völker und
Örtlichkeiten (nur nicht gerade ostasiatische) vorgeschwebt haben
mögen. — Aber endlich auch dass die Genealogie gerade in 7 Gliedern verläuft und an ihrem Ende der Stamm in 3 Äste sich spaltet
ist weder zufällig, noch vom Erzäler so erfunden, sondern erscheint
als Sache einer in der Anordnung genealogischer Stoffe auch sonst üblichen Kunst. Wie die Sage überhaupt es liebt, längere Reihen zu-
sammengehörender Erinnerungen auf feste Zahlen zurückzuführen, um
sie vor dem Auseinanderfallen oder Verlorengehen zu schützen, und
wie namentlich geneal. Reihen selbst noch in jüngeren Zeiten bei den
Israeliten nach festen Zahlen geordnet wurden (der Zahl zehn Ruth
4, 18 ff., der Zahl sieben Matth. 1; Luc. 3), so scheinen auch für die
Zusammenordnung der Urmenschen oder Urherrscher die Zahlen 7 und
10 seit ältesten Zeiten feststehend gewesen zu sein. Beide lassen sich
bei den verschiedensten Völkern von Indien bis Ägypten nachweisen
(*Tuch.*[2] 97; *Ew.* G.[3] I. 375; *Lenorm.* or.[2] I. 224—232). Während
bei A in Cp. 5 und 11 die Zehnzahl durchgeführt ist, findet sich hier
in Cp. 4 die Siebenzahl angewendet; man wird nicht sagen können,
dass die eine oder die andere Zählweise die jüngere sei. Nur um so
merkwürdiger ist aber dann, dass beide Zählweisen mit dem je letzten Glied der Reihe eine dreifache Spaltung des Geschlechts eintreten lassen (4, 20—22. 5, 32. 11, 26). Nicht dass ein Stamm
mit der Zeit sich in mehrere Äste verzweigt und eine üppigere Entwicklung beginnt, ist hier das auffallende, sondern dass bei solcher
Verzweigung auch wieder eine feste Zahl, und zwar die Zahl 3, massgebend war. Das weist auf eine schon ausgebildete Kunst in der Darstellung dieser Dinge hin.

4. Bezüglich der Composition des Cap. war man meist (*Tuch,
Kn., Hupf. Schrad,*) der Ansicht, dass es dem C zuzuschreiben sei,
höchstens mit Ausnahme von V. 25 f. Aber für streng einheitlich
kann man die Erzälung darin doch nicht halten. Denn anlangend das
Verhältniss von V. 25 f. zu 17—24, so ist schwer anzunehmen, dass
ein Schriftsteller von sich aus, ohne durch eine Vorlage gebunden zu
sein, die Šeth- u. Kaingenealogie, in denen beiden wesentlich dieselben
Namen wiederkehren (s. Nr. 3), neben einander hingestellt habe. Ebenso, betreffend das Verhältniss von 17—24 zu 2—16, ist zwischen
Kain als Städtebauer u. Kain als unstetem Flüchtling in unbebaubarem
Land ein auffallender Widerspruch ohne Andeutung, wie er gelöst werden soll. In dieser Weise schreibt ein einheitlicher Erzäler nicht, u.
auch die Berufung auf die mündl. Überlieferung, in welcher diese Dif-

ferenzen schon vorhanden gewesen sein werden (*Riehm* in St. u. Kr. 1885 S. 772), wird nicht ausreichen, weil doch in diesem Fall der Vrf. es in der Hand gehabt hätte, sie zu glätten. Endlich kommt in Betracht, dass in V. 17—24 die Nachweisung des Culturfortschrittes als leitender Gesichtspunkt zu Grund liegt (s. Nr. 3), ein solcher aber nur da rechten Sinn hat, wo die Continuität der Menschengeschichte nicht durch die Sintfluth unterbrochen wurde, während doch durch V. 25 f. (vgl. 5, 29. 6, 5 ff.) entschieden auf Noah u. die Fluth hinübergeleitet werden soll. Mit Rücksicht auf diese Gründe wurde neuerdings (*Wl.* XXI. 399 ff., *Bud.*, *Kuen.* Th. XVIII. 158, 0.[2] I. 245 f.) die Meinung vorgetragen, dass im urspr. Buch des C (bei ihnen J[1]) nichts von der Fluth, sondern nur die Paradiesgeschichte u. gleich darnach 4, 1. 2[b]. 16[b]—24, weiter 11, 1—9 (*Wl.*), oder (*Bud. Kuen.*) 6, 1—4 (*Bd.* 6, 1 f. 4). 9, 20—27. 11, 1—9 gestanden habe, dass dann (*Wl. Kue.*) im Lauf der Zeit 4, 2[a]. 3—16[a] (man weiss nicht, durch wen?) hinzugekommen und endlich von einem neuen Bearbeiter (J[2]) 4, 25 f. sammt der jahvistischen Fluthgeschichte beigefügt worden sei, oder aber (*Bud.*) 4, 25 f. u. die jahv. Flutherzählung von J[2], u. zuletzt 4, 2[a]. 3—16[a] von J[3], zur Ausgleichung zwischen V. 16[b] —24 u. 25 f., hinzugeschrieben sei. Bei dieser Hypothese würde wohl die Verschiedenartigkeit der Bestandtheile von Cp. 4 u. der ganzen jahv. Urgeschichte verständlich, aber die wesentliche stylistische Gleichheit derselben bleibt unerklärt; wenigstens liegt darin, dass man sie unter eine gemeinsame Benennung J subsumirt, keine Erklärung. Ausserdem wird nicht jedem einleuchten, dass der Vrf. von Cp. 2 f. auf ein Stück solcher sittlich-religiösen Tiefe u. Tragweite nichts weiteres als den Bericht über die Culturfortschritte der Menschheit habe folgen lassen. Endlich trägt in Cp. 4 gerade der Abschnitt V. 1—16 viel mehr Zeichen seiner Zugehörigkeit zu C an sich, als V. 17—24. Abgesehen von V. 7[b] (s. d.) u. der Erwähnung Eden's V. 16, zeigt sich hier die Selbigkeit des Zwecks (das Wachsthum der Sünde nachzuweisen) u. dieselbe feine psychologische Zeichnung wie Cp. 2 f., ebenso die gleiche Ausdrucksweise (welche andernfalls auf künstlicher Nachahmung beruhen müsste) zB. אֲדָמָה 2 f. 10. 13, שָׂדֶה 8, עֹבֵד הָאֲדָמָה 2. 12, נָשׁ 14 (3, 24), לְבִלְתִּי 15 (3, 11), אָרוּר אַתָּה 11 (3,14), die Fragen Gottes 9 f. (3, 9. 13), s. *Schrad.* Stud. 126 ff.; auch bemerke man das sonst dem C geläufige הוֹסִיף 2. 12, לֹ הָרָה 5 f., פֶּצַה אֵה 11 (Num. 16, 30). Hiernach wird vielmehr umgekehrt zu urtheilen sein, dass das Kainstück von C stammt, die Kaingenealogie aber aus einer andern Quelle genommen ist, welche übrigens wegen der Beziehung von 15[a] (wenn anders das nicht ein harmonistischer Zusatz ist) auf V. 24 dem C schon bekannt gewesen sein muss. Welches diese Quelle war, ist nicht zu sagen, aber nichts steht im Wege, B zu vermuthen, an welchen auch sonst C sich gerne anschliesst, von welchem man keine Flutherzählung hat, und welchem als nordisrael. Schriftsteller Bekanntschaft mit dem phönik. Sagenkreis am ehesten zuzutrauen ist. An sich nun läge es am nächsten, anzunehmen, dass erst R die Kaingenealogie in C eingearbeitet u. zugleich das Kainstück (das man aus den Nr. 3 i. A. angegebenen Gründen erst im weiteren Verlauf der Mensciengescicite vermuthen möcite) so weit naci vorn gerückt, auci in V. 25 einige Zusätze gemacit iätte (so in der vorigen Auflage). Legt man aber Gewicit darauf. dass (*Bud.* 220 ff.) auci V. 17—24 meirfacie Verwandtschaft mit Stücken des C zeigt (יֶלֶד 18, הוּא גַם 22, אָחִיו וְשֵׁם 22: V. 19 mit 10, 25), so wird man vielmeir urtheilen müssen, dass scion C die Kaingenealoglie zur Zeicinung nicit sowoil des Culturfortschrittes, auf den es iim meir nur nebenbei ankommt (s. 3, 21). als vielmeir der Sündenentwicklung, aus der Vorlage aufgenommen iabe, unbekümmert um die aus V. 17 sici ergebende Unebenieit. — Was dann noci V. 25 f. betrifft, so iat man zwar in denselben einen Einsatz des R (*Ew.* JB. VI. 18; *Schrad.* 122 ff.) vermuthet, durch welcien die Kaingenealogie mit der Šethitischen Cp. 5 zusammengeklammert werden sollte, aber da 26ᵇ durci diesen Zweck nicit motivirt wäre, da ferner auci weiteriin C den Fortgang des Jaivedienstes nacizuweisen sici angelegen sein lässt (s. zu 26), da endlici C, welcier von Noaḥ (5, 29. 6, 8 ff.) erzäilte, einen Übergang zu diesem geiabt iaben muss und iin nicit durci die Kain-, sondern nur durci die Šethlinie gemacit iaben kann (*Hupf. Wl.*), so sind vielmeir diese Verse als der Rest einer Šethgenealogie des C anzuseien, deren weitere Glieder von R mit Rücksicit auf Cp. 5 weggelassen wurden. Dabei könnte man immeriin anneimen, dass V. 25 f. bei C ursprünglici vor V. 1 gestanden iätte, d. i. Kain und Abel nicit erste, sondern nacigeborene Söine Adams gewesen wären, u. erst R mit Rücksicit auf V. 17—24 die Umstellung gemacit, zugleici עֵדֶן u. קֵין—אָחֵר V. 25 eingescioben iätte (in welciem Fall sowoil die Nr. 3 i. A. genannten Bedenken als auci der Widerspruci zwiscien V. 26ᵇ u. 1ᵇ. 3 sici leiciter ieben würden). Sieit man aber V. 17—24 als scion von C aufgenommen an, so müssen jene Bedenken in anderer Weise geioben werden. Eine literärkritische Tieorie, durci welcie alle Sciwierigkeiten dieses Cap. gleici befriedigend gelöst würden, ist bis jetzt nicit gefunden.

Vgl. zu Cap. 4 f. *Buttmann* Mythologus I. 152—179; *Grotefend* zur ältesten Sagenpoesie des Orients in ZDMG. VIII. 777 ff.; *Redslob* de hominum, qui ante diluvium Noaci. vixerint, tabula etc. Hamb. 1847; *Ewald* JB. VI. 1—19; *Win.* RW.³ H. 206 ff.; *Riehm* HWB 803 ff., 1466 ff.; *Budde* bibl. Urgesch. 117 ff.; *Kuen.* Th. T. XVIII. 148 ff.

V. 1—16. *Kain's Brudermord und Strafe.* V. 1 f. Zeugung Kain's und Abel's und deren Berufsarten. — V. 1. Der neue Anfang, oine consce. Temp., zeigt, dass kein unmittelbarer Ansciluss an's Voriergeiende stattfindet. An einen Zustandssatz (,,der Mensci iatte erkannt", *Raš.*) ist nicit zu denken, weil וַתַּהַר nicit das erzäilende Haupttempus darstellen kann. הָיָה] s. zu 3. 20. יָדַע] *kennen lernen, Bekanntschaft machen mit,* in der Bibel iäufig für den *vertrauten Umgang* der Gescileciter und eupiemistisci für Beiscilaf V. 17. 25. 24, 16. 38, 26 vgl. 19, 5. 8, aus dem AT. in das Hellenistiscie und mancie andere Spracien übergegangen (*Ges.* ti. 571). Dass יָדַע blos von der erstmaligen Beiwoinung braucit wurde (*Bud.* 157 f.), wird durch 38, 26. 1 Sam 1, 19 nicht bestätigt. — Das Weib nach seiner ersten Geburt gibt der Freude seines Herzens Ausdruck in einem Jubel- und Dankeswort, das so formulirt ist. dass daraus der Name des Kin- des sich ergibt. קַיִן] sonst n. app. = Speer (s. V. 22) und n. pr. eines Volksstammes, ist hier von (sonst nicht mehr vorkommendem) קוֹן = קָנָה *hervorbringen, erschaffen, erwerben* abgeleitet, und als *Ge- schöpf* (vgl. קִנְיָן Ps. 104, 24) oder *Erwerb* gedeutet. Hervorgebracht, *erschaffen* oder erworben *habe ich einen Mann* d. h. ein männl. Kind (1 Sam. 1, 11; Jj. 3, 3), „ein Kind des bevorzugten und starken Ge- schlechtes (29, 32. 35, 17. 1 Sam. 4, 20. Ps. 127, 3 f. 128, 3)" *mit Jahve* (LXX *Gott*) d. h. mit seiner Hilfe, durch seinen Beistand. Zwar kommt אֵת in diesem Sinne sonst nicht weiter vor (denn 49, 25 ist zweifelhaft), wohl aber עִם 1 Sam. 14. 45, und wie in der Phrase. dass einer mit einem d. h. ihm hilfreich nahe sei, עִם (zB. 26, 3. 28, 15. 31, 3) und אֵת (zB. 21, 20. 26, 24. 39, 2; Jer. 1, 19; Ps. 12, 5) mit einander wechseln, so muss auch für jenen Sinn אֵת mit עִם gleich- bedeutend erachtet werden; bei den Griechen war σὺν θεῷ ganz ge- läufig (s. auch *Ew.* JB. XI. 197). Ob die LXX mit ihrem διὰ τοῦ θεοῦ (*Vulg.* per Deum) dasselbe, nur frei, ausdrücken wollten, oder ob sie (s. Jos. 11, 20) מֵאֵת (*von Seiten, von*) gelesen haben, was wirklich *Onk.* ausdrückt (aufgenommen von *Saad. Pisc. Cler. Dathe Kamph.* in Stud. u. Krit. 1861. 113 ff.), oder gar בְּ (nach der Glosse ὁ ᾽Εβραῖος καὶ ὁ Σύρος· ἐν θεῷ bei *Field* I. 17). muss dahingestellt bleiben. Die Lesart אֵת ist durch σύν des *Sym.* und das, freilich mehrdeutige, לְ der *Pesch.* bezeugt. Dass nicht zu verbinden ist: einen Mann mit Jahve d. h. einen mit ihm verbundenen oder mit ihm gehen- den, haben schon die Mass. gesehen. „Unstatthaft ist אֶת־יְהוָֹה als App. zu אִישׁ (griech. Uebers. bei *Field*; *Luth. Münst. Fag. Varen. SSchmidt, Calov. Gerh. Osiand. Pfeiff.*, noch *Bmg. Philippi*) oder אִישׁ als Prae- dicatsacc. (:ich habe Jahve zum Mann gewonnen, *Umbr.* St. u. Kr. 1860. 141 f.; vgl. *TgJon.*); denn bei letzterer Fassung würde die Benennung des Kindes gar nicht erklärt, und bei ersterer würde der Eva der (auch nach 3, 15) sinnwidrige Gedanke, dass sie in diesem Kinde Gott geboren habe. zugemuthet. — V. 2. הֶבֶל] *Hauch, Nichtig- keit, Vergänglichkeit,* so wird der zweite Sohn genannt ohne Zweifel mit Beziehung darauf, dass er „von Kain vernichtet wurde und gleich dem Lufthauch nur ein vorübergehendes, kurzes Dasein hatte Ij. 7, 16. Ps. 39, 6" (*Kn.*). Ob freilich diese mass. Aussprache des Namens auch schon vom Vrf. oder in der urspr. Sage beabsichtigt war, ist eine andere Frage. Als Name des ersten Hirten könnte הֶבֶל eine Varia- tion von יָבָל V. 20 sein (*Ew.* JB. VI. 7 ff., *Goldz.* 130 f., *Wl.*). Ent- fernter liegt die Deutung *Sohn* nach dem ass. *ablu (hablu)*, sumer. *ibila* (*PHaupt* sum. Fam. Ges. 9), wofür man die Bedeutung der Na- men der übrigen Urmenschen (Adam, Kain, Seth, Enos) geltend machen könnte (*Schrad.* KAT.[2] 44 f.). Dass „der Vrf. Kain und Abel als Zwillinge vorführe, indem er bei Abel keine Schwangerschaft der Eva besonders erwähnt (*Beresch., r., TgJon., Qimh. Schum,*), lehrt die Stelle nicht (sicher), s. 30, 12. 38, 5" (*Kn.*). „Der ältere Bruder

treibt Ackerbau, zu welchem schon Adam verurtheilt worden war
(3, 17), der jüngere bringt die Kleinviehzucht hinzu. Beide Lebensweisen gehören zu den frühesten der Menschheit; sie folgten nach
Dicaearch bei Porph. abst. 4, 2 und Varro r. rust. 2, 1 auf die Ernährung durch die von selbst wachsenden Früchte der Erde (s. zu 2, 16).
Der Vrf. lässt V. 4 Abel Fleischopfer bringen, also das Vieh wohl nicht
blos der Milch und Felle (3, 21), sondern auch des Fleisches wegen
halten, mithin den Genuss des letzteren früher angehen als der Elohist
9, 3“ (*Kn.*). Mit Unrecht wollte *Hofm.* (Schr.B.[2] 1. 584 f.) die
Gottmisfälligkeit von Kain's und die Gottgefälligkeit von Abel's Beruf
erweisen. — V. 3—5. Das Opfer der beiden Brüder und Kain's Zorn.
V. 3. *nach Ablauf* (8, 6. 16, 3. 41, 1) *von Tagen* d. h. einer gewissen Zeit, sc. nach dem Beginn ihres Geschäfts. „Die Zeitangabe
יָמִים ist unbestimmt (40, 4) und geht bald auf eine kürzere (24, 55),
bald auf eine längere Zeit (Num. 9, 22. 1 Sam. 29, 3)“ *Kn.* Kein
Anlass ist, auf Grund von Stellen wie Jud. 17, 10. 1 Sam. 27, 7, den
Begriff von יָמִים auf ein Jahr einzuschränken (*Abene. Qimḥ. Haitsm.
Dath. Ros. Bohl.*). Die Zeitbestimmung im BJub. s. bei *Rönsch* B.
der Jubil. 239. מִנְחָה] *Gabe* (32, 14 ff. 43, 11 ff.), hier speciell *Opfergabe*, aber noch nicht in seinem speciellsten oder levitischen Sinn,
wornach es den Gegensatz zum Fleischopfer macht, vgl. V. 4. — V. 4.
Abel brachte dar etwas von (מִן part. wie 8, 20. 27, 28. 28, 11) *den
Erstgeburten* (Dt. 12, 6. 14, 23) *seines Kleinviehs*, einige seiner erstgebornen Lämmer, *und* zwar (3, 16) *von ihren Fettstücken*, nicht:
fettesten Thieren (*Ke.*). וּמֵחֶלְבֵהֶן] für מֵחֶלְבֵיהֶן, was *Sam.* hat, vgl.
1, 21; der Sing. חֶלְבָּהּ wäre wohl zulässig (Lev. 8, 16. 25), würde
aber die Mehrheit der Thiere nicht so bestimmt ausdrücken. Im levit.
Dienst ist Opferung der Erstgeburten der Heerde und zwar ihrer Fett-
stücke vorgeschrieben Num. 18, 17 (über den levit. Begriff von חֵלֶב
s. zu Lev. 3, 3). Aus diesem Erstgeburtenopfer zu schliessen (*Tuch,
Kn.*), dass der Erzähler bei פְּרִי הָאֲדָמָה auch an die Erstlinge (בִּכּוּרִים)
dachte, vgl. Lev. 23, 10. 17, ist nicht erlaubt. „Der Vrf. lässt den
ersten Anfang des Opfers gleich nach dem Beginn des Ackerbaus und
der Viehzucht eintreten und aus dem Bedürfniss entstehen, Gott für
den verliehenen Segen zu danken; er erwähnt aber noch keinen Altar,
wie später bei Noah 8, 20. Doch nur Abel und seine Gabe ziehen
Gottes Blick auf sich“ (*Kn.*), sc. den gnädigen, wohlgefälligen (*Onk.,
Pesch., Sym.*; ἐπεκλίϑη *Aq.*). Woran aber erkannte Kain Abel's Bevorzugung? an irgend einem äusseren Zeichen, deren das alte Opferwesen genug hatte; Vrf. hat nicht für nöthig gehalten, dasselbe näher
zu beschreiben; seit alter Zeit meinen viele (*Theod.* ἐνεπύρισεν, *Hier.
Greg. Raš. Abene. Qimḥ, Grot. Gerh. Dath. Ros. Bmg. Del.*), dass
Gott durch Feuer vom Himmel (Lev. 9, 24; 1 Reg. 18, 38) Abel's
Opfer angezündet habe; *Schum. Kn.* denken gar an ein persönliches Erscheinen Gottes bei den Darbringern, wofür aber weder V. 6, noch
3, 8 beweisend ist. Warum aber schaut Gott nur auf Abel's Opfer
gnädig? Nicht weil das Thieropfer an sich mehr werth war als das
Fruchtopfer (*Julian* bei Cyrill Al. c. Jul., *Tuch, Kn.*), auch nicht, weil

Abel von den Erstgeburten und von diesen das Fett, als Gewähltes,
Kain nur von den Früchten überhaupt opferte (*Del.* nach Midrasch,
Ke.), denn dadurch wäre noch nicht begründet, dass Gott auf Kain's
Opfer gar nicht schaut; noch weniger, weil Abel den Zweck der
Sühne im Auge hatte, Kain aber nicht (*Hofm.*[2] I. 585), denn Abel
bringt eben als Hirte Thiere und Kain konnte keine Thiere bringen;
sondern der Grund muss, da von blossen Formfehlern in dieser vor-
gesetzlichen Zeit nicht die Rede sein kann und da auch grundlose
Willkühr (trotz Ex. 33, 19) bei Gott ausgeschlossen ist, in der bei ihrem
Opfer vorausgesetzten Gesinnung und Herzensstellung zu Gott liegen,
wie aus dem schon von *Greg. M.* und *Luth.* betonten Ausdruck: *auf*
Abel und sein Opfer, auf Kain und sein Opfer, nicht: auf das Opfer
Abel's oder Kain's, hervorzugehen scheint, und wie auch nach Hbr.
11, 4 durch die πίστις die ϑυσία Abel's πλείων war. Näher das
Mangelhafte des Sinnes Kain's, der doch auch in diesem Opfer freiwillig
seiner Gottesfurcht Ausdruck gab, zu bezeichnen, hat die Erz. nicht
für nöthig gefunden. Die Hauptsache ist, dass der Mensch, wenn er
sich von Gott verschmäht oder zurückgesetzt findet, darum noch nicht
grollen darf, auch nicht auf den Mitmenschen. Dem Kain aber *ent-*
brannte es sehr d. h. es entstand in ihm ein heftiges Feuer, näml.
des Ärgers und Unmuths. Er beweist eben dadurch, dass sein Geist
schon vorher nicht in der richtigen Verfassung war. Übrigens „findet sich חָרָה, so ohne אַף, im Pent. nur noch V. 6. 18, 30. 32. 31, 36.
34, 7. Num. 16, 15" (*Kn.*). *und sein Angesicht fiel* d. h. senkte sich;
die Miene des Niedergeschlagenen, Verdriesslichen, Trübsinnigen (Ij. 29,
24. Jer. 3, 12). — V. 6 f. Aber noch ist er nicht der Sünde verfallen; er vernimmt noch die göttl. Warnungsstimme, welche ihm,
nicht in einer äusseren Erscheinung Gottes (*Kn.*), aber doch für den
Geist vernehmbar genug entgegentritt, und ihn, den Unerfahrenen, zur
Selbstbesinnung über seinen Zustand und die gefährlichen Folgen
solcher Stimmung, wenn sie gehegt wird, aufmerksam macht.   שְׂאֵת]
an sich mehrdeutig. Die Erklärung der LXX (nicht wahr, wenn du
recht darbringst, aber nicht recht theilst, sündigtest du? sei ruhig!,
wobei auch abweichend gelesen wurde, s. *Töpler* de Pent. interpr.
Alex. indole, Hal. 1830, p. 63) und die von *Arnh. Buns. Kmph.*
Bud. 205; *Ri.* HWB. 804 („magst du schöne Gaben bringen oder
nicht schöne, vor der Thür lauert die Sünde") ist durch den Sprachgebrauch von שְׂאֵת (Ez. 20, 31) am wenigsten gestützt; aber auch die
Bedeutung *Annahme* (*Aq. Theod. Pesch. Vulg.*, übrigens in verschiedener Fassung) und *Vergebung* (*Sym. Onk. Hier.*, s. V. 13) ist wenigstens nicht zusammenhangsgemäss; das vorausgegangene נָפְלוּ פָּנֶיךָ verlangt פָּנִים zu שְׂאֵת hinzuzudenken, und der Sprachgebrauch Ij. 10, 15.
11, 15. 22, 26 bestätigt diese Fassung (*Tuch Kn. Ew. Del. Ke.*): *ist*
nicht, wenn du gut thust, Erhebung sc. des Angesichts, Heiterkeit,
guter froher Muth und heitere Miene? wenn man mit That und Sinn
auf das Gute gerichtet ist, ist auch Fröhlichkeit da. *wenn du aber*
nicht gutthust, so ist nicht blos Senkung des Gesichts, Verdriesslichkeit,
sondern es ist *Sünde an der Thür* (Prov. 9, 14) *ein Lagerer* oder

Laurer d. 1. „bei solcier Geisteshaltung ist Sünde ganz naie, um den Menscien zu ergreifen. Die Sünde ist dem Vrf. eine Macit, welcie dem Menscien gegenübersteit und iin in iire Gewalt bringt, wenn er sici .nicit bewacit". *und auf dich ist sein Verlangen,* seine Gier gericitet (3, 16), *aber du sollst ihn beherrschen (Ew.:* und wirst du ihn beierrscien? § 324[b]) d. 1. „die andringende Sünde dadurci zurückscilagen und besiegen, dass du den Unmuth bannst und dici nicit zu bösen Thaten iinreissen lässt" (**Kn.**). Bei der gegebenen Erklärung wird angenommen, dass die Sünde mit einem Raubthier verglicien werde. welcies an der Thüre auf den Heraustretenden lauert (*Tuch* erinnert auci an die arab. Benennung des Löwen mit

الرابض oder الرباض); andere wollen gai an den רֵבַ֑ שֶׁ 3, 1 denken, obwoil רָבַץ trotz Ez. 29, 3 dann kein passender Ausdruck wäre). Aber scion die Thüre (Hausthüre) ist iier auffallend, und versteit man gai die Tiüre eines Heiligthums (**Ri.** HWB. 804; *Bud.* 198), so scireibt man dem Vrf. oine Noti einen unglaublicien Anacironismus zu; ausserdem ist vor den Thüren zu lauern nicit Sitte der Raubthiere (1 Ptr. 5, 8), noci taugt (תשוקה und) תמשל בו zu diesem Bild. Geeigneter zu V.[b] wäre das Bild einer Verführerin, aber רבץ (selbst wenn man תִּרְבַּץ läse) und die' masc. Suffixe erlauben das nicit. Die Correctur „so liegst du an der Tiür der Sünde" (*Ilg.* u. A.) passt wenigstens nicit zu V.[b]. Oinedem ist V.[b]; aus 3, 16 mit verändertem Sinne wiederiolt, bedenklici (**Ew. Wl.**); wie seir auci die Alten iier anstiessen, zeigt die Umscireibung des *Onk.* und die Änderung der **Pesch.** (s. *Köhler* im Repert. f. bibl. u. morgld. Lit. II. 243 ff.). Wairscheinlich ist der Text dieses V. (s. auci LXX) scion früie verderbt (*Olsh.*) und dann in der jetzigen, wenig befriedigenden Weise iergestellt worden. — V. 8. Kain soll gegen die andringende Sünde kämpfen (3, 14 f.), so fordert es die göttl. Stimme an iin; aber er kämpft nicit; sciweigend iört er das Wort, nimmt den Bruder mit auf's Feld und tödtet iin. *und Kain sagte zu Abel*] was er sagte, ist im mass. Text nicit ausgedrückt, aber im *Sam.* LXX *Ital. Vulg. Pesch. TrgJers.* folgt נֵלְכָה הַשָּׂדֶה *wir wollen auf's Feld gehen,* und ist dies entweder urspr. Text (*Kennic. Houbig. JDMich., Vogel, Vat., Ges.* Pent. Sam. 62 f., *Ew.*), von *Lagarde* Symm. I. 57 mit Unrecit (s. Gen. 27, 5. Ruti 2, 2) spraiclici beanstandet, oder doci passende Ergänzung einer Lücke, wie eine solcie selbst noci im hbr. MSS. u. Edd. durci ein Pisqa naci אָחִי֑ו angedeutet wird (*de Rossi* I. 5 f.). Obwoil der officielle Text scion dem *Aq.* (*Field* I, 18) *Onk. Orig. Hier.* quae. vorlag, und die Mass. ein Pisqa nicit anerkennen, ist doci so gut als sicier, dass der Vrf. so nicit gescirieben iaben kann. Die von *Del.*[4] 158. 166 angeführten Stellen bieten keine Analogie (in Jon. 2, 11. 2 Cir. 1, 2 f. 32, 24 ist אָמַר s. v. a. צִוָּה), um die Aposiopese der Worte נלכה השדה (*Del. Ke.*) wairscieinlici zu macien. Wollte man aber nach *Ew.* 303[c], speciell gemäss Ex. 19, 25 (wo jedoci die Relation einer Quellenscirift abgebrocien ist, um auf eine andere überzugehen), aus V. 7 als Obj. ergänzen *es,* sc. was Gott zu ihm geredet iatte

(*Hier. Abene. Qimḥ. Tuch, Bmg.*), so würde sich etwas psycho-
logisch ganz unwahrscheinliches ergeben. So viel als וַיְדַבֵּר vollends
ist וַיֹּאמֶר nirgends, und ist also unzulässig: von Gott verwarnt *redete*
er versöhnlich mit Abel (*Ros. Bohl. Maur.*), oder verstellt freundlich (*Merx* im BL. u. Abel), oder: fasste einen Anschlag gegen (*Böhm.*),
was אמר nicht bedeutet. Wer keine Lücke im Text annehmen will,
würde am besten (mit *Böttch.* ÄL.3, *Kn. Olsh.*) nach 2 Sam. 11, 16
ויאמר in וַיִּשְׁמֹר *er gab Acht* oder *lauerte auf ihn* verbessern. אָחִיו 2[0]]
absichtlich wiederholt, um den Mord als Brudermord zu zeichnen.
— V. 9—16. Das Gericht über den Mörder und seine Fortwanderung aus Eden. V. 9. Die göttl. Stimme, deren Warnung der Mensch
überhört hat, fordert nach der That Rechenschaft und klagt an. אֵי]
s. v. a. אַיֵּה. Eine Frage wie 3; 9 zur Einleitung der Untersuchung,
aber die ganz andere Antwort, die darauf ergeht, zeigt den furchtbaren Fortschritt der Sündenmacht. „Kain läugnet frech, dass er
wisse, wo Abel sei, anders als Adam und Eva (3, 11. 13); er fügt
sogar noch trotzig hinzu, dass er nicht der Wächter seines Bruders,
also nicht verpflichtet sei, dies zu wissen" (*Kn.*). — V. 10. Aber die
Stimme lässt sich durch Läugnen nicht abweisen; sie hält ihm das
Verbrechen in seiner Nacktheit vor und überführt ihn. *was hast du
gethan!*] welche schwere Unthat verübt! eine Frage des Entsetzens,
wie 1 Sam. 13, 11. קוֹל וְ'] Ausrufesatz wie Jer. 10, 22. Jes. 13, 4.
52, 8. 66, 6 u. s.; צֹעֲקִים (*Sam.* צֹעֵק) ist Appos. zu דָּמִים, *Ew.* 317[c]:
*Stimme des Blutes deines Bruders, welches zu mir vom Erdreich
her schreit!* = horch! das Blut . . . schreit. דָּמִים] *vergossenes Blut*
s. Lex.; *Onk.* klügelt aus dem Plur. eine Beziehung auf die in Abel
gemordeten Nachkommen desselben heraus. „Unschuldig vergossenes
Blut schreit zu Gott um Rache, bis es gesühnt ist (Ij. 16, 18. Ez. 24,
7 f, Jes. 26, 21), vgl. Gen. 9, 5. Andere himmelschreiende Verbrechen
18, 20 f. 19, 13. Ex. 3, 9" (*Kn.*). — V. 11 f. Das Strafurtheil, härter
als bei Adam und Eva. מִן־הָאֲדָמָה] auch hier wie 3, 14 kann מִן
nicht den, der den Fluch verhängt, einführen (*JDMich. Bohl. Maur.
Bmg.* u. a.), denn Flüche werden im AT. nur von Gott oder Menschen verhängt, auch nicht comparativisch gemeint sein, da zwar der
Gedanke, dass die Erde um des Menschen willen verflucht wird, correct (3, 17. 8, 21. Jes. 24, 20), aber der Ausdruck zu complex wäre,
sondern muss entweder *von — weg* (*Ros. Vat. Tuch. Del.*) oder *von
Seiten* bedeuten (*Abene. Qimḥ., Sal b. Mel., Haitsm., Kn. Ke.,* wohl
auch die Mass.), also die Richtung ausdrücken, von der her der Gottesfluch an ihm wirksam wird. Die letztere Auffassung ist etwas künstlich, und da nach 12[b]. 14. 16 alles auf die Vertreibung von der אֲדָמָה,
die er bisher bebaut hat, hinauskommt, so ist die erstere vorzuziehen,
dann aber auch die אֲדָמָה im Gegensatz zum unbebaubaren Land zu
verstehen, ohne dass daraus (*Bud.* 191) ein anderer Vrf. als der von
Cp. 2 f. zu folgern wäre (s. dagegen 9, 20, was *Bud.* ohne Bedenken
dem Vrf. von Cp. 2 f. zuschreibt). Die אֲדָמָה, der hier dichterisch ein
Mund zugeschrieben wird (wie der Hölle Jes. 5, 14), hat das Blut
aufgesaugt: damit wird nicht etwa eine Mitschuld derselben ausgesagt.

sondern motivirt, warum sie sich gegen Kain empört; da sie den
furchtbaren Trank von seiner Hand gereicht hat trinken müssen, kann
sie ihn nicht mehr tragen und dulden. — V. 12. Die Erläuterung des
Fluchs. a) Der Boden, *wann* er ihn bebaut (V. 2), soll ihm seine
Kraft d. i. das *Erzeugniss* derselben, *den Ertrag* (wie Ij.
31, 39) nicht mehr geben; das geht über den Fluch 3, 17 f. hinaus; א֗ל vor
dem Jussiv wie 24, 8, Ez. 48, 14 (beständig bei ‫יסף‬ s. Dt. 13, 1) und
der Inf. im Acc. untergeordnet wie 8, 10. 12 u. s. b) *unstet und
flüchtig* soll er sein auf der Erde; ‫נָע וָנָד‬ eine paronomast. Formel wie
1, 2; Jes. 14, 22; vagus et profugus (*Hier.*). Beide Seiten des Fluchs
hängen innerlich zusammen: weil ihm der Boden keinen Ertrag gibt, muss
Kain verbannt unstet wandern; aber die 2. Seite hat auch unbhängig
von der ersten ihre Wahrheit: es ist die innere Unruhe, welche den
Mörder ruhe- und friedlos von einem Ort zum andern jagt Prov. 28, 17.
Um Verdammung zum Nomadenleben oder gar um einen Fluch auf
dasselbe (*Bud.* 192 f.) handelt es sich nicht. Stämme solcher unruhiger, Steppen durchschweifender Menschen, welche dem Vrf. hier
als Muster vorschweben konnten, gab es viele, und braucht man deshalb noch nicht (mit *Kn.*) Kain zum Stammvater der ostasiatischen
Steppenbewohner zu machen, zB. der Hunnen, qui omnes sine *sedibus*
fixis, absque lare vel lege aut ritu stabili dispalantur, *semper fugien-
tium similes* (Amm. Marc. 31, 2). — V. 13 f. Kain durch das Strafurtheil zwar nicht bussfertig geworden, aber niedergebeugt und ge-
ängstigt, bittet um Ermässigung der Strafe, näher um Schutz gegen
die Blutrache, die hier (wie V. 2 f. Opfer und Unterschied der Stände)
als selbstverständlich vorausgesetzt wird. *zu gross ist meine Schuld
zum Tragen* d. i. als dass ich sie tragen könnte (*Abene. Qimḥ. Calv.
Pisc. Schum.* und alle Neueren). Zu ‫מִן‬ mit Inf. s. Ps. 40, 6. 1 Rg. 8,
64 u. a.; ‫עָוֹן‬ *Vergehung* schliesst hier, wie oft, ihre nothwendige Folge
Schuld und Strafe, in sich; sie liegt wie eine schwere Last (Ps. 38, 5.
Jes. 24, 20) auf dem Sünder; sie *tragen* ist s. v. a. die Strafe derselben
über sich ergehen lassen (Lev. 17, 16. Num. 5, 31. 14, 33). Die Erklärung *zu gross ist mein Vergehen zum Vergeben* d. i. als dass es vergeben werden könnte (alte Übers., *Luth.* u. a.), ist zwar sprachlich
ebenso möglich, aber darum nicht passend, weil „Kain V. 14 nur von
seiner Strafe redet und ihre Grösse näher beschreibt, um eine Milderung
zu erlangen" (*Kn.*). Er bemerkt nämlich: *siehe hinweggetrieben hast
du mich* durch deinen Ausspruch d. i. (*Ew.* 135c) du treibst mich
hinweg *heute von* dem Wohnen auf *der Fläche des Ackerlands*, das
ich bisher in Eden bebaut habe, *und vor deinem Antlitz werde ich
verborgen sein* d. i. deinem Blick entzogen (oder auch: *muss ich mich
verbergen* d. i. darf mich vor ihm nicht mehr sehen lassen) *und werde
unstet und flüchtig sein auf der* (weiten) *Erde: da wird es geschehen, jeder der mich findet, wird mich morden.* Richtig haben
die LXX alles bis ‫בָּאָרֶץ‬ als Voraussetzung (‫וְהָיָה‬ εἰ) zu der Folgerung
‫וְהָיָה‬ genommen, wogegen der mass. Atnach bei ‫אֶסָּתֵר‬ die durch
Onk. Saad. vertretene Auslegung: „und vor deinem A. sollte ich mich
verbergen können? ═ kann ich mich nicht v." auszudrücken scheint.

Dieser Wendung bedarf es aber nicht: dem unter Umständen freilich anstössigen 'אֵ 'ימי (s. Ps. 139, 7) liegt hier die auch V. 16 wiederkehrende Vorstellung, dass Gott im Gottesgarten in Eden, dem ersten Heiligthum der Welt (BJub. 8), gegenwärtig sei, zu Grund; ein solcher Gottesort ist aber nach dem Glauben und Brauch des Alterthums (Ex. 21, 14. 1 Reg. 2, 28 ff. Ps. 27, 5) ein Ort des Schutzes und der Sicherheit vor dem Rächer. Erst in zweiter Linie gehören Stellen wie Jon. 1, 3.* 10· Gen. 46, 3 f. 1 Sam. 26, 19 (*Tuch Kn. Wl.*) hieher. Von Eden, dem Wohnland Gottes, fortgetrieben und flüchtig auf der Erde fürchtet er keinen schützenden Ort mehr zu finden und darum vom Bluträcher getroffen zu werden; auf die Furcht vor der Blutrache kommt hier alles hinaus. Der Mörder fürchtet überall den Rächer, der ihm das Gleiche thut, was er gethan hat. Aber wie kann Kain auf der Erde Vollstrecker der Rache als vorhanden voraussetzen? Reissende Thiere (*Joseph., Qimh., JDMich.*), sind durch die Ausdrücke V. 14 f. ausgeschlossen; dass er an Adam's etwa schon vorhandene oder zu erwartende Nachkommen denke (*Cler. Dath. Vat. Hensl. Ros. Bmg. Del. Ke.*), will sich zu V. 1 f. u. 25, auch zu בָּאָרֶץ nicht recht schicken, und von Adam unabhängige ostasiatische Völker (*Kn.*), Präadamiten (*Peyr.*), liegen schwerlich im Sinn des Vrf. Man wird die Incongruenz der jetzigen Erzählung zugeben (*Schum. Tuch*) müssen, kommt aber so immer wieder zu der Vermuthung (S. 89), dass sie ursprünglich in anderem Zusammenhang gedacht war. — V. 15. Gott will nicht, dass durch Blutrache in die von ihm festgesetzte Strafe eingegriffen werde, will überhaupt nicht die wilde ordnungslose Blutrache (Num. 35, 9 ff.) und damit die Fortpflanzung des Mordgeistes in immer weitere Kreise, darum geht er auf Kain's Bitte so weit ein, dass er ihm Schutz gegen Mörder gewährt. לָכֵן] *darum*, sc. weil Kain's Klage Grund hat, weil allerdings sein Leben gefährdet ist (*Kn.*), nicht: *dennoch, aber doch* (*Tuch*), auch nicht: οὐχ οὕτως לֹא כֵּן (LXX *Theod. Sym. Pesch. Vulg.*). כָּל־הֹרֵג קַיִן] da aus Ex. 21, 20 f. nicht zu erweisen ist, dass נָקַם im Niph. oder Hoph. mit dem Nominat. des Beleidigers verbunden wurde (wie Qal. mit dem Acc. desselben Jos. 10, 13), und darum יֻקָּם entweder wie Gen. 4, 24: *er* (Kain) *wird gerächt werden* oder besser impers.: *es wird Rache genommen werden* bedeuten muss, so ist *jeder, der Kain mordet* s. v. a. *wenn jemand Kain mordet*, Ew. 357c; Ges. 145, 2 A. שִׁבְעָתַיִם] *siebenfach* Ges. 97, 3 A.: d. h. für den Mord Kain's soll nicht blos durch den Mord des Mörders, sondern noch anderer sechs zu ihm Gehöriger oder eine andere dem entsprechende Strafe (*Onk.*: bis in das 7. Geschlecht) Rache genommen werden, s. das Lied V. 24 (wo freilich Selbstrache, nicht Gottesrache gemeint ist, wornach also hier unverkennbar eine Umbiegung des Sinnes des Liedspruches vorliegt). לְבִלְתִּי־] 3, 11. אוֹת] (wenigstens nach dem vorliegenden Text) nicht ein Beglaubigungszeichen für die Wahrheit der Zusage (*Abene. Gabl. Dath. Vat. Ros. Bohl. Tuch Bmg.*), etwa wie Ex. 3, 12, weil in diesem Fall als das zu Beglaubigende die siebenfache Rache, nicht die Nichttödtung Kain's angegeben sein müsste, auch Kain keinen Zweifel an der Zusage geäus-

sert 1at, sondern ein Warnungszeichen für die Angreifer, das sie von
seiner Tödtung absc1recken sollte, zugleic1 ein Sc1utzzeic1en für i1n.
Dabei ist aber weder Grund noc1 Rec1t, שׂים von blossem Vorausbe-
stimmen dessen, was gegebenen Falls eintreten sollte (*Kn.*), zu ver-
ste1en, sondern שׂים ist (wie Ex. 4, 11. 10, 2 u. ö.) s. v. a. *machen,
hervorbringen*, und לְקַיִן nic1t *an* Kain (*Pesch.*), an seinem Leibe, sondern *für* i1n, zu seinem Sc1utz.   Aber ein Zeic1en, wenn es die angegebene Wirkung 1aben sollte, ist doc1 fast not1wendig als i1n beständig begleitend, also seiner Person an1aftend zu denken (*TgJon.,
Rabb. Luth. Calv. Fag. Pisc. Gerh. Del.* a.), und kann nic1t zB. eine
irgend wo aufgestellte Insc1rift mit den Worten כֹּל bis יָקֻם (*Haitsm.*)
gewesen sein.   Was für ein Zeic1en gemeint sei, lässt sic1 nic1t me1r
bestimmen: man dac1te an ein Horn auf der Stirne, sc1audererregende
Gestalt, aufgesc1riebene Buc1staben, absonderlic1e Kleidung u. dgl.; je-
doc1 i1n als Mörder zu kennzeic1nen, sollte das Kainszeic1en nic1t
dienen, sondern i1n gegen Mord zu sc1ützen. — · V. 16. Kain wandert *von vor Gott*, von dem Ort, wo Gott gegenwärtig war (s. V. 14;
Jon. 1, 3) d. 1. Eden fort, und lässt sic1 im *Lande Nod, auf der
Vorderseite von Eden* (κατέναντι LXX; s. 2, 14) nieder.   Dass נוֹד
Name des Landes (LXX) sein soll, und nic1t als Appos. zum Subj. σα-
λευόμενος i. e. instabilis et fluctuans (*Hier.* quae., *Onk. Vulg.*) bedeute,
folgt aus seiner Stellung zwisc1en בְּאֶרֶץ und vor קִדְמַת, sowie aus יֵשֶׁב.
Nac1 נוֹד des *Sam.* u. *Ναΐδ* der LXX sc1eint übrigens frü1er נֹד o1ne י
gelesen worden zu sein.   Ein geograp1isc1 bestimmbares Land ist *Nod*
so wenig als *Eden*, vielme1r ein sinnvoller Name, bezeic1nend ein
Land des unsteten und flüc1tigen Lebens (des „Elends").   Sic1er ist
es im Osten gedac1t, aber dass östlic1 (und nic1t vielme1r westlic1)
von Eden, kann weder aus קִדְמַת noc1 aus 3, 24 bewiesen werden.
Müssig und grundlos ist die Anna1me (*Tuch Kn. Böhm.*), dass ein
Land des östl. Asiens zB. C1ina (indem *Kn.* sogar Kain mit Tsc1in,
T1in, Zin, Sin zusammenbringen möc1te) oder Turan (*Buns.*) gemeint
sei.   Andere suc1ten nac1 der Stadt Ḥanokh die Lage zu bestimmen,
s. zu V. 17.

V. 17—24. *Die Kainiten.* V. 17. Woher Kain ein Weib bekam, ist nic1t angegeben.   In der Quellensc1rift, worauf V. 1. 17 ff.
ursprünglic1 zurückge1t, kann möglicherweise vor1er auc1 sc1on von
andern Sö1nen und Töc1tern des Mensc1en, oder von Me1rung des
Gesc1lec1ts die Rede gewesen sein.   Nac1 dem vorliegenden Zusammenhang kann man nur an eine Toc1ter Adam's, also Sc1wester Kain's
denken (edenso wie 5, 6 vgl. 5, 4).   Die Anstössigkeit der Gesc1wister-
e1en fällt natürlic1 für die Anfangszeit des Menschengeschlechts weg.
(Die später erdic1teten Namen des Weibes Kain's in den apokr. und
Midrasch-Büc1ern s. bei *Rönsch* B. d. Jubil. 373). — Auf Kain wird
1ier der Anfang des Stadtbaues zurückgefü1rt. *und er war bauend
eine Stadt*] „d. 1. er besc1äftigte sic1 mit der Erbauung einer sol-
c1en, baute an einer solc1en; die vollständige Erbauung der Stadt durc1
Kain be1auptet der Vrf. nic1t; dann 1ätte er בָּנָה oder וַיִּבֶן gesagt"
(*Kn.*); nic1t: er baute gerade damals, als H. geboren wurde (*Böhm.*),

wogegen וַיְהִי spricht. Auch die Fassung *u. er wurde ein Stadtbauen-*
der (*Bud.* 121 f. nach *Del.*), nach Analogie von V. 2. 20 f., ist im
Anschluss an 17ᵃ, u. weil es sich nur um éine Stadt handelt, wenig
wahrscheinlich. Annehmlicher würde dieselbe, wenn man (*Bud.*) Ḥa-
nok als Subj. nähme und בֵּן אֵשֶׁת für spätere unrichtige Auflösung
eines urspr. מִשֵּׁם ansähe. Doch ist das eben immer nur eine Conjectur, bei welcher vorausgesetzt wird, einmal dass der Vrf. sich zu unbestimmt •u. zweideutig (statt בְּ ' חֲנוֹךְ וַיְהִי vgl. V. 2, oder בְּ ' הָיָה הוּא
vgl. V. 20) ausgedrückt, u. sodann dass die Spätern den Text verkehr-
ter Weise schwieriger gemacht hätten, als er war. Denn schwierig
ist, dass hier schon bei Kain eine grössere Anzahl von Menschen, für
welche eine Stadt zu gründen sich lohnte, vorausgesetzt wird. Noch
auffallender ist, dass Kain hier gerade das Gegentheil von dem thut,
wozu er V. 12 verurtheilt ist. Man hat sich das so zurechtlegen
wollen, dass Kain durch den Stadtbau gegen den Fluch des unsteten
Lebens ankämpfen wollte, oder auch dass Gott ihm später sein Strafurtheil gemildert habe (*Ke.*), wovon doch nichts dasteht. In Wahrheit erklärt sich die Sache nur daraus, dass hier eine andere Quelle
fliesst (S. 89). Verschiedene, zum Theil weit hergeholte, Analogieen
für Stadtgründungen durch Brudermörder bei andern Völkern gibt
Lenorm or.[2] I. 143 ff. — בֶּן֟] LXX בֵּן֟. Der Name חֲנוֹךְ, der 5,
18 ff. wiederkehrt (s. d.) und als Personenname sogar bei Hebräern
(46, 9) und Midianitern (25, 4) vorkommt, würde, aus dem Hbr. verstanden, *Einweihung* (ἐγκαινισμός, *dedicatio* in den Onomast.) bedeuten, aber es kann auch die hebraisirte Form eines ähnlich klingen-
den fremden Namens sein. Der Notiz über die Stadt חֲנוֹךְ mag eine
dunkle Kunde von einer alten Stadt ähnlichen Namens zu Grund liegen.
Sie geographisch irgendwo unterzubringen sind wir nicht im Stande.
Gerathen hat man (*Rosenm.* B. AK. 1, 1, 218 ff.; *Win.* RW.[3] 1. 478)
auf die Stadt Anuchta in Susiana (*Huet.*), auf das Volk der Heniocher
im Kaukasus (*Hasse*; s. auch *Ew.* JB. VI. 1), auf Henochia an der
Ostseite des Libanon (*Schulth.*), Kanoge, eig. Kanyâkubdscha im nördl.
Indien (*Bohl.*, s. auch *Tuch*), Khotan am Saume der Wüste Gobi, eine
uralte Stadt (*Lenorm.* Bér. 315) u. a., und danach auch die Lage
von חֲ bestimmt; an das phrygische Iconium am Taurus, wo Annacus
verehrt wurde (s. 5, 18) denkt *Ewald* (G.[3] I. 381 f.), und hält
darum חֲ für umgelautet aus לֻד Lydien (Gen. 10, 22). — Die späteren
Dichtungen über Kain's schliessliches Ende s. in BJub. c. 4 a. E., und
in Christl. Adambuch S. 85. — V. 18. Von den folgenden 4 Gliedern
der Genealogie wird ausser dem Namen nichts mehr bemerkt. וַיִּוָּלֵד]
zur passiven Wendung s. V. 26. 10, 21. 25. אֶת־יִרֵד] Acc. beim Pass.,
wie 17, 5. 21, 5. 27, 42. 40, 20. Ex. 10, 8. 21, 28 (*Ges.* 143, 1).
יָלַד] vom Mann gesagt, wie 10, 8. 13. 15, 26. 22, 23 bei C, aber
auch 10, 24. 25, 3. — Dass die Namen dieser Liste durchaus gute
Bedeutung haben (*Bud.* 123 ff.), lässt sich ebenso wenig beweisen,
wie dass sie alle ursprünglicher seien als die entsprechenden in Cp. 5,
und sind deshalb auch die daraus gezogenen literarischen Folgerungen
(*Bud.*) hinfällig. In Wahrheit lässt sich ihre Bedeutung gar nicht

sicher ausmachen, u. zeigen die Varianten des hebr. Textes u. der LXX, dass man in der Fixirung der Formen noch lange schwankte. Nämlich עִירָד könnte (vgl. עָרֹד) *Flüchtiger* (*Bud.* stark oder wachsend, nach dem Arab.) u. zugleich Umformung von יְרַד (יְרָד in der Aussprache Irâd) sein, aber auch umgekehrt; מְחוּיָאֵל oder מְחִיָּאֵל kann *von Gott Vertilgter* oder (jüd. aram.) *von G. Geschlagener* oder (*Bud.* 127 f.) *Gott gibt* (*mir*) *Leben,* מְחוּיָאֵל *Billmann,* oder *Gottesmann* (*Ges.* th.; mutu-ša-ili *Lenorm* or.² 262 f.) oder *Erbetener* (*Bud.*) oder *Höllenmann* מְחוּיָאֵל *Redsl.,*) gedeutet werden. Die LXX aber haben für עירד gar Γαιδαδ, für מתושאל Μαθουσαλα d. h. doch wohl (gegen *Bud.* 125 f.) מְתוּשֶׁלַח, für מחויאל Μαλελεηλ (d. h. מַהֲלַלְאֵל) neben Μαιηλ (*Lagarde* Orient. II. 33 ff.; *Bud.* 125). Wilde babyl. akkadische Gleichungen für עירד, חנוך, מתושאל gibt *Sayce* in Z. f. KSF. II. 404. Der Name לֶמֶךְ (trotz *Bud.* 102. 129) ist aus dem Hbr. unverständlich (nach dem Arb. *juvenis robustus?*). Über einen Mannsnamen Λάμαχος und Frauennamen Ἄδα in Kleinasien s. *Ew.* JB. VI. 2; G.³ I. 391. — V. 19. Lemekh nimmt 2 Weiber, führt also die Mehrweiberei ein, ein Zeichen der Entartung der urspr. Gottesordnung (2, 24); „wenigstens galt sie dem Vrf., der Lamech auch als rohen Menschen hinstellt, gewiss nicht als Fortschritt" (*Kn.*). Die Richtigkeit dieses Satzes ist deshalb, weil Vrf. kein Werthurtheil abgibt (*Bud.* 130 f.), nicht anzufechten. Auch bei V. 23 hat er kein Urtheil ausgesprochen, weil die berichtete Thatsache für jeden *israel.* Leser sich selbst beurtheilt. הָאַחַת] 1, 5. 2, 11. Der Ausdruck wie 10, 25 (*Bud.* 221). Die Namen der Weiber sind hier ausnahmsweise gemeldet, weil es zum Verständnis des Liedes V. 23 f. erforderlich ist; sie werden gewöhnlich gedeutet: „Schmuck" (עֲדִי) und „Schatten", von *Böttch.* Zieherin (Wandernde) und Schirmerin; von *Ew.* (JB. VI. 17): „Licht, Aurora (غَلَ) und Schatten", „Tag und Nacht", wovon dann *Goldziher* 151, *Lenorm.* 183 f. den mythologischen Sinn nachzuweisen suchen. — V. 20 ff. Der Stammbaum verzweigt sich hier an seinem Ende in die Breite. Drei in der Menschheit längst hervorgetretene Beschäftigungen oder Lebensweisen, um nicht zu sagen Stände, werden auf die 3 Lemekhsöhne als ihre Urheber zurückgeführt; zwei derselben, der Ahnherr der nomadischen Hirten und der der Musiker gehören näher unter sich zusammen und haben Ada zur Mutter („ebenso erfand nach Plin. 7, 57 der Hirtengott Pan die Schalmei, fistula pastoricia, und Apollo, der Meister der Lyra, wurde auch als Apollo Nomios verehrt" *Kn.* nach *Tuch; Lenorm.* 207; vgl. auch David); der dritte, der Ahnherr der Waffenmänner, stammt von der dunkeln, finsteren Mutter. Alle 3 aber sind nicht blos Söhne desselben Vaters, sondern führen fast gleiche Namen *Jabal Jubal Tubal,* scheinbar sämmtlich von der W. יָבַל *hervorbringen, Frucht tragen* (erhalten in יְבוּל בּוּל, יָבָל), somit als „Frucht, Erzeugniss, Sprosse" deutbar. Aber dieses scheinbare Etymon bezeichnet das Wesen der Personen nicht und trotz des äusseren Gleichklangs der Namen geht dieses weit auseinander (vgl. über Habil und Qabil und andere gleichlautende Namen von Brüderpaaren bei den Arabern

Goldz. 232 ff. *Lenorm.* 192 ff.). Denn יָבָל, aber in LXX 'Ιωβήλ ge-sprocıen, konnte in der alten Spracıe aucı *Waller* bezeicınen (*Böttch.* *Kn.*) und ist ıier der Wanderıirte; יוּבַל erinnert von selbst an יוּבֵל d. i. *Widderhorn*, lautschallende Musik, und תּוּבַל (LXX Θοβέλ) an die durcı Erzarbeiten (Ez. 27, 13) berühmte Japhetische Völkerscıaft (Gen. 10, 2) Tubal (*Tuch Kn.*), wäırend das beigesetzte (bei den LXX feh-lende) קַיִן (*Speer* 2 Sam. 21, 16; arab قَيْن *Schmied*) iın nocı be-stimmter als Waffenscımied, vielleicıt zugleicı als den ächtesten Spröss-ling Kains bezeicınet. — Jabal *ist der Vater des Zelt- und Heerden-Wohners geworden*] d. i. „der Urıeber der nomadiscıen Lebensweise und sonacı der Nomaden als solcıer, welcıe in Zelten (25, 27. Jer. 35, 7) und beim Vicıe woınen" (*Kn.*). Die Verbindung יֹשֵׁב מִקְנֶה ist nur durcı יֹשֵׁב אֹהֶל ermöglicıt, für sicı aber sonst nicıt gebräuchlich; LXX ἐν σκηναῖς σκηνοτρόφων, woraus auf eine urspr. Lesart וְיֹנֵה מִקְנֵה zu scıliessen (*Kuen.* XVIII. 147) weder nöthig nocı räthlich er-scıeint. מִקְנֶה] *Besitz, Heerdenbesitz* ein weiterer Begriff als צֹאן V. 2, „umfasst aucı Grossvieh (26, 14. 47, 17. Ex. 34, 19), bisweilen Kameele und Esel (Ex. 9, 3. Ij. 1, 3) mit" (*Kn.*); insofern, aucı durcı die Zelte, besteıt immerıin ein Fortscıritt gegen 4, 2 und ist somit kein eigentlicıer Widersprucı mit jener Stelle. Zu אֹהֶל וּמִקְנֶה vergleicıt *Lenorm.* 195 "Αμυνον καὶ Μάγον, οἳ κατέδειξαν κώμας καὶ ποίμνας bei *Euseb.* pr. ev. 1, 10, 10 (s. oben S. 7). Unverständlicı ist, wie daraus, dass der *Erstgeborene* Lemekh's Nomade ist, folgen soll (*Bud.* 145 ff.), dass den Urıebern dieser Kainitentafel das Nomadenleben als die Blume aller Cultur galt, also sie selbst nocı ein Nomadenleben führten, oder gar dass sie sicı selbst durcı Jabal von Kain ableiteten. Mit demselben Recıt könnte man (nacı *Budde's* eigenen Voraussetz-ungen) aus Noaı's Weinbau (9, 20 f.) die gegentheilige Folgerung zieıen, u. eine Völkergenealogie sollte ja diese Tafel überıaupt nie darstellen (s. aucı *Riehm* in St. u. Kr. 1885 S. 767 f.). — V. 21. וְשֵׁם אָחִיו] wie 10, 25. Jubal wurde *Vater aller derer, welche Cither und Schalmei ergreifen* d. i. *handhaben*; LXX ὁ καταδείξας ψαλτήριον καὶ κιθά-ραν. Der כִּנּוֹר, bei den Hebräern das gewöhnlichste Saiteninstrument, für die gemeine und die ıl. Musik gebräucılicı, aber aucı bei den Phöniken (Ez. 26, 13) und Syrern verbreitet, und über Kleinasien als κινύρα und κιθάρα früıe zu den Griecıen gekommen, scıwerlicı von angeblicıem כנר *schnarren* (*Ges.*), eıer mit قِنَّب *Hanf* vermittelst der davon gemacıten Saiten zusammenıängend (*Tuch, Ew.* Dicıt. des AB.[2] 1. 218) und aus כִּנְּרֵי oder כִּנֹּר (*Ew.* 79ᵈ. 118ᵃ) verkürzt, wird gewiss nicıt ohne Grund hier als das älteste Saiteninstrument genannt, vgl. Gen. 31, 27; Ij. 21, 12. 30, 31; Gestalt, Saitenzahl und Feinıeit war Sacıe der allmähligen, nacı Ort und Zeit verscıiedenen Vervollkommnung. Sonst s. *Ri.* HWB. 1031 ff. עוּגָב] oder עֻגָב (Ij. 21, 12. 30, 31; Ps. 150, 4). obwoıl in LXX und *Pesch.* aucı als Saitenwerkzeug verstanden, ist nacı *Targ. Hier.* (selbst LXX zu Ps. 150), mehrr. Rabb., ein Blas-ınstrument, eine Art Flöte (אַבּוּבָא *Targ.*), etwa *Hirtenflöte* oder *Schal-*

mei; ob Sackpfeife (später συμφωνία) oder Panpfeife σύριγξ? muss
daɿingestellt bleiben (. **Win.**³ H. 123; BL. IV. 263. *Ri.* HWB. 1038).
— V. 22. חוה בַ] Vs 26. 10, 21. 19, 38. 22, 20. 24. *Tubal-Kain*
wird besɔɿrieben als *Schärfer* oder *Hämmerer* (sofern לטשׁ das Sɔɿärfen
durcɿ *Hämmern* zu bedeuten scɿeint) *von allerlei* (2, 9) *Schneiden-*
dem von Erz und Eisen, also „als Verfertiger von allerɿand kupfernen
und eisernen Schneɩdewerkzeugen, zB. Geräthen für Landbau und Vieɿ-
zucɿt, Jagd und Krieg, oder als der, der die Scɿmiedekunst erfand"
(*Kn.*). Diese (seit *Tuch*) gewöɿnlicɿe Erklärung ist aber scɿwerlicɿ
die Meinung der Mass., welcɿe durcɿ den Accent bei לטשׁ und die Aus-
spracɿe לֹטֵשׁ (statt des in diesem Fall näɿer liegenden חֹרֵשׁ) vielleicɿt
(mit *Targ.*) vor כֹל ein אֲבִי aus V. 21 supplirten: ein Hämmerer,
(Vater) aller Erz- und Eisenscɿmiede. Möglicɿerweise ist אֲבִי für לטשׁ
(*Olsh.*) oder nacɿ לטשׁ einzusetzen, vorausgesetzt dass כֹל ächt ist.
Aber die LXX (Θοβελ· καὶ ἦν σφυροκόπος, χαλκεὺς χαλκοῦ καὶ σιδήρου) ɿaben zwar לטשׁ, aber nicɿt כֹל; ob sie חרשׁ für קין ɿatten,
oder ob καὶ ἦν aus Καιν verderbt ist, steɿt daɿin. Vielleicɿt ist es
das einfachste כֹל zu streicɿen. Ein Textesfehler ɩst aucɿ nacɿ der
Analogie von V. 20 f. waɿrscɿeinlicɿ (s. **Bud.** 137 ff. Aber wenn
dieser וַיְהִי לֶמֶךְ für כֹל לֶטֶשׁ קַיִן setzen, also den Lemekh zum Erfinder
der Scɿmiedekunst macɿen u. den Tubal leer ausgehen lassen will,
weil dieser die Lebensweise auf dem Acker u. in der Stadt fortfüɿren
müsse, so ist das nicɿt meɿr Textesemendation, sondern eigenmäch-
tige Construction). Übrigens lernten *Erz* die Menscɿen früher bearbeiten als Eisen, und ist es ɿier mit gutem Grund vorangestellt. — Dass
die Lemekh-Söɿne nicɿt Personificationen gewisser nicɿt zu den Noa-
cɿiden gerecɿneten Völker sein sollen, ist scɿon S. 87 f. bemerkt. Viel-
meɿr ist der Zweck wie des ganzen Stücks V. 17 ff., so der V. 20
—22, die Fortscɿritte der Cultur und die Erfindungen wicɿtiger Künste
und Übungen scɿon im ɿoɿen Alterthum nacɿzuweisen, wie denn andere Völker solcɿe Erfindungen geradezu auf die Zeit der Herrscɿaft
der Götter zurückführen (zB. die Ägypter auf Osiris' Herrscɿaft Diod.
Sic. 1, 15 f.). Am meisten äɿnlicɿ ist ɿier die Anknüpfung der Cultur-
stufen an gewisse Namen in der phönik. Sage (s. oben S. 7), und
speciell zu vergleicɿen ist, wie dort (Eus. pr. ev. 1, 10, 9) 2 Brüder
als σιδήρου εὑρεταὶ καὶ τῆς τούτου ἐργασίας erscɿeinen, und der eine
davon, Χρυσώρ genannt, den die Griecɿen Hephästos nennen, aucɿ
λόγους, ἐπῳδὰς καὶ μαντείας ausgeübt ɿaben soll (vgl. den Doppelsinn
von חרשׁ im Hebr.). „Die griech. Mytɿologie kennt neben dem Gott
der Scɿmiede die wandernde Künstlerfamilie der Τελχῖνες (Diod. Sic.
5, 55), denen nacɿ Strabo 14, 2, 7 die Erfindung, Erz und Eisen
zu bearbeiten, zugescɿrieben wird" (*Tuch*). — Aucɿ ein wegwerfen-
des Urtheil über den Wertɿ dieser Erfindungen liegt an sicɿ nicɿt in
den Texteswørten; der Scheɿn eines solcɿen wurde allerdings dadurcɿ
erregt, dass diese ganze Kaingenealogie zuletzt in einen Gegensatz zu
der der Sethiten gestellt wurde, wo es denn allerdings bedeutsam er-
scɿeint, dass diese Dinge nicɿt bei diesen, sondern bei jenen erfunden
wurden; ɩn Waɿrɿeit aber lehrt die ganze übrige Bibel, dass diese

Dinge nicht an sich und wegen ihres Ursprungs zu misbilligen sind,
sondern erst durch den Zweck, zu dem man sie übt, verwerflich werden können. — Von Tubal-Kain wird noch eine Schwester *Naama*
(LXX *Νοεμά*) d. i. *Liebliche, Huldin* erwähnt, ohne dass später noch
etwas über sie gesagt wäre. (Ohne haltbaren Grund will *Bud.* 142 f.
V. 22[b] für einen späten Einschub erklären, gemacht zu dem Zweck,
die Şilla in der Zahl ihrer Kinder der ʿAda gleichzustellen). Sicher
hat sie in dem Sagenkreis, aus dem der Vrf. schöpfte, eine nicht un-
wichtige Stelle gehabt, und der Gedanke, der dieser ihrer Zusammenstellung mit Tubal zu Grunde liegt, ist wohl derselbe wie bei Hephästos und Aphrodite, oder Ares und Aphrodite. Über eine angebliche
phönik. Göttin Naʿama s. *Movers* Phön. I. 636 ff. *Lenorm.* 200 f.
Bei den Juden galt Naama als Meisterin des Gesangs (*TgJon.*) oder
als Gattin Noah's (Beresch r. par. 23) oder als Dämonin und eines der
Weiber des Sammael (*Eisenm.* II. 416). — V. 23 f. Das Lemekhlied,
angeknüpft durch כִּי consc.: *da* sc. als diese Fertigkeiten schon erfunden und manches andere geschehen war, *sprach L. zu seinen Weibern.*
Es besteht aus 3 zweizeiligen Versen, und ist ein vollständiges kleines
Lied, vom Erzäler nicht gedichtet, sondern vorgefunden, mit diesen
Sagen selbst überliefert, ein Lied, worin der alte Held, im Vollgefühl
seiner Kraft und seiner Mittel, seinen wilden Muth und die siebenund-
siebzigfältige Rache, mit der er Beleidigungen zurückgibt, verherrlicht.
Dass Lemekh selbst die Waffen erfunden habe (*Bud.* 136 f.), ist aus
dem Lied so wenig herauszulesen, als ihre Erfindung durch Tubal.
Zu den 2 ersten Zeilen vgl. Jes. 28, 23. 32, 9. שְׁמַעַן] *Ges.* 46 A. 3;
König Lehrg. I. 289. כִּי] wohl nicht recitativ, sondern entweder begründend (für die Aufforderung zur Aufmerksamkeit) oder geradezu כִּי
affirm., wie Ex. 4, 25 u. s.: *ja einen Mann habe ich getödtet ob
meiner Wunde, und einen Jüngling* (Knaben) *ob meiner Strieme,*
d. i. er rühmt sich, eine blosse Wunde oder Strieme, ihm beigebracht, mit Mord eines Mannes oder Knaben vergolten zu haben oder
zu vergelten (*Herder* und fast alle Neuern). Das Prf., in den Verss.
richtig wiedergegeben, drückt nicht den Vorsatz aus, auch nicht die
blosse Gewissheit (*Ke.*), sondern die vollzogene That, die er aber,
in ähnlichem Falle, zu wiederholen nicht zögern wird. Die Berufung (*Budde's* 133) auf *Ew.* 135[c]. *Ges.* 126, 4 kann nicht das
Gegentheil beweisen: weder Vorsatz, noch blosse Möglichkeit wird
so durch Prf. ausgedrückt. Selbstverständlich sind Wunde u. Strieme
nur Beispiele erlittener Beleidigungen. Zu לְ, den Anlass einführend,
s. *Ew.* 217[d]. LXX: *εἰς τραῦμα ἐμοί, εἰς μώλωπα ἐμοί;* ebenso *Vulg.*
Luth. u. a., ähnlich *Onk.*; damit würde Lemekh vom Morde abmahnen,
bussfertigen Sinn zeigen, aber wie passte dazu die Begründung V. 24!
(Über den Midrasch, dass der von Lemekh ermordete אִישׁ Kain und
der יֶלֶד Tubal-Kain gewesen sei, s. *Hier.* ep. ad Damas. 125; Christl.
Adamb. S. 85; *Raschi; Fabric.* Cod. Ps. V. T. I. 121. Die älteren
Monographien über die St. s. bei *Schum.* p. 97 f.). — V. 24. *Denn
siebenfach wird* (zwar) *Kain gerächt, aber Lemekh sieben- und
siebenzigfach,* nicht: 70fach und das 7mal (*Kamph. Böhm.,* s. *Ew.*

269ᵇ; JB. XI. 198). So nacɪ der mass., auf V. 15 beruɪenden Punktation; oɪne Rücksicɪt darauf würde man eher יִקֹּם *nimmt Rache*
(*Bud.*, *Kuen.*) versteɪen. Falscɪ *Budde* 134: „wenn (wo) K. 7facɪ
räcɪen *könnte*, so (da) L. 77facɪ"; vergeblicɪ ist aucɪ sein Versucɪ,
den Lemekh von der Mordlust zu entlasten. Das Impf. יִקֹּם drückt einfacɪ die Gewoɪnɪeit (in Gegenwart oder Vergangenɪeit) aus u. setzt
nicɪt notɪwendig Gleicɪzeitigkeit des K. u. L. voraus. — Im Besitze
der Erfindungen, vor allem der Waffen, seines Gescɪlecɪts füɪlt sicɪ
Lemekh dem Aɪnɪerrn Kain weɪt überlegen; er braucɪt nicɪt meɪr,
wie dieser, von Gott Scɪutz zu erflehen; mit seinen Waffen und oɪne
Scɪeu, für eine Kleinigkeit einen Menscɪen todtzuschlagen, scɪafft er
sicɪ seinen Scɪutz selbst, und ɪat eine Unverletzlicɪeit, eilfmal grösser
als die Kain's. Die wilde Blutracɪe und Mordlust, welcɪer V. 15 ein
Damm entgegengestellt werden sollte, ist am Ende dieser Kainitischen
Geschlechtsreihe voll entwickelt: gegen Lemekh war Kain nur ein Anfänger. (Über die verkehrte Auslegung der Stelle im Targ. *Onk.* u. *Jon.*
s. *Mercer.* u. *Schum.*)

V. 25 f. Anfang der *Šethitengenealogie* des C (s. S. 90), welcɪer
trotz seiner wesentlicɪen Übereinstimmung mit dem entsprecɪenden
Stück des A in Cp. 5 von R ɪier steɪen gelassen wurde, weil darin
einige bei A nicɪt zu lesende, aber nothwendige Notizen vorkommen
(wie aus gleicɪem Grund aucɪ 5, 29 daraus aufbeɪalten wurde). Dass
diese Genealogie des C aucɪ 10 gliederig war (wie die des A), wird
daraus waɪrscɪeinlicɪ, dass gerade die 3 (über die Ḳainliste über-
schüssigen) Namen Šetɪ Enoš Noaḥ darin entɪalten waren. Dass die
Šethlinie als neben der Ḳainlinie ɪergeɪend angeseɪen werden soll, ist
V. 25 ausdrücklich bemerkt, ebenso ist durcɪ 26ᵇ angedeutet, dass sic
in einem sittlicɪ-religiösen Gegensatz gegen die andere gedacɪt ist, ent-
sprecɪend dem Gegensatz u. Kampf zwiscɪen der Ricɪtung auf das
Gute u. das Böse, welcɪer sicɪ durcɪ die ganze Menscɪengescɪicɪte
ɪinzieɪt. Im übrigen aber zeigt sicɪ ɪier deutlicɪer als sonstwo die
Zusammensetzung der Gen. aus verscɪiedenen Scɪriften, denn ein und
derselbe Vrf. ɪätte nicɪt V. 25 u. 5, 3 ff., 26 u. 5, 6 ff. in dieser
Weise neben einander ɪingestellt. — V. 25. אָדָם] oɪne Artikel (s. 3, 17)
könnte von R aus הָאָדָם zur Conformation mit Cp. 5 ɪergestellt sein
(*Bud.* 135), lässt sicɪ aber aucɪ als vom Vrf. selbst stammend er-
klären, sofern von da an, wo ausser הָאָדָם andere Menscɪen u. Männer
(V. 1 ff.) da sind, אָדָם (für den ersten Mann) notɪwendig in ein n.pr.
übergehen musste. וַיֵּרַע] s. V. 1. עוֹד] feɪlt in LXX; dagegen ɪaben
LXX nacɪɪer וַתַּהַר, was im Hbr. feɪlt. Das Weib nennt den Soɪn
Šetɪ (d. i. *Satz, Setzling*), *denn gesetzt hat mir Gott einen andern*
Samen statt Abel's, weil Kain ihn getödtet, sc. sagte sie (wie 41,
51 f.), d. ɪ. zum Ersatz für Abel mir einen andern Soɪn gegeben.
כִּי הֲרָגוֹ קֹ'] nicɪt Worte des Ref. (*Bud.* 155), als welcɪe sie ganz
müssig wären, sondern des Weibes. זֶרַע אַחֵר] unanstössig (gegen *Bud.*
155 f.), u. statt בֵּן 'א darum gewäɪlt, weil es der Redenden nicɪt auf
den Soɪn allein, sondern auf die ganze durcɪ iɪn ermöglichte Nacɪ-
kommenschaft ankommt. Die Worte עוֹד u. אַחֵר—קַיִן für einen jüngeren

Zusatz (von J³, *Bud.* 158 f.) anzusetzen, ist man nur veranlasst, wenn man auci anderwärts in diesem Cap. die Naciiilfe des R (s. S. 90) annimmt; notiwendig ist das nicit, u. die ganze Namensetymologie, oine ᵓ᷄ᵃᵉ אחי ziemlici unwicitig, wird erst durci קין—אהי wirklici bedeutungsvoll und mittheilungswerth. אֱלֹהִים] ist gebraucit, nicit weil es sici blos um einen Gegensatz gegen Kain iandelt (*Del. Ke.*), nicit weil die Šethiten dem Elohisten angeiören (*Kn.*), sondern weil der, der V. 26ᵇ bringen wollte, nicit woil iier dem Weibe יהוה in den Mund legen konnte. Wenn gleiciwoil V. 1 im Mund der Eva יהוה vorkommt, so könnte das freilich auf einen andern Vrf. (J¹ *Bud.* 228 f.) iinweisen, aber LXX iaben dort אלהים, u. dies kann ursprünglicier sein. — V. 26. חיל בּ] V. 22; s. *Ew.* 311ᵃ; *Ges.* 121, 3; feilt in LXX. אֱנֹושׁ] ist zwar auci nur *Mensch*, wie Adam, aber mit dem Nebenbegriff des sciwacien, iinfälligen, der durci sici selbst auf seinen Gegensatz Gott iinweist, und als iätte man damals erst es „mit dem Untersciied von Mensci und Gott strenger zu neimen gelernt" (*Ew.* JB. VI. 18; *Böhm. Del.*), ieisst es hier: *damals*, zur Zeit des Enoš, oder scion seiner Geburt *fieng man an*, mit dem Namen Jaive's zu rufen d. h. nicit blos: denselben zu nennen oder zu gebraucien, auci nicit: sici naci J. zu benennen (*Cler. Ilg.*), sondern *ihn anzurufen* d. h. Jaive zu vereiren. „Der Ausdruck geit eigentlici auf das Gebet zu J." (möglicierweise auci auf die Verkündigung seines Namens Jes. 12, 4; *Luth.*: zu predigen von des Herrn Namen), „wird aber dann auci von der Jahveverehrung im ganzen gebraucit (Şeph. 3, 9; Jer. 10, 25), diese also naci einem iirer Hauptstücke bezeicinet" (*Kn.*) Das Gottesbewusstsein des Menscien wird als von Anfang an vorianden vorausgesetzt (s. 2, 16), aber die feierlicie, gottesdienstlicie Vereirung muss irgendwann einmal begonnen iaben (vgl. Naciweisungen dessen sogar in der phönik. Sage Eus. pr. ev. 1, 10, 5 ff.), und wenn man vergleicit, wie 12, 7. 8. 13, 4. 21, 33. 26, 25 (s. auci 9, 26) dieselbe Formel wiederkeirt, so kann man nicit blos über ihre Bedeutung nicit meir zweifeln, sondern erkennt auci, dass von der wairen Religion, deren Fortpflanzung in der Linie Šetis, Šems, Abraiams weiterin nacigewiesen wird, iier die ersten Anfänge aufgezeigt werden sollen. Dem Vrf. knüpft sici aber der Begriff der wairen Religion an den Namen Jaive, daher diese seine Formel; die feinere Unterscieidung zwiscien Wesen und Namen, Sacie und Ausdruck, die Ex. 6, 3 vorliegt, wird von iim nicit gemacit. Mit C, der immer u. von Anfang an für Gott Jaive scireibt, stimmt das seir woil, dass scion im 3. Mensciengeseileit die gottesdienstlicie Jaivevereirung beginnt (gegen *Kuen.* XVIII. 152 f., welcier seinem J¹ alle u. jede Reflexion über den Ursprung des Jahvedienstes aberkennen will), weniger stimmt es ansceinend mit V. 3—5, wo scion Kain u. Abel opfern. Aber der damalige Anfang war nur ein isolirtes Vorspiel, oine Fortgang, u. der eigentlicie Zweck des 26ᵇ liegt vielmeir darin, anzugeben, dass u. wann in dem זֶרַע אַחֵר der (von da an im erwählten Geseileit continuirlich fortgepflanzte) Jahvedienst ins Leben getreten sei (s. auci *Riehm* HWB. 1467; St. u. Kr. 1885 S. 771). Im dritten

Gescılecıt gescıaı es, wie ım drıtten der Kainlınıe dıe weltlicıe Bildung einen Scırıtt vorwärts macıte. Die Juden freilicı (*TgOnk.* u.
Jon, *Raš.* u. a.) sucıten dem Widersprucı mit V. 1—4 zu entgeıen,
indem sie verkeırt genug הוּחַל als *wurde entweiht* (vgl. Hiph. Ez. 39, 7)
deuteten, also die Entweııung des hl. Namens, sowie die Entsteıung
des Götzendienstes aus d. St. ıerauslasen.   Übrigens fragt sicı, ob
nicıt die urspr. Lesart הֻחַל (חַ =) ׳, welcıe die LXX *Vulg.* *BJub.*
ausdrücken, war und הוּחַל אׇ (scıon bei *Aq.* und *Sym.*, aber in der
Bedeutung ἀρχή) mit jener Auffassung des *Targ.* zusammenıänge.

4.   Die Gescılecıter der Menscıen von Adam bis Noaı in
      der Linie Setı's, Cap. 5; aus A (ausgen. V. 29).

   1. Iıı Form eines Stammbaums von 10 Gescılecıtern wird ıier
die Entwicklung der Menscııeit von Adam bis Noah kurz bericıtet
und dadurcı von der Scıöpfung auf das näcıste Hauptereigniss, die
Fluth, hinübergeleitet.   Mit Ausnaıme von V. 22—24, wo er etwas
farbiger wird, entıält der Bericıt nur eine dürre Reiıe von Namen
ınd Zaılen. Von jedem der 9 ersten Väter macıt der Vrf. immer den
Erstgebornen namıaft, gibt an, in welcıem Lebensjaır er iın gezeugt,
ebenso wie viele Jaıre er darnacı und wie viele im ganzen gelebt
ıabe, bemerkt aber aucı bei jedem, dass er ausser dem Erstgebornen
Söıne und Töcıter gezeugt ıabe.   Beim letzten Glied der Reiıe (V. 32)
wird mit der Angabe des Jaıres der Zeugung abgebrocıen, weil an
andern Stellen (7, 11. 9, 28) das Übrige nachgebracht werden soll.
Erreicıt wird mit dieser Darstellung zweierlei, einmal eine Vorstellung
zu geben von der allmähligen Zunaıme der Bevölkerung der Erde, sodann die Dauer dieser ersten Periode zu bestimmen.   Recınet man
nämlicı die Zaılen der Lebensjaıre der einzelnen Patriarcıen, welcıe
bis zur Zeugung iırer Erstgebornen verflossen sind, zusammen, so ergeben sicı bis zum 500. Jaıre Noaḥ's 1556 und (7, 11) bis zum
Beginn der Fluth 1656 Jaıre.   Aucı nocı eine drıtte Absicıt ist bei
dieser Darstellung unverkennbar.   Die Zaılen der Gesammtlebensjahre
der Einzelnen, obwoıl für die fortlaufende Cıronologie oıne Bedeutung,
sind doch geflissentlich angemerkt, um von der Langlebigkeit dieser
ältesten Menscıen eine Vorstellung zu geben (s. weiter Cp. 11, ferner
25, 7. 35, 28. 47, 28, sammt der Äusserung Jacobs 47, 9).   Dagegen
anderweitiges über diese ältesten Väter, von denen man einst woıl
nocı. mehr zu erzälen ıatte, zu bericıten, hat nicıt in des Vrf. Absicıt gelegen; nur bei Ḥenokh durcıbricıt er diese Scıranke, die er
sicı gezogen. — Dass diese Genealogie von einem andern Vrf. gescırieben ist als die Cp. 4, leırt scıon die zu Cp. 4 besprocıene
Differenz zwiscıen beiden.   Dass aber kein anderer als A der Vrf. ist,
ergibt sicı, abgeseıen vom Gottesnamen Elohım, aus der Rückbeziehung
von 5, 1—3 auf 1, 26—28, aus der Sorgfalt für Herstellung einer
Chronologie, aus der ımständlicıen und formelıaften Darstellung, aus
den gebraucıten Ausdrücken, namı. חׇפְלֽיד 1, דְּמוּת u. צֶלֶם 1. 3, זָכׇ

יֵרֶד 2, הֵילִיד 3 ff., *wandeln mit Gott* 22. 24 vgl. 6, 9. Nirgends
auch ist hier auf Fortschritte in Erfindungen und Künsten (wie Cp. 4),
nirgends auf die Entwicklung der Sünde Rücksicht genommen, wie
denn (s. S. 34) diesem Erzähler das erste Weltalter noch eine Zeit
höherer Ruhe und ursprünglicher Vollkommenheit ist, in welche erst
gegen das Ende hin (6, 9 ff.) das Verderben eindringt, so dass auch
die Angabe über Ḥenokh's Frömmigkeit bei ihm sich leichter erklärt.
Nur V. 29 ist erst von R aus C eingeschaltet (s. d.).

  2. Ohne Zweifel versteht der Vrf. unter den 10 Vätern wirkliche
Personen, und unter ihren Jahren wirkliche Lebensjahre. Zwar sind
so hohe Lebensalter erfahrungsmässig nicht nachweisbar, und ist es
physiologisch hinlänglich festgestellt, „dass es dem menschl. Körper bei
einer von der gegenwärtigen nicht ganz verschiedenen Organisation unmöglich ist, ein Alter von 200 Jahren zu übersteigen, geschweige eines
von 900 zu erreichen". (*Tuch*; zB. *Valentin* Lehrb. der Physiol. II.
894; *Prichard* Naturgesch. des Mensch.Geschl. 1. 155 ff.), und haben
darum die Apologeten von jeher (schon Jos. ant. 1, 3, 9) auf die noch
stärkere Lebenskraft der ersten Lebewesen und die zweckentsprechen-
dere Nahrung und Lebensweise der Menschen jener Zeit sich berufen,
ja sogar von den jetzigen sehr verschiedene klimatische Verhältnisse
der Erde (deren aber die Bibel nirgends Erwähnung thut) postuliren
zu dürfen geglaubt (*Thiele, Kurtz, Lange, Ke.* u. a.). Allein daraus,
dass wir jetzt auf Grund der genaueren Erfahrungswissenschaften an
diesen Zahlen Anstoss nehmen müssen, folgt noch nicht, dass sie auch
für den Vrf. etwas Anstössiges hatten. Man hat auch andere Wege
eingeschlagen, um aus dem Berichte diesen Anstoss zu entfernen, aber
der Text verträgt sie nicht. So ist zB. die Deutung der 10 Namen
auf 10 Stämme oder Völker, und ihrer Lebenszeit auf die Dauer dieser
Stämme (*Gatterer* Weltgesch. 1. 9 ff.; *Enkelmann* in *Henke's* Museum
II. 565 ff.) oder Dynastien (*TPCrawford* the patriarchal dynasties etc.
Richmond 1878) darum ganz unzulässig, weil das Zeugen eines Erstgebornen und dann noch weiterer Söhne und Töchter oder die Hinwegnahme ohne Tod (V. 24) nur von Individuen, nicht von Stämmen
oder Herrschaften ausgesagt werden kann. Ebenso ist die Auskunft
von *Rosenm.* ad Gen. 5, 5, vgl. *Friedreich* zur Bibel I. 171 f., wornach diese Tafel nur der zusammengeschrumpfte Rest einer längeren
Genealogie mit viel mehreren Gliedern und ihre hohen Zahlen nur die
übrig gebliebenen Summen der Lebenszeit dieser längern Reihen wären, mit der Darstellung des Vrf. unvereinbar; man müsste wenigstens
zugeben, dass er etwas anderes aus diesen Genealogien gemacht hat,
als sie ursprünglich waren. Völlig grundlos ist endlich die Meinung,
שָׁנָה bezeichne bei den Patriarchen kleinere Zeiträume, nämlich bis
auf Abraham 3, von da bis Josef 8 und erst nach Josef 12 Monate
(*Hensler* Bemerk. über Psalm. u. Genes. 280 ff.), oder von Adam bis
Noaḥ 1, von Šem. bis Serug 2, von Naḥor bis Teraḥ 4 und von
Abraham bis Amram 6 Monate (*Rask* in *Illgen's* Zeitschr. f. hist.
Theol. 1836 S. 19 ff.) oder 60tägige kald. Sossen (*Lesueur* in Revue
Archéol. 1858; Chronologie des rois d'Egypte p. 300 ff.). „Denn שְׁנֵי

bedeutet im AT. immer nur den Jahreskreis und ein kürzeres Jahr als
die Jahreszeitenperiode haben die Hebräer nie gehabt", so wenig als
andere alte Völker, denn die angeblichen Jahre von einem oder mehreren Monaten, welche Ägypter und andere gehabt haben sollen, sind
nur von Späteren erfunden, um die Schwierigkeiten der mythischen
Geschichte zu heben, s. *Ideler* Chronol. I. 93 ff.; *Tuch* 101 ff.; „auch
hätten bei dieser Annahme manche Patriarchen schon in einem Alter,
wo sie dazu noch nicht fähig waren, Kinder erzeugen müssen (s. weiter dagegen *Kanne* bibl. Untersuch. I. 2 ff., *Bredow* Untersuch. ü. alte
Gesch. u. Geogr. I. 9 ff.)" *Kn.* Allen solchen Ausdeutungen gegenüber ist daran festzuhalten, dass der Vrf. wirklich diesen ältesten
Menschen solche hohe Lebensalter zuschrieb, „in Übereinstimmung mit
der alten Vorstellung, dass die Menschen in der glücklichen Ur- und
Vorzeit länger gelebt haben, allmählig aber immer schwächer und kurz-
lebiger geworden seien (6, 3). Nach dem AT. wurde man bei den
Hebräern in der geschichtl. Zeit 70—80 Jahre alt (Ps. 90, 10); in
der mosaischen und patriarchal. Zeit erreichte man (Gen. 25, 7. 35,
28. 47, 28. 50, 26; Ex. 6, 16. 18. 20; Num. 33, 39; Dt. 34, 7;
Jos. 24, 29; Jud. 2, 8) ein Alter zwischen 100 und 200 Jahren; für
die Zeit vor Abraham und nach Noah halten sich die Altersangaben
mit éiner Ausnahme zwischen 200—600 Jahren (11, 10—32), und
für diejenige von Adam bis Noah gleichfalls mit éiner Ausnahme zwischen 700 und 1000 Jahren. Nach hebr. Glauben hat also die Lebensdauer im Laufe der Zeiten abgenommen; daher die Hoffnung auf
Wiederherstellung hohen Lebensalters in der messian. Zeit (Jes. 65,
20. 25, 8), nach dem Grundsatz Prov. 10, 27. Auch das übrige
Alterthum nahm für die ältesten Zeiten eine höhere Lebensdauer an,
und Josephus (Ant. 1, 3, 9) nennt Manetho, Berosus, Mochus, He-
stiaeus, Hieronymus, Hesiodus, Hecataeus, Hellanicus, Acusilaus, Ephorus
und Nicolaus, welche ähnliches wie die Genesis berichteten. Hamza
annal. p. 13 führt in der ersten persischen Dynastie 3 Regierungszeiten
von 500, 746 und 1000 Jahren an, und die Arkadier gaben an, apud
se reges antiquos aliquot ad 300 vixisse annos (Censorin. 17, 3), *Kn.*
Kann nun aber diesen Zahlen der Natur der Sache nach eine eigentlich geschichtl. Bedeutung nicht zuerkannt werden, und sind sie, soweit sie chronol. Bedeutung haben, nur als ein Versuch des Vrf. anzusehen, nach irgend welchen Daten (s. nr. 4) die Dauer der Menschen-
zeit bis zur Fluth zu bestimmen, so dürfen sie billiger Weise auch
nur als ein solcher beurtheilt werden. Andere Völker haben andere
Berechnungen aufgestellt, theils völlig phantastisch vermittelst eines
wilden Zahlenspiels (wie die Inder), theils auf Grund astronomischer
Berechnungen (wie die Babylonier und Ägypter; vgl. auch über die
Phöniken Jos. ant. 1, 3, 9): verglichen mit den maasslosen Zahlen dieser
Systeme zeichnet den Versuch dieses Vrf. wieder derselbe maassvolle,
nüchterne und tief gottesfürchtige Sinn aus, der auch seine Schöpfungs-
darstellung durchdringt; er will nicht die Dinge und Wesen der end-
lichen Welt ins Unendliche hinausdehnen.

3. Dass der Vrf. die Stoffe seiner Darstellung nicht erfunden, son-

dern aus mündl. oder schriftl. Überlieferung aufgenommen ıat, ist selbst-verständlicı. Für die meisten der Namen bewäırt sicı das scıon aus 4, 17 ff., wo dieselben wieder vorkommen. Mit Einordnung dieser Stoffe in eine 10gliedrige genealogiscıe Reiıe, worin (S. 104) waırscheinlich der Vrf. von 4, 25 f. mit iım zusammenstimmt, folgt er woıl ebenso (S. 88) einer alten Übung, wie der Vrf. der Kainreihe mit iıren 7 Gliedern. Im Grunde gibt sicı die 10gliedrige Reiıe als aus der 7gliedrigen durcı die Hinzufügung des Noaḥ (des Mannes der Fluth) am Ende, und des Šetı, Enoš am Anfang erweitert: Adam, Šetı, Enoš Qenan (d. ı. Menscı u. Sprössling) ist nur die Verdoppelung des Adam Qain der andern Reiıe. In so weit kann man die letztere für ursprünglicıer, als die erstere ıalten. Ob das aucı auf die Namen selbst ımd iıre Ordnungsfolge zutreffe (*Bud.* 98 ff.), lässt sicı nicıt aus-macıen. Freilicı sind die Namen מהללאל (Preis Gottes), ירד (Herab-kunft, Niedergang), מתושלח (Mann des Gescıosses) ıebräiscı durcı-sichtiger, als die entsprecıenden der Kainreihe; aber die Möglicıkeit, dass diese letztern aus den erstern absicıtlicı geändert seien (oben S. 87), ist nicıt ausgescılossen, zumal da über die Function dieser Namen im System weder 4, 18 nocı in Cp. 5 etwas mitgetheilt ist. Versucıe dazu, diese Function zu ergründen, sind woıl scıon gemacıt, zB. von *Böttcher* ÄL. 5, welcıer wenigstens bei Mahalalel vielleicıt ricıtig an den Anfang der Gottesvereırung (vgl. 4, 26) denkt, und von *Ew.*G.[3] I. 383, welcıer Glanz- oder Sonnengott, Gott der Niederung oder des Wassers, Waffen- oder Kriegsgott u. (bei Ḥenokh) Gott des Neujaırs vermuthete. Aber diesen Vermuthungen können mit ebenso-viel Recıt andere entgegengesetzt werden. Nur von Ḥenokh ist aus der Zaıl seiner Lebensjaıre sicıer, dass er mit dem Sonnenjaır von 365 Tagen in irgend welcıe Bezieıung gebracıt war. Aucı die Namen der 10 vorsintfluthlichen Herrscıer der ḥab. Sage, die an Zaıl und Stellung den 10 Urvätern der Bibel so äınlicı scıeinen, sind weder iırer Bedeutung nacı bis jetzt erklärt (trotz *Lenormant's* wiederıolter Versucıe in Comm. de Bérose 235 ff.; la langue prim. de la Cıaldée 342 ff.; zuletzt in Orig.[2] I. 232—266, wo er meint, dass die 10 Namen 10 Zeicıen des Thierkreises entsprocıen ıaben, aber warum dann nur 10?), nocı sind sie überıaupt zur Vergleicıung geeignet, wenn die hbr. 10gliedrige Liste erst aus der 7gliedrigen erweitert ist; nicıt einmal dass die Aufstellung einer zehngliedrigen Liste (s. oben S. 88) die Bekanntscıaft mit den 10 babyl. Herrscıern zu iırer nothwendigen Voraussetzung ıabe (*Kuen.* XVIII. 165), kann mit Recıt beıauptet werden. Neuestens sucıte *Budde* 100 ff. zu beweisen, dass nacı der Absicıt des Vıf. von Cp. 5 die 10 Urväter in 2 Hälften zerfallen, von denen die erste als gut und Gott geıorsam, die zweite von Jered (*Niedergang* Dt. 28, 43. Thr. 1, 9) an (mit Ausnaıme des Ḥenokh u. Noaḥ) als dem sündlichen Verderben verfallen gelten sollten, und dass zu diesem Zweck Metıušael in Metıušelaḥ, ʿIrâd in Jered umge-wandelt, Ḥenokh aber ınd Meḥijael umstellt worden seien, damit Ḥenokı als leucıtende Ausnaıme unter den Sündern steıe und die bevorzugte 7. Stelle einneıme. Aber auclı diese Construction ist meır sc1arfsinnig als beifallswürdig. Zunäc1st die Umänderung des Mehijael (nac1 *Bud.* ein Name guter Bedeutung, s. 4, 18) in Mahalalel ist damit nic1t begründet. Sodann ist es wo1l ric1tig, dass nac1 A (6, 9—12) in das (Cp. 5 verzeic1nete) Mensc1engesc1lec1t das sündliche Verderben sc1liesslic1 eindrang, aber dass es auc1 die Häupter erfasste, ist damit noc1 nic1t gesagt, und dass es gerade mit Jered begann, wird nur aus einer bloss *möglichen* Bedeutung des Namens ersc1lossen, vom Vrf. selbst aber, der von allen Vätern (ausser Ḥenokh) die gleic1en Formeln gebrauc1t, nic1t einmal angedeutet; im Gegentheil sind gerade Jered und Methuš. durc1 das 1öc1ste Lebensalter vor allen andern Vätern ausgezeic1net, wenigstens im mass. Text; folgt man aber (*Bud.*) den Zahlen des *Sam.*, so ergibt sic1 aus diesen der Gedanke eines *stetigen* Sinkens sc1on von Šeth an, wogegen der Tod Jered's, Met1ušelaḥ's u. Lemekh's im Ja1r der Fluth noc1 nic1t not1wendig Tod in der Fluth besagt und im übrigen nur die Folge des zu Grund gelegten c1ronol. Systems ist.

4. Was nämlic1 das in der Genealogie durc1gefü1rte chronolog. System betrifft, so sind von den Ja1reszah1en sowo1l des Gesammtlebens als des Zeugungsjahres der einzelnen Urväter nur wenige noc1 als runde oder cyclische Za1len (wie 800, 300, 100, 500) erkennbar, die meisten sind bestimmte und gesc1ic1tlic1 lautende. Dass sie gleic1wo1l nac1 bestimmten Grundanna1men berec1net sind, ist kaum zu bezweifeln, (vgl. ausser den 365 des Ḥenokh auc1, wie Methuš. gerade im Jahr der Fluth stirbt), aber das zu Grund liegende Princip der Berec1nung ist bis jetzt nic1t gefunden. Das Problem ist um so sc1wieriger, weil in diesen Za1len die ältesten kritisc1en Zeugen, der hbr., samar. und LXX-Text stark von einander abweic1en, wie die folgende Tafel zeigt.

	Hebr.			Sam.			Septuag.		
Adam . . .	130	800	930	130	800	930	230	700	930
Seth	105	807	912	105	807	912	205	707	912
Enos	90	815	905	90	815	905	190	715	905
Kenan . . .	70	840	910	70	840	910	170	740	910
Mahalalel . .	65	830	895	65	830	895	165	730	895
Jered . . .	162	800	962	62	785	847	162	800	962
Henokh . . .	65	300	365	65	300	365	165	200	365
Methusalah . .	187	782	969	67	653	720	167	802	969
Lemekh . . .	182	595	777	53	600	653	188	565	753
Noah . . .	500			500			500		
bis zur Fluth .	100		(950)	100		(950)	100		(950)
Summa	1656			1307			2242		

Hienach sind in dem (noc1 nic1t hexaplarisch verbesserten) LXX-Text zwar die Ja1re des Gesammtlebens der Väter dieselben wie im Hebr., mit Ausna1me derer des Lemekh. Dagegen setzen sie das Zeugungsjahr regelmässig 100 Ja1re später an, mit Ausna1me t1eils von

Jered und Noaḥ, wo sie mit dem Hebr. stimmen, tıeils von Methuš. und Lemekh, für die sie 167 statt 187 und 188 statt 182 ıaben, und gewinnen dadurcı nicıt blos eine Verlängerung des Zeitraums zwiscıen Adam und der Fluth auf 2242 (gegen 1656 des Hbr.), sondern aucı eine grössere Gleicımässigkeit in Ansetzung des Zeugungsjaıres, während im Hbr. die ıoıen Zaılen 162, 187, 182 bei Jered, Metı. u. Lemekh gegenüber von denen iırer Vorgänger seltsam abstecıen. Die abweicıende Zaıl 167 bei Methuš. lässt sicı indess in Verbindung mit 802 und 969 nicıt ıalten, weil sonst Metı. nacı der Fluth gestorben sein müsste (*Hier.* quae.), war aber aucı scıon von (Demetrius) Joseph., Jul. Afric. und in der Zeit nacı Orig. fast allgemein durcı 187 verbessert; sie ist in diesem System feılerıaft, zeigt aber nocı deutlicı iıren Ursprung aus dem Sam.-Text (der von *Preuss* 38 f. angenommene Ursprung dieses Feılers ist ganz unwaırscıeinlicı). Aucı für die 3 abweicıenden Zaılen bei Lemekh ist, unter Voraussetzung der Ursprünglichkeit des mass. T., ein einleuchtender Grund der Änderung bis jetzt nicıt (aucı von *Preuss* 41 nicıt) nacıgewiesen. — Der *Samarit.* Text sodann, mit dem BJub. stimmt (s. m. Beiträge aus dem Bucı der Jubiläen in SB. der Berl. Ak. d. W. 1883 I. 334 ff.), ıat zunäcıst als Zeugungsjahr des Jered 62, des Methuš. 67, des Lemekh 53, also tıeils ebenfalls (wie LXX, nur in entgegengesetzter Ricıtung) grössere Gleicımässigkeit in Ansetzung der Zeugungszeit, tıeils Verkürzung der Weltzeit bis zur Fluth auf 1307 (gegen 1656 Hbr.). Weiter sind nicıt bloss bei Jered und Methuš., deren ıoıes Alter gegenüber von iıren Vorgängern im mass. Text auffällt, sondern aucı bei Lemekh die Zaılen der 2. u. 3. Spalte bedeutend kleiner, und zwar in der Weise, dass jeder folgende Vater immer kürzer lebt als sein Vorgänger (ausgenommen Ḳenan Ḥenokh Noah) und dass nicıt blos Metı., wie im Hbr., sondern aucı Jered und Lemekh gerade im Jaır der Fluth sterben. (Aus Hieron. qu. in Gen. 5, 25 kann, da das Zeugniss des *Euseb.* cıron. entgegensteıt, nicıt gefolgert werden, dass die Samaritaner damals nocı die Lesarten des Hbr. ıatten, sondern ıöcıstens, dass es bei iınen aucı nacı dem Hbr. corrigirte Exemplare gab). — Da nun LXX und *Sam.* nicıt blos vom Hbr., sondern aucı unter sicı selbst abweicıen, iıre Abweicıungen aber meır Consequenz in der Rechnungsweise zeigen, so urtheilen seit *JDMich.* die meisten Neueren (*Tuch. Del. Ke. Preuss, Nöld.* u. a.), dass sie auf absichtl. Änderung des mass. Textes beruıen, also dieser der allein ricıtige sei. Aber weder ist in diesem Fall, wo es sicı nicıt um thatsächliche Gescıicıte, sondern um ein Recınungssystem ıandelt, der krit. Grundsatz. dass das Regellosere das Ursprünglicıere sei, unangreifbar, nocı lässt sicı für absichtl. Änderung der Zaılen des Zeugungsjahres bei Metı. und Lemekh ein zureicıender Grund nacıweisen. Wenn *Nöldeke* (Unters. zur Kritık 111 f.) nacı *v. Gutschmid* bemerkt, dass durcı Zusammenrecınung der mass. Zaılen von Gen. 5 bis Ex. 12, 40 sicı 2666 Jaıre von der Erscıaffung Adam's bis zum Auszug aus Ägypten ergeben, diese Zaıl aber genau $\frac{2}{3}$ von 4000 sei, beruıend auf einem System, in dem 4000 Jaıre als Weltdauer angenommen wurde, dass somit

auci von dieser Seite ier die Zailen des Hbr. als die ricitigen gesciützt werden, so ist dieser Beweis vielmeir umzukeiren: über die
etwaige Weltdauer hat man erst in der Zeit der Apokalypsen speculirt;
wenn also $\frac{2}{3}$ von 4000 beabsicitigt sind, so folgt, dass (seir spät
erst) bei der amtlicien Feststellung des Hbr. Textes gewisse Zailen
diesem System zu lieb geändert wurden (s. auci *Lagarde* Sym-
mieta I. 52 ff.). Noci weniger kann der Vorzug der mass. Zailen
aus iirer Zurückführbarkeit auf die Zailen der 10 vorsintfluthl. bab.
Könige (*Oppert*) erwiesen werden, weil 1) beiderlei Listen keine Bezieiung zu einander iaben (s. S. 109) und 2) die 1656 Jaire von
Adam bis zur Fluth auf die 432000 von Alorus bis Xisuthros nur
durci die willkührliche Gleiciung von 7 iebr. Tagen mit 5 kald. Jairen,
die Einzelzahlen der Einzelnen aber gar nicit auf einander reducirbar
sind. Im Gegentheil aber wird man bei unbefangener Betracitung vorerst dem *Sam.* die relative Ursprünglicikeit zuerkennen müssen (*Bertheau*), weil 1) er die stetige Abnaime der Lebensjaire am reinsten
durcifüirt, 2) die Berecinung der Einzelzahlen bei iim am durci-
sichtigsten ist, 3) die Abweiciungen der 3 Texte beim 6., 8., 9. Glied
nur unter Annaime der Priorität des Sam., nicit der des Hebr., sici
einfaci erklären, indem der Hbr. den Sam., LXX den Sam. und Hebr.
zur Voraussetzung iaben, 4) speciell die Änderungen des Hbr. bei Jered,
Methuš. und Lemekh auf der Verlängerung der ganzen Periode bis zur
Fluth um 349 Jaire beruhen, diese Verlängerung selbst aber auf einem
chronolog. System, wornach bis zum Auszug aus Ägypten 2666 Jaire
verlaufen sollen; wobei die Zail 777 von Lemekh (*Wl.* XXII. 471;
Gesch. I. 325) auci mit Rücksicit auf Gen. 4, 24 gestaltet zu sein
scieint. Naci *Budde* 106 ff. freilici wäre für die Änderung der Zailen
bei Jer. Meti. Lem. im Hebr. der leitende Gedanke das Bestreben gewesen, dieselben von dem Verdacit der Sündigkeit zu entlasten, indem
man ihnen möglicist lange Lebensdauer gab und wenigstens zwei der-
selben vor dem Fluthjahr sterben liess; er bemerkt aber doci zugleici,
dass die Dauer der vorfluthlichen Periode im Hebr. (1656) bis auf 1
Jair mit der Summe der naci dem Samar. bis zu Noaḥ's Tod verflossenen Jaire (1307 + 350) zusammentrifft. — Ist aber die sam.
Zäilung verhältnissmässig ursprünglicier als die hbr., so ergibt sici,
dass am iebr. Text noci ziemlici spät Modificationen vorgenommen
wurden. Und da die LXX wieder ein anderes System zeigen, so folgt,
dass man noci gegen die Zeit Ciristi hin ricitig herausfühlte, diese
Zailen seien nicit sowoil gescicitlice als vielmeir auf einem künst-
licien Calcül beruiende, und dass in allen 3 Systemen die Zail der
Gesammtdauer dieser Periode nur im Zusammeniang mit den Zahlan-
sätzen für die folgenden Perioden zu versteien ist. Über die ganze
Frage vom Verhältniss der 3 Texte, welcie wegen der auf die LXX
und Itala gegründeten Zeitrecinung in der Kircie viel besprocien wurde,
vgl. aus neuerer Zeit *JDMich.* in den Commentat. von 1763—68 p.
116 ff., *Gesen.* de Pent. Sam. p. 48; *EPreuss* Zeitrecinung der LXX,
Berl. 1859, auci *Böckh* Manetio u. Hundssternp. 470 ff., *MNiebuhr*
Assur u. Babyl. 357 ff. Versucie, die der Berecinung zu Grund liegen-

den Principien wieder zu erkennen, sind gemac1t worden von *Ew.G.*[3]
I. 396, *Bertheau* im JahresBer. der DMG. 1845 S. 40 ff.; *Lepsius*
Chronolog. d. Äg. I. 394 ff.; *Bunsen* Ägypt. V, 2. 72 ff. u. Bibelwerk
V. 311 ff. (der das kald. Weltja1r von je 600 Sonnenja1ren = 618⅓
Mondja1ren als Sc1lüssel benützt); *JOppert* in GGN. 1877 nr. 10. S.
201 ff. (vermittelst verwickelter und künstlic1er Reductionen der kald.
Za1len); wiederum von *Bertheau* in JB. DTh. XXIII. 657 ff. u. *Budde*
Bibl. Urgesch. 1883 S. 89—116. Sonst s. auc1 *Rösch* in Herzog's
RE. XVIII. 425 ff. — Über die Lit. s. zu Cap. 4.
    V. 1. *Dies ist die Schrift der Geschlechter Adam's*] d. 1. das
Verzeichniss (Jos. 18, 9. Ne1. 7, 5) der von Adam abstammenden
Generationen (s. 2, 4), näml. bis auf Noah, welc1er eine neue Epoc1e
mac1t (*Kn.*). סֵפֶר תּוֹלְדֹת] nur 1ier (sonst bei A blos תּוֹלְדֹת), vielleic1t
von R durc1 Combination der Übersc1rift der Šethitentafel des C (s.
4, 25) mit der des A; nac1 *Bruston* (im Revue théol. de Montauban
1882 p. 15), weil 1ier erst das Buc1 der 12 (?) Toledoth des A be-
ginne, indem Cp. 1—2, 4 blos Einleitung zum Buc1e sei.   אָדָם 1⁰]
bei A 1ier u. von V. 3 an nom. propr. des Protoplasten, wodurc1 er
von den folgenden Männern untersc1ieden wird, dagegen V. 1ᵇ u. 2
n. app. u. coll. des Mensc1en, wie 1, 26 f. Bei C in Cp. 2 f. 1eisst
der erste Mensc1 הָאָדָם (s. 3, 17), nur 4, 25 אָדָם.   Vor dem Einge1en
auf seine Zeugungen V. 3 ff. wird, weil es für das Verständniss von
V. 3 wesentlic1 ist, zunäc1st an das 1, 26 ff. Gesagte erinnert, dass
Gott, *als* (2, 4) er Mensc1en sc1uf, sie in der Ä1nlic1keit Gottes
machte (1, 7. 16. 25. 31), und dass er sie als ein Paar sc1uf, und sie
segnete, also nam. zur Verme1rung bestimmte (1, 28), und aber auc1
noc1 als Neues hinzugebracht, dass er sie Mensc1en nannte. — V. 3.
zeugte] „näml. ein Kind, einen So1n (*Olsh.* will בֵּן einfügen), welc1es
Obj. im Verb. liegt und da1er nic1t immer besonders genannt wird,
zB. 6, 4. 16, 1. 30, 1; darauf ge1t das Suff. in שְׁמוֹ" (*Kn.*).   הוֹלִיד
vom Mann gesagt, durc1gängig bei A, (bei C יָלַד- s. 4, 18), beru1t
(wie וַיֶּלֶד־וְהֵבֵאתִי u. a.) auf der präciseren Ausdrucksweise dieses Sc1rift-
stellers (vgl. Ij. 38, 28 f.) und ist mit der Zuna1me der gesetzlic1en
Sc1ulung des Volks später allgemein üblic1 geworden.   בְּ־' 'צַּ'] über
die Variation des Ausdrucks s. 1, 26. Ist aber Set1 Adams Ebenbild,
so ist er auc1 Gott ebenbildlich, nac1 V. 1; das Gottesbild pflanzt sic1
fort. Bei den folgenden wird es nic1t me1r besonders gesagt, es
verste1t sic1 von selbst. וַיִּקְרָא] wie 4, 26; 4, 25 וַתִּקְרָא. — V. 4.
O1ne Zweifel weiss A von Kindern, die vor Set1 geboren wären (Kain),
nic1ts; denn seine andern Sö1ne und Töc1ter werden ausdrücklich
nach Set1's Zeugung angesetzt. Set1 ersc1eint als Erstgeborner, und
so auc1 in der folgenden Rei1e soll der genannte immer der Erstgeborne sein. Die späteren Fabeleien über Set1 s. bei *Lenorm.* or.[2] I.
217 ff. — V. 5. ־ח] Perf. s. 3, 22. וַיָּמֹת] 1ier und bei allen folgenden
ausser Ḥenokh, nic1t aber 11, 11 ff., ausdrücklich 1inzugesetzt, t1eils
im Gegensatz gegen Ḥenokh, t1eils um über die Herrsc1aft des Todes
(Rom. 5, 14) auc1 in diesem ersten und glücklic1sten Weltalter ke1nen
Zweifel zu lassen. — V. 9. קֵינָן] Variation von קַיִן 4. 1. — V. 12.

Dass einst Ḳenan seine Stelle vor Enoš geiabt iabe (*Böttch.* Ä.L.
S. 5), ist aus den Zailen nicit zu sciliessen. — V. 15. Mahalalel als
iebr. Mannsname Nei. 11, 4; Jered 1 Cir. 4, 18. — V. 18. An den
Namen Jered knüpfte die spätere Haggada die Deutung, dass in seinen
Tagen die בְּנֵי הָאֱלֹהִים (6, 2) vom Himmel (Hen. 106, 13. 6, 6 naci
der Lesart des Sync.; BJub. 4) oder die Šethiten vom il. Berg (Ciristl.
Adamb. S. ·92) ierabgestiegen seien. — V. 22—24. Von Ḥenokh
wird ausserordentlicies erzäilt. Naci der Zeugung des Erstgebornen
wandelte er mit Gott (LXX Luciani ed. *Lag.* u. *Vulg.* iaben naci
הָאֱלֹהִים noci das erwartete וַיְהִי, u. *Ilg. Schum.* wollen וַיִּחַר für וַיִּתְהַלֵּךְ
א' ה' lesen) 300 Jaire lang, d. i. in Gemeinsciaft mit Gott, im Um-
gang mit iim (1 Sam. 25, 15). Dieser Ausdruck wird nur noci von
Noai gebraucit (6, 9; doci s. Mici. 6, 8; Mal. 2, 6), und sagt offenbar meir als *vor* Gott (Gen. 17, 1. 24, 40) und *hinter* Gott ier
(Dt. 13, 5; 1 Reg. 14, 8); er bezeicinet ausser dem musteriaft frommen
und sittlicien Wandel woil auci den vertrauten Lebensverkehr mit Gott,
wie man iin in dem vollkommeneren Weltalter noci möglici dacite
(entspreciend dem Aufentialt des Menscien im Gottesgarten bei C),
und der dann auci die Quelle iöierer Erkenntnisse für iin werden
musste. Im BHen. und weiteriin wird er sogar auf den Umgang mit
den Engeln und das „Leben unter den Himmliscien gedeutet. LXX, Sir.
44, 16 u. *Pesch.*: εὐηρέστησε τῷ θεῷ. — V. 23. Seine Lebenszeit ist
gleici der Zail der Tage des Sonnenjaires. וַיְהִי] einige MSS. וַיִּהְיוּ,
gemäss den Parallelstellen. — V. 24. Seine Frömmigkeit wird noci
einmal erwäint, um seine Entrückung zu motiviren. *und er war nicht
mehr*] näml. vorianden, also er war versciwunden (wie Liv. 1, 16 von
Romulus sagt: nec deinde in terris fuit, *Tuch*). „Der Ausdruck steit
vom plötzlicien Versciwinden (Jes. 17, 14; Ps. 103, 16), insbesoñdere
dem geieimen und nicit näier bekannten 1 Reg. 20, 40, vgl. Gen.
42, 13. 36" (*Kn.*). Über אֵינֶנּוּ im Erzählungsstyl *Ew.* 321ᵃ. *denn
Gott hatte ihn hinweggenommen*] nicit durci Krankieit oder Tod (1 Reg.
19, 4), weil sonst die ganze Wendung durci וְאֵינֶנּוּ וגו' statt des üb-
licien וַיָּמָת unverständlici wäre, sondern oine Tod, also lebendig, von
der Erde weg (Sir. 44, 16. 49, 14; Hbr. 11, 5), πρὸς τὸ θεῖον (Jos.
ant. 1, 3, 4), naci einer vielverbreiteten Ansicit (ungewiss ob Hen.
70 u. 12, 1 f., aber sicier BJub. 4; Iren. adv. iaer. 5, 5; Vulg.
Sir. 44, 16; Vers. Acti. Gen. 5, 24; a.) in das Paradies, naci andern
in den Himmel (siebenten Himmel Asc. Jes. 9, 9), s. Tiilo Cod. apocr.
p. 756 ff. Der Grund der Hinwegnahme ist nicit seine Unbeständig-
keit, als iätte er so vor Rückfall in das Sündenleben (*Raš.*, vgl. Sap.
4, 10 ff.) bewairt werden sollen, sondern naci V.ᵃ seine vollkommene
Gottgefälligkeit; es ist die iöciste Auszeicinung der Frömmigkeit, die
das AT. nur noci dem Elia zuerkennt (2 Reg. 2), entgegengesetzt
dem lebendig Verschlungenwerden von der Erde Num. 16. Während
C in Cp. 3 eine ursprünglicie Bestimmung des Menscien zur Gottge-
meinschaft und eine ursprünglicie Möglicikeit des Nichtsterbens setzt,
lässt A zwar das Gesetz des Todes (freilici erst naci langem Leben)
von Anfang an ierrscien (5, 5 ff.), gibt aber iier für das untadeliaft

gelebte Leben der Gemeinscıaft mit Gott die Möglicıkeit eines anderen
Ausgangs zu (vgl. 1 Tıess. 4, 17; 1 Cor. 15, 51 f.). In der bab.
Sage entsprict die Entrückung des Xisuthros (Beros. ed. Ricıt. p. 57),
oıne dass man desıalb ein Recıt ıätte, die bibl. Angabe für eine Copie
von jener (*Kosters* Tı. Tijds. XIX. 338 f.; *Bud.* 180) zu erklären;
Parallelen aus den Klassikern gibt *Ruperti* in Henke's Magazin VI.
194 ff. — Mit Unrecıt ıält *Redsl.* V. 24 für ein Einscıiebsel des
R, und *Schu.* für unächten Zusatz. Aucı der neue Versucı *Budde's*
169 ff., V. 24 u. die 4 ersten Worte des V. 22 seinem J² (s. oben
S. 89) zu vindiciren, also als Einarbeitung des R (wie V. 29) zu erweisen, scıeitert scıon an dem 3maligen אלהים(ה), s. dagegen יהוה
V. 29, so wie an 6, 9. Dass ויתהלך חניך את הא' V. 22 für וַיְחִי sicı
etwas fremd ausnimmt, ist ricıtig, u. könnte das immerıin eine jüngere
Correctur aus V. 24 sein (s. LXX Luc.). Aber V. 24 ist als nacı-
geıolte Notiz durcıaus unanstössig, u. irgend etwas, was auf C ıin-
wiese, nicıt darin. — Spuren von Verbreitung der Ḥenokhsage auf
kleinasiatiscıem Gebiet glaubte man zu finden bei *Zenobius* prov.
6, 10, *Stephan. Byz.* u. Ἰκόνιον, u. *Suidas* u. *Νάνναχος,* welcıe von
einem pırygiscıen König Nannacus oder Annacus in der Zeit vor der
Deukalionischen Fluthʳ melden, dessen Name nocı im Spricıwort genannt
wurde, wenn man uralte Zeiten oder ein gar kläglicıes Fleıen bezeicınen wollte; nacı *Steph.* ıaftete sein Name an der phryg. Stadt
Iconium, die als seine Stadt galt. Leider ist nicıt auszumachen, ob
Nav. oder *Av.* die urspr. Form ist. Dass man in der Zeit des Syn-
kretismus ihn mit dem bibl. Henocı combinirte, ergibt sicı daraus,
dass man (nacı *Steph.* und *Suid.*) von iım erzäılte, er ıabe über
300 Jaır gelebt und die kommende Fluth vorausgesagt (s. *Bochart*
Phaleg 2, 13). Mit Ḥenokh und Annacus ıat dann *Buttm.* (Mytıol.
I. 175) aucı den griech. Αἰαχός spracılicı und sacılicı zusammen-
gebracıt, *Ew.* (G.³ I. 380 f.) in iım den *Einweiher* oder Beginner
d. h. den guten Gott des neuen Jaıres gefunden, *Hitzig* (ZDMG. XX.
185) unter Ableitung des Annacus vom sanskr. *anna* d. i. Naırung,
ihn als den Gott des Jaıresertrags oder Jaıres erklärt (andere nocı
anders, s. *Böttcher* de inferis § 245 ff.; *Böhmer* 136; *Bunsen* BW.
V. 308; *Merx* Ijob S. X; *Lenorm.* org.² I. 253 f.). Den Juden und
Cıristen hat die räthselhafte Gestalt des Ḥenokh in unserer Stelle Anlass zu weiterer Ausdeutung und Dicıtung gegeben: Sir. 44, 16 wird
er als παράδειγμα μετανοίας ταῖς γενεαῖς dargestellt, im B. Hen. u.
Judae 14 f. als Seıer und Profet, der durcı Busspredigt auf das Fluth-
gericıt vorbereitet ıabe; vermöge seines Umgangs mit der oberen
Welt galt er als geıeimen Wissens thcilhaftig, als Inıaber ıöıerer
Wissenscıaft über die Dinge Himmels und der Erde, bes. (mit An-
lehnung an die Zaıl 365) als Erfinder und Kenner der Astronomie
und Recıenkunst (Eupolemus bei Eus. pr. ev. 9, 17); weiterıin als
ıimmliscıer Gericıtsscıreiber und Kanzler. Bücıer wurden auf seinen
Namen gescırieben: sein Name, als lautete er חָנִיךְ oder חָנִיךְ, wurde
nun als „Eingeweiıter oder Kundiger" gedeutet, und gieng bei den
Muslim iı den gleichbedeutenden Idris (Geleırter) über (B. Hen.;

Fabric. Cod. pseud. V.T. I. 160—223; *Win.*[3] I. 476 ff.). — V. 28 f.
Lemekh, der letzte der Reihe vor Noah, hat hier einen ganz andern
Charakter, als 4, 19 ff. Um das bemerklich zu machen, und wegen
der besonderen Wichtigkeit Noah's hat R die Notiz V. 29 eingefügt.
Lemekh sagt: *dieser wird uns* (das Menschengeschlecht) *aufathmen
lassen von d. h.* Beruhigung und Trost geben vor *unserer Arbeit und
der Mühsal unserer Hände,* welche uns kommt *von dem Erdboden
her, den Jahve verflucht hat* (3, 17 ff.), d. h. niedergedrückt von der
Last der beschwerlichen Arbeit auf dem mit Gottes Fluch behafteten
Boden und sich nach Ruhe sehnend erkennt und ersehnt er in Noah
den Mann, der eine neue Periode beginnen, und die Menschen zu einem
besseren Leben (unter der Gnade Gottes) führen soll (vgl. 8, 21). Der
Gegensatz gegen den selbstbefriedigten heidnischen Sinn des Lemekh
4, 23 ff. ist dadurch scharf genug bezeichnet. Die Beziehung jener
Worte auf die Erfindung des Weinbaues durch Noah (*Böhm., Bud.*
306 ff., *Kuen.* XVIII. 160) kam sicher dem C oder R nicht in den
Sinn, sonst hätte er sich 9, 20 f. anders ausgedrückt, als er thut; vom
Wein als Beruhigungsmittel gegen den göttlichen Fluch zu weissagen
oder weissagen zu lassen, ist auch nicht Sache der bibl. Schriftsteller;
wer davon weissagt, steht Mich. 2, 11 geschrieben. וְנֶחֲמֵנוּ] LXX
διαναπαύσει ἡμᾶς, also וְיְנִחֵמוּ, doch wohl nur Correctur für das
schwierigere ינחמנו. Dieses gibt freilich keine genaue Etymologie, da
נֹחַ, נוח, נִיחַ: خَاذ (نِكس) mit נחם nicht zusammenhängt; aber eine
solche wird auch hier so wenig als bei andern bibl. Namenserklärungen
beabsichtigt; das Zusammentreffen in einigen Lauten genügt für die
Anknüpfung des Gedankens. Dass die Bemerkung nicht von A stammt,
erhellt aus יהוה, aus der Bezugnahme auf 3, 17 ff., sowie daraus, dass
dem A Namenserklärungen sonst nicht geläufig sind. Vielmehr ist sie
wahrscheinlich ein Bruchstück aus der Stammtafel des C (s. 4, 25 f.), von
R aus dem vorhin angegebenen Grunde aufgenommen, wobei er את־נֹחַ des
A in בֶּן וַיִּקְרָא אֶת־שְׁמוֹ נֹחַ geändert hat. — Über die Herkunft des Namens
נֹחַ lässt sich bis jetzt nichts ausmachen. Auswärts ist er nicht bezeugt,
denn die Gleichung akkad. *Na = Anu = Xisuthros* (*Sayce* in Transact.
SBA. 1872. I. 301) ist nicht ernstlich zu nehmen, und Νῶε (nach LXX)
auf den Münzen der phrygischen Stadt Apamea-Kibotos aus der Zeit
des Kaisers Septimius Severus und seiner Nachfolger (*Ekhel* doctr. num.
vet. I, 3. 132 ff.; *Madden* in Numism. Chronicle 1866 p. 173 ff.) ist
erst durch Juden oder Christen dort eingeführt; sonst s. noch *Ew. G.*[3]
I. 386. Die Helden der Fluth führen bei andern Völkern andere Namen. Die übliche Ableitung des נֹחַ als *Ruhe* von נוּחַ hat gegen sich,
dass es im AT. nie נוֹחַ, sondern immer נֹחַ geschrieben wird, wie von
einer W. נח, die *Ew.* (S. 385) kühn genug mit נא *frisch, neu* zusam-
menbringt; *Hitzig* (Gesch. Isr. 225) ordnet ihn zu ኦዐ፞ጎ: (*aich*) *Fluth.*
Noch schlimmer ist die Zurückführung des Namens auf νάω, ναύω,
νήχω, ναῦς, als bedeutete er Schwimmer und Schiffer (*Buttm.* 203),
oder auf Sskr. *návaka* == Schiffer (*Grill* 44) oder die Combination
mit dem indischen Rischi *Nahuscha* (*Windischm.* Ursagen der arisch.

Völk. 7 ff.; *Lenorm.* org. H. 170. 256 ff.). Specifisch arabiscı ist
die Zusammenstellung des als نوح überkommenen Namens mit ناح
klagen, beweinen (ZDMG. XXIV. 207 ff.). — V. 32. „Noaı ist bei
seinem ersten Zeugen älter, als alle übrigen Urväter bei dem ihrigen.
Dies daıer, weil der Vrf. Noaı's Söıne erst nacı der Fluth Kinder
zeugen und dazu nicıt zu alt werden lassen wollte" (*Kn.*); die Fluth
aber musste er von Noaı's Geburt so weit abrücken, weil sonst seine
Vorgänger iır ıoıes, iınen zukommendes Lebensalter nicıt erreicıen
konnten, oder aber über die Fluth ıinüber ıätten leben müssen.
Übrigens versteıt sicı, dass die Meinung nur ist, er ıabe in 500 Jaır
zu zeugen angefangen, nicıt dass er alle 3 in diesem Jaıre zeugte.
Šem erscıeint als der Erstgeborene. Sonst s. zu 11, 10.

5. Die Verderbniss der Menscıen vor der Fluth, Cap. 6, 1—8, nacı C.

Mit loser Anknüpfung an das Vorıergeıende wird bericıtet, wie
nacı dem Beginn der Meırung der Menscıen durcı die Vermiscıung
der Gottessöhne mit den Menschentöchtern die göttl. Ordnung von Grund
aus verkeırt wurde und ein Gigantengeschlecht aufkam (1—4), und
wie dann Gott in Anbetracıt der gründlicıen und gänzlicıen Verderbt-
ıeit unter den Menscıen das allgemeine Vertilgungsgericht bescıloss,
in welcıem nur Noaı Gnade finden sollte (5—8). Damit soll das
von 6, 9 an zu erzäılende Fluthgericht begründet, also dasselbe geleistet werden, was A in seiner Weise und kürzer 6, 11 f. sagt. Von
selbst erıellt daraus, dass dieser Abscınitt nicıt dem A angeıört. Mit
Recıt wird allgemein wenigstens V. 5—8 dem C zugetheilt: die Ausdrücke יִהְיֶה, נֵצֶר רַק (8, 21), הִתְעַצֵּב, מָחָה (3, 16. 17. 34, 7), מָצָא חֵן,
so wie die seır menscılicıe Darstellung der Gefüıle Gottes V. 6 lassen
daran nicıt zweifeln. Nicıt so klar ist der Ursprung von V. 1—4.
Zwar sollen diese Verse an dieser Stelle sicıer aucı einen Beitrag geben
zur Scıilderung des Verderbens vor der Fluth, u. spracılicı stimmt
wenigstens V. 1 f. ganz zu C (רָבָה, הֵחֵל הָאֲדָמָה עַל־פְּנֵי, הָאָדָם, טוֹב im
pıys. Sinn, s. aucı *Bud.* 8 f.). Aber V. 3 f. finden sich (ausser הָאָדָם־בְּ)
keine Zeicıen, die für iın sprächen; die Darstellung ist dunkel, abge-
rissen, lückenıaft, u. erscıeinen dieselben, nam. V. 4, fast nur wie
ein Auszug aus einem volleren Bericıt. Da weiter der ganze Abscınitt
V. 1—4 nicıt blos im Folgenden nicıt meır berücksicıtigt wird, vielmeır als eine Episode dasteıt, da er aucı seinem Inıalt nacı nicıt
auf Cp. 2 f. fortbaut, sondern eher wie eine Parallele dazu sicı darstellt (*Schrad.* in *DeW.* Einl.⁸ 276; *Wl.* Prol. 323 f.; *HSchultz* AT.
Tıeol.² 39), so wird man anzuneımen ıaben, dass er einer andern
Scırift entnommen ist, u. zwar derselben, aus der 4, 17—24 stammt.
Mit iır theilt er die (V. 4 deutlicıe) Voraussetzung einer durcı keine
Fluth unterbrocıene Continuität der Entwicklung, sowie die Anklänge
an den phönık. Sagenkreis, Bezüglicı der Einarbeitung desselben in

den Zusammenhang des C wird man ebenso zu urtheilen haben, wie bei 4, 17—24. Die Abgerissenheit der Darstellung erklärt sich wohl daraus, dass die Vorlage nur theilweise, so weit sie für die Zwecke des C tauglich war, aufgenommen wurde; möglicherweise haben aber auch noch spätere Hände Modificationen daran vorgenommen. — Aber auch durch diese Eingliederung in die Heilsgeschichte des C ist das hochmythologische Gepräge, welches dieser Erzählung anhaftete, nicht abgestreift worden. Viele alte Völker nämlich wussten von ihnen vorausgegangenen Riesengeschlechtern zu erzählen; in Kenaan wies man noch in später Zeit auf Reste einer ungeschlachten, körperlich grossen Urbevölkerung hin, welche mit Namen wie רְפָאִים, בְּנֵי עֲנָק oder auch נְפִלִים (Num. 13, 33) bezeichnet wurden. Je höher hinauf in der Vorzeit, desto unholder und fürchterlicher müssen diese Geschlechter gewesen sein. Durch Combination der Erinnerung an allerlei grosse Werke, deren Ursprung den Späteren unklar war, oder an rohe Naturgewalten, deren Überwindung dem Aufblühen der jüngeren Bildung vorangehen musste, steigerte sich die Vorstellung derselben ins Ungeheuerliche; sie wurden zu halb übernatürlichen Wesen, von denen man zwar wohl auch noch einzelne wohlthätige Wirkungen ableitete, die man aber doch vorherrschend als wilde unbändige Durchbrecher aller Schranken und Ordnungen aufzufassen sich gewöhnte. Wie die Griechen ihre Titanen und Giganten an die Spitze der Entwicklung stellten, so muss auch in Kenaan von diesen urältesten Riesengeschlechtern viel geredet worden sein (אַנְשֵׁי שֵׁם V. 4). Sie als halbgöttliche d. h. halb von Göttern, halb von Menschen stammende Wesen anzusehen, war dann auf dem Standpunkt der alten Naturreligionen von selbst gegeben. (Vgl. über Riesen bei den Phöniken Euseb. pr. ev. 1, 10, 6, wo auch die Stelle: ἀπὸ μητέρων δέ, φησιν, ἐχρημάτιζον τῶν τότε γυναικῶν ἀναίδην μισγομένων οἷς ἂν ἐντύχοιεν.). Man kann nicht verkennen, dass der Bericht dieser Verse aus solchen alten Gigantensagen geschöpft ist. Innerhalb des Mosaismus sind sie nicht erzeugt. Aber selbst im Volksmund Israels konnten sie nicht fortleben, ohne dass wenigstens die Götterwesen, von denen die Riesen stammen sollten, zu blossen בְּנֵי אֱלֹהִים herabgesetzt wurden, und dem Abscheu, mit welchem die strenge Religion auf solche Verrückung der göttl. und menschl. Ordnung blicken musste, ist durch das Gottesurtheil V. 3 ein entsprechender Ausdruck gegeben. Durch die Aufnahme eines solchen Berichts hat nun freilich der Vrf. seinen Glauben an die Möglichkeit solcher grässlichen Verkehrung aller Ordnung bekundet; doch ist unverkennbar, dass er die Sache nicht um ihrer selbst willen, sondern zur Charakteristik der Verkehrtheit, in welche die vorsintfluthliche Menschheit hineingerathen war, erzählt. Nur unter den Sündern, die durch das Fluthgericht weggerafft wurden, kann er derartige Gräuel sich als möglich denken. Darum hat er den Bericht aus einem andern Zusammenhang, in dem er einst stand, hierher vor die Fluth gerückt, unbekümmert darum, dass die Notiz V. 4ᵇ dann keinen rechten Sinn mehr hat. — Zur Erklärung s. *Budde* bibl. Urgesch. S. 1—45.

a) V. 1—4: Verbindung der Gottessöhne mit den Menschentöch-

tern, Vorkeirung Gottes dagegen sammt Bemerkungen über die Nefilim
der Urzeit. — V. 1 f. Der Nacısatz zum Zeitsatz beginnt mit V. 2.
הַחֵל] vgl. 4, 26. 9, 20. 10, 8. 11, 6. Num. 25, 1. Die Zeit des Vorgangs ist mit dieser Bemerkung nur ungefäır bestimmt, und greift jedenfalls über 5, 32 zurück. הָאָדָם] V. 5—7. 8, 21. כִּי הֹא אָת־בְּנוֹת] s. 1, 4.
טֹבֹת] pıysiscı *schön*, vgl. 2, 9. 24, 16. 26, 7 (aber auch Ex. 2, 2).
וַיִּקְחוּ כ'] im AT. der übliche Ausdruck für *ehelichen*, zB. Gen. 19, 14.
25, 1. 36, 2. מִכֹּל אֲ' בּ'] irgend welcıe, an denen sie Gefallen hatten
d. h. welcıe nur immer iınen gefielen; über מִן part. zur Besonderung
des Begriffs *Ew.* 278°, vgl. Gen. 7, 22. 9, 10. 17, 12. Die blosse
sinnlicıe Lust ist damit als der Bestimmungsgrund der Gottessöhne hervorgehoben. — בְּנֵי הָאֱלֹהִים] oder אֱלֹהִים 'בְּ Ij. 1, 6. 2, 1. 38, 7 oder
בְּנֵי אֵלִים Ps. 29, 1. 89, 7 vgl. Dan. 3, 25 (nie בְּנֵי יְהוָה) ıeissen im
AT. die Engel, wenn es auf iıre Natur ankommt, als Wesen ıöıerer,
göttlicıer Art, als überirdiscıe Wesen, dieselben, welcıe sonst, wenn
es auf die Verricıtung eines Gescıäfts im Auftrag Gottes ankommt.
מַלְאָכִים genannt werden. Sie müssen nacı feststeıendem Sprachge-
braucı aucı ıier verstanden werden, und zeugt dafür dic älteste exeg.
Überlieferung (B. Hen., B. Jub., Pıilo, Judae 6 f.; 2 Ptr. 2, 4; Jos.
ant. 1, 3, 1; Test. 12 Patr., einzelne MSS. der LXX bei Field; ältere
KV.), unter Zustimmung der meisten neueren Erkl. (*Ku. Drechsl.*
Bmg. Hofm. Del.; Tuch, Kn. Ew. Hupf. Hölem. Schrad.; Twest.,
Nitzsch a.); die jüngere Leıre von einem Fall der Engel ıat sicı
ıauptsäcılicı an diese Stelle angeleınt (B. Hen., Br. Judä u. s.). Freilich war der Gedanke einer fleiscıl. Vermiscıung von Engeln mit
ıuenschl. Weibern für eine gebildete Denkweise, zumal für das cıristl.
Bewusstsein (Matth. 22, 30) anstössig, und hat man darum scıon bald
verscıiedene Versucıe gemacıt, den Anstoss aus dem Texte zu entfernen. Die Juden und iınen folgend andere (*Targg., Beresch. R. c.*
26; *Saad., Raš. Abene.* a.; *Sym.; VrsSam., ArErp.; Merc., Spinoza;*
Herd., Buttm.) wollten Söıne von Vorneımen, Fürsten, Mäcıtigen,
gegen welcıe die Töcıter von Menscıen d. ı. von Leuten niedrigen Standes
einen Gegensatz macıen sollen, versteıen, aber aus der ironischen Darstellung Ps. 82, 6 und aus Ps. 49, 3 (wo אָדָם an אִישׁ seinen Gegensatz
hat) kann ein solcıer Spracıgebraucı nicıt gerecıtfertigt werden, und
wird derselbe ausserdem durcı הָאָדָם V. 1, so wie durcı V. 4 widerlegt.
Nicıt besser ist die bei den Cıristen aufgekommene und seır verbreitete Erklärung (*Recogn. Clem., Jul. Afr., Epır.; Christl. Adambuch;*
Theodoret, Chrys., Cyr. Al., Hier., Augustin u. a.; *Luth., Mel., Calv.,*
fast alle kircıl. Ausleger, nocı *Häv. Hengst. Buns., Kahn., Ke.,*
Lange a.), nacı welcıer die Gottessöline im gcistl. Sinn als fromme
Menscıen (die ein Engelleben füırten), gemeıniglich als Fromme von
der Linie Seth's (die sicı nacı Eloıim benannt ıaben, *Cler. Dath.*),
und die Menschentöchter als verweltlicıte Weiber von der Kainlinic
gedeutet, und in der allmähligen Vermiscıung des šethit. mit dem
kainit. Gescılecıt die Ursacıe der Verderbniss der gesammten Menseı-
ıeit gefunden wird. Von einem Gegensatz der Šethiten und Kainitinnen
steıt im Text nicıts; dass bis dahin dıe šetı. Reıie nur Fromme um-

fasst oder zwischen Šethiten und Kainiten eine Schranke bestanden
hätte, deren Durchbrechung ein besonderes Gottesgericht nach sich
ziehen musste, ist weder Cp. 4 noch 5 angedeutet; der Ausdruck Gottessöhne für fromme Menschen ist im AT. noch nicht gebräuchlich, und
werden vom Begriff der Gottessohnschaft Israels aus (Ex. 4, 22; Hos.
11, 1 u. ö.) in höherer Rede wohl die Glieder des Gottesvolks (Dt.
14, 1. 32, 5. Hos. 2, 1. Jes. 1, 2), zumal die wirklich Frommen
darunter (Ps. 73, 15) mit demselben benannt, nicht aber Fromme überhaupt, am wenigsten in prosaischer Rede; es ist unmöglich, dass im
Nachsatz V. 2 הָאָדָם etwas anderes als V. 1 im Vordersatz bedeute (s.
Schr. 67 f.); es ist undenkbar, wie aus Verbindungen zwischen Šethiten
und Kainitinnen hätten Nefilim entstehen sollen. (Über die ganze viel-
erörterte Frage handeln: *Dettinger* in Tüb. Ztschr. f. Theol. 1835;
Keil in Ztschr. f. Luth. Th. u. K. 1855 S. 220 ff.; 1856 S. 21 ff.,
401 ff.; *Kurtz* die Ehen der Söhne Gottes, Berlin 1857; die Söhne
Gottes, Mitau 1858; *Hengst.* in EKZ. 1858 Nr. 29. 35—37; *Reinke*
Beiträge V. 91 ff.; *Schrad.* Stud. 61 ff.; *PScholz* die Ehen der Söhne
Gottes 1865). Fast vereinzelt blieb die Meinung des *Aq.*, welcher
unter בְּנֵי הָאֱלֹהִים die παῖδες τῶν ϑεῶν, also Götzendiener (Kainiten),
verstand, und *Ilgen's* (in *Paulus* Memorab. VII. 131 ff.), welcher annahm, dass die Kainiten wegen ihrer glückl. Erfindungen sich den
Namen Gottessöhne angemasst haben. — V. 3. Ehe noch und ohne
dass die Folgen dieser Verbindung angegeben sind, wird gemeldet,
was Gott dagegen that. Die zunächst schuldigen sind die Gottessöhne,
aber wie Gott gegen sie einschritt, wird gar nicht angegeben (anders
3, 14), weil das Ziel der Darstellung nur die Zustände unter den
Menschen, nicht die dahinter liegenden Geheimnisse sind (erst die Späteren haben das hier Verschwiegene nachgeholt, Hen. 9 ff. u. a.). Eine
Schuld der Menschen ist nicht angedeutet; dass es von ihnen Hochmuth war, sich mit höheren Wesen zu vermischen (*Kn.*), ist kein text-
gemässer Gedanke. Wohl aber ist deutlich, dass die durch die
Schöpfung aufgerichtete Schranke zwischen Gottessöhnen und Menschen-
kindern durchbrochen ist und zwar nicht zu göttl., h. Zwecken, sondern im Dienste der Sinnlichkeit und des fleischl. Gelüstes, und dass
diese so entfesselte Richtung, wenn ihr zugleich das übermenschliche
Können und Wissen zur Verfügung steht, in den Schlamm des tiefsten
sündl. Verderbens hineinführen und Gottes Absichten mit den Menschen
vereiteln muss. Dem will und muss Gott Einhalt thun; er thut es,
indem er die Lebenskraft der Menschen schwächt oder ihre Lebensdauer
(auf 120 Jahre) herabmindert, und so durch Zumessung einer kürzeren
Lebensfrist nicht blos die verrückte Schranke zwischen göttl. und menschl.
Wesen wiederherstellt, sondern auch die Verewigung des Sünden-
dienstes unter den Menschen verhindert (vgl. 3, 22 f.). רוּחִי] ist
weder der an den Menschen arbeitende und sie richtende hl. Geist
Gottes (*Sym.*, *TrgJon.*, *Gr.Ven.*, *Luth. Ros.*), noch die Zusammenfassung der englischen Geistwesen (*Ew.*), sondern, wegen der V[b] aus
V[a] abgeleiteten Folge, der von Gott den Menschen gegebene Lebensgeist
2, 7), das Princip ihres physischen und geistigen Lebens. לֹא־יָדוֹן בְּ]

muss nicıt (*Kn.*) *in alle Zukunft nicht, niemals mehr* (wie Ps. 15, 5. 30, 7. 55, 23. Joel 2, 26 u. ö.), sondern kann (*Schrad.* 77), wie לֹא לְעֹלָם (Ps. 103, 9; Prov. 27, 24; Ij. 7, 16) *nicht auf die Dauer, nicht auf immer* bedeuten Jer. 3, 12. Thr. 3, 31; und nur diese Fassung taugt ıier wegen des Gegensatzes in V.[b]. יָדֹון] in intrs. Aus- spracıe *Ew.* 138[b]. Die Verss. (LXX. *Pesch. Onk. Vulg.*) aucı *Saad.* drücken den Begriff *bleiben, wohnen, bestehen, dauern* aus, und es ist möglicı, dass sie eine andere Lesart (יָדֹור *Capp.* nacı dem Arab., יָרֹוד *Ilg.*, יָדֹון *Cler.*; *Kuen.* XVIII. 134) geıabt, aber ebenso möglicı, dass sie diesen Sinn, der zum Zusammenıang seır gut taugen würde, blos errathen ıaben. Die mass. Lesart (zuerst bei *Sym.* sicıer bezeugt) wird entweder (nacı der im Arab. erıaltenen Grundbedeutung der W., aus welcıer יְדִין für יָדִין erst abgeleitet ist) als *sich erniedrigen* er- klärt, oder wird dem יְדִין *richten* der Begriff *herrschen, walten* sub- stituirt: *nicht soll mein Geist im Menschen auf die Dauer walten* (*Schu. Del. Ke. Kn. Buns. Schrad. Oehl. Bud.* a.), oder gar der Be- griff *kräftig und gewaltig sein* (*Kn.*). Aber diese Umbiegung des יָדֹי *richten* ist sonst nicıt nacıweisbar; desıalb ist die erstere Erklärung (*JDMich. Vat. Tuch, Ew., Ges.* th., *Bmg.* u. a.) *nicht soll mein G. im M.* (nicıt etwa in den in jenen Eıen Erzeugten, *Böhm.*) *auf immer sich erniedrigen* oder ıerabgewürdigt werden, vorzuzieıen: die Er- niedrigung besteıt darin, dass er den in die Menscıeit eingefüırten sinnl. und nicıtigen Bestrebungen unterthan sein oder dienen muss; das soll nicıt לְעֹלָם, auf unbegrenzte Dauer, auf Jaırıunderte ıinaus (wäırend derer der Geist den Menscıen Lebenskraft gegeben ıätte) so fortgeıen; darum will Gott iıre Lebenszeit empfindlicı kürzen (nicıt als ob eine kurze Erniedrigung des Geistes nicıts zu sagen ıätte, son- dern) damit sie zur Selbstbesinnung auf das, was sie sind, zur Um- keır getrieben werden. בְּשַׁגַּם הוא בָשָׂר] übersetzen die Vrss. (LXX, *Pesch.*, *Targg. Vulg.*) *VrsSam.*, die jüd. Ausleger und viele Neuere (*Bohl. Del. Hupf. Böhm., Wendt* not. carnis et spir. in VT. 1877 S. 18) *dieweil er Fleisch ist* oder genauer (*Kn. Kuen.* 133) *dieweil auch er*, wie die andern irdiscıen Wesen, *Fleisch ist*, oder (*Hitz.* im LCBl. 1862, Jul. 5) *weil er* (nicıt nur Geist, sondern) *auch Fleisch ist*, unter Voraussetzung der Vokalisation בְּשַׁגָּם (von *Baer-Del.* nach Vorgang der ed. Sonc. und mass. Auctoritäten in den Text aufgenommen), indem sie שַׁ == שֶׁ (Jud. 5, 7. 6, 17. Cant. 1, 7) u. בְּ == בַּאֲשֶׁר (Gen. 39, 9. 23) neımen; *Kn.* zieıt zugleicı den Satz zu V.[b] ıinüber. Aber das nordpaläst. und späthebr. שַׁ ist dem Pent. (s. 49, 10) fremd, und kann aucı durcı die n. pr. מְהוּשָׁאֵל 4, 18 u. מִישָׁאֵל Ex. 6, 22. Lev. 10, 4, die eine andere Deutung zulassen, nicıt gestützt werden; בָּ käme entweder gar nicıt zu seinem Recıt oder bräcıte es eine im Zusammenıang nicıt begründete Ncbenbezieıung ıerein, und die Bc- gründung der göttl. Massregel mit dem, was der Menscı von Hause aus ist (*Kn.*), taugt nicıt. Desıalb ist, wenn man die Worte nicıt als eine spätere Glosse anseıen will (*Geig.* Jüd. Zeits. HI. 155 ff.; *Kuen.* 133), die lect. recepta vorzuzieıen, und בָּ als intrs. Inf. von שָׁגָּה (*Ges.* 67. A. 3; *Ew.* 238[a]) mit pron. suff. zu versteıen. Das ergäbe, unter Voraussetzung der mass. Accente: in oder *wegen ihrer Vergehung* (*Val. Ros. Ges. Schum. Tuch Ew. Ke. Oehl.*) oder Verirrung *ist er* (der Mensch, nicht הוּא = רוּחַ) *Fleisch.* Indem man בְּ— sowohl als הוּא auf אָדָם bezieht, entsteht der Sinn: durch ihre jetzige Verirrung (vgl. Prov. 5, 19 f. *Del.*), oder (*Ew.*) überhaupt sofern der Mensch sich vergeht, ist er Fleisch d. h. nicht im ethischen Sinn dem Fleisch anheimgefallen, sündig (*Ke.*) sondern vergänglich, sofern Sünde und Sündendienst die Kraft des Lebensgeistes im Menschen schwächt (2, 17); sofortige Vernichtung (*Schr.*) wäre dadurch so wenig gefordert, als in dem ähnlichen Fall 2, 17. 3, 19 f. Der Sinn befriedigt, anstössig ist aber die Enallage numeri (trotz *Ew.* 319ª), u. sachlich passt שָׁגַם, auf die Menschen bezogen, nicht. Beidem entgeht man, wenn man בְּ— auf die Gottessöhne bezieht: in Folge ihrer Verirrung und der dadurch im Menschen entwickelten Richtung auf's Sündigen hin ist er Fleisch, d. h. sieht sich Gott veranlasst, sie dem Schicksal alles Fleisches anheimzugeben (was in anderem Fall vielleicht vermieden worden wäre). Frostig und zur folgenden Strafe nicht passend ist: *trotz ihrer* (der Engel) *Verg. ist er* (der M.) doch *Fl.* (*Schott* in Luth. Zeitschr. 1859 S. 230 f.; *Böhm.*). Zieht man aber (gegen die Accente) בְּשַׁגַּם zu בְּלַעֲלִיב—לֹא (*deW. Buns.*, *HSchultz* ATTheol.² 648), so kann wenigstens die Fassung *nicht soll m. G. im M. ewig walten wegen ihrer Verirrung* nicht aufkommen, weil in diesem Fall בְּשַׁגַּם, als Hauptsache, nicht so nachhinken dürfte; versteht man aber *durch ihre Vergehung* d. h. der Engel Vergebung soll nicht zur Folge haben, dass (durch Einführung neuer Gotteskräfte in die Menschenwelt) der Menschengeist zu ungemessener Lebensdauer komme, (denn) Fleisch ist (und bleibt) er (*Riehm* in St. u. Kr. 1885 S. 759, vgl. *Bud.* 24 ff.), so wäre doch der Ausdruck בְּשַׁגַּם für diese Gedankenvermittlung räthselhaft kurz. Keine der Erklärungen ist ganz befriedigend, noch weniger die vorgeschlagenen Änderungen des בְּשַׁגַּם in בַּאֲשֶׁר גַּם (*Böttch.* NÄL. I. 13), בְּגַבְהָם „in ihrem Hochaufwachsen" (*Hölem.* N.Bibelst. 1866), נַפְשָׁם (*Schrad.*), בְּלֶשֶׁב גַּם (*Olsh.*). Sonst s. noch zu 3, 22. — וַיְהִי וגו׳] *so seien denn seine* (des אָדָם) *Tage 120 Jahre!* Das ist allgemein und uneingeschränkt gesagt, kann also nicht bedeuten, dass ihm bis zu seiner Vernichtung in der Fluth eine Frist von 120 Jahren gegeben sei (zur Busse, *Targg. Hier. Aug. Luth. Hengst. Ku. Del. Hofm. Ke.*), wofür zum mindesten gesagt sein müsste: seine *noch übrigen* Tage, sondern muss von der Dauer der menschl. Lebenszeit (wie Cap. 5. 35, 28; Jes. 65, 20; Ps. 109, 8 ö.) überhaupt verstanden werden, die in Zukunft 120 Jahre nicht übersteigen soll (*Philo, Joseph.*; *Tuch, Ew. Bmg. Kn. Hupf, Böhm. Schrad.* a.). Es liegt darin, dass sie ohne ihre Verirrung viel länger, wenn auch nicht gerade unbegrenzt lang gedauert hätte oder hatte; nicht aber (*Kn. Böhm.*), dass erst die fortgesetzte Vermischung mit den Gottessöhnen allmählig eine höhere Lebenskraft in die Menschen gebracht haben würde. Übrigens dürfte die im dodekadischen System bedeutsame Zahl von 120 Jahren auch sonst im ältesten Orient als natürliches saeculum gegolten haben (*Scalig.* em. temp. IV. p. 293 ff.; *Gatterer* in Comm. Soc. Gott. VII. p. 9); Her.

3, 23 bestimmt so das Lebensalter der makrobischen Äthiopen; über das saeculum naturale und civile der Römer s. *Ideler* Cironol. II. 82 ff. Bei *Censorin* de die nat. 17, 4 kommen als Möglicikeiten 112 (Epigenes), 116 (Berosus) und 120 Jaire vor; in Ägypten naim man an, iominem plus 100 annis vivere non posse (*Censor.* 17, 14), wogegen andere (*Lucian.* Macrobii 5, 17 f. 22 f.) Beispiele von meir als 100, auci (*Plin.* 7, 50) solcie von 140—150 Jairen erwäinen (*Kn.*); s. auci *Ew.* Gesci.³ I. 394. Gegen obige Auffassung der 120 Jaire darf man nicit anfüiren, dass naci A die Väter bis auf Mose älter denn 120 Jaire wurden, denn der Vrf. hat oine Rücksicit auf A gescirieben. Als Bussfrist bis zur Fluti können sie nicit verstanden werden, weil der Vrf. (V. 4) keine Fluth voraussetzt, wie denn auci naciier (V. 5 ff.) auf den Ablauf dieser Frist kein Bezug genommen ist (vgl. noci 7, 11 mit 5, 32). Oinedem fällt naci V. 1 dieser Vorgang früier als 120 Jaire vor der Fluti, und ist darum auci die Einreiiung des Gottesspruchs in das 480. Jair Noah's (*Del.*) ebenso oine Halt, wie die von andern (zB. *Hier.*) angenommene Abkürzung dieser Bussfrist durci Gott um 20 Jaire. — V. 4 nicit in Erzählungsfolge, sondern äusserlici angereiit gibt eine Notiz über die Nefilim damals und später. הַנְּפִלִים] ist naci den Alten (auci LXX *Pesch. Onk. Sam. Saad.*) so wie naci Num. 13, 33 ein Name für die Riesen; V.ᵇ bestätigt das. Der Name iat im Hebr. kein klares Etymon und scieint aus älterer Zeit oder aus einem kenaan. Dialekt zu stammen: *Abgefallene* oder vom Himmel *Gefallene* (*Hasse* Entdeck. II. 62), waren sie nicit, und οἱ ἐπιπίπτοντες (*Aq.*, vgl. Hen. 15, 11 naci dem griech. Text bei *Sync.*) oder βίαιοι (*Sym.*) ist (trotz der Beistimmung des *Hier.*, *Luth. Ges. Ke.*) unzulässig, weil נָפַל nicit für sici sondern nur in gewissen Verbindungen (Jos. 11, 7. Ij. 1, 15. Gen. 43, 18) *einfallen* und *überfallen* bedeuten kann; *untergegangene* Riesengeschlechter (*Schröring* in *Hilgenf.* Z. f. W. Th. XXIII. 386) ist spracilici und sacilici (Num. 13, 33) unpassend. An einen Zusammeniang mit נָבָא *emporkommen* (? *Ew.*) ist nicit zu denken, eier mit פֶּלֶא (die an Grösse ausserordentlicien, *Tuch. Kn., Schrad.* 99, *Lenorm.* or.² I. 344), oder dann vielmeir פִּיל, פִּיל (wie נָוִיד von זוד, זיד). Von iinen ieisst es: *die* (näml. die bekannten) *N. waren auf der Erde in jenen Tagen und auch nachher, da die Gottessöhne zu den Menschentöchtern hineingiengen* (zur eielicien Gemeinsciaft ins Frauengemaci, wie 16, 2. 30, 3. 38, 8 u. ö.) *und sie* (die Weiber) *ihnen gebaren.* הָיוּ] neimen viele als *wurden, entstanden* (7, 10. 15, 17. 17, 16. Jon. 4, 10), um so doci wenigstens eine Andeutung des Zusammeniangs der Neiilim mit den Engelehen zu eriaiten. Aber diese Wendung ist nicit nöthig', noci weniger Correctur u. Umstellung der Versglieder (*Bud.* 37 ff.). Dass die N. die Erzeugnisse jener Eien sind, ist freilici die Meinung, und geit auci aus אֲשֶׁר יָבֹאוּ וגו׳ deutlici iervor, aber der Ref. hat das als aus der Nefilim-Sage bekannt vorausgesetzt, und darum an der entscieidenden Stelle naci V. 2 es ausdrücklici zu sagen unterlassen, wie er offenbar die ganze misslicie Gescicite mit absicitlicier Kürze beiandelt. Was er iier in V. 4 iinzubringen will,

ist nur, dass die N. sowoıl damals d. ı. als das V. 1—3 bericıtete
vor sicı ging, als aucı *nachher* auf der Erde waren. — אֲשֶׁר] *da* oder
weil, *Ew.* 353ᵃ. Es (gegen die Mass.) mit בֶּ אֲחֲרֵי zusammenzunehmen = *nachdem dass* (*Ges. Kn. Hupf. Ku. Ke. Schr.*) widerstreitet
dem Spracıgebraucı (2 Sam. 24, 10 ist corrupt) und passt nicıt zum
Imp. יָבֹאוּ. Immerıin aber ist die Zusammenstellung אֲחֲרֵי כֵן אֲשֶׁר auffallend, und da אֲשֶׁר sicı aucı gut an בִּימִים 'ה anschlösse, so ist woıl
möglicı, dass וְגַם אֲחֲרֵי כֵן ein späterer Einsatz ist von einem, der Num.
13, 33 vor sicı ıatte (*Bud.* 34). Sofort ist וְיָלְדוּ לָהֶם nicıt Nacısatz
zum Zeitsatz (*Ku. Kn.*), weil dafür Imprf. cons. erfordert würde, aucı
nicıt Fortsetzung von הָיוּ (*Schr.*), weil in diesem Fall הַנְּפִלִים als Subj.
wieder genannt werden musste, sondern Prf. cons. (2, 6) in Fortsetzung
von יָבֹאוּ, und als Subj. zu יָלְדוּ konnte, obwoıl יָלַד aucı vom Mann
ausgesagt werden kann (4, 18. 10, 8. 13 u. ö.), der Leser docı nur
die Weıber versteıen, weil diese unmittelbar vorıer genannt sind (vgl.
über den Wecısel des Subj. Stellen wie Gen. 9, 27. 15, 13. Ex. 21, 18.
20. 2 Sam. 11, 13; 2 Reg. 3, 24 u. ö.); davon dass die Nefilim *sich*
(*Schr.*) oder gar *für sich* d. ı. selbständig, oıne Zuthun der Gottes-
söıne (*Kn.*) zeugten, ist keine Rede. — הֵמָּה] bezieıt sicı selbstverständlich auf das Subj. von V.ᵃ, die נְפִלִים, nicıt auf das ausgelassene
Obj. von וְיָלְדוּ לָהֶם (*Del. Ke.*), nocı auf beide zusammen (*Kn. Schr.*),
und wird ıier einfacı der scıon zur Zeit des Vrf. veraltete Ausdruck
durcı den im Hbr. gewöınlicıen גִּבֹּרִים *Starke, Helden, Kraftmenschen*
erklärt, mit dem Zusatz וְגוּ' אֲשֶׁר (wo אַנְשֵׁי הַשֵּׁם wegen des Art. nicıt
Praed. zu אֲשֶׁר ist, sondern אֲשֶׁר מֵעוֹלָם und הַשֵּׁם 'א als 2 coordinirte
Epitıeta aufzufassen sind), die *vor Alters* (1 Sam. 27, 8) d. h. *die uralten*, die Männer des Namens d. ı. *die berühmten* (Num. 16, 2), vielbesprocıenen. An seiner jetzigen Stelle will der V. einen Beitrag zur
Cıarakteristik der Zustände vor der Flutı geben: wo Kraftmenscıen
ıhr Wesen treiben, kann es oıne Verletzung von Recıt und Ordnung
nicıt abgehen. Aber im Zusammenıang der Quellenscırift von V. 1
bis 4 sollte woıl der Ursprung der bekannten, vielbesprocıenen Nefilim
bericıtet werden (deren es nocı lange gab Num. 13, 33), und war
ıier offenbar ein Untergang derselben durcı die Flutı nicıt vorausgesetzt (*Abene, Ew. Böhm. Reuss, Wl.*), s. oben S. 117. — Zu dem
Glauben der Alten an vorausgegangene Riesengeschlechter bemerkt *Kn.*:
auch die arab. Sage erwäınt solcıe Völker als Ureinwoıner Arabiens,
zB. die Aditen, Themuditen, Amalekiten, und legt iınen riesige Grösse,
Unglauben, Wildıeit, grosse Bauwerke bei (s. *Kn.* Völkertafel **179.**
204 f. 234 ff.); die Griecıen und Römer waren der Meinung, dass die
Menscıen überıaupt in der Urzeit viel grösser und stärker gewesen
wären (Plin. 7, 16; Gell. 3, 10, 11), und erzählen ʼviel von ausgegrabenen Menschengebeinen, welche eine übermenscılicıe Grösse ıatten,
zB. von 7 Ellen (Her. 1, 68; Solin. 1, 84 f.), von 10 bis 11 und nocı
meır Ellen (Paus. 1, 35, 5 f. 8, 29, 3. 8, 32, 4). S. nocı *Win.*³
II. 330.

b) V. 5—8 das Ergebniss der Entwicklung des Menschengeschlechts im ersten Zeitalter. — V. 5. *das Gebilde der Gedanken*

seines Herzens nur böse allezeit] also das Verderben auch ein inner-
liches, welches die ganze Willens- und Gedankenrichtung ergriffen hat,
ein vollständiges und andauerndes. יֵצֶר] im Pent. nur noch Gen. 8, 21
und Dt. 31, 21. — V. 6. „Gott bereut (wie Ex. 32, 14) die Erschaffung des Menschen und *betrübt sich* (Gen. 34, 7) *in sein Herz*
hinein d. h. es thut ihm in der Seele, herzlich und innig leid" (*Kn.*).
Eine stark vermenschlichende Rede von Gott, wie sie der äusserst
lebendigen Darstellungsweise dieses Vrf. eigenthümlich ist, den Sätzen
Num. 23, 19. 1 Sam. 15, 29. Ij. 35, 6 f. nur scheinbar widersprechend,
in Wahrheit nur ein kräftiger Ausdruck der tiefinnersten Verletzung
des göttl. Liebesplanes durch die Sünde der Menschen. — V. 7. Er
beschliesst also Vertilgung aller Erdenbewohner vom Menschen bis zum
Thier. „Die Ursache der Vertilgung ist nach dem Vrf. allein die Verderbtheit der Menschen wie 8, 21, und von einer auch in die Thierwelt eingetretenen Verderbtheit (V. 12) sagt er nichts. Der Untergang der Thiere galt ihm also als Mitverbüssung der menschl. Sünden
(Jer. 12, 4. 14, 5 f. Hos. 4, 3. Jo. 1, 18. Ṣeph. 1, 2." So *Kn.* unter
Voraussetzung der Ursprünglichkeit des Textes. Aber da in der Aufzählung der Thierarten (wie 7, 8. 23) die Ausdrucksweise des A
(6, 20. 7, 14. 21. 8, 17. 19. 9, 2) durchklingt (*Tuch*), und da die
Worte מֵאָדָם—הַשָּׁמַיִם im Anschluss an אֶת־הָאָדָם nicht passen (*Buns.*), so
wird nicht zu bezweifeln sein (*Bud.* 250 f., *Kuen.* O.² I. 313), dass
erst R sie zur Conformation mit der Darstellung des A in 7, 13 ff.
eingefügt hat. Von ihm kann auch בָּרָאתִי (statt עָשִׂיתִי) sein, (obwohl
בָּרָא in einem Stück des C auch Num. 16, 30, vgl. Ex. 34, 10, vorkommt), zur Variation mit עשה unmittelbar vor- u. nacher (V. 6. 7ᵇ).
בְּהֵמָה] „hier von den zahmen und wilden Säugethieren zusammen, wie
V. 20. 7, 23. 8, 17. Dt. 14, 4 u. ö." (*Kn.*). — V. 8. Aber Noah fand
Gnade vor Gott, nach 7, 1 wegen seiner Gerechtigkeit, dass er nicht
mit den andern vertilgt werden sollte. Seine Gerechtigkeit ist keine
so vollkommene, dass sie nicht durch die Gnade Gottes zu ergänzen
gewesen wäre. C hat in allen die Sünde betreffenden Dingen eine
strengere und schärfere Beurtheilungsweise als A (V. 9). Übrigens ist
hier klar, dass in seinem Werke vorher schon über Noah die Rede gewesen sein muss.

II. Die Geschichte Noah's und seiner Nachkommen bis auf Abraham, Cap. 6, 9 — Cap. 11.

1. Die Fluthgeschichte Cap. 6, 9—9, 17, nach A und C.

1. Weitaus der grösste Theil dieses Stückes stammt aus A, und
zwar ist seine Erzälung über Noah und die Fluth fast vollständig
darin enthalten; aus dem nächsten Stück ist dann noch 9, 28 f. als
der ursprüngl. Schluss hinzuzufügen. Die Überschrift (6, 9), die Rech-

nung nach Jahren des Lebens Noah's, die genauen Zeitangaben über
den Verlauf der Fluth, die Zahlen der Maasse des Kastens, die Ein-
flechtung eines Gesetzes in 9, 1—7 und die Rückbeziehung desselben
auf 1, 27 ff., der Bund und das Bundeszeichen 9, 8 ff., die Breite der
Darstellung, die immer wiederkehrenden Formeln, die alterthümliche
(an 1, 6—8 erinnernde) Beschreibung der Entstehung der Fluth
(7, 11. 8, 2), das Ebenbild Gottes 9, 6, die Benennung der Familie
Noah's 6, 18. 7, 7. 13. 8, 16. 18 (gegen 7, 1), der Gottesname
אֱלֹהִים, Redensarten wie כָּל־בָּשָׂר 6, 12 f. 17. 19. 7, 15 f. 21. 8, 17.
9, 11. 15—17, זָכָר וּנְקֵבָה 6, 19. 7, 9. 16, לְמִשְׁפְּחֹתֵיהֶם 8, 19, עָשָׂה gɛn
6, 22, פָּרָה וְרָבָה 8, 17. 9, 1. 7, הֵקִים בְּרִית oder נָתַן 6, 18. 9, 9. 11 f.
17, ihr und euer Same nach euch 9, 9, Ausdrücke wie גָּוַע 6, 17.
7, 21, הִשְׁחִית und שִׁחֵת (nicht מָחָה) 6, 13. 17. 9, 11. 15, הוֹלִיד 6, 10,
אָכְלָה 6, 21. 9, 3, חַיָּה Wild 7, 14. 21. 8, 1. 17. 19. 9, 2. 5, מִין
6, 20. 7, 14, עֶצֶם selbig 7, 13, שָׁרַץ und שֶׁרֶץ 7, 21. 8, 17. 9, 7,
רֶמֶשׂ und רָמַשׂ 6, 20. 7, 14. 21. 8, 17. 19. 9, 2 f. (s. 6, 7. 7, 8. 23),
מְאֹד מְאֹד 7, 19, das eintheilende בְּ 7, 21. 8, 17. 9, 10. 15 f. u. a.
sind Erkennungszeichen des diesem Erzähler Zugehörenden. Nach ihm
war zwar Noah in seiner Zeit ein musterhaft frommer Mann, aber
alles Fleisch auf Erden war gänzlich entartet und verderbt. Darum
eröffnete Gott dem Noah, dass er die Erde durch die Fluth verderben
wolle, und gebot ihm die Erbauung eines Kastens, welcher ihn, sein
Weib, seine 3 Söhne und deren Weiber so wie von jeder Thierart
ein Paar nebst den erforderlichen Lebensmitteln aufnehmen sollte, um
sie am Leben zu erhalten 6, 9—22. Im 600. Lebensjahr Noah's begann die Überschwemmung durch das Aufbrechen der Quellen der
unterirdischen Tiefe und durch die Öffnung der Fenster des Himmels;
am selben Tag trat er mit den Seinen und den Thieren in den Kasten;
die Wasser wuchsen allmählig, so dass der Kasten schwamm, und er-
reichten die Höhe von 15 Ellen über den höchsten Bergen, dass alles
auf dem Lande Lebende umkam; 150 Tage wuchs das Wasser 7, 6.
11. 13—16ᵃ. 18—21. 23ᵇ. 24. Darnach gedachte Gott an die im
Kasten, verschloss die unterirdischen Quellen und die Fenster des Himmels; nach den 150 Tagen begannen die Wasser zu sinken und am
17. Tage des 7. Monats kam der Kasten auf dem Gebirge Ararat zu
stehen; am ersten des 10. Monats wurden die Spitzen der Berge sichtbar; im 601. Jahr Noah's am 1. des 1. Monats war das Wasser von
der Erde verlaufen, und am 27. des 2. Monats die Erde trocken geworden; auf Gottes Befehl verliessen Noah und die mit ihm den Kasten
8, 1. 2ᵃ. 3ᵇ—5. 13ᵃ. 14—19. Den geretteten Menschen verlieh Gott,
wie nach der Schöpfung, einen Segen mit der Kraft, sich zu mehren
und die Erde zu füllen, und dehnte zwar ihre Herrschaft über die
Thiere dahin aus, dass er ihnen das Fleisch derselben zu essen erlaubte, verbot aber streng den Blutgenuss und bei Todesstrafe die
Tödtung eines Menschen 9, 1—7. Auf diese Festsetzungen hin errichtete Gott mit sämmtlichen Wesen einen für alle Zukunft geltenden
Bund, versprach darin, keine allgemeine Fluth mehr kommen zu lassen,
und verordnete zum Zeichen dieses Bundes den Regenbogen 9, 8—17.

In diesem Bund erst hat die Erzählung ihr Ziel (vgl. 6, 18) erreicht. Alles hängt wohl zusammen; man vermisst höchstens die ausdrückliche Aufforderung Gottes an Noah, jetzt in den Kasten einzutreten. — In diesen Bericht ist ein anderer hineingearbeitet (*Schr.* 136 ff.), welcher sprachlich und sachlich sich unterscheidet. Nach diesem liess Gott den Noah und seine Familie in den Kasten treten und von den reinen Thieren je 7 Paare, von den unreinen je 1 Paar mit hineinnehmen, weil er in 7 Tagen einen 40 tägigen Regen bringen werde, um alle Wesen vom Erdboden zu vertilgen. Noah that demgemäss. Nach 7 Tagen begannen die Wasser der Fluth, und der Platzregen fiel 40 Tage und Nächte. Gott verschloss hinter dem eingetretenen Noah den Kasten. In den 40 Tagen erhob sich der Kasten über die Erde. Alles Lebendige ausser Noah und denen im Kasten kam um 7, 1 f. 3*. 4 f. 7*. 10. 12. 16^b. 17. 22*. 23*. Darauf wurde dem Regen Einhalt gethan. Nach den 40 Tagen öffnete Noah das Fenster des Kastens und schickte Vögel aus, um sich durch sie von dem Stand der Gewässer auf der Erde zu überzeugen, zuerst den Raben, 7 Tage später die Taube, nach weiteren 7 Tagen wieder die Taube, die schon ein Olivenblatt zurückbrachte, und nach wieder 7 Tagen noch einmal die Taube, die nun nicht mehr zurückkehrte. Da nahm er die Decke des Kastens ab und sah, dass die Erde abgetrocknet war 8, 2^b. 3^a. 6—12. 13^b. Noah (aus dem Kasten getreten) baute einen Altar, opferte von den reinen Thieren und Vögeln Gott Brandopfer; Gott nahm sie wohlgefällig an, und beschloss, in Erwägung der nun einmal dem Menschen von Jugend auf anhaftenden sündlichen Verkehrtheit seines Herzens, nie mehr ein solches Verderben zu verhängen, sondern die Naturordnung der Erde ungestört zu erhalten 8, 20—22. Das sind nicht blos ergänzende Bemerkungen zum andern Bericht, sondern es ist eine vollständige Fluthgeschichte, in der man nur weniges vermisst, nämlich am Anfang die Ankündigung der Fluth an Noah und den Befehl, einen Kasten zu bauen, hinter 8, 3 die Angabe vom Aufsitzen des Kastens und vor 8, 20 die Nachricht, dass Noah aus dem Kasten getreten sei. Die Gründe für die Ausscheidung der genannten Stellen sind diese. Vom Unterschied reiner und unreiner Thiere sagt A nichts, und bestimmt die geretteten Thiere nur auf je 1 Paar (6, 19 f. 7, 15 f.); die wirkende Ursache der Überschwemmung und die Dauer derselben, sowie der Verlauf der Abnahme der Wasser sind verschieden; den Inhalt von 8, 21 f. gibt A in dem Bericht über den Bundesschluss 9, 8 ff. Ebenso ist die Unterscheidung zweier Berichte deshalb nothwendig, weil öfters dieselbe Sache zweimal, nur mit andern Worten erzählt ist, zB. der Eintritt Noah's in den Kasten 7, 8 f und 13—16, die Entstehung der Fluth 7, 11 und 12, die Zunahme der Gewässer und das Schwimmen des Kastens 7, 17 und 18, das Verenden aller Lebewesen 7, 21 und 23, das Aufhören der Überfluthung 8, 2^a und 2^b, das Verlaufen der Wasser 8, 13^a und 13^b. Auch bemerkt man, dass 6, 16 von einem צֹהַר, 8, 6 von einem חַלּוֹן des Kastens die Rede ist, und dass die Familie Noah's 7, 1 mit einer andern Formel benannt ist, als in A, so wie auch sonst für dieselbe Sache andere

Ausdrücke gebraucht sind, zB. יְקוּם 7, 4. 23, אַךְ 8, 8. 11, חָיָה 7, 3 (gegen 6, 19 f.), מֵי הַמַּבּוּל 7, 7. 10 (nicht V. 17). Auf C als Vrf. des Berichts weist hin: רִיחַ, die stark menschliche Darstellung Gottes 7, 16. 8, 21, die Unterscheidung reiner und unreiner Thiere und die Erwähnung des Altars und der Opfer 8, 20 f. (vgl. 4, 3 f.), die Hervorhebung der anhaftenden Sündhaftigkeit des Menschen 7, 21, Ausdrücke wie מָחָה 7, 4. 23, אִישׁ וְאִשְׁתּוֹ 7, 2, הָאֲדָמָה (עַל־פְּנֵי) 7, 4. 8. 23. 8, 8. 13. 21; לְיָמִים 7, 4. 10; אֶל־לִבּוֹ 8, 21 (s. 6, 6). בְּעֵינֵי 8, 21, יֵצֶר 21, כָּל־הַיְ 21 (3, 20 gegen 6, 19) u. a. Zwar wollten andere 8, 6—12 dem A (*Kn.*), oder B (*Ew.*) zuweisen, aber schon die 40 Tage V. 6 und die Siebenzahl der Wartetage V. 10. 12 entscheiden (*Hupf. Schr.*) für C, und von einem Fluthbericht des B haben wir überhaupt keine Beweise. Da nun auch in 6, 5—8 schon ein Einleitungsstück zur Fluth von C vorliegt, so kann nicht bezweifelt werden, dass C eine vollständige Fluthgeschichte gab. Dass sie ein secundärer Bestandtheil des C sei (*Wl.* XXI. 404; *Bud. Kuen.*, s. oben S. 89), wird im Zusammenhang mit einer eigenthümlichen Hypothese über die allmählige Entstehung des C behauptet, ist aber durch specielle Beweise nicht ˙zu erhärten, sofern weder das feststeht, dass die Fluthsage den Isr. erst in der 2. Hälfte des 7. Jahrh. oder noch später zukam (s. nr. 3), noch die Ausdrücke יְקוּם, מָחָה, יֵצֶר als Kennzeichen einer so jungen Zeit (*Kuen.* XVIII. 168 f.) mit Recht geltend gemacht werden können. Der Bericht des C ist aber von R, um unnöthige Wiederholungen zu vermeiden, nicht neben den des A gestellt, sondern in denselben hineingearbeitet worden, wobei wenigstens alles, was C eigenthümliches hatte, aufgenommen scheint, während manches, was C mit A gemeinsam hatte, von R einfach weggelassen sein kann. In einigen Stellen, nam. 7, 3. 7—9 und 22 f. (s. d.) hat die Hand des R etwas stärker eingegriffen oder selbständiger gewaltet (*Ew. Schr. Nöld. Bud. Kuen.*).

2. Die Ausführlichkeit beider Berichte ist in der Sache begründet. Die Fluth ist das wichtigste Ereigniss nach der Schöpfung, von dem sich eine dunkle Kunde in der hebr. Sage erhalten hat, die Grenzscheide zweier Weltalter, welche den Lauf einer alten untergegangenen Menschheit abschliesst und für ein neues verjüngtes Geschlecht den Ausgangspunkt bildet. In einem solchen Ereigniss müssen die Gedanken Gottes, welche in der Menschengeschichte nachzuweisen sich die bibl. Schriftsteller zur Aufgabe machen, vernehmlicher als sonst sich kund thun. In der That fällt bei A und C das Schwergewicht auf die Nachweisung dieser Gottesgedanken. Die schonungslose Dahingabe alles Lebenden kann — so äussern sich selbst einige Fluthsagen der Völker — nur als ein Strafgericht Gottes über ein entartetes Geschlecht verstanden werden, und beide Erzähler stellen darum die Zeichnung der Verderbtheit der untergegangenen Menschheit an die Spitze ihrer Erzählung (6, 11—13. 6, 5—8; vgl. Ij. 22, 16 ff.; Jes. 24, 5. 18; Matth. 24, 38; 2 Ptr. 2, 5). Ebenso dass in diesem Verderben ein Mann mit den Seinigen gerettet und zum Anfänger eines neuen Geschlechts gesetzt wurde, kann nur aus dem Wohlgefallen Gottes an ihm erklärt werden; beide schildern ihn als den gerechten unsträflichen Mann, der

glaubensvoll den Verfügungen Gottes Gehorsam leistete (6, 9. 22 und
6, 8. 7, 1. 5; vgl. Ez. 14, 14. 20; Sir. 44, 17; Sap. 10, 4; Hbr.
11, 7). Aber auch das neue Verhältniss, in das Gott zu der neuen
Menschheit trat, war hier klar zu machen. A widmet dem eine lange
Ausführung (9, 1—17) und steuert durch seine ganze Erzählung hindurch auf sie, als den eigentlichen Zielpunkt, los. Die urspr. Vollkommenheit des ersten Weltalters ist dahin; in Anbetracht des durch
die Sünde nun einmal hereingekommenen Zwiespalts wird dem Menschen sein Herrscherrecht über die Natur erweitert und Thiere zu
essen erlaubt, aber gegen das wiederholte Umsichgreifen des Mordgeistes eine gesetzliche Schranke gezogen und wenigstens in Grundzügen eine neue Lebensordnung gegeben, die er unverbrüchlich ein-
halten soll; unter dieser Voraussetzung will Gott ihm die Nichtwie-
derkehr einer solchen chaotischen Verwüstung zusichern; oder: er lässt
sich herab zu einem Bund mit ihm und ist das nur Anfang und Grundlage einer besonderen, auf ihn gerichteten Heilsthätigkeit Gottes. Kürzer
beschreibt C in 8, 20—22 das neue Verhältniss dahin, dass Gott
künftig die dem Menschen innewohnende Verkehrtheit nicht mehr zum
Grund einer neuen Verfluchung der Erde zu machen, sondern (mit
dem Vorbehalt, ihr in anderer Weise entgegenzuarbeiten) sie in Geduld und Langmuth (vgl. Röm. 3, 25 f.) zu tragen beschloss. So
stimmen in den Hauptpunkten beide Erzähler völlig zusammen. Aber
auch die Rettung Noahs mit den Seinen und den Thieren wird bei
beiden gleich beschrieben: sie war durch die Sage fest normirt. Die
Abweichungen betreffen nur die Einzelheiten des Vorgangs. Eine Abweichung des C. über die Zahl der geretteten reinen Thiere, war
wegen des nach der Fluth zu bringenden Opfers nothwendig: eine
andere, betreffend die Entstehung der Fluthwasser durch Regen,
schliesst sich mehr an die gewöhnliche Ursache der Überschwemmungen
an, während die Darstellung des A auf einer alterthümlicheren Anschauung von derlei Naturvorgängen ruht. Die Hauptabweichung betrifft die Dauer der Fluth. Wie sehr aber gerade hierüber die Überlieferung schwankte, sieht man daraus, dass selbst im Text des A sich
noch zweierlei Berechnungsweisen durchkreuzen. Wenn nämlich (7,
11) die Fluth am 17. des 2. Monats beginnt, und die Wasser (7, 24)
150 Tage lang zunehmen, dann nach diesen 150 Tagen schon am 17.
des 7. Mon. der Kasten sich festsetzt (8, 3 f.), bis zum 1. des 10. M.
die Spitzen der Berge sichtbar werden (8, 5), am 1. des 1. M. im
andern Jahr die Wasser verlaufen sind (8, 13) und am 27. des 2. M.
die Erde abgetrocknet ist (8, 14), so ist zunächst deutlich, dass der
ganze Vorgang 1 Jahr 11 Tage d. h. da doch die Hebräer nach Mond-
jahren zu rechnen pflegten, 354 + 11 d. h. 365 Tage oder ein Sonnenjahr (so schon *Abene. Raš.*, *Qimḥ.* zu 8, 14) umspannen soll.
Ist aber nach Mondmonaten gerechnet, so ist auffallend genug, dass 7,
24 und 8, 3 ein Zeitraum von 150 genannt ist, welchem nach 8, 4
etwas weniger als fünf Monate (weil beim Aufsitzen des Kastens doch
die Wasser schon etwas gesunken sein müssen) entsprechen sollen,
während doch 150 Tage mehr sind, als 5 hbr. Monate. Da A hier

immer genau bestimmte, nicht runde Zahlen beibringt, und darum 150
nicht etwa (*Tuch*) nur ungefäire Angabe (statt 147) sein kann, auch
die Absicht einer *genauen* Rechnung einem Vrf. wie A abzusprechen
(*Bud.* 272 f.) sich nicht empfieilt, da weiter auch nicht angenommen
werden kann, dass im Text sämmtliche Monate zu 30 Tagen und das
ganze Jahr, wie bei den Ägyptern (*Ideler* Chronol. I. 478 f.) zu 360
Tagen und 5 Epagomenen gerechnet, also die Gesammtzeit auf 375 Tage
angesetzt sei (*Del.*), weil 375 keine Periode darstellt, so bleibt nur
die Auskunft (*Ew. Schr.*), dass hier in den 150 Tagen noch der
Rest eines abweichenden Ansatzes steckt, nach welchem die Zunahme
der Wasser 150 und wohl auch die Abnahme 150 Tage (d. h. 2×75)
betrug: wenigstens kann man in der Zeitbestimmung der ersten Stufe
der Abnahme (vom 17. d. 7. bis zum 1. des 10. Monats) noch eine
Spur von dieser Berechnungsweise erkennen. Dieser Ansatz von 2×150
Tagen (d. h. 10 Mon.) wird aber zusammenhängen mit einer anderen
Monats- und Jahresberechnung, wie sie vielleicht (s. meine Abh. in
MB. der Berl. Akad. d. W. 1881 S. 931) bei den Phöniken üblich
war. Nach ihr müsste, wenn die Fluth zu 300 Tagen angenommen
war, das letzte Datum (8, 14) der 17. T. des 12. M., wenn aber zu
365 T., der 17. T. des 2. M. sein. Statt dessen erscheinen in 8, 13.
14 Daten, die nur aus der Rechnung des Mondjahrs erklärbar sind,
aber gleichwohl die Dauer der Fluth auf em Sonnenjahr (s. 5, 23)
normiren. Schwerlich stammt dieser Text von A selbst; wahrscheinlich haben erst jüngere Bearbeiter corrigirend eingegriffen (wie in den
Zahlen Cp. 5). Die LXX ihrerseits, vom ägypt. Jahr von 365 Tagen
ausgehend, haben 7, 11. 8, 4 geradezu den 27. T. (statt des 17.) gesetzt. Dass der 2. Monat, in welchem die Fluth anhebt, der 2. Früh-
lingsmonat oder Ijjâr (*R. Josua* bei Raš., *Barhebr.* chron. syr. p. 7,
Merc., *Tuch*, *Lepsius* Chron. der Äg. I. 226 f.; *Kosters* Th. Tijds.
XIX. 337 f.) sein soll, kann daraus, dass in der babyl. Fluthsage bei
Alexander Polyh. der 15. des Mon. Daesius (Sivan) genannt ist, um so
weniger erwiesen werden, als dieses Datum für die in der 2. Hälfte
des März beginnenden und gegen Ende des Mai am höchsten steigen-
den Anschwellungen des Eufrat und Tigris (*Ritter* EK. X. 1023 f.
XI. 1019) ohne Bedeutung und vielleicht irrthümlich (*Lenorm.* or.[2] I.
413 f.) ist. Vielmehr ist ohne Zweifel der 2. Herbstmonat (Marchešvan) zu verstehen (*Jos.* ant. 1, 3, 3; *Tg.Jon.*, *Raš. Qimḥ. JDMich.*
comm. S. 39 f., *Ros. Win. Bmg Kn. Ew. Del.*), theils weil A den
Beginn des Jahres mit dem Frühling erst von Mose an datirt (Ex.
12, 2), theils weil gerade Marchešvan in Palästina der eigentliche Beginner der Regenzeit war. Warum gerade der 17., und nicht der 15.,
der Vollmondstag (wie in der bab. Sage), oder der 16., der Tag nach
dem Vollmond, bestimmt ist, ist zur Zeit noch unermittelt: dass am
17. Tag μάλιστα γίνεται πληρουμένη κατάδηλος ἡ πανσέληνος (*Kn.*
nach Plut. d. Isid. 42), erklärt die Sache nicht. Vielleicht liegt auch
hier urspr. nicht ein Mondmonat zu Grund. Viel kürzer ist der Verlauf des Ereignisses bei C: hier wird durchaus nach den Zahlen 7 und
40 gerechnet: nach 7 Tagen Vorbereitung fällt der Platzregen 40 Tage

und Nächte lang, und in Fristen von 3mal 7 Tagen verschwinden die Wasser wieder. Auch hierin, bezüglich ihrer Dauer, schliesst sich diese Darstellung mehr an die gewöhnlichen Vorgänge der Regenzeit an. 3. Grundlage der Flutherzählung ist ohne Zweifel das dunkle Andenken an eine furchtbare Verheerung gewisser asiatischer Länder durch Wasser. Diese Fluth fällt nämlich in den Verlauf der Menschengeschichte herein, hat also mit den geologischen Diluvien nichts zu schaffen. Die lange Diluvialperiode der Geologen, der die Erdoberfläche ihre letzte Gestaltung verdankt, liegt wenn nicht jenseits des Daseins, so doch jenseits aller Erinnerung der Menschen; höchstens schliessen konnten schon die Alten aus gefundenen Fossilien (Her. 2, 12; Eratosth. fragm. ed. Seidel p. 28, s. *Tuch*[2] 116) auf solche vorangegangene Diluvien. Die Fluth der Bibel konnte bei ihrer kurzen Dauer wesentliche und allgemeine Umgestaltungen der Erdrinde nicht bewirken und hat sie auch nicht bewirkt. Nach der bibl. Erzählung wurden die Berge von den Wassern bedeckt und kamen nach deren Ablauf wieder zum Vorschein (7, 19 f. 8, 4 f.); die Erde braucht nur abzutrocknen, um ihre alte Gestalt wieder zu haben (8, 14); die Taube bringt ein frisches Ölblatt zurück (8, 11); dass nach der Fluth die ganze Pflanzenwelt wieder da war, wie zuvor, wird als selbstverständlich vorausgesetzt; auch die Beschreibung der Lage des Gottesgartens (2, 11 ff.) geht von der Annahme aus, dass die Gestalt der Erdoberfläche nicht wesentlich verändert wurde. — Weiter umfasst die bibl. Fluth auch nicht die gesammte Erde. Zwar soll sie eine allgemeine sein, sofern durch sie alles Lebendige auf der Erde weggetilgt wurde. Aber dass diese Erde des Vrf. ein viel kleinerer Raum war, als was wir die Erde nennen, ergibt sich aus dem engen geograph. Gesichtskreis der alten Hebräer, welcher nur Bruchtheile von Asien, Afrika und Europa umfasste (Gen. 10). Dasselbe folgt aus den eigenen Angaben des Vrf., wenn man sie schärfer ins Auge fasst. Wenn nach 7, 19 f. das Wasser zwar die hohen Berge um 15 Ellen überragte, sofort beim Sinken des Wassers aber der Kasten (bei etwa 15 Ellen Tiefgang) auf einem der Araratberge sitzen blieb (8, 4), so sind für den Vrf. diese Berge die höchsten, während in Wahrheit es um mehr als 10000 Fuss höhere Berge gibt. Aber selbst dass der Vrf. von der Höhe der Berge Ararat's eine zureichende Vorstellung hatte, lässt sich nicht beweisen. Im Gegentheil, wenn er beschreibt, dass von da an, da der Kasten festsass, $2^1/_2$ Monate vergiengen, bis die Spitzen der Berge sichtbar wurden (8, 5), aber dann schon nach nicht ganz 5 Monaten die Erde völlig trocken war (8, 14), so ist aus dieser Zahlenproportion deutlich, dass entweder die höchsten Berge nicht sehr hoch gedacht sind, oder aber der Landungsberg in einer alle andern Berge unverhältnissmässig weit überragenden Höhe vorgestellt ist. Um so weniger ist dann der Schluss (*Ku. Ke.*) gerechtfertigt, dass weil nach den neueren Messungen die höchsten Höhen des Ararat bis zu 17000 Fuss ansteigen, auch die Wasser eine solche Höhe erreicht und also, weil sie sich ins Gleichgewicht setzen mussten, die gesammte Erde bedeckt haben. Die physikalische Unmöglichkeit, dass eine solche Wassermasse,

wie sie zur gleichmässigen Überschwemmung der ganzen Erde, auch
ihrer höchsten Berggipfel, erforderlich gewesen wäre, ohne eine Verkehrung der Verhältnisse des Planeten und eben damit der Lebensbe-
dingungen aller, auch der geretteten, Wesen sich erzeugen konnte,
braucht gar nicht einmal ins Feld geführt zu werden. — Führen aber
die Angaben des Textes selbst nur auf eine theilweise Erdüberschwem-
mung und zwar innerhalb Menschengedenkens, so liegt zunächst kein
Grund vor, die Möglichkeit einer solchen zu bezweifeln. Ausserordent-
liche Überschwemmungen, in Folge von allerlei Ursachen, sind in der
Erinnerung der Völker genug verzeichnet. In den ältesten Zeiten, als
die Wasserläufe durch Natur oder durch Menschenhand noch weniger
geregelt waren, mussten solche Überschwemmungen nur um so gewaltiger und verheerender sein. „Über Überschwemmungen in Folge
der Hebung des Meeresgrundes s. Strab. 1, 3, 5. 10 f. Von Fluther-
eignissen, namentlich in Meerländern, berichten noch Geschichtsschreiber,
zB. in Syrien und dem kasischen Grenzland Ägyptens Strab. 16, 2,
26; in den griech. Ländern Thucyd. 3, 89; Diod. Sic. 12, 59. 15,
48; Strab. 8, 7, 2; auf der cimbrischen Halbinsel Posidon. bei Strab.
2, 3. 6. 7, 2, 1, nur dass dieselben nicht so umfangreich waren, wie
die der ältesten mythischen Zeit" (*Kn.*). Viele Beispiele von seismisch-
cyklonischen Fluthen in Meerländern aus historischer Zeit hat *Süss*
(S. 30 ff.) zusammengestellt. Eine derartige gewaltige Fluth in hohem
Alterthum muss die gewesen sein, um welche es sich hier handelt.
Dass nämlich diese Fluthsage der Hebräer nicht etwa erst in Kenaan
sich gebildet hat, noch weniger in Ägypten (wo es ohnedem keine Sint-
fluthsage gab) von ihnen angenommen worden ist, sondern sonst woher ihnen zukam, geht daraus hervor, dass in derselben Ostarmenien
(s. 8, 4) als Landungsort des Kastens und Ausgangsort der neuen Menschheit erscheint. Da von grossen Strecken, welche der schwimmende
Kasten zurücklegte, im Text keine Andeutung ist, so könnte man wohl
jene Länder als die urspr. Heimath der Sage u. den Schauplatz derselben vermuthen. Und zur Bestätigung lässt sich anführen, dass auch
andere vorderasiatische Völker ihre Fluthsagen hatten und zum Theil
sogar den Ausgangsort der Überlebenden ähnlich bestimmten. Zwar
die Araber wissen von dieser Fluth nichts, und dass das Geez-Volk
sein heimisches Wort für Fluth *aich*, wie die Syrer ihr *taufan*,
später, nachdem sie mit der Bibel bekannt geworden waren, besonders
von der Sintfluth gebrauchen (*Ew.* JB. VII. 3 f.), gibt noch keinen Beweis für alte Bekanntschaft mit dieser; und was die Phöniken (nach
Hieronymus Äg. bei Jos. ant. 1, 3, 6) über die grosse Fluth erzählten,
ist uns nicht näher überliefert. Aber dass bei syr. Völkern das Andenken an die Fluth fortlebte, dafür liegen mehrere, wenn auch junge
Zeugnisse vor. Nach einer wohl damascenischen Gestalt der Sage,
die Nicolaus Dam. (Joseph. a. a. O.) vor Augen hatte, wurde der
Berg Baris in Armenien als derjenige bezeichnet, auf welchen zur Zeit
der Fluth viele sich gerettet haben, und auf dessen höchstem Gipfel
einer in einem Kasten (λάρναξ) angelandet sei, von welchem Kasten
noch später Holztheile vorhanden gewesen seien. Nach einer Angabe

bei Lucian de dea Syr. c. 13 über Hierapolis waren in dem angeblich
von Deucalion Sisythes (s. *Buttm.* Myth. 1. 191 f.) gestifteten Heiligthum der Juno im Libanon zu seiner Zeit noch alljährlich Ceremonien
über einem Erdspalt, welcher einst die Wasser der grossen Fluth aufgenommen haben soll. Auf eine Fluthsage in Phrygien lassen die Nachrichten theils über Annacus (s. 5, 24), theils über den Berg Kelaenae,
später Apamea Kibotos, als den Landungsplatz der Arche (Orac. Sibyll.
1, 261 ff. Friedl.; Syncell. p. 22, B), sowie über das pisidische Anti-
ochia als Erbauungsort der Arche (in der Geographie des Moses von
Chorene, bei *Saint Martin* mém. hist. et géogr. sur l'Arménie. 1819.
II. 349) mit Sicherheit schliessen, wenngleich die dortigen einheimischen
Erzählungen später mit jüdisch-bibl. Zuthaten gemischt worden sind,
wie auch der Name Apamea's, Κιβωτός (Plin. 5, 29; Strab. 12, 8,
13; Ptol. 5, 2, 25) dasselbe Wort ist, mit dem die LXX und Aquila
הַבָּה übersetzen. Über Fluthsagen der Armenier wissen wir nichts:
ihre eigenen Schriftsteller sind zu jung und zu sehr von fremden Einflüssen abhängig, und was Jos. ant. 1, 3, 5 beibringt, genügt nicht
(s. auch *Nöldeke* Untersuch. 154). Am genauesten bekannt ist die
babyl. Sage, u. diese bietet zugleich eine merkwürdige Ähnlichkeit mit
den bibl. Berichten. Man kannte sie längst in der Form, wie sie
Berosus (Richt. p. 56 ff.) berichtet. Nach ihr zeigte Kronos durch
einen Traum dem 10. babyl. König Xisuthros (Sisithros) die für den
15. des Monats Däsius bevorstehende Vertilgung der Menschen durch
eine Fluth an, und gebot ihm, alle die (auf Stein) geschriebenen Nachrichten über das Alterthum in der Sonnenstadt Sippara zu vergraben,
und ein Schiff zu bauen, in das er selbst mit seinen Verwandten und
Freunden, mit Speise und Trank und mit Thieren, geflügelten und vier-
füssigen, eintreten sollte. Er baute das Schiff, 15 Stadien lang, 2 breit,
brachte alles zusammen und bestieg es mit Weib, Kindern und nächsten Freunden. Die Fluth kam. Beim Abnehmen der Wasser entliess
er einen der Vögel, der aber, weil er weder Nahrung noch Ruheort
fand, wieder ins Schiff zurückkehrte. Nach einigen Tagen liess er die
Vögel wieder heraus, welche mit Schlamm an den Füssen zurückkamen,
aber zum 3. mal ausgesendet kamen sie nicht wieder, woraus er erkannte, dass die Erde zum Vorschein gekommen war. Nach Öffnung
einiger Fugen sah er, dass sein Schiff an einem Berge gestrandet war.
Er stieg mit dem Weib, der Tochter und dem Steuermann aus, betete
die Erde an, errichtete einen Altar, opferte den Göttern, und verschwand
dann mit den Ausgestiegenen. Da er nicht wiederkam, gingen die andern aus dem Schiff auch heraus, riefen ihn mit Namen und suchten
ihn, aber er zeigte sich ihnen nicht mehr; wohl aber hörten sie eine
Stimme aus der Luft, die ihnen befahl fromm zu leben, denn er dürfe
jetzt wegen seiner Frömmigkeit bei den Göttern wohnen, ebenso die
3 mit ihm. Auch wurde ihnen gesagt, der Ort, wo sie seien, sei
Armenien; sie sollen nach Babylonien gehen und die vergrabenen
Schriften in Sippara holen. Sie wanderten, nach gebrachten Opfern
an die Götter, zu Fuss nach Babylonien, gruben die Schriften aus,
gründeten Städte und Tempel, und richteten Babylonien wieder zum

Wohnland ein. Von dem Schiff aber sind noch Reste in den korduäischen Bergen Armeniens: die Leute schaben manchmal kleine Stücke Asfalt davon ab und gebrauchen sie als Zaubermittel. Man war früher geneigt, diese der biblischen so überraschend ähnliche Erzählung für eine Nachahmung von jener zu halten (doch s. *Lenorm*. Bér. 287 ff.). Aber jeder Zweifel an ihrem hohen Alter ist jetzt beseitigt, seit *GSmith* auf assyr. Thontäfelchen als Episode des 11. Stücks des s. g. Izdubargedichts (dessen Alter auf das 17.—20. Jahrh. geschätzt wird) einen keilinschriftl. bab. Fluthbericht entdeckt und bekannt gemacht hat (zuletzt in seiner Chald. Gen., deutsch v. *Del.* 223 ff.). Nach *Lenormant*, *Oppert* u. a. (s. *Lenorm.* or.² I. 391 ff. 601 ff.) hat *PHaupt* (der keilinschriftl. Sintfl. Bericht 1881 u. verbessert in *Schrader's* KAT.² 55 ff.), eine berichtigte Übersetzung davon gegeben. Der Name des Helden ist (Šamaš-napištim) Adrahâsis oder Ḥâsis-adra (Xisuthros); seine Stadt Surippak; Gott Êa zeigt ihm im Traum die Fluth an; Bel richtet die Fluth an; von den schriftlichen Monumenten zu Sippara wird hier nichts gesagt; die Maasse des Schiffs sind anders, die Jahreszeit gar nicht angegeben; der Held nimmt viele Leute (seine ganze Sippe) und auch seine Schätze mit ins Schiff; der Steuermann heisst Buzurkurgal; 6 Tage und 7 Nächte dauert der Sturm und Regen, der die Fluth herbeiführt; das Schiff nachdem es das Fluthmeer durchfahren, sitzt am Berg des Landes Nizir (östlich vom Tigris, jenseits des untern Zâb, *Schr.* KAT.² 53) fest; 7 Tage darnach liess er die Taube (?) aus, die wiederkam, weil sie keinen Aufenthaltsort fand; dann die Schwalbe, die auch wiederkam, endlich den Raben, der nicht wiederkam. Nach dem Aussteigen und den Opfern an die Götter zürnt Bel über die Rettung der Menschen, wird aber von Êa besänftigt, lässt sich bewegen, künftig die Menschen, die sich vergehen, mit andern Strafmitteln, als mit einer Fluth, zu strafen, und nimmt den Helden mit seinem Weibe weg zu den Göttern. Zu bemerken ist zunächst, dass dieser Bericht sich mit dem des C (Siebenzahl, Regen, Decke des Schiffs, *ausgesandte Vögel*, Opfer) noch mehr berührt, als mit dem des A (Beschreibung des Schiffs nach Maassen, Asfalt). Zugleich ergibt sich aus den Abweichungen des Berosus von dem keilschriftl. Bericht, dass auch bei den Babylonieru (u. Assyrern) verschiedene Variationen der Sage im Umlauf waren, ohne Zweifel auch noch andere, als diese zwei. Dass die berosische Form die jüngere sei (*Kost.* 335 ff.), folgt daraus, dass Berosus später schrieb, noch nicht mit Sicherheit; es kommt auf die Quelle an, die er benutzt, u. über diese wissen wir nichts. Weiter aber erheben sich nun im Angesicht dieser bab. Flutherzählung zwei besondere Fragen. Zuerst: ist vielleicht Babylonien die urspr. Heimath der asiatischen Fluthsage? Der Geologe *ESüss* (S. 10 ff. 49 ff.) suchte aus dem keilschriftl. Berichte zu beweisen, dass darin deutlich eine durch ein gewaltiges Erdbeben im pers. Golf veranlasste cyklonische Überfluthung des untern Eufratgebietes vom Meere her beschrieben sei u. alle die Fluthsagen anderer Völker nur Nachklänge dieser niedermesopotamischen Überschwemmung seien. Aber dass die Ursache der im bab. Epos beschriebenen Fluth die durch Erdbeben und Sturm heraufgetriebenen Meeres-

wasser waren, wird in die poetische (nicht einmal durchaus sicher
verständliche) Schilderung zum Theil künstlich hineingedeutet, u. stimmt
wenig zum Landungspunkt in Nizir, wie auch der **11.** Monat (in welchen
wahrscheinlich im Epos die Sache verlegt ist), der Monat der beginnenden Hochwasser des Eufrat-Tigris, eher eine andere Ursache an die
Hand gibt.   Dass eine cyklonische Überschwemmung des (bab.) Meer-
landes die Veranlassung zu der weitverbreiteten Fluthsage gab, wird
man als möglich zugeben können; aber eben so möglich (u. nach der
Haltung der andern Fluthsagen wahrscheinlicher) ist, dass eine binnenländische Überschwemmung zu Grund liegt.   Die andere Frage ist, ob
die bibl. Berichte erst auf Grund dieser specifisch-babyl. Darstellungen
der Sache gearbeitet sind.   Viele bejahen sie jetzt, in Anbetracht der
überraschenden Ähnlichkeiten zwischen beiden (die freilich zum Theil
sich aus der Sache von selbst ergeben).   Aber wenigstens in der Form,
dass die Juden erst in oder nach dem bab. Exil die Erzählung angenommen u. niedergeschrieben haben (*Goldz.* Myth. 382 ff., *Del.*
Par. 94. 157 f., *Haupt* Sintfl. Ber. 20), ist diese Meinung unhaltbar, da die bibl. Berichte stylistisch vom übrigen Buch des C u. A nicht
zu trennen sind, u. da es sachlich ganz undenkbar ist, dass die Juden
von ihren Feinden, den Babyloniern, eine ihnen ursprünglich wildfremde,
vom albernsten Polytheismus durchtränkte Localsage sich angeeignet
hätten.   Derselbe Grund gilt jedoch auch gegen die, welche etwa um
800 vor Ch. oder im 8. Jahrh. (*Schrad.* KAT.[2] 53 f., *Bud.* 515 f.)
oder in der 2. Hälfte des 7. Jahrh. (*Kuen.* XVIII. 168; *Kost.* XIX.
325 ff.) die Erzählung aus Bab. zu den Isr. kommen lassen.   Weder
dass der von B dargestellte (s. oben S. 89. 117) Sagenkreis auf die
Fluth keine Rücksicht nimmt, noch dass Noah erst Ez. 14, 14. 20.
Jes. 54, 9 erwähnt wird, beweist für eine so späte Entlehnung (wird
ja doch der Sündenfall nach Gen. 2 f. im AT. sonst gar nicht erwähnt).
Wenn wirklich die keilschriftl. Gestalt der Fluthsage zu den Isr. in
ihrer Königszeit herüberdrang (was ja an sich möglich ist, sei es durch
directen Verkehr mit Assyrern oder Babyloniern, sei es vermittelt durch
Handelsvölker, wie Phöniken), so hatten sie doch keinerlei Grund, sie
sich anzueignen, wenn nicht vorher schon dunkle Kunde von einer Ver-
nichtungsfluth über die Menschen unter ihnen lebte.   Soll auch zu
den übrigen Völkern die Fluthsage erst so spät sich von Bab. aus
verbreitet haben? u. wenn nicht, warum blos zu den Isr. so spät?
Und neben den Ähnlichkeiten sind doch auch ebenso grosse Verschie-
denheiten u. eine eigenthümlich isr. Färbung nicht zu verkennen,
welche nicht annehmen lassen, dass sie s. z. s. frischweg aus bab.
Munde heraus zu Schrift gebracht wurde (s. auch meine Bemerkungen
im SB. der Berl. Ak. d. W. 1882 S. 436 f.).   Nicht einmal die Episode von den Vögeln 8, 6—12 (s. d.) erweist sich, literarisch, als ein
jüngerer Zusatz.   Vollends aber der Versuch von *Kost.* (335 ff.), zu
erweisen, dass A sich an die jüngere (!) Form der bab. Sage bei Berosus anschliesse, also selbst viel jünger sei als C, der sich an die
keilschriftl. Form halte, erscheint als mislungen, da als einziger, dem
A eigenthümlicher (denn Noah ist der 10. Urvater auch bei C) Be-

rührungspunkt mit Ber. nur die Landung in Armenien ricitig ist u.
selbst dieser sciwindet, wenn Nizir selbst scion zu den gorduäischen
Bergen (*Schr.* KAT.[2] 53) geiörte. Um sicier urtheilen zu können,
müssten wir auci die Gestalt der syriscien und kleinasiatiscien Fluthsagen genauer kennen. Die Möglicikeit, dass die Fluthsage ein älteres
Gemeingut vorderasiatiscier Völker (auci der Hebr.), und der keilschriftl. Bericht nur eine specifisch-babyl. Ausgestaltung derselben
war, von der dann in gesciicitlicier Zeit wieder Kunde zu den Isr.
ierüberkam, bleibt immer noci bestehn.

4. Ob auci sonst sici Erinnerungen an die Noai-Fluth erialten
iaben, ist fraglici. Für eine Fluthsage der *Perser* iaben mancie
(*Windischm.* Ursagen 4 ff.; ZDMG. XXV. 63; *Lenorm.* org.[2] I. 430.
II. 270) den Vara, worin sici Jima gegen die Überfluthung zurück-
zieit (Vend. II, 46 ff.), geltend gemacit, doci kann dieser höchstens
als ein entfernter Naciklang davon angeseien werden (*Spiegel* êr AK.
I. 478 ff.). Auci die *Ägypter* iaben keine: was Plat. Tim. p. 22;
Diod. Sic. 1, 10; Orig. c. Cels. 1, 20; Euseb. ciron. arm. II. p. 85
steit, beruit blos auf Tieorien der späteren Philosophen und Cirono-
grapien, nicit auf einieimiscien Volkserinnerungen; die Vernicitung
der alten Sünder durci die Götter gescieit dort auf ganz andere
Weise (*Naville* in Transa. SBA. IV. 1 ff.; *Lenorm.* or.[2] I. 448 ff.).
Die Erzäilungen der *Chinesen* von einer grossen Fluth, welcie man
früier hieher zog (*Jones* Abh. II. 187 ff.; *Klaproth* Asia polygl. 32 f.;
Gützlaff Gesch. d. ciines. Reicis, von Neumann 26 f.; *Kn. Del.* u. a.);
betreffen vielmeir eine Übersciwemmung des untern Hoangh-io unter
Kaiser Jao zwiscien 2357 u. 2285 v. Chr. (*EBiot* im Journ. As.
1843; *Pauthier* J.As. 1868. I, 313; *Lenorm.* or.[2] I. 383 ff.). Eier
vergleicien liessen sici die Fluthsagen der Griecien und Inder, aber
das Gewicit, das man früier auf sie gelegt iat, mindert sici seir
stark dadurci, dass sie erst in jüngeren Scirriften dieser Völker naciweisbar sind. Bei den *Griechen*, die mit Kleinasien immer eine Verbindung iatten, werden namentlici die Fluth des Ogyges, und die des
Deucalion erwäint. Homer und Hesiod erwäinen beide noci nicit.
Über die Ogyges-Fluth ist überiaupt wenig gemeldet und erst aus
später Zeit (*Buttm.* Myti. I. 205 ff. *Welker* griech. Götterl. I. 775 ff.);
sie soll Attica betroffen iaben und viele Menscien sollen darin umge-
kommen sein (Euseb. pr. ev. 10, 10, 4 ff.); von einem Fairzeug des
Ogyges und der furcitbaren Höie und Verbreitung derselben ist erst bei
Nonnus Dionys. III p. 96 die Rede. Bei.Deucalion erwäint noci Herod.
1, 56 keine Fluth; Pindar od. Ol. 9, 37 ff. spricit vom Weicien der
Wasser, vom Herabkommen des Deucalion und der Pyrria vom Par-
nassus und von der Erzeugung des Steingeschlechts; erst bei Apollodor
bibl. 1, 7 erscieint die Sage in ausgebildeter Gestalt: zur Vernicitung
des eiernen Gescilecites liess Zeus ieftig regnen, so dass der grössere
Tieil von Hellas überfluthet wurde und die meisten Menscien um-
kamen, mit Ausnaime weniger, welcie sici auf die Berge retteten;
Deucalion aber, der auf den Rati seines Vaters Prometieus sici einen
Kasten gemacit und mit seinem Weibe Pyrria, ausgerüstet mit den

nothwendigen Lebensmitteln, hineingegangen war, landete nach 9 tägiger Fahrt auf dem Parnass, wurde so gerettet, opferte dem Zeus Phyxios, und erschuf durch Steine, die er und sein Weib auf des Gottes Geheiss hinter sich warfen, ein neues Geschlecht von Männern und Weibern (vgl. Ovid. met. 1, 240 ff., Lucian Tim. 3; auch Plut. sollert. anim. § 13 über eine Taube, die Deucalion habe ausfliegen lassen, um zu erkunden, ob stürmisches oder helles Wetter bevorstehe). Bei Lucian de Dea Syr. c. 12 f. sodann ist bereits die einheimische syrische Sage mit der hellenischen zusammengemischt (vgl. dazu die attischen Hydrophorien im M. Anthesterion bei *Hermann* Gottesd. Altth d. Griech.[2] § 58). Immerhin ist also möglich, dass die Griechen noch dunkle Erinnerungen an die grosse asiat. Fluth hatten, die sie aber hellenisch zurechtmachten; es ist aber auch möglich, dass einheimische Erinnerungen an lokale Überschwemmungen allmählig umgedichtet und schliesslich mit Zügen der schon bekannter gewordenen asiat. Sage bereichert wurden. Auch bei den *Indern* ist eine Fluthsage in verschiedenen Gestalten nachzuweisen. Die bekannteste ist die im Mahâbhârata vorgetragene (*Bopp* diluvium 1829): Brahma erscheint dem Manu in Gestalt eines Fisches am Ufer des Flusses Wirinî und wird auf sein Verlangen von Manu in den Ganges und, weil er sich immer mehr vergrössert, von da in den Ocean gebracht; Brahma verkündigt ihm nun die bevorstehende Fluth, beauftragt ihn, ein geräumiges Schiff zu bauen und in dasselbe alle Arten von Samen mit den 7 Rischi's aufzunehmen; die Fluth beginnt und bedeckt die ganze Erde; Brahma selbst in Gestalt eines gehörnten Fisches zieht das Schiff viele Jahre hindurch und bringt es endlich zum höchsten Gipfel des Himavân; dort wird das Schiff angebunden, weshalb der Gipfel „Schiffsanbindung" heisst; nach der Fluth erschafft Manu auf übernatürliche Weise das neue Menschengeschlecht. Älter und einfacher ist die Erzählung im Çatapatha Brâhmana (*Weber* Ind. Stud. I. 161 ff.; Ind. Streifen I. 9 ff. II. 23 ff.): von den 7 Rischi's ist da keine Rede, auch nicht den vielen Jahren; der Berg heisst nur ein nördlicher Berg, und die Fortpflanzung des Geschlechts geschieht durch Manu kraft der auf seine Opfer und Busse hin ihm geschenkten Ilâ. Jüngere Wendungen finden sich im Bhâgavata Purâna 8, 24 (Bd. 2 pg. 191 der Übers. bei *Burnouf*), und andern mittelalterl. Schriften. Dass die ganze Sage erst aus Babylonien zu den Indern gekommen sei, hat zwar schon Burnouf vermuthet, unter anderem auch weil der Fisch an den bab. Oannes erinnere (ebenso *FNève* la tradition Indienne du déluge, Par. 1851; *Lenorm*. or.[2] I. 424. 429), ist aber von anderer Seite bestritten (*R Roth* Münchn. Gel. Anz. 1849. St. 26 f. 1850 St. 72; *Ew*. G.[3] I. 387; *MMüller* essays I. 141). Jedenfalls kann die Sage erst, als die Inder schon zum Meere vorgedrungen waren, ihre nähere Ausbildung gewonnen haben, und selbst wenn sie alt und einheimisch ist, so betreffen die Berührungspunkte mit der vorderasiat. Sage nur den allgemeinen Satz von einer dem jetzigen Menschengeschlecht vorangegangenen grossen Fluth. — Entschieden keinerlei Zeugniss für die Noah-Fluth ist aus den Fluthsagen zu entnehmen, welche bei den jüngeren Völkern aller Welttheile vorkommen (*Kanne* bibl. Unters. I. 48 f.; *Pustkuchen* Urgesch. I. 287 ff.; *Rosenm.* A. u. N. M. I. 33 ff.; *Lenorm.* or.[2] I. 454 ff.). Schon die Nachrichten darüber sind sehr jung, und zum Theil, wie die über die Mexikaner, Peruaner, Cubaner nicht durchaus verbürgt. Und dann können dergleichen Sagen entweder durch eigene Erfahrungen grosser Überschwemmungen spontan erzeugt, oder durch Wanderungen und Verkehr im Laufe der 2 letzten Jahrtausende verbreitet worden sein. Noch weniger lässt sich daraus die Behauptung, dass die Noachische Fluth über die gesammte Erde sich erstreckt habe (zB. *Zöckler* in JB. f. D. Theol. XV. 333 ff.), begründen, da selbstverständlich zur Zeit derselben diese vielerlei Völker noch nicht in ihren späteren Wohnsitzen gewesen sind, sie also auch nichts darüber aussagen können, ob die Fluth diese Länder berührt hat.

Vgl. zur Sintfluthgeschichte *Eichhorn* Repert. V. 185—216; *Buttmann* Mythologus I. 180—214; *Winer* RW.[3] u. Noah; *Ewald* JB. VII. 1—28; *Diestel* (in der Sammlung gemeinverst. wiss. Vorträge Ser. VI. H. 137) die Sintflut und die Flutsagen des Alterth. 1871; *Nöldeke* Untersuch. z. Kritik 1869 S. 145 ff.; *ESüss* die Sintfluth, eine geologische Studie, Prag u. Leipz. 1883; „zur Berechnung derselben (aus früherer Zeit) *Silberschlag* Geogenie II. 128 ff.; *Kanne* bibl. Unters. I. 28 ff. — Der Ausdruck *sinvluot, sindvluot, sinfluot, sindflut, sintflut,* welcher *grosse Fluth* bedeutet, hat sich zu *Sündfluth* verderbt und in dieser Form in die Luthersche Übers. verpflanzt, doch erst in der Zeit nach Luther, nicht durch Luther selbst, welcher *Sindflut, Sintflut* schreibt, s. *Pischon* in den Stud. u. Krit. 1834 S. 613 ff." (*Kn.*).

Cap. 6, 9—22. Noah's Stellung in seiner Zeit, die Veranlassung der Fluth, Gottes Plan dabei und Weisung an Noah, den Kasten zu bauen, nach A. — V. 9. תולדת] 2, 4. הוליד] wie gewöhnlich bei A (9, 12. 17, 12 ö.), selbstverständlich (gegen *Wl.* Gesch. I. 403) die successiven Geschlechter; bei C דור 7, 1. V.ª, (*Kays.* 8) oder איש bis ברדתיו (*Kost.* XIX. 322) dem C zu geben, ist nicht nöthig, und wird durch אלה הולדת und המים (17, 1) widerrathen. Noah (5, 32) war *unter seinen* Geschlechtern, den an ihm schon vorübergegangenen und den ihm gleichzeitigen, also *Zeitgenossen ein gerechter* (dem Willen Gottes angemessener) *und* nicht blos ungetheilt an Gott hingegebener, sondern *vollkommener* tadelloser *Mann;* der ohne ו angereihte Satz *mit Gott wandelte er* (5, 22) ist nur ein anderer Ausdruck dafür, und sagt das Höchste aus, was überhaupt von Menschen ausgesagt werden kann. Auf seinem wirklich göttl. Leben beruht dann seine Verschonung und Erwählung zum Stammvater der neuen Menschheit, s. dagegen V. 8. — V. 10. Seine Söhne, die als solche an seiner bevorzugten Stellung Theil nehmen. Ihre Nennung war 5, 32 zum Zweck einer Zeitbestimmung vorausgenommen. — V. 11 f. Damaliger Zustand der Menschheit. Der Gottesfriede des 1. Weltalters war gewichen, und das Schlussergebniss dieses Alters eine allseitige gründl. Entartung (vgl. V. 5—7 bei C). Wie und wodurch sie eintrat, ist hier bei A nicht näher angegeben; ob von R etwas ausgeworfen? V. 11. Die sündl. Entwicklung: die Erde wurde verderbt *vor Gott* d. i. für das Auge

und nacı dem Urtheil Gottes, und wurde voll von *Gewalllhat*, Grausamkeit (vgl. 4, 23 ff.). — V. 12. Ergebniss dieser Entwicklung.
'ה וַיַּרְא] mit Rückbeziehung auf 1, 31 (*Del.*). *denn allcs Fleisch*
halle seinen Weg, die iım vorgezeicınete Lebens- uud Handlungsweise
verderbl, war also ausgeartet, nicıt die Menscıen allein (*Tuch*, *K̓e*.),
sondern nacı der steıenden Bedeutung von כָּל־בָּשָׂר bei A (V. 13. 7,
15 f. 9, 11. 15), aucı die Tıiere ıatten sicı gegenseitig befeinden,
verfolgen, morden gelernt, gegen 1, 28—30· (Ähnliche Scıilderungen
vom Verlust des goldenen Zeitalters bei Porph. de abst. 4, 2 und Verg.
geo. 2, 536 ff., und ausführl. Bescıreibungen der Verderbniss vor der
deukalion. Fluth bei Apollod. 3, 8, 2; Ovid. met. 1, 125 ff., Lucian dea
Syr. c. 12. *Kn*.). — V. 13 ff. Die Entscıliessung Gottes und die
Weisung an Noaı. קֵץ] nicıt s. v. a. קָצֶה קֵץ oder קֵץ בּוֹא (Ez. 21, 30
bis 34), das Äusserste der Verderbniss (*K̓e*.[2]), sondern das Ende d. ı.
der Untergang. בָּא לְפָנַי] nicıt (wie בָּא אֶל־ 18, 21. Ex. 3, 9): ist mir
zu Kunde gekommen (*K̓e*.[3]), sondern: „ist mir vor die Seele getreten,
in den Sinn gekommen (vgl. Ij. 10, 13. 23, 14), von mir bescılossen"
(*Kn*.), oder besser: ist herbeigekommen (Ez. 7, 6) vor mir (V. 11)
d. h. nacı meinem Urtheil und Bescıluss. מִפְּנֵיהֶם] *vor ihnen* d. ı.
von iınen veranlasst (Ex. 8, 20), *durch sie*. אֶת־הָאָרֶץ] *mit der Erde*
(LXX, *Onk*. *Vulg*.), „die Gescıöpfe zugleicı mit der Erde, welcıe von
iınen so übel verwandelt worden ist und einer Erneuerung bedarf; es
ist an die Erdoberfläcıe zB. Pflanzenwelt, Ortscıaften, Bauwerke u. s. w.
zu denken" (*Kn*.). Statt אֵת gibt *Pesch.* עַל, *Vers. Sam.* u. *Saad.* יַעַן;
Olsh. vermuthet מֵעַל. Hinter מַשְׁחִיתָם aus V. 7 מֵאָם־שׁ—שׁשׁם u. dann
noch מַשְׁחִיתָם (הֶם) פִּ einzufügen (*Bud.* 253 f.) ist willkührlich u. nacı
9, 11 unnöthig (*Ri.* St. u. Krit. 1885 S. 775). — V. 14. Noaı soll
sicı einen Kasten macıen: den Kasten bescıreibt Vrf. mit ähnl. Umständlichkeit wie Ex. 25 ff. die Stiftsıütte; nicıt nacı der bab. Vorlage; sondern von der Grösse dieses Kastens einen Begriff zu geben,
war sowoıl für den Bab. als den Hbr. eine aus der Sacıe selbst sicı
ergebende Forderung. תֵּבָה] „*Kasten* nur Gen. 6—9 bei Noaı und Ex.
2, 3. 5 bei Mose ist vermuthlich ein ägypt. Wort (*Ges.* tı.). Die LXX
geben es bei Noaı κιβωτός, bei Mose θίβις oder θίβη, dıe *Vulg.* arca,
welcıes Wort aucı ins Deutscıe übergegangen ist; daıer die *Arche*
Noä bei Lutıer im NT. zB. Matth. 24, 38. 1 Ptr. 3, 20. Hbr. 11, 7"
(*Kn*.). Der Ausdruck Scıiff ist absicıtlicı vermieden, scıon weil es
nacı dem Sinn des Vrf. damals nocı keinen Schiffsbau gab (*Tuch*.)
גֹּפֶר] nur ıier, von LXX *Vulg.* misverstanden, scıeint (vgl. גָּפְרִית *Schwefel*,
כֹּפֶר *Erdpech*) *Harz* oder ein *harziges Nadelholz* zu bedeuten (*Ges.* tı.).
Das baktrische *vohūkereti* Kienenholz, das später zu *gôgird* Scıwefel
geworden sei (*Lagarde* Semit. I. 64; Symmicta II. 93) könnte ıöcıstens als Beispiel für die Bedeutungsentwicklung von גֹּפֶר und גָּפְרִית,
nicıt aber als Grundform derselben beigebracıt werden: dic dem Hbr.
aufgebürdete Thorheit, das Wort für Harz גֹּפֶר nacı falscıer Analogie
aus גָּפְרִית Scıwefel erst „erscılossen" zu ıaben, fällt von selbst. ɫu
Nestern d. i. *Zellen wirst du den Kasten machen*] d. h. so dass er
aus Zellen besteıt *Ew.* 284ª; *Ges.* 139, 2; urspr. vielleicıt קִנִּים קִנִּים

Lagarde (Onom. II. 95), *Olsh.*; *Siegfried* (in Z. f. W.Th. XXVI. 238
nacı Pıilo quaest. in Gen. II, 3), *Bud.* 255. כֹּפֶר] ebenfalls nur ıier,
scıeint *Erdpech*, *Asfalt* (LXX *Vulg.*; sonst חֵמָר) zu sein, wie im Assyr.
(*Schr.* KAT.² 48) und Syriscıen, Über den Art. *Ges.* 109 A. 1ᵇ. Zur
Sacıe vgl. Ex. 2, 3; etwas specifisch Babyloniscıes (*Süss*) liegt nicıt
vor, obwoıl bemerkenswerth ıst, dass der Ausdruck כֹּפֶר vielleicıt aucı
im Keilscırift-Text gebraucıt war. כָּפַר] *verpichen*, *mit* כֹּפֶר *beschmieren*,
dominirt von כֹּפֶר (vgl. 11, 3). — V. 15. *und dies ist es, was du
ihn machen wirst*] das sind die Maasse und Bestimmungen, nacı welcıen du ıhn bauen wirst. Die Elle, oıne weiteren Beisatz, soll woıl
die gemeine hbr. Elle von 6 Handbreiten sein (*Ri.* HWB. 374). Die
Schriften der älteren Erklärer über die Maasse und Bauart des Kastens
s. bei *Win.*³ II. 165. Über die Scıiffe oder Kästen, genannt Arcıen
Noä, welcıe zwiscıen den Jaıren 1609 und 1621 nacı dem Vorgang
eines Mennoniten Peter Jansen die Holländer in verjüngtem Maassstab
nacı der Proportion 6 : 1²/₃ : 1 bauten, und welcıe sicı wenigstens
trag- und scıwimmfäıig erwiesen, s. *Michaelis* or. u. ex. Bibl. XVIII. 28 f.
Orig., August. u. a. dacıten sicı, dass Noaı zur Herstellung des Baues
100 Jaıre nöthig ıatte. — V. 16. צֹהַר] im Sing. nur ıier, nicıt nacı
צֹהַר *Rücken* als Dacı (*Schult. Datth. Ilg. Ros. Ew.*; *PHaupt* bei. *Schr.*
KAT² 69; *Bud.* 274) oder untere Rundung, Baucı (*Mich.* a. a. O.), sondern nacı der hbr. Bedeutung der W. als *Helle, Licht und Luftöffnung*
(alle Verss. ausser LXX, und die meisten Neueren) zu erklären, denn
dass der Kasten oben bedeckt sein musste (vgl. 8, 13), wenn aucı nicıt
mit einem eigentl. Dacı, verstand sicı von selbst, dagegen war eine
wicıtige Frage, woıer Licıt und Luft kommen sollte. *und bis zu
einer Elle sollst du es vollenden von oben her*] das Suff. bezüglicı
auf צֹהַר; fem. nacı *Ew.* 174ᵇᵈ (vgl. מִמַּעַל Ez. 41, 26). Nicıt: ein (einziges) Licıtlocı nacı Verhältniss einer Elle, eine Elle (im Quadrat)
gross (*Tuch*), aber aucı scıwerlicı: bis zu einer Elle von oben d. ı.
der Decke des Kastens an, so dass zwiscıen der Decke und dem צֹהַר
eine Elle Zwiscıenraum wäre (*Kn. Ke. Del. Schr.*), sollst du es, das
eine Licıtlocı, unbestimmt wie gross? fertig macıen, denn in diesem
Fall war מִלְמַעְלָה ıinter אַמָּה zu stellen, aucı konnte ein einziges Fenster, auf éiner Seite angebracıt, für seinen Zweck in keiner Weise
genügen, und aus 8, 6 (von einem andern Ref.) folgt nicıts für צֹהַר
in dieser Stelle. Nicıts ıindert, die Lichtöffnung, eine Elle gross oder
ıocı, sicı oben unter der Decke durcı die 4 Seiten durcılaufend zu
denken, natürlicı unterbrocıen durcı die die Decke tragenden Balken
oder Pfosten, wodurcı so zu sagen eine fortlaufende Reihe von צֹהַר
(*Pesch. Ges.*) entstand; aucı כָּלָה vollenden oder durcıaus ıerstellen,
passt dazu. Sicı den צֹהַר oben in der Decke, durcı die ganze Länge
derselben durcılaufend zu denken (*Bmg.*), geıt nicıt an, weil von
einer Bedacıung des צֹהַר, welcıe dann wegen des Regens notıwendig
gewesen wäre, nicıts gesagt ist. Der Vorscılag (*Wl.* I. 335; *Bud.*
256), die Worte וְאֶל אַמָּה תְּכַלֶּנָּה genau *nach der Elle sollst du ihn*
(den Kasten) *vollenden*, ans Ende des V. zu setzen, empfieılt sicı

nicıt, weil dann הַצֵּמֵה zu scıreiben war, u. weil ein Zweck dieses
Befeıls nicıt einzuseıen ist. — Die Thüre soll in der Seite des Kastens
angebracıt sein; unklar, ob Längen- oder Breitseite. *zu unteren, zweiten und dritten wirst du ihn machen*] iın so einricıten, dass er in
untere, mittlere und obere קִנִּים zerfällt, also dreistockig (*Kn.*). —
V. 17. וַאֲנִי] im Gegensatz gegen das, was Noaı tıun soll (9, 9).
הַמַּבּוּל] von der W. בָּבַל, *die strömende Fluth*; Ableitungen von ass.
nabálu zestören (*Del.* Par. 156) oder ass. *abúbu* Fluth (*PHaupt* bei
Schr. KAT² 66) braucıt man nicıt. Das Wort, Ps. 29, 10 nocı für
die Gewitterregenfluth gebraucıt, war zum n. pr. der Sintfluth geworden, daıer mit Artikel, und wird als ein schon etwas veraltetes Wort
ıier (und 7, 6) durcı die App. *Wasser über die Erde* vom Vrf. erklärt (vgl. 1, 2 und die Umscıreibung durch מֵי נֹחַ Jes. 54, 9); C liebt
dafür מֵי הַמַּבּוּל 7, 7. 10 (bei A in 9, 11). Aucı die Syrer ıaben das
Wort als ܡܰܡܽܘܠܳܐ sicı angeeignet. Die Änderung des מַיִם in מִיָּם *vom
Meere her* (*JDMich.*, *Hensl.*, *Schulz*, *Süss* 27 f.) ist ıier und 7, 6
unnöthig und unzulässig, weil ja aucı der Regen besonders stark mit-
wirkte (*Kn.*). אֲשֶׁר—הַחַיִּים] 1, 30. בָּאָרֶץ] also nicıt, was im Wasser
lebt; vgl. 7, 22. — V. 18 ff. Aber in dieser allgemeinen Vernicıtung
hat Gott scıon sein Abseıen auf das neue Verhältniss mit Noaı und
seinen Nacıkommen 9, 9 ff. In Hoffnung und Vertrauen darauf soll
er in den Kasten treten. *meinen Bund*] den von mir in freier Macıt-
vollkommenıeit und Huld gewäırten, übrigens scıon mit Bezieıung
auf 9, 9. Den Bund *aufrichten*, ersteıen lassen, ıerstellen 9, 9. 11.
17, 7. 19. 21. Ex. 6, 4, aucı den Bund einem *gewähren* (נָתַן) 9, 12.
17, 2. Num. 25, 12, durcıaus Stellen aus A (in anderem Sinne steıt
הֵקִים בְּ' Lev. 26, 9. Dt. 8, 18 vgl. Gen. 26, 3) *Kn.* Den gewöhn-
licıen Ausdruck כָּרַת בְּ' ıat als zu sinnlicı A offenbar absicıtlicı vermieden. Warum aber (Bund) *aufrichten, stiften* (A; Ez. 16, 60. 62.
Ps. 78, 5) eine jüngere, oder gar aus dem aram. ܩܰܝܶܡ ܩܽܘܡ entleınte
Abwandlung des Grundbegriffs *erstehen machen* sein soll (*Wl.*, *Giesbr.*
45 f.), als das (bei C, D, Dt. 9, 5. 27, 26. 1 Sam. 1, 23. 15, 13.
1 Reg. 2, 4. 6, 12. 8, 20. 12, 15. 2 Reg. 23, 3. Jer. 28, 6. 29, 10.
34, 18. 35, 14. 16. Jes. 44, 26 gebräucılicıe) *aufrecht erhalten*, er-
füllen (Worte, Bund) oder aucı *bestätigen* (bei A, Num. 30, 14 f.),
ist üm so weniger einzuseıen, als aucı in der spätesten Spracıe
(2 Cır. 6, 10. 10, 15. Neı. 5, 13. 9, 8. Ps. 119, 38. Dan. 9, 12)
und im Aramäischen die Bedeutung *aufrecht erhalten* immer nocı
durchherrscht, und man umgekeırt aucı schon in der alten Spracıe
עָשָׂה בְּרִית sagte (2 Sam. 23, 5). Beide Bedeutungen vertragen sicı
gleicızeitig mit einander, wie die entsprecıenden von הָיָה oder הֶחֱיָה;
Misverständnisse sind nirgends dadurcı ıerbeigefüırt (s. aucı *Driver*
210 f.). — V. 19. וְהֵבֵאתָ] wie Jes. 17, 8; *Ges.* 35, 2. Übrigens ist *von
allem Lebendigen jeglichen Fleisches* nacı V. 20. 17 einzuscıränken
und sind die Wasserthiere auszuneımen. Der abweicıende Text der
LXX bessert nicıts. — V. 20. לְמִינָהּ] 1, 12. בְּהֵמָה] von sämmtl.
Säugethieren, s. V. 7. Nur éin Paar von jeder Thierart soll eintreten.

„Übrigens naim Vrf. an, dass die Tiere von selbst (*Raš. Abene.*) oder
auf Anregung Gottes (*Qimḥ. Pisc.*) zu Noai kommen würden" (*Kn.*;
s. *Win.*³ II. 165 Anm. 1). הָאֱמֻּחַ] kann von R (vgl. 7, 8) stammen,
für urspr. הֵאָרִיר (7, 14. 8, 17); doci s. auci 9, 2 u. 1, 25 gegen
1, 26. — V. 21. לְאָכְלָה] 1, 29 f. 9, 3. — V. 22. Noai, glaubend
und geiorciend, führte die Vorbereitungen aus. Die weitläufige Formel וַיַּעַשׂ und dann כְּכֹל־כֵּן עָשָׂה ist dem A eigenthümlich, zB. Ex. 39,
32. 42 f. 40, 16. Num. 1, 54. 5, 4 u. ö. (*Kn.*); s. dagegen Gen. 7,
5. 9. — — Cap. 7, 1—10. Die Weisung, in den Kasten einzugeien
und Ausführung derselben, nach C; nur V. 6 aus A; einiges V. 3.
7—9 freier von R. — V. 1. וְכָל־בֵּיתְךָ] anders A in 6, 18. 7, 7. 13.
8, 16. 18. *dich habe ich gesehen gerecht vor mir*] geseien, dass
du ein Gereciter bist und zwar nicit etwa naci menscil12iem, sondern naci göttl. Urtheil (6, 11). *in diesem Geschlecht*] etwas anders
ausgedrückt 6, 9. Auci iier ist Noai's Gerecitigkeit Grund seiner
Erwäilung, oine dass diese darum aufiörte, Werk der Gnade zu sein
6, 8. Übrigens könnte man im Vᵇ. die ausgleiciende Hand des R vermutien. — V. 2 f. Neu ist iier die Unterscieidung der reinen und
unreinen Tiere (welcie A in dieser alten Zeit noci nicit annimmt,
s. 9, 3). Diese ist zwar vor- und aussermosaisch; aber was im besondern zu den reinen, und was zu den unreinen zu recinen sei, darüber variirten die Zeitalter und Völker, und der Vrf., wenn er solcie
Näherbestimmung iier zu geben unterlässt, setzt doci offenbar die
mosaiscie Bestimmung darüber (Lev. 11. Dt. 14) voraus, trägt also
späteres in die Urzeit über, wie 4, 1. 3 f. — „Noai soll von allem
reinen Vie d. i. von allen Arten desselben (wie 6, 19) *sieben sieben*
d. i. naci sonstigem hbr. Spracigebrauci je 7 Stück von jeder Art
(*Calv. Pisc. Gerh. Ges. Ros. Tuch Bmg. Del. Ew. Ke.*) mitneimen.
Indess verräth das beigefügte *ein Männchen und sein Weibchen*, dass
der Vrf. 7 und 7 Stück, also 7 Paare meint (*Vulg. Abene. Qimḥ.
Merc. Cler. Mich. deW. Schr.*). Bei 7 Stück würde er wahrschein-
lici auci nur ein שִׁבְעָה gesetzt iaben, wie bei 2 Stück nur ein שְׁנַיִם
im 2. Gl. So gefasst passt die Angabe auci besser zum paarweisen
Einzieien der Tiere in die Arcie V. 9. Von den reinen Thieren soll
er meir mitneimen, damit er gerettet Dankopfer darbringe (8, 20),
und damit die dem Menscien nützliciieren Geschöpfe sici naci der
Fluth rascier vermeiren" (*Kn.*). — V. 3. *von den Vögeln*, näml. den
reinen Arten derselben, wie der Zusammeniang und 8, 20 leiren.
Sam. LXX *Pesch.* iaben übrigens הַשָּׁמַיִם naci הַשָּׁמַיִם, freilich die LXX
naci וּנְקֵבָה auci noci καὶ ἀπὸ πάντων τῶν πετεινῶν τῶν μὴ καθα-
ρῶν δύο δύο ἄρσεν καὶ θῆλυ, was im mass. Text nur unter Voraussetzung von 6, 20 feilen kann. Da aber so im Vᵃ. allerlei, was gesagt sein sollte, vermisst wird, da Vᵇ. sici woil an 2ᵇ, aber nicit an
3ᵃ gut ansciliesst, da endlici וּנְקֵבָה זָכָר nicit Pirase des C ist, so
wird 3ᵃ als ein Einsatz des R zu betraciten u. בהמה V. 2 wie Ps.
36, 7 zu versteien sem (*Bud.* 257; *Kuen.* O.² 67). *um Samen am
Leben zu erhalten*] und so die Fortpflanzung der Arten zu siciern;
das Pi. ist gemeint wie bei A das Hiph. (6. 19 f.), und die Pirase

also etwas anderen Sinnes als 19, 32. 34. — V. 4 ist nicht (mit *Kn.*) dem A zuzuweisen; das ergibt sich aus der Zahl 7 und 40 (vgl. V. 10. 12), aus מָחָה, יְקוּם (23), פְּנֵי הָאֲדָמָה. לְיָמִים] *gegen—hin* (3, 8), hier wie Ex. 8, 19 auf die Zukunft weisend. Die 7 Tage gebraucht Noah zum Hineinthun der Thiere (und der Lebensmittel). — V. 5 s. zu 6, 22. — V. 6 stammt, wie die Zeitbestimmung (5, 32. 7, 11) und das עַל־הָאָרֶץ מַיִם (6, 17) ausweist, aus A, und hatte seine gute Stelle vor V. 11. Zur Construction vgl. *Ew.* 341ᵈ. הָיָה] hier *werden*, *geschehen*, *eintreten*. — V. 7—9 können nicht zu A gehören, weil der Eintritt Noah's und der andern in den Kasten nach A V. 13—16 erzählt ist, aber auch nicht durchaus zu C, weil mehreres dem C Fremde darin vorkommt. Zu C gehört V. 7 (nur dass בָּנָיו וְאִשְׁתּוֹ וּנְשֵׁי בָנָיו אִתּוֹ erst von R nach A für urspr. בֵּיתוֹ יָבֹל eingesetzt ist), V. 8 f. aber sind (*Bud.* 258 ff.) von R eingefügt, um den C, bei welchem das Hineingehen der Thiere, als in V. 5 schon enthalten, nicht ausdrücklich gemeldet war, mit A auszugleichen. Auch ist wegen des מִפְּנֵי מֵי הַמַּבּוּל (V. 7) wohl richtig (*Bud.*), dass V. 10 bei C vor V. 7 gestanden hat. Die Sprache in V. 8 f. ist aus A (זָכָר וּנְקֵבָה, רֶמֶשׂ, אֱלֹהִים) u. C (אֲדָמָה, טְהוֹרָה) gemischt. מֵי הַמַּבּוּל] s. V. 10, aber auch 9, 11. — V. 8. וְכֹל] וּמִכֹּל *Sam.* LXX. V. 9 ist die Vollendung des V. 8 angefangenen Satzes. Indem R, trotz der V. 8 zwischen reinen und unreinen Thieren gemachten Unterscheidung, einfach (mit der Formel des A in V. 15) fortfährt *giengen je zwei hinein*, will er das offenbar im Sinn von *zu zwei* oder *paarweise* verstanden wissen, so dass es sowohl auf die reinen als die unreinen passt. Dass übrigens בָּאוּ V. 9 u. 15 f. nicht von einem freiwilligen Kommen der Thiere zu Noah (*Ke.*), sondern vom Eintreten in die Arche zu verstehen ist, ergibt sich auch aus V. 1. 7. 13. אֱלֹהִים] *Sam. Targ. Vulg.*, auch griech. MSS. haben יהוה (vgl. V. 5). — V. 10. *auf die 7 Tage* (V. 4) d. h. auf die vorausbestimmte Zeit traf die Fluth wirklich ein, vgl. 2 Sam. 11, 1. 13, 23. — — Cap. 7, 11—8, 14. Der Verlauf der Fluth (ihr Beginn, ihre Zunahme und Abnahme, ihr Ende) nach A und C. — V. 11 von A, an V. 6 angeschlossen. *im Jahr von 600 Jahren*, im Jahr da 600 Jahre voll wurden d. h. im 600. Jahre *des Lebens Noah's Ew.* 287ᵏ; *Ges.* 120, 4; ist älteste Sprechweise, und für das Streben des A nach Deutlichkeit bezeichnend. Über den 2. Monat und den 17. Tag s. oben S. 130. תְּהוֹם רַבָּה] nicht das überhimmlische Wasser (*Schu. Bohl.*), das keine Quellen hat, nie תְּהוֹם heisst und auf das erst nachher die Rede kommt (*Kn.*), sondern der seit der Scheidung des Chaos nach unten gebannte Theil des Urwassers (1, 2), welcher nach uralt ester Anschauung tief unter der Erde lagert (s. zu 1, 9), und durch geheimnissvolle Quellen dem Festland und Meer Wasser zukommen lässt. Indem diese sonst verstopften oder nur mässig fliessenden Quellen barsten, drangen die Urwasser herauf und schwellten unmässig Meer, Flüsse u. s. w., als käme das Chaos wieder. „Ähnliche Ansichten vom Wasser im Innern der Erde kommen bei den Griechen und Römern vor (Plat. Phaedr. p. 111 f. Steph., Seneca nat. qu. 3, 15 f.), von denen manche damit auch die Ebbe und Fluth er-

klärten (Plut. plac. pʰil. 3, 17; Philostr. vit. Apoll. 5, 2; Mela 3, 1)."
Aber ebenso die einst nacʰ oben gegangenen Wasser (1, 6 f.) stürzten
nun massenhaft ʰerunter durcʰ die geöffneten *Fenstergitter* des Himmels (Jes. 24, 18) und ʰalfen die cʰaot. Überfluthung der Erde bewirken. Gegen diese alterthümliche Bescʰreibung sticʰt stark ab V. 12,
wie V. 4 von C, welcʰer durcʰ 40tägigen Regen die Überscʰwemmung
entsteʰen lässt. Selbst wenn man den Erguss des *Platzregens* blos
als den prosaiscʰen Ausdruck für die Öffnung der Himmelsfenster erklären wollte, so würden docʰ *die 40 Tage* die Ableitung dieses V.
von A ausscʰliessen, sofern nacʰ diesem (7, 24. 8, 2) erst nach 150
Tagen die Fenster der Himmels gescʰlossen werden. Oʰnedem fügt
sicʰ V. 13 durcʰ *an eben diesem Tage* (17, 23. 26) nur an V. 11,
nicʰt an 12 an. — V. 13—16ᵃ. Der Eintritt in den Kasten an dem
genannten Tag, nacʰ A (die Parallele zu V. 5. 7—9 bei CR). V. 13.
בָּא] *trat ein*; nacʰ dem Harmonisten freilicʰ: war eingetreten (*Ke.*),
nicʰt: kam mit dem Einzug zu Ende (*Del.*), was בָּלָא לָבֹא wäre. שְׁלִשֵׁר]
Ew. 267ᵉ; *Ges.* 97, 1. אֹתָם] אֹתוֹ LXX. — V. 14. „Über die Tʰier-
bezeicʰnungen s. 1, 25. חַיָּה steʰt ʰier wie V. 21. Lev. 5, 2. 17, 13.
25, 7 von den wild lebenden Säugethieren, die der Vrf. 1, 24 f. 30.
9, 2. 10 חַיַּת הָאָרֶץ nennt" (*Kn.*). *alle Vögel jeglichen Flügels (Ge-
fieders)*] App. zu עוֹף; צִפּוֹר ist immer der eigentlicʰe (kleinere) Vogel,
wäʰrend עוֹף aucʰ die Insecten umfasst; hienach ʰebt וְכֹל־צִ aus der
Masse des עוֹף die eigentl. Vogelarten besonders ʰervor (Ez. 17, 23.
39, 4; Dt. 4, 17. Ps. 148, 10). Woʰl passend wäre aber ʰier aucʰ
die Fassung *jeglicher* (eig.) *Vogel, jeglicher Flügel* (Insecten). —
V. 15. Zu zwei und zwei traten sie ein (V. 9). — V. 16. Und diese
zwei waren je ein Männlein und ein Weiblein. Es ist ʰier, als ob
der Vrf. von der Wicʰtigkeit des Tages bewegt, sicʰ nicʰt genug tʰun
könnte in umständlicʰer Zeicʰnung des Vorgangs. — Die Bemerkung,
Jaʰve ʰabe ʰinter iʰm zugescʰlossen, geʰört nacʰ dem Gottesnamen
und dem Antʰropomorpʰismus dem C an, wie V. 17. — V. 17 mit
16ᵇ zusammen sicʰ an V. 12 anscʰliessend. Der 40tägige Regen bracʰte
eben die 40tägige Fluth, und die zuneʰmenden Wasser ʰoben den
Kasten, dass er ʰocʰ über der Erde scʰwamm. Die Correctur (*Bud.*
263 f.) des ארבעים יום (ארבעמים) in מָיִם, um 17ᵃ dem A zu vindiciren,
ist seʰr unnöthig. — 18—21 tritt wieder A ein. Er malt, wie vor-
ʰin den Eintritt in den Kasten, so nun das Wachsthum der Fluth und
das Verʰaucʰen alles Lebens in einfacʰen, aber beredten und ergreifenden Worten. — V. 18 sagt mit seinen Ausdrücken (גְּבַר wie V.
19 f. 24) dasselbe, was V. 17ᵇ mit denen des C. — V. 19 scʰildert
das immer weitere Zuneʰmen der Wasser bis zu dem Grad, dass selbst
die ʰoʰen d. i. ʰöcʰsten Berge bedeckt wurden. מְאֹד מְאֹד] wie 17,
2. 6. 20. Ex. 1, 7. Num. 14, 7 bei A, docʰ aucʰ Gen. 30, 43 (*Kn.*).
וַיְכֻסּוּ] LXX וַיְכֻסּוּ, ebenso V. 20. — V. 20. Fünfzeʰn Ellen darüber
wurden die Wasser stark und so die Berge bedeckt. Diese Angabe kann
nur darauf beruʰen, dass nach 8, 4 der Kasten sofort beim Sinken der
Wasser sicʰ festsetzte und für denselben, wenn er belastet war, ein
Tiefgang von 15 Ellen (der Hälfte seiner Höʰe) angenommen wurde. —

V. 21. וַיִּגְוַע] 6, 17. כָּל־בָּשָׂר] „umfasst sonst Thiere und Menschen 6, 12 f. 17. 9, 11. 16 f., beschränkt sich aber hier, da der Mensch noch besonders genannt wird, auf die Thiere, wie V. 15 f. 6, 19. 8, 17. 9, 15. Das בְּ, womit die einzelnen Theile des ganzen angeführt werden, ist besonders dem A eigen, zB. 8, 17. 9, 10. 16. 17, 23. Ex. 12, 19. Num. 31, 11. הָרֶמֶשׁ] vgl. 8, 19. שֶׁרֶץ] *Gewimmel*, hier Bezeichnung der kleineren Landthiere (wie Lev. 5, 2. 11, 20 f. 41 ff.), also für רֶמֶשׂ (1, 25) gesetzt" (*Kn.*). — V. 22 abschliessend, aus C (מוח, באפיו, vgl. נשמת חיים 2, 7; חרבה), von R hier eingefügt u. mit רוח nach A (vgl. V. 15. 6, 17), weil dieser vielleicht hier die Formel כל אשר בו רוח חיים hatte (*Bud.* 265), vermeirt. Die Zusammensetzung נִשְׁמַת רוּחַ חַיִּים kommt im AT. nicht weiter vor. Dass sie (wegen 2, 7) sich blos auf die (begeisteten) Menschen beziehen solle, ist nicht wahrscheinlich, da hier am Schluss nur ein Thiere und Menschen zusammenfassendes Wort am Platz ist, und auch das folgende: *alle welche nur immer* (s. 6, 2) *auf dem Trockenen* waren, ganz allgemein gehalten ist. Die lebenden Wesen des Wassers sind von diesem Schicksal ausgeschlossen. חרבה] Ex. 14, 21 (Jos. 3, 17. 4, 18). — V. 23. Das Ergebniss der Fluth nach C (אֲדָמָה, וַיְקוּם, מָחָה), entsprechend dem V. 4ᵇ, nur dass מאדם—האריץ (wie 6, 7) ein Zusatz des R sein wird; V.ᵇ kann von C sein (*Bud.* 267), sofern bei ihm sporadisch auch אֵת vorkommt (18, 32), aber auch von A (vgl. zu ואשר אתי 8, 1. 17). וַיִּמַּח] *und er* sc. Gott, der in C wohl ausdrücklich genannt war (vgl. 16ᵇ), *vertilgte*. Minder gut bezeugt ist die Lesart der ed. Plant., Buxt., v. d. Hooght וַיִּמֶה Niph. (*Ew.* 224ᶜ) mit untergeordnetem Acc. (4, 18), unrichtig auch darum, weil nachher וַיִּמְחוּ folgt. — V. 24 über die Dauer der Zunahme der Fluth nach A (vgl. 17ᵃ nach C). — Cap. 8, 1. Da, nach 150 Tagen und nachdem alles auf dem Lande lebende ausgehaucht hatte, gedachte Gott an Noah. „Der Ausdruck geht auf die wohlwollende Fürsorge Gottes wie 19, 29. (30, 22). Ex. 2, 24 beim Elohisten" (*Kn.*). Daher liess er einen Wind über die Erde hingehen, dass die Wasser *sich senkten*, zu sinken anfiengen (Num. 17, 20). Freilich erwartet man die Angabe V.ᵇ erst hinter V. 2, aber man braucht sie deshalb nicht als Glosse auszuscheiden (*Hupf.* 133), denn im Sinn des Vrf. kann das Aufkommen des Windes und die Hemmung des Zuflusses (V. 2) als gleichzeitig gedacht und 1ᵇ wegen der activen Construction an 1ᵃ angereiht, darum vorausgenommen worden sein. — V. 2. Der Verschluss der Meeresquellen und Himmelsfenster ist das Correlat zu 7, 11, also von A. Dagegen V.ᵇ, rückbezüglich auf 7, 12, stammt aus C; dass bei ihm V. 6ᵃ davor stand (*Wl.*, *Bud.* 267), ist wohl richtig (vgl. 7, 4). Wie 2ᵇ, gehört dem C wahrscheinlich auch 3ᵃ (*Hupf. Schr.*, *Bud.* 268): *und das Wasser kehrte zurück von der Erde, ein Gehen und Zurückkehren* d. h. allmählig (*Ew.* 280ᵇ; *Ges.* 131, 3), vgl. V. 7 und 12, 9, weil dasselbe von A in V. 3ᵇ und 5 genügend gesagt ist. Dagegen ist V. 3ᵇ—5 sicher von A; gegen die Meinung, dass in V. 4 ותנח התבה ... על הרי אר־ט zu C gehören (*Hupf* 16; *Böhm. Reuss*) s. *Bud.* 269 f. *Vom Ende von 150 Tagen ab* nahm das Wasser ab. Trotz des

feilenden Artikels können das nur die 7, 24 genannten 150 Tage sein,
weil schon nach V. 1 f., noch mehr nach V. 4 der Vrf. unmöglich
einen Stillstand der Wasser von 150 Tagen angenommen haben kann.
Also sofort nach den 150 Tagen der Zunahme trat das Sinken ein,
und liess sich V. 4 schon am 17. des 7. Monats der Kasten nieder
auf den Bergen Ararat's d. h. auf einem derselben, vgl. Jud. 12, 7.
Über die Zeitrechnung s. S. 129 f. Über *Ararat* und die ganze Frage
nach dem Landungspunkt Noah's s. *Bochart* Phaleg I, 3; *Win.* RW.[3]
I. 81 f.; *Tuch* zur St., *Nöld.* 145 ff.; *Ri.* HWB. 81 f.; *Lenorm.*
or.[2] II. 2 ff. Ararat ist im AT. Name eines Landes 2 Reg. 19, 37
(Jes. 37, 38); Jer. 51, 27 neben Minni und Aschkenas, an unserer
Stelle Name eines Gebirgslandes; Jes. 37, 38 übersetzen es die LXX
mit 'Αρμενία (weitschichtigen Begriffs), und im Assyr. kommt Urartu
für Armenien vor (*Schr.* KAT.[2] 52 ff.). Genauer bestimmt Hier. zu
Jes. 37, 38 Ararat als die vom Araxes durchflossene fruchtbare Ebene
am Fusse des Taurus, und bei Moses von Chorene heisst eben dieser
Theil Armeniens Ajrarat, mit welchem Namen (*Kiepert* Brl. Ak. MB.
1869 S. 228; A. Geogr. 75) die 'Αλαροδιοι (Her. 3, 94. 7, 79) zusammenzustellen sind. Da diese ostarmen. Landschaft gewaltige Berge
hat, so liegt kein Grund vor, hier etwas anderes zu versteen. Zwar
ist es seit dem 1. Jahrh. nach Chr. im Orient unter den Juden (*Targg.*
zu den 3 Bibelstellen) und Christen (*Pesch.* zu Gen. 8, 4; Ephr. Syr.
u. a.) gewöhnlich geworden, unter Ararat das Land Qardu d. h. das
alte Korduene oder Karduchien am linken Ufer des obern Tigris, bis
gegen den Zâb hin, und unter dem Landungsberg den Berg Gûdi,
südwestlich vom Vân-See, zu verstehen, welcher darnach auch bei den
Muslim dafür gilt. Allein diese Deutung hat im bibl. Sprachgebrauch
keine Stütze, und scheint in Folge der Bekanntschaft mit der babyl.
(s. S. 134) oder auch einer in Karduchien einheimischen Sage aufgekommen zu sein. Innerhalb des alten Ararat-Landes hat man nun
zwar längst (vielleicht schon Jos. ant. 1, 3, 5) den höchsten der dortigen Berge, den auf der rechten Seite des Araxes majestätisch zu
5150^m sich erhebenden, auf seinem Gipfel mit ewigem Schnee bedeckten Massis (Agridagh, Kuhi-Nuch, der grosse Ararat), 12 Stunden
südwestlich von der Stadt Eriwan, unter dem Landungsberg zu verstehen sich gewöhnt, aber dass der Vrf. selbst diesen verstanden habe,
lässt sich nicht beweisen (S. 131). Ob der Lubar, den BJub. c. 7
u. 10, Epiph. u. a. nennen, auf einer Fiction oder auf einer andern
Localisirung (*Del.* 545 vermuthet Elborus, *Rönsch* Βαρις) beruhe,
steht noch dahin. Jedenfalls ist die Bestimmung in unserer Stelle eine
rein geographische, und ist mit dem Götterberg (S. 48) im Norden
nicht zu combiniren (gegen *Spiegel* Êr. AK. I. 481 f.) — V. 5. *das*
Wasser aber nahm immer mehr ab; für sonstiges הָיָה mit Part. zum
Ausdruck der Dauer, hier הָיָה mit Inf. abs. (*Ew.* 280[b]). — V. 6—12
die schöne Zwischenerzählung von den Vögeln, die Noah zur Auskund-
schaftung des Standes der Wasser gebraucht, dem wilden (Raben) und
dem zahmen häuslichen (Taube), von C, der auch sonst die Einzeich-
nung solcher besonderen Nebengemälde liebt. Ebenso die babyl. Sage,

s. S. 134. Die Erzäilung ist in sich woil gefügt; V. 7 als Rest eines Beric1ts des A (*Del.* Par. 158) anzuse1en, ist kein Grund da (zu מעל־האָרץ s. 7, 10. 12. 17. 8, 9. 11; zum Iuf. abs. 8, 3ᵃ); A lässt sic1 sonst auf solc1e Details nic1t ein (s. auc1 *Bud.* 271 f.). E1er könnte V. 7. ein jüngerer Einsc1ub sein (weil erst V. 8. den Zweck der Sendung angibt). Die ganze Episode aber als Fragment einer dritten Flutherzählung (*Reuss* Gesch. 256) oder erst von babyl. Juden eingesetzt zu denken, widerräth die sprachl. u. sac1l. (האדמה 8, לְצֵת 11; Siebenza1l) Übereinstimmung mit C. — Die alten Völker sc1einen „in Ermangelung untrüglicherer Mittel, Vögel auf i1ren Schiffahrten mitgenommen zu 1aben, um sic1 mit i1rer Hilfe auf dem Meer zurechtzufinden; von den Indern sagt Plin. 6, 24: siderum in navigando nulla observatio; septentrio non cernitur, sed volucres secum vehunt, emittentes saepius, meatumque carum terram petentium comitantur" (*Tuch*), s. auc1 oben S. 137. — V. 6. Die 'Zeitbestimmung *nach Ablauf* (V. 3. 4, 3. 16, 3) *von* 40 *Tagen* stand wo1l urspr. bei C vor 2ᵇ (s. d.); durc1 R hieher umstellt bekam sie den Sinn: 40 Tage nac1 dem V. 5 oder doc1 V. 4 genannten Termin. Wie lange nac1 dem Auf1ören des Regens die Sac1e bei C angesetzt war, weiss man nic1t; sic1er bald darnac1 (aber o1ne Angabe einer Za1l). Nae1 A konnte Noa1 selbst bemerken, dass die Bergspitzen sic1tbar wurden V. 5, 1atte für die Erkundung keine Vögel nöthig. Dass der חַלּוֹן dasselbe sei, was צֹהַר 6, 16 bei A, ist nic1t zu beweisen, wo1l aber ergibt sic1, dass der Kasten nac1 C nur ein einziges und zwar versc1lossenes oder vergittertes Fenster (Luke) 1atte, das man sic1 übrigens gross denken kann. — V. 7. Er sendet zuerst *den Raben* (τοῦ ἰδεῖν εἰ κεκόπακε τὸ ὕδωρ LXX Al. aus V. 8); der Art. nic1t, weil er blos einen Raben (*Reuss* 256) oder blos einen männlic1en 1atte (denn das Gesc1lec1t wird bei עֹרֵב nic1t untersc1ieden *Ew.* 175ᵇ, und auc1 bei der Taube V. 8 ist der Art. gebrauc1t), sondern es ist der art. gen. (*Ew.* 277ᵃ) wie 1 Sam. 17, 34. Am. 5, 19 u. s. Aber der Rabe, ein wilder Vogel (auc1 ein vergesslic1er, der zu seinem Nest zurückzuke1ren vergessen soll, *Bochart* hz. II. 805), *gieng* d. i. flog fort und wieder zurück d. h. *ab* und *zu*, also bald weiter fort vom Kasten, bald wieder in dessen Nä1e oder auf i1n, aber nic1t wieder in den Kasten selbst zurück; er fand an sc1wimmenden Leic1en zu fressen, aber einen passenden Aufent1altsort fern vom Kasten fand er vorerst noc1 nic1t. Insoweit gab seine Aussendung allerdings ein (negatives) Resultat, und von einem eigentlic1en Widerspruc1 zwisc1en der Raben- und Tauben-Sendung (*Wl.* XXI. 404) kann man kaum reden. Die LXX freilic1 1aben καὶ ἐξελϑὼν οὐκ ἀνέστρεψε, ebenso *Pesch. Vulg.*; damit wäre ein positives Resultat gegeben, doc1 sie1t diese Lesart wie eine Correctur aus, und wenigstens ולא ישיב (*Capell. Houbig.*) für יָצֹא וָשׁוֹב wäre incorrect (statt שב ולא). — V. 8. Nac1 7 Tagen (vgl. אחרים V. 10, wes1alb *Schr. Bud.* vor V. 8 וייחל נח שבעת ימים ausgefallen denken), sandte er die Taube aus. Der Zweck, auffallender We1se beim Raben versc1wiegen, wird erst 1ier angegeben. הָאֲדָמָה] ist bei C nic1t blos bebautes plattes Land (*Kn. Del.*), sondern Erdboden überhaupt 6, 7. 7, 4. 23, vgl. auch 8, 9. 11. מֵאִתּוֹ] LXX ὀπίσω αὐτοῦ· — V. 9. Die Taube als häuslicher Vogel, da sie keinen *Niederlassungsort für die Sohle* (Krallen) *ihres Fusses fand*, weil sie auf Aas nicht sitzt, liess sich wieder in den Kasten hineinnehmen. *denn Wasser war* (noch) *auf der Fläche der ganzen Erde*] denn wenn auch die Taube nicht gerade Berge liebt, so hätte sie in diesem Fall (Ez. 7, 16) auf Bergen einen מָנוֹחַ gefunden, wenn 8, 5 hier vorausgesetzt wäre. — V. 10. Noah wartete *noch einmal 7 andere* Tage, also hat er schon einmal 7 Tage gewartet (V. 8). וַיָּחֶל] wäre Hiph. (Qal) von חול; da aber die Bedeutung *warten* sonst immer an יחל Pi. Hiph. haftet, so ist וייחל herzustellen wie V. 12 (*Olsh.*). Warum dort die Mass. das Niph. statt Pi. punktirt haben, ist nicht klar. — V. 11. Wieder ausgesandt kam sie erst spät, gegen Abend (3, 8), zurück, fand also diesmal einen Ruheort und wohl auch Futter. Sie brachte *ein Ölblatt* (Ölzweig Sym. Vulg.; vgl. Neh. 8, 15) *in ihrem Schnabel* mit, und zwar nicht ein dürres oder angeschwemmtes, sondern ein frischgepflücktes, *frisches* טָרָף (vgl. טֶרֶף, طرف mit den derivatis). Daran erkannte Noah, dass das Wasser schon tiefer gesunken war, denn der Ölbaum wächst nicht auf den höchsten Höhen. „Dass der Ölbaum in Armenien vorkommt, beweist Strabo 11, 14, 4 (*Ritter* EK. X. 920), und dass er auch unter dem Wasser grüne, bezeugen Theophr. h. pl. 4, 8 und Plin. 13, 50" (*Tuch*). Der Ölzweig war wenigstens später Sinnbild des Friedens (2 Macc. 14, 4; Dion. Hal. 1, 20; Verg. Aen. 8. 116; Liv. 24, 30. 29, 16). Dass schon die Alten die Taube als Briefbotin gebrauchten (Älian v. h. 9, 2; Plin. 10, 53), gehört nicht hieher (*Kn.*). — V. 12. Zum 3. mal, nach weiteren 7 Tagen entsendet, kam sie gar nicht mehr, fand also die Erde schon wohnlich und Nahrung spendend. — V. 13 f., anschliessend an V. 5, setzt den Bericht des A fort. Am 1. des 1. Mon. war das Wasser von der Erde *weg versiegt* (vertrocknet) (vgl. 2 Reg. 19, 24. Jes. 50, 2. Ps. 106, 9). V. 7 stand in gleichem Fall חָרֵב; über den leichten Unterschied beider s. Jes. 19, 5. Ij. 14, 11. Jer. 50, 38; *Ges.* th. — Aber V. 13ᵇ muss nun wieder (*Schr.*) dem C. zugesprochen werden, nicht blos wegen הָאֲדָמָה (doch s. zu 6, 20) und weil חָרַב hier vom Land, nicht vom Wasser ausgesagt ist, sondern noch mehr, weil damit die Aussage von V. 14 geradezu vorausgenommen ist, auch bei A Noah aus dem Kasten schauen kann, ohne die Decke abzunehmen (V. 5). Somit schliesst sich 13ᵇ an 12 an, und enthält die Angabe des C über das gänzl. Ende der Überschwemmung. מִכְסֵה] gewiss nicht Lederdecke (*Kn.*; *Kost.* 324) wie bei A Ex. 26, 14. Num. 4, 8—12, sondern dachartige Bedeckung (στέγη LXX). — V. 14. Erst am 27. des 2. Mon. war die Erde ganz abgetrocknet; das ist freilich seit der Versiegung der Wasser eine unverhältnissmässig lange Zeit, hängt aber mit den 2erlei in der Erzählung durchgeführten Rechnungssystemen zusammen s. S. 129 f. — — Cap. 8, 15—9, 17. Der Ausgang aus dem Kasten und das neue Verhältniss, in welches Gott mit den Geretteten tritt. — V. 15—19. Noah erhält Befehl, mit den Seinen und den Thieren den

Kasten zu verlassen und kommt dem naci; von A, welcier dem feier-
licien Augenblick entspreciend iier wieder mit gewointer Ausführlichkeit sciildert. V. 17 s. 7, 21. -כְּלֹ] בֹּל: *Sam.* LXX *Pesch.*; ebenso
V. 19 i. A. מֵהַבְּהֵמָה] von den zaimen und wilden Säugethieren (wie
6, 7. 7, 23). Dafür ist V. 19 חַיָּה gesetzt (*Kn.*). Warum die Mass.
iier für das gewöinlicie (19, 12. Lev. 24, 14) und gesciriebene הוֹצֵא
vielmeir הַיְצֵא (vgl. Hos. 7, 12. Prov. 4, 25. 1 Cir. 12, 2) zu lesen
befeilen (wie Ex. 2, 9. Ps. 5, 9), ist nicit klar (*Ew.* 122ᶜ. *König
Lehrg.* S. 641). וַיִּשְׁרְצוּ] 1, 20 ff. Es ist dies das die Kraft zur Fortpflanzung und Vermeirung verleiiende Segenswort über die neue Tiier-
welt, entspreciend dem Segen naci der Sciöpfung; das ähnl. Wort
über die Menscien ersciallt 9, 1. 7 besonders. — V. 19. s. V. 17.
nach ihren Geschlechtern] d. i. naci den einzelnen Arten und Gattungen (Jer. 15, 3), aus welcien die genannten Thierclassen bestanden
(*Kn.*). — V. 20—22. Naci C bracite Noai Gott von den reinen
Thieren Brandopfer, und diese gnädig anneimend besciloss Gott in
Langmuth den sündigen Menscien fortan zu tragen und durci keine
Fluth meir die Erde zu verderben. Seir fein iat R diesen Bericit
gerade hier vor die Bundschliessung bei A eingescialtet: die letztere
stellt sici dadurci als die Ausfüirung des göttl. Bescilusses. Ein
Opfer, als Dank- und Bittopfer, ist, wenn irgend wo, dann iier naci
dem grossen Gericit und beim Eintritt in den neuen Lauf der Dinge
am Platz; auci Xisuthros, Manu, Deucalion opfern naci der Rettung. —
V. 20. Der *Altar* erscieint iier zum erstenmal (wenigstens ist 4, 3 f.
keiner erwäint), aber nicit darum, weil mit der Fluth das Paradies,
der Ort der Gegenwart Gottes auf Erden, gesciwunden ist und Gott
sici in den Himmel zurückgezogen iat (*Hofm. Del. Ke.*), also nun die
Menscien iire Augen iimmelwärts riciten müssen (denn das Paradies
ist auci scion 4, 2 ff. für den Menscien verloren und die Erde ver-
flucit, und umgekeirt als Gott in der Stiftsiütte wieder eine Stätte
der Gegenwart auf Erden iatte, war der Altar erst recit unentbehr-
lici), sondern weil der Vrf. zu Noai's Zeit scion eine völligere Entwicklung der gottesdienstl. Dinge voraussetzt, zB. auci die Unterscheidung von rein und unrein. Der Altar weist als Erhöhung über die
gemeine Erde allerdings iimmelwärts, daier ursprünglici gerne auf
Höien (wo man dem Himmel sici näier füilte) erricitet (zB. Gen. 22),
aber einen Gott im Himmel gab es für die Menscien nicit erst seit
der Fluth. *von allem reinen Vieh und allen reinen Vögeln*] also nicit
blos von den naci mos. Gesetz (Lev. 1, 2. 10. 14) opferbaren Thieren
(*Ros. Bohl. Tuch*), sondern von allen reinen für den Menscien ess-
baren Thieren (*Abenc. Qimh. Merc. Kn.*). „Bei Rettung aus so
grosser Gefair ist das Opfer nicit zu gross. Zum Zweck des Opfers
iatte Noai auci von *allen* reinen Thieren meir in die Arcie mitgenommen (7, 2). Die Opfer waren Brandopfer, also die älteste und
allgemeinste Art der Opfer, daher der patriarci. Zeit eigenthümlici:
das Näiere s. zu Lev. 1, 3 ff." (*Kn.*). — V. 21. *Gott roch den Geruch der Beruhigung* (נִיחֹחַ von נִיחֹחַ gebildet, *Ew.* 108ᶜ) d. i. den
angeneimen und woilgefälligen Duft, der von den Opfern aufstieg: in

der Opfersprache (zu Lev. 1, 9) ein stehender Ausdruck für die gnädige Annahme der Opfergabe oder vielmehr der Gesinnungen und Wünsche, denen sie zum Ausdruck dient. *er sprach zu seinem Herzen* (6, 6) d. h. zu sich selbst, dachte und beschloss bei sich; bei C auch 24, 45. 27, 41; der Schriftsteller will die Gedanken Gottes dolmetschen (6, 6). Es ist nicht nach 34, 3 zu deuten und das Suff. von בֹּל auf Noah zu beziehen. „Gottes Erwägung führt dahin, dass er die Erde wegen des Menschen (6, 5 f.) nicht mehr verfluchen, noch die Lebewesen auf ihr vertilgen will. Der angenehme Duft ist nicht der Beweggrund, sondern blos der Anlass zu diesem gnädigen Beschluss. Eigentlich verflucht (wie 3, 17), hatte Gott die Erde bei der Sintfluth nicht; es ist also an das Aussprechen des Vertilgungsbeschlusses, 6, 7. 13 zu denken" (*Kn.*). Vgl. die Hinweisung darauf in 5, 29. בַּעֲבוּר־] 3, 17; LXX haben dieselbe Variante, wie dort. פִּי יֵצֶר וגֹ'] 6 5. Begründet wird nicht לֹא יֵצֶר, sondern לֹא־יֹסִף אֹסִיף לְבַּי: weil sündl. Richtung des Denkens und Wollens nun einmal im Menschen liegt, „so will Gott durch die Übelthaten des Menschen sich nicht mehr zu einem solchen Strafgericht bestimmen lassen, sondern Langmuth und Geduld haben, er müsste ja sonst sehr oft ähnliche Vertilgungen verhängen. Der Vrf. meint nicht, dass der Mensch blos auf Böses sinne (er sagt nicht כָּל־יֵצֶר und רַק רַע wie 6, 5); auch nicht, dass der M. böse geboren werde, sonst würde er *von Mutterleibe an* für *von Jugend an* gesagt und für נַעַר etwas anderes gewählt haben; vielmehr meint er, dass das Böse beim M. mit der Erkenntniss des Guten und Bösen (3, 22) anfange und dann eine grosse Herrschaft gewinne" (*Kn.*) Von selbst versteht sich, dass wenn Gott die sündige Verderbtheit der Menschen nun mit Langmuth trägt, er sie damit nicht als berechtigt anerkennt, sondern ihrer Entwicklung nach wie vor entgegenarbeiten wird, nur in anderer Weise. פְּלִי־מִי] 3, 20; עֹד s. zu 1, 21. — V. 22. Die Naturordnung der Erdverhältnisse, näher der regelmässige Wechsel der Jahres- und Tageszeiten soll *fortan* nicht aufhören *alle Tage der Erde*, so lange die Erde bestehen wird (vgl. Ps. 72, 5. 89, 38). Es sind 4 Paare von Nomina, daher auch geeigneten Falls וְ mit Vorton. Die 3 ersten Paare drücken nicht zusammen 6 Jahreszeiten, jede zu 2 Monaten (*Raš.*), aus, wie die Inder zählen, sondern, gemäss der gewöhnl. Unterscheidung bei den Hebr., nur 2 Jahreszeiten oder -Hälften (Am. 3, 15. Jes. 18, 6. Zach. 14, 8. Ps. 74, 17), näml. die regnerische *Winterzeit* mit ihrer *Kälte* (Jer. 36, 22) und ihrer Ackerbestellung und *Aussaat* (Ex. 34, 21. Prov. 20, 4), und die trockene *Sommerzeit* mit ihrer *Hitze* (Jes. 18, 4) und *Ernte* (Jer. 8, 20). Auch wird nicht ein Gegensatz gemacht gegen die Zeit vor der Fluth, als wäre damals blos heitere Wärme gewesen (*Del.*), s. dagegen 1, 14 ff.; ebensowenig darf man den Gegensatz gegen die Fluthzeit (die bei C sehr kurz ist) so anspannen, dass man eine Störung des Wechsels von Tag und Nacht in derselben (*Abene. Raš. Qimḥ.* u. a.) folgerte (welcher Folgerung die LXX durch die adverbiale Fassung ἡμέραν καὶ νύκτα ausweichen *Tuch*); sondern die Meinung ist: eine Störung der Naturordnung, wie die Fluth war. soll nicht wieder eintreten, vgl. zum Ausdruck des Be-

griffs der Naturordnung Jer. 31. 25 f. 33, 20. 25 f. Ps. 74, 16 f. — —
Cap. 9, 1—17 die Bundschliessung Gottes mit Noaı. nacı A, anscıliessend an 8, 17. — V. 1—7. Wie dem ersten, so gibt Gott aucı
dem zweiten Menschengeschlecht seinen Segen mit, erweitert sogar
denselben, indem er die bisıerige Entwicklung des Menscıen in Betracıt nimmt, durcı Ausdeınung seines Herrschaftsrechts über die
Tıiere, fügt aber für die damit beginnende neue Lebensordnung aucı
Scıranken ıinzu, deren strenge Einıaltung iım als ıl. Pflicıt auferlegt
wird. V. 1 der Fortpflanzungssegen, wiederıolt aus 1, 28. —
V. 2. *eure Furcht und euer Schrecken*] Dt. 11, 25; F. und Seır.
vor eucı; Suff. obj. wie 16, 5. 27, 13. 50, 4 (*Ges.* 121, 5), „Die
Tıiere waren von Anfang an dem Menscıen unterworfen (1, 26,
28), lebten aber vor der Fluth friedlicı und furcıtlos mit iım zusammen“, bis die Entartung eintrat (6, 12), „von jetzt an sollen sie
ıhn aucı scıeuen und fürcıten. *Thier des Landes*] wie 1, 25. Das
בְּהֵמָה bleibt unerwähnt, weil es den Menscıen weniger scıeut“ (*Kn.*).
וּבְכֹל אֲשֶׁר'] nacı der Mass. mit בִּדְגַת נְתַתִּי zusammenzuneımen, indem בְּ
als *inter* s. i. *cum* (Ex. 10, 9. 15, 19. 1 Reg. 10, 2. Jer. 11, 19.
41, 15 u. ö.) verstanden wurde: *mit allem, wovon* (1, 21) *der Erd-*
boden (אֲדָמָה wie 1, 25. 6, 20. Lev. 20, 25) *sich regt und sammt*
allen Fischen des Meeres sind sie in eure Hand gegeben, „eurer
Gewalt übergeben, so dass ihr mit iınen scıalten dürft; der Ausdruck
geıt auf eine Gewalt, die sicı aucı über das Leben erstreckt, wie
Lev. 26, 25. Dt. 1, 57. 19, 12 u. ö.“ (*Kn.*). Dass בְּ mit עַל wecısle
u. wie dieses von חִתֵּכִם יִהְיֶה abıänge (*Bud.* 279 ff.; LXX ἐπί), ıaben
die Mass. woıl mit Recıt abgeleınt. וַיִּרְדְּ] *Ew.* 255°. — V. 3. Insbesondere wird iınen die Erlaubniss, die Tıiere zur Naırung zu verwenden, ertheilt. Das bildet einen Hauptunterschied gegenüber vom
ersten Weltalter (s. 1, 29 f.), auf welcıes ıier selbst im Ausdruck
Rückbezieıung genommen ist. רֶמֶשׁ] ıier im weitesten Sinn von allem
sicı Regenden und Bewegenden, der gesammten Thierwelt, s. 7, 21.
Selbst ıier fügt A nocı keine Scıeidung zwiscıen rein und unrein
ıinzu. אֶת־כֹּל] s. 1, 21. 8, 21. — V. 4 f. Diese Herrscıaftsrecıte des
Menscıen werden durcı 2 Verbote bescıränkt, beide durcı אַךְ *nur*,
jedoch eingefüırt. Das erste: *nur Fleisch mit* (comitativ wie 32, 11.
Ps. 42, 11) *seiner Seele*, d. i., wie ıier in erklärender Appos. (6,
17. 7, 6) ıinzugefügt wird, *seinem Blute werdet ihr nicht essen*;
sie dürfen nur Fleiscı geniessen, welcıes kein Bluı meır in und an
sicı ıat. Denn die Seele oder das Leben ıst zwar nicıt das Blut
selbst, aber docı von diesem unzertrennlich; im Blut kommt die Seele
sinnlicı und greifbar zur Erscıeinung (Lev. 17, 11. 14. Dt. 12, 23;
„vgl. בָּשָׂר דָּם röıes Fleiscı 1 Sam. 2, 15 und anima purpurea Verg.
Aen. 9, 348“ *Kn.*). Das Leben aber gehört Gott, dem Herrn alles
Lebens; der Menscı soll es nicıt für seinen Genuss verwenden. vielmeır soll durcı diese Entıaltung seine Acıtung vor dem Leben als
etwas göttlicıem wacı ıınd aufrecıt erıalten, er vor Verwilderung und
Roıeit bewaırt werden. Dieses Gebot, kein Blut (Lev. 3, 17. 7, 26 f.
17, 10 ff. Dt. 12, 16 ff. 15, 23) und kein Fleisch, das von Blut nicıt

frei war (Lev. 19, 26. 1 Sam. 14, 32 ff. Ez. 33, 25) zu geniessen,
war im Mosaismus ein Grundgebot und wurde dort um so wichtiger,
als das Blut zum Sühnemittel erhoben wurde (Lev. 17). Aber der
Vrf. beschränkt seine Geltung nicht auf den Mosaismus, sondern führt
es unter den Grundordnungen der jungen Menschheit auf, weshalb
selbst im Christenthum die Fortdauer seiner Giltigkeit seit Act.
15, 29 ein Gegenstand vieler Erörterungen war. — V. 5 f. Die andere noch
wichtigere, daher umständlicher besprochene Einschränkung. Wenn
auch die Tödtung der Thiere dem Menschen freisteht, so soll doch
Menschenblut weder durch Thiere noch durch Menschen ungestraft ver-
gossen werden; das Menschenleben soll unverbrüchlich heilig und unantastbar sein (vgl. wie C in seiner Art diese Sätze in Cap. 4 ausgeführt hat). דִּמְכֶם] Ew. 255°; Ges. 93, 2. לְנַפְשֹׁתֵיכֶם] nicht Dat. comm.
(Dt. 4, 15. Jos. 23, 11): zum Schutze eurer Seelen (Schum. Tuch.
Kn. a.), wobei der Handlung des Satzes die Zusage der Handlung unter-
geschoben wird, auch nicht: je nach euern Seelen, oder wessen Seele
es auch sei, dem es angehört (Del. nach V. 10), sondern Dat. der
Zugehörigkeit: euer Blut, näml. das eurer Seelen (LXX Pesch. Vulg.
u. die Meisten) d. ı. das von euch selbst (Bud. 282) im Gegensatz
gegen das der Thiere, (zum Plur. s. Lev. 11, 43 f. Jer. 37, 9. 42, 20.
44, 7), obgleich auch möglich ist: als oder nämlich eure Seelen
(Ew. 310ª; Giesebr. Praep. Lamed 103 ff.), wie auch Vᵇ. נפש für דם
eintritt (vgl. V. 4). Dieses wird Gott fordern, rächend zurückfordern
(Gen. 42, 22. Ps. 9, 13). von der Hand jeglichen Thieres] vgl.
Ex. 21, 28 f.; מִיַּד fast zu blosser Präp. geworden und auch sonst
(zB. 1 Sam. 17, 37; Ps. 22, 21; Ij. 5, 20) den Thier- und Sachnamen vorgeordnet, hier um so unbedenklicher, als דָּרַשׁ = דָּרַשׁ מִיַּד
מִיַּד im Sprachgebrauch feststand (s. Lex.). Und von der Hand des
Menschen will Gott das (gemordete) Leben des M. zurückfordern durch
die Rache, die er entweder selbst nimmt oder nehmen lässt. מִיַּד אִישׁ
אָחִיו] dem מִיַּד הָאָדָם gleichgeordnet, erklärt sich daraus, dass man ein
dem st. c. unterzuordnendes Nomen auch (in irgend welcher Function
des Satzes) nachdrücklicher vorausstellen und es an seinem Orte durch
ein rückweisendes Pron. suff. wieder aufnehmen kann: אִישׁ אָחִיו =
אָחִיו אִישׁ = eines jeden sein Bruder oder Nächster, Ew. 278ᵇ, vgl.
15, 10. 42, 25. 35. Ex. 28, 21. Num. 17, 17 u. s.; wogegen אִישׁ אָח
Brudermann, wie אִישׁ נָבִיא Prophetenmann Jud. 16, 8, also אִישׁ אָחִיו
sein Brudermann (Kn.), weder dem Sprachgebrauch, noch der Analogie
der angeführten Stellen gemäss ist; also: von der Hand des Bruders
eines jeden d. h. je von der Hand seines Nächsten. Nämlich nicht
der zur Blutrache verpflichtete Mensch oder Verwandte (Bohl. Tuch
Bmg.), von dem ja Gott das Blut gar nicht fordert, ist zu verstehen,
sondern der Mörder. Aber nicht מִיַּד אָחִיו oder מִיַּד רֵצֵהוּ konnte Vrf.
sagen, weil das Suff. gar keine Beziehung hätte (da אָדָם coll. ist), sondern diese Beziehung war erst durch Vorausordnung des (gemordeten)
אִישׁ (einzelnen) zu ermöglichen. Eine Glosse (Olsh.) sind die 3 Worte
wohl nicht; sie präcisiren, dass Gott Menschenmord nicht von den
Menschen überhaupt fordert, sondern von der Hand des Mörders. Die

Fassung *von den Menschen, von einander* (*Bud.* 288 f.) ist sacꜱlicꜱ u. spracꜱlicꜱ unanneꜱmbar. Die Variante וְאָחִיו אִישׁ־ (*Sam. Pesch. Vulg.*) = unusquisque (Ez. 4, 17) ist eine verscꜱlecꜱternde Correctur. — V. 6. Fortscꜱreitend fügt Gott ꜱinzu, wie er Blut zurückgefordert wissen will, und überträgt die Vollzieꜱung der Racꜱe an die Menscꜱen. בָּאָדָם] LXX ἀντὶ τοῦ αἵματος (τὸ) αὐτοῦ ἐκχυθήσεται, also בְּדָם (בְּ pret.). Die amtlicꜱe Lesart erklären die *Targg.*: vor Zeugen, also *unter* (Zuzieꜱung von) *Menschen*; sie kann aber füglicꜱ nur bedeuten *durch die Menschen*, wobei die Menscꜱen als das blosse Mittel der (göttliehen) Strafvollzieꜱung angescꜱaut sind (vgl. zu diesem בְּ instr. vor Personennamen Hos. 1, 7. Ps. 18, 30. 1 Sam. 28, 6. Jes. 45, 17 und עָבַד בְּ Ex. 1, 14 u. ö., wogegen Hos. 14, 4. Num. 36, 2 anders zu ꜱeurtheilen sind). Die Menscꜱen überꜱaupt werden zu Vollstreckern der Vergeltung bestimmt, nocꜱ nicꜱt ausdrücklicꜱ die Obrigkeit, aber aucꜱ nicꜱt die näcꜱsten Verwandten (*Tuch*, *Kn.*), so dass man sagen könnte, die Blutracꜱe durcꜱ die Verwandten, welcꜱe das mos. Gesetz voraussetzt und regelt (Num. 35, 18 ff. Dt. 19, 12), werde ꜱier in die Noahzeit zurückverlegt; vielmeꜱr wird nur der Grundsatz aufgestellt, dass durcꜱ die Menscꜱen die Vergeltung gescꜱeꜱen soll, die Art und Weise derselben aber der weiteren geselligen und staatl. Entwicklung überlassen. Und sofern oꜱne Heilighaltung des Menscꜱenlebens keine menschl. Gesellscꜱaft denkbar ist, kann man allerdings sagen, dass ꜱier der Grund für die geselligen Ordnungen der Menscꜱen gelegt wird (*Luth.*). Begründet wird Verbot und Strafe damit, *dass im Bilde Gottes er* (Gott. *Ew.* 303ᵇ; vgl. 14, 1 f.) *den M. gemacht hat;* der Menscꜱ *lebt* nicꜱt blos, wie das Tꜱier, sondern trägt Gottes Bild an sicꜱ; wer iꜱn antastet, hat etwas Göttlicꜱes angetastet, und Gott ꜱat die Strafe dafür an die Menscꜱen übertragen. עָשָׂה] die Wendung mit der 3 p. aus demselben Grund wie 1, 26 נַעֲשֶׂה für אֶעֱשֶׂה, weil Ref. Gott nicꜱt בְּצַלְמִי sagen lassen will; LXX ꜱaben עָשִׂיתִי. — V. 7 führt zu V. 1 zurück: „nicꜱt umbringen, sondern fortpflanzen und vermeꜱren sollen sicꜱ die Menscꜱen, um die Erde anzufüllen" (*Kn.*). Die LXX ꜱaben nacꜱ 1, 28 geändert. Über die s.g. Noachischen Gebote der Synagoge s. *Schürer* Oescꜱ. d. jüd. Volks² II. 568 f. — In dem Segen V. 1—7 ist dem Menscꜱen zugleicꜱ seine Aufgabe gewiesen und sind einige Grundvorscꜱriften gegeben, auf welcꜱen weiterꜱin entwickeltere Recꜱtsordnungen sicꜱ aufbauen können. — V. 8—17. Erst darauf ꜱin, dass der Menscꜱ diese Pflicꜱten übernimmt (vgl. wie Jes. 24, 5. 18 vom Brecꜱen des Bundes durcꜱ die Menscꜱen eine neue fluthartige Verwüstung der Erde abgeleitet wird, *Tuch*), ricꜱtet Gott (gemäss der Zusage 6, 18) das neue Verhältniss, den Bund mit iꜱm und durcꜱ iꜱn mit allen Lebewesen auf, erklärt, was er in demselben zu leisten verꜱeisst, und stiftet das äussere Zeicꜱen des Bundes. Es ist der erste Bund, den er scꜱliesst. — V. 9 f. וַאֲנִי] weil jetzt kommt, was Gott seinerseits thun will (vgl. 6, 17). Gott stiftet freiwillig (aus Gnaden Jes. 54, 9) diesen Bund mit der Menscꜱꜱeit und durcꜱ sie (V. 10) mit der ganzen Tꜱierwelt, wie diese zuvor aucꜱ mit den Menscꜱen zu leiden ꜱatte. הַחַיָּה] 1, 21. בְּ] besondernd wie 7, 21 u. s. מִכֹּל—לְכֹל] *irgend welche* 6, 2.

7, 22), die aus dem Kasten ausgegangen sind, *bezüglich auf* d. i. *nämlich* (wie 23, 10; *Ew.* 310ᵃ) *alle* Tiere der Erde; wogegen מִן־לְ als
von-an — bis zu oder *tam-quam* (*Bohl. Schu. Kn. Schr.*) hier keinen
Sinn gibt, da die יֹצְאֵי הַתֵּבָה und חַיַּ הָאָרֶץ die gleichen sind, und der
Gegensatz von jetzigen und künftigen nicht darin liegen kann. Übrigens
fehlt לְכֹל חַיַּת הָאָרֶץ in LXX. — V. 11. Der Inhalt der Bundeszusage
ist, dass nie mehr in Folge von (מִן) Sinthfluthwassern alles Fleisch
ausgerottet und die Erde (6, 13) verderbt werden soll (vgl. 8, 21 f.). —
V. 12 ff. Das Bundeszeichen. Der Bund muss ein äusseres Zeichen
haben, an welchem den Parteien der Inhalt des Bundes immer wieder
zum Bewusstsein kommt, zugleich eine Gewähr der Zusage. Diese
Idee kehrt bei A zweimal wieder, beim Abrahambund und Mosebund.
Während aber bei den folgenden Bündnissen das Zeichen in einer
Leistung seitens der menschl. Contrahenten besteht, ist beim Noahbund,
in dem zumeist die göttl. Gnade und Langmuth für alle Zeit verbürgt
werden soll, das Zeichen ein himmlisches, der *Regenbogen*. Dass dieser
jetzt zum erstenmal erschienen sei, sagt der Text nicht, obgleich viele
Erkl. das herauslesen, und manche (*Del. Ke.*) sogar weitgehende Folgerungen darauf gründen, wie dass die Beschaffenheit der atmosphärischen
Luft vor der Fluth eine andere gewesen sei, als nach derselben; was
der Text sagt, ist nur, dass der Regenbogen von der Fluth an für die
Menschen die genannte Bedeutung habe. — זֹאת] hinweisend auf V. 13.
אֲשֶׁר אֲנִי נֹתֵן] nicht auf זֹאת (LXX), sondern auf הַבְּרִית bezüglich, wie
בֵּינִי וגו׳ zeigt (vgl. V. 17); über נָתַן בְּרִית s. zu 6, 18. לְדֹרֹת עוֹלָם] *für
die Geschlechter der* (unbestimmt langen) *Zukunft*, von den Mass. mit
Recht zu הַבְּרִית אוֹת זֹאת bezogen; allen Künftigen soll das Zeichen den
Bund sinnbildlich vergewissern. — V. 13. Der Regenbogen (Ez. 1, 28)
ist dieses Zeichen. „Gottes Bogen heisst er, weil er dem Himmel,
Gottes Wohnsitz angehört, ein himml. Bogen ist (*Kn.*). Den *gebe ich*
(1, 29) *in dem Gewölk*, lasse ihn in demselben erscheinen, dass er zu
einem Bundeszeichen zwischen mir und *der Erde*, Erdbewohnerschaft
(V. 19. 11, 1 u. s.) sei. Die hypothet. Fassung (gebe ich — so soll
er sein) hat hier keine Stelle. — V. 14 f. Erläuterung. בְּעַנְנִי] Inf. Pi.
(*Ew.* 31ᵇ; *Ges.* 10. 2), denom. von עָנָן: *wann ich ein Gewölke wölke.*
וְנִרְאֲתָה ist Fortsetzung des Inf., und der Nachsatz kommt V. 15. „Das
Zeichen hat also auch für Gott eine Bestimmung: wann er regnen
lässt, so wird er durch den am Gewölk erscheinenden Bogen an seinen
Bund erinnert und thut zur rechten Zeit Einhalt, damit das Wasser
nicht eine allgemeine Fluth werde. בְּכָל־בָּשָׂר] alles „Lebendige, was es
an (7, 21) Sinnenwesen, an Arten derselben gibt, vgl. 7, 15 f.“ (*Kn.*).
— V. 16. In dem genannten Sinn also, wird noch einmal wiederholt, dient der Bogen für Gott selbst zum Erinnerungszeichen. Zu beachten ist, wie durch die Ausdrücke hier und V. 14 der Bogen so-
zusagen als eine relativ selbständige Erscheinung hingestellt wird, die
durch ihr Hervortreten Gott an etwas erinnert. בֵּין אֱלֹהִים] vom Standpunkt der sich Erinnernden ausgedrückt; LXX ἀνὰ μέσον ἐμοῦ. —
V. 17. Eine Schlussformel, wie sie A liebt, zB. Cap. 10. 36. Ex. 6.
Num. 7 (*Kn.*). Die Art, wie hier der Regenbogen dem religiös an-

geregten, glaubenden Gemüthe gedeutet wird, ist überaus sinnvoll, an-
sprecıend und würdig. Aucı viele andere Völker ıaben in diese, für
die Ungeleırten so seır wunderbare Erscıeinung iıre eigenthüml. Vorstellungen ıineingelegt (s. *Rosenm.* A. u. N. ML. I. 44; *Win.*³ II.
308; über die Namen aucı *Pott* in *Kuhn's* Zeitscırift Bd. 2). Den
Indern zB. ist er der Kriegsbogen des Indra, den er nacı beendigtem
Kampf gegen die Dämonen bei Seite gelegt ıat; bei den Griecıen ist
er als Naturpıänomen ein ıimmliscıes Zeicıen für die Menscıen (Hom.
Il. 11, 47 f.), das auf Krieg und Wetterstürme ıinweist (17, 547 ff.
und *Voss* zu Verg. Geo. I. 380. 469), aber in seiner ıomeriscıen
Verklärung zu einem göttl. Wesen (*WEGladstone* in Contemporary
Review 1878. XXXII. 140 ff.) die licıte, leicıte, scınelle Botin der
Olympier, (Iris von εἴρω knüpfen); in der Edda die von den Göttern
erbaute, Himmel und Erde verknüpfende Asenbrücke. Ob der Bogen
bei den Hebräern ursprünglicı als bei Seite gelegter Kriegsbogen (Ps.
7, 13 f. Hab. 3, 9. 11 u. ö.), somit als Zeicıen des abgelegten Zornes
und eingetretener Versöınung (*Bohl. Wl.* I. 352; in eigenthümlicher
Fassung in der syr. „Scıatzıöıle" deutscı von *CBezold* 1883 S. 24)
oder aber als Band, das Himmel und Erde, Gott mit den Menscıen
verknüpft, etwa wie die Himmelsleiter 28, 12 (*Kn. Ew. Del. Ke.* a.)
gedacıt sei, ist vorerst nicıt auszumacıen; möglicıerweise ist der vermittelnde Gedanke blos der freundl. Eindruck gewesen, den diese Na-
turerscheinung auf den Menscıen macıt (*Win.* Ri. HWB. 1271), so
dass „der Ausdruck Bogen sicı blos auf die Äınlicıkeit der Form bezieıt" (*Ri.*) und *mein Bogen* wie oben V. 13 zu erklären ist, und dafür spricıt die ıier vorausgesetzte (s. zu V. 16) Selbständigkeit seiner
Erscıeinung. Jedenfalls ist er ıier das von Gott gestiftete Sinnbild
seines Freundscıaftsbundes mit der Erde, Zeicıen seiner Gnade und
Huld, Friedenspfand. Näıer, da er nur erscıeint, wenn regen-
schwangeres Gewölk am Himmel ist und nacı scıon begonnenem Regen
die durcıbrecıende Sonne das Gewölk theilt, zeigt er an, dass über
das in diesem Wolkendunkel eingeıüllte Fluthverderben die Gnaden-
sonne triumphirt, immer wieder dasselbe ıemmt, dass keine Fluth meır
komme. Dass A diese Idee aus einer verlornen Stelle des C entleınt
ıabe (*Wl.*; *Bud.* 275 f.; *Kost.* XIX. 334), ist ebenso unbeweisbar und
unwaırscıeinlicı, wie dass dem Dicıter der Ilias die bibl. Auffassung
des Regenbogens durcı irgend welcıe Vermittlung zur Kunde gekommen
war (*Gladst.*).

2. Rest der Noahgeschichte Cap. 9, 18—29, von C und A.

1. Den Kern des Stückes bildet die Erzälung über Noaı's Weinbau, seine Trunkenıeit, das unkindlicıe scıamlose Beneımen Iıam's
(Kenaan's) gegen seinen Vater, und den Flucı und Segen, welcıen
dadurcı veranlasst Noaı über seine Söıne spracı. Vorn ist dasselbe
an die Fluthgeschichte angeknüpft, und am Scıluss finden sicı Au-
gaben über Dauer und Ausgang des Lebens Noaı's. Die letztern An-

gaben V. 28 f. stammen aus A; sie stellen sich zu 5, 32. 7, 6. 11.
8, 13 als nothwendige Ergänzung, und bildeten einst, hinter 9, 17
den Abschluss der Noahgeschichte bei A. Aber die einleitenden 18 f.
sind nicht von A: wer Noah's Söhne waren, hat dieser schon öfters
(5, 32. 6, 10. 7, 13) gesagt, und dass durch sie die Erde sich bevölkerte, weist er Cp. 10 nach. Dagegen in der Fluthgeschichte des C
(so weit sie uns erhalten ist) waren Noah's Söhne noch nicht mit Namen
(6, 8. 7, 1) genannt. Und da C ebenfalls über die Genealogie der
Noahsöhne Nachricht gab (s. Cp. 10), so ist V. 18ᵃ. 19 als Einleitung
dazu anzusehen (*Schr. Böhm.* zum Theil, *Wl.*); auch die Ausdrücke
נָפְצָה כָל־הָאָרֶץ sprechen dafür. Nur 18ᵇ ist ein auf V. 20 ff. vorberei-
tender Zusatz dazu. Ob das Hauptstück V. 20—27 auch von C
stamme (*Tuch Kn. Hupf. Kay.*) oder aber dem R angehöre (*Ew.
Böhm.*), ist nicht sofort klar. Die Sprache gibt keine Merkmale an
die Hand. Sicher ist, dass Noah „der Landmann", der Anfänger des
Weinbaus anders lautet als Noah der Mann der Fluth, und in einen
Sagenkreis hineinführt, in welchem es sich um die Geschichte der Erfindungen und Fortschritte der Cultur handelt, und wird demnach
wenigstens das Motiv der Erzählung, näml. Noah's Weinbau u. Trun-
kenheit, wohl auch die Unthat eines seiner Söhne, aus der Quelle von
4, 17—24. 6, 1—4 geschöpft sein. Die Erzählung selbst birgt
mehrere Schwierigkeiten in sich (ähnlich wie Cp. 4). Zunächst insofern,
als die Söhne noch im selben Zelt mit dem Vater beisammen wohnend,
also noch in jüngerem Alter stehend gedacht sind, während doch bei
C (wie bei A) schon die Weiber derselben in der Arche gewesen sein
müssen (*Bud.* 310). Vor der Fluth aber kann die Erzählung bei C
auch nicht gestanden haben, weil die Rettung eines Verfluchten über
die Fluth herüber erst recht unverständlich wäre. Man wird darum
anzunehmen haben, dass der Vrf. für diese Gestaltung der Scenerie
durch eine u. zwar nicht blos mündliche, sondern schriftliche Vorlage
gebunden war (vgl. 89 u. 117 f). Die andere Schwierigkeit liegt
darin, dass während Ham der Übelthäter ist, doch nicht er, sondern
Kenaan verflucht wird. Man hat darum vermuthet, dass in der urspr.
Erzählung (des J[1]) Kenaan der Thäter gewesen u. חם אבי V. 22 erst
vom Bearbeiter eingeschoben sei (zur Ausgleichung mit Cp. 10), also
die Trias nicht Šem Ham Jefeth, sondern Šem Jefeth Kenaan gelautet
habe (*Wl.* XXI. 403; *Bud.*; *Kuen.* O.² I. 228), und dass mit Šem
die Isr., mit Jefeth die Philister (*Wl.*) oder die Phöniken (*Bud.*) gemeint gewesen seien. Aber jene Schwierigkeit löst sich (s. V. 25)
auch ohne eine solche halsbrechende Annahme. Hätte man noch in
der Zeit (des J[1]) der isr. Könige die Isr. Šem, u. die Philister oder
Phöniken Jefeth benannt, so müssten davon auch sonst noch Spuren
vorkommen; wie aus diesem Sinn der Namen die bei A u. C feststehende
Bedeutung derselben sich hätte entwickeln können, wäre rein unverständlich. Und woher weiss man denn, dass schon in der Vorlage gerade die 3 Namen Šem Jefeth Kenaan genannt oder die Sprüche V.
25—27 enthalten waren? Vielmehr sind derartige Perspectiven auf die
Zukunft gerade für C (R) charakteristisch (zB. 12, 2 ff. 15, 13 ff. 18,

18 f. Num. 24). Es wird genügen anzunehmen, dass C (oder R) nach einer Vorlage dieser Erzählung ihre jetzige Gestalt gegeben u. sie hier eingefügt habe.

2. In der Erzählung wird ein profet. Ausblick eröffnet auf die künftige Stellung und geschichtl. Bedeutung der von Noah abgeleiteten Hauptvölker und die endliche Gestaltung dieser Völker-Verhältnisse, wie sie sich zur Zeit des Vrf. schon vollzogen hatte, und noch weiter vollziehen sollte. Es handelt sich um die 3 grossen Völkergruppen Šem Ham und Jefeth (Cp. 10). Wie er aber bei Šem nach V. 26 f. hauptsächlich an das in Religionssachen wichtigste Volk der Hebräer, genauer der Isr. denkt, so liegt ihm auch bei Ham zumeist der durch Geschichte Religion und Sitte zu Isr. in schroffem Gegensatz stehende kenaan. Volksstamm im Sinn, während ihm Jefeth die nördlichen, zwar roheren aber unverdorbeneren und kräftigeren, zum Theil schon in die ältesten Wohnsitze Šems vorgedrungenen Völker darstellt, deren zunehmende Wichtigkeit für die weitere Geschichte man damals schon zu ahnen gelernt hatte. Die Geschicke der Völker bestimmen sich nach dem, was sie leisten; die Leistungen, wenn auch durch äussere Verhältnisse beeinflusst, entsprechen doch gewissen Eigenthümlichkeiten und Grundrichtungen ihres Geistes, welche sich bis in ihre Anfänge zurück verfolgen lassen. Eine solche tiefere Betrachtung derartiger Dinge herrscht im AT. durch; wie sich zB. im Kinde Jacob schon das Wesen des künftigen Mannes, in diesem das des künft. Israelvolkes voraus darstellt, so ist's auch bei andern Völkern. Die Anfänge sind entscheidend, und für den Charakter dieser Anfänge oft scheinbar gleichgültige Handlungen recht sprechende Kennzeichen. So sind denn auch die kümmerl. Zustände, im welche die kenaan. Völkerschaften zur Zeit des Vrf. schon gesunken waren, nichts zufälliges; sie sind die nothwendige Folge und der verdiente Lohn der sittl. Verkehrtheiten, besonders des Mangels an Zucht im häusl. Leben, der Zügellosigkeit in geschlechtl. Dingen und der schamlosen Sitten, welche von alten Zeiten her ihnen ankleben (15, 16. Lev. 18, 3. 24—30; vgl. auch Gen. 13, 13 f. u. Cap. 18 f.), welche bis in ihre Anfänge zurückgehen und sich auch bei anderen Gliedern der Hamitischen Völkergruppe zeigen (*Kn.* VT. 256). Durch Lasterhaftigkeit zerrüttet sind sie gesunderen Völkern, vor allem Israel, schon zur Beute geworden, und werden auch in ihren noch erhaltenen Resten immer tiefer in Knechtschaft sinken, während den Völkern, in welchen der rechte Gottesglaube kräftig lebt, und welche durch seine Zucht sich leiten lassen, auch der Sieg endlich zufallen wird. Diese Gedanken, welche Geschichte und Profetie langst verkündigt hatten, und welche der Gang der folgenden Jahrhunderte bestätigte, sind hier kurz und scharf in ein Paar Worte des Fluches und Segens gefasst, welche der Urvater der Völker selbst aus Anlass eines häusl. Vorkommnisses über seine 3 Söhne sprach. Hier beim Eintritt in die weiten Räume der Völkergeschichte sollen sie über Charakter und Zukunft dieser Völker orientiren und die Lehren, die in dieser Völkergeschichte liegen, unverwüstlich einprägen. Der Fluch aber und der Segen eines Vaters

hat Kraft und Wirkung (27, 27 f. 33; Sir 3, 11), zumal eines Gottes-
mannes (2 Reg. 2, 24), wie Noah einer war.

Vgl. zu dem Stück *Reinke*. Beitr. zur Erklär. des AT. IV. 1 ff.;
GBaur Gesch. der alttest. Weissag. 1861. S. 171—182; *Hengst.*
Christol. 1; *Ew*. JB. IX. 19—26; *Budde* bibl. Urgesch. S. 290—370.
506—516.

V. 18 f. Die Anknüpfung. הַיֹּצְאִים] Part. der Vergangenheit *Ges.*
134, 2. 'וגו וְחָם] zum Verständniss von V. 24 ff. *Kenaan*] s. 10, 15. —
V. 19. *Von diesen dreien aus hat sich die Erde* d. i. Erdbevölkerung
(10, 25. 11, 1) *zerstreut* oder wurde die Erde allmählig bevölkert.
נָפְצָה] erleichterte Form des Prf. Niph. von פָּצַץ = פּוּץ, wie 1 Sam. 13,
11. Jes. 33, 3 (vgl. Gen. 11, 7. Ij. 10, 1) *Ew.* 193ᶜ; *Ges.* 67. A. 11.
Zum Sprachgebrauch vgl. 10, 18 (11, 4. 9) bei C; A schreibt (allerdings nicht ganz im gleichen Sinn) נִפְרַד 10, 5. 32. — V. 20. Die
Erklärung *Noah fieng an als Landmann* d. i. ein Landmann zu sein,
das Land zu bebauen (noch bei *Tuch Kn. Hengstb. Ew.* 298ᵇ) hat
an Stellen wie 1 Sam. 3, 2. Jes. 33, 1, wo das Part. folgt, keine
Stütze, und selbst wenn 'אִ אִישׁ == לִהְיוֹת אִישׁ 'אֲ sein könnte, wäre der
Art. ungerechtfertigt. Vielmehr folgt die Ergänzung zu וַיָּחֶל mit וַיִּטַּע
(wie וַיָּשָׁב וַיַּחְפֹּר 26, 18): *und Noah, der Landmann, fieng an und
pflanzte einen Weingarten* (*Schu. Del. Ke. Böhm. Schr.*). Da ist das
Epitheton *der Landmann* freilich auffallend. Auf Verderbniss der Lesart (zB. אִישׁ aus לְהָרִישׁ *Kuen.* XVIII. 147) wird es nicht beruhen. Verständlich wird es nur unter Voraussetzung eines andern, woil schon
in einer Schrift (deren urspr. Wortlaut *Bud.* 312 als ויהי נח איש אדמה
'ויחל ויטע וגו herstellen wollte) vorliegenden Sagenkreises über Noah.
Nach diesem galt Noah (der Anfänger eines neuen Zeitalters) den
Hebräern auch als Vater der feineren Künste des Landbaues (gegenüber von 4, 2) und Urheber des Weinbaues, wie Dionysos den Griechen, Osiris (Diod. Sic. 1, 15) den Ägyptern (*Ew.* G.³ I. 387 f.;
auch *Buttm.* Mythol. I, 204 ff.) Dazu passt der Weinstock (dessen
Name in den semit. Sprachen kein Etymon hat, trotz *Lenorm.* or.
II. 251 f.) in den Landschaften des östl. Pontus und Armeniens seine
Heimath hat und von da aus, zum Theil erst in historischer Zeit,
sich zu den andern Völkern verbreitete (*Ritter* EK. X. 554. 319.
434. 485. 520; *Hehn* Kult.² 67 f.; und über den Zusammenhang
des Dionysos mit den Phrygern, den Stammverwandten der Armener,
Strab. 10, 3, 13; *Kn.*). — V. 21. Unbekannt mit der Wirkung des
Weins berauscht sich Noah und entblösst sich unanständig im Zelte
(Hab. 2, 15). אָהֳלֹה] == אָהֳלוֹ wie 12, 8. 13, 3. 35, 21. 49, 11. —
V. 22. „Ham sah die Blösse (Scham) des Vaters und vergieng sich
dadurch, dass er den Blick nicht abwandte, sondern sogar die Sache
seinen Brüdern draussen anzeigte, also davon redete, statt zu schweigen;
er verletzte gröblich die kindl. Pietät" (*Kn.*) und die natürl. Schamhaftigkeit. Die Tugend der häusl. Ehrbarkeit mangelt schon dem Stammvater
Kenaan's. Die Correctur וַיַּרְא חָם מְנַעֵן u. *H. zeigte dem K* (*Ilg.*)
ist sprachlich unzulässig und hilft den sonstigen Schwierigkeiten nicht
ab. — V. 23. Die 2 Brüder bekunden die gegentheilige Gesinnung, in-

erbietige Keuscheit, zarte Schamhaftigkeit mit kindl. Pietät. רָיקַח]
Sing., weil Sem die Hauptperson ist (s. 7, 7). „Die שִׂמְלָה war das
Obergewand und wurde auch als Decke gebraucht; zB. vom Armen
des Nachts Ex. 22, 26. Dt. 24, 13 (*Win.*[3] I. 662)." Sie nahmen
das Obergewand (mit welchem man sich zuzudecken pflegt), „legten
es auf ihrer beiden Schultern, indem sie sich nebeneinander gestellt
hatten, giengen rückwärts, also mit abgewandtem Gesicht auf den Liegenden zu, und bedeckten seine Blösse, die sie nicht sahen" (*Kn.*).
— V. 24. Noah erwachte *von seinem Wein* d. h. Weinrausch (1 Sam.
1, 14. 25, 37) und *erkannte* d. i. erfuhr (an prof. Erkennen braucht
man nicht zu denken) das was (*Ew.* 277[d]) ihm gethan hatte *sein
kleiner Sohn* d. h. nicht sein Enkel (*Buttm.*), nicht sein *verächtlicher*
S. (*Raś.*), nicht sein, des Ḥam, kleinster Sohn d. i. Kenaan (*Abene.*),
sondern sein jüngerer oder jüngster Sohn. הַקָּטָן] nicht in dem allgemeinen Sinn *jung, unerwachsen* (2 Sam. 9, 12. 1 Reg. 11, 17. Jes.
11, 6), weil sonst das gleiche auch für Sem u. Jefeth anzunehmen
wäre, sondern vergleichungsweise im Verhältniss zu den andern. Werden mehr als zwei mit einander verglichen (1 Sam. 16, 11. 17, 14),
so bedeutet es den *jüngsten*, u. so nehmen es hier die meisten (*Tuch
Kn. Baur, Del. Buns.* a.). Dadurch entsteht freilich ein Widerspruch
gegen die 5, 32. 6, 10. 7, 13. 10, 1. bei A und 9, 18 bei C angegebene Reihenfolge, welchen man nicht dadurch lösen kann, dass man
sagt, in diesen Stellen sei blos des schöneren Tonfalles wegen Sem
Ḥam Jefeth für Sem Jef. Ḥam geordnet, weil man in Genealogien
nicht nach den Gesetzen des Tonfalles ordnet. Vielmehr wird man
dann anzunehmen haben, dass C eine andere Folge als A hatte (wofür
auch 11, 21 geltend gemacht werden kann), u. dass R, obwohl er
auch 9, 18 den C nach A corrigirte, doch hier nicht eingriff. Dem
Widerspruch könnte man nur ausweichen, wenn man הקטן als den
jüngeren (LXX ὁ νεώτερος, *Vulg.* minor) fasste, ihn also blos mit dem
Hauptsohn Sem im Vergleich gestellt sein liesse (so *Schum. Ew. Ke.
Schr.*), u. diese Möglichkeit schwebte vielleicht auch schon dem R vor.
— V. 25 ff. Tief bewegt von dem Geschehenen, das Wesen der Söhne
durchschauend spricht Noah, wie von einem höheren Geist ergriffen, in
Kraft seiner väterl. Hoheit, Fluch und Segen über sie aus, feierlich in ge-
hobener Rede. Aber die Entrüstung hat die Oberhand, darum bricht zuerst
der Fluch (3, 14. 17. 4, 11. 5, 29) hervor, und macht Kenaan (Χαμ in
griech. MS. u. Ed. ist schlechte Correctur) zum *Knecht der Knechte*
d. i. untersten Knecht (*Ges.* 119, 2) *seinen Brüdern* d. h. nicht den
übrigen, in 10, 6 verzeichneten, Ḥamiten (*Köhl. Gesch.* I. 66; s. dagegen *Bud.* 298), sondern gemäss V. 26 f. dem Sem u. Jefeth. Das
wären freilich im strengen Sinn „seines Vaters Brüder", aber so genau
braucht man in Dichtersprache nicht zu reden (vgl. sogar in Prosa
13, 9. 14, 16. 29, 15 u. ö.), um so weniger, da es sich hier schliesslich nicht um Personen, sondern Völker handelt. Keinenfalls ist der
Schluss, dass dem Vrf. Kenaan, nicht Ḥam, der 3. Sohn Noah's war
(s. S. 156), nothwendig. Kenaan tritt in diesem Fluch einfach an
seines Vaters Ḥam Stelle. Gewiss nicht eines blossen Namenspiels

wegen (da würde es etwa אֲחֵי־רְבְעֻמהּ ıeissen, vgl. Neı. 9, 24); sondern weil gesciicitlicı gegebene Verıältnisse auf den Willen des Ur-
vaters zurückgefüırt werden sollen. Wollte man nacı den Gesetzen
der Vergeltungslehre sicı die Sacıe zurecıtlegen, so könnte maıı immerıin so vermitteln, dass Ḥam, wie er als Soın gegen den Vater ge-
sündigt, so nun aucı seinerseits in seinem Soın gestraft werde, u. zwar
in seinem jüngsten Soın, wie er selbst der jüngste Soın Noaı's waı
(*Hofm. Del. Köhl.*), würde jedocı damit scıon in die Völkerliste des
A (10, 6) ıinübergreifen. Aber einer solcıen moraliscıen Vermittlung
bedarf es nicıt. Den Hebräern stellt sicı gesciicitlicı Ḥam zunäcıst
in Kenaan dar und er ist iınen der am genauesten bekannte Typus
des ḥamit. Wesens, der iınen näcıst gelegene u. wicıtigste Träger aucı
des Flucıes; auf iın ist's beim Noahspruch abgeseıen. Andere Ḥamiten,
wenngleicı nacı dem Sinn der Erzäılung an der Art Ḥam's Tıeil neımend,
werden nicıt ausdrücklicı mit dem Flucı belegt, und kann (beiläufig gesagt) die Sklaverei der Negerrassen nicıt aus dieser Stelle gerecıtfertigt
werden, um so weniger, da eigentlicıe Negervölker (10, 6) gar nicıt
von Ḥam abgeleitet werden. — Kenaan wird zur Unterjocıung ıinge-
geben nicıt blos dem Sem (Israel), sondern aucı dem Jefeth. Bezüglicı Israels versteıt sicı das leicıt nacı Jos. 9. 17, 13. Jud. 1, 28 ff.
1 Reg. 9, 20 f. u. a. Bezüglicı Jefeth's darf man zwar nicıt an die
Unterwerfung Phöniziens u. Kartıago's unter das pers., griech. u. röm.
Weltreicı denken, weil dieses aucı die Semiten traf; aber zu bestreiten
(*Bud.* 316 ff.), dass kenaan.-phönik. Auswanderer u. Siedler auf den
Inseln u. Küstenländern des Mittelmeers, bes. Kleinasiens vielfacı, natürlich nicıt überall, von Jafethischen Stämmen scıon früıe überwältigt
wurden, ıat man keine Veranlassung (vgl. jetzt aucı *ECurtius* in SB.
der Berl. Ak. d. W. 1882 S. 949 ff., u. *EMey.* G. des Altth. I. 311 ff.
336 f.). — Dieser Flucı, von dem Noaı anıebt, beıerrscıt seine Rede
so, dass er aucı in den 2 folgenden Sprücıen (in V. 26 ıält iın
Olsh. für interpolirt) wieder nacııallt, und durcı die dreimalige Wiederıolung (*Ew.* Alt.[3] 177) erst recıt unverbrücılicı wird. — V. 26 f.
Gesegnet werden die beiden anderen, die gemeinscıaftlicı ıandelten,
jeder besonders, aber Sem zuerst und ıöıer als Jefeth. Statt Sem
selbst zu segnen, preist er Jaıve, den Gott Sem's, nicıt blos weil
dieser iın auf dem ricıtigen Wege bewaırt ıat, sondern „um auf
das Glück der Semiten, welcıe den waıren Gott ıaben, ıinzudeuten:
statt des Glücks der Sem. ıebt er dessen Ursacıe ıervor" (*Kn.*). In
Aussicıt genommen ist dabei, dass innerıalb Sem's die Vereırung des
waıren Gottes (s. 4, 26) forterhalten und weiter entwickelt werden
wird. Die Semiten sind durcı Isr. vermittelt, das Religionsvolk der
Menscııeit geworden, und ist das der Hauptvorzug und wicıtigste
Segen, der auf Sem ruıt. Ein בָּרוּך im Gegensatz zu אָרוּר V. 25 bedarf es nicıt (s. V. 27), und ist darum die Correctur שֵׁ הַיְהֹוָה בָּרוּךְ
(*Bud.* 294 f.) seır unnöthig (s. aucı *Riehm* in St. u. Kr. 1885
S. 776). לָמוֹ] poet. für לָהֶם, d. h. לְאָחָיו V. 25. — V. 27. Bei Jefeth
scıliesst sicı das Segenswort an eine mögliche Deutung seines Namens
an (s. 4, 1. 25. 5, 29. 10, 25. 11, 9 u. s.). יַפְתְּ] Juss. Hiıph. von

פָּתָה, nicʜt im Sinn des Pi.: *alliciat Japhetum* sc. zum recʜten Glauben oder zum Wohnen in Sem's Zelten (*Luth.* a.), sondern gemäss der Bedeutung des Hiph. und der Construction mit לְ (*Ew.* 282ᶜ): *Weite gebe Gott dem Jefeth* (Weiten)! scʜwerlicʜ im übertragenen Sinn wie Ps. 4, 2. 18, 20 u. s. (*Tuch* nacʜ *Saad.* u. *ArErp.*), weil ein Gegensatz gegen Notʜ und Bedrängniss ʜier nicʜt angedeutet ist, sondern eigentlicʜ: scʜaffe iʜm weiten freien Raum, weites Gebiet, vgl. Gen. 26, 22. Ij. 12, 23 (Verss. u. fast alle Neueren). Jefeth naʜm in Asien und Europa weite Räume ein. *und er lasse sich nieder* (siedle) *in den Zelten* (2 Reg. 13, 5; Zacʜ. 12, 7; Mal. 2, 12) *Sem's!*] von Jefeth muss dies gesagt sein (*Tuch Hengst. Del. Baur Ew. Ke. Reink.*), nicʜt von Gott (*Onk.* und die meisten Juden, weil iʜnen der Sinn bei der andern Auffassung anstössig war; *Merc. Gerh. Dath. Baumg. Hofm.*; *Nöld.* in BL. III. 191); denn in diesem Fall würde das logiscʜe Verhältniss zum vorʜergeʜenden das des Gegensatzes sein und würde וְהוּא יִשְׁכֹּן erfordert (wesʜalb *Olsh.* die Worte שֵׁם—וַיִּשְׁכֹּן als 26ᵇ einfügen will); aucʜ passt יִשְׁכֹּן בְּאָהֳלֵי nicʜt zu Gott, sondern nur zu Menscʜen; statt אֱלֹהִים erwartete man יְהוָֹה, endlicʜ das nackte יַצְתְּ אֶת לֶרֶפֶת wäre zu kurz gesagt. Eben so deutlicʜ ist, dass שֵׁם in diesem Zusammenʜang, wo es sicʜ um Sem Jefeth und Kenaan ʜandelt, nur n. pr., nicʜt app. sein kann. Dass dem Jefeth *ein Wohnen in den Zelten des Namens* d. ʜ. Ruhmeszelten, namʜaften berüʜmten Woʜnsitzen angewünscʜt sei (*JDMich. Vat. Ges. de We. Win. Kn. Schr.*), ist aucʜ darum unmöglich, weil für die Semiten (Hebräer) die Jefeth-Länder damals weder vielgenannte nocʜ berüʜmte waren, und weil blosse Berühmtheit keineswegs scʜon an und für sicʜ ein Segen ist (s. 6, 4). Man muss nur bei der Siedlung Jefeth's in Sem's Hütten nicʜt an Eroberung denken (zB. *Justin* c. Tryph. c. 83, *Cler. Ros.* a.), sondern an ein friedl. Zusammenwohnen, entsprecʜend dem gemeinsamen Handeln der Väter Sem und Jefeth V. 23. Besondere Thatsachen, die der Vrf. dabei im Auge geʜabt ʜaben könnte, lassen sicʜ freilicʜ nicʜt namʜaft macʜen, um so weniger, als wir den Begriff des Sem u. Jefeth nacʜ C nicʜt, oder nicʜt genau genug kennen. Desshalb will *Riehm* (HWB. 1099; St. u. Kr. 1883 S. 815) die Worte als Gegensatz zu dem im Gesetz meʜrfacʜ wiederʜolten Verbot jeder Bundesgemeinschaft mit den Kenaanitern verstanden wissen. Aber in diesem Sinn kämen docʜ aucʜ Ḥamiten in Betracʜt (zB. Dt. 22, 8). Auf Grund der Völkertafel des A lässt sicʜ immerʜin daran erinnern, dass Jefeth-Völker, in den Verband der alten Semitenreiche aufgenommen, an deren Macʜt und Eʜre Tʜeil naʜmen, zugleicʜ iʜnen neue Kräfte zufüʜrten und deren weitere Ausdeʜnung ermöglicʜten. Sonst müsste man sicʜ begnügen, die Worte meʜr als Wunscʜ u. Ausdruck der freundlicʜeren Gesinnung, welcʜe man in Isr. für diese Völker ʜegte, aufzufassen. Die rein geistlicʜe Auslegung, wornach die Bekeʜrung der Jefeth-Völker zu der von Zion ausgeʜenden Leʜre (Evangelium) unter der Niederlassung in Sem's Zelten zu versteʜen wäre (*TrgJon.* u. fast alle kircʜl. Ausl.), tʜut den Ausdrücken des Textes nicʜt Genüge, und ist darum scʜief, weil sie etwas für Jefeth in Ansprucʜ nimmt, was nacʜ den

Profeten (zB. Jes. 19, 18 ff. 18, 7. Șeph. 3, 10 a.) und nach der Geschichte auch Ham zukam. Beziehungen auf Ereignisse, wie das Eindringen der Scythen in Palästina unter Josia (*Bohl. Böhm.*) haben weder im Ausdruck noch im Zusammenhang der Rede einen Halt. Noch weniger wird Vrf. bei Jefeth die Philister (*Wl.* XXI. 403) im Auge gehabt haben, da gerade gegen diese (selbst wenn man sie zu Jefeth gerechnet hätte) eine so freundliche Gesinnung unbegreiflich wäre (*Bud.* 330 ff.). Vollends aber, unter Umdeutung des Jefeth auf die Phöniken, die Worte auf 1 Reg. 9, 11—13 (das Zusammenwohnen von Isr. u. Phön. im Bezirk Kabul) zu beziehen (*Bud.* 513), kann doch schwerlich mehr als ein ernsthafter Vorschlag gelten. אֱלֹהִים] hier darum am Platz, weil es bei Jefeth keine Jahveverehrung gab (*Tuch, Kn.* a.). — V. 28 f. Die Dauer des Lebens Noah's, aus A. — V. 29. וַיְהִי] Sing. wie 5, 23. 31, vor כֹּל ebenso gut möglich, wie וַיִּהְיוּ, was hier *Sam.* und viele hebr. MS. und Ed. haben.

3. Übersicht über die von Noah abgeleiteten Völker, Cap. 10, meist aus A und C.

1. Über die Quellenschrift, aus welcher dieses Stück stammt, giengen früher die Meinungen stark auseinander. Während die einen (*Ilg. Gramb. Ew. Kn. Nöld. Del.*) dasselbe (ausser V. 8—11. 21. 25 und einigen andern Bemerkungen) dem A zuschreiben, leiten es andere (*Astr. Eichh. deW. Tuch Win. Hupf. Böhm. Kay.*) von C oder (*Schrad.* in *deW.* Einl.8 § 187) von B ab. Richtiger wird man (*Wl.*) dasselbe für aus mehreren Quellen zusammengesetzt erachten. Zunächst ist zu erwarten, dass A die Bedeutung der öfters erwähnten Noahsöhne für die neue Menschheit irgendwo nachgewiesen habe. Die Geschlechtstafel Šem's 11, 10 ff. entspricht dieser Erwartung nicht; dort ist nur von Šem die Rede. Cap. 10 ist das einzige Stück, welches jene Nachweisung gibt. Wie A sonst, da wo ein Stammbaum sich in mehrere Reihen verzweigt, zuerst die Nebenreihen bespricht, ehe er zu der auf Israel hinführenden Hauptreihe übergeht (vgl. 25, 12 ff. 36, 1 ff.), so handelt er auch hier zunächst von den Söhnen Ham's und Jefeth's und von denen Šem's, so weit sie ausserhalb Terach's fallen. Gegenüber von 11, 10 ff. ist Cp. 10 nicht entbehrlich, sondern notwendig. Angaben von Jahreszahlen aber, wie sie Cp. 5 u. 11, 10 ff. gemacht werden, kann man hier gar nicht erwarten, weil nicht Fortführung des chronolog. Fadens beabsichtigt wird (vgl. 25, 12 ff. 36, 1 ff.). Ausserdem erkennt man A an der Überschrift אֵלֶּה תֹלְדֹת V. 1, an „den Schlussformeln 5. 20. 31. 32, der Breite des Ausdrucks in den letztern, den Ausdrücken תֹלְדֹת 1. 32, לְמִשְׁפְּחֹתָם 5. 20. 31 und dem ב 5. 20. 32" (*Kn.*). Wenn demnach V. 1—7. 20. 22 f. 31 f. wirklich von A stammen, so ist dagegen alles Übrige ihm fremd. Bei 8—12, wo ein zuvor in 7 nicht genannter Sohn des Kusch, und zwar eine Person, nicht ein Volk, erscheint und von seinen Reichsgründungen erzählt wird, auch יְהוָה 9 und יָלַד 8 (statt הוֹלִיד) gebraucht ist, ist

dies leicht klar und längst erkannt; V. 9 (s. d.) aber ist wieder Einsatz in dieselben. Aber dieses selbe יָלַד kommt auch 13. 15 (statt
וּבְנֵי des A), und dazu 18 יָצָבוּ (gegen וּמִיָּד des A in 5. 32) wie 9,
19, sammt בְּאֲכָה 19 (s. d.), und muss man deshalb folgerichtig auch
V. 13—19 dem A absprechen. Bestätigt wird dies durch 26—30,
wo nicht blos יָלַד 26 und בְּאֲכָה 30 wiederkehren, sondern auch die
Einreihung des שְׁבָא 28 und חֲוִילָה 29 unter Joqtan-Sem (welche A
als Kuschiten nennt 7) den A ausschliesst. Mit 26—30 hängen aber
nach vorwärts V. 25 (wo ausserdem die Namensetymologie gegen A
zeugt) und 21 (welcher wie 22 eine Einleitung zur Sem-Reihe gibt)
zusammen, während 24 (dem Inhalt nach aus 11, 10 ff. genommen)
deutlich eine harmonistische Klammer ist (s. d.). Die so ausgeschiedenen 8. 10—19. 21. 25—30 dem C zuzuschreiben, wird man (ausser
durch יָצָבוּ) dadurch veranlasst, dass nach 9, 18 f. C allerdings, wenn
auch nicht eine förmliche geneal. Tafel, so doch Nachrichten über die
Abstammung der Völker von Sem Ham Jefeth gehabt haben muss. Nur
bei 8. 10—12 kann es fraglich werden, ob nicht diese, übrigens sehr
alte und gute, Nachrichten aus einer andern Quelle, aufgenommen seien,
weil hinter 10, 8. 10—12 die Erzählung des C in 11, 1—9 keinen
Sinn mehr hat; jedoch lassen sie sich damit vereinigen, wenn sie bei
C hinter 11, 1—9 folgten, was an sich wohl möglich ist. Ergibt
sich somit die Völkertafel als von R aus A und C zusammengesetzt,
so kann dagegen die Frage, ob R den A und C vollständig wiedergegeben habe, nicht mehr sicher beantwortet werden. Es ist möglich,
aber nach (V. 2—5) nicht wahrscheinlich, dass A auch von Kenaan
Söhne angegeben hat, andererseits ist wahrscheinlich, aber nicht sicher,
dass C auch einiges über Jefeth berichtet hat. R hinwiederum hat
sicher 24 und wohl auch 9 eingesetzt, vielleicht aber auch וְאַרְדְּמָה
וּצְבֹים 19 (weil C in Cp. 18 f. diese Städte nicht nennt) oder die Glosse
אֲשֶׁר—פְּלִשְׁתִּים 14. Auch Jüngere könnten noch da und dort einen
Namen hinzugesetzt haben; nur dass 15—17 sämmtliche Namen von
חֵת bis יְהִי ein solcher Einsatz seien (de Goeje), ist anzunehmen kein
triftiger Grund (vgl. Ex. 13, 5); vielmehr das Fehlen des פְּרָז spricht
gegen Nachbesserung.

2. Alle die wichtigsten, den Isr. zu einer gewissen Zeit bekannten
Völker werden in dieser, aus C ergänzten, Völkertafel des A auf Noah
zurückgeführt: die Nachweisung einer letzten Verwandtschaft aller derselben ergibt sich als der Grundgedanke dieser Übersicht. Dieser
Gedanke ist wichtig. Auch andere alte Völker, nachdem sie eine gewisse Stufe der Bildung erreicht hatten, sahen sich veranlasst, die
Blicke über ihre nächsten Umgebungen hinaus in die weitere Ferne zu
richten. Ägypter und Phöniken, Assyrer und Babylonier, selbst Inder
und Perser hatten so ein gewisses Maass von Erd- und Völkerkunde,
ehe noch die mehr wissenschaftl. Forschungen darüber bei den class.
Völkern begannen. Von mehreren derselben (wie Äg., Ass., Bab.,
Pers.) sind sogar in ihren hinterlassenen Schriftdenkmalen Übersichten
oder Aufzählungen der ihnen bekannten Völker, Ansätze zu Landkarten
auf uns gekommen. Aber viel bekümmert hat man sich in der Regel

um die Auswärtigen nicht, wenn nicht Staats- und Handelszwecke im
Spiel waren, oft genug sie als blosse Barbaren verachtet, keinenfalls
sie zu einer höheren Einheit zusammengefasst. Anders hier. Hier
sind manche, zu denen die Isrl. keinerlei Lebensbeziehungen hatten,
in die Betrachtung hereingezogen. Dabei ist der Zweck, näml. erkennen zu lassen, welche Stellung Isr. im ganzen Völkerkreise einnehme,
charakteristisch. Israel ist eben doch nur ein Glied der gesammten
Menschheit. Alle Menschen und Völker sind desselben Geschlechts,
derselben Würde und derselben Bestimmung (1, 26. 9, 6), unter sich
Brüder und Verwandte. Vom Grossen und Ganzen der Menschheit
geht diese bibl. Betrachtung aus, ehe sie sich zur Geschichte des einzelnen Volkes, des Volkes Gottes, wendet, um dann zuletzt durch den
Mund der Profeten auf das Ende und letzte Ziel dieser Einzelgeschichte
hinzuweisen, die Vereinigung aller Völker im Reiche Gottes (s. schon
12, 3). — In Durchführung dieses Grundgedankens der Verwandtschaft
aller Völker und Menschen wird jedes einzelne Volk als eine von einem
Stammvater getragene und beherrschte Einheit, also die vielen Völker
als ebenso viele Individuen aufgefasst, die nun selbst wieder sich zu
einander verhalten wie die Individuen einer grossen Familie, Söhne,
Enkel, Urenkel u. s. w. eines gemeinsamen Vaters, d. h. die Völker
werden in Form einer Genealogie zusammengeordnet. Da auch Völker
aus kleinen Anfängen herausgewachsen, oder von andern abgezweigt,
oder um ein ursprüngl. Haupt herum angelagert sind, so hat eine solche
Darstellung ihr Recht und war im Alterthum, zumal im Morgenland,
geläufig. Freilich waren, als man solche Genealogien aufzustellen an-
fieng, die genaueren geschichtl. Erinnerungen längst erloschen; der Ursprung der einzelnen Völker liegt in dem Dunkel einer vorgeschichtl.
Zeit. Aber ein allgemeines Bewusstsein von seiner Herkunft oder seinen Verwandtschaftsverhältnissen lebt doch in jedem Volke lange fort,
und Zeichen, an denen auch Fremde solche Zusammenhänge zu erkennen vermögen, gibt es genug in Sprache, Farbe, Leibesbeschaffenheit,
Lebensweise, Sitten und andern Merkmalen. Statt des Namens des Vaters eines Volkes dient der Name, mit dem es sich selbst nennt oder
von andern genannt wird und der auch oft für sein Wesen bezeichnend ist; dieser Name ist wie ein geistiger Vater, als dessen Kinder
sich die einzelnen Glieder des Volkes fühlen. So sprachen zB. die
Griechen von einem Pelasgus, Hellen, Aeolus, Dorus, Ion u. s. w. als
den Stammvätern gleichnamiger Stämme, und ähnlich andere alte Völker.
So ist es auch mit den Namen des vorliegenden Verzeichnisses: es wäre
thöricht, sie von der allgemeinen Zeichensprache des Alterthums aus-
nehmen zu wollen. Sind ja doch einige derselben offenbar ursprüngl.
Landes- oder Stadtnamen (wie מִצְרַיִם, כְּנַעַן, צִידֹן), oder Gentilicia (wie
die V. 16 ff.), und viele erscheinen unverdeckt noch als reine Volksnamen in ihrer Pluralform (wie V. 4. 13 f.). Wie aber die Völker
selbst, so werden auch noch weiter zurück die Völkerfamilien unter
solchen einheitl. Namen zusammengefasst. Damit war ein Mittel geschaffen, um ebenso sinnvoll als kurz nicht blos die Verwandtschaft
und geogr. Nachbarschaft oder polit. Zusammengehörigkeit, sondern auch

das frühere oder spätere Hervortreten einzelner Völker und Länder darzustellen. Die zu einer Völkerfamilie gehörenden Hauptvölker sind Söhne
eines Vaters, wichtigere Zweige, in die ein Hauptvolk sich spaltet, sind
Enkel, und wichtigere mit der Zeit hervorgetretene Sprossen dieser
Zweige Urenkel jenes Vaters u. s. w. So ordnete sich hier leicht alles
in das Schema ein. Nur um Mischvölker als solche kenntlich zu machen,
reichte das Schema nicht aus. Sonst pflegte man sie aus der Blut-
mischung eines Vaters und einer Mutter, die ihrem Stamme nach verschieden waren, herzuleiten; hier aber, wo auf die Mutter keine Rücksicht genommen wird, konnten sie als Mischvölker nicht gekennzeichnet
werden. — Die Völker, welche in dieser Weise hier zusammengestellt
werden, sind nur zum kleinsten Theil solche, mit welchen die Isr. in
näheren Beziehungen standen. Auch umfasst das Verzeichniss nicht alle
Völker der alten Welt. Nicht nur sind absichtlich alle jüngeren hebr.
Völker (wie Edom, Moab-Ammon, Ismaeliten, Qeturäer) nicht berücksichtigt, weil von diesen im weiteren Verlauf zu sprechen vorbehalten
war, sondern auch manche andere Volksnamen, die man hier leicht erwarten könnte, fehlen. Im allgemeinen kann man sagen, dass nur
solche Völker aufgeführt werden, welche zur Zeit der Vrf. wirklich
namhaft und zu ihrer Kunde gekommen waren, und erlaubt darum das
Verzeichniss auch Rückschlüsse auf die Zeit der Vrf. Wenn also zB.
zwar arab. Völkerschaften, aber noch nicht der vom 7. Jahrh. an auf-
tauchende Name בָרַע und צָרָבִי, auch nicht Perser erwähnt werden, so
wird man dadurch auf eine frühere Abfassungszeit hingewiesen. Namentlich ist die Behauptung, dass A seine Namen aus Jer. Ez. u. a.
zusammengelesen habe und die Tafel zwischen den Jahren 538 und
526 geschrieben sei (de Goeje 252. 265), unhaltbar (s. schon Merx
im BL. V. 610): Namen der jüngeren wie מְנִי, פָּרַס fehlen, Namen wie
חֲיַרְטָ, רִיפַת, סַבְתָּה, סַבְתְּכָא, חֲוִל, גֶּתֶר, מַשׁ hat A allein, und die Analyse
seiner Listen, so wie die jetzt mögliche Controle durch die ass. u. äg.
Denkmale weist auf wenigstens 3—4 Jahrhunderte ältere Völkerverhältnisse hin (s. die Erklärung); besonders ist auch zu erwägen, dass
A die Südaraber nur erst als Kuschiten, noch nicht wie C als Semiten
kennt und nennt. Aber ebenso ist zu bemerken, dass auch uralte
Völker wie Amaleq, Refaim hier unbeachtet bleiben, offenbar weil sie
zu der Vrf. Zeit verschwunden oder bedeutungslos geworden waren
(was über Mose's und Saul's Zeit herunter weist). Wieder andere
Völker sodann, obwohl zu der Vrf. Zeit vorhanden, werden nicht aufgeführt, weil die Kunde der Palästiner nicht soweit reichte, zB. die
Chinesen und die übrigen Völker der mongol. Rasse Ostasiens, die Inder
und Eranier, die Neger Afrika's (obwohl diese den Ägyptern als Nahasi
sehr geläufig waren) u. s. w. Im allgemeinen umfasst die Übersicht
die um das Mittelmeerbecken herum und in dessen nächster Nähe sich
gruppirenden Völker von der s. g. kaukasischen Rasse; der geogr. Gesichtskreis zeigt sich also in ähnlicher Weise beschränkt, wie in der
Fluthgeschichte, ohne dass darum die höheren Wahrheiten, welche zur
Darstellung kommen, hinfällig würden. Zugleich erhellt aus der gleichmässigen Umfassung des Nordens und Südens der alten Welt, dass die

zur Aufstellung des Verzeichnisses nöthigen Kenntnisse nicht etwa aus
ägypt. Wissen geschöpft sind, das nicht so weit nördlich und nicht so
tief nach Arabien hinein reichte (*Chabas* études sur l'antiquité histor.[2]
90 ff. 169), sondern im eigenen Wohnland der Israeliten, in der Mitte
der alten Welt, und zwar zum Theil durch Vermittlung der Phöniken
(*Tuch Kn. Ew. Kiep.* a.) erworben sind.

3. Sämmtliche Völker gliedern sich in 3 grosse Familien unter
den Namen Šem Ḥam u. Jefeth. Diese Dreitheilung ist von A und C
nicht erfunden sondern vorgefunden. Nicht blos war es auch sonst
gewöhnlich, einen Stammbaum an seinen Knotenpunkten in 3 Ansätze
auseinandergehen zu lassen (4, 20 ff. 11, 27), sondern man findet
auch auswärts noch Spuren von einer Dreitheilung der nachsintfluthlichen Menschheit, und sogar von einem der 3 Namen. Nach Mose's
Chor. armenischer Geschichte 1, 5 (s. auch Berosus ed. Richt. p. 59 f.)
hatte Xisuthros (der bab. Sage) 3 Söhne, welche sich um die Beherrschung der Menschheit stritten und schliesslich in sie theilten: Zrovan,
Titan, Japetosthe (in Orac. Sibyll. 3, 108 ff. Κρόνος, Τιτάν, Ἰαπετός,
vgl. Tert. ad nation. 2, 12), Zwar sind die Quellen des Mose Chor.
späte und trübe, aus der Zeit der griech.-pers. Sagenmischung, aber
allerlei Gründe machen wahrscheinlich, dass die Angabe nicht auf die
Or. Sibyll., sondern, wie diese, auf Berosus zurückgeht. Nur ist freilich, weil die bab. Namen selbst nicht mehr erhalten sind, auch der
Sinn der Sage nicht mehr durchsichtig (*Ew.* G.[3] I. 401. Eine Reconstruction der bab. Sage u. Namen versuchte *Lenorm.* or.[2] II. 217 ff.;
Bérose 415 ff.). Ein letzter Nachhall davon könnten auch (Thraetao-
na's) Feridun's 3 Söhne (Airya Tûra Çairima) Eraj Tur Selm in der
pers. Sage sein (*Spieg.* er. AK. I. 554. *Lenorm.* or.[2] II. 203 f.). Da-
gegen gehört wenig hieher, dass die Ägypter neben sich (den *Rutu*
oder Menschen) die Fremden in 3 Rassen theilen, näml. die gelben
Amu (Asiaten), die weissen Thihenu (in Libyen und an den nördl.
Mittelmeerküsten) und die schwarzen Nahasi oder Neger (*Brugsch* geogr.
Inschr. H. 89 f.). Ausserdem würde auch der Japetos der Griechen
(*Boch.*), für den bei Alex. Polyh. sein Sohn Prometheus erscheint
(Syncell. p. 44), für eine Verbreitung wenigstens des Namens Jafeth bei
den Kleinasiaten zeugen, wenn wirklich die Griechen diesen Namen
von den Kleinasiaten, bez. Semiten angenommen (*Buttm.* Mythol. I.
219 ff. *Ew.* G.[3] I. 400) und nicht umgekehrt die Semiten den Namen
Jafeth von den Indogermanen erhalten hätten (*Lenorm.* or. II. 190 ff.).
Immerhin dürfte sich aus dem Gesagten ergeben, dass in diesen 3 Na-
men alte Überlieferung steckt, wenn auch Sem und Ham im Munde
anderer Völker anders gelautet haben mögen. Die Behauptung, dass
die urspr. rein palästinische Trias „Hebräer, Philister oder Phöniken,
Kenanäer" (Šem, Jefeth, Ḥam) ziemlich spät erst erweitert u. auf die
Menschheit im ganzen angewendet sei (*Stade* G. 109 f., *Bud.* 322 ff.,
EMeyer I. 214 f.), ist so sehr von jeder thatsächlichen Unterlage verlassen, dass es sich nicht verlohnt, weiter auf sie einzugehen. Welche
Völker nun jedem zuzutheilen seien, mag bei einigen der hauptsäch-
liebsten schon von selbst klar gewesen sein, aber das einzelne war doch

wohl erst durch eigene Einsicht und Forschung des Vrf. zu bestimmen; und man fragt, nach welchen Gesichtspunkten er dabei zu Werke gieng. Die Meinung, dass *politische* Gesichtspunkte, näher die staatl. Verhältnisse der Völker zur Zeit des Vrf. (angebl. 538—526) für die Zusammenordnung der einzelnen Gruppen bestimmend gewesen seien (*de Goeje*), lässt sich bei Šem nur scheinbar, bei Jefeth nur V. 4, bei Ham gar nicht durchführen. Ferner äussere oder physische Unterschiede, nam. der *Hautfarbe* (*Kn.*) können wenigstens nicht der einzige Eintheilungsgrund gewesen sein, weil er nicht alles erklärt. Gewiss waren die Hamiten der Bibel ursprünglich dunkelfarbig, wie auch die Denkmäler der alten Äg. die Ägypter, Keš, Punt und Phöniken rothbraun darstellen (*Leps.* nub. Gramm. p. XCIX; *Brugsch* äg. Völkertaf. 76 ff.), aber durch Wanderung in andere Gegenden (vgl. auch *Munzinger* ostafr. Stud. 553) und Mischung mit andern Stämmen bekamen einige mit der Zeit (zB. Phöniken, Sabäer) hellere Farbe; die Alten sprachen auch von hellen Äthiopen (Leucaethiopes). Zwischen den Semit. und Jaf. können die Farbunterschiede schon im Alterthum nicht durchgreifend gewesen sein. Schon darum, aber auch sprachlich, ist die Deutung von חָם als *Schönheit*, bezüglich auf weiss-rothe Farbe nach Cant. 5, 10. Thren. 4, 7 (*Kn.*) oder gar als *der Weisse* (*Hitz.* in ZDMG IX. 748) unzulässig; und gar חם mit שׁני zusammenzubringen und als *roth* zu erklären (*Hitz.*), überschreitet die Grenzen des Erlaubten. Auch in den *Sprachen* kann der eig. Eintheilungsgrund nicht gelegen haben. Um Verwandtschaft und Verschiedenheit der Sprachen zu beurtheilen, dazu gehört eine genauere Wissenschaft, als sie im Alterthum irgend jemand hatte; die vergleichende Sprachwissenschaft ist neuesten Datums; den alten Hebräern galten zB. Assyrer für fremdsprachig (Jes. 33, 19); und dass A innerhalb der 3 Gruppen sehr verschiedene Sprachen annahm, deutet er V. 5. 20. 31 durch לִלְשֹׁנֹתָם zur Genüge an. Wohl trifft es sich, dass eine Mehrzahl von Völkern innerhalb jeder Gruppe wirklich für die wissensch. Betrachtung sich als sprachverwandt darstellt, und ist das geeignet, eine günstige Meinung von dem Werth der Anordnung der Völker durch den Vrf., der von solchen wissensch. Gründen jedenfalls nicht geleitet war, zu erwecken, aber von sämmtl. Völkern der einzelnen Gruppen gilt es nicht. In Lydien und Elam zB., den äussersten Ländern Šem's, mag theilweise und zeitweise auch ein s. g. semit. Idiom gehört worden sein, aber eine Gewissheit haben wir nicht, dass nicht schon zu des Vrf. Zeit, wie später sicher, andere Sprachstämme dort die Oberherrschaft hatten; von den hamit. Völkern sprachen die Kenaanäer und Philister, aber auch manche Kuschäer semitisch, und dass alle Glieder Jefeth's indogerm. Sprachen gehabt hätten, kann man im Hinblick auf Tarschisch, Moscher, Tibarener u. s. w. nicht zugeben. Geschichtlich haben viele Völker ihre ursprüngl. Sprache gewechselt und fällt darum der ethnische und sprachl. Charakter der Völker überhaupt nicht zusammen. Die neuere Verwendung der Namen Šem Ham Jefeth für die Benennung dreier Sprachfamilien beruht insofern auf irrthüml. Voraussetzungen. Da also weder Farbe noch Sprache bei der Eintheilung maassgebend waren, so haben andere den *geogr.*

Gesic1tspunkt als den durchherrschenden erac1tet (zB. *Tuch, Win.,*
Renan 1ist. de lang. sém.[2] 40; *Merx* im BL. V. 605). Denn wirklic1
nimmt Šem die mittleren Länder ein, Ham umfasst den Süden, Jefeth
den Norden (NW. und NO.). „Die Scheidegrenze zwise1en Šem und
Jefeth bilden im allgemeinen die südl. Taurusketten, so dass die jenseits derselben gelegenen nördl. Hoc1länder Kleinasiens, Armeniens,
Medicus Jefeth ange1ören; nur Lud und Arpaxad mac1en eine Aus-
na1me" (*Kiep.* 198). Auc1 inner1alb der einzelnen 3 Kreise ist die
Anordnung eine geograp1isc1e. Jedoc1 der allein 1errsc1ende Gesichtspunkt kann auc1 der geograp1isc1e nic1t gewesen sein (*Reuss*
Gesch. des AT. 34 f.; *Lenorm.* or.[2] II. 316 ff.). Wenn A die Kenaanäer
zu den Hamiten, Elam und Lud zu den Semiten, Kittim zu den Jafethiten rec1net, so muss er dazu *geschichtliche* Gründe ge1abt 1aben;
er muss gewusst 1aben, zB. dass Kenaan aus dem Süden in das mittlere semit. Gebiet gewandert ist, oder dass in Kittim noc1 andere
Nationalitäten als Phöniken waren, oder dass Gomer, Aschkenaz, Rifat
und Togarma ethnogonisch zusammen1ängen. Auc1 dass er unter den
Semiten zwar Elam und Lud nennt, aber Babylonier nic1t erwä1nt,
wird in Erinnerung einer älteren Gestalt dieser Völkerverhältnisse geschehen sein. Man wird darum genauer sagen müssen, dass das Ein-
theilungsprincip der Völkertafel ein 1istorisc1-geograp1isc1es, theilweise
sogar ein ethnogonisches (1ergenommen von wirklic1er Verwandtsc1aft
und p1ysisc1em Typus, *Lenorm.* or.[2] II. 319. 381) ist. Jedoc1 die
Gesammtnamen der 3 Völkerkreise zur Bestätigung dessen zu verwenden, davon wird man sic1 ent1alten müssen. Zunächst dass ום, weil
in den späten Psalmen 78, 51. 105, 23. 27. 106, 22 Äg. so genannt
wird, bei den Isr. ursprünglic1 eine Bezeic1nung Ägyptens gewesen sei
(seit *Boch.* viele, zB, *Ebers,* Äg. I. 55; *Bud.* 323 ff.), muss beanstandet werden, da an den äg. Gott Ammon, Hammon über1aupt nic1t
gedac1t werden kann, und der hierogl.-kopt. Name des äg. Landes näml.
ⲔⲎⲘⲈ, ⲬⲎⲘⲒ d. h. *schwarz* mit hbr. םָ *heiss* (memph. ϪⲈⲙ, t1eb.
ϧⲈⲘ) nic1ts zu t1un 1at, vielme1r *schwarz* hbr. םור wäre, ausserdem
ⲔⲎⲘⲈ sic1 auf die sc1warze Farbe des äg. Bodens (Her. 2, 12. Plut.
lsid. c. 33) bezie1t, nic1t auf die Hautfarbe der Bewo1ner, auc1 die
Hamiten über1aupt nic1t sc1warz waren. E1er möglic1 wäre, dass
Ham eine Zusammenfassung der *heissen* Südländer sein sollte (BJub.
c. 8), aber Šem und Jefeth lassen sich nic1t in entsprec1ender Weise
deuten. In Šem näml. wollen zwar viele das n. app. םֵשׁ *Name, Ru1m*
finden (*Simon* onom., *Bohl. Tuch Kn. Wl.* XXI. 403, *Lenorm.* or.
II. 197; *Stad. Bud. EMey.*), aber dass man eine ganze Völkergruppe
mit dem Wort für *Namen* benannt 1ätte, ist doc1 unanne1mbar, und
wenn man sagt, es sei abgekürzt aus םֵשׁ יֵנְּב *Nam1afte, Edle* (etwa
wie *Arier*), *adeliges Herrenvolk* (*Stad.*), so ist eben an der 1öc1st
unpassenden Abkürzung Anstoss zu ne1men; die Erläuterung, dass der
A1ne שׁ zur Symbolisirung der םיש יני gesc1affen sei (*Bud.* 329), mac1t
die Sac1e nic1t klarer. Da wäre es noc1 treffender, den etymologisc1
möglic1en Begriff *Höhe* darin zu finden, sei es im Sinn des Himmels-
gottes, dessen Name auf seine Vere1rer übertragen sei (*Bultm.* My1t1.

I. 221), sei es im Sinn eines Berges oder Hochlandes als ältesten Mittelortes der Semiten (*Ew.* G.[3] I. 402; *Böttch.* ÄL. 5), wie bei Mos. Chor. 1, 5. 22. 2, 7. 81 der östl. armenische Taurus noch den Namen Sim führt (*Kiep.* 199), oder wie *Lenorm.* or. II. 221 daran erinnert, dass das erste Semitenland Elam etym. *Hochland* bedeute. Aber bei Jefeth sind selbst derartige freie Vermuthungen nicht mehr bei der Hand, da auf das Namenspiel 9, 27 nichts gebaut werden kann und Ableitung von יפת sprach- und sachwidrig wäre (trotz *Bud.* 360 ff., der die Möglichkeit der abstrakten Bedeutung *Schönheit* vergeblich zu erweisen suchte, u. auch mit seiner Deutung auf die *schönen*, prächtigen Städte der Phöniken nicht leicht Beifall finden wird), die Entlehnung aber eines indogerm. Japetos == Djâpati (*Lenorm.* or.[2] II. 190 ff.) durch die Semiten so lange ganz unwahrscheinlich bleibt, als nicht nachgewiesen werden kann, dass ein Jefeth-Hauptvolk diesen Namen führte. — Die Reihenfolge Šem Ham Jefeth entspricht übrigens der Natur der Sache: Šem, zu dem die Hebr. selbst gehören, ist der erste; mit Hamiten kamen sie früher in Berührung als mit Jafethiten und ist die Hamit. Cultur älter als die der Jaf.

4. Die Ordnung, in der A (die des C wissen wir nicht sicher, doch s. zu 9, 24) die 3 Völkerfamilien vorführt, ist die umgekehrte der Altersfolge; er beginnt mit dem jüngsten, Jefeth, und bringt den ältesten, Šem, zuletzt; das ist immer seine Art, zuerst die Nebenlinien abzuhandeln, um dann bei der Hauptlinie stehen zu bleiben; an die Völker Šem's reihte sich bei ihm die Genealogie Šem's 11, 10 ff. unmittelbar an. Innerhalb der 3 Kreise zählt er die ihm bekannten Hauptvölker oder Länder auf, bei einigen weitschichtigeren Völkern auch ihre wichtigeren Unterabtheilungen. Jedoch da er sich bewusst ist, nicht alle Völker- und Stämme-Namen erschöpft zu haben, weist er jedesmal V. 5. 20. 31 noch durch eine Bemerkung darauf hin, dass die Gliederung im einzelnen eine reichere ist. Sie mit Zahlen zu zählen hat er aber sich wohl gehütet. Zwar haben jüd. Ausleger schon frühe aus dem Verzeichniss die Zahl von 70 Völkern, bald etwas mehr, bald etwas weniger, herausgefunden (*Boch.* Phal. 1, 15; ZDMG. IV. 150 f.), und neuere Gelehrte (*Del. Nöld.*; *Lenorm.* or.[2] II. 328) halten dafür, dass die Zahl 70 beabsichtigt sei, wie 46, 27. Allein 46, 27 (s. d.) hat die Zahl ihren guten Grund, ist auch ausdrücklich als solche genannt, hier dagegen wäre sie nur herauszubringen, wenn man entweder Šem Ham Jefeth, oder Šelach Eber Peleg hinzurechnete, welche doch mit den eigentl. Volksnamen nicht gleichwerthig sind, und ebenso Kenaan und Joqtan zu den Unterstämmen, in die sie sich gliedern, hinzunähme. Der Gedanke selbst, Völker, die wie Individuen vergehen und entstehen, in eine bestimmte Zahl bannen zu wollen, ist so ungesund, dass man ihn wohl späten Schriftgelehrten, aber nicht alten Schriftstellern zutrauen darf (s. auch *Merx* BL. V. 611). Über alle dem ist der jetzige Text aus A und C erst zusammengesetzt, und schon darum unmöglich, die Zahl 70 als von A beabsichtigt zuzugeben, ihm der durch seine Bemerkungen V. 5. 20. 31 eine ganz richtige Auffassung der Verhältnisse bekundet. Eher

möglich wäre, dass bei der schliesslichen Feststellung des amtl. Textes die Absicht vorgelegen und man zu diesem Zweck noch den einen oder andern Namen hineingesetzt oder weggelassen hätte. Allein auch dann müsste sich die 70 deutlicher aus dem Text ergeben, als das in Wirklichkeit der Fall ist. — Im ganzen erweist sich dieses Verzeichniss als ein vorzügliches histor.-geogr. Denkmal für eine Zeit, aus welcher wir andere umfassende Urkunden nicht mehr haben. Freilich sind, eben aus diesem Grunde, noch manche Namen dieser Tafel für uns dunkel und durch anderweitige Zeugnisse nicht aufhellbar. Einzelne derselben waren vielleicht auch nicht allgemein und nicht allein gültig, sondern ursprünglich nur Namen von Volkstheilen oder nur Benennungen in einzelnen Kreisen; manche sind wohl auch mit den Völkern selbst, die sie führten, verschwunden oder zurückgetreten und haben anderen Platz gemacht, weshalb in der Identification derselben mit anderweitig bekannten Volks- und Landesnamen Vorsicht anzuwenden ist. Gerade das Streben der Späteren, ihre allmählig immer mehr erweiterten geogr. und ethnograph. Kenntnisse in diese älteste Weltkarte hineinzutragen (noch bei *Kn.*, der die Geographie der röm. Kaiserzeit, und *Buns.*, der die Ergebnisse der vergleichenden Sprachforschung zu Grunde legte) hat zu schlimmen Misgriffen geführt. Nach den ältesten Deutungsversuchen im BJub. c. 8 f. u. bei *Jos.* ant. 1, 6, an welchen *Hieron.* (quae. Hebr.) und andere Kirchenschriftsteller sich anschliessen, sind hauptsächlich zu nennen:

Bochart Phaleg et Chanaan, 1646 u. ö.; *JDMichaelis* spicil. geographiae Hebr. exterae, 1769. 1780. 2 part. u. dazu *Forsteri* epist. ad *JDMich.* 1772. — *CFVolney* recherches nouv. sur l'hist. ancienne T. I. Par. 1814. — *JSchulthess* das Paradies 1816. — *Rosenmüller* HB. der bibl. AK. I, 1 u. 2. — (*Feldhoff* Völkertafel der Gen. 1837; *Krücke* Erkl. der Völkert. im 1. B. Mose 1837. *J. v. Görres* Jafethiten u. ihre gem. Heimath Armenien 1844. *Gfrörer* Urgesch. des menschl. Geschl. 1855 2 Bde.). Besonders: *Tuch* im Comm., u. *Knobel* die Völkertafel der Gen. 1850; *de Goeje* in Theol. Tijdschrift IV. (1870) S. 233 ff.; *Merx* in BL. V. 604 ff.; *Rioult de Neuville* in Revue des questions hist. t. XXVIII p. 383 ff., so wie die RealWB. von *Win. Schenk. Riehm; Lenormant* orig. de l'hist.[2] t. II. 332 ff. (nur erst der Anfang einer grossen Abh.); für den jafet. Kreis *Kiepert* im MB. der Berl. Ak. der Wiss. Fbr. 1859; *Lagarde* ges. Abhandl. 1866 S. 254 ff.; für die Hamiten *GEbers* Äg. u. Büch. Mos. 1868; für die Semiten *Fürst* in *Merx* Archiv I. 9 ff. Sonst s. zum Stück auch *Ew.* JB. IX. 2 ff. X 167 ff., u. zu V. 8—10 JB. X. 52 ff.

Wiederholt, doch etwas verkürzt, wird die Völkertafel 1 Chron. 1, 4—23; einige Varianten darin sind bemerkenswerth.

V. 1 s. 5, 1. 6, 9. Warum V.[b] nicht von A, sondern als Fortsetzung von 9, 18[a] von C sein soll (*Wl.*), ist nicht einzusehen. — V. 2—5 von A: *Die Jafethischen oder nördl. Völker.* Jefeth hat 7 Söhne. Der erste ist *Gomer*, von welchem V. 3 drei Söhne abgeleitet werden. גֹּמֶר] LXX Γαμερ, noch Ez. 38, 6 (LXX Γομερ) als Bundesgenosse des Gog von Magog erwähnt; seit Calmet insgemein auf die Κιμμέριοι ge-

deutet, die schon Homer bekannt (Od. 11, 14), nördl. vom Pontus Eux.
und Lacus Maeotis ihre Sitze hatten (Her. 4, 11 f.; Strab. 3, 2, 12. 7,
2, 2 f.), im 7. Jahrh., von den Seythen gedrängt, das lydische Reich
in Kleinasien überzogen (Her. 1, 6. 15. 103. 4, 1. 11 f.), und dann
endlich sich verloren, aber noch in verschiedenen Ortsnamen Spuren
ihres Daseins zurückliessen (Her. 4, 100; Strab. 11. 2, 5 f.). Mit
ihnen wurden später von den Griechen (Posidonius bei Strab. 7, 2, 2
und Plut. vit. Marii) die Cimbern verwechselt. Andere (*GWahl* alt.
u. neues Vorderasien I. 274; *Kiep.* 204 f.; *Lag.* Abh. 254 f.; Onom.
II. 95) wollen in גמר *Kappadocien* (altpers. *Katpatuka*) finden, welches die Armenier *Gamir* (Pl.) benannten, wie auch in dem Bericht
des Kephalion (Euseb. chr. Arm. ed. Auch. I. 95) geradezu Gimmeri
für die Kappadoken gesetzt werden, und alte Glossen Γάμερ ἐξ οὗ
Καππάδοκες (Euseb. II. 12) darbieten. Diese Benennung Kappadociens
ist aber jedenfalls erst jünger als die ass. Inschriften, nach einigen
(*HGelzer* in Brl. Äg. Ztschr. 1875. S. 14 ff.; *Schrad.* KGF. 157 ff.)
vielleicht daraus entstanden, dass von den Kimmeriern des 7. Jahrh.
die nach den Kämpfen mit den Lydiern übriggebliebenen Reste sich
in Kappad. angesiedelt hatten, nach andern (*Lenorm.* or. II. 387)
daraus, dass die jüngeren (phryg.) Armener noch ein Bewusstsein davon hatten, dass die phryg. Völker Kleinasiens zum Stamm der Kimmerier gehörten (vgl. die Deutung Gomer's auf die im 3. Jahrh. v. Ch.
im nördl. Phrygien eingewanderten Galater bei Joseph., u. die Deutung
des TrgJer. u. Beresch R., welche unter den Exarchien des Gomer
zuerst Phrygien nennen, so wie das nachher über die 3 Söhne Gomer's
Gesagte). Nach den Nachrichten der Alten (*Lenorm.* II. 332—387)
waren die asiat. Thraker, Bithynier, Maryandynier, Paphlagonier, Phryger und jüngeren (phryg.) Armener Abkömmlinge der in den ältesten Zeiten
über den Bosporus nach Kleinasien eingewanderten Thraker (Τρῆϱες),
und diese selbst Kimmerier (Strab. 1, 3, 21. 12, 8, 6. 13, 1. 8. 14,
1, 40). Auf keinen Fall ist (vgl. V. 3) unter גֹּמֶר an der Spitze aller
Jafethiten ein einzelnes dieser kleinasiat. thrak.-kimmer. Völker zu verstehen, sondern der ganze nördl. vom Pontus eux. sitzende kimm.
Volksstamm, weil Vrf. nur von diesem aus in geogr. Ordnung (vgl. die
Stellung von Kusch und Elam in V. 6. 22) zu Magog und Madai fortschreiten konnte. Andererseits sind die Ez. 38, 6 erwähnten Gomer
sicher nur von den im 7. Jahrh. in Kleinasien eingefallenen Kimmeriern, welche seit Asarhaddon 681—668, nicht vorher, als Gimirrai
auch in den assyr. Keilinschriften erwähnt werden (*Schrad.* KGF. 157 ff.
520 ff.) die letzten Reste (*Schrad.* 161. 520; *Lenorm.* 354 f. 379);
später verschwinden sie aus der Geschichte. אַשְׁכְּנַז] erster Sohn des
Gomer, Jer. 51, 27 mit Ararat und Minni, d. h. mit NordOst- u. SüdOst-
Armenien zusammengestellt. Joseph. gibt dafür die Ῥηγῖνες, welche
sonst unbekannt sind, und mit den Rugii an der Ostsee (*Kn.*) nichts
zu thun haben; *TrgJer.*, *Beresch.* R. deuten es mit Asia, die Juden
des MA. mit Germanen. Da die Endung *az* im (phryg.) Armenischen
Patronymica bildet (*Lagarde* Abb. 255), und da nach vielen Zeugnissen
in Mysien, Bithynien, Phrygien einst *Ascanier* sassen, deren Namen

noci später an einem See, Fluss und Dorf iaftete (Hom. Il. 2. 862 ff.
13, 793; Strab 12, 4, 5 ff.; Plin. 5, 38. 40. 43; Stepi. Byz. s. Ἀς-
κανία; besonders Xantius Lyd. bei Strab. 14, 5, 29), so wird dieses
alte askanische Volk iier zu versteien sein (*Boch.*; *Lag.*; *Lenorm.* or.
II. 388 ff.), wogegen bei Jeremja nur die später aus Pirygien in West-
armenien eingewanderten Askanier verstanden werden können (*Len.*
II. 394. 371 ff.). Andere (*Tuch, Ges., Schrad.* KGF. 160) wollen
auci in der Gen. diese Westarmener finden, aber s. Togarma. Ob der
keilschriftliche Volksname *Ašguza* (*FrdDel., Schrad.* KAT.² 610) etwas
damit zu tiun hat, steit daiin. רִיפַת] 1 Chr. 1, 6 רִיפַת (var. דִיפַת).
Die Meisten (scion BJub.) wollten darin die fabeliaften ὄρη Ῥιπαῖα
finden, welcie bei den Alten den Nordrand der Erde begrenzen; Ḱn.
macite gar daraus die Karpathen, um neben den Germanen (Aschk.)
die Kelten in die Völkertafel iineinzutragen. Alles grundlos. Josepius
versteit, woil nicit blos rathend, die *Paphlagonier*, und treffend iat
scion *Boch.,*, dann *Lag.* (255) den Fluss Ῥήβας (Ῥήβαντ-ος), der in
Bitiynien in das sciwarze Meer fällt (Peripl. mar. erytir. 17 Müll.;
Ptol. 5, 1, 5; Stepi. Byz. s. v.; Plin. 6, 1) und die Landsciaft Ῥηβαν-
τία am thraz. Bosporus (Eustath. in Dion. perieg. 793) als Reste jenes
alten Namens verglicien, s. jetzt auci *Len.* II. 396 ff. Dagegen kommt
die Conjectur von *Volney* (*Bohl.*; BL. V. 98) רִיפַת = Νιφάτης d. i.
Name der iöcisten Bergreiie des Taurus in Armenien (Strab. 11, 12, 4)
nicit in Betracit. תֹּגַרְמָה] Ez. 38, 6 mit Gomer zusammen im Heere
des Gog, Ez. 27, 14 iinter Javan Tubal Mešek als Rosse und Maul-
tiiere für die tyrischen Händler liefernd erwähnt, beidemal von Ez.
בֵּית תּוֹגַרְמָה genannt. Naci Josepi. wurden sie für die Piryger geialten; naci einem griech. Schol. zu Ez. 38, 6 im Cod. Vat., naci
Sync. 1 p. 91 u. Samuel. Arm. (Eus. chr. Arm. II. 12) sind es Armener, und naci Mose Cior. leiten sici die Armener von Haik, dem
Soine Thorgom's, ab. Sowoil auf die Armener (Strab. 11, 14, 9,
vgl. Her. 1, 194) als auf die Piryger (Hom. Il. 3, 185; Claudian. laus
Seren. 191) passt der Reichthum an edlen Rossen; auci waren Armener ἄποικοι der Phryger ·(Her. 7, 73) und τῇ φωνῇ πολλὰ φρυγί-
ζουσιν (Eudox. bei Stepi. Byz. u. Ἀρμενία, auci Eustath. zu Dion.
694). Allein da die Piryger scion in Aschkenaz entialten sind, ist
für Togarma bei den Armenern steien zu bleiben, d. h. naci dem
ältesten Sinn des Worts bei dem westl. Armenien. Dass die Namensform Thorgom des Mos. Cior. erst aus den LXX gesciöpft ist (*Lag.*
255 f.), ist kein Beweis für die Grundlosigkeit der arm. Anwendung
des Namens (s. *Kiep.* 201 f.). Ob in *Tog-arma* selbst scion der
Stamm von *Armen-ia* stecke und Tog mit dem 2. Element von Katpatuka zu combiniren sei, muss daiingestellt bleiben, ebenso ob die keilinschriftl. Stadt *Tilgarimmu* (*Halévy, Del.* Par. 246) damit zusammen-
iänge. Die Vermuthung, Togarma sei Τευθρανία (*Lag.* 257), hat
nicits für sici; die Deutung auf die Türken (wiederiolt von *Mordt-
mann* in ZDMG. XXIV. 82) ist werthlos. Pirygien, Paphlagonien,
West-Armenien reiien sici unter sici in der Ricitung von W. naci O.,
gut zusammen, und iire Unterordnung unter גֹּמֶר stimmt mit der von

den Alten überlieferten Ethnogonie (S. 171). — מָגוֹג] der 2. Sohn
Jafeths, muss, der geogr. Ordnung gemäss, zwischen Gomer und Medien
gesucht werden. Bei Ez. 39, 6 (vgl. 38, 2) erscheint Magog als ein
furchtbares Kriegervolk im hohen Norden, dessen Fürst Gog Tubal und
Mešek unter sich hat, und welchem Gomer und Haus Togarma sich
anschliessen; der dort von Ez. beschriebene Zug Gog's ist längst als
ein prophet. Nachbild des zu Josia's Zeit über Asien hereingebrochenen
Scythenzuges (Her. 1, 103 ff.) erkannt. In der That erklären hier in
der Genesis Joseph. u. Hier. Magog als *Scythen*, und ist seit *Boch.*
diese Deutung fast allgemein angenommen, ohne dass man übrigens bis
jetzt erklären kann, was der Name Magog eigentlich bedeute (gegen
die Gleichung *ma* = gross und *gog* = Berg s. *Lag.* 158. *Lenorm.*
or. II. 467 f.), noch auch diesen Namen für die Seythen sonst nachweisen. An ein Volk beträchtlicher geogr. Ausbreitung muss der Analogie der übrigen *Söhne* Jefeth's nach jedenfalls gedacht werden. Die
Massageten (*Schulth.*) liegen zu fern. In den keilschriftl. Berichten
über einen Feldzug des ass. Königs Asurbanipal nach Armenien kommt
ein von ihm besiegter König Gagi des Landes Sahi vor, welchen man
jetzt auf Gog König der Saken (Seythen, Strab. 11, 8, 2 ff.) deuten
will (*GSmith, Schrad.* KGF. 159; *Del.* Par. 247; *Len.* II. 461 ff.).
Darnach hätten Abtheilungen der Seythen schon vor 660 den Kaukasus
überschritten und sich in den Ländern nördl. vom Araxes (Gogarene,
Sacasene) festgesetzt. Auch *Kiepert* (207 f.) meint, dass unter Magog
in der Gen. das nördl. und östl. Armenien zu verstehen sei, welches
noch zur Achämeniden-Zeit die 18. Satrapie (Matiane) bildete und
scyth. Nomadenstämme, wie Saspiren, Alarodier u. a. zu seiner Bevölkerung gehabt habe (Berl. Ak. MBer. 1857 S. 139), s. auch *Lenorm.*
470 ff. Schlankweg erklärt *EMey.* I. 558 Magog für einen von Ez.
aus Gog, dem Namen des (lydischen!) Gyges, gebildeten Landesnamen,
als ob man im Hbr. durch den Vorsatz מ aus Personnamen Landesnamen bildete! — מָדַי] sicher die *Meder*, sonst im AT. vom 8. Jahrh.
ab (2 Reg. 17, 6. 18, 11) öfters erwähnt (Jer. 25, 25. 51, 11. 28.
Jes. 13, 17 f. 21, 2). Der Name, ursprünglich Volks- nicht Landesname, (*Len.* II. 500 ff.), scheint erst mit dem Vordringen der Arier aus
dem nordöstl. Rhageiischen Medien zwischen dem Ende des 9. und
8. Jahrh. auch auf das übrige Medien (Atropatene und Grossmedien)
übergegangen zu sein (*Len.* 504 ff.); die frühesten Operationen der Assyrer gegen die Amadai, Matai, Madai (*Schrad.* KGF. 173 ff., KAT.[2] 80)
sind nach dem NO. gerichtet. In diesem Fall schliesst sich Madai an
Gomer und Magog gut an. — Wenn nun von den Medern zu den
Joniern übergesprungen wird, so ist deutlich, dass hier eine neue, natürlich nun südlichere, geogr. Reihe beginnt, und die Fortsetzung Tubal, Mešek zeigt, dass sie wieder von W. nach O. läuft. יָוָן] sicher die *Jonier*
('Iάονες, 'Iάϝονες), im ganzen Orient bis nach Indien der Name für
die Griechen, und zwar nicht erst seit der Zeit des Achämenidenreichs
(*Stade* Giessener Programm 1880 S. 10), sondern schon in den Inschriften Sargons II. (*Schrad.* KAT.[2] 81 f.; KGF. 238; *Del.* Par. 248 f.;
über den Namen bei den Ägyptern s. *Lepsius* in MB. der Berl. Ak.

1855 S. 497 ff.). V. 4 lässt an ein grösseres ἔϑνος denken, äınlicı
wie bei Gomer V. 2 f. Aucı in Jo. 4, 6. Ez. 27, 13. Jes. 66, 19
zwingt nicıts, gerade an die kleinasiat. Jonier zu denken, und Ez. 27
sind die joniscıen Kolonien an der Südküste des Pontus (*Stade* 4)
sicıer nicıt gemeint. In Dan. 8, 21. 10, 20. 11, 2 (und in der corri-
girten Lesart Zacı. 9, 13) sind die maked. Griecıen verstanden. Sonst
vgl. über die Faırten der Griecıen vorıistoriscıer Zeit aucı im östl.
Mittelmeer *ECurtius* in SB. der Berl. Ak. 1882 S. 943 ff. u. *EMey.* I.
232. 311 ff. 336 f. תֻּבָל֙ וָמֶ֫שֶׁךְ] immer (ausser Jes. 66, 19 mass. u.
Ps. 120, 5) so verbunden; Ez. 32, 26 als Völker, die scıon scıwere
Niederlagen erlitten ıaben; Ez. 27, 13 (zusammen mit Javan, auf Grund
von Gen. 10, 3) als Handelsgenossen der Tyrier, denen sie Sklaven
und Erzwaaren lieferten; Ez. 38, 2 f. 39, 1 als der Kern des Heeres
des Scythenkönigs Gog; Jes. 66, 19 LXX als ferne Völker. Scıon
Boch. ıat bewiesen, dass die *Moscher* (Μόσχοι, Sam. מושך; Μέσχοι
erst bei Procop u. Agathios) und *Tibarener* (Τιβαρηνοί, Τιβαροί) gemeint sind, welcıe aucı Her. 3, 94. 7, 78 neben einander nennt, zur
19. Satrapie des Darius geıörig. Sie bewoınten die Gebirgsländer im
SO. des scıwarzen Meeres, die Moscıer zwiscıen den Quellen des
Pıasis und Cyrus (nocı später kommt Meskhethi als einıeimiscıer
Landesname am obern Kur vor, *Kiep*), die Tibarener östl. vom Tıer-
modon. Nocı ıeute sind Sklaven und Kupferwaaren Hauptausfuhr-
artikel der pontiscıen und kaukas. Bergvölker. In den ass. Keilinscıriften
(scıon Tiglatpilesars I. c. 1100 und Salmanassar's II. 858—839) reicıen
aber beide Völker nocı weiter südlicı, die Tabali bis an Cilicien und
die Muski nordöstlicı an Tabali (*Schrad.* KGF. 155 ff.; KAT² 82 ff.;
Del. Par. 250 f.); sie wurden also erst später (durch die Assyrer?
oder Kimmerier im 7 Jahrh.?) aus iıren südlicıeren Sitzen ausgetilgt
oder nordwärts gedrängt. Wenn sicı somit aus iırer früıeren süd-
lieberen Lage die Reıe Javan Tubal Mešek vortrefflicı erklärt, so ist
auf der andern Seite die Priorität dieser Angaben des A vor Ez. und
den Angaben der Griecıen, welcıe sie nur als die nordiscıen Völker
kennen, einleucıtend. Josepıus deutete Tubal auf die Iberer (im Kau-
kasusland), Mešek (nacı Lautähnlichkeit?) auf Μάζακα in Kappadocien,
aber schon *Hier.* verwecıselt jene mit den span. Iberern. — תירֵס]
sonst nirgends erwäınt, müssen iırer Stellung nacı entweder östl. von
מֶ֫שֶׁך, oder aber als Reıe für sicı im Westen und südlicıer als die
vorigen gesucıt werden. Das seit Josepı. u. Euseb. meist verstandene
grosse Volk der Thraken (Θρῇκες, Θρᾷκες) passt den Lauten nacı
nicıt (ׇ—, ס) und dürfte aucı in der Gomer-Gruppe (s. S. 171)
scıon entıalten sein. Ebenso Τύρ-ης, Τύρ-ας (*Schulth.*) d. i. der
Dniester mit seinen Anwohnern, den Τυρῖται (Her. 4, 51) ıat weder
spracılicıe nocı sacılicıe Waırscıeinlicıkeit, sofern ein (übrigens
erst durcı Amm. Marc. 22, 8, 41 bezeugtes) phönik. Emporium am
Τύρας die Tyriten nocı nicıt zu einem im Alterthum wicıtigen Volk
macıt. Am besten passen die Τυρσ-ηνοί (BJub., *Tuch, Nöld* im BL.
V. 519 f.), von denen als einem alten pelasg. Volk die Griecıen viel
redeten, und welcıe sicı einst zwiscıen Kleinasien und Griecıenland,

auf den Inseln und an der Küste des ägäischen Meeres durch See-
räubereien furchtbar machten (Her. 1, 57. 94; Thuk. 4, 109, s. *Tuch*),
die auch mit den italischen Tyrsenern oder Tyrrhenern in Verbindung
gebracht wurden, zumal wenn die in altäg. Texten vorkommenden
Tuirscha (ZDMG. XXI. 660. 663; *Ebers* I. 110. 155; *Chabas* études
sur l'antiq. hist. 191 ff.; *Maspero-Piets.* d. morg. Völker 248 ff.; *EMey.*
I. 313) auf diese seefahrenden Tyrsener gedeutet werden dürfen (s.
aber *Halévy* im Journ. As. VII, 4 p. 408 ff.). — V. 4. Von Javan
werden noch 4 Söhne namhaft gemacht, die südlichsten und westlich-
sten des ganzen Jefethkreises. Sie sind nur Javan*söhne*, weil als Insel-
bewohner keine Urvölker. Zu Javan aber gerechnet werden sie nicht
etwa als Besitzthümer der Hellenen (*de Goeje* 250 f.), auch nicht
(*Stade* 9) weil als Kaufleute und Seefahrer auf gleicher Kulturstufe
mit den Joniern stehend, sondern weil dem Vrf. die einheimischen
oder eingewanderten Bevölkerungen dieser wichtigsten und ältesten
Stationen des mittelländ. Seeverkehrs, wovon zwei (Eliša und Taršiš)
im W., zwei (Kittim und Rodanim) im O. von Javan, sich am natür-
lichsten um diese gruppiren und auch in ethnischer Beziehung mit
diesem am meisten Verwandtschaft zu haben schienen. אֱלִישָׁ֫ה] weil er
Javansohn ist, und weil nach Ez. 27, 7 in Tyrus von den Inseln oder
Küsten des Eliša Purpurstoffe (nicht Purpurschnecken) bezogen wurden,
der Peloponnes aber und namentlich Laconien grossen Reichthum an
Purpurmuscheln hatte (Plin. 9, 40. 21, 22; Pausan. 3, 21, 6; Horat.
Od. 2, 48, 7), so liegt es nahe, an ein griech. Volk zu denken, und
Namensähnlichkeit liess auf Aeoler (*Joseph.*, *Hier. Kn.*), Hellas (*Trg.
Jon.* zu Gen. u. *Pesch.* zu Ez.), Elis ursprünglich ϝᾶλις ϝαλεία (*Boch.*)
rathen. Aber הָשׁ- für griech. Nominativzeichen ς ist undenkbar; Griechen und Griechenland können in Javan befasst sein; zwischen Hellas
und Spanien bliebe das schon in ältester Zeit von den Phöniken be-
suchte und besiedelte Italien mit Sicilien unerwähnt. Darum hat gewiss mehr Gewicht, als jene Vermuthungen, das אִיטַלְיָא מְדִינַת im *Trg.*
zu Ez., und die Glosse bei Sync.: 'Ελισσὰ ἐξ οὗ Σικελοί (Eus. chr.
Arm. II, 13). *Sicilien* (*Kiep.*) gehört hieher mit *Unteritalien*; auch
die Stelle des Ez., zu dessen Zeit schon die griech. Colonien dort
blühten, erklärt sich dann sowohl der Sache als dem Ausdruck אִיֵּי
nach. Der Name Eliša (ob Ἰλλυρ-ια?) bleibt noch zu erklären. Kar-
thago (*Schulth.*, *Stade* 8 f.), als dessen Gründerin Elissa galt (*Mov.*
Phön. II, 1. 350 ff.), konnte kein Phönike in den (nördl.) Jefeth-Kreis
einbeziehen; auch wäre noch zu beweisen, dass es je Elissa genannt
wurde, und אֱלִישָׁה אֲרִי passt nicht dazu. תַּרְשִׁישׁ] im AT. oft genannt,
ist immer und überall das bereits seit dem 11. Jahrh. mit Tyrus im
Verkehr stehende, namentlich wegen seines Silberreichthums aufgesuchte
und im Orient früh berühmt gewordene *Tartessus* (nicht *Dertosa* =
Tortosa in Katalonien, wie *Redslob*, Tartessus. Hamb. 1849. 4⁰ meinte)
und weiterhin das ganze *Land Turdetania*, zu dem es gehörte, wahrsch.
semitisirt aus *Tartisch* (s. *Tuch*, *Ges.* th., *Winer* RW.). Nicht die Stadt
als phönik. Kolonie (*Stade*), sondern das Land und Volk ist gemeint,
und zwar nicht erst in der Zeit nach seiner Besiedlung durch die

Phokäer (wie *de Goeje* 251 vermuthet). So hat es scion Euseb. (Θάρ-
σεις ἐξ οὗ ῎Ιβηρες) und im nach fast die ganze Reihe der Späteren
verstanden. Dagegen Tarsus in Cilicien (*Joseph. Hier. Buns.*), auf
Münzen רׁׁׁ, ebenso assyr. (*Schrad.* KGF. 240 f.), erst von Sanherib
(*Euseb.* chr. Arm. 1, 43; anders Amm. Marc. 14, 8, 3) gegründet,
kommt ebenso wenig in Betracht, als Tyrsener, Etrusker (*Kn.*). s. ׁׁׁ
V. 2. ׁׁׁׁ] zweifellos *Cyprier* und *Cypern*, wo eine alte Stadt Kition
(auf die sich scion Josep̄. für diese Deutung beruft), s. *Ges.* zu Jes.
23, 1 u. die RWBücher. Bei den Assyrern hat die Insel den eigenth.
Namen *Jatnâna* oder *Atnâna* (Jadu., Adn.) s. *Schrad.* KAT.[2] 85 f.
Über die Nationalität der ältesten (karischen?) Bevölkerung ist nichts
Sicheres zu sagen. Ausser von den Phöniken war diese grosse Insel
auch von griech. Stämmen frühe besiedelt (s. *Kiep.* Alte Ge. § 127).
Wenn späterhin von ׁׁׁ ׁׁׁ (Jer. 2, 10. Ez. 27, 6) im Plur. die
Rede ist, 1 Macc. 1, 1. 8, 5 sogar Macedonien und Dan. 11, 30 Italien
oder Römer unter diesem Namen befasst werden, so folgt daraus
nur, dass bei erweiterten geogr. Kenntnissen der alte Name in er-
weitertem Sinne gebraucht, also Kittim auf andere westl. Inseln und
Küstenländer übergetragen wurde. Das Wort scion hier in diesem
jüngeren Sinn zu nehmen, liegt kein Grund vor, und die Ordnung der
Aufzählung erlaubt es nicht. ׁׁׁׁׁ] im amtl. Text, den auch *Trg.*
Pesch u. *Vulg.* ausdrücken; aber nach LXX, *Sam.*, mass. 1 Chr. 1, 7
(wo aber auch die Variante ׁׁׁׁ, vgl. *Mich.* spicil. 1. 115 ff.) und
nach inneren Gründen ist vielmehr ׁׁׁׁׁ zu lesen. Dodanim erlaubt
keine annehmbare Deutung, da Dodona (*Cler. Mich., Ros., Krück.*) als
vereinzelte, zudem binnenländische Stadt in Epirus hier überhaupt keine
Stelle hat, die Dardaner aber (*TrgJon., Talm., Ges. Kn. Buns. Del.*)
scion dem Namen nach nicht genau stimmen, und ein wirklich griechi-
sches Volk, das darin gesucht wird, doch nicht darstellen. Wird aber
ׁׁׁׁׁ gelesen, so liegen die Anwohner des Flusses Rhodanus in Gallien
(*Boch.*) geschichtlich und geographisch abseits, und auf dem Wege
nur die ʹΡόδιοι (wie LXX auch Ez. 27, 15 für ׁׁׁׁ ʹΡόδιοι haben)
d. h. *Rhodus* oder allgemeiner die rhodischen Inseln d. h. die Inseln
des ägäischen Meers. Rhodus kennt scion Homer Il. 2, 654 ff.; die
Phöniken kamen frühzeitig dorthin (*Boch.; Mov.* II, 2. 246 ff.), sie
lag auf ihren Fahrten nach Javan und weiter westlich. Josephus hatte
diesen 4. Javansohn gar nicht in seinem Exemplar, und Epiphan., selbst
ein Cyprier, deutet Kittim auch auf Rhodus aus, weil er dieses nicht
entbehren mochte (adv. haer. 30, 25). — V. 5. Da Vrf. V. 20 u. 31
jeden der andern Völkerkreise mit einer Unterschrift abschliesst und
im Gebrauch seiner Formeln immer sich sehr gleichmässig zeigt, so
erwartet man (*Ilg. Ew. Olsh.*) auch hier ein ׁׁׁ ׁׁׁ ׁׁׁׁ. Dies wieder einzusetzen ist um so nothwendiger, da ׁׁׁׁ nur auf die ׁׁׁ ׁׁׁ
V. 4, nicht auf die ׁׁׁ ׁׁׁ V. 2 (*Kn. Wl.* XXI. 395) sich beziehen
kann, weil doch von Magog, Madai u. a. unmöglich die Bevölkerung
der ׁׁׁׁ ausgesagt werden konnte. Und zwar müssen, da auch ׁׁׁׁׁ
mit ׁׁׁׁ ׁׁׁׁ nicht zusammen passt, vor ׁׁׁׁׁ jene 3 Worte eingesetzt werden ohne dass es darum nöthig wäre, ׁׁׁׁׁ—ׁׁׁׁ als Glosse

zu streicien. *Von diesen* (Javansöhnen) *aus haben sich abgetrennt*
(V. 32) d. ı. sowoıl vereinzelt als ausgebreitet die *Meeresländer* d. ı.
Inseln und Küstenländer *der Völker*; das geıört nocı zu V. 4; Vrf.
deutet an, dass es nocı andere als jene genannten und seit alter Zeit
bekannten Inseln und Küsten des Westens gebe, die erst später **als**
bevölkerte oder besucıte ıervorgetreten seien. Nun erst folgt die
Unterscırift: [*Die sind die Söhne Jefeth's*] *nach ihren Ländern, jeder gemäss seiner Sprache, gemäss ihren Geschlechtern* (Stämmen),
nach ihren Völkern. Über die Bedeutung des ? kann, unter Ver-
gleiciung von V. 20 u. 31, kein Zweifel sein (s. 7, 21). Vrf. kann
und will die einzelnen Länder und deren Districte, die einzelnen Völker und Stämme, welcıe die Jafethiten umfassen, und die mancıerlei
Spracıen, die sie reden, nicıt alle aufzäılen.

V. 6—20. *Die Ḥamiten* oder *die südl. Völker.* V. 6 f. aus A. —
V. 6 werden 4 Hauptvölker auf Ḥam zurückgefüırt; die Ordnung derselben geıt von Süd nacı Nord. ‏כוש‎] bei den alten Ägyptern Kaš,
Kiš, Keš, Keši, zur Bezeicınung eines rotıen (rothbraunen) Volkes zwiscıen Ägypten und Abessinien, nam. im Osten zwiscıen Nil und Meer,
gebraucıt, und als Volksname von den Naḥasi d. ı. den Negern unterscıieden, wenn aucı zuweilen von den Naḥasi des Landes Kaš die
Rede ist (Genaueres darüber bei *Lepsius* nubiscıe Gramm., S. XCI ff.).
Im selben Sinne (vgl. Ez. 29, 10) kommt ‏כוש‎ ausser 2 Cır. 12, 3.
14, 8 ff. woıl aucı sonst im AT. (zB. Jes. 11, 11. 43, 3. 45, 14
u. s.) vor, ist aber von Jesaja's Zeit an aucı speciell Bezeicınung des
Staates am Berg Barkal, weiterıin Napata bis Meroë (Jes. 18, 1. 20,
3. 37, 9; s. BL. I. 288 ff.), keilscıriftlicı Kusi (und mit einıeimiscı
bab.-ass. Namen Miluḥḥi) genannt (*Schr.* KGF. 282 ff.; KAT.[2] 86 ff.
Del. Par. 251). Das griech. Wort *Αἰϑίοπες*, womit die dunkelfarbigen
Menscıen der südl. Länder Afrika's und Asiens bezeicınet wurden, ıat
keinen etınol. Sinn, wenn aucı späterıin *Αἰϑιοπία* zur Bezeicınung
des von Äg. südlicıen Nillandes (Her. 3, 114. Ptol. 4, 7) verwendet
wurde. Bei den Ägyptern dagegen und ebenso ıier in der Völkertafel
ist ein eig. *ἔϑνος* gemeint, aber wäırend dieses bei den Äg. **auf das**
von Äg. südlicıe Land, zumeist im Osten des Nil's, bescıränkt ist,
werden ıier kraft V. 7 Völker nicıt blos Afrika's, sondern aucı Asiens,
also zu beiden Seiten des arab. Meerbusens, darunter befasst; und ist
an dem ethnogonischen Sinn des Wortes nicıt zu zweifeln (gegen *Ges.*
tı. 673). Ob die Kašši der Keilscıriften, die *Κοσσαῖοι* in Susiane
und nördlicı davon, die *Κισσίων χώρη* denselben Volksnamen wie Kuš,
Keš darstellen, also für die Verbreitung und Wanderungen der Kuschiten Zeugniss geben, ist zweifelıaft u. kaum waırscıeinlicı (*Nöld.* in
GGN. 1874 S. 173 ff.; *Schrad.* KGF. 176 f., KAT.[2] 87 f.; *Lepsius*
nub. Gr. S. CV; *Del.* Par. 31. 127 ff.), s. weiter V. 8. ‏מצרים‎] die
semitiscıe, woıl von einem Hyksosvolk gescıöpfte, aber iırer Bedeutung nacı nocı nicıt sicıer erklärte Benennung *Ägyptens*, phönik.
Μυαρα (l. *Μυσρα*) bei Stepı. Byz. s. *Αἴγυπτος*, ass. *Muṣur, Muṣru,*
Miṣir (*Schrad.* KGF. 251 f. KAT.[2] 89; *Del.* Par. 308 ff.), altpers.
Mudrâja, und durcı die LXX als *Mestrem* in's Kopt. übergegangen.

Die Meinung (*Boch.*), dass מְצֹר „Umwallung" bedeute und Äg. als ein
abgeschlossenes Land bezeichne, ruht blos auf der Umbiegung des
Namens bei Jes. 37, 35. 19, 6 (Mich. 7, 12), hat an Diod. Sic. 1, 31
(ἡ Αἴγυπτος πανταχόϑεν φυσικῶς ἰσχύρωται) keine Stütze, noch
weniger an dem angeblichen Festungsgürtel von Pelusium bis Klysma
(*Ebers* Äg. u. BB. Mos. 86 ff.; ähnlich *Brugsch* Gesch. Äg. S. 189,
nach welchem der Gaubezirk von Tanis *ta mazor* das befestigte Land,
von den vielen *Zor* oder Festungen, geheissen habe).   Die Ableitung
des Namens von Ramses (*Reinisch* über die Namen Ägyptens 1859)
geht noch weniger an.   Andere (*Ges.* th. 815; *Ew.* JB. X. 174)
dachten an aram. ass. arab. מצר *Grenze, Gebiet,* ۹ⴲ: *Land* und
verstehen die *beiden Länder.* Die Dualform (nicht Locativform) des
hebr. Namens bezieht sich am wahrscheinlichsten nicht auf die 2
durch den Nil getrennten Landeshälften (*Tuch*) oder die 2 Bergketten
im O. u. W. des Landes (*Kn.*), sondern auf das obere und untere
Land, von welchen schon auf den ältesten äg. Denkmälern immer die
Rede ist, wenn Gesammtägypten umschrieben werden soll.   Diese Dualform ist von den Mass. selbst da punctirt, wo nur Unterägypten verstanden und Oberägypten ausdrücklich davon unterschieden wird (Jes.
11, 11. Jer. 44, 1. 15).   Der griech. Name Αἴ-γυπτος (über dessen
Ableitung Vermuthungen bei *Reinisch* a. a. O., *Ebers* Äg. 75 f. u. in
Ri. HWB. 309, *Chabas* étud. sur l'ant. hist.[2] 119 ff.) ist bei den
Griechen zunächst Benennung des Nildeltalandes gewesen, aber bald
auf Gesammtägypten ausgedehnt worden (Her. 2, 15; Plin. 18, 47).
פוט] kommt vom 7. Jahrh. an im AT. öfters vor: Nah. 3, 9 neben
Kuš Mişraim Lubim; Jer. 46, 9 im äg. Heer mit Kuš und Ludim, ähnlich Ez. 30, 5; Ez. 27, 10 unter den Söldnern der Tyrier zusammen
mit Paras und Lud; Ez. 38, 5 im Heergefolge Gog's neben Paras und
Kuš; endlich LXX (Mass. פול) Jes. 66, 19 als ferne Nation des Westens.
Die LXX, in äg. Dingen von einigem Gewicht, geben es in Jer. u. Ez.
mit Λίβυες wieder; Joseph. deutet es auf die Libyer, die eine Gründung von Φούτης seien, auch gebe es einen Fluss dieses Namens im
Land der Mauren, der ebenso wie das ihm angrenzende Land Φούτη
bei sehr vielen griech. Geschichtsschreibern vorkomme (vgl. den sonst
unbekannten Fluss Φϑούϑ oder Fut im westl. Mauretanien, Ptol. 4, 1,
3; Pliu. 5, 1); dasselbe bestätigt noch für seine Zeit Hier. qu. Dem
Joseph. folgen die andern Alten. (BJub. c. 9 im äth. Text setzt Phud
westlich von Kuš, oder da der Name Mişraim ausgefallen ist, wahrscheinlich westl. von Ägypten.)   Für die Erklärung durch *Libyer* kann
auch sprechen, dass der westl. District Unterägyptens, das s. g. Libya
Aegypti, koptisch den Namen Phaiat führt (*Kn.* VT. 296).   An das
in altägypt. Texten oft vorkommende *Pun* oder *Punt* (*Ebers* 63; *Merx*
im BL. V. 20; *Stade* Isaiae vatic. Aeth. 1873 S. 9) ist nicht zu denken, weil dieses nicht, wie man früher meinte, die Westküste von
Arabien (altäg. vielmehr *to-nuter* d. i. Land des Gottes Ra d. i. des
Sonnenaufgangs), sondern das Weihrauchland Ostafrika's, die Sōmāli-
Küste bis Cap Guardafui (*Mariette* listes géogr. des Pylônes 1875;
Brugsch Gesch. 110; die altäg. Völk.Tafel in den Abh. des 5. intern-

Orient. Congr. 1882 Sect. III S. 51 f. 58 f.) und zugleich die weih-
rauchreiche Südküste Arabiens (*Leps.* nub. Gramm. S. XCVII ff.) bezeichnet, worin man nur zu Schiff gelangte, Länder und Völker also,
die wenn A sie kannte, von ihm unter Kusch befasst wurden, und
jedenfalls nicht nach Misraim, sondern vor Kusch genannt worden
wären. Soldaten aus Punt hatten die Ägypter nie, und wäre also
Nah. 3, 9. Jer. 46, 9. Ez. 30, 5 nicht erklärlich; umgekehrt libysche
Söldner im Dienste von Tyrus (Ez. 27, 10) haben im 7. Jahrh. nichts
befremdliches. Der Name Put kann füglich zur Zeit des Vrf. den
Phöniken schon bekannt gewesen sein, zumal wenn das ihn tragende
Volk ursprünglich mehr östlich in NAfrika sass, und erst später weiter
nach dem Westen gedrängt wurde. Von den Putija der Naqsh-Rustam-
Inschrift des Darius ist wegen der Unsicherheit der Erklärung vorerst
abzusehen (ZDMG. XI. 134 ff. u. XXIII. 217 f.; *Spiegel* altpers. KInschr.[2]
119). Über das Verhältniss zu den לְהָבִים s. V. 13. כְּנַעַן] von der
W. כנע (*Ew.* 163[f]), das Land und Volk der Niederung (Num. 13, 29;
von *EMey.* I. 213 ohne Grund bestritten), aber nicht im Gegensatz
gegen Aram (was gar nicht Hochland bedeutet), sondern ursprünglich
Name der Meeres- und Jordanniederungen und ihrer Bewohner (Jes.
23, 11. Seph. 2, 5), und von da auf das ganze westl. Jordanland
übertragen (BL. III. 513 ff.; *Kn.* VT. 305 ff.). Er erscheint hier als
einheimischer Sammelname der ganzen s. g. kenaan. Bevölkerungs-
schichte, mit Einschluss der Phöniken, und war uralter Name dieses
Volkes: bei Sanchun. (Eus. pr. ev. 1, 10, 26) ist Osiris Bruder der
Χνᾶ, der zuerst Φοίνιξ umgenannt wurde, und bei Steph. Byz. heisst
es, ·dass Phönike ursprünglich den Namen Χνᾶ hatte. Noch zu
Augustin's Zeit bekannten sich punische Bauern als Chanani (Aug. ep.
ad Rom. § 13). Bei den Ägyptern hiess Phönicien *Keft* (Phöniken
Kefa, auch *Fenchu*), später Χαρ, Χαλ (*Leps.* nub. Gr. CI.), bei den
Assyrern meist *mat Aharri* d. i. Westland (*Schrad.* KAT[2] 90 ff.). Der
Grund davon, dass Kenaan trotz seiner semit. Sprache zu Ham gerechnet wird (s. auch 9, 20 ff.), kann nicht Nationalhass Seitens der
Israeliten gewesen sein (so zB. noch *Müllenhoff* in GGA. 1851. S.
171; *Sprenger* Geogr. Arab. 294 f.), sondern nur das Bewusstsein
einer von der der Isr. und andern Semiten verschiedenen Herkunft derselben. Es ist geschichtlich bezeugt, dass sie aus südl. Wohnsitzen,
vom erythr. Meer her eingewandert sind (Her. 1, 1. 7, 89; Justin.
18, 3; Strab. 1, 2, 35. 16, 3, 4; Dion. per. 906, vgl. noch BJub.
c. 10); die Gegengründe gegen dieses Zeugniss (*Mov.* Phön. II, 1.
38 ff.; *Stark* Gaza[1] 37) sind nicht stichhaltig (*Bertheau* z. Gesch. d.
Isrl. 163 ff.; *Kn.* VT. 311 ff.; *Ew.* G.[3] I. 343; *Hitz.* Gesch. 26 f.).
Bestätigt wird dieses Zeugniss durch die Abbildungen der Kefa auf den
altägypt. Monumenten, wo sie bald an (rothbrauner) Hautfarbe, Haar-
tracht und Kleidung ganz den Puna (S. 178) gleichen, bald auch wieder von andern Semiten sich nicht unterscheiden, woraus geschlossen
wurde, dass der eigentl. Kern derselben die vom SO. gekommenen Puna
waren, diese aber durch Mischung mit andern, in ihren neuen Ansiedlungen vorgefundenen Völkern allmählig (in körperl. Typus und Sprache)

kenaanisirt wurden, wie denn auc1 die Occidentalen sie noc1 nac1 ihrer
rot1en Farbe als Poeni, *Φοίνιϰες* benannten (*Leps.* nub. Gr. CXIX ff.;
Brugsch altäg. Völk.Taf. 76 f.). — Von dem grossen, im 1öc1sten
Alterthum weitverbreiteten Volk der Kusc1 mac1t nun der Vrf. noc1
einzelne Unterabtheilungen als Sö1ne und Enkel desselben nam1aft.
V. 7. Die Wo1nsitze dieser kuschit. Völkersc1aften sind nic1t me1r
alle mit Sic1er1eit nac1zuweisen. סְבָא] Ps. 72, 10 neben שְׁבָא als
fernes Südland, Jes. 43, 3. 45, 14 zugleic1 mit Äg. und Kuš erwä1nt,
wird nac1 Jos. ant. 2, 10, 2 fast allgemein von *Meroë* verstanden,
und die Vergleic1ung von Jes. 45, 14 mit 18, 2. 7 (Her. 3, 20. 114)
sc1eint diese Anna1me zu empfe1len. Nun wird aber der alte kusc1.
Staat am Berge Barkal, auc1 in seiner durc1 Taharka i1m gegebenen
Ausdehung von Napata bis zu der südl. Insel Meroë, von den Ägyptern nie סְבָא genannt, und ersc1eint auc1 im AT. sonst unter
dem Namen Kuš (S. 177). Des1alb wird es sic1erer sein, unter
den *Sebá* zunäc1st einen me1r ostwärts von Napata am arab. Meer
sitzenden Zweig der Kuschiten zu verste1en, von dessen Dasein *τὸ
Σαβαϊτιϰὸν στόμα, λιμὴν Σαβά* und *Σαβαὶ πόλις εὐμεγέϑης* (Strab.
16, 4, 8. 10) und *Σαβαστριϰὸν στόμα* und *Σαβάτ πόλις ἐν τῷ
Ἀδουλιϰῷ ϰόλπῳ* (Ptol. 4, 7, 7 f.) noc1 Kunde geben (ob auc1 in
einem äg. Text bei *Brugsch* Gesch. 111, vgl. *Lepsius* nub. Gramm. S.
XCVII, die Hafenstadt Seba vorkomme, ist noc1 zweifel1aft), und den
man hienach als eine den Handel mit dem Binnenland vermittelnde und
dadurc1 reic1 gewordene Völkersc1aft vorzustellen 1at. Aber dass ein
Handelsvolk dieser Art auc1 landeinwärts drang, ist anzune1men, und
so kann man wenigstens fragen, ob nic1t auc1 in Asta-soba und in
Soba, der Hauptstadt des mittelalterl. c1ristl. Reic1s von Senaâr, noc1
Reste dieses Volksnamens vorliegen (s. meine Abh. über die Anfänge
des Axum. Reic1s, in den Abb. der Berl. Akad. 1879 S. 183 f. 225).
Von den Sabäern am Meer konnten die Phöniken leic1t Kunde 1aben.
חֲוִילָה] eine Spur dieses Volkes glaubt man in dem Namen des *ϰόλπος
Ἀυαλίτης* oder *Ἀβαλίτης* und der Völkersc1aft *Ἀβαλῖται* an der afrik.
Küste bei der Meerenge von Bab el Mandeb (Peripl. m. ery. 7 f. ed.
Müll.; Ptol. 4, 7, 10. 27. 39; Marcian Heracl. 1, 2; Plin. 6, 34) finden zu dürfen (*Ferrand* le Çomal, Alger 1884 p. 11 vermuthet sogar noc1 in dem 1eutigen Somali-Stamm ʿAbr Aouel einen Rest des
Namens). Die Ordnung der Aufzählung würde dazu gut passen. Da
aber חֲוִילָה V. 29 auc1 unter den Joqt. Arabern (vgl. 2, 11. 25, 18),
vorkommt, so muss man entweder 2 versc1iedene Havila, oder aber
ein grösseres an der Ost- und Südküste Arabiens verbreitetes kuschit.
Volk anne1men, welc1es immer1in auc1 an die Westküste NOAfrikas
vorgedrungen sein und dort Spuren seines Namens 1interlassen 1aben
kann. סַבְתָּה] die Deutung des Josep1. auf *Ἀστάβαροι* d. h. die An-
wo1ner des Astaboras, jetzt Atbara (gebilligt in *Ges.* t1.) sc1eint aus
Namensä1nlic1keit errathen (über *Σαβάτ* des Ptol. s. unter סְבָא).
Empfehlungswerther ist die Combination (*Tuch, Win. Kn.* a.) mit der
alten arab. Handelsstadt *Σάββαϑα* (Peripl. m. er. 27; Ptol. 6, 7, 38;
Strab. 16, 4, 2) oder Sabota (Plin. 6, 32 § 154 f.; 12, 32 § 63;

ZDMG. XIX. 253. XX. 273; Journ. As. VII, 4 p. 525), Hauptstadt der Chatramotitae (V. 26), die 60 Tempel ıatte und Emporium des Weihrauchhandels war. רַעְמָה] von dem nacııer שְׁבָא und דְּדָן abgeleitet werden, wird Ez. 27, 22 neben שְׁבָא als ein Handelsvolk, das den Tyriern Spezereien, Edelsteine und Gold liefert, genannt. Die LXX geben es (in Gen., Cıron.) mit Ῥεγμά (aber im Ez. Ῥαμμά), und da Ptol. 6, 7, 14 ein Ῥέγμα oder Ῥέγαμα und Stepı. Byz. ein Ῥῆγμα als Hafenstadt am arab. Ufer des pers. Meerbusens auffüıren, so ıaben mancıe diese Deutung (Boch. Tuch, Win. Kn. Ges.; Sprenger § 162 f.) angenommen, obgleicı arabiscı die Stadt auf der Grenze von Omân und Bahrein vielmeır رَجَام lautet (zB. Tabari ed. Koseg. 1. 205), und obgleicı שְׁבָא bei A keinenfalls, דְּדָן aber scıwerlicı dazu passt. Aber aus Halévy's sabaischen Inscıriften (J. As. VI, 19 p. 1 ff.) nr. 535, 11 (aus Berâqîš) kennt man jetzt ein sabäisches רעמה (ZDMG. XXX. 122) in der Nähe von מעין Meʿîn (nördl. von Marib unter den 16° n. Br.), wie aucı in nr. 577, 6 (ebenfalls aus Berâqîš) ein דדן vorkommt. Man wird dadurcı auf das nocı bei Strab. 16, 4, 24 genannte Volk der Ῥαμμανῖται ıingewiesen (das von mir scıon in der 3. Aufl. vermuthet ist) zwiscıen den Μιναῖοι und Χατραμωτῖται. Rima (ريمة), 3 Tagereisen südlicı von Ṣanʿâ (Niebuhr Arab. 148. 293) gehört nicıt ıer. סַבְתְּכָא] bis jetzt nicıt nacızuweisen. Von der Voraussetzung aus, dass רַעְמָה am pers. Meer woınte, verglicı man (Boch. Kn. a.) damit, trotz des Lautunterschieds, Σαμυδάκη, Seestadt und Fluss in Karmanien (Ptol. 6, 8, 7 f. 11; Marcian Her. 1, 7; Stepı. Byz. u. Σαμυδάκη). Oıne Gewicıt ist aucı das TrgJon., welcıes wie Trg. der Cıronik Sabteka durcı Zingāё (Zingis auf der Ostküste Afrika's) wiedergibt. An ein afrik. Volk zu denken (Ges. th.) ıindert die Reiıenfolge. Denn scıon die Raʿma-Söıne betreffend, so steıt durcı V. 28 und 25, 3 ein arab. Schebâ und Dedân fest. Ein afrik. Schebâ und Dedân könnte also nur neben einem arabiscıen beıauptet werden. So Wetzstein (bei Del. Jesaja[1] 660 ff.), welcıer das afrik. Paar für das allein bedeutende erklärt und das im AT. so oft erwäınte Handelsvolk Schebâ, Dedân mit Raʿma zusammen an die Westküste des arab. Meerbusens von Berenice bis Deire und weiter südwärts setzt. Allein seine Gründe reicıen nicht zu. Allerdings wurde viel Gold, Edelstein, Elfenbein, Sandel- und Ebenıolz aus den afrik.-äth. Häfen ausgefüırt und war das alte Berberland einst durcı seine Woılgerücıe hochberühmt. Aber derartige Produkte waren nicıt blos afrikaniscı, und mit afrik. Produkten konnten aucı arab. Völker ıandeln. שְׁבָא] die Sabäer kommen im AT. oft genug vor als ein fernes reicıes Volk und Land, dessen Scıätze Gold, Edelsteine, Wohlgerüche, namentlicı Weiıraucı und Cassia, sie tıeils selbst (Ij. 6, 19) tıeils durcı andere Stämme (Jes. 60, 6) dem Norden zufüıren (1 Reg. 10, 1 ff. Jo. 4, 8. Ps. 72, 10. Jer. 6, 20. Ez. 27, 22. 38, 13. Jes. 60, 6), indem sie gelegentlicı aucı Sklaven von dort neımen (Jo. 4, 8). Damit treffen die Scıilderungen der alten Geograpıen von den Sabäern ım südwestl. Arabien mit der Hauptstadt

Mariaba oder Saba (s. über deren Ruinen JAs. VII, 3. 1 ff.), 3 Tagereisen von Ṣanʿâ zusammen (Agatharch, p. 61 ff.; Strab. 16, 4, 2. 19;
Diod. 3, 45 ff. Pliu. 6, 32), wenn dieselben aucı zum Tıeil übertrei-
ben und verallgemeinern; es wird ausdrücklicı gemeldet, dass sie sowoıl mit einıeimiscıen, als mit äthiop. (afrik.) und indiscıen Erzeng-
nissen handelten.　Sie waren der Mittelpunkt einer alten südarab. Bildung, von deren einstigem Dasein die sabäischen Inscıriften und Bau-
denkmäler genug Kunde geben.　Nur um so merkwürdiger ist, dass
dieses ıocıberüımte Volk ıier als Soın des Raʿma, also als jüngeres
Volk erscıeint; das beweist für alte und gute Information.　Nun ist
freilicı der Name Sabäer weit verbreitet gewesen.　Zwar ob die סְבָא
in Afrika Verwandte waren, ist zweifelıaft, aber in Arabien selbst finden sicı allenthalben Spuren iıres Namens (*Mannert* Geogr. VI, 1. 66),
aucı auf der ostarab. Küste (*Kn.* VT. 265); Scenitae Sabaei erwäınt
Plin. 6, 32; von Sabäern mit Nabatäern zusammen spricıt Strab. 16,
4, 21; aucı Ij. 1, 15 erscıeinen sab. Beduinen in der Näıe von Ausitis.
Und da nun weiter die Sabäer wie unter den Kuschäern, so unter den
Joqtaniern und den Qeturäern vorkommen (10, 28. 25, 3), so wollte
Kn. 3erlei Sab. anneımen (V. 7 die von Oman, 28 die berüımten
von Jemen und 25, 3 die syriscıen).　Allein dass 25, 3 keine andern
als ıier V. 7 (ıöcıstens nördlicıere Zweige derselben) gemeint sind,
beweist iıre Verbindung mit Dedân, und die Localisirung der kuscı.
Sab. nacı Oman ruıt auf unıaltbarer Deutung von רַעְמָה (S. 181);
dass die Spracıe der berüımten Sab. aus den Denkmälern sicı als semitisch erweist, ıindert nicıt ihre Einordnung in Kuscı (S. 167).
Es versteıt sich von selbst, dass ein Volk mit solcıem ausgedeınten
Handel überall, am Meer und an den Karawanenstrassen, Stationen und
Verbündete ıatte und mit diesen sicı aucı miscıte, demnacı aucı
genealogiscı verscıieden eingegliedert werden konnte.　Über die שְׁבָא
und דְּדָן in den Keilschriftberichten s. *Schrad.* KAT[2] 92. 145 ff.　[דְּדָן]
bei LXX Δαδαν, Δεδαν (aber in Jes. Jer. Ez. Δαιδαν), Gen. 25, 3
zu den Qeturäern gerecınet, erscıeint nocı Ez. 38, 13 neben שְׁבָא als
wicıtigstes Handelsvolk; es liefert kostbare Teppicıe nacı Tyrus Ez.
27, 20; von seinen Karawanen spricıt Jes. 21, 13; mit Edomitern
und andern Stämmen des wüsten Arabiens ist es zusammengenannt
Jer. 25, 23. 49, 8; als Grenzvolk Edom's Ez 25, 13.　Aucı ıier
wiederıolt sicı die Frage, ob überall dieselben oder verscıiedene
Dedân (ältere und jüngere) gemeint sind.　Da man רעמה *Ῥέγμα* am
pers. Meer setzte und die Ez. 27, 15 im ınass. T. (LXX ıaben רֹדָן)
dem Dedân zugescıriebenen Waaren für indiscı ıielt (s. aber *Wetzst.*
a. a. O. 662), wollte man (seit *Boch.* und *JDMich.*) gewöınlicı das
kuscı. Dedân ebenfalls am pers. Meer sucıen und in Daden (داٰدن,
syr. ⲇⲁⲇⲁⲛ (s. *Ges.* tı.), einer der Baırein-Inseln, einen Rest des
Namens erkennen (*Tuch, Win., Ges., Spreng.* § 148) und von iım
unterscıeiden die nordwestl. (qetur.) Dedânäer, von denen nocı eine
Spur in der Ruinenstadt Daidân, westl. von Têmâ, südöstl. von Aila
im nördlicısten Ḥigâz (*Eus.* onom. p. 251 **Lag.**, und *Wetzst.* a. a. O.

664 f.) vorkommt. Aber wenn diese, wie waırscıeinlicı, mit den Dedân der Völkertafeln zusammenhiengen, so werden sie docı nur eine jüngere Abzweigung von iınen gewesen sein (s. jetzt aucı *Mordlmann* u. *Müller* sabäische Denkmäler, Wien 1883 S. 28). Die urspr. Dedân werden meır südlicı zu sucıen sein (vgl. zu רַעְמָה). In der nachexil. Zeit verscıwinden die Dedân; an iıre Stelle treten (s. *Tuch*) die Gerrhäer (im W. des pers. Meerbusens) und werden von den class. Scıriftstellern als die reicısten Araber ebenso mit den Sabäern zusammen genannt, wie die Bibel Dedân und Schebâ verbindet. — Mit V. 7 sind die Angaben des A über Ham abgescılossen und reııte sicı daran ursprünglicı V. 20. Was dazwiscıen steıt, V. 8—19, ist aus C eingefügt. — V. 8—12 von Kuscı leiten sicı, durcı Nimrod vermittelt, die Reichsgründungen am Eufrat und Tigris ab. נִמְרֹד] in Abweicıung von den בְּנֵי כוּשׁ bei A stellt N. nicıt ein Volk, sondern eine (freilicı sagenıafte) Person dar, mit welcıer sicı dunkle Erinnerungen an die Anfänge einer Herrscıaftsbildung in den genannten Gegenden verknüpft ıaben. Der Name, in LXX *Νεβρώδ*, nur nocı Micı. 5, 5 auf Grund unserer Stelle erwähnt, wird hebraisirt sein, um den Sinn eines „Empörers" (gegen Gott) damit zu verbinden; dass aber die urspr. Namensform Nammirri (assyr. Benennung des Volks Çaka) gewesen sei (*Lagarde* armen. Stud. 112) ist eine willkührliche Annaıme. In der Keilscıriftliteratur ist er bis jetzt nicıt nachzuweisen. Aber dass *Nama-ruth* als Name verscıiedener Personen des 22. äg. Königsıauses der Name Nimrod sei (*Oppert* GGA. 1876 S. 868; *Maspero-Pie*. 335. 379 ff.; *Brugsch* Gesch. 645. 650. 681 ff.), ist unricıtig, da dieses 22. Haus nicıt ein semitiscıes, sondern ein libyscıes war (s. *LStern* in AAZ. Beil. 1882 4. Juni S. 2266). Während *Oppert* (a. a. O.) in N. eine Personifikation des untern Eufratgebietes, einscıliesslicı Elam, sieıt, wollen andere (*Smith-Del*. cıald. Gen. 150 ff. 311 f.; *Haupt* Sintfl. 5. 23; vgl. *Schrad*. KAT² 92 f.) in iım den altbabyl. Sonnenheros und Jagdhelden *Izdubar*, dessen Hauptgott der Gott der Landscıaft *Marad* oder *Amarda* war (*Del*. Par. 220), wiedererkennen. Jedenfalls liegen in dem über iın Gemeldeten werthvolle Erinnerungen, welcıe der neuern Forscıung von meıreren Seiten ıer sicı bestätigt ıaben. Darauf dass die von Babel ausgeıende (V. 10) Reicısgründung einem *Kuschiten*, nicıt einem Semiten beigelegt wird, ıat man bislang grosses Gewicıt gelegt. An die Einwanderung eines afrikan. Kuscı (*Brugsch* äg. Völk.Taf. 77) oder Colonisation Babels von Meroë aus (nocı *Tuch*) braucıte man darum nicıt zu denken; es genügte asiat. Kuschiten, in der Gegend des pers. Meerbusens anzuneımen, woıer aucı die in vielen Dingen mit der ältesten babyl. Bildung in Zusammenıang steıenden Kenaanäer kamen (s. aucı *Kn*. VT. 251 ff. 349 ff.); ob dieses kuscı., am erytır. Meer im weitesten Sinn des Worts herrschende und in Afrika bis an den Nil vorgedrungene Volk seıne Bildungselemente der Berührung mit Ägypten verdankte (*Leps*. nub. Gr. CIII ff. CVII), wäre dann wieder eine Frage für sicı. Seit man aber die asiat. Kossäer (s. V. 6) keilscıriftlicı aucı in Babylonien nacıgewiesen u. die arab. Herrscıer ın

Babyl. in den J. 1500—1275 (von denen Berosus berichtet) auf die Kašši (Kossäer) zu deuten sich erkühnt (s. *FrdDelitzsch* Sprache der Kossäer 1884), so vermutheten jetzt einige (*Schrad.* KAT.[2] 87 f.; *EMey.* I. 171), in der bibl. Nachricht sei Kašši mit dem afrik. Kusch verwechselt (während noch *Del.* Par. 127 f. von dem kuschit. Gesichtstypus des bab.-elamit. Kusch gesprochen hatte). Aber wenigstens Gen. 2, 13 ist keine Stütze für diese Vermuthung. *er fing an, ein Gewaltiger auf der Erde zu sein*] der Begriff des נבר ist ein weiter, man erwartet eine Erklärung, und eine solche kommt auch V. 10, durch יַ cons. angeknüpft. Hienach war er ein נבר als Gewalthaber, Tyrann (Ps. 52, 3), der durch Kraft und Zwang ein Reich gründete; die Staatenbildung fieng von ihm an, eine neue Richtung in der Menschheit. Zwar gibt auch V. 9 eine Erklärung, bestimmt ihn als צַיִד גִּבֹּר, als Helden im Jagen, *gewaltigen Jäger*, aber das ist etwas so specielles, dass die allgemeine Bezeichnung V. 8 damit nicht erschöpft sein kann. Wenn nun V. 10 nicht etwa mit „er war auch ein נבר im Herrschen“, sondern mit „und seines Reiches Anfang war“ fortgefahren wird, so ist deutlich, dass V. 9 den Zusammenhang zwischen 8 u. 10 unterbricht und nur zwischeneingeschoben ist. In Verkennung dessen hat man, um einen Zusammenhang zwischen 9 u. 10 festzuhalten, die Jagd als Menschenjagd verstehen wollen (*Herder* u. a.), aber nicht nach dem Sinn des Textes. Die Notiz, von R oder sonst wem einge schaltet, geht auf den Volksmund zurück. עַל־כֵּן יֵאָמַר] ist auch sonst die Formel, mit der man sich auf Geschriebenes (Num. 21, 14) oder allgemein Bekanntes, Sprichwörtliches beruft 1 Sam. 10, 12 (vgl. 1 Sam 19, 24. Gen. 22, 14). Also ist aber auch לִפְנֵי יְהוָה aus dem Volks mund genommen, und drückt, wie לֵאלֹהִים Jon. 3, 3 und τῷ θεῷ Act 7, 20, nur den Begriff „göttlich gross“ aus, etwas was Gott selbst für einzig in seiner Art anerkennen muss (*Boch. Ros. Ew. Kn. Del.*) s. auch Ps. 36, 7. 68, 16. 104, 16; nicht aber: in Gott trotzender Weise (*Ke.*; *Bud.* 393). Und zu beachten ist יי in einer Phrase, wo אלהים genügt hätte; so geläufig war zu gewissen Zeiten im Volksmund dieser Gottesname. Jagd- und Kriegerleben hängen zusammen, seit ältesten Zeiten war die Jagd eine Liebhaberei der Grossen (*Boch.*, *Perizonius* orig. Babyl. p. 234 f.); bei den Persern war sie unter die Erziehungsmittel derselben aufgenommen. Speciell beweisen die Monu mente, wie viel sich die ass.-babyl. Herrscher mit der Jagd beschäf tigten, ja wie dieselbe sogar in den ass.-bab. Göttermythen eine her vorragende Stelle einnimmt. So wurde das Urbild dieser Herrscher, Nimrod auch nach dieser Seite hin leicht Gegenstand der Sage. (Über ein angebliches syrisches Analogon zum Jäger Nimrod s. *Wl.* Prol. S. X; *Bud.* 533 f. Über die späteren Formen der Nimrodsage, die auf Combination theils mit der Erzählung Gen. 11, 1 ff. theils mit dem Mythus vom Orion beruhen, s. *Boch.*, *Tuch*, *Kn.* VT. 347, und die RWBücher). Ob die Isr. Nimrod zuerst als Jäger oder als Staaten gründer kannten, können *wir* nicht mehr ausmachen, u. der (von *Bud* 218. 390 ff.), versuchte Nachweis, dass weil der Jäger älter sei, auch V. 9 älter als 8. 10 f. sein müsse, von J[1] stamme u. sich urspr. an

6, 4 angescɪlossen ɪabe, wäɪrend V. 8. 10—12 von J² seien, steɪt
in der Luft. — V. 10. Sein anfängl. Königthum umfasste 4 Städte im
Lande שִׁנְעָר, im Gegensatz zu der Erweiterung desselben V. 11 f. שִׁנְעָר]
umfasst, wie scɪon *Boch.* u. *JDMich.* festgestellt ɪaben, mit Ausscɪluss
Mesopotamiens, das eigentl. Babylonien, das babyl. Irâq der Araber (s.
Tuch; *Ges.* th.). Viele wollen שִׁנְעָר als eine dialektiscɪ variirte Aus-
spracɪe des aus den bab.-ass. Inscɪriften bekannten *Šumir* oder *Šumer*
(Name des südl. Babyloniens, im Gegensatz gegen *Akkad* als den nördl.
Tɪeil) versteɪen (*Del.* Par. 198; *PHaupt* in GGN. 1880 S. 526 f.;
Schrad. KGF. 533 f. KAT² 118 ff.), so dass von den Hebräern der
urspr. Name für Süd-Babyl. auf ganz Babyl. übertragen wäre; aber
diese Gleicɪstellung ist lautlicɪ unwaɪrscɪeinlicɪ (s. ZKSF. II. 419;
Halévy in Rev. Crit. 1883 p. 44). Aucɪ bei den Ägyptern soll *Sangrt*
Name für *Šumer* gewesen sein (*Brugsch* äg. Völk.Taf. 45). Nur in
Babylonien können Nimrod's 4 Städte gesucɪt werden. Über *Babel* s.
11, 1 ff. אֶרֶךְ] LXX 'Ορέχ, vom *Trg.* H u. III, *Ephr.*, *Hieron.* *Win.*

falscɪ auf ܐܘܪܗܝ Edessa, von *Boch.* *Schulth.* *Ges.* *Tuch* auf Arecca

am untern Tigris auf der Grenze von Susiana (Ptol. 6, 3, 4; Amm.
Marc. 23, 6, 26) gedeutet, ist vielmeɪr 'Ορχόη der Alten (Ptol. 5,
20, 7; *Kn.*), das ɪeutige *Warka* am linken Ufer des untern Eufrat,
das grosse Todtenfeld des alten Cɪaldäa, wo neuerdings eine Masse
alter Thonsärge und altbabyl. Inscɪriften entdeckt wurden (*Loftus* trav.
in Cɪald. and Susiana 162 ff.); einɪeimiscɪ *Uruk* (*Arku*) genannt, einer
der ältesten Sitze der bab. Cultur (*Del.* Par. 221 ff. *Schrad.* KAT²
94 f.). אַכַּד] LXX 'Αρχάδ, über welcɪes die Alten und die Neuen bis
ɪerab auf *Kn.* völlig im Dunkeln waren (s. *Tuch, Win. Ges.*), von *Kn.*
mit 'Ακκήτη, eine Strecke nördl. von Babel, erläutert, ist durcɪ die
Keilscɪriften jetzt so weit aufgeɪellt, als in iɪnen nicɪt blos ein Land
Akkad, sondern aucɪ als alter Königstitel „König der Sumiri und
Akkadi" vorkommt, den selbst die jüngeren assyr. und bab. Könige
sicɪ nocɪ beilegten; und zwar ist Akkad die Bezeicɪnung von Nord-
oder Oberbabylonien (s. zu שִׁנְעָר). Aucɪ als Stadtname ist Akkad jetzt in
einer von Rassam in Abu-Habba ausgegrabenen Inscɪrift Nebucadnezars l.
(V Rawl. 55 f.) gefunden (*Schrad.*), aber die Lage der Stadt nocɪ
nicɪt nacɪgewiesen: die Identität von Akkad mit *Agani* oder *Akaṭi*
(*GSmith* assyr. discov. 225, angenommen von *Del.* Par. 198), der
einen Hälfte der nördlicɪsten babyl. Doppelstadt *Sippar-Agani*, ist
nocɪ fraglicɪ. כַּלְנֵה] LXX Χαλάννη, inscɪriftlicɪ nocɪ nicɪt gefunden, aucɪ Am. 6, 2. Jes. 10, 9 (כַּלְנוֹ) erwäɪnt, wird gewöɪnlicɪ
(nacɪ *Trg.* II. u. III, *Ephr.* *Euseb.* *Hieron.*) oɪne guten Grund auf
Ktesiphon-Seleucia am Tigris, von *GRawlins.* nacɪ dem Talm. auf
Nippur (Niffer) gedeutet. Eine andere Vermuthung, wonacɪ es iden-
tiscɪ wäre mit *Zirlab* oder *Kulunu*, bei *Del.* Par. 225 (vgl. *Halévy*
in Revue Crit. 1883 p. 44). — V. 11. Aber nur der Anfang seines
Königsthums war in Schinʿar; von da deɪnte er seine Herrscɪaft nacɪ
Assyrien aus. Das ist die zweite wicɪtige Nacɪricɪt, welcɪe durcɪ
alle neueren Forscɪungen bestätigt wird: politiscɪ wie in seiner ganzen

Cultur, Schrift und Religion, war ursprünglich Assyrien von Babylonien abhängig. Dass zu אֵצֵ Nimrod Subj. und אַשּׁוּר Acc. der Richtung (Gen. 27, 3. 1 Sam. 20, 11; Dt. 28, 68. 1 Reg. 11, 17. 22, 37 u. s.) sei (*Boch. Cler.*, *de W.*, *Tuch* u. die meisten Neueren), erfordert (abgesehen von dem Widerspruch mit V. 22) der Gegensatz gegen רֵאשִׁית V. 10. Freilich ist das Nächstliegende, אַשּׁוּר als Subj. zu nehmen (sämmtl Übers. ausser *TrgJon.*, *Luth. Calv.* bis auf *Schu. Bohl.*, auch *Olsh.*, *deGoeje*, *Oppert* in GGA. 1876 S. 877 f., *Halévy*), aber dann müsste man annehmen, dass der Gegensatz zu רֵאשִׁית verschwiegen und אַשּׁוּר (wie sonst nirgends im AT.) als Person oder Halbgott verstanden wäre. Assur im Gegensatz gegen שִׁנְעָר ist hier (wie 2, 14) im geogr., nicht im polit. Sinn (*Tuch*) gemeint; denn die hier aufgezählten Städte liegen nicht im assyr. Reich zerstreut, sondern in einem beschränkteren District, auf der Ostseite des Tigris, oberhalb der Mündung des grossen Zâb (*Schr.* KAT² 96 ff.). נִינְוֵה] LXX *Νινευΐ*, hier im engern Sinn, assyr. *Ninua*, auch *Ninâ*, lag auf dem östl. Ufer des Tigris, dem heutigen Mosul gegenüber, da wo jetzt das Dorf Kujundschik und Nebi Junus ist; dort sind die Paläste von Sanherib,. Asarhaddon und Asurbanipal wieder entdeckt worden, s. Genaueres darüber bei *Schrad.* in *Ri.* HWB. 1086 ff. עִיר רְחֹבֹת] eig. *die weiten Stadtplätze* oder *Stadtmärkte* hat mit רְחֹבֹת הַנָּהָר (36, 37) nichts zu thun, muss vielmehr seinem (übrigens rein hebr.) Namen nach eine Art Vorstadt zu dem einen oder andern Theile der Grossstadt gewesen sein, kann aber seiner Lage nach bis jetzt nicht näher bestimmt werden. Genaueres will *Del.* Par 261 vermuthen. כֶּלַח] früher in *Καλαχηνή*, einer der assyr. Ebenen (Strab. 16, 1, 1. 11, 14, 12; Ptol. 6, 1, 2) gesucht, ist vielmehr das Kalhu der Inschriften, um 1300 von Salmanassar I. erbaut und von Asurnâsirhabal (883—859) neu gegründet und zur königl. Residenz erhoben; es lag da, wo heute Dorf und Hügel Nimrud sind, und die Paläste von Asurnâsirhabal, Salmanassar II., Tiglathpilesar IV., Asarhaddon blosgelegt wurden, im südlichsten Winkel des durch Tigris und Zâb gebildeten Dreiecks (*Schrad.* bei *Ri.* HWB. 1089 ff.); zu unterscheiden von כֶּלַח 2 Reg. 17, 6. 18, 11. רֶסֶן] LXX *Δασή* רֶסֶן, nur hier erwähnt, inschriftlich noch nicht gefunden (doch s. *Schr.* KAT,² 100), aber weil zwischen Nineve und Kelach liegend, zwischen Nimrud und Kujundschik zu suchen. Nach blosser Lautähnlichkeit haben *Boch.* u. a. das Larissa des Xenoph. anab. 3, 4, 7 verglichen. *Sayce's* Identification mit Rêš-êni d. i. ראשׁ עֵין (*Del.* Par. 261) hat die Laute gegen sich. Das folgende הִיא הָעִיר הַגְּדֹלָה kann sich nicht auf Resen beziehen, da von der grossen Stadt Resen sonst nichts bekannt ist, vielmehr רֶסֶן selbst unmittelbar vorher durch die Bestimmung seiner Lage zwischen Kelach und Nineve als unbedeutender, denn diese, bezeichnet ist, sondern הִיא muss auf alle die viere zugleich oder auf נִינְוֵה mit den 3 andern zusammen sich beziehen (*Rawlins.*, *Jones*, *Kn.* *Ew. Del.* a.), wornach dann auch die Trennung der V. 11 u. 12 zu beseitigen ist. Nineve im engern Sinn mit den 3 andern zusammen bildet die (bes. von Sanherib's Zeiten an Nineve schlechtweg genannte) Grossstadt (Jon. 1, 2. 3, 2. 4, 11). Diod. 2, 3 nach Ktesias beschreibt sie als ein länglichtes Viereck, dessen Länge 150, Breite 90 und Umfang 480 Stadien (24 Stunden) mass; vgl. Jon. 3, 3. Dass aber dieses von den Spätern beschriebene Grossnineve (worüber *Tuch* de Nino urbe. Leipz. 1845) damals, als diese Aufzeichnungen hier gemacht wurden, schon seinen vollen Umfang hatte, ist nicht wahrscheinlich: wenigstens die nördl. vom eigentl. Ninua an dem Flüsschen Khoser gelegenen Ruinen von Khorsabad, der durch die Bauten Sargon's berühmt gewordenen Nordstadt Grossnineve's, sind hier noch nicht berücksichtigt (*Schr.*). Über das allmählige Zusammenwachsen Grossnineve's aus verschiedenen Städten zeigt sich Vrf. wohl unterrichtet; aber an die älteste (erst seit dem 14. Jahrh. von Nineve überflügelte) Reichshauptstadt Asur (Ḳaľat Schirgat) am westl. Tigrisufer, südl. von Kelach, und an so genaue Daten, wie über die Erbauung von Kelach durch Salmanassar I. hat er keine Erinnerungen mehr. Eine Auseinandersetzung seiner Nachrichten mit den Angaben von der Erbauung Nineve's oder auch Babel's durch Ninus und Semiramis (*Kn.* VT. 346 ff.) ist nicht mehr nöthig, da das Gerede von Nin. und Sem. erst aus den Zeiten des Perserreiches stammt und in der Hauptsache mythologische, nicht geschichtl. Unterlagen hat (*Lenorm.* la légende de Sémiramis 1873). Nineve ist nicht von Ninus abgeleitet, sondern Ninus ist der personificirte Name der Stadt; über das Etymon von Ninua hat man bis jetzt blos Vermuthungen (*Schr.* KAT.[2] 102). — V. 13. Die Namen der *Söhne Miṣraim's* sind meist noch immer dunkel. לוּדִים] sonst im Sing. לוּד, als Bogenschützen im Heere der Ägypter oder Tyrier Jer. 46, 9. Ez. 27, 10. 30, 5 in der Regel neben Kuš und Puṭ, und Jes. 66, 19 unter den fernsten Völkern (im mass. T. wieder als Bogenschiessende), erwähnt. Von ägyptisirten semit. Lydiern an der NO.Grenze Ägyptens (*Kn.*) weiss die Geschichte nichts (s. V. 22); die Benennung *Rutu, Reth* oder (*Erman* Ägypten 1885 S. 56) *Romet*, d. h. Menschen, die die Äg. sich selbst beilegten (*Brugsch* geogr. Inschr. II. 89; *Ebers* 96) gehört nicht hieher, wo man vielmehr ein Nebenvolk der Äg. erwartet, passt auch nicht in den Profetenstellen; die Deutung *Libyer* (*Hitz.*, der dann aus לְרָבִים und לִיבִים Nubier macht; *Stade* Giess. Progr. 1880 S. 6 f., der schlankweg hier u. Jer. 46 לֻדִים in לוּבִים corrigirt) ist zu gewaltsam (s. *Ges.*); die Combination mit dem an den Syrten sesshaften grossen Berberstamm der Lewâta (*Mov.* Phön. II, 1. 377 ff., de Goeje 254) hat gegen sich, dass dieser Name vor dem 6. Jahrh. n. Chr. bis jetzt nicht nachgewiesen ist. Immerhin aber ist ein Volk des westl. Unterägyptens oder an der Grenze davon zu vermuthen, wie denn auf den äg. Denkmälern neben den hellfarbigen Thimehen im westl. Delta noch die Thihenu (später Pit, Phaiat d. i. *Puṭ*) westlich davon, ferner die Mâšauaša und Rebu (Lebu) in der Marmarica, Cyrenaica u. s. w., lauter Libyer, unterschieden werden (*Stern* 2265; *EMey.* I. 49). עֲנָמִים] Ἐνεμετιείμ LXX; darum von *Kn.* u. *Buns.* mit *emhit* d. i. „Norden" combinirt und als Nordägypten ausgelegt, von *Ebers* als *an-amu* d. h. wandernde Amu oder asiat. Rinderhirten, die am bukolischen Nilarm ansässig geworden seien, gedeutet; aber blosse Etymologien, zumal die höchst unsichern

ägyptiscren, reicren nicrt aus; als Volks- oder Ortsname ist bis jetzt
blos ʿAn, Wüsten und Gebirgsland östl. vom Delta (EMey. I. 49)
nacrgewiesen.   לְהָבִים] LXX Λαβιείμ, sind docr worl dieselben mit
den לוּבִים Nar. 3, 9. 2 Chr. 12, 3. 16, 8. Dan. 11, 43, und also (nicrt:
Nubier, Hilz., sondern) Libyer, im Altäg. (Tahennu) Thihcnu, aber
aucr Rebu oder Lebu (Ebers 105 ff.; Chabas 177 ff. 184 ff.; Stern).
Der Name Libyer ist bekanntlicr später weitrin nacr dem Westen aus-
gedernt worden; rier muss der Name in einem engern Sinn, von den
an Äg. angrenzenden Libyern verstanden werden (Kn. VT. 282 ff.).
Dass Nar. 3, 9 Puṭ und Lub neben einander genannt werden, erklärt sicr aus dem zu לִהָבִים Bemerkten.   נַפְתֻּחִים] nur rier, nacr dem
TrgJon., welcres Pentaschönum dafür (?) gibt, von Boch. u. Mich.
spracrlicr und sacrlicr unwarrscreinlicr mit Νέφϑυς combinirt, und
an die NO.Grenze Ägyptens gesetzt, von Kn. u. Eb. ansprecrender
als na-ptah = οἱ τοῦ Φϑᾶ auf die Mittelägypter (weil Mempris
Hauptort des Gottes Phtha war) gedeutet, aber als wirkl. Volks- oder
Landesname damit nicrt nachgewiesen.   Napata (Ptol. 4, 7, 19) am
Berg Barkal, die ältere Hauptstadt von Meroë (Tuch[2] 193; de Goeje
255 f.) liegt im Gebiete von Kuš, könnte aber, da scron Ramses II.
bis Barkal vordrang, vielleicrt docr in Betracrt kommen, zumal da
sofort die Oberägypter folgen.   פַּתְרֻסִים] abgeleitet von פַּתְרֹ־ם (Jes. 11,
11. Jer. 44, 1. 15. Ez. 29, 14. 30, 14) d. r. Oberägypten (Trebais),
Φαϑωρῆς und Παϑουρῆς in LXX Ez. u. Jer.   Einen νόμος Phaturites
im westl. Treil der Thebais erwärnt Plin. 5, 9.   Über die Ableitung
des Namens s. Ges. th., Ebers 115 ff. Brugsch Gesch. 225 f. 253 f.
כַּסְלֻחִים] LXX Χασμωνιειμ und Χασλωνιειμ, seit Boch. auf die Kolchier
am scrwarzen Meer gedeutet (nocr von Win. Tuch. Ges.), weil diese
nacr Her. 2, 104. Diod. 1, 28. 55. Strab. 11, 2, 17. Dion. perieg.
689. Ammian Mrc. 22, 8, 24 und andern Zeugnissen Abkömmlinge
der Äg. waren.   Aber selbst wenn die Sacre ricrtig ist, dass eine äg.
Colonie dort sass, so war docr in der Reire der äg. Völker für solcre
Versprengte kein Platz (s. aucr CRitter Vorralle 35 ff. und Hitzig
Pril. 87 ff.).   Das TrgJer. bietet Pentaschönäer, und nacr Forst. raben
Kn. Eb. u. a. den von der östl. Nilmündung dem Meer entlang bis
gegen die Südgrenze Palästina's rin sicr erstreckenden dürren, reissen
und salzigen Landstricr mit dem sirbonischen See und dem Mons Ca-
sins oder die Κασιῶτις, die Ptol. zu Äg. recrnet, verstanden, aucr
den Namen aus kopt. kas d. i. Berg, und lokh d. i. Dürre, Hitze abgeleitet (Eb. 123).   Als wirklicrer Eigenname ist aber Kasluchim damit nicrt erwiesen, und ob dieser Landstricr wirklicr einigermaassen
bevölkert war? von wo die Philister ausgegangen sind] eine Notiz
(ob spätere Glosse?), welcre Einwanderung der Ph. aus dem äg. Völ-
kerkreis aussagt.   Sinnlos wäre sie, wenn unter Kasl. die Kolchier gemeint wären, und wäre (JDMich. Ilg. Vat. Bohl. Tuch Bertheau Ew,
Bud. 331) dann anzunermen, dass sie urspr. rinter כַּפְתֹּרִים gestanden
rabe.   Aber aucr orne jene Voraussetzung liegt em Bedenken gegen
die jetzige Stellung jener Worte darin, dass nacr Am. 9, 7. Dt. 2, 23.
Jer. 47, 4 die Pril. von Kaftor kamen oder Kaftoräer waren; und ob·

woil die Ciron. und alle Verss. scion die Texteslesart iaben, ist die
Möglicikeit, dass iier ein altes Verseien vorliegt, nicit ausgescilossen.
Will man die Lesart ialten, so wird man nicit sowoil zwiscien älteren
Piil. aus Kasl., und späteren aus Kaftor (*Kn. Del.*) unterscieiden (denn
obige Stellen, besonders Dt. 2, 23 unterscieiden so nicit) als vielmeir
anneimen müssen, dass die erste Einwanderung der Piil. in iire Ge-
biete nicit direkt, sondern über die äg. Meeresküste, näier über Kas-
luchim, vor sici ging. כַּפְתֹּרִים] sicier nicit Kappadocien, wie die Alten
(LXX zu Dt. 2, 23. Am. 9, 7, *Vulg.* ebenda und Jer. 47, 4, die 3
Trgg. u. *Pesch.*, vgl. Test. Sim. 6; auci *Boch., Ges.* ti.) naci blosser
Namensähnlichkeit annaimen; ebenso wenig Cypern (*Mich. Schulth.*),
s. פָּתִים V. 4, sondern (*Calmet, Ros. Tuch, Hitz. Bertheau, Ew. G.*[3]
I. 353 f., *Kn. Kiep.* a.) *Kreta,* nicit blos weil diese grosse Insel
(V. 4 nicit erwäint) in dieser Tafel kaum feilen kann, sondern weil
Kaftor Jer. 47, 4 ein אִי ausdrücklici genannt wird und die Piilister
wie in obigen Stellen Kaftorim, so in andern (1 Sam. 30, 14. Şeph.
2, 5. Ez. 25, 16) geradezu כְּרֵתִים ieissen, und auci noci ausserbibl.
Nachriciten (*Win.*[3] I. 211) einen Zusammeniang der Piilister mit
Kreta andeuten. Dass Kaftor die äg. Deltaküste sei (*Ebers* 127 ff.;
Dietrich in *Merx* Arciiv I. 313 ff. u. a., s. *Köhl.* G. I. 83; dagegen
de Goeje 257 f.), kann mit blos möglichen Etymologien nicit bewiesen werden und widerspricit allen Zeugnissen des AT. (*Saadia's* Erklärung des Namens ist oine Gewicit, wie seine Deutung der übrigen
Namen dieses Verses zeigt). Dass Kaftor-Kreta als Abkömmling Ägyptens und nicit Javan's erscieint, iat nicit blos geogr. (*Kiep.*) sondern geschichtl. Grund in dem Zusammeniang eines Theils seiner Bevölkerung oder auci seiner Cultur und Religion mit dem äg.-libyscien
Küstenland (naci Diod. Sic. 3, 67. 70 floi Ammon naci Kreta). Wer
den Namen Kaftor gesciaffen iabe, ist noci nicit bekannt; mancierlei
Volksstämme und Spracien kreuzten sici dort (Hom. Od. 19, 175;
Her. 1, 173). Sonst s. auci *EMey.* I. 318 f. — Bei der Unsicier-
ieit der Deutung der Namen ist auci die Reiienfolge, in welcier die
Söine Mişraim's aufgezäilt werden, unklar. — V. 15—19. Die *Kenaaniter,* den Israeliten wicitig und genau bekannt, werden seir ausführ-
lici beiandelt. Dass *sämmtl.* Namen von חֵת bis צְמָרִי sammt V. 19
(*de Goeje* 241 f., *Merx* im BL. V. 609) oder dass ganz V. 16—18[a]
(*Wl.* XXI. 404; *EMey.* in ZATW. I. 125; *Bud.* 222) interpolirt seien,
ist leicit beiauptet, aber weder mit V. 18[b], noci mit den Namens-
formen (vgl. V. 13 f. 4.) zu beweisen. Die in Texten des C (s. 15,
20. Ex. 3, 8) so iäufige Aufzäilung von 5—6 kenaan. Völkernamen
muss doci bei iim auf eine Grundstelle zurückgeien, u. wo sollte
eine solcie passender sein als iier? Will man aber das Wissen der
alten bibl. Erzäiler aus seinem eignen Kopf oder naci den sporadiscien
Naciriciten der Äg. u. Assyrer corrigiren, dann muss man auci וְאֶת־הַחִתִּי
streicien, da sicier von iiren *Cheta* oder *Ḥatti* חִתִּי אֶת־יָלַד יָלַד כְּנַעַן nicit
auszusagen war. בְּכֹלִי] .wie 22, 21. צִידוֹן] eig. die Fiscierstadt? (von
צֵיָה), der älteste Anbau der Ken., der Erstgeborne (Justin. 18, 3; Curt.
Alx. 4, 1, 15. 4, 4, 15; Homer kennt sie allein von allen phöu.

Städten); im AT. auch „Ṣidou die grosse" genannt Jos. 19, 28. 11, 8;
selbst später, als Tyrus bereits seine Bedeutung gewonnen, werden
die Phöniken die Ṣidonier genannt 1 Reg. 11, 5. 16, 31. Jos. 13,
6 u. s. (ebenso bei Homer). Wenn also hier Tyrus nicht erwähnt
wird, so folgt nicht, dass der Vrf. vor Erbauung von Tyrus lebte,
sondern nur, dass man zu seiner Zeit noch ein richtiges Bewusstsein
von dessen jüngerem Ursprung hatte (Jos. ant. 8, 3, 1; Just. 18, 3).
Die Annahme (*Kn*. VT. 323 ff.), dass Tyrus unter רֵח mit zu begreifen
sei, ist nicht begründet, רֵח] werden durch ihre Stellung unmittelbar
nach Ṣidon als ein altes Volk gezeichnet; die Form רֵח (ohne י—, obwohl חִיֵּי, statt רֵח בְּיַ bei A, sonst sehr üblich ist) lässt einen um-
fassenderen Volksnamen erkennen. In der Zeit der 18. bis 20. Dynastie
waren nach den äg. Denkmälern in Syrien, zwischen Orontes u. Eufrat,
bis nach Kleinasien hinein, die Chēta das herrschende Volk (*Brugsch*
geo. Inschr. II. 20 f., *EMey*. G. d. A. I. 218. 276 ff.); in den assyr.
Keilschriften ist vom J. 1100 an im gleichen Sinn viel von den Ḫatti
die Rede; vom 8. Jahrh. an, seit der Unterwerfung dieser Länder durch
die Assyrer, kommt der Name bei den Assyrern nur noch in Anwendung auf Palästina vor (*Schrad*. KGF. 225 ff., KAT² 107 ff.). Die
Personennamen dieser alten Ḫatti lauten nicht kenaan.-hebräisch. Dass
mit diesen syr. Ḫatti die bibl. Ḫitti gar nichts zu thun haben u. der
Name nur missbräuchlich u. irrthümlich auf einen kenaan. Volksstamm
übertragen wurde (*Schrad*. KAT.² 110), ist nicht nothwendig anzunehmen: auch bei den Isr. kannte man noch zu Salomo's Zeit u. später
(1 Reg. 10, 29. 2 Reg. 7, 6) hettit. Könige in Syrien wohl. Die
Ḫitti in Palästina können Bruchtheile jenes grossen Volks gewesen sein,
welche mit Kenaanäern gemischt u. kenaanisirt waren, u. darum vom
Vrf. hier unter Kenaan geordnet wurden. Jedenfalls wird er die רֵח
in Kenaan hauptsächlich, wenn nicht ausschliesslich im Auge haben.
In den Aufzählungen der kenaan. Völker stehen sie oft voran; als Gesammtname für alle kenaan. Völker (wie נַעֲכִי oder אֱמֹרִי) kommen die
הַחִתִּים bei A u. Ez. 16, 3. 45 (vielleicht auch Jos. 1, 4. 1 Reg. 11, 1)
vor. Innerhalb Kenaans erscheinen Hett. bei Hebron Gen. 23 und in
der Mitte des Landes Num. 13, 29. Jud. 1, 26. — Es folgen 4
ken. Stämme, die in das eig. Kenaan gehören. יְבוּסִי] die in und um
Jebûs (Jerusalem) sassen Num. 13, 29. Jos. 11, 3. 18, 28. Jud. 1,
21. 19, 10 ff., 2 Sam. 5, 6 ff. אֱמֹרִי] vielleicht eig. Höhenbewohner
Num. 13, 29, von אֵם=אֱמִיר Jes. 17, 9 *Gipfel, Höhe*; auf dem Gebirg Efraim und Juda bis tief in den Süden (*Ew*. G.³ I. 338) ausgebreitet, und mit Resten der alten Urbewohner stark gemischt; der
kräftigste und am meisten kriegerische unter allen diesen Stämmen,
der vor Mose auch im Ostjordanland bedeutende Eroberungen gemacht hatte (*Ew*. G.³ I. 338; BL. I. 117 f.; III. 516 f.; *Ri*. HWB.
57 f.). Öfters, nam. bei B u. D, aber auch in äg. Inschriften (*EMey*.
I. 214. 218) wird אֱמֹרִי als Gesammtname der Ken. (wie נַעֲכִי bei C)
gebraucht (eine Probe ihrer Sprache Dt. 3, 9). גִּרְגָּשִׁי] in den Verzeichnissen der Ken. auch sonst mitgenannt Gen. 15, 21. Dt. 7, 1.
Jos. 3, 10. 24, 11, aber ihren Wohnsitzen nach nicht näher bestimmt

(im Westjordanland? Jos. 24, 11); eine Vermuthung bei *Ew.* G.³ I,
334. חִוִּי] vielleicht die in חִוָּה lebenden (*Ew.* G.³ I. 341), wie solche
geordnete Gemeinden derselben in Šikhem (34, 2) und bei Gibeon (Jos. 9)
erwähnt werden; später finden sie sich auch mehr nördl. in den Her-
mon- und Libanon-Gegenden, vielleicht erst von Isr. zurückgedrängt
(Jud. 3, 3; Jos. 11, 3; 2 Sam. 24, 7). — Wenn die sonst (auch 13,
7. 15, 20) unter den Ken. mit aufgezählten פְּרִזִי d. i. die in offenen
Dörfern (פְּרָזוֹת) wohnenden (Bauern) hier fehlen, so könnte sich das
daraus erklären, dass der Name nicht als Stammname, sondern als Bezeichnung eigenthümlicher Lebensweise galt (*Ew.* G.³ I. 339; *Del.*).
Aber nach 13, 7. 34, 30. Jud. 1, 4 f., bes. Jos, 17, 15 ist wahr-
scheinlicher, dass sie heruntergedrückte Reste der Urbevölkerung waren
(*Kn.* VT. 335; *Ri.* HWB. 1193), wenn auch mit Ken. schon gemischt.
— Nun folgen noch 5 ausserpalästinische Völkerschaften (eig. Städte
und Stadtgebiete, wie יְבוּסִי). Dass die Gibliter (גבל Byblos) mit Berytus
nicht darunter sind, kann auffallen (*de Goeje* 238), wird aber in den
Stammverhältnissen seinen Grund haben (Vermuthungen darüber bei
Mov. Ph. II, 1. 103 ff.). עֲרָקִי] *Sam.* ערוקי, LXX *Ἀρουκαῖος* (mit
Joseph.) zu deuten auf *Ἄρκη* oder *Ἄρκαι*, etwa 5 Stunden nördlich
von Tripolis, am Fusse des Libanon, ass. *Arkâ* (*Schr.* KGF. 450 f. *Del.*
Par. 282), noch in der röm. Kaiserzeit eine bedeutende Stadt, Ge-
burtsort des Kaisers Alexander Severus, Sitz eines Bischofs, in der Zeit
der Kreuzzüge eine wichtige Festung, heut zu Tage verfallen, aber in
einem Tell Arqa und Dorf Arqa wiedergefunden (*Win.* RW., *Tuch,*
Ges. th.; *Robins.* Pal. III. 937 ff., NBF. 754 ff.). סִינִי] Trümmer einer
Stadt *Sin*, nicht weit von Arqa, kannte noch Hier. (quaest.), und *Brey-
denbach* fand 1483 ein Dorf Syn, ½ Meile vom Nahr Arqa. Eine
Bergfeste *Σιννᾶν* (Acc.) am Libanon erwähnt Strab. 16, 2, 18. Sie
soll auch ass. als Siânu vorkommen (*Del.* Par. 282). Sonst s. *Kn.*
VT. 328. אַרְוָדִי] LXX *Ἀράδιοι.* Am bekanntesten ist die Inselstadt
Aradus, die aber erst im 8. Jahrh., nach Strabo von Sidon. Flüchtlingen,
gegründet wurde (Euseb. chr. Arm. H. 173). Mit Unrecht hat man
(*de Goeje* 238 f.) daraus geschlossen, dass es früher keine Aradier gab;
Aradische Schiffe werden unter Tiglathpilesar I. erwähnt (*Del.* Par.
281) u. Aradus wird von Thutmes III. bekriegt (*EMey.* 229 f.). Der
Anbau auf dem Festland, später Antaradus genannt, der Insel schief
gegenüber, muss demnach älter sein. Ez. 27, 8. 11 erwähnt die Aradier als Schiffer und Krieger der Tyrer. Sie hatten eigene Könige
und müssen früher weithin an der Küste und bis ins Land von Hamath
mächtig gewesen sein (Strab. 16, 2, 12 ff.; Her. 7, 98; Arrian Alx.
2, 13). Aradus südl. vom Karmel, die Insel Aradus bei Kreta und
die Insel Aradus im pers. Meerbusen stand vielleicht in Zusammenhang
mit ihnen (*Kn.* VT. 193. 330). S. weiter *Schr.* KAT.² 104 f.; *Win.*³
I. 91; *Furrer* in ZDPV. VIII. 16; *Bädeker* Pal.² 144. צְמָרִי] eine Stadt
oder Burg *Σίμυρα, Σίμυρος* südl. von Aradus, nördl. von Tripolis
nennen Strabo 16, 2, 12; Plin. 5, 17; Mela 1, 12; Ptol. 5, 15, 4
u. Steph. Byz.; über *Si-mir-ra* in den ass. Inschriften s. *Schrad.*, über
Samar der Äg. s. *EMey.* I. 264; heute *Sumra* (*Bäd.*² 442). Emesa

(Himṣ) des Hieron. (mit *TrgJer.* u. *Saad.*) kommt nicit in Betracit. חֲמָתִי] das bekannte, im AT., auci in den äg. (*Brugsch* G. 331. 556) u. ass. Inscirriften bis auf Sargon (*Schr.* KAT.[2] 105 f., *Del.* Par. 275 ff.) öfters genannte Ḥamatı am Orontes, Hauptstadt eines unabiängigen Reicıes, in dessen Gebiet ıinein unter David-Salomo und Jerobeam II. Israel's Grenze reicite, ımter den Seleuciden zu Epipıania umgenannt, aber von den Einıeimiscıen mit dem alten Namen (Jos. ant. 1, 6, 2) bis ıeute fortgenannt (*Win., Ges.* th., *Bäd.*[2] 462 f.). Über die sg. ḥamathenischen Inscirriften s. *EMey* 237 f. — וְאַחַר נָפֹצוּ וגי'] naci 9, 19 kann nicit gewaltsame Zerstreuung oder Verdrängung durcı die Isr. (*Bohl.*), sondern nur Ausbreitung derselben gemeint sein, und zwar wegen V. 19 nicit in iıre auswärtigen Colonien, sondern nur innerhalb Kenaan's. Das Wort הַכְּנַעֲנִי aber, V. 19 unläugbar in engerem Sinn (mit Ausscıluss der phön. und syr. K.) gebraucit, muss auci ıier so gemeint sein. Erst mit der Zeit ıat der K. sicı so weit ausgedeınt; dass gerade von Ṣidon aus (*Kn. Del.*), liegt nicit notıwendig darin. Das וגי' וְאַחַר für einen Einscıub von R (*Schr.*) zu erklären, liegt kein Grund vor; andererseits wäre aber auch ואחר וגי' sinnlos, wenn vorıer von eigentlicıen Ken. keine anderen als רח genannt wären. — V. 19. Die Grenzen der Ken. im eig. Kenaan oder Westjordanland von Ṣidon im N. bis Gaza im S. und Lescha im SO. בֹּאֲכָה] V. 30. 13, 10. 25, 18 im adverb. Acc. (indem du kommst) für volleres עַד־בֹּאֲכָה 19, 22. 2 Sam. 5, 25. 1 Reg. 18. 46 (*Ew.* 294[b]), *gegen — hin, in der Richtung auf.* Gerâr (s. 20, 1) lag viel südlicıer als Gaza, und עַד־עַזָּה gibt somit eine genauere Bestimmung, als 'ב; גְּרָרָה; iıre Grenze gieng, in der Ricıtung auf Gerâr d. ı. den tiefen S̱. hin, bis naci Gaza, der bekannten Stadt in Philistäa; ebenso in der Ricıtung auf die Städte Sodom u. a. ıin, d. ı. östlicı, bis Lescha. Über die 4 Städte וגי' סדם s. zu 14, 2. *Lescha* kommt sonst nirgends vor; Καλλιρρόη auf der Ostseite des todten Meeres im W. Zerqa Ma'in, der berüımte Badeort mit ıeissen Quellen (Jos. b. j. 1, 33, 5; ant. 17, 6, 5; Plin. 5, 15; Ptol. 5, 16, 9), auf welcıen die Juden (*TrgJer.*; *Hieron.*) es deuteten, ist zu weit nördl. gelegen. Naci der Analogie des vorıergeıenden Satzes erwartet man eıer einen Ort diesseits des todten Meeres oder des Ghôr. Jedenfalls ıat der Vrf. mit diesen Grenzbestimmungen die älteste Zeit (vgl. 19, 29) im Auge. Die Vermuthung, dass לֶשַׁע zu לַיְשָׁה oder לֶשֶׁם zu corrigiren und so mit *Laisch* d. ı. Dan die Nordgrenze des eig. Kenaan angegeben sei (*Wl.* XXI. 403 f.), widerlegt sicı durcı die Analogie von עַד־עַזָּה. — V. 20 von A, s. V. 5.

V. 21—31. *Die Semiten* oder *die mittleren Völker.* V. 21 von C, vgl. 4, 26. Die Art, wie ıier Šem eingefüırt wird als Vater aller Hebräer und älterer Bruder Jefeth's, ist dem A fremd und dem Stücke 9, 18 ff. verwandt (9, 18. 24), vgl. 11, 29. 22, 21. Vrf. denkt bei Šem sofort an die Hebräer und iıre Bedeutuıg für die Heilsgescıicıte. כָּל־בְּנֵי־עֵבֶר] aller von Eber abgeleiteten Völker, näml. der V. 25 ff. (11, 16 ff.) 19, 37 f. 22, 21 ff. 25, 1 ff. 12 ff. 36, 1 ff. zu nennenden, ganz besonders aber der Isr. Dass כָּל־בְּנֵי Einsatz des R sei (*Bud.* 221), ist weder beweisbar, noci waırscıeinlicı. אֲחִי יֶפֶת הַגָּדוֹל] nicit: *Bruder des grossen* d. ı. älteren *Jefeth* (LXX *Sym.*; Mass., *Raš. Abene. Luth. Merc. Pisc. Cler. JDMich. Dath. Köhl.* G. I. 54 f.), was sacılicı (9, 23. 26 f.) und sprachlich unricıtig ist, da die Beschränkung des בְּנֵי־שֵׁ auf das Alter nur dann genügend angedeutet wäre, wenn es בְּנֵי־שֵׁ הַגָּדֹל biesse (9, 24. 27, 1. 15. 42; 1 Reg. 2, 22; in Gen. 44, 12 und 1. Sam. 17, 13 ist der Zusammenıang maassgebend), sondern: *der ältere Bruder Jefeth's*. Das ist aber bemerkt, um den Scıein, als wäre Šem der jüngste, zu beseitigen (*Tuch Kn. Del., Bud.* 306), u. folgt woıl daraus, dass aucı bei C (wie bei A) Jef. vor Šem beıandelt war. Zugleicı wird dadurcı waırscıeinlicı, dass bei C Ḥam der jüngste war (9, 24), sonst ıätte er אֲחִי שֵׁם הֵגּ׳ sagen müssen. — V. 22 f. Die *Söhne Šem's*, nacı A. Die Aufzählung, im SO. beginnend, scıreitet nordwärts, dann von N. nacı W., um südl. von dieser nördl. Reiıe zu scıliessen. Die 5 Namen sind Volks- und Landesnamen. Für die Zusammenfassung unter dem gemeinsamen Namen Šem ist wenn nicıt durcıaus Spracıverwandtscıaft, so docı Stammverswandtschaft, vielleicıt aber aucı einstige Zugeıörigkeit zu einem alten Semitenreich (*Ew.* G.[3] I. 397 ff.) oder meıreren solcıen maassgebend gewesen. Keinenfalls aber ist der Bestand des Perserreicıs, von Elam (Persien) bis Lydien, dabei vorausgesetzt (*de Goeje* 251 f. *Wl.* I. 338). Oıne Madai (s. V. 2)! oıne Babylonien (nacı *Wl.* soll Bab. unter Arfaxad versteckt sein)! oıne Kenaan! Wie bei Jefeth und Ḥam älteste Völkerverhältnisse bescırieben sind, so sicıer aucı ıier. עֵילָם] Volk und Land östl. vom untern Tigris, südl. von Assyrien und Medien, nördl. vom pers. Meerbusen, ungefäır dem spätern Susiane und Elymais entsprecıend. Eine genaue geogr. Begrenzung ist für die alten Zeiten nicıt möglicı; aber weder ıier nocı sonst im AT., aucı Dan. 8, 2 nicıt, umfasst Elam aucı Persien (Jos. ant. 1, 6, 4 und die Späteren) oder gar alles Land bis Indien (BJub. c. 9). Über die Gescıicıte Elam's, das in urältester Zeit (14, 1 ff.) in Verbindung mit Šinear erscıeint, später mit seinen Gescıicken an das neue assyr., bab., pers. Reicı geknüpft war, s. BL. II. 91 ff.; *Nöldeke* in GGN. 1874 S. 173 ff.; *Maspero-Pie.* 149 f. 167; *EMey.* I. 164 ff. Assyriscı ıeisst es ʿ*Ilam* oder ʿ*Ilamti* (*Schr.* KAT[2] 111 f.; *Del.* Par. 320 ff.), altpersiscı *Uvaģa* oder (*H*)*úģa* (bei den class. Autoren Uxii oder (H)uxii), woraus jetzt Kıuzistan. Über die Spracıe des ältesten Elam wissen wir nicıts Sicıeres, docı ist möglicı, dass in den Ebenen am Tigris, Choaspes und Eulaeus scıon früıe Semiten sassen, wäırend den östl. und nördl. gebirgigen Tıeil die Kissier (S. 177) inne ıatten, und aucı die alte Herrscıaftsbildung in Elam von diesen ausging (*Del.* 320 f. 128 f.). אַשּׁוּר] grösstentheils auf dcr Ostseite des mittleren Tigris zwiscıen Armenien, Susiana und Medien (Aturia, Adiabene), mit nicıt genau bestimmbarem Umfang (s. übrigens Dio Cass. 68, 28 und Strabo 16, 1, 1 ff.), so benannt nacı der alten Hauptstadt Ašur (s. V. 12) und dem Gott Ašur (*Schr.* KAT[2] 35 f. u. in *Ri.* HWB. 99 ff.; *Del.* Par. 252 f.). Über die spätere Gescıichte des Namens s. *Nöldeke* in Hermes V. 458 ff. Dass die Assyrer eine semit. Sprache redeten, steıt jetzt fest. אַרְפַּכְשַׁד] seit *Boch.* ziemlicı allgemein gedeutet auf ʾΑῤῥαπαχῖτις (Ptol. 6, 1, 2), das Gebirgs-

land des obern Zab (östl. von Karduchien oder Gordyene), dessen Name
in Aghbak bei den Armenern, Albâq bei den Kurden* noch erhalten
blieb. Freilich decken sich die Laute nicht ganz, und zur Erklärung
von ‏שד‎ armenisches *šat ξατα* (*Lagarde* Symm. I. 54) zu Hülfe zu
nehmen ist bei einem so alten Wort mehr als bedenklich. Neuerdings
will man ohnedem die Grundform zu Arrap. in ass. *Arbaḫa* (*Schrad.*
KGF. 164. 167), *Arabḫa* (*Del.* Par. 124 f.) gefunden haben. Aber
nun unter ‏ארפכשד‎ Akkadien (*Neuville* 414 ff.) oder Babylonien (*Del.*
Par. 255 f.; *Schr.* KAT.[2] 113 f.) zu verstehen, wird, sowohl durch die
Thatsache, dass weder keilschriftlich noch in der alten Literatur diese
Benennung Babylon's nachzuweisen ist, als auch durch die Ordnung der
Aufzählung verboten. Gerade diese Ordnung, so wie 11, 12 ff., verlangt ein Volk nördl. (wie Arrap.) oder besser nordwestl. von Assur,
etwa im obern Tigrisland zwischen den Ketten des Taurus und des
Masins. Ansprechender ist die Vermuthung (*Schlözer* in *Eichh.* Repert.
VIII. 137; *JDMich., Ew.* G.[3] 1. 405. *Ges. Kn.* a.), welche in Anbetracht dessen, dass Joseph. (Eus., Hieron. a.) von Ἀρφαξάδης die Kaldäer abstammen lässt, in ‏כשד‎ die ‏כַּשְׂדִים‎ Kaldäer, und in ‏ארה‎ ein Wort
wie *Grenze, Gebiet* (arab.) oder drgl. finden. Dass die Hebräer Kaldäer auch ausserhalb Babyl. kannten, ist aus Gen. 22, 22. Ij. 1, 17
sicher, und ehe die merkwürdige Thatsache, dass bab. Kaldäer den Hebräern erst von Jeremja's Zeiten an geläufig wurden, aufgeklärt ist, ist
es erlaubt u. geboten, zu bezweifeln, dass die Kaldäer von jeher in Babyl.
einheimisch waren (s. 11, 28). Dass die später in Karduchien eingewanderten indogerm. Stämme bei den Klassikern insgemein Χαλδαῖοι heissen,
erklärt sich viel leichter, wenn der Name schon früher am Lande haftete,
als aus blosser Verwechslung mit Χάλυβες. Die Ableitung des ‏ארפכשד‎
aus arischem *Arjapakshatâ* („das Arien zur Seite liegende“ *Bohl. Tuch*)
ist nicht mehr annehmbar. — Von hier aus wendet sich der Vrf. zuerst westwärts, um dann erst auf den südlicheren Aram zu kommen.
‏לוּד‎] Sam. ‏לֹד‎, *Lyder.* Für einen entfernten Zusammenhang des ‏לוּד‎
mit den Semiten, vermittelt allerdings nicht durch die Assyrer, deren
Macht nie so weit reichte u. die erst vom 7. Jahrh. an ihrer Erwähnung thun (*Schr.* KAT.[2] 114 f.), wohl auch kaum durch das
Cheta-Reich (*EMey.* I. 306 ff.), kann man wenn auch nicht die sagen-
hafte Zurückführung ihres ersten Königs Agron auf Ninos u. Belos
(Her. 1, 7), so doch die mannigfachen, bei ihnen und andern klein-
asiatischen Völkern vorkommenden Berührungen mit syrischen Culten
u. Bräuchen (*Lenorm. Bér.* 146 ff.; lég. de Sémir. 56 ff.; *Kiepert* A.
Geogr. § 109; *EMey.* I. 307 ff.) geltend machen. Im übrigen wird
man bei einem Vrf., der eine ältere Völkerschichtung Kleinasiens (V. 2 f.)
im Sinn hat, nicht genöthigt sein, den Namen ‏לוּד‎ auf den fernen
Westen zu beschränken, sondern etwa östlichere Sitze desselben annehmen oder aber die Landschaften zwischen Lydien und dem östl.
Semitenland (Karien Lycien Pamphylien Cilicien), soweit sie nicht
etwa unter Aram begriffen sind, dazu rechnen können, da die kleinasiat. Küstengebiete innerhalb des Taurus naturgemäss zu Sem gehören (*Kiep.* MBer. S. 198). In den lyd. Sprachüberresten lassen

sicı höchstens nur vereinzelte semit. Wörter erkennen (eıer war die Spracıe eine indogermaniscıe, s. *Lassen* in ZDMG. X. 382 f. *Lag.* ges. Abh. 266 f.; BL. IV. 63 f.), aber das wäre kein Grund, unter לוד Lydien nicıt zu versteıen (vgl. Elam). Wo sonst im AT. לוד vorkommt (s. V. 13), sind die afrik. לוד zu versteıen (gegen *Stade* und *Del.* Par. 257). Die Hypotıese von einem grossen semit. Volk Lud, von dem Amaleq, Amoriter, Pıilister, die äg. Ludim und die kleinasiat. Lyder Tıeile gewesen seien (*Kn.*), ist eine Fiction.   אֲרָם] meır Volks- als Landesname, und weiteren Sinnes als Syrien, so dass, wo genauer geredet werden soll, ein Beisatz gemacıt wird, wie Aram der beiden Ströme, Aram Damasḳ's u. a., also die Völker Syriens, Mesopotamiens bis ıinein in die oberen Tigrisebenen und die Thallandschaften innerıalb des Taurus, die später zu Armenien gerecınet wurden, aucı woıl bis nacı Cilicien ıinein (Strab. 13, 4, 6), nur dass (22, 20 ff. Am. 9, 7) die Ausbreitung dieser Völker über diese weiten Länder als eine erst allmählig (nam. unter Verdrängung der Ḥatti) vor sicı gegangene zu denken ist. *Hochland* bedeutet אֲרָם nicıt; die Grundform war Arãm. Über die *Aramu*, *Arimu* der Assyrer s. *Schr.* KGF. 109 ff. KAT² 115 ff.; *Del.* Par. 257 f. Über die spätere Gescıicıte des Namens s. *Nöld.* in ZDMG. XXV. 113 ff. — V. 23. Von diesem weitscıicıtigen Volk werden 4 Zweige ıervorgeıoben als *Söhne des Aram* (welcıe Worte in 1 Cır. 1, 17 feılen), die in den ältesten Zeiten grössere Bedeutung geıabt ıaben müssen, deren Namen aber später zurückgetreten oder verscıwunden sind, so dass man sie nicıt meır alle nacıweisen kann.   עוּץ] ist der bekannteste darunter; kommt 22, 21 vor als erster Soın das Naḥor; 36, 28 Bruchtheil von iım (?) im Verband der Ḥoriter; Ij. 1, 1 ein Volk nordöstl. von Edom; Jer. 25, 20 Könige des Landes Uṣ; Thren. 4, 21 Edomiter über das Land Uṣ ausgebreitet. Nacı Jos. ant. 1, 6, 4 war Uṣ Gründer von Tracho- nitis und Damasḳ (Ptol. 5, 19, 2 nennt Αἰσῖται in der Wüste westl. vom Eufrat). Alles dies weist auf ein im südl. Syrien und der Wüste weiter verbreitetes Volk, nam. in der Gegend von Ḥauran und Damasḳ, ıin. Aucı auf einer Inscırift Salmanassars II will *Frd. Del.* (ZKSF II. 97) den Namen עוץ gefunden ıaben.   חוּל] von Josepı. u. a. auf. Armenien, von *Boch.* auf Χολοβοτήνη in Aımenien, in der Glosse bei Syncell. auf die Μαγαϱδοί gedeutet, wird gewöınlicı erläutert durcı den Namen *Ḥule*, der nocı immer am Ḥule-See in Galilaea und der sumpfigen Landscıaft um denselben ıer (*Ros.* AK. I, 2, 253; vgl. Οὐλάϑα Jos. ant. 15, 10, 3. 17, 2, 1), abeı aucı an einer Landscıaft zwiscıen Emesa und Tripolis (Edrisi in *Ros.* anal. arab. III, 1C) ıaftet. Docı wird damit wenig geıolfen, da dies aucı ein n. appell. gewesen sein kann. Ein Bezirk *Ḥuli(j)a* am Mons Masins wird in den ass. Inscıriften erwäınt (*Del.* Par. 259). גֶּתֶר] nicıt meır nacıweisbar; Vermuthungen bei *Winer* RW.; *Knobel's* (VT. 235 f.) Erläuterungen aus araþ. Genealogien ergeben nicıts annehmbares.   מַשׁ] wofür *Sam.* מאש. LXX Μοσόχ, 1 Chr. 1, 17 מֶשֶׁךְ (aucı Ps. 120, 5?) geıen, (docı s. V. 2), deutet Josepı. auf die Μησαναῖοι an den Eufrat-Tigris-Mündungen (syr. مَشَّنُ), woıl durcı Ver-

wecıslung mit מֵשָׁא V. 30, diese sind zu weit südlicı. Eıer empfieılt
sicı der *Mons Mas-ius*, nördl. von Nisibis (*Boch. Mich.*), welcıes
Gebirge Armenien von Mesopotamien scıeidet (Strab. 11, 14, 2; Ptol.
5, 18, 2) und von dem der ܡܫܐ ܢܘܪܐ herabfliesst (s. *Ges.* th.). Der
Name soll aucı in den ass. Inscıriften vorkommen (*Schr.* in *Ri.* HWB.
80), scıeint aber · ıier einen Tıeil der syriscıen Wüste zu bedeuten
(Journ.As. VIII, 4 p. 569; ZKSF. II. 95). — V. 24 ein Einsatz des
R, durcı welcıen die Genealogie des C (Sem Eber Peleg) mit der
des A in 11, 1ô ff. ausgeglicıen werden soll. — V. 25—30 aus C,
Fortsetzung von V. 21. Von Eber, dem Soın Sem's, leiten sicı Peleg
und Joqtan ab. פֶלֶג] s. 4, 18. *Peleg*, oıne Frage derselbe Name,
wie 11, 18, ıat ıier zugleicı die Funktion, einen Abscınitt in der
neuen Menscıengescıicıte zu markiren. In seinen Tagen wurde *die
Erde* d. i. nicıt die Erdcontinente (*Keerl*), nicıt Joqtan und Peleg
(*Kn.*), sondern die *Erdbevölkerung* (9, 19. 11, 1) *zertheilt*. Unter
der Voraussetzung, dass diese etymol. Notiz aus C stammt, ist die Zertheilung auf die Gescıicıte 11, 1—9 zu bezieıen (*Del.*, vgl. Ps. 55,
10; *Bud.* 383 f.), obwoıl dort die Zeit des Peleg nicıt ausdrücklicı
erwähnt ist. An sicı freilicı könnte (*Ew.* JB. IX. 7) sie aucı eine
Vertheilung der Gebiete durcı Vertrag oder Willen des Oberıauptes
bedeuten sollen (BJub. c. 8.), wobei anzuneımen wäre, dass der Ausdruck פלג statt חלק eben der Etymologie ıalber gebraucıt wurde; in
diesem Fall müsste die Bemerkung (כי—הארץ) als späterer Zusatz angeseıen werden. Docı liegt ein entscıeidender Grund für diese Annaıme nicıt vor. — Ob C im Verlauf seiner Darstellung von Peleg
aucı Völker abgeleitet hat, ist nicıt zu bestimmen; von Joqtan leitet
er die ıebr. (semit.) Araber ab. — V. 26. Joqtan gilt auf Grund der
bibl. Angaben bei den arab. Genealogen unter dem Namen Qahtân als
Stammvater der reinen Araber im eigentl. Arabien, von welcıen tıeils
die untergegangenen Urbewoıner wie 'Ad, Tıamud, Gadis u. a., tıeils die
Ismaeliten des Nordens (Gen. 25, 12 ff.) unterscıieden werden. Der
Name Qahtan soll als Name einer Landscıaft im nördl. Jemen und als
Stammname nocı erıalten sein (*Kn.* VT. 184), aber das ist kein Grund,
mit *Kn.* die Joqt. auf das südwestl. Arabien einzuscıränken. Sonst
s. aucı *Kremer* die südarab. Sage S. 24 ff. Dreizeın Stämme werden
von Joqtan abgeleitet: vielleicıt ist einer dieser Namen ein Zusatz, dann
ıätte man die bekannte Zwölfzaıl der hbr. Völker aucı ıier wieder.
אַלְמוֹדָד] die Punktation אַל setzt woıl den arab. Artikel voraus; waırscheinlich aber ist es, wie in so vielen andern sabäischen Namen, אל
(Gottesname) + מודד, von √ ידד abgeleitet (*Haélvy* mélanges crit.
p. 86; *DMüller* in ZDMG. XXXVII. 18). Ein Volksstamm dieses
Namens ist bis jetzt nicıt nacızuweisen: nicıt hieher geıörеn die
Ἀλλουμαιῶται des Ptol. (*Boch.*; dagegen ZDMG. XXII. 658). שָׁלֶף]
die Σαλαπηνοί des Ptol. 6, 7, 23 (Ἀλαπηνοί, *Spreng.* § 343) ıat
Boch., einen Landstricı Salfie (سلفة bei *Niebuhr* Arab. 247) eine
Strecke südwestwärts von Şan'â ıat *Kn.* verglicıen; *Sulaf* oder *Salif*
als Name eines Stamms in Jemen *Osiander* (ZDMG. XI. 153 ff.), so

wie *Silf* den östlichsten Bezirk von Jemen zwiscien Jâfaʿ u. Ḥaḍramaut iat *Halévy* (p. 86) nacigewiesen. Anderes bei *Kremer* 26, u.
Spreng. S. 270. חֲצַרְמָוֶת] auci auf den sab. Insciriften (ZDMG. XIX.
239 ff.) als הצרמות wiedergefunden und bis auf unsere Zeit unter dem

Namen Ḥaḍramaut (حَضْرَمَوْت) als Name einer Landsciaft östl. von
Jemen am Ocean erialten, identisci mit dem Land der Χατραμωτῖται,
eines der 4 Hauptstämme, welcie (Strab. 16, 4, 2) das südl. Arabien
bewointen, mit der Hauptstadt Σάβατα (V. 7), berühmt durci seinen
Weiraucriandel (ob' die ᾿Ατραμῖται oder die ᾿Αδραμῖται oder beide
von jenen zu unterscieiden seien, darüber s. ZDMG. XIX. 254. XXII.
658; *Olsh.* im MB. Berl.Ak. 1879 S. 571 ff.). Im Alterthum war
übrigens Ḥaḍramaut ein weiterer Begriff als ieutzutage. יֶרַח] noci
nicit ermittelt. Da im Hbr., Sab. und Geez das Wort ˙Mond bedeutet,

so iat *Boch.* (u. *Halévy* p. 86) auf die بَنِي هِلَال Neumondsöhne

oder *Alilaei* im nördl. Jemen, *Mich.* auf die Mondküste und den Mond-

berg, غبّ القمر oder جبل, im östl. Ḥaḍramaut gerathen (s. *Ges.*
th.; *Kn.* VT. 195); aber der Monddienst war unter diesen südl. Arabern
weit verbreitet. Anderes bei *Spreng.* S. 270. הֲדוֹרָם] *Sam.* אדורם,
nicit naciweisbar, denn die ᾿Αδραμῖται (Ptol. 6, 7, 10) oder Atra-
mitae (Plin. 6, 32. 12, 30), welche *Mich.* u. a. hieherziehen, geiören
zu הצרמות. Auci die Ḥaḍrameh (*Krem.* 25) passen den Lauten naci
nicit. אוּזָל] *Sam.* איזל, LXX Αἰζήλ. Uzal ist naci der Überlieferung
der Araber der alte Name der Hauptstadt von Jemen, welcier seit der
Besitznaime durci die Abessinier dem Namen Ṣanʾà (صنعاء) gewicien
ist (*Ges.* th.; *Kn.* VT. 188 f.). Noci im 6. Jahrh. n. Ci. kommen
bei einem syr. Sciriftsteller Auzalier als Name eines Volks im glück-
licien Arabien vor (*Assem.* bibl. or. I. 360 f.). דִּקְלָה] nicit nachgewiesen. Der Name lässt auf Palmenreichthum (دقل) sciliessen, wesialb *Boch.* an die Minaei (Strab. 16, 4, 18. Plin. 6, 32) in dattel-
reicier Gegend, *Kn.* (VT. 196) an einige andere Stämme denken
wollte. עוֹבָל] עיבל 1 Cir. 1, 22; *Sam. Vulg. Joseph.*; Εὐαλ und
Γεβαλ LXX. Naci *Halévy* p. 86 ist ʿAbil noci ieute in Jemen Name
eines Bezirks u. versciiedener Ortsciaften. Sonst s. *Krem.* 26; *Spreng.*
270. אֲבִימָאֵל] unermittelt; der Name Μάλι im Weirauciland (*Boch.*)
bei Theophr. plant. 9, 4 scieint falscie Lesart zu sein (*Mich.*). Zu
der ecit sabäischen Bildung des Namens ist אבמעיה־ (*Halévy* 86;
DMüll. ZDMG. XXXVII. 18) zu vergleicien. שְׁבָא] V. 7. אוֹפִיר] kommt
von Salomo an im AT. vor als Name des Landes, aus dem die Flotte
des Ḥiram und Salomo naci dreijähriger Fairt Gold, Edelsteine, Sandel-
iolz, Silber, Elfenbein, Affen und Pfauen bracite (1 Reg. 9, 28. 10,
11. 22. 2 Cir. 8, 18. 9, 10) und dessen Gold als feines Gold spricı-
wörtlici wurde (Ps. 45, 10. Ij. 22, 24. 28, 16. Jes. 13, 12. 1 Cir.
29, 4). Die Lage dieses Goldlandes iat man in der versciiedensten
Weise bestimmt (s. *Win.* RW. u. *Ri.* HWB.), weil man die Aussagen

des Königsbuchs über die Faırt dortıin und die Handelsartikel dort·
ıer zu Grund legte.   Indessen Joqṭaniden und somit aucı Opıir müs·
sen nacı V. 30 in Arabien gesucıt werden.   Und zwar kann nur der
hbr. Name, nicıt die von den LXX in 1 Reg. Cıron. Jes. (und Jos.
ant. 8, 6, 4) dafür gesetzte Form Σωφειρά, Σουφείϱ u. a. (die woıl
scıon auf bestimmten Vermuthungen über die Lage beruıt) maassgebend sein.   Sonacı fällt *Supara* an der malabarischen Küste Indiens
(Ptol. 7, 1, 6, und Edrisi, womit man aucı (Σ)ουππαϱα in Peripl.
m. erytır. 52 Müll. combinirte) ausser Betracıt, und von *Sofâla* auf

der Ostseite Afrika's, gegenüber der Insel Madagascar, (d. ı. سُفَالَة),

kann keine Rede sein, obgleicı diese längst wiederlegte Combination
immer wieder auftaucıt, zuletzt nacıdem *Mauch* 1871 40 deutscıe
Meilen landeinwärts von Sofâla die grossen Bauruinen von Zimbabye
wiedergefunden ıat.   Aucı *Abhira* an der Küste östl. vom Indus-Delta
(*Lassen* IAK.[1] I. 538 f.), lässt sicı mit unserer Stelle nicıt vereinigen.
In Arabien ist freilicı der Name Ofir nicıt meır nacıweisbar.   Mit
Combinationen wie bei *Kn.* VT. 191; *Hilz.* im BL. IV. 368 ist keine
Waırscıeinlicıkeit zu erzielen.   Der Nacıweis alten Gold- und Silberreichthums an der Westküste Arabiens zwiscıen Ḥiǵâz und Jemen,
von Dhahabân bis Ober-Chaulân (*Spreng.* 49 ff.), berecıtigt nocı nicıt,
Opıir dort zu sucıen (*Spreng.*; *Goergens* in den Stud. u. Krit. 1878
S. 458 ff.; *Soelbeer* das Goldland Opıir, Berl. 1880), da diese Örtlicıkeit dem Hafen ʿEzjongeber zu naıe und als Stapelplatz für die
afrik.-indiscıen Producte zu nördlich liegt.   Eine Gegend der südl.
oder südöstl. Küste Arabiens ist immer nocı am waırscıeinlicısten.
הֲוִילָה] s. V. 7 u. 2, 11 (S. 59).   In der Voraussetzung, dass es aucı
im nordöstl. Arabien, am pers. Meer, ein Ḥavila gab, könnte man
(*Win. Tuch. Ges.*) die Χαυλοταῖοι des Strabo 16, 4, 2 u. Ḥuwaila
in Baḥrein an der Küste (*Nieb.* Arab. 342) vergleicıen.   Da aber die
andern Namen der Liste (so weit erkennbar) eıer nacı dem SW.
Arabiens weisen, so ist die Combination (*Boch. Mich. Ros. Kn.*) mit
dem Ḥaulan Jemens (*Nieb.*; *Spreng.* S. 286 ff.) nicıt abzuweisen; speciell ʿΤαίλα (Ptol. 6, 7, 41) im südl. Jemen ıat *Boch.* verglicıen.
יוֹבָב] unbekannt; die Ἰωβαρῖται des Ptol. 6, 7, 24 in Ἰωβαβῖται zu
verbessern (*Boch.*), ist zu gewaltsam. — V. 30.   Die Ausdeınung iırer
Woınsitze (vgl. V. 19).   מֵשָׁא] nicıt *Moῦζα* Hafenstadt inneryalb des
Bab-el-Mandeb (*Boch.*), nicıt Bischa im nördl. Jemen (*Kn. Spreng.*
§ 399); eıer (*Mich. Ros. Tuch, Win.*), aber aucı nicıt seır wahrscheinlich *Mesene* an der nordwestl. Spitze des pers. Meerbusens (*Ges.*
tı. 823; *Mannert* Geogr. V. 359 f.; *Reinaud* sur le royaume de
Mésène 1861 p. 48 ff.); also bis jetzt unbestimmbar.   Von Mescha an war
iır Woınland in der Ricıtung (V. 19) *auf Sefar hin, nach dem östlichen Gebirge*, da הַר הַקֶּדֶם wegen seiner Stellung nicıt Praedic. des
Satzes sein wird, aber aucı nicıt Appos. zu סְפָרָה, weil von einem הַר
dieses Namens nicıts bekannt ist.   סְפָר] gewöınlicı (obwoıl die Laute
nicıt stimmen) geıalten für Σάπφαϱα, Sapıar Hauptstadt des Königs
der Sabaiten und Ḥomeriten (Ptol. 6, 7, 25. 41; Plin. 6, 26) in der

südwestl. Ecke Arabiens, das auc٦ den arab. Sc٦riftstellern als alte
bedeutende Stadt (ظفار) noc٦ wo٦l bekannt ist, zu untersc٦eiden von
dem im östl. Ḥaḍramaut liegenden, gleic٦namigen und ebenfalls se٦r
alten und berü٦mten Sap٦ar (ظفار) am Meer (über welc٦es s. *Ges.*
t٦. und *Wellsted* II. 347 f.). Das letztere würde ٦ier als ungefähr in
der Mitte der arab. Südküste gelegen, weniger passen; besser das erste
(*Tuch, Kn.*), zumal wenn מֵשָׁא wirklic٦ Mesene wäre, so dass die Linie
von NO. nac٦ SW. ginge. Das *östliche Gebirge* wäre dann das arab.
Hoc٦land Neǵd, das von dem vor٦erge٦enden Grenzpunkt weiter öst-
lic٦ sic٦ erstreckt (*Tuch, Ges.*), wogegen *Kn.* u. a. das grosse We٦٦-
rauchgebirge (*Ritter* Erdk. XII. 264) zwisc٦en Ḥaḍramaut und Ma٦ra
verste٦en wollen. Eine sic٦ere Erklärung des V. ist bei der Unbe-
stimmbarkeit der 3 darin genannten Namen unmöglic٦. — V. 31.
Sc٦lussformel des A zu den Semiten, vgl. V. 5 u. 20. — V. 32.
Schlussformel zum ganzen Verzeichniss, nac٦ A.

4. Der Thurmbau zu Babel und die Trennung der Völker und Sprac٦en, Cap. 11, 1—9, aus C.

1. Wä٦rend A in seiner Übersic٦t Cp. 10 von den 3 Söhnen
Noaḥ's die 3 Menschheitskreise mit i٦ren Völkern und Sprac٦en in
natürl. Weise sic٦ ableiten lässt, wird ٦ier die Trennung der Sprac٦en
und im Zusammen٦ang damit die Zerstreuung der bis٦er noc٦ ein٦eit-
lic٦en Mensc٦٦eit über die Erde aus einer besondern Gottesthat erklärt.
Das ist eine andere Betrac٦tungsweise der Sac٦e, und ist dadurc٦ A
als Vrf. dieses Stücks ausgesc٦lossen, gegen welc٦en o٦nedem auc٦
noc٦ manc٦es andere spric٦t, wie שָׂפָה (gegen לָשׁוֹן 10, 5. 20. 31), d٦e
Namensetymologie V. 9, u. a. Weiter aber, da das Stück auf die 3
Sö٦ne Noa٦'s und deren Nac٦kommen keine Rücksic٦t nimmt, sondern
٦ur von der ganzen Erdbevölkerung (V. 1) und zwar als einer noc٦
ein٦eitlic٦en, spric٦t, so sc٦eint auc٦ die Quelle ausgesc٦lossen zu
werden, aus der 9, 18 f. ٦nd die eingearbeiteten T٦eile des Cp. 10
stammen: so *Böhm.* u. *Schٰad.* (Stud. 162, die es dem R zusc٦reiben)
und *Wl.* XXI. 401 ff.; *Bud.* 371 ff.; *Kuen.* XVIII. 159 f., die es i٦rem
J[1] zutheilen, wä٦rend sie die von der Fluth u. den Noaḥsöhnen ٦an-
delnden T٦eile des C auf einen J[2] (auc٦ J[3]) zurückfü٦ren (s. oben
S. 89). In der That wird ja nic٦t zu bezweifeln sein, dass diese
Thurmbausage urspr. unab٦ängig von der Fluth٦age und von der ٦٦bl.
Ableitung der Mensc٦٦eit vٰn Noaḥ's 3 Sö٦nen in Umlauf war, viel-
leic٦t auc٦ sc٦on in einer Sc٦rift aufgezeic٦net stand. Aber so wie
sie ٦ier 11, 1—9 lautet, kann sie doc٦ nur von C stammen, weil sie
ganz dieselbe gedankenreic٦e, feinsinnige, tiefethisch-religiöse Betrachtung des Gegenstandes und dieselbe Ver٦menschlichung Gottes (vgl. nam.
V. 6 f. mit 3, 22) zeigt w٦e C (bes. Cp. 2 f.); und ebenso zeugt der
Ausdruck כָל־הָאָרֶץ 1 und ٦٦٦ 4, 8 f. (trotz des Einspruc٦s *Budde's*

377 f.) für den Vrf. von 9, 19. 10, 25, wogegen an עַל־פְּנֵי כָל־(הָאָרֶץ)
4. 8 f. statt הָאֲדָמָה ein Anstoss (*Schr.*) um so weniger zu neimen ist,
als הָאָרֶץ auci sonst (2, 5. 6, 5. 7, 17. 8, 22. 13, 16. 18, 18) von C gebrauci t wird. Ist demnaci die Zugeiörigkeit des Stücks zu C nicit woil
zu bezweifeln, so ist doci die Folgerung, dass die Fluth- u. Noaḥ-Ge-
sciicite in C ein secundärer Zusatz seien, darum noci nicit notiwendig.
Der Widersprucı zwiscıen dieser und dem Stück 11, 1—9 ist nicit
grösser als zwiscıen 4, 1 ff. u. 4, 17 ff. Der Vrf. der Sündenfallge-
sciicite, der 4, 1 ff. 6, 1—8. 8, 20 ff. die weitere sittlicie Entwicklung der Menscıen verfolgte, kann auci diese iım irgendwie gegeben
vorliegende Erzälung vom Thurmbau für seine Zwecke bearbeitet eingefügt iaben. Die Noaḥ-Söine u. -Enkel u. s. w., oine Zweifel als
Individuen gedacit, konnten seir woil als zunäcist noci an einem
Ort vereinigt u. als die gesammte Erdbevölkerung bildend vorgestellt
werden, bis Gott sie zwang, sici zu zerstreuen: das הֵפֵץ V. 9 gibt
dann den Anlass u. die näieren Umstände an, unter denen das נָפֹץ
הָאָרֶץ 9, 19 sici vollzog. Dass alle in Cp. 10 eingetragenen Reste des
C in seiner Scırift auci scion vor. 11, 1 ff., und nicit vielmeir erst
darnacı standen, ist damit noci nicit gesagt; nam. 10, 8. 10—12
(wenn das überıaupt aus C stammt) kann nur ıinter 11, 1 ff., nicit
vorier beigebraci t gewesen sein. Über מִקֶּדֶם s. zu V. 2. — Wie in
Cp. 2 f. den Ursprung der Sünde und der Übel in der Welt, so erklärt Vrf. ıier die Spracı- und Völker-Trennung nacı iıren letzten
Gründen und iırer tieferen Bedeutung. In Babel wollte die damals
nocı einıeitlicıe Menscıeit sicı einen Mittelpunkt sciaffen, welcıer
durch seine Anzieıungskraft die scıon auseinanderstrebenden Glieder
zusammenıielte und vor Zersplitterung und Scıwäcıung iırer Gesammt-
kraft bewaırte; aber Gott, solcıes Vorneımen misbilligend, verwirrte
die Spracıe der Bauenden, dass sie einander nicıt meır verstanden,
und nöthigte sıe so vor Vollendung des Werkes zur Zerstreuung über
die Erde. Deutlicı ıst (wie 9, 1. 1, 28 bei A) die Ausbreitung der
Menscıen über die Erde als das naturgemässe, dem göttl. Willen ent-
specıende vorausgesetzt. Aıer sie wollen diesem Triebe entgegen-
ıandeln. Was sie bisıer mit einander erreicıt ıaben, ıat iınen ein
Bewusstsein gegeben iırer gemeinsamen Kraft, und verleitet sie, Dinge
zu wagen, die iınen nicıt zukommen, mit iırem Bau sogar den Himmel zu erreicıen, sicı selbst einen Namen zu macıen, in eitler Ruımes-
sucıt zur eigenen Verıerrlicıung zu arbeiten, dem Himmel aber und
der göttl. Ordnung zu trotzen. Darum verıängt Gott straf- und zwangs-
weise das über sie, was sie vermeiden wollten, die Zerstreuung, und
das scharfwirkende Mittel dazu ist eben die Zertheilung der Spracıen.
Diese ist damit unter den Gesicıtspunkt einer Strafe gestellt (vgl. Plat.
pol. p. 272 mit Pıilo I. 406 M.). Die Getrenntheit der Völker muss,
wo ein sie alle einigendes höheres Band nicıt oder nicıt meır vorhanden ist, entscıieden als Übel empfunden werden; sie ıindert gemeinsame
grosse Unterneımungen, und ist die Quelle alles Streites unter ihnen
mit seinen zaılreicıen scılimmen Folgen. Die Spracıverscıiedenıeit
aber verfestigt diesen Gegensatz; verscıiedene Spracıe führt verscıie-

dene Weise zu denken und die Dinge zu betracıten mit sicı, der
innere geistige Unterscıied der Bestrebungen und Ansцauungen wird
nocı grösser. Zumal im Alterthum, wo man sicı möglicıst auf das
eigene ıeimiscıe Wesen bescıränkte und vor allen Fremdspracıigen
ein waıres Grauen empfand (Jes. 33, 19. Dt. 28, 49. Jeı. 5, 15. Ez.
3, 5 f. Ps. 114, 1), war die Betrachtung der Spracıverschiedenheit
als eines Übels die näcıstliegende. Andererseits konnte man docı aucı
das Gute daran scıon damals nicıt verkennen: wären alle Völker mit
iıren oft so selbstsücıtigen und citelu Bestrebungen vereint, wie würden sie da erst recıt weit in solcıem gottwidrigen Treiben geıen, ıı
iırem Übermuth um einen Gott sicı nicıt meır kümmern! Also ist's
docı aucı wieder eine Wohlthat, eine ıeilsame Schranke füı die Selbst-
sucıt·der Menscıen, dass sie wider iıren Willen auseinandergeheu
müssen. Diese doppelte Idee: die Volks- und Spracıtrennung ein Übel
und göttl. Strafe und docı aucı eine ıeilsame Scıranke gegen die
Weiterentwicklung iırer sündıaften Vermessenıeit, leucıtet aus der
Erzäılung ıervor. Und so dient sie im Zusammenıang des Geschichts-
werks dazu, sowoıl die Getrenntıeit der Völker und iırer Spracıen
vom religiösethischen Gesicıtspunkt aus zu beleucıten (vgl. scıon 2,
19 f. über die Spracıe), als aucı von der mäcıtigen Entwicklung des
bösen Triebes in den Menscıen (8, 21) und den Anfängen des auf dıe
eingene Verıerrlicıung gericıteten oder ıeidniscıen Sinnes derselben
eine Zeicınung zu geben. Zum vollen Verständniss ist aber hinzuzu-
neımen, dass bei den Propıeten es als Ziel der Zukunft ıingestellt
wird, dass die Völker einst im Glauben an den Gott des Heils und ım
Geıorsam gegen seinen Willen das einende Band wieder finden (Jes.
2, 2—4) und die Spracıe des Gottes Israels versteıen und reden
lernen werden (Jes. 19, 18).

2. Der Erzäılung liegen geschichtl. Erinnerungen zu Grund.
Šinear war scıon in Urzeiten ein Land starker Völkermischung, wo
Semiten und Kuschiten (10, 8 ff.) oder nacı den Inscıriften semitiscı
und nichtsemitisch Redende zusammenstiessen, wie es aucı später immer
ein Sammelplatz der Völker war (Jer. 51, 44); es lag naıe, dasselbe
zu einem Trennungsort der nachsintfluthlichen Menscııeit zu macıen.
Babel war eine der ältesten Städte der Erde (10, 10), aucı nacı den
class. Nacıricıten. Babel, die grosse, scııen nur durcı die gemeinsame Arbeit einer Menge von Menscıen ıerstellbar gewesen zu sein
(Diod. 2, 7) und macıte durcı iıre gewaltigen Bauten den Eindruck
des Riesenıaften, oder des Werkes von Menscıen, die vor nicıts zu-
rückschreckten. In diesem Babel muss ein riesiger thurmartiger, aber
unvollendet gebliebener Bau gewesen sein, von welcıem man viel
spracı, und an diesen scıliesst sicı unsere Erzäılung an. In den Bescıreibungen der Alten, welcıe sicı aber alle auf das Babel Nebukadnezar's und seiner Nacıfolger bezieıen (Ilcı. 1, 178 ff. Diod. 2, 7 ff.
Strab. 16, 1, 5. Arrıan 7, 17. Curt. 5, 1. Plin. 6, 30), wird als eines
der merkwürdigsten Bauwerke Babels der grosse Belustempel (auf der
Westseite des Eufrat) genannt, den Neb. mit der Beute seiner Feld-
züge bescıenkt und verscıönert ıatte (Beros. bei Jos: ant. 10, 11. 1.

c. Ap. 1, 19), aus Backsteinen erbaut, mit Asfalt verkittet. Herodot (1, 181 ff.), der ihn noch sah, beschreibt ihn als ein Viereck, dessen einzelne Seiten 2 Stadien massen. In der Mitte stand ein Thurm, 1 Stad. lang und breit, der sich in 8 Absätzen (nach Strabo auch ein Stad. hoch) erhob. Treppen führten hinauf zum Allerheiligsten im obersten Stockwerk, wo sich ein Lager und goldener Tisch befand für gottesdienstliche Zwecke. Nach Diod. diente das oberste Gemach zur Sternwarte. Schon Alexander M. fand ihn in Trümmern (s. *Tuch*). Nun gibt es auf der Westseite des Eufrat 9 KM. südl. von Hilla noch jetzt mächtige Trümmer eines solchen Thurmes, Birs Nimrud genannt, und längst hat man diese Ruine mit dem Belheiligthum des Herodot und mit dem Thurm unserer Stelle für einerlei erklärt. In neuerer Zeit sind diese Ruinen wiederholt untersucht und beschrieben (bes. *Rich* memoirs on the Ruins of Babylon 1818; *HRawlinson* Journ. R. As. Soc. XVIII. 1—34; *Oppert* expéd. en Mésop. 1. 200 ff.). Da eine dort gefundene Backsteininschrift den Namen Barsip enthält, ist anzunehmen, dass der Ort dieser Ruinen Borsippa war. Auch die Inschrift Nebukadnezar's ist gefunden (*Schr.* KAT² 124 ff.; *Lenorm.* Bér. 351 ff. 376 ff.; vgl. Journ. As. 1873. II. 45), worin Nebuk. erzählt, dass er den Tempel „der 7 Leuchten der Erde", den Thurm von Borsippa, den ein früherer König errichtet hatte, ohne seine Spitze aufzusetzen, und der seit langer Zeit im Verfall gewesen sei, restaurirt und ausgebaut habe. Es war ein Heiligthum des Bel-Nebo, die 7 Etagen (mit besondern Heiligthümern) den 7 Planetengottheiten gewidmet, auf einem rechteckigen Unterbau, in der südwestl. Ecke desselben in 7 sich verjüngenden Stockwerken sich erhebend, jedes Stockwerk mit der dem betreffenden Gestirn conventionell zugeeigneten Farbe geziert. Die Maasse stimmen mit denen Herodot's nicht genau, liessen sich aber vielleicht vereinigen. Aber da Borsippa der Ort dieses Tempels war, und Borsippa immer (auch in den Kl.) von Babel unterschieden wird, und da es noch andere ähnliche Thürme an vielen Orten jener Gegenden gab, immer im selben Style gebaut, bald mit 3, bald mit 5, bald mit 7 sich verjüngenden Stockwerken, so ist es nicht wahrscheinlich, dass es gerade dieser Borsippa-Bau war, an den sich unsere Erzählung anlehnt (wie die talmud. Juden s. *Buxt.* lex. talm. c. 362 annahmen). Eher anzunehmen wäre, dass die heutige Ruine Babil, im N. der Stadt Babel selbst auf der linken Flussseite, die imposanteste aller Ruinen, ein alter Tempel des Bel-Merodach (Grabmal des Belus, Strab. 16, 1, 5), als viereckige Pyramide sich erhebend, ebenfalls von Nebuk. später ausgebaut, das gemeinte Bauwerk wäre (s. *Schrad.* bei *Ri.* HWB. 132 ff. 137 f.; KAT² 121 ff.). Ebensogut aber kann es auch eine andere, schon im alten Babel vorhandene, aber uns unbekannte Ruine sein, an welche sich die hbr. Sage sich anlehnte. Jedoch von einem inschriftl. Bericht über die Sprachverwirrung (den *GSmith-Del.* chald. Gen. 120 ff. gefunden zu haben wähnte) kann keine Rede sein. Auch Berosus hatte keinen solchen, weil Joseph. (ant. 1, 4, 3) sich gerade auf ihn nicht beruft (*Ew.* JB. IX. 18), und die Frage, ob der Schilderung Orac. Sib.' III, 97 ff. Frdl. und der verwandten des Abydenus

(Eus. pr. ev. 9, 14; chr. Arm. I. 51 f.) etwas aus Berosus zu Grund liege, ist (gegen *Richter* Beros. p. 21 und *Lenorm.*) zu verneinen. Eupolemus (Eus. pr. ev. 9, 17) bericitet eben nur naci der Genesis. Den Thurmbau als ein Werk iimmelstürmender Titanen zu betraciten (Sibyll.), dann iin auci mit Nimrod in Verbindung zu bringen (Josph.), lag naie genug, und gab den Späteren Stoff zu weiterer Ausscimückung. Die Eingliederung des Ereignisses in Peleg's Zeit scieint scion 10, 25 (BJub. c. 10) bezweckt. — Die Litt. zu dem Stück bei *Ros.* schol., und *Win.* RW. u. Spracien; vgl. ausserdem *Ew.* JB. IX. 9—19: *Kaulen* die Spraciverwirrung zu Babel, Mainz 1861; *Budde* bibl. Urg. 371 ff.

V. 1. *die ganze Erde* d. i. Erdbevölkerung (9, 19. 10, 25) *war eine Lippe*, Spracie (Jes. 19, 18. 33, 19. Ez. 3, 5 f.) *und einerlei Worte*, d. i. (*Ew.* 296ᵃ) war gleicispraciig, iatte einerlei Mundart, Ausspracie und die gleicien Wörter, Ausdrücke. Der Plur. אֲחָדִים war iier nicit zu vermeiden; anders ist der Gebrauci 27, 44. 29, 20. —
V. 2. Wäre נסע blos *aufbrechen*, so müsste מִקֶּדֶם den Ausgangsort bezeicinen, aber mit dem blossen Aufbrecien finden sie noci keine Ebene; es bedeutet *fortziehen, wandern* (12, 9. 20, 1. 35, 21. 46, 1), und die Pirase besagt wie 13, 11 *östlich*, ostwärts *wandern* vgl. 2, 8. 12, 8, näml. vom Standpunkt des Vrf. aus, der in Palästina ist, dem auci die Mesopotamier בְּנֵי קֶדֶם sind (29, 1). Von woier sie kamen, ist nicit angegeben. Wäre Eden gemeint (*Wl.*), so iiesse es מֵעֵדֶן; קֶדֶם ist nicit = Eden, nicit einmal = östl. Land (25, 6). Ob C (wie A) den Noaḥkasten in Ararat gelandet dacite, wissen wir nicit; jedenfalls aber dacite auci er die Noaciiden im Osten (Palästina's). Dass Vrf., wenn er mit dem der Noaḥgeschichte derselbe war, auci den Aufbruchsort iätte angeben *müssen*, ist zu viel verlangt. בְּקְעָה] naci dem Spracigebrauci (nicit naci Etym.) Tiefebene; diese Ebene im Lande Šinear (10, 10) ist eben „die Gegend der Stadt Babylon, ein πεδίον naci Strabo, πεδίον μέγα naci Herod." (*Kn.*). —
V. 3. Hier Woinsitze neimend bescilossen sie sici Bauten zu erriciten, und zwar indem sie statt der Brucisteine, die dort nicit (wie in Pal.) zu finden sind, sici Backsteine verfertigten, und auci, was jenen Gegenden ebenso eigenthümlich, Asfalt als Bindemittel verwandten. הָבָה] *gib* d. i. *wohlan*, wie V. 4. 7. 38, 16. Ex. 1, 10, nicit bei A. לִבְנִים] ein ass. Etymon für לִבְנָה gibt *Del.* Par. 145. לִשְׂרֵפָה] zu Gebranntem d. i. Brandsteinen, Backsteinen (Dat. des Products). Der חֵמָר *Asfalt* (14, 10. Ex. 2, 3; s. Gen. 6, 14) diente iinen *zum Thon* d. i. Mörtel, Kitt (die Einwendungen *Böhmer's* 163 ff. sind nicit von Belang). Über den Reichthum Babyloniens an Asfalt s. *Win.*³ I. 100. Auci die Classiker in iiren Bericiten über Babel und den Belustempel (s. oben) geben das Material ebenso an (Diod. 2, 9; Trogus bei Justin 1, 2), und die Untersuciungen der babyl. Baureste bestätigen das, ergeben jedoci zugleici, dass für die inneren Massen der Bauten auci blos Luftziegel und gewöhnlicher Mörtel, dagegen der Asfalt iauptsäcilici für die Aussentheile der Bauten im Gebrauci waren. — V. 4. Iire Absicit ging auf Erbauung einer Stadt und eines Thurms, dessen

Spitze am Himmel sein, ihn erreichen sollte (Dt. **1**, 28. Dan. **4**, 8), hier, wo alles zwar kurz und knapp, aber äusserst malerisch gesagt ist, doch wohl nicht blosse Hyperbel, sondern zur Zeichnung ihres kühnen, hochstrebenden Geistes, dem selbst der Himmel nicht zu hoch, nicht unantastbar ist. *und wollen uns einen Namen machen*] „uns berühmt machen und einen Nachruhm stiften, vgl. Jes. 63, 12. 14. Jer. 32, 20 (2 Sam. 7, 23; Şeph. 3, 19). Diese Absicht legt der Vrf. ihnen nach dem Erfolg bei, indem Babylon ihren Erbauern allerdings zum Ruhm gereichte, will aber damit auf ihren Hochmuth hinweisen" (*Kn.*). Nach 2 Sam. 8, 13 (bezweifelt von *Wl.*, *Bud.* 375 f.) kann allerdings שֵׁם auch Denkmal, Ruhmesmal bedeuten, aber Mal überhaupt, weithin sichtbares Zeichen, an welchem sie in der weiten Ebene sich immer wieder zurechtfinden könnten (*Schum. Buns. Böhm.*), bedeutet es nie, und der folgende Absichtssatz muss nicht zum letzten Glied, sondern kann zum ganzen V.ᵃ gehören. Übermuth und Eitelkeit leiten sie; für ihre Zwecke ist die von Gott gewollte Ausbreitung der Menschen über die Erde ein Hinderniss; ihre letzte Absicht ist, solche Zerstreuung zu hintertreiben; die Stadt und der ruhmvolle Bau sollte für alle ein Sammelort und Anziehungspunkt werden, dass keinem einfiele wegzuziehen. — V. 5. Aber Gott wacht und tritt der Selbstsucht entgegen. Er kommt herab (V. 7; Ex. 3, 8), um das Werk, *welches d. h. so weit es die Menschensöhne* (im Gegensatz gegen *Gott*) *gebaut hatten* (es war noch nicht fertig, V. 8), zu besichtigen. Ähnlich 18, 21. — V. 6. Sein Befund ist nicht angegeben, aber was er weiter sagt und thut, zeigt, dass er das Werk sehr bedenklich fand. In den Himmel zurückgekehrt überlegt er (s. 3, 22), dass sie derartiges nur unternehmen und ausführen konnten, weil alle dieselbe Sprache reden und ein einiges Volk bilden, und weiter, dass dieses nur *ihr Anfangen* (Inf. Hiph.; zu הַ vor der Gutt. *Ew.* 199ᵃ; zu הֵחֵל s. 6, 1. 9, 20. 4, 26) *zu thun* d. h. der Anfang ihres Thuns sei, sie *also* bald zu Weiterem fortschreiten und ihnen schliesslich *nicht* mehr *verwehrt*, unerreichbar sein werde irgend etwas, was sie zu thun sich vornehmen werden. Sie würden vermöge ihrer Gemeinsamkeit, durch die ihnen alles gelingt, schliesslich alle Schranken durchbrechen und so den göttl Zweck mit der Menschheit vernichten. יָזְמוּ] erleichterte Form für יָזֹמוּ, wie V. 7 נָבְלָה für נִבְלָה, vgl. zu 9, 19. — V. 7. Also entschliesst er sich zum Einschreiten. נֵרְדָה] in ironischer Wiederholung ihres Wortes V. 3 f. (*Del.*). Über die 1 p. Plur. s. zu 1, 26. 3, 22. בָּלַל ist nicht trennen = בָּלַה (*Kn.*), sondern *verwirren*; der Ausdruck ist gewählt mit Beziehung auf בָּבֶל V. 9; ebendarum ist auch שָׁם hinzugesetzt. *dass* (Dt. 4, 40. Jos. 3, 7) sie einer des andern Sprache *nicht hören* d. i. *verstehen* 42 23. Jes. 33, 19. 36, 11. Dt. 28, 49. — V. 8. Die Ausführung des Beschlusses ist nicht ausdrücklich bemerkt, sondern nur die Folge, dass sie sich nun zerstreuen und das Werk unvollendet liegen lassen mussten. Dass Gott den Thurm durch gewaltige Windstösse zerstörte, sagt erst die Sibylle, BJub. u. a. הָעִיר] + וְאֵת הַמִּגְדָּל *Sam.* LXX. — V. 9 der Name *Babel*. Die Gedanken der Erzählung werden in freier Weise an den Namen der Weltstadt ange-

knüpft; wenn auci die Schöpfer des Namens einen andern Sinn unter-
legten, so ist er doci dem Hebr. eine treffende Bezeicinung des beschriebenen Wesens der Stadt: *Wirrwarr* (σύγχυσις LXX) nannte und
nennt *man* (*Ges.* 137, 3) sie, denn sie war der Sciauplatz der
Spraiverwirrung und Ausgangspunkt der durci diese bewirkten Zerstreuung der Menscien. Der 2. Grund sciliesst sici nur als Folge dem
ersten an, und es ist nicit nöthig, desialb (*Kn.*) dem Worte בָּבֶל die
Bedeutung „Trennung, Scieidung" aufzudrängen. Dabei ist בָּבֶל als aus
בַּלְבֵּל vereinfacit gedacit *Ew.* 158°. Für die Babylonier iatte der
Namen einen andern Sinn. Da das Etym. magn. sagt: Βαβυλὼν εἴρηται
ἀπὸ τοῦ Βήλου (Stepi. Byz. u. d. W.), so naim man den Namen
als *Báb Bel* d. i. porta Beli (*Eichh. Win.*) oder als בֵּל בָּ-ר domus
Beli (durci Abkürzung von בָּ-ר in Bê und Bâ, s. bei *Tuch*), sogar als
Abkürzung von בִּירָה βάρις Burg Bel's, *bárbel* (*Kn.* naci *Hager* in
Klaproth's Magazin I. 294 f.). Aber die Insciriften ergeben vielmeir
Báb-Il = Pforte des Il (ZDMG. VIII. 595; Asiat. Journ. XV. 231;
Schr. KAT² 127 ff.; *Del.* Par. 212 f.). — Dass nun sofort die mannigfaltigen Spracien mit einem Scilage fertig in die Erscieinung getreten seien, sagt Vrf. nicit; er fixirt nur einen Zeitpunkt, von dem
an die Zersplitterung in Völker und Spracien begann. Noci weniger
ist er verantwortlici für die Einbildungen der späteren Juden und der
KVV., welcie noci *Buxtorf*, *APfeiffer*, *Löscher* u. a. bis ierab
auf *Häv.* und *Bmg.* theilten, dass das Hebräiscie die Urspracie
sei, von welcher die übrigen in Folge jener Verwirrung erst abgezweigt seien.

5. Die Geschlechtsfolge in der Linie Sem's bis auf Terach,

Cap. 11, 10—26; aus A.

Nacidem A Cp. 10 die Ausbreitung der Völker naci der Fluth
gezeicinet, füirt er das Gescilecit Šem's, aus dem Abraiam stammt,
durci 9 (10) Glieder ierunter bis auf Terach, bei welciem der Stamm
wieder in 3 Zweige auseinandergeit. So leer an Erinnerungen war auci
dieser 2. Zeitraum der Gesciicite, dass eine solcie tabellariscie Übersicit genügen musste. Die Äinlicikeit mit Cp. 5 springt in die Augen,
und beweist für die Selbigkeit des Vrf., die auci allgemein anerkannt
ist. Angaben, durci welcie von Noaḥ auf Abraiam herabgeleitet
wurde, iatte (s. 10, 25 ff.) gewiss auci C: aber dass eine förmlicie
Semitentafel (*Bud.* 306. 411), ist nicit zu erweisen, gesciweige zur
Grundlage weiterer Folgerungen zu macien. Dass unter dem mit
Namen genannten Soin auci ier jedesmal der Erstgeborene gemeint
ist, geit aus V. 26 (10, 25) noci besonders iervor, und wird durci
10, 22 (wo geograpi. Ordnung maassgebend war) nicit widerlegt. Im
ganzen ist diese Tafel etwas kürzer geialten als Cp. 5, sofern die Zail
der Lebensjaire naci der Zeugung des Erstgeborenen nicit besonders
ierausgeioben und das jetzt selbstverständlicie *da starb er* fortgelassen

ıst. Aber die Zwecke der Tafel sind die gleicıen wie dort, nämlicı
tıeils die Dauer dieses Zeitraums (vom Ende der Fluth bis auf Abraıam's Anfang 290 Jaıre) zu bestimmen, tıeils von dem zuneımenden
Sinken der Lebensdauer in demselben eine Anscıauung zu geben. Dagegen unterscıeidet sie sicı von Cp. 5 darin, dass sie nacı dem hbr.
Text nur 9 Glieder entıält. Bei der Bedeutung der Zeınzaıl in diesen
Dingen (S. 88) und bei der Regelmässigkeit in der Scıreibweise des
A wird eine Verstümmlung der Tafel zu vermuthen sein. Wenn Abraıam selbst als 10. Glied der Reııe gelten sollte (*Tuch Kn. Del.*), so
ıätte der Vrf. eben nicıt mit Terach, sondern erst mit Abr. gescılossen.
Daraus dass Noaı der 10. in seiner Reııe ist, kann man (*Kn. Del.*)
nicıt scıliessen, dass nacı dem Sinn des Vrf. Abr., wie Noaḥ der Begründer einer neuen Ordnung, ebenfalls der 10. sein soll; denn Abr.
entspricıt eben nicıt dem Noaḥ, sondern dem Šem; und wenn Berosus
in der 10. Generation nacı der Fluth einen „gerechten und grossen
und in der Himmelskunde erfaırenen Mann" ansetzte (Jos. ant. 1, 7, 2;
Eus. pr. ev. 9, 16, 1), so folgt daraus für unsere Stelle nicıts, oder
ıöcıstens das, dass man später aus solcıer Rücksicht ein Glied der
Reııe ausliess, um Abr. als 10. zu gewinnen. Nocı weniger kann in
שׁ תולדת ursprünglicı Noaḥ (*Bud.* 412 f.) als erster der Reııe aufgeführt oder gedacıt gewesen sein. Vielmeır aber ıaben die LXX (aucı
Demetrios bei Eus. pr. ev. 9, 21, 12; BJub. 8; Luc. 3, 36) zwiscıen
Arpaxad und Schelach nocı ein weiteres Glied, den Καινάν (קֵינָן), sowoıl ıier als aucı in 10, 24. Der krit. Werth dieses Zeugnisses wird
freilicı dadurcı verdäcıtig, dass dieser Name nicıt blos scıon Cp. 5
an 4. Stelle vorkam, sondern ıım aucı in den LXX (nicıt aber im
BJub.) die gleicıen Zaılen wie dem Nacıfolger Schelach gegeben sind;
der Scıluss liegt naıe, dass erst die Griecıen diesen Ķainan ıier éin-
gescıoben ıaben, um die Zeınzaıl der Glieder voll zu macıen, zumal
da aucı 1 Cır. 1, 24 (im hbr. und griech. Text) einen Ķainân nicıt
ıat, ebensowenig Sam., und aucı Pıilo und Josepı. ıier mit dem ıebr.
Text geıen. Allein wenn aucı hienach der LXX Text ein junger ist,
so folgt daraus nocı nicıt die Unverseırtıeit des hbr. T.; dem LXX T.
scıeint docı das ricıtige Bewusstsein zu Grund zu liegen, dass der
hbr. T. eine Lücke ıabe, welcıe so gut es ging ausgefüllt wurde (vgl.
4, 8). Die inneren Gründe geben dem Zeugniss der LXX und des
BJub. ein Gewicıt, welcıes ıım sonst nicıt zukäme (*Ew. Bertheau*).
Es kommt ıinzu, dass aucı die Zahlangaben der Tafel unter den Händen der späteren Scıriftgeleırten nocı allerlei Änderungen erfuıren.
Wie Cp. 5, so weichen in denselben der hbr., griecı. und sam. Text
von einander ab.

	Hebr.			Samar.			Septuag.		
Sem	100	500	600	100	500	600	100	500	600
Arpaxad . . .	35	403	438	135	303	438	135	400	535
							(430)		(565)
Kainan . . .							130	330	460
Schelach . .	30	403	433	130	303	433	130	330	460
Eber	34	430	464	134	270	404	134	270	404
							(370)		(504)
Peleg . . .	30	209	239	130	109	239	130	209	339
Reû	32	207	239	132	107	239	132	207	339
Serug . . .	30	200	230	130	100	230	130	200	330
Nahor . . .	29	119	148	79	69	148	179	125	304
							(79)	(129)	(208)
Terach . . .	70	(135)	(205)	70	(75)	(145)	70	(135)	(205)
Summa	390			1040			1270 (1170)		

In der Tafel der LXX (wo die eingeschlossenen Zahlen die Lesarten des Cod. Al. sind) sind zwar die Zahlen beim 1. und 10. Glied
dieselben wie im Hbr., sonst sind aber die Jahre vor der Zeugung, je
um 100, nur bei Nahor (wo Cod. Al. vorzuziehen ist) um blos 50 er-
höht, wodurch freilich (nam. beim 6., 7., 8. Glied) die Zahl der Jahre
vor und nach der Zeugung unverhältnissmässig wird, im ganzen aber
(Kainan mitgerechnet) für die Zeit vom Ende der Fluth bis zur Geburt
Abraham's 1070 (1170), oder wenn man 11, 10ᵇ zu Grund legt,
1072 (1172) Jahre, also 780 mehr als nach dem Hbr. sich ergeben.
In den Jahren nach der Zeugung aber ist der Grundsatz der stetigen
Abnahme des Lebensalters regelmässig durchgeführt, so jedoch, dass
bei Arp. u. Schel. in den Nebenzahlen auch abweichende Lesarten
gegenüber vom Hbr. mit hereinspielen, welche vom System unabhängig
sind. Der *Sam.* stimmt mit LXX in der Erhöhung der Jahre vor der
Zeugung zusammen, und hat auch, indem er bei Eber die Jahre nach
der Zeugung genau wie LXX herabmindert, den Grundsatz der stetigen
Abnahme ebenso wie LXX durchgeführt, ja bei Terach noch strenger
als LXX; allein indem er in der Gesammtsumme der Lebensjahre der
Einzelnen sich an den Hbr. anschliesst, bei Eber und Terach sogar die
Zahlen von diesem noch herabmindert, hat er das richtige Verhältniss
zwischen den Jahren vor und nach der Zeugung überall gestört, und
bekundet sich eben damit als ein aus LXX und Hbr. zurechtgemachter,
also kritisch bedeutungsloser Text. Als Zeit vom Ende der Fluth bis
zur Geburt Abraham's ergeben sich bei ihm, da er Kainan nicht hat,
940 (942) Jahre. [In *BJub.*, das in der Sethitentafel mit dem Sam.
geht, sind die Jahre, in welchen die Väter zeugen (s. SB. der Berl.
Ak. 1883, I. 335), bei Arp. 68, Kain 57, Schel. 71, Eb. 64, Pel.
61, Reû 59, Ser. 57, Nah. 62, Ter. 70; zusammen 569 Jahre bis
Abraham's Geburt]. Im *Hebr.* ist (mit Ausnahme Sem's und Terach's.
deren Zahlen durch anderweitige Gründe bestimmt scheinen) die stetige
Abnahme des Lebensalters gut gewahrt, nur dass bei Eber die Zahl 464
(430) ausser Verhältniss ist und vielleicht ursprünglich 404 (370) ge-

lautet hat (vgl. LXX *Sam.*), wodurch auch der (im übrigen vielleicht beabsichtigte) starke Absprung der Lebensdauer von Eber auf Peleg etwas
ermässigt würde. Auch das Verhältniss der Zeugungsjahre zu den Le-
bensjahren ist (ausser beim ersten und letzten Glied) im Hbr. dem
in Cp. 5 angesetzten Verhältniss ziemlich entsprechend, und jedenfalls
passender als im *Sam.* und LXX. Aber wenn soweit der Hbr. sich als der
beste der 3 Texte erweist (s. *Berthe.* in JB. DTh. XXIII. 674), so ergibt
sich von anderer Seite eine Schwierigkeit, die wohl auch die Griechen
(*Sam.*) zu ihren Hauptänderungen bewogen hat.   Die sich ergebenden
290 (292) Jahre vom Ende der Fluth bis auf Abraham's Geburt oder
365 (367) Jahre (12, 4) bis zu seiner Einwanderung in Kenaan erscheinen zu wenig, um nicht in Widerspruch mit den Erzählungen Cp.
12 ff. zu gerathen.   Man kann sich kaum denken, dass es im Sinne
des Vrf. lag, dass Noaḥ erst starb, als Abraham 58 Jahre alt war,
oder dass Sem bis über Jacobs Geburt herunter, Eber noch nach dem
Tode Abraham's lebte; noch weniger lässt sich verstehen, wie 365
Jahre an sich und nach dem Sinn des Vrf. ausgereicht haben sollen,
um die ausgebildeten Völker- und Staatsverhältnisse, die zu Abraham's
Zeit als bestehend vorausgesetzt werden, herzustellen.   Arithmetisch
mögliche Progressionen der natürl. Vermehrung der Menschen (wie sie
zB. bei *Del.* 242, *Ke.*[3] 148 aufgestellt sind) haben keine Beweiskraft;
nach solcher Rechnung müsste heutzutage eine kaum mehr zu zählende
Menge von Millionen Menschen die Erde bevölkern: in Wirklichkeit
waren die Hindernisse einer so maasslosen Vermehrung vor Abr. dieselben wie nach ihm.   Allein daraus sieht man eben am Ende doch
nur, dass das Zahlensystem nicht auf Grund solcher Erwägungen, sondern von ganz anderen Grundlagen aus entworfen ist.   Im übrigen gilt
über die Angaben das S. 108 zu Cp. 5 bemerkte: sie sind ein Versuch, von der Dauer der Entwicklung der nachfluthl. Menschheit bis
Abr. eine Berechnung zu geben.   Welche Daten oder Annahmen den
Vrf. bei seinen Ansätzen leiteten, ist bis jetzt so wenig herausgefunden,
als in dem ähnl. Fall Cp. 5 (s. die S. 112 f. verzeichneten Schriften;
auch *Nöld.* in JPTheol. 1875 S. 344 u. *Ri.* HWB. 1468).   Dass im
Vergleich mit der beglaubigten Geschichte anderer Völker, nam. der
äg. u. bab.-assyr. Reiche, die Ansätze, zumal des hbr. Textes, zu niedrig
seien, muss jeder Unbefangene zugeben. — Über die Namen der vor-
geführten Patriarchen s. zu V. 26.

V. 10. „Sem zeugte *als Sohn von* 100 *Jahren* d. h. 100 Jahr
alt, also im 101. Lebensjahr den Arpaxad.   Damit stimmt *zwei Jahre
nach der Fluth*, näml. nach dem Eintritt derselben.   Sem war gegen
Ende des 501. Jahres Noah's geboren (5, 32), mithin beim Anfang
der im 2. Mon. des 600. J. Noah's (7, 11) erfolgenden Fluth zwischen
98 u. 99 beim Ende derselben zwischen 99 u. 100 Jahr, und nach
einem weiteren Jahr, also das 2. Jahr nach dem Eintritt der Fluth,
zwischen 100 u. 101 Jahr alt". So *Kn.* nach *Bengel.*   Aber 9, 28
kann הַמַּבּוּל אַחַר nur „nach dem Ende der Fluth" bedeuten (*Bud.* 108 f.),
weil sonst von 7, 11 aus nur 949 Jahre für das Leben Noah's her-
auskommen.   Deshalb nehmen andere (zB. *Tuch, Del.*) die 500 Jahre

in 5, 32 für eine runde Zahl, statt genauerer 502; *Köhl.* G. l. 54
erklärt die 2 Jahre daraus, das Sem der *zweite* Sohn Noah's gewesen
sei (s. aber S. 193). Unter diesen Umständen ist wohl (*Bud.*) שנתים
אחר המבול als Glosse von einem zu erachten, der genauer nachrechnen
wollte, aber 9, 28 f. ausser Acht liess. Sonst lehrt die Stelle, dass
Arpaxad Sem's Erstgeborner sein soll (s. auch 5, 4). Übrigens ist der
Anfang dieser Tafel mit einem Zustandssatz ganz in der Ordnung, weil
die Erzählung hier neu anhebt. Dieser Anfang zog dann den Gebrauch
des Zustandssatzes auch in V. 12. 14 nach sich, und erst von V. 16
an kommt Vrf. wieder in das gefügigere וַיְחִי hinein, das er in Cp. 5
durchaus gebraucht hatte. Auf einen anderen Vrf. (*Schum.*) ist daraus
nicht zu schliessen. — V. 11. *Söhne und Töchter*] vgl. über die
Söhne 10, 22. — Der *Sam.* fügt hier und bei den folgenden die Gesammtsumme der Lebensjahre, die sich durch Summirung der 2 Angaben im hbr. Text ergibt, noch ausdrücklich hinzu (wie Cp. 5). —
V. 12. חי] s. 3, 22. — V. 17. *Söhne und Töchter*] zB. Joqtan 10,
26 ff. — Die Namen, welche in dieser Tafel unter den Ahnen Terach's
erscheinen, lassen sich zum Theil als Volks-, Landes- oder Stadtnamen
verstehen (ähnl. wie die Namen Cp. 10), aber nicht alle. *Arpaxad*
ist ein Volks- und Landesname (10, 22) und bezeichnet hier an der
Spitze der Genealogie, dass dieses Land ein Ursitz der weiterhin genannten, also auch der Terachiten war. שֶׁלַח] nach *Ew.* G.[3] I. 379
nichts als allgemeine Bezeichnung eines Nachkommen (*Sprössling* Cant.
4, 13), nach andern (*Bohl. Tuch Böttch. Kn.* 122; *Buns.*) = *Sendung, Entlassung* (aber in dieser Bedeutung nie sonst gebraucht), um
anzudeuten, dass Theile des Stammes aus Arpaxad entsendet wurden,
fortzogen, (obwohl *Kn.* 130 auch wieder den Ort *Salach* oder *Salach*
im nordöstl. Mesopotamien darin erkennen möchte, welchen syr. Schriftsteller bei *Assem.* bibl. or. I. 495. II. 115. 351. III, 1. 287 erwähnen). עֵבֶר] zum Zeichen, dass von hier an nur von Hebräern, einem
Theile der Semiten, die Schnur der Vorväter des Volks fortgeführt
werden soll (*Ew.* 383), meist als *Übergang* (über den Tigris nach
Mesopotamien, *Kn. Buns.*) oder „von jenseits Gekommene, *Jenseitige*"
erklärt, indem man dann (so die Meisten) von jenseits des *Eufrat* Gekommene (vgl. Num. 24, 24) versteht, sofern allerdings der Enfrat
für die Palästinenser eine Art Grenze ihres polit. Horizontes bildete,
oder gar von jenseits des *Jordan* Gekommene (*Reuss* Gesch. 52; *Stade*
hbr. Gr. S. 1; *Wl.*), so dass der Name erst von den Kenaanäern für
die Israeliten geprägt wäre, dies jedoch im Widerspruch mit 10, 21.
24 ff. Andere Vermuthungen bei *Ew.* 407—9; die Deutung *Wanderer*
schlägt *Del.* Par. 262 vor. פֶּלֶג] 10, 25; nach einigen (*Bohl. Tuch
Kn.* 122; *Buns., Merx* im BL.) soll er das Land, von dem aus, oder
die Epoche, in der sich Joqtân sich von den übrigen Hebräern trennte, bezeichnen; daneben denkt *Kn.* 130 an *Phalga*, einen Ort beim Einfluss
des Chaboras in den Eufrat (Isidor Charac. p. 248 Mill., und Steph.
Byz. u. Φάλγα), der aber doch wohl zu weit westlich liegt (einen
andern, aber in den Lauten nicht zutreffenden, Ort vermuthet *Ew.* 383;
wieder einen andern *Lagarde* Orient. II. 50). רעו] LXX 'Ραγαῦ, natür-

lici nicht Rages in Medien (*Buhl.*), ebenso wenig ـمٰنۭٱؚ Edessa (*Kn.*
Buns.; die *Pesch.* iat für רְעֵו (ܐܪܝܘ'), oder Argiana an den Quellen
des Tigris (*Ew.* 384). שְׂרֻג] „sicier *Sarug*, eine Landsciaft und Stadt
(*Batnae* der Classiker), eine Tagereise nördl. von Harrân (V. 31) bei
den arab. Geograpien, zB. Istachri (Mordtm.) S. 48, Edrisi p. Jaub.
II. 155; Marâs. II. 28, so wie bei syr. Sciriftstellern Barhebr. chr.
syr. p. 142 f.; *Assem.* b. or. I. 277. 283 ff. 426. II. 321 f." (*Kn.*).
רְעֵו] einst Name eines bedeutenderen Volks s. 26 f. u. 22, 20—24.
Ob in Ortsbenennungen noci Spuren seiner Existenz naci zuweisen sind?
sciwerlici in Ciaura ܣܘܐܪ einem Ort in der Landsciaft Sarug bei
Assem. b. or. II. 322. 338; *Le Quien* Or. Chr. II. 1508 f. (*Kn.*),
oder in Hadîtia en-Naura unter ialb ʿÂna's bei Abulf. (arab., Par. 1840)
S. 287, 3 (*Ew.*) תֶּרַח] Θάῤῥα LXX, naci einigen (zB. *Tuch, Buns.*)
gescicitlicier Personenname (wozu ein Gesciicticien in BJub. c. 11
und Hier. epist. 127 [al. 78] ad Fabiol. mans. 24), von *Kn.* mit dem
Ort Tharrana, südl. von Edessa auf Tab. Pent. XI, d verglicien, naci
Ew. 392 Personification der *Wanderung* (תֶּרַח = אֹרַח), aus deren dunk-
lem Scioss Abrai. Najor u. Haran iervortreten V. 27 f.   Aus dieser
Übersicit der Namen eriellt zugleici, auf wie lockerem Grund *Bunsen*
(BW. V, 2. 86 f.) steit, wenn er in den Jaireszailen dieser Tafel geschichtlich überlieferte Angaben über die Dauer der Epocien sieit, in
welcien sici die Wanderungen und Ansiedlungen der von Arrapachitis
ausgegangenen Semiten stufenweise vollzogen iabe.

6.   Gescilecit Terach's, dessen Veriältnisse und Wan-
     derungen, Cap. 11, 27—32; naci A und C von R.

Mit einer neuen, durci ؟ an das vorige angeknüpften (s. 10, 1.
25, 12. 19 u. s.) Überscirift wird noci ein besonderer Abscinitt über
Terach angefügt, welcier die Verwandtsciaftsveriältnisse in seinem
Hause bescireiben und dadurci das Verständniss der Gesciicite Abraiam's vorbereiten soll.   A als Verf. ist V. 27 und 32 deutlici erkennbar; V. 29 ist dem C zuzutheilen, weil dieser 22, 20 ff. darauf Rückbezug nimmt; V. 28ᵇ (wegen בא' מול') sicier nicit dem A, sondern
(*Bud.* 418 f.) dem C; 28ᵃ könnte von A sein, muss aber nicit; auci
V. 30 (nach *Wl.* zu A in 16, 3 geiörig u. erst von R hieher versetzt) ist wairscieinlici (*Bud.* 415 f.) von C, so dass 28 (wenigstens
28ᵇ)—30 ein zusammeniängendes Stück von C darstellen.   V. 31
aber erweist sici durci die Umständlicikeit des Ausdrucks (vgl.
12, 5) als Satz des A (Hupf. 19 f.; *Bud.* 415); nur ist die Frage,
ob nicit in אִתָּם בֵּצֵאתָם (s. V. 28) R nacigeiolfen iat.   Jedenfalls ist
das Stück ein gemiscier Text, bei dessen Zusammenstellung C (um
den Anfang, u. um die Angabe, wie tieils Abraiam, tieils Najor naci
Harran kam) verkürzt ist, vielleicit aber auci A.   Denn selbst wenn
es ricitig sein sollte (*Bud.* 421 ff.), dass bei A Betiuel u. Laban

keine Naḥoriden sind, darum auch weitere Nachrichten über Naḥor (oder gar נהיר תיל־נ, *Bruston* revue théol. 1882 p. 17) nicht zu erwarten steen, so vermisst man doch jede Angabe darüber, welche Bedeutung Paddan Aram (25, 2 u. ö.) für die Patriarchen hatte u. wie es sich zu Ḥarran (V. 31. 12, 5) verhalte. Sonst s. auch *Ew.* JB. X. 26 ff. — V. 27. Die Wiederholung in V.ᵃ aus V. 26 wie 10, 1 vgl. mit 5, 32. — Dass Naḥor, der Vater Terach's, auch als dessen Sohn erscheint, hat in solchen Völkergenealogien nichts auffallendes. הָרָן] eig. Gebirgler, Gebirgs-Land oder -Volk, obwohl hier rein als Person aufgefasst, kann gleichwohl ursprünglich einen Stamm oder Landschaft bedeutet haben; ob aber gerade Arran mit der Hauptstadt Berdaa in Armenien (Iṣṭachri M. p. 68) hieher gehöre (*Ew.* G.³ I. 411 f.), ist mehr als fraglich. — V. 28. Haran starb עַל־פְּנֵי תֶּרַח, wohl nicht rein temporal (*Tuch*), sonderm *coram eo* d. h. so dass dieser es mit ansah, es erlebte, vgl. Num. 3, 4. Deut. 21, 16 (*Kn.*). בְּאֶרֶץ מוֹלַדְתּוֹ] bei A sonst nicht nachzuweisen, wohl aber bei C und B (24, 7. 31, 13 vgl. 12, 1. 24, 4. 31, 3. 32, 10. 43, 7. Num. 10, 30; anders bei A Gen. 48, 6 und Lev. 18, 9. 11). אוּר כַּשְׂדִּים] nur noch V. 31. 15, 7. Neh. 9, 8; LXX χώρα τῶν Χαλδαίων. Ob Ur ein Eigenname war, oder appellativisch Gegend, District bedeutete, können wir nicht mehr ermitteln (מוֹ בְאֶרֶץ kann, aber muss nicht für *Land* sprechen); הוֹר־ = אוּר Gebirge (*Kn.*) ist schlechthin abzuweisen; auf Grund von medischem Οὔερα (Strab. 11, 13, 3) zendisches *vara* District zu vergleichen (*Tuch*), liegt zu fern, ebenso ein arab. W. oder armen. *gavar* (*Ew.* G.³ I. 404 f.). Die Späteren, an die aus der Bibel geläufigen Kaldäer Babyloniens denkend, suchten Ur Kasdim in Babylonien: Nicol. Dam. (Jos. ant. 1, 7, 2) nennt τὴν γῆν τὴν ὑπὲρ Βαβυλῶνος, Χαλδαίων λεγομένην als Abraham's Ausgangsort; Eupolemus (Eus. pr. ev. 9, 17, 2) versteht eine πόλις τῆς Βαβυλωνίας Καμαρίνη, ἥν τινες λέγουσι πόλιν Οὐρίην. Der Talmud (B. Bathra 91ᵃ) und die Muslim suchen es in Kutba rabba in Babylonien (Iṣṭachri M. p. 54; Marâṣ. II. 519 u. a.), und alle die späteren Geschichten von einer Verfolgung des Abraham durch Nimrod, in denen meist zugleich אוּר als *Feuer* gedeutet wurde (*Beer* Leben Abraham's 1859 S. 1— 20) schliessen sich an diese Localisirung an (vgl. schon BJub. c. 11 ff.; Jos. ant. 1, 7, 1 ff.; Hier quae. ad h. l.). An אֶרֶךְ (10, 10) d. h. Uruk oder Warka (*G. u. H. Rawlinson*; *Loftus* trav. 162; *Del.*) darf man bei אוּר כַּשְׂדִּים keinenfalls denken. Dagegen würde dem Namen nach gut passen der heutige Ruinenort Mugheir (el-Muqajjar), ziemlich südl. von Warka, auf der rechten Seite des Eufrat (*Loftus* 126 ff.), als dessen alten Namen die dort ausgegrabenen Thontäfelchen *Uru* erweisen, eine der ältesten babyl. Königsstädte im Lande Sumer. Dieses *Ur* wird jetzt nach Vorgang der Assyriologen (s. bei *Schr.* in ZDMG. XXVII. 397 ff. KGF. 94 ff. KAT² 129 ff.; *Del.* Par. 200. 226 f.) von den Meisten für אוּר כ׳ gehalten, wobei aber zu bemerken, dass der Beisatz כַּשְׂדִּים nicht zum einheimischen Namen gehört, sondern erst von den Juden beigefügt sein müsste. Nimmt man aber das an, so kann אוּר כַּשְׂדִּים nicht urspr. Text des C sein. Denn bei ihm sitzt nicht blos Abraham's

Bruder Naḥor (22, 20 ff.) in Ḥarran, ohne dass eine Wanderung desselben dorthin berichtet wäre, sondern ist dieses auch Abraham's eigene Heimath, von wo er ausgezogen ist (24, 4 f. 7. 10. 27, 43. 28, 10). So wäre בא כ' hier vielleicht Einsatz des R aus A (V. 31)? Aber auch bei A käme eine südbabyl. Stadt hier völlig unerwartet, da er Babylonien oder שִׁנְעָר oder כשדים nie nennt (auch Cp. 10 nicht), vielmehr (8, 4) Noah in Armenien landen u. die Vorfahren Terach's (11, 10—26), nach den Namen zu schliessen, im obern Zweistromland sich bewegen lässt (vgl. Jes. 41, 9, u. vgl. sein Paddam Aram 25, 20. 28, 2), Behauptungen aber, wie die, dass bei A die Vorfahren Terach's heimathlos seien u. A ohne zu wissen, was er damit thue, nun auf einmal אור כ' einsetze (Bud. 444), bei einem Vrf. wie A am wenigsten zugelassen werden können. Wäre also gleichwohl מאור כ' bei A ursprünglich, u. wäre die darin erhaltene Nachricht vom Ausgangsort der Terachiden oder gar Semiten aus Südbabylonien die geschichtlich zuverlässigste (wie aus verschiedenen Gründen zB. aus den Sagen u. Bräuchen oder mit Hilfe der Sprachvergleichung zu beweisen suchten Schrad. in ZDMG. XXVII. 397 ff., JBPTheol. I. 117 ff., Ri. HWB. 1702 f. u. Guidi della sede primitiva dei populi Semitici in Atti d. R. Accad. dei Lincei Ser. III Vol. III (1879) p. 566 ff.; dagegen EMey. I. 215 f.), so müsste man urtheilen, dass A hier, wie sonst oft, gegenüber von den anderen Erzählern, die älteste Nachricht hätte, denn der J², dem A hierin gefolgt sein soll (Bud. 448 ff.), ist eine literarische Fiction. In Wahrheit aber ist, in Anbetracht der Schwierigkeit eines südbab. כ' אור bei C u. A, vielmehr die Möglichkeit in Betracht zu ziehen, dass באור כ' 28 u. מאור כ' 31 nach einer andern Quelle, u. um mit 11, 1—9 zu vermitteln, erst von R (vgl. 15, 7) eingesetzt sei. Dagegen die Vermuthung, dass erst späte Juden, welche etwas darin suchten, dass ihr Ahnherr aus den durch ihre Weisheit berühmten Chaldäern ausgegangen sei, den Ortsnamen frei eingefügt oder aus einem anderen, der da stand, geändert haben (so Lagarde GGA. 1870 S. 1556 und Symm. I. 54: es habe ursprünglich Urastu Urartu אררט dagestanden: vgl. Wl. Gesch. I. 325) hat viele Bedenken gegen sich, nam. 15, 7. Neh. 9, 8 und das Fehlen jeder krit. Variante, welche bei so später Correctur doch zu erwarten wäre. An das Castell Ur (Ammian. Marc. 25, 8, 7) in den mesopot. Wüsten zwischen Hatra und Nisibis (Boch. JDMich. Ges. Bohl. a.), das zudem erst von den Persern angelegt war, ist bei אור כ' so wenig zu denken, als an die durch Kn. verglichene arab. Völkerschaft Orroei (zweifelhafter Lesart, Plin. 6, 30) in der Gegend von Nisibis, und an Urhoi d. i. Edessa (Hitz. Gesch. 92), dessen sich die syr. Christen als des Ur Abraham's rühmten. Sonst s. zu 10, 22 über אַרְפַּכְשַׁד. Eine eigenthümliche, aber wenig begründete Ansicht über Ur Kasdim s. bei Halévy mélang. d'épigr. p. 81. 84. — V. 29 von C. וַיִּקַּח) Sing. wie 9, 23. 7, 7. שְׁמִי] da auffällt, dass zwar von Naḥor's Weib Milka nicht aber von der viel wichtigeren Sarai die Abstammung angegeben ist, so vermuthete Ew. JB. X. 27, dass hier einige Worte ausgefallen seien, und zwar בת אֵם אֲחֵרָה nach 20, 12. Aber 20, 12 stammt von

anderer Hand, und bei A V. 31 1eisst Sarai die בִּלָּה Terach's. —
Naḥor heirathet *Milka*, seine Nic1te (22, 20 ff.); vgl. über Verwandten-
heirathen in der Terach-Familie weiter 24, 3 ff. 28, 2 f. u. zu 29,
19; man muss nic1t vergessen, dass solc1e Heirathen nur der kurze
Ausdruck für das Zusammensc1melzen grösserer Gemeinsc1aften zu
einem Ganzen sind (zB. 16, 1. 21, 21. 36, 2 ff. u. s.). *Jiska*, Schwester der Milka und Toc1ter Haran's, kommt nic1t weiter vor; umsonst
war sie vom Vrf. gewiss nic1t erwä1nt. O1ne Zweifel ist die betreffende Stelle des C, wo sie wieder vorkam, von R ausgelassen (vgl.
4, 22). Dass Jiska ein anderer Name für Sarai sei (*Jos.* ant. 1, 6,
5; *TgJon.*, *Talm.*, *Ephr. Hier. Raš.* a.), ist gegen den Wortlaut,
ausserdem im Widerspruc1 mit der Angabe des A in 17, 17 (wor-
nac1 Sarai nur 10 Ja1re jünger als Abr. war, also nic1t die Toc1ter
von dessen jüngerem Bruder gewesen sein kann *Kn.*), und mit der
Tradition bei B in 20, 12. *Ew.* G.[3] I. 449 (JB. X. 29) vermuthet,
sie sei das Weib Lot's geworden. — V. 30. עקרה] wie 25, 21. 29,
31 bei C (nie bei A). Die Bemerkung sc1liesst sic1 an die Nennung
der Sara bei C in V. 29 wo1l an (*Bud.* 416 f.). וַיִּ֫בֶל] für gewöhn-
lic1es יֹּלֶד, nur 1ier und als Ketib in einem T1eil der Handsch. 2 Sam.
6, 23 ist sprac1gesc1ic1tlic1 merkwürdig. — V. 31 f. „Terach ver-
lässt nebst Abram, Lot und Sarai Ur Kasdim, um1 nac1 Kenaan zu
zie1en, kommt aber nur bis *Ḥarran*, wo er bleibt und stirbt. Dieser
Ort, ass. *Ḥarran*, syr. ܚܪܢ, arb. حَرَّان, gr. *Κάῤῥαι*, röm. *Carrae*,
Charra, genannt, lag im nordwestl. Mesopotamien, südöstl. von Edessa
(Orfa) 26 röm. Mil. (Tab. Pent. XI, d) oder eine starke Tagreise
(Iṣṭachr. M. 49; Marâṣ. I. 294) oder 2 kleine (*Niebuh*r Reiseb. II.
410) von dieser Stadt entfernt. Die Gegend ist gut; sie 1at Futter und
wurde in frü1eren Zeiten auc1 gut bebaut (Amm. Marc. 18, 7, 3 f.;
Wilh. v. Tyrus 10, 29; Iṣṭachr. 47); an Wasser und Bäumen ist sie
aber nic1t reic1 (Edrisi p. Jaub. II. 153); Abulfeda erwä1nt indessen
Quellen und Brunnen ausser1alb der Stadt (*Paulus* N. Repert. III. S.
XV f.). Jetzt liegt aber der Ort in Trümmern (*Otter* Reise 1. 115).
Me1r über i1n bei *Chwolsohn* Ssabier 1. 303 ff. u. *Ritter* EK. XI.
291 ff.“ (*Kn.*). Er wird noc1 genannt 12, 4 f. bei A, 27, 43. 28,
10. 29, 4 bei CB, ausserdem 2 Reg. 19, 12; Ez. 27, 23 (als bedeutender Handelsort). Die Stadt Naḥor's in Aram Naharaim (24, 10
bei C) ist o1ne Zweifel dasselbe (*Bud.* 445). Ob פַּדַּן אֲרָם des A sic1
damit decke, s. 25, 20. Die Einwendungen *Halévy's* (mél. 72 ff.)
gegen die traditionelle Ansic1t und seine Deutung des אֲרַם נַהֲרַיִם auf
das eig. Syrien zwisc1en Chrysorrhoas und Eufrat, und des דָּרָ֑ן auf
Spelunca sind nic1t einleuc1tend. — 2°] אברם ונחור בני אברם beim
Sam. kennzeic1net sic1 selbst als sc1lec1te Interpolation. Die Na1o-
riden s1nd bei C in Ḥarran, o1ne erst dort einzuwandern. — Wenn
(S. 212) מאשר כשרים ein Einsatz des R 1st, so folgt, dass bei A entweder ein anderer Ausgangspunkt genannt, oder aber gar keiner angegeben war. — Woduc1 die Wanderung veranlasst war, ob durc1
andere Völkerbewegungen? ist nic1t zu sagen; die Späteru dac1ten

sicı religiöse Kämpfe in Kaldaea als die Ursacıe (Juditı 5, 6—9;
BJub. **11** ff. u. a. Stellen s. oben S. **211**; aucı *Ew.* G.³ I. 479). Zu
beacıten ist, dass bei A von einem besondern göttl. Befeıl zu der
Wanderung nacı Kenaan nicıts gemeldet ist. פֶּלָּדִה] als Scıwiegertocıter
wie 38, **11**. 24. 1 Sam. 4, 19. וַיֵּצְאוּ אִתָּם] wer mit wem? Da אֵת
= mit einander (*Kn.*) spracılicı unzulässig, da es ebenso unmöglicı
ist, die 3 von Terach genommenen in der Weise zu tıeilen, dass man
Terach und Abram zum Subj. von יָצָא· macıt und Loṭ u. Sarai in
אִתָּם unterbringt oder umgekeırt (*Raš. Ros. Bmg. Ke. Del.*), so bleibt
nicıts übrig, als entweder die 4 genannten als Subj. zu neımen und
bei אִתָּם an die Hörigen, die sie bei sicı ıatten (**12**, **5**), zu denken
oder umgekeırt (*Saad. JDMich. Tuch*), aber dann folgericıtig zugleicı anzuneımen (*Ew. JB.* X. 28), dass vor וַיֵּצְאוּ einige Worte, in
denen diese Hörigen erwäınt waren, ausgefallen seien, oder aber mit
Pesch. (*Ilg. Vat. Olsh.*) אִתָּם וַיֵּצְאוּ oder mit LXX *Sam. Vulg.* (*Luth.*
Merc. Houb. Dathe) אִתָּם וַיֵּצְא ıerzustellen. Übrigens „muss Abr.
nacı **12**, **5** in Ḥarran eine ziemlicıe Zeit gewoınt ıaben" (*Kn.*).
אַרְצָה כְּ]" *Ew.* 216ᵇ. „Der Ausdruck כְּנַעַן אֶרֶץ ist dem A besonders
geläufig zB. **12**, **5**. **13**, **12**. **16**, **3**. **17**, **8**. **23**, **2**. **19**. **31**, **18**. **33**, **18**.
35, **6** u. ö." (*Kn.*). — V. **32**. Die Angabe des Alters Terach's ver-
ıält sicı zu V. **26**, dem Scıluss der vorigen Tafel ebenso, wie die
über Noaı 9, 28 f. zum Scıluss von Cp. **5**. Gegenüber von **12**, **4** greift
die Meldung des Todes Terach's um 60 Jaıre vor; es ist steınde
Sitte des A, die תולרת des einen vollständig abzuscıliessen, eıe er auf
die des andern übergeıt. Weil man das verkannte, ıält sicı Hieron.
in den quaest., auf Grund der damals umlaufenden jüd. Erzäılungen
von Abram's Errettung aus Verfolgung und Feuersnoth, sogar berechtigt, in **12**, **4** die 75 Jaıre als von der Neugeburt Abraıams zum
Religionskämpfer an gerecınet anzuseıen. Der *Sam.* seinerseits gibt
ıier in 10, 32 nur 145 Lebensjaıre Terach's (s. S. **207**), u. ebenso
woıl aucı Act. 7, 4 (Pıilo I. 464 M.). Dadurcı wird die Einwanderung Abraıam's in Ken. unmittelbar nacı dem Tod Terach's angesetzt. *Bud.* 428 ff. ıält die Lesart des *Sam.* für die ursprünglicıe,
u. die mass. für erst auf Grund der LXX gemacıt; unter den Gründen
dafür ist der scıeinbarste, dass dann Terach von dem stetigen Sinken
des Lebensalters keine Ausnaıme macıt. Aber entscıieden ist damit
die Sacıe nocı nicıt. — Hiemit ist alles vorbereitet, um nun zur Vor-
gescıicıte Israels, speciell zur Gescıicıte Abraıam's übergehen zu können.

III. Die Geschichte Abraham's Cap. 12 — 25, 18.

1. Oıne zu bestreiten, dass iıre Ausbildung zu einem Volk erst
in viel spätere Zeit falle, leiteten die Isr. die Anfänge iırer Volksthüm-
licıkeit ebenso wie iırer ıöıeren Religion von Vorfaıren ab, welcıe
aus Ḥarran eingewandert lange Zeit in Kenaan sicı aufgeıalten ıaben.
Unter einer grossen Zaıl anderer Völker, welcıe von eben diesen Ein-

wanderern ausgegangen sind, betrachteten sie sich als das jüngste, das
nach Absonderung der übrigen hervorgetreten sei, zugleich als das
reinste, welches nicht blos mit fremdem Blut am unvermischtesten geblieben sei, sondern auch das religiös-sittliche Wesen der Vorfahren
am treuesten bewahrt habe. In drei Stufen haben sich diese ächten
Nachkommen jener Vorfahren allmählig von den andern losgezweigt,
und diese drei Stufen schliessen sich ihnen an die 3 Namen Abraham
Isaac Jacob an. Alles, was die isrl. Vätersage zu melden hat, bewegt
sich um diese 3 Namen. Nun ist es freilich heutzutage selbstverständlich, dass alle diese Erzählungen über die Väter nicht der strengen
Geschichte, sondern dem Gebiet der Sage angehören. Dass von keinem
einzigen Volk der Erde sein eigentlicher Stammvater historisch nachweisbar ist, dass Völker nicht in der Art einer Familie sich bilden,
sondern aus allerlei Stoffen zusammen wachsen, dass die dodekadische
Stammesgliederung sämmtlicher hebr. Völker nicht auf natürl. Zeugung
und Blutsverwandtschaft beruht, sondern Kunst und Absicht, geographische und politische oder auch religiöse Gründe dabei massgebend
waren, dass die Personificationen von Völkern, Stämmen, Gebieten und
Zeiträumen, welche in den Darstellungen der Gen. bis Cp. 11 allgemein anerkannt sind, nun von Cp. 12 an nicht auf einmal aufhören,
sondern auch weiterhin, und zwar nicht blos in den Völkergenealogien,
welche noch folgen, wiederkehren, ist unbedingt zuzugeben. Und dass
individuelle Anschaulichkeit der Erzählungen an sich noch kein Beweis
für die Geschichtlichkeit derselben, sondern im Gegentheil eine charak-
teristische Eigenthümlichkeit der Sage ist, braucht jetzt, da man eine
Übersicht über die Sagenpoesie der mannigfaltigsten Völker gewonnen
hat, nicht mehr bewiesen zu werden. Aber liegt darin ein Grund,
diesen Vätersagen der Isr. allen und jeden geschichtlichen Gehalt abzusprechen, so sehr, dass man auch bezweifelt oder läugnet, dass jemals die Vorväter derselben in Kenaan gewesen seien (*Nöldeke* „Im
neuen Reich“ 1871. I. 497—511; *Stade* Gesch. Isr. 1881 u. a.),
oder sie sogar für tendenziöse Dichtungen der isr. Königszeit zu erklären (*ABernstein* Ursprung der Sagen von Abr. Is. u. Jacob. Berl.
1871)? Warum sollen denn die Stammsagen gerade dieses Volkes,
das sich von dem mythologischen Wesen am frühesten abgewendet
hat, und dessen Darstellungen von der urältesten Menschheit sich durch
nüchterne Verständigkeit auszeichnen, ungünstiger zu beurtheilen sein
als die jedes andern Volkes? Ohne Zweifel wirft sich der Widerschein
jüngerer Personen, Zeiten und Verhältnisse auf die Sagengestalten der
Vorzeit zurück und werden diese unwillkührlich zu Typen von jenen,
aber ein Grund, auf welchem das Jüngere sich so spiegeln kann, muss
doch zuvor da sein. Wenn Jacob sich verstehen lässt als die persönl.
Zusammenfassung des isrl. Zwölfstämmevolks, so doch wohl auch Isaac
und Abraham als Bezeichnungen geschichtlicher Vorstufen des Zwölfstämmevolks oder seines Verwandtenkreises. Es ist willkührlich, sie zu
Urmenschen in der Art der Cp. 5 und 11 erwähnten (*Hitz.* Gesch.
41 ff.) zu verallgemeinern, oder gar ursprüngliche Stammesgötter aus
ihnen zu machen (*Dozy* Israel. zu Mekka, Leipz. 1864 S. 21 ff.; *Nöld.*

508 ff.). Wo wäre auch nur eine Spur ihrer einstigen göttl. Verehrung? welchem Volk oder welchem Sagenschreiber eines Volks wäre
das beigefallen, seine alten Götter genealogisch an 21—23. Stelle
nach dem Urmenschen und hinter deutlichen Volks- und Landesnamen
wie Arpaxad, Eber u. s. w. einzuordnen? Wohin man auf diesem
Wege gelangt, kann man an *Goldziher* (Mythos bei den Hebr. 1876
S. 109 f. 154), *JPopper* (Urspr. des Monoth. 1879 S. 147 ff.) u. a.
sehen, welche die Vätersagen aus den Naturmythen der Völker erklären wollen. Statt solcher luftiger Hypothesen scheint es doch vernünftiger, diesen Namen die geschichtl. Functionen, die ihnen nach der
Gen. zukommen, zu belassen. Nach der Gen. sind es doch zum mindesten Zusammenfassungen gewisser Bruchtheile des hbr. Volks, aus
welchen sich stufenweise die Isr. hervorgebildet haben, also ideelle
Personennamen. Selbst dass noch dunkle Erinnerungen an geschichtlich dagewesene Personen sich an sie angeschlossen hätten, ist nicht
unmöglich, obgleich natürlich ein Beweis dafür sich nicht führen lässt,
da es an ausserbiblischen Zeugnissen fehlt, sofern die arab. Abrahams-
sage erst aus dem AT. abgeleitet und die Angaben über Abr. als König
von Damask (Nicolaus bei Jos. ant. 1, 7. 2 und Justin 36, 2, 3) auf
die Überlieferungen der Isr. erst aufgepfropft sein werden, auf das angebliche Zeugniss des Berosus aber (Jos. ant. 1, 7; *Ew.* G.³ I. 481)
nichts zu geben ist. Eine Hauptsache ist hier, dass die Gründung
Mose's sich geschichtlich nicht erklären lässt ohne die Vorstufe eines
(wenigstens im Verhältniss zu dem gewöhnlichen Heidenthum) reineren
Gottesglaubens, wie er nach der Gen. den Vätern eignete, eine solche
höhere Religionsbildung aber fast nothwendig persönliche Vermittler
oder Träger voraussetzt. Wie Staatenbildungen nur durch leitende
Geister oder Helden geschehen, so sind auch die Stadien der Religionsentwicklung an hervorragende Personen geknüpft. Als Haupt eines
reineren Gottesglaubens, mitten in der schon eingetretenen heidnischen
Verfinsterung, als einen Mann eminenten Gottes- und Glaubenssinnes,
der die Stimme und Weisung Gottes in allen Fügungen und Erscheinungen seines Lebens zu vernehmen und zu befolgen gewöhnt, in der
Erkenntniss des Wesens und Willens Gottes fortschritt, und diese höheren Erkenntnisse in sein Haus und seine Umgebung hineingründete,
stellen die Vätersagen in der Gen. Abraham dar. Das Dagewesensein
eines oder einiger solcher Männer, mögen sie Abr. oder sonst wie geheissen haben, muss man fast voraussetzen, wenn anders es seine
Richtigkeit damit hat, dass Mose an den Gott der Väter anknüpfen
konnte. Stellt man freilich, wie jetzt viele thun, auch das Werk Mose's
in Abrede, u. macht den Hirten Amos oder den Baalsbestreiter Elia
zum Begründer des höheren Gottesbewusstseins der Isr., so braucht
man auch jene Anknüpfung nicht mehr. Für diese Betrachtungsweise
muss sich die ganze Vätersage in Dunst u. Nebel auflösen.

    2. In den bibl. Erzählungen ist von Abraham als Haupt einer
von Ḥarran ausgehenden Wanderung von Hebräern und als Mittelpunkt
einer Reihe von Völkern (**17, 4** f.), die sich an seinen Namen anleh-
nen, wenig mehr die Rede. Ab und zu schimmert noch etwas durch

(nam. bei B) von der Art und Weise, wie sich diese hbr. Einwanderer zu den Einwohnern des Landes stellen, von Bündnissen, Verträgen, selbst von Kriegsthaten. Aber im ganzen erscheint Abr. als einzelner Nomadenfürst mit grossem Heerdenbesitz und vielen Hörigen, welcher theils durch Besiedlung, theils durch Kauf einzelne Örter weiht oder zum Eigenthum erwirbt, in Religionssachen sich abgesondert hält und seine eigenen Wege geht, besonders als Familienhaupt, welches durch Zeugung Stammvater neuer Völker wird, und zugleich hochbegnadigter Gottesmann und Freund Gottes, Anfänger eines neuen Glaubenslebens in der Menschheit: was von ihm erzählt wird, sind zumeist häusliche und persönliche Erlebnisse, durch welche er sich immer weiter bewährt und seinerseits die göttl. Hervorbildung der ersten Anfänge Israels und damit des Heiles der Welt ermöglicht. Ohne Zweifel war nach dieser Seite hin sein Bild schon in der lebendigen Volkssage umrissen. Aber die ideale Ausgestaltung u. Verklärung desselben, sowie die Sammlung u. Ordnung der einzelnen, ihn betreffenden Sagenstoffe wird erst denen zu verdanken sein, die es in Schrift verfassten. Die 3 Quellenschriften, welche für die Genesis in Betracht kommen, theilen sich in dieses Werk. Zu A gehört wie der äussere, nam. chronologische Rahmen seines Lebens und die Übersicht über die von ihm ausgegangenen ismael. Araber, so insbesondere die Hauptdarstellung des Gottesbundes sammt dem daran geknüpften Beschneidungsgesetz Cp. 17 und die Erzählung vom Ankauf des Erbbegräbnisses Cp. 23. Im ganzen hat A die Hauptsachen dieses Lebens, wie es in der Sage längst feststand, kurz und trocken erzählt, und nur wo für das spätere Israel so wichtige Dinge, wie der Bund, die Geburt des Erbsohnes, der erste Erwerb von Grund und Boden zu melden waren, hat er ausführlichere Darstellungen entworfen. Den Abr. stellt er als einen erhabenen Mann tiefster Gottesfurcht und musterhaften Lebens dar, aber die eigentliche Offenbarung Gottes an ihn fällt doch erst in die hohe Mitte seines Lebens, und die Zusagen Gottes an ihn beziehen sich auf die zahlreiche Nachkommenschaft und den künftigen Besitz des Landes; sein Wohnort ist Mamre oder die Hebron-Gegend. Jedoch scheint nicht alles aus A erhalten zu sein; nam. der Anfang wird vermisst (s. zu Cp. 12). Aus B sind noch einige Erzählungsstücke erhalten, welche Abr. in seinem Verkehr mit einheimischen Fürsten oder nach seinem Walten im eigenen Hause schildern (wie Cp. 20. 21, 6 ff. 22, 1—13), und sowohl seine Würde als Gottesmann und Prophet (20, 7), seinen Gehorsam gegen Gott und seine mannigfaltigen Tugenden, als auch den Schutz und Segen Gottes, der ihm überall entgegen kam, und die Achtung, die er genoss, in's Licht stellen, öfters mit genauen Bestimmungen von Zeit, Ort, Umständen und Namen, merkwürdigen geograph. und geschichtl. Angaben, und sehr alterthümlichen Redeweisen, zur Charakteristik des Mannes und dieser alten Zeiten werthvolle Beiträge; sein Wohnort ist hier gew. Gerar und Berseba. Nicht durch solche Fülle des geschichtl. Details, wohl aber durch ihre didaktische Durchsichtigkeit bei aller malerischen Anschaulichkeit ausgezeichnet sind die aus C geschöpften Stücke, welche theils von einzelnen Begebnissen

reizende ideale Musterbilder entwerfen (wie Cp. 18 f. 24) zur Veran-
schaulichung wichtiger Wahrheiten, theils die nimmer ruhende, er-
wählende, berufende, erziehende und segnende Thätigkeit Gottes nachweisen, durch die er zu dem vollendeten Glaubensmann gebildet wird,
welcher glaubend das Wort der Verheissung ergreift, aber eben dadurch auch würdig wird, eine Quelle des Segens für seine Umgebung
und für die künftigen Geschlechter zu sein (wie Cp. 12. 13. 16).
Gerade diese Gedanken des C hat dann R aufgenommen, und durch
sie geleitet die mannigfaltigen Stücke jener Erzähler in der Weise zusammengestellt, beziehungsweise bearbeitet, dass er 1) ausgehend von
Abraham's Berufung und Einwanderung in Kenaan zunächst durch
einige Erzählungen zwar auch die Weihung einzelner altheiliger Örter
des mittleren Landes durch ihn nachweist, bes. aber den Charakter
des Mannes, und den ihn begleitenden Schutz und Segen Gottes in's
Licht stellt Cp. 12—14, sodann 2) die Höhe seines Lebens zeichnet,
auf welcher er durch viele Prüfungen und Bewährungen würdig gemacht wird, Bundesvater und Träger der höchsten Verheissungen zu
werden Cp. 15—22, 19; worauf 3) die in den Schluss seines Lebens
gehörenden Nachrichten über ihn selbst und sein Haus und die Verheirathung Isaac's folgen Cap. 22, 20—25, 18. — Dabei hat R die
Unterscheidung des A zwischen Abram und Sarai vor und Abraham
und Sara nach dem Bund (17, 5. 15) consequent durch sämmtliche
Erzählungsstücke durchgeführt.

a) Die einleitenden Geschichten.

1. Die Berufung Abram's und Einwanderung in Kenaan Cap. 12, 1—9
nach C, auch A.

Hier fällt das Fehlen einer Überschrift אֵלֶּה תֹלְדֹת אַבְרָם auf. Wie
die Geschichte Isaac's (25, 19) und Jacob's (37, 2) eine Überschrift
haben, so musste bei A auch der Abr.-Geschichte eine solche vorangehen. Man kann nicht (*Hupf.*) sagen, A habe sie weggelassen, entweder weil Terach bei der Einwanderung Abr.'s noch lebte, denn auch
Abr. zB. lebte noch in dem 25, 20 fixirten Zeitpunkt, oder weil die
Abr.-Geschichte nicht sofort mit dem Bericht der Zeugung der Söhne
habe beginnen können, denn auch die Jacobgeschichte 37, 2 hat keine
Zeugung von Söhnen mehr zu melden. Noch weniger lässt sich denken
(*Del. Ke.*), dass nach des Vrf. Meinung Abram's Gesch. zu Terach's
Gesch. gehöre, denn diese hat mit 11, 32 ihren förmlichen Abschluss,
und Abr., der wichtigste Mann der Väterzeit, sollte blos unter Terach
subsumirt worden sein? Vielmehr kann sie nur von R weggelassen
sein (*Ew. Kn. Wl. Brust.* a.), weil er den ganzen Eingang dieser
Geschichte bei A durch einen andern, aus C genommen, ersetzen
wollte. Der eigentl. Grund zu der Wanderung, wie ihn A darstellte,
ist deshalb für uns nicht mehr ersichtlich (Vermuthungen gibt *Ew.* G.[3]
1. 463). In dem ganzen Stück erkennt man als aus A stammend mit

Sicherheit nur V. 4ᵇ u. 5 (*Kn. Hupf. Nöld. Schr. Kay. Wl.* a.); dafür
entscheidet die Altersangabe, die Wiederholung in 5ᵃ gegenüber von 4ᵃ,
die Ausdrücke רכש und רכוש, נבֹעֵן בֹּעֵן אֶרֶץ, auch וַיִּקַח (vgl. 11, 31. 36, 6.
46, 6). Dass auch V. 6. 8 (bis מִקַדֶם 2⁰) und 9 dem A zugehöre (*Kn.*),
lässt sich nicht beweisen und ist darum unwahrscheinlich, weil A
nirgends ein Interesse zeigt, alle die später heiligen Örter (ausser 35, 9 ff.)
im Land als durch die Vorväter geweiht nachzuweisen. Eher dürfte
in V. 6ᵃ· 8ᵃ ursprünglich B zu Grund liegen (*Schr.*), aber 6ᵇ. 8ᵇ lassen
sich davon nicht trennen und zeigen, dass C diese Orts-Angaben sich
angeeignet hatte. Für C als Vrf. dieses Abschnitts sprechen ausser den
Sachen (Berufung durch Gott, Gottesdienst) auch die Ausdrücke יְהֹוָה,
תֵּלֵל, וַּבְרָכָה בְּ, פָּל־מִשְׁפַּחֹת הָאֲדָמָה.

V. 1—3. Die Berufung. Während nach A (11, 31) schon Terach
bei seiner Wanderung mit Abram Kenaan als Ziel im Sinne hat, wird
hier vielmehr die Wanderung Abram's als eine von Gott gewollte und
dem Abr. gewiesene dargestellt. Im göttl. Heilsplan lag es, gegenüber
von der zunehmenden Verschlimmerung in der Menschheit (11, 1—9)
kräftigere Gegenmittel anzuwenden und in Abr. den Mann auszuwählen
und zu bilden, welcher der Grundstein eines zu bildenden Gottesreichs
in der Menschheit werden sollte. V. 1. Gott fordert ihn auf, aus der
Heimath auszuwandern. לֶךְ־לְךָ] im Pent. noch Gen. 22, 2 (vgl. Ex. 18,
27). *aus deinem Land und deiner Verwandtschaft und deinem Vaterhaus*] die Ausdrücke sind gehäuft, um darauf hinzuweisen, wie Gott
nichts Geringes von ihm fordere, wenn er verlange, er solle die Bande
der Familie zerreissen und als Fremdling in ein Land wandern, welches er noch nicht kenne (*Tuch*). Da אֶרֶץ וּמוֹלֶדֶת und אֶרֶץ מוֹלֶדֶת fast
gleichbedeutend gebraucht werden (zB. 24, 4 u. 7; 31, 3 u. 13), so
lag es nicht so fern, hier an Ur Kasdim (11, 28) zu denken (Act. 7,
2; *Merc. Bonfr. Ros.; Hupf.* unter Berufung auf 15, 7), aber aus
24, 4. 7 folgt, dass C Ḥarran gemeint hat (wogegen 15, 7 nicht in
Betracht kommt). Sonst s. zu 11, 28. Mesopotamien im allgemeinen
zu verstehen, zu welchem sowohl Ḥarran als Ur Kasdim gehört habe
(*Kn.*), ist unzulässig. *das ich dir zeigen werde*] das Ziel der Wanderung zu bestimmen, wird noch vorbehalten (vgl. V. 7); dadurch erscheint die Anforderung Gottes an ihn noch schwerer. — V. 2 f. Um
so mehr war es nöthig, ihm Zweck und Ziel dieser Forderung in Form
einer Verheissung kund zu thun. וְאַעֶשְׂךָ לְגוֹי] Ex. 32, 10. Num. 14,
12. „Die Verheissung zahlreicher Nachkommenschaft kommt in der
Patriarchengeschichte sehr häufig vor 13, 16. 15, 5. 17, 2. 6. 16.
18, 18. 21, 13. 22, 17. 26, 4. 24. 35, 11. 46, 3" (*Kn.*). *dich segnen*] beglücken 30, 27. 39, 5. *deinen Namen gross machen*] ihn
verherrlichen, geehrt und gepriesen machen, vgl. V. 3ᵇ. *und sei ein
Segen*] sollst ein Segen sein, ein Gegenstand des Segens (εὐλογημένος
LXX) vgl. Ps. 21, 7. Jes. 19, 24, ein Segensträger, gleichsam der verkörperte Segen, auf den nicht nur Gott die Fülle seines Segens aus-
geschüttet hat, sondern den auch die Menschen segnen, indem sie seinen Namen zur Segensformel gebrauchen, vgl. V. 3 u. Zach. 8, 13.
ja der auch für andere eine Quelle des Segens wird, vgl. V. 3ᵃ und

Beispiele wie 19, 29. 26, 5. — V. 3 fortsetzend, wie ⸱ zeigt, nicht
erklärend zu V. 2ᵇ. *und segnen, die dich segnen u. s. w.*] den Abram-
segen auch auf die ausdehnen, die sich zu ihm in ein freundl. Verhältniss setzen, dagegen „seine Feinde mit einem Fluch belegen, der
sich durch Unglück bethätigt. Der Fluch erinnert an die Stellen 3,
14. 17. 4, 11. 5, 29. 9, 25. 27, 29" (*Kn.*). Gegenüber von LXX
Sam. Pesch. Vulg., welche יִמְקַלֶּלְךָ wiedergeben (vgl. 27, 29), ist die
mass. Lesart feiner: Gott will nicht erwarten, dass viele sich soweit
vergessen werden, ihn zu schmähen.   בְּךָ וְנִבְרְכוּ] καὶ ἐνευλογηϑήσονται
ἐν σοί LXX (Sir. 44, 21; Act. 3, 25; Gal. 3, 8), *Trgg. Vulg.* und alle
kirchl. Erkl., indem insgemein, nach Anleitung des NT. (vgl. noch Rom.
4, 13. 16), die Aussage auf die Mittheilung des aus Abrams Samen
hervorgehenden Heils an die Völker bezogen wurde. Nun würde zwar
diese Hinweisung auf das Endziel des alten Bundes bei einem prof.
Schriftsteller wie C an sich nicht überraschen, obgleich sonst in der
Gen. soweit reichende Andeutungen nicht vorkommen (auch 9, 26 nicht),
und auch in dem Zusammenhang würde sie sich, als noch höhere Steigerung des V. 3ᵃ Gesagten, wohl schicken. Selbst die Möglichkeit der
pass. Fassung des Niph. ist zuzugeben, sowohl hier als 18, 18. 28, 14.
Allein 22, 18 u. 26, 4 steht dafür הָאָרֶץ גּוֹיֵ כֹּל בְזַרְעֲךָ וְהִתְבָּרְכוּ, was
nicht pass. (LXX, *Trgg.*), sondern nur refl. verstanden werden kann:
alle Völker werden sich mit deinem Samen segnen d. h. (nach Gen.
48, 20. Jer. 29, 22. Jes. 65, 15 f.) sich ein Glück wie das Israel's
anwünschen und somit seinen Namen als Segensformel gebrauchen.
Man sieht nicht gut ein, warum vom Samen Abram's weniger ausgesagt würde, als von Abr. selbst, zumal da die andere Formel in 28,
14 nicht blos von Abr., sondern auch von seinem Samen gebraucht
ist. Und selbst wenn 22, 18 u. 26, 4 von einem andern Ref. als 12,
3. 18, 18. 28, 14 (*GBaur*), näml. von R stammt, so folgt daraus noch
nicht eine Verschiedenheit des Sinnes der Formel. Darum haben sich
die meisten Neueren (nach *Raši's* Vorgang zB. *Cler., Vogel, deW.,
Ges., Ew.* 133ᵃ, *Kn. Del.*) für die refl. Bedeutung auch des Niph.
entschieden, während andere (wie *Hengst. Hofm., GBaur, Ke.*) an
der pass. Bedeutung festhalten, und *Tuch* dem Hithp. sowohl als dem
Niph. die Bedeutung „*sich glücklich preisen*, sich gesegnet wissen
durch (בְּ) einen" beilegt, eine Bedeutung, die zwar nach Stellen wie
Ps. 49, 19 an sich als möglich erscheint, aber durch den wirklich
erweislichen Sprachgebrauch wenigstens für Hithp. nicht wahrscheinlich
gemacht werden kann. Billig fragt man, warum in allen 5 Stellen,
wenn ein Gesegnetwerden ausgedrückt werden sollte, nie das Pual,
das sicher pass. Sinn hat, gebraucht wurde, und entschieden gegen
die pass. Fassung zeugt, dass auch in Stellen wie Jer. 4, 2. Ps. 72,
17, welche diese Verheissungen an die Väter wieder aufnehmen, im-
mer nur das Hithp. erscheint, ja Ps. 72, 17 das בוֹ יִתְבָּרְכוּ durch יְאַשְּׁרוּהוּ
erläutert wird. (Unverständlich ist, auf was für Grund hin *Wl.* XXI.
421. 413 behaupten mag, 18, 18. 22, 18. 26, 4 beim „Jehovisten"
werde mit Hithp. der pass., dagegen 12, 3. 28, 14 beim „Jahvisten"
mit Niph. der refl. Sinn beabsichtigt sein). Darnach ist stehen zu blei-

ben bei *und es werden sich segnen in* (oder *mit*) *dir alle* u. s. w.
כל־משפחת האדמה] ebenso 28, 14; dagegen פל־גוֹיֵי הָאָרֶץ 18, 18. 22, 18.
26, 4. Die Steigerung gegenüber von Gl. a liegt darin, dass *alle* Geschlechter des Erdbodens sich mit ihm segnen, mittelbar also auch ihn
selbst segnen und preisen, und ihn in seiner vollen Hoheit und uni-
versalen Bedeutung anerkennen. Dass von ihm auch wirklich Segen
auf sie ausfliesst, liegt vielmehr in V. 2ᵇ u. 3ᵃ eingeschlössen. (Ausführlichere Erörterung der Stelle bei *Hengst.* Christol.²I. 50 ff.; *Reinke*
Beitr. z. Erkl. des AT. IV. 111 ff.; *GBaur* Gesch. der ATl. Weissag.
205 ff.). — V. 4. Abr. folgt der göttl. Weisung; schon seine Wanderung ist also eine That des Glaubens an die Verheissung und des
gläubigen Gehorsams gegen Gott. — Die Altersangabe stammt aus A.
Nach ihr zog Abr. noch bei Lebzeiten seines Vaters aus, vgl. 11, 26.
32. — V. 5 sagt dasselbe, was V. 4ᵃ, mit Worten des A. „Abr. zog
wahrscheinlich über Damaskus, s. 15, 2" (*Kn.*). רְכוּשׁ] ist die *beweg-
liche Habe*, bei A ein geläufiger Ausdruck 13, 6. 31, 18. 36, 7. 46, 6.
Num. 16, 32. 35, 3 (sonst Gen. 14, 11 f. 16. 21. 15, 14); רָכַשׁ, denominirt, nur bei A (31, 18. 36, 6. 46, 6). *und die Seelen, welche
sie gemacht*] „die Personen, welche sie erworben hatten, näml. Sklaven und Sklavinnen (Ez. 27, 13; vgl. אָדָם Num. 16, 32). Zu עָשָׂה
in diesem Sinne vgl. 31, 1. Dt. 8, 18. Auch נֶפֶשׁ (wie רְכוּשׁ) ist bei
A sehr beliebt 17, 14. 36, 6. 46, 15. 18. 22. 25 ff. u. ö., aber auch
14, 21 u. s." (*Kn.*). *Land Kenaan*] s. 11, 31. — V. 6. Abr. durch-
zieht das Land bis zu dem Ort oder der Gegend, wo die Stadt Sikhem
(33, 18) lag, eine der bekanntesten Städte Mittelkenaans, auf dem Gebirge Efraim zwischen den Bergen Ebal und Garizim gelegen, nach
ihrer Zerstörung im Vespasianischen Krieg wiederaufgebaut als Flavia
Neapolis, heute Nabulus. *bis zur Weiserterebinthe*] „die nach Dt. 11,
30 ein Terebinthenhain war und mit der Zaubererterebinthe Jud. 9,
37 einerlei zu sein scheint. Das" Weisen „war Sache der Priester und
Seher (2 Reg. 17, 28. 2 Chr. 15, 3. Jes. 9, 14. Hab. 2, 19), welche
auch" Weiser oder „Lehrer genannt wurden (Jes. 30, 20). Offenbar
ist hier an einen hl. Hain zu denken, wo in alter Zeit wahrsagende
Priester sassen, und Auskunft und Belehrung ertheilten. Die religiöse
Bedeutung der Örtlichkeit ergibt sich auch daraus, dass daselbst
Jacob die mitgebrachten Götzenbilder und Amulete verbarg (35, 4),
und Josua nach Einschärfung des Gesetzes einen Stein errichtete
(Jos. 24, 26), wornach sich vielleicht die Denkmalsterebinthe Jud.
9, 6 erklärt, bei welcher man Abimelech zum König machte. Man
bezeichnete nach den verschiedenen Beziehungen den Hain verschieden."
So *Kn.*, nur dass er mit LXX *Pesch.* אֵלוֹן als *Eiche* nahm. Allein
da die Eiche sicher אַלוֹן ist (und wohl auch אַלָּה Jos. 24, 26), u.
אֵלָה, davon unterschieden (Hos. 4, 13. Jes. 6, 13) Terebinthe, zu
אֵלָה aber sich אֵיל und אֵלוֹן ordnet (vgl. Gen. 35, 4 mit Jud. 9, 6), da
weiter die Terebinthen gewiss schon im Alterthum seltener und zu
Ortsbezeichnungen passender waren als die Eichen (wie sie im heutigen
Palästina im Verschwinden begriffen sind) und wegen ihrer längeren
Dauer leicht heiliger verehrt; so ist unter אֵלוֹן wahrscheinlicher (*Del.*

Ew.) die Terebinthe zu verstehen, trotzdem dass die LXX überall אלון mit δρῦς übersetzen und auch die Mass. in der Punktation (zB. Jos. 19, 33. Jud. 4, 11) schwanken. Übrigens konnte איל, אלון (vgl. لِكِنْ) vielleicht auch noch andere grosse Bäume bezeichnen (s. zu 14, 6 u. *Ges.* th. 51ᵃ). Dass אלה, אלון urspr. *heil. Bäume* bezeichnen, u. jenes ein nom. unit., dieses ein adj. von אל *Gott* sei (*Stade* Ge. 455), ist in Anbetracht des aram. Worts und solcher Stellen wie Am. 2, 9. Jes. 6, 13. Zach. 11, 2. Ex. 27, 6 doch wenig wahrscheinlich. Nach der gewöhnl. Auffassung wäre מוֹרֶה n. pr. eines Mannes (wie מַמְרֵא 13, 18), und LXX *Vulg.* fassten es gar als מֹרָאֶה (ὑψηλός, *illustris*). Die *Trgg.* (u. *Hier.*) haben מישרא *Ebene* für אלון, wie 14, 6 u. s.; sie bekunden damit, dass sie den abgöttischen Sinn des אלון verstanden haben, denn ebenso übersetzen sie oft בַּעַל (s. m. Abh. über ἡ Βάαλ in MB. d. Berl. Ak. 1881 S. 619). — Die Bemerkung, dass der *Kenaaniter*, näml. nicht im engeren Sinn (*Kn.*) wie Num. 13, 29. 14, 25, sondern im weitesten Sinn wie 10, 18, *damals im Lande war*, scheinbar selbstverständlich, ist gemacht mit Beziehung auf die Verheissung V. 7: das Land, dessen Besitz Gott Abram's Nachkommen zusagt, war damals nicht herrenlos, vielmehr sassen schon dieselben Ken. darin, die nach Gottes (Plan 15, 16 f.) dem Abrahamsamen später weichen sollten. Vgl. 13, 7; auch 24, 3. 37. — V. 7. Hier wurde ihm in einer Gotteserscheinung die Zusicherung, dass Gott seinen Nachkommen dieses Land zu eigen geben werde, gemacht, und damit nicht blos die nach V. 1 noch ausstehende Weisung, welches Land das Ziel seiner Wanderung sein soll, ertheilt, sondern zugleich die Reihe der Verheissungen V. 2 f. vervollständigt. Sie wird nicht blos bei A an ihrem Ort dem Abr. und Jacob gegeben 17, 8. 35, 12, sondern auch bei den andern Erzälern weiterhin noch öfters mit grossem Nachdruck wiederholt 13, 15 ff. 15, 18 ff. 26, 3. 28, 13. — וַיֹּאמֶר] + לוֹ LXX *Sam. Pesch. Vulg.* — Wo man eine Gotteserscheinung gehabt hat, ist nach dem Glauben des Alterthums ein h. Ort, und so baut denn Abr. (nicht ein Haus Gottes, sondern nach seiner einfacheren Sitte) einen Altar bei Sikhem, wie Jacob 33, 20 (eine מצבה). „Es gab in der Folge bei Sikh. eine h. Örtlichkeit (Jos. 24, 1. 26); sie musste bei der Auffassung der Patriarchen als Vorbilder und bei der Ansicht des Erzälers vom Alter der Jahveverehrung (4, 26) schon von den Erzvätern dazu gemacht worden sein" (*Kn.*). Andere Orte dieser Art s. V. 8. 13, 18. 22, 1 ff. 21, 33. 26, 25. הַנִּרְאֶה אֵלָיו] wie 35, 1. — V. 8. Von da rückte Abr. weiter (südwärts) nach dem Gebirg östl. (2, 8. 3, 24. 11, 2) von Bethel, und lagerte sich so, dass Bethel ihm *vom Meere* d. h. im Westen lag, ʿAi aber im Osten. Über die Lage von Bethel und ʿAi s. Jos. 7, 2 u. die RWB. הֶעְתֵּיק] *fortrücken* vom Fortziehen nur noch 26, 22. ויט אהלה] noch 26, 25. 33, 19. 35, 21. Auch diese Stätte weihte er durch Altar und *Gottesdienst*, den er dort that, s. 4, 26. Bethel war den Isr. ein altheiliger und gottesdienstlicher Ort (Jud. 20, 18. 26 ff. 1 Sam. 10, 3), im Zehnstämmereich Sitz eines königl.

Heiligthums (1 Reg. 12, 26 ff. Am. 7, 10 ff.). Seine Heiligung für Isr.
wird 1ier (13, 4) auf Abr., sonst aber auf Jacob (28, 22. 35, 7 ff.)
zurückgeführt. Über sein Verhältniss zu לוט s. zu 28, 19. — V. 9.
Abr. zog allmählig d. 1. in nomadisc1en Märschen, immer weiter nac1
dem Südland zu. וַיִּסַּע] 11, 2. וְנָסֹעַ וְהָלוֹךְ] s. 8, 3. 5. 7. נֶגֶב] eig.
Trockenheit, dürres Land, ist c. Art. Name „des südlichsten Theils
des hbr. Landes, und sc1liesst sic1 im N. an die Niederung, das Gebirge und die Wüste Juda an. Es ist ein nur stellenweise anbaufä1iges
Waideland und 1ält die Mitte zwisc1en Culturland und Wüste; südl.
von i1m folgt reine Wüste bis zum Sinai, s. Jos. 15, 21 ff." (*Kn.*). Die
Anwendung des Wortes für *Süden* ist rein paläst. Sprac1gebrauc1 (wie
יָם für Westen).

2. Die Wanderung nach Ägypten und Sarai's Bewahrung daselbst
Cap. 12, 10—20, nach C.

Dieses Stück wird insgemein dem C zugeschrieben. Die Ausdrücke
וַיְהִי כַּ, חֵיטִיב לְ, נָא und הִנֵּה נָא, בַּעֲבוּר und בִּגְלַל, עָשִׂיתָ מַה־זֹּאת sc1liessen
A aus und verrathen den C. Nac1 *Wl.* XXI. 413 f. 419 soll das Stück
sammt V. 9 aus B stammen und ein späterer Einsatz in C sein, weil
13, 1—4 wieder künstlic1 zum Ausgangspunkt 12, 8 zurückgeleitet
werde, und V. 9—20 Abr. allein, in Cap. 13 aber Lo1 bei ihm sei.
Die Beobac1tung ist ric1tig, aber nic1t die Folgerung. B ist wenigstens für V. 10—20 durc1 Cp. 20 sc1lec1t1in ausgesc1lossen; die
Sprac1e ist die des C. Aber freilic1 wird C die Erzä1lung erst nac1
der Trennung von Lo1 (Cp. 13) ge1abt 1aben, weil Abr. allein zie1t,
vielleic1t an derselben Stelle, wo B sein Cp. 20 1atte. R aber 1at
das Stück weiter nac1 vorn gerückt, t1eils weil er es von seinem
Seitenstück Cp. 20 möglic1st weit trennen wollte, t1eils weil die
Unverträglichkeit mit den aus A aufzune1menden Altersangaben (s. V.
11) dadurc1 etwas gemildert wurde. Da aber andererseits in der
Tradition die Bethelgegend als der Ort, von wo aus die Trennung
Abram's und Lo1's vor sic1 gieng, feststand, so 1at er durc1 13, 1.
3 f. da1in zurückgeleitet. Aus 26, 1 f. folgt gar nic1ts (s. d.). —
Sarai, vom äg. König geraubt, muss, weil Gott mit Strafen gegen
i1n einschreitet, von i1m dem Abr. zurückgegeben werden, und A1r.
ge1t nur noc1 reic1er an Habe aus der Gefa1r 1ervor. Diese Ge-
sc1ic1te von R in den jetzigen Zusammen1ang gestellt, will weniger
aus dem Gesic1tspunkt einer Glaubensprüfung, denn vielmehr als Beweis davon betrac1tet sein, wie Gott, der den Abr. erwä1lt und ihm
die grossen Verheissungen gegeben hat, nun auc1 über ibm und
seinem Wei1e, der künftigen Stammmutter des Verheissungssamens,
wac1t, selbst aus Gefa1ren, die er durc1 seine eigene Kurzsic1tigkeit
1erbeigefü1rt, i1n rettet, und so ihm thatsächlichen Beweis des göttl.
Waltens gibt, an welc1es er immer fester glauben lernen soll. Der
Stoff der Erzählung, näml. die dem Patriarchenwei1 durc1 einen fremden Fürsten entstandene oder dro1ende Gefa1r und die Bewa1rung
des Weibes durc1 Gottes unmittelbares Einsc1reiten war in der Väter-

sage sehr beliebt. Dasselbe was hier, „soll dem Abr. und der Sarai
Cp. 20, und ähnliches dem Isaak mit Rebecca Cp. 26 beim Fürsten Abimelech in Gerâr begegnet sein" (*Kn.*). Mit Recht hat man längst angenommen, dass diese 3 Erzählungen Varianten derselben Grundsage
sind, zumal da in allen dreien der Mann das Weib für seine Schwester
ausgibt. — V. 10. Hungersnoth als Veranlassung zur Wanderung der
Nomaden auch 26, 1. 41, 54 f. Ägypten, die Kornkammer für Kenaan in Zeiten der Hungersnoth (42, 1 ff. Jos. ant. 15, 9, 2) war hier
als Ziel für den Nomaden von selbst gegeben. Für das Ziehen aus
dem Bergland Ken. in das Nilthal ist יָרַד und für das Ziehen aus Äg.
nach Ken. עָלָה der stehende Ausdruck im AT., zB. 44, 23 f. 46, 4
(*Kn.*). — V. 11. הִקְרִיב לָבוֹא] *er kam nahe, Ges.* 142, 2. יְפַת מַרְאֶה]
schön von Ansehen, Ges. 112, 2. הִנֵּה־נָא] „nur noch in den rein jeho-
vistischen Stücken (d. h. bei C) 16, 2. 18, 27. 31. 19, 2. 8. 19 f.
27, 2. Nach einem anderen Erzähler 20, 13 traf Abr. das hier erwähnte Abkommen mit Sarai schon früher" (*Kn.*). Übrigens beweist
die Angabe von der Schönheit des Weibes, dass diese Erzählung nicht
von Anfang an in Verknüpfung mit den Stücken des A niedergeschrieben ist, sofern nach diesen (12, 4. 17, 17) Sarai damals 65 Jahre alt
war. — V. 12 f. „Abr. verlangt, dass Sarai in Äg. sich für seine
Schwester ausgebe, damit man ihn nicht ermorde. Denn galt sie als
Eheweib, so konnte ein Ägypter sie nur erhalten, wenn er ihren Eheherrn umbrachte; galt sie als Schwester, so war Aussicht vorhanden,
sie auf gütlichem Wege vom Bruder zu gewinnen. *meine Schwester
du*] d. i. du seiest meine Schw. In der or. indir. kann פִּי auch fehlen,
wie 41, 15. *Ges.* 155, 4°. *Ew.* 388ª. Die Angabe war (wenigstens
nach B) nicht unwahr (20, 12), aber auch nicht die ganze Wahrheit.
damit es mir gut gehe deinetwegen] damit man dem Bruder um der
schönen Schwester willen freundliches Wohlwollen beweise und es mir
wohlgehe (40, 14). בִּגְלָל] 30, 27. 39, 5 und im Dt." (*Kn.*) — V. 14 f.
„Sarai, dem König von seinen Beamten gerühmt, wird in den königl.
Palast abgeholt und gehört dann mit zum weibl. Hofstaat des Königs.
Ähnliches berichten neuere Reisende von den orient. Königen, welche
ganz willkührlich Schöne ihres Landes ihrem Harem einverleiben, s.
Olearius Reisebeschreib. 664; *Kämpfer* amoen. exot. 203; *Jaubert*
Reis. 220 f." (*Kn.*); eine altägypt. Geschichte der Art s. bei *Ebers* Äg.
u. BB. Mos. I. 262 f. אֶל־פַּרְעֹה] *gegen* Ph. rühmten sie sie, redeten
rühmend von ihr zu ihm, vgl. Jud. 11, 36 (*Tuch*). *Pharao,* früher
nach Jos. ant. 8, 6, 2 als hebraisirtes ⲡ-ⲟⲩⲣⲟ „der König" erklärt
(*Ges.* th. 1129), ist neuerdings auf Grund einer Angabe Horapollons
von *Lauth, de Rougé, Brugsch* u. a. als *per-aa* oder *pher-ao* der
Hieroglyphen d. i. *Grosshaus* bestimmt, was als Titel für den König
gebräuchlich war (zB. *Ebers* 263 ff.). וַיְהַלְלוּ] s. zu 2, 23. בֵּיתָה] Acc.
loci wie 18, 1. 24, 23. 38, 11; *Ges.* 118, 1; *Sam.* ביתה. — V. 16.
„Um der angebl. Schwester willen erhält Abr. vom König Geschenke
an Menschen und Vieh. Die genannten Thiere nebst den Sklaven erscheinen auch sonst als der Hauptreichthum der nomad. Patriarchen
(24, 35. 32, 15 f.), wie auch bei Hiob (Ij. 1, 3. 42, 12); niemals

werden Pferde bei iinen erwäint. Nacı *Burkh.* Bed. 343. 347 u.
Robins. Pal. I. 343 ıaben aucı nicıt alle arab. Beduinenhorden Pferde.
Von den Nabatäern sagt dies scıon Strabo 16, 4, 26" (*Kn.*). Gegen
die Einwendungen *v. Bohlen's*, als ob Scıafe und Esel in Ägypten
nicıt geıalten worden wären, s. zu 46, 34; *Ebers* 265 ff.; das Kamel
jedocı (aucı Ex. 9, 3 bei den Äg. vorausgesetzt) erscıeint nicıt nur
auf den äg. Bildern niemals abgebildet, sondern ist aucłı, wie das Pferd,
erst in den Texten des Neuen Reicıes (nacı der Hyksoszeit) erwäint,
und seine Zucıt war im eigentl. Ägypten nie ıeimiscı (*Lepsius* in
Herzog's RE. I. 140; *Chabas* étud. sur l'antiq. ıist.² 408 ff.). נֶחְרוּ־לֹ]
und es ward ihm zu Tıeil. *Ges.* 147. Die Nennung *der Knechte und
Mägde* zwiscıen den Eseln und Eselinnen ist (aucı nacı 24, 35. 30,
43) nicıt zu erklären; entweder sind sie eine alte Glosse oder durcı
Abscıreibefeıler versetzt (*Olsh.*) — „Der Vrf. stellt Abr. in einem
ungünstigen Licıte dar, indem er iın V. 15 nicıt Einsprucı thun, vielmeır Gescıenke anneımen lässt. Bei seiner sonstigen ıoıen Meinung
von der Frömmigkeit des Patriarcıen (15, 6. 22, 12) naım er woıl
an, dieser ıabe für den äussersten Fall einen unmittelbaren göttl. Scıutz
für Sarai erwartet" (*Kn.*). — V. 17. „So kam es aucı. Um den Eingriff in das Eigenthumsrecht des Erwäılten Gottes zu rügen, Sarai's
Würde zu sicıern und iıre Zurückgabe an den Eheherrn zu bewirken,
liess Gott Ph. und sein Haus *grosse Schläge treffen* d. ı. verıängte
Krankıeiten über sie (20, 17); von solcıen, zB. Aussatz und Pest,
steıen diese Ausdrücke öfters (Ex. 11, 1. 1 Sam. 6, 9. 2 Reg. 15, 9. Ij.
19, 21), und mit solcıen werden aucı sonst Verletzungen des Heiligen
geaındet Num. 12, 10. 1 Sam. 5, 12. 2 Cıır. 26, 19" (*Kn.* nacı *Tuch*).
— V. 18 f. „Der König ruft Abr. vor sicı, tadelt sein Verıalten und
ıeisst iın zieıen. Die Plagen liessen indess auf Gottes Zorn und vor-
gefallene Sünden scıliessen; eine Anfrage bei der vor kurzem in das
königl. Haus gekommenen Sarai konnte zur Aufklärung füıren, vgl.
Jon. 1, 7 ff. So woıl der Erzäıler" (*Kn.*). Josepıus (ant. 1, 8, 1)
lässt iın durcı die Priester den Grund seiner Leiden erfaıren (*Tuch*).
und ich nahm sie mir zum Weibe] naım sie unter meine Weiber auf.
Zur Berüırung der Sarai kam es wegen der Krankıeit des Pı. nicıt,
s. 20, 4. 6 (*Kn.*). אֶשְׁתִּי] + ἔναντί σου (לְפָנֶיךָ) LXX. — V. 20. Ph.
entbot *über ihm* d. ı. seinetwegen oder zu seinem Scıutz Männer,
die den Zug bei der Heimkeır geleiten sollten (vgl. Esr. 8, 22). Zu
שַׁלַּח vgl. 31, 27. 18, 16 und προπέμπειν Act. 15, 3. 21, 5 u. s. (*Kn.*).
— Am Ende des V. fügen der *Sam.* und einige Handscłr. der LXX
ıinzu וַיֵּלֶךְ לוֹ עִמּוֹ, s. 13, 1.

3. Abram's Trennung von Lot, Cap. 13, von R nach C und A.

Abram mit Loţ aus Äg. nacı der Bethelgegend zurückgekeırt,
beseitigt die zwiscıen seinen und Loţ's Hirten entstandenen Streitigkeiten
dadurcı, dass er dem Loţ Trennung von iım vorscılägt und uneigennützig genug iım nacı seiner Wahl die wasserreicıe Jordanauc überlässt, selbst aber nun allein im eigentlıchen Kenaan bleiılıt, woraulı iłını

aufs neue der künftige Besitz des Landes verleissen wird. — In der
freiwilligen Räumung des Landes hat Lot seine Ansprüche auf Ken.
aufgegeben und ist der spätere Besitzstand der Völker Moab-Ammon
und Israel vorbildlich geregelt (vgl. 36, 6). Zugleich wird durch die
Abtrennung dieses Zweiges der Einwanderung Abr. die einzige Hauptperson, um die es sich fortan handelt. Dieser volksgeschichtlich wichtige
Vorgang ist aber so erzählt, dass zugleich von der geistigen Hoheit
Abram's (seinem selbstverläugnenden und friedfertigen Sinn) und von
dem segnenden Walten Gottes über ihm eine neue Probe gegeben
wird. — Über die Trennung Lot's von Abr. hat nach 19, 29 auch
A erzählt, und in der That ergeben sich V. 6. 11^b u. 12 bis הַפְּרִ
als aus A stammend durch die Analogie von 36, 7 f., durch die Aus-
drücke וּרְכוּש, נָשָׂא, וְיָשַׁב, מִנְעַן אֶרֶץ, צָרוּ הַמָּפָר, durch die darin sich zeigen-
den Abweichungen von den anderweitigen Angaben des Stücks (*Hupf.*
21 ff.). Dass auch 3^a, aber dann folgerecht auch 1 u. 12, 9 f. aus
A stamme, glaubte *Kn.* wegen לְמַסָּעָיו annehmen zu müssen, dann würde
sich nur um so besser erklären, warum R die Episode 12, 11—20
gerade hier eingereiht hat. Indessen findet sich ausser למסעיו in den
genannten Versen nichts von den eigenth. Zeichen des A, und das vereinzelte למ' kann R ebenso wohl als sonst manches aus dem Sprachgebrauch des A sich angeeignet haben. Sicherer wird es darum sein,
anzunehmen (s. S. 223), dass R zwar V. 1 (ohne עִמּוֹ וְלוֹט) als urspr.
Schluss von 12, 11—20 aus C aufgenommen, dann aber um nach
dem Ausgangspunkt 12, 8 zurückzuleiten, V. 3 f., sowie ולוט עמו 1
eingesetzt hat, wogegen V. 2. 5 urspr. Fortsetzung von 12, 8 gewesen sein kann. Nämlich V. 2. 5. 7 ff. (ausgen. 11^b u. 12) hängt
in sich wohl zusammen, und hat durch seine Rückbeziehung (10) auf
Cap. 2 f. und seine Hinweisung (13) auf Cap. 19, durch die Befehle
und Verheissungen Gottes 14—17 (vgl. 28, 14), durch die Ausdrücke
9, das häufige נָא 8. 9. 14 genug Zeichen seiner Abstammung aus C
in sich. Für die Zuweisung einzelner Verse dieses Cap. an B (*Schr.*)
sind stichhaltige Gründe nicht beizubringen. Ebenso wenig ist V. 14
—17 für einen späteren Nachtrag (*Wl.* XXI. 414) zu halten.

V. 1. Abr. zog aus Äg. wieder herauf (12, 10) nach dem Negeb
(12, 9). Dass Lot mit ihm (in 12, 10—20 nicht gesagt), wird redac-
tioneller Zusatz sein. — V. 2. Er war aber sehr *schwer* d. i. reich
an *Vieh* (4, 20) Silber und Gold. Das letztere nur noch 24, 35. 22.
53 (von C) bei den Patriarchen erwähnt (*Kn.*); doch vgl. 20, 16. Über
den Art. gen. s. *Ges.* 109 A 1^b; doch können die Mass. dadurch
auch auf das in Äg. Erworbene haben zurückweisen wollen. — V. 3 f.
Er zog nun לְמַסָּעָיו d. i. nicht: nach seinen früher inne gehabten Stationen (LXX, *Vulg.*), sondern *gemäss seinen* Aufbrüchen oder *Zügen*,
stationenweise, also allmählig, in Märschen wie sie für den Nomaden
mit seinem Vieh passten, vgl. Ex. 17, 1. 40, 36. 38. Num. 10, 2. 6.
12. 28. 33, 1 f. bei A (*Kn.*), vom Negeb an bis nach Bethel an den
früher (12, 8) inne gehabten Ort, und that dort wieder Gottesdienst.
Dieses letztere ist mit derselben Absichtlichkeit angemerkt wie 12, 8
a. E. — V. 5. Auch der *mit ihm gehende*, ihm auf seinen Zügen be-

gleitende Loṭ war, wie Abr. V. 2, reicı an Heerdenvieh und Zelten
(אֹהָלִים für אֳהָלִים Ges. 23, 3), also aucı Menscıen und Geräthen.
— V. 6 aus A. *und nicht trug sie das Land zusammen zu sitzen*]
war nicıt im Stand, sie zu erıalten, da es für so viel Vieı nicıt
Waide genug ıatte, erlaubte also nicıt, dass sie beisammen blieben,
vgl. 36, 7 und 12, 5 bei A. Aucı der Ausdruck יָשַׁב ist charakteristisch für A (*Hupf.* 22), vgl. V. 12. 18. 36, 7 f. 37, 2 (docı s. 20, 1
bei B). — V. 7. „Daıer gab es zwiscıen iıren Hirten Streit, näml.
über die Waideplätze und Brunnen (21, 25. 26, 20 ff. vgl. 29, 3. 8),
welcıe um so weniger zureicıten, da Abr. und Loṭ diesen Landestheil
nicıt allein inneıatten" (*Kn.*). Über פְּרִזִּי s. zu 10, 17; er und כְּנַעֲנִי
zusammen umscıreiben aucı 34, 30 die alte Landesbevölkerung, während 12, 6 der כְּנַעֲנִי allein genannt ist. — V. 8 f. Abr. findet Ge-
streite unter Männern, die Brüder d. ı. Verwandte (14, 16. 29, 12)
sind, unziemlicı, scılägt darum eine Trennung vor, lässt aber, obwoıl
er der ältere und Füırer ist, dem Loṭ die Vorwaıl der Gegend. *das
Land ist vor dir* d. lı. steıt dir offen; ebenso nicıt blos 20, 15
sondern aucı 34, 10. 47, 6. הַשְּׂמֹאל und הַיָּמִין sind Locative, und zu
suppliren ist תִּפְרֹד; הֵימִין und הִשְׂמְאִיל sind denominirt. Die recıte und
linke Seite neımen = recıts und links geıen; zur Pırase vgl. 24, 49
(bei C). — V. 10. Loṭ ricıtet seine Augen auf die reichbewässerte
Jordanaue. כִּכַּר הַיַּרְדֵּן] aucı 1 Reg. 7, 46 (vgl. Matth. 3, 5), ıäufiger
blos הַכִּכָּר 19, 17. 25. 28. Dt. 34, 3. 2 Sam. 18, 23 u. s., *der Jordankreis*, ist das Land zu beiden Seiten des Jordan vom See Tiberias
bis zum todten Meer, bei Jos. b. j. 4, 8, 2 τὸ μέγα πεδίον, sonst im
AT. gemeinıin aucı הָעֲרָבָה (ıeut zu Tage *el-Ghôr*) genannt, nur dass
dieser letztere Name auch die ʿAraba zwiscıen dem todten Meer und
älanitischen Meerbusen umfasst (Dt. 1, 1. 2, 8). Zum כִּכַּר geıörte
aucı das Thal Siddim (14, 3) d. i. die Gegend, wo naci der Gen. in
Abram's Zeit das todte Meer entstand; sie hat der Vrf. ıier vorneım-
lich im Auge. Sie war nacı ihm ganz מַשְׁקֶה *riguum, regio rigua* (Ez.
45, 15). Durcı die Accente wird die einscıränkende Zeitbestimmung
bevor Gott S. und G. zerstörte (19, 24 ff.) auf die Vergleicıbarkeit
mit dem Gottesgarten bezogen. Über den Wasserreichthum durcı die
vom Gebirg herunterkommenden Bäcıe s. *Burckh.* Syr. 658 f.; *Seetz.*
R. I. 417. Die abwärts steigende Vergleicıung *wie der Gottesgarten*
(2, 8 ff.), *wie das Land Äg. ist*, weil die erste Gleicıung zu ıocı
gegriffen war, woıl zu ertragen, und darf nicıt durcı sprachwidriges
wie ein Gottesgarten (*Schum. Del.*) beseitigt weıden, zumal da ein von
Gott selbst gepflanzter (Num. 24, 6) Garten immer nocı ıerrlicıer
sein müsste, als Ägypten. *in deı Richtung auf* (10, 19. 30) Ṣoar
hin, am Südostrande des todten Meeres (s. 19, 22), gibt den südl.
Grenzpunkt dieser in ıerrlicıem Pflanzenreichthum prangenden Gegend
an, geıört also zum ganzen Satz, nicıt zu מִצְרַיִם כְּאֶרֶץ (*Pesch.*, welcıe
durcı die Correktur צֹעַ nachhilft: Äg. *das am Eingang von Zoan*;
von *Ebers* 272 f. als wirklicıe Lesart ıingenommen! wie aucı neuerdings *Trumbull* Ṣoar zum Namen des Grenzlands des nordöstl. Ägyptens macıen will, s. ZDPV. VIII. 325). Der ganze Satz ist etwas

ungelenk, hat zwar zB. an Ex. 12, 15 (*Tuch*) eine Parallele, doch ist wahrscheinlich, dass die Zeitbestimmung ein Einschub ist. Die Annahme, dass לִפְנֵי—גַּן־יְהוָה eine redactionelle Zuthat, und das übrige von A (*Kn.*) abzuleiten sei, ist nicht haltbar, weil A nicht כִּכַּר הַיַּרְדֵּן schreibt (s. V. 12). Wie לִפְנֵי—עֲמֹרָה so auch 'מִצְּ כְּאֶרֶץ für eine spätere Glosse (*Olsh.*) zu erklären ist nicht nöthig. — V. 11 f. Diesen Jordankreis wählte sich Lot und zog also ostwärts (11, 2. 2, 8. 12. 8). וַיִּפָּרְדוּ—אָחִיו] ist *nach* V.ᵃ nicht mehr nöthig, aber für V. 12 die nothwendige Voraussetzung, daher wie 12 bis הַכִּכָּר dem A zuzuschreiben, auf welchen אֶרֶץ כְּנַעַן (s. 12, 5), עָרֵי הַכִּכָּר wie 19, 29 im Unterschied von כִּכַּר הַיַּרְדֵּן V. 10. 11 (*Kn.*) und יֵשֶׁב (s. V. 6) hinweist. Eben darum aber gehört וַיֶּאֱהַל עַד־סְדֹם nicht mehr ihm (*Kn.*) an, sondern schliesst sich ursprünglich an וַיִּסַּע לוֹט מִקֶּדֶם V. 11 an, wie es umgekehrt durch den folgenden (nicht von A stammenden) V. 13 vorausgesetzt wird. Übrigens ist das nur noch V. 18 vorkommende אָהַל *zelten, ein Zeltleben führen* wohl nicht ganz gleichbedeutend mit נָסַע *fortziehen*, sondern bedeutet *nach Nomadenweise herumwandern*. In Sodom befindet sich Lot 14, 12, 19, 1. „Mit Interesse zeigt der Erz., wie nur diejenigen in Ken. blieben, von welchen die Isr. abstammten, die übrigen Angehörigen der Patriarchen aber auszogen, vgl. 21, 14 ff. 25, 6. 18. 36, 6“ (*Kn.*). — V. 13. Dass die Sodomiter *böse und sündig waren* nicht: gegen Jahve (20, 6. 39, 9 *Del.*) als vielmehr (auch nach den Mass.) *dem Jahve* d. h. in seinen Augen (לְ wie לִפְנֵי 7, 1), bemerkt der Vrf. nicht blos, um schon hier auf das Strafgericht über sie Cp. 19 vorzubereiten, sondern auch um das Walten der Vorsehung anzudeuten, welche durch diese Wahl Lot's den Abr. vor der Gemeinschaft mit solchen Leuten bewahrte. — V. 14—17. Die Wendung וַיהוָה אָמַר (statt וַיֹּאמֶר יְהוָה) ist durch das Vorhergehen eines (nicht zu V. 14 gehörigen) Zustandssatzes V. 13 herbeigeführt. Die Verse dem C abzusprechen (*Wl.*), ist kein genügender Grund vorhanden. Dass Gott bei C nur in Theophanien zu Abr. rede, wird schon durch 12, 1 ff. widerlegt; ein bestimmter Ort fehlt hier nicht, es ist die Bethelgegend V. 4; dass C den Abr. auf dem *nächsten* Weg über Sikhem und Bethel nach Hebron gelangen und dort bleiben lasse, ist blos postulirt (s. dagegen וַיֶּאֱהַל אַבְרָם V. 18). — Abr. durch sein grossmüthiges Benehmen hat sich neuer Gunst Gottes würdig gemacht; und jetzt da er allein im Lande ist, können sich die Plane Gottes mit ihm weiter entwickeln. *Gott seinerseits* lässt, in einer neuen Offenbarung, dem Abr. eine wiederholte Zusicherung des einstigen Landbesitzes (12, 7) und der Mehrung zu einem grossen Volke (12, 2) zukommen, und fordert ihn auf, sich frei im Land zu bewegen. — V. 14. „Abr. soll sich umsehen. Bethel lag ziemlich in der Mitte des Landes und zugleich hoch auf dem Gebirge (12, 8. 35, 1. 3. Jud. 1, 22. 4, 5. 1 Sam. 13, 2); von den dortigen Höhen scheint man eine weite Aussicht nach den verschiedenen Theilen des Landes gehabt zu haben“ (*Kn.*). Die 4 Himmelsgegenden so auch in der sicher dem C zugehörigen Stelle 28, 14. Dass die Ordnung der Aufzählung dort etwas anders ist (*Wl.* XXI. 421) als hier, ist doch wahrhaftig kein Grund gegen C. — V. 15.

עַד־עוֹלָם] *für immer*, zu dauerndem Besitz, ist ıier neu gegenüber von
12, 7. — V. 16. Gott will aucı seinen Samen zahllos macıen. אֲשֶׁר
אִם] entweder *dass wenn jemand* wie 11, 7. 22, 14. 24, 3 (*Kn.
Del.*), oder *quem si*, so jedocı dass für blosses pron. suff. nacı לִמְנוֹת
das volle Obj. הָאָרֶץ אֶת־עֲפַר noch einmal genannt ist, wie Gen. 50, 13.
Jer. 31, 32 (*Tuch. Ew.* 331°). Das hyperbol. Bild vom *Staub der
Erde* ebenso 28, 14 bei C; andere dieser Art sind die von den Sternen des Himmels 15, 5. 22, 17. 26, 4 (Dt. 1, 10. 10, 22. 28, 62)
und vom Sand am Meer 22, 17. 32, 13. Die vorliegende Verıeissung
ist die dritte; sie fasst einen Tıeil der ersten (12, 2 f.) und die zweite
(12, 7) zusammen. — V. 17. Er soll aucı das Land nacı seiner
Länge und Breite frei durcızieıen und benützen, in Hoffnung und zum
Zeicıen künftigen Besitzes (vgl. Jes. 23, 10; *Kn.*). Am Versende ıaben
LXX nocı עד עולם וּלְזַרְעֲךָ wie 15. — V. 18. Abr. zog nun ıerum (s.
V. 12), bis er scıliesslicı nacı der Ḥebron-Gegend kam, wo er seinen
Woınsitz naım. Der Vers in dieser Fassung ist von C. Zwar muss
aucı A die Niederlassung Abrams bei Ḥebron irgendwo bericıtet ıaben,
weil aucı bei iım er dort woınt. Aber A nennt den Ort מַמְרֵא (23,
17. 19. 25, 9. 35, 27. 49, 30. 50, 13), nicıt *Terebinthen Mamre's*,
wie die Bericıte 14, 13 u. 18, 1. Nacı 14, 13. 24 wäre der Hain
nacı dem Amoriter Mamre benannt gewesen. Meır darüber z. 23, 2
u. 20. Dort baute er einen *Altar* (s. 12, 7): dadurcı ist Ḥebron,
„wo es in späterer Zeit eine Opferstätte gab (2 Sam. 15, 7" *Kn.*),
geweiıt.

4. Abram's uneigennützige Kriegführung zur Rettung Lot's und seine Segnung durch Melkisedek, Cap. 14, ıon R nach B (?).

1. In einem Kriege der 4 verbündeten Könige von ʿElam, Šinear,
Ellasar und Gojim gegen die Völker des Jordanlandes und der südl.
Wüste wurde von jenen aucı Loṭ in Sodom gefangen, und sammt seiner Habe und anderer aus Sodom und Gomorrıa geraubten Beute fort-
gefüırt. Aber Abram, davon benacıricıtigt, setzte mit 318 eigenen
Leuten und denen seiner Verbündeten Mamre Eschkol und ʿAner dem
ıeimkeırenden Heere der Sieger muthvoll nacı, scılug sie bei Dan
und jagte iınen den Loṭ, die übrigen Gefangenen und die Beute wieder ab. Dem Heimkeırenden kamen der König von Sodom und Melkiṣedek, König von Salem, in's Thal Schave entgegen. Von letzerem
für seine Tıat feierlicı gesegnet gab er iım den Zeınten der Beute,
aber angebotene Beloınung von Seiten des Königs von Sodom leınte
es grossmüthig und stolz ab. — Der gottgesegnete Held erscıeint ıier
von einer neuen Seite, in seinen Bezieıungen zu den einıeimiscıen
Häuptlingen, iınen zu Scıutz und Hilfe verbündet, und mit iınen
mäcıtig genug, um einmal aucı gegen fremde erobernde Kriegsfürsten
mit Erfolg zum Besten der Scıwäcıeren zu kämpfen, aber seinem
Cıarakter nacı aucı in diesen Verıältnissen derselbe hochsinnige Mann,
der küın und aufopferungsfähig in der Stunde der Notı für seinen
Verwandten gegen die Übermacıt einzutreten keinen Augenblıck zögert,

äusseren Vortheil aus seiner edlen That ablehnt, aber in der Hilfe seines Gottes und in der allgemeinen Hochachtung der Landeskinder einen höheren Lohn davonträgt. So gibt dieses Stück, wie das vorige, einen Beitrag zu dem Gesammtbilde des Mannes und des göttl. Waltens über ihm. — Im übrigen ist dieser Bericht höchst eigenthümlich. Anders als in allen übrigen Erzählungen ist die That Abram's in den Rahmen der allgemeineren Völkergeschichte eingefügt; fast die ganze erste Hälfte ist ein Stück Kriegsgeschichte mit Angabe der Zeit, der Örter und der Namen der handelnden Personen; wo die Rede auf Abr. kommt V. 13, wird er als „der Hebräer" eingeführt und abweichend von den andern Erzählungen als ein Häuptling geschildert, der mit andern Häuptlingen des Landes in einem Bündniss steht, über eine nicht unbedeutende Mannschaft verfügt und gelegentlich auch Krieg zu führen im Stande ist. Nimmt man dazu, dass auch Melkiṣedek mit seinem besseren Gottesglauben sehr eigenthümlich erscheint, dass Name und Beschreibung des Siddimthales (V. 3. 10) ganz einzig dasteht, dass endlich auch sprachl. Wendungen oder Ausdrücke hier gebraucht sind, die (wie קֹנֵה שָׁמַיִם וָאָרֶץ 19. 22, בַּעַל בְּרִית 13, חָנִיךְ 14, הֵרִיק mit persönl. Obj. 14) im AT. sonst gar nicht, oder (wie אֵל עֶלְיוֹן 18— 20. 22. מִגֵּן 20, הֶעֱשִׁיר 22) wenigstens nicht im Pent. vorkommen, so wird man zunächst zu der Vermuthung gedrängt, dass hier eine eigenthümliche u. zwar alte Quelle fliesse, welche aber nicht blos wegen der Nennung Dan's (14), sondern auch wegen der vielen erklärenden Glossen (2. 7 f. 14. 17) durch die Hand eines jüngeren Bearbeiters gegangen sein müsste. Auf C als solchen Bearbeiter (*Hupf. Kays.*) führt nichts hin, da יהוה 22 wohl ein Einsatz ist, und והוא ישב בסדם 12, sowie באלני ממרא 13 nur beweist, dass der jetzige Text das Cp. 13 voraussetzt, nicht aber dass er aus der gleichen Quelle stammt; vielmehr עמק השדים 3. 8. 10 (nicht כִּכַּר הַיַּרְדֵּן 13, 10 f.), so wie dass in Cp. 18 f. auf diese Erzählung keinerlei Rücksicht genommen ist, spricht sogar bestimmt gegen ihn. An A hinwiederum (*Ilg.*) könnte wohl רְכֻשׁ 11 f. 16. 21 und נֶפֶשׁ 21 denken lassen, doch findet sich ersteres auch 15, 14 (bei R), und נֶפֶשׁ für Personen beiderlei Geschlechts, Freie und Sklaven, war kaum zu vermeiden; auch יְלִידֵי בֵיתוֹ scheint blos ein erklärender Zusatz zu sein; אֵלֹנֵי מַמְרֵא zeugt gegen ihn (s. 13, 18); so grosse Ausführlichkeit der Darstellung, wo es sich nicht um gesetzl. und rechtl. Dinge handelt, ist sonst auch nicht die Sache des A, u. stylistisch ist das Stück ihm fremd. Dagegen lässt sich für B (*Ew. Böhm. Schr.*) vieles geltend machen. Seine Erzählungen zeichnen sich auch sonst durch eigenthümliche, oft recht alterthümliche Nachrichten und Ausdrücke aus; er berichtet Cp. 21 von Bündnissen mit einheimischen Fürsten und erzählt 48, 22 eine Kriegsthat Jacobs gegen Sikhem; speciell für ihn spricht zwar nicht פָּלִיט 13 und מָרָד 4 (*Kn. Schr.*), wohl aber das seltene בִּלְעָדַי 24 vgl. 41, 16, u. הָאֱמֹרִי 7. 13 (Num. 21, 21. Jos. 24, 8. 12), was B (u. im Anschluss an ihn D) statt sonstige כנעני schreibt. Auch die Nennung von Adma u. Ṣebojim (während C in Cp. 19 sich auf Sodom u. Gomorrha beschränkt) würde sich bei B (vgl. Hos. 11, 8) am leichtesten erklären (wogegen sie Dt.

29, 22. Gen. 10, 19 secundär ist). Die Beschreibung der Urvölker
V. 5 f. erinnert lebhaft an Dt. 2, 10—12—20, welche Notizen doch
vermuthlich auf eine Quellenschrift des D zurückgehen. Dass B den
Abr. sonst „als Muslim und Profeten" darstellt (*Wl.* XXI. 414), ist
kein Grund gegen ihn: hat nicht auch Muhammed gelegentlich Krieg
geführt? Aber freilich so wie es vorliegt, kann das Stück auch nicht
von B sein, theils wegen der vielen erklärenden Zusätze, theils wegen
V. 17—20, was nur ein Judäer geschrieben haben kann. Es muss
von einer jüngeren Hand, sei es R, oder vielleicht R^d zurecht gemacht
sein. Aber es für eines der jüngsten Stücke des AT., eine Art nach-
exilischen Midrasch zu erklären (*Kuen.* O.^{2} I. 314), hätte man blos
dann Veranlassung, wenn die Erzählung durch und durch erdichtet
wäre.

2. Weil in die grössere Völkergeschichte eingereiht, macht die
Erzählung auf den Leser den Eindruck, in strengerem Sinn historisch
zu sein, als die übrigen Abramerzählungen, und es fragt sich, ob dieser
Eindruck auch bei genauerer Prüfung sich bewähre. Nicht blos *Bohlen*,
sondern auch *Hitzig* (Gesch. 44 f. u. 25) und bes. *Nöldeke* (Unters.
z. Krit. des AT. 156 ff. und in JB. f. WTheol. 1870 S. 213 ff.), auch
Kuenen (Th. T. V. 262 f.) hat diese Frage mit grosser Entschiedenheit
verneint und die Erzählung für eine Erfindung zur Verherrlichung Abraham's erklärt. Um Abr. als gewaltigen Kriegshelden zu schildern,
seien Kämpfe mit Landesbewohnern nicht grossartig genug erschienen,
es seien darum absichtlich die entlegensten Namen herbeigezogen,
auch in allem anderen darauf ausgegangen worden, den Schein der
Alterthümlichkeit zu wahren (*Nöld.*). In der That enthält die Erzählung für eine blosse unschuldige Volkssage zu viele bestimmte Namen und Angaben; sie müsste darum, wenn ihr nicht Thatsächliches
zu Grund läge, von einem Dichter, unter Benutzung gelehrter Hilfsmittel, künstlich zurecht gemacht sein (so auch *HSchultz* bibl. Theol.^{2}
103 u. *EMeyer* I. 165 f., welcher meint, dass der Jude, der das Stück
geschrieben, sich in Babylon genauere Kenntniss über die älteste Geschichte des Landes verschafft habe). Allein dass hier wirklich thatsächlich Unmögliches berichtet werde, ist bis jetzt nicht bewiesen. Zunächst die 4 östl. Könige, weder einzeln noch in dieser Zusammenstellung irgendwo sonst erwähnt, und ihr Zug gegen Westen müssen
einen geschichtl. Grund haben. Zwei dieser Königsnamen haben erst
neuestens in den Keilschriften ihre Erläuterung und Beglaubigung gefunden; dass Elam einst auch eine Macht, und zwar vor Babel, gewesen
ist, war schon aus 10, 22 zu vermuthen, wird aber jetzt durch die
Denkmäler bestätigt. Als assyr. Unterkönige (wofür sie *Kn.* nach Jos.
ant. 1, 9 f. genommen hat) geben sie sich nicht, aber die Nachrichten
der Alten über das altassyr. Reich, das bis zum Mittelmeer (Diod. Sic.
2, 2. 5. 16) und bis Libyen d. h. Afrika (Justin. 1, 1) reichte, so
wie über die s. g. Assyrer, vor denen sich die Hyksos fürchteten (Jos.
c. Ap. 1, 14), aus späterer Zeit noch Jud. 3, 8 zeigen doch, dass schon
frühe jede bedeutendere Macht in den Eufrat-Tigrisländern auch den
Westen zu unterwerfen suchte. Und dass es sich hier nicht um einen

blossen Raubzug, sondern um Behauptung einer schon begründeten Oberherrschaft über die westl. Länder handelt, ergibt sich aus der Erzählung. Dann wird es nur um so glaublicher, dass sich im Westen
auch ein Andenken daran länger erhalten haben kann. Dass die Kenaanäer (Phöniken) lange vor den Isr. die Schrift hatten und gebrauchten,
wird wohl von niemand mehr bestritten. Dass aber wirklich die Erzählung auf auswärtige Nachrichten zurückgehe, hat man längst daraus geschlossen, dass V. 13 Abram als הָעִבְרִי eingeführt wird (*Ew.*
G.[3] I. 80); andernfalls könnte man es kaum anders, als aus der Absicht, über die Quelle der Erzählung zu täuschen, erklären. Wenn
ein isrl. Schriftsteller in einer auswärtigen Überlieferung oder Schrift
von einer erfolgreichen Betheiligung der Hebräer im Land an einem
Kampf gegen die östl. Könige eine Nachricht fand, konnte ihm das wichtig
genug erscheinen, um es in der Darstellung des Abramlebens zu verwenden, mochte der Name Abram selbst darin vorkommen (*Ew. G.*[3] I.
431 ff. 440 ff.), oder nicht. Der Gang des Kriegszuges V. 5—9 ist nicht
zweckwidrig oder in sich widersinnig; von einer „Völkerschlacht“ im Sid-
dimthale (*Nöld.*) ist keine Rede; dass über die Bekriegung der eigentlichen Kenaanäer nichts gemeldet wird, hat nichts auffallendes, da ein
Eingehen auf das Verhältniss der östl. Könige zu ihnen gar nicht in
der Absicht des Vrf. lag. Selbst dass Abr. mit seiner und seiner Verbündeten Mannschaft dem Nachtrab des heimziehenden siegreichen
Heeres einen Theil der Gefangenen und der Beute wieder abgejagt hat,
ist an sich nichts unglaubliches; nirgends ist gesagt, dass er das gesammte Heer dieser Könige in offener Feldschlacht besiegt habe, noch
weniger läuft die Erzählung darauf hinaus, ihn als gewaltigen Kriegshelden zu verherrlichen; kein Wort des Prunkes mit seiner gelungenen
That ist V. 15 f. zu lesen, und vielmehr in seiner aufopfernden Freundschaft für Loṭ und der Zurückbringung der Gefangenen hat die Erzählung ihre Spitze, nicht in eitlem Kriegsruhm. Der ganze Krieg ist
nicht um seiner selbst willen erzählt, sondern nur so weit es zum Verständniss der Rettungsthat Abram's gehört, und wird keine Vollständig-
keit beansprucht. Selbst wenn die Namen der Könige der 4 Siddim-
thalstädte erst von den Späteren von sich aus dazugethan sind, kann
die Erinnerung an einen Kampf der östl. Könige gegen die Pentapolis
doch einen Grund haben (vorausgesetzt dass man die Existenz dieser
Städte nicht ebenfalls für eine Fiction erklärt). Und wenn auch Mamre
Eschkol ʿAner urspr. Ortsnamen waren (*Nöld.*), so ist das doch nicht
von Gewicht, denn es macht keinen Unterschied, ob Mamre oder der
(Herr) von Mamre dem Abr. half. Der nur lose und wohl erst vom
letzten Bearbeiter eingefügte Bericht über Melkiṣedeḳ braucht nicht auf
ausländische Nachrichten zurückgeführt zu werden; aber jedenfalls wird
Vrf. auch für diese „Figur“ einen Anhalt in der Sage gehabt haben,
und nichts zwingt anzunehmen, dass er sie frei erfunden habe. —
Literatur zu Cap. 14: *Krahmer* in Illgen's ZS. f. hist. Theol. VII, 4.
S. 87—106; *Tuch* in ZDMG. I. 161—194; *Nöldeke* a. a. O. (*Grote-*
fend in ZDMG. VIII. 800 ff.); *Rösch* in Stud. u. Krit. 1885 S. 321 ff.

V. 1—12. Der Krieg, der Loṭ's Gefangennahme zur Folge hatte.

V. 1 f. geıören zusammen, sofern zu der Zeitbestimmung V. 1 die Aussage erst V. 2 folgt; für בִּימֵי ist nicıt אַבְרָם בִּימֵי zu emendiren (*Cler.*, *Ew.* Comp. der Gen. 220; *Olsh.*; dagegen *Hitz.* Begr. d. Krit. 149), aucı sind nicıt etwa nur der erste und zweite Name (LXX, s. dagegen V. 5 u. 9), sondern sämmtliche 4 an den st. c. angeknüpft; Subj. aber zu עָשׂוּ sind eben die genannten 4 Könige, vgl. 9, 6. *Ew.* 303ᵇ. שִׁנְעָר] s. 10, 10. 11, 2. אַמְרָפֶל] LXX *'Αμαρφάλ*, aus den Inscıriften bis jetzt nicıt nacızuweisen, nocı zu erklären (*Schr.* KAT² 135; eine Vermuthung bei *Lenorm.* lang. prim. 376); sanskr. *amarapála* (*Bohl.*) ıat ıier keine Stelle. אֶלָּסָר] nicıt תֵּלַשָּׁר Jes. 37, 12 (*Trg. jer.*), nocı weniger Pontus (*Sym. Vulg.*); aucı nicıt Artemita, welches nacı Isid. Cıarac. (p. 251 Mill.) aucı *Χαλάσαρ* ıiess und im südl. Assyrien (Ptol. 6, 1, 6; Strab. 16, 1, 17) nördl. von Babyl. lag (*Kn.*), denn dieses wird syr. הילסר gescırieben (*Nöld.* 160); ebensowenig die alte assyr. Reicısıauptstadt Ašur = Kal̕aı Širgat (*Sayce* in Transact. SBA. H. 1873 p. 244). Mit meır Waırscıeinlicıkeit wird es jetzt (*HRawl., Norris, Lenorm.; Schr.* bei Ri. HWB. 1495 u. KAT² 135 f.; *Del.* Par. 224) mit der altbabyl., südöstl. von Uruk gelegenen Stadt *Larsam*, deren Ruinen im ıeutigen Senkereh (*Loftus* 256) zu sucıen sind, identificirt. Die Lage würde gut passen, aber die spracıl. Operation dabei (Versetzung der Gruppe ל־ durcı die Semiten, *Len.* la pr. 377 ff.) ist zu beanstanden. אַרְיוֹךְ] als Name aus Dan. 2, 14 bekannt. Man glaubt jetzt den Namen, Kühnere sogar die Person dieses Ariokh inscıriftlicı gefunden zu ıaben (*Lenorm.* la pr. 377 ff.; *Oppert* im J. As. VII, 5 p. 277 f., *Schr.* KAT² 135; *Del.* Par. 224) in *Eri-aku* (d. ı. Diener des Mondgottes) Vasallenkönig von Larsam unter seinem Vater Kudur-Mabuk, König von Elam. עֵילָם] 10, 22. כְּדָרְלָעֹמֶר] *Χοδολλογομόρ* LXX; aus den Keilinscıriften kennt man jetzt meırere uralte Könige Elams, welche mit *Kudur* zusammengesetzte Namen führten, ebenso eine elamit. Gottıeit *Lagamar*; aucı erzäılt Asurbanipal in seinen Inscıriften, dass er ein, 1635 Jaıre vor seiner Zeit von einem elamitischen König Kudur-nanḫundi geraubtes Götterbild aus Susa nacı Babylonien zurückgebracıt ıabe, und in Mugıeir sind Backsteine von einem König Kudur-Mabuk gefunden, welcıer sicı „Beıerrscıer des Westlandes" (Kenaans) nennt (*Schr.* in Ri. HWB. 819; KAT² 136 f.). תִּדְעָל] *Θαργάλ* LXX, bis jetzt unbekannt. גּוֹיִם] *ἐϑνῶν*, aber als n. app. oıne weiteren Beisatz sinnlos, und weder mit Galilaea Jos. 12, 23. Matth. 4, 15 (*Cler. Ros.*), nocı Pamphylien (*Sym.*), nocı הַגּוֹיִם אֲגֵי Gen. 10, 5 (*Ges. Nöld.*) gleicızusetzen; vielmeır muss es n. pr. (vielleicıt verdorbener Lesart) sein. Man (*Len.* la prim. 361) ıat vermutıet, dass das inscıriftlicı oft genannte Gutium, *Guti, Kuti* (*Schr.* KGF. 258. 271. 294. 451. 473) in Babyl. darin stecke (was übrigens *Del.* Par. 217f. in der Stadt פֻּה, פִּיקֹד finden will). — Die Ordnung der Aufzäılung (V. 9 geändert) ist nicıt durcısicıtig, (nacı *Del.* die alfabetische). Aus dem folgenden ist deutlicı, dass Kedorlaomer das Haupt unter den Königen ist. Sonst „vgl. Stellen wie Jos. 10, 3. 5. 23" (*Kn.*). — V. 2. Sie füırten Krieg (Jos. 11, 18) mit den Königen der 5 Städte. Zwar galt nacı V. 5 ff. die Unterneımung nicıt iınen allein,

aber den Zwecken des Vrf. gemäss soll eben dieser Krieg mit ihnen
hauptsächlich zur Sprache kommen. „Die 5 Städte (Pentapolis Sap.
10, 6) scheinen einen Bund gebildet zu haben. Die 4 ersten (10, 19)
giengen in der Folge unter (Dt. 29, 22 vgl. Hos. 11, 8), nicht so Bela
d. i. Ṣoar. Die bedeutendsten waren Sodom und Gomorrha, welche
sonst immer allein genannt werden, auch hier V. 10 f. Nach Ṣoar (s.
19, 22) und Sodom (s. 13, 12) zu schliessen, lagen die Städte da,
wo jetzt der südl. Theil des todten Meeres steht; das Weitere zu 19,
28. Übrigens waren die Bewohner vermuthlich keine Kenaaniter,
denn nie werden sie als solche bezeichnet, und ihr Gebiet gehörte
nach 13, 12 nicht zum Land Kenaan" (Kn.). Dass jede dieser Städte
ihren eigenen König hat, ist ganz so, wie es in Kenaan zu Josua's
Zeit sich zeigt. Während de Saulcy (Revue Archéol. nouv. Sér.,
XXX. 295 ff.) noch Trümmer dieser Städte am todten Meer gefunden
zu haben glaubt, wollten andere in den Namen סדם und עמרה (Ges. th.;
Hitz. Gesch. 25 in allen 4 Namen: Versunkene, Überfluthete, Zerstörte,
von der Erde Verschlungene, angebl. nach dem Arab.) Bezeichnungen
ihres Schicksals erkennen, also die Namen als erdichtete erweisen. In
den 2 ersten Königsnamen hat jüd. Witz (Trg. jer., Beresch. R.) רע
und רשע herausgehört, und weil בְ sonst keine Personennamen bildet,
hat Tuch Abkürzung aus בֶּן־רֶשַׁע, בֶּן־רָע (Halévy in Rev. d. Etud. Juiv.
1885 No. 19 f. אַבְ־רַע) vermuthet; Hitz. kam zu Hülfe, indem er in
den beiden andern „Schlangenzahn" und „Skorpiongift" entdeckte. Aber
LXX geben Βαλλα, Βαλακ für ברע, Σενναας (Sam. שנאר) für שנאב,
und sprechen שמאבר Συμοβος (Pesch. ܣܡܝܐܒܪ). Bei solcher Unsicherheit der Überlieferung ist eine Deutung der Namen nach dem Hebr.
zum mindesten bedenklich. Und umgekehrt dass sich die Deutungs-
sucht frühe an ihnen versuchte, zeigt Sam. שמאבד für שמאבר. (Sonst
s. über die 2 ersten zB. Ges. th.). — בֶּלַע] nur hier; der Name ihres
Königs fehlt ganz, schwerlich blos ausgefallen. — V. 3. Alle diese
viere verbündeten sich d. i. zogen verbündet gegen (Ew. 282°) das
Siddimthal d. i. Thal der ebenen Felder (Aq. Onk. Sam. Saad.; Hitz.
will es mit شَلَام Salz combiniren!), das ist das Salzmeer, also
„die Gegend, wo die 5 Städte lagen und nach der hbr. Sage in der
Folge das todte Meer entstand" (Kn.). Es ist dieselbe oder ein Theil
derselben Gegend, die in Cp. 13 als כִּכַּר oder כִּכַּר הַיַּרְדֵּן bezeichnet
war. — V. 4. „Die Ursache der Befeindung war, dass die Könige von
Siddim den Tribut, den sie 12 Jahre lang entrichtet hatten, das 13.
Jahr verweigerten. Davon näml. sind die Ausdrücke zu verstehen,
wie 2 Reg. 18, 7. 24, 1. 20 u. a. מָרַד] im Hexat. nur noch Num.
14, 9. Jos. 22, 16. 18 f. 29" (Kn.). וּשְׁלֹשׁ וגי s. 15, 16; Ew. 287ᵏ.
300ᵃ; Sam. hat richtiger (Olsh. Nöld.) וּבִשְׁלֹשׁ. — V. 5 ff. Sogleich
im nächsten Jahr erschien Kedorl. mit den andern Königen und unter-
warf der Reihe nach die Völker des Ostjordanlandes, Seir's und der
Wüste, woraus eben hervorgeht, dass der Zug nicht der Pentapolis
allein galt. „Sie kamen ohne Zweifel den gewöhnl. Weg durch die

Eufratgegenden (Strab. 16, 1, 27) ıerauf nacı Syrien; von ıier griffen sie, wie sie später hieher aucı iıren Rückzug ricıteten (14 f.), süd-wärts vorrückend die Abtrünnigen an, zuerst die *Refaim* in Bašan d. i. im nördl. Ostjordanland, dann die weiter südl. woınenden *Susim* und *Emim*" (*Kn.*). Alle 3 gehören zu den Urbewohnern des Landes. *Refaim* oder Rafa-Söıne d. ı. Riesen, Recken, war tıeils allgemeiner Name der riesenıaften Urbevölkerung, die im West- (Jos. 17, 15. 2 Sam. 21, 16. Gen. 15, 20. Jes. 17, 5) und Ost-Jordanland (Dt. 2, 11. 20) sass, tıeils specieller Name der Riesen in Bašan (Dt. 3, 11. 13. Jos. 13, 12). ʿAšteroth Ḳarnaim] aucı ʿAštaroth kurzweg, war eine Hauptstadt von Bašan, Residenz des spätern Königs ʿOg (Dt. 1, 4. Jos. 9, 10. 12, 4. 13, 12, 31), von Edrei, der andern Residenz des ʿOg (s. zu Num. 21, 33) nur 6 Mill., über 2 Stunden entfernt (Onom.); der Ort ist im Tell ʿAštere, 2½ Stunden von Nawâ, etwa zwiscıen Nawâ und M'zârib, wieder aufgefunden; er liegt auf einem Hügel in waidenreicher Ebene, ist reicı an Wasser und ıat weitläufige Ruinen, *Ritter* EK. XV. 819 ff. (*Kn.*). Gegenüber von dieser gewöhnl. und ricıtigen Annaıme (*Bädeker* Pal.[2] 303) sucıte es *Wetzstein* (Ḥaurân u. d. Tracı. 108 ff.) in Boṣra, der Hauptstadt Ḥauran's, (ebenso *Arnold* in Herzog RE. XIV. 728 f. u. *Mühlau* bei Ri. HWB. 115), was scıon *Nöldeke* in ZDMG. XXIX. 431 widerlegt ıat. Vollends an Rabbatı Ammon (BL. I. 279) ist nicıt zu denken. זוזים] vermuthlich dieselben mit den (Dt. 2, 20) von den Ammonitern זַמְזֻמִּים genannten Riesen im spätern Ammonland. „An den Namen erinnert *Zίζα* (Ptol. 5, 17, 6), ein Ort römiscıer Besatzung (Notit. dign. I. 81 f.), im Mıttelalter

زيزى‎ zwiscıen Boṣra und Leǵûn (Ib. Batût. I. 255; Marâṣ. I. 526), eine Station von ʿAmmân entfernt (Abulf. tab. Syr. ed. Köhl. p. 91); der Ort ist nocı vorıanden (*Robins.* Pal. HI. 923)" *Kn.* בָּהֶם] in den Verss. meist בָּהֶם „*unter* oder *mit ihnen*" vokalisirt, *in Ham*, einem sonst nicıt bekannten Ort; Ham war vielleicıt der alte Name der ammonit. Hauptstadt Rabbatı Ammon (*Tuch.*). Weiter südl. die אֵימִים eig. die Scırecklicıen, Name der Urbewoıner des Moablandes Dt. 2, 10 f., das vor Mose sicı aucı nördl. vom Arnon erstreckte (Num. 21, 26). Denn ıier ist *die Ebene* (nicıt: Pyramide, *Hitz.* 36; שָׁוֵה nur nocı V. 17) *Kirjathaim* zu sucıen. Die Stadt (rubenitiscı Num. 32, 37. Jos. 13, 19, moabitiscı Jer. 48, 23. Ez. 25, 9) lag nacı den Onomast. (*Καριαθαείμ*, *Καριάθα*) 10 Mill. (süd)westwärts von Mêdaba. Der Ruinen-ıaufen ıeisst ıeute (*Seetz. Buckh. Bäd.*) Ḳarêyât, etwas südwestl. von Makaur (Macıaerus) u. südl. vom Dj. ʿAttârûs. (Gegen *Knobel's* Identi-fication der Stadt mit et-Teim oder et-Tuaime, ½ Stunde westl. von Mêdaba, s. *Dietrich* in Merx Arcıiv I. 337 ff.). — V. 6. Weiter durcı das Land südl. vom Arnon vorrückend trafen sie auf die *Ḥorim*, die Ureinwoıner von Edomitis (36, 20 ff. Dt. 2. 12. 22), des Gebirgslandes zwiscıen dem todten Meer und älanit. Meerbusen, und scılugen sie auf diesem *ihrem Gebirge* (*Ew.* 255[b]; aber *Sam.* LXX בההר‎) Seir *bis El-Paran, welches an* (dem Eingang) *der Wüste*, d. ı. bis Elatı oder Aıla an der Ostseite der Wüste Paran (s. Num. 10, 12), wo ıuan von

Osten kommend in diese Wüste gelangte (Iṣṭachri v. Mordtm. S. 5).
אֵל] nicit: Ebene (*Trgg.*, *Hier.*, *Sam.*, *Luth.*, wie 12, 6), sondern
(wie אֵלָה) grosser Baum oder gr. Bäume (Palmen? s. 12, 6). Das
Wort wurde Name des bekannten, am älanit. Meerbusen liegenden Hafen-
orts, welcier im AT. אֵלַה 36, 41, אֵלַת Dt. 2, 8. 2 Reg. 14, 22. 16, 6
und אֵילוֹת 1 Reg. 9, 26. 2 Reg. 16, 6 ıeisst, bei den LXX zu Dt. auci
Aιλών nacı אֵילִין und bei den Classikern *Aΐλανα,"Eλανα*, *Aelana* (nacı
aram. אֵילָן, אִילָנָא *Baum*). Diese abgekürzten Benennungen sind woıl
die jüngeren für das alte vollständigere El-Paran. Palmen erwäınt
Iṣṭachri S. 19 bei Aila, und das ıeutige ʿAqaba ist mit grossen Wäldern
von Dattelpalmen umgeben (*Burckh.* Syr. 828; *Rüppell* Nub. 248;
Robins. Pal. I. 268 f.). Der Ort galt zu allen Zeiten für seır wicıtig
und wurde von jeıer viel um iın gekämpft (*Tuch*, *Kn.*). — V. 7. Hier
keırten sie um von iırem Zug nacı Süden, wandten sicı west- und
dann nordwärts und kamen nacı ʿ*Aen Mischpâṭ* oder *Qadeš*. Dieses
aucı 16, 14 u. 20, 1 erwäınte, in der Mosegeschichte vielgenannte
Qadeš, aucı Qadeš Barnea, füırt ıier den Namen *Quelle der Entscheidung*, ein Quellenort, wo Entscıeidungen den Sucıenden oder
Streitenden gegeben wurden, gewiss eine alte Orakelstätte oder Sitz
eines Heiligthums, wofür aucı der Name Qadeš spricıt, zugleicı ein
Knotenpunkt wicıtiger Handelsstrassen. Seine Lage ist nocı immer
nicıt ganz sicıer ermittelt. *Robinson's* Meinung, dass es in ʿAin el
Weibeh naıe bei der ʿAraba, etwa 30⁰ 42′ n. Br. zu sucıen sei,
kann als beseitigt gelten. Aucı Qâdûs, etwa 11 KM. nördl. vom
Berg Mâdara, in der Näıe des W. el-Jemen, eine Tagereise von Ḥebron
(*Wetzst.* bei *Del.* Gen.[4] 574 ff. nacı el-Muqaddasi ed. Goeje p. 192;
Ke.) ist zu weit nördlicı und passt weder zu Gen. 16, 14 nocı zur
Mosegeschichte. Besser sucıt man (*Rowl.*; *EHPalmer* Wüstenwan-
derung 269; Palestine Expl. Fund 1871 Jan. p. 20 ff.; aucı scıon
Kn. zu Jos. 15, 3) es am Westabıang des ʿAzâzimeh-(Macıra)-Pla-
teau's, in dem ıeutigen ʿAin Qudês (von dem der nacı 4stündigem Lauf
in die W. eš-Serâif mündende W. Qudês seinen Anfang nimmt), von
welchem neuerdings *Trumbull* (Kadesı-Barnea, NewYork 1884) nacı
Autopsie eine eingeıende Bescıreibung gegeben hat (s. ZDPV. VIII.
184 ff. 210 f. 326). Über קֶדֶם, was die *Trgg.* dafür geben, s. *Tuch* in
ZDMG. I. 179 u. zu Num. 34, 4. *das ganze Gefilde des Amaleqi-
ters*] d. ı. nicıt: das später so genannte Gefilde ʿAm. (*Hengst.* Beitr.
II. 305; *Ke.*), als wären die ʿAmaleq, dieses Urvolk, damals nocı nicıt
vorıanden gewesen (s. Geñ. 36, 12), sondern die ʿAmal. in der ganzen Ausdeınung der damals von iınen inne geıabten Woınsitze, im
Negeb Num. 13, 29. 14, 43. 45 bis nacı Äg. ıin 1 Sam. 27, 8
(vgl. Ex. 17, 8 ff. Dt. 25, 17 ff.). *Ḥaṣaṣon-Tamar*] nacı 2 Cır. 20,
2 ʿAengedi an der Westseıte des todten Meeres, reıcı an Palmen
(Plin. 5, 17). Dagegen will *Kn.*, weil ʿAengedi zu weit nördl. liege,
die עִיר הַתְּמָרִים (Jud. 1, 16) oder תָּמָר an der Südostgrenze des ıl.
Landes (Ez. 47, 19. 48, 29), *Θαμαρώ* eine Strecke südwestl. vom
todten Meer (Ptol. 5, 16, 8: Tab. Pent. IX, e), an der Strasse von
Ḥebron nacı Aila, in der röm. Zeit mit Kriegern besetzt (Onom. u.

Ἀσασὰν Θαμάρ), das heutige Kurnub (*Rob.* Pal. III. 186 f.; s. auch *Wetzst.* bei *Del.* Gen.[4] 581 f.) verstehen, da allerdings Amoriter so weit südlich (Dt. 1, 44. Jud. 1, 36) vorkommen. — V. 8 f. Nachdem auch diese geschlagen waren, kam die Reihe an die Könige der Pentapolis, welche dem anziehenden Feinde zum Kampf entgegenrückten. *4 Könige mit den fünfen*] ein unvollständiger Satz, mit Änderung des Subj.; er will andeuten, dass hier den Eroberern doch eine hinlängliche Macht entgegentrat. Doch könnte es urspr. blosse Randbemerkung gewesen sein. — V. 10. Das Siddimthal aber, wo gekämpft wurde, war *Brunnen Brunnen Asfalts* (11, 3) d. h. voll von solchen; über den zur Distribution wiederholten st. c. vgl. *Ew.* 313[a]. 289[c]; *Ges.* 108, 4. Sie wurden den Fliehenden verderblich, indem sie in dieselben fielen. Das Erdpech wäre also damals noch an vielen Stellen des Thales aus dem Boden hervorgequollen, und zwar aus grösseren Vertiefungen. „Die Nachricht wird durch die Menge des Asfalts im todten Meer bestätigt. Nach den Angaben der Araber kommt er bes. aus einer steilen Felswand auf der Ostseite etwa gegenüber von Aengedi, verhärtet fällt er in den See, welcher ihn an das Westufer spült (*Burckh.* Syr. 664; *Seetz.* II. 218. 227; *Rob.* Pal. H. 463 f.; *Russeger* R. HI. 253). Aber auch auf dem Meeresgrund muss es bedeutende Ablagerungen geben, die sich bei Erderschütterungen ablösen (*Rob.* III. 168; *Russ.* 254) und dann schollenweise auf der Wasserfläche schwimmen (Jos. b. j. 4, 8, 4). Schon die Alten berichten, der See werfe eine Menge Asfalt aus (Strab. 16, 2, 42; Diod. Sic. 2, 48. 19, 98; Plin. 7, 13). Man findet denselben an verschiedenen Stellen auf den Ufern, bes. auf dem südlichen (*Seetz.* I. 417; *Lynch* Bericht 1883. 187. 191. 201). Grössere Massen trifft man nur nach heftigen Erdbeben, und zwar blos im südl. Theil des Sees (*Rob.* II. 464 f. III. 164), also da wo das Thal Siddim gelegen hat. Erinnert sei auch an die schwarze Schlammfläche oder den Salzmorast am südl. Ende des Sees, worin man tief einsinkt (*Rob.* III. 30; *Lynch* 191) und bisweilen viel Lastthiere und Vieh untergehen (*Roth* in Peterm. geo. Mitth. 1858. S. 268). Mehr zu 19, 28" (*Kn.*). — Die beiden bedeutendsten Könige ergriffen die Flucht, müssen aber, wenigstens der von Sodom nach V. 17, sich durch die Flucht gerettet haben; folglich sind als Subj. zu וַיִּפְּלוּ שָׁמָּה mehr ihre Leute, als sie selbst, zu verstehen. וְעָמֹרָה] LXX *Sam.* richtiger עֲמֹרָה וַיִּמְלֹךְ. הֶרָה] *nach dem Gebirg* (*Ew.* 216[c]), wohl dem moabitischen (19, 30), da die Feinde von Westen her einfielen. — V. 11 f. „Die Feinde plünderten die besiegten Städte und nahmen deren Habe und Mundvorräthe mit sich, machten nach V. 16. 21 auch Gefangene, unter ihnen Lot in Sodom (12, 13. 19, 1)" *Kn.* בֶּן־אֲחִי־אַבְרָם] erwartet man eher hinter לוֹט; aber nach V. 13 ist es blosse Glosse (*Olsh.*). — V. 13—24. Abram's Rettungsthat und die Anerkennung, die er dafür fand. V. 13. Abr. im Mamrehain (13, 18) erhielt Kunde von dem Unheil. *der Entronnene*] der in solchen Fällen zu kommen pflegt (2 Sam. 15, 13; Ez, 24, 26 f.) *Ew.* 277[a]; *Ges.* 109 (פָּלִיט auch Jos. 8, 22. Num. 21, 29). הָעִבְרִי] als Epitheton Abram's, der hier (s. V. 12) zum erstenmal in diesem

Cap. genannt wird. Sonst werden die Israel. nur von Fremden oder
gegenüber von Fremden Hebräer genannt (zB. 1 Sam. 13, 3. 7. 14,
21). Über den muthmasslichen Grund 1ier s. S. 232. Sonst s. zu
11, 16. מַמְרֵא] bei A der alte Name Hebron's oder eines Theils von
Hevron (s. 23, 2), erscıeint 1ier als Herr oder Fürst; aucı אֶשְׁכֹּל
kommt in נַחַל אֶשְׁכֹּל Traubenbach (Num. 13, 23) bei Hebron als Ortsname vor; sonst s. 23, 20. „Die Amoriter (V. 7) dieser Gegend
waren Besitzer (37, 19. 49, 23) des Bundes Abram's d. 1. mit i1m
verbündet, also verpflicıtet, im Nothfall iım beizusteıen, wie sie aucı
thaten V. 24. Äınlicıe Verträge ıatten die Erzväter mit anderen 21,
22 ff. 26, 28 ff. 38, 12" (Kn.). עָנֵר] LXX Αὐνάν, Sam. ענרם; ebenso
V. 24. — V. 14. „Abr. miscıte sicı in die Sacıe, weil man seinen
Bruder d. i. Verwandten, Vetter (16. 13, 8. 24, 28. 29, 12) gefangen
weggefüırt ıatte" (Kn.). und er entleerte (wie Pfeile aus dem Köcıer
oder Scıwert aus der Scıeide Ex. 15, 9. Lev. 26, 33. Ps. 35, 3)
d. 1. liess in Eile und in Masse ausrücken (aber Sam. וַיָּרֶק, LXX
ἠρίθμησε musterte) seine Erprobten oder Bewäırten (vgl. حَنِيلِك;

andere minder gut: seine Kriegsgeübten); es wird erklärt durcı seine
Hausgebornen (17, 12. 13. 23. 27. Lev. 22, 11 bei A) d. 1. die
bei i1m gebornen und aufgewacısenen Sklaven, im Gegensatz zu den
gekauften, die daher für bes. anıänglicı und zuverlässig galten. Wenn
er sofort 318 Kämpfer zur Verfügung ıat, so beweist das, dass er ein
bedeutender Häuptling war; dass aber aucı seine Verbündeten geıolfen
ıaben, zeigt V. 24. Über Waffenthaten der Väter s. aucı 34, 25.
49, 5 f. 48, 22. bis Dan] „bis Laiš an der nordöstl. Grenze Kenaan's,
das in der Ricıterzeit den Namen Dan erıielt (Jos. 19, 47. Jud. 18,
29), und 1ier per prolepsin so genannt wird" (Kn.). — V. 15 f.
„Abr. theilte sich über sie die Nacht d. 1. theilte seine Leute in
Haufen', welcıe des Nacıts von verscıiedenen Seiten über die Feinde
herfielen. Dasselbe Manöver Ij. 1, 17. 1 Sam. 11, 11. חוֹבָה] links
d. h. nördl. von Damask. Ein Hoba erwäınen Eus. u. Hier. im
Onom. als Platz, wo zu iırer Zeit Ebioniten woınten, und Troilo
Reise S. 584 nennt ein Dorf Hoba, ¼ Meile nördl. von Damask" (Kn.).
Aber dieses, weil zu naıe zu Dam., passt nicıt, und Wetzstein (bei
Del. Gen.[4] 561 ff.) weist vielmeır ein Hoba 20 Stunden nördl. von
Dam. in der Näıe von Hims und Tadmor nacı. Den Raub an Men-
scıen und Gütern naım er den Feinden ab, und bracıte iın zurück.
— V. 17. „Dem aus dem Treffen Zurückkeırenden zog der König von
Sodom, um iın zu beglückwünschen und die befreiten Gefangenen
wieder zu erıalten, entgegen in das Thal Schave oder Königsthal.
Dieses Königstıal wird nocı 2 Sam. 18, 18 erwäınt als der Ort, wo
sicı der kinderlose Absalom ein Denkmal erricıtete" (Kn.). Dass עֵמֶק
שָׁוֵה nicıt mit שָׁוֵה קִרְיָתַיִם (V. 5) identiscı ist (Röd. in Ges. th., Hitz.),
folgt tıeils aus der beigegebenen Erklärung, wornach es nicıt scıon
aus dem Vorıergeıenden bekannt ist, tıeils aus V. 18, wornach Salem
in seiner Näıe gelegen ıaben muss. Der Königsgrund (עֵמֶק) sodann,
sonst nirgends genannt, wird nacı der Angabe des Josepı. (ant. 7,

10, 3), dass das Absalomdenkmal 2 Stadien von Jerusalem gestanden
ıabe, gewöınlicı in die Näıe Jerusalems gesetzt; nur gerade im
Kidronthal (*Kn. Then.* zu 2 Sam. 18; *Del. Riehm*) welcıes ein נַחַל
war, wird man iın nicıt sucıen dürfen; auffallend bleibt immer, dass
er, wenn so naıe bei Jerus., sonst nirgends zur Erwäınung kommt,
und auf was Grund Josepı. seine Angabe macıte, weiss man nicıt.
Aber aucı, dass er, weil Absal. seine Privatgüter bei (der Stadt) Efraim
(2 Sam. 13, 23) ıatte, ebenda, auf Absalom's eigenem Besitz zu sucıen
sei (*Tuch, Win. Ew.*), ıat wenig Waırscıeinlicıkeit. — V. 18. Dortıin „bracıte Melkisedeḳ, König von Salem und zugleicı Priester des
ıöcısten Gottes, Lebensmittel für Abr. und dessen Leute ıeraus. Unter
Salem versteıen die meisten alten und neuen Erkl. (aucı *Kn. Del.
Ke.*) seit Jos. ant. 1, 10, 2, den *Trgg.* (*Hier.* quae.), *Abene. Qimḥ.*
u. a. Jerusalem, andere dagegen den Ort Σαλείμ, in dessen Näıe nacı
Joh. 3, 23 Joıannes taufte (*Krahmer* in Illgen's ZS. f. hist. Theolog.,
N. F. 1), und welcıer nacı Eus. und Hier. im Onom. unter Αἰνών 8
Mill. südl. von Scytıopolis lag (*Hieron.* ep. 73, 7 ad Evang. presb.,
Reland, Robins., Bleek, Tuch, Ew. G.³ I. 441. 470)" *Kn.* Aus dem
selbst unbekannten עֵמֶק שָׁוֵה kann eine Entscıeidung nicıt genommen
werden, ebensowenig aus שׁוּבוֹ אַחֲרֵי, was nur *nachdem er umgekehrt*,
nicıt *nachd. er* (nach Mamre) *zurückgekehrt war* bedeuten kann, weil
sonst von (שׁ אֶל־עֵמֶק) לִקְרָאתוֹ צֵאת nicıt meır die Rede sein könnte.
Das Salem, von dem Hieron. a. a. O. sagt: Salem non, ut Josepıus et
nostri omnes arbitrantur, est Jerusalem, sed oppidum juxta Scythopo-
lim, quae usque ıodie appellatur Salem et ostenditur ibi palatium
Melchizedech, und zu dessen Lage der αὐλών Σαλήμ Juditı 4, 4
woıl stimmen würde, wäre aucı nicıt zu weit nördlicı, da vor dem
mit der Beute nur langsam sicı rückwärts bewegenden Abr. der König
von Sodom allerdings einen so grossen Vorsprung gewinnen konnte,
und läge nicıt ausser Wegs, 'da man bei Beth Šeân docı die ʿAraba
zu passiren ıatte. Und umgekeırt ist für Jerusalem es keine besondere Empfeılung, dass als Name desselben שָׁלֵם nur in einem (und zwar
ziemlicı späten) Gedicıt Ps. 76, 3 vorkommt, sonst aber immer, zumal
in Prosa, *Jebúsi* (*Jebús*) als dıe ältere Benennung Jerusalems erscıeint.
Bedenkt man aber, dass Jos. 10, 1 ein König von Jerusalem den mit
Melkisedek ähnlich gebildeten Namen אֲדֹנִי־צֶדֶק füırt, dass aucı Ps.
110, 4 die Vergleicıung Davids mit Melk. nocı treffender erscıeint,
wenn dieser in derselben Stadt König war, endlicı aber dass V. 18—
20 iıre Spitze darin ıaben sollen, Jerusalem als einen Ursitz höherer
Religion und als einen Ort, woıin scıon Abr. zeıntete (wie Jacob
nacı Betıel 28, 22. 35, 1), darzuthun, so wird man sicı docı für
Jerusalem entscıeiden müssen, dabei aber anzuneımen ıaben, dass zum
Zweck einer verdeckten Andeutung der seltene Name שָׁלֵם ıier ebenso
absıcıtlicı gewäılt sei, wie 22, 2 Moria. — מלכי־צדק] d. i. mein
König ist Ṣidiq (ein Gottesname), s. *Baud.* Stud. I. 15. Er wird bezeicınet als Priester des *El ʿEljon*, den nacı V. 22 Abr. im allgemeinen als seinen Gott anerkennen konnte. Religionsgeschichtlich betracıtet stimmt das seır woıl. El. ll ist als ein ältester Gottesname

bei Babyloniern, Assyrern, Phöniken, Sabäern ıinlänglicı bezeugt; da er
aber bei den Völkern früıe durcı jüngere Gestalten, die nur einzelne
Seiten desselben vertraten, verdrängt wurde, so war es nöthig, durch
bescıreibende Näherbestimmungen den Begriff, den man mit El verband,
genauer auszudrücken. Wie die Patriarcıen iıren שַׁדָּי־ אֵל (17, 1),
עוֹלָם אֵל (21, 33). יִשְׂרָאֵל אֱלֹחֵי אֵל (33, 20), בֵּיתְאֵל אֵל (35, 7), so ıat
ıier der Kenaanäer seinen El ʿEljon (vgl. den phönik. Eliun bei Eus.
pr. ev. 1, 10, 11 ff.), dem immerıin scıon die (entweder örtlicı oder
dem Range nacı) niedrigeren Götter gegenübersteıen mochten, den
aber M., in seinem Dienste, nocı als den alten Hauptgott, den Allherrn
V. 19, festıielt. Übrigens ist עֶלְיוֹן, nacı ältester Art, oıne Artikel,
wie es aucı im AT. als Epitıeton Jahve's nocı immer so gebraucıt
wurde (zB. Ps. 7, 18. 57, 3). — V. 19 f. Dieser Melk. wünscıt dem
Abr. für seine Tıat Heil und Segen von Gott an und preist Gott für
das Gelingen seiner Tıat. Üblicıer Maassen ist es die ıöıere, rhyth-
miscıe Rede, in welcher der Segenssprucı ertheilt wird. לְאֵל] Deo =
a Deo, vgl. 25, 21. 31, 15. Ex. 12, 16 (*Ges.* 143, 2; *Ew.* 295°).
קֹנֵה] s. 4, 1; sowoıl Scıöpfer (LXX *Vulg.*) als Besitzer, Herr (*Trg.*).
מָגֵן] nur nocı Hos. 11, 8. Prov. 4, 9. Indem Abr. sowoıl die Gabe
als den Segen annaım, erkannte er iın als Priester Gottes an, und
gab nun seinerseits wieder dem Priester und in iım Gott zum Danke
den Zehnten von allem, nämlicı von dem, was er erbeutet ıatte (Hbr.
7, 4). Er wurde so wie im Segensempfang vom Priester, so in der
Zehntabgabe an den Priester (wie Jacob 28, 22), ein Muster für die
Isr., welcıe nacı iırem Gesetz vom Feld und Heerdenertrage den
Zeınten (Lev. 27, 30 ff.) und von der Kriegsbeute Weihgescıenke an
den priesterl. Stamm (Num. 31, 31 ff. 2 Sam. 8, 11 f. 1 Cır. 26, 27)
abgaben, aber aucı vom Priester gesegnet wurden (Num. 6, 23 ff. Lev.
9, 22 ff.) *Kn.* Dass übrigens diese Verzehntung der Beute keinen wirk-
licıen Widersprucı (*Böhm.*) gegen V. 23 f. entıält, ist leicıt deutlicı.
— Über die durcı Ps. 110 vermittelte Auffassung des M. als Typus auf
Cıristus im Brief an die Hbr. vgl. die Comm. zu diesem; über die
sonderbaren Vorstellungen der späteren Juden und Cıristen von seiner
Person s. *Winer* u. die andern RWB. — V. 21. „Der König von
Sodom, durcı Abram's Freigebigkeit ermuthigt, scılägt diesem vor, ihm
die *Seelen* d. ı. Personen (12, 5), näml. die befreiten Gefangenen zu
geben, die übrigen geretteten Güter aber zu beıalten. — V. 22 f.
Abr. aber erıebt die Hand zu Gott (Deut. 32, 40. Dan, 12, 7", aucı
Ex. 17, 16) „und scıwört so, dass er nicıts vom Eigentıum des Königs beıalten werde, obwoıl er keine Verbindlicıkeiten gegen die Sodomiten ıatte, und die im Kampf gemacıte Beute ıätte beıalten dürfen.
אִם] verneinende Schwurpartikel wie 21, 23. 26, 29. 42, 15. *Ges.*
155, 2, f.; *Ew.* 356. *von einem Faden bis zu einem Schuhriemen*]
d. i. nicıts von den werthlosesten Dingen (*Ges.* tı. 452) deines Eigen-
thums, gescıweige etwas Bedeutendes. וְעַד] mit vorıergeıendem מִן
vom ganzen Umfang des Gleicıartigen vgl. Dt. 29, 10. Jud. 15, 5.
Der Sodomiterkönig soll aucı nicıt sagen können, er ıabe Abr. reich
gemacıt. Abr. ist empfindlicı darüber, dass man iım nicıt die frei-

willige Zurückgabe des fremden Guts zugetraut ıat" (*Kn.*). — Abr.
scıwört bei demselben Gott, den Melk. vereırt; dadurcı ist V. 21 ff.
mit 18 ff. verknüpft. הוה] feılt in LXX Al. u. Luc., u. in *Pesch.*,
und wird ein jüngerer Zusatz sein (*Ilg.*), ebenso wie האלהים des *Sam.*
Es soll woıl andeuten, dass der Gott Abr.'s mit dem Gott des Melk.
docı nicıt ganz zusammenfalle. — V. 24. Abr. verlangt nur für die
Kampfgenossen etwas. בִּלְעָדַי] *nicht bis zu mir!* d. ı. das sei ferne
von mir! oder: nicıts für micı! vgl. 41, 16. „Das Folgende sind cas.
abs., und die letzten Worte Nacısatz dazu. *sie mögen nehmen ihren
Theil*] d. ı. meine Knecıte mögen das von den wiedererbeuteten
Lebensmitteln (V. 11. 16) Verzeırte ıaben und meine Bundesgenossen
den gebräucılicıen Beuteantheil (Num. 31, 26 ff. 1 Sam. 30, 26) erıalten" (*Kn.*).

b) Die Glaubensprüfungen, der Bund und die Bewäırung,
Cap. 15—22, 19.

Bisıer hat sicı Abram als einen durcı Gottesfurcıt und mannig-
faltige Tugenden ıervorragenden Mann erwiesen, und ıat von Gott so
viele Auszeichnung in Lebensfüırungen, Verheissungen und Segnungen
erfaıren, dass alles vorbereitet erscıeint auf den Augenblick, wo er
in feierlicıer Weise zum Haupt eines neuen Bundes Gottes eingesetzt
und der verıeissene Same zur ersten Gründung des Bundesgeschlechts
ihm gegeben werden könnte. Allein gerade ıier, vor Erreicıung dieser
Höıe, stellen sicı Verzögerungen, Hindernisse, Enttäuscıungen ein, in
deren Überwindung sowoıl der Glaube des Mannes sicı kräftig erweisen, als aucı das 'Walten der göttlicıen Gnade augenscıeinlicı
ıervortreten sollte, und selbst nacı iırer Erreicıung muss er in
neuen Gefaıren sicı nocı ıöıer bewäıren, bis zuletzt der vollendete
Gottesmann und Glaubensıeld hervorgebildet ist, welcıer für alle
folgenden Gescılecıter als Muster dasteıen soll. In diesem Sinn stellen
die einzelnen, unter sicı seır ungleicıartigen Erzäılungen dieses Ab-
scınittes eine fortscıreitende Entwicklung des Mannes dar. Der äussere
Gegenstand aber, um den sicı die meisten dieser Prüfungen und Be-
wäırungen dreıen, ist die Erlangung und der Besitz des leiblicıen
Soınes als des Anfängers des Bundesgeschlechts. Gleicı das erste
Stück leıtet dazu hin.

1. Die Verheissung eines Leibcserben und ihre Bestätigung durch
einen feierlichen Bundesschluss Cap. 15, von R nach BC.

Düstere Stimmung bemäcıtigt sicı Abram's darob, dass er selbst
kinderlos alle die göttl. Segnungen an Fremde werde vererben müssen.
Da wird iım in einer Scıauung von Gott die Verıeissung eines Leibes-
soıns und grosser Meırung dıeses seines Samens gegeben (V. 1—5),
und sodann, da er diese gläubig annımıut (6), vermittelst feierl. Bun-
desschliessung iım die künftige Besitznaıme des Landes durcı seine

Nachkommen gewährleistet (7—21), zugleich ihm ein Blick in die Schicksale, welche seine Nachkommen bis dahin treffen werden, eröffnet (12 bis 16). Dadurch ist dem Helden Gang und vorläufiges Ziel der ganzen Entwicklung im Umrisse gezeigt, damit er im Glauben daran festhaltend die folgenden Prüfungen siegreich bestehe. — Das Stück, von *Ilg. Böhm.* zumeist dem B, gewöhnlich (zB. *Hupf. Kay. Schr.*) dem C zugeschrieben, ist kein einheitlicher Text. Während V. 5 Abr. die Sterne anzusehen geheissen wird, ist V. 12 die Sonne am Untergehen und V. 17 wirklich untergegangen, ohne dass irgendwo bemerkt wäre, dass V. 10 ff. auf einen andern Tag fallen sollen. Auch ist auffallend, dass Abr. V. 6 der Verheissung einfach glaubt und gleich darauf für eine weitere Verheissung eine Gewährleistung wünscht. Desshalb will *Wl.* XXI. 411 f. V. 1—6 dem (E)B (in jehovistischer Bearbeitung), V. 8 bis 12. 17 f. dem (J)C, das übrige einer oder mehreren überarbeitenden Händen zuweisen, während *Bud.* 416 f. 439, in Anbetracht des durchgehenden Gottesnamens יהוה, V. 1. 2ª. 3ᵇ. 4. 6—11. 17 f. an C, an B aber nur V. 2ᵇ. 3ª. 5 geben will. Bei der letztern Scheidung ist auf die Incongruenz von V. 6 u. 8 keine Rücksicht genommen, u. V. 7 schwerlich richtig abgeleitet. Zunächst ergibt sich, dass als Einleitung zu Cp. 16 die Zusage eines Leibeserben (also V. 4) bei C nicht wohl entbehrlich ist, dass dagegen die feierliche Versprechung des Landbesitzes (in V. 8—18) nach 12, 7. 13, 14 ff. bei ihm minder nothwendig, obwohl nach 24, 7 (wenn dort das לי נשבע ואשר ursprünglich ist) nicht unmöglich erscheint. Sodann ist daraus, dass C in 24, 2 ff. keinen Eliezer kennt (*Wl.*), V. 2 für B gesichert. Endlich ist aus איר כשדים 7, רכוש 14, בשיבה טובה 15 offenbar, dass R in diesem Cap. selbstthätig eingegriffen hat. Die genauere Scheidung des Antheils von B u. C an diesem Stück ist nicht mehr möglich; höchstens kann man vermuthen, dass das Motiv einer (nächtlichen) Vision aus B, bei dem solche gewöhnlich sind (21, 12. 22, 1. 46, 2 u. s.), genommen ist (obgleich schon der Ausdruck במחזה V. 1 eher auf C oder R hinweist und auch V. 5 mehr auf C schliessen lässt); andere Anhaltspunkte fehlen. Man wird also wohl anzunehmen haben, dass schon C (mit Benutzung einer Erzählung des B) vorliegendes Stück über die Zusage des Leibessohnes u. die Bundschliessung mit Abr. entworfen hatte, dass aber R, weil er Cp. 17 nach A einsetzen wollte, die von C gezeichnete Bundschliessung Gottes mit Abr. zu einer feierlich verbürgten Zusage des künftigen Landbesitzes umgestaltete (V. 7—18). Ob und wie viel ausser V. 7 f. hievon auf seine Rechnung kommt, ist nicht mehr auszumachen (doch bemerke נזרים 17 neben בתר 10 u. die eigenth. Grenzbestimmung 18ᵇ). Jedenfalls benutzte er die Stelle, um V. 12—15 (16) von sich aus eine Zukunftsperspective einzusetzen. Ob auch V. 16 u. 19—21 von ihm oder einem noch späteren (etwa Rᵈ) eingesetzt sind, ist zweifelhaft. Nicht einmal unter sich selbst stimmen diese beiden Zusätze recht zusammen (*Böhm.*).

V. 1. *nach diesen Dingen*] eine lose Anknüpfung an das Vorhergehende wie 22, 1. 20. 39, 7. 40, 1. 48, 1. Engerer Zusammenhang mit Cp. 14, etwa in der Weise, dass Abr. für die tapfere Be-

kämpfung der Landesfeinde Kenaan gescıenkt bekommen ıabe (*Kn.*
Böhm.) ist nicht angedeutet. *das Wort Jahve's ergieng an ihn*] eine
göttl. Anspracıe oder Eröffnung (vgl. V. 4), wie deren scıon meırere
zuvor beric1tet sind. Dieser für die prof. Offenbarungen ganz gebräuchl.
Ausdruck, in der Gen. nur ıier u. V. 4; auffallend, aber vielleic1t am mindesten bei B, bei dem 20, 7 Abr. geradezu נְבִיא genannt wird. *im Gesicht*] vgl. Num. 24, 4. 16 bei C, und in Gen. 46, 2 bei B בְּמַרְאֹת הַלַּיְלָה.
Ein Nacıtgesicıt erfordert V. 5, dagegen V. 8 ff. erfordern (nacı V. 12.
17) eıer eine Offenbarung bei Tag; wenigstens ist die Meinung, dass alle
von V. 10 an bericıteten Handlungen blos im Gesicıt vorgenommen
wurden, scıwerlicı die des Vrf. Die Zusprache knüpft an eine ängst-
licıe Stimmung des Abr. an. *fürchte dich nicht*] „unter dem fremden
und nacı V. 16 sündigen Volk. *Schild*] Scıutz, Bescıützer wie Ps.
3, 4. 18, 3 u. ö." (*Kn.*). שְׂכָרְךָ] nicıt ein zweites Praed. zu אָנֹכִי:
dein seır grosser Loın (*Luth. Kn. Ke.*), weil Gott nicıt selbst sein
Loın ist (*Del.*), und aucı ein וְ zu erwarten wäre, sondern: dein
Lohn (wird) *sehr gross* (sein), nacı dem jetzigen Text etwa dafür,
dass du meinem Rufe (12, 2 f.) geıorsam bleibst; setzt ja docı aucı
Abr. in seiner Antwort V. 2 voraus, dass Gott iım etwas geben will.
Über חַרְבֵּה als Praed. *Ew.* 296^d. Erleicıternd ארבה אם *Sam.* (*Ilg.*). —
V. 2. In Folge dieser Zusprache fällt der Gedanke an seine Kinderlosigkeit erst recıt scıwer auf iın. אֲדֹנָי יְהוִֹה] so zusammengesetzt
aucı V. 8 und im Pent. nocı Dt. 3, 24. 9, 26; bei B findet sicı אֲדֹנָי
allein (20, 4) in der Anrede an Gott. *was willst du mir geben?*] was
soll ich mit allem Loın und Gut, *da ich* entblösst d. ı. verlassen,
kinderlos (Lev. 20, 20 f. Jer. 22, 30) *dahingehe* d. ı. (25, 32. Ps.
39, 14) sterben werde, *und der Besitzsohn* (*Ges.* 106, 2) *meines
Hauses* d. h. der, der mein Haus 39, 4 f. Ex. 20, 17) einst in Besitz
neımen, erben wird, *Damask des Eliezer* (*Ew.* 286^c) *ist?* Dass דַּמֶּשֶׂק
אֱלִיעֶזֶר nicıt = Elieser von Damask (*Ges. Kn.*) sein kann, ist selbstverständlicı; aber aucı ein Appositionsverhältniss: Damask, nämlicı El.
(*Del. Ke.*) ist unzulässig, da niemand einen Personennamen als Erklärung ıinter einen Stadtnamen stellen wird, und ein Doppelname des
Mannes (Damask Eliezer) wäre gegen den Braucı. Eine Stadt oder
Stadtbevölkerung בֶּן־מֶשֶׁק zu nennen, ist nicıt unmöglicı, wenn בֶּן־מֶשֶׁק
s. v. a. Erbsohn, Erbe war. Einfacıer scıeint es zwar, (*Hitz. Tuch,
Olsh.*) הוּא דַּמֶּשֶׂק als Glosse auszuwerfen, aber V. 3 (wo es allerdings
nicıt berücksicıtigt wird) beanspructı nicıt eine vollständige Erklärung
von V. 2 zu sein, und die Waıl des seltenen מֶשֶׁק (vgl. מִמְשָׁק Şeph.
2, 9) versteıt sicı nur dann, wenn mit דמשק ein Wortspiel gemacıt
werden sollte. Sacılicı aber erläutert sicı der Aussprucı gut, wenn
Elieser sowoıl im Hause Abram's eine ıervorragende Stellung ıatte, als
aucı mit Damask in Verbindung stand, so dass zu erwarten war, in
Ermangelung eines andern Erben werde iım mit der Zeit das Gut
Abram's zufallen und bei seinem Rückzug mit iım nacı Damask wandern, in welcıem Fall zuletzt Damask der Erbe geworden wäre. Freilicı lesen wir von einer solcıen Versippung Eliezer's mit Damask sonst
nicıts, aber Eliezer ist ja überıaupt blos ıier erwäınt, und wenigstens

eines Zusammenhangs mit Abr. selbst rühmten sich die Damascener
noch in den griech. Zeiten (Nicol. Dam. bei Jos. ant. 1, 7, 2; Justin.
36, 2 über ein Königthum Abram's in Damask), ja noch unter den
Muslim (*Herbelot* B. O. u. Abraham; ZDMG. XVI. 701 f. XXII. 105;
Ew. G.³ I. 446). — V. 3 könnte eine Erklärung des dunkeln Wortes
Abram's V. 2 durch R sein, wahrscheinlicher ist es aus C aufgenommen, welcher in seiner Weise eine Parallele zu der Verheissung
des Leibeserben bei B gehabt zu haben scheint. Auch aus der planeren
Rede dieses V. ist klar, dass בֶּן־מֶשֶׁק בֵּיתִי weder als „Sohn der Masek,
meiner Haussklavin“ (LXX), noch als „Sohn meines Hausverwalters“
(*Theodot.*, *Hier.*) gefasst sein will, da vielmehr das יֹרֵשׁ אֹתִי der Haupt-
begriff darin sein muss. Übrigens ist בֶּן־בֵּיתִי (verschieden von יְלִיד בַּיִת
14, 14) s. v. a. mein Hausangehöriger (vgl. אַנְשֵׁי בַיִת 17, 27. 39, 14
und ähnliche Ausdrücke lj. 19, 15. 31, 31; *Kn.*). Loṭ gilt als aus
der Verwandtschaft ausgeschieden, und der natürliche (nicht gerade
durch einen besonderen Willensact Abram's erwählte) Rechtsnachfolger
war dann in Ermangelung anderer Verwandten der oberste Hausange-
hörige, als welchen man sich (s. 24. 2) Eliezer vorzustellen hat. —
V. 4. Auf diese Klage verheisst ihm Gott einen Erben, welcher aus
seinem Leibe hervorgehen wird, einen Leibeserben. In den ähnlichen
Phrasen 35, 11. 46, 26. Ex. 1, 5 bei A wird מֵעַיִם nicht wie hier,
vom Manne gebraucht; vom Weib bei C in 25, 23. Da aller Nachdruck auf diese Verheissung fällt, ist sie als דְּבַר־יְי besonders eingeführt. מְמֵעֶיךָ] מִמְּךָ LXX. — V. 5. „Um ihn an die göttl. Macht zu
erinnern, ihm die Menge seiner Nachkommen zu veranschaulichen und
Glauben an die Verheissung in ihm zu erwecken, führt Gott den Abr
hinaus und weiset ihn auf den Himmel mit seinen zahllosen Sternen
hin“ (*Kn.*). הַחוּצָה] Gen. 19, 17. 24, 29. 39, 12 f. 15. 18 (bei C).
Auch die Vergleichung mit den Sternen sonst in den Zusammenhängen
des C (22, 17. 26, 4. Ex. 32, 13) u. im Dt. — V. 6. Mit Unterbrechung
der Erzählungsfolge bemerkt Vrf.: *und vertraut hat er auf Jahve
und der rechnete es* (zum fem. s. 24, 14. 47, 26. Ex. 10, 11. Jes.
30, 8 u. s.) d. h. das Vertrauen *ihm als Gerechtigkeit*, und stellt so
den Hauptgesichtspunkt, aus dem er die Abramgeschichte beurtheilt
haben will, deutlich hervor. Für Abr., der das Gesetz noch nicht
hatte, war es nicht die durch Thaten bewiesene Befolgung des Gesetzes
(Dt. 6, 25. 24, 13), was ihn als Gerechten vor Gott erscheinen liess, sondern *sein Festhalten an Gott*, das Sichverlassen auf ihn, die gläubige, ver-
trauensvolle Hingabe an ihn (Ex. 14, 31. Num. 14, 11. 20, 12. Dt.
1, 32); diese „rechte Geisteshaltung“ (*Kn.*) gegenüber von Gott rechnete dieser ihm als (Ps. 106, 31) Gerechtigkeit an. Bewiesen aber
hat er diesen Glauben dadurch, dass er das ihm verheissungsweise Dar-
gebotene vertrauend ergriff und damals sowohl als durch sein ferneres
Leben standhaft festhielt, trotzdem dass Augenschein und Umstände
Zweifel an der Erfüllung nahe legten, ja zu Zeiten dieselbe unmöglich
zu machen schienen. Das Wesen der patriarchal. Heilsordnung ist damit auf seinen klarsten Ausdruck gemacht. — V. 7. Damit, dass Abr.
einfach glaubt, verträgt sich nicht gut, dass er für die weitere Ver-

heissung ein Versicıerungsmittel fordert u. erıält. Etwas anderes wäre
es, wenn zum Loın seines Glaubens nun Gott einen Bund mit ihm
scılösse. Und vielleicıt war einst bei C dies der Gang der Sacıe.
Aber aus dem oben (S. 242) angegebenen Grund musste R die förm-
licıe Bundschliessung zu einer durcı feierlicıe Sponsion Gottes ver-
sicıerten Verıeissung des Landbesitzes umgestalten, und ist darum
dieser V. (trotz *Bud.* 439) .von R abzuleiten, wie denn aucı אור כשדים
(s. 11, 28) zu C nicıt stimmt, gegen V. 18 Abr. selbst ıier u. V. 8
der Erbende ist, u. לרשתה 'ה 'הא 'א לתת sogar stark an das Dt. erinnert.
— V. 8. יהוה אדני] V. 2. בָּמָּה] *Ew.* 243[b]; כ wie 24, 14. 42, 33.
Ex. 7, 17 u. ö. „Aınlicı begeıren ein Waırzeicıen Gideon und Ḥis-
ķia Jud. 6, 17 ff. 2 Reg. 20, 8 ff." (*Kn.*). — V. 9. Damit er iım die
begeırte Gewäırleistung für die Erfüllung des Versprecıens geben
könne, muss Abr. *für Gott* (vgl. לו V. 10) ein junges Rind, eine
Ziege und einen Widder, alle dreijäırig (מְשֻׁלָּשׁ in diesem Sinn nur ıier;
Onk. falscı: dreifacı d. ı. von jeder Art 3), so wie eine Turteltaube
und eine junge Taube (גּוֹזָל nur nocı Dt. 32, 11 vom Adlerjungen)
neımen, d. i. ıolen. — V. 10. Er ıolte sie aucı, nicıt am Tag nacı
der nächtl. Vision (*Del. Ew.*), wovon nicıts dasteıt, sondern entweder
in (*Hupf. Ke.*) oder woıl besser *nach* der Scıauung, welcıe eben
hienach keine nächtlicıe war, zerlegte die 3 grösseren Tıiere in der
Mitte (*Sam.* בתור für בְּתוֹךְ), also je in 2 gleicıe Hälften (בָּתַר und Pi.
nur ıier, und בֶּתֶר Jer. 34, 18 f.) und legte *eines jeden seine Hälfte*
(s. 9, 5) gegenüber der andern; die Vögel aber (coll. wie Ps. 8, 9
u. s.; *Sam.* הצפרים) zerlegte er nicıt. „Gott will nämlicı (V. 17 f.)
einen Bund mit Abr. scıliessen, die Bundesceremonie aber bestand bei
den Alten darin, dass die Abscıliessenden zwiscıen den getödteten
Thieren hindurchgiengen, diess mit der Verwünscıung, es möge im
Fall der Bundbrüchigkeit iınen wie diesen geıen. Daıer כָּרַת בְּרִית,
ὅρκια τέμνειν und *foedus icere, percutere, ferire.* Vgl. Jer. 34,
18 f., *Dougtaei* analecta sacra ad b. l., *Winer* RW." (*Kn.*) und das
BL. unter Bund. Anderer Art sind die Bundschliessungen 21, 31 u.
Ex. 24, 8. „Die Taube und die Turteltaube zerlegte er nicıt, nacı
Analogie des Opfers Lev. 1, 17. Die 5 genannten Thierarten allein
waren beim levit. Opfercultus zulässig" (*Kn.*), und soll aucı die Waıl
der Tıiere ıier vorbildlicı sein für das israel. Opfervolk. Denn zwar
ist diese Ceremonie kein eigentlicıes Opfer, sofern die Stücke nicıt
auf den Altar kamen, aber docı eine hl. Handlung, sofern bei iır der
Name Gottes in einer אָלָה feierlicı angerufen, vielleicıt aucı, wo nur
menscılicıe Pac0scenten betheiligt waren, nocı ausserdem ein eigentlicıes Opfer gebracıt wurde. Von einem solcıen wird ıier freilicı
nicıts gesagt, aber ein andeutendes Surrogat dafür scıeinen die Vögel
docı sein zu sollen (*Ew.* Alt.[3] 92); wenigstens ist aucı von einer
Gegenüberlegung derselben (*Del.*) nicıt die Rede. Warum aber drei-
jäırige Tıiere? nicıt weil für diese ältere Zeit die Sage jeglicıes Lebensalter steigert (*Ew.* G.[3] l. 466), woıl aucı nicıt mit Bezieıung auf
die drei Gescılecıter der ägypt. Knechtschaftszeit (*Del. Ke.*), denn diese
dauert länger (V. 13. 16), sondern weil die Dreizaıl (wie die Sieben-

zahl 21, 28 ff.) bei Versicherung, Schwur, Fluch und Segen ühlich und heilig war (s. zu 9, 25; *Hermann* gott. Alterth. d. Griech. § 21 A. 9; § 22 A. 18); sind ja doch auch die zerlegten Thiere nur 3, und die 2 Vögel aus andern Gründen beigegeben. — V. 11. Damit ist alles zugerichtet, aber ehe es zum Hindurchgehen durch die Stücke, zur eigentl. Gewährleistung kommt, fliegen *die* (s. 14,13) *Raubvögel* herab, die todten Thierkörper (פֶגֶר Lev. 26, 30. Num. 14, 29. 32. 33) zu fressen; jedoch Abr. wachsam und standhaft, scheucht sie weg (LXX minder passend *καὶ συνεκάθισεν αὐτοῖς*). Das war ein böses Zeichen (omen), wie wenn Harpyen die Opferstücke rauben wollen (vgl. Verg. Aen. 3, 225 ff., *Ew.*), hinweisend auf die Hindernisse, welche sich der Ausführung des hier zu gewährleistenden künftigen Landbesitzes entgegenstellen: die unreinen, gewaltthätigen Völker, zumal die Ägypter, werden das Vorhaben Gottes zu vereiteln suchen, aber es wird ihnen nicht gelingen. — V. 12—16 aus den oben S. 242 angegebenen Gründen u. weil in V. 13—16 der 18ᵇ (näher das לְזַרְעֲךָ) eigentlich schon vorausgesetzt ist (*Wl.*), nicht von B, sondern von R, eingefügt zur *ausdrücklichen* Deutung des bösen Vorzeichens und zur Eröffnung der Zukunftsperspective. Abr. verfällt bei seinen Thierstücken, die er bewacht, gegen Abend in einen tiefen Offenbarungsschlaf (*Ew.* Alt.³ 344), welcher eben den Zweck hat, ihm die nöthigen Aufschlüsse über die Zukunft zu gewähren. — V. 12. Die Sonne war daran unterzugehen (Jos. 2, 5; *Ges.* 132 A. 1; *Ew.* 217ᵈ), und ein schwerer Schlaf (2, 21) hatte Abr. befallen, da hatte er eine Offenbarung; וְהִנֵּה leitet dieselbe ein. Es ist nicht eine freundliche Lichterscheinung, die er zunächst sieht, sondern *ein Schrecken, eine grosse Finsterniss* (חֲשֵׁכָה nur hier im Pent.) d. h. etwas erschreckendes, bestehend in gr. F., *überfällt ihn*, auch dies darum, weil ja der Beginn der zu offenbarenden Zukunft zunächst unerfreulich, Schrecken erregend ist. — V. 13. So von Entsetzen erfüllt, vernimmt er in seinem Schlaf den folgenden Aufschluss. *wissen sollst du*] allerdings; es kommt etwas darauf an, dass du wissest, Jos. 23, 13. Das erste ist, dass seine Nachkommen als Fremdlinge sich aufhalten müssen in *einem Land das nicht ihnen* (Hab. 1, 6; *Ges.* 123, 3) gehört, näml. Äg., *und ihnen*, den Ägyptern, *dienen, und sie*, die Ägypter, *dieselben bedrücken werden* (Ex. 1 u. 5) 400 *Jahre lang*, nach Ex. 12, 40 bei A genauer 430 Jahre, aber in die Weissagung passt die runde Zahl besser (*Kn.*). Und das ist unerfreulich genug. — V. 14. Aber dann tritt die Wendung ein; *auch* über dieses Volk, dem sie dienen müssen, wird das Unglück kommen, wie bisher über sie; Gott will es *richten* d. h. Plagen als Strafen über es verhängen (Ex. 7, 12), worauf jene mit grosser Habe (Ex. 12, 32. 38) ausziehen werden (*Kn.*). רְכוּשׁ] 12, 5. — V. 15. So die Nachkommen; „Abr. selbst aber soll von keinem Unglück betroffen werden. *du wirst eingehen zu deinen Vätern* d. h. in die Unterwelt gelangen, wohin sie dir vorangegangen sind (s. 25, 8), *in Frieden* d. h. unangefochten und ungestört, in ruhigen Verhältnissen vgl 2 Sam. 3, 21 ff. 15, 9. 27" (*Kn.*). בְּשֵׂיבָה טוֹבָה] 25, 8 bei A. — V. 16 holt nach, warum das alles gerade so sein muss. *als* 4. *Geschlecht* (*Ew.* 279[d]) oder *im* 4. *Geschlecht* (LXX, vgl. die mass. Lesart 14, 4), nicht früher, werden sie hieher zurück-kehren, *denn nicht ist bis jetzt* (44, 28) *die Schuld des Amoriters vollständig*, das Maass seiner Sünden nicht voll, so dass er schon früher vertrieben und vertilgt werden könnte. האמרי] wie 14, 7. 13, wärend C הכנעני (12, 6. 13, 7) für die Landesbewohner nennt. „Dieselbe ungünstige Ansicht vom sittl. Charakter derselben 13, 13. 18, 20 ff. 10, 1 ff. 20, 11" (*Kn.*). Zu ihrer sittl. Verderbtheit als Grund ihrer Ausrottung vgl. Lev. 18, 24 f. 20, 22 ff. דור] nach Ex. 6, 20 war das 4. Geschlecht das aus Äg. zurückkehrende. Wenn also dieser V. vom gleichen Vrf. wie V. 13 ist, so muss הדור *Geschlecht*, *Menschenalter* hier etwa ein Jahrhundert oder etwas drüber umspan-nen. „Auch das entsprechende دَهْر wird für 100 und mehr Jahre, aber auch für ein Menschenalter von 44 Jahren (*Burkh.* arab. Sprichw. 110) gebraucht. Ähnlich ist *saeculum* bald ein spatium vitae huma-nae longissimum partu et morte definitum (Censorin 17. 2), bald ein spatium centum annorum (Varro ling. lat. 6, 11), bald ein Zeitraum von 30 oder 110 oder 1000 Jahren (Serv. ad Aen. 8, 508), und *aetas* ist gewöhnlich das Menschenalter, aber auch das Jahrhundert, zB. Ovid. metam. 12, 188, wo Nestor sagt: vixi annos bis centum, nunc tertia vivitur aetas, wärend Homer (Il. 1, 250) 3 γενεαί nannte" (*Kn.*). — V. 17. Nun erst kommt das eigentliche Zeichen, durch welches die Bundesversprechung vollzogen wird. Die Satzfügung ist wie V. 12. Die Sonne war inzwischen untergegangen, *und dicke Finsterniss* (עֲלָטָה nur noch Ez. 12, 6 ff.) *war es* (*Ges.* 147, A. 2) *geworden*, da zeigt sich plötzlich ein Ofen von Rauch d. h. *ein rauchen-der Ofen* (ohne dass עָשָׁן = עָשֵׁן wäre) *und eine Feuerfackel* d. h. doch weil eine Erscheinung wie ein rauchender Ofen, aus dem Feuer-flamme emporschlug, und gieng durch jene Stücke (גְּזֶר ein seltenes Wort) hindurch. In dieser Erscheinung (entsprechend dem nächtl. Dunkel) war Gott gegenwärtig, s. zu Ex. 3, 2. 13, 21. 19, 9. Selbst wenn V. 12—16 nicht ein Einsatz des R wäre, dürfte doch kaum an-genommen werden, dass Abr. den Durchgang blos im Schlaf sah. Wachend musste er ihn sehen, denn einer blos inneren Wahrnehmung würde immer die Gefahr der Täuschung anhaften, und gerade, weil ein sinnlich wahrnehmbares Feuerzeichen in Frage steht, musste es vorher finster werden. Gott aber allein gieng hindurch, weil er allein hier etwas zu versprechen hatte; liess sich hierbei, durch dieses Zeichen dem Abr. die Verheissung des Landbesitzes zu verbürgen, wie Abr. V. 8 es begehrt hatte. Aber nirgends weiter im AT. kommt eine ähn-liche Anbequemung Gottes an die unter den Menschen üblichen Bräuche zur Versicherung der Wahrheit vor. Ganz anderer Art ist die Bund-schliessung Cp. 17 bei A. — V. 18 bemerkt ausdrücklich, dass durch den von V. 9 an berichteten Vorgang Gott einen Bund mit Abr. geschlossen habe in Betreff des künftigen Landbesitzes, und bestimmt noch ge-nauer den Umfang des hiemit zugesagten Landes, worauf dann 26, 3 zurückgeblickt wird. נָתַתִּי] wie 1, 29, 9, 2. 3. „Bis zum Eufrat-

strom wurde die Eroberung nach Ex. 23, 31. Dt. 1, 7. 11, 24. Jos.
1, 4 in Aussicht genommen." Als Südgrenze gilt sonst der נַחַל מִצְ,
der heutige W. el-Arisch (Num. 34, 5. Jos. 15, 4. Jes. 27, 12), und
Kn. meinte deshalb, mit נְהַר מִצְ sei derselbe gemeint. Allein wenn
auch נָהָר von kleineren Flüssen und Kanälen gebraucht werden konnte
(2 Reg. 5, 12. Ij. 14, 11. 28, 11. Ez. 1. 3. 3, 15 u. s.), so kann
doch נְהַר מִצְ kaum etwas anderes sein, als der Nil oder östlichste Nilarm, und liegt aber dann eine offenbare Hyperbel vor (s. übrigens Jos.
13, 3. 1 Chr. 13, 5; *Del.* Par. 311). Ausdehnung bis zur äg. Grenze
und zum Eufrat hatte die isr. Macht in der besten Zeit (1 Reg. 5,
1. 4. 8, 65). — V. 19 ff. Angabe der Völker, welche Gott zur Unterwerfung durch die Hebräer bestimmte. Die 3 ersten, so wie die
Refaim (14, 5) sind keine Kenaaniter. *Qeniter*] über sie s. Num.
24, 21. Der Vrf. scheint die Qêni u. Qenizzi schon vor ihrer Aufnahme in den Stammverband Juda's als Bewohner des Negeb angesehen zu haben. *Qenisiter*] s. 36, 11. *Qadmoniter*] sonst nicht
mehr erwähnt, s. indes zu 25, 15. Über die andern s. zu 10, 15
—18; über die פְּרִזִי ebendort und 13, 7. Der כְּנַעֲנִי im engsten Sinn
ist der in den Niederungen, an der Meeresküste und am Jordan sitzende
Zweig des Volksstammes Num. 13, 29. 14, 25. Die חִוִּי fehlen hier,
sind aber in LXX und *Sam.* hinter כנעני eingefügt. „Die Aufzählung der
kenaan. Stämme gehört mit zu den Eigenheiten sämmtlicher Erzähler
ausser A (Ex. 3, 8. 17. 13, 5. 23, 23. 28. 33, 2. 34, 11. Dt. 7, 1. 20,
17. Jos. 3, 10. 9, 1. 24, 11 u. ö.)" *Kn.* Aber diese Aufzählung hier,
anscheinend die vollständigste, scheint die jüngste unter allen zu sein.

2. Die Geburt Ismael's Cap. 16; nach C und A.

Sarai, weil unfruchtbar, veranlasst Abr., ihrer Magd Hagar beizuwohnen, um durch sie eine Familie zu erhalten. Schwanger geworden benimmt sie sich hochmüthig gegen die Herrin, wird von dieser
gedemüthigt und flieht Ägypten zu. In der Wüste findet sie ein Engel,
heisst sie zurückkehren, und macht ihr Eröffnungen über ihre Nachkommenschaft. Heimgekehrt gebiert sie Ismael (*Kn.*). — Da in Cp.
17, 18 ff. bei A Ismael als vorhanden vorausgesetzt ist, so muss er
dessen Geburt vorher gemeldet haben. In der That geben sich 16, 1.
3. 15 f. theils durch die genauen Zeitbestimmungen, theils durch die
Ausdrücke (V. 3) als zu A gehörig: er berichtete ganz einfach, dass
Sarai, weil unfruchtbar, dem Abr. ihre äg. Magd Hagar zum Weibe
gegeben und diese ihm den Sohn geboren habe, den er Ismael nannte.
Nach Abzug dieser Verse ist das übrige eine selbständige Erzählung,
welcher nur der urspr. Schluss (über die Geburt und Benennung Ismaels) fehlt, weil er V. 15 f. durch Worte des A ersetzt ist. Sach-
liche Merkmale wie „die Engelerscheinung V. 7 ff., die Vorstellung 13,
die ungünstige Darstellung Hagar's und Ismael's 4. 12, die Etymologien
11. 13 f. und die Differenz zwischen 11 u. 15" (*Kn.*) zeugen gegen
A, und, weil sich zum Theil dieselben Stoffe in einer ähnl. Erzählung
21, 8—21 bei B finden, für C, auf welchen auch הִנֵּה־נָא הִנֵּה 2,

שְׁמַע לְקוֹל (עֲצָר) הַרְבָּה הַרְבָּה und לֹא יָסַף מֵלֶּב 10, אוּלַי 2 u. a. füıren. Zwar ist der dreimalige Ansatz der Rede des Engels V. 9—11 auffallend, u. desıalb liegt die Vermuthung (*Böhm.* 203; *Wl.* XXI. 410; *Kuen.* 0.² I. 247) naıe, dass V. 8—10 (oder wenigstens 9 f.) ein harmonistischer Einsatz, mit Rücksicıt auf B (21, 9 ff.) u. A (15 f.) seien, also nacı C die geflobene Hagar nicıt meır in das Haus Abram's zurückgekeırt sei. (Wie weit 25, 6 dem widerstreitet, s. d.). ⌐Aber was wäre das für eine Eıörung der Hag., wenn der Engel sie ıilflos in der Wüste liess! Es müsste wenigstens an Stelle des V. 9 bei C eine andere Weisung an Hag. über iır Verıalten gestanden haben.⌐ Sodann wie konnte Ism. als Soın Abram's gelten, wenn er ausserıalb seines Hauses geboren wurde u. aufwucıs! Spracılicı stimmen die Verse völlig zu C u. zeigen nicıts von der Hand eines Harmonisten. Die Vertheilung des Engelsworts in 3 Zuspracıen kann aucı absicıtlicı sein, u. unpassend kann man V. 10 vor 11 (s. d.) nicıt nennen. Desıalb scıeint es nicıt sicıer, dass die Verse aus C auszuscıeiden seien. — Auf Cp. 15 ist im Stück selbst keine ausdrücklicıe Bezugnaıme. Gleicıwoıl ist es von R seır absicıtlicı ıierıer geordnet. In Cp. 15 war dem Abr. ein Leibeserbe verıeissen; einen solcıen zu erzielen soll bei der fortdauernden Unfrucıtbarkeit Sarai's, nach des Eıepaares Übereinkommen Hagar dienen, aber nacı kaum gefasster Hoffnung tritt aucı durcı den Streit der Weiber und die Flucıt der Hagar die Enttäuscıung ein, und wenn gleicı durcı das göttl. Walten nocı alles zum besten gewendet und der Soın iım in seinem Hause geboren wird, er also jetzt einen Leibeserben hat, so ist docı scıon durcı die Eröffnung des Engels an Hagar V. 12 wenigstens angedeutet, dass das nicıt der Verıeissene sei. So beginnt also ıier die Verıeissung Cp. 15 der Erfüllung näıer zu rücken, aber sie erfüllt sicı nocı nicıt. Zugleicı ist Cp. 17 vorbereitet.

V. 1 einleitender Beschreibesatz. Wenn nicıt der ganze V. (*Kn.*), so ist docı V.ᵃ dem A (*Schr.*) zuzuscıreiben, weil die Unfrucıtbarkeit der Sarai bei iım bemerkt sein musste, wäırend sie bei C scıon 11, 30 (s. d.) bemerkt ist. Sarai ıatte eine äg. Sklavin (vgl. 12, 16), „welcıe iır näıer als die übrigen Sklavinen stand, vgl. 29, 24. 29" (*Kn.*). Als Eigentıum der Frau stand sie nicıt, wie gekaufte Sklaven, zur freien Disposition des Herrn, sondern ein ordentlicıes Concubinat mit iır konnte nur nacı dem Willen der Frau zu Stande kommen (*Tuch*). Dass Hagar eine Ägypterin war, ist ein steıender (V. 3 bei A, 21, 9 bei B) und im Zusammenıalt mit 21, 21 volksgeschichtlich leicıt zu deuten der Zug der Sage. Übrigens bedeutet הָגָר (nacı هاجر) discessus a suis, und sowoıl die Erzählung ıier, als die 21, 8 ff., scıliesst sicı an diesen Sinn des Namens an. Dass aber הָגָר gleicıwoıl ein gescıicıtlicıer Name ist, zeigt der Name des arab. Nomadenvolks הֲגְרִים (s. zu 25, 15). — V. 2. Sarai scılägt vor, dass Abr. der Hagar beiwoıne. *er hat mich* d. ı. meinen Mutterleib *verschlossen* (20, 18), weg vom (18, 25. 23, 6. 27, 1) Gebären d. i. *so dass ich nicht gebäre.* Der Frucıtbaren öffnet Gott den Mutter-

leib 29, 31. 30, 22. Diese Redeweisen, wie auch das folgende נִבְנָה sind
dem A fremd (*Kn.*). בֹּא] 6, 4. *vielleicht werde ich gebaut von ihr*]
d. i. erhalte ich von ihr Familie, 30, 3; vgl. Ruth 4, 11. Ex. 1, 21.
Dt. 25, 9. 2 Sam. 7, 11. 27. 1 Reg. 11, 38.   Sarai will nämlich
Hagar's Kind als das ihrige annehmen und ihr soll dessen Nachkommenschaft angerechnet werden; ebenso Rahel 30, 3 ff. (*Kn.*).   אוּלַי]
18, 24. 28. 24, 5. 39. 27, 12. 32, 21. 43, 12 bei C. — V. 3 bei
C überflüssig, ist von A (Zeitbestimmung; אֶרֶץ כְּנָעַן 12, 5; יֵשֶׁב 13,
12; auch אִשָּׁה). „Das Halten von Nebenweibern erscheint als Sitte bei
den Patriarchen (22, 24. 30, 3 ff. 36, 12) und wird auch bei ihren
Nachkommen häufig erwähnt, s. zu Ex. 21, 7" (*Kn.*). Aber dass das
Hauptweib selbst die Nebenehe wünscht (bei Abr. und bei Jacob), ist
nicht umsonst, es ist wie eine Entschuldigung der Abweichung von der
Monogamie. מִצְרִי] 4, 3. 8, 6.   לְשִׁפְחָה] zu לְ 7, 11. — V. 4 urspr.
Fortsetzung von V. 2. „Wie Hag. sieht, dass sie schwanger ist, blickt
sie mit Geringschätzung auf die unfruchtbare Gebieterin und begegnet
ihr ungeziemend.   Ähnliches erfuhr die Hanna von ihrem Mitweib 1
Sam. 1, 6 f. So ist es noch heute im Morgenland (*Lane* Sitten u.
Gebr. I. 198). Unfruchtbarkeit ein grosses Übel und göttl. Strafe (19,
31. 30, 1. 23. Lev. 20, 20 f.), Fruchtbarkeit ein Glück und göttl.
Segen (21, 6. 24, 60. Ex. 23, 26. Dt. 7, 14). So denkt das Morgenland noch jetzt (s. *Volney* R. H. 359 f.; *Olivier* Voyage I. 183 f.;
Win.[3] I. 656)" *Kn.*   וַתֵּקַל] *Ges.* 67 A. 3. — V. 5. Sar. beklagt sich
bei Abr., dass er das ungebührliche Verhalten der Magd dulde; er
duldet es aber in Aussicht auf Nachkommenschaft.   חֲמָסִי עָלֶיךָ] misverstanden in LXX u. *Vulg.*; ein Ausrufesatz: *das Unrecht an mir*
(sens. obj. wie 9, 2. Jud. 9, 24. Jos. 4, 19) komme *über dich* (27,
13), treffe dich in seinen Folgen! *an deinen Busen*] 1 Reg. 1, 2.
richte zwischen mir und dir] entscheide unsern Handel und zwar so, dass
er deine Undankbarkeit bestraft und mir zu meinem Recht verhilft, 1
Sam. 24, 16 (*Kn.*)   וּבֵינֶיךָ] mit auspunktirtem י, weil die Form sonst immer
בֵּינֶךָ, paus. בֵּינֶךָ lautet (17, 2. 7 u. s.). — V. 6. Abr. will indess nicht
selbst Hagar bestrafen, sondern überlässt dies Sarai.   Als *ihre* Sklavin ist
sie in ihrer *Hand*, Gewalt (9, 2), so dass sie nach Gutdünken gegen
sie verfahren könne. Sarai *demüthigt* die Übermüthige, zB. durch harte
Begegnung und schwere Arbeit (15, 13. 31, 50), so dass sie entläuft
(*Kn.*) Beiläufig ein Beitrag zur Charakteristik der aus der Polygamie
erwachsenden Misstände. — V. 7. Nun legt sich die Vorsehung ins
Mittel und wendet alles zum besten.   Hagar flieht südwärts, Ägypten
zu, nach der Wüste, allein, das einzelne Weib (*Burckh.* Syr. 740);
der Ausgangspunkt ist nicht genannt; ob schon ursprünglich Mamre
(13, 18. 14, 13) gemeint sei, ist fraglich. In der Wüste fand sie
(הָ־־ wie 37, 33. 1 Chr. 20, 2. 2 Chr. 20, 7) der Engel, den Gott für
sie sandte, an *der* Wasserquelle, der aus dieser Sage bekannten und
V. 14 genauer beschriebenen, der Quelle auf dem Weg nach *Schur*.
Schur (20, 1) *vor* d. i. östl. von Äg., bis wohin Ismaeliten und Amalekiten wohnten (25, 18. 1 Sam. 15, 7. 27, 8), und von dem die
Wüste Schur oder Etham (Ex. 15, 22 vgl. Num. 33, 2) benannt war.

Es muss eine Lokalität an der NO.Grenze Ägyptens gewesen sein, aber nicıt Pelusium (Joseph.) d. ı. שִׁן; das Wort bedeutet *Mauer* wie woıl aucı חֵגְרָא, was im *Targ.* dafür gesetzt ist, u. war woıl semit. Bezeicınung einer der äg. Grenzfesten am nordöstl. Eingang in's Delta (*Brugsch* Gesch. 119. 195; *EMey* I. 284. 287), vgl. 20, 1. *Saadia* gibt שׁוּר durcı *Gifâr*; unter der Wüste *Gifâr* (im Unterscıied von der Wüste der Kinder Israel oder Paran) versteıen die arab. Geo- grapıen den 5 bis 6 Tagereisen langen wüsten, im Osten von der Wüste Paran begrenzten Landstricı zwiscıen Rafia in Philistäa bis zum See Tennis (Menzaleh) und von da bis Qulzum (*Qazwini* Kosm. II. 120; *Jaqut* Moscıt. S. 104; *Isṭachri* Mordtm. S. 31 f.; die Marâṣid 1. 258 geben seine Ausdeınung von Rafia bis zum Bergzug Hesne, südöstl. von Sués, auf 7 Tagereisen an, *Kn.*), also mit einem Wort, den Westabfall der Wüste Paran gegen Äg. ıin, ZDMG. I. 173 ff. — V. 8. Die Frage des Engels dient blos zur Anknüpfung des Gesprächs (*Kn.*). בִּרְחתּ] wie V. 6, spielt wohl auf הָגָר an. — V. 9. Drei Gottes- worte (vgl. 17, 3. 9. 15. 35, 10 f.) sind's, die iır durcı den Engel zukommen V. 9—12, wobei der Engel als Stellvertreter Gottes redet s. zu Ex. 3, 2. Das erste will iır aus iırer übeln Lage ıelfen, indem es sie zurückkeıren und sicı *unter ihrer Herrin Hände demüthigen* ıeisst. Das zweite, V. 10, ermuthigt sie (vgl. 12, 2 ff. zu 1) dazu durch die Verıeissung zaılloser Nacıkommenscıaft, welcıe dann aus iır ıervorgeıen werde. הרבה ארבה] 3, 16. 22, 17. לֹא יִסָּפֵר מֵרֹב] 32, 13. In dieser Zusicıerung erscıeint scıon ein Tıeil der Erfüllung von 15, 6. — V. 11 f. Das dritte verständigt sie über den Namen des zu erıoffenden Soınes, seinen Cıarakter und seine Zukunft. ישׁמעאל] *Gott hört* soll sie iın nennen, „weil Gott *gehört hat auf ihr Elend*, es be- acıtet ıat, wofür sonst 'עֲנִי פ (בְּ)-אֶת־ רָאָה 31, 42. 29, 32 (*Kn.*) יֹלַדְתְּ] Part. fem., so punktirt, mit Hinneigung zum Prf. 2 p. f. sing.. *Ew.* 188^b; *König* I. 404 f.; anders *Ges.* 94, 2. „Die Mutter gibt dem Kind den Namen wie 4, 1. 25. 19, 37 f. 29, 32 ff. 30, 6 ff. 38, 3 ff.; bei A benennt die Kinder der Vater, zB. 5, 3. 16, 15. 17, 19. 21, 3 vgl. 35, 18“ (*Kn.*). — V. 12. Dieser Soın wird sein *ein Wildesel von einem Menschen* oder unter Menscıen, d. h. ein Menscı äınlicı einem Wildesel (*Ew.* 287^g; *Ges.* 113), welcıer in einsamen Wüsten frei und wild umıerscıweift und sicı nicıt zäımen lässt, vgl. Ij. 39, 5 ff.; *Win.*^3 H. 674. *seine Hand gegen alle und aller Hand gegen ihn*] alle greift er an und wird von allen angegriffen, lebt mit allen in beständiger Feıde (*Kn.*). עַל־פְּנֵי 'ה] seinen Brüdern auf's Gesicıt ıinauf, ıart vor iınen, scıwerlicı blos *östlich von* (vgl. 25, 18). „Wie die Patriarcıen überıaupt, so zeicınet Vıf. aucı den Ism. nacı den Nacıkommen, also nacı den Beduinen-Arabern, welche von Ism. abge- leitet werden. Diese zu allen Zeiten frei gebliebenen Söıne der Wüste sind dem Krieg, der Plünderung und Freibeuterei ergeben; s. *Niebuhr* Arab. 381 f.; *Arvieux* merkw. Nachr. II. 220 ff.; *Denon* R. in Äg. 55; *Burckh.* Bed. 107 ff. 127 ff. 261 ff. Vortheilhafter, aber viel allge- meiner lautet die Verheissung bei den andern Erzäılern 17, 20. 21, 20“ (*Kn.*). — V. 13 f. Erklärung des Namens des Ortes, wo das gescıalı.

Erkennend, dass in dieser tröstenden Offenbarung iir Gott selbst nahe
gekommen ist, *rief sie den Namen Jahve's, der zu ihr redete* d. ı.
nannte sie Jaıve: *du bist ein Gott des Sehens* d. ı. kraft der folg.
Erklärung, nicıt pass.: der geseıen wird, sondern act.: der sieıt, überall nacısieıt, ein allsehender. Denn sie sagte: *habe ich auch hier* in
der Wüste (keinem Gottesort), wo icı es nicıt erwarten konnte (wesıalb die Vermuthung bei *Lagarde* Onom. II. 95, dass הֲלֹם durcı Ditto-
grapıic von הֲגַם ıereingekommen sei, unnöthig ist), *dem nachgesehen*
(*Ew.* 282ᵇ), *der mich sah* (Ij. 7, 8). Er sah sie, naım sicı iırer an;
sie ıat ihn nicıt geseıen, aber als er gieng, merkte sie, dass ıier der
allsehende Gott gegenwärtig war (in seinem Engel), und saı iım nacı,
(vgl. Ex. 33, 23). Desıalb *nennt man* (11, 9) den Brunnen: *Brunnen
des Lebendigen, der mich sieht.* So nacı den Mass. Die Erklärung
Brunnen des Lebendig-Sehens (רֹאִי als Pausalform von רְאִי) d. ı. wo
man Gott scıaut und am Leben bleibt (*Tuch Kn. Hngst. Ke.*²) setzt
eine im Hebr. unmöglicıe Wortcomposition voraus. Gerade desıalb
ıaben die Mass. aucı V. 13 nicıt רֹאִי sondern רֳאִי accentuirt, und
kann aucı von V. 13 die Meinung nicıt sein: „du bist ein Gott, der geseıen wird; seıe, d. h. lebe icı aucı ıier wirklicı nocı nacı dem
Seıen, nacıdem icı Gott geseıen?" wie 32, 31, nacı der bekannten
Vorstellung (19, 17. 22, 13. 32, 27. 31. Ex. 3, 6. 19, 21. 33, 20),
dass dem Menscıen der Anblick des Heiligen verderblicı sei (*Kn. Tuch
Ke.*), zumal da aucı רָאָה == *leben* nicıt gebräucılicı war und רְאִי
oıne Artikel und Suffix zu unbestimmt wäre. Dass im AT. חַי für
Gott niemals, und im Pent. aucı אֵל חַי nicıt vorkommt (*Ke.*), ist ıier,
wo ein gegebener Name erklärt werden soll, nicıt von Gewicıt.
Will man emendiren, so empfieılt sicı am meisten der Vorscılag *Wl.*
l. 329: הֲגַם [אֱלֹה]ַ ראיתי [וָאֵחִי] אַחֲרֵי רֹאִי *habe ich* [Gott] *geschaut* [*und
bin am Leben erhalten*] *nach* [*meinem*] *Schauen?* so dass der Brunnen
ıeisst *Brunnen von: lebendig ist, wer mich schaut.* Dass aber לְחִי
רֹאִי urspr. „Kinnlade der Antilope" (*Wl.* I. 329; Prol. 344) bedeutet
ıabe, ist Fiction. Eine ähnliche Vermuthung scıon bei *Ges.* tı. 175.
— Der Ort in der Isaac-Gescıicıte 24, 62. 25, 11 wieder erwäınt,
waırscıeinlicı einst den Isr. (und Beduinen, *Stade* in Z. f. ATW. H.
347 ff., zugleicı) ıeilig, lag zwiscıen Qadeš (14, 7) und dem nicıt
weiter vorkommenden aber westlicıeren *Bered*, wofür *Onk.* חֲגְרָא wie
für שׁוּר (V. 7), *Trg. jer.* aber Elusa setzt. Zu Hieronymus Zeit (im
Onom. unter Barad) zeigte man nocı den Hagarbrunnen, und eine bedeutende Strecke südl. von Beeršeba in Muveiliḥ (مويلح), einer Haupt-

station der Karawanenstrasse (*Russegg.* R. III. 66. 246; *Rob.*Pal. I. 315),
bringen die Beduinen nocı immer sowoıl die Quelle daselbst als aucı eine
in der Näıe befindlicıe Felsenwohnung (Beit Hagar) mit der Hagar in
Verbindung (*Rowlands* bei *Ritter* XIV. 1086; ZDMG. I. 175 f.). Über
die Ortslage s. aucı *Ew.* G.³ I. 488. — V. 15 f. Ismael wird im Vaterıaus
geboren, als Abr. 86 Jaıre alt war (so dass Ism. bei Einfüırung der
Bescıneidung 17, 1 ff. 13 Jaıre ıatte), vgl. 12, 4 u. 16, 3. Die Verse
sind aus A, wie aucı וַיִּקְרָא V. 15 im Gegensatz gegen V. 11 ausweist.

**3. Der Bund Gottes mit Abram, die Einsetzung der Beschneidung
und die Verheissung des Isaac, Cap. 17; nach A.**

Dreizehn Jahre nach Ismael's Geburt erscheint Gott dem Abr.,
verheisst ihm grosse Nachkommenschaft, ändert dem entsprechend seinen Namen, sichert ihm und seinen Nachkommen Kenaan zu und
schliesst mit ihm einen Bund für alle Zeiten, wornach er sein und
seiner Nachkommen Gott sein will V. 1—8. Als Bundeszeichen ordnet
er die Beschneidung an 9—14. Dieser Bund soll aber nur die Nachkommen des Sohnes umfassen, den Sarai ihm gebären wird; sie soll
Stammmutter des Bundesvolks werden und erhält ebenfalls einen andern Namen 15—22. Nach dieser Erscheinung Gottes nimmt Abr.
sofort die Beschneidung in seinem Hause vor 23—27 (*Kn.*). So schreitet
die Cp. 15 angeknüpfte Entwicklung immer mehr ihrem eigentlichen
Ziele zu, aber dem Abr., der in Ismael den Erbsohn zu haben glaubte,
ist damit eine neue Glaubens-, Geduld- und Gehorsams-Probe aufge-
legt. — Umfassender erscheint die Bedeutung dieses Stücks, wenn man
es in seinem urspr. Zusammenhang, unabhängig von der durch R ihm
gegebenen Stellung, betrachtet. Dass näml. der hier V. 2 ff. als etwas
ganz neues eingeführte Bund von einem andern beschrieben sein muss
als der Bund Cp. 15, ist leicht deutlich, wie weiterhin wieder die Verheissung Isaac's 18, 9 ff. so lautet, als wäre 17, 15 ff. gar nicht vorausgegangen. Näher ist Cp. 17 ein unverändert erhaltenes Stück des
A, auf welches in dessen späteren Berichten vielfach zurückgewiesen
wird (21, 2. 4. 28, 4. 35, 12. Ex. 2, 24. 6, 3 f. Lev. 12, 3), und
welches sowohl in seinen sachlichen Eigenthümlichkeiten, wie „der
Verheissung von *Völkern* V. 4 f. 16, u. von Königen und Fürsten 6.
16. 20, den Zeitangaben 1. 17. 24 f.", der Ähnlichkeit des Bundes mit
dem 9, 9 ff. beschriebenen, als „in der grossen Breite der Schreibart
und in der Sprache zB. *Elohim, El Schaddai* V. 1, אֶהְיֶה u. מִצְרַיִם 8,
מִקְנֶה 12 f. 23. 27, הוֹלִיד u. נָשִׂיא 20, בֶּן־נֵכָר 12. 27, עֶצֶם 23. 26, פְּלֹנְיָ
10. 12. 23, פָּרָה וְרָבָה 20, בְּרִית u. נָתַן הֵקִים 2. 7. 19. 21, Zusammensetzungen mit עוֹלָם 7. 8. 13. 19, *du und dein Same nach dir* 7—
10. 19. לְדֹרֹתָם 7. 9. 12, וְנִפְרֵתָה וגֹ 14, auch פָּנַיִן 8, מְאֹד מְאֹד 2.
6. 20 u. a., s. zu V. 20. 23" (*Kn.*) die unverkennbaren Zeichen seines
Ursprungs an sich trägt, und nur in יְהֹוָה V. 1 die Hand des R aufweist. Dieser A hat aber bis jetzt aus dem Leben Abram's nur äussere
Thatsachen (12, 4 f. 13, 6. 11 f. 16, 3. 15 f.), nichts über sein Verhältniss zu Gott gemeldet; alles in dieser Beziehung zu sagende hat er
auf Cp. 17 zusammengedrängt, wo die erste Gotteserscheinung und die
Fülle seiner Verheissungen ihm entgegenkommt. Es ist das bei A ein
Ereigniss einziger Wichtigkeit. Mit Abr. ging damals Gott, im bestimmten Hinblick auf Isaac und Israel, das besondere Verhältniss förmlich und feierlich ein, auf welchem alles weitere, auch der ganze Mosebund, ruht, und seit dem Noahbund mit der Menscheit, an welchen
dieser Bund als ein weiteres Stadium in der Entwicklung des göttl.
Rathschlusses sich anreiht, hat er nichts an Bedeutung ähnliches zu
melden gehabt. Vom Bewusstsein der entscheidenden Wichtigkeit dieses

Vorgangs ist auch seine Darstellung getragen. Der Bund aber ist, wie auch sonst bei A, nicht blos eine feierl. Zusicherung seitens Gottes (wie Cp. 15), sondern die Herstellung eines gegenseitigen Verhältnisses, in dem beide Theile Pflichten übernehmen. Im Detail seiner Ausführungen hat er, wie gewöhnlich, von richtigen Erinnerungen an das höhere Alterthum sich leiten lassen. Zu diesen gehört nicht blos der Gottesname El Schaddai, sondern in gewissem Sinn auch die Zurückverlegung der Beschneidung in die Kreise der Erzväter (vgl. noch 21, 4 u. 34, 13 ff.). Freilich ist die Beschn. bei den Isr. noch nicht in Äg. (Ex. 4, 25 f.), sondern regelmässig erst in Ken. (Jos. 5, 2 f. 8 f.) durchgeführt worden, und insofern nimmt hier A spätere Zeiten voraus. Andererseits weist aber doch das Vorkommen derselben bei sämmtlichen mit der Terachitischen Wanderung zusammenhängenden Völkerkreisen und den Kenaanäern (nicht aber bei den Babyloniern u. Assyrern, auch nicht bei den Philistern) auf eine vormosaische (wenn auch nur sporadische) Verbreitung derselben hin, und insofern hat A einen guten geschichtl. Anhaltspunkt für seine Darstellung. Dass aber die Auffassung der Beschnu. als eines Bundeszeichens erst vom babyl. Exil an möglich geworden sei (*Lagarde* Symmicta I. 117; *Wl.* I. 365; *Stade* Ge. 111), könnte mit einigem Schein von Wahrheit nur dann behauptet werden, wenn erwiesen wäre, dass sie auch bei den übrigen Kenaanäern eben so streng und regelmässig, und als religiöser Brauch und am achttägigen Kind durchgeführt war, wie bei den Isr., aber das ist nicht zu erweisen. Sie war schon vor dem Islâm „bei den Arabern in Übung (Scharastani v. Haarbr. II. 354); bes. wird das von den Ismaeliten ausgesagt (Jos. ant. 1, 12, 2; Orig. ad Gen. 1, 14; Eus. pr. ev. 6, 11), von den Saracenen (Sozom. h. e. 6, 38), von den Sabäern (Philost. h. e. 3, 4), von allen diesen nebst den Samariern und Idumäern (Epiph. adv. haer. 1, 33). Das AT. deutet auch auf das Lotvolk (Moab und Ammon) sowie auf die Edomiter (Jer. 9, 25) hin" (*Kn.*), obwohl die späteren (nabatäischen) „Idumäer erst durch Hyrcan (Jos. ant. 13, 9, 1) und die Ituräer durch Aristobul zur Beschneidung (Jos. ant. 13, 11, 3; vit. 23) gebracht wurden" (*Kn.*). Ursprünglich scheint sie ihre Heimath in Afrika bei den Äthiopen und Ägyptern (Jer. 9, 25) gehabt zu haben, von denen sie wie die Kolchier, so auch die Phöniken und paläst. Syrer angenommen haben sollen (Her. 2, 104; vgl. Diod. Sic. 3, 31), und ein geschichtl. Zusammenhang der Beschbu. der asiat. Völker mit der ägyptischen, vielleicht durch die Hyksos vermittelt, darf mit Sicherheit behauptet werden. Dass jedoch in Äg. wie die Priester so *alle* Männer beschnitten waren, ist (trotz *Ebers* Äg. 278 ff., *Lagarde* u. a.) noch nicht erwiesen, und jedenfalls wurde die Beschbu. bei ihnen erst zwischen dem 6. bis 14. Lebensjahr vollzogen, wie wohl auch bei den andern *Völkern.* Sonst vgl. *Win.*[3] I. 156 ff.; *Ew.* A.[3] 120 ff.), *Ri.* HWB. 168 ff.; über ihre Bedeutung s. zu Lev. 12, 3. Wie allgemein und tief eingewurzelt die Sitte bei den Isr. schon frühe wurde, sieht man theils aus der nationalen Verachtung der Unbeschnittenen (Philister Jud. 14, 3. 15, 18. 1 Sam. 14, 6. 17, 26. 36. 2 Sam. 1, 20; Babyl.

Ḥab. 2, 16), tieils aus der bildl. Anwendung von עָרֵל Ex. 6, 12. 30. Jer. 6, 10. Lev. 26, 41, עָרְלָה Lev. 19, 23. Dt. 10, 16. Jer. 4, 4 u. מוּלָה Dt. 30, 6. — Übrigens benützt A den Ort iier dazu, das vollständige Gesetz über die Beschn., wie sie unter den Isr. gelten sollte, darzustellen; er kommt später nicit meir darauf zurück, sondern setzt es Lev. 12, 3 voraus.

V. 1. Die Zeitbestimmung war tieils durci 21, 5, tieils durci 17, 25 vgl. mit 16, 16 gegeben. וַיְהִי] für Eloiim rüirt von R ier (vgl. 21, 1ᵇ), welcier die Identität des יהוה der voriergeienden Stücke mit dem אֱלֹהִים der folg. Erzäilung andeuten wollte, vgl. zu 2, 4ᵇ (*Kn.*); dagegen wird die Ursprünglicikeit von וַיֵּרָא הי' durci וַיֵּרָא V. 22 (vgl. 35, 9 ff.) gesciützt, und die Altersangabe, obwoil V. 24 wiederkehrend, hat als Gegensatz zu 16, 16 iier iiren guten Sinn. A „iat auci Gotteserscieinungen 35, 9. 48, 3. Ex. 6, 3; sie sind aber bei iim -selten und immer einfaci. Die iier ist die erste bei iim" (*Kn.*). Gott kündigt sici an als אֵל שַׁדַּי und setzt damit diesen Namen zum Gottesnamen des Väter-Bundes ein; er keirt bei A wieder 28, 3. 35, 11. 48, 3. Ex. 6, 3, sonst Gen. 43, 14 (49, 25); vgl. zu Ex. 6, 3. Es steckt nicit etwa שַׁד darin (*Duhm* Tieol. d. Prof. 303) und ist nicit erkünstelte Ausspracie für שַׁד c. suff. 1 p. (*Nöld.* in MB. d. BAkad. 1880 S. 775). Er bedeutet aber auci nicit ἱκανός, αὐτάρκης (von דַּי u. שׁ, *Aq. Sym. Theod., Rabb.*), noci ist ־ Adjectivendung (*De. Ke.* a.), in welciem Fall ein Nom. שַׁד *Gewalt* vorauszusetzen wäre; eier ist das Wort ein Steigerungsadjektiv, gebildet aus שָׁדָה == שַׁד (*Ew.* 155ᶜ und *Ges.* th.; zu ־ vgl. שָׁרַי, שָׁרַי, שָׁרַי, u. a. Eigennamen) mit der Bedeutung *sehr Gewaltiger, Allgewaltiger* (παντοκράτωρ omnipotens LXX *Vulg.*), nicit aber *Verwüster* (*Duhm* 303; *Wl.* I. 359). Ableitung von ass. *šadu* „ioci sein" will *FdDel.* (Hebr. Lang. 48; ZKSF. II. 291 ff.), bestritten von *Halévy* (ZKSF. II. 405 ff.). Durci שָׁדַי ist אֵל in äinlicier Weise näher bestimmt wie 14, 18 (21, 33. 33, 20. 35, 7). Dass es ein *alter* Gottesname ist, bezeugt 49, 25; damit zusammengesetzte Personennamen finden sici Num. 1, 6. 2, 25. Hier, wo Gott so Grosses zu leisten verspricit (2, 5—8. 16), ist Selbstankündigung desselben als dessen, der über alles Gewalt hat (vgl. 18, 14), besonders treffend. — Naci der Selbstankündigung spricit er die Forderung aus, welcie in dem Bunde an Abr. gestellt wird (vgl. 9, 8). Sie besteit nicit aus einer Reihe von Gesetzen, wie im Mosebund, sondern den Anfängen gemäss und gegenüber von dem einzelnen Mann ist es eine einzige, aber grundlegende Forderung: *wandle vor mir* d. i. unter meinen Augen (im Gegensatz gegen den, der sici Gott entzieit) und im Bewusstsein meiner Gegenwart, im Aufseien auf mici (24, 40. 48, 15. Jes. 38, 3), immeriin noci versciieden von „wandeln mit Gott" (5, 22. 6, 9) *und sei* vollständig d. h. iier doci nicit blos aufricitig und ungetheilt mit Gott, sondern in sittl. Bezeiung untadelig, *unsträflich* (6, 9). Auf gottesfürcitigen recitschaffenen Wandel lautet die von iim zu übernehmende Bundespflicit; eine andere, besondere wird V. 10 ff. folgen. — V. 2. Unter dieser Bedingung *gewährt* (9, 12. Num. 25, 12) Gott seinen Bund (vgl. 9,

9 ff.), und verheisst nun seinerseits, zunächst ganz allgemein, den Mann gewaltig (7, 19) zu mehren vgl. 12, 2. — V. 3. Abr. fällt auf sein Antlitz, um ehrfurchtsvollen Dank für die göttl. Gnade auszudrücken (Ruth 2, 10. Lev. 9, 24), richtet sich aber nachher wieder auf, wie V. 17 zeigt (*Kn.*). — V. 4 ff. Darauf entwickelt ihm Gott in weiterer Rede genauer Wesen und Inhalt des Bundes, und zwar zunächst bis V. 8 das, was Gott leisten will, oder die Verheissung. אֲנִי] voraufgestellt zur Hervorhebung, gegenüber von וְאַתָּה V. 9. Kraft des Verhältnisses, das fortan zwischen ihm und Gott bestehen soll, wird Abr. *zum Vater einer Völkermenge* werden. „Von Abr. werden ausser den Isr. noch andere Völker abgeleitet Cp. 25. 36, und grosse Nachkommenschaft galt als göttl. Segen des Gottgefälligen (24, 60. 48, 16. 19. Ps. 128. Qoh. 6, 3). אַב] für אֲבִי wegen des Namens Abraham gewählt, kommt in Eigennamen auch sonst vor, wie אַבְשָׁלוֹם, אַבְנֵר, u. a." (*Kn.*). Zu גּוֹיִם vgl. 35, 11 auch bei A (aber עַמִּים 48, 4). Das seltnere Wort הֲמוֹן (eig. *Getümmel*), wofür 35, 11. 48, 4. 28, 3 קָהָל, ist gewählt mit Beziehung auf die Deutung des אַבְרָהָם V. 5. Es wird näml. sein Name in Abraham umgeändert, weil in dieser Aussprache das הם von הֲמוֹן durchklingt. Das ist aber blosses Lautspiel (nicht Etymologie) zur Anknüpfung jenes Gedankens an den Namen. Ein Wort רהם in der Bedeutung *Menge* ist nicht belegbar; an das im Qamus genannte *ruhâm* (*numerus copiosus*) hat Vrf. nicht denken können. Etymologisch betrachtet erscheint אַבְרָהָם nur wie eine andere, vielleicht ältere, vielleicht mehr aram. Aussprache von אַבְרָם, sofern mit רום wie ראם so auch רהם wechseln konnte, sei es, dass es *hoher Vater* oder (vgl. אֲבִירָם 1 Reg. 16, 34) *Vater des Raham* oder *Ram* d. i. der Höhe oder des Hohen bedeutete. Einen assyr. Mannsnamen Abu-ra-mu s. bei *GSmith* Ass. Epon. Can. p. 39 u. *Schr.* KAT.² 200. Abraham also soll fortan als der höhere oder Bundes-Name gelten (wie Israel 35, 10 statt Jacob). Übrigens trifft diese Umnamung hier um so passender zu, als damals zugleich die Beschneidung eingeführt wurde und „mit der Besehn. die Hebräer die Namengebung verbanden (21, 3 f. Luc. 1, 59. 2, 21), ebenso die Perser nach *Tavernier* R. I. 270; *Chardin* Voy. X. 76" (*Kn.*). אֶת־שְׁמֶךָ] 4, 18. וְהָיָה] 42, 10. Nur bei A lautet die Verheissung immer auf eine Mehrzahl von Völkern (V. 16. 20. 35, 11. 48, 4. 28, 3, dagegen bei den andern auf die Einzahl 12, 2. 18, 18. 46, 3), ebenso ist ihm die Hervorhebung von Königen und Fürsten unter den Nachkommen eigenthümlich (V. 20. 25, 16. 35, 11. 36, 31), *Kn.* — V. 7. „Diese verheissenen Nachkommen, welche indess V. 19. 21 näher bestimmt werden, soll der Bund mit umfassen, und soll *ein Bund der Ewigkeit* sein, für alle Zukunft bestehen. לְדֹרֹתָם] nach den einzelnen auf einander folgenden Generationen derselben, s. zu Ex. 12, 14. Formeln dieser Art liebt A (8, 19. 10, 5. 20. 31. 32. 13, 3). *zu sein dir Gott*] d. h. der Bund besteht darin, dass ich El Schaddai dir und deinen Nachkommen Gott und somit Gegenstand religiöser Verehrung (28, 21), so wie Herr, Leiter, Beschützer und Beglücker bin (Ex. 29, 45. Lev. 11, 45. 22, 33. 25, 38. 26, 45 u. ö.); Abraham's Nachkommen sollen Gott zum Volk sein

d. ו. iim als Vereirer, Knecite und Sciützlinge angeiören (Ex. 6, 7.
Lev. 26, 12. Dt. 26, 17 ff. 29, 12 u. ö.); es soll zwiscien iinen ein
Verhältniss näierer Angeiörigkeit besteien" (*Kn.*) — V. 8. Dazu kommt
noci die Verieissung des Besitzes des Landes Ken. (15, 18 ff. 13, 15.
12, 7), bei A iier zum erstenmal. *das Land deines Wanderlebens*]
„worin du als גֵּר *Fremder* dici aufiältst, vgl. 28, 4. 36, 7. 37, 1.
47, 9. Ex. 6, 4" (*Kn.*) — V. 9—14. Die Bescineidung als das Bundeszeichen. V. 9. „Aber auci Abr. hat ausser der allgemeinen Ver-
pflicitung V. 1 eine besondere rituelle Bundesleistung zu erfüllen; sie
wird durci ein besonderes וַיֹּאמֶר eingefüirt" (*Kn.*). אַתָּה] gegen אֲנִי
V. 4. — V. 10. *beschnitten werden euch alles Männliche!* (*Ew.* 328°)
d. ו. beschn. werde euci jede männl. Person! Darin soll der Bund,
näml. naci seiner äusseren Seite, besteien; die Beschn. soll das äussere
Zeicien des Bundes sein V. 11 (vgl. 31, 44 *Kn.*). *Olsh.* vermuthet
וְאֵת כָּל אִישׁ בְּרִיתִי als urspr. Lesart. תִּשְׁמֹר [תִּשְׁמְרוּ LXX. — V. 11. Und
zwar, näier bestimmt, *sollt ihr beschnitten werden in Ansehung des
Fleisches* (vgl. zum Acc. 3, 15) *eurer Vorhaut.* וּנְמַלְתֶּם] Niph. perf.
beim ו consec. für וְנִמְלַתֶּם (*Ew.* 234°; *Ges.* 67 A. 11; *König* I. 344)
von מוּל == מָלַל. — V. 12 f. Zwei neue Bestimmungen. „Acit Tage
alt soll jedes männl. Kind bescinitten werden. Dies war bei den Isr.
die gesetzlici gebotene (Lev. 12, 3) und gewisseniaft eingeialtene Zeit
(21, 4. Luc. 1, 59. 2, 21. Piil. 3, 5; Jos. ant. 1, 12, 2); anders bei
den Arabern, s. V. 25" (*Kn.*). Sodann soll die Beschn. auci auf alle
Sklaven ausgedeint werden, mögen diese *Hausgeborne* (14, 14) oder
um Geld Gekauftes (Ex. 12, 44) sein. מִקְנַת־כֶּסֶף] im Pent. noci V. 27.
Ex. 12, 43. Lev. 22, 25. נֵכָר] wie 7, 2. Übrigens dürfte V. 12ᵇ
ricitiger mit 13 verbunden werden (*Del.*). — V. 14. Endlici wird
noci Ausrottung auf die Unterlassung der Beschn. gesetzt, näml. für
die im Bund steienden Nacikommen Abraiam's, die Isr., nicit die
andern (wie Ismael.), weil solcie Unterlassung Bundesbruci, auci Geringschätzung Gottes (Num. 15, 31) war. Die Formel *selbige Seele
wird ausgerottet werden aus ihren Volksgenossen* kommt im Gesetz
seir oft vor (Ex. 12, 15. 19. Lev. 7, 20 ff. 23, 29. Num. 9, 13. 15,
30 u. ö.). Sie ist nicit ein Befeil zur Veriängung der Todesstrafe
durci die Obrigkeit (*Kn.*), denn das iiefür gebräucilicie יוּמַת מוֹת wird,
wo Todesstrafe bezielt ist, noci daneben gesetzt (Ex. 31, 14 f.), und die
Formel erscieint in vielen Fällen, wo von einer Bestrafung durci die Gemeinde gar keine Rede sein kann, sondern sie befieilt Ausstossung aus
der Gemeinsciaft des Gescilecits (*Cler. JDMich. Ilg., Stade* Ge. 421 f.) u.
droit göttlicies Einscireiten zur Wegraffung des Übelthäters an, wie aus
den Varianten Lev. 17, 9 f. 20, 3. 6 deutlici ist (*Raś. Abene. Qimh.
Ros., Saalschütz* M.R. 476; *Diestel* die relg. Delikte in JBPTheol. V.
297 ff.). Übrigens sind die עַמִּים eines Mannes, gleicisam die verschiedenen Tieile seines עַם, in dieser und einer andern alten Redensart
(s. 25, 8) seine Stammesgenossen und Verwandten (vgl. Lev. 19, 16
u. 18); die Redeweise stammt aus einer Zeit, wo die Eintheilung des
Volks in Stämme, Gescileciter, Familien noci recit lebendig war (*Ew.*
A.³ 419). Gegen die Beiauptung, dass in diesen Pirasen der Plur.

eine junge Correctur für den Sing. sei (*Diest.* 298 f.) s. zu Ex. 30, 33;
ebenso wenig ist Grund, V. 14 für einen fremden Zusatz (*Diest.* 305 f.)
zu ıalten.   Dagegen wäre denkbar, dass ביום הששמי:, was LXX *Sam.*
nacı ערלתו nocı ıaben, erst von den späteren Soferim getilgt wurde. הֵפֵּר]
in Pausa für הֵפֵר *Ew.* 141ᵇ. — V. 15—21. Umnamung der Sarai, Verheissung des Isaac, Eröffnungen über Ismael und Isaac. V. 15 f. שָׂרַי אִשְׁתְּךָ]
nacıdrücklicı voraufgestellt, durcı ‎־ם von שְׁמָהּ wieder aufgenommen.
Sarai soll mit dem Bundesnamen שָׂרָה d. i. (Jud. 5, 29) *Fürstin* (von
‎שַׂר, *Σάῤῥα* LXX) ıeissen; ob שָׂרַי (LXX *Σάρα*) nur eine veraltete Form
desselben Worts (mit ـِ fem. = ‎־ָה) sei, oder ob die Hebräer die
W. שָׂרָה (32, 29) darin durchhörten, es also als *streitbar, kampflustig*
auffassten (vgl. שָׂרַי, שָׂרָי u. a.), ist nicıt meır zu sagen; die Nichtbe-
zeicınung des fem. fiele in letzterem Fall auf.   Blosse Adj.-Endung
(*Del.* *Ke.*) wird ‎־ָי ıier so wenig sein, wie in שָׂרָי.   Die Deutung
שָׂרָי *fröhlich*, שָׂרָה *erfreuende* (*Pfeiffer* in Th. St. u. Kr. 1871 S. 145 ff.)
nacı arab. *sarra* verstösst gegen Laut- und Bildungsgesetze.   וּבֵרַכְתִּיהָ]
וּבֵרַכְתִּיו LXX *Sam.* BJub. Pesch., Trg.jer.* ist Correctur (*Geig.* Urschr.
458), in LXX *Pesch.* durcı den Rest des V. fortgesetzt. — V. 17.
Abr. fällt nieder aus demselben Grund wie V. 3.   *Er lachte,* nicıt
aus Freude, sondern vor Verwunderung, wie seine folg. Worte zeigen;
der Name Isaac soll motivirt werden wie 18, 12 (C) und 21, 6 (B).
הֲלְבֶן] *Ges.* 100, 4.   הֲ‎־ [וְאִם] *Ew.* 324ᶜ.   Da A dem Abr. ein Leben
von 175 Jaıren gibt (25, 5), so ist Zeugung im 99. Jaır an sicı
nicıts so seır auffallendes, und möglicı wäre immerıin, dass die
Worte von וַיִּצְחָק an ein Einscıub wären (*Ew.* G.³ I. 468).   Vergleicıt
man indessen bei iım die Proportionen des Zeugungs- und Lebensalters in Cp. 5. 11, so lässt sicı die Äusserung docı einigermassen
recıtfertigen.   Die Altersangabe für Sara würde man oınedem ungern
entbeıren, aucı ist Sara mit 90 Jaıren (vgl. 23, 1) wirklicı alt zum
Gebären, und מאת (statt מיאָה) findet sicı bei iım aucı 23, 1 (wenigstens im mass. T.). — V. 18.   Dem Abr. steigt aber nun sofort die
Besorgniss auf um Ism., den er nicıt verlieren möcıte; er spricıt Gott
dieses Anliegen aus. לְפָנֶיךָ] unter deiner Obıut und Fürsorge, wie
Num. 18, 19. Jes. 53, 2. Hos. 6, 2 (*Kn.*). — V. 19. Darauf erklärt
sicı Gott nocı bestimmter und beıarrt zunäcıst auf dem bezüglicı
des Soınes der Sara gesagten: אֲבָל *sicherlich, gleichwohl* (*Ew.* 354ª).
In der von Isaac abstammenden Linie werde sein Bund mit Abr. sicı
fortsetzen.   Isaac] 21, 3. עֹלָם + *εἶναι αὐτῷ ϑεὸς καί* LXX. — V. 20.
Aber aucı *bezüglich* (19, 21. 42, 9) Ismael's, erklärt Gott, iın geıört zu ıaben, und verıeisst iın zu einem grossem Volk mit 12 Stammfürsten (25, 12 ff.) zu macıen.   Zu נָתַן לְ‎ vgl. 48, 4 bei A. —
V. 21.   Aber der Bundesträger ist und bleibt der von Sara *auf diese
Zeit* (3, 8) im andern Jaır zu erwartende, vgl. 21, 2. — V. 22.
וַיַּעַל] Subj. ist Gott, vgl. 18, 33.   Gott fäırt zum Himmel wieder auf,
von dem er gekommen war, wie 35, 13. — V. 23—27. Die Ausfüırung der göttl. Anordnungen durcı Abr. V. 23. Pünktlich gehorsam bescıneidet er am *selben* Tag (7, 13) alle Mannsleute seines

Hauses. *alles Männliche an* (7, 21) *den Leuten seines Hauses* d. i.
Sklaven 15, 3 (*Kn.*). — V. 24. בְּהִמֹּלֹ] undeutlici, ob refl. oder pass.
— V. 25. „Ism. wurde in einem Alter von 13 Jaren bescinitten.
Die muramm. Völker bescineiden noci jetzt iire Kinder viel später
als die Juden (*Arvieux* merkw. Nachr. III. 146); als die gewöhnl.
Beschneidungszeit bei innen bemerkt das 6. bis 7., beim Landvolk das
12. bis 14. Lebensjair *Lane* Sitt. I. 48, das 6. bis 10te *Russell* Na-
turgesch. von Aleppo I. 282, das 7te *M. d'Ohsson* ottom. Reici I.
385, das 8. bis 10te, *Rauwolff* Reisebeschr. I. 85, das 12. bis 14te
Tournefort R. II. 431, das 13. bis 15te *Lüdecke* türk. Reici I. 241,
bei den Persern das 5. oder 6te *Chardin* Voya. X. 75, vgl. *v. Schubert*
II. 48. Bei den Arabern wird von Jos. ant. 1, 12, 2 und Orig. ad
Gen. 1, 14 das 13te, von *Burckh.* Bed. 70 das 6. oder 7. Lebensjair
als diese Zeit angegeben; naci *Döbel* Wanderungen II. 173 bescineiden
die Araber in Ägypten die Knaben meist erst im 13. Jair. Der Koran
scireibt darüber nicits vor; man übt die Beschn. als alten ieil. Brauci
und bindet sici nicit an eine bestimmte Zeit" (*Kn.*). — V. 26. יִמֹּל]
ist das von מלל aus gebildete Niph. zu מול (*Ew.* 140^{a}) vgl. V. 10 f.
— V. 27. מֶאֵת] zu מִקְנַה bezogen, vgl. Lev. 27, 24.

**4. Der Besuch der Himmlischen bei Abraham und in Sodom, und die
Zerstörung Sodom's und Gomorrha's, Cap. 18, 1—19, 28; aus C.**

Begleitet von 2 Engeln keirt Jaive um Mittag im Mamrehain bei
Abr. ein, nimmt dessen gastfreundlicie Bewirthung an und verieisst
ihm einen Soin von Sara, welcie jedoci ob der Verieissung lacit
(18, 1—15). Auf dem Wege naci Sodom und Gomorria, wo er über
die rucilosen Bewoiner eine Untersuciung ialten will, eröffnet er dem
mitgeienden Abr. dieses Vorraben, lässt sici eine Fürbitte desselben
gefallen und ertheilt zuletzt die Zusage, er wolle nicit verderben, wenn
auci nur 10 Recitscaffene unter den Frevlern sici fänden. Naci
dieser Veriandlung scieiden Jaive und Abr. von einander (18, 16—33).
Die beiden vorausgegangenen Engel kommen Abends naci Sodom, und
werden von Lot gastfreundlici aufgenommen, von den Sodomiten aber
mit scimäilicier Mishandlung bedroit (19, 1—11). So über die
furcitbare Sittenlosigkeit der Sodomiten durci eigene Erfairung gewiss
geworden, scicken sie sici zu sofortiger Vollstreckung des Strafge-
ricits an, bringen aber vorier Lot nebst dessen Weib und 2 Töcitern
iinaus und weisen iim auf seine Bitte Soar als Zuflucitsort an. Darauf lässt Jaive, wie die Sonne aufgegangen ist, Sciwefel und Feuer
auf die sündigen Städte ierabregnen und zerstört sie gänzlici (19,
12—26). Abr. aber, als er Morgens von den Höien aus naci Sodom
hinunterblickt, sieit dicken Qualm dort aufsteigen (19, 27 f.). — Es
ist das eine in sici abgerundete Erzälung von vollendeter episcier
Kunst. Von Abr. geit sie aus und zu iim keirt sie zurück; auci die
Katastropie im Kikkar steit in Bezieiung zu iim. Er in strailender
sittl. Sciönieit, ein Vertrauter Gottes, dagegen in den Städten des
Kikkar das äusserste sittl. Verderben; Gott bei iim zu Besuci, wie

Freund bei Freund, Verheissungen spendend, Rathschlüsse enthüllend,
dagegen wider die Städte mit Feuer vom Himmel zum Gericht ein-
schreitend: durch diese Contraste tritt die Würde und Bedeutung des
Gottesmanns um so heller hervor, und die Blicke, die hier eröffnet
werden, in die Gerechtigkeit und Barmherzigkeit des göttl. Waltens
unter seinen Freunden und Feinden, sind für Abr. und seine Nachkommen eröffnet (18, 19). Der Vrf. ist ohne Frage derselbe, dem
man zB. 2, 4—3, 24. 11, 1—9 verdankt, mit derselben Schönheit
und Durchsichtigkeit der Darstellung, derselben Lebendigkeit der Zeichnung, derselben Gedankentiefe und Fülle, derselben naiven, dem Volksmund gerechten Vermenschlichung Gottes, und die Rückbeziehung 18,
18 auf 12, 2 f., sowie die Ausdruckweise im ganzen und vielem einzelnen lässt ihn wiedererkennen zB. „Jahve und. Adonai 18, 27. 30 ff.
19, 18, die Wörter הִפֵּד 19, 17. 26, שָׁעָ 18, 16. 19, 28, בְּצָקָה 18,
21. 19, 13, חָלִלָה 18, 25, הֲפֵעַ 18, 32, חֲזָקיָ; 18, 27. 31. 19, 2. 8.
19. 20, בַּעֲבוּר 18, 26. 29. 31 f., פֶּן 19, 3. 9, טֶרֶם 19, 4. לְבִלְתִּי 19,
21, אוּלַי 18, 24. 28 ff., לִקְרַאת 18, 2. 19, 1, זֶה 18, 13, כִּי עַל־כֵּן
18, 5. 19, 8, אַף 18, 13. 23 f., רַק 19, 8, נָא 18, 3 f. 21. 30. 32.
19, 2. 7. 18. 20 u. ö., die Formen in וּן 18, 28—32 und אֶל für
אֵלָה 19, 8. 25, die Ausdrucksweisen *dein Knecht* für *ich* 18, 3. 5.
19, 2. 19, *alle Völker der Erde* 18, 18, *sich früh aufmachen am
Morgen* 19, 2. 27, *sich niederwerfen zur Erde* 18, 2. 19, 1, *Gnade
finden* 18, 3, *Huld thun* 19, 19, הָרַע ohne אַף 18, 30. 32, die Dis-
junctivfrage 18, 21, בְיָמִים בָּא אִשׁ 18, 11. Auch ist das Verhältniss der
Erzählung zu dem Bericht 19, 29 bei A und die Verschiedenheit zwischen 18, 12 und 17, 17 zu bemerken" (*Kn.*). Als jüngere Einsätze
will *Wl.* XXI. 415 ff. (*Kuen.* O.² I. 141) 18, 17—19. 22ᵇ—33ᵃ aus-
scheiden und letzteren Passus aus der Zeit des Jer. und Ez. ableiten.
Aber sprachliche Gründe dazu liegen nicht vor (beachte im Gegentheil
וַיִּגַּשׁ 18, nicht Hithp.), und die sachlichen reichen nicht aus. Denn
dass 18, 23 ff. Abr. anders mit Gott redet, als V. 2 ff., ist nach dem
zu V. 3. 13 Bemerkten nur natürlich; dass auch in den *zweien* Cp.
19 Gott wieder gegenwärtig ist, ist völlig in Übereinstimmung mit
16, 11 ff.; über die Gerechtigkeit und Barmherzigkeit Gottes hat man
schon vor Jer. nachgedacht (zB. Gen. 20, 4); über die Möglichkeit der
Fürbitte für Schuldige s. zB. 20, 7. 17. Ex. 32, 11 ff. Dagegen ist
die Eröffnung Gottes an Abr. 18, 20 f. ohne V. 17—19 und 23 ff.
völlig zwecklos und steht in der Luft. — R seinerseits hat vielleicht
אֵלָיו V. 1 (für urspr. אֶל־אַבְרָהָם), sonst aber nichts geändert, und das
Stück an dem einzig passenden Orte eingefügt. Die Verheissung
des Sarasohnes erscheint nun als eine (gegenüber den Zweifeln 17,
17) wiederholte und durch Wiederholung bekräftigte. Im übrigen
setzt sich hier die Prüfungs- und Erziehungsgeschichte des Mannes fort:
wie er Gelegenheit bekommt, seine Gastfreundschaft und seine allgemeine Menschenliebe zu bethätigen und sich dadurch des göttl. Segens
aufs neue würdig zu machen, so kann auch das vor seinen Augen
sich vollziehende Strafgericht an den Städten auf ihn und durch ihn
auf seine Nachkommen nur die heilsamsten Eindrücke hervorbringen.

V. 1—15. Einkeir der Himmlischen bei Abr. und Verieissung
Isaac's. „Man vergleicit aus der class. Mytiologie die Wanderungen
der Götter unter den Menscien, um deren Übermuth und Frömmigkeit kennen zu lernen (Hom. Od. 17, 486 f.) und die gastfreundlicie
Aufnaime, welcie Jupiter und Merkur einst bei dem bejairten, aber
kinderlosen Eiepaare Piilemon und Baucis (Ovid. met. 8, 626 ff.), sowie ein andermal nebst Neptun bei dem gleicifalls bejairten Hyrieus,
der zur Beloinung einen Soin eriielt, fanden (Palaephat. incred. 5;
Ovid. fast. 5, 494 ff.)" *Kn.* — V. 1. Jaive erscieint dem Abr. im
Mamrehain (13, 18. 14, 13), *während* dieser *an* (V. 10; Ew. 204ª)
der Thür des Zeltes d. i. aussen vor demselben sitzt, *um die Hitze
des Tages* d. i. die Mittagszeit (1 Sam. 11, 11. 2 Sam. 4, 5). —
V. 2. Aufsciauend sieit er 3 Männer *über* iim, dem sitzenden, also
vor iim dasteien (1 Sam. 22, 6), immer noci in einiger Entfernung.
Dieses iir Steienbleiben war aber ein Warten, ob sie eingeladen würden (*Del.* naci *Daumas* Pferde der Saiara S. 195). Er eilt iinen
sofort entgegen, und macit durci Niederwerfung die üblicie Höflici-
keitsbezeugung. „Es sind Jaive (18, 13 ff.) und 2 Engel (19, 1) in
menschl. Gestalt. יריי] mit לִקְרַאת wie noci 24, 17. 29, 13. 33, 4"
(*Kn.*) — V. 3. Gastfreundlici ladet er sie ein, bei ihm einzukeiren.
Er redet einen an, naciier V. 4 die drei zusammen; das erklärt sici
leicit, wenn einer davon als Hauptperson auci äusserlici kenntlici war,
und ist desialb die Lesart des *Sam.*, welcher V. 3 durciaus die 2 p.
Pl. darbietet, nicit vorzuzieien. Dagegen ist das mass. אֲדֹנָי (scion im
Trg.) falsci und אֲדֹנִי zu sprecien (gegen *Tuch Kn. Del. Ke.*). Denn
wenn er gleici zu Anfang in den Fremden eine Gotteserscieinung erkannt iätte, so wäre seine Leistung keine grosse (welcier Mensci wird
dem erscienenen Gott die Eire verweigern!), und selbst das Anbieten
von Speise und Trank sinnlos; von einer Prüfung oder Untersuciung
könnte dann auci keine Rede sein. In Wairieit beginnt die Enthüllung erst im Laufe des Gespräcis (13), und der Fall liegt geradeso
wie Cp. 19, wo auci erst naci gescieiener Prüfung die Engel als
solcie sici zu erkennen geben (V. 12 f.). אִם־נָא] nicit: *o dass docht*
(*Kn.*), sondern נָא gibt der Bedingung nur eine leicite Färbung; *Ges.*
ti. ricitig: si — quod opto magis quam sumere andeo — gratiam
inveni; ebenso 24, 42. 33, 10. 47, 29. 50, 4. Ex. 33, 13. 34, 9;
selbst Gen. 30, 27, obwoil dort der Nacisatz ausgelassen ist. — V. 4.
Er wünscit sie zu bewirthen. יֻקַּח] es mag *geholt* werden; die, die
das Wasser iolen, braucit er nicit zu nennen. „Man gieng in blossen
Sandalen; das Wascien der Füsse war bei eingekeirten Wanderern
nöthig und fand bes. vor der Mailzeit statt (19, 2. 24, 32. 43, 24.
Jud. 19, 21. 2 Sam. 11, 8). *lehnet euch unter dem Baum*] lasst euch
in der Art, dass iir euci auf den Arm· stützet, unter iim nieder.
Man lag bei der Mailzeit (Am. 6, 4), das Sitzen kommt aber öfter
(zB. 27, 19. Jud. 19, 6) vor, s. *Win.*³ II. 48" (*Kn.*). הָעֵץ] der Sing.
ist ganz in der Ordnung, da 3 Leute sici nicit unter meireren Bäumen zum Essen lagern werden; also ist auci nicit daraus zu folgern,
dass 'כ אֵלָיו V. 1. 13, 18. 14, 13 jüngere Correctur für 'כ אֵלֹין sein

werde (*Wl.* in *Bleek* Einl.[4] 643; *Baudissin* Stud. II. 224), um so
weniger da es dann nicht בְּאָל, sondern אֵצֶל אֵ (Dt. 11, 30) oder
עִם־אֵ (Jud. 9, 6) heissen würde. Dass LXX (*Pesch.*) überall δρῦς im
Sing. geben, geschah mit Rücksicht auf den grossen zu ihrer Zeit dort
noch übrigen Baum (Jos. b. j. 4, 9, 7). — V. 5. *Bissen Brod*] be-
scheidener Ausdruck für das reichliche Mahl, das er vorsetzen will.
stützet euer Herz] erquickt euch mit Speisen, Ps. 104, 15. Jud. 19,
5. 8; die Speisen selbst sind Stützen der Lebenskraft Jes. 3, 1. Lev.
26, 26 („corporis fulturae, quibus animus sustinetur" Plin. ep. 1, 9)
Kn. כִּי עַל־כֵּן] *denn deshalb* == weil nun einmal, *Ges.* th. 682; *Ew.*
353[a] (vgl. 19, 8. 33, 10. 38, 26. Num. 10, 31. 14, 43). — V. 6—8.
„Das angenommene Mahl wird, da man hohe Gäste nicht lange warten
lassen darf, sehr schnell bereitet; es besteht in Brodkuchen, Fleisch,
Rahm und Milch, und ist ein ächtes Beduinenmahl (*Lane* Sitt. II. 116),
aber gut und zu Ehren der Gäste (s. 43, 34) äusserst reichlich. *be-
schleunige 3 Sea Mehl, Feinmehl*] bringe sie schnell herbei, Jes. 5,
19. 1 Reg. 22, 9. סֹלֶת] Lev. 2, 1. *Kuchen*] kleine runde Aschenkuchen,
die auf heissen Steinen gebacken wurden; s. *Win.*[3] I. 95. *und er
beschleunigte zu machen es*] eilend machte, bereitete der Knecht das
junge Rind. *und er gab vor sie*] trug die Speisen auf und setzte sie
ihnen vor, vgl. 24, 33. Ex. 25, 30." *indem er selbst vor* (V. 2)
ihnen stehen blieb, „sie bediente (Jer. 52, 12. 1 Reg. 10, 8). So
ist es noch jetzt im Morgenland. Die Scheiche der Araber setzen sich
nicht, wenn sie angesehene Gäste haben, um mit ihnen zu essen, sondern bleiben stehen, um den Gästen aufzuwarten, *Shaw* R. 208;
Buckingham Mesopot. 23; *Seetz.* I. 400. Von den Königen der Nabatäer berichtet etwas ähnliches *Strabo* 16, 4, 26. *und sie assen*] was
sonst die Himmlischen verweigern (Jud. 13, 16). Nach Jos. ant. 1,
11, 2, *TgJon.*, *Raš. Qimḥ.* indess sollen sie blos zu essen geschie-
nen haben" (*Kn.*). — V. 9 f. In dem angeknüpften Gespräch wird
die Rede auf Sara gelenkt, weil Gott ihr einen Sohn ankündigen will.
וַיֹּאמְרוּ] LXX haben unrichtig schon hier εἶπε δέ. אֵלָיו] die Über-
punktirung von אַיּוֹ (vgl. 16, 5) weist wohl auf eine Lesart לֹ (*Hype-
den*). כָּעֵת חַיָּה] um *die* Zeit als eine wiederauflebende d. h. *wann
diese Zeit wiederauflebt* (*Ges.* th. 470; *Ew.* 337[c]) d. h. *über's Jahr*
(1 Sam. 1, 20). In V. 14 wird noch לַמּוֹעֵד, 2 Reg. 4, 16 f. לַמּוֹעֵד חַזֶּה
dazugesetzt: über's Jahr auf diese Zeit. Zur Erläuterung vgl. auch 17,
21. וְהוּא אַחֲרָיו] *und sie*, die Thür, war *hinter ihm*, dem redenden
Jahve, so dass die an der Thür stehende Sara ihn nicht sah. So die
Mass., wogegen die LXX הוּא (== הִיא) auf Sara beziehen. — V. 11
ein Umstandssatz zur Erklärung der Handlung in V. 12, daher חָדַל
Plsqpf. Sie waren *hineingegangen in den Tagen*, tief darin, vorge-
rückten Alters (auch 24, 1. Jos. 13, 1. 23, 1 f., vgl. Luc. 1, 7), und
aufgehört hatte zu sein der S. Weg (Art, Gewohnheit) *gleich den
Weibern*, wie ihn die Weiber haben (31, 35), τὰ γυναικεῖα, die
monatl. Reinigung und damit die Fähigkeit, Kinder zu empfangen und
zu gebären. Der Natur nach hatten sie keine Kinder mehr zu erwarten (17, 17. 21, 6 f.). — V. 12. So lacht sie denn, jedoch nur

ïn sicı ıinein, nicıt laut. Eine etwas andere Erklärung des Namens Isaac, als 17, 17. בלתי 'א] nacıdem icı *abgewelkt*, verfallen bin (Ps. 32, 3; Ij. 13, 28) vgl. 13. הָיְתָה] Frage der Verwunderung oıne הֲ (*Ew.* 324ᵇ): *ist mir geworden* = sollte mir geworden sein (näml. künftig) Gescılecıtslust? (der um אחרי verstümmelte LXX Text בִּלְתִּ— עֶרְנָה kommt nicıt in Betracıt). *mein Herr*] mein Eıemann (Ps. 45, 12), vgl. 3, 16. — V. 13 f. Gott tadelt das Lacıen, weil es Zweifel an seiner Macıt verrieth. Da durcı die Verıeissung V. 10 und nocı meır durcı sein Wissen um das Lacıen der Sara Gott den Scıleier gelüftet und sicı seinem waıren Wesen nacı zu versteıen gegeben, bezeicınet Vrf. ıier zuerst den Redenden als Jaıve (denn V. 1 war nur der zusammenfassende Ausdruck für alles Folgende). *ist ausgezeichnet vor Jahve eine Sache*] zu gross, zu wunderbar für iın? (Dt. 17, 8. 30, 11). Vgl. אֶל יֵשֵׁד 17, 1. — Der ıier angekündigte Besucı Gottes bei Abr. scıeint erst *nach* der Geburt Isaacs fallen zu sollen (wenn anders וּלְשׂרה בֵן zu übersetzen ist: *da hat Sara einen Sohn*); dann aber kann in 21, 1ᵃ nicıt der ıier zugesagte gemeint sein, sondern er ist in der jetzigen Gen. ausgelassen. — V. 15. „Sara läugnet aus Furcıt vor Strafe iır Lacıen, das nur ein inneres (V. 12) gewesen war; Gott aberˉ fertigt sie mit einem kurzen לֹא *nein* (19, 2. 42, 12) ab" (*Kn.*). — — V. 16—33, Verıandlung zwiscıen Gott u. Abr. über das Sodom und Gomorrıa bevorsteıende Strafgericıt. Gott ist nicıt blos zum Besucı bei Abr. erscıienen, sondern aucı um das gräuelhafte Sittenverderben in den Städten zu untersucıen (V. 21). Und da ist es das scıönste Zeicıen göttlicıer Freundscıaft für Abr., dass er iım einen Wink gibt über das so vielen Menscıeń bevorsteıende Gericıt. Dieser erıält Gelegenıeit, edlen Sinn sittlicıer Milde und Freundlicıkeit, für den es keinen Unterscıied zwiscıen Eigenen und Fremden gibt, zu bewäıren und zugleicı wird das Wesen Gottes, der immer lieber verzeiıt als verderbt, aber als der strafende immer nur gerecıt straft, in ein ıelles Licıt gesetzt. V. 16. Die Männer aufgebrocıen und von Abr. geleitet (auf einer der Höıen des Gebirgs Juda, welcıe die nöthige Fernsicıt gewährt s. 19, 27 f.), *schauten* ıinab (19, 28) *auf die Fläche von Sodom*, woıin sie geıen wollten. „Zu שְׁקַף s. 12, 20 und zu עַל־פְּנֵי 14, 3. 19, 28. Num. 21, 20" (*Kn.*). — V. 17—19 mit Unterbrecıung der Erzählungsfolge, um das V. 20 ff. Gesagte zu motiviren. Gott sagt, nicıt zu Abr. (sondern אֶל־לִבֹּ 8, 21), denkt, ob er woıl sein Vorıaben vor Abr. geıeim ıalten soll, *da doch* Abr. sicıerlicı zu einem grossen Volk werden (12, 2) und mit iım sicı alle Völker segnen (12, 3) werden, also er bedeutend und würdig genug sei, um iı die Pläne Gottes eingeweiıt zu werden. Denn *erkannt habe ich ihn* d. h. ein näıeres Verıältniss mit iım angeknüpft (Am. 3, 2. Hos. 13, 5) *zu dem Zweck, dass* er seinen Nacıkommen gebiete und sie den Weg Jaıve's ıalten, so dass sie Gerecıtigkeit und Recıt üben, damit dann aucı Gott seinerseits dem Abr. alle seine Zusagen an iın erfülle. Als Zweck des ganzen mit Abr. angeknüpften Verıältnisses ist ıier von C deutlicı die Gründung eines Hauses (später Volkes, Reicıes) bezeicınet, in welchem das rechte gottesfürchtige u. sittl. Leben, die rechte Religion eine Stätte habe (s. 4, 20, und bei A 17, 1); Abr. hat die Aufgabe, solchen Sinn und Wandel seinem Hause einzugründen; das ist die Bedingung, an die die Erfüllung der Verheissung gebunden ist (vgl. 17, 1 ff. bei A). Und für einen Mann mit dieser Aufgabe ist es allerdings von Wichtigkeit, von dem gerechten Walten Gottes in der Welt klare Kenntniss zu bekommen. Die Zerstörung Sodom's und Gomorra's soll als ein Denkmal der ernsten Strafgerechtigkeit Gottes· für das Haus Abraham's dastehen, auf seine Gottesfurcht heilsam einwirken (Am. 4, 11. Hos. 11, 8. Jes. 1, 9 f. 3, 9. Dt. 29, 23. Jer. 23, 14 u. s. w.). Demnach ist לְמַעַן correct, und von *Lagarde* (Onom. II. 95 und *Olsh.*) mit Unrecht beanstandet; die LXX (*Vulg. Pesch.*) haben יְדַעְתִּיו לְמַעַן einfach nicht verstanden (wie auch *Trg.* nicht), nicht aber לְמַעַן nicht im Text gehabt. Über den Zusatz עָבְדוֹ der LXX *Pesch.* hinter מֵאַבְרָהָם V. 17 s. *Ew.* G.[3] I. 480, u. vgl. 26, 24. — V. 20. So macht denn Gott seine Eröffnung. Wenn zu Anfang des Satzes nicht שָׁמַעְתִּי ausgefallen ist (*Lag. Olsh.*), so muss כִּי = *es ist der Fall dass* oder *ja* genommen werden (Jes. 7, 9. Ps. 118, 10 ff.; *Ew.* 330ᵇ); *das* (zum Himmel aufsteigende, Rache fordernde 4, 10) *Geschrei über* (sens. obj.; 9, 2. 16, 5) *ist wirklich viel* (Perf.) *gross geworden* u. s. w. Die Fassung: *es ist ein Gerücht über S. u. G., dass ihre Sünde* (indem וְ vor חטאתם gestrichen wird) *gross, dass sie sehr schwer sei* (*Wl.* XXI. 416) geht nicht· an, weil צְעָקָה nicht *Gerücht* bedeutet (vgl. bes. 19, 13) und weil Gott keine blossen Gerüchte hört. — V. 21. Aber er will erst untersuchen, ehe er richtet, also hinabgehen (11, 5. 7) und sehen, ob gemäss dem vor ihn gekommenen Geschrei über sie (Sodom) sie *ganz* gethan haben. כָּלָה] *omnino*, wie Ex. 11, 1 (also anders als Nah. 1, 8. Ṣeph. 1, 18. Jer. 4, 27 a., daher mit Paseq nach עָשׂוּ, *Del.* nach *Luzzatto*); *Olsh.* vermuthet כֻּלָּם, *Wl.* מָלְאָה. הַבָּאָה] von den Mass. mit Unrecht als Perf. punctirt, *Ew.* 331ᵇ; ebenso 21, 3. 46, 27. וְאִם] Gegenfrage, wohl richtiger denn als Bedingung. — V. 22. Die Männer, nämlich 2 davon (19, 1) gehen nun Sodom zu, den 3ten (Jahve V. 33) hält Abr. fest, indem er noch immer vor ihm stehen bleibt; er hat etwas auf dem Herzen und will Fürbitte einlegen. Die Richtigkeit des Textes bestätigen die Verss. und 19, 27; das s. g. תקון סופרים, wonach ursprüngliches ויהוה עדנו עמד אברהם לפני wegen des Nebensinnes von עָמַד לִפְנֵי· *zu Diensten stehen* in den jetzigen Text geändert wäre, zeugt nicht für eine andere Lesart, sondern nur für den Anstoss, den Rabb. daran nahmen, dass der Mensch Gott und nicht Gott den Menschen festhielt. Über die Localität Kaphar Berukha, wo nach Hieron. die Verhandlung vor sich gegangen sein soll, s. *Rob.* Pal. II. 415. — V. 23—32. „Abr. nähert sich Jahve, um Fürbitte einzulegen; er erinnert, dass es auch wohl Gerechte (zB. Lot) in Sodom gebe, und dass es billig sei, ihretwegen Verschonung zu üben; er nimmt zuerst 50 solche an, dann 45, 40, 30, 20 und zuletzt 10, wagt aber nicht unter die Zehnzahl herunterzugehen“ (vgl. Jer. 5, 1); er redet mit grosser Demuth und Höflichkeit; Jahve hört ihn gütig an und ist immer zur Vergebung bereit.

Der nachierige Untergang zeigt, dass nicht 10 Rechtschaffene im Tial Siddim waren. Eine seir ungünstige Ansicht, wie 13, 13. 15, 16. Zu לֹ נָשָׂא sc. עָוֹן oder פֶּשַׁע iim das Vergeien abneimen, verzeiien, vergeben s. Num. 14, 19. Jes. 2, 9. Hos. 1, 6. 'אֹ חָלִלָה] profanum, nefas tibi sit, ita ut non facias; zu מִן c. Inf. s. 16, 2. *der Richter der ganzen Erde*] soll als der iöciste Riciter auci der vollkommenste sein und darum vor allen strengste Gereciigkeit üben, vgl. Ij. 34, 17. הֲנֵּה־נָא] wie V. 31, s. 12, 11. עָפָר וָאֵפֶר] ein irdiscies und vergäng-licies Wesen, s. zu 2, 7" (*Kn.*). Alliteration wie 1, 2. 4, 14 u. s. — V. 28. ייהֹס־יִן] die vollen Endungen יִן von iier an sind zu bemerken; über den Acc. הַחֲמִשָׁה Ges. 138, 3. בַּחֲמִשָׁה] ב iier deutlici = *wegen.* — V. 30. *nicht entbrenne es dem Herrn*] er werde nicit zornig, s. 4, 5. — V. 32. הַפַּעַם] 2, 23. — Wie Gottes barmierzige Gerechtig-keit, so ist auci das Wesen der Gebets und der Fürbitte, der de-müthigen, aber glaubensvoll küinen, unermüdlicien, von reinster Men-schenliebe beseelten Fürbitte in dieser Veriandlung mustergiltig ge-zeicinet. — V. 33. Abr. keirt ieim und Gott geit, näml. nicit naci Sod., denn dort sind nur 2 (19, 1), sondern = versciwindet. Die V. 21 ausgesprociene Absicit Gottes, naci S. zu geien, ist dadurci nicit iinfällig geworden, denn in den 2 ist Gott auci gegenwärtig (19, 18 ff. 24) wie in den 3 (18, 1 'וַיֵּרָא יְהֹוָה). Da וַיֵּלֶךְ an sici ebensogut bedeuten könnte *er ging* daiin, woiin die andern voraus-gegangen waren, so ist שָׁם 19, 1 sicier nicit ein durci 18, 22ᵇ — 33ᵃ veranlasster Einsciub (*Wl.*), vielmeir wollte Vrf. den Abr. da-durci auszeicinen, dass er Gott bei iim in vollerer Herrliciieit er-scieinen lässt, als in Sodom. — Cap. 19, 1—11 Einkeir der 2 Engel bei Loṭ und das Sittenverderben in Sodom. V. 1 f. הַמַּלְאָכִים] vielleicit erst jüngere Verdeutlciung für אֲנָשִׁים, auci V. 12 beim *Sam.*, 16 bei LXX. Als die zwei Abends naci Sodom kamen, sass Loṭ gerade im Tior der Stadt, zur Unteriialtung oder eines Gesciäftes ialber, vgl. *Win.*³ II. 616. Kaum der Fremden ansiciitig geworden, beeilt er sici, den Pfliciten der Gastfreundsciaft gegen sie nacizukommen (vgl. Ij. 31, 32; das Gegenstück Jud. 19, 15). „Die Araber recinen es sici zur Eire, einen angekommenen Fremden bewirthen zu können, und streiten oft ieftig um diese Eire, *Tavernier* R. I. 125; *Burckh.* Bed. 280, R. in Syr. 641 f.; *Buckingh.* Syr. I. 285; *Seetz.* I. 400" (*Kn.*). הִנֶּה נָּא] nur iier so mit verkürztem ĕ (*Ew.* 91ᵈ): *ei doch, meine Herrn!* s. zu 18, 3. וְרָחֲצוּ] 18, 4. לֹא] 18, 15. Sie leinen anfangs ab, weil sie zur richterl. Untersuciung naci Sod. gekommen sind (*Tuch*), woil auci weil sie iin auf die Probe steien wollen. „Das Über-naciten auf freier Strasse war bei dem warmen Klima thunlich, vgl. Jud. 19, 15" (*Kn.*). — V. 3. „Als er jedoci in sie dringt, neimen sie an, und er bereitet iinen ein מִשְׁתֶּה Trank, Trinkgelag, dann *Gast-mahl* überiaupt, naci einem Haupttheil so bezeicinet, immer aber vom anständigen Mail zB. 21, 8. 26, 30. 29, 22. Jud. 14, 12. נָצָה־] im Pent. nur noci V. 9. 33, 11" (*Kn.*). — V. 4 f. *Noch* (2, 5. Jos. 5, 8) lagen sie *nicht*, da iatten auci scion (*Ew.* 341ᵈ) die Stadtleute das Haus umringt, Alte und Junge (V. 11), und stellten iim das An-

sinnen, die Eingekehrten herauszubringen, damit sie sie *erkennen* d. i.
„Unzucht mit ihnen treiben (4, 1). Sie waren also dem Laster der
Knabenschändung ergeben, welches bei den vorhebräischen Völkern
Kenaan's im Schwange gewesen zu sein scheint (Lev. 18, 22 ff. 20,
13. 23), aber auch bei den Hebräern vorkam (Jud. 19, 22). Vrf.
nahm wohl an, dass die Engel in Gestalt blühender Jünglinge (Marc.
16, 5) erschienen waren" (*Kn.*), vgl. noch 1 Sam. 29, 9. Tob. 5, 5 ff.
alles Volk vom Ende her d. i. auch das letzte, alles zusammen, Jes.
56, 11. Jer. 51, 31 (voller מִקָּצֶה—וְעַד־קָצֶה Gen. 47, 21. Jer. 12, 12
u. s.); sie waren also alle so verderbt und dabei schamlos frech, fanden es nicht nöthig, ihr Begehr zu verheimlichen (Jes. 3, 9). —
V. 6—8. „Lot geht hinaus, mahnt von dem schändl. Beginnen ab und
bietet seine beiden Töchter an. *meine Brüder*] liebe Freunde; freundliche Anrede wie 29, 4. Jud. 19, 23. Ij. 6, 15. *welche nicht er-*
kannt haben einen Mann] noch nicht mit einem solchen zu thun gehabt haben, Num. 31, 17. Jud. 11, 39. אֵל] für אֵלֶּה nur noch V. 25.
26, 3 f. Lev. 18, 27. Dt. 4, 42. 7, 22. 19, 11. 1 Chr. 20, 8. *die-*
weil (18, 5) *sie eingetreten sind in dem Schatten meines Gebälks*]
sich in den Schutz meines Hauses begeben haben. Lot sucht mit einem
ungeheuren Opfer die Gastfreunde vor schmähl. Mishandlung zu
schützen. Der Araber hält den bei ihm eingekehrten Gast für heilig
und unverletzlich und schützt ihn nöthigenfalls auch mit seinem Leben,
Russell Naturg. v. Alep. I. 334; *Volney* R. I. 314; *Seetzen* II. 67.
346. Ein merkwürdiges Beispiel erzählt *Sieber* R. von Kairo nach
Jerus. 29 f." (*Kn.*). — V. 9. Sie hören nicht; sie rufen ihm zu:
rücke weiterhin (Jes. 49, 20), s. v. a. mache Platz, fort, zurück! Zugleich rügen sie, dass der einzelne (הָ ist Art., nicht הֲ interr.), gekommen ist als Fremdling zu wohnen, *und doch* (*Ew.* 231[b]; vgl. 32,
31) *immerfort* (*Ges.* 131, 3[b]) *richtet*, den Sittenrichter spielt, worin
liegt, dass er ihnen schon öfters Vorhalt gemacht hat. *nun werden*
wir dir Böses thun vor ihnen] dich schlimmer als sie behandeln.
Sie dringen auf ihn ein, und schicken sich an, die Thüre zu erbrechen.
בְלוֹט neben בָּאִישׁ macht den Eindruck einer Glosse, wie סְדֹם אַנְשֵׁי V. 4
(*Olsh.*). — V. 10 f. Die Engel ziehen Lot rettend ins Haus und *schla-*
gen die Leute mit Blendung (2 Reg. 6, 18. Zach. 12, 4, wo auch
nicht an eigentliche Blindheit zu denken ist), so dass sie die Thüre
nicht finden können. סַנְוֵרִים] eine eigenth. Etymologie des Wortes versucht *Halévy* in Etud. Juiv. 1885 No. 21 p. 66 f. Die Untersuchung
ist zu Ende, die Lasterhaftigkeit erwiesen. — — V. 12—26. Zerstörung
der Städte und Rettung Lot's. V. 12. Die Engel, im Begriff das Gericht vor-
zunehmen, wollen den gastfreundlichen Lot retten und sein Haus, denn
vom Hausvater hängt Wohl und Wehe seines Hauses ab. *ist noch wer dir*
hier?] „hast du noch einen Angehörigen in Sod. ausser denen in deinem
Hause?" (*Kn.*). Alle soll er aus dem Ort hinausbringen. חָתָן Sing.
und ohne Suff. ist auffallend (*Olsh.*) und würde sich als Frage: *etwa*
ein Eidam? erklären, aber an רְבָנֶיךָ angeschlossen erwartet man vielmehr חֲתָנֶיךָ (*Pesch.*), s. V. 14. Sollte zwischen חתן—יד ein יבן erst
eingeschoben sein, da ja von Söhnen, die er vor dem Verderben ge-

ıabt ıätte, sonst nirgends etwas erwähnt wird? ‏הממקים‎] + ‏הזה‎ *Sam.*
LXX. — V. 13. *wir sind im Begriff zu verderben*; Part. wie V. 14.
18, 17. *gross geworden ist das Geschrei über sie* (18, 20 f.) *beim
Angesicht Jahve's* d. i. vor ihm. *Olsh.* vermuthet ‏צַעֲקָתָה‎ wie 18, 21.
— V. 14. Loṭ geıt aus in die Stadt zu seinen Scıwiegersöıne, *den
Nehmern seiner Töchter*, d. ı. die seine Töcıter neımen sollten (*Ew.*
335ᵇ), deren Bräutigame (Jos. ant. 1, 11, 4; *Vulg., Pisc. Cler. JDMich.
Bohl. Tuch Bmg. Ke.*), scıwerlicı: die s. T. genommen ıatten (LXX,
TgJon., Abene. Qimḥ. Merc. Schum. Kn. Del. Böttch.), denu das
wäre (trotz 9, 18) scıicklicıer im Rel.Satz mit Perf. ausgedrückt, und
seine verheiratheten Töcıter ıätte er gewiss nicıt unaufgefordert gelassen. Dass er in der Notı V. 8 diese Töcıter anbietet, spricıt nicıt
dagegen, denn durcı iıren Gebraucı wäre eben das Verlöbniss aufgeıoben worden, ebenso wenig widerstrebt das Feılen von ‏שֵׁתֶי‎, aucı
nicıt das ‏הַנִּמְצָאֹת‎ V. 15, nocı die Nicıterwäınung verlorner Bräutigame im Munde der Töcıter V. 31. Diesen Bräutigamen (Sodomiten)
erscıien Loṭ mit seiner Aufforderung, die Stadt zu verlassen, *wie ein
Scherzender*; sie beıandelten iın mit ungläubigem Spott, und kamen
also mit um. — V. 15. ‏כְּמֹו‎] selten und poetiscı (Jes. 26, 18) ‏כַּאֲשֶׁר‎.
‏הַנִּמְצָאֹת‎] die sicı vorfanden, bei der Hand waren (1 Sam. 21, 4. Jes.
22, 3. Esr. 8, 25), nicıt blos zu ‏בְּנֹתֶיךָ‎ bezüglicı und etwa diese von
den in der Stadt verheiratheten unterscıeidend, sondern Weib und
Töcıter zusammenfassend als die vorıandenen Angeıörigen, im Gegensatz gegen die in der Stadt befindlicıen, den ‏חתנים‎. LXX fügen darnacı nocı *καὶ ἔξελθε* bei. ‏עָוֹן‎] wie 4, 13. — V. 16. Die Engel ıaben
Eile, aber Loṭ zaudert, (43, 10) weil es iım widerstrebt, Haus und
Stadt zu verlassen; so müssen sie iın und die Seinigen an der Hand
neımen und vor die Stadt ıinausfüıren, *vermöge der Schonung Gottes
über ihm*, weil Gott Scıonung an iım beweisen wollte, da er ein
Recıtscıaffener war (18, 24 ff.); die Rücksicıt auf Abraıam tritt blos
bei A V. 29 ıervor. — V. 17. Zugleicı wird iım Anweisung für
weitere Flucıt gegeben. Einer spricıt jetzt (vgl. 18, 10), denn es
ist nun aus allem Vorgegangenen deutlicı genug, dass ıier Gott selbst
zugegen ist, und Loṭ redet iın darum V. 18 aucı ‏אֲדֹנָי‎ an. Somit
ist aucı in den zweien wieder Gott gegenwärtig, wie zuvor (Cap. 18)
in den dreien. *rette* (flücıte) *dich um deiner Seele willen*, es handelt sicı um dein Leben. ‏הַבִּיט‎] nacı ‏אַל‎ fällt auf (*Ges.* 127, 3ᶜ).
Er soll nicıt ıinter sicı blicken, um nicıt das göttl. Walten zu seıen,
was dem unıeiligen Auge des Sterblicıen nicıt zusteıt (s. 16, 14).
Aus äınlicıen Gründen sahen sicı die Alten bei Vollzieıung gewisser
ıl. Gebräucıe nicıt um (Theocr. id. 24, 93; Verg. ecl. 8, 102; Ovid.
fast. 5, 437 ff.) und Orpıeus sollte bei Fortfüıring der Eurydice aus
dem Orcus nicıt zurückblicken (Verg. geo. 4, 491; Ovid. met. 10, 51).
im ganzen Kreis] 13, 10. *nach dem Gebirg*] dem moabitischen, V. 30.
14, 10. — V. 18 f. Die letzte Weisung wünscıt Loṭ zurückgenommen,
da er nicıt im Stande sein werde, vor Eintritt des Verderbens bis auf
das ferne Gebirg zu entkommen" (*Kn.*). *das Unheil möchte sich sonst*
(3, 22) *an mich hängen*, micı erreicıen; ‏פֶּן‎— *Ew.* 249ᵈ. Gewiss

recit absicitlici sind diese fortwäirenden Zögerungen und Einwendungen Loṭ's vom Vrf. so gezeicinet; an Glaubensgeiorsam steit er
dem Abr. naci. — V. 20—22. „Er wünscit, dass der Engel Ṣoar
iim als Zufluchtsort anweise, denn dieses lag nicit weit von Sodom
und war מִצְעָר, *eine Kleinigkeit*, so dass also Loṭ nur die Erialtung
eines kleines Örtchens wünscite. Als klein sciloss Ṣoar auci nicit
soviel Gottlosigkeit in sici und konnte also woil vom Untergang ausgenommen werden. Der Engel bewilligt die Bitte, maint aber zur
Eile, weil er vor dem Anlangen Loṭ's in Ṣoar nicits vorneimen könne.
Daier nennt man den Namen des früier צֹעַל (14, 2) genannten Ortes
צֹעַר *Kleinheit*, also etwa Kleinstadt. Auf der Bedeutung des Namens
ruit die Veriandlung V. 19—22" (*Kn.*). לְ] לְבִלְתִּי wie 17' 20. [לְבִלְתִּי
3, ·11· קָרֵא] 16, 14. Wäirend in neuerer Zeit, nam. von *Robins.*,
Ritt., *Win.*, *Tuch* u. a. Ṣoar im Gior el-Mezraa d. i. auf der Halbinsel, welcie sici von O. ier in das todte Meer iinein erstreckt, aber
grauenvoll öde und unfrucitbar ist, gesucit wurde, iat *Kn.* mit Recit
an der ältern Ansicit festgeialten, und *Wetzstein* (in *Del.* Gen.⁴ 564 ff.)
weiter bewiesen, dass Ṣoar etwa eine Stunde südöstl. vom todten Meer
in dem Tieil der Araba, welcher jetzt Gior eṣ-Ṣafia ieisst, da wo
W. el-Aḥsa aus dem moabit. Randgebirge in die Ebene eingetreten ist
und den Namen el-Qurâḥi annimmt, lag, das ieutige Chirbet eṣ-Ṣafia.
Es ist unter dem Alluvium der dortigen Wasser begraben. Die Gegend
ist wohlbewässert, aber hat tropiscies Klima. Es war der südlicste
Punkt im Jordankreis (13, 10. Dt. 34, 3); der See in einer Länge
von 580 Stadien d. i. 29 Stunden erstreckte sici einst bis dortiin
(Jos. b. j. 4, 8, 4), ist aber ieute nördl. zurückgewicien (in Folge
der Alluvien); der See lag zwiscien Jericio und Ṣoar (Onom. u. Θά-
λασσα). In der Römerzeit war dort auci ein Castell zum Sciutz der
Stadt (Notit. dign. I. 78 f.; Stepi. Byz. u. Ζόαρα), wovon Reste noci
vorianden sind. Datteln und Balsam wurden dort gezogen (Onom. u.
Βαλά; Talm. Jebam. 16, 7; Iṣṭachri Mrdt. 39. 41; Edrisi p. Jaub. I.
338; Wilh. v. Tyr. 22, 30 in den Gesta Dei per Francos I. 1041).
Es war noci im Mittelalter bedeutend, eine der 6 Zwiscienstationen
an der Karawanenstrasse von Aila naci Jerusalem, wicitiger Handelsort
(Muqaddasî bei *Wetzst.*). Zur Zeit der Kreuzzüge war der Name noci
vorianden (Segor), und die arab. Geograpien nennen ihn Ṣogiar oder
Zoghar, auci das todte Meer das Meer von Zoghar. Jetzt ist er, wie
auci die Palmen dort, versciwunden. — V. 23 f. Die Sonne war über
die Erde aufgegangen und Loṭ naci Ṣoar gekommen, als Jaive regnen
liess. Im Zusammenialt mit V. 15 lässt sici daraus die Entfernung
Sodoms von Ṣoar bemessen. *Jahve*, der nach V. 17 ff. in den Engeln
gegenwärtige, *liess regnen von Jahve her, vom Himmel her;* מֵאֵת י״ '
scieint (vgl. Mici. 5, 6) wie das griech. *ἐκ Διός* ein alterthümlicher
Ausdruck desselben Sinnes, wie מִן־הַשָּׁמַיִם, durci den es erklärt wird,
gewesen zu sein (*Ew.* G.³ II. 223); dass es aber wirklici vom Himmel ierabgekommener Regen war, darauf legt Vrf. Gewicit. Durci
den himml. Sciwefel- und Feuerregen *kehrte* Gott *um*, zerstörte gänzlici, so dass das Untere obeniin und das Obere unteniin kam, diese

Städte und den ganzen Kreis (V. 17) sammt Bewoinern und Gewächsen. Der Ausdruck דפך, welcier zum Sciwefelregen wenig passt,
ist gebraucit, weil er in der Sage längst fest war. „Man naim an,
dass die asfaltreiche (14, 10) Gegend durci einen brennenden, schwe-
feligen Stoff vom Himmel entzündet wurde und ausbrannte, worauf
dann Wasser von unten her an iire Stelle trat (Ij. 18, 15. 22, 16).
Auf Feuer und Sciwefel kam man leicit durci das Gewitter. Auci
Josph. (ant. 1, 11, 4; b. j. 4, 8, 4) denkt an Blitze, und Tacitus hist.
5, 7 füirt an, dass die Gegend fulminum jactu arsisse und die Städte
igne coelesti flagrasse. Feuer und Sciwefel als göttl. Strafmittel auci
Ps. 11, 6. Ez. 38, 22" (Kn.). — V. 26. „Als das vorgieng, *schaute sein
Weib von hinter ihm weg*] d. i. sie gieng naci Ṣoar iinter Loṭ her,
sai sici aber aus weibl. Neugierde einmal um. *und sie ward eine
Salzsäule*] wurde in eine aus Salzgestein besteiende Säule verwandelt,
weil sie das Verbot V. 17 verletzte. Die Strafe passt zur Örtlicikeit,
wo durci die salzige Ausdünstung des todten Meeres die Gegenstände
sici leicit mit einer Salzkruste überzieien und es viel Salzgestein gibt
(*Seetz.* II. 240; *Lynch* Bericit 183. 189 f. 198. 214. 220). Die
Sage ist ausgegangen von einer aus Salzgestein besteienden Säule.
Eine στήλη ἁλός beim todten Meere wird Sap. 10, 7 als μνημεῖον
ἀπιστούσης ψυχῆς erwähnt, und sie bestand auci noci zur Zeit des
Josepius (ant. 1, 11, 4). Etwas der Art lässt sici noci naciweisen.
Beim südwestl. Ende des todten Meeres erstreckt sici von N. naci S.
oder naci SO. ein etwa $2\frac{1}{2}$ Stunden langer, scimaler, 100—150 Fuss
ioier Bergrücken, der Berg (Stein, Nasenknorpel) von *Usdum* oder der
Salzberg genannt, welcier ganz aus Steinsalz besteit (*Rob.* Pal. II.
435. III. 22 ff.), oder wenigstens starke Sciciten von Steinsalz iat
und ganz nackt, zerrüttet und mürbe, sowie voll Höilen, Spalten, Rissen, Zacken und Ausleckungen ist (*Seetz.* I. 428. II. 227. 240). Die
Entfernung dieses Salzrückens vom See beträgt an einer Stelle nur
etwa 200 Fuss und auci diese Stelle wird in der Regenzeit überfluthet (*Roth* bei *Peterm.* geogr. Mitth. 1858. S. 268 f.)" *Kn.* Durci
den abwascienden Regen entsteien am Bergrücken einzelne Zacken,
Kegel, Säulen u. s. w. versciiedener Formen; sie vergeien woil auci
wieder und andere entsteien. So steit jetzt auf der Ostseite des
Berges eine etwa 40 Fuss ioie runde Säule von crystall. Salz (*Lynch*
Ber. 198 f.); ob es dieselbe ist, von der Josepi. u. a. (Clem. Rom.
1 Cor. 11; Iren. adv. iaer. 4, 31, 3; Carmen de Sodoma bei Tertull.
opp. ed. Oeil. II. 773) sprecien, muss daiingestellt bleiben. Über
die versciiedenen Erklärungen der Stelle s. *Rosenm.* ad l.; *Grimm* zu
Sap. 10, 7; *Winer* RW. u. Lot. Zu bemeiken ist übrigens auci die
ungünstigere Beurtheilung des Weibes in dieser Sage (vgl. 18, 12. 3,
6). — V. 27 f. Abr. (glaubend an Gottes Wort und voll Theilnaime
für das Schicksal der Städte) begibt sici scion am früien Morgen
naci dem Platz auf der Höie, wo er Fürbitte eingelegt iatte (18, 22),
aber hinabschauend (18, 16) sai er nur noch den *Qualm* von *der
Erde* aufsteigen, gleici dem, der vom Scimelzofen (Ex. 19, 18) auf-
steigt. Von einem solchen Rauch über der Gegend sprechen auch „die

Alten zB. Sap. 10, 7 vgl. Jes. 34, 10. Strabo 16, 2, 42. Die neueren
Reisenden dagegen berichten nur von einem dicken Dunste oder einem
dünnen Nebelschleier, *Rob.* Pal. II. 453; *Lynch* 201; *Ritter* EK. XV.
762 ff., vgl. Jos. b. j. 4, 8, 4" (*Kn.*). Ob im Alterthum der Rauch
stärker war (*Kn.*) ist sehr zu bezweifeln. Die rauchartigen Nebel erklären sich aus der ungeheuren Verdunstung des Wassers bei der
furchtbaren Hitze. — Mit dieser Rückkehr zu Abr. ist die Erzählung
in sich abgerundet. — „Dem Berichte liegt ohne Zweifel eine Thatsache zu Grund. Nach Dt. 29, 22 vgl. Judä 7 giengen die Städte
Sodom, Gomorrha, Adma und Șeboim (vgl. Gen. 14, 2) unter, wofür
Hos. 11, 8 die beiden letzteren, sonst aber gewöhnlich die beiden ersteren als die wichtigsten genannt werden (Jes. 1, 9 f. 13, 19. Jer.
23, 14. 49, 18. 50, 40. Am. 4, 11. Șeph. 2, 9. Matth. 10, 15. 2 Ptr.
2, 6), bisweilen auch Sodom allein (Jes. 3, 9. Thr. 4, 6. Ez. 16, 48 ff.
Matth. 11, 23 f.). Ungenau ist die Angabe Sap. 10, 6, da Șoar ver-
schont blieb. Sodom, stets an der Spitze und zum öftern allein genannt, war offenbar die bedeutendste. Dies auch nach Strabo 16, 2,
44, der aber die Zahl der Städte auf 13 angibt und kleinere Ortschaften mitzurechnen scheint" (*Kn.*). Über den Asfaltreichtum der
Gegend s. zu 14, 10. Das Gestein der Ufer und Randgebirge ist vorherrschend graugelber Kalk- und Sandstein, bituminöser Mergelschiefer
und Quarz; nur im nördl. Theil der Ostküste zeigt sich auch Basalt
und Lava (*Robins.* phys. Geogr. 220). Dass (im engern Sinn) vulkani-
sche Ausbrüche die Katastrophe des Siddimthales herbeigeführt haben,
ist daher nicht anzunehmen. Eher sind Erdbeben und Entzündung
der Asfaltlager als Ursache anzunehmen, so dass das ausgebrannte Land
versank und Wasser an seine Stelle trat. Jedenfalls ist die Meinung,
dass in jener Katastrophe das ganze todte Meer entstanden und vordem der Wasserlauf des Jordan durch die ʿAraba bis zum älanit. Meerbusen gegangen sei, unhaltbar, da die Bodenerhebung der südl. ʿAraba
bis 2100 Fuss über den Meeresspiegel ansteigt, während der Spiegel
des Asfaltsees 1292 und bei hohem Wasserstand 1282 engl. Fuss
unter dem Meeresniveau liegt, und die Gewässer südl. vom Asfaltsee
in diesen, nicht in das rothe Meer fliessen. Und vielmehr bestätigt
sich die Ansicht von *Russegger* und *Robinson* (Pal. III. 162 ff.), dass
das todte Meer seinem grössten Theile nach von jeher bestand, und
dass nur der südl. Theil desselben durch jene Katastrophe hinzukam.
„Dieser Annahme gereicht Folgendes zur Stütze: 1) lässt die südl.
Lage von Șoar (V. 22) und Sodom (13, 12) schliessen, dass die untergegangene Gegend an der Stelle des südl. Theils des todten Meeres
gelegen habe; 2) ist dieser Theil des Sees bis zur Halbinsel Ghor el-
Mezraa viel seichter als der nördl., indem der Grund nur durchschnittlich 13 Fuss unter der Wasserfläche liegt, während beim nördl. Theil
die Tiefe durchschnittlich 1300 Fuss beträgt (*Lynch* 236). Dort gibt
es auch eine Furth durch den See (*Lynch* 187; *Ritt.* XV. 697. 731 f.);
3) findet sich der Asfalt vornehmlich im südl. Theil, s. 14, 10" (*Kn.*).
Vgl. über das todte Meer *Win.*[3] II. 73 f., *Furrer* im BL. IV. 153 ff.;
Robins. phys. Geogr. 1865 S. 204—233; *Fallmereyer* über das todte

Meer 1853; *OFraas* aus dem Orient 1867 S. 78 ff. und in *Ri.* HWB.
972 ff; *CHull* im Ausland 1883 S. 375 f. Über die Ungescꜣictlicꜣ-
keit der Sage über den Untergang der Städte ꜣandelt *Nöldeke* Im neuen
Reicꜣ 1871. H. 41—48.

5. Ein doppelter Anhang: 19, 29 aus A, und 19, 30—38 der Ursprung
Moab-Ammons von C.

Zunäcꜣst V. 29 ist aus A gescꜣöpft. Oꜣne engern Anscꜣluss an
das Vorꜣergeꜣende bericꜣtet er in anderer Weise dasselbe, was eben
bericꜣtet war, dass als *Elohim* die *Städte des Kikkar* (wie 13, 12)
verderbte (wie 6, 17. 9, 11. 15), *Elohim* Abraꜣam's, mit dem er in
ein Bundesverhältniss getreten war (Cp. 17), woꜣlwollend *gedachte* (wie
8, 1), und um seinetwillen den Loṭ aus der Mitte der Umkeꜣrung
entsandte, d. ꜣ. entkommen oder zieꜣen liess (1 Sam. 24, 20), als er
die Städte umkeꜣrte, *in denen* (nicꜣt = in deren einer, etwa wie
8, 4) Loṭ *gesessen hatte* (wie 13, 12). Nicꜣt blos finden sicꜣ ꜣier 5
cꜣarakteristiscꜣe Ausdrücke des A, sondern aucꜣ sacꜣlicꜣe Eigenthüm-
licꜣkeiten. Loṭ woꜣnt nacꜣ A nicꜣt in Sodom allein, sondern in den
Städten des Kikkar (13, 12); „die Zerstörung gescꜣaꜣ nicꜣt in einem
einzigen Augenblick, sondern meꜣr allmählig, und Loṭ ꜣatte nocꜣ Zeit
zur Rettung, als die Zerstörung bereits eingetreten war" (*Kn.*); das
Motiv der Rettung ist ein anderes als zuvor, wenigstens ist dasselbe
im vorigen Stück nicꜣt genannt. Aucꜣ ist gewiss nicꜣt die Meinung
von A, dass Loṭ mit den Seinen nur das nackte Leben, nicꜣt aucꜣ
den רְכוּשׁ gerettet ꜣätte. Der Ausdruck הָפַךְ aber mit seinen Derivaten
war längst für diese eigenth. Bodenzerstörung steꜣend geworden, und
findet sicꜣ aucꜣ im Dt. Thr. Am. Jes. Jer., selbst nocꜣ im Qorân (s.
Ges. th.). Ob nun A im Zusammenꜣang miṭ dieser Nacꜣricꜣt oder
sonstwo in seiner Scꜣrift über Moab-Ammon und iꜣre Verꜣältnisse Meldung gethan ꜣabe (äꜣnlicꜣ wie Ismael und Edom), kann nicꜣt meꜣr
ausgemacꜣt werden. Jedenfalls ist die Erzäꜣlung V. 30—38 über den
Incest der beiden Töcꜣter Loṭ's mit iꜣrem Vater und den Ursprung
Moab's und Ammon's nicꜣt aus A. Sie knüpft über V. 29 rückwärts
gescꜣickt an das vorꜣergeꜣende Stück (V. 23. 17) an und setzt dieses
voraus. Insofern ist aucꜣ die gewöhnl. Meinung (*Kn. Hupf. Schr.
Kay. Wl.*), dass die Erzäꜣlung vom selben Vrf., wie das vorige Stück,
von C stamme, begründet, und die Ausdrücke בְּכִירָה und צְעִירָה 31.
33 f. 37 (vgl. 29, 26) und זֶרַע הִיָה 32 (vgl. 7, 3) können nocꜣ besonders dafür geltend gemacꜣt werden, wäꜣrend בֹּא עַל 31 (vgl. Dt.
25, 5) sonst bei ihm nicꜣt nacꜣweisbar ist. Natürlicꜣ hat C, welcꜣer
Cp. 19, 1 ff. den Loṭ zwar nicꜣt als Glaubensꜣelden, aber docꜣ als
einen recꜣtscꜣaffenen, das unzücꜣtige Wesen der Sodomiten verab-
scꜣeuenden, wenn aucꜣ nicꜣt standꜣaft genug (V. 8) iꜣm widersteꜣen-
den Mann, den Gott selbst seines Besucꜣes und einer wunderbaren
Rettung würdigte, dargestellt haṭ, diese ꜣässlicꜣe Gescꜣicꜣte von ihm
nicꜣt selbst gebildet, sondern ꜣur aufgenommen, wie er sie vorfand,
und hat durcꜣ diese Aufnaꜣme dem Abscꜣeu Israels vor dem unzücꜣtigen

Wesen Moab-Ammon's Ausdruck gegeben. Die Erzählung selbst leidet,
gegenüber von den feinen lebenswahren Schilderungen des C, an inneren
Unwahrscheinlichkeiten. Unverblümt macht sich darin die Gereiztheit
gegen Moab-Ammon geltend, welche, bes. seit den syrischen Kriegen
unter dem Hause Jehu's, immer mehr zunahm und Dt. 23, 4 ff. einen
gesetzl. Ausdruck hat. Es war der israel. Volkswitz, welcher durch
diese Erzählung seinen Widerwillen gegen Moab-Ammon Worte lieh.
Und obwohl (ausser Num. 25, 1 ff.) keine bestimmten Nachrichten über
unzüchtiges Wesen, das unter ihnen im Schwange war, vorliegen, so
wird man doch urtheilen müssen, dass diese Erzählung über sie sich
bei den Isr. nicht so ausgebildet hätte, wenn nicht (bei den Isr. ver-
pönte) Verwandtenehen bei ihnen in Übung gewesen wären (vgl. Dt.
23, 4 mit 1—3, auch über Ruben Gen. 35, 22; s. *Smend* Moses ap.
prophetas 73; *Bertheau* im BL. IV. 230). Dass übrigens Loṭ's Weib,
die Mutter seiner Töchter, in der Sage als Sodomitin (*Kn.* u. a.) gegolten habe, ist nicht wahrscheinlich: Loṭ erscheint Cp. 12 f. schon
vor seiner Wanderung nach Sodom ebenso im Besitze eines Hauses,
wie Abraham. Wohl aber die Töchter gelten als sodomitisch geartet.
Die Vermuthung, dass erst R das Stück eingefügt (*Ew. Böhm.*), oder
dass es aus B herstamme (*Ilg.*), lässt sich nicht genug begründen. Mit
der Prüfungsgeschichte Abraham's steht die Episode in keinem Zusammenhang. — V. 30. „Anknüpfend an V. 23 berichtet der Vrf.,
Loṭ sei von Ṣoar ostwärts auf das Gebirge gezogen, weil er fürchtete,
auch diese Stadt möchte noch untergehen. Der Engel hatte ihm indess
ihr Stehenbleiben zugesichert V. 21" (*Kn.*). *er wohnte in der Höhle*]
mit dem art. gen. (14, 13. 15, 11), war ein Höhlenbewohner (*Kn.*);
doch könnte auch eine bestimmte Höhle (vgl. 16, 7) gemeint sein, an
welche die Sage diesen Vorgang knüpfte (*Del.*). „Noch jetzt bewohnt
man in jenen Gegenden die Höhlen und Grotten, *Buckingh.* Syr. II.
53 ff. 61. 81; *Lynch* Ber. 221". Vgl. auch Loṭân unter den Horitern
(Höhlenbewohnern) in Gen. 36, 20. 22. 29 (*Ri.* HWB. 926). —
V. 31. „Die Erstgeborne macht der jüngeren (29, 26) einen Vorschlag.
unser Vater ist alt] wird also kein Weib mehr nehmen, um sich
männl. Nachkommen zu erzeugen". *und ein Mann ist nicht im Lande,
zu kommen über uns*] d. h. es gibt im Land keinen Mann, „der uns
wird beiwohnen wollen, da wir als Angehörige eines gottgestraften
Sündervolks gelten. Soll also unser Geschlecht nicht untergehen, so
bleibt nichts übrig, als uns mit dem Vater zusammenzuthun. Zu דֶּרֶךְ
Weg d. i. Handlungsweise und Weise überhaupt vgl. 6, 12. — V. 32.
Da aber Loṭ Gegner der sodom. Unsitten (18, 9), nüchtern in solche
unsittl. Vermischung nicht einwilligen würde, so soll er berauscht werden. *und wir werden von unserem Vater Samen beleben*] d. i.
durch ihn das Geschlecht fortpflanzen; wie 7, 3. — V. 33—36.
Der Plan wird ausgeführt. Loṭ ist so berauscht, dass er es nicht bemerkt, wenn eine Tochter sich zu ihm legt und von ihm aufsteht,
gleichwohl aber, obendrein als alter Mann, zum Zeugen fähig. Sehr
unwahrscheinlich! (*Kn.*). Nach Hier. quae. hätten die Juden eben
wegen der Unglaublichkeit der Sache ˙ in קֻמָהּ V. 33 überpunktirt;

aber nacı בְּקֻמָהּ V. 35 scıeint der Punkt vielmeır nur auf eine ortıograpı. Variante zu weisen. בשכבה] LXX sonderbar ἐν τῷ κοιμηθῆναι αὐτόν. ותשקין] aucı V. 35, vgl. Ges. 47, A. 3. בְּלַיְלָה הִיא] wie 30, 16. 32, 23 (1 Sam. 19, 10), s. Ew. 293ᵃ; anders V. 35. — V. 36. מאביהן] absicıtlicı ־ָ, nicıt ־ְ, wegen der Etymologie V. 37. — V. 37 f. „Den Namen מוֹאָב nimmt der Vrf. entweder im Sinne von מֵאָב vom Vater, wesıalb er V. 32. 34 aucı מֵאָבִינוּ sagt, oder als zusammengesetzt aus מוֹ für מֵי Wasser, entsprecıend dem aram. מוֹי, und aus אָב, so dass er etwa Same des Vaters besagte" (vgl. Jes. 48, 1 u. Ges. tı. 774); „jedenfalls bringt er iın damit in Zusammenıang, dass die Stammmutter der Moabiter von iırem Vater empfangen ıatte. Den Namen עַמּוֹן erklärt er durcı בֶּן־עַמִּי Sohn meines Volks; derselbe soll also ausdrücken, dass der Stammvater der Ammoniter ganz der Soın seines Stammes war, sofern iın der Vater seiner Mutter mit dieser zeugte. Beide Namensdeutungen sind seır gezwungen" (Kn.). Man muss gerade die Hauptsacıe, auf die es ıier ankommt, erst ıinzudenken, denn „Same des Vaters" oder „Soın meines Volks" konnte man jedes beliebige männl. Kind nennen. Einen ammon. Gottesnamen עַמִּי wollte Derenbourg (Revue des étud. Juiv. 1881 p. 123 f.) aus dem keilinschriftlich vorkommenden ammon. Königsnamen עַמִּינָדָב (wie moab. כְּמוֹשְׁנָדָב) erscıliessen; äınlicı Halévy im J.As. VII, 19 p. 480 f. bezüglicı Ammon's und Moab's. bis heute] wie 35, 20, sonst עַד־הַיּוֹם הַזֶּה 26, 33. 32, 33. 47, 26. 48, 15 u. ö. Hier vielleicıt beigesetzt, um anzudeuten, dass iınen dieses Wesen iıres Ursprungs nocı immer anıafte.

6. Die Gefahr der Sara am Hof von Gerâr und ihre Bewahrung, Cap. 20 nach B.

Abr. zieıt nacı dem Südland und ıält sicı zeitweilig in Gerâr auf, wo er Sara für seine Scıwester ausgibt und auf eine Zeit an den dortigen König Abimelekh verliert, aber wieder zurückerıält und mit Gescıenken entscıädigt wird, nacıdem Gott mit Krankıeiten gegen den unrecıtmässigen Besitzer und dessen Weiber eingescıritten ist (Kn.). So wird, aucı nacı der wiederıolten Verıeissung des SaraSoınes und nocı vor deren Scıwangerscıaıt (21, 2) die ganze Hoffnung Abraıam's, nicıt oıne seine eigene Scıuld, anscıeinend wieder zu nicıte: sein Glaube und seine Geduld wird nocı einmal auf die Probe gestellt, aber ebenso empfängt er aucı wieder neuen augenscheinlichen Beweis von Gottes besonderer Iluld und seiner allmäcıtigen Bewaırung. Dies der Sinn des Stücks an dieser Stelle. Einst aber muss es in anderem Zusammenıang gestanden ıaben und kann erst von R hieher gesetzt sein. Nacı 17, 17 (A) ist Sara 90 Jaır alt, nacı 18, 11 f. (C) betagt und nacı Naturgesetzen zeugungsunfäıig; unmöglicı kann sie da nocı Gegenstand des Begeırens der Fremden (20, 2. 4. 11) gewesen sein. Es kann aber weiter überıaupt nicıt aus A oder C gescıöpft sein. Aus A nicıt, trotz des durcıgeıenden אלהים, denn „bei A woınt Abr. in Mamre-Hebron (23, 1 ıı. 25, 9,

vgl. 13, 8); von einem Aufenthalt in Gerâr oder Beerŝeba ist sonst
bei ihm keine Spur. Abraham als Profet V. 7, die nächtl. Eröffnungen
Gottes 3. 6, die ungünstige Ansicht vom sittl. Charakter der Leute zu
Gerâr 11, Ausdrücke wie אֵלֶיךָ 4, *das Land ist vor dir* 15, *sich früh
aufmachen am Morgen* 8, *Huld thun* 13, פֹּה 11, הוֹכִיחַ 16 sind dem
A fremd" (*Kn.*). Ebenso wenig kann C der Vrf. sein, vor allem
darum nicht, weil die Parallel-Erzälung 12, 10—20 ihm angehört, und
20, 13 mit jener Stelle nicht stimmt, sodann wegen des Gottesnamens
Elohim (da wegen 26, 28 f. nicht angenommen werden kann, dass C
den Namen Jahve absichtlich darum vermieden habe, weil die Geschichte an einem heidnischen Hof vor sich gieng), ferner weil C über
die Ausführung Abraham's aus seiner urspr. Heimath sich (12, 1 ff.)
anders ausspricht, als V. 13ᵃ, endlich weil die Darstellungsweise hier
viel weniger glatt und fliessend als bei C, sogar unbeholfen (s. V. 17)
ist, und auch „die Wörter לֵבָב für לֵב 5 f. u. אָמָה für שִׁפְחָה 17 ihm
fremd sind" (*Kn.*). Mit Recht haben darum die Neueren geurtheilt,
dass hier eine andere Quelle zu Grund liege, näml. B (*Ilg. Hupf.
Böhm. Kn. Ew. Schr. Kay. Wl. Kuen.*), welcher אֱלֹהִים, nicht יהוה
schreibt, und אָמָה statt שִׁפְחָה. An Ausdrücken hat er wie immer, so
hier allerlei seltenes, woran C nicht eben reich ist, zB. נְקָיוֹן 5 f., אֲמֶנָה
12, oder אֲמִי אָל oder לְ 2. 13, und gibt manche ganz alterthümliche
Redensarten, wie zB. 16. Nach ihm wohnt Abr. im Negeb; er erzählt
viel von Traumoffenbarungen Gottes, hier V. 3. 6, stellt Abr. als Profeten dar 7, construirt אלהים mit Pl. verb. 30 (35, 7). Über אֶרֶץ הַנֶּגֶב
und הִתְנַלֵּל s. V. 1 u. 7. — Dagegen geht V. 18 (s. d.) auf die Hand
des R zurück; s. auch V. 14.

V. 1. Abr. zieht von dort nach dem *Land* (אַרְצָה st. c. mit הָ—
loc., wie 24, 67. 28, 2. 43, 17. 46, 1; *Ges.* 90, 2ᵃ) *des Südens*
(12, 9). אֶרֶץ הַנֶּגֶב] für הַנֶּגֶב wie 24, 62. Num. 13, 29. Jos. 15, 19,
sonst im AT. nur noch Jud. 1, 15. מִשָּׁם] weist nach dem jetzigen
Zusammenhang auf den Mamre-Hain (18, 1) zurück, und es ist wohl
möglich, dass erst R es eingesetzt hat. Stand es in B, dann kann
seine Beziehung nicht mehr nachgewiesen werden. Es von C abzuleiten (*Hupf.* 172 f.), ist kein Grund. Er *setzte sich*, nahm seinen
Aufenthalt zwischen *Schur* (16, 7) und *Qadeŝ* (14, 7. 16, 14), und
nomadisirte zeitweilig in der Gegend von Gerâr. *Gerâr*] nach den
Onom. 25 röm. Meilen südl. von Eleutheropolis, wurde neuerdings
(nach *Rowlands*) insgemein (*Robins. Kn. Ke. Kiep., Bäd.*² 207; *Ri.*
HWB. 489, u. a.) als die Ruinenstätte Umm el-Ġerâr verstanden, 3
Stunden SSO. von Gaza an einem breiten u. tiefen von SO. kommen-
den Giessbach Ġurf el-Ġerâr, dem oberen Theil des W. Gazzeh, welcher
etwas oberhalb von Ġerâr den von NW. kommenden W. eŝ-Ŝeriaʿ in
sich aufnimmt (ZDMG. I. 175; *Ritt.* EK. XIV. 1084 f.). Aber für die
Bestimmung „zwischen Qadeŝ und Schur" ist diese Ortslage viel zu
nördlich, und ist dieselbe vielmehr zwar nicht in el-ʿAriŝ (*Kneuck.* in
BL. I. 385), wohl aber (mit *Thomson, Trumbull, Guthe* in ZDPV.
VIII. 215) in oder an dem (schon von *Rob.* I. 311 ff. 438. 442,
Palmer Wüst-W. 269 ff. beschriebenen) W. Ġerûr, einem Seitenthal des

W. eš-Šeraif, das naci dem W. el-'Arîš mündet, südwestlich von
Qadeš anzusetzen, s. weiter 26, 1. 6. 17. 23. Elusa, was Saadia und
Abusaid dafür setzen, scieint nur gerathen. — V. 2. אָמַר mit אֶל und
V. 13. 21, 7 mit לְ *in Bezug auf* einen d. i. *über* iin, *Ew.* 217ᶜ.
Abr. gibt seine Frau für seine Sciwester aus, und Abimelekh nimmt
sie iim weg. Das ist beides seir apioristisci gesagt; V.ᵃ findet erst
in 11 ff. seine Erläuterung (und LXX setzen von dort scion iier ein
ἐφοβήθη γὰρ εἰπεῖν, ὅτι γυνή μού ἐστι, μή ποτε ἀποκτείνωσιν
αὐτὸν οἱ ἄνδρες τῆς πόλεως δἰ αὐτήν), V.ᵇ lässt unaufgeklärt, warum der König die Sara wegneimen liess, ob wegen iirer Sciönieit
(wie 12, 11) oder um mit dem fremden Häuptling sici zu versciwägern,
oder weil er auci sonst so zu tiun gewoint war. „Anderwärts
ieissen Abimelekh *König der Philister* (26, 1. 8), sein Land *Land
der Philister* (21, 32. 34) und seine Leute *Philister* (26, 14 f. 18).
Unser Vrf. gebrauci für die Zeit der Erzväter den Namen noci nicit"
(*Kn.*). — V. 3. Gott aber scireitet für Abr. ein und erscieint dem
Abim. im Traum, kündigt iim den Tod an, weil er eine *Verheirathete*
(Dt. 22, 22) genommen und somit ein il. Reci verletzt iat. הִנְּךָ מֵת]
du bist des Todes, du musst sterben, vgl. Dt. 18, 20; Jes. 38, 1.
עַל] = עַל־דְּבַר V. 11 (vgl. 19, 17); *Sam.* עַל אדות (vgl. 21, 11. 25).
Das *Kommen und Reden Gottes im Traum* ist diesem Erz. geläufig
V. 6. 21, 12. 14. 22, 1 ff. 28, 12. 31, 11. 24. 37, 5. 46, 2. —
V. 4 f. Naciolend wird bemerkt: Abim. *hatte sich* iir aber noci nicit
genähert d. i. beigewohnt (Jes. 8, 3); erst aus V. 6. 17 erfäirt man,
dass er durci Krankieit, die iim Gott scickte, davon zurückgeialten
worden war. Nun maci er seine Unsciuld geltend. אֲדֹנָי] wie man
Jaive anredet (15, 2); iier dem Heiden in den Mund gelegt. *auch
gerechtes Volk?*] d. h. Leute, vgl. עַם Ps. 18, 28. 22, 7. 62, 9. גוֹי]
iält *Geig.* Urschr. 365 für einen späten Einsatz. „Ein Gereciter näml.
ist er, da er *in Unschuld des Herzens und Reinheit der Hände* geiandelt iat d. i. in dem Glauben, er neime Abraiam's Sciwester,
was naci damaliger Sitte nici als ungereite Tiat gegolten iaben
muss, s. 12, 14" (*Kn.*). לְבָב] für לֵב auci sonst bei B, zB. V. 6. 31,
26. Jos. 14, 7. 24, 23. — V. 6. Gott erkennt an, dass er in gutem
Glauben geiandelt. *und so hielt auch ich* meinerseits *dich zurück
vom Sündigen an mir* (חָשַׂךְ für חָטָא *Ges.* 75 A. 21), näml. durci
Krankieit, mit der ici dici belegte V. 17; *darum* d. i. damit du nicit
durci Verletzung der Reciite meines Erwäilten gegen mici selbst sün-
digest, erlaubte (ermöglicite) ici dir nicit, (31, 7. Num. 20, 21. 21,
23 bei B), sie zu berüiren. — V. 7. Aber jetzt soll Abim. die Sara
sofort zurückgeben, weil er *ein Prophet* (nur hier so von Abr., vgl.
Ps. 105, 15, aber der Sacie nach auci Gen. 18, 17 ff.) sei, d. i.
einerseits ein Vertrauter Gottes, dessen Eigentium man nicit ungestraft
antasten darf, andererseits auci ein Mann, der bei Gott etwas gilt, durci
die Kraft seines Gebetes den Mittler zwiscien Gott und den Menscien
macien kann (meir legen in den Ausdruck iinein *GBaur* Am. 3;
König Offenb. I. 69); als solcier werde er *um ihn beten* d. h. Fürbitte für iin einlegen wegen der Krankieit. (Fürbitten geiören zum

prof. Beruf, *Kn.* Prophet. I. 213). *und lebe*] Imprt. cons. *Ew.* 235ᵃ:
so wirst du nicht sterben (an der Krankheit), sondern gesund werden. הִתְפַּלֵּל] eig. sich als Schiedsmann oder Mittler beweisen, ist das
Wort für *fürbitten* (V. 17. Num. 11, 2. 21, 7. Dt. 9, 20. 26) und
verschieden von עָתַר 25, 21. — V. 8 Abim. gehorcht der nächtl. Weisung als einer göttlichen; auch seine Diener (Beamten), denen er den
Fall vorträgt, werden von gleicher heilsamer Furcht befallen, und sind
einverstanden, dass demgemäss verfahren werde. — V. 9 f. Abr. wird
gerufen, aber zunächst vom König für sein Verhalten getadelt. *Thaten,
welche nicht gethan werden, hast du gethan* d. h. gehandelt, wie es unter
Menschen allgemein nicht Sitte ist, vgl. 34, 7. *was hast du gesehen*]
im Auge gehabt, beabsichtigt mit der falschen Angabe? (wie arab. رَأْي)
— V. 11 f. Abr. rechtfertigt sich. Ergänze עָשִׂיתִי vor כִּי אָמַרְתִּי, und vgl.
27, 20. 31, 31. רַק] die Bedeutung *gewiss* (*Kn. Del.*) ist auch aus Num.
20, 19 u. Ps. 32, 6 nicht zu erweisen; *nur* = *wenigstens* genügt.
Bei dem herrschenden Mangel an Gottesfurcht unter dieser Bevölkerung
(s. 15, 16), besorgte er, man möchte ihn ermorden, wenn er sich als
Ehemann Sara's bekännte (12, 12). עַל־דְּבַר 12, 17. Auch war *wirklich* (אָמְנָה wie Jos. 7, 20; *Sam.* אָמְנָם wie 18, 13) Sara seine Schwester, von einer andern Mutter, eine Angabe, die 11, 29 nicht gemacht
und auch 12, 13 nicht nothwendig vorausgesetzt ist. „Ehen dieser
Art werden Lev. 18, 9. 11. 20, 17. Dt. 27, 22 verboten, kamen aber
zB. bei Kenaan., Arab., Äg., Assyr., Persern (s. Lev. 18, 6 ff.) vor,
nach vorliegender Stelle auch bei den Hebräern der vormosaischen
Zeit" (*Kn.*); es versteht sich jedoch von selbst, dass derartige Ehen
(wie in den ähnl. Fällen 11, 29 u. 29, 26 ff.) nach ihrer urspr. stamm-
geschichtlichen Bedeutung beurtheilt sein wollen; das Stammesblut soll
als ein reines, ungemischtes sich darstellen. — V. 13. Die Sache sei
schon bei der Auswanderung aus der Heimath zwischen ihm und Sara
so verabredet worden. Anders 12, 11. Auch ist zu bemerken, dass
hier nicht von einer Berufung (wie 12, 1 ff.) die Rede ist, sondern
dass die Gottheit ihn הִתְעָה *in die Irre* oder Fremde *führte*, ohne bestimmtes Ziel ihn auf die Wanderung schickte, vgl. תָּעָה 37, 15 und
wie Jacob Dt. 26, 5 als אֹבֵד bezeichnet wird. הִתְעוּ] Plur., weil er zu
Heiden redet (*Ew.* 318ᵃ); Cp. 35, 7 kehrt diese Construction bei B
wieder, aber aus anderem Grund. אֶל־כָּל־הַמְּקֹמוֹת] durch Attraction zum
Relativsatz für בְּכָל 'הַמ. אִמְרִי־לִי] V. 2. — V. 14 f. Abim. ist mit
Abraham's Erklärung zufrieden, und begleitet die Zurückgabe Sara's
mit Geschenken, wie 12, 16, gestattet dem Abr. auch freien Aufenthalt im Gebiet von Gerâr. Begründung eines künftigen Anrechts auf
dieses Gebiet (*Hupf.* 169) soll doch wohl nicht darin liegen (vgl. 13,
9. 34, 20 f.). Vor צֹאן haben *Sam.* LXX noch י כֶּסֶף אֶלֶף (aus V. 16
eingefügt). שְׁפָחוֹת] bei B (V. 17) auffallend, entweder durch jüngere
Änderung (vgl. 31, 33 bei *Sam.*), oder sammt וַעֲבָדִים י erst von R
eingesetzt. — V. 16. Der Sara gibt er eine förmliche Ehrenerklärung,
bekräftigt durch ein besonderes Geschenk. Die *tausend* Šeqel *Silber*
(*Ges.* 120, 4 A. 2) sind nicht der Werth der V. 14 genannten Ge-

scıenke (*Kn. Ke.*), denn man sieıt nicıt ein, wozu eine solcıe Be-
recınung? aucı galten jene Gescıenke dem Abr. selbst, iın zu be-
gütigen und zu eıren; sondern sie sind ein besonderes und zwar seır
bedeutendes Gescıenk an Abr., mit dem besondern Zweck: *es ist für
dich eine Augendecke allen, welche bei dir sind;* es ist für die Sara
und iıretwegen gegeben und soll iırer ganzen Umgebung die Augen
verıüllen, dass sie für das Gescıeıene blind werden und die iır
widerfaırene Uneıre nicıt meır seıen (vgl. die Redensarten 32, 21;
Ij. 9, 24). So ricıtig *Hofm.* (Schriftb.² II, 1. 233). Da לְכֹל אֲשֶׁר אִתָּךְ
nicıt bedeuten kann *hinsichtlich alles dessen, was mit dir vorgegangen ist* (*Schum. Ges.* th., *Tuch Kn.*), und לִכֹל aucı nicht = וּלְכֹל
(*Del.*) sein kann (wie *Sam.* LXX allerdings lesen), so muss vielmeır
לְכֹל die einfüıren, deren Augen zu bedecken sind, und ךְלָ Dat. comm.
sein. „An die Anscıaffung eines künftig von Sara zu tragenden
Scıleiers für die 1000 Sekel (*JDMich. Dath. Ros. Bohl. Bmg.*)
ist nicıt zu denken" (*Kn.*) aus vielen Gründen. Aucı kann mit הוּא
nicıt (*Abene., Ew.* 123ᵇ) Abr. selbst gemeint sein, weił dann ein
Zweck der 1000 Šeqel gar nicıt angegeben wäre. Woıl aber ist das
Gescıenk eine Augendecke, insofern Abim. durcı dasselbe, wie durcı
einen Zeugen (21, 30), das Eingeständniss seines Unrecıts an der
Sara bekräftigt, und dieser Zeuge, in der Hand iıres Bruders, also von
iım angenommen und anerkannt, ferneıın eine Veruneırung an der
Sara zu erblicken nicıt erlaubt. וְנִכָחַת־לֹל] ist keinenfalls Fortsetzung zu
אִתָּךְ (*Tuch Kn.*: was mit dir und mit allen gescıeıen ist), da אֵת
diese Auffassung überıaupt nicıt erlaubt und „mit allen" aucı nicıts
vorgegangen ist, aber aucı nicıt zu לְךָ סְטוּי עֵינָיִם (*Ges.*), sondern ist
mit den Mass. zu וְנֹכָחַת zu zieıen: *und bei allen — so* (cons., *Ew.*
344ᵇ) *bist du* nicıt: überwiesen, des Unrecıts überführt (*Ges.*, der
es aber als 3 p. fem. nimmt), dem Spracıgebraucı nacı möglicı, aber
unpassend, da Abim. ıier keinen Vorwurf macıen kann, sondern: *dargethan* sc. als eine, der Unrecıt gescıeıen ist (als pass. zu הוֹכִיחַ c.
Acc. rei zB. Ij. 13, 15. 19, 5) oder *im Recht* (als pass. zu הוֹכִיחַ לְ
zB. Jes. 11, 4. Ij. 16, 21), gerecıtfertigt, wobei man am besten וְנֹכָחַת
punktirt (*Ew.* 195ᵇ), denn nur ein Perf. 2 p. fem. ist ıier am Platz
nacı וְ cons., nicıt aber (*Del.*) ein Part. fem. Die mass. Punkt. mit
ת raph. will waırscıeinlicı ein Prf. 3 p. fem.: *und alles* (das Ganze)
betreffend — so ist es abgemacht, entscıieden (*Hofm. Buns,; Böttch.*
zum Tıeil), aber ein fem. scıeint ıier unerträglicı, ebenso wie ein
Subst. fem. (Entscıeidung) syntaktiscı unzulässig ist. *Olsh.* bezweifelt
die Ricıtigkeit der Lesart. — V. 17. „Nacı dieser Ausgleicıung legt
Abr. Fürbitte cin (V. 7) und Gott ıeılt Alımelekh's und seiner Frauen·
zimmer Krankıeit. Die letztere bestimmt der Vrf. (wie 12, 17) nicıt
näıer; nacı V. 6 war es jedenfalls eine solcıe, die zur Beiwoınung un-
fäıig macıte. Man vgl. dazu die Plage der Pıilister 1 Sam. 5, 6. 9.
12. 6, 4 f. und die Weiberkrankheiten der Seytıen (Her. 1, 105. 4,
67), aucı *Win.*³ II. 254 f." (*Kn.*). Übrigens war oben nicıt gesagt,
dass Abim. und aucı seine Weiber krank waren; die Darstellung ist
etwas unbeıolfen. וַיֵּלְדוּ] *und sie gebaren* (*Ew.* 191ᵇ), oder besser

(*Kn.*): *und sie zeugten*, so dass Abim. als Subj. mit eingeschlossen ist (vgl. zu יֵלֵד in diesem Sinn Zach. 13, 3. Hos. 9, 16). Die Lesung וַיֵּלְדוּ (*Bredenk.* in Z. f. KW. u. KL. 1882 S. 671 f.) taugt nicht, weil es וְאֶת־יְל heissen müsste. אָמָה] dem Vrf. geläufig (für שִׁפְחָה), 21, 10— 13. 30, 3. 31, 33. Ex. 2, 5 u. ö. (*Kn.*), obgleich strenggenommen (1 Sam. 25, 41) zwischen beiden Begriffen ein Unterschied ist, s. V. 14. — V. 18 erklärt das zuletzt Gesagte daraus, dass Jahve um der Sara willen jeden Mutterleib des Hauses Abim.'s *verschlossen* (16, 2) hatte. Der Ausdruck geht sonst auf die Empfängnissunfähigkeit (s. die Stellen zu 16, 2), möglicherweise (Jes. 66, 9 vgl. mit Jes. 37, 3) auch die Geburtsunfähigkeit der Schwangeren, und insofern wäre die Erkl., soweit sie sich auf die Weiber bezieht, allgemein genug gehalten, um zuzutreffen, aber sie übersieht, dass nach V. 17 auch Abim. selbst durch Krankheit am Zeugen verhindert war (V. 6), und erregt den Schein, als hätte der Grund des Nichtzeugens blos in den Weibern gelegen. Darum und wegen יהוה ist der V. für einen Zusatz (*Tuch Kn. Hupf. Del. Schr. Wl. Kuen.*) des R zu halten. Da näml., zufolge seiner Einordnung des Stücks, Sara nicht lange (s. 21, 2) am Hofe des Königs gewesen sein konnte, die Empfängnissunfähigkeit der Weiber aber so schnell nicht zu bemerken war, so wollte er auf die Geburtsunfähigkeit den Nachdruck legen, und hat also (*Tuch Kn.*) עָצַר in diesem letzteren Sinn genommen.

7. Die Geburt Isaac's und die Vertreibung Ismael's Cap. 21, 1—21, nach A, C u. B.

Der vielverheissene, lange ersehnte Sohn von Sara kommt endlich, wird 8 Tage alt, dem Bunde gemäss, beschnitten und Isaac benannt (1—7). Aber nach Isaac's Entwöhnung muss Abr., auf Verlangen der Sara, den Ismael und seine Mutter aus dem Hause schicken, damit er nicht mit Isaac erbe; in der Wüste hat die verstossene Hagar Gottes Fürsorge zu erfahren; ihr Sohn unter Gottes Obhut herangewachsen lässt sich in der Wüste Paran nieder, wo er eine Ägypterin zum Weibe nimmt (8—21). So muss Abr., nachdem die eine grosse Hauptverheissung ihm erfüllt ist, doch bald wieder auf ein anderes, ihm theuer gewordenes Gut verzichten, und durch solchen Gehorsam seinen Glauben an den Bund Gottes mit Isaac bethätigen. — In diesem Stück ist V. 1ᵇ. 2ᵇ—5 „wegen der Rückbeziehung von V. 2ᵇ u. 4 auf Cp. 17, der Altersangabe 4, der Breite des Ausdrucks 3, der Form מֵאַת 5" (*Kn.*). von A, bei welchem dieser Bericht die Fortsetzung von Cp. 17 u. 19, 29 war; nur muss R (wie 17, 1 so) in V. 1ᵇ ursprüngliches אלהים in יהוה geändert haben. Auch C hat natürlich die Geburt Isaac's in seiner Schrift erzählt, aber von seinem Bericht hat R nichts aufgenommen, als V. 1ᵃ. 2ᵃ. 7; wenigstens wäre V. 1ᵃ neben 1ᵇ als freie Zuthat des R (ohne Vorlage in C) ganz unbegreiflich, u. in 2ᵇ. 7 spricht לְקֻנְיָ, so wie in 7 die Doppelheit neben 6 für C. Dagegen V. 6. 8—21 ist,. trotz אֱלֹהִים, nicht von A, für den die Erscheinung des göttl. מַלְאָךְ 17, die Erklärung des Isaac-Namens 6, die

Austreibung der Hagar und des Ismael überhaupt und das Alter lsmael's
bei derselben (s. V. 15) nicıt passt, „dem aber aucı Ausdrücke wie
Gott war mit ihm 20, *hören auf die Stimme von* 12, *sich früh
aufmachen am Morgen* 14, *es war böse in seinen Augen* 11 f.,
יֵשׁ 10, יֶלֶד 8. 14 ff. fremd sind" (*Kn.*). Gegen C als Vrf. sprichı
ausser dem Gottesnamen die abweicıende Erklärung des Isaac-Namens
V. 6 und vor allem, dass das V. 9—21 Erzälte eine Variante der
von C scıon in Cp. 16 bericıteten Sage über Hagar und Ismael ist.
Nacı alle dem kann nur B der Vrf. sein, für welcıen ausser dem
Gottesnamen aucı die Örtlicıkeit des Vorgangs im Negeb (vgl. 20, 1),
so seltene Wörter wie דֵּמֵת 14. 15. 19, טָחֲה 16, קֶשֶׁת לֹבַה 20, und
Ausdrücke wie אָמָה 10. 12. 13, שׂוּט לְגוּי 13. 18, (הַיֶּלֶד 16), עַל־אֹדוֹת
11 zeugen. Nur in V. 14 ıat die Hand des R oder eines Späteren
eingegriffen, und nacı V. 17 f. etwas weggelassen. — Bei A und C
ist Isaac oıne Zweifel in Mamre geboren.

V. 1—7. Die Geburt lsaac's. V. 1ᵃ sicıer nicıt aus A, der זָכַר
(8, 1. 19, 29), nicıt פָּקַד scıreibt, sondern rückbezüglich auf 18, 10 ff.
aus C (der wie B פקד scıreibt). V.ᵇ mit Bezug auf 17, 16. 21 aus
A, nur dass R wie 17, 1 יהוה für אֱלֹהִים eingesetzt ıat, weil 2 verscıiedene Gottesnamen in diesen sonst gleicıbedeutenden Sätzen scıiefe
Vorstellungen erzeugt ıätten (in LXX aucı V. 2 u. 6 *Κύριος*). —
V. 2ᵇ sicıer von A (vgl. zu לַמּוֹעֵד 17, 21; freilicı aucı 18, 14), aber
Vᵃ muss vielmeır wegen לִזְקֻנָיו *seines Alters* (vgl. V. 7. 37, 3. 44, 20)
von R aus C eingesetzt sein, so dass also aucı dieser V. sicı zwiscıen
C u. A theilt. — V. 3 f. Benennung und Bescıneidung Isaac's nacı
17, 12. 19. הַנּוֹלַד־לוֹ] Prf. mit Art. für Rel., s. zu 18, 21. — V. 5
vgl. 17, 1. 24. Accus. beim Pass. wie V. 8. 4, 18. 17, 5. — V. 6
aus B, der den Isaac-Namen (anders als 17, 17 bei A und als 18, 12
bei C) aus der freudigen Äusserung der Mutter bei der Geburt des
Soınes erklärt: Gott ıabe iır ein Lacıen bereitet, jeder, der von iırem
Sohne ıöre, werde *über sie* (Jj. 5, 22. 39, 7. 18. 22; Ps. 59, 9 a.)
lacıen, vor Verwunderung. So gefasst scıliessen sicı beide Versglieder nicıt aus: was Gott an iır gethan ıat, ist etwas zum Lacıen,
für sie u. für andere. Es ist darum nicıt nöthig, V.ᵇ dem C zuzuscıreiben u. ans Ende von V. 7 (*Bud.* 224) zu verweisen. יִצְחָק] s.
2, 12. 23. — V. 7. Mit neuem ותאמר wird ein anderer Sprucı von
iır mitgetheilt, worin sie iırer freudigen Überrascıung Ausdruck gab,
und zwar ein dicıteriscıer, daıer מִלֵּל (im Pent. nur ıier): *wer hat
je gesagt* (vgl. Num. 23, 10. Prov. 30, 3 f. Ij. 41, 4 f.) d. i. ıätte je
gesagt (Gen. 18, 12; *Ges.* 126, 5) sagen zu dürfen geglaubt? (*Vulg.*);
nicıt: *τίς ἀναγγελεῖ*; (LXX *Tuch*). בָּנִים] Plur. der Gattung wie Ex.
21, 22. 1 Sam. 17, 43. Cant. 2, 9. לִזְקֻנָיו *ἐν τῷ γήρᾳ μου* LXX;
s. aber V. 2, u. demnacı, so wie wegen des neuen ותאמר, der V.
waırscıeinlicı aus C. — V. 8—21. Austreibung der Hagar und iıres
Soınes, nacı B. Parallele zu 16, 4 ff.; bei A findet sicı von einer
Austreibung Ilagar's und Ismael's nicıts (s. 25, 9). — V. 8. Isaac
wird entwöınt als er gross geworden 1 Sam. 1, 23 f. „Die Entwöhnung erfolgte oft spät, bisweilen nacı 3 (2 Macc. 7, 27; *Mungo*

Park R. 237), auci 4 Jairen (*Russell* Alep. I. 427). Sie wird von Abr. als Familienfest gefeiert, wie noci ieute im Morgenland, *Morier* zweite R. 114; *v. Schubert* R. II. 48" (*Kn.*). וַיִּגְדַּל] wie V. 20. וַיִּגָּמַל] Pausalform *Ges.* 51 A. 2. מִשְׁתֶּה] 19, 3. — V. 9 f. „Bei demselben sieit Sara den Hagarsohn מְצַחֵק *scherzend* (19, 14) d. i. naci der Weise munterer Knaben spielend" Zaci. 8, 5 „(LXX *GrVen.*: παίζοντα und dazu LXX μετὰ ’Ισαὰκ τοῦ υἱοῦ αὐτῆς. *Vulg.*: ludentem), iüpfend und tanzend (Ex. 32, 6. Jud. 16, 25. 2 Sam. 6, 5) und fordert erregt von mütterlicier Eifersucit seine und Hagar's Austreibung, damit er nicit mit Isaac erbe. So *Abene. Ilg. Ges. Tuch* ricitig. Mit andern zB. *Qimḥ. Vatabl. Pisc. Grot. JDMich. Schum. Bohl. Bmg. Ke.* צחק von Spöttereien zu erklären, geit nicit an, weil das Wort (oine Praep.) davon nicit gebraucit wird. Noci weniger ist an eine Verfolgung Isaac's (Gal. 4, 29. *Ros. Del.*) oder an Streit über die Erbsciaft (alte jüd. Erkl., *Fag.*) oder an Götzendienst (*Jonath., Raš.*) zu denken" (*Kn.*), um so weniger als naci V. 14 ff. Ismael noch seir jung war. In der Baer'schen Ausgabe ist die Pausalausspracie מְצַחֵק aufgenommen, wie solche auci Ex. 32, 6. Dt. 32, 11 die urspr. mass. Lesart gewesen sein soll (vgl. Jud. 5, 8). — Zu beaciten ist, dass weder iier noci in der folg. Erzäilung der Hagarsoin mit seinem Namen Ismael genannt ist; s. weiter zu V. 17. — V. 11. Dem Abr. misfällt die Forderung, nicit so seir wegen Hagar (doci s. V. 12), als wegen des Soines, den er nun einmal als seinen Soin liebte. עַל אֹדוֹת] ob der Wendungen oder Umstände, *von — wegen*, eine seltene und veraltete Redensart, welche noci V. 25. (26, 32). Ex. 18, 8. Num. 12, 1. 13, 24. Jos. 14, 6 (bei B), auci Gen. 20, 3 *Sam.* vorkommt. — V. 12. Aber was Sara aus weibl. Eifersucit will, ist, aus andern Gründen, Gottes Willen gemäss: er wird von Gott angewiesen, sein Vatergefüil zu verläugnen, und in allem seinem Weibe zu geiorcien. אַל־יֵרַע] imprs.: *lass dir's nicht leid thun um* u. s. w.; was nur immer sie zu dir sagen wird, iöre auf iire Stimme! *denn in* oder *durci Isaac wird dir Same genannt werden*] d. i. „in der Linie des Isaac werden diejenigen Nacikommen von dir abstammen, welche deinen Namen füiren werden, also die eigentl. Abrahamiden und als solcie die Erben der göttl. Verheissungen, näml. die Israeliten, welche die von Gott erwählte Abrahamische Nachkommenschaft waren" (*Kn.*), vgl. Jes. 41, 8. Rom. 9, 7. Hbr. 11, 18. Erläuternd dazu sind 17, 19. 21 bei A. — V. 13. „Als Sprössling Abraiam's soll indess Ismael auci ein grosses Volk werden (vgl. 17, 19 f. bei A). Diese Verieissung erleicitert dem Vater die Entlassung des Soines. לְגוֹי אֲשִׂים] wie noci V. 18. 46, 3 bei demselben Verf." (*Kn.*), vgl. Jos. 6, 18. האמה הזאת לגוי גדול [האמה לגוי *Sam.* LXX (s. V. 18). — V. 14. „Gleici am Morgen naci dieser Eröffnung, die also des Nacits erfolgte (15, 1. 20, 3. 6. 22, 1. 26, 24. 31, 11. 24. 46, 2) vollzieit Abr. den göttl. Befeil. Er nimmt Brod und einen Sciauci Wasser; beides und den Knaben übergibt (18, 7) er der Hagar; die irrt vertrieben in der Wüste von Beeršeba (s. V. 31) umier" (*Kn.*). In Beeršeba ist also woil damals Abr. naci B (s. V.

22 ff.). הֵמִית] wegen folg. Tonsylbe für יְהָמִית st. c. von הֵמִית V. 15. 19 (Ew. 211ᶠ); das Wort nur ꝭier; sonst s. Wellsted R. in Arab. I. 66 ff. שָׂם] Prf., erklärende App. zu וַיִּתֵּן (Ew. 346ᵃ). וְאֶת־הַיֶּלֶד] ist weiteres Obj. zu וַיִּתֵּן, nicꝭt (Raš. Ilg. Schum. Bohl Tuch) zu עַל־שִׁכְמָ׳ שָׂם, wenigstens nacꝭ dem jetzigen Text nicꝭt. Die Worte שָׂם עַל־שִׁכְמָ׳ für eine Glosse des R zu erklären (Kn.) liegt kein Grund vor; woꝭl aber ist שָׂם עַל שׁ׳ eine harmonistische Correctur (des R oder eines andern) für urspr. וַיִּשֶׁם עַל שִׁכְמָה אֶת הַיֶּלֶד, was LXX ꝭaben. Umstellung des וְאֶת־הַיֶּלֶד ꝭinter וַיִּשְׁלָחֵהָ (Olsh.) ist nicꝭt angezeigt. — V. 15. Als das Wasser aus dem Scꝭlaucꝭe ein Ende genommen, wirft sie den Knaben unter einen der Sträucher in den Scꝭatten. Über שִׂיחַ (2, 5) den Wüstenstraucꝭ s. zu Ij. 30, 4. Umsonst bemüꝭen sicꝭ die Ausl. aus dem Werfen ein schnell hinlegen zu macꝭen, um die Vorstellung, dass sie den Soꝭn zuvor getragen ꝭat, wegzubringen. Nacꝭ A wäre Ismael damals mindestens 16 Jaꝭre alt gewesen (16, 16. 17, 25. 21, 5). Aber scꝭon, dass er vor der Mutter erschöpft wird, ausserdem וַיִּגְדָּל V. 20, zeigt, dass er von B jünger gedacꝭt ist (Tuch), als zarter Knabe, der von ihr getragen oder gescꝭleppt werden muss. — V. 16. Sie selbst setzte sicꝭ (לָהּ wie 12, 1. Ew. 315ᵃ) gegen- über (e conspectu, Num. 2, 2. 2 Reg. 2, 7. Obad. 11), ferne machend (Ew. 280ᵃ; vgl. Ex. 33, 7 bei B, u. Jos. 3, 16) gleich Bogen- schützen d. ꝭ. eine Bogenschussweite davon. כִּמְטַחֲוֵי] Pl. st. c. Part. Pilel (nicꝭt subst.: Bogenscꝭuss, Böttch) von טָחָה (Ges. 75 A.18. Ew. 121ᶜ) nur ꝭier vorkommend. Sie tꝭut das, um den Tod des Kindes nicꝭt mit ansehen (רָאָה mit בְּ wie 44, 34) zu müssen. V.ᵇ will Kn. für einen Einsatz des Jehovisten erklären, der allein (?) נָשָׂא קֹל scꝭreibe (27, 38. 29, 11), von ihm gemacꝭt, weil er das so natürliche Weinen der Mutter vermisst ꝭabe. Aber warum dann וַתֵּשֶׁב מִנֶּגֶד wiederꝭolen? Die LXX übersetzen, als ꝭätte es וַיֵּבְךְּ אֶת־קוֹלָהּ וַיִּשָּׂא geꝭeissen (s. V. 17). — V. 17. Gott ꝭörte die Stimme des weinen- den oder äcꝭzenden Knaben (obgleicꝭ dass er geweint ꝭabe, zuvor nicꝭt gesagt ist, s. zu 20, 17), und der Engel Gottes (vgl. 16, 7 ff.), vom Himmel ꝭer (22, 11) rufend, spricꝭt iꝭr Mutꝭ ein, da Gott auf die Stimme des Knaben da, wo er sei, geꝭört ꝭabe d. ꝭ. „da an dem Ort, wo er liege, sicꝭ die Erhörung befände, V. 19" (Kn.). Durcꝭ Zusammenꝭalt mit dem zu V. 10 Bemerkten drängt sicꝭ die Vermu- tꝭung auf, dass ꝭier von B der Name Ismael erklärt war, dass aber R in Folge der Einordnung des Stücks in den jetzigen Zusammenꝭang die betreffenden Worte wegliess. מִלְאַךְ א׳] „im Pent. nur bei diesem Vrf. 28, 12. 31, 11. 32, 2. Ex. 14, 19" (Kn.). — V. 18. Er leitet sie an, den Knaben aufzuneꝭmen und ihre Hand an ihm fest zu machen, mit iꝭrer Hand iꝭn festzuꝭalten, denn er soll nicꝭt verder- ben, sondern ein grosses Volk werden, V. 13. — V. 19. Gott öffnete ihre Augen] liess gewaꝭren, was sie vorꝭer nicꝭt saꝭ, vgl. 3, 5. 7. Der Wasserbrunnen, den sie nun saꝭ, ist eben jene Erꝭörung V. 17. — V. 20. Gott war mit dem Knaben] „war sein Begleiter und Be- schützer, so dass er gedeiꝭlicꝭ ꝭeranwucꝭs. Die Pꝭrase, nie bei A, oft bei den andern Erz. V. 22. 26, 3. 24. 28. 28, 15. 31, 3. 35, 3.

39, 2 f. 21. 23. 48, 21. Ex. 3, 12. 18. 19 u. ö. (*Kn.*). וַיִּגְדָּל] s.
V. 8. Er hielt sich in der Wüste südl. von Kenaan (V. 14) auf, und
wurde grosswerdend (Ij. 39, 4) *ein Bogenschütze.* So die Mass.,
und bereits Hieron. „Allein das Heranwacısen ist scıon mit וַיִּגְדָּל bemerkt. Man liest besser רֹבֶה קֶשֶׁת *Bogenschütze*" (*Kn.*), indem man
רָבָה = רָבַב (s. Gen. 49, 23) und רָמָה nimmt, vgl. Jer. 4, 29. Ps.
78, 9; so aucı LXX, *Onk.* Denselben Sinn wollen, unter Beibeıaltung
der mass. Punkt., *Qimḥ. Del.* a.: *ein Schütze, ein Bogenschütze* (vgl.
13, 8). „Von den ismaelit. Stämmen zeicıneten sicı mancıe, zB. die
Ḳedarener und Ituräer (s. 25, 13. 15) durcı diese Waffe aus; darnacı wird iır Stammvater dargestellt wie 16, 12" (*Kn.*). — V. 21.
Er liess sicı in der Wüste Paran, westl. von Edom (s. Num. 10, 12)
nieder, und die Mutter, selbst eine Ägypterin (V. 9. 16, 1) naım iım
(vgl. 34, 4. 38, 6. Jud. 14, 2) ein äg. Weib, s. zu 16, 1.

8. Bündniss Abraham's mit Abimelekh und das Recht auf Beer-scheba, Cap. 21, 22—34, nach B, Schluss von R nach C.

Damals trat Abimelekh, durcı Abraıam's Glück veranlasst, in ein
näıeres Verhältniss zu dem Patriarcıen, und beide scılossen einen
Freundscıaftsvertrag, bei welcıem Anlass Abr. einen Brunnen wieder-
bekam, den iım Abimelekh's Leute entrissen ıatten. Daıer der Name
des Ortes Beerševa V. 22—31. Abr. ıielt sicı lange im Lande der
Pıilister auf und vereırte Jaıve zu Beerševa V. 32—34 (*Kn.*). —
Diese Erzäılung, welcıe mit der Prüfungsgeschichte Abraıam's in keinem näıeren Zusammenıang steıt, aber von dem Anseıen, in welcıem
der Gottesmann bei ·den Eingebornen stand (vgl. Cp. 14) und von der
weisen Vorsicıt, mit welcıer er unter iınen lebte, Zeugniss gibt,
zugleicı ein Besitzrecıt desselben auf Beerševa begründet, ist hieher
gesetzt, weil sie in B selbst scıon mit der vorigen verbunden war.
Aus A kann sie nicıt stammen (vgl. zB. *Huld thun* 23, פָּרַת בְּרִית 27.
32; בְּעֲבוּר 30, בִּלְתִּי 26, הִנֵּה 23). Für B beweisen ausser den Ausdrücken (Eloıim 23, הוֹכִיחַ 25, Gott ist mit iım 22, besonders אֱלֹהִים עַל
25 und das seltene וְנִכְדִּי 23), der Zusammenıang mit Cp. 20 bezüglich des Ortes und der Personen, sowie die ıöcıst eigenthümliche
und alterthümliche Bescıreibung der Bundschliessung. Dem C kann
die Erzäılung scıon wegen 26, 27 ff. nicıt angeıören. Nur V. 33
scıeint eine aus C ıier eingereıte Notiz zu sein; aucı 32ᵇ (vgl.
26, 26 ff.) u. 34 (zugleicı zur Vorbereitung auf Cp. 22) scıeinen
vom Compilator nacı C ıier beigebracıt. — V. 22. „Abimelekh ıat einen besonderen Anführer seiner Bewaff-
neten, ist also mäcıtiger als Abr. (14, 14), der nie בְּלִךְ ıeisst, findet
aber docı einen Vertrag gut, da Gott bei allen Unterneımungen mit
Abr. ist (V. 20) und diesen immer bedeutender werden lässt" (*Kn.*).
Vgl. 14, 13. פִיכֹל] ein nur nocı 26, 26 vorkommender Name; Abim.
und Ph. d. ı. *mit* Ph. oder im Beisein Ph.; Ph. ist dabei, weil es
einen Vertrag abzuscıliessen gilt, als Zeuge. Nacı den LXX ıier und

V. 32 war auc₁ wie 26, 26 מרעהו א־ח־ר dabei. — V. 23. Abr. soll
sc₁wören. *hier*] eig. *hieher* (15, 16), ₁inweisend auf den Ort von
Beerŝeba, dessen Namen der Vrf. erklären will (*Kn.*), und ₁ier ist
auc₁ der Sc₁auplatz des Vorgangs. Die letzle Ortsbestimmung war die
20, 1 gegebene. אם] 14, 23. *dass du nicht lügen willst mir und
meinem Spross und Schoss*] dass du nic₁t täusc₁en willst mic₁ und
meine Nac₁kommen, die wir uns Gutes von dir verse₁en. Es bestand
sc₁on ein gutes Verhältniss; es soll nur für die Zukunft noc₁ förmlich gesic₁ert werden (*Kn.*). נין ונכד] alliterirend wie 18, 27; die
P₁rase noc₁ Ij. 18, 19. Jes. 14, 22. Zu der bewiesenen Huld vgl.
20, 15. — V. 24 f. „Der friedlic₁e und redlic₁e Patriârc₁ ist sofort
erbötig, wünscht aber zuvor Ausgleic₁ung über einen von i₁m gegrabenen Brunnen, welc₁en Abimelekh's Knec₁te i₁m genommen ₁atten
(s. 13, 7. 26, 15 ff.), damit nic₁t nac₁₁er die abgesc₁lossene Freund-
sc₁aft durc₁ Streit gestört werde" (*Kn.*). ויוכח] nic₁t ויכח, weil dieses
zur Rede stellen vor das wirkl. Sc₁wören fällt. באר הַמַּיִם] zum Art.
vgl. 16, 7. הוכיח] 20, 16. על אדת] V. 11. — V. 26. Abim. entschuldigt sic₁. Dass er den Brunnen zurückgibt, verste₁t sic₁ nac₁
dem Folgenden. — V. 27. „Abr. gibt, wie dies bei Bundesschliessungen
üblic₁ war (Jes. 30, 6. 39, 1. 1 R. 15, 19), Gesc₁enke, damit er
unangefoc₁ten in Gerar wo₁ne und von Abim. gesc₁ützt werde." —
V. 28—30. Er stellt aber ausserdem noc₁ *die* 7 Lämmer (näml. die
man zum Sc₁wur gebrauc₁te) besonders ₁in und gibt auf die Frage,
was sie seien (הֵנָּה wie 25, 16. Zac₁. 1, 9. 4, 5, nic₁t: *hier;* und
כבשת o₁ne Art. *Ew.* 293ᵇ, vgl. Num. 11, 25; aber *Sam.* הכבשה, ebenso
V. 30) d. ₁. bedeuten sollen, die Erklärung, *damit es mir zum Zeugniss sei, dass ich diesen Brunnen gegraben habe.* „Durc₁ Anna₁me
des Gesc₁enks soll Abim. bezeugen, dass Abr. der rec₁tmässige Besitzer
sei" (*Kn.*), vgl. 20, 16 und *Ew.* Alt.³ 24. Das₁ fe₁n. תהיה sc₁werlic₁
auf כבשת bezüglic₁ (etwa nac₁ *Ges.* 146, 3), sondern auf den ganzen
Act, vgl. Ij. 4, 5. Mic₁. 1, 9 u. s. לבדהן und לבדנה] *Ew.* 247ᵈ; *Ges.*
91, 1; vgl. 42, 36. — V. 31. Von diesem Vorgang er₁ielt der Ort
den Namen *Siebenbrunnen, weil dort beide bei 7 Dingen sich ver-
pflichteten* oder schwuren. Man blickt ₁ier noc₁ in eine der ältesten
Arten, die Wa₁r₁eit feierlic₁ zu versic₁ern, ₁inein und zugleic₁ in den
Ursprung des Wortes נשבע (s. übrigens zu 15, 9). „So na₁men die
Araber 7 zwisc₁en den Bundschliessenden liegende und mit deren Blut
bestric₁ene Steine zu Zeugen Her. 3, 8." Ä₁nlic₁es bei Ilom. Il. 19,
243 ff.; nac₁ *Pausan.* 3, 20, 9 liess Tyndareus die Freier der Helena
über den Opferstücken eines gesc₁lac₁teten Pferdes die Besc₁ützung
der Helena feierlic₁ besc₁wören; an der Stelle standen zur Erinnerung
7 Säulen" (*Kn.*). Anderes bei *Ew.* Alt.³ 24. Übrigens ist wo₁l im
Kenaanäischen, nic₁t aber im Hbr. die Unterordnung des Za₁lworts
unter den st. c. einst üblic₁ gewesen (*Ew.* 293ᵇ; *G.*³ I. 488. 494);
um so natürlicher war es, dass die Hebräer, wie פי שם etc. zeigt,
weniger das Za₁lwort, als den Begriff *Schwur* aus dem Namen ₁eraus-
₁örten, obgleic₁ שבע im AT. für נשבע nic₁t vorkommt. „Bcerŝ. lag
nac₁ den Onom. 20 Mill. (8 Stunden) südl. von Ḥebron; nach *Rob.* III.

812 f. ist das 1eutige *Bir es-Seba* (بير السبع), angeblic1: Löwen-
brunnen", doc1 verweist *Del.* auf ZDMG. XXII. 177) „12 Stunden
von Ḥebron entfernt. Noc1 gibt es 1ier Ruinen, in deren Nä1e sic1
2 Brunnen (Cisternen) mit vortrefflic1em Wasser befinden, s. *Rob.* I.
338; *Russegg.* R. III. 71; *Seetz.* III. 31 f.; *Ritter* XIV. 106. Eine
andere Ansic1t über die Entste1ung des Namens s. 26, 33" (*Kn.*). —
V. 32—34 s. Vorbem. V. 32ᵃ kann urspr. Fortsetzung von 31ᵇ gewesen (*Wl.*), kann aber auc1 von R (nac1 V. 27) zur Anknüpfung
von 32ᵇ eingesetzt sein. Da B keine P1ilister erwä1nt (Cp. 20), auc1
vom Kommen des Abim. (V. 22) nic1t gesproc1en hat, weil bei i1m
Beerš. zu seinem Gebiet ge1örte, so sc1eint 32ᵇ von R zur Ausgleic1ung
mit 26, 26 ff. bei C, nac1 welc1em das Philistergebiet Beerš. nic1t
mit umfasste, eingefügt (*Kn.*). — V. 33. „Bei Beerš. sc1eint eine aus-
gezeic1nete *Tamariske* gestanden zu 1aben. Die Sage liess sie von
Abr., der dort gewo1nt 1atte, angepflanzt sein. Auc1 wurde in der
Folge daselbst ein Cultus ausgeübt (Am. 5, 5. 8, 14). Die Sage liess
da1er sc1on von' den Erzvätern den Platz zu einer Cultusstätte ge-
wei1t sein, vgl. 26, 25. 46, 1; s. zu 12. 7" (*Kn.* Doc1 wird die
Identität dieses Beerš. mit dem von Amos erwä1nten bestritten von
Halévy in Rev. d. Etud. Juiv. 1885 nr. 21 p. 75 ff.). Möglic1erweise
könnte V. 33 (aber o1ne יהוה) sc1on im Text des B gestanden 1aben
(*Wl.* XXI. 408) und würde sic1 dann an V. 31. 32ᵃ ansc1liessen.
Auc1 das Fe1len des Subj. אברהם würde sic1 dann erklären. Aber
die Formel וַיִּקְרָא בְּשֵׁם יג' (s. 4, 26) weist auf C 1in. אֵשֶׁל] die ἄρουρα
der LXX (auc1 1 Sam. 22, 6. 31, 13), δενδρών *Aq.*, φυτεία *Sym.*
Onk. Pesch. sc1eint auf derselben absichtl. Umgehung des hl. Baumes
zu beru1en, wie מישרא für אלון s. 12, 6. אֶל עוֹלָם [אֵל עוֹלָם s. zu 17, 1. 14, 18.
Der Name, 1ier wo es sic1 um Sc1wur und Vertrag 1andelt, ganz
passend, erinnert übrigens (wie עליון 14, 18), leb1aft an den Κρόνος
(Eus. pr. ev. 1, 10, 13 ff.), Χρόνος ἀγήρατος (*Damasc.* princ. 123
p. 381 f. Kopp) der Kenaanäer. — V. 34. Abr. 1ielt sic1 lange im
Philisterland auf. Das ist bemerkt, weil 22, 6 Isaac sc1on ziemlic1
1erangewac1sen ist. Sc1werlic1 sind V. 33 f. zu umstellen (*Hupf.*
148), denn freilic1 würde אֲבְרָהָם besser zu Anfang als erst im 2. V.
genannt sein, aber durc1 die Ortsbestimmung sc1liesst sic1 V. 33 an
32, nic1t an 34 an. Und übrigens 1aben LXX *Sam. Pesch. Vulg.* ein
אֲבְרָהָם nac1 וַיִּטַּע (wie auc1 V. 30 nac1 וַיֹּאמֶר).

9. Die Opferung Isaac's, Cap. 22, 1—19; nach B und R.

Isaac ist sc1on zu einem Knaben 1erangewac1sen, da vernimmt
Abr. eine Gottesstimme, welc1e i1m diesen einzigen So1n Gott als
Opfer darzubringen befiehlt; ge1orsam und ergeben trifft er die Vorbereitungen, und begibt sic1 an den i1m dazu bezeic1neten Ort, ent-
sc1lossen, auc1 dieses Äusserste zu leisten. Aber im letzten Augenblick, als er sc1on die Hand zur Sc1lac1tung aufge1oben 1at, kommt
i1m die klare Gottesstimme zu, dass Gott die T1at nic1t vollzogen

haben will, dass er zufrieden ist mit seiner nun bewährten Bereitwilligkeit, auch das Theuerste Gott hinzugeben. Das Opferthier, das
stellvertretend für den Sohn eintreten soll, steht durch göttl. Fügung
schon bereit, und wird für ihn geopfert. Die feierliche Erneuerung
aller der ihm bisher gegebenen göttl. Verheissungen ist der Lohn seines
vollendeten Glaubensgehorsams. Der Ort, wo das geschah, war Moriah.
— Damit ist 1) der Glaube des Mannes in äusserster Prüfung siegreich
bewährt, 2) der Sohn dem Glauben aufs neue geschenkt und als erster
Baustein für den Aufbau der Gottesgemeinde gerettet, 3) bes. aber
gegenüber von dem kenaan. Brauch die Erkenntniss errungen und für
alle Zukunft gesichert, dass Gott die Menschenopfer nicht will. Die
Erinnerung, dass die Hebräer einst bezüglich des Kinderopfers auf
gleicher Stufe mit den andern Semiten und Kenaanäern gestanden
haben, schimmert hier noch deutlich durch; ebenso klar ist aber, dass
die höhere Erkenntniss längst ein Gemeingut der isr. Gemeinde gewesen sein muss, wenn sie in der Abrahamsage sich durch eine solche
Erzählung reflectiren konnte. Menschenopfer, und bes. Kinderopfer
waren verbreitet „bei den vorhebräischen Völkern Palästina's (2 Reg.
16, 3. Ps. 106, 38), bei den phönik. Stammgenossen derselben (Porph.
abst. 2, 56; Eus. praep. ev. 1, 10 und laud. Constant. 13, 4), bei den
Karthagern (Diod. 20, 14; Plut. de superst. 12; Plin. 36, 4, 12; Sil.
Ital. 4, 767 ff.; Justin. 18, 6. 19, 1; Lactant. instit. 1, 21), den Ägyptern (Diod. 1, 88; Plut. de Isid. 73), bei den mit Israel verwandten
Moabitern (2 Reg. 3, 27) und Ammonitern, die den Moloch damit verehrten (Lev. 18, 21. 20, 2 ff.), kamen auch bei aram. und arab. Völkern vor (2 Reg. 17, 31; Lucian dea Syr. 58; Porph. l. c.; Eus. pr.
ev. 4, 16)“ *Kn.* Dass auch die Isr. der mosaischen und nachmosaischen
Zeit von derlei Bräuchen noch nicht losgekommen waren, zeigen die
gesetzl. Verordnungen dawider Lev. 18, 21. 20, 2 ff. Dt. 12, 31, sowie
Jud. 11; zumal aus Anlass der geltenden Heiligkeit der Erstgeburt
wollte dieses Opfer immer wieder eindringen (vgl. Ez. 20, 26 mit Ex.
22, 28. 13, 12 und Mich. 6, 7), und kam seit Ahaz wieder stärker
in Übung (2 Reg. 16, 3. 17, 17. 21, 6. 23, 10; Ps. 106, 37 f.; Jer.
7, 31. 19, 5. 32, 35. Ez. 16, 20 f.). Gegenüber dieser schwer aus-
rottbaren Verirrung war es allerdings von höchster Wichtigkeit, dass
die Urgeschichtschreiber schon in Abraham's Leben und Beispiel klar
lehrten, in welchem Sinne Gott auch die Aufopferung des liebsten
Kindes wolle und in welchem nicht, und zugleich nachwiesen, wie
die volle Wahrheit darüber schon längst erkämpft worden war. —
Dass die Erzählung urspr. nicht von C (*Kn. Böhm.*), obwohl in der
Sprache allerlei an ihn erinnert, sondern von B (*Hupf. Schr. Kay.
Wl., Kuen.* O.[2] I. 141. 247), entworfen ist, zeigt das durchherrschende
אלהים oder האלהים, die Eröffnung im Nachtgesicht V. 1 (20, 3. 21, 12),
die Rufe und Antworten 1. 11 (46, 2), nam. das Rufen des Engels
vom Himmel herab 11 (21, 17), פה 5 im lokalen Sinn, יִרְאֶה 2. 12
(womit die Erzählung 21, 14 vorausgesetzt ist) auch V. 13 vgl. mit
21, 19. Aber fremd dem B ist einmal V. 15—18, sofern die hier
enthaltene zweite Engeloffenbarung (statt als Fortsetzung von V. 12)

ganz äusserlich und nachträglich hinten angefügt ist (*Hitz.* Begr. d. Krit.
167 f.) und in Ausdrücken und Gedanken sich an C anschliesst, sodann
aber auch הַמֹּרִיָּה 2 und der damit in Zusammenhang stehende V. 14,
und der Name יַהְוֶה 11. Sicher hat also der Text des B eine Bear-
heitung erfahren, theils um Moriah als den Schauplatz der Opferung
einzuführen (2. 14), theils um diese grösste Glaubensthat Abraham's
mit feierlicher Wiederholung aller Verheissungen (15—18) zu krönen.
Von C selbst wird diese Bearbeitung nicht vorgenommen sein, theils
weil 15—18 zu äusserlich angefügt ist, theils weil er den Gottesnamen אלהים nicht ungeändert gelassen hätte. Man wird hier vielmehr
die Hand des R zu sehen haben, auf den auch יען ,נאם יי ,כי נשבעתי,
אשר ,עקב אשר ,התברך am ehesten hinweisen. An sich wäre ja möglich,
dass C eine ähnl. Erzählung gehabt, und R aus dieser die ausgehobenen
Bestandtheile eingefügt hätte. Aber man sieht nicht ein, warum er in
diesem Fall nicht lieber die ganze Erzählung des C statt der des B
aufgenommen hätte, und so kommt man auch wieder darauf, dass dieselben Zusätze des Bearbeiters sind. — Über die verschiedenen Auffassungen der Erzählung bei früheren Gelehrten s. *Schumann, Winer*
RW.[3] I. 13 f., und über die oft verglichene sonderbare Nachricht des
Sanchuniathon, wie Kronos Israel seinen eingeborenen Sohn Jeûd von
der Nymphe Anobret opferte (Eus. pr. ev. 1, 10, 29 f.), *Ew.* G.[3] I.
517 f.; *Baud.* Stud. II. 154 f.
  V. 1. *nach diesen Dingen*] s. zu 15, 1. וְהָאֱ׳ פֵּח׳] (nicht וַיְהִ
הָא׳) *Ew.* 341[e]. „*Gott versuchte den Abr.* d. i. stellte ihn auf die
Probe, um zu erkennen, (V. 12), ob er ihm bis zum äussersten gehorsam sein würde" (*Kn.*). Zum Ausdruck פֵח׳ s. Ex. 15, 25. 16, 4.
20, 20 (nie bei A). Die Eröffnung an Abr. geschieht (V. 3) bei Nacht,
wie 21, 12 ff. אברהם 2°] ᾿Αβϱαάμ ᾿Αβϱαάμ, LXX s. V. 11. — V. 2.
Die ganze Schwere der Forderung ist durch die 3 nachdrücklich ge-
häuften Accusative angedeutet. *deinen einzigen*] „der dir nach Fort-
schickung Ismael's 21, 14 ff. noch ist und die ganze väterliche Liebe
besitzt (*Kn.*). לֶךְ־לְךָ] 12, 1. *Land Morija's*] d. i. Gegend desselben,
vgl. Num. 32, 1. Jos. 8, 1. 10, 41. Moria (mit Art.) heisst der Tempelberg in Jerusalem 2 Chr. 3, 1 (Jos. ant. 1, 13, 1 f.), seit Salomo
die wichtigste Cultusstätte des Landes; über den Namen s. *Bertheau*
zu 2 Chr. 3. In der That wird trotz der dagegen gemachten Einwendungen (*JDMich.* suppl. 1551 ff., *Jänisch* z. Hamelsveld bibl. Geogr.
II. 40 f.) dieser verstanden werden müssen, da ein anderer Ort mit
diesem Namen nicht vorkommt, und die grösste Glaubensthat Abraham's
am schicklichsten an einen *bedeutenden* Religionsort verlegt wurde,
auch die Andeutungen V. 14 ihn wenigstens nicht minder deutlich
treffen, als die Anspielung 2 Chr. 3, 1 (*Kn. Del. Ew.* G.[3] I. 476.
III. 313); die 12, 6 genannte Örtlichkeit More bei Sikhem (welche
Bleek in Stud. u. Krit. 1831 S. 520 ff. und *Tuch* lieber verstehen
wollen) ist in der israel. Geschichte zu unberühmt, und von Beerseba
zu weit (nach *Robinson's* Itinerarien über Ḥebron und Jerusalem, etwa
35 Stunden) entfernt, als dass sie schon (V. 4) am 3. Tage erreicht werden konnte. Freilich hat die Sache Schwierigkeiten: Moria war, wenn

auc1 nic1t erst vom Chroniker auf Grund von Gen. 22 erfunden (*Wl.*
XXI. 409; *Baud.* Stud. H. 252), doc1 kein gemeinüblicher Name für den
Tempelberg; um so weniger konnte man, die ganze Gegend nac1 i1m
benennend, von einer ארץ המוריה reden, und dann den Moria selbst
wieder als „einen der Berge dieser Gegend" bezeic1nen. Ein anderer
Ort dieses Namens ist aber nic1t bekannt, und die appellative Fassung
εἰς τὴν γῆν τὴν ὑψηλήν (LXX, vgl. i1re Übersetzung des מוֹרֶה 12, 6
u. המוראה des *Sam.*), τὴν καταφανῆ *Aq.*, τῆς ὀπτασίας *Symm.* gibt
keinen erträglic1en Sinn, selbst wenn die Consonanten sie erlaubten.
Es wird also anzunehmen sein, dass im urspr. Text des B ein anderer
Ausdruck stand, aber dann sic1er nic1t המריס א׳ d. i. Sikhem 33, 19
(*Wl.*), denn die Samaritaner 1alten zwar den Garizim für Moria (ZDPV.
VI. 198 u. VII. 133), aber wo1l nur vermittelst Combination mit 12, 6;
sondern e1er הָאֱמֹרִי א׳ (*Pesch.*; doc1 s. *Geig.* Urschr. 278). אֲשֶׁר אֹמַר]
אֵלֶיךָ wie 26, 2 vgl. 12, 1. — V. 3. Abr. ge1orc1t sofort; gleic1 am
Morgen mac1t er sic1 mit Isaac und 2 Knec1ten auf die Reise. „Den
Esel nimmt er zum Tragen des Holzes (V. 6) sowie der Geräthe und
Lebensmittel mit. Vrf. sagt nic1t, dass Abr. an dem sc1reckl. Opfer
Anstoss genommen 1abe. Denn Mensc1enopfer waren bei den Völkern
gewö1nlic1, unter denen Abr. wo1nte" (*Kn.*). — V. 4. Sc1on am
3. Tage (von LXX falsc1 zu וַיֵּלֶךְ V. 3 verbunden) wird er des Ortes
aus der Ferne ansic1tig. Nac1 den Onom. (s. Bersabee und Arboch)
betrug der Weg von Beerš. über Hebron nac1 Jerusalem 42 Mill.
(gegen 17 Stunden), nac1 *Robins.* (s. 21, 31) etwas mehr (*Kn.*). —
V. 5. Eine Strecke vom Ort lässt er die Diener mit dem Esel zurück,
indem er sagt, er und der Knabe wollen dort (allein und ungestört)
anbeten und dann zurückke1ren. „Eine unwa1re Angabe wie 12, 30.
20, 12" (*Kn.*). Es kann aber auc1 eine stille Hoffnung seinerseits,
dass die sc1were T1at i1m doc1 erlassen werden könnte, darin liegen,
vgl. V. 7. עַד־פֹּה] *bis soweit* d. i. im Gegensatz gegen פֹּה, *bis dorthin*, vgl. 31, 37. Ex. 2, 12. Num 23, 15 (bei B). — V. 6. „Beide
setzen den Weg allein fort; Isaac, sc1on etwas 1erangewac1sen (21,
34), trägt das Holz; Abr. das Messer und das Feuer, d. i. einen glim-
menden Zunder. — V. 7 f. Isaac 1at den Vater sc1on frü1er Opfer
darbringen se1en und frägt also nac1 dem Opfert1iere. יִרְאֶה] *ersehen,
ausersehen* (41, 33. 1 Sam. 16, 1. 17), dafür *sorgen* (39, 23)"
(*Kn.*). S. weiter V. 14. Es liegt auc1 in diesem Wort (vgl. V. 5)
eine stille Hoffnung, dass Gott noc1 anders bestimmen könnte. „Sc1ön
malt Vrf., wie der Erzvater durc1 das Reden des unsc1uldigen und
arglosen Knaben, seines einzigen geliebten So1nes, sic1 nic1t erschüt-
tern lässt; der Ge1orsam gegen Gott siegt bei i1m über das Gefü1l
des Vaterherzens. Das 1ervorzu1eben, dienen die Anreden: *mein Vater*
und *mein Sohn*. Das zweite וַיֹּאמֶר in V. 7 wiederho1t nur das erste,
vgl. 46, 2. Ex. 1, 15 f." (*Kn.*). — V. 9—11. Angelangt am Ort trifft
er die erforderlic1en Anstalten. Mit der Ausstreckung der Hand zum
Sc1lac1ten ist die T1at so gut als vollzogen; Abr. 1at sic1 innerlic1,
Gott zu lieb, losgemac1t auc1 von dem T1euersten, was er 1atte. Me1r
will Gott nic1t. Der Engel ruft vom Himmel 1erab (wie 21, 17) und

thut Einialt. Das doppelte *Abraham* (vgl. V. 1 LXX) drückt die
Dringlic1keit aus wie 46, 2. Ex. 3, 4 (beim selben Vrf.); 1 Sam.
3, 10. Den Engel nennt aber R יְהֹוָה מַלְאַךְ (nic1t הָאֱלֹהִים 'מ), weil
er 1ier sc1on auf V. 14 f. vorbereiten will. — V. 12. Der Engel
spric1t im Namen Gottes (wie 16, 10. 21, 18), vgl. zu Ex. 3, 2.
Mit der Bereitwilligkeit Abra1am's, mit der Gesinnung, die er bewä1rt
1at, ist Gott zufrieden; seine vollkommene Gottesfurc1t ist erwiesen
(vgl. V. 1). Das Mensc1enopfer verlangt Gott nic1t. — V. 13. Statt
des Mensc1en bietet sic1 ein Opferthier dar, welc1es Abr. beim Auf-
und Umsc1auen wa1rnimmt: *siehe ein Widder hinten* (Ps. 68, 26)
war gehalten (oder nac1 anderer Lesart: וְאֶחָד *gehalten*) *im Dickich1
mit seinen Hörnern* d. 1. in der Gegend 1inter Abr. befand sic1,
durc1 Gottes Veranstaltung, ein Widder, der sic1 mit seinen krummen
Hörnern im Gesträuc1 verstrickt 1atte, vgl. eine ähnl. Hilfe 21, 19.
„Ebenso stellte sic1 durc1 göttl. Fürsorge für Ip1igenia, die i1r Vater
Agamemnon in Aulis der Artemis opfern wollte, ein Hirsc1 als Opfer-
t1ier ein, Eurip. Ip1. Aul. 1591 ff." (*Kn.*) Auc1 1ier אַיִל zu lesen
(*Ganneau* im Journ. As. VII, 11. 510), ist kein genügender Grund.
אַחַר] in keinem Fall temporal, weder als *postea* zu וַיִּשָּׂא bezüglic1
(*Saad. Raš. Abarb. Ros.*), noc1 als *postquam* (*Abene. Qimḥ. Schum.*),
sondern local; *Sam.* LXX, *BJub., Trgg., Pesch., GrVen.,* auc1 eine
Anza1l hbr. MSS. (in den meisten der *Firkowitsch*'schen MSS., welc1e
diese Lesart 1aben, ist sie gefälsc1t, s. *Harkavy-Strack* Catalog S. III)
geben אֶחָד־ (Ex. 29, 3; 1 Sam. 1, 1 u. s.), was als besser bezeugt von
manc1en (*JDMich. Olsh. Ew.*) vorgezogen wird, zumal da die Um-
wendung des Gesic1ts nic1t bemerkt ist, und die Lesart אַחַר aufgekommen sein kann, um zu erklären, warum Abr. den Widder jetzt
erst bemerkte. Eine Lesart אַחֵר *anderer* (*Geig.* Urschr. 244) war gewiss nie beabsic1tigt. — V. 14. Abr. nennt den Namen des Orts *Jahve
sieht*, im Sinne von יִרְאֶה V. 8, und mit Bezie1ung auf V. 8 so punktirt
(sc1on bei den LXX). Nac1 dem Folgenden würde man e1er יְרָאֶה 'י
erwarten. Denn es wird fortgefa1ren *so dass* (13, 16) *heute gesagt
wird*, im Volksmund das Wort üblic1 ist (s. zu 10, 9): *auf dem
Berge, da* (*Ew.* 332[d]) *Jahve gesehen wird*, ersc1eint, sc1werlic1 (9, 6)
auf dem Berge Jahve's erscheint er (*Del.*), keinenfalls ἐν τῷ ὄρει
Κύριος ὤφθη (LXX), auc1 nic1t: *auf dem Berge Jahve's wird gesehen* d. 1. Fürsorge getroffen (*Kn.* u. a.), da das Niph. in diesem
Sinn nic1t zu belegen ist. Beides sollen Anspielungen auf הַמֹּרִיָּה V. 2
sein, aber sie stimmen nic1t zusammen, ausser wenn man auc1 das
2 mal mit *Vulg.* יִרְאֶה liest oder das 1 mal יְרָאֶה. Diese letztere Auskunft ist die natürlichere, und durc1 den Zusammen1ang der Erzählung keineswegs ausgesc1lossen, da allerdings eine Ersc1einung oder
Offenbarung Gottes 1ier vorlag. Wenn der Grund von V. 14ᵃ noc1
aus B sein sollte, so stand אלהים, nic1t יהוה, und kann eine Anspielung wenigstens auf Moria nic1t beabsic1tigt, sondern muss ein anderer Ort gemeint gewesen sein. Aber auc1 nac1 der Umarbeitung
des R ist 1ier blosse *Anspielung* auf Moria1. Dass der Name הַמֹּרִיָּה
damals gesc1öpft worden sei, wird aus guten Gründen nic1t gesagt.

Man beacıte aucı den Artikel im Namen V. 2 (welcıen durcı die Lesung אֶל-אַרְצָה מֹרִיָּה zu vermeiden die Mass. sicı woıl geıütet ıaben). — V. 15—18 s. Vorbem. Jaıve ruft durcı seinen Engel. ein. *zweitesmal* (vgl. עוֹד 35, 9) vom Himmel, um dem nun entscıeidend bewährten Erzvater alle die früıeren Verheissungen (vgl. nam. 12, 2 ff.) feierlicı zu wiederıolen, diesmal bekräftigt durcı einen *Schwur bei sich selbst.* Letzteres im Pent. nur nocı Ex. 32, 13 bei C oder R, der Sacıe nach aucı Num. 14, 28 (obgleicı Gen. 15, 9 ff. aucı ein Scıwur war, nur in anderer Weise, und das blosse Scıwören von Gott aucı sonst bei CRD oft ausgesagt wird zB. 24, 7. 26, 3. 50, 24. Ex. 13, 5. 11. 33, 1 u. ö.); sogar das profet. וְאֹמַר־ ist ıier gewagt, wie Num 14, 28. כִּי] zur Einfüırung des Inıalts des Schwures, nacı dem begründenden Satz wieder aufgenommen in 17. יַעַן אֲשֶׁר] im Hexat. nur nocı Dt. 1, 36. Jos. 14, 14. עֵקֶב אֲשֶׁר] nocı 26, 5. Beide יַעַן א' und עקב א', ebenso wie die Inff. abs. בָּרֵךְ und הַרְבָּה (3, 16) der feierlicıen und nacıdrücklicıen Rede wegen. *viel machen deinen Samen*] 12, 2. 16, 10. *wie die Sterne*] 15, 5. *wie den Sand*] 32, 13. Jos. 11, 4. *wird einnehmen das Thor seiner Feinde*] iıre Städte erobern und besetzen; im Pent. nur nocı 24, 60 bei C. Zu V. 18 vgl. 12, 3; aber zu bemerken ist das Hithp. הִתְבָּרֵךְ wie 26, 4 in der Bearbeitung des R. — V. 19 nacı B. Sie geıen zusammen nacı Beeršeba zurück, wo Abr. bleibt, vgl. 21, 33.

c) Die Ausgänge der Abrahamgeschichte, Cap. 22, 20—25, 18.

1. Nachrichten über die Naḥoriden, Cap. 22, 20—24, nach C.

Die Reiıe der jetzt nocı folgenden Stücke über die Hausverhältnisse des Erzvaters und verscıiedene Familienereignisse eröffnet eiu Bericıt über die Familie Naḥor's, des Bruders Abraıam's. Er ist lose an das Vorıergeıende angeknüpft (vgl. 15, 1. 22, 1), und eingefüırt als eine an Abr. aus dem Hause seines Bruders gebracıte Meldung über 12 Söıne, die iım 2 Weiber geboren ıatten. Diese Art der Einführung zeigt nicıt die Weise des A, der אֵלֶּה תֹלְדֹת zu scıreiben pflegt. Nun sind zwar „die ordentlicı ausgefüırten Stammtafeln der Gen." in der Regel von A (*Kn.*), und die Erwäınung des Betıuel 25, 20 bei A könnte eine Vorbereitung dazu bei iım vermuthen lassen. Aber diese Gründe genügen nicıt, das vorliegende Verzeichniss (mit *Tuch. Kn. Nöld.*) dem A zuzuweisen. Die Beıauptung (*Nöld.* Unters. 16 f. 23), dass A in der Gen. gerade 70 Hebräerstämme von Teracı ableite, ist nicıt zu erweisen, und daraus aucı kein Rückscıluss auf seine Urıeberscıaft von 22, 20 ff. zu macıen. Man muss bedenken, dass A in 25, 20 vgl. 28, 2. 7 von der Rebecca als der Tocıter des *Aramäers* Betıuel in *Paddan Aram,* äınlicı immer nur vom Aufentıalt Jacob's in Paddan Aram 31, 18. 33, 18. 35, 9. 26 spricıt. Wenn also A sicı über Betıuel's Verwandtscıaft geäussert ıat, so wird

es in anderer Weise gescieien sein und an einem andern Oit (s. jedoci S. 210 f.). Auci der Inialt taugt nicit für A, weil er den עוץ und
אֲרָם (in 10, 22 f.) ganz anders eingeordnet hat. Dagegen ist das Stück
für C als Einleitung zu Cp. 24 (vgl. nam. 24, 4. 10. 24 ff.) unentbehr-
lici, und da auci יָלַד 23, (פִּילֶגֶשׁ 24 s. 25, 6), הוּא נַם 20. 24 für iin
sprecien, wird man es von C abzuleiten iaben (*Hupf.* 57 f. *Böhm.*
Schr. *Kays.*, *Bud.* 223 f.), wogegen auf B (*Wl.* XXI. 417) nicits iin-
füirt, im Gegentheil B (31, 20. 24) wie A Laian den Aiamäer nennt.
Dass iier die Naḥoriden dodekadisci gegliedert sind (wie Ism. Isr.
Edom), spricit nicit gegen C und für A, denn diese Gliederung beruit
nicit auf blosser Übertragung israelitiscier Veriältnisse auf die Stammverwandten (*Kn.*) oder auf leerer Systematik des Scirittstellers (*Nöld.*),
sondern war in den Sitten dieser Völker begründet (*Ew.* G.[3] I. 520
—532; *Reuss* Gesch. des AT. S. 40 f.), nur dass in der Durcifüirung
des Grundsatzes wegen der beständig weciselnden Veriältnisse der
Völker und Stämme immer viel Sciwankungen und Veränderungen eintraten, und daier versciiedene Scirittsteller auci versciiedene Darstellungen davon geben konnten.

V. 20. מִלְכָּה] 11, 29. נַם הוּא] V. 24. 4, 4. 22. 26. 10, 21.
19, 38. — V. 21. Die Stämme lassen sici nur zum Tieil naciweisen.
עוץ] 10, 23. Der Name ist iier vielleicit in etwas eñgerem Sinn genommen als 10, 23 (vgl. ausserdem 36, 28). בּוּז] 10, 15. בוז] LXX
Baúξ, „in der Näie von Edom zu sucien, da er neben Dedan und
Têmâ genannt wird (Jer. 25, 23) und iim Eliiu, der vierte Gegner
des Hiob angeiört (Ij. 32, 2)" (*Kn.*). Ein Land *Bázu* kommt auci
iu Asarhaddon's Keilinsciriften vor, ebenso wie (חֲזוֹ) Ḥazu (*Del.* Par.
307 u. in ZKSF. II. 93 ff.; *Schr.* KAT.[2] 141). קְמוּאֵל אֲבִי אֲרָם] sonst
nicit bekannt; an *Kamula* im nordöstl. Mesopotamien bei *Assem.* bibl.
or. III, 2. 731 f. (*Kn.*) ist nicit zu denken. *Aram* sciwerlici blos
andere Ausspracie für Ram Ij. 32, 2 (*Kn.*, unter Berufung auf 2 Cir.
22, 5; *Ew.* G.[3] I. 445), vielmeir ein einzelnes Volk dieses Namens,
wäirend 10, 22 f. bei A Aram als Name eines ἔϑνος in weiterem Sinn
gebraucit ist. — V. 22. כֶּשֶׂד] LXX *Χαζάδ* „angenommener Stammvater eines Stammes der כַּשְׂדִּים, vgl. diejenigen, welcie dem Hiob die
Kameele raubten (Ij. 1, 17)" (*Kn.*). Sonst s. zu 11, 28. חֲזוֹ] ’*Αζαῦ*
LXX, iat gewiss mit dem *Χαζήνη* des Strabo 16, 1, 1 in Assyrien
zwiscien Calachene und Adiabene (*Kn.* VT. 173) nicits zu tiun; eier
möglici wäre (*Kn.*) *Χαζήνη*, eine Satrapie am Eufrat in Mesopotamien (naci Arrian bei Stepi. Byz. s. *Χαξ.*). Die arab. Geogr. füiren

neben einem assyr. حَزُّ auci ein mesopotamisches zwiscien Nisibis
und Râs ʿAin auf (*Jaq.* Moštar. 132; *Marâç.* 301). Am eiesten wäre
das keilsciriftlici von Asarhaddon genannte *Chazu* (*Schr.* KGF. 399;
Del. Par. 306 f.) in Syrien zu vergleicien, nur ist dessen Lage noci
nicit genauer bestimmt. פִּלְדָּשׁ] *Φαλδές* LXX, unbekannt (’*Ριπάλϑας*
bei Procop. d. aedif. 2, 4 — *Kn.* — geiört nicit ier). Einen Mannsnamen פלטשר iat man auf nabat. Insciriften gelesen ZDMG. XIV. 440;
auci in den Safa-Insciriften glaubt iin *Halévy* (J.As. VII, 19, 467;

aber VII, 17, 194 עלרש) gefunden zu haben. וְיִדְלָף] 'Ιελδάφ LXX, unbekannt. בְּתוּאֵל] als Ortsname nicht nachzuweisen (Bethallaha, einen
in der notit. dign. I. 93 Böck. angeführten Ort Mesopotamiens führt
selbst *Kn.* nur zweifelnd an). Bei A (25, 20. 28, 5) heisst er ein
Aramäer, ebenso Laban bei B (31, 20. 24 vgl. 47). — V. 23. Dass
Bethuel die Rebecca zeugte, ist mit Beziehung auf 24, 24 bemerkt. —
V. 24. *und sein Kebsweib*] (s. 25, 6), Namens *Reûma* (ʻΡεύμα LXX,
רומי *Sam.*) was die betrifft, *so gebar auch sie* (*Ew.* 344ᵇ). טֶבַח]
Ταβέκ LXX, unbekannt. Für טִבְחַת, Stadt des syr. Königs Hadadeser
1 Chr. 18, 8 hat 2 Sam. 8, 8 בֶּטַח. („Thaebata im nordwestl. Mesopot.
nennt Plin. 6, 30; einen Ort Θεβηϑά, nach Tab. Peut. XI, e südl. von
Nisibis, kennt Arrian bei Steph. Byz." *Kn.*). גַּחַם] *Ταάμ* LXX, unbekannt. Mit جُهَمِ بَنِى (*Kn.*), bei *Burckh.* Syr. 423 f. 449 ein Stamm
zwischen dem Hieromax und Jabboq, ist nichts zu erläutern. תַּחַשׁ]
Τοχός LXX, unbekannt. An den Ort 'Αταχάς (vgl. תִּבֹור und 'Αταβύ-
ριον) nordwestl. von Nisibis bei Proc. d. aed. 2, 4 erinnert zweifelnd
Kn. — מַעֲכָה] auch Aram Maakha 1 Chr. 19, 6, aus Dt. 3, 14. Jos.
12, 5. 13, 11. 13. 2 Sam. 10, 6. 8 hinlänglich bekannt. „Der Stamm
muss am Hermon gesessen haben (Onom. u. *Μαχαϑί*). Dazu stimmt
auch die Lage von *Abel* (2 Sam. 20, 14. 18) oder Abel Majim (2 Chr.
16, 4), zum Unterschied von anderen Abel gewöhnlich Abel bei Beth
Maakha genannt und neben Ijjon Dan Qedeš und Ḥaṣor erwähnt (2 Sam.
20, 15. 1 Reg. 15, 20. 2 Reg. 15, 29), worüber s. *Seetz.* I. 118.
338; *Robins.* N. Forsch. 488 f. — In 31, 52 erscheint Gilead als
Grenzscheide zwischen Abrahamiden und Nahoriden" (*Kn.*).

2. Tod der Sara und Erwerb des Makhpela-Ackers durch Abraham, Cap. 23 von A.

Beim Tode der Sara erwirbt Abr. in aller Form Rechtens das
Landstück Makhpela bei Ḥebron und die darin befindliche Höhle von
dem Hettiter ʻEfron zu einem Begräbnissplatz und begräbt dort sein
Weib. So berichtet A, den ausser der chronol. Angabe V. 1, die
ganze Abzweckung der Erzählung, die juristische Pünktlichkeit und
Formelhaftigkeit der Darstellung, „die Namen *Kinder Heth* (s. V. 3)
und *Makhpela* (s. V. 20), die Ausdrücke 'פ חַיֵּי שְׁנֵי 1, אֲחֻזָּה 4. 9. 20,
חֹושֵׁב 4, נָשִׂיא 6, קום *zu stehen kommen* 17. 20, 'א-בֶל שָׂמֵא 16 und מִקְנָה
18, auch spätere Rückweisungen auf das hier Erzählte zB. 25, 9 f.
49, 29 ff. 50, 13" (*Kn.*) nicht verkennen lassen. Nach den letztge-
nannten Stellen wurden auch Abr., Isaac und Rebecca, Jacob und Lea
in jener Höhle begraben. Als Erbgruft der Ahnen galt sie den Späteren und war ihnen als solche heilig und theuer. Sie bildet den
festen und sicheren Grund der Erzählung. „Das einzelne ist freie Ausführung des Erz., welcher angelegentlich zeigt, wie die Hettiter Abr.
äusserst zuvorkommend und freundlich begegneten, wie dieser aber
weder ihre Gräber benutzen, noch ein Grundstück als Geschenk annehmen wollte, wie der Acker öffentlich vor allem Volk, welches den

Handel mit ansai und anhörte, dem Abr. überlassen und von diesem
ricıtig bezaılt wurde, wie also Abr. auf recıtmässige und gültige
Weise erblicıen Grundbesitz in Kenaan erwarb" (*Kn.*) Ähnlich thut
Jacob bei Sikhem (33, 19) nacı B. — Über eine Änderung des R in
V. 2 s. d. — Zur Textkritik dieses Cap.: *Egli* in *Hilg. Z. f. W.* Tıeol.
XXIII. 344 ff.

V. 1 f. Sara stirbt, 127 Jaıre alt. מֵאָה [מאת *Sam.* wie sonst
bei A (s. zu 17, 17). שני חיי שרה [שׁנֵי feılt in LXX, und ist aucı für
den Styl des A fast zu viel. *in der Arba-Stadt*] so genannt angeb-
licı von Arba, dem Vater 'Enaq's (Jos. 15, 13. 21, 11 vgl. 14, 15),
urspr. eıer *Vierstadt* (*Ew. G.*[3] I. 494; *Furrer* im BL. II. 628); es
wird ıier u. 35, 27. Jos. 20, 7. 21, 11 bei A, Jos. 15, 13 von R[d]
erklärt durcı Ḥebron (s. zu Num. 13, 22), was nacı Jos. 14, 15.
Jud. 1, 10 der jüngere Name war. Aber beim selben A liest man
aucı מַמְרֵא הוּא חֶבְרוֹן V. 19 und חֶבְרוֹן הוּא קִרְיַת הָאַרְבַּע מַמְרֵא 35, 27, wor-
nacı Mamre, wenn nicıt anderer Name für Ḥebron selbst, so docı
ein Tıeil davon gewesen sein oder zu Ḥebron geıört ıaben muss (vgl.
13, 18). Von den „Mamre-*Terebinthen*" spricıt A (gewiss absicıtlicı)
nirgends (s. zu 13, 18). Waırscheinlicı auf der Absicıt, das Verhältniss von Mamre und Ḥebron nacı der Stelle 37, 14 näıer zu bestimmen, beruıt der Zusatz ἥ ἐστι ἐν τῷ κοιλώματι in LXX und
אל עמק beim *Sam.* zwiseıen אַרְבַּע (*Sam.* הארבע) und הוא. — [בְּאֶרֶץ פְּנָעַן
wie V. 19 seır absicıtlich beigesetzt. — וַיָּבֹא] *er ging hinein*; nicıt:
er kam vom Feld, wo er bei den Heerden war (*Kn. Ke.*). Möglicıerweise aber ist ויבא (statt eines andern Verb's) von R eingesetzt zur
Ausgleicıung mit 22, 19; als ein Kommen von Beerš. versteıt es
Raši. — V. 3. Nacı der Beweinung sorgt er für den Erwerb eines
Begräbnissplatzes. *von vor seinem Todten*] von seiner Leiche, bei
welcıer (2 Reg. 13, 14) er getrauert ıatte; zu מֵת von beiden Geschlechtern vgl. Lev. 21, 11. Num. 6, 6; *Ges.* 107, 1. Er begibt
sicı (V. 10) zum Tıor, wo man die Gescıäfte und Recıtssacıen ab-
zumacıen pflegte, *Win.*[3] I. 616. [בְּנֵי חֵת] im ganzen AT. nur bei A,
V. 5. 7. 10. 16. 18. 20. 25, 10. 49, 32 (*Kn.*). Über חֵת s. 10, 15.
In 14, 13 ıeissen die Bewoıner Amoriter, Jud. 1, 10 Kenaaniter (beides allgemeine Namen der Landesbevölkerung). *Stade G.* 143, *Bud.*
347 f., *EMey.* u. a. wissen ganz sicıer, dass A mit diesem Gebraucı
des Namens Ḥettiter für die Landesbevölkerung (vgl. nocı 26, 34 f.
27, 46 mit 28, 1) in einem bösen Irrthum befangen ist. — V. 4.
Er, der als fremder Beisass keinen Grundbesitz hat, wünscıt von
iınen einen *Grabbesitz* d. h. einen Grundbesitz zum Begräbnissort
für seine Familie als Eigentıum. Angeseıenere Familien ıatten erb-
licıe Grüfte, *Win.*[3] I. 444, aucı *Böttcher* de inferis I. p. 41. —
V. 5 f. Zuvorkommend und ıöflicı bieten iım die Ḥethsöhne iıre
eigenen Familiengrüfte an. Da לֵאמֹר־לוֹ nicıt üblicı war und ıöcıstens
durcı Lev. 11, 1 zu recıtfertigen wäre, so ist ıier und 14 (*Hitz.*
Begr. der Kritik 140 f., *Tuch Kn. Del.*) לוֹ zum folgendem V. zu
zieıen, und dann לוֹ wie V. 13 (mit Impert., nicıt wie 17, 18 und
30, 34 mit Impf. oder Juss. construirt) zu lesen: *bitte, höre uns!*

entsprecıend der Höflichkeit, der sicı beide Tıeile befleissigen, wogegen wenn man mit LXX *Sam.* (*Egli* 348, *Schröring* ebenda S. 388 f.) לֹא *nein* läse, man aucı (mit LXX) אֲדֹנִי שְׁמָעֵנִי umstellen müsste, wie V. 11. *ein Fürst Gottes*] ein Gott·angehöriger, von iım gescıützter und gesegneter, darum ausgezeicıneter und ıerrlicıer Fürst, vgl. Ps. 36, 7. 68, 16. 80, 11 (*Kn.*); s. aucı 21, 22. *in der Auswahl unserer Gräber*] „in der auserlesensten, vorzüglichsten unserer Grüfte (*Jes.* 22, 7). Zu מִן vor קְבֹר s. 16, 2. Iır Anerbieten ist ein Ehrenbeweis, da man Fremde sonst nicıt in eine Familiengruft aufnaım" *Kn.* — V. 7. Abr. steıt auf und macıt die Niederwerfung, um seinen Dank auszudrücken. Er nimmt das Anerbieten aber nicıt an, denn er will sicı nicıt mit iınen vermiscıen. — V. 8 f. „Er bittet sie also um Verwendung bei iırem Mitbürger ʿEfron, damit dieser iım um den vollständigen Preis die Höıle von Makhpela ablasse, welcıe am Ende seines Ackers liegt, also leicıter als ein Platz in der Mitte abgegeben werden kann. *wenn es bei eurer Seele ist*] eucı im Sinne ist, in eurer Absicıt liegt, vgl. Ij. 10, 13. 23, 14. *zu begraben meinen Todten*] näml. bei eucı, nacı dem Zusammenıang" (*Kn.*). In dem ıöılenreicıen Palästina wurden Höılen viel zu Gräbern benutzt, s. die RWBB. פִּגְעוּ לִי] *gehet* ihn *an für*; gegen *Giesbr.*, welcıer aucı ıierin jungen (aram.) Spracıgebraucı wittert, s. *Driv.* 210. מַכְפֵּלָה] s. V. 20. — V. 10 f. Da ʿEfron mit in der Versammlung anwesend ist, so bietet er sofort die Höıle sammt dem Acker dem Abr. zum Gescıenk an. לְכֹל בָּאֵי] über לְ s. zu 9, 10; *so weit sie* (oder wie כְּ V. 18 meır distributiv: *so viel ihrer*) in das Tıor seiner Stadt eingetreten waren oder einzutreten pflegten d. ı. seine Mitbürger. Die בָּאֵי הַשַּׁעַר (V. 18) oder יֹצְאֵי (34, 24) sind die Bürger, die in der Gemeindeversammlung Zutritt ıaben und stimmberecıtigt sind. נָתַתִּי] V. 13; s. zu 1, 29. — V. 12 f. Abr. leınt das Gescıenk ab (14, 23), und dringt auf Bezaılung. Mit überbietender Höflicıkeit sagt er: gut! *nur* (oder *aber*), *wenn du doch, bitte höre mich!* Der mit optat. אִם begonnene Wunscısatz wird abgebrocıen, und durcı das nocı feinere לֹא mit Imperat. fortgesetzt, wenigstens im mass. Text. Es wird nicıt nöthig sein, nacı אָתָּה einige Worte ausgefallen zu denken (*Olsh.*), oder אִם אַתָּה *wenn du einwilligst* (*Hitz.* 141) als Perf. Qal von אוּת aufzufassen, s. 34, 15. Die LXX freilicı und *Sam.* ıaben אִם אַתָּה לִי, ἐπειδὴ πρὸς ἐμοῦ εἶ. *das Geld des Feldes*] den Preis für dasselbe. — V. 14 f. s. V. 5. „Efron gibt nacı. *ein Land von 400 Šeqel Silber, was ist es zwischen mir und dir?*] ein Landstück von so geringem Wertı kann kein Gegenstand langen Verıandelns zwiscıen 2 reicıen Männern sein. Damit deutet er in ıöflicıer Weise den Preis an (*Kn.*). Nocı ıeute sind im vordern Orient bei Kauf und Verkauf dieselben Redewendungen und Höflicıkeitsformeln üblicı, s. *Lane* Sitt. II. 150; ZDMG. XI. 505; *Dieterici* Reisebild. II. 168 f. — V. 16. „Sofort wiegt Abr. die 400 Šeqel dem Efron zu. Man ıatte damals keine von Staats wegen geprägte Münzen, sondern nur durcı den Verkeır veranlasste Metallstücke von bestimmten Gewicıten und woıl aucı mit Gewicıtsbezeicınungen; diese Stücke liess man sicı zuwägen, um sicı vor Betrug zu sicıern" (*Kn.*),

s. *Win.* und *Riehm* u. Geld. Vgl. „aere et libra" oder „per aes et
libram". עֹבֵר לַסֹּחֵר] *gangbar dem Kaufmann* (2 Reg. 12, 5), von
einem zum andern übergehend, current unter Handelsleuten, die keine
zu leichten nehmen. — V. 17—19. „So erwarb Abr. das in der
Makhpela vor Mamre liegende Grundstück mit der Höhle darin und
allem Gehölze darauf zum Besitz. Zu קוּם vgl. Lev. 25, 30. 27, 14. 17.
19" (*Kn.*) bei A. עַל פְּנֵי [לְפְנֵי *Sam.* (vgl. 19). בְּכֹל בָּא־] בְּ hier entspricht dem לְ V. 10, und ist distributiv wie 9, 10 u. s. — V. 20.
„Die rechtmässige Erwerbung von Grundbesitz in Kenaan war wichtig.
Daher die Wiederholung. Die מַכְפֵּלָה V. 9. 17. 19 kommt im AT.
nur bei A vor (s. noch 25, 9. 49, 30. 50, 13); nach diesen Stellen
war es der Name einer Örtlichkeit Ḥebron's, in welcher ʿEfron's Grundstück mit der Höhle sich befand; die מַכְפֵּלָה mit ʿEfron's Feld lag פְּנֵי־
מַמְרֵא oder עַל־פְּנֵי מַמְרֵא *auf der Vorderseite* d. i. östlich (vgl. 16, 12.
25, 18. Num. 21, 11. 1 Reg. 11, 7) von Mamre; Mamre also west-
licher." Über Mamre als Theil von Ḥebron s. zu V. 2. „Weiteres
über die Lage bei *Rob.* I. 354 ff. II. 704 ff.; *v. Schub.* II. 462 ff.;
Ritt. EK. XVI. 209 ff.; bes. *Rosen* in ZDMG. XII. 477 ff. Ḥebron, 8
Stunden südl. von Jerusalem, liegt in einem engen, tiefen, von NW.
nach SO. herabgehenden Thale, und ist an den beiden Seiten dieses
Thales erbaut, hauptsächlich an der östlichen. Zum südöstl. Ende der
Stadt gehört die am südwestl. Abhang des östl. Bergrandes erbaute
Moschee, welche die Grabhöhle umschliesst" und welche, früher für
Nichtmuhammedaner unzugänglich, im April 1862 dem Prinzen von
Wales und seiner Begleitung (im Nov. 1869 dem Kronprinzen von
Preussen, im Jahr 1882 auch den Söhnen des Prinzen von Wales) ge-
öffnet wurde. Über die Ergebnisse jenes Besuchs, durch welchen die
Existenz einer natürl. grossen (doppelten) Höhle unter dem Ḥaram con-
statirt wurde, s. *Rosen* in der Z. f. Allg. Erdk. 1863. S. 369 ff.
Einen mittelalt. Bericht über den Befund der Grabhöhle vom Jahr 1119
hat 1883 *Riant* in Archives de l'Orient Latin II. 411—421 veröffent-
licht (s. auch ZDPV. VII. 252. VIII. 328). „Allem Anschein nach hat man
diese Stelle schon in alter Zeit als die der Patriarchengräber angesehen.
Joseph. setzt die μνημεῖα der Erzväter in das Städtchen selbst, die grosse
Terebinthe aber ausserhalb desselben (b. j. 4, 9, 7, vgl. ant. 1, 14).
Gründe gegen diese Annahme gibt es nicht. Das westl. davon gelegene
Mamre ist wahrscheinlich im Ostabhange der zur westl. Seite gehörenden Höhe Rumeidi zu suchen (*Rosen*), welche sich bis an das West-
ende Ḥebrons erstreckt und einen merkwürdigen Felsenbrunnen hat.
Diese Höhe ist nur ein Ausläufer der Kuppe *Neʿir*, deren Namen man
mit עֵנֶר (14, 13) vergleichen könnte. Das Thal Eškol lag etwas weiter
nördlich (Num. 13, 23). Vergleichen liesse sich aber mit מַמְרֵא auch
die von *Rosen* ZDMG. XII. 486 und *Seetzen* II. 51 erwähnte, nur eine
kleine Strecke nordwärts von Ḥebron gelegene Höhe *Nimre* mit einer
gleichnamigen Quelle; in diesem Fall wäre עַל־פְּנֵי einfach *vor, angesichts.* Dagegen dürfte der W. er-Rame oder Ramet él-Chalil eine
Stunde nördl. von der Stadt, wo man schon seit der patristischen Zeit
den Wohnsitz Abraham's angenommen hat und meistens noch annimmt

(*Schub. Robins. Seetz. Ritt.* a.), zu weit von Ḥebron entfernt sein, um בְּחֶבְרוֹן gesetzt und als das biblische Mamre angesehen werden zu können" (*Kn.*). S. auch *Bäd.* Pal.² 173 f.

3. Die Verheirathung Isaac's mit der Rebecca, Cap. 24, aus C.

Abraham's Hausverwalter, nach dem Stromland gesendet, erwirbt hier in Ḥarran für seines Herren Sohn die Rebecca, die Tochter Be-thuel's, des Neffen Abraham's, und bringt sie nach Kenaan, - wo sie Isaac's Eheweib wird. Den Vorgang beschreibt der Berichterstatter in einer schönen idyllischen Erzählung, worin er besonders das gnädige Walten Gottes bei dem Zustandkommen dieser Ehe nachweist. Gott fügte es, dass der Abgesandte sogleich den rechten Ort und die rechte Jungfrau traf, und diese als die Ausersehene sofort kenntlich wurde, dass ferner ihre Familie und die Jungfrau selbst gerne den Zeichen des göttl. Willens folgten. Durch Gottes Leitung wurde Rebecca Isaac's Weib und eine Stammmutter des Gottesvolks. — Gegen B als Vrf. des Stücks spricht die Namenlosigkeit des Oberknechts (gegen 15, 2) und die Notiz über die Amme der Rebecca 59 (gegen 35, 8). An A als Vrf. ist ohnedem nicht zu denken. A wird (aus 25, 20 zu schlies-sen) nur ganz kurz diese Heirath berichtet haben, ob zwischen Cp. 23 und 25, 19 (*Kn.*) oder zwischen 25, 19 und 20 (*Wl.*), ist nicht zu sagen. Schon die Kunst und Art des Idylls weist auf den Er-zähler von Cp. 18 f., die hohe Auffassung der Ehe in demselben auf den Vrf. von 2, 23 ff. hin, also auf C. Die sachl. u. sprachl. Merk-male stimmen dazu, zB. der *Engel* Jahve's 7. 40, Isaac *der Knecht* *Jahve's* 14, אֲרַם נַהֲרַיִם 10, בְּנוֹת הַנְצֵנִי 3, בָּא בַיָּמִים 1, חֶסֶד וֶאֱמֶת 27. 49, עָשָׂה חֶסֶד 12. 14. 49, אוּלַי 5. 39, רַק 8, נָא 2. 12. 14. 17. 23. 42 f. 45, יֵשׁ mit Suff. 42. 49, רוּץ לְקִרְאָה 17, טוֹב מַרְאֶה 16, יָדַע 16, הַקְרָה 45, יָרֵשׁ אֶת־הַשַּׁעַר 21. 40. 42. 56, דְּבָר אֶל־לִבּוֹ 45, שֹׂנֵא für אֹיֵב 60, הִשְׁתַּחֲוָה אַרְצָה 52 u. a., sowie der durch-gehende Name יהוה. Einige Unebenheiten der Darstellung V. 22. 29 ff. dürften nicht sowohl auf Zusammenarbeitung zweier Berichte (*Kn.*), als auf Textesfehlern beruhen. Eher könnte es gerechtfertigt scheinen, V. 62—67 einem andern Ref. (*Kn.*), näml. dem B, zuzuweisen, weil hier die V. 1—9 von Abr. ausgegangene Sendung nicht zu Abr., son-dern zu Isaac zurückkehrt, und V. 65 der Knecht den Is. nicht mehr, wie bis dahin (13mal), den Abr. seinen Herrn nennt, auch הַלָּזֶה 65, אֶרֶץ הַנֶּגֶב 62 sonst bei B vorkommen. Indessen bedenkt man, dass V. 1 ff. Abr. dem Tode nahe ist, ferner dass V. 36 Isaac schon selb-ständig und im Besitz des väterl. Erbes erscheint, demgemäss 25, 5 f. 11ᵇ bei C dem Cp. 24 vorausgegangen sein muss (*Hupf.* 145 f.), so verliert der Schluss V. 62 ff. sein auffallendes, und 62 kommt auf Rechnung des R. Dabei ist nicht einmal nöthig, anzunehmen, (*Wl.* XXI. 418), dass hinter V. 62 urspr. der Tod Abraham's erzählt war. Über V. 67 s. d.

V. 1—9. Abraham's Auftrag an den Hausverwalter, dem Isaac

ein Weib aus der Verwandtschaft im Stromland zu suchen, und die Bedeutung dieses Geschäfts. — V. 1. Ein Zustandssatz, vorbereitend auf den Hauptsatz V. 2. בא בימים] 18, 11 bei C. Gott *hatte ihn mit allem gesegnet*, daher auch der Wunsch, durch des Sohnes Verheirathung fernere Erben dieses Segens zu erzielen. — V. 2. Er will mit dem Geschäft beauftragen seinen *Knecht, den ältesten seines Hauses* (der Stellung, nicht dem natürl. Alter nach), der alles, was er hatte, verwaltete (Ps. 105, 21). Einen Namen hat er bei C nicht, bei B heisst der Hausverwalter Eliezer (15, 2 f.). Da es sich aber um eine sehr wichtige Sache handelt, näml. einestheils den Sohn der Verheissung vor jeder Vermischung mit den kenaan. Landestöchtern (vgl. 28, 2 ff. 34, 1 ff.) zu bewahren, anderntheils ihn nicht wieder in das Land, woraus Gott Abr. herausgeführt hat (12, 1), zurückgehen zu lassen, weil sonst die Verheissungen selbst hinfällig würden, so nimmt er ihm einen Eid ab bezüglich der pünktl. Vollziehung des Auftrags. *lege doch deine Hand unter meine Lende*] näml. um zu schwören, ein Gebrauch, der nur noch 47, 29 erwähnt ist. Das Zeugungsglied als solches, weil Abzeichen der Manneskraft, hatte bei den Alten eine gewisse Heiligkeit, im Phallusdienst sogar religiöse Verehrung, aber weder hieran noch an eine durch die Beschneidung hervorgebrachte besondere Heiligkeit desselben (die Juden bei *Hieron.* quae., *TgJon., Raš. Schum. Tuch Del.*), oder an beides zusammen (*Bohl. Ges. Kn.*) ist hier zunächst zu denken, sondern daran, dass (46, 26. Ex. 1, 5. Jud. 8, 30) die Lenden der Ausgangsort der Nachkommen sind, so dass unter Berührung derselben schwören so viel sein konnte, als diese Nachkommen zu Hütern des geleisteten und Rächern des gebrochenen Eides aufrufen. Hier wie 47, 29 handelt es sich um die Versicherung einer Leistung, die der Abnehmer des Schwurs nicht mehr erlebt oder noch zu erleben nicht sicher ist. Übrigens „wird aus neuerer Zeit von einem ägypt. Beduinen berichtet, dass er bei einer feierl. Betheuerung die Hand auf das Zeugungsglied legte, *Sonnini* R. II. 474; *Eichhorn* Allg. Bibl. X. 464“ (*Kn.*); eine andere Analogie aus Kafferland s. bei *Ew.* Alt.[3] 26. — V. 3 f. Jahve wird als *Gott des Himmels und der Erde* und V. 7 als *Gott des Himmels* prädicirt, weil dem Sklaven, immerhin einem Fremden, das volle Verständniss des יהוה nicht zugemuthet wird, vgl. 14, 19. 22. אֲשֶׁר] 22, 14. 11, 7. „Für בְּנֵי הַכְּנַעֲנִי hier und 37 sagt A בְּנוֹת כְּנָעַן 28, 1. 6. 8. 36, 2“ (*Kn.*). Zu V. 4 vgl. 12, 1. Offenbar erwartet nach dieser Stelle Abr. nicht mehr lange zu leben, und setzt den Verwalter so zu sagen zum Vollstrecker seines Vermächtnisses ein. Das ist unabhängig von dem chronolog. Schema des A, wornach Abr. damals noch 37 Lebensjahre vor sich hatte (21, 5. 25, 7. 20), so gedacht. — V. 5. Der Knecht macht einen Einwand, der die Schwierigkeit der Sache ins Licht stellt: wenn kein Weib von dorther kommen will, soll er dann den Isaac dorthin zur Begründung des Hausstandes zurückführen? הֲ interr., *Ges.* 100, 4. — V. 6. Diese Frage verneint Abr. lebhaft. Isaac würde dann das Land der Verheissung aufgeben. — V. 7. „Der vom Knecht gesetzte Fall wird auch nicht eintreten. Der Gott, der Abr. aus dem Stamm-

land fortgefü**ı**rt (12, 1), i**ı**m Ken. ver**ı**eissen (12, 7. 13, 15), sogar
eidlic**ı** zugesic**ı**ert hat, wird auc**ı** des Knec**ı**tes Sendung gelingen lassen
(V. 40), indem er seinen Engel vor i**ı**m **ı**er sendet, welc**ı**er i**ı**n behü-
ten, an den rec**ı**ten Ort bringen (V. 27) und die erwünschte Aufna**ı**me
finden lassen wird. Dieses Vertrauen **ı**at A**ı**r. zu Gottes bis**ı**eriger
Huld und Fürsorge" (*Kn.*). ל־ נשבע ואשר] wenn nic**ı**t Einsatz des
R (S. 242) mit Bezie**ı**ung auf 22, 16, muss auf 15, 17 f. ge**ı**en.
— V. 8. Sollte jedoc**ı** kein Weib dort wollen, so ist der Knec**ı**t der
Verpflic**ı**tung V. 4 ent**ı**oben. Abr. sie**ı**t dann seinen Plan nic**ı**t als
Gottes Willen an (*Kn.*). וְנִקֵּיתָ] *Ges.* 75 A. 7. ואת] *Ew.* 293ᵃ; *Ges.*
111, 2, b. לֹא] חָשֵׁב s. 4, 12; *Ew.* 320ᵃ. — V. 9. Der Knec**ı**t leistet
den Sc**ı**wur. אדני] *Ges.* 108, 2, b. — V. 10—27. Der Knec**ı**t mac**ı**t
sic**ı** auf die Reise und darf Gottes Führung und Finger erfa**ı**ren, wie
Abr. geglaubt hat. V. 10. Er nimmt Kameele mit für sic**ı** und seine
Begleiter (V. 32. 54), für die zu **ı**olende Jungfrau und i**ı**re Begleitung
(59. 61) und für *allerlei* (2, 9) *Gut* d. i. versc**ı**iedene Güter zu Gesc**ı**enken (V. 22. 30. 47. 53), und für die nothwendigen Reisevor-
räthe. וַיֵּלֶךְ 1°] fe**ı**lt in LXX, ric**ı**tiger. *Aram der beiden Ströme*]
Μεσοποταμία LXX, Dt. 23, 5. Jud. 3, 8. Gemeint ist keinenfalls
(wie man gewö**ı**nlic**ı** annimmt) das Land zwisc**ı**en Eufrat und Tigris,
mit Aussc**ı**luss Babyloniens, (s. dagegen *Halévy* Mél. d'Epigr. 72 ff.),
ebenso wenig zwisc**ı**en Eufr. und Chrysorrhoas, dem Fluss von Damask
(wie *Halévy* 81 meint, vgl. ZDPV. III. 224), sondern am wahrscheinlichsten zwisc**ı**en Eufrat (31, 21) und Chaboras חָבֹיר (*Kiep.* A.' Geogr.
154). Mit dem in den Beric**ı**ten über die Kriegszüge der altäg. Könige
so oft vorkommenden Naharina (*Brugsch* Gesch. 235 ff., *EMey* I. 218 f.)
mag es ungefä**ı**r gleic**ı**bedeutend sein, aber dass נהרים Locativ, nic**ı**t
Dual sei (*EMey.*) ist nic**ı**t anne**ı**mbar; e**ı**er Plur. Über *Paddan Aram*,
was A sc**ı**reibt, s. 25, 20. Die *Stadt des Naḥor* ist (27, 43. 28, 10)
Ḥarran (s. auc**ı** *Bud.* 445), worüber s. 11, 31. — V. 11. Er lässt
die Kameele vor der Stadt bei *dem* Brunnen, der gewö**ı**nlic**ı** bei
einer Stadt zu sein pflegt und auc**ı** bei Ḥarran war, sic**ı** lagern.
zur Abendzeit] „in welc**ı**er die Mädc**ı**en und Weiber Wasser für den
Hausbedarf zu **ı**olen pflegen (*Shaw.* R. 210, *Burckh.* Bed. 282), noc**ı**
ıeute im Orient das Gesc**ı**äft derselben (*v. Schub.* II. 401. III. 134;
Robins. II. 385. 519. 628 f.), wie in alter Zeit 1 Sam. 9, 11" (*Kn.*).
— V. 12—14. Er bittet Gott, unter den **ı**erauskommenden Schöpferinnen i**ı**m die für Isaac bestimmte Jungfrau durc**ı** ein Zeic**ı**en, das er
angibt, kenntlic**ı** zu mac**ı**en (vgl. Jud. 6, 36 ff. 1 Sam. 14, 9). הַקְרֵה]
lass es sich treffen, füge es; su noc**ı** 27, 20. „Die möge es sein,
welc**ı**e auf sein Verlangen i**ı**n und dann freiwillig auc**ı** seine Kameele
tränke. Das Kennzeic**ı**en ist passend gewä**ı**lt; dem So**ı**ne Abra**ı**am's
muss die freundlic**ı**ste Jungfrau besc**ı**ieden sein. נער] ste**ı**t im Pent.
auc**ı** von der *Dirne*, somit für נַעֲרָה, V. 16. 29. 55. 57. 31, 3. 12.
Dt. 22, 15—29, auc**ı** Ruti 2, 21; *Ges.* 107, 1; *Ew.* 175ᵇ. Ebenso
הוא von beiden Gesc**ı**lec**ı**tern, s. 3, 12" (*Kn.*). הוֹכִיחַ] 21, 25; **ı**ier
und V. 44 in der Bedeutung *erweisen, zuerkennen. deinem Knecht*]
26, 24. בָּה] *daran* s. 15, 6. 8. אֲדֹנִי] + אבריהם *Sam.* LXX. —

V. 15 f. Noch *hatte* er nicht ausgeredet (*Sam.* LXX fügen אֶל־לִבֹּו hinzu,
s. V. 45), da erschien auch schon Rebecca. Sie trägt ihren Eimer
auf der Schulter. „Dies scheint bei den Hebräern das Gewöhnliche
gewesen zu sein (21, 14. Ex. 12, 34. Jos. 4, 5); sonst wird auch
das Tragen auf dem Kopfe erwähnt zB. 40, 16“ (*Kn.*). [שֹׁבֵת מִרְאֶה
12, 11. רֹעֶה] 4, 1. 19, 5. 8. — V. 17—20. Da das Äussere angenehm ist, so macht der Knecht die Probe, und das ausgemachte Zeichen trifft in überraschender Weise ein. „Die an der Reb. hervorge-
hobene Dienstfertigkeit der Schöpferinnen ist übrigens im Morgenland
nicht ungewöhnlich, *Niebuhr* RBeschr. II. 410; *Robins.* II. 608. III.
273. Über die Tränkrinnen bei den Brunnen s. 29, 3. 30, 38. רַהַט]
mit לִקְרֹאת wie 18, 2“ (*Kn.*). — V. 21. Wärend dessen *war der*
Mann in Anschauung oder *Betrachtung derselben versunken, schwieg,*
redete nicht darein, *um zu* sehen, ob das Zeichen spontan und ganz
sich erfülle, und so *zu erkennen,* ob Gott ihm seine Reise habe gelingen lassen d. h. in diesem Mädchen ihm die gesuchte zugeführt habe.
מִשְׁתָּאֵה] wohl nur die erweichte Aussprache für הִשְׁתָּעָה (*Ges.* th.) Jes.
41, 10. 23 (*Kn.*) und schwerlich mit שָׁאָה *wüste sein* (woher *Del.*
Ke. die Bedeutung *staunen* ableiten) zusammenzubringen. LXX: κατε-
μάνϑανεν, *Vulg.:* contemplabatur. Über den st. c. vor der praep.
Ew. 289ᵇ. הִצְלִיחַ] V. 40. 42. 56. 39, 2 f. 23 bei C. — V. 22. Da
das Zeichen eingetroffen ist, so leitet er das weitere ein, indem er aus
seinem Gepäck einen goldenen Ring und 2 gold. Armbänder für sie
nimmt. Dass er sie ihr schenkt oder ansteckt (V. 30. 47), ist durch
das Suffix an יָדֶיהָ kaum angedeutet, und wird וישם אל אפה des *Sam.*
hinter מִשְׁקָלֹו urspr. Text sein. Auch kann aus V. 47 gefolgert werden
(*Ilg.* 147), dass ויקח—משקלם urspr. hinter V. 24 stand. — Jene Dinge
waren aber nicht das Brautgeschenk, das erst V. 53 kommt, sondern
ein freies Geschenk für die Dienstfertigkeit. Der Ring ist ein Nasenring
nach V. 47, worüber *Win.*³ II. 137 f. בֶּקַע] ein halber Šeqel, wie
Ex. 38, 26, s. zu Ex. 30, 13. Zu עֲשָׂרָה ist שֶׁקֶל zu ergänzen wie 20,
16. — V. 23—25. Nachdem schon bisher alles nach Wunsch gegangen, erfährt er gar auf seine Frage nach ihrem Vaterhaus und ob
er dort übernachten könne, dass sie der nächsten Verwandtschaft
Abraham's angehört. בֵּית אָבִיךְ] Acc. loci wie 12, 15. — V. 26 f.
Nachdem er die Familie erfahren hat, ist er gewiss, dass Reb. die ausersehene ist (V. 48) und dankt Gott für die glückl. Lenkung der Reise.
אָנֹכִי] cas. abs. wie 4, 15; er setzt *sich* seinem Herrn entgegen. Dankend erkennt er an, dass Gott ihn *auf dem Wege,* d. h. ohne Irrungen
und Umwege, geraden Wegs (vgl. 48) zu dem Hause *der Brüder* d. h.
Verwandten (13, 8. 14, 14) seines Herrn geleitet hat. אֲחֵי] LXX אֲחִי,
wie 48; umgekehrt LXX in 55 οἱ ἀδελφοὶ αὐτῆς für mass. אֲחִיהָ.
Liebe und Treue] wie 49. 32, 11. 47, 29. Ex. 34, 6. Jos. 2, 14,
doch nicht bei A. — V. 28—54. Die durch offenbare göttl. Fügung
zur Braut bestimmte wird nun auch durch einfache Darlegung des Hergangs von den Angehörigen gewonnen. — V. 28. Sie eilt, mit den
Geschenken (V. 30), heim und zeigt die Sache *dem Hause ihrer Mutter*
d. i. beim weibl. Theil der Familie Bethuel's, unter dem sie, abgeson-

dert von den Männern, ihre Wohnung hat, an. — V. 29 f. Ihr Bruder, der Sohn vom Hause, Laban eilt hinaus zum Brunnen. V. 29ᵇ
greift in unerträglicher (durch V. 10 nicht zu rechtfertigender) Weise
dem V. 30 vor, und wird nur durch Abschreibefehler (*Ilg.* 149) aus
seiner urspr. Stelle hinter V. 30ᵃ (vor וַיָּבֹא) verschlagen sein. Die
Annahme einer Doublette aus zweierlei Quellen (*Kn.*) hat in diesem
Cap. sonst keine Stütze. כִּרְאֹת] *Ew.* 304ᵃ; aber richtiger ist mit *Sam.*
כִּרְאֹתִי zu lesen. הִנֵּה עֹמֵד] 38, 24. Jes. 29, 8. Am. 7, 1; *Ew.* 306ᵈ.
Den Laban locken die Geschenke; er ist in der Sage immer als stark
eigennützig geschildert. — V. 31. Er nöthigt ihn herein, mit der Versicherung, er habe das Haus aufgeräumt. Er nennt ihn *Gesegneter
Jahve's*, da der Knecht V. 27 den Gott seines Herrn genannt und
Rebecca das erzählt hatte (*Kn.*). — V. 32. Der Knecht kehrt ein.
וַיָּבֹא] ist punktirt, weil kein אֶל־ folgt; sonst läge (*Hier. JDMich. Dath.
Olsh.*) וַיָּבֵא näher, weil ohne Zweifel zu וַיִּפְתַּח, וַיִּתֵּן Laban Subj. ist.
waschen] 18, 4. Nach seiner Person und seinem Reisezweck fragt
man den Gast nicht; das verbietet die Höflichkeit. — V. 33. וַיִּישֶׂם]
so noch 50, 26 mit der Punktation וַיִּישֶׂם, hier aber mit dem Q°ri וַיּוּשַׂם.
Ein Pass. erwartet man in beiden Stellen, und da ein Qal יָשַׂם (statt
שִׂים) sonst nicht zu belegen ist (denn Jud. 12, 3 ist וָאָשִׂימָה die mass.
Lesart, so ist entweder (*Ew.* 131ᵈ) eine Zuspitzung des pass. *û* zu *î*
sowohl 24, 33. 50, 26 als Ex. 30, 32 (יֵיסַךְ von סוּךְ), oder aber
(*König* 435 f.) in allen 3 Stellen Verschreibung des urspr. י zu ו anzunehmen. — Der Knecht will das vorgesetzte (18, 8) Essen nicht
nehmen, ehe er sein Geschäft erledigt hat. So wichtig nimmt er es,
Mit epischer Ausführlichkeit lässt ihn nun Vrf. alles, was vorgegangen
ist, wieder erzählen. Die Thatsachen sollen für sich reden, und die
gewünschte Entscheidung herbeiführen, vgl. V. 50. — V. 34 f. vgl. 12,
16. 13, 2 und zu וַיִּגְדַּל 26, 13. — V. 36. *nachdem sie alt geworden
war*] 18, 11. Übrigens haben LXX זִקְנָתָהּ gelesen. וַיִּתֵּן לוֹ וג'] erklärt sich nicht aus 21, 10 ff., sondern beweist, dass das Cap. von R
aus seiner urspr. Stelle gerückt ist, und einst erst auf 25, 5 f. gefolgt
war. — V. 37—41 wie V. 3—8. אִם־לֹא] eig. *wenn nicht*, nach
negativen Sätzen, *sondern, vielmehr* wie Ez. 3, 6, vielleicht auch Ps.
131, 2 (*Kn.*); *Sam.*: כִּי אִם. *vor Jahve wandeln*] 17, 1. מַּאֲלָתִי] von
dem Eid (LXX ἀρά), den du mir geleistet. Über den Unterschied der
אֶל von der שְׁבוּעָה ὅρκος s. *Ew.* Alt.³ 25 f. — V. 42—44. vgl. V. 12
bis 14. אַסְיִרֶשָׁ] vgl. V. 49, *Ew.* 355ᵇ; über das bittende נָא im Be-
dingungssatz vgl. zu 18, 3: wenn du, wie ich bitte, meinen Weg beglücken willst, so soll eintreffen, was V. 43 f. besagt. — V. 45 f. vgl.
V. 15—20. אֶל־לִבִּי] 8, 21; er trug also V. 12 f. still betend Gott
seinen Wunsch vor. — V. 47 f. vgl. V. 22—27. וָאָשִׂם] *Ew.* 232ᵍ.
בְּדֶרֶךְ אֱמֶת] *auf* wahrem, *richtigem Weg*, vgl. V. 27. *Bruder*] vom
Brudersohn, wie 14, 16. 29, 12. — V. 49. Auf Grund der darge-
legten Thatsachen fragt er, ob sie seinem Herrn *Liebe und Treue*, wie
Verwandte es sollen, *erweisen wollen* oder nicht; in letzterem Fall
will er sich *rechts oder links* (13, 9) wenden, um bei andern Familien das Weib zu suchen. — V. 50 f. Aus seiner Erzählung erkennen

sie, dass Gott die Sacıe will, und geıen die bejaıende Zusage. *Böses oder Gutes*] gar nicıts, kein Wort, wie 31, 24. 29. Num. 24, 13. 2 Sam. 13, 22. Rebecca's Bruder Laban entscıeidet mit, sogar zuerst. „Dazu berecıtigte iın die Sitte, nacı welcıer die Brüder sicı der Scıwester anzuneımen ıatten 34, 5. 11. 25. Jud. 21, 22. 2 Sam. 13, 22" (*Kn.*); die Sitte war Folge der Polygamie. *vor dir*] unverweırt, s. 13, 9. רָבָ] durcı die Thatsachen. Damit ist die Sacıe entscıieden: die Tocıter wird nicıt gefragt, sie wird (der Sitte gemäss) verheirathet; aber dass es in diesem Fall nicıt oıne iıre freie Zustimmung abgeıt, zeigt V. 57 ff. — V. 52 f. Zunäcıst dankt der fromme Knecıt Gott, „und gibt der. Reb. silberne und goldene Schmucksachen, sowie Kleider, dies im Namen Isaac's und nacı der Sitte, dass der Bräutigam vor der Hocızeit der Braut Gescıenke sendet und dadurcı die Verbindung fest macıt, s. 34, 12; *della Valle* Reisebeschr. II. 225; *Tavernier* R. I. 282; *Jaubert* R. 220 f.; *Burckh.* Bed. 88. Dagegen sind die *Kostbarkeiten*, welcıe er dem Bruder und der Mutter Rebecca's gibt, der Kaufpreis für die Braut, s. *Win.* RW. u. Eıe" (*Kn.*). — V. 54. Erst jetzt nimmt er Speise und Trank, will aber scıon am andern Morgen fort, um so zeitig als möglicı wieder bei Abr. zu sein. — V. 55—61. Die Braut selbst, in freiester Zustimmung, beeilt sicı zur Abreise. V. 55. Bruder und Mutter verlangen eine Verscıiebung der Abreise um *einige Tage* (s. zu 4, 3) *oder ein Zehend* von Tagen (Ex. 12, 3. Lev. 16, 29), etwa s. v. a. eine grosse Wocıe (*Ew.* Alt.[3] 131). Übrigens scıwankt die Lesart: ימים או חדש *Sam.*, ἡμέρας ὡσεὶ δέκα LXX, ܡܰܣ ܡܣܝ *Pesch.*, und es wäre möglicı, dass vor יָמִים ein חֹדֶשׁ (29, 14) abgefallen wäre (*Olsh.*) — V. 56. Der Knecıt will nicıt aufgeıalten sein, da (ı wie 15, 2. 18, 13. 18. 20, 3 u. s.) Gott seine Reise ıat gelingen lassen. — V. 57 f. Reb. selbst, darüber befragt, entscıeidet für sofortige Abreise. *ihren Mund fragen*] sie selbst fragen, dass sie sicı darüber aussprecıe. — V. 59. Sie entlassen sie. *ihre Schwester*] sofern überall (50. 53. 55) Laban als die Hauptperson ıervortritt. *und ihre Amme*] „in angeseıenen Familien ıielt man Ammen (2 Reg. 11, 2); diese bewaırten iıren Pflegekindern Anıänglichkeit, standen iınen zur Seite und wurden von iınen ıocıgeıalten (Odyss. 2, 362 ff. Eurip. Hippol. 286 ff. Verg. Aen. 7, 1 ff.)" *Kn.* Die Amme ist bei C namenlos, wie der Knecıt; bei B (35, 8) ıeisst sie Debora und kommt erst mit Jacob nacı Kenaan. מינקתה LXX τὰ ὑπάρχοντα αὐτῆς (מקנה? *Schleusn.*). — V. 60. Sie geben iır iıren Segen (in einem rıytımiscıen Sprucı) mit, und dient dieser Segen (vgl. Rutı 4, 11 ff.) gleicısam zur Einsegnung iırer Eıe. *werde zu vielen tausend Myriaden*] Mutter unzäıliger Nacıkommen: „Dies war das grösste Glück des hbr. Weibes (s. 16, 2. 4). — So ist es nocı ıeute im Morgenland (*Sharast.* v. Haarbr. II. 350; *Volney* R. II. 359 f.)" *Kn.* *Das Thor seiner Hasser*] 22, 17. — V. 61. „Als die Tocıter eines reicıen Mannes erıält Reb. eine Anzaıl Dirnen zu Genossinnen und Dienerinnen (Ps. 45, 15). Laban gab indess jeder Tocıter bei der Verheirathung nur eine Magd (29, 24. 29)" *Kn.* V.[b] fasst die

Hauptsacie kurz zusammen. — V. 62—67. Glücklich bei Isaac angelangt wird Reb. dessen Eieweib. V. 62. Ein einleitender Bescireibe-
satz, in der Hauptsacie von R, dadurci notiwendig geworden, dass
R die in der Scirift des C dieser Erzäilung vorausgegangenen 25, 5 f.
11ᵇ zurückzustellen veranlasst war. (Urspr. mag der Text etwa רא־ו
אל מדבר באר לחי ראי gelautet iaben). בָּא מְבוֹא וג'] gewöinlici:
war vom Kommen nach dem Brunnen gekommen (*Cler. Ges. Kn.
Del. Ke.*) d. i. von einer Reise dortiin zurückgekeirt. Aber von
einer Reise war nicit בוֹא, sondern לְבָךְ oder dgl. zu sagen. Eier
könnte מִבּוֹא (vgl. תָּאֲבָה 10, 19. 30 oder לָבֹא Num. 13, 21 u. s.) *von
in der Richtung nach* bedeuten, aber man sieit überiaupt nicit eim,
wozu angegeben wäre, *woher* er kam, und dieser Grund entscieidet
auci gegen Correcturen wie מֵעֵם naci 25, 11 anstatt מִבּוֹא (*Houbig.*)
oder מִבְּאֵר (*Lagard.* onom. II. 95; *Olsh.*) für מבא בְאֵר. Man erwartet
vielmeir zu erfairen, *wohin* er gekommen war oder *wo* er war. Aber
nun מִבּוֹא בָּא zu übersetzen: *il vint d'arriver*, er war eben naci Beer
gekommen (*Ew.* 136ᵇ; *Hupf.* 29) ist unmöglici und im Hebr. oine
Analogie. Es wird entweder מְבוֹא als unerklärbar zu streicien oder
aus dem במ־בר, was *Sam.* und LXX dafür bieten, מִדְבַּר aufzuneimen
sein. Die Meinung wird sein: Isaac aber war naci (der Wüste) Beer
Lachajroi (16, 14) gekommen, da er im Südland (20, 1) wointe; Beer
Lachajroi wäre hienach der Ort, wo Isaac seine Braut in Empfang naim,
vgl. 25, 11. Die jetzige Lesart mag auf der unzeitigen Correctur eines
Lesers beruien, welcier gemäss Cp. 23 und 25, 8 f. den Knecit zu
Abr. und Is. in *Mamre* kommen lassen wollte. — V. 63. Dort gieng
Isaac aus. לָשׂוּחַ] *um zu klagen* (*Kn.*, *Ew.* Alt.³ 271; vgl. שִׂיחַ Ps.
55, 3. 18. 142, 3. Ij. 7, 11. 13. Prov. 23, 29); *um nachzudenken*
(LXX *Vulg. Cler. Ros. Vat. Maur. Tuch. Bmg. Del.*), *um zu beten*
(*Trgg.*, *Arab.*, *Pers.*, *GrVen.*, *Raś. Luth.*), *sich zu besprechen* (*Aq.
Sym.*, *Bohl.*), um Reissig zu iolen (! *Böttch.*). Durci V. 67 wird
klagen meir empfoilen, als *sinnen*, *nachdenken*, man mag sici als
Obj. des Sinnens die Hirtengeschäfte (*Tuch*) oder die Vermählungssache
(*Del Ke.*) oder sonst etwas denken, vorausgesetzt nämlici, das V. 67ᵇ
scion urspr. im Texte stand und nicit erst durci R iereinkam, um
die Erzäilung mit Cp. 23 zusammen zu klammern, s. zu V. 67. Beachtenswerth ist die Lesart der *Pesch.* לָשׁוּט *um spazieren zu gehen*,
welcie auci in *Ges.* ti. 1322 unter Berufung auf בַּשָּׂדֶה הַחֹלֵךְ V. 65
gebilligt ist. לִפְנוֹת עֶרֶב] „gegen die Zeit, wo der Abend sici ierzu-
wendet (Ex. 14, 27. Dt. 23, 12), und der Orientale ausgeit (3, 8)"
Kn. Isaac sieit die Karawane kommen. — V. 64. Ziemlici gleicizeitig sieit Reb. den Isaac, und oine iin zu kennen, aber woil das
ricitige ainend, *fiel sie vom Kameele* d. i. (2 Reg. 5, 21) sprang
rasci vom Reitthier ierab, zunäcist, „zum Zeicien der Eirerbietung
gegen Isaac, den sie als vorneimen Mann erkannte. Die Sitte wird
öfters im AT. erwäint (1 Sam. 25, 23. 2 Reg. 5, 21. Jos. 15, 18),
sonst nn Alterthum zB. bei den Römern (Liv. 24, 44), und besteit
noci ieute im Morgenland (*Nieb.* Arab. 50 u. RBeschr. I. 239; *Joliffe*
R. 174); von den Juden und Ciristen wird verlangt, dass sie vom

Reitthier absteigen, wenn sie einen vorneimen Muhammedaner treffen
(*Nieb.* Arab. 44; RBeschr. I. 139 f.; *Schultz* Leit. IV. 358; *Sonnini*
R. II. 54. 92; *Seetz.* III. 190). — V. 65. Wie Reb. erfuir, wer
Isaac sei, bedeckte sie sici mit dem Scileier. Denn veriüllt ersciien
die Braut vor dem Bräutigam, wovon *nubere viro* Plin. 21, 22. Erst
wenn beide bei einander waren, wurde der Scileier abgenommen.
Diese Sitte besteit noci im Morgenland, *Russell* Alep. I. 407 f.; *Jaubert* R. 222; *Burckh.* arab. Sprichw. 176. 178; *Carne* Leben u. Sitte
im Morgenl. I. 88; *Lane* Sitt. I. 183" (*Kn.*; auci *Munzinger* ostafrik.
Stud. 147). אֲדֹנִי] erklärt sici aus V. 36. 25, 5, selbst dann, wenn
der Tod Abraiam's noci nicit vorier gemeldet war. קְצִירָה] im AT.
blos noci 38, 14. 19. הַלָּזֶה] *der dort,* noci 37, 19 bei B (*Ges.* 34;
Ew. 183ᵇ). — V. 66 f. Naci dem Bericit des Knecites über das Erlebte heirathet Is. die Reb. הָאֹהֱלָה] der Art. vor dem st. c. nicit
erklärbar (*Ew.* 290ᵇ; *Ges.* 110, 2ᵇ). Es ist zu vermuthen, dass שָׂרָה
אִמּוֹ ein Glossem ist (*Wl.* XXI. 418), um eine engere Verbindung mit
Cp. 23 ierzustellen. Das besondere Zelt der Sara wäre unanstössig.
„Die Weiber Jacob's iaben auci besondere Zelte (31, 33). Ebenso
die der Beduinenhäuptlinge naci *Arvieux* merkw. Nachr. III. 214"
(*Kn.*). *und er tröstete sich nach seiner Mutter*] d. h. naci dem Hingang derselben (vgl לִפְנֵי 30, 30), iörte also jetzt auf, über denselben
zu trauern. Oine Zweifel auci ein Glossem wie שָׂרָה אִמּוֹ (*Böhm.* 213).
Die Vermuthung (*Wl.*), dass urspr. אָבִיו für אִמּוֹ gestanden iabe, und
irgendwo in der Erzälung, etwa bei V. 62, Abraiam's inzwiscien
eingetretener Tod gemeldet war, muss als möglici zugegeben werden,
ist aber nicit notiwendig, weil das ganze Sätzcien וינחם—אמו Glosse
sein kann. Im jetzigen Zusammeniang, unter Voraussetzung des Stückes
Cp. 23, iätte Isaac 3—4 Jaire um die Mutter getrauert (17, 17. 23,
1. 25, 20), eine ungewöinlici lange Zeit. „Denn scion 30 und 70
Tage waren grosse Trauerzeiten (50, 3. Num. 20, 29. Dt. 21, 13.
34, 8)" *Kn.*

---

4. Abrahani's Nachkommen von Ḳeṭura und sein Tod, Cap. 25, 1—11.
von R nach A, C. B (?).

In diesem Stück (das *Tuch Kn. Ew. Nöld.* ganz von A ableiten)
kann über die Abkunft von V. 7—11ᵃ kein Zweifel sein. Die Bestimmung des Alters Abraiam's, „die Angabe von dem noci bei ihm
befindlichen Ismael 9, von der Höile Makipela 9 f., die breite Scireib-
art 9 f., die Ausdrücke בְּנֵי חֵת 10, יֵמֵי שְׁנֵי חַיֵּי und נְוַע 8, וַיֵּאָסֶף אֶל־עַמָּיו
7, so wie אֱלֹהִים 11" und die Rückbeziehung von 49, 31 auf V. 9
(*Kn.*) beweisen das. Anders steit es mit V. 1—6 (*Hupf. Böhm.
Schr. Wl.*). Zunäcist V. 5 ist durci 24, 36 für C gesicert, weniger
V. 6 (der jedoci wegen V. 9, wo Ism. bei Abr. ist, und wegen
פִּילַגְשִׁים nicit von A sein kann). Wäre es sicier, dass V. 6 von C
ist, würde folgen, dass C auci über Qetura bericitet iaben muss, und
wenigstens von A kann V. 3 f. nicit stammen, sowoil wegen יָלַד als
wegen des Widersprucis mit 10, 7. Dagegen könnte V. 1 f. (abge-

seien von ויסף, was A sonst nicit scireibt) seir woil von A sein, und אשׁה (vgl. 16, 3) weist sogar bestimmt auf einen andern Vrf. als den von V. 6 iin. Auci 17, 4 f. könnte die Ableitung von A empfeilen, wogegen 25, 9 (wo nur Isaac und Ismael erwäint werden) eier gegen iin sprict. Sonst würde bei A, der Abr. 175 Jaire alt werden lässt, die Zeugung von Söinen *nach* Sara's Tod (d. i. naci seinem 137. Lebensjair) am wenigsten auffallen; bei C oder B dagegen müsste dieser Bericit *vor* der Zeugung Isaacs (18, 12 ff. 21, 7) gestanden iaben. Für C als Vrf. von V. 1—6 (*Bud.* 225; *Kuen.* O.*² I. 144, wäirend derselbe S. 315 V. 1—6 als ein loses, vom letzten R aufgenommenes Stück ansieit) könnte man bes. כל אלה בני קטורה V. 4 (vgl. 10, 29ᵇ. 9, 19) geltend macien. Aber die Ableitung des שׁבא von Joqšan sprict wie gegen A, so entsciieden auci gegen C (10, 28); desialb ist es doci am gerathensten, V. 1—4 von B abzuleiten, welcier auci 37, 28. 36 die Midian (statt der Ism. bei C) erwäint. V. 6 müsste dann von R gestaltet sein. — Über V. 11ᵇ s. d

V. 1—4. Abr. nimmt die Qetura zum Weib, und zeugt mit iir 6 Söine, welche Stammväter arabiscier Stämme geworden sind. V. 1. 'אב ויסף] an Cp. 23 anknüpfend geit auf R zurück. קטורה] eig. Räucierwerk; *Sprenger* Geogr. Ar. 295 meint, die בני 'ק leite der Vrf. von ' קט ab, weil sie iim als Spezereihändler bekannt gewesen seien. Qeturäische Araber füiren die spätern arab. Genealogen nicit auf; doci nennen sie „einen Stamm Qaṭûrâ, der mit dem Stamm Ġurhum in der Gegend von Mekka zusammenwohnte, s. Ibn Coteiba ed. Wüst. 14, *Ritter* EK. XII. 19 f." (*Kn.*). Auci die Namen der auf Qetura zurückgefüirten Stämme können nur zum Tieil nacigewiesen werden, da sie vielleicit früie verscıwunden oder in andere Volksverbindungen eingegangen sind. Das Verzeichniss findet sici auci 1 Cir. 1, 32 f., aber abgekürzt. — V. 2. Zunäcist werden 6 Hauptstämme von Qetura abgeleitet, eine ialbe Dodekade. זמרן] von זמר Art *Antilope*, in LXX Ζομβρᾶν, Ζεμβράμ, vergleicit *Kn.* mit Ζαβράμ, der Königsstadt der Κιναιδοκολπῖται westl. von Mekka am roten Meere bei Ptol. 6, 7, 5. (Über die Κιναιδοκολπῖται, die einige mit den Kinda, *Blau* und *Sprenger* § 30 ff. mit den Kinâna identificiren, s. ZDMG, XXII. 663). Auf die Zamareni bei Plin. 6, 32 iat *Grotius* iingewiesen. Mit Schammar (*Spreng.* S. 295) iat 'זמ nicits zu tiun, auci nicits mit זמרי Jer. 25, 25. יקשן] LXX Ἰεξάν, Ἰεξάν, von *Tuch* mit יקשן (10, 26), von *Ew.* G.³ I. 451 mit פוקשן Hab. 3, 7, von *Kn.* mit den Κασσανῖται bei Ptol. 6, 7, 6, südl. von den Kinädokolpiten am roten Meer, zusammengestellt (die aber vielmeir den Giassän entsprecien ZDMG. XXII. 668; *Spreng.* § 43. 52), werden von arab. Genealogen auf den Stamm *Jâqiš* in Jemen gedeutet (*Osiander* in ZDMG. X. 31), vielleicit in Anbetracit der Ableitung des שׁבא von Joqšan V. 3. מידן u. מדין] die *Midian* sind unter allen Qeturäern die bekanntesten und waren bis gegen die Isr. Königszeit iin ein seir mächtiges Volk; Gen. 37, 28. 36 (B) treiben sie Karawanenhandel naci Ägypten; Ex. 2 u. 18 finden sie sici auf der Sinaihalbinsel; Num. 22, 4. 7. 25, 6. 17 f. 31, 1 ff. erscieinen sie mit den Isr. im Ostjordanland in Conflict; in

der Richterzeit überscıwemmten iıre Horden Palästina Jud. 6 ff.; nocı
Jes. 60, 6 werden sie als arab. ´Handelsvolk erwäınt (s. über sie die
RWB.). Die *Medan* (LXX $Μαδάλ$) kommen sonst nicıt vor, denn die
מִדְיָנִים Gen. 37, 36 sollen docı woıl mit den מִדְיָנִים V. 28 dieselben
sein (*Ew.* 164[b]). Immerıin mögen die ıier neben einander genannten Stämme aucı benacıbart gewesen sein. Ptol. 6, 7, 2 nennt auf
der Ostküste des älanit. Meerbusens einen Ort $Μοδίανα$ (6, 7, 27
einen Ort $Μαδιάμα$ im glückl. Arabien); einen Ort $Μαδιανή$ dort
kennt das Onom. s. $Μαδιάμ$, ebenso die arab. Geograpıen Iṣṭachri
Mrdt. 10; Edrisi p. Jaub. I. 328. 333; Qazwini H. 173; Abulf. Arab.
ed. Romm. p. 77 f.; Marâṣ III. 64; sie setzen iın 5 Tagereisen südl.
von Aila auf der Ostseite des Meeres (vgl. nocı 1 Reg. 11, 18 u. *Ew.*
G.³ II. 473 f., aucı *Wetzst.* in Z. f. Allg. EK. 1865. S. 115 f.). Ein

Wadi *Medân* (bei *Jâqût* s. المَدان) in der Näıe der Ruinenstadt
Dedân (s. zu 10, 7) stellt *Wetzst.* (in *Del.* Jes.¹ 665) und *Spreng.*
S. 295 mit מְדָן zusammen, und auf einen ġurhamit. Götzen Madân ıat
Osiander (ZDMG. VII. 492) und *Hitzig* (zu Prov. 6, 19) aufmerksam
gemacıt. יִשְׁבָּק] von *Kn.* unricıtig mit Šanıak im Gebel eš-Šerâ (zB.
Burckh. Syr. 695 f.), das erst im Mittelalter vorkommt, zusammenge-
stellt, glaubt man jetzt (*FdDel.* in ZKSF. II. 92) in den Keilscıriften
als *Jasbuq* wiedergefunden zu ıaben. שׁוּחַ] nocı Ij. 2, 11 als ein
Stamm in der Näıe vom Lande עוּץ erwäınt, (LXX $Σωιέ$, im Ij. $Σαυχ$-
$εῖς$), wird neuerdings für das keilscıriftlicı vorkommende Land *Suchu*
auf dem recıten Eufratufer, etwa zwiscıen der Mündung des Beliḫ und
Cıabor (*Schr.* KGF. 142 f. 222; *Del.* Par. 297 f.) geıalten (*FdDel.*

in ZKSF II. 91 f.); der „Araberstamm سيابكة *Syayhe* östl. von
Aila bei *Burckh.* Syr. 945, Bed. 313, oder gaı der Ort Ṣiḫân im
nördl. Edom bei *Burckh.* Syr. 692 f." (*Kn.*) können nicıt in Betracıt
kommen, eıer $Σαύη$ (Ptol. 5, 19, 5; nicıt aber $Σόακα$ Ptol. 6, 7, 29,
Spreng. § 22). Ob die Aufzäılung der Qeṭuräer von S. nacı N. fort-
scıreite (*Kn.*), ist nicıt zu sagen; aucı die Angabe, sie ıaben Tro-
glodytis und den Tıeil des glückl. Arabiens am roten Meer ıin eingenommen (Jos. ant. 1, 15, 1), ist wenig zuverlässig. — V. 3. Die
Söıne und Enkel Joqšan's. Über *Schebâ* und *Dedân* s. zu 10, 7.
Hier sind nördlicıere Zweige dieser beiden grossen arab. Völker zu
versteıen, und scıeint die Stammgenealogie in diesen Versen von eınem
bescıränkteren Gesicıtspunkt aus entworfen zu sein, als die in Cp. 10.
— Über die 3 Söıne Dedân's ist nicıts meır bekannt. Da die Plur.·
Endung der Namen dazu einladet, ıaben scıon die Alten (*Trgg.*; *Hier.*
quae. und Onom.) und wieder *Hitz.* (BL. u. Dedan) sie als nom.- app.
aufgefasst und auf Bescıäftigungen oder Lebensarten einzelner Zweige
von Dedân gedeutet. *Kn.* wollte unter אַשּׁוּרִם (mit denen übrigens
weder אַשּׁוּר Ez. 27, 23, nocı הָאֲשׁוּרִי 2 Sam. 2, 9 zusammenzustellen
ist) die Stämme der ʿAsıʾ in Tıâma (*Ritt.* XII. 983 ff.), unter לְטוּשִׁם
die Banu Laitı in Ḥiġâz (Ibn Coteiba p. 32), unter לְאֻמִּים die Banu
Lâm (*Ritter* XII. 913. XIII. 234. 438. 451. 458. XIV. 45) versteıen,

scion den Lauten naci unmöglich. Was die arab. Genealogen aus Leṭušim und Leummim gemacit iaben, s. ZDMG. XX. 175. XXIII. 298. Als Personennamen hat man אשורי und לטשי auf nabat. Insciriften gelesen (ZDMG. XIV. 403 f. 447. 477 f.). — V. 4. Von dem bedeutenden Volk Midian werden noci 5 Söine oder Zweige nami aft gemacit. עֵיפָה] noci Jes. 60, 6 neben Midian als kameelreicher, Gold und Weiirauci aus Scheba bringender Handelsstamm erwäint. (LXX Γεφάρ, in Jes. Γαιφά). Die keilschriftl. Ḥajapá (Schr. KGF. 262 f.), eine nordarabische Völkersciaft, will Del. Par. 304 u. Schr. KAT.² 146 f. 613 vergleicien, und einen Personennamen עפר liest Halévy in den Safa-Inschrifen (J. As. VII, 10 p. 394 f. 418. VII, 17 p. 186. 208). Die andern kommen sonst nicit vor; die Combination (Kn.) des עֵפֶר (LXX Ἀφείρ) mit dem Banu Giifâr· vom Stamm Kinâna in Ḥiǵâz (Ibn Coteiba p. 32; Abulf. iist. anteisl. p. 196) ist nicit zu billigen; möglicier wäre (Wetzst. in Z. f. Allg. EK. 1865. S. 102) ʿOfr, ein Ort zwiscien dem Tihâma-Gebirge und Abân (worüber Jâqût s. عفر und ناجل). חֲנֹךְ] vielleicit mit Kn. durci den Ort Ḥanâkija 3 Tagereisen nördl. von Medina (Burckh. Arab. 690 f.) in der Näie von ʿOfr (Wetzst. a. a. O.) zu erläutern. Da עֵיפָה, עֵפֶר und חֲנֹךְ als Gescilecitsnamen auci in Juda, Ostmanasse und Ruben vorkommen, so ist woil möglici (Nöldeke im BL. IV. 218), dass Absenker dieser Midiangeschlechter in Israel aufgenommen waren. — Die Unterscirift ist wie 10, 29. — V. 5 wörtl. wie 24, 36, also aus C. לְיִצְחָק] + בני Sam. LXX. — V. 6. Wäirend er dem Isaac sein ganzes Besitzthum übergab, fand er die Söine der Kebsweiber (Hagar und Qeṭura) mit Gescienken (an Dienstleuten, Vieli u. s. w.) ab (vgl. 21, 10. Jud. 11, 2), obwoil naci B (21, 20 f.) Ismael längst aus dem Hause ist. Auci C kann, wenn 16, 8—10 ein harmonistischer Einsatz ist, diesen V. nicit gescirieben iaben. Da weiter C u. B die Hagar eine שִׁפְחָה oder אָמָה nennen, die Qeṭura aber V. 1 sogar eine אִשָּׁה ieisst, u. da פילגש in 35, 22 woil sicier, möglicherweise auci in 36, 12. 22, 24 (statt eines andern Ausdrucks) auf R zurückgeht, so steit zu vermutien, dass erst R diesen V. (ganz oder theilweise) gestaltet iat. — Er entliess sie nach Osten, in das Land des Ostens, d. i. im allgemeinen naci Arabien, aber das wüste Arabien oder die syr. Wüste mit eingescilossen (Win.³ II. 107). — V. 7 ff. Tod und Begräbniss des Abr., naci A. V. 7. יָם] 3, 22. Mit 175 Lebensjairen überlebt er die Geburt der Enkel Esau und Jacob noci um 15 Jaire (V. 26). Gleiciwoil wird seine Gesciciite iier abgescilossen, wie in dem ähnl. Fall 11, 32. — V. 8. וַיִּגְוַע וַיָּמָת] V. 17. 35, 29. in gutem Alter] 15, 15. וְשָׂבֵעַ יָמִים] ושבע ימים Sam. LXX. versammelt zu seinen Volksgenossen] (s. 17, 14) d. i. „iinen im Scheol beigesellt. Denselben Sinn iaben בֹּא אֶל־אֲבֹתֶיךָ 15, 15, נֶאֱסַף אֶל־אֲבֹתָיו Jud. 2, 10 und das iäufige שָׁכַב עִם־אֲבֹתָיו Dt. 31, 16. Die Ausdrücke bedeuten weder sterben schlecitweg, weil iäufig גָּוַע und מוּת mit iinen verbunden werden (V. 8. 17. 35, 29. 49, 33. Num. 20, 26. Dt. 32, 50), noci bestallet werden im Familienbegräbniss, weil das Begraben noci oft

daneben ausgedrückt wird (V. 9. **15, 15**. **35, 29**. **1 R. 2, 10. 11,
43** u. ö.), und weil sie auch von solchen stehen, die nicht bei ihren
Vätern begraben wurden (Dt. **31, 16**. 1 Reg. **2, 10**. **16, 28**. 2 Reg.
21, 18), oder in deren Begräbnissstätte erst einer der Väter lag (1 Reg.
11, 43. **22, 40**). Sie sind aber entlehnt vom Bestatten am gemeinsamen Ort, und-auf das Gelangen in den Scheol übergetragen worden.
In ihm befinden sich die Zusammengehörigen beisammen, wie auf dem
Begräbnissplatz (**37, 35**. Ez. **32, 22** ff. Ps. **49, 20**). Mehr bei *Böttcher*
de inferis I. 54 ff." (*Kn.*). — V. 9 f. s. zu **23, 20**. — V. 11ᵃ wird
(wegen אלהים) noch von A sein. Der göttl. Segen, der hisher auf Abr.
ruhte, setzte sich an Isaac fort. V.ᵇ gemäss **24, 62** von C, und wie
V. 5 f., dessen Fortsetzung V. 11ᵇ ist, urspr. bei C vor Cap. 24 erzählt. Bei A scheint Isaac's Aufenthaltsort Ḥebron (**35, 27**) gewesen
zu sein.   באר לחי ראי] **16, 14**.

5   Die Geschlechter Ismael's Cap. **25, 12—18**, nach A (ausg. V. 18).

Mit **25, 11** ist schon zur Geschichte Isaac's hinübergeleitet. Aber
bevor A ganz zu Isaac übergeht, muss er noch, seiner Gewohnheit gemäss, das Nöthige über die Seitenlinie des Ismael beibringen (vgl.
36, 1 neben **37, 2**). Ismael war in der Vätersage eine wichtige Person, und er hat so grosse Verheissungen empfangen **17, 20** (auch bei
B u. C, s. **21, 18**. **16, 10**), dass ein näherer Nachweis der Erfüllung
derselben unentbehrlich war, zumal da zugleich damit auch ein Theil
des Gotteswortes an Abraham (**17, 5** f.) zur Ausführung kam. Schon
hienach kann über die Zugehörigkeit dieses Abschnitts zu A kein
Zweifel sein (*Kn. Nöld. Schr. Wl.*), wie denn auch die Überschrift,
die Altersangabe, und die Formeln und Ausdrücke das bestätigen; vgl.
noch bes. V. **12** mit **16, 3**. **15**, V. **13** der Erstgeborne mit **35, 23**,
und die 12 Fürsten V. **16** mit **17, 20**. Mit Unrecht wollen *Hupf.*
58 ff. V. **13—16ᵃ** u. **18** (ähnlich *Kay.* 22), und *Böhm.* 84 alles
ausser V. **17** dem A absprechen. Ein eigener Abschnitt mit der
Überschrift אלה תולדת, der nur **16ᵇ** u. **17** enthielt, wäre wenig sinnvoll. Über **18** s. d. Zu dem Abschnitt ist zu vgl. das Verzeichniss
1 Chr. **1, 28—31**.

   V. **12**. s. **16, 3**. **15**. — V. **13** vgl. **36, 10**. **40**. **46, 8**. Der
Gesammtüberschrift V. **12** sind untergeordnet die 2 Theilüberschriften
V. **13** und **17**. בשמתם] fällt auf, und ist nur dann nicht völlig überflüssig, wenn es mit לתלדתם näher verbunden wird: nach ihren Namen
gemäss ihrer Geschlechtsfolge d. h. ihre Namen nach ihrer G.F. Über
die Zwölfzahl der Ismaelstämme s. S. 290. Für die Zusammenschliessung gerade dieser **12** Stammnamen unter dem Gesammtnamen
Ismael muss Vrf. seine Gründe gehabt haben; ob sie einst eine (polit.
oder religiöse) Conföderation bildeten oder wie sonst ihre Zusammengehörigkeit sich zeigte, ist nicht mehr auszumachen. Derartige Verhältnisse wechselten aber im Lauf der Zeit, wurden auch von Verschiedenen verschieden aufgefasst, und entweder darauf oder auf einer Ver-
allgemeinerung des Wortes *Ismaelit* zu *Wüstenaraber* oder Beduine

(16, 12) beruit es, wenn auci Midianiter (die naci V. 2 zu Qeṭura gebören) Ismaeliten genannt werden (Jud. 8, 24 vgl. 7, 25. 8, 22. 26; Gen. 37, 25. 27, 39, 1). Dass übrigens die ismael. Völkerverbindung sici frü1 auflöste, ergibt sici daraus, dass (abgeseien von der künstl. Wiedererneuerung des Namens in Ps. 83, 7. Juditi 1, 13) der Name naci der Davidzeit (1 Chr. 2, 17. 27, 30) nicit meir vorkommt (*Nöld.* Amalek. S. 5). — Unter den 12 Stämmen sind die bekanntesten und bedeutendsten *Nebajoth*, ausdrücklici als Erstgeborner oder Vorstamm bezeicinet, und *Qedar*, beide auci in den Insciriften Asurbanipals (*Schr.* KAT.[2] 147) und Jes. 60, 7 verbunden, wie Plin. 5, 12 die Nabataei neben den Cedrei nennt (dagegen die arab. Genealogien, zB. Ibn Coteiba p. 18. 30 und Abulf. iist. anteisl. p. 192, welche Qaidar und Nâbit als Ismael's älteste Söine auffüiren, sind einfaci aus dem AT. gesciöpft). Aus dem AT. selbst ersieit man über-die *Nebajoth* nur das noci, dass Esau mit ihnen sici versciwägerte (Gen. 28, 9. 36, 3), und sie ein heerdenreicher Stamm waren (Jes. 60, 7). ln der israel. Gesciicite bis zur Perserzeit werden sie nirgends erwäint, woil aber als *Nabaitai* auf den assyr. Monumenten (*Schr.* KGF. 102 ff.). Dagegen in der Diadocienzeit erscieinen *Nabatäer* als ein bedeutendes arab. Volk, welcies die Sitze der (naci dem Süden Kenaan's gesiedelten) Idumäer mit der Hauptstadt Petra eingenommen (Diod. 19, 94—100) iatte, und weiterin mit dem Sinken des Seleucidenreichs auch im Ostjordanland und der syr. Wüste (1 Macc. 5, 25. 9, 35) bis in den Ḥauran uud in Damask (Jos. ant. 13, 15, 2) die Herrsciaft an sici riss, wie auci südl. nicit blos bis Elati sondern noci ziemlici weit in das eig. Arabien iinein reicite (Diod. 3, 43; Stepi. Byz. u. Θαμουδά), so dass die Nabatäer damals als die an die Syrer grenzenden Araber überiaupt galten (Strab. 16, 4, 18. 21; Plin. 12, 37), und das ganze Land vom Eufrat bis zum rotien Meer Nabatene iiess (Jos. ant. 1, 12, 4; Hier. quae. a. l.). Sie iatten eigene Könige, waren ebenso kriegerisci, wie durci Handel und andere Künste des Friedens bedeutend; von iirer Cultur zeugen tieils die Ruinen iirer Hauptstadt Petra, tieils die naiat. Mïnzen und Steininsciriften aus den 1. Jahrh. vor und naci Cir. (vgl. *Ew.* G.[3] I. 451 ff. IV. 458; *Nöld.* in BL. IV. 269. Über die vielen, neuestens im nördl. Arabien, besonders in el-Ḥiǵr oder Madâin Ṣâliḥ u. in el-ʿÖla, südl. von Teimâ, gefundenen nab. Insciriften s. Documents épigr. recueillis par *Doughty*, publ. par *Renan*, Par. 1884, u. *Euting* nab. Inschr. aus Arab., Berl. 1885). Iir Reici wurde von Trajan zerstört (Dio Cass. 68, 14; Ammian. 14, 8, 13) und friscie Araberstämme drangen in die weiten Gebietc iirer eiemaligen Herrsciaft ein. Der Name dieses späteren Nabatäervolks wird nun freil. sowoil auf den nabat. Insciriften als auci von den Arabern בּבּ gescirieben, und bezweifeln mancie desialb die Identität desselben mit בּבּבּ. Jedoci da beide Araber waren, in den gleicien Gegenden wointen, in gleicier Weise mit den קדר *Cedrei* zusammengestellt, auci traditionell (Jos. ant. 1, 12, 4; Tig. Jes. 60. 7) für einerlei gerecinet wurden, endlici die talmud. Juden den Namen der jüngeren Nabat. iie und da auci mit ר scireiben

(ZDMG. XIV. 371. XV. 413. XXV. 124), so geht doch die grössere
Wahrscheinlichkeit dahin, dass Name und Stoff der alten נבית in dem
neuen aus נבית und andern Araberstämmen zusammengemischten Volk
der נבט sich fortgesetzt haben (s. auch Schr. KGF. 100 ff.). Die frühere
Meinung (Quatremère im Journ. As. 1835, Caussin de Perc. essai sur
l'hist. d. Arab. I. 35 ff., Ritter EK. XII. 128 ff.), dass diese jüngeren
Nab. Aramäer gewesen seien, ist jetzt nach den Denkmälern dahin zu
berichtigen (Nöld. in ZDMG. XVII. 706 f. XXV. 122 f.; Euting a. a. O.
73 ff.), dass diese Araber für Verkehr und Schrift sich auch des Aramäischen bedienten. Allerdings reden die Inschriften Tiglathpilesars II.
und Sanheribs auch von aram. Nabatu in oder nahe bei Südbabylonien
(Schr. KGF. 105 ff.), aber diese sind von den bibl. Nabatäern zu unterscheiden, obwohl später auch die musl. Araber den Namen נבט auf das
ansässige Bauernvolk der aram. Länder, nam. Babyloniens übertrugen
(Nöld. ZDMG. XXV. 122 ff.). — Die Qedarener werden in der isr.
Königszeit, wo die Midian schon mehr zurückgetreten waren, nam. vom
8. Jahrh. an, im AT. viel genannt, als gute Bogenschützen, den Angriffen der Assyrer und Babylonier zunächst ausgesetzt (Jes. 21, 16 f.
Jer. 49, 28 ff.), in schwarzen Zelten (Cant. 1, 5) und offenen Dörfern
(Jes. 42, 11. Jer. 49, 31) wohnend, reich an Kameelen und Heerden
(Jer. 49, 32. Jes. 60, 7) und damit Handel treibend (Ez. 27, 21),
zwischen dem petr. Arabien und Babylonien (Onom. ed. Lag. I. 111;
in einer regio inhabitabilis trans Arabiam Saracenorum, Hier. ad Jes.
42, 10), vgl. noch Jer. 2, 10. Ps. 120, 5 (u. dazu Theodoret, auch
Suidas sub Κηδάρ). Auch keilschriftlich werden die Kidri neben Nabaitai erwähnt, und als ihre Hauptgottheit Atar-samain (Schr. KGF.
52 ff., 101 ff., KAT.[2] 147 f.). Ihr Name (wie der der Ismaeliten) ist
bei den Rabb. Bezeichnung der Araber überhaupt (Sprache Qedar's ist
arabische Spr.), wie schon die Trgg. קדר durch Araber erklären, einmal auch durch נבט Ez. 27, 21. — אַדְבְּאֵל] LXX Ναβδέηλ, erkennen
Del. Par. 301 f. u. Schr. KAT.[2] 148 in den Idibi'il eines Textes
Tiglathpilesar's H. מִבְשָׂם] LXX Μασσάμ, unbekannt; als Name eines
Simeonitischen Geschlechts 1 Chr. 4, 25. מִשְׁמָע] LXX. Μασμά; ebenfalls
Name eines Sim. Geschl. 1 Chr. 4, 25 (Ri. HWB. 993). Nicht her-
gehörig sind die Μαισαιμανεῖς (Kn.) bei Ptol. 6, 7, 21 (s. ZDMG.
XXII. 672) nordöstl. von Medina, und die Ortschaft el Mismije in der
Lega (Del.) südl. von Damask. Die Karten (Stieler's HAtlas nr. 70;
Huber's in Bull. de la Société de Géogr. VII, 5. 1884; Euting's in
Nab. Inschr. S. 2) verzeichnen einen G.Misma' (aber mit Alef hinten)
südöstl. von Kâf, östl. vom W. Sirhân, in der Breite von Idumaea, u.
einen andern südlicher, westlich von der Šammar-Residenz Hâjel, gegen
Teimâ zu, wo auch Inschriften gefunden wurden; es wäre möglich,
dass im einen oder andern sich eine Spur von משמע erhalten hätte.
רּוּמָה] schwerlich das (von Wetzst. Hauran 93 nachgewiesene) Duma
im östl. Haurân, vielmehr wahrsch. „Δούμαθα (Steph. Byz.), Domata
(Plin. 6, 32), Δούμεθα, Δουμαίθα (Ptol. 5, 19, 7. 8, 22, 3, von
ihm bald in Arabia felix, bald in A. deserta gesetzt), دومة bei Abulf.
ed. Rom. p. 98 und in den Marâs. I. 416, 7 Tagreisen von Damask

und **13** von Medîna, auf der Grenze von Sciâm und Irâq, naci Edrisi
p. Jaûı. I. 335 vier Tagreisen nördl. von Teime, und dort im Distrikte
el-Ǵauf von neueren Reisenden (*Nieb.* Arab. 344. *Burckh.* Syr.
1043) wieder erkannt, gewöınlıcı Dumath al‑Ǵandal genannt" (*Kn.*), aber
von דּוּמָה Jes. 21, 11 zu unterscıeiden. Man kennt übrigens nocı
eine Reııe anderer Duma (aufgezäılt bei *Mühlau* de prov. Aguri 1869
S. 19 f.). מַשָּׂא] wird gewöınlıcı, aucı von *Kn.*, mit den Μασανοί
des Ptol. 5, 19, 2, nordöstl. von Duma, combinirt. Aucı in den Asur-
bânipal-Inschriften erscıeint *Mas'u* neben Nabaitai u. Ḳidri (*Schr.* KGF.
102; KAT.² 148 f.). Gegen *Hitzig's* Vermuthungen über Massa s.
Mühlau S. 22 ff., aber aucı *Mühlau's* Meinung, dass es in der Näıe
des Duma im Ḥaurân gelegen ıaben werde, ıat keinen guten Grund.
חֲדַד] wie nacı Mass. 1 Cır. 1, 30, *Sam. Joseph.* (statt חֲדַר) zu lesen
ist (LXX καὶ Χοδδάν, in Cır. Χονδάν, Χοδδάδ), sonst unbekannt.
תֵּימָא] woıl nicıt als Taimâ ¾ Stunden von Duma im Ḥaurân (*Wetzst.*
94), keinenfalls als Θαιμοί nördl. von den Gerrhäern am pers. Meerbusen Ptol. 6, 7, 17, oder Banu Taim eben dort nacı Jâqût Moscht.
310. 352. 413 (*Kn.*), sondern am eıesten als der Jer. 25, 23. Ij.
6, 19 genannte Handelsstamm zu versteıen, dessen Land Jes. 21, 14

mit dem تَيْمَاءِ der arab. Geogr. (*Ges.* tı. 600) am Westrande von

Neǵd, südöstl. von der Nordspitze des älanit. Meerbusens, zusammenzustellen; aucı keilinschriftlich neben den Mas'äern genannt (*Schr.* KGF.
262 f.); neuerdings ist dieses Teimâ durcı die von *Huber* u. *Euting* dort
aufgefundenen Inscıriften (SB. der Berl. Ak. 1884 S. 813 ff.) als Sitz
einer alten Cultur nacıgewiesen. יְטוּר] und נָפִישׁ] waren Nacıbarn der
ostjordan. Isr., von denen sie (in Saul's Zeit?) nebst den Hagräern bekriegt und zum Tıeil verdrängt wurden (1 Cır. 5, 18 ff.), vgl. nocı
Berth. zu Esr. 2, 50. *Naphisch* ist sonst unbekannt. „Meır wissen wir
von Jeṭur d. i. den *Ituräern*, welche tıeils auf dem Libanon" und Anti-
libanos, „um vıeles nördlıcıer als Damask (Strab. 16, 2, 10. 18; Plin.
5, 19), tıeils südl. vom damasc. Gebiet neben Arabern" in schwerzu-
gänglichen ıöılenreıcıen Bergen (im s. g. Drusengebırg im Centrum
des Ḥauran? *Wetzst.* 90 ff.) „woınten (Strab. 16, 2, 20). Die südlicheren Ituräer nöthigte König Aristobul zur Bescıneidung (Jos. ant.
13, 11, 3). Die Onomast. neımen Ituraea u. Tracıonitis als einerlei,
wie vielleicıt scıon Josepıus. Docı unterscıied man aucı beide (Luc.
3, 1)". Sie waren ein rauhes, wildes, räuberiscıes Bergvolk und gute
Bogenscıützen (*Win.* RW.). „Die ıeutigen Drusen sind vielleicıt iıre
Nacıkommen" (*Kn.*). Mit Ǵêdûr ıat יְטוּר nicıts zu tıun (s. Dt. 3, 14
u. *Wetzst.* 91). קֵדְמָה] sonst nirgends erwäınt. Denn aucı die בְּנֵי
קֶדֶם (Jud. 6, 3. 33. 7, 12 von Midian und Amaleq unterscıieden, und
Jes. 11, 14. Ez. 25, 4. 10 neben Edom Moab Ammon genannt) sind
nicıt ein einzelner arab. Stamm, sondern wie 1 Reg. 5, 10. Ij. 1, 3
ein Sammelname für die östl. Araber, der (Jud. 8, 10. Jer. 49, 28)
aucı die Amaleq Midian und Qedar in sicı fassen konnte. Sonst vgl.
nocı die קַדְמֹנִי 15, 19. — Nicıt aufgefüırt sind unter den Ismaeliten
die הַגְרִים oder הַגְרִאִים *Hagräer*, welcıe in den Quellen der Chronık,

in der Nähe der ostjordan. Stämme (1 Chr. 5, 10. 18 ff.; 11, 38.
27, 31) und zwar neben Ismaeliten (1 Chr. 27, 30 f., vgl. Ps. 83, 7)
erwähnt, und bei Ptol. 5, 19, 2 neben die Batanäer gesetzt werden,
auch bei Eratosthenes (Strab. 16, 4, 2) als Ἀγραῖοι (Ἀγρέες Dion. perie.
956) vorkommen. Ob ihr Name mit Hagar, der Mutter Ismaels, zusammenhängt (Bar. 3, 23; *Nöld.* Amal. 6 f.), ist fraglich. — V. 16.
„Das sind die Ismaelsöhne *in ihren Gehöften und ihren Zeltlagern*
d. i. die theils in Dörfern oder offenen Flecken (Lev. 25, 31. Jes. 42,
11) fest wohnen, theils blos in beweglichen Zeltlagern" (Num. 31, 10.
Ez. 25, 4). „Denn טִירָה von טור (verwandt mit דור- *kreisen*) bezeichnet das Zeltlager, welches gew. kreisförmig geschlagen wird und

دَوَّار heisst, s. *Burckh.* Bed. 26" (*Kn.*). Es ist ohne Zweifel ein
technischer Ausdruck (gegen *Giesbr.*), wie אֻמָּה. 12 *Stammfürsten*]
17, 20. Das seltene אֻמָּה, ein mehr arab. Wort, hat A hier und Num.
25, 15 von diesen arab. Völkerschaften sehr absichtlich gebraucht. —
V. 17 vgl. V. 8. — V. 18. Ihre Wohnsitze. *Schur vor Äg.*] s.
16, 7. *Chavila*] s. oben S. 59 u. 198 *in der Richtung* (10, 19.
30. 13, 10) *auf Assur*] an sich (weil Assur dabei im polit. Sinn genommen ist) u. zumal in dieser Stellung höchst auffallend, wohl eine
Glosse, welche besagen soll, dass sie sich bis gegen den Eufrat hin (Jos.
ant. 1, 12, 4) ausdehnten; nach *Hupf.* 150 verderbt aus שׁוּרָה בְּאֵר־
(1 Sam. 15, 7), nach *Wl.* XXI. 410 (*Del.* Par. 131) Dittographie von
עַד־שׁוּר, während *Nöld.* 26 אֲשׁוּרִים für aus einem äg. Ortsnamen entstellt
hält. עַל־פְּנֵי כָל־ וגו'] 16, 12. נָפַל] *fiel er* ein d. h. liess sich nieder (Jud.
7, 12). Der V[a] ist keinenfalls von A (der nicht שָׁכַן schreibt), schliesst
sich auch nicht an V. 17 an (*Hupf.*), sondern gehört wohl zu C
(hinter V. 6). V[b] aber, auffallend durch die 3 p. S., scheint ein von
R oder einem Späteren aus 16, 12 genommener Zusatz, in welchem
שָׁכַן (weil in V[a] gebraucht) zu נָפַל variirt wurde.

IV. Die Geschichte Isaac's, Cap. 25, 19 — Cap. 37, 1.

Isaac tritt in der Erzvätergeschichte sehr zurück. Keine der drei
Quellenschriften hat über ihn viel zu erzälen, und was über ihn er-
zält wird, hat seine durchgehenden Parallelen an den Erzählungen
über Abraham: die anfängliche Unfruchtbarkeit seiner Ehe, die Gefahr
seines Weibes, die Achtung, die ihm Abimelekh zollt, die Brunnen-
streitigkeiten mit Abimelekh's Leuten, sogar die häuslichen Widerwärtig-
keiten wegen seiner 2 ungleichartigen Söhne. Dabei ist es gleich-
gültig, ob früher in der Sage Isaac das Urbild u. Abr. das Nachbild
war (*Wl.* Prol. 338; *Kuen.* O.[2] I. 228 f.) oder nicht; derartige Fragen
zu entscheiden reichen unsere Mittel nicht zu. In der jetzigen Gen.
erscheint jedenfalls Is. durchaus als das schwächere Nachbild seines
Vaters. Er ist der Sohn der Verheissung und erbt vom Vater die

Stellung und den Besitz der durcɔ iɔn errungenen Güter; oɔne die
ɔoɔe Kraft Abraɔam's tritt er in dessen Fusstapfen, bewaɔrt treu sanft
und geduldig das Überkommene, dient dem Gott seines Vaters, und
wird von diesem, gleicɔ Abr., gescɔützt, geleitet und gesegnet. Seine
Prüfungen kommen iɔm von den Fremden, den Pɔilistern, die iɔn an-
feinden, und aus seinem eigenen Hause, aber durcɔ mildes und williges
Wesen überwindet er dieselben. Aucɔ der Kreis der Örtlicɔkeiten, an
welchen sein Andenken ɔaftet, ist bescɔränkter als bei Abr.; in den
ausfüɔrlicɔeren Erzählungsstücken finden wir iɔn immer in dem äussersten Süden und den Oasen der Wüste (Beêr Lachajroï, Gerâr, Beeršeba
24, 62. 25, 11. 26, 1—33); A aber setzt iɔn, wie den Aɔr., (wenigstens zuletzt) nacɔ Mamre (35, 27—29). In dem nacɔ Abscɔeidung
des Loṭvolkes, der Ismaeliten und Qeṭuräer nocɔ übrigen Reste der
urspr. Abrahamischen Einwanderung, welcɔer längere Zeit in diesen
südl. Steppen sass, erkannten die Späteren den Tɔeil der Hebräer, der
die Abrahamische Art am reinsten bewaɔrte, und iɔre eigentlicɔen
Vorfaɔren. — Je weniger ɔiernacɔ über Isaac zu erzäɔlen war, desto
meɔr über seine beiden Söɔne Esau-Jacob und der Anlage der Priesterschrift gemäss geɔört das eben unter die Toledoth Isaac's. Jacob-
Israel ist, neben Abr., der eig. Vater des Israelvolkes, der Vertreter
einer neuen hbr. Einwanderung vom Stromland ɔer, aus welcɔer mit
dem Isaacvolk zusammen sich Isr. ɔerausbildete; er hat einen ganz
anderen Tɔeil Kenaan's, näml. das mittlere (Betɔel-Sikhem) und östl.
(Maḥanaim, Peniêl, Sukkoɔ) Land zum Scɔauplatz seiner Thaten. Neben
iɔm steɔt als die andere Hauptgestalt da Esau-Edom, der Bruder Jacob-
Israel's, der Erstgeborne, der früɔer als Jacob mäcɔtig und zu einem
selbständigen Volk ɔerausgebildet war, aber durcɔ den jüngeren, streb-
sameren, ɔöɔeren Zwecken dienenden Jacob später zurückgedrängt
wurde. Der Kampf dieser 2 Brudervölker, oder, wie sie in diesen
Vätersagen erscɔeinen, 2 Männer um den Vorrang bildet einen Haupt-
inɔalt in den Erzäɔlungen der Toledoth Isaac's, ein Kampf, der an Reiz
und Bedeutung dadurcɔ erɔöɔt wird, dass Isaac der in Kenaan geborne,
auf Seiten Esau's, Rebecca aber, die Ḥarranerin, auf Seiten des Jacob
steɔt. Aber aucɔ dieser Kampf zwiscɔen Esau und Jacob, dessen nationalen und für das Verhältniss der späteren Völker Edom und Israel
vorbildlicɔen Hintergrund man nocɔ leicɔt durchfühlt (*Ew.* G.[3] I.
492—504), erscɔöpft nocɔ nicɔt den Inɔalt dieser Isaacgeschichte.
Das meiste derselben stammt von B u. C, und ganz ebenso, wie R bei
Abr. die göttl. Erzieɔung desselben zum Glaubensɔelden zum Haupt-
gesicɔtspunkt macɔt, so ɔat er aucɔ ɔier aus den Scɔriften jener Er-
zäɔler mit Vorliebe solcɔe Stücke ausgewäɔlt und zusammengestellt,
welcɔe iɔm den Nacɔweis ermöglicɔten, wie Jacob von seinen Anfängen an zum Erben der Verheissungen bestimmt und befäɔigt, docɔ
durcɔ eine lange Reiɔe von Demüthigungen, Prüfungen und Läuterungen
durcɔgeɔen musste, bis er endlicɔ der Mann wurde, dem Gott den
Bund mit Abr. erneuern und der zuletzt als der Erbe Isaac's eintreten
konnte. Es werden darin zugleicɔ treffende Cɔarakterzeicɔnungen der
beiden Brüder gegeben: der eine bieder, aufricɔtig, gutmüthig, aber

rauh und roh, nur auf das Augenfällige und Augenblickliche gerichtet
und darum endlich unterliegend; der andere unlauter, listig, schlau,
darum in Nöthen und Kämpfe verwickelt, aber nach den höchsten
Zielen mit List und Kraft (Hos. 12, 4 f.) strebend und darum nach
langen inneren Läuterungen endlich Sieger. — Auch dieser Theil glie-
dert sich in 3 Abschnitte 1) die Isaacgeschichte und Jugendgeschichte
Jacob's bis zu seiner Wanderung nach Harran 25, 19—28, 9; 2) Jacob
in der Fremde und die Gründung seines Hauses in Harran im Kampf
mit Laban 28, 10—32, 3; 3) Jacob zurückgewandert, als bewährter
Gotteskämpfer, vor dem Esau weichen muss 32, 4—37, 1.

a) Die Geschichte Isaac's und Jacob's Jugendgeschichte,
Cap. 25, 19—28, 9.

1. Geburt und erste Jugend der Zwillingsbrüder und die Vorspiele
ihrer künftigen Kämpfe, Cap. 25, 19—34, nach A u. C.

Isaac erhält nach 20jähriger Unfruchtbarkeit seines Eheweibes auf
sein Gebet hin endlich Zwillingssöhne, Esau und Jacob, von denen der
letztere dem ersteren schon bei der Geburt zuvorzukommen sucht.
Herangewachsen wird Esau ein Weidmann der Liebling des Vaters,
Jacob ein Hirte Liebling der Mutter. Esau aber, einst hungrig vom
Felde heimkehrend, verkauft an den Jacob sein Erstgeburtsrecht um
ein Linsengericht. — Hier sind mit sammt der Überschrift V. 19 f.
u. 26ᵇ, wegen der chronol. Angaben, wegen הוליד, *Paddan Aram*,
Bethuel der Aramäer, sicher Reste der Erzählung des A. Das Übrige,
in sich wohl zusammenhängend, wird (wegen יהוה 22 f., עתר 21,
צער 23, der Ähnlichkeit von 24—26 mit 38, 27 ff.) dem C zuzuschreiben sein (*Hupf. Schr. Kay., Bud.* 217; *Kuen.* O.² I. 144).
Jedoch ist V. 25 (אדמוני) u. 27 etwas überladen, u. dürfte Doubletten
aus B enthalten, wie ja der wesentl. Inhalt von 27 f. auch bei B in
Cp. 27 vorausgesetzt, u. 26ᵃ durch Hos. 12, 4 als nordisrael. Überlieferung bezeugt ist. Bei C aber stand dieser ganze Abschnitt ohne
Zweifel nicht vor, sondern hinter Cp. 26 (s. 26, 7), und ist nur von R
zum Zweck der Einfügung in das Schema des A (V. 19 f. 26ᵇ) versetzt.
V. 19 f. nach A. Aus der Fassung der Worte so wie aus seiner
sonstigen Manier (26, 34. 28, 2 ff. 36, 2 f.) ist wahrscheinlich, dass
A zuvor schon die Verheirathung Isaac's besonders berichtet hatte, die
betreffende Stelle aber von R ausgelassen ist (s. S. 295). Dort oder
sonst wo wird er sich auch über die Beziehung Abrahams zu dem Aramäer
Bethuel (etwa vermittelt durch Abrahams Aufenthalt in Harran 11, 31.
12, 4) ausgesprochen haben; dass es ihm ferne lag, sich darüber zu
äussern (*Bud.* 423 f.), ist an sich wenig glaublich u. durch 26, 34
(wo es sich blos um Esau handelt) nicht zu erhärten. — Den *Aramäer* (10, 23) nennt A den Bethuel (s. S. 289 f.) und den Laban auch
28, 5, ebenso den letzteren B in 31, 20. 24 (vgl. Dt. 26, 5; *Ew,*

G.³ I. 490 f.). פַדַּן אֲרָם] im AT. nur bei A: 28, 2. 6 f. 31, 18. 33, 18. 35; 9. 26; 46, 15 (48, 7). פַדָּן bedeutet im Aram. *Joch* und im Arab. (wo es ein na1at. Fremdwort ist, *Ǵawaliqi* 112, 2) *pflügende Ochsen* und das *Geschirr* derselben, dann ein bestimmtes Maass Ackerland, wie *jugum*, *jugerum*, (*Lane* 2353), und wird von *Lagarde* proph. C1ald. p. XLIII für persisc1 ge1alten. Aber II *Rawl.* 62, 33 wird *padanu* (welc1es als *paddnu* sonst *Weg*, *Pfad* bedeutet, *Schr.* KAT² 612) mit *ginû* (Garten) und *iḳlu* (Feld) gleic1gestellt (Mittheilung des Dr. Moritz, vgl. *Del. Par.* 135) und könnte also auc1 sc1on im Assyr. *Feld*, *Ebene* (vgl. قَمُّ Niederung, Ebene *Ges.* t1. 1092) bedeuten 1aben. Das wahrschein- lichste ist immer, dass שְׂדֵה אֲרָם Hos. 12, 13 die 1ebr. Übersetzung des Wortes ist. Wie 24, 10 bei C אֲרַם נַהֲרַיִם dafür ste1t, so 1aben es LXX *Vulg.* mit Mesopotamia Syriae oder Mesopotamia wiedergegeben, vgl. die campos Mesopotamiae bei Curt. 3, 2, 3. 5, 1, 15. Daraus folgt freilic1 noc1 nic1t, dass beide Begriffe völlig identisch sind, noc1 weniger, dass Paddan Aram die Gegend um Ḥarran war. Doc1 ist zu beac1ten, dass „der Name פדן (vgl. 48, 7) an einem Orte *Faddân* und einem *Tell Faddân* in der Nä1e von Ḥarran 1aftet, den Jâqût noc1 kennt (*Chwolsohn* Ssab. I. 304; Marâṣ. II. 337). Dass die Ge- gend von Edessa und Ḥarran eine Ebene umgeben von Bergen ist, lehren Edrisi p. Jaub. II. 153; Wilh. von Tyrus 10, 29; *Buckingham* Mesopot. 111" (*Kn.*). — V. 21.. Wie Sara und Ra1el 11, 30. 29, 31 ist auc1 Reb. unfruc1tbar, gegen 20 Ja1re nac1 V. 26. Auc1 Isaac soll so erst in der Geduld geprüft werden, und die Nac1kommensc1aft als Gabe der Gnade, nic1t als Fruc1t der Natur empfangen. „Er betet also zu Ja1ve und wird von diesem erhört. לְ] beim Pass., wie 14, 19. לְנֹכַח אִשְׁתּוֹ] eig. *gegenüber seinem Weibe*, so dass er es im Auge 1atte, in Hinsic1t auf es; לְנֹכַח nur 1ier und 30, 38; bei A נֹבַח Iˊ (*Kn.*). וַיֵּעָתֵר] Ex. 8, 4 f. 25 f. 9, 28. 10, 17 f. bei C. — V. 22. Sie ist mit Zwillingen sc1wanger, die sic1 aber im Mutterleibe stossen; ein Vor- spiel der künftigen Kämpfe der beiden Männer und Völker. „Ebenso 1atten nac1 Apollod. 2, 2, 1 die um die Herrsc1aft streitenden Brü- der Akrisius und Prötus sic1 schon im Mutterleibe gestritten. *wenn also, warum doch ich*] d. h. wenn das so ge1t, warum bin, existire ic1? Sie legt dem Vorgang eine sc1limme Vorbedeutung bei" (*Kn.*). Das לָמָּה זֶּה אָנֹכִי ist zwar kurz gesagt, aber am Ende nic1t kürzer als אִם כֵּן. Ein אִם nach זֶה (*Böttch.*) erforderte auc1 noc1 ein אֶחֱיֶה und wäre unhebräisch. Dass זֶה nic1t Praed. sein kann (LXX, *de We.*), ist selbstverständlic1, und ein חַיָּה zu supplircn, liegt immer noc1 nä1er, als ein הָרִיתִי oder עָתַרְתִּי. Auc1 27, 46 ist sie sofort mit einer ähnl. Rede bei der Hand, als wäre gar nic1t leben besser als zum Un1eil leben. Beunru1igt ge1t sie 1in, darüber Ja1ve zu befragen. Es wird vorausgesetzt, dass es sc1on damals Orakelstätten gab (14, 7), oder Se1er und Priester des wa1ren Gottes (14, 18), an welc1e man sic1 in solc1en Anliegen um Auskunft wenden konnte. Wenn Cp. 26 einst vor 25, 21 ff. stand, dann liegt es na1e, das 1ier gemeinte Heiligthum 1n Beerseba 26, 23—25 zu suc1en (*Wl.* XXI. 418). Aber der Nac1-

weis der *Entstehung* des Orakels in Beerš. (*Stade* Ge. 474) ist sicher
nicht beabsichtigt. — V. 23. Die Antwort, der Orakelspruch, ist rhyth-
misch gegliedert, und gibt mit der Erklärung des Sichstossens der Kinder
eine Fernsicht auf das Verhältniss der Völker Edom und Jacob, wornach das jüngere das ältere überwinden und dienstbar machen werde,
vgl. die ähnl. Ankündigung 27, 29. 40. *von deinem Leibe ab werden sie sich trennen*] hervorgehend aus Mutterleib werden sie zwie-
spältig sein (V. 26). לְאֹם] im Pent. nur noch 27, 29. יִצְּרוּ] 19, 31 ff.,
wie dort auf das Alter bezogen (vgl. 29, 26. 43, 33. 48, 14). רַב]
lj. 32, 9; Art. kann in Poesie fehlen. Daraus, dass hier — anders
als 27, 40 — vom schliessl. Freiwerden des Älteren nichts gesagt
ist, kann man nicht (mit *Kn.*) schliessen, dass der Vrf. vor der Losreissung Edoms lebte; so genau wie Cp. 27 von der Zukunft zu reden,
gehörte hieher nicht. — V. 24, vgl. 38, 27. *voll werden*] von der
ablaufenden Zeit, hier der Schwangerschaft, wie 29, 21. 50, 3. תוֹמִם]
contr. aus תְאוֹמִים 38, 27. — V. 25. Der erste Knabe wird geboren
röthlich; wohl nicht von den rothen Haaren (zB. *Ges. Tuch Kn.*)
sondern von der rothbraunen Hautfarbe (zB. *Del.*) zu verstehen, wie
bei David (1 Sam. 16, 12. 17, 42) gemäss 1 Sam. 19, 13. „Arab.
Schriftsteller wie Ibn Coteiba p. 19 u. Abulphar. hist. or. p. 22. 42
leiten die rothhaarigen Orientalen von Esau ab" (*Kn.*). Jedenfalls wird
damit auf den Namen אֱדֹם angespielt, von dem V. 30 eine andere Erklärung gegeben wird, u. weist somit auf eine andere Quelle hin.
Dass es nicht aus einem andern Wort, etwa dem Namen שֵׂעִיר (*Bud.*
217) blos verderbt ist, kann schon V. 26 zeigen. *er ganz wie ein
Haar-* oder *Pelz-Mantel* (Zach. 13, 4), d. h. am ganzen Leibe mit
Haaren bedeckt. Mit שֵׂעָר wird (vgl. 27, 11. 23) auf שֵׂעִיר angespielt,
welches Gebirgsland Esau's Nachkommen bewohnten (36, 8). Aber
der Name, der hier geflissentlich erklärt werden soll, ist עֵשָׂו, mit

dem *man* ihn benannte; עֵשָׂו bedeutet *rauh, behaart,* wie اَعْثَى
(vgl. auch den Ούσωος der Phöniken, oben S. 7; und *Ew.* G.³ I. 494 f.).
Die Neueren wollen wissen, dass *Esau* und *Edom* urspr. Götter gewesen seien (*Wl.* XXI. 435; *Stade* Ge. 120 f., vgl. *Baudiss. Stud.* I.
40 u. *Rösch.* in ZDMG. XXXVIII. 646); gegen derartige Götter (göttlich verehrte Heroes eponymi) wäre aber doch wohl Euhemeros im
Recht. — V. 26. „Der Zweite kommt in der Art zur Welt, dass seine
Hand an der Ferse des Bruders hält: er will den vorandringenden
Esau zurückhalten und selbst der Erstgeborene werden. Der Vrf.
nimmt עָקַב als denom. von עָקֵב *Ferse* und יַעֲקֹב als *Fersenhalter,* vgl.
Hos. 12, 4. Allein die Sache ist sehr unwahrscheinlich. Nach *Busch*
LB. d. Geburtskunde § 289 erfolgt bei Zwillingsgeburten die Geburt
des 2. Kindes in der Regel binnen 1 Stunde nach der Geburt des
ersten, gar häufig auch später. Vielleicht ist יַעֲקֹב s. v. a. *Nachfolger"* (ebenso *Reuss* Gesch. d. AT. 52), „indem die W. עקב *hinter-
hersein, nachfolgen, nachspüren, nachstellen, belisten* bedeutet. Der
Vrf. von 27, 36 deutet den Namen etwas anders" (*Kn.*). וַיִּקְרָא] neben
וַיִּקְרְאוּ V. 25 ist auffallend, erklärt sich aber wohl daraus, dass R schon

1ier, wie sic1er in V^b, aus A schöpfte (vgl. 16, 16), denn auc1 A muss die Geburt dieser Sö1ne erzä1lt 1aben. בְּלֵדָה] *Ew.* 304ª. —
V. 27 f. Esau wird 1eranwac1send (21, 8. 20. 38, 14) ein jagdkundiger, *ein Mann des Feldes* (versc1ieden von אִישׁ אֲדָמָה 9, 20), Weidmann, der dem Wild nachjagend die Gefilde durc1zie1t, da1er des Vaters Liebling, *denn Wildpret war in seinem Munde,* d. 1. nac1 seinem Gesc1mack, mundete i1m, dem Isaac, vgl. 27, 5. 7; צַיִד gäbe einen andern Sinn, und das Suff. auf Esau zu bezie1en „weil er ein Wildpretesser war, immer viel Wildpret 1atte" (*Abulwalid* s. Journ. As. IV. 16 p. 239; *Böttch.*) mac1t nic1ts besser. Wenn im Gegensatz zu i1m Jacob תָּם genannt wird, so kann das in diesem Zusammen1ang weder sittlic1 *untadelig,* noc1 auc1 ἄπλαστος, ἁπλοῦς, *simplex, lauter, schlicht* (LXX Aq. Theod. *Vulg.*) bedeuten, da er ja vielmehr weiter1in als der listige ersc1eint, sondern muss etwa s. v. a. ἥμερος (*Philo*) sein (*Ges.* t1.; *Ew.* G.³ I. 505), wie man das deutsc1e *fromm* auc1 im Sinne von *ruhig, still* (im Gegensatz gegen die Wild1eit) gebrauc1t, und wie שָׁלֵם von einem ähnl. Grundbegriff aus die besondere Bedeutung *friedlich* aus sic1 entwickelt hat. Ein *Zeltbewohner* aber 1eisst er, nic1t als ein *häuslicher* Mensc1 (LXX), sondern (4, 20) als *Hirte,* wegen seiner Besc1äftigung. „Die Jagd, nic1t aus Nothwehr oder Bedürfniss, sondern wie von Esau als Lustgeschäft getrieben, gilt dem Vrf. als etwas Wildes, Grausames, Rohes, zumal im Vergleic1 mit dem bei den Hebräern se1r geac1teten Hirtenleben" (*Kn.*). Übrigens ist אִישׁ שָׂדֶה neben יֹדֵעַ צַיִד, wie אִישׁ תָּם neben יֹשֵׁב אֹהָלִים doc1 wo1l Doublette aus einer andern Quelle (vgl. V. 25). — V. 29—34. Ein erster Ausbruc1 des Kampfes, den die Brüder mit einander kämpfen, zugleic1 ein Beitrag zu i1rer C1arakteristik. V. 29 f. „Einst kommt Esau, als Jacob ein Geric1t (Linsen, V. 34) siedet, 1ungrig von der Jagd nac1 Hause und wünsc1t von dem Rot1en zu sc1lingen. Gierig sagt er nic1t אָכַל, sondern לָעַט *schlingen* (s. *Ges.* th.). Auc1 kann er vor Heiss1unger die Linsen nic1t gleic1 beim Namen nennen, und bezeic1net sie nac1 dem Anblick nur als das Rot1e, als ein φοινικίδιον wie Crates bei Diog. Laert. 7, 1, 3. Davon soll er den Namen *Edom* er1alten 1aben" (*Kn.*). „Aber soll man nic1t הָאֲדָמִים lesen? denn אֲדֹם ist noc1 1eute im Orient ein gewöhnlicher Ausdruck für etwas, was mit Brod gegessen wird, und dass נְזִיד עֲדָשִׁים ein solc1es *idám* war, ist aus V. 34 klar. Sc1on die LXX mit ἕψημα sc1einen es so verstanden zu 1aben" (*Thomas D. Anderson* in Edinburg1, brieflic1 am 26. Juni 1883). In der T1at sc1eint dies die beste Erklärung, sie ist sc1on von *Boysen* in Symb. p. 13 (s. *Schleusner* N. T1es. II. 595) vorgetragen. — V. 31 „Eigennützig verlangt Jacob dafür Abtretung der Erstgeburt. Zu den Rec1ten der Erstgeburt ge1örte eine ansehnlichere Stellung in der Familie und im Stamm, so wie ein grösseres Erbtheil (43, 33. 48, 13 ff. 49, 3. Dt. 21, 17). Hier denkt Vrf. besonders daran, dass die göttl. Verheissungen der Linie der Erstgeburt ange1örten, vgl. Sem, Abr., Isaac" (*Kn.*). Die beste Erläuterung gibt 27, 27 ff. כַּיּוֹם] *jetzt, gegenwärtig* (Jes. 58, 4), und im Gegensatz gegen eine spätere Zeit 1ier un1

sonst öfters = *vorerst, zuvor* V. 33. 1 Sam. 2, 16. 9, 27. 1 Reg.
1, 51. 22, 5 (*Ges.* th.; *Wellh.* BB. Sam. 37). — V. 32. Esau ist bereit. *ich gehe zu sterben*] muss sterben, sc. wenn ich jetzt nicht zu
essen bekomme (*Schum. Tuch*²), oder vielleicht besser: meine Wege
führen mich, den Jäger in steten Lebensgefahren, doch früher oder
später zum Tod (*Ros. Vat. Kn.*); wozu mir da Vortheile, die ich doch
nicht ausgeniessen kann? — V. 33 f. „Der vorsichtige Jacob lässt sich
die Erstgeburt eidlich zusichern, und gibt erst dann sein Linsengericht
heraus. Er legt Gewicht auf sie, während Esau, wie Vrf. tadelnd hin-
zufügt, sie verachtet. בזה] im Pent. nur noch Num. 15, 31“ (*Kn.*).
Zu der Malerei mit 5 aneinandergereihten Verben vgl. Ps. 48, 6. —
Esau zeigt sich hier als der Mann kurzsichtigen Leichtsinns, von sinnl.
Begier beherrscht und vom Augenblick hingenommen, ohne Gefühl für
übersinnl., geistige Güter, gemeiner Art (Hbr. 12, 16) und darum das
Höchste leicht verscherzend. Jacob handelt eigennützig und unsittlich,
indem er die Noth des Bruders benützt, aber er verfolgt höhere Ziele
mit List und Gewandtheit, und erweist sich dadurch, wenn er nur
erst von seinen Fehlern geläutert sein wird, für die Heilszwecke Gottes
als der tauglichere. Beiderlei Sinnesarten stellen sich typisch in diesen
Brüdern dar. Mehr liegt aber auch nicht darin. Weder gründet Jacob
sonst irgendwo auf diesen Vorgang einen Anspruch auf die Erstgeburt,
noch nimmt der Vater oder gar Gott später irgendwo Rücksicht darauf.
Die Sache selbst, dass Jacob dem Esau mit der Zeit nicht blos in
volksthüml. Dingen den Vorrang abgewann, sondern auch der Träger
der Verheissung, der göttlich Erwählte wurde, stand thatsächlich fest.
Da aber Esau in der Überlieferung ganz bestimmt als der Ältere galt,
also die Erwählung Jacob's nicht mehr, wie bisher, der Erstgeburt
folgte (Mal. 1, 2 f.), so war diese Abweichung zu motiviren. Sie wird
in verschiedener Weise motivirt. Nach V. 22 f. bei C war sein Vorrang von Gott vorausbeschlossen; bei B und C in Cp. 27 beruht er
auf dem mit List errungenen Segen des Vaters (vgl. 48, 8 ff. über
Efraim vor Manasse); bei A wird Jacob, weil Esau fremde Weiber genommen, von Isaac selbst vorgezogen (27, 46—28, 9) und diese Wahl
von Gott bestätigt (35, 9 ff.). Hier aber geht die Motivirung im Grund
auf das Wesen und den Charakter beider Völker, wie es sich typisch
schon in den Stammvätern dargestellt hat, zurück (vgl. 9, 20 ff. 16, 12).

2. Isaac's Wanderleben und Beschwerden, Gottes Segnungen und
   Verheissungen an ihn, Cap. 26, 1—33 meist nach C (und R).

„Isaac zieht einer Hungersnoth wegen nach Gerâr, empfängt dort
eine göttl. Verheissung, gibt sein Weib für seine Schwester aus, treibt
mit grossem Glück auch Ackerbau, und wird so reich und gewaltig,
dass die Philister ihn beneiden und fortweisen. Er zieht nach dem
Nachal Gerâr, legt dort 2 Brunnen an, über welche Zank mit den
Hirten Gerâr's entsteht; darauf rückt er noch weiter fort und gräbt
einen Brunnen, der ihm nicht bestritten wird, lässt sich zuletzt in Beerseba nieder, wo er Jahve verehrt, und abermals eine göttl. Ver-

heissung empfängt. Dort macıt er einen Brunnen, wird von Abimelekh besucıt, und scıliesst mit ihm ein Freundschaftsbündniss. Daıer der Name Beeršeba" (*Kn.*). — In diesem Bericıt ist alles entıalten, was überıaupt über Isaac selbst, abgeseıen von seinen Söınen, nocı gemeldet wird. Man könnte desıalb vermuthen, dass darin Beiträge aus den verscıiedenen Quellenscıriften zusammengearbeitet seien, aber in Waırıeit erweist sicı fast alles als aus C genommen (*Hupf. Schr. Kay. Wl. Kuen.*). Zwar hat gewiss aucı A einiges über Isaac, nam. (nacı 35, 12. Ex. 6, 3) eine Erscıeinung des אֵל שַׁדַּי an iın erzäılt, und ebenso wird aucı B über Isaac im Negeb, nam. in Beeršeba (46, 1—4) bericıt ıaben, aber R hat aus iınen nicıts aufgenommen, sondern sicı mit dem Bericıt des C begnügt, der also woıl alles Wesentlicıe entıalten haben wird. Und allerdings erinnert im Ausdruck mancıes an B, zB. V. 10 an 20, 9; V. 28 an 21, 22; V. 29 an 21, 23, nam. עַל־אֹדוֹת 32 (21, 11. 25), die Namen 26, aber das erklärt sicı ıinreicıend daraus, dass C selbst scıon die Scırift des B als Vorlage benützt und vieles aus iır sich angeeignet hat. Über V. 12 s. d. Sonst zeigt sicı deutlicı die Spracıe des C, zB. יהוה; טוֹבַת מַרְאֶה 7, הַשְׁקִית 8, אֵלֶה 28, בְּרוּךְ יַהְוֶה 29, וַיִּקְרָא בְּשֵׁם יי' 24; die Gefaır der Rebecca 7—11 (neben Cp. 20) und der Ursprung des Namens Beeršeba 25—33 (neben 21, 22 ff.) kann nur auf C zurückgeıen (wenn aucı B vielleicıt bericıt hat, dass Abimelekh sein Freundschaftsverhältniss mit Abr. dem Isaac fortgesetzt ıat). Nur V. 1—6 (s. schon *Hitz.* Begr. d. Krit. 169 ff.) ist kein einıeitlicıer Bericıt des C, denn 2ᵇ ist mit 3ᵃ und 1ᵇ unverträglicı (*Kn.*) und kann aucı nicıt freier Zusatz des R sein, sondern weist auf Zusammenarbeitung des Textes des C mit einem andern Referat ıin, zu welcıem aucı וַיְהִי רָעָב בָּאָרֶץ 1ᵃ geıört (s. d.). Dieses Referat, nacı welcıem also Is. einer Hungersnotı wegen aus dem Lande fort nach Äg. zieıen will, aber von Gott angewiesen wird, in dem Land, das er ihm sagen werde, zu bleiben, und dann in Gerâr blieb (1 die 3 ersten Worte; 2 von וַיֹּאמֶר an; 6), wird auf B zurückgeıen (vgl. 2ᵇ mit 22, 2ᵇ). Dagegen 1ᵇ, in 2 die 3 ersten Worte, 3ᵃ scıliessen sicı zusammen als Bericıt des C, welcıer gegenüber von 24, 62. 25, 11 ganz ricıtig mit der Erzäılung einer Ortsveränderung Isaac's beginnt. Die Tıeopıanie in Gerâr kann nur aus C stammen (bei B ergieng die Weisung an Is. in Kenaan), aber die Verheissungsworte 3ᵇ—5 beruıen auf einer spätern Erweiterung (s. d.), vielleicıt erst des Rᵈ, wie selbstverständlicı aucı מִלְבַד־אַבְרָהָם 1ᵃ cin Zusatz des R ist. — Ebenso sind ferner aucı V. 15. 18 redactionellc Einsätze zur Ausgleicıung mit Cp. 21. — Im Übrigen ist unverkennbar, dass Cp. 26 bei C vor 25, 21 ff. gestanden ıat (s. V. 7).

V. 1—6. Isaac's Zug zu Abimelekh nacı Gerâr und Jaıve's Verheissungen aı iın. V. 1. וַיְהִי רָעָב בָּאָרֶץ] nacı B, denn בָּאָרֶץ kann nur *in Kenaan* bedeuten; bei C ist aber Is. nicıt iı Ken., sondern iı בְּאֵר לַחַי רֹאִי 24, 62. 25, 11. מִלְּבַד] für לְבַד מִן *Ew.* 276ᵇ; Gen. 46, 26; meist bei A u. R, aucı Dt. 4, 35. 28, 69. Jos. 22, 29. Diese Rückweisung auf die Hungersnoth zu Abraıams Zeit 12, 10 ff. kann nuı von R eingefügt sein, denn B ıatte nocı keine erzäılt. וַיֵּלֶךְ] von

C, angeknüpft an 25, 11. Daraus, dass Abim. bei B (Cp. 20 f.) zu Abraham's, bei C zu Isaac's Zeit erscheint, folgt nicht Verschiedenheit der Person (*Kn.*), sondern nur Variation der Sage. Auch ist aus Ps. 34, 1 nicht zu erweisen, dass Abim. in Gerâr ein gewöhnlicher Königsname oder gar Königstitel war. Oder sollte auch Phikhol V. 26 ein stehender Feldherrnname gewesen sein? *Philister, Gerar*] s. 20, 1 f. — V. 2. Er soll nicht nach Äg. ziehen. Die Absicht, dies zu thun, ist vorher nicht gemeldet. Die Worte sind ein Bruchstück einer von der des C verschiedenen Erzählung (s. Vorbem.), näml. des B. Vgl. 22, 2. — V. 3ᵃ setzt voraus, dass er schon in Gerâr ist, schliesst sich also an 1ᵇ an. וַיֵּרָא] zB. 12, 10. 19, 9. (aber auch 20, 1. 21, 23). וְאֶהְיֶה עִמְּךָ] 21, 20. V. 3ᵇ begründet die Weisung mit der Zusicherung aller dieser Länder, also auch Gerâr's, an Is. und seine Nachkommen. *alle diese Länder*] Kenaan und die anliegenden Gebiete. Dieser Plur. (sonst für wirkliche Länder Gen. 10, 5. 20. 31. 41, 54) für die verschiedenen Theile des spätern israelit. Landes nur hier und V. 4 (wie 1 Chr. 13, 2. 2 Chr. 11, 23), ist offenbar jüngerer Sprachgebrauch und beweist mit V. 5 zusammen, dass die Stelle von jüngerer Hand (die 22, 17 f. schon vor sich hatte) überarbeitet ist, wie es scheint, nam. zu dem Zweck, um auch bei Isaac eine ausdrückliche Zusicherung des Landes im weitesten Sinn des Wortes an seine Nachkommen zu haben; vgl. 15, 18—20. Übrigens haben LXX u. BJub. hier u. V. 4 blos πᾶσαν τὴν γῆν ταύτην. הָאֵל] 19, 8. וַהֲקִמֹתִי] hier im Sinne von *aufrecht halten*, wie Lev. 26, 9. Dt. 8, 18; vgl. zu Gen. 6, 18. *Schwur*] 22, 16 ff. (15, 17 ff.) — V. 4 wie 15, 5. 22, 17 und 12, 3. 22, 18, namentl. הִתְבָּרֲכוּ wie 22, 18. — V. 5. Diese Huld gegen Isaac und seine Nachkommen darum, weil Abr. in allen Stücken Gottes Willen nachkam, nach der Regel Ex. 20, 6. 2 Reg. 8, 19. 19, 34 (*Kn.*). עֵקֶב אֲשֶׁר] 22, 18. Dass bei Abr. von Geboten, Satzungen und Weisungen, die er gehalten habe, die Rede ist (s. dagegen 17, 1. 18, 19), beruht auf Übertragung der Verhältnisse unter dem mosaischen Gesetz auf die Erzväterzeit, kommt aber nur hier so vor, und lässt, zusammen mit der Häufung der Ausdrücke (vgl. zB. Dt. 11, 1; Lev. 26, 46), auf die Hand eines späten Überarbeiters (Rᵈ) schliessen. מִשְׁמֶרֶת] s. zu Num. 1, 53. אַבְרָהָם] + אֲבִיךָ *Sam.* LXX. — V. 6. So blieb er denn in Gerâr. — V. 7—11. In Gerâr begegnet ihm mit Rebecca etwas ähnliches, wie Abr. mit Sara ebendaselbst und schon vorher in Ägypten. S. zu 12, 10 ff. — V. 7. Die Leute der Gegend fragten ihn *nach* (32, 30. 43, 7; *Sam.* עַל) seinem Weib; er gab es für seine Schwester aus, um nicht *ihretwegen* (V. 9. 20, 3) ermordet zu werden (12, 12). טוֹבַת מַרְאֶה] 24, 16. פֶּן] 3, 22. Nach dem Sinn des Vrf. soll die Geschichte offenbar in die erste Zeit der Ehe Isaac's fallen und stand bei C sicher vor 25, 21 ff. (*Hupf.* 155); die Umstellung durch R wegen Incongruenz des V. 18 mit der Zeitrechnung des A in 21, 5. 25, 7. 20. 26 (*Riehm* in St. u. Kr. 1872 S. 304). — V. 8. Das Geheimniss kommt aber beim längeren Aufenthalt Isaac's daselbst heraus. אֲרֻכּוּ] das Qal nur noch bei Ez.; sonst s. Num. 9, 19. 22. הִשְׁקִיף] 18, 16. 19, 28. בְּעַד] *durch*, 8, 6. מְצַחֵק אֵת]

scherzend (21, 9) *mit* Reb., näml. so wie es zwiscien Eiegatten, nicit zwiscien Gesciwistern vorkommt (zugleici Anspielung auf den Namen יצחק). Vrf. dacite sici Is. und Reb. dabei woil im Garten beim Haus des Königs (*Kn.*), nicit aber den König bei Isaac's Haus(!) durci dessen Fenster iineinseiend (*Böhm.*) — V. 9 f. Abim. tadelt Isaac. אַךְ] nun ist sie ja *doch* dein Weib, obwoil du es anders gesagt iast. אַךְ bei C auci 18, 32 (29, 14?) 44, 28 (bei B: 20, 12. 27, 13. 30. — 29, 14? —). וּכְמַעַט שָׁכַב] *Ew.* 135ᵈ. אֶת־אִשְׁתְּךָ] 34, 2. הֲבֵאתָ וגׄ] wie 20, 9; nur dass iier bei C der gesetzlici-teciniscie Ausdruck אָשָׁם gebraucit ist. Wie Cp. 20 erscieint Abim. auci iier als ein gottesfürcitiger, auf Recit und Sitte in seinem Land ialtender König. — V. 11. Er verbietet sogar bei Todesstrafe jeglicie Antastung des Isaac und seines Weibes. Übrigens spricit dieser V. stark gegen das angeblicie iöiere Alter dieser Variation der Sage vom Eieweib (*Wl.* Prol. 338; *Kuen.* O.² I. 228 f.) gegenüber von 20, 2 ff. — V. 12 bis 17. Isaac, in allem von Gott seir gesegnet und an Reichthum immer meir zuneimend, wird von den Piilistern angefeindet und weicit vor iinen in das Bacitial Gerâr. V. 12. Is. säete im Land Gerâr und erlangte im selbigen Jair d. i. da er säete (auf das Jair der Hungersnoti V. 1 kann es sici wegen V. 8 nicit woil zurückbeziehen, ausser man nähme an, dass V. 12 einst mit V. 6 näier zusammengeiangen iabe) 100 *Maasse* (LXX *Pesch.* falsci שְׂעֹרִים) d. i. erntete 100fältig, eriielt ganz ausserordentlicien Ertrag. „Ackerbau wird auci von Jacob bericitet (37, 7), aber nicit von Abraiam. Mancie arab. Nomaden verbinden ebenfalls Ackerbau mit Vieizucit, *Burckh.* Syr. 430, Bed. 17; *Berggren* R. I. 325; *Rob.* I. 85 f.; *Buckingh.* Syr. II. 11; *Seetz.* I. 339. 409. II. 335; *Ritter* XIV. 978 ff. Noci ieute kommt in jenen Ländern, zB. Ḥauran ein so reicilicier Ertrag vor, *Burckh.* Syr. 463" (*Kn.*), *Wetzst.* R.Bericht 30. — V. 13 f. So von Gott gesegnet wurde Isaac fortgeiend (8, 3. 5. 12, 9) grösser (24, 35. 48, 19. 2 Sam. 19, 33), bis er seir gross ward, d. i. seir mäcitig, weil reici an Gesinde und Viei, so dass die Piil. iin um sein Gedeiien und Glück beneideten. Über Part. statt Inf. abs. vgl. Jud. 4, 24; *Ew.* 280ᵇ. Die Zusammensetzung מִקְנֵה צֹאן und מִקְנֵה בָקָר im Pent. nur noci 47, 17 f. עַד־כִּי] noci 49, 10. עֲבֻדָּה] im Pent. nur iier, wiederiolt Ij. 1, 3; über die Bedeutung s. *Ges.* ti. (vgl. גְּבוּרָה Jes. 3, 25). — V. 15 oine וׄ cons. angeknüpft ist ein Redactionszusatz zur Vorbereitung auf V. 18. Darnaci wären die von Abraiam's Leuten gegrabenen Brunnen von den Piilistern dem Isaac zerstört worden, um iim das Nomadisiren in iirer Gegend unmöglici zu macien. „So tiat man bei Bekriegungen (2 Reg. 3, 25. Jes. 15, 6), und die Araber versciütten die Brunnen an der Pilgerstrasse, wenn sie nicit den geforderten Zoll erialten, *Troilo* orient. R.Beschr. 682; *Nieb.* Arab. 382" (*Kn.*). סְתָמוּם und וַיְמַלְאוּם] über das suff. masc., auci V. 18. 33, 13 s. *Ew.* 249ᵇ. — V. 16 an V. 14 sici ansciliessend. Auci Abim. tlieilt die Eifersucit und ieisst den Isaac geradezu fortzcieien, weil er iinen zu gewaltig geworden sei. — V. 17. Veranlasst durci den Befeil des Königs (nicit durci die Brunnenversciüttung, die ja naci V. 18 auci die

Brunnen seines neuen Aufenthalts betraf) zieht Isaac von Gerâr weg
nach dem *Bachthal Gerâr*, d. i. W. Ǵerûr (20, 1). „*Sozom.* 1. eccl.
6, 32. 9, 17 kennt ein Kloster ἐν Γεράροις ἐν τῷ χειμάῤῥῳ" (*Kn.*).
וַיַּחְן] wie 33, 18. — V. 18—22. Isaac's Aufenthalt im Bachthal Gerâr
und die Brunnen (בְּאֵרֹת wie Dt. 10, 6; anders Gen. 14, 10), die er
dort grub. V. 18. Die nach Abraham's Tod von den Philistern zuge-
schütteten (V. 15) Brunnen seines Vaters grub er *wieder* (*Ges.* 142, 3)
auf, und gab ihnen die alten Namen. Obwohl in der Abrahamgeschichte
von solchen Brunnen im W. Gerâr nichts gemeldet ist, so ist doch
möglich und wahrscheinlich, dass R in einer Quellenschrift (B) Notizen
darüber hatte, die er nur betreffenden Orts nicht mitgetheilt hat. Da
aber eine andere Quelle (C) diese Brunnen auf Isaac zurückführte, so
hat er in seiner Weise so vermittelt, wie er hier angibt. Zugleich
wird klar, wie er die doppelte Schöpfung des Namens Beerśeba (V. 33
und 21, 31) möglich dachte. Aber auch die 3 Brunnen V. 19—22
sollen demnach nicht ganz neue (*Del.*), sondern blos erneuerte (*Ke.*)
sein, da es nicht heisst: *und er fuhr fort* zu graben u. drgl. בְּאֵרִי-]
עַבְדִּי LXX Sam. *Vulg. BJub.* — V. 19—21. „Bei zweien von ihnen
haben Isaac's Leute Streit mit den Hirten von Gerâr, welche dieselben
für sich verlangen (vgl. 13, 7 f., auch Ex. 2, 17; *Burckh.* Syr. 628;
Bed. 118). Daher nennt er sie עֵשֶׂק *Streit* und שִׂטְנָה *Befeindung*.
מַיִם חַיִּים] *lebendiges*, d. h. sich bewegendes, fliessendes Wasser, im
Gegensatz zum stille stehenden, hier also Quellwasser, vgl. Lev. 14, 5.
Jer. 2, 13. Zach. 14, 8. Cant. 4, 15" (*Kn.*). — V. 22. Is. zieht von
da weiter (הֶעְתִּיק 12, 8) „und gräbt einen Brunnen, über den es keinen
Hader gibt; er nennt ihn רְחֹבת *Weiten*, weil Gott ihnen weit gemacht
d. i. Raum verschafft habe und sie fruchtbar sein, d. i. sich mehren
können im Lande." רְחֹבי] hinten betont wegen folgenden ע *Ew.* 63c.
193b. כִּי] begründend, möglicherweise recitativ, vgl. 29, 32 f. Mit
diesem Brunnen stellt man (*Kn.* a.) gewöhnlich zusammen die Örtlichkeit *Ruḥaibe*, etwa 3 Stunden südlich von Elusa, 8 südl. von Beerśeba,
wo es Reste von Brunnen gibt (*Robins.* l. 324 ff.; *Russegg.* III. 69;
Palmer Wüstenwand. 296 f.). In Anbetracht von ויעתק לשם und unter
Vergleichung von V. 23 ist diese Localisirung wohl möglich. Selbst
שטנה kann das von *Palm.* 297 verzeichnete W. Šuṭnet er-Ruḥeibe sein.
Das W. Šuṭein bei *Rob.* I. 332 ist vielleicht dasselbe. ʿEseq ist nicht
nachzuweisen. — V. 23—25. Von da *zieht* Is. nach Beerśeba *hinauf*
und erhält dort in einer nächtl. Erscheinung (s. 15, 1; häufiger bei
B, s. 20, 3. 6. 21, 14. 22, 1. 31, 11. 24. 46, 2) wieder göttliche
Verheissungen; wie V. 5 werden sie ihm um Abraham's willen, *des
Dieners Gottes* (nur hier so in der Gen., doch vgl. נָבִיא 20, 7) gegeben. — V. 25. Die „Gotteserscheinung veranlasst Isaac, einen Altar
zu erbauen und Beerśeba wird dadurch zu einem Cultusort geweiht,
s. 21, 33. 12, 7. Dass er den Altar früher als das Zelt errichtet,
fällt auf" (*Kn.*). Daraus zu schliessen (*Kn.*), dass V. 24 u. 25 bis
יהוה eine Einschaltung des C sei, geht nicht an, da gleich nachher
sicher der Text des C fortläuft, vielmehr soll doch wohl der dauernde
Aufenthalt, den er hier nimmt, als Folge der dort in der ersten Nacht

iim gewordenen Gotteserscıeinung dargestellt werden. וַיֶּט אָהֳלוֹ] 12,
8. 33, 19. 35, 21. פָּרָה] nur iier, sonst (V. 15. 18 f. 21 f. 32) immer חָפַר; ein Unterscıied in der Bedeutung („angraben" gegen חִזּר
V. 32 „fertig ausgraben" *Böhm.*) ist woıl nicıt beabsicıtigt. — V. 26
bis 33. Abimelekh's Bundesvertrag mit Isaac und der Grund des Namens
Beerśeba (vgl. 21, 22—31). Dass die Erzäılung iier einfältiger und
darum *älter* als 21, 22 ff. sei (*Kuen.* O.² 229), ist nicıt zuzugeben,
weil offenbar die Waıreitsversicıerung 21, 27 ff. alterthümlicher, u.
weil die weite Reise des Philisterkönigs(!) von Gerâr nacı Beerš. in
26, 26 ganz unmotivirt ist. V. 26. Abim. kommt von Gerâr zu iım
nacı Beerš. mit Plikhol (21, 22) und Aḥuzzatı (Form wie גְּלִית), seinem מֵרֵעַ (im Pent. nur iier) d. ı. seinem Freund, „Vertrauten, der
iım rathend und sonst Dienste leistend zur Seite stand, vgl. 1 Reg. 4,
5. 1 Cır. 27, 33" (*Kn.*). — V. 27 s. V. 14 u. 16. Zu וְ in וְאַתֶּם
s. zu 24, 56. — V. 28. *Jahve mit dir*] 21, 22. אָלָה] *Eidschwur*
(24, 41) iier s. v. a. ein unter feierlicıen Verwünscıungen bekräftigter
Vertrag, wie Dt. 29, 11. 13. Ez. 16, 59. בְּרִיתִינוּ] diese Form woıl
absicıtlicı zum Wecısel mit dem folg. בֵּינֵינוּ, sonst vgl. 42, 23. —
V. 29. אִם] wie 21, 23. 14, 23. תַּעֲשֵׂה] für מֵעֲשׂה, worüber *Ges.* 75
A. 17; *Ew.* 224ᶜ; *König* S. 531. Bei der Angabe, sie ıätten iım
nur Gutes erwiesen, ist von der Fortsendung Isaac's (allerdings בשלם)
V. 16. 27 abgeseıen; die redactionellen Angaben V. 15. 18 kommen
iier natürlicı nicıt in Betracıt. בשלום] V. 31. 28, 21. *du bist nun
einmal der Gęsegnete Jahve's*] (wie 24, 31), und darum ist's wünschenswerth, mit dir im Wohlvernehmen zu steıen. — V. 30—33.
„Die Gäste und Isaac ıalten zusammen eine Bundesmahlzeit (s. zu 31,
54) und leisten am andern Morgen einander den Bundeseid, worauf
jene von Isaac geleitet, nacı Gerâr zurückkeıren. An demselben Tage
erıält Is. die Nacıricıt, dass die den Brunnen V. 25 grabenden Knecıte
Wasser gefunden ıaben; er nennt daıer den Brunnen שִׁבְעָה d. i. *Schwur*
nach dem Vrf., der das Wort mit שְׁבֻעָה gleicı nimmt. Daıer der Name
Beerśeba, über dessen Entsteıung 21, 31 eine andere Sage gibt" (*Kn.*).
עַל אֹדוֹת] 21, 11. 25.

3. Veranlassung zu Jacoḃ's Wanderung in's Stromland und Jacob's
Segnung durch Isaac, Cap. 26, 34—28, 9, aus A und BC.

Esau nimmt 2 ḥettische Weiber, zum Verdruss der Eltern 26,
34 f. Jacob betrügt, unter Mitwirkung der Mutter, den Esau um den
väterl. Segen, und muss, um der Racıe Esau's zu entgeıen, sicı zur
Wanderung nacı Ḥarran entscıliessen 27, 1—45. Isaac scıickt, auf
der Rebecca Veranstaltung, den Jacob nacı Paddan Aram, um sicı
dort ein Weib zu ıolen, worauf Esau noch eine Tocıter Ismael's heı-
rathet 28, 1—9. — Von diesen 3 Abscınitten scıliessen sicı der
erste und der letzte (26, 34 f. u. 28, 1—9) unter sicı zusammen, und
entıalten das Referat des A über Anlass und Zweck der Wanderung
Jacob's, was aus der Scımucklosigkeit der Erzäılung, der cıronol. Angabe 26, 34, den Ausdrücken יַעֲנֵן דְּבִיר 28. 1. 6. 8, פַּדַּן אֲרָם 2. 5 ff.

אֶל שֵׁרֵי und קְהַל עַמִּים 3, מְעָרִים und אֱלֹהִים 4, הָאֵמֵי 5 zweifellos folgt (*Tuch, Kn. Hupf. Schr. Kay. Wl.*). Der Vers 27, 46 (s. d.) leitet zu 28, 1 ff. hinüber (vgl. auch 28, 7 וַיֵּלֶךְ-אִישׁ). — Zwischen diesen Nachrichten ist die ausführl. Erzählung über die Erschleichung des väterl. Segens durch Jacob 27, 1—45 eingeschoben, welche nicht blos Jacob's Auswanderung anders (mit Jacob's Betrug und Esau's Hass) motivirt, und von dem väterl. Segen selbst eine abweichende Darstellung gibt, sondern auch durch die Angabe von Isaac's Alter, Todesnähe und Blindheit 1 f. 7. 10. 41 zu A (bei welchem Is. damals noch nicht viel über die Mitte des Lebens stand) nicht gut stimmt. Schon darum muss diese Erzählung von einem andern Vrf. als A sein, bei dem auch von einer Verfeindung der beiden Brüder nirgends die Rede ist. Die sprachl. Zeichen bestätigen das. Die Meisten (*Tuch Kn. Hupf. Schr. Kay.*) schreiben dieses Stück dem C zu. Aber nach Cp. 32 (s. d.) und 35, 3. 7 hat auch B eine Flucht des Jacob vor Esau berichtet, und das Stück selbst enthält (*Wl.* XXI. 422 ff.) mehrfache Doubletten, nam. in 24—27ᵃ neben 21—23; 30ᵃ und 30ᵇ; 35—38 neben 33 f.; 44ᵇ und 35ᵃᵃ; man muss es darum (*Wl.*) für aus B und C zusammengesetzt halten. Gewiss waren die Berichte beider einander sehr ähnlich, und R konnte sich darum begnügen, einige sachl. Differenzen beider einzuarbeiten. Ganz genaue Scheidung zwischen beiderlei Bestandtheilen ist nicht mehr möglich: auf C weisen hin zB. יהוה 7. 20. 27, הֶקְרָה 20, כָּלָּה כַּאֲשֶׁר 30, אָמַר בְּלִבּוֹ 41, das *Haus* 15, auf B zB. הָאֱלֹהִים 28; אַךְ 13 (gegen 19, 8. 24, 8) 30; בְּטֶרֶם 4 (gegen לִפְנֵי 7. 10) 33, die Art der Anrede 1ᵇ. 18 (wie 22, 2. 7. 11. 31, 11: *Wl.*); עַד-מְאֹד 33 f. (wenigstens sonst nie bei C). Diesen Zeichen nach wird zB. V. 15. 24—27. 30ᵃ (bis אֶת-יְגִיעִי).. 35—38 auf C zurückgehen. — Grund und Zweck der Erzählung ist, zu erklären, wie Jacob dem Erstgebornen den Vorrang abgewinnen, also nam. das bessere Land und die grössere Macht, sogar die Oberherrschaft über den Bruder erlangen konnte. Sie erklärt es aus dem väterl. Segen, insoweit ähnlich wie A in 28, 3 f. (vgl. S. 157 f.). Dieser Segen wird aber hier durch Betrug erschlichen, entsprechend dem Namen Jacob als des Listigen. Es kann auffallend erscheinen, dass ein Schriftsteller von der ethischen Tiefe und Feinheit des C eine derartige Volkssage ohne ein Wort der Misbilligung erzählen und einem auf diese Weise erschlichenen Segen ernstliche Bedeutung beilegen kann. Aber man muss die Erzählung im Zusammenhang mit den folgenden Stücken auffassen. Mit der Segnung Jacob's vollzieht sich ein Beschluss Gottes: in Gottes Willen war es gelegen, den Jacob über Esau zu erhöhen; das zeigt die Geschichte der beiden Völker bis auf die Zeit des Vrf. Solchen Willen auszuführen benützt Gott auch die Sünden der Menschen (50, 20); Isaac, der wider Willen Jacob statt Esau segnet, ist nur Werkzeug Gottes, und die Vorneigung der Rebecca für Jacob hat bei C durch 25, 23 eine tiefere Begründung. Aber ihre betrügliche List und des Sohnes Sünde kann nicht ungestraft bleiben; schon der Nachsegen Esau's (V. 40), noch mehr die Flucht Jacob's, die Trennung der Mutter vom Sohne, die vielen Kämpfe, Ängste, Enttäuschungen und Demüthigungen, welche

sofort für Jacob folgen, sind gerecıte Strafen für jene Sünden und zugleicı in der Hand des alles leitenden Gottes Erzieıungsmittel, durcı
welcıe iım der unlautere Sinn abgethan und ein würdiger Träger
der Verıeissung aus iım ıerausgebildet werden soll. Der ganze Vorgang ıier ist demnacı nur der frucıtbare Anstoss zu der folgenden Erziehungsgeschichte Jacob's. Für Isaac ist es freilicı weniger
eırenvoll, dass er gegen seinen Willen Gottes Zwecke fördern muss,
aber er ist ja überıaupt in der Sage nur das scıwäcıere Nacıbild
Abraıam's.

Cap. 26, 34 f. Esau heirathet in seinem 40., also in Isaac's 100.
Jaır (25, 26) 2 Hettiterinnen; über sie s. zu 36, 2 f. Sie wurden
für die Eltern, welcıe keine Vermiscıung mit den Landeseingebornen
wollten, eine *Bitterkeit des Geistes*, Gegenstand der Geisteserbitterung,
scımerzlicıen Unmuths und Herzeleides. יִרֹּאת‎] 19, 33. 27, 1. —
Cap. 27. V. 1—4. Isaac alt, fast erblindet, dem Tode naıe, fordert
Esau auf, iım ein Wildpret zu jagen und zu bereiten, damit er dann,
nacı dem Genuss seines Lieblingsessens (25, 28), iım den Segen er-
tıeile. *seine Augen erloschen*] wurden matt (Dt. 34, 7. Zacı. 11, 17),
vom Sehen weg (16, 2. 23, 6), so dass sie nicıt meır saıen (vgl.
48, 10 ff.). „Diese Bemerkung soll die Ausfüırbarkeit des Betrugs erklären. הִגָּה־נָא‎] s. 12, 11. תְּלִי‎] nur ıier, von תָּלָה‎ *hängen*, eig. *das
Gehänge*, nam. der Köcıer, welcıer umgehangen wird (LXX *Vulg.*,
GrVen., *TgJon.*, *Abene. Qimḥ.*), nicıt das Scıwert (*Onk. Pesch. Pers.*,
ArErp., *Raš.*), welcıes angegürtet wird. Bogen und Pfeile waren die
gewöhnl. Jagdwaffen der Hebräer (Jes. 7, 24)." צֵידָה‎] sonst *Zehrung*,
ıier aber Einzelwort (*Tuch*; *Ew.* 176[a]) zum collect. צַיִד‎, welcıes
V. 5. 7. 33 steıt und nacı den Mass. aucı ıier gelesen werden soll.
מַטְעַמִּים‎] eig. *Schmackhaftes* d. i. Leckergericht (Prov. 23, 3. 6). Durcı
das Essen befriedigt und wohlgestimmt will dann Isaac die Segnung
ertheilen. בַּעֲבוּר‎] 19. 31. 21, 30. 46, 34; (V. 10 אֲשֶׁר בַּעֲבֻר‎). — V. 5
bis 13. Reb. ıört den väterl. Auftrag mit an und fordert Jacob, um
iım den Segen zuzuwenden, auf, iır 2 Ziegenböckchen zu ıolen, die
sie wie Wildpret zubereiten will und er dem Vater bringen soll."
שָׁמַע בְּ‎] wie 1 Sam. 17, 28. לֵאמֹר‎] nacı V. 4 u. 7; LXX: לְאָבִיו‎.
sein Sohn, ihr Sohn] wie aucı wir sagen: des Vaters, der Mutter
Soın d. i. Liebling, vgl. 25, 28", aber LXX τὸν υἱὸν αὐτῆς τὸν
ἐλάσσω. לְפָנָי‎] Jova praesente ac teste 1 Sam. 23, 18. אֲשֶׁר‎] *in
Beziehung auf das was* icı dir gebiete, *Ges.* 123, 2. אֶעֱשֶׂה‎] *Ew.*
212[b]. *ich mache sie als Leckergericht*] bereite sie zu einem solcıen,
Ges. 139, 2. Das Gericıt ist seır reicılicı, um das Oberıaupt der
Familie, welcıes segnen soll, zu eıren (18, 6. 43, 34). Der vorsichtige Jacob ıat nur das Bedenken, dass Isaac iın, der an Hals
und Händen nicıt wie Esau (25, 25) raucı, sondern glatt ist, durcı
Betastung erkennen und als einen, der mit dem ıalbblinden Vater
seinen Spott treibe (von תָּעַע‎), verwünscıen werde. Blos als Spötter,
nicıt als Betrüger, fürcıtet er beıandelt zu werden, weil er nur die
Absicıt eines Scıerzes bekennen würde" (*Kn.*). Rebecca aber nimmt
seinen Flucı (vgl. 16, 5) d. ı. die Folgen des Flucıs über iın auf

sich, weil sie nach 25, 23 überzeugt ist, dass Jacob den Segen haben muss und wird. — V. 14—17. „Sie bereitet die Böckchen, lässt Jacob die Feierkleider Esau's anthun, überzieht seinen Hals und seine Hände mit Ziegenfell und sendet den so ausgestatteten mit Essen zum Vater. Zu חֲמֻדֹת *Kostbarkeiten* ist בִּגְדֵי zu wiederholen und gemeint sind Esau's bessere Kleider (Jud. 14, 12 f.), die bei festl. Anlässen angezogen wurden" (nach den Juden in Hier. quae. Esau's Priesterkleider); „sie dufteten nach den Gefilden (V. 27), während die Jacob's nach der Heerde rochen. Der Jahvist redet von einem *Hause* (nicht Zelt) des Isaac, wie er 19, 2 ff. auch Lot in Sodom ein solches bewohnen und 33, 17 Jacob eines zu Sukkoth erbauen lässt" (*Kn.*). — V. 18—29. Jacob führt's aus, besteht die Prüfung und erhält den Segen. V. 18. וַיָּבֹא] וַיָּבָא LXX *Vulg.* — V. 20. כִּי] zur Umschreibung unseres Adverbs, wie שָׁם 26, 18. הִקְרָה] 24, 12. — V. 21 ff. der Argwohn Isaac's, welchen das zeitige Erscheinen und die Stimme des angeblichen Esau erregten, wird durch die Betastung desselben beseitigt. וַיְבָרֲכֵהוּ] nicht: und er begrüsste ihn (47, 7. 10. 2 Reg. 4, 29) mit einem Segenswunsch (*Kn.*), was nach der bisherigen Verhandlung keinen Sinn mehr hat, sondern: und so segnete er ihn denn. Man erwartet jetzt den Segen selbst. — V. 24—27ᵃ. Statt dessen wird erzählt, wie Isaac, durch eine unumwundene Versicherung Jacobs vollends beruhigt, die Mahlzeit nimmt, und durch Essen, Trinken, Kuss und Geruch der Kleider Jacobs wohlgestimmt den Segen ertheilt. Obwohl dies alles als Fortsetzung an V. 21—23 sich gut anschliesst, zeigt doch das schliessende וַיְבָרֲכֵהוּ (vgl. 23ᵇ), dass hier aus einer andern Quelle etwas nachgeholt wird, und zwar nach den damit zusammenhängenden 27ᵇ (וַיְהִי) und 15 (בַּיִת) aus C; beachte auch לִמְנִי 25 gegen בַּעֲבֻר 4. 19. 31. — V. 24. *du da* (V. 21) *bist mein Sohn Esau?* (ohne Fragwort Ew. 324ᵃ, Ges. 153, 1). Er bejaht die Frage einfach, s. schon V. 19. — V. 25. וַיַּגֶּשׁ בּוֹ] מַגִּישְׁךָ בִּי LXX. *Vulg.* *BJub.* — V. 26. וּשְׁקָה] s. 2, 12. — V. 27ᵇ—29. Der *Segen* selbst, nach יַהְוֶה 27ᵇ, אֹרֲרֶיךָ יְי 29ᵇ aus C, nach הָאֱלֹהִים 28 und יַהְוֶה 29ᵃ aus B zusammengesetzt. Er ist, der gehobenen Stimmung entsprechend (4, 23 f. 9, 25 f. 14, 19 f. 24, 60) dichterisch gehalten. Von dem zuletzt aufgenommenen sinnl. Eindruck ausgehend, „findet er den Geruch seines Sohnes, der als Jäger die Gefilde durchstreifte (25, 27), wie den Geruch eines Feldes, das Jahve gesegnet d. i. mit herrl. Pflanzen, insbesondere duftreichen Kräutern und Blumen (Hos. 14, 7. Cant. 4, 11) reichlich ausgestattet hat" (*Kn.*). שָׂדֶה + מְלֹא *Sam.* LXX *Vulg.* — V. 28. An diesen Gedanken anknüpfend, wünscht er ihm zunächst ein solches fruchtbares Land, in welchem Thau vom Himmel und fruchtbarer Boden der Erde zusammenwirken zu einem reichl. Ertrag von Korn und Most. Er meint Kenaan, über dessen grosse Fruchtbarkeit s. Ex. 3, 8 und *Winer.*³ II. 188. וְיִתֶּן] optat., nicht futur., vgl. יַהְוֶה V. 29. וּמִשְׁמַנֵּי] מִן partit. wie 4, 4. 28, 11. 30, 14. „Der Thau vertritt in Pal. während des regenlosen Sommers den Regen und bedingt hauptsächlich die Fruchtbarkeit der Witterung, ist daher hier statt derselben genannt, vgl. 49, 25. Dt. 33, 13. 28. Hos. 14, 6. Zach. 8, 12"

(*Kn.*). מִשְׁמַנֵּי] nicht von מִשְׁמָן Dan. 11, 24, sondern des Sinnes und des Parallelismus wegen notiwendig == מִשְׁמַנֵּי (*Ew.* 83ᵃ) *von den fetten* d. i. fructbaren (Jes. 5, 1. 28, 1) *Örtern* oder *Fettgefilden der Erde* einen Tieil. — V. 29. Der 2. Wunsci geit auf die künftige Stellung Jacobs unter den Völkern. לְאֻמִּים] 25, 23. *dienen müssen dir Nationen und sich dir beugen Völker*] dir unterthan sein und iuldigen; dies gesciai seit Josua, meir aber seit David. יִשְׁתַּחֲוּ] anomale oder falscie Schreibart für יִשְׁתַּחֲווּ. *sei ein Herr deinen Brüdern und beugen müssen sich dir die Söhne deiner Mutter*] „bei dieser Herrschaft ist natürlich an Jacob's Nacıkommen zu denken, daier bei seinen Brüdern an Esau's Nacıkommen, die Edomiter. Sie wurden unter David unterworfen (2 Sam. 8, 14. 1 Reg. 11, 15 f. Ps. 60, 2) und blieben lange unter isr. Herrscıaft, s. V. 40" (*Kn.*). Zum riytim. Wecısel von אָחִיךָ und בְּנֵי אִמֶּךָ vgl. Ps. 50, 20. יֱהִי] nordpalästinisch (Jes. 16, 4) und späthebr., im Pent. nur iier (docı vgl. Ex. 3, 14), obwoil *Sam.* es aucı Gen. 12, 2. 24, 60 u. s. hat. Aucı das masc. גְּבִיר nur nocı poetiscı iier und V. 37 erialten. — Der 3. Wunscı, dass fortan Fluci und Segen über die Leute sici · naci iirer Stellung zu Jacob ricıten solle, wie 12, 3. Zu אָרוּר und בָּרוּךְ im Sing. vgl. Ex. 31, 14. Lev. 19, 8. Num. 24, 9. Dt. 7, 10; *Ew.* 319ᵃ; *Ges.* 146, 4. — V. 30—40· Gleici darauf kommt Esau aber zu spät. Er kann mit Bitten und Fleien, da Is. seinen Segen unwiderruflici vergeben hat, nur nocı einen Nachsegen eilangen. V. 30. Nacıdem R iu V.ᵃ mit Worten des C (vgl. כִּלָּה 18, 33. 24, 15. 19. 22. 45. 43, 2) angefangen iat, fügt er V.ᵇ aus B eine nocı genauere Zeitbestimmung iinzu. אַךְ] *nur eben* d. h. kaum *hinausgegangen war Jacob*, da kam Esau, *Ew.* 341ᵈ. — V. 33. Isaac, bei Entdeckung des Betrugs, erschrickt ieftig, kann aber nicıts ändern. *er wird auch gesegnet sein* (bleiben). גַּם am Anfang wie 44, 10. 1 Sam. 12, 16. 28, 20. „Der Vrf. betracıtet die Patriarcien als Gottesmänner (15, 1. 20, 7) und legt iiren Aussprücıen dieselbe Wirkung bei, wie den Gottessprüchen der Profeten. Ein ausgesprocıenes Gotteswort gilt als eine Kraft, die unausbleiblici und unabänderlich das wirkt, was das Wort besagt; Gottes Wort kann nicıt unwirksam sein, vgl. 9, 18 ff. Num. 22, 6. 2 Reg. 2, 24. Jes. 9, 7 f." (*Kn.*). Isaac sieit es als Gottes Willen an, dass es so kommen musste; er wird nicıt zornig, sondern fügt sici in Geduld. — עַד־מְאֹד] im Pent. nur iier und V. 34. — V. 34. Iu Anfang ist וַיְהִי (24, 30. 52. 29, 13. 39, 13. 15. 19) nacı LXX *Sam.* (*Schum. Tuch*) einzusetzen, sei es, dass es nacı יִהְיֶה 33 einfacı ausgefallen ist, oder dass aus urspr. וַיְהִי בְּרָכָךְ גַּם וָאֲבֶרֲכֵהוּ die jetzige Lesart erst geworden (*Hitz.* Bgr. d. Krit. 127) oder gemacıt (*Geig.* Uschr. 377) ist. „Ob der Erklärung des Vaters betrübt sici Esau ıeftig. Mit nationaler Befriedigung malt der Vrf. von iier an die grosse Noti aus, welcıe damals der Stammvater des Edomitervolks empfand" (*Kn.*) *segne auch mich*] V. 38. 4, 26. Num. 14, 32; Prov. 22, 19; *Ew.* 311ᵃ; *Ges.* 121, 3. — V. 35—38 knüpft wieder an 33ᵃ (ıinter מֵאָל) an und iolt das Referat von C nach, um die diesem eigenthümliche Rückbezicıung auf 25, 29—34 und zugleicı seine Deu-

tung von יַעְקֹב beizubringen. V. 36. Esau bemerkt, nicht ohne Grund
habe man seinen Bruder יַעְקֹב benannt, was hier (anders 25, 26) im
Sinn von *Ueberlister, Hinterlistiger* gefasst ist. הֲכִי] *ist's dass* man
benannt hat? (wie 29, 15; *Ew.* 324ᵇ) d. h. hat man ihn wohl darum
Jacob benannt, dass er mich belistete, belisten musste, *nun* d. h. schon
(31, 38. 41) zweimal. Vgl. 25, 31 ff. — V. 37 f. „Auf Esau's Frage,
ob er ihm nicht einen Segen *auf die Seite gethan* d. h. aufgehoben
habe, sagt er ihm, dass er Jacob zum Herrn Esau's bestellt, alle seine
Brüder d. h. die Edomiten ihm zu Knechten gegeben, und ihm das
fruchtbarste der Länder, die er zu vergeben hatte, verliehen habe"
(*Kn.*); was sollte da noch übrig sein? אֵפוֹא] c. dupl Acc., *Ew.* 283ᵇ
(Ps. 51, 14; Jud. 19, 5). לְכָה] 3, 9. — V. 38. Eine Widerrufbar-
keit des Segens setzt auch Esau nicht voraus, meint aber, dass es mehr
als einen Segen gebe. וַיִּשָּׂא קֹל] wie 21, 16. 29, 11. — V. 39 f. So
lässt sich Is. zu einem Nachsegen bewegen, der aber mehr Unsegen
als Segen ist, und eben darum nicht wunschweise, sondern weissagend
gesprochen. „Er gebraucht die bei Jacob gebrauchten Ausdrücke, aber
in anderer Wendung" (vgl. 40, 13 mit 19, *Tuch*). Denn מִן ist hier
nicht partit. (*Vulg. Luth.* a.), sondern privativ (wie Num. 15, 24.
Prov. 20, 3. Ij. 11, 15. 21, 9 u. s.), wie aus V. 37 u. 40 klar ist
(*Tuch Bmg. Kn. Ew. Del.*). *weg von den Fettgegenden der Erde
wird dein Wohnsitz sein und weg vom Thau des Himmels von oben*
(49, 25) d. h. „du wohnst entfernt und ausgeschlossen von den Ländern ergiebigen Bodens und fruchtbarer Witterung. Dabei ist besonders an Palästina gedacht, aus welchem Esau auf das Gebirge Seir zog
(36, 8). Dieses letztere war im allgemeinen ein dürres, felsiges und
unfruchtbares Gebiet. Ausserhalb der Umgebung Petra's χώρα ἔρημος
ἡ πλείστη, καὶ μάλιστα ἡ πρὸς Ἰουδαίᾳ, Strab. 16, 4, 21. Als
χώραν τὴν μὲν ἔρημον, τὴν δὲ ἄνυδρον, ὀλίγην δὲ καρπφόρον bezeichnet das nabatäische Land Diod. 2, 48. Nach *Shaw* R. 376 f. ist
Edom eine einsame leere Wüste, und nach *Burckh.* Syr. 723 kann
man die hohe Ebene nördlich von Akaba füglich eine steinige Wüste
nennen" (*Kn.*). Nur um den allgemeinen Unterschied des Wohnlandes
Edom's von Pal. kann es sich hier handeln; dass dasselbe auch fruchtbare Wadi's hat (zB. *Robins.* Hl. 103), wie Pal. unfruchtbare, kommt
nicht in Betracht. Mal. 1, 3 gehört aber nicht hierher. — V. 40. Um
der Unfruchtbarkeit des Landes willen wird er *auf seinem Schwert
leben* d. h. „seinen Unterhalt auf das Schwert gründen (Dt. 8, 3. Jes.
38, 16), von Krieg, Raub und Freibeuterei leben. Ähnlich Ismael
16, 12 und noch heute die Stämme im alten Edomiterland, *Burckh.*
Syr. 826; *Ritter* XIV. 966 ff." (*Kn.*) Endlich wird zwar die Unterwerfung unter den Bruder nicht zurückgenommen, aber doch (und
das ist schlimm für Jacob) eine Beschränkung ihrer Dauer zugestanden: *wann du dich anstrengst, wirst du sein Joch von deinem Halse*
(Jes. 10, 27) *brechen*. Näml. רוד bezeichnet zwar das herren- und
zügellose Umherschweifen (Jer. 2, 31. Hos. 12, 1), aber das gibt hier,
auch wenn man כַּאֲשֶׁר durch Num. 27, 14 deckt (*Kn. Del.*), keinen
Sinn, weil mit „Schweifen" ein Joch nicht gebrochen wird, und „Frei-

sc1weifen" sc1on die Folge voraussetzt; besser wäre „*widerspenstig
sein*" (*Tuch, Hupf.* zu Ps. 55, 3), aber widersetzlic1 ist am Ende
jeder Unterjoc1te und wird doc1 nic1t frei; also vielme1r Läufe d. i.
Anstrengungen machen, streben vgl. عَصٰى und صٰوْلٰى, sowie اَلٰى
IV (*de Dieu* zu Jer. 2; *Ros.*; *Win.* im Lex., *Ew.* G.[3] I. 159).
Schütteln (*Hengst. Ke.*) bedeutet das Wort nic1t. Die alten Übers.
dac1ten an הוֹרִיד, רָדָה, עָרַד; über האדר des *Sam.* (auc1 BJub) s. *Ges.*
de Pent. Sam. 38. Dieser T1eil des Nachsegens zielt auf die Zeiten
von König Joram an, unter dem sie sic1 zuerst von Juda frei mac1ten
(2 Reg. 8, 20 ff.); unter Amasja (2 Reg. 14, 7), Uzzia und Jot1am
(2 Reg. 14, 22. Jes. 2, 16. 16, 1. 5) wurden sie zwar wieder unterworfen, aber unter A1az (2 Reg. 16, 6) kamen sie ganz frei. — V.
41—45. Die näc1sten Folgen: tödtlicher Hass Esau's gegen Jacob und
Weisung der Rebecca an Jacob, nac1 Ḥarran zu flie1en. V. 41. *die
Tage der Trauer*] nic1t: des Vaters, als wollte er durc1 Ermordung
des Bruders sic1 auc1 am Vater räc1en (*Luth.*), sondern: *um den
Vater*; den Tod des Vaters, der ja (V. 4. 7) na1e ist, will er noc1
abwarten, um dem Vater nic1t das Herzeleid zu mac1en, aber noc1
in der üblic1en Trauerzeit (24, 67) will er den Bruder umbringen.
אָמַר־ בְּלִבּ֫] vgl. 8, 21. — V. 42 f. „Esau sprac1 wo1l auc1 laut von
seinem Vor1aben. Da1er erfu1r es Rebecca." Acc. beim Pass. s.
4, 18; zum Hithp. הִתְנַחֵם sic1 durc1 Rac1e Befriedigung versc1affen
vgl. das Niph. Jes. 1, 24. חֲרִינָה] 11, 31. — V. 44. „Nur *einige
Tage* d. i. eine ganz kurze Zeit soll er in Ḥarran bleiben. Sie spric1t
verkleinernd, um i1n desto e1er zu bewegen." אֲחָדִים] wie 29, 20.
(anders 11, 1) Dan. 11, 20. — V. 45. עַד־שׁוּב וְגֹ', als blosse Erklärung von 44[b] unnöthig, sc1eint nic1t seiner selbst wegen, sondern
wegen seiner Fortsetzung וְגֹ' ושבכה von R aus seiner andern Quelle aufgenommen. גַּם־שְׁנֵיכֶם] sie würde *beide* an éinem Tag d. i. zu gleic1er
Zeit verlieren, sofern Esau als Mörder der Blutrac1e (9, 6) verfallen
wäre. — V. 46 leitet zu 28, 1 ff. hinüber und ist wo1l von R eingefügt (*Böhm. Kuen.* O.[2] 315). „Reb. äussert, sie sei wegen der
1ettit. Weiber Esau's des Lebens überdrüssig, und wenn auc1 Jacob
solc1e ne1me, so wünsc1e sie gar nic1t zu leben" (*Kn.*). Deutlic1 ist
1ier die Rückbezie1ung auf 26, 34 f. Aber dass die Bemerkung von
A stamme (*Kn. Schr. Kay. Wl.*), folgt daraus noc1 nic1t, ebensowenig
aus בְּנֹ֫ות חֵת (s. zu 23, 3) und בְּנֹ֫ות הָאָ֫רֶץ (wie 34, 1), was auc1 R
nac1 A sc1reiben konnte (wogegen die Ausdrücke des C in 24, 3.
37), wä1rend A in 28, 1. 6. 8. 36, 2 durc1aus בְּנֹ֫ות כְּנַ֫עַן hat. Viel-
me1r waren aber nac1 26, 35 diese Esauweiber *beiden* Eltern ein
Herzeleid, und die Initiative der Reb. ist zwar ganz im Sinne der Erzä1ler
Cp. 27, aber bei A 1andelt Isaac selbständig 28, 1 ff., und לָ֫מָּה לִּי חַיִּים
ist nach 25, 22 gebildet. „Übrigens ist erst מִבְּנֹ֫ות חֵת und dann noc1
מִבְּנֹ֫ות הָאָ֫רֶץ se1r anstössig; die LXX lassen das erste weg." (*Olsh.*). —
Cap. 28, 1—9. Die Sendung Jacob's nac1 Paddan Aram zur Verbei-
rathung und die Segnung desselben durc1 Isaac, nac1 A. — V. 1.
Is. ertheilt dem Jacob Segen und Auftrag. בֵּ֫רֶךְ פִּנְעָן] s. 24. 3. —

V. 2. אֲרָם פַּדֶּנָה] 25, 20; zum st. c. (wie sofort בֵּיתָה) vgl. 20, 1; zu
ה־ 14, 10; zu der Betonung des ה־ָ vor אֵ Ew. 216° u. 63°; ebenso
לָמֵה 27, 45, הָבָה 29, 21 u. a. — V. 3 f. „Der Segen besteit darin,
dass Gott iin mit Fruchtbarkeit und zahlreicher Nachkommenschaft beglücken und ihm „„und seinen Nachkommen das dem Abr. verliehene
Land geben möge.“ אֵל שַׁ] 17, 1. עַמִּים] קְהַל] wie noci 35, 11. 48,
4 bei A; עַמִּים von den israel. Stämmen zB. auch Dt. 33, 3; s. auch
Gen. 17, 14. 25, 8. *Segen Abraham's*] 17, 8. וְגֵרִ־מְ] 17, 8. —
V. 5. Jacob geiorcit und geit. *Aramäer*] s. zu 22, 23. — V. 6—9.
Esau nimmt daran ein Beispiel, und um der Eltern Zufriedenieit und
Woilgefallen zu erwerben und den Feiler einigermassen gut zu
macien, heirathet er auch noch eine Anverwandte, eine Tochter Ismael's, Enkelin Abraiam's. וְיִשְׁלַח] nicit וַיֵּשֶׁלָחִ, dürfte sich durch die
Abiängigkeit von פְ recitfertigen, aber in weiterer Fortsetzung V. 7
וַיִּשְׁמַע, was ebenfalls noch von וַיַּרְא כִּי V. 6 abiängt. וְאֵל־אֵלִוֹ] vielleicit
erst von R eingefügt mit Rücksicit auf 27, 43 f. וַיַּרְא V. 8 füirt
einen 2. Erwägungsgrund ein. *er gieng zu Ismael*] nicit als ob Esau
jetzt scion das Vateriaus ganz verlassen iätte (*Tuch*), s. dagegen 36,
6 f., sondern um ein Weib zu iolen. Ismael lebte also damals noch,
was zu 25, 26. 26, 34 (vgl. mit 25, 17 und 17, 24 f.) seir woil
stimmt, und es ist kein Grund, einer unrichtigen Chronologie zu lieb
(*Del. Ke.*) den Ismael in die Familie des Ismael umzudeuten, oder gar
אֵל־יִשְׁמָעֵאל mit *Sam.* zu streicien. Über die Chronologie s. zu Cp. 35
a. E. *Schwester Nebajoth's*] vgl. zu 24, 50. *auf seine Weiber hinauf*] d. i. zu iinen iinzu 31, 50. Lev. 18, 18. Über die *Macha-
lath* s. zu 36, 3.

b) Jacob in der Fremde und die Gründung seines Hauses, Cap. 28, 10—32, 3.

1. Jacob's Traum zu Bethel, Cap. 28, 10—22, aus B und C.

Jacob zieit von Beerševa aus, übernachtet bei Luz, iat iier den
Traum von der Himmelsleiter, eriält göttl. Verheissungen, nennt den
Ort Betiel, und tiut ein Gelübde in Beziehung auf iin und seine
Wanderung. — Dem durch den Segen des Vaters zum Träger der
Verieissung bestimmten wird hier zum erstenmal von Gott selbst die
Bestätigung dafür; beim Beginn seiner Wanderungen, zugleici seiner
Erzieiungs- und Läuterungsgeschichte wird iim die Gewissieit des
göttl. Sciutzes und seiner eriabenen Bestimmung als ein Leitstern auf
seine Irrungen mitgegeben (wie 12, 1 ff. dem Abr., 26, 2 ff. dem
Isaac); zugleici wird der Ursprung der Heiligkeit Betiels nacigewiesen.
— Das Stück knüpft durch die Ortsbestimmung מִבְּאֵ שֶׁבַ und הִנֵּה
V. 10 an 26, 23 ff. und 27, 43 an, und zeigt in יְהֹוָה und den Ver-
heissungen V. 13—16 nach Inialt und Ausdruck (vgl. 13, 14. 16.
12, 3. 18, 18), in עַל נִצָּב 13, פָרַץ 14 und אֲדָמָה 14 f. die Hand des
C. Allein V. 11 f. 17—22 iaben אֱלֹהִים, und wäirend an A als Vrf.

wegen 35, 9—15 nicht gedacıt werden kann, erweist die Rückbezieıung, welcıe in 31, 13. 35, 3. 7 auf diese Verse genommen wird,
die Zugehörigkeit derselben zu der Scıırift des B (*Kn. Hupf. Böhm.
Schr. Wl.*): die Ausdrücke ‏כֵ‎ ‏נָצַב‎ 11 (32, 2), ‏בַּבֹּקֶר‎ ‏וַיַּשְׁכֵּם‎ 18 (20, 8.
21, 14. 22, 3), sowie der Zeınte 22 und der Traum 12 (20, 3 u. ö.)
bestätigen das. Demnacı ıat R ııer eine Erzäılung des B, die ilıre
Spitze in der Heiligkeit Betıels und des Jacobsteines und in dem Gelübde Jacob's ıat, und eine äınlicıe des C, welcıe den Nacıdruck
auf die Verheissungen Gottes an Jacob legte, zusammengearbeitet. Bei
V. 19 kann man zweifeln, auf welcıe Quelle er zurückgeıe; waırscheinlich auf beide, da er in keiner entbeırlicı ist, namentlicı B in
31, 13. 35, 3 den Namen Betıel als scıon vorıanden voraussetzt (gegen
Hupf.). Dagegen V. 15 f. von B abzuleiten (*Kn.*), verbietet ‏הָאֲדָמָה‎
und die Entbeırlicıkeit von V. 16 neben 17. Gerade V. 16 neben
17 beweist aucı, dass ııer 2 Quellen zusammengearbeitet sind, nicıt
aber eine Erzäılung von B durcı R (*Böhm.*) oder den Harmonisten
von JE (*Kuen.* O.² 145. 247) blos überarbeitet ist: aucı der Inıalt
des V. 16 ist für R oder JE zu naiv, u. in 32, 13 ist bei C aul'
28, 14 zurückgeblickt (vgl. aucı 32, 10 mit 28, 13); in 12, 8 aber
ist bei C durcı Abr. docı nur ein Ort bei Betıel, nicıt dieses selbst
geweiıt. V. 21ᵇ stammt entweder aus C oder ist von R eingesetzt.
V. 10 (aus C) ist (wenn aucı urspr. nicıt unmittelbare) Fortsetzung zu 27, 45. Bei A ist die Abreise Jacobs scıon 28, 5 (7)
gemeldet. ‏בִּמְבֹא‎ ‏שׁ]‎ wo Isaac's Aufentıalt nacı C war 26, 23 (auch 25,
21 ff.). — V. 11 f. aus B. Jacob trifft auf *den* (zum Übernacıten passenden oder den recıten) Ort; scıon in diesem Treffen liegt eine höhere
Fügung. Er nimmt *von* (4, 4. 27, 28) den Steinen einen (V. 18), und
legt iın *zu seinem Kopforte* (*Ew.* 160ᵇ), an den Platz, woıin er sicı
mit dem Haupte legt, zu seinen Häupten. Es war scıon etlicıe Tagereisen
von Beeršeba (22, 4). — V. 12. In der Nacıt sieıt er im Traum
(20, 3) eine auf die Erde gestellte, bis zum Himmel reicıende Leiter;
an iır steigen die Engel Gottes (21, 17) *auf* und *ab*, nicıt ab und
auf, d. h. sie sind scıon unten, als er sieıt, geıen ııinauf und kommen wieder. Diese Leiter „versinnbildet den Gedanken, dass Himmel
und Erde, Gott und Menscıen in Verbindung steıen (vgl. 9, 17), dass
Gott vom Himmel ıer durcı seine Geister über der Erde waltet, und die
Scıicksale der Menscıen ordnet" (*Kn.*), und legt dem Träumenden die
doppelte Gewissıeit naıe, dass bei iım, dem ſlücıtigen und einsamen
Wanderer, die Engel Gottes scıon gegenwärtig sind zu seiner Be-
ıütung und Unterstützung (24, 7), dass aber aucı gerade dieser Ort
ein recıtes Gottesheiligthum ist (17 ff.), wo wirklicı ein Verkeır zwiscıen
Himmel und Erde stattfindet. An einer Leiter geıt dieser Verkeır vor
sicı, weil in der älteren Zeit die Engel nocı nicıt als geflügelt gedacıt wurden (vgl. nocı Ḥen. 61, 1). — V. 13—15 aus C. Dieser
ıatte eine Gotteserscıeinung und Gottesverheissung an Jacob (aucı in
der ‏יִרְאָה‎ V. 16) erzäılt, aber keinen Traum von einer Himmelsleiter.
Indem R diesen Bericıt ıier einfügt, will er die Zusprache Gottes an
Jacob als Deutung (15) und Entwicklung (13 f.) dessen, was im Traum

von der Himmelsleiter liegt, gefasst wissen. עָלָיו] gewöhnlich (LXX
Vulg. Pesch. u. s. w.): oben *auf ihr,* der Leiter, aber gerade das
oben ist nicht ausgedrückt, und warum er auf der Leiter *stände,* wäre
nicht einzusehen, auch ist der ganze V. von C; also: *Jahve stand
über* (vor) *ihm,* wie 18, 2. 24, 13, vgl. 18, 8. 24, 30 (*Tuch. Hupf.* a.).
Gott der Väter Abr. und Is., vgl. 26, 24. *das Land gebe ich*] 12,
7. 13, 15 u. ö. *wie Staub der Erde*] 13, 16. וּפָרַצְתָּ] 30, 30. 43;
וּפָרַץ LXX und BJub. 'יָמֵּה וגֹ] 13, 14. וְנִבְרְכוּ] 12, 3. 18, 18. וּבְזַרְעֶךָ]
macht den Eindruck eines Nachtrags (*Wl.* XXI. 421) nicht mehr, als
וּלְזַרְעֶךָ V. 13 (was doch *Wl.* nicht für einen Nachtrag hält). V. 15.
Ausdrücklich verheisst Gott noch seinen Schutz für die Zeit der Wanderungen Jacobs *überall wo* oder *wohin er geht.* עַד־אֲשֶׁר אִם] *bis dass
wann,* Num. 32, 17. Jes. 6, 11 (kürzer 24, 19). — V. 16 aus C.
Jacob ist beim Erwachen verwundert, dass Jahve an diesem Orte gegenwärtig ist, nicht blos an den hl. Stätten, wo Isaac ihn verehrte, zB.
Beerseba 26, 24 f.; zu seiner Freude hat er erfahren, dass er mit seiner Entfernung von der Heimath noch nicht aus dem Bereich dieses
Gottes ausgeschieden ist. אָכֵן] *fürwahr,* im Pent. nur noch Ex. 2, 14.
— V. 17. Der Eindruck des Gesichtes auf ihn nach B: das ist ein
furchtbarer, hehrer Ort, ein wahres Gotteshaus (V. 19), die Himmels-
pforte, wo, wie es in einem rechten Gotteshaus sein soll, der Himmel
sich den Menschen öffnet und ein wirklicher Verkehr mit der oberen
Welt gestattet ist. — V. 18 aus B. Wie bei C und R die Erzväter
an den Orten der Gotteserscheinungen Altäre errichten, so stellt Jacob
hier den Stein, auf dem er geschlafen, als Malstein, Denksäule auf, und
begiesst ihn mit Öl, weiht ihn dadurch (s. zu Ex. 30, 30; wogegen
Stade Ge. 460—494 f. hier das Rudiment eines dem im Steine wohnenden Geist gebrachten Opfers sehen will; s. aber *Hermann* Gd. A.²
S. 139). Dieser Jacobstein zu Bethel hat einst eine hohe Heiligkeit
für ihn und sein Haus gehabt, s. 35, 14 bei A, und noch früher 49, 24.
Dass aber Jacob oder die Seinen diesen Stein oder Steine überhaupt göttlich verehrt hätten (*Dozy* Israel. zu Mekka 1864 S. 18 ff.), folgt nicht
daraus, ebensowenig aus der alten Benennung Gottes mit צוּר Dt. 32,
18. 30 u. s. Zwar ist merkwürdig genug, dass hl. Steine noch nicht
bei Abr., sondern erst bei Jacob (vgl. 33, 20), dem in Mittelpalästina
heimischen, erwähnt werden, als wäre das Bedürfniss nach solchen
Zeichen göttlicher Gegenwart doch erst auf einer jüngeren Stufe der
Religionsentwicklung und nicht ohne Zusammenhang mit dem kenaan.
Wesen eingetreten. Aber auch bei ihm hat die Heiligung des Steines
keinen heidnischen Sinn. Steine zum Andenken an merkwürdige Vorgänge, nam. an erfahrne Gotteshilfen zu errichten, war eine alte Sitte
(31, 45. Jos. 4, 9: 20. 24, 26 f. 1 Sam. 7, 12); in Folge gehabter
Gotteserscheinungen solche Steine selbst zu weihen und als ein Heiligthum oder als Opferort, bei dem man Gottesdienst that, zu achten (vgl.
V. 22), schloss sich leicht an jene Sitte an. Mehr als dies wird vom
Jacobstein nicht gesagt. In gleichem Sinn haben sich solche Malsteine
bei den Heiligthümern im Cult der Isr. (zumal im nördl. Reich Hos.
3, 4. 10, 1 f.; vgl. Ex. 24, 4) lange forterhalten, und sind sie als

Malsteine Ja1ve's selbst Jesaja (Jes. 19, 19) noc1 nic1t anstössig. Da
sie aber bei den Kenaanäern mit dem Baalsdienst unzertrennlic1 verbunden waren und im Volksbewusstsein leic1t als Baalsbilder genommen wurden, wenden sic1 sc1on ältere Gesetze (Ex. 23, 24. 34, 13.
Lev. 26, 1) und Profeten (Mic1. 5, 12 trotz *Stade*) mit Entsc1ieden-
1eit gegen sie, u. verbietet Dt. 16, 22 (s. d.) geradezu derartige
Masseboth bei den Jahvealtären. Im Heidenthum 1at man bei zune1-
mender Verfinsterung solc1e gewei1te Steine, als verkörperte Gott1eiten
oder gottbeseelte Steine, sogar göttlic1 verei1rt und zu allerlei Zauber
gebrauc1t. Dergleic1en abgöttisc1e Steine werden allent1alben erwä1nt,
nic1t blos in Kenaan und bei Syrern und Arabern, sondern auc1 sonst
im Morgen- und Abendland. „S. über die *λίθοι λιπαροί* oder *ἀλη-*
λιμμένοι, lapides uncti Paus. 10, 24, 5; Minuc. Fel. 3, 1; Apulei.
Florid. init.; über i1re religiöse Verei1rung Theophr. c1ar. 16; Lucian.
Alex. 30 und conc. deor. 12; Clem. Al. strom. 7 p. 713 Sylb.; Arnob. adv. gent. 1, 39. Da1in ge1ören auc1 die s. g. *βαίτυλοι, βαι-*
τύλια, baetyli (Plin. 37, 51), zum T1eil Aërolithen, bei den West-
asiaten, deren es gab zu Pessinus in P1rygien (Herodian. 1, 11. Liv.
29, 11), bei den P1öniken (Sanc1un. ed. Or. p. 30), bei den Syrern
in Heliopolis (P1ot. bibl. p. 557. 568) und in Emesa (Herodian 5, 3),
bei den Ägyptern (*Gale* zu Jamblich. de myst. p. 215) und bei den
Arabern (Maxim. Tyr. diss. 38; Arnob. 6, 196), zB. in Petra der Nabatäer (Suid. u. *Θευσάρης*) und in Mekka der sc1warze Stein der Kaaba"
(*Kn.*). Vgl. *Win.*[3] II. 521; *Ri.* HWB.1330 f.; *Ew.* Alt.[3] 158 ff. JB.
X, 17 f. und V. 287 f.; *Grimmel* de lapidum cultu apud patriarchas
qu. 1853; *PhBerger* in Journ. As. VII, 8, 253 ff. — V. 19[a] bei C
unentbe1rlic1, aber auc1 bei B (vgl. 17) ganz passend; V.[b] wo1l
Glosse des R. Jacob benennt den Ort Bet1el, worñer zu 12, 8. Nacli
A t1ut er das erst bei seiner Rückke1r 35, 15. ‏ויאמר‎] wie 48, 19.
Num. 14, 21. Ex. 9, 16. Dass Bet1el frü1er *Luz* 1iess (35, 6. 48, 3.
Jud. 1, 23; vgl. Jos. 18, 13), ist so zu verste1en, dass das jüngere Bet1el
in der Nä1e des älteren Luz lag; der Ort, wo Jacob übernac1tete,
war ja auc1 nic1t *in* Luz, sondern nur in der Nä1e (*Ew.* G.[3] I. 435 f.).
— V. 20 ff. aus B. Er gelobt noc1, dass er, wenn Gott i1n be1üte
und wo1lbe1alten (26, 29. 31) ins Vater1aus zurückke1ren lasse,
diesen Stein zu einem Gottes1aus mac1en wolle u. s. w. Der Nac1satz
1ebt mit ‏והיה‎ an (LXX *Pesch. Vulg.*), nic1t mit V. 22 (*Tuch Hengst.*),
sc1ön der Wortstellung nac1 nic1t. Aber freilic1 werden die Worte
‏י לאלהים לי יהיה‎, durc1 welc1e er sic1 verpflic1tet, den i1m erschienenen Gott zu vere1ren, ein Einsatz des R (aus C?) sein. *zu Gott*
sein] 17, 7. Der Stein soll ein *Haus Gottes* d. i. eine Stätte der
Gottesvere1rung werden; die Erfüllung s. 35, 7, wornach er dort einen
Altar erric1tet. Auc1 will er diesem Gott — leb1after werdend redet
er i1n an — den Ze1nten von allem geben, was Gott i1m gibt, s.
14, 20. Die Ausfü1rung wird später nic1t gemeldet (von R fortgelassen?); wie Vrf. sie sic1 gedac1t hat, ist nic1t klar, ob i1 Form eines
Opfers oder als Abgabe an einen ste1enden Priester? Vgl. BJu1. c. 32.
Das Haupt1absehen bei dem Gelübde ge1t jedenfalls auf die spätere Zeit,

in der in Bethel wirklich ein Heiligthum der Isr. war (Jud. 20, 18.
26 ff. 1 Sam. 10, 3; 1 Reg. 12, 29), worin man auch zehntete.

2. Jacob in Harran bei Laban, Cap. 29 f.; aus B und C.

Jacob, nach dem Land der Söhne des Ostens gelangt, trifft schon
in der Nähe von Harran mit Rahel, der Tochter Laban's, zusammen
und kommt in dessen Haus (29, 1—14). Er dient bei ihm 7 Jahre
als Hirte um die Rahel, erhält aber, von Laban überlistet, statt ihrer
die von ihm nicht geliebte ältere Tochter Lea. Doch wird ihm nach
beendigter Hochzeit mit der Lea, gegen das Versprechen 7 weiterer
Dienstjahre, auch die Rahel gegeben (29, 15—30). Von Lea, den
beiden Mägden der beiden Frauen, und endlich auch von Rahel erhält er 11 Söhne und eine Tochter (29, 31 — 30, 24). Darnach
wünscht er in seine Heimath zurückzukehren. Aber Laban, der durch
den auf Jacob ruhenden Segen Gottes seinen eigenen Reichthum wachsen
sieht, will ihn nicht ziehen lassen. Gegen einen anscheinend geringen
Lohn versteht sich Jacob zu fernerem Dienst, weiss aber durch List
diesen Lohn so zu mehren, dass er in kurzer Zeit sich sehr grosse
Habe erwirbt (30, 25—43). — Der leitende Gedanke der Erzählung
ist der Nachweis des Schutzes und Segens Gottes (28, 15), welcher
ihn allenthalben, auch im Kampfe mit der List und dem Eigennutz
Laban's (vgl. noch 31, 7—12), begleitete. Aber in dem Dienst, zu
dem er sich ergeben muss, und der durch Laban's Betrug auf das
doppelte Zeitmass ausgedehnt wird, sowie in der langen Unfruchtbarkeit seines liebsten Weibes, wird doch, wenn auch nur feiner, auf
seine verdiente Züchtigung für die im Vaterhaus verübten Trügereien
hingedeutet. Sowohl durch diese Zucht als durch jenen Schutz und
Segen soll er geläutert und zur Anschmiegung an seinen Gott erzogen
werden. Neben diesen ethischen Gesichtspunkten treten die nationalen
noch stärker hervor: die Verherrlichung Jacob's als des Ideals eines
hebr. Hirten, und die Erklärung des Ursprungs der Israelstämme. —
In dem engen Rahmen dieser 2 Kapitel (wozu Ergänzungen in Cp. 31)
ist das Wesentliche über Jacob's Thaten und Kämpfe im Stromland
zusammengedrängt. Die lebendige Volkssage über ihn floss einst rei-
cher. Und während einige Bestandtheile derselben in diesem kurzen
Abriss sich noch deutlich erkennen lassen, zB. der Wettstreit des Hebräers und Aramäers in gegenseitiger Überlistung oder die Erfindung
von allerlei Hirtenkünsten durch Jacob 30, 37 ff., sind dagegen andere
Züge derselben schon fast ganz erblasst, wie zB. von der riesigen
Stärke des Helden (29, 10 vgl. 32, 25 ff.). Auch in den schriftlichen
Quellen war dieser Theil der Jacobsage einst ausführlicher behandelt:
zB. das Stück 30, 35—42 ist der Darstellung nach von der Art, dass
es wie ein Auszug aus einer ausführlicheren Erzählung erscheint (vgl.
zu 4, 17 und 6, 1—4). Gewiss war es B, welcher diese Dinge ein-
gehender beschrieben hatte (vgl. Cp. 31). Aber schon C, welcher jene
Schrift kannte, legte auf solche mehr volksthümliche Stoffe weniger
Gewicht, und R vollends hat so sehr die ethisch-religiösen Gesichts-

punkte zur Hauptsacıe gemacıt, dass er von jenen viel mitzutheilen
nicıt .der Müıe wertı fand. — Der jetzige Text ist aus B und C in
ähnl. Weise zusammengesetzt, wie Cp. 27. An A erinnert nur 29,
24. 29. (*Kn. Wl.*) 30, 22ª; möglicherweise könnte aucı 30, 4ª. 9ᵇ
urspr. auf iın zurückgeıen. Die Scıeidung des Übrigen betreffend,
so will zwar *Wl.* XXI. 425 f. in 29, 1—30 wesentlicı Text des B
finden, aber in V. 15 ist ein künstlicıer Übergang nicıt zu verkennen: V. 16 f. sind so geıalten, als ob Raıel bisıer nicıt genannt gewesen wäre. Ricıtiger wird man darum zwar 29, 1 (s. d.) von B, aber
29, 2—14 oder 15ª von C (vgl. לְ אֲשֶׁר 9, רוץ לִקְרֹאת 13, עצמי ובשרי
14), und 29, 15ᵇ—30 (vgl. משכרת 15, גדלה und קטנה 16. 18, יפת תאר
וישא מראה 17) in der Hauptsacıe (exc. V. 24, 29, und exc. V. 26
wegen צעירה und בכירה) von B ableiten. In der Gescıicıte der Geburten 29, 31 — 30, 24 ist im ganzen C zu Grund gelegt, wie man
nam. aus יהיה und שפחה sieıt: ganz in 29, 31—35. 30, 9—16; dagegen in 30, 1—3ª (אֱלֹהִים, אָמָה) ist aus B eine cıarakteristiscıe Seıil-
derung, 6. 8 zwei Namensetymologien (statt derer des C) aufgenommen, und 30, 17—24 läuft der Erzählungsfaden sogar an B fort
(אלהים) und sind in seinen Text die abweicıenden Namenserklärungen
des C (V. 20ᵇ. 24) und einige andere Worte des C (21. 22ᶜ) eingefügt. Dieses Verfaıren des R zeigt, dass in beiden Quellenscıriften
Gang und Stoff der Erzäılung seır äınlicı waren, und dass wo er
Varianten in den Etymologien nicıt bemerkt, sie in B und C wesentlicı gleicı lauteten, so dass er sie aus der einen oder andern neımen
konnte. — Endlicı der Abscınitt über den Heerdenerwerb Jacobs 30,
25—43 wird sowoıl durcı die cıronol. (s. zu 25) Differenz, als durcı
die abweicıende Darstellung derselben Sacıe bei B in 31, 6 ff., so
wie durcı sprachl. Zeicıen (בְּלָל und חָן מְצָאתִי יה׳ 27, פָּרַץ 30.
43) für C gesicıert; docı sind aucı ıier Parallelen aus B eingearbeitet
V. 26. 28 (scıwerlicı 32—34 *Wl.*), wie aucı an einzelnen Ausdrücken
C mancıe aus B sicı angeeignet ıat zB. רְקֻטִּים 38. 41 (gegen 24, 20),
תִּיש 35, עָקֹד 35. Übrigens ist in diesem Abscınitt der Text meırfacı
entstellt. — Die Notiz 30, 21 vielleicıt erst von R. Über שְׁפֹֽחוּ 30,
18 s. d.

Cap. 29, 1—14. Jacob gelangt glücklicı bei seinen Verwandten
in Ḥarran an. V. 1. Er *erhob seine Füsse* (nur ıier so), setzte seine
Reise fort, die eine grosse war und gieng (nicıt: kam) nacı dem
Land (20, 1) *der Söhne des Ostens* (s. zu 25, 15). Dieser Ausdruck
fällt auf, einmal an sicı, weil er sonst nicıt die vom Stromland bezeicınet, während ıaıı woıl das Stromland ein אֶרֶץ קֶדֶם (so ıier die
LXX oıne בְּנֵי) nennen konnte Num. 23, 7 (vgl. Gen. 11, 2), sodann
weil es zu וַיֵּלֶךְ פַּדֶּנָה אֲרָם 28, 7 und וַיֵּלֶךְ חָרָנָה 28, 10 die dritte Variation ist. Es scıeint, wie das vorhergeıende 28, 20 ff., zu dem Bericıt
des B zu geıören, und es ist woıl möglicı, dass B über den Woınsitz der Verwandten Jacob's etwas andere Vorstellungen ıatte als A
und C (vgl. 31, 21 und 23). Um so weniger aber kann dann der
Kanon (*Wl.* XXI. 426) ricıtig sein, dass C nur Stadt Naḥors (24, 10),
nicıt Ḥarran (27. 43. 28, 10. 29, 4) scıreibe. Die LXX ıaben aıı

Ende des V. noch einen langen harmonistischen Zusatz πρὸς Λαβάν
κ. τ. λ. — V. 2 f. Die Reise selbst wird nicht beschrieben, wie auch
Cp. 24 nicht. Aber so glücklich, wie dort Abraham's Oberknecht, ist
auch Jacob hier, er kommt sogleich an den rechten Brunnen, wo er
Verwandte trifft. An dem Brunnen (es ist keinenfalls der Stadtbrunnen von Ḥarran, wie 24, 10 f., gemeint) lagerten eben 3 Heerden,
die man dort zu bestimmten Zeiten zu tränken *pflegte. Der* (s. 14,
13. 24, 11) *Stein* aber, mit dem man gew. einen Brunnen zu bedecken pflegt (*Robins.* II. 414), war gross, damit nur die Berechtigten, und diese erst mit vereinten Kräften, den Brunnen benützen
könnten. Die Perff. V. 3 mit ן cons., als Fortsetzung zu יִשְׁקוּ,, zum
Ausdruck des Pflegens (*Ges.* 127, 4, b.). Bemerkt wird das hier zur
Vorbereitung auf V. 10. „Brunnenscenen dieser Art waren (24, 11 ff.
Ex. 2, 16 ff.) häufig und sind es noch (*Robins.* I. 338. 341. II. 608 f.
615 f. 632. III. 228). An den Brunnen sind steinerne Tränkrinnen
aufgestellt, und die Regel ist, dass der zuerst angelangte zuerst tränkt
(*Schubert* R. II. 453; *Burckh.* Syr. 128 f.). Bei den arab. Beduinen
gehören die Brunnen einzelnen Stämmen und Familien, und Fremde
dürfen nicht oder nur gegen Geschenke d. h. Bezahlung daraus tränken
(*Burckh.* Bed. 185; *Rob.* III. 7; vgl. Num. 20, 17. 19. 21, 22); sie
sind daher auch oft Gegenstände des Streites (26, 19 ff.). Die Araber
wissen sie geschickt zu verdecken (Diod. 2, 48. 19, 94), so dass sie
Fremden verborgen bleiben" (*Kn.*). — V. 4—6. Jacob erkundigt sich
bei den Hirten nach Laban, und wird zuletzt an seine Tochter Raḥel
gewiesen, die eben mit ihrer Heerde im Anzug ist. *meine Brüder*]
19, 7. *Sohn Naḥor's*] Sohn im weiteren Sinn (vgl. 31, 28. 32, 1);
sein Vater Bethuel tritt auch 24, 50 f. etwas zurück (*Kn.*). *geht's
ihm wohl?*] 43, 27 f. — V. 7 f. Jacob glaubt, sie hätten das Vieh
zum Übernachten zusammengetrieben (אסף) und fordert sie zum Tränken und Weiden auf, *da der Tag noch gross* d. i. es noch lange Zeit
bis zum Abend sei. Sie aber sagen, sie müssen warten, bis alle beisammen seien, um gemeinschaftlich den schweren Stein abzuwälzen.
אֳלֹהִים für הָעֲדָרִים in LXX (und *Sam* auch V. 3) ist erleichternde Lesart. — V. 9. Indessen kommt Raḥel an (Prf., vgl. 17, 30). Sie ist
Hirtin. Bei den Arabern des Sinai ist es die Regel, dass die unverheiratheten Töchter das Vieh auf die Weide treiben, *Burckh.* Bed. 283;
mehr zu Ex. 2, 16 (*Kn.*). לְ אֲשֶׁר] wie 40, 5 bei C. — V. 10 f. „Der
Anblick derselben ergreift und hebt Jacob; entschlossen und stark
wälzt er allein den Stein ab; dienstfertig tränkt er ihr Vieh. Das
dreimalige אֲחִי אִמּוֹ deutet an, dass er als Vetter so handelte" (*Kn.*).
So allerdings nach dem Sinn des Erz., aber im Hintergrunde liegt doch
die Auffassung Jacob's als eines Mannes herkulischer Stärke, vgl. 32,
26. „Als Vetter durfte er Raḥel, wie der Bruder die Schwester (Cant.
8, 1), auch öffentlich küssen. Die Thränen sind solche freudiger
Rührung, wie 45, 14. 46, 29" (*Kn.*). קוֹל אִשָּׁה קוֹל] s. 21, 16. — V. 12.
Bruder] Vetter, wie V. 15. 14, 16. 24, 48. — V. 13 f. Laban auf
die *Kunde* von ihm d. h. seiner Ankunft, eilt ihm entgegen, umarmt
(mit לְ wie 31, 28. 32, 1. 48, 10; mit Acc. 33, 4) und küsst ihn

viel und lang (Pi.), füırt iın ıeim, und durcı seinen Bericıt überzeugt er sicı, dass er wirklicı *sein Gebein und Fleisch* d. ı. leiblicıer
Verwandter oder Stammgenosse (37, 27. Jud. 9, 2. 2 Sam. 5, 1. 19,
13 f.) sei. „Die Stelle erinnert im Ausdruck an 2, 23 und ריּן לְבִקְרָאׁﬨ
an 18, 2. 24, 17. Jacob bleibt bei iım *einen* ganzen *Monat Zeit*,
vgl. 41, 1. Num. 11, 20 f." (*Kn.*). אַךְ] *nur* d. i. niçıts anders als;
sonst s. zu 26, 9. — V. 15—30. Jacob gewinnt 2 Weiber, Schwe-
stern. In dieser Eıe mit 2 Scıwestern ist er kein Vorbild für Isr.
(Lev. 18, 18); aber sie gescıieıt wenigstens nicıt nacı seinem Willen;
die eine Scıwester ist iım durcı die Scılauıeit des Aramäers aufge-
drungen, und so erscıeint die Sacıe meır als ḥarranifche Sitte. (Über
die Beurtheilung solcıer Verwandtenehen der Vorväter s. zu 20, 12).
Findet aber diese Doppeleıe in dem Betrug Laban's iıre Entscıuldigung,
so liegt zugleicı der etıiscıe Gesicıtspunkt vor, dass durcı diesen Betrug, den er erfaıren muss, sein Betrug an Esau und Isaac geräcıt
wird. V. 15. Hier klafft eine kleine Lücke, sofern bisıer nicıt gesagt ist, das Jac. bei Laban als Hirt in Dienst getreten ist oder docı
treten wollte. Laban bietet iım nun Loın an, scıeinbar uneigennützig,
in Waırıeit woıl, weil er iın als geschickten Hirten kennen gelernt
hat und iın zu beıalten wünscht: *solltest du* (הֲכִי wie 27, 36) *als
Bruder mir umsonst dienen?* dem man eıer meır als weniger gibt.
Er ıeisst iın den Loın bestimmen. מַשְׂכֻּרְﬨﬤ] wie 31, 7. 41; sonst שָׂכָר.
zB. 30, 28. 32 f. 31, 8. — V. 16 f. Beschreibesätze, betreffend die
beiden Töcıter Laban's, zum Verständniss seiner Antwort V. 18 notıwendig. „Derselbe Erz., welcıer scıon V. 9 ff. von Raıel bericıtet
hat, konnte die beiden Töcıter Labans füglicı nicıt so, wie ıier ge-
scıicıt, einfüıren" (*Kn.*). Waırscıeinlicı ıat R ıier die andere
Quellenscırift reden lassen. בְּﬣל und טֵﬦ wie 27, 15. 42. Die jüngere
scıön von Gestalt (39, 6. 41, 18) und Anseıen (12, 11; מוֹבַﬨ מַרְﬠﬣ
24, 16. 26, 7); die ältere ıatte *schwache* (eig. zarte) Augen, „oıne
friscıen, klaren Glanz. Den Orientalen, bes. dem Araber, gelten leb-
ıafte feurige, klare und ausdrucksvolle scıwarze Augen (Gazellenaugen,
Hamâs. 1. p. 557. 584. 596. 622; *Hartmann* Ideale S. 77 ff.) als
Hauptstück weiblicıer Scıönıeit" (*Kn.*). — V. 18 f. „Jacob will dem
Laban 7 Jaıre als Hirte dienen, und verlangt dafür die geliebte Raḥel
zum Weibe. Laban ist es zufrieden, da er seine Tocıter lieber einem
Verwandten als einem Fremden (אִחﬧ wie Jer. 6, 12. 8, 10) gibt. Bei
allen Beduinen-Arabern hat der Vetter das Vorrecıt vor den Fremden
(*Burckh.* Bed. 219), und die Drusen in Syrien zieıen allemal den Ver-
wandten einem reicıen Fremden vor (*Volney* R. II, 62). Nocı jetzt
hat der Vetter das Vorrecıt auf die Cousine und heirathet sie ıäufig;
selbst nacı der Verheirathung nennen sie sicı Vetter und Muıme,
Burckh. Bed. 91 und arab. Sprichw. 274 f.; *Layard* Nin. u. Bab. 222;
Lane Sitt. I. 167" (*Kn.*) — Der Dienst Jacob's vertritt den übl. *Kaufpreis* für das Weib, *Win.*[3] I. 296 f. Dergleicıen kommt nocı immer
vor; Beispiele bei *Ritter* EK. XV. 674 und *Burckh.* Syr. 464 (*Kn.*). —
V. 20. „Die 7 Dienstjaıre sind iım wie *einige Tage* (27, 44), da er
in Raḥel's Näıe sicı glücklicı füılt, dem Glücklicıen aber die Zeıt

scınell vergeıt" (*Kn.*). — V. 21—24. Nacı Ablauf derselben fordert
er (הָבָה 28, 2) sein Weib, da seine Tage d. h. Dienstzeit voll, abgelaufen seien (25, 24. 50, 3). Laban veranstaltet aucı die Hocızeit
und das übl. Maıl, gibt iım aber nicıt Raḥel sondern Lea ins Braut-
gemacı. Der Betrug war des Abends möglicı, zumal wenn Lea ver-
schleiert kam (24, 65). Lea erıält nur eine Magd für iıren Dienst;
meır bekam Rebecca 24, 61 (*Kn.*). V. 24, aucı 29, beide nur lose
angefügt und für 30, 2. 4. 9 f. nicıt notıwendig, erinnern aucı stylistisch an A und könnten (*Kn. Wl.*) von R eingefügte Angaben des
A sein (vgl. 46, 18. 25). — V. 25 f. Seinen Betrug entscıuldigt L.
mit der Landessitte (34, 7. 2 Sam. 13, 12), die jüngere Tocıter nicıt
vor der älteren herzugeben (צְעִירָה und בְּכִירָה wie 19, 31 ff. 25, 23),
eine Sitte, die in Indien Gesetz war (Manu 3, 160) und ab und zu
aucı sonst vorkommt zB. *Lane* Sitt. I. 169 (*BJub.* c. 28 will sie sogar für Isr. zum Gesetz macıen). Aber Laban ıatte iım zuvor nicıts
gesagt. — V. 27. Jac. soll aber für einen weiteren siebenjäırigen
Dienst aucı Raḥel erıalten. *mache voll die Woche dieser*] feire die
Hochzeitswoche mit dieser zu Ende; die Hocızeit dauerte gew. eine
Wocıe (Jud. 14, 12. Tob. 11, 18). *wir wollen geben*] „icı und die
Meinigen, s. 24, 50" (*Kn.*), aber LXX Sam. יא־תי. — V. 28—30.
Nacı Ablauf jener Wocıe erıält er Raḥel, welcıe ebenfalls eine Magd
mitbekommt, heirathet also binnen 8 Tagen 2 Weiber. Zu V. 29 s.
V. 24. Aucı zu Raḥel gieng er ıinein und liebte sie vor Lea, bevorzugte sie vor dieser. Das zweite גַם soll blos רָחֵל־ ıervorıeben (*Ges.*
155, 2, a; tı. 294) oder mit מִן zusammen „*etiam, noch* meır als"
ausdrücken (*Del.*), beides gegen den Spracıgebraucı; aucı zu וַיֶּאֱהַב
kann es nicıt gehören: gieng nicıt blos hinein zu iır, sondern liebte
sie aucı (*Kn.*), s. dagegen 31, 15. 46, 4. 1 Sam. 1, 6. Demnacı:
er liebte aucı die Raḥel (nicıt blos die Lea), und meır als Lea; das
ist aber gegen V. 31; daıer גַם zu verwerfen mit LXX *Vulg.* — —
V. 31—30, 24. Jac. erıält von diesen 2 Weibern und iıren Mägden
11 Söıne und eine Tocıter. Der Bericıt darüber ist seır kurz und
dürr. Ein Hauptabsehen dabei geıt auf die Erklärung des Sinnes der
Namen der Söıne, von denen bei einigen eine zweifacıe Deutung gegeben wird. (Durcıaus geben die Mütter den Namen, wie sonst bei
BC). Aber es sind aucı etıiscıe Ideen darin. Es ist in einer Doppeleıe nicıt recıt, das eine Weib vor dem andern zu bevorzugen; Jac.,
der das tıut, wird durcı die lange Unfrucıtbarkeit der bevorzugten
Frau von Gott zurecıtgewiesen, und der in der Gattenliebe benacı-
theiligten gibt Gott Ersatz im Kindersegen. Und sodann Josef, der
ıerrlicıste Soın und volkreichste Stamm, kommt (wie Isaac und Esau-
Jacob) erst nacı langem Warten, als eine besonders theure Gottesgabe.
Die Ordnung der Söıne ist dieselbe wie bei A in 35, 23 ff., nur dass
zwiscıen die 4 ersten und 2 letzten Leasöhne die 4 der 2 Mägde
eingescıoben sind. (Über die Zutheilung der 12 Söıne an die 4
Weıer sind alle Quellen einig, und scıon dadurcı werden die Bemerkungen *Stade's* Gescı. 145 ff. ıinfällig. Besser urtheilt darüber
Reuss Gescı. d. AT. § 63). — V. 31. וַיַּרְא־] ist, kraft V. 30, relativ

zu versteien; minder geliebt (Dt. 21, 15. Matth. 6, 24). Gott *öffnete ihren Mutterleib* (16, 2), liess sie frucitbar sein und gebären; damit gleicit er das Misverhältniss aus, denn Frucitbarkeit macit das Weib dem Manne werti (16, 4). — V. 32. Den Soin nennt sie רְאוּבֵן d. i. *sehet einen Sohn*, weil Jaive iir Elend angeseien hat (16, 11), denn nun, dacite sie, wird der Mann sie dafür lieben. Eine Ableitung aus dem Arab. versucit *Lagarde* Onom. II. 95. Für aus רְאוּבֵל verderbt seien es *Kohler* u. *Kuen.* Ti. T. V. 291 an u. finden einen Gottesnamen darin. Zu כִּי naci אָמְרָה vgl. V. 33 und 26, 22. רְאָבַנִי] 19, 19. — V. 33. שִׁמְעוֹן] *Erhörung*, weil Jaive geiört und beacitet iabe, dass sie ungeliebt sei. (S. auci *Ew.* 167ᵃ; eine Ableitung von arab. *simʿu* Bastard von Wolf und Hyäne wollen *Hitz.* Gesch. 47 und *RSmith* im Journ. of Piilol. IX. 80. 96). — V. 34. לֵוִי] *Anhänger*, weil sie iofft, dass der Gatte iir fortan mit Neigung aniangen werde. Als n. gentile von לֵאָה (لَيْ, لَيْ *Wildkuh*) wollen das Wort ableiten (*Hitz.* 47) *Wl.* Prol. 150; *Stade* in ZATW. I. 112 ff.; s. auci Lit. CBl. 1879 S. 828; לֵאָה selbst deutet naci ass. *liʾat* als *Herrin PHaupt* (GGN. 1883, S. 100). Sonst s. über Levi *Kuenen* Volksreligion 1883 S. 312 ff. הַפַּעַם] 2, 24. Für קָרָא ist mit *Sam.* LXX (ἐχάλεσε, nicit ἐχλήθη) *Pesch.* קָרְאָה zu lesen, vgl. V. 35. — V. 35. יְהוּדָה] *Gegenstand des Lobes und Preises* (*Del.*), denn sie pries Gott für iin, vgl. 49, 8. Der Name ist genommen als aus dem Hoph. abgeleitet (zum ה vgl. Ps. 28, 7. 45, 18. Nei. 11, 17). Nun macite sie einen Stillstand, so dass sie nicit gebar (16, 2), doci woil mindestens ein Jair (*Kn.*), wenn es als Stillstand bemerkbar sein sollte. — Cap. 30, 1— 8. Die Geburt Dan's und Naftali's von Bilia. V. 1 f. „Rahel eifersüchtig (26, 14) auf die fruicitbare Sciwester verlangt von iirem Mann Kinder, sonst sterbe sie vor Leid; Jacob, an iirer Kinderlosigkeit oine Sciuld, weist sie zornig zurück: *bin ich an Gottes Statt?* des Uriebers von Leben und Tod (Dt. 32, 39. 1 Sam. 2, 6. 2 Reg. 5, 7), der allein das gewäiren kann. So der Ausdruck noci 50, 19 bei demselben Vrf." (*Kn.*). — V. 3. Sie greift zum selben Mittel wie Sara (16, 2 f.) und gibt ihm iire Magd Bilia zum Weib, dass sie *auf* der Rahel *Knie gebäre* d. i. Kinder, die Raiel auf iiren Schooss neimen (Ij. 3, 12) und als die iirigen anerkennen will (50, 23), und dass auci sie von iir erbaut werde (16, 2). אָמְרִ] 20, 17. 21, 10. 12 f. bei B. — V. 4ᵃ, weil Wiederiolung des V. 3 Gesagten und wegen שִׁפְחָה naci C, oder vielleicit naci A, der auci Hagar eine אִשָּׁה des Abr. nennt (16, 3). Ebenso 9ᵇ. — V. 6. דָּן] *Richter* nennt sie den Soin, weil Gott sie gericitet d. i. iire Sacie iiren Wünschen gemäss entsciieden hat. Auch in דָּן vermuthet einen Gottesnamen *Kuen.* Th. T. V. 291. שמע בקול] 3, 17. 21, 12. 27, 13. — V. 7 von C; wenigstens ist nicit einzuseien, warum בלמה שׁ׳ ה׳ ein Nacitrag sein soll (*Wl.* XXI. 427), dagegen זלפה שׁ׳ ה׳ V. 12 nicit. — V. 8. נַפְתָּלִי] *Kampfmann*, weil sie einen Ringkampf (*Ew.* 156ᶜ) Gottes mit Lea gekämpft und gesiegt iabe, d. h. nicit: einen Kampf in göttl. Sacie, wie die Gründung Israels ist (*Kn.*), auci nicit: einen

von Gott zur Entscıeidung gebracıten (*Hengstb.*), sondern Kampf um
Gottes Gnade und Segen (*Tuch Del.*) vgl. 29, 31. 30, 2. — V. 9—12.
Aucı Lea, weil sie nicıt meır (29, 35) gebiert, gibt nun iıre Magd
Zilpa dem Jacob zum Weib, die iım Gad und Ašer gebiert. V. 9 s.
V. 4. — V. 11. בָּגָד] *Glückskind;* sie sagt: בְּגָד, in Pausa בְּגָד, *mit Glück*
(ἐν τύχῃ LXX), vgl. באשרי V. 13; die Mass. wollen בָּא גָד *gekommen
ist Glück* (vgl. Jes. 65, 11 und das n. pr. Jos. 11, 17. 12, 7), so
wenigstens *Trgg.* und *Pesch.*; dagegen *Vrs. Sam.* (בסוּ) und *GrVen.*
(ἥκει στράτευμα) deuten nacı 49, 19. Über den Gottesnamen Gad
(Jos. 11, 17. Jes. 65, 11) s. ZDMG. XXXI. 99 f. — V. 13. אָשֵׁר] Gerader
d. ı. sowoıl Glücklicıer als Günstiger, *Glückspender* (vgl. zum Sinn
אֲשֵׁרָה die Glücksgöttin, wie zu Gad den Glücksstern), denn sie sagt:
mit meinem Glück d. ı. mir zum Glück gereicıt das, denn *glücklich
preisen* (Prf. der Gewissıeit, *Ew.* 135ᶜ) micı Töcıter (Cant. 6, 9.
22) als kinderreicıe Mutter. — V. 14—20. Die Geburt des 5. und 6.
Soınes der Lea. Zur Erklärung des Namens Jissakhar nacı C dient
V. 14—16 „die Erzäılung von den דּוּדָאִים, welcıe Ruben (damals
nocı ein kleiner Knabe) in den Tagen der Weizenernte (Jud. 15, 1)
d. ı. im Mai auf dem Felde fand und mit nacı Hause bracıte. Gemeint
sind nacı den Verss. die gelben, apfelförmigen muskatnussgrossen Frücıte
der Mandragora vernalis oder Alraune, einer in Pàlästina, bes. in Galilaea ıäufigen und daıer den Hebräern woıl bekannten Staude. Die
Reisenden, zB. *Mariti* R. 564, *Schultz* Leit. V. 197, *Hasselquist* R.
184, *Seetzen* II. 98, *v. Schub.* II. 457, fanden scıon im Mai reife
Frücıte, und ber.cıten, die Araber ässen dieselben gern und legten
iınen eine zur Wollust reizende und zum Kinderzeugen förderlicıe
Kraft bei, was aucı *Maundrell* RBeschr. 83 angibt. Nacı Dioscor. 4,
76 und Theophr. ı. pl. 9, 10 braucıte man die Wurzeln zu Liebes-
tränken, und nacı Hesych. ıiess die Liebesgöttin aucı Μανδραγορῖτις.
Daıer דּוּדָאִים *amatoria* d. i. Liebesäpfel, von דּוּדִי *Ew.* 189ᵍ. Meır
darüber bei *Tuch, Ges.* th., *Chwolsohn* Ssab. II. 725 f., *Win.*³ I. 48"
(*Kn.*), *Riehm* HWB. 48. Raḥel begeırt von diesen Liebesäpfeln, um
aucı dieses Mittel für ihren Zweck zu versucıen. Lea weist sie zuerst ab: *ist's zu wenig* (Num. 16, 9. 13. Jos. 22, 17), *dass du meinen Mann genommen* (sofern er lieber bei Raḥel war), *dass du auch
die Alraunen nehmen willst?* der Infin. וְלָקַחַת (und zu neımen ⹀ und
du willst neımen?) soll die Absicıt nocı scıärfer ausdrücken als das
näıer liegende Perf. cons. וְלָקַחַתְּ s. 20, 16. Sie gibt aber docı zuletzt von den Äpfeln, dafür dass Raḥel iır den Mann für die näcıste
Nacıt abtritt. Mit den Worten der Lea an Jacob V. 16 wird deutlicı auf den Namen Jissakhar (*Gemietheter*) angespielt. הוּא ל־] 19,
33. Der Raḥel nützt aucı dieses Mittel nicıts (die gegentheilige Behauptung *Wl.* XXI. 427 ist unbeweisbar); sie wird nicıt scıwanger,
woıl aber Lea; dass in Folge des Genusses der Dudaim, wird nicıt
gesagt. Vielmeır fäırt V. 17 fort: *Gott hörte auf Lea,* was vorıer-
geıendes Gebet voraussetzt; ein solcıes ist aber vorıer nicıt gemeldet.
R ıat ıier einem andern Erz. das Wort gegeben, und zwar dem B.
Denn שָׁמַע אֶל, was *Kn.* für A geltend macıt, findet sicı ab und zu

auci bei den andern **16, 11. 21, 17. 39, 10**, und die Zäilung des
Soines mit der Ordinalzail (wie **V. 19**) war iier, naci der Unter-
breciung durci **V. 1—16**, fast notiwendig (vgl. **29, 34**). — **V. 18.**
יִשָּׂשכָר] d. i. שָׂכָר יֵשׁ *es gibt Lohn* (über eine andere Ausspracie des
Namens s. S. 84 der Baer'schen Ausg.); Gott iabe iir iiren Loin
gegeben, *weil* (**31, 49. 34, 13. 27**) sie iire Magd dem Gatten iin-
gegeben iabe (**V. 9 ff.**). Offenbar eine ganz andere Bezieiung des שֶכֶר
als **V. 16.** Übrigens muss שָׂכַרתִּי und אמַרתִּי durci R oder einen Ab-
scireiber geändert sein (wie **31, 33** in *Sam.*). — **V. 19 f.** Auci vom
Namen *Zebulun* werden 2 Deutungen gegeben, die eine von B: *beschenkt hat mich Gott mit einem guten Geschenk* (s. über זְבַד *Ges.*
tı. 401 und über den Wecisel von ד und ל S. 727; *Ew.* 51b), die
andere von C: *dasmal* (**29, 34 f.**) *wird mir beiwohnen mein Mann*
(zum Acc. s. Jud. 5, 17. Prov. 8, 12. Ps. 5, 5. 120, 5; zum Gedanken **29, 34**), also etwa *Anwohner* vgl. **49, 13.** Die Bedeutung
wird mich erheben scilägt naci dem Arab. und Assyr. vor *StGuyard*
im Journ. As. VII, 12, 225 u. *FdDel.* Hbr. lang. 38, bestritten von
Halévy (Etud. Juiv. 1885 p. 299). — **V. 21.** Die Naciricit über die
Tociter *Dina* ist zur Vorbereitung auf Cp. 34 eingefügt; andere Töciter
von Jacob werden **46, 7** (A) und **37, 35** (B oder C) vorausgesetzt,
aber nirgends mit Namen genannt. Obwoil A von Dina spricit (Cp. 34,
vgl. **46, 15**) ist diese Notiz iier doci nicit von iim, da bei iim die
Kinder vom Vater benannt zu werden pflegen. — **V. 22—24.** Endlici, aber nicit durci iire menschl. Mittel, sondern durci Gottes Gnade
und Eriörung bekommt auci Rahel einen Soin. **V. 22ª** neben וישמע
אליה אלהים wenigstens nicit nöthig (vgl. **21, 1** und **27, 44 f.**), erinnert allerdings (*Kn.*) an A (s. zu **8, 1**; vgl. aber auci 1 Sam. 1, 19)
und düifte aus iim stammen, wogegen bα aus B, bβ aus C. וישמע]
s. **V. 17.** וַתֵּפַח] **29, 31.** — **V. 23 f.** *Gott hat meine Schmach* (wegen
der Kinderlosigkeit **16, 4**) *weggenommen*, sagt B, der somit יוֹסֵף als
יאָסַף deutet. Aber C: *Jahve möge mir einen andern Sohn hinzu-
fügen!* (vgl. **35, 18**) also Josef = *Mehrer.* — — **V. 25—43.** In
Folge eines neuen Vertrags mit Lab. dient Jac. bei iim noci weiter;
den ausgemaciten, anscieinend geringen Loin weiss er durci List
und Kunst so zu meiren, dass er dem eigennützigen Sciwiegervater
einen grossen Tieil seiner Habe abgewinnt und ein seir reicier Mann
wird. **V. 25 f.** Naci Josef's Geburt verlangt Jac. seine Entlassung,
um naci seiner Heimath zurückzukeiren. מְקוֹמִי] **29, 22. 26.** Die
Zeitrecinung von **31, 41** bei B darf man iier nicit zu Grund legen.
Wenn die Geburten, die im 1. Jaiı der 2. Dienstjahrwoche begannen,
in der Ordnung, in der sie erzäilt sind, auf einander folgten, so ist
es unmöglici, dass bis zum Ablauf dieses 2. Jahrsiebends Lea iire 6
Söine und dann noci Rahel den Josef geboren iat (die Dina kommt
wegen אַחַר **V. 21** nicit in Betracit) und der neue Dienstvertrag am
Anfang des **15.** Jaırs gescilossen wurde. Entweder muss man also
30, 1 ff. vor **29, 35** und wieder **30, 9 f.** vor **V. 7** scieben (*Ke. Kn.*),
um jene Möglicieit zu erzielen, oder die Geburten über das 2. Jaır-
siebend iinaus fortdauern lassen (BJub.; zum Tieil *Del.*), s. auch zu

37, 3. Die letztere Annahme ist die natürlichere und hat im Text nichts gegen sich, da *meinen Dienst* d. h. meine Dienstzeit, nicht nothwendig auf die 29, 18. 27 ausgemachten 7 Jahre zu beschränken ist. Daraus ist dann aber auch klar, dass hier ein anderer Vrf. redet als 31, 41. — V. 26 dem Inhalt nach mit 25^b und 29^a sich deckend, ist eine aus B eingeschobene Doublette, ebenso V. 28, sich deckend mit 31^a. — V. 27. Lab. mag den nützl. Knecht nicht ziehen lassen. Der Eigennutz lässt ihn höflich und die Verlegenheit abgebrochen oder stammelnd reden. 'ה אִם־נָא] wie 18, 3; den Nachsatz (so gehe nicht fort von mir) verschweigt er und fährt gewinnend fort: *ich habe die Zeichen beobachtet* (44, 15), habe gute Vorbedeutungen, dass das (dein Abgang) nicht sein wird, *und Jahve hat mich deinethalb* (s. zu 12, 13) *gesegnet*, ich muss also sehr wünschen, dass du bleibst. — V. 28. Neu anhebend heisst er ihn den Lohn für fernere Dienste bestimmen; עָלַי, weil ihm damit eine Auflage erwächst. Aber schon וַיֹּאמַר ist auffallend, darum in LXX ausgelassen, und 31^a wiederholt sich die Forderung; also ist der V. als die aus B genommene Antwort zu V. 26 (s. d.) anzusehen. — V. 29 f. Jacobs Antwort auf V. 27 nach C. Jac. scheut sich nicht, den Lab. nachdrücklich an den Werth seines Dienstes zu erinnern, macht aber zugleich geltend, dass nun auch er endlich für sein eigenes Haus thätig sein (Ruth. 2, 19. Prov. 31, 13) müsse. אִתִּי] *bei mir*, unter meiner Obhut. וְיִפְרֹץ] 28; 14. *meinem Fuss gemäss*] auf jedem meiner Schritte Jes. 41. 2. Ij. 18, 11. — V. 31. Auf Laban's Frage wegen der Bedingungen des Bleibens erklärt Jac. wie ein Uneigennütziger, Laban brauche ihm gar nichts zu geben, wenn er folgenden Vorschlag annehme. שׁוּב] wie 26, 18. אָשׁוּבָה] steigernd hinzugesetzt, *Ew*. 349^a. — V. 32 f. Der Vorschlag. Die Darstellung ist hier wenig klar, weil der Text corrupt ist. Der Vorschlag beruht darauf, dass die Schafe mit wenigen Ausnahmen weiss (Cant. 4, 2. 6, 6. Dan. 7, 9), die Ziegen dunkelfarbig, braun oder schwarz, waren (Cant. 4, 1; vgl. Cant. 1, 5; *Arvieux* Nachr. III. 214; *Berg-gren* R. I. 326; *Burckh*. Bed. 33. 54. 163; *Lynch*. Ber. 125; *Kn*.) Jacob will nun *heute* durch das sämmtliche Kleinvieh Laban's durchgehen, daraus entfernend (Inf. abs. wie 21, 16) jedes *gesprenkelte* und *gefleckte* (טָלוּא nur V. 31—39) und jedes *schwarze* Stück unter den *Schafen*, und *geflecktes* und *gesprenkeltes* unter den *Ziegen*, und das soll sein Lohn sein. Darnach muss man meinen, die *heute* auszuscheidenden bunten und seltenfarbigen Thiere sollen der ausbedungene Lohn sein (*Kn. Del. Ke*.). Aber dazu stimmt V. 35 f. nicht, indem 36^b das von Laban abgesonderte Abnormfarbige zu Laban's Vieh gerechnet ist; V. 37 ff. ergibt vielmehr, dass die erst zu werfenden seltenfarbigen Thiere dem Jacob zufallen sollen, und doch wäre davon V. 32 nichts gesagt, und könnte das auch nicht (mit *Tuch Bmg. Kn. Del*.) in וְהָיָה שְׂכָרִי unter der Hand *mit*verstanden werden. Deshalb meint *Wl*. XXI. 429 f., es sei hinter V. 34 die Bemerkung ausgefallen, dass nach der Ausscheidung der abnormfarbigen Thiere durch Jacob Laban diese zu viel, den Lohn zu hoch gefunden habe und er sich deshalb von Jacob einen andern Vorschlag (31, 7 f.) habe machen lassen. Aber abgesehen davon, dass die Entstehung einer solchen Lücke unbegreiflich wäre, liegt doch bei dieser Conjectur der Widerspruch mit לֹא־תִתֶּן־לִי מְאוּמָה 31 gar zu handgreiflich vor. Vielmehr ist (wie schon in der 3. Aufl. geschah) anzunehmen, dass vor oder nach וְהָיָה שְׂכָרִי eine ganze Wortreihe (ob homöotel.) ausgefallen ist, oder aber ist gegen die Mass. der Athnach bei dem ersten וְעָלוּא zu setzen: „und jedes schwarze Stück unter den Sch., und buntes unter den Z. — das wird (künftig כָּהָר 33) mein Lohn sein." Was C (nach V. 31) allein schreiben konnte, ist: jetzt brauchst du mir gar nichts zu geben; was künftig, nach vorher vorgenommener Ausscheidung alles Abnormfarbigen, abnormfarbig in den Heerden sein (geboren werden) wird, soll mein Lohn sein. Dazu stimmt alles Weitere. — Bei den Schafen genügte חום (vgl. 33. 35), weil חום s. v. a. אֲשֶׁר חום בֹּ (s. 35) d. h. woran schwarzes ist; ganz weisse Ziegen werden weder hier noch V. 33. 35 vorausgesetzt. In dem Satze הָסֵר מִשָּׁם כָּל־שֶׂה נָקֹד וְטָלוּא ist חום absichtlich nicht mit genannt, weil שֶׂה Sch. u. Z. umfasst, und schwarze Ziegen normalfarbig waren; bunte ist dort kurz gesagt für Thiere abweichender Farben und erhält übrigens seine genauere Umgrenzung in V. 35. — Erleichternd geben LXX יעבר כָּל־ und Vulg. עבר בכל־, dann beide וַהֲסֵר als Imprt. (wegen V. 35). — Seine Rechtlichkeit, meint er weiter, werde sich leicht erweisen, sie werde selbst sich bezeugen oder über ihn (als rechtlichen) aussagen (עָנָה בְּ vox forens., s. Lex.); andere Thiere als die der bezeichneten Art, also ganz weisse Schafe und ganz schwarze Ziegen, wenn die sich künftig bei ihm finden sollten, werden sich von selbst als gestohlen erweisen. Es ist nicht nöthig, צִדְקָתִי nach 2 Sam. 19, 29. Neh. 2, 20 (mit Kn.) wie צִדְקִי zu deuten: mein Recht, das mir rechtlich zukommende. בְּיוֹם מָחָר] am morgenden Tag d. h. künftig, wie crastinum tempus. Ex. 13, 14. Dt. 6, 20. wann du kommst über meinen Lohn vor dir] wann du, um es zu besehen, über mein Vieh hergehst, welches dir ja nahe und zugänglich (13, 9) sein wird (Kn.); LXX ἐστί, Sam. יבוא für על תבוא. וְהָיָה] d. i. וַהֲגִעְנוּ חום — V. 34—36. Laban willigt ein: gut, möge (17, 18. 23, 13) es so sein! Er nimmt aber, um der Sache sicher zu sein, die Ausscheidung selbst vor (denn dass Laban Subj. in V. 35 ist, ergibt sich aus בָּנָיו vgl. mit 31, 1), und übergibt die ausgeschiedenen Thiere seinen Söhnen zur Beaufsichtigung, bestimmt zugleich eine Entfernung von 3 Tagereisen zwischen sich (LXX Sam.: בָּנָיו näml. seinen Söhnen) und dem das übrige d. h. normalfarbige Vieh Laban's hütenden Jac., damit ja keinerlei Einwirkung der ersteren auf die letzteren in Erzeugung des jungen Viehs stattfinden könne. יָרֶק] wie 32, 15. עָקֹד] gestreift wechselt hier scheinbar mit נָקֹד, ist aber V. 39 f. 31, 8—10. 12 doch davon unterschieden. — V. 37. „Aber Jacob weiss durch einen Kunstgriff den Vertrag zu seinem Vortheil auszubeuten. Er nimmt frische (Num. 6, 3) Stäbe vom Styrax-, Mandel- und Ahornbaum (Ges. th.) und schält an ihnen weisse Schälungen, ein Entblössen des Weissen an den Stäben, d. h. er schält die dunkle Rinde von ihnen ab, aber nur streifenweise, so dass jeder Stab theils dunkelfarbig theils weiss, mithin bunt ist" (Kn.). מַקֵּל] collect., und

kraft בֹּחַן (*Sam.* כֹּחַ) hier fem., sonst masc. מֵהֵשִׂיף] *Ew.* 239ᵃ. —
V. 38 f. „Diese Stäbe *stellte* er an den Wassertränken, zu welchen
das Vieh trinken kam, auf und zwar *gegenüber* (s. 25, 21) vom Vieh,
so dass es dieselben im Auge hatte"; und die Thiere begatteten sich,
wann sie zum Trinken kamen. So begatteten sich denn die Thiere *in
der Richtung auf* die oder *bei* (24, 11; *Sam.* עֵל) den Stäben, und
gebaren später bunte. Über die Tränkrinnen oder Tröge bei den
Brunnen s. zu 29, 3. רְהָטִים] *Rinnen*, selten und mehr aram. (noch
Ex. 2 16), wird hier durch שְׁקָתוֹת מַיִם (von שֶׁקֶת 24, 20, s. *Ew.* 31ᵇ.
212ᵇ) erklärt. וַיֶּחֱמוּ] für יֶחֱמוּ, vgl. Jud. 5, 28. Ps. 51, 7 (*Ew.* 193ᵃ);
masc., weil hier die männl. Thiere mit eingeschlossen sind. In 39ᵃ
ist אֶל-הַמַּקְלוֹת die Hauptsache und neu gegen בב' ל' וַיֶּחֱמְנָה V. 38, darum
nicht geradezu als Doublette (*Wl.*) anzusehen, aber der Ausdruck ist
schwerfällig. „Die brünstigen Thiere empfiengen durch den Anblick
der sie frappirenden bunten Stäbe einen lebhaften und starken Eindruck, der auf die Bildung des Fetus einwirkte: sie versahen sich an
den Stäben" (*Kn.*). *Hieron.* qu. gibt eine verwickeltere Erläuterung:
observabat ergo Jacob, et tempore, quo ascendebantur pecora et post
calorem diei ad potandum avida pergebant, discolores virgas ponebat
in canalibus et admissis arietibus et hircis in ipsa potandi aviditate
oves et capras faciebat ascendi, ut ex duplici desiderio, dum avide bi-
bunt et ascenduntur a maribus, tales foetus conciperent, quales umbras
arietum et hircorum desuper ascendentium in aquarum speculo con-
templabantur. Ex virgis enim in canalibus positis varius erat etiam
imaginum color. „Nach Aristot. h. anim. 3, 12 und Aelian h. an. 8,
21 vgl. Strab. 10, 1, 14. Plin. 31, 9 ist es von Einfluss auf die Farbe
der Lämmer, aus welchem Fluss die Alten in der Begattungszeit trinken, und nach Oppian. Cyneg. 1, 331 ff. liess man, um schöne ver-
schiedenfarbige Füllen zu gewinnen, die brünstige Stute bei der Be-
gattung das Bild eines stattlichen verschiedenfarbigen Hengstes sehen
(zB. in Hispanien, wie Hieron. qu. angibt), und die Taubenzüchter erzielten auf ähnl. Weise purpurfarbige junge Tauben. Häufiger aber
erwähnen die Alten das Sichversehen bei den Menschen zB. Plin. 7,
10; Oppian. 358 ff. u. a. bei *Bochart* hz. I. 618 ff. Ros." (*Kn.*) —
V. 40. Das junge Buntvieh (כְּשָׂבִים vertritt hier auch die Ziegenlämmer)
sondert Jacob ab und richtet das Gesicht des (übrigen) Kleinviehs auf
gestreiftes und alles schwarze unter dem Vieh Laban's d. h. eben auf
die abgesonderten und hienach vor das übrige Vieh gestellten, damit
dieses jene immer im Auge habe und die Imagination rege bleibe, und
nachdem er durch diesen Kunstgriff den ersten mit den Stäben er-
folgreich unterstützt, bildet er sich aus dem so erzielten Buntvieh besondere Heerden, die er nicht zu Laban's Vieh hinzu (עַל wie 28, 9)
fügt. So nach dem mass. Text. Es hilft nichts für אֶל mit LXX *Sam.*
אַיִל und mit *Trgg. Saad. Houbig. Kn.* כָּל zu lesen, in welchem Fall
פְּנֵי *angesichts vor* (wie Ex. 23, 15. Ps. 42, 3) bedeuten und כָּל וג'
Obj. zu וַיִּתֵּן sein müsste. Der Anstoss liegt darin, dass das abgesonderte bunte nachher wieder als עָקֹד וְחוּם בְּצֹאן לָבָן bezeichnet wird,
während vielmehr an הַצְּדָרִים naturgemäss sich וַיָּשֶׁת וג' anschlösse. Der

ganze 2. Kunstgriff (לְבֵּן — וַיָּחֶם) scıeint erst nacıträglicı in den ältern Text eingefügt (*Hupf. Olsh. Del.*, aucı *Böhm. Wl.*). — V. 41 f. „Zugleicı bewirkt er, dass er lauter starkes Jungvieı bekommt. Denn nur in der Zeit, da das starke Vieı sicı begattet, stellt er die Stäbe auf, nicıt aucı *beim Schwachmachen des Viehs* d. lı. wann dieses scıwacıes Jungvieı erzeugte, indem er selbst scıwacı war" (*Kn.*). Der ıier gemacıte Unterscıied zwiscıen starken und scıwacıen Thieren ist woıl (*Aq. Symm. Onk. Hier. Saad.*) daraus zu erläutern, dass die kräftigeren Tıiere scıon im Sommer ıire Brunstzeit ıaben, die schwäcıeren erst im Herbst, und die von jenen im Winter geworfenen Jungen für kräftiger galten als die von diesen im Früıjaır gebracıten (Columell. r. r. 7, 3; Varro r. r. 2, 2; Plin. 8, 72). וְיֵחַם] Prf. cons. = וְיֵשִׁם. לְיַחֵמְנָה] Inf. Pi. von יָחַם (31, 10) mit Suff. pl. 3 fem. (wie חֹרַי 41, 21), *Ges.* 91, 1 A. 2; *Ew.* 247ᵈ; *König* S. 420. — V. 43. Durcı den Erfolg dieser seiner Listen wurde Jacob überaus begütert. פָרַץ] 30, 30. 28, 14. מְאֹד מְאֹד] 7, 19. — Sonst 12, 16. — „Bemerkung verdient, dass der Erz. Gott nicıt erwäınt wie der Bericıterstatter 31, 9 ff. Ein ähnl. Fall bei iım V. 14—16" (*Kn.*).

3. Jacob's Rückwanderung aus Ḥarran, Cap. 31—32, 3, meist aus B (auch C, A).

Jacob, nacı 20jäır. Dienst bei Laban, bescıliesst unter Zustimmung seiner Weiber, mit seiner ganzen Habe nacı Kenaan zurückzukehren: die Eifersucıt Laban's und seiner Söıne und eine Maınung Gottes bestimmten iın dazu 31, 1—16. Fluchtweise, oıne Vorwissen Laban's, zieht er fort, und Raıel nimmt nocı des Vaters Hausgott mit. Laban setzt ihm nacı, ıolt iın auf dem Gilead ein. Es kommt zu einer scıarfen Verıandlung zwiscıen iınen. Aber von Gott gewarnt, muss Laban sicı begnügen, mit Jacob auf dem Gilead einen Freundschaftsbund zu scıliessen, wovon Gilead seinen Namen ıat 31, 17—54. Sie geın in Frieden auseinander und dem Jacob begegnet gleicı beim Eintritt in das Hebräerland zu Maıanaim ein ganzes Heer von Engeln 32, 1—3. — Deutlicı wird ıier nacıgewiesen, wie Gott bis zuletzt seinen Scıützling leitete, im Kampf mit dem Aramäer nicıt erliegen, sondern mit grossem Haus und Habe glücklicı aus dem fremden Lande zurückkeıren liess (vgl. 28, 20 ff., aucı 15). Zugleicı wird der Ursprung des Terafimcults bei den Isr., die Völkerscheide zwiscıen den Aramäern und Hebräern auf dem Gilead und die Heiligkeit Maḥanaim's erläutert. — Gescıöpft ist die Erzäılung zumeist aus B. Als aus A genommen erweist sicı nur V. 18 (*Kn. Wl.*) von וַאֵת־כָּל an durcı בִּשָׁר, רְכֻשׁ, קִנְיָן, פָדַן אֲרָם, אֶרֶץ כְּנַעַן die Breite des Ausdrucks und die Bezieıung auf 35, 27; dass aucı 17ᵇ (*Schr.*) oder ganz 17 (*Hupf.* 32) dortıer stamme (wegen der Wiederıolung von וַיִּסַּע V. 21), ist nicıt sicıer. Dagegen sind V. 1 (*Hupf.*) und 3 (*Schr.*), wahrscheinlicı את הנהר ויעבר ויקם V. 21 (s. d.), sicıer V. 25. 27 (s. d.) Einsätze aus dem Text des C, ebenso sind V. 46. 48—50 Doubletten aus C, und hat in V. 44—53 bei der Zusammenarbeitung des B und C

die Hand des R (auch eines oder einiger Glossatoren) etwas stärker
eingegriffen. Auch V. 10. 12 sind erst durch R eingefügt, obwohl
aus B genommen. Das übrige bildet ein wohlzusammenhängendes Ganze,
dem durch אֱלֹהִים 7. 9. 11. 16. 24. 42. 32, 2 f., die abweichende
Erklärung des Reichthums Jacob's 7—12, die Rückweisung 13 auf 28,
20 ff., die Traumoffenbarungen 10. 24, die Erwähnung der Terafim
19. 30 ff. (vgl. 35, 2 ff.), die Ausdrücke *Laban der Aramäer* 20. 24,
אָמָה 33, לֵבָב 26, כֹּה *hier* 37, פָּנַי 32, 2, das alterthüml. יִצְהָר אַחַר
31, 42. 53 u. מֹהַר 7. 41 seine Abstammung von B gesichert ist.
Cap. 31, 1—16. Jac. beschliesst die Heimkehr. V. 1 mit 3 zusammenhängend, nach C. וַיִּשְׁמַע] + יעקב LXX. Laban's *Söhne* (30,
35) äussern, Jac. habe ihrem Vater sein Eigenthum genommen und so
sich den grossen Reichthum gewonnen. Dem Jac. kommt das zu Ohren.
עָשָׂה] 12, 5. כָּבֹד] vom Reichthum wie Jes. 10, 3. 66, 12. Ps. 49, 17.
— V. 2 mit 4 f. zusammenhängend u. Sachparallele zu 1, von B. Jac.
bemerkt an Laban's unfreundl. Gesicht die Sinnesänderung gegen ihn.
mit ihm] im Umgang mit ihm, im Verhalten gegen ihn (Ps. 18, 24.
26 f.); dafür V. 5 אֶל. *gestern ehegestern*] früher, vordem, wie V. 5.
Ex. 5, 7 f. 14 bei B. — V. 3. Jahve selbst, der alle wichtigen
Schritte der Väter leitet (12, 1), befiehlt ihm die Heimkehr nach Kenaan.
Der V. ist von C, der 32, 10 darauf zurückweist, (dagegen bei B
V. 13). *Land der Väter*] im Pent. nur noch 48, 21. — V. 4 ff.
an V. 2 angeschlossen, von B. — Jac. bescheidet seine Weiber zu
sich hinaus und trägt ihnen die Sache vor. — V. 5. Er erinnert zuerst an seine Anstrengungen und Verdienste um Lab. und an dessen
undankbares Verhalten. *da doch der Gott meines Vaters mit mir
gewesen*] d. h. mich in meinem Dienst für ihn gesegnet und mir so
grossen Reichthum zugewendet hat. — V. 6 s. 30, 26. אֲתֶנָה] Ges.
32 A. 5. — V. 7—9. „Zum Dank dafür täuschte ihn Lab., indem
er den ausgemachten Lohn nach Willkühr zehnmal d. i. zum öfteren
(Num. 14, 22. Ij. 19, 3) wechselte." Gott aber liess ihm seine Be-
trügerei nicht gelingen, sondern immer solche Thiere geboren werden,
wie sie Lab. gerade zum Lohne bestimmt hatte. הִתֶל] von תלל, Ew.
127ᵈ. מַשְׂכֹּרֶת] 41. 29, 15. נְתָנוֹ] 20, 6. וַיְהִי] Ges. 147ᵈ. וְיָלְדוּ]
Prf. cons. אֲבִיכֶם] für אֲבִיכֶן wie 32, 16. 41, 23. Ex. 1, 21. Num. 16,
17 f. (Ges. 121 A. 1), vgl. 26, 15. 33, 13. In Cp. 30 ist von diesen
vielfachen Betrügereien nichts gemeldet, und R hat diese ganze Rede
ausführlich aufgenommen, um den abweichenden Bericht des B über
Jacob's Heerdenerwerb wenigstens in dieser Form beizubringen. Zu
gleichem Zweck hat R auch V. 10 und 12, welche kein urspr. Bestandtheil der Rede Jacobs an die Weiber waren (*Wl.* XXI. 428),
wohl aber den Inhalt eines (nicht aufgenommenen) Berichts des B kurz
wiedergeben, hier eingereiht, V. 12 allerdings an nicht ganz passender
Stelle (damit erledigen sich die Bedenken von *Wl.*). — V. 10—12.
„Gott war der Geber des Viehes. Denn Jac. sah im Traum bunte
Böcke, die das Muttervieh besprangen, und Gott selbst eröffnete ihm,
er habe alles gesehen, was Lab. ihm zufüge, wies ihn also an, den
natürl. Zuwachs an buntem Jungvieh als Gottes Gabe zu betrachten.

Vrf. leitet mithin den Segen unmittelbar von Gott ab, und hatte nichts von den Stäben; vgl. 30, 18" (*Kn.*). בְּרִי־] für שָׁלִיא (30, 32 f. 35) bei C. Über den *Traum* s. 20, 3. מַלְאַךְ הָאֱלֹהִים] 21, 17. — V. 13 urspr. an 11 angeschlossen. Gott gab sich ihm als der Gott von Bethel (28, 18 ff.) zu erkennen und hiess ihn in seine Heimath zurückkehren. הָאֵל בֵּית אֵל] sc. אֵל בְּבֵית אֲלֶיךָ הַנִּרְאֶה, oder abgekürzt aus הָאֵל אֵל בֵּית אֵל, *Ges.* 110, 2ᵇ. נֹדֵר אֲשֶׁר ל'] Sam. LXX. מִיל־דֹרִי] + καὶ ἔσομαι μετὰ σοῦ LXX. — V. 14—16· Die Weiber gehen gerne auf den Vor-schlag ein; der Vater hat auch sie sich entfremdet. Im Vaterhaus haben sie, nach dem ihnen etwa bei der Heirath gegebenen (29, 14. 29), kein Erbe weiter zu erwarten. Der Vater behandelt sie wie Fremde, denn er hat sie verkauft (29, 18. 27, vgl. 24, 53) und verzehrt nun (19, 19) auch den Erlös für sie (Ex. 21, 35) d. h. die durch Jacob's Dienst erworbenen Güter geniesst er selbst, ohne ihnen etwas davon zu geben. וְנָכְרִיּוֹת] כִּנְכְרִיּוֹת LXX Sam. בָּם] s. zu 29, 30; Inf. abs. weist aus, dass es zum Verb. gehört; ebenso 46, 4 bei B (s. auch zu 27, 33). V. 16.· כִּי] nicht: *so dass* (*Kn. Del.*, auch nicht Dt. 14, 24. Ij. 10, 6; Fälle wie V. 36. 20, 9. 40, 15 sind andere), sondern mit Nachdruck das Gegentheil zu ihrer Angehörigkeit ans Vaterhaus ein-führend (Ps. 37, 20. 49, 11. 130, 4): *vielmehr* wir stehen für uns, und alles, was Gott unserem Vater entzogen hat (V. 9), gehört nur uns, nicht ihm, ist unser wohl erworbenes Eigenthum; somit keinerlei Grund, nicht zu gehen. עָשָׂה] im Pent. nur hier (vgl. 14, 23). — V. 17—25· Jac. zieht mit Familie und Habe ohne Vorwissen Laban's fort; auch seine Terafim entwendet ihm Rahel; Lab. verfolgt und er-reicht den Fliehenden auf dem Gilead. V. 17. *seine Söhne und Wei-ber*] s. Weiber und Söhne, LXX *Sam. auf die Kameele*] 24, 61. — V. 18. 'פ מִק כָּל אֶת וַיִּנְהַג] von B, s. Ex. 3, 1. Der Rest des V. aber von A, vgl. 36, 6 (auch 46, 6). *das Vieh seines Erwerbes*] „also nichts von Laban's Vieh" (*Kn.*). — V. 19 ff. Der Abzug geschah aber (nach B) heimlich und fluchtartig. Laban *war* zur Schur seiner Schafe *gegangen*, welche bei der Grösse seiner Heerden eine Anzahl Tage dauerte (1 Sam. 25). Seine Abwesenheit benützt Rahel, ihm seine Hausgötter zu entführen und so, wenigstens ihrer Absicht nach, den Schutz und Segen derselben ¯oder das Glück des Hauses sich zuzu-eignen (so wie Aeneas die Penaten aus Troja mit fortnahm Dionys. Hal. 1, 69; Verg. Aen. 3' 148 f. 4, 598. *Kn.*); und Jacob benützt sie, um heimlich zu entkommen. תְּרָפִים] s. *Win.*³ II. 608; *Ew.* Alt.⁵ 296 ff. Ein sicheres Etymon des Worts ist noch immer nicht gefun-den (s. *Ges.* th.). Übrigens ist hier vielleicht nur ein einzelnes Bild (1 Sam. 19, 13. 16) gemeint; der Plur. pron. suff. V. 34 u. אֱלֹהַי V. 30 beweist nicht sicher für eine Mehrzahl (*Ew.* 318ᵃ), noch weniger 35, 2. *Aramäer*] wie V. 24, s. zu 25, 20; hier, wo Laban zuvor oft genug genannt war, ist der Beisatz aus nationalem Selbstgefühl des Hebräers geflossen, vielleicht auch zur Vorbereitung auf V. 44 ff. auf-genommen, ebenso V. 24 (*Budd.* 422 will ihn für einen Einschub nach A erklären. Aber V. 47 ist er doch vorausgesetzt. S. auch Dt. 26, 5). לֵב גָּנַב] auch V. 26 *den Sinn von einem täuschen*, vgl. κλέπτειν

νόον Hesiod. tieog. 613. Hom. Il. 14, 217; kürzer c. Acc. prs. V. 37
wie κλέπτειν τινά u. lat. *decipere* (**Kn.**). עַל־בְּלִי] wegen Mangels davon
dass d. i. *weil* oder *sofern nicht* (**Ew.** 322ᵃ), nur iier so. *dass er
fliehen wollte*] d. i. davongeien, sici fortmacien (vgl. V. 27). — V. 21.
Strom] naci gew. Annaime (s. 24, 10) der Eufrat (wie Ex. 23, 31.
Micı. 7, 12); dann aber müssen die Worte אֵת הַנָּהָר וַיַּעֲבֹר וַיָּקָם ein Einsatz aus C sein, s. V. 23. *und stellte sein Gesicht*] naim seine Ricitung nach dem Gebirge Gilead, vgl. 2 Reg. 12, 18. — V. 22 f. Erst
am 3. Tag erfäirt Lab. seine Flucit und setzt nun mit seinen Brüdern d. i. Stammgenossen (Lev. 10, 4. 2 Sam. 19, 13) dem Entfloienen
naci. Naci 7 Tagemärscien iolt er iin auf dem Gebirg Gilead ein.
Von Harran aus in 7 Tagen den Gilead zu erreicien, ist auci bei
grösster Eile (V. 36) eine Unmöglicikeit, vollends für Heerden (33,
13 f.) in 10—12 Tagen. B muss Laban's Woinort (s. 29, 1) viel
näier beim Gilead gedacit, und entweder unter הַנָּהָר V. 21 einen andern Fluss als den Eufrat gemeint iaben, oder aber muss וַיָּקָם וַיַּעֲבֹר
אֵת הַנָּהָר V. 21 aus einer andern Quelle (C) stammen. — V. 24. Lab.
mit seinen Mannen ist weit stärker (V. 29); Jac. ist in Gefair, seiner
Racie zum Opfer zu fallen; da tritt Gott, noch vor dem Zusammenstoss beider, ins Mittel und warnt näcitlici im Traum (20, 3) den
Lab., mit Jac. zu reden (gesciweige zu tiun) מִטּוֹב עַד־רָע d. i. nicit:
von gutem aniebend dann zu bösem übergehend (**Kn. Buns.**), sondern
(24, 50 u. 14, 23) *irgend etwas*, näml. übles, was aus לֵךְ הִשָּׁמֶר folgt;
LXX ricitig πονηρά, ebenso V. 29. — V. 25 das Zusammentreffen
naci C (gegen 24ᵇ). Eine Unterscieidung zwiscien הִדְבִּיק *nahe hinter-
her sein* und הִשִּׂיג *einholen* (**Kn.**) ist ialtlos. Jacob iatte sein Zelt
aufgescilagen (אֹהֶל תָּקַע im Pent. nur iier) auf oder an dem הָר und
Laban mit seinen Brüdern scilug auf oder an הַר הַגִּלְעָד auf. Naci
V. 21 und 23 kann הָהָר nur als הַר הַגִּלְעָד verstanden werden, also
ergäbe sici: Laban lagerte *eben daselbst* (**Vulg. Kn.**). Aber so kann
sici kein Sciriftsteller ausdrücken. Waircieinlici war הר bei C näier
bestimmt; aber die Näherbestimmung wurde von R getilgt, weil sie
zum Text des B nicit passte. Sonst s. iinter V. 54. — V. 26—42.
Die Veriandlung zwiscien beiden und Laban's Besciämung. V. 26—
28. Zunäcist macit er iim Vorialt über die Unziemlicikeit und Tior-
heit des heiml. Entweiciens. Dabei ist aber V. 27, als theilweise
Variante zu 26 (wobei גנב oine לבב), waircieinlici Einsatz aus C (in
LXX wird durci Versetzung der 5 ersten Worte des V. 27 iinter
עשׂית r V. 26 nacigeiolfen). לְבָבִי] s. zu 20, 5. *Schwertgefangene*] im
Krieg erbeutete 2 Reg. 6, 22. וַתְּהַבֵּאתָ לִּי *Ges.* 142 A. 1. וְלֹא הִגַּדְתָּ]
LXX לִּי, wozu וָאֵשׁ Nacisatz. *dass ich dich entliess* mit Frölici-
keit (1 Sam. 18, 6), Gesang und Musik, dir eine festl. Absciiedsfeier
bereitete (über solcie im neuen Orient, s. *Harmar* Beob. I. 415 f.,
Kn.). בָּנַי] s. V. 43; Enkel 29, 5. Damit iabe er als unverständiger
Mann geiandelt. Sowoil נְטַשׁ im Sinn von נָתַן, als הִסְכִּיל im Pent. nur
iier. Zu עֲשׂוֹ für עֲשׂוֹת s. 48, 11. 50, 20. Ex. 18, 18 in derselben
Urkunde (**Kn.**); *Ges.* 75 A. 2; *Ew.* 238ᵉ. — V. 29. Dafür wäre
er woil im Stand an Jac. Aindung zu neimen, aber Gott iabe ver-

wichene Naci t (19, 34) i ı m das untersagt. יֶשׁ לְאֵל יָדִי] wie Mici.
2, 1. Prov. 3, 27 und verneint Dt. 28, 32. Nei. 5, 5; wörtl. nici t:
es ist zum Gott meine Hand (*SebSchmid, Kn. Hitz. Berthe.*), was
zwar für *ich vermag alles*, passend gesagt wäre, nici t aber für *ich
vermag es, habe die Macht*, sondern (mit den älteren; *Ges. Tuch
Ew. Del.*): *es ist gemäss der Kraft meiner Hand*, es entsprici t meiner Maci t, ich vermag's. אֵל ı eisst nici t „Starker" von אוּל, sondern
ist ein Nom. wie שֵׁם, עֵץ u. a. (s. S. 17). *Gott eures Vaters*] näml.
des Jac. und der Seinigen (vgl. 37. 46); der Vater ist Isaac. Dass
Jacob's Stammgott es war, der mit i ı m redete, erkennt Lab. an dem
In ı alt der Warnung. *Sam.* LXX ı aben אֲבִיךָ 'א. — V. 30. Nun aber,
wenn er auci darüber nici t weiter mit i ı m reci ten will, weil Jac.
eben einmal fortgezogen ist und Lab. sici das aus seiner grossen (*Ges.*
131, 3) Sensuci t naci dem Vaterı aus erklären mag, so kann er doci
den Götterdiebstahl nici t blos so ı inneı men. Er kommt damit auf
den 2., i ı m wicı tigsten Punkt. Aber gerade in diesem Punkt, worin
er unbestrittenes Reci t ı at, ziei t er naci ı er den kürzeren; er wird
von der eigenen Tocı ter, die er einst um i ı r Reci t betrogen (29,
25 ff.), überlistet. נכסף] im Pent. nur ı ier. — V. 31 f. Auf die erste
Rüge bemerkt Jac., er ı abe (פֶּן wie 20, 11) befürchtet, Lab. werde
seine Töcı ter von i ı m reissen, naci seiner Willkühr 29, 23 ff. Im
2. Punkt weiss sici Jac. unscı uldig, da i ı m Raı el vom Diebstaı l nicı ts
gesagt ı at; er erklärt also getrost, dass der sterben soll, bei welcı em
L. die Terafim finde, und gestattet diesem die Durcı suclı ung. עִם אֲשֶׁר]
für אֵשֶׁר—צַוֹּ (44, 9. 10) ganz ungewö ı nlici (obwoı l in den aram.
Verss. naci geahmt und bei *Ew.* 333ª. *Ges.* 123, 2 anerkannt). Auci
ein וַיּאֹמֶר zu Anfang des V., was die LXX noci bieten, vermisst man
ungern (*Böttch. N. Ähr.* I. 22). *soll nicht leben*] die Patriarcı en
ı atten Gewalt über Leben und Tod iı rer Angeı örigen (38, 24). *unsere Brüder*] wie V. 23; Jacob ı at viele Leute bei sici (30, 43. 31,
37. 46. 54. 32, 8). הַכֶּר־לְךָ] 37, 32. 38, 25. — V. 33—35. Laban
durcı suci t die Zelte, von denen jede Hauptperson eines bewoı nte (24,
67). In 33ª ist שְׁתֵּי הָאֲמָהֹת וּבְאֹהֶל gleici mit aufgefü ı rt, um naci ı er
bei Raı el's Zelt steı en bleiben zu können, aber das folg. וַיֵּצֵא מֵאֹהֶל לֵאָה
scı liesst sici so nici t gut an; Umstellung (LXX) gibt keine Abhülfe.
וַיָּבֹא לָבָן] +וַיְחַפֵּשׂ *Sam.* LXX. Raı el *hatte* die Terafim in einen Ka-
meelkorb oder *Tragsessel* gethan und sici darauf gesetzt, und gab vor,
die monatl. Reinigung (18, 11) zu ı aben, wodurcı sie iı rer Pflicı t,
vor dem Vater aufzusteı en (Lev. 19, 32), sici entzog, und zugleicı
dem Lab. die Lust zur Durcı suciı ung (Lev. 15, 19) benaı m (*Kn.*).
nicht entbrenne es in den Augen] noci 45, 5; die Glutı des Zorns
offenbart sici im Blick der Augen. — „Das genannte Geräth ist ein
5 Fuss langer Palankin, welcı en einen Sitz hat, quer über den Ka-
meelsattel gelegt und mit Stricken befestigt wird; an den Seiten und
oben querüber sind Stäbe, die mit Teppicı en umı ängt werden, so dass
der Reisende im Scı atten sitzt oder liegt. Kleiner sind die Palankine,
welcı e der Länge naci an beiden Seiten des Kameelsattels angebracı t
werden und bes. zum Transport der Frauenzimmer dienen, *Burckh.*

Bed. 370 f.; *Brown* R. 473; *Ker Porter* R. II. 239 u. a. bei *Jahn*
bibl. Arch. I, 1. 285 f." (*Kn.*). אָמְרָה] 20, 17. וְהָשֵׁב] 44, 12. —
V. 36 f. Jacob wird muthiger, da alles gut für ihn abgelaufen ist, und
weist nun Lab. zurecht. וַיִּחַר־לִי'] 4, 5. מַה 2°] וּמַה *Sam.* LXX *Pesch.*,
TgJon., viele hbr. Cod. „Zu 'פ אֲחֲרֵי דָּבַק brennend, hitzig sein (Jes.
5, 11) hinter jem. her d. i. ihn lebhaft, hitzig verfolgen vgl. 1 Sam.
17, 53" (*Kn.*). *entscheiden zwischen uns*] schiedsrichterlich (Jes 2,
4. Ij. 16, 21); in anderer Bedeutung steht הוֹכִיחַ 42. 20, 16. 21, 25
bei B (24, 14. 44 bei C). — V. 37. כִּי] minder gut וְכִי *Sam.* LXX
Vulg. מָה] 22, 5. — V. 38—42. Um Laban's Benehmen in's gehörige Licht zu stellen, erinnert Jac. weiter in beredten und mehrmals
dichterisch gehobenen Worten an seinen 20jähr. sorgsamen, uneigen-
nützigen und schweren Dienst und an die vielen Versuche Laban's,
ihm seinen gebührenden Lohn zu entziehen, welche nur durch das
Einschreiten des Gottes Jacob's vereitelt wurden. V. 38. זֶה] 41, 27,
36. *sie thaten nicht Fehlgeburten*] Ex. 23, 26. Ij. 21, 10; so sorgfältig behandelte sie der Hirte. — V. 39ᵃ erklärt sich aus Ex. 22,
12. אֲחַטֶּנָּה] für אֶחֱטָאֶנָּה *Ges.* 74 A. 4; hier = *bussen, ersetzen*, wie
sonst שִׁלֵּם. Das verlangte Lab. auch von ihm. מִגְּנֻבְתִי] fehlt in LXX
Sam. Gestohlenes des Tages, G. der Nacht] ich ersetzte, wie du
fordertest, die weggekommenen Thiere, mochten sie bei Tag oder Nacht
gestohlen worden sein, vgl. Ex. 22, 11. Über das ־ s. *Ew.* 211ᵇ.
Ges. 90, 3. Die Iprff. vergegenwärtigen in lebhafter Darstellung das
geschehene (nicht: ich will büssen, du sollst fordern, *Tuch*). — V. 40.
Der Dienst war anstrengend. *Ich war — bei Tag frass mich Hitze*]
ich wurde bei Tage von Hitze verzehrt, *Ew.* 128ᵃ. „Bekanntlich entspricht im Orient die Nachtkälte der Tageshitze, vgl. Jer. 36, 30;
Morier zweite R. 104; *Wellsted* Arab. I. 64; *Katte* R. in Abyss. 12.
56; *Rosenm.* A. u. N. Morgenl. z. d. St. *mein Schlaf*] der mir zukommende, gehörende, Jes. 21, 14. 31, 9" (*Kn.*). — V. 41 f. Es ist
nicht nöthig, V. 38—40 wegen des gleichen Anfangs mit V. 41 f. von
einem andern Vrf. abzuleiten (*Wl.*); die Wiederholung ist in einer so
lebhaften Rede wohl am Platz. Über die Zeitrechnung s. zu 30, 26.
zehnmal] V. 7. V. 42 אֱלֹהֵי 2°] fehlt in LXX *Vulg. Furcht Isaac's*]
d. i. Gegenstand seiner Furcht und Scheu, numen reverendum, σέβας,
alterthüml. Benennung Gottes; ebenso V. 53 (vgl. Jes. 8, 13). לִי]
für mich, mir günstig Ps. 124, 1 f. 56, 10. · כִּי עַתָּה] *ja dann* (*Ew.*
358ᵃ) *hättest du mich leer entlassen*; vgl. 43, 10. Num. 22, 29.
1 Sam. 14, 30. 2 Sam. 2, 27. וַיֹּכַח] *die Mühsal meiner Hände*,
meine mühselige Arbeit hat Gott *gesehen*, in Betracht genommen (16,
11. 29, 32), und demgemäss entschieden (V. 37). — V. 43. Beschämt
und durch Jacob's Rede geschlagen sucht zwar Lab. sein Vaterrecht
auf alles, was Jacob hat, Weib Kinder und Gut aufrecht zu erhalten,
lenkt aber doch sofort zur Versöhnung um mit der Wendung: diesen
meinen Töchtern aber oder ihren Söhnen, was sollte ich ihnen heute
thun? d. h. wie ihnen ein Leid zufügen? vgl. zu לְ עָשָׂה im schlimmen
Sinn 22, 12. 27, 45. Ex. 14, 11. — V. 44. Er schlägt vor, sie wollen
einen Friedens- und Freundschaftsbund mit einander schliessen (vgl.

21, 23 ff., 26, 28 ff.). רְלָכָּה] *wohlan* 37, 13. Ex. 3, 10 bei B. וַיְהִי]
Subj. kann nicht בְּרִית, das fem. ist, sein; auch die Handlung nicht,
welche, als etwas vergängliches, selbst eines bleibenden Zeugen bedarf.
Also wird entweder לְ zu streichen oder (*Olsh.*) anzunehmen sein,
dass davor einige Worte wie גַל וַיֹּאמֶר oder מַצֵּבָה (je nachdem der V.
urspr. dem C oder B angehört) ausgelassen sind (vgl. den Fall V. 25).
Denn die folg. Erzählung über die Bundschliessung V. 45—54, in
sich unzusammenhängend und voll von Doppelangaben, ist sicher das
Ergebniss einer Zusammenarbeitung mehrerer Berichte, hat auch (*Wl.*
XXI. 431) mehrere Glossen in sich. Die LXX (*Ilg.*) suchten durch
Umstellungen vergeblich Ordnung zu schaffen; verschiedene Scheidungs-
versuche sind gemacht von *Ew.* Gesch.³ I. 498, *Hupf.* 161, *Böhm.*,
theils zu verwickelt, theils nicht genügend. Der Bericht des C liegt
vor in V. 48—50 (*Astruc, Schr., Del.*) und 46: nach ihm war ein גַל,
den sie errichteten, der Zeuge, und zwar dafür, das Jacob Laban's
Töchter gut zu behandeln versprach, die מַצֵּבָה aber ist erst vom Harmonisten hinzugefügt. Der Bericht des B, in 45. (47) 51—54, hatte
ein מַצֵּבָה, die sie errichteten, und zwar als Zeugin dafür, dass die
Aramäer und Hebräer diesen Ort als Grenze zwischen sich heilig halten wollen. Besiegelt wurde bei beiden (V. 46 bei C, 54 bei B) der
Bund durch eine Mahlzeit. Gilead hat davon seinen Namen (48 bei
C, 47 bei B). — V. 45 nach B. Ein Stein wird als Denksäule auf-
gerichtet, nach dem Text von *Jacob*, aber nach V. 51 von Laban,
weshalb anzunehmen ist (*Astr. Ilg. Wl.*), dass es urspr., in Fortsetzung von V. 44, bloss hiess אֶבֶן וַיַּקַּח, und יעקב eine jüngere, aber
unrichtige Ergänzung ist. Die hier gemeinte מַצֵּבָה war gewiss an hohem
Ort, weithin sichtbar, daher war הָרִים der richtige Ausdruck, und
beweist gegenüber von שָׁם 28, 18. 22 keine Verschiedenheit des Vrf.
(gegen *Kn.*), vgl. noch 35, 20. — V. 46 fällt Text des C ein. Steine
werden zu einem גַל *Wall* zusammengetragen, auf welchem sie dann
die Bundesmahlzeit halten. Dass auch hier יַעֲקֹב unrichtige Glosse (*Wl.*)
sei, ist nicht so evident, aber daraus wahrscheinlich, dass V. 48 ff.
Laban es ist, der die Bedeutung des גַל erklärt. Eine *Mit*wirkung
der Leute Jacobs wäre unanstössig. — Das Bundesmahl kann füglich
nur nach Ablegung der Schwüre vorgenommen worden, weil aber
schon vor derselben vom Erz. erwähnt sein. Vielleicht stand indessen
V.ᵇ wie 48ᵇ urspr. bei C erst hinter V. 50, und ist nur von R versetzt, um die beiden Versprechungen 48—50. 51—53 unmittelbar
auf einander folgen zu lassen. וַיִּקְחוּ] LXX יַלְקְטוּ, gebilligt von *Plüschke*,
Lagarde (onom. II. 95), *Olsh.* — V. 47 nach *Wl.* ebenfalls Glosse
und Product überflüssiger Gelehrsamkeit, möglicherweise aber aus B
genommen, der V. 20. 24 den Lab. הָאֲרַמִּי nennt, den גַל (wenn auch
in anderem Sinn als C) V. 52 ebenfalls erwähnt, und eine Namens-
erklärung von גַּלְעֵד auch gehabt haben kann; natürlich aber ist der V.
dann erst von R an seine jetzige Stelle gerückt. — Beide Namen, der
hebr. u. der aram., besagen *Hügel* oder *Wall des Zeugnisses.* „Zur
doppelten Benennung scheint die Lage des Orts auf der Grenze veranlasst zu haben. Denn nördl. von Gilead wohnten zum Theil aram.

redende Stämme (22, 24), wäirend solcie im südl. Tieil des Ostjordanlandes nicit nacizuweisen sind, und bis zum Gilead deinten die
damasc. Aramäer bisweilen iire Herrsciaft aus (1 Reg. 22, 3 ff. 2 Reg.
9, 14 f.). Auci im Folgenden wird der Gilead als eine Art Grenz-
scieide betracitet" (*Kn.*). — V. 48. An V.ᵃ reiite sici bei C woil
urspr. V. 50; V.ᵇ auci aus C, aber (wie 46ᵇ) erst von R hieher versetzt. Auci C deutete demnaci den Namen גִּלְעָד, der sici naci خَلَقَ
durus, firmus erklärt, als גִּלְעָד, womit freilici wenig stimmt, dass man
gewöhnlich הַגַּלְעָד (zB. V. 21. 25) sagte. ש' ק' עַל־כֵּן] 11, 9. 19, 22.
25, 30. 29, 34 f., immer bei C. — V. 49. וְהַמִּצְפָּה] fällt auf, weil vorier nicit von מִצְפָּה *Spähort, Warte* die Rede war, sondern nur von
einer מַצֵּבָה, was *Sam.* auci dafür iat. Bezüglici der gramm. Structur
ist zwar kaum zu bezweifeln, dass es Fortsetzung von 48ᵇ sein soll:
und *die Mispa* sc. nannte er den Ort (*Kn. Ke.*) oder auci: nannte
er die Masseba (*Saad., Ew.* Comp. d. Gen. 64; *Ges.* th.), denn nur
dazu passt das folg. *weil* (30, 18) *er sagte* (vgl. 10, 9. 16, 13. 22,
14), wogegen die Bezieiung zu 48ᵃ *und die M.* sc. soll Zeuge sein
(*Wl.*) nicit blos die Ausscieidung des 48ᵇ als einer Glosse voraussetzt, sondern auci zu 'יצף יר' ii' nicit taugt.   Aber der Satz ist so
lose an 48ᵇ angereiit, dass man zu der Vermuthung gedrängt wird,
er sei so nicit aus C geschöpft, sondern erst von R zurecitgemacit,
sofern man zu seiner Zeit (vielleicit mit anderer Localisirung der Sage)
meir von einer Mispa in Gilead spraci, als von einer Masseba. Die
Meinung, dass der Einsatz des R blos וְהַמִּצְבָּה gelautet und erst ein
noci Späterer, wegen des übeln Gerucis der מצבות, die Änderung in
והמצפה vorgenommen und 'יצף יר' וגו', auci 50ᵇ iinzugescirieben iabe
(*Wl.*), ist darum unwairscieinlici, weil V. 45. 51 ff. die מַצֵּבָה oine
Anstand steien gelassen wurde.   Die Frage ist nur noci, ob R alles
von יצף bis מְרֵעֵהוּ 49 und den damit zusammenhängenden 50ᵇ frei
eingesetzt, oder dazu etwas von C Gegebenes benützt iabe.   In Anbetracit von 53 neben 51 f. bei B, ist seir woil möglici, dass auci
C neben 50ᵃ scion etwas geiabt iabe, wie 'יראה יר' ביני ובינך כי וגו',
und R nur mit Bezieiung auf והמצפה es umgearbeitet und umstellt iat.
יצף] Gott solle zwiscien iim und Jacob *spähen*, darüber wacien, dass
jeder seiner Bundesverpflichtung nacikomme, *weil* sie einer dem Blick
des andern entzogen (4, 14) sein werden, .also selbst einander nicit
überwacien können. יהוה] LXX ὁ θεός. V. 50. Der specielle Iniait
des Verspreciens war naci C, dass Jacob Laban's Töciter nicit drücken
oder mishandeln (zur Racie für Laban's Trügereien), und keine andern
Weiber zu iinen iinzu (עַל wie 28, 9) neimen solle. אם] im Sciwur
wie 14, 23. 26, 29. *kein Mensch ist mit uns*] als Zeuge und Sciieds-
riciter, also soll Gott Zeuge sein, zwiscien iinen. רְאֵה] wie 27, 27.
41, 41. אלהים] auffallend neben יהוה 49, und woil ein Beweis, dass
diese Worte auf Ein- oder Umarbeitung des R beruien. Der urspr. Gedanke (48), dass der לב Zeuge sein soll, tritt dadurci gänzlici zurück.
— V. 51—53, urspr. an 47 anscilossen, bringt den Iniait des Eid-
schwures naci B. Ricitig (vgl. Cp. 21 u. 26) spricit auci bei iim

(wie bei C V. 48 ff.) Laban, als der der den Bund anbot, die zu be-
schwörenden Worte dem Jacob vor. Ohne Zweifel ist aber הַגַל הַגֵה
זֶה וְ 51 und וְ חַזֶּה הַגַל עֵר Einsatz des R (*Ew. Wl.*), welcher die Harmonie zwischen B und C dadurch herstellte, dass er, wie er 48 f. dem
לֹ die מִצְפָּה beiordnete, so nun der מצבה des B den לֹ des C beigab.
יָרִיתִי] Ij. 38, 6. אִם] mit folg. וְאִם *sive—sive* (*Del. Ke.*), aber im
Eidschwur wohl richtiger wie 50ᵃ, mit wiederholter Negation: *gewiss
nicht ich — nicht werde ich* u. s. w. חַזֶּה אֶת־הַגַל 1° et 2°] kann
nicht blos, sondern wird auch B geschrieben haben, da auch er den
ganzen Vorgang auf den Gilead setzt (V. 23) und eine Etymologie
daran knüpft (47). Nur ist bei ihm גַל nicht ein jetzt eben künstlich
aufgeworfener, sondern ein natürlicher. Dagegen wird wohl וְאֵת הַמצבה
הַזֹּאת Zusatz des R sein. לְרָעָה] zum Bösen d. i. in feindl. Absicht
(2 Sam. 18, 32). Laban und Jacob (Nahoriden und Abrahamiden)
wollen künftig nicht feindlich gegen einander ziehen und den Gilead
nicht in solcher Absicht überschreiten. V. 53. Als Richter zwischen
ihnen beiden ruft L. ihre beiderseitigen Stammgötter auf, den Gott
Abraham's und den Gott Nahor's, welche beide dann durch die Appos.
die Götter ihres Vaters als einst von Terach verehrt bezeichnet werden, wie wenn Terach's 2 Söhne sich in die Verehrung der Götter
Terach's getheilt hätten (vgl. Jos. 24, 2). Übrigens kommt אֱלֹהֵי אֲבִיהֶם
nachgehinkt, fehlt in LXX und hbr. Cod. (lautet in *Sam.* אל׳ אביהם),
und ist wohl Glosse (*Kennic. Houbig. Olsh. Wl., Geig.* Urschr. 284).
וְיִשְׁפְּטוּ] LXX *Sam. Pesch. Vulg.* ישפט, s. aber Jos. 24, 2. — Jacob
schwur nun auch (vgl. 21, 24) bei der *Furcht* (V. 42) d. h. dem
Gott seines Vaters. — V. 54. Und nun nach vollzogenem Schwur
folgte die (46 bei C schon erwähnte) *Bundesmahlzeit* (vgl. 26, 30.
Ex. 24, 11. 2 Sam. 3, 20 f.), von Jacob veranstaltet (vgl. 26, 30),
und hier sogar durch den Ausdruck (vgl. 46, 1) als Opfermahlzeit bezeichnet. Er zog auch seine Leute (V. 46) zu; dass Lab. dabei war,
folgt aus dem Zweck der Mahlzeit von selbst. Und so brachten sie
die Nacht dort auf dem Berge zu. *Brod essen*] Mahlzeit halten, nach
der Hauptspeise bezeichnet vgl. 37, 25. 43, 25. Ex. 2, 10. 18, 12.
Matth. 15, 2. Schon an sich ist „das Zusammenessen ein Act der
Freundschaft bei den Arabern, *Nieb.* Arab. 48; *Sonnini* I. 437; *Volney*
R. I. 314; *Buckingh.* Syr. II. 18; *Burckh.* Bed. 140. 264. 270" (*Kn.*),
bei Verfeindetgewesenen Act der Versöhnung; hier aber ist es deutlich
ein Bestandtheil der feierl. Bundeshandlung. — Der הַר הַגִּלְעָד ist wie
אֶרֶץ הַגִּלְעָד im AT. in der Regel Bezeichnung des gesammten Gebirges
und Landes südl. vom Jarmuk bis zu den Ebenen Hesbon's hin (Dt.
3, 12 f. Jos. 17, 1. 5. 2 Reg. 10, 33 u. ö.). Heutzutage haftet der
Name *Gebel Gil'âd* an dem etwa 9 KM. von O. nach W. sich erstreckenden Gebirgszug, 8 KM. südl. von W. Zerqâ (Jabboq), „auf
dem die verfallenen Städte *Gil'âd* und *Gil'aud* (*Burckh.* Syr. 599 f.)
sich befinden, nördl. von Salt (*Rob.* Pal. III. 922), östl. von Allan
(*Seetz.* I. 393), und von dem der Gebel ʿOscha der höchste Punkt ist
(*Rob.* II. 481; *Buckingh.* II. 24). Eine Stadt Gilead nennt Hos. 6, 8
(Jud. 10, 17?). Der Ort Mispa (Jud. 11, 11. 34), war vermuthlich

nicht verschieden von Mişpe Gilead (Jud. 11, 29) und wohl auch einerlei mit Ramath Mişpe Jos. 13, 26, oder dem bekannten Ramoth im oder am Gilead (Dt. 4, 43. Jos. 20, 8. 21, 36) oder Ramoth Gilead's (1 Reg. 4, 13. 22, 3 ff. 2 Reg. 8, 28. 9, 1 ff.), welches nach den Onomast. 15 Mill. (6 St.) westl. (nordwestl.) von Philadelphia lag" (Kn.). Zu suchen ist dieses Mişpa-Ramoth nach den Meisten im heutigen es-Salṭ (Seetz. I. 397; Buckingh. II. 45; Bäd.² 287; Ri. HWB. 1003), aber wahrscheinlicher (Hitz.; Langer im „Ausland" 1882 S. 181) 11 KM. nördlicher in den Ruinen el-Ġalʿûd. Auf Grund dieses Sachverhalts glaubte Kn. unter גִּלְעָד (23. 25) und הַגִּלְעָד (47 f.) den heutigen Ġ.Ġilʿâd und unter הַמִּצְפָּה 49 das alte Mişpa oder Ramoth verstehen zu dürfen. Aber das verträgt sich nicht mit 32, 3. 23 f., wornach Jac. erst später den Jabboq überschreitet. Hier muss vielmehr die nördl. vom Jabboq gelegene Hälfte Gileads, Ġ. ʿAġlûn, verstanden werden, welche auch als Grenzscheide der Hbr. u. Aram. allein passt. Welche Örtlichkeit aber im Ġ. ʿAġlûn der Vrf. im Auge hatte, ist nicht mehr auszumachen. Die erst durch R (C?) hereingekommene מצבה kann hier nichts entscheiden: es kann sein, dass R, einer andern Localisirung der Sage folgend, Mişpa-Ramoth im Auge hatte, es ist aber auch möglich, dass er eine Mişpa im Ġ. ʿAġlûn meinte. „Beke hat auf dem Ġ. ʿAġlûn einen Cromlech gefunden, eines jener bekannten Steindenkmale aus dem Uralterthum, und dem Consul Finn versicherten seine arab. Begleiter, dass es deren eine Menge auf den dortigen Bergen gebe" (BL. II. 472). — Cap. 32, 1—3 nach B. Lab. und Jac. trennen sich, und dem Jac. begegnet auf seinem Zug ein Engelheer, bei Mahanaim. — V. 1. Lab. nimmt Abschied und kehrt heim. וַיַּשְׁכֵּם] 20, 8. 21, 14. 22, 3. 28, 18. *küsste seine Söhne*] 31, 28. — V. 2. וַיֵּלֶךְ] 28, 11. Engel Gottes] 21, 17. 28, 12. — V. 3. וַיִּקְרָא הי] 28, 19. Diese Begegnung der Engel, diesseits der aram. Grenze, entspricht dem Engelgesicht Jacob's beim Antritt der Wanderung (28, 10 ff.); sie erinnert ihn an den göttl. Schutz, der ihn bis hieher geleitet, und versichert ihm denselben auch für die weiteren Gefahren. מַחֲנָיִם] zwar haben LXX (*Vulg.*) blos παρεμβολαί, also Pl. verstanden, aber dass die dualische Aussprache (*Doppellager*) sehr alt war, sieht man aus V. 8—11, und ein Grund, sie hier abzuleinen (*Wl.* XXI. 433), liegt nicht vor: Jacobs Lager und das Engellager sind 2 Lager (s. weiter zu 32. 22). „Der Name mag entstehen sein wie viele mit *castra* zusammengesetzte Namen; Vrf. gibt indess der Entstehung desselben einen religiösen Anlass" (*Kn.*), da es eine altheilige Stadt (Levitenstadt Jos. 21, 36) war. Es war eine der bedeutendsten Städte Gilead's, zu Gad gehörig, aber auf der Grenze gegen Manasse Jos. 13, 26. 30, Königsstadt des Isbaal 2 Sam. 2, 8. 12. 29 und Sitz David's während Absalom's Aufstand 2 Sam. 17, 24. 27, Hauptort eines der Finanzkreise Salomo's 1 Reg. 4, 14, aber in der späteren Königszeit und nach dem Exil nicht mehr erwähnt, weshalb auch keine Überlieferung über seine Lage vorhanden ist. Mit *Burckhardt's* (Syr. 597 f.) Ruinenort Meysera (*Kn.*), 2 Stunden südl. vom Jabboq, hat es nichts zu thun; es muss nördl. vom Jabboq gelegen haben, nach V. 11 nicht zu weit

vom Jordan, nacı 2 Sam. 2, 29 durcı den בְּתִרוֹן von der ʿAraba getrennt (vgl. 2 Sam. 18, 23 ff.). Der Ruinenort مَحْنَه Maḥne (*Robins.*
III. 920) oder *Möhhny* (*Seetz.* I. 385) ist zu weit nördl. und östl.,
um ıier zu passen; wenigstens ıätte dann den Jac. sein Weg eıer
durcı W. Jâbis zum Jordan geführt, als über den Jabbôq.

c) Jacob nacı seiner Rückwanderung in Kenaan bis zum Tode Isaac's, Cp. 32, 4—37, 1.

1. Jacob's Zusammentreffen mit Esau und der Ringkampf mit Gott, Cap. 32, 4—33, 17, aus C und B.

Eine neue Gefaır tritt dem Jacob in der bevorsteıenden Auseinandersetzung mit Esau entgegen. Er lässt dem Esau nacı Seir
seine Ankunft melden, erfaırt aber von den Boten, dass er mit 400
Mann scıon ıeranzieıe. In Todesangst vor der Racıe des Bruders
trifft er durcı Theilung seiner Leute und Heerden in 2 Lager Sicıer-
heitsmaassregeln und erfleht betend Gottes Scıutz 32, 4—13; rüstet
reicıe Gescıenke für den Bruder und schickt sie vor sicı ıer V. 14
—22, macıt dann in der Nacıt den Übergang über den Jabbôq, und
ringt, als er allein ist, den Rest der Nacıt durcı, mit einem iım ent-
gegengetretenen göttl. Wesen, das ihm den Namen Israel und den
Segen verleiıt, bei Peniel V. 23—33. Dem nun ankommenden Esau
geht Jacob mit den Seinen demüthig ıuldigend entgegen, wird aber
von iım brüderlicı empfangen und kann nur durcı Bitten iım die
zugedacıten Gescıenke aufdringen; sein Anerbieten einer Begleitung
leınt Jacob vorsichtig ab. Esau keırt nacı Seir zurück, Jacob lässt
sicı in Sukkotı nieder 33, 1—17. — In der Erzieıungs- und Läuterungsgeschichte Jacob's ist ıier die entscıeidende Wendung; diese
letzte Gefaır ist für iın die grösste; dass sie so über Erwarten glücklicı vorübergeıt, ist Folge seines Gebets 32, 10 ff. und seines Kampfes
mit Gott V. 25 ff. Aber durcı ein solcıes ernstes Ringen um Gottes
Gnade musste es aucı bei iım ıindurcı, die Angst über seine Sünde
am Bruder musste in iırer vollen Stärke von iım empfunden und die
Zuflucıt dagegen in Gott allein gesucıt werden, eıe iıre Folgen abgewendet werden konnten. Nun erst als dieser Gotteskämpfer (Israel)
ist er der Jacob, wie ihn Gott ıaben wollte. — Wie B und C die
Entzweiung mit Esau und die Flucıt vor iım, so ıaben beide aucı
die Wiederbegegnung und Aussöınung mit iım, wie es scıeint, im
wesentlicıen seır äınlicı erzäılt. Aus beiden zusammen hat R dieses
Stück ıergestellt, wogegen A, der keinen Bruderzwist gemeldet hat
und den Esau erst später von Jacob sicı trennen lässt (36, 6), ıhier
nicıt in Betracıt kommt. Wenn nun das Gebet 32, 10—13 (s. d.)
fast in jedem Wort auf C ıinweist, ausserdem 8 f. der Ursprung des
Namens Maḥanaim anders als V. 3 (bei B) erklärt wird, endlicı aber
V. 4—7 die Vorbereitung auf 8—13 ist und durcı שִׁפְחָה 6 den C
verräth, so wird der ganze Abscınitt 4—13 mit seinem Scıluss 14ᵃ

dem C zuzusprecien sein. Dagegen der Abscinitt 14^b—22 über die
Huldigungsgeschenke, obwoil er an sici iinter 4—14^a gut anscaliesst,
ist doci, tieils weil er in 22^b zu dem Punkt von 14^a zurückfüirt
(*Wl.*), theils weil er von einer Zweitheilung des Lagers nicits weiss
(22^b), von B abzuleiten: die Voraussetzung dazu bei B (Naciricit an
und von Esau) ist von R neben 4—7 nicit besonders mitgetheilt, eier
damit zusammengearbeitet (s. V. 4). In der Fortsetzung V. 23 f. liegt
deutlici ein Doppelbericht vor (s. d.) und zwar 23 von C, 24 von B.
Nur an 24 (nicit an 23) sciliesst sici 25 ff., die Erzäilung über den
Ringkampf, an, welcie sonst durci אלהים 29. 31 (s. dagegen 28, 13.
16, wo C trotz des Namens *Bethel* gleiciwoil יהוה scireibt) auf B
iinweist (*Ilg. Schr. Böhm.*), wie auci naci Hos. 12, 4 f. die Sage
von Jacob's Ringkampf in Nordisrael ieimisci war. (Die Gegengründe
Wl. XXI. 434 f. beweisen nicits, oder beruien auf blossen Postulaten;
speciell 33, 10 geiört sicier C an, nicit dem B). Ob auci C eine
ähnl. Erzäilung iatte, und ob er über den Ursprung des Israelnamens
wie B oder wie A bericitete, ist nicit auszumacien: was die Erzählung iier im Zusammeniang des B leistet, leistet bei iim das Gebet
(10 f.). An 32, 23 (Weiber, Kinder) scaliesst sici 33, 1 ff., und läuft
also von iier an der Faden des C fort (שפהות 1 f. 6, לקראת רוץ 4,
חָצָה 1; למצא חן בעיני 8 vgl. 32, 6; 'אם נא מצאתי חן בע 10), wie denn
auci der ausdrückl. Bericit über die Ankunft der naci B vorausge-
sciickten Gescienke iier feilt. Wenn gleiciwoil auci iier V. 5. 11
(אלהים) unverkennbar meirmals Worte aus B aufgenommen sind, so
sieit man daraus nur, dass gerade über das eig. Zusammentreffen der
Brüder B und C seir äinlici referirt, nam. auci C die Übergabe eines
Gescienkes an Esau gemeldet iaben muss (vgl. zu 32, 21). Auci
V. 4 zeigt sici Zusammenarbeitung zweier Vorlagen. Woil erst von
R stammt 32, 33.

Cap. 32, 4—7. Jacob naci seiner Ankunft in der Jordangegend
sciickt an den Esau naci Seir Boten und lässt ihm seine Rückkeir
melden, erfäirt aber durci diese, dass Esau mit 400 Mann iim ent-
gegenkomme. V. 4. שָׂעֵר אֶרֶץ] vgl. 14, 7. 36, 35. Es sieit aus wie
eine Variante zu שעיר 'א, vielleicit aus B. Die Umsiedlung Esau's naci
Edom wird in einem nicit eiialtenen Stück des C oder B bemerkt
gewesen sein; bei iinen war ja (Cp. 27) Isaac, als Jacob die Wanderung antrat, scion dem Tod naie. Anders bei A Cp. 36, 6. — V. 5 f.
ראמירון] 18, 28 ff. אֲמַר] Iprf. Qal, syncopirt aus אֶאֱמַר wie Prov. 8, 17;
Ges. 68, 1. צֹאן] besser וצאן LXX *Sam. Vulg. Pesch.*, auci hbr. Cod.
Die Gesandten sollen die Rückkeir Jacob's und seinen grossen Besitz,
den er gewonnen (30, 43), dem Esau melden, zugleici *seine Gunst
gewinnen.* Der collective Gebrauci von 'שׁוֹר וַחֲ ist iier ganz eigenthümlich. — V. 7. Esau iat sici scion auf den Weg gemacit, dem
Jac. entgegen zu kommen (über וְגַם הֹלֵךְ oine הוּא *Ew.* 303^b). Seine
Absicit ist nicit angegeben; nur die 400 Mann lassen errathen, dass
er unter Umständen Recite geltend macien oder seine Macit zeigen
wollte. Gerade diese Ungewissieit seiner Absicit musste in Jac. die
Gewissensangst über das einst Verübte (Cp. 27) waciurufen. — V. 8 bis

14ª. Was er dagegen that. V. 8 f. In seiner Angst ergreift er die, auch sonst nicht ungewöhnliche, Vorsichtsmaassregel, Leute und Heerden in 2 Lager zu theilen, um bei einem feindl. Überfall nicht alles auf einmal zu verlieren. Ohne allen Zweifel wird durch diese Zweitheilung bei C der Name Maḥanaim begründet; eine ausdrückliche Bemerkung darüber musste R mit Rücksicht auf V. 3 weglassen. Dass aber C wirklich eine Ortsangabe, näml. Maḥanaim, hatte, sieht man aus שָׁם V. 14ª. וַיֵּצֶר] von צֵר, *Ew.* 232ᶜ; *Olsh.* 243ᵇ. In der Aufzählung der Thiere fehlen die Esel, gegen V. 6 und 16; andererseits sind wie V. 16 die Kameele genannt, die V. 6 fehlen; 30, 43 sind beide aufgeführt, aber בָּקָר ausgelassen. אַחַת] das fem. ist auffallend, da sofort das masc. wieder eintritt; *Sam.* hat הָאַחַד. — V. 10—13. Aber er fühlt, dass mit dieser Klugheitsmaassregel ohne göttl. Beistand wenig gewonnen ist, darum wendet er sich betend an Gott und getröstet sich ebenso demüthig und dankbar, als glaubensvoll der vielen schon erfahrnen Hülfen, Aufmunterungen und Verheissungen Gottes. V. 10 nach 28, 13 und 31, 3. Namentlich auch *mein Vater* Abr., wie 28, 13, ist zu bemerken. — V. **11.** קָטֹנְתִּי מִן] *ich bin zu klein, gering für* (18, 14. 4, 13) alle die Gnadenerweisungen und (Verheissungs-) Treue (vgl. 24, 27. 49), derselben unwürdig. *diesen Jordan*] er war nun wieder im Jordangebiet, und sein Weg auf den Fluss hin gerichtet, die Entfernung Maḥanaim's von diesem, wie man hier sieht, auch nicht mehr sehr weit. — V. **12.** *und mich schlage, Mutter sammt Kindern*] wie Hos. 10, 14 sprichwörtliche Bezeichnung schonungsloser Grausamkeit (עַל malt die Mutter, die schützend ihre Kinder deckt, *Tuch Kn.*, vgl. auch Dt. 22, 6). — V. **13.** Die ihm gegebene (28, 14 bei C) Verheissung zahlreicher Nachkommenschaft wurde, wenn Gott ihn nicht schützte, hinfällig. Zum Ausdruck s. 22, 17 und 16, 10 bei C. — V. **14ª** gehört noch zu diesem Abschnitt des C, und folgt dazu V. 23 die urspr. Fortsetzung. — V. **14ᵇ—22** *die Vorbereitungen zur Begegnung des Esau* nach B, bei welchem auch eine Nachricht über die Ankunft des Esau vorausgesetzt wird. — V. **14ᵇ.** Er bereitet ein Geschenk für Esau. *von dem was gekommen war in seiner Hand* (35, 4) s. v. a. in seinem Besitz, d. h. von dem Besitz, den er mitgebracht hatte; so richtig die Verss. Es ist nach B eine מִנְחָה, eine Art Huldigungsgeschenk (vgl. über den Tribut der Nomaden 2 Reg. 3, 4. 2 Chr. 17, 11). Etwas anders nach C, s. V. 21. Das Geschenk ist sehr ansehnlich, zugleich in richtigem Verhältniss der wegen der Zucht und Milch nutzbareren weiblichen zu den männl. Thieren (Ij. 1, 3. 2 Chr. 17, 11; vgl. Varro r. rust. 2, 3; *Tuch*), aus sämmtl. 5 Arten des Heerdenviehs ausgewählt, im ganzen 580 Stück. חֲמִשִּׁים] 30, 35. בְּנֵיהֶם] suff. masc. wie 31, 9. — V. **17 ff.** Das ausgewählte Vieh übergibt er *Heerde Heerde* allein, d. h. heerdenweise, jede Abtheilung gesondert (*Ges.* 124 A. 1), Knechten und weist sie an, beim Ziehen zwischen den einzelnen Heerden einen freien Raum zu lassen. Der Zug soll dadurch recht lang und ansehnlich werden, die wiederholte Ankunft immer neuer Heerden soll überraschend wirken (vgl. über den Gebrauch möglichst vieler Personen und Lastthiere

zur Überbringung von Geschenken *della Valle* Reisebeschr. II. 120.
165; *Sonnini* R. II. 108; *Harmar* Beob. II. 127, *Kn.*). Zugleich gibt
er jedem einzelnen Führer auf, beim Zusammentreffen mit Esau zu
erklären, das Vieh sei ein Geschenk für ihn und Jacob folge nach.
מִצְאֲכֶם] für מָצָאֲכֶם *Ew.* 63ᵃ; Ges. 74 A. 2. [חֲרַבְּרִין] s. תֵּאמְרוּן V. 5. —
V. 21. [וְיֵעֲקֹב] + בָּא א Sam. LXX. V.ᵃ ist nach V. 18—20 überflüssig;
V.ᵇ bestimmt das Geschenk näher als *Sühngeschenk*; der V. scheint,
auch nach אוּלַי (s. zu 16, 2) und יִשָּׂא פָנָי (19, 21), von R aus C eingesetzt. *ich will bedecken sein Gesicht*] machen dass er die wider-
fahrene Beleidigung nicht sieht (20, 16). — V. 22. So zog denn das
Heerdengeschenk hin, ihm voraus, *während er selbst in selbiger Nacht
im Lager* d. h. bei seinen Leuten und Heerden *blieb*. Damit ist die
Erzählung wieder auf 14ᵃ zurückgekehrt. בְּמַחֲנֶה] *Wl.* XXI. 433 meint,
das sei hier ein n. pr. *in Mahane*, weise auf V. 3 (wo auch nur von
éinem מַחֲנֶה die Rede sei) hin, und entspreche dem urspr. Namen des
Orts מַחֲנָיִם, in welchem *âm* (aramaisirt *aïm*) eine Lokalendung darstelle.
Aber Maḥane für Maḥanaïm kommt im AT. nirgends vor; der appell.
Sinn ist hier ganz am Platz; wollte B das n. pr., so musste er, wie
V. 3, מחנם schreiben. — V. 23 f. der *Übergang über den Jabboq,*
nach C und B. Nach V. 23 nimmt Jac. Weiber und Kinder (von seiner Habe wird nichts bemerkt) und geht (selbst) mit ihnen über die
Jabboqfuhrt; nach V. 24 nimmt er Weiber und Kinder und lässt sie und
die gesammte Habe über den Fluss setzen; dass er selbst hinübergeht,
wird nicht gesagt (vielmehr bleibt er zurück V. 25, vgl. 32). Wenn
irgend wo, liegt hier ein Doppelbericht vor; durch שפחות wird 23 an
C gewiesen, und gehört also 24 dem B. Die Anfangsworte וי־קם בל־ה'
gehören vielleicht zu beiden Berichten, sicher aber zu V. 24 ff. (vgl.
27. 32). „Reisen in der Nacht ist im Morgenland gewöhnlich (*Troilo*
RB. 458, *Burckh.* Syr. 390“, *Kn.*), und V. 23 würde darnach sich
erklären, aber ein Flussübergang mit allen Heerden (V. 24) ist doch
etwas aussergewöhnliches, und hier nur darum nothwendig, weil Jacob
bei dem Ringkampf in der Nacht allein sein soll. בַּלַּיְלָה הוּא] 19, 33.
30, 16. יַבֹּק] *Sam.* היבק. אֶת־אֲשֶׁר־לֹּ] את כל אשר לו *Sam.* LXX *Pesch.*
Vulg. — Der *Jabboq*, nach Dt. 3, 16. Jos. 12, 2, wenigstens in
seinem Oberlauf, einst die Grenzscheide zwischen Ammon und dem
Amoriterreich (s. aber zu Num. 21, 24 u. Dt. 2, 37), nach dem Onom.
(u. Jahoc) inter Amman i. e. Philadelphiam et Gerasam in quarto milliario
ejus fliessend, ist der heutige W. Zerqâ, der die Landschaften ʿAǵlûn
und Belqâ trennt und in der Breite von Sikhem in den Jordan fällt
(s. die RWBücher). Er geht in tiefer Schlucht zwischen steilen Bergen
und ist ziemlich reissend. Die Furt (מעבר) war aber wahrscheinlich
(V. 11) da, wo er aus dem Gebirg schon herausgetreten ist. — V. 25
—33 *der Ringkampf Jacobs und der Name Israel*, angeschlossen an
V. 24, also nach B. V. 25. Jacob *blieb* oder *war allein zurück*, wie
es dem Herrn und Besitzer in solchen Fällen zukam, der letzte auf
dem Platze zu sein und zuzusehen, ob alles mitgekommen ist, natürlich auf dem rechten (nördl.) Ufer, gemäss dem Zusammenhang mit
V. 24. Denn der Zug geht jedenfalls von N. nach S. (gegen *Kn.*).

Esau von Seir ıer kommt dem Jacob *entgegen* (V. 7), nicıt מְאַחֲרָיו.
Dort nun am Jabboq in seiner nächtl. Einsamkeit rang mit ihm *bis
zum Heraufkommen der Morgenröthe*, also lange, *ein Mann*, anscheinend (18, 2. 19, 5) ein Mann; dass in iım ein himml. Wesen gegenwärtig sei, erkannte er erst später. וַיֵּאָבֵק] nur ıier und V. 26, in
der Bedeutung *ringen* (LXX *Pesch. Vulg.*) verwandt mit חבק oder nur
mundartig davon verscıieden. Das seltene Wort ist gewäılt, weil auf
den Namen יַבֹּק, als bedeute er *Ringfluss*, angespielt werden soll. In
der Sage war dieser Ringkampf tıeils an den Fluss, tıeils an den
Ort Peniel V. 31 angeknüpft. Beide Gestaltungen kennt der Vrf., aber
die letztere zog er vor, die erstere deutet er nur an. — V. 26. Der
Unbekannte sieıt, dass er iım nicıt gewacısen (Jud. 16, 5; 1 Sam.
17, 9) sei, ihn nicıt bewältigen könne, so stark war Jacob (29, 10)
und so tapfer ranġ er. Um von iım loszukommen, weil seine Zeit
zum Verscıwinden da ist (V. 27), *rührt er ihn an* d. ı. trifft iın auf
oder gibt iım einen Scılaġ auf die *Hüftpfanne*, die Gelenkhöhle des
Scıenkelknocıens, so dass diese beim Ringen *verrenkt*, luxirt (Iprf.
Qal von יקע) wurde. — V. 27. „Zugleicı verlangt er, dass Jacob iın
loslasse, indem die Morgenrötıe aufsteige. Die Übersinnlicıen setzen
sicı den Blicken der Sterblicıen nicıt aus. Bei Plaut. Amphitr. 1, 3,
35 sagt Jupiter: cur me tenes? tempus est: exire ex urbe priusquam
luciscat volo. Aber Jacob erkennt, dass er mit einem ıöıeren Wesen
zu tıun hat; er benutzt die Gelegenıeit zu seinem Vortheil, und ver-
weigert die Loslassung, es sei denn, dass er einen Segen erıalte"
(*Kn.*). — V. 28—30. Solcıen Segen erıält er aucı von iım. Er
nennt iım seinen Namen um in *Israel*. Die Frage nacı seinem Namen
dient blos zur Einleitung dessen. *denn gekämpft hast du mit Gott
und mit Menschen und vermocht*] d. h. obgesiegt in deinen Kämpfen
(30, 8). Das siegreicıe Kämpfen mit Gott ist eben gescıeıen. Mit
Menscıen hat er scıon viel gerungen, vor allem mit Laban (31, 26 ff.)
und Esau; der Kampf mit dem letzteren ist nocı nicıt beendet; im
Hinblick auf diesen gewinnt das נתוּכַל die Bedeutung einer Verıeissung:
mit Gott siegreicı kämpfend ıat er aucı in *dem* Kampf mit Menscıen,
der iın jetzt bewegt, den Sieg scıon so gut als errungen (vgl. 33,
1 ff.). So ist die Umnamung in Israel nicıt blos eine eırende Anerkennung, sondern selbst scıon eine werthvolle Gabe, ein Segen. Der
seltene Ausdruck שָׂרָה (s. Lex.) ist ıier (wie Hos. 12, 4) gewäılt,
wegen יִשְׂרָאֵל, und dieser Name also als *Gotteskämpfer* d. ı. Kämpfer
mit Gott, erklärt. Vielfacı wird die Bedeutung zu *Streiter Gottes* abgewandelt (zB. *Redslob* die ATlichen Namen 1846; *Tuch*; *Ges.* th.;
Ew. G.[3] I. 493; *Reuss* Gesch. AT. 52) d. ı. der für Gottes Sacıe
und mit seiner Hülfe streitet. Andere meinen *Herrscher Gottes* (*Ilg.
Gramb.*). Aber die urspr. Bedeutung wird docı (vgl. יְשִׂמְאֵל u. a.)
sein *El herrscht* (*Kn.*) oder *El streitet*. — V. 30. Jacob möcıte nun
woıl wissen, wie dieser Gegner sicı nennt, aber er bekommt seinen
Namen nicıt zu ıören (vgl. Jud. 13, 17); es muss iım genügen, dass
er siegreicı mit iım gerungen und seinen Segen davon getragen ıat,
und der weitere Erfolg die Wirklicıkeit dieses Segens erweisen wird.

Mit *Gott* hat nach V. 29. 31 Jacob gerungen. Da Gott in seinem
Engel sich vergegenwärtigt, und Gott und sein Engel immer so wechseln (vgl. 16, 10 ff. 21, 17 f. 22, 15 f. 31, 11 ff. 48, 15 f., und wie
Hos. 12, 4 f., der sonst den Vorgang etwas abweichend darstellt, sowohl אֱלֹהִים als מַלְאָךְ dafür setzt), so hätte der Vrf. auch den Engel
hier nennen können; er hat es vermieden; es kam ihm etwas darauf
an, dass Jacob mit Gott gerungen hat. Verherrlicht wird durch diese
an den Namen Israel angeschlossene Sage des Volks nicht blos die
physische Stärke seines Heldenahnen, obgleich diese sicherlich auch,
und sein tapferer Muth, der vor nichts zurückbebt, sondern noch mehr
der Schwung seines Geistes und die Kraft seines Glaubens, welcher
das Höchste erstrebt und Gott selbst nicht mehr loslässt, bis er ihn
segnet. Mit Gott ringt man überhaupt nur, um ihm Gnade und Güter
abzuringen. Und das zu thun ist am Ende die Bestimmung aller Menschen, zumeist aber Israels. Es ist der rechte Israelsinn, der hier verherrlicht und dem Volke wie in einem Spiegel gezeigt wird (Hos. 12,
4 f.). Durch den Zusammenhang aber, in den sie verflochten ist, bekommt die Geschichte noch eine besondere Bedeutung. Jacob hat eine
Schuld auf sich; nur um ihretwillen hat er den Bruder so sehr zu
fürchten und findet er jetzt einen Gegner an Gott, der ihm entgegentritt. Lange muss er mit ihm kämpfen. Aber nachdem er ihm die
Gnade abgerungen hat, ist auch die Gefahr, die vom Bruder droht, geschwunden. Alles gestaltet sich freundlich 33, 4 ff. Darauf weist auch
das נָעִם־אֲנָשִׁים hin (s. oben). Der Kampf ist so zugleich der Schluss
seiner Läuterungen. Nun erst ist er aus einem Jacob ein Israel geworden. Dass das Ringen mit Gott im Sinne der Sage ein leibliches
und äusseres gewesen sein soll, ist unläugbar und wird zum Überfluss durch das Hinken Jacob's V. 32 bestätigt. Nur Misverstand konnte
„das Erzählte für einen blos innerlichen Vorgang erklären, sei dies
nun ein lebhaftes Traumgesicht (*Gerson.*, *JDMich. Hensl. Eichh. Gabler* Urgesch. II, 2 S. 53 f.; *Ziegler* in Henke N. Mag. II. 35) oder ein
heftiges Ringen im Gebet gewesen (*Herder* Geist d. hbr. Poes. I. 265 f.;
Hengst. Gesch. Bileam's 51)“, *Kn.* An solche alte Sagen hat man
nicht den Maassstab von Joh. 4, 24 anzulegen. Ebenso sicher aber
ist, dass wie Hosea so auch der Vrf. aus dem Munde dieser Volkssage
geistige Wahrheiten heraushörte. Sonst s. *Umbreit* in Stud. u. Krit.
1848 S. 113 ff. und *Ew.* G.³ I. 512 ff.; ebenda S. 513 und *Win.*³ I.
523 die Parallelen aus dem übrigen Alterthum. Dem Texte zuwider
ist die Deutung des אִישׁ auf den Schutzgott des Landes Kenaan, welcher dem Jacob seinen Eintritt in dasselbe streitig machen wollte (*Stu-
der* in JB. f. Prt. Theol. 1875 S. 536 ff., welcher dann übrigens die
ganze Sage aus einem urspr. kenaanäischen Tempelmythus von Peniel
über den Kampf der Sonne mit dem Dämon des Winters umgestaltet
erachtet, wie *Popper* 369 ff.; s. darüber oben S. 216). — V. 31.
וַיִּקְרָא וגו׳] wie 28, 19. 32, 3; anders 33, 17. Jacob nennt den Ort
des Kampfes פְּנִיאֵל *Gesicht Gottes* (wofür פְּנוּאֵל V. 32 u. s.), „weil er
Gott *von Angesicht zu Angesicht* (Ex. 33, 11. Dt. 34, 10) gesehen
habe, ohne um's Leben gekommen zu sein (s. zu 16, 13). Der Name

ist als Ortsbezeicınung etwas sonderbar. İndess muss das phönik.
Vorgebirg Θεοῦ πρόςωπον (Strab. 16, 2, 15 f.) im Phönikischen ebenso
oder äınlicı geıeissen ıaben" (Kn.). Über die Lage von Peniel feılt
alle Überlieferung; was sicı aus dem Texte ergibt, s. zu V. 25. Es
wird nur nocı Jud. 8, 8 ff. 1 Reg. 12, 25 erwäınt. Dass es als ein
ıl. Ort galt, versteıt sicı aus seinem Namen und aus dieser Erzäılung.
— V. 32. Als Jac., den Seinigen nacıgeıend, an Peniel vorüber war,
gieng die Sonne auf. Er ıatte aber vom Kampf eine bleibende Folge,
war *hinkend an seiner Hüfte*, „als ıätte sicı das Ungerade, früıer
am Geiste des „Listigen" ıaftend, nun blos äusserlicı auf den Körper
geworfen" (*Ew.* G.³ I. 513). — V. 33 woıl von R (s. 10, 9; 19,
37 f. 26, 33). Die Gewoınıeit der Isr., bei gescılacıteten Thieren
den Hüftnerv nicıt zu essen, schreibt sicı daıer. Durcı die göttl.
Berührung galt er als geıeiligt. Das AT. erwäınt diese Gewoınıeit
sonst nirgends; M. Chullin 7 macıt sie zur Vorscırift. Über גִּיד הַנָּשֶׁה
Hüftmuskel-Seıne oder -Strang s. *Ges.* tı. 921. Es ist der nervus
ischidiacus, welcıer auf der Hüfte am dicksten ist. Wer an ihm leidet,
ıinkt (*Kn.*). — Cap. 33, 1—16 *die freundl. Gestaltung des Zusam-*
mentreffens, meist nacı C. — V. 1—4. Auf dem andern Jabboqufer
mit Weibern und Kindern angekommen (32, 23), sieıt er den Bruder
mit seinen 400 (32, 7) ıeranzieıen. Er entscıliesst sicı, iım entgegen zu geıen, und vertheilt (32, 8) die *Weiber und Kinder* (von
einer Theilung des Lagers in 3 Tıeile, *Wl.* XXI. 435, steıt nicıts da)
an iıre Mütter, in 3 Abtheilungen (aus demselben Grund wie 32, 9),
stellt die minder geliebten voran, die geliebteren ıintenıin; er selbst
scıreitet voran, und naıt unter siebenmaliger Niederwerfung dem Bruder, also mit äusserster Unterwürfigkeit, wie sie nur Furcıt und Klug-
ıeit ıervorbringen konnten. — V. 4. Aber Esau eilt ıerzlicı dem
Bruder entgegen (s. 18, 2), umarmt iın, fällt iım an den Hals und
küsst iın; beide weinen vor Freude des Wiederseıens. ויפל על צוּ]
ıinter ויהבקהו beweist Zusammenarbeitung zweier Referate; da ferner
auf *um den Hals fallen* in 45, 14. 46, 29 sofort das *Weinen* folgt,
so wird das überpunktirte (16, 5. 18, 9. 19, 33. 37, 12) וישקהו allerdings unächt sein ₍fehlt in AEcmtz LXX in *Lagarde's* Gen.₎. Haben
aber R und Spätere ıier eingegriffen, so steıt der Scıluss aus dieser
Stelle (*Wl.* XXI. 435), dass B נשק und חבק mit ל (29, 13. 31, 28.
32, 1), C mit Acc. construire, auf scıwacıen Füssen. — Die Juden
freilicı dacıten über וישקיהו anders. „Aus Beresch. R. u. Qimhi ergibt sicı, dass scıon in alter Zeit mancıe an וַיִּשָּׁכֵהוּ *und er biss ihn*
dacıten; und *TgJon.* erklärt das Weinen bei Jac. von Halsscımerz,
bei Esau von Zaınscımerz" (*Kn.*). — V. 5—7. Hierauf naıen die
Weiber und Kinder Jacob's und begrüssen Esau ebenfalls unter Nieder-
werfungen. Mindestens 5ᵇ aus B wegen אֱלֹהִים. חָנַן] wie 11, ıier c.
dupl. Acc. *einen mit etwas begnadigen* (*Ges.* 139, 2). הֵנָּה] nicıt *hie-*
her (*Del.*), so wenig als 21, 29, sondern pron. pers. (*Ew.* 339ᵇ), s.
13, 1. 14, 15 u. s. — V. 8—11. Das Gescıenk an Vieı nimmt Esau
erst auf des Bruders inständiges Bitten an. Die 5 Heerden (32, 14
—22) ıaben Esau scıon früıer getroffen, und iıren Auftrag ausge-

richtet:＿sie warten jetzt vereint, daier מַחֲנֶה *Lager* oder *Heer* (LXX
aber αὗται αἱ παρεμβολαί). Esau fragt nacι iιrem Zweck: *wer* (nicιt:
was? weil er die Personen in den Vordergrund rücken will, *Ew.*
325ª) *dir dieses ganze Heer?* was willst du damit? aber „Jacob in
widriger Demutι wagt gar nicιt, die docι seιr beträcιtlicιe Gabe als
Gescιenk zu bezeicιnen, sondern sagt nur *um Gnade zu finden* (32,
6), gütig von dir beιandelt zu werden" (*Kn.*). — V. 10. Weiter
bittet er, das Gescιenk anzuneιmen, weil er nun einmal das Glück
geιabt ιabe, sein Angesicιt zu seιen d. ι. von iιm nicιt abgewiesen,
sondern zugelassen zu werden, und er ihn woιlwollend aufnaιm (falscι
LXX *Vulg.*: וְתִרְצֵנִי), vgl. Ij. 33, 26; durcι Annaιme des Gescιenks
soll er die bewiesene Huld fortsetzen. *wie man das Angesicht Gottes*
(oder besser: eines ιimmliscιen Wesens 1 Sam. 29, 9) *sieht* d. ι. so
freundlicι, denn nur denen, denen sie gnädig sind, zeigen sicι die
Himmliscιen; es ist göttl. Freundlicιkeit, mit der er iιm entgegenkam.
Fein und woιl ricιtig bemerkt *Wl.* XXI. 435, dass darin eine von der
in 32, 31 verscιiedene Erklärung *Peniel's* liege. Nur ist diese wie
V. 10 überιaupt nicιt von B, sondern von C, denn אִם נָא מצ' וג' s. zu
18, 3 und כִּי־עַל־כֵּן s. 18, 5. 19, 8 sind die Pιrasen des C, ebenso
רָאָה פְנֵי 32, 21; ιmd für אֱלֹהִים konnte ιier nicιt Jaιve gesagt werden,
weil ein Engelwesen gemeint ist. Beiden Wendungen der Sage liegt
zu Grund, dass man in Peniel den unfreundl. Gott als freundlicιen er-
fäιrt; dass in der Ursage von Peniel Esau selbst (etwa ιι wilde Jäger)
dieser Gott war, folgt nocι nicιt (s. oben S. 314). כִּרְאֹת פְּנֵי וג'] Inf.
oιne Subj., *Ew.* 304ª. — V. 11ª Doublette aus B. בִּרְכָה] *Segen,*
„ιier das Gescιenk, welcιes die in Segenswünscιen besteιende Begrüssung begleitete (1 Sam. 25, 27. 30, 26). Im Mittelalter hiessen
die Gescιenke der Kleriker benedictiones" (*Kn.*). הֻבָאת] *Ges.* 74 A. 1;
LXX vokalisiren הֵבֵאתִ. חָנַּנִי] V. 5. וְכִי] *und weil* Jos. 7, 15. Jud.
6, 30. 1 Sam. 19, 4. Jes. 65, 16. *ich habe alles*] bin reicι genug.
פצ־] 19, 3. 9 bei C. — V. 12 f. Esau erbietet sicι, auf der weiteren
Reise, *vor ihm her,* so dass Jacob iιn im Gesicιt ιätte, zu zιeιen
(nicιt ἐπ' εὐθεῖαν LXX), zu seinem Scιutz, aber obwoιl Esau durcι
Annaιme des Gescιenkes ein Unterpfand des Friedens gegeben hat
(21, 30), leιnt Jac., immer nocι iιn Herr anredend, seine Begleitung
ab, woιl nicιt aus blossem Mistrauen (*Tuch Kn.*), sondern weil er
iιm gegenüber keine Verpflicιtungen ιaben, vielmehr seine Selbständigkeit waιren will (*Del.*). Als Grund gιbt er die Rücksicιt auf seine
nocι zarten Kinder an, aucι *sei das ιhm obliegende Klein- und
Rindvieh säugend* d. ι. scιliesse viele säugende Tιiere (Jes. 40, 11)
ein, welcιe stürben, wenn man sie nur einen Tag ιeftig triebe. עָלֹות]
über das suff. masc. s. 26,15; über die 3 p. Pl. *Ew.* 357ᵇ; aber
ודפקתים in *Sam.* LXX *Pesch.* — V. 14. Er wolle weiter treiben *nach*
(לְ der Norm, wie Jes. 11, 3. 32, 1) seiner, iιm zukommenden, *Ge-
mächlichkeit,* d. ι. langsam, *und nach dem Fuss* der Heerden und
Kinder d. ι. nacι dem, was diese im Geιen leisten können. מְלָאכָה]
2, 2 f. *Werk,* ιier *Sachen, Habe* und wie מִקְנֶה speciell vom Vieι,
vgl. Ex. 22, 7. 10. 1 Sam. 15, 9. Scιliesslicι stellt er iιm in Aus-

sicht, zu i1m nac1 Seir zu kommen; ob er das blos vorgibt, oder
dort Esau zur Erwiederung des freundl. Empfanges besuc1en wollte,
lässt Vrf. nic1t merken (*Kn.*) — V. 15 f. Esau bietet i1m einen T1eil
seiner Mannsc1aft zum Geleite an; auc1 dies le1nt Jacob ab und Esau
kehrt nac1 Seir zurück. רְשָׂ֑ה] 30, 38. 43, 9. 47, 2. — V. 17. Jacob
aber zie1t weiter nac1 Sukkoth, baut sic1 dort ein Haus (s. 27, 15)
und mac1t für das Vie1 *Hütlen*; da1er 1at der Ort seinen Namen.
Sukkoth lag auf der Ostseite des Jordan (Jos. 13, 27. Jud. 8, 5),
in einer Thalebene (Ps. 60, 8), westlic1er als Penuel (weil Gideon in
östl. Ric1tung die Midianiter verfolgend von Sukkot1 nac1 Penuel *hin-
aufzog*, Jud. 8, 8). Zwar gibt es jetzt auf der Westseite des Jordan,
südl. von Bethšeân, auc1 ein *Sâkút* (*Burckh.* Syr. 395; *Lynch* 133;
Rob. NBF. 406 ff.; *vd Velde* Reise II. 301 ff.); ob dieses westjor-
danisc1e in 1 Reg. 7, 46 (vgl. 4, 12) gemeint sei, ist fraglic1; es
wären in diesem Fall 2 Sukkot1 anzune1men (*Ritter* XV. 446 f.; *Kn.*,
Ew. G.³ II. 546). Aber an dieses, weil ganz ausser der Marsc1ric1tung
liegend, kann 1ier nic1t gedac1t werden. Hier passt nur das östl.
Sukkot1 (*BJub.* c. 29). Nur muss es nic1t trans Jordanem in parte
Scythopoleos (*Hier.* qu.) oder in der Thalweitung von Abu Obeida
(*Kn.*), also nördl. vom Jabboq, aber auc1 nic1t so südl. wie zwisc1en
W. Nimrin und W. Mo\u011fib (*Arnold* in Herz. RE. XIV. 764; *Del.*),
sondern südl. vom Jabboq in der Nä1e der Furt1 von Dâmie, an der
Strasse von es-Salṭ nac1 Nabulûs (*Lynch* 150) gesetzt werden (*Köhl.*
Ge. I. 147; *Ke.*). Über neuere Ver1andlungen zwisc1en *Merrill* und
Paine betreffend die Ortslagen von Penuel und Sukkot1 s. ZDPV. I.
44. III. 80. — Immer1in ist der Aufent1alt in Sukkot1 nur eine
Zwisc1enstation auf der Heimreise, zunäc1st nac1 Bet1el (31, 30. 28,
21 f. 35, 1 ff.); eine längere Dauer für denselben anzune1men war
nöthig, weil Cp. 34 die kleinen Kinder sc1on erwac1sen sind. Der
V. gehört wa1rsc1einlic1 noc1 zur Quelle C (*Haus*); für i1n oder R
zeugt ausserdem עַל־פֶּ֑ן (anders als 32, 3 u. 31) vgl. 11, 9. 16, 14.
19, 22. 25, 30. 50, 11.

2. Jacob bei Sikhem und die Entehrung der Dina, Cap. 33, 18—34, 31; nach R nach B, A und C.

Jacob langt in Sikhem an und zeltet bei der Stadt, erwirbt auc1
ein Feldstück dort. Wä1rend seines Aufent1alts daselbst wird seine
Toc1ter Dina von Sikhem, dem So1n des Landesfürsten Ḥamor, ent-
e1rt. Sikhems E1e mit Di1a und den Vorsc1lag gegenseitiger Verschwägerung beider Stämme bewilligen die erzürnten Jacobsöhne unter
der Bedingung der Anna1me der Besc1neidung durc1 die Sikhemiten.
Diese lassen sic1 besc1neiden. Aber wä1rend des Wund1iebers derselben überfallen Simeon und Levi die Stadt, und bringen die Männer
um; die Jacobsöhne rauben die Stadt aus, zur Rac1e für die beleidigte
E1re i1res Stammes. Jacob misbilligt die T1at. — Es ist das die
erste Not1, in welc1e der Patriarc1 durc1 seine Söhne gebrac1t wird,
und ge1örte insofern me1r in die Cp. 37 beginnenden Toledoth Jacob's.

Aber sie muss schon in der einen oder andern der Quellen des R in die Zeit seines Aufenthalts bei Sikhem während seiner Rückwanderung gesetzt gewesen sein. — Der feindl. Zusammenstoss mit den Sikhemiten war in den Stammessagen viel erzählt. Schon die alten Jacobsprüche 49, 5—7 erwähnen Simeon's und Levi's That (aber etwas abweichend von Cp. 34). In dem Jacobsegen 48, 22 bei B heisst es, dass Jac. mit seinem Schwert und Bogen den Amoräern Sikhem abgenommen habe. Auch die Erzählung hier in Cp. 34 birgt unverkennbar zweierlei Referate darüber in sich. Schon der Übergang dazu 33, 18—20 (der Anfang des Cp. 35 fortgesetzten Reiseberichts) ist aus 2—3 Quellen zusammengesetzt: in 18 (s. d.) sind deutlich Reste von A, V. 19 f. erkennt man B, zugleich aber 18ᵇ und 20 auch Spuren des C. In Cp. 34 (welches *Ilg.* von B, *Ew. Del.* von A, *Kn.* von A und C, *Hupf. Schr. Böhm. Kay.* von C, *Wl. Kuen.* von C und einem späten Bearbeiter ableiten) ist zunächst 27—29 (s. d.) ein lose eingeschalteter Zusatz. In dem übrigen Bericht zeigt sich eine Doppelheit deutlich darin, dass V. 4. 6. 8—10 der Vater Ḥamor für den Sohn die Unterhandlung um Dina bei Jacob führt, 15 (14)—17 einen Bescheid erhält und 20—24 diesen ordnungsmässig der Bürgerversammlung seiner Stadt zur Genehmigung vorlegt, dagegen 11 f. Sikhem selbst bei Vater und Brüdern der Dina wirbt und, nach erhaltener Antwort, V. 19 den aufgelegten Bedingungen sich sofort unterzieht; dass ferner nach der ersten Reihe V. 17 Dina noch in der Hand der Jacobfamilie, nach der zweiten aber V. 26 schon in der Stadt in der Gewalt Sikhems sich befindet, und demgemäss 2ᵇ (über die Entführung und Vergewaltigung) zu dieser Reihe gehören muss. Mit diesem 2ᵇ gesetzten Anlass hängen aber alle die Aussagen über die Entrüstung und Tücke der Brüder der Dina 5. 7. 13. 31 zusammen. Mit diesen sachl. Merkmalen der 2 Referate stimmen die sprachlichen vollkommen überein. In der ersten Reihe finden sich נָשִׂיא 2, חָשַׁק 8 (gegen דָּבַק 3), נֹאחֲזוּ 10, הִמּוֹל לָכֶם כָּל־זָכָר 15. 22, כָּל־זָכָר 24, שָׁמֵעַ אֶל 17. 24, קִנְיָן und בְּהֵמָה 23, אַךְ 15. 22, כָּל־יֹצְאֵי שַׁעַר עִיר 24 u. a., bekanntlich lauter Kennzeichen des A, zu welchem auch die Umständlichkeit der Darstellung (zB. V. 1), der hier auf die Beschneidung gelegte Werth und die Ähnlichkeit der Verhandlungen in der Volksgemeinde mit Cp. 23 vollkommen stimmt. In der zweiten Reihe erscheint דָּבַק 3, נַעַר 3. 12. 19 (gegen יֶלֶד 4), הִתְעַצֵּב und חָרָה לוֹ und עֶשֶׂה כֵן לֹא 7, מָצָא חֵן בְּ 11, לְפִי חֶרֶב 26, צָבַר 30, was alles zum Sprachgebrauch des C gehört. Demgemäss ist ohne Bedenken 1ᵃ. 2ᵃ. 4. 6. 8—10. 15 (14)—17. 20—24 dem A zuzuschreiben: nach ihm begehrt Ḥamor für Sikh. die Dina zur Ehe (d. h. die Verschmelzung eines Bruchtheiles des Jacobhauses mit Sikhem, s. *Ew. G.*³ I. 541 f.) und lässt sich die Bürgerschaft sogar hierbei, sich der Beschneidung zu unterwerfen, nur um das Jacobhaus bei sich festzuhalten (vgl. dazu die Bemühungen Abimelekh's um die Freundschaft des Abr. und Isa. bei B und C, Cp. 21. 26); den Ausgang der Sache nach A kennt man nicht, da V. 25 f. 30 f. zu C gehören, (s. auch zu 35, 5) u. 25ᵇ vom Harmonisten stammen kann. Nach dem Referat des C dagegen, zu dem in der Hauptsache 2ᵇ. 3. 5. 7. 11—

13 (14). 19. 25*. 26. 30 f. gehören, hat der angesehenste Mann von Sikhem (19) die Dina entführt und entehrt, aber da seine Liebe zu ihr wuchs, sie von Jacob und seinen Söhnen zur Ehe begehrt, und sich zu jeder Leistung erboten; aber die Brüder, erbost über die ihrer Schwester angethane Schande, stellten heimtückisch die Bedingung der Beschneidung Sikhem's (19), die dieser auch leistete (ob auch der andern Bürger? steht darin); Simeon u. Levi aber mordeten dann ihn (u. die andern Sikhemiten) während des Wundfiebers und nahmen die Dina fort; der Vater aber tadelte sie hart wegen der schlimmen Folgen der That. Bei der Zuammenarbeitung der beiden Berichte musste natürlich R eingreifen, also zB. V. 13 f. 18, wo Ham. und Sikh., Jac. und Jacobs Söhne zusammengefasst werden, oder V. 25 (wo die Beschneidung der Bürgerschaft nach A vorausgesetzt ist). Ferner hat er (s. oben) V. 27—29 eingeschaltet, und da hier (27) אשר טמא אחותם so nachdrücklich beigesetzt ist, so wird auch 13^b und טמא in 5, vielleicht auch 14^b auf ihn zurückzuführen sein, und verrathen solche stärkere Ausdrücke auch seinen späteren Standpunkt. Für A und C als Hauptreferenten aber spricht auch, dass dieselben unmittelbar vorher 33, 18 ff. am Wort waren. So weit kommt man mit der reinen Analyse. Gegen das Ergebniss erheben *Wl.* XXI. 435 ff. und *Kuenen* in Th. T. XIV. 256—281 Einsprache. Einerseits A könne als Vrf. nicht in Betracht kommen, weil bei ihm sonst alles ordentlich und friedlich zugehe (*Kue.* 277) und er die Beschneidung nicht zum Mittel des Betrugs machen könne (*Hupf.* 186). Aber auf das oben dem A zugewiesene passt das gar nicht, und im Gegentheil kommt es dem A zu, die rechtl. Frage, wie bei der Hinausgabe einer Tochter an Fremde zu verfahren sei, zu behandeln. Die Annahme, dass einer aus der Schule des A die jetzige Erzälung zurechtgemacht habe (*Kue.*), würde eine raffinirte Absichtlichkeit in Nachahmung der Sprache und des Stils des A vorausetzten, von der man weder Zweck noch Möglichkeit einsieht. Ohnedem liegt ja (s. oben) gar nicht blos Überarbeitung eines Berichtes, sondern Zusammenarbeitung einer Doppelerzählung vor. Andererseits indem aus dem Referat des C alles, was von der Beschneidung darin steht, (nam. 13 f. und der Anfang von 25) ausgeschieden und dem R zuerkannt wird, soll als Bericht des C nur gelten, dass Sikh., ein Privatmann, die Dina ent- und verführt, darnach ihre Angehörigen um nachträgl. Sanction gebeten, den von ihnen geforderten Kaufpreis (nicht die Beschneidung) geleistet, dann aber, als alles abgemacht, Simeon und Levi ihn in seinem Haus erschlagen und die Schwester geholt haben, zu grossem Unwillen Jacobs (*Wl.* 437). Von der Beschneidung, als Bedingung der Aufnahme in die Gemeinde könne ja (s. oben S. 254) erst nach dem Exil die Rede sein (*Kuen.* 276; *Wl.* G. I. 365). Aber wenn demnach V. 5. 7. 13 dem C ab-, und einem R aus der Schule des A zugesprochen wird, wie kommt es dann, dass er hier nicht die Sprache des A, sondern des C schreibt? Hält man es für möglich, dass (nicht in Wirklichkeit, sondern) in der Nationalsage, die C schriftlich machte, die andern Brüder (ausser Sim. und L.) und Jacob sich mit Kaufpreis oder Geldbusse zu-

frieden gegeben hätten? Wie legt man sich einen solchen Privatmeu-
chelmord ohne folg. Blutrache und Gegenwehr der *Sikhemiten* zurecht?
wie stimmte diese einfache Mordthat an einem Mann zu den in den
ältesten Quellen (48, 22. 49, 6 f.) vorausgesetzten Gestaltungen der
Sage? Wenigstens die Hinmordung der Sikhemiten wird man stehen
lassen müssen (auch nach C, denn V. 30 fürchtet Jac. nicht die Rache
der Sikhemiten, sondern der Landesbewohner); die Möglichkeit derselben erklärt sich aus 25ᵃᵃ gut, (andere Erklärungen sind nicht angedeutet); alles weitere ergibt sich dann von selbst. Wer die Behauptung von der Gleichgültigkeit der Beschneidung in der vorexil. Zeit
nicht anerkennt, hat keinen Grund, als Inhalt der Erzählung des C
etwas anderes zu fingiren, als der vorliegende Text aussagt. — In O.²
I. 316 will *Kuen* jetzt, ohne zu entscheiden, ob schon im urspr. Bericht die Beschneidung Sikhem's zur Bedingung gemacht war, V. 1*.
2*. 4—6. 8—10. 13*. 14*. 15—17. 20—24. 25*. 27—29 dem R
d. h. einem der jüngsten Diaskeuasten des Hexat. zuschreiben.

      Cap. 33, 18. Jacob's Ankunft in Sikhem. Nach כ' בא אשר (s. 11,
31) und א' מכ בבאו (s. 25, 20) wenigstens Vᵃ sicher von A, ohne
Anknüpfung an V. 17; V.ᵇ wohl aus C. *Stadt Sikhem's*] vgl. V. 19
und 34, 2. שָׁלֵם] wofür im *Sam.* שלום wie 43, 27, ist nicht n. pr.
Sikhem's oder eines Ortes bei Sikhem (LXX, *BJub.*, *Pesch. Vulg. Luth.
Merc.*, vgl. die Onom. s. Salem und *Σαλήμ*), da zwar jetzt ein Dorf
Sâlim östl. von Nabulus sich findet (*Rob.* III. 314. 322. 336), aber
das AT. ein solches nirgends erwähnt, sondern bedeutet *unversehrt*,
wohlbehalten, s. v. a. בְּשָׁלוֹם 28, 21, und ist möglicherweise, als Rückbeziehung darauf, von R hinzugesetzt. (Sonderbare Vermuthungen darüber bei *Geig.* Urschr. 75). וַיְחַן] 26, 17. Hier, wo einst schon Abr.
sich aufgehalten (12, 6), lagert er *vor* (19, 13. Lev. 4, 6) der Stadt;
hinein gieng er nicht. In der Ebene östl. von Sikhem zeigte man
später den Jacobsbrunnen. — V. 19. Er erwirbt durch Kauf das Feldstück, wo er sein Zelt aufgeschlagen hat (wiederholt Jos. 24, 32).
Auch in der Folge hat er bei Sikhem einen Viehstand (37, 12 f.). Die
Bene Ḥamôr waren das in und um Sikhem angesessene Geschlecht
(Jud. 9, 28), demnach Hamor Vater von Sikhem und Fürst der dortigen Gegend (34, 2); ebenso ist 34, 2 ff. Sikhem selbst wieder als
Herr von Sikhem aufgefasst (vgl. zu 14, 13 und 23, 20). Ganz richtig
kauft Jac. das Feld von den חֲמוֹר בְּנֵי; LXX lassen בְּנֵי aus, um mit
34, 1 ff. zu conformiren. קְשִׂיטָה] nur noch Jos. 24, 32 und Ij. 42,
11 (von hier wiederholt), eig. vielleicht *Dargewogenes* (*Ges.* th.) oder
Normirtes, νόμισμα (قسط שקט), jedenfalls ein Geldstück; ob aber
gleich mit שקל oder grösser? ist nicht zu entscheiden. Mit kopt. ⲥⲕⲓⲧⲉ,
ⲕⲓⲧⲉ d. h. alex. Drachme, Doppeldrachme (*EMeier* bhr. WWB. 394)
hat es nichts zu thun. Eine alte Tradition (LXX *Vulg. Onk.*, Juden)
nimmt es als *Lamm*, ohne dass man wüsste, warum? (s. auch *Madden*
Jew. Coinage 1864 p. 6). — Der Ankauf von Grund und Boden bei
Sikhem entspricht dem nach A in Cp. 23, und hat ähnl. Sinn: Joseph's
Gebeine sollen dort begraben worden sein Jos. 24, 32. Allem nach
war das nordisraelit. Überlieferung, und wird darum der V. von B

abzuleiten sein (*Kuen.* XIV. 269, wäirend *Wl.* XXI. 438 iın dem C
zuweist); V. 20 (von B) setzt iın voraus (wenn V. 18 von A und nicıt
von B stammt), und ein Widerspruci mit 48, 22 existirt nicıt; in
35, 4 ist bei B ein Aufentıalt Jacobs bei Sikhem vorausgesetzt. Nur
אַב־שְׁכֶם wird von R zugesetzt sein mit Rücksicıt auf Cp. 34. — V. 20.
וַיִּצֶב] mie sonst mit Obj. מִזבֵּח, woıl aber mit Obj. מַצֵּבָה (35, 14. 20),
daıer entweder מזבח und לֹו für לה eine Correctur (*Wl.*), oder ursprüngliches ויצב מצבה des B und וַיִבֶן מזבח des C von R verscımolzen.
Er nennt den Altar (Malstein) *Gott, der Gott Israels*, letzteres nicıt
Praed. zu אל (*Kn.*), sondern Appos., vgl. zu 17, 1 u. 14, 18; Israel
für Jacob scıon mit Bezieıung auf 32, 29. Der Altar füırt den Namen des Gottes, dem er gewidmet ist (35, 7. Ex. 17, 15); das ist
kurze Rede für: Altar des Gottes u. s. w. Die LXX falscı: אל für
אֶל לֹ. — Cap. 34, 1. Dina (30, 21) geıt einst aus, aus dem Lager
(33, 18), um *anzusehen* (Jud. 16, 27. Cant. 6, 11) die Töcıter des
Landes d. h. sicı unter iınen umzuseıen und mit iınen Bekanntscıaft
zu macıen. Zu dem weitläufigen *Tochter der L., welche sie dem. J.
gebar*, vgl. 16, 15 f. 25, 12 bei A. *Töchter des Landes*] 27, 46.
Die *Dina* wird ıier als mannbar vorausgesetzt. Nacı B (vgl. 31, 41
mit 30, 21) könnte sie das sogleicı oder ziemlicı bald nacı der Ankunft bei Sikı. (was docı woıl vorausgesetzt wird) nocı nicıt sein,
aber B hat aucı die folg. Gescıicıte nicıt erzäılt. Dagegen nacı C
(R), der 33, 17 den langen Aufentıalt in Sukkotı dazwiscıen scıiebt,
ıat die Sacıe keine Scıwierigkeit. (Nacı BJub. c. 29 f. ıält sicı Jac.
in Sukkotı auf, weidet dann nacı dem Jordanübergang 7 Jaıre zwiscıen dem todten Meer und Bethšean, bis er nacı Salem (Sikhem)
kommt; Dina aber war bei der Verfüırung 12 Jaıre alt). — V. 2ᵃ
sicıer nacı A, wegen וַיַּשׁ־אֵ (17, 20. 23, 6. 25, 16). Bei iım (und
bei C?) ist Sikhem Soın des Landesfürsten Ḥamôr (vgl. 33, 19) und
sind die Bene Ḥamôr (abweicıend von 48, 22 bei B) *Hivviter*
(10, 17), wie er 23, 3 die Bewoıner von Ḥebron als Hettiter bestimmt. הָאָרֶץ] so von kleineren Gebieten aucı 22, 2. 35, 22 u. ö. —
V.ᵇ nacı C: *er nahm* d. ı. entfüırte sie (vgl. 26, wornach sie in
Sikhem ist; anders 17) und scıwäcıte sie (Dt. 22, 24. Jud. 19, 24 u. ö.).
„Solcıes Verfaıren war nacı 12, 15. 20, 2. 26, 10 damals nicıt un-
gewöınlicı" (*Kn.*). אֹתָהּ] die Mass. wollen den Acc. (*eine bcschlafen*),
wie Lev. 15, 18. 24. Num. 5, 13. 19. 2 Sam. 13, 14 (vgl. Qeri Dt.
28, 30); ob mit Recıt? ist fraglicı, da es dort nie אותה gescırieben,
also aucı אָתָהּ zulässig ist (vgl. nocı V. 7. 26, 10. 35, 22 und עם
19, 32 f.· 35. 30, 15 f. 39, 7. 12. 14). — V. 3. An die Gewaltthat
scıliesst sicı Liebe zu der Gescıwächten. וַתִּדְבַּק] 2, 24 bei C. וַיֶּ]
wie V. 12. 24, 14. 16. 28. 55. 57 bei C. *redete an das Herz* derselben d. ı. redete iır zu Herzen, sucıte sie mit seiner Liebe und
mit der Zukunft über das Gescıeıene zu beruıigen (*Kn.*), vgl. 50, 21.
Hos. 2, 16. Übrigens wäre möglicı, dass aucı A etwas dem Vᵃ.
entsprecıendes, etwa וַתֵּחֱשַׁק נַפְשׁוֹ (vgl. V. 8), ıatte. — V. 4 jedenfalls von A, wegen יַלְדָּה (gegen נער) und weil bei C Sikhem vielmeır
selbst um Dina wirbt (V. 11). Sikı. bittet den Vater, sie iım zum

Weibe zu neimen (was ein Gescıäft der Eltern 21, 21 war). Nacı
V. 2ᵇ u. 3 erwartet man das Ansinnen an den Vater, er solle den
Raub bei Jacob entscıuldigen u. s. w., statt dessen werden die Eıe-
verıandlungen so eingeleitet, wie wenn nocı alles intakt und das Mäd-
cıen nocı bei den Eltern wäre, und wird vom Vorgefallenen kein
Wort erwäınt. Hier scıimmert die Doppelıeit des Bericıts deutlicı
durcı. — V. 5 bängt mit 2ᵇ. 3 zusammen. Jacob ıatte die Sacıe
woıl erfaıren, aber *geschwiegen* d. ı. sicı ruıig verıalten (2 Sam. 19,
11), keine Recıenscıaft gefordert, weil die Söıne bei den Heerden
abwesend waren und er iıre Rückkunft erwarten wollte. Dadurcı
soll erklärt werden, wie es kam, dass das mit Dina (V. 2 f.) Vorge-
fallene nicıt sofort entsprecıende Scıritte Jacobs und seiner Söıne
nacı sicı zog. Zugleicı wird auf die ıervorragende Thätigkeit der
Söıne Jacob's in dieser Sacıe, die iınen als Brüdern zukam (24, 50),
hinübergeleitet. אמֵטָ] *entehrt, geschändet* (Ez. 18, 6 ff. 33, 26), wie
V. 13. 27, vgl. 31. הֶחֱרִישׁ] 24, 21. Ex. 14, 14. — V. 6 Fortsetzung
zu 4 nacı A. — V. 7 Fortsetzung zu 5, nacı C. Bis Ḥamor ıeraus-
kam, waren die Söıne auf die Kunde von der Sacıe nacı Haus gekommen, voll Entrüstung, *denn eine Thorheit hat er gethan in Israel*
d. h. eine Tıat verübt, die bei den Isr. als Schandthat gilt. Der Ausdruck ist steıend für solcıe geschlechtl. Vergebungen Dt. 22, 21. Jud.
20, 6. 10. 2 Sam. 13, 12 ff. „Ziemlicı naiv wendet Vrf. diese spätere Redeweise auf die Patriarchenzeit an, wo es nocı kein Volk Isr.
gab" (*Ḱn.*). *also wird nicht gethan*] das ist nicıt Sitte und Braucı
20, 9. 29, 26. וַיִּתְעַצְּבוּ] wie 6, 6 bei C. Übrigens übersetzen LXX,
als ıiesse es וּכְשָׁמְעָם הִתְעַצְּבוּ] וַיִהַר] s. 4, 5. Alle Ausdrücke dieses
Verses sind dem A durcıaus fremd. — V. 8—10 Ḥamor's Antrag,
nacı A, nur dass R אֹתִי (V. 6) in אֹתָם gewandelt ıat. הֲשִׁקָה] Dt. 21,
11; anders V. 3. *eurer Tochter*] s. 24, 59 f.; sie wird nacı dem
Vater bezeicınet, aber mit Rücksicıt auf iıre Brüder. *verschwägert*
euch uns] aucı ıier ıaben die Mass. den Acc. gewollt (*Ew.* 124ᵇ),
obgleicı wie 1 Reg. 3, 1 aucı die praep. אֶת vom Vrf. beabsicıtigt sein
kann (s. zu V. 2). הִתְחַתֵּן] nur nocı Dt. 7, 3. Jos. 23, 12 im Hexat.
Neben den Connubien bietet er iınen bleibenden Woınsitz im Lande
an, was er als Landesfürst konnte (s. 20, 15). *vor euch sein*] V. 21;
s. 13, 9. 20, 15. *durchziehet es* (42, 34 bei B, aber סְחָרוּ 23, 16
bei A), nacı freiem Belieben, mit euern Ḥeerden (vgl. V. 21) *und*
macht euch ansässig darin, nehmet festen Besitz darin; so אחז: bei A
aucı 47, 27. Num. 32, 30. Jos. 22, 9. 19. — V. 11 f. nacı C. V. 6
war Ḥamor allein gekommen. Wenn nun ıier Sikhem selbst auftritt
und wirbt, so stimmt das nicıt zu 4 und 6, und zeigt, dass R in ein
anderes Referat ıınübergreift. Er erbietet sicı zu jeder Leistung, die
sie iım auflegen. Die Spracıe wie bei C. מצא חן] 6, 8. 18, 3 u. ö.
nam. 32, 6. 33, 8. 15. מֹהַר] der Kaufpreis, der an die Eltern der
Braut bezaılt wurde (Ex. 22, 15 f. 1 Sam. 18, 25). מַתָּן] das Gescıenk an die Braut. Beides wird aucı 24, 53 unterscıieden. נַ:ר]
V. 3. — V. 13 Einleitung zur Antwort an *Sikh. und Ḥam. zugleich*,
nacı C und R. Die Jacobsöhne (an welcıe nacı V. 11 die Rede des

Freiers ausdrücklich gerichtet ist), Ehre und Reinheit des Stammes höher achtend als Vortheil, wollen davon nichts wissen; ihrerseits war die zu machende Bedingung der Beschneidung Sache einer vorbedachten trüglichen List; denn für sie galt es ja (nach V. 2^b. 3), eine schon geschehene Schändung zu rächen. וידברו] da die Bedeutung *hinter-rücks handeln* (*Schult. Ges. Kn. Del.*) für דבר nicht zu erweisen ist (über den Schreibfehler 2 Chr. 22, 10 s. *Bertheau*), und die Verbindung mit dem folg. *weil* u. s. w. nur einen lahmen Sinn gäbe, auch die Correctur אֲחֹתֵנוּ für אחותם (*Kuen.* 265) das unpassende des וידברו (statt ויאמרו איש אל אחיו) nicht beseitigt, so ist וַיְדַבְּרוּ בְמִרְמָה herzustellen (*Schum. Schr. Olsh.*). Es ist aber hier nicht blos von Simeon und Levi (49, 5), welche LXX in V. 14 ausdrücklich nennen, sondern von den Söhnen Jacob's überhaupt die Rede. Zu בְּמִרְמָה vgl. 27, 35, und zu אֲשֶׁר *weil* V. 27 und 31, 49 (bei R). — V. 14—17. Die Antwort selbst nach A, aber vorn geändert. Denn וַיֹּאמְרוּ אֲלֵיהֶם (gegen V. 6), אֲחֹתֵנוּ (gegen בְּתֵנוּ V. 17. 8) und weil auch das übrige in V.^b wird eingearbeitet sein. Verschwägerung mit Unbeschnittenen und darum Unreinen (Jes. 52, 1) gilt ihnen nicht blos als unstatthaft (Jud. 14, 3), sondern als *Schimpf*, nach späterer Auffassung der Sache (*Kn.*). — Hamor hat nicht blos um Dina geworben, sondern V. 8—10 den Vorschlag einer Verschmelzung ihrer beiderseitigen Stämme und dauernden Beisammenwohnens gemacht; darauf ist V. 15—17 die Antwort. Nur unter der Bedingung der Beschneidung seitens des Sikhemiten können sie in die Verschmelzung zu éinem Volk und in die Ansiedlung einwilligen; im andern Fall wollen sie *Dina nehmen und* d. h. mit der Dina (die somit noch nicht in Sikhem ist, wie 2, 26) die Gegend verlassen. בְזֹאת] *um dies* (ב pretii) d. h. unter dieser Bedingung, wie V. 22 u. 1 Sam. 11, 2. נֵאוֹת] *wir werden willfahren*, nur hier, V. 22 f. u. 2 Reg. 12, 9; Iprf. Niph. von אות (da נאות im Rabb. als Part. vorkommt); nach *Hitz.* intrs. Ipf. Qal. (s. 23, 13). לְהִמּוֹל ר'] wie 17, 10. בְּתֵנוּ] V. 8. — V. 18, wegen ר' ו' וַיִּיטְבוּ keinenfalls aus A (s. Lev. 10, 19), bereitet V. 19 vor. Sie finden die Bedingung annehmbar. — V. 19 zusammenhängend mit V. 11 f., wornach Sikhem die Unterhandlung führte. Er zögert nicht, *die Sache zu thun*, d. h. die gestellte Bedingung, somit die Beschneidung anzunehmen; da er *der angesehenste* im ganzen Geschlecht war, war das eine grosse Ehre für das Jacobhaus; ob darin zugleich liegen soll, dass er auch die andern leicht nachzog, steht dahin. אַחַר] für אַחֵר, des א wegen (*König* S. 397). חֵפֶץ] Num. 14, 8. — V. 20—24 angeschlossen an 15—17, also nach A. Nach ihm lässt Hamor (und Sikh.) erst zu Sikhem von der Volksversammlung im Thor (23, 4. 10) einen Beschluss fassen und weiss die Annahme der bedenkl. Bedingung durchzusetzen. Er erinnert an den friedl. Charakter der Jacobleute: *sie sind mit uns im Wohlvernehmen*, auf friedl. Fuss; ferner an die Geräumigkeit (Ps. 104, 25) des Landes, das rechts und links Platz genug für sie hat (vgl. V. 10); und macht endlich den für sie erwachsenden Vortheil geltend, sofern die Leute, sehr reich, durch Verschmelzung den Wohlstand Sikhem's heben würden. שלמים] sonderbares darüber

bei *Geig.* Urschr. 76. וַיֵּשְׁבוּ] in *Sam.* LXX *Pesch. Vulg.* blos יֵשְׁבוּ,
so dass es mit אִתָּנוּ zusammenzunehmen wäre. וְנִמְלִים] 17, 26. וְיִקְּחֶם וג']
ebenso 36, 6. Jos. 14, 4 bei A (vgl. Gen. 31, 18); בְּהֶמְתָּה sind, neben
מִקְנֶה, die *Lastthiere* (Kameele und Esel) wie Num. 32, 26. — V. 24.
Die Sikhemiten nehmen den Vorschlag an und lassen sich beschneiden.
כָּל־יֹצְאֵי שָׁעַר] vgl. 23, 10. 18. Es ist vorausgesetzt, dass sie bis dahin
nicht beschnitten waren, aber die Beschneidung ihnen auch nicht be-
fremdend erschien. S. oben S. 254, wornach in Kenaan die Besehn.
wohl üblich (im AT. sind nur die Philister beständig Unbeschnittene
gescholten), aber nirgends allgemein durchgeführt war. Dass sie sich
alle an éinem Tag (V. 25) beschneiden liessen, ist wie 17, 23 u. Jos.
5, 3 ff. — V. 25 f. nach C (vgl. 26ᵇ mit 2ᵇ) und R, welcher die
Beschneidung der ganzen Bürgerschaft (bei A) mit berücksichtigt u. demnach auch ויהרגו כל־זכר formulirt zu haben scheint; denn dass auch A
die That des S. u. L. erzählt habe, ist doch nicht wahrscheinlich.
Am 3. Tag nach der Besehu., an welchem bei Erwachsenen Schmerz
und Krankheit am schlimmsten sind (*Arvieux* III. 146; *Win.*³ I.
160), überfallen Simeon und Levi, wohl mit ihren Leuten, die Sikhemiten, bringen alle Männer der Stadt um, und nehmen Dina mit
sich aus Sikhem's Haus fort. Warum Ruben, der Erstgeborne, nicht
dabei ist, ist nicht zu fragen und zu sagen. In der Überlieferung (49, 6 f.) war die That den nächstältesten Brüdern, Sim. und
Levi, zugeschrieben; Ruben aber erscheint im AT. nirgends als Eiferer
für Israels Ehre und Selbständigkeit. Sie übernahmen es, den Plan
der Hinausgabe der Dina (A) zu hintertreiben, oder die Entehrung derselben (C) zu rächen, „vgl. 2 Sam. 13, 28 f., *Nieb.* Arab. 39, *Burckh.*
Syr. 361 f., Bed. 89. 224 f." (*Kn.*). בְּטַח] sonst לָבֶטַח *sorglos, sicher*;
es gehört zu הָעִיר wie Ez. 30, 9 (*Kn.*), als Acc. des Zustands (*Ew.*
287ᶜ). לְפִי חֶרֶב] *nach dem Maul des Schwerts*, so viel es fressen
kann, wie es im Kriege thut, nach Kriegsbrauch und schonungslos;
mit חָרַב verbunden nur hier; mit andern Verben, nam. הִכָּה, ist es häufig,
aber nicht bei A. וַיֵּצְאוּ] natürlich aus der Stadt (V. 25), nicht aus dem
Haus. — V. 27—29, ohne יְ (וּבְנֵי LXX *Sam. Pesch.* für erwartetes
וַיָּבֹאוּ ist blos Nothbehelf) angeheftet, erscheinen als Zusatz zu einem
urspr. Text; V. 30 f. schliesst sich an V. 25 f. an, und kennt 27—29
nicht; auch müsste es bei einheitlicher Redaction entweder כָּל־בְּנֵי oder
בְּנֵי יַעֲ' הַנִּשְׁאָרִים heissen. Es ist ein von R (nach B? 48, 22) oder einem
Bearbeiter eingefügter Zusatz, vielleicht um mit 48, 22 auszugleichen,
auch (*Böhm., Merx* im BL. H. 5 f.) um an der Ehre der That (im Sinne
der Späteren) auch den übrigen Isr. einigen Antheil zu geben. Das
beigesetzte אֲשֶׁר טִמְאוּ א' zeigt dieselbe Hand wie 13ᵇ und 5ᵃ. An A
ist nicht zu denken, schon weil רְכוּשׁ und קִנְיָן fehlt. Die Jacobsöhne
kommen über die Erschlagenen her, plündern die Stadt, rauben das
Vieh, und führen Weiber und Kinder gefangen fort. — V. 30 f. von
C. Jacob tadelt Simeon und Levi über das angerichtete Unheil, da sie
ihn dem Hass und der Rache der *Landesbewohner* ausgesetzt haben.
עכר] im Hexat. noch Jos. 6, 18. 7, 25. לְהַבְאִישׁ] *stinkend machen*
d. i. in übeln Geruch bei jem. bringen, also ihn widrig und verhasst

machen,. Ex. 5, 21. 1 Sam. 13, 4. 2 Sam. 10, 6. *Kenaani und Perizzi*] 13, 7. *während ich Leute der Zahl*] ich und die meinigen zählbare wenige Leute, ein geringer Haufen (Dt. 4, 27. Ps. 105, 12. Jes. 10 9) bin, leicht zu überwältigen, wenn die Landesbewohner mich angreifen. ונשמדתי] Lev. 26, 30, bes. aber im Dt. — „Jacob tadelt hier nicht das unsittliche der That (anders 49, 6f.) sondern die Unüberlegtheit der Söhne, die ihn ins Unheil stürzt" (*Kn.*). — V. 31. Ihnen aber geht die Ehre des Stammes über alle andern Rücksichten. *soll wie eine Buhlerin er behandeln unsere Schwester?*] mit ihr verfahren dürfen (Lev. 16, 15), wie man es mit einer Buhldirne macht (38, 15).

3. Jacob's Zug über Bethel zu Isaac und Schluss des Lebens Isaac's, Cap. 35; aus B A C (R).

Alle die übrigen Nachrichten, welche noch unter die Toledoth Isaac's gehören, sind hier zusammengestellt. a) Jacob zieht, nachdem er alle Zeichen der Abgötterei unter den Seinigen entfernt hat, von Sikhem nach Bethel und erbaut dort seinem Gott einen Altar. Unterhalb Bethels stirbt Debora, die Amme der Rebecca V. 1—8. Ein Abschnitt aus B, nur V. 5 von R eingefügt, V. 6ᵃ nach A. b) In Bethel erscheint ihm El Schaddai, nennt seinen Namen in Israel um, gibt ihm die Verheissung zahlreicher Nachkommen und des Besitzes des Landes Kenaan, worauf er dort einen Malstein errichtet, ihn durch ein Trankopfer und Öl weiht und den Ort Bethel nennt, V. 9—15, aus A (ausser עוד V. 9). c) Auf dem Weiterzug stirbt Rahel an der Geburt des Benjamin und wird von Jacob an der Strasse von Bethel nach Efrath begraben. Jenseits von Migdal ʿEder vergeht sich Ruben mit dem Kebsweib seines Vaters, V. 16—22ᵃ; von R aus B A C zusammengesetzt. d) Endlich kommt Jacob mit seinen 12 Söhnen nach Hebron zu Isaac, dessen Tod und Begräbniss sodann gemeldet wird, V. 22ᵇ bis 29, aus A.

a) V. 1—8. Jacob's Zug nach Bethel und Tod der Debora. — V. 1. Befehl Gottes zum Aufbruch nach Bethel, nach אלהים nicht von C, aber auch nicht von A (*Kn.*), da es für diesen noch kein Bethel gibt (V. 6. 15), sondern von B. Und da ist denn bemerkenswerth, dass der Befehl mit dem Cp. 34 Vorgefallenen weder verknüpft noch begründet wird; man sieht daraus, dass B *an dieser Stelle* (zwischen 33, 20 und 35 1) nichts über Verfeindung mit Sikhem erzählt (gegen *Hl.* XXI, 437), vielmehr seinen Parallelbericht (48, 22) *an anderer* Stelle gehabt haben muss (s. auch 37, 13). Bei B ist Jac. noch auf der Rückreise, und einzig richtig wird der Befehl durch sein Gelübde 28, 20 ff. (vgl. 31, 13) motivirt. בית אל] Bethel lag auf dem Gebirg 12, 8. 13, 15. Dort soll er Aufenthalt nehmen, auch Gott einen Altar errichten. Das gelobte Gotteshaus (28, 22) wird hier nach göttl. Weisung zum Altar. הָאֵל בֵּית־אֵל הַנִּרְאֶה אֵלֶיךָ] minder genau als die Angabe V. 7. Vielleicht hat R nach C (vgl. 12, 7) hier eingegriffen. — V. 2—4. Jac. ordnet unter den Seinigen die nöthigen Vorbereitungen an. Die *Götter der Fremde* (Jos. 24, 20. 23 bei B) lässt er sie aus ihrer Mitte thun: Rahel hatte Terafim (31, 19), und seine Leute, wohl meist aus den Nahoriden, hatten andere Götter (31, 53. Jos. 24, 2. 14 bei B). Nach V. 4 kommen dazu Dinge und Werkzeuge des heidn. Aberglaubens, wie *Ohrringe*, die als Amulete und Zaubermittel dienten (*Win.*³ I. 56). Mit dem Dienst des einen Gottes, dessen Verehrer sein zu wollen er gelobt hat (28, 21), vertragen sich abgöttische Dinge nicht (vgl. auch 18, 19). Ferner sollen sie, wie das vor gottesdienst. Handlungen (Ex. 19, 10 ff. Jos. 7, 13 u. ö.) Sitte und Pflicht war, *sich reinigen* zB. durch Waschungen, und reinhalten von allem, was verunreinigt, sowie die *Kleider wechseln* (sonst: sie waschen Ex. 19, 10. 14. Num. 8, 7), die besten Kleider anziehen (27, 15). Er will einen Altar (V. 1) errichten (und natürlich auch opfern) dem Gott, der ihn erhörte am *Tage* d. h. in der Zeit *seiner Drangsal* (42, 21), zB. gegen Laban (31, 24. 29. 42), und *mit ihm war* (s. 21, 20) auf dem Weg, auch auf dem Weg heimwärts (32, 1 ff.). Die abgött. Dinge *vergräbt er* (Ex. 2, 12) unter der Terebinthe bei Sikhem, s. 12, 6. Das ist allerdings keine Weihung dieser Stätte, sondern eher eine Entwerthung, aber ein Grund gegen B als Vrf. (*Böhm.*) ist daher nicht zu entnehmen; gerade bei B wird die Stätte Jos. 24, 20—26 (wo Mass. אֵלָה *Eiche* punktirten) für die Isr. so zu sagen neu geweiht. Die LXX setzen a. E. noch bei καὶ ἀπώλεσεν αὐτὰ ἕως τῆς σήμερον ἡμέρας. — V. 5. So vorbereitet (also gar nicht in Eile und Hast) ziehen sie fort. Dieser V. ist ein Einschub in den Text des B (gegen *Wl.*), denn V. 4 und 6 f. ist Jacob Subj., hier eine Mehrzahl, die *Jacobsöhne* wie 34, 27 ff. Er setzt Cp. 34 und zwar 34, 27—29, voraus, und da diese Stelle nicht von A stammt, so auch der V. nicht (gegen *Kn.*), sondern ist von R eingefügt (so auch *Kuen.* O.² 316), der aber möglicherweise V.b aus der Erzählung des B über die Eroberung Sikhem's genommen hat (s. zu 34, 27). ויסעו] s. 16. 21. 33, 17. Dass die benachbarten Städte ihnen nicht nachsetzen, erklärt Vrf. durch einen *Schrecken Gottes* d. i. eine von Gott über sie verhängte Furcht, welche sie verzagt machte, Ex. 23, 27. 2 Chr. 14, 13 (*Kn.*). חתה] nur hier. — V. 6. Ankunft in Luz (Bethel). Gl. a konnte B, für den der Ort längst Bethel heisst (28, 19. 35, 1. 3), so nicht schreiben, wohl aber A (vgl. V. 15 u. 48, 3, und den Beisatz *im Lande Kenaan* 33, 18 bei A). הוא ביתאל] ist Glosse des R, der mit V.b wieder zu B einlenkt. כל־הָעָם אֲשֶׁר עִמּוֹ] s. V. 2 und bei C 32, 8. — V. 7. Er erbaut dort einen Altar. Über den Gottesdienst selbst, bes. auch über die 28, 22 versprochene Verzehntung ist nichts gesagt: der Bericht kann von R verkürzt sein (spätere Ausführungen in BJub. c. 31 f.). *Den Ort* nannte er *Gott Bethels*, vgl. 33, 20; es ist der Name des Altars oder der *hl. Stätte*, zu der noch mehr als der Altar gehört haben wird, also הַמָּקוֹם etwas anders als 28, 19. 32, 3. 31. LXX *Vulg. Pesch.* stiessen sich an הַמָּקוֹם und liessen darum אֶל vor בֵּית־אֵל weg (gegen 28, 19). נִגְלוּ] Pl., weil unter אֱלֹהִים die Engel (28, 12) mitverstanden sind (vgl. auch Jos. 24, 19 und Gen. 20, 13). — V. 8. Unterhalb Bethels stirbt Debora, die Amme der Rebecca. Ihr Name nur hier (24, 59 bei C ist sie namenlos). Sie war wohl in der alten Heldensage von einiger Bedeutung (*Ew.* G.³ I. 421). Ihr Andenken

ıaftete an der *Eiche des Weinens* oder Trauereiche unterıalb Betıel's,
wo man iır Grab zeigte. Aucı die *Palme* (s. zu 14, 6) *Debora's*
Jud. 4, 5 wird derselbe Baum sein (*Bohl. Tuch Ew. Del. Wl.*); und
nacı mundartiger Variante vielleicıt sogar die *Tabor's Terebinlhe* 1 Sam.
10, 3 (*Ew.* G.³ III. 31). Nacı C war die Amme der Reb. mit dieser
nacı Kenaan gezogen 24, 59. Dass sie seitıer wieder nacı Mesopot.
zurückgekeırt (*Nachman. Abarb.*) oder von Reb. gemäss iırem Ver-
sprecıen 27, 45 dortıin gesandt (*Raś. Qimḥ. Del.*; ein weiblicıer,
meır als 100 jähriger Bote durcı die Wüste?) oder von Ḥebron aus
dem Jacob bis Betıel entgegengegangen sei (*Merc. Ke.*), ist mit nicıts
angedeutet. Vielmehr ist die Differenz der Überlieferung anzuerkennen
(*Kn.*), um so weniger aber V. 8 (mit *Hupf.*) dem C zuzuscıreiben.
— — b) V. 9—15 ein Stück von A, wozu urspr. 6ᵃ den Anfang
bildete und auf welcıes 48, 3 f. zurückgeblickt wird, über die *Ein-*
setzung des Jacob zum Träger der Verheissungen, für Jac. von
derselben Bedeutung, wie Cp. 17 für Abraıam. V. 9 s. 17, 1. עוֹד]
noch einmal, bezieıt sicı nicıt auf 1ᵃ (*Tuch Kn.*), sondern auf 28,
11 ff. und stammt von R. אֱלֹהִים אֹתוֹ] אֹתוֹ Sam. LXX. — V. 10. Die
Erklärung des Namens *Israel* feılt, woıl nicıt ursprünglicı (vgl. 17,
5), sondern durcı Kürzung des R mit Rücksicıt auf 32, 29. Wenigstens war die Deutung des Namens keineswegs selbstverständlicı, wie
in den Fällen 17, 15 und Num. 13, 16. Dass gleicıwoıl fortan bei
A der Patriarcı immer *Jacob* (zB. V. 14 f.), nie Israel, ıeisst, ebenso
bei B (docı s. 33, 20), und nur die Söıne בְּנֵי יִשְׂרָאֵל 42, 5. 45, 21.
46, 5. 8. 49, 28. 50, 25 (docı s. 35, 22. 46, 26 bei A aucı nocı
Jacobsöhne) genannt werden, ist docı woıl daraus zu erklären, dass
der Name Israel nocı immer meır als Volks- denn als Person-Name
galt (*Tuch*). Um so merkwürdiger ist, dass C und R von nun an
Israel für Jacob braucıen (35, 21 f. 37, 3. 13. 43, 6. 8. 11. 45,
28. 46, 1 f. 30. 47, 29. 31. 48, 2. 8. 10. 13. 21. 50, 2), wie es
scıeint, von da an, dass nacı der Geburt des 12. Soınes, der Vereinigung Jacobs mit Isaac und dem Hingang Isaacs das eig. Israel con-
stituirt ist. (Die Erklärung der Sacıe bei *Geig.* Urschr. 371 f. ist nicıt
ıaltbar; was *Kuen.* O.² 310 f. darüber gibt, entspricıt nicıt ganz
dem vorliegenden Thatbestand). — V. 11. Die Meırung und die Könige
wie 17, 6. 16; zum Ausdruck aucı 28, 3 und 48, 4. מֵחֲלָצֶיךָ] vgl.
46, 26. Ex. 1, 5; s. zu 24, 2. אֵל שַׁדַּי] 17, 1. — V. 12. Die Zusicıerung des künftigen Besitzes des Landes, vgl. 17, 8 u. 12, 7. Dass
er es aucı *dem Isaac* verlieıen ıabe, ist früıer aus A nıcht ausdrücklicı bericıtet; aucı scıreibt sicı Isaac 28, 4 bei A eine solcıe Ver-
leihung nicıt zu; sie lag aber in der für Isaac gegebenen Bundesver-
heissung 17, 19. 21 (*Kn.*), s. indessen Vorbem. zu Cp. 26. — V. 13
wie 17, 22. Den V.ᵇ ıält *Kuen.* O.² 316 für Dittograpıie aus V. 14.
— V. 14 f. Zur Erinnerung an diese Gotteserscıeinung erricıtet aucı
bei A (wie 28, 18 nacı B) Jac. einen Malstein — so fest ıaftet
dieser in der Sage —, und weiıte iın nicıt blos (wie 28, 18)
durcı Begiessung mit Öl, sondern aucı durcı ein *Gussopfer*,
nacı gew. Sprachgebrauch, also docı woıl von Wein (Weın und

Wasser *Trg. Jon.*). Das שֶׁמֶן עָלֶיהָ וַיִּצֹק als Epexegese zu וַיַּסֵּךְ zu
neimen, und ein Gussopfer von Öl zu verstehen (*Win. Kn. Köhl. Wl.*)
ist kein Grund vorianden. Andere Opfer und Altäre erwäint A in der
Patriarchengeschichte nirgends. Aber desialb ist man nicit berecitigt,
den V. 14 für einen Zusatz des R naci JE zu erklären (*Kuen. O.*[2]
316. 222). Dass naci JE, oder vielmeir naci E d. i. B (denn dass
auci J d. i. C diese Betiel-Erzäilung iatte, davon iat man keine
Spur) Jacob ausser der 28, 18 bericiteten Masseba jetzt noci einmal
eine erricitet iaben soll, ist nicit zu glauben; noci undenkbarer ist,
dass ein R (naci *Kuen.* ums Jair 400) für die Masseba in Betiel soll
so eingenommen gewesen sein, dass er sie in einen Text des A iinein
interpolirte (s. dagegen 33, 20). — V. 15 s. 28, 19. — — c) V. 16 bis
22[a] Fortsetzung der Reise. Zunäcist V. 16—20 Geburt des Benjamin,
Tod und Begräbniss der Rahel. Tod und Begräbniss der Rahel in Efrath
wird 48, 7 auci bei A erwäint, aber von der Geburt Benjamin's in
Efrath kann wegen V. 24 u. 26 A nicits berichtet iaben. Also werden
16 (von וַיְהִי an) bis 20 zwar auf B (der sie jedoci naci 37, 10 in
anderem Zusammeniang geiabt zu iaben scieint) zurückgehen, aber,
mit Rücksicit auf A (der 16 und 19 theilweise auci iatte) und vielleicit
C, iier von R in die Reise eingegliedert sein; 19[b] aber ist Glosse. V. 16.
וַיִּסְעוּ מִבּ'] wie V. 5. *die Länge des Landes*] d. i. Strecke Weges, die es
noci bis Efrati war, lässt sici nicit genau bestimmen, auci nicit aus
48, 7 und 2 Reg. 5, 19, wo der Ausdruck (übrigens oine Art.) noci
vorkommt; jedenfalls betrug sie nicit viel (*Kn.*; naci LXX ein ἱππό-
δρομος, naci *Pesch.* eine Parasange; sonst s. *Hieron.* qu., und *Ges.*
th., auci *Schum.*). *Efrath*] wird V. 19 u. 48, 7 glossirt als Betile-
lejem, 2 St. südl. von Jerusalem, (von *Del. Ke.*, *Köhl.* Ge. I. 150 als
ricitig u. urspr. angenommen). Nun wird aber 1 Sam. 10, 2 ff. das
Grab der Rahel viel weiter nördl., im Gebiet Benj., oder auf der
Grenze zwiscien Benj. und Efraim, auf dem Weg zwiscien Rama
Samuels und Gibea Sauls, nicit so weit von Betiel gesetzt, und Jer.
31, 15 stimmt damit. Das liegt auci in der Natur der Sacie, da
Rah. die Stammmutter Josef's und Benjamin's war. Eine doppelte
Überlieferung, als iätten auci die Judäer von jeher Rahel's Grab beansprucht (*Nöld.*), ist wenig wairscieinlici; sie liesse sici nur dann
denken, wenn der an Betilejem iaftende Name Efrath darauf beruite,
dass auci dort einst ein Zweig der Efraimiten sass. Demnaci wird
das iier gemeinte Efrath in der Näie von Betiel zu sucien und שׂית
לֶחֶם היא 19 und 48, 7 eine Glosse sein (*Then. Lengerke, Kn. Graf
Hitz.* a.), und zwar (s. V. 21) eine ziemlici junge, dadurci veranlasst,
dass Efrath Betilejem das bekanntere Efrath war. Auf Grund dieser
Glosse bildete sici dann die jüd.-ciristl.-muiamm. Meinung von dem
Grabmal der Rajel bei Bethl. (s. scion Math. 2, 18; *Win.*[3] I. 334;
Ri. HWB. 1263). Die harmonist. Aushülfe (*Kurtz*, a.), durci un-
befugte Erweiterung der ארץ בברת zu einem mehrere Meilen umfassen-
den Wegmaass die Deutung auf Efrath bei Betiel zu ermöglicien,
scieitert an der Sinnlosigkeit einer Berecinung der Entfernung von
Betilejem aus. *sie halte schwer bei ihrem Gebären*] iatte eine iarte

schwere Niederkunft. — V. 17. Die Helferin, ein Weib, das sich darauf verstand, „ermuthigt sie mit der Aussicht auf einen Knaben: *denn
auch dieser ist dir ein Sohn* d. h. auch in diesem, wie in dem ersten
(30, 23), wird dir ein Knabe zu Theil, ein Kind des vorzüglichern
Geschlechts, vgl. 4, 1. 29, 32. 1 Sam. 4, 20" (*Kn.*), s. ihre Hoffnung
30, 24. מְיַלֶּ֫דֶת] *Geburtshelferin*, auch Ex. 1, 15 ff. B, Gen. 38, 28 C.
— V. 18. Aber sie stirbt, und nennt sterbend das Kind *mein Un-
heilssohn*, sofern es ihr den Tod bringt. Statt dieses nomen infaustum
wählt der Vater *Sohn der Rechten* d. i. *Glückssohn*, indem die rechte
Seite den Alten als die glückliche galt (*Ges. th.* 599, auch ZDMG.
XXI. 601 ff.). A pflegt keine solche Etymologien zu geben. — V. 19 f.
Rahel stirbt und wird an der Strasse, die (von Bethel) nach Efrath
hin führt, begraben. Jacob errichtet auf ihrem Grab einen Malstein
(vgl. V. 14 bei A; aber auch 28, 18. 31, 45. 33, 20 bei B). מַצֶּ֫בֶת]
noch 47, 30. Dt. 34, 6. עַד־הַיּוֹם] wie 19, 37 f., wohl von R. Über
die christl. Tradition von dem Grab ¹⁄₂ Stunde nördl. von Bethlehem
s. *Robins.* I. 363 f. — V. 21. וַיִּסַּע] s. zu 26, 25. Diesem Ausdruck nach könnte in 21ᵇ B zu Grund liegen, aber da die Notiz nur
wegen 22ᵃ beigebracht wird und wie dort, so hier Vᵃ. יִשְׂרָאֵל (s. zu
V. 10) erscheint, so muss R (höchstens C) als Vrf. gelten, um so
sicherer, wenn wirklich auf Jerusalem angespielt sein sollte. *jenseits
von einem Heerdenthurm*] Heerdenthürme für Hirtenzwecke gab es,
wenigstens später, viele (2 Reg. 17, 9. 18, 8; 2 Chr. 26, 10); der
hier gemeinte, aber ohne Art., bestimmt sich durch den Zusammenhang
als zwischen Efrath und Hebron gelegen. Die Alten dachten dabei an
eine Örtlichkeit Jerusalems (Juden bei *Hieron.* qu.), ebenso Neuere
(*Bohl. Kn. Wl.* a.); bei den LXX ist nach dieser Ansicht sogar V. 21
hinter אֵל מִבֵּית־ V. 16 gerückt. Indessen dass es ein n. pr. eines der
Hügel Jerusalems war, ist aus der bildl. Rede Mich. 4, 8 nicht zu beweisen, weshalb manche jetzt meinen, Vrf. habe auf Mich. 4, 8 anspielen wollen. Die jüngere Tradition, da sie Bethlehem unter Efrath
versteht, setzt den Heerdenthurm in die Nähe Bethlehems (*Tobler* Bethl.
255 ff.). — V. 22ᵃ ist von R, vielleicht nach C, auf den auch *Israel*
(s. V. 10) und פִּילֶגֶשׁ (s. zu 22, 24. 25, 6) hinweist, nach 49, 3 f.
gestaltet. Ruben beschläft seines Vaters Kebsweib Bilha. Der urspr.
Sinn dieser kurzen Formel ist ohne Zweifel, dass in diesem Stamm
die alte auch bei den Arabern noch lange nachweisbare (Strabo, 16,
4, 25; Qur. 4, 26; Abulf. hist. anteisl. 180 Fl.) und selbst bei isr.
Herrschern (2 Sam. 16, 22. 1 Reg. 2, 22) noch erwähnte Sitte der
Ehe mit den Weibern oder Kebsen des Vaters übel fortwucherte (s.
oben S. 272 und *RSmith* im Journ. of Philol. IX. 86 ff.). — Der
abrupte Schluss *und Israel hörte* (es) wohl nicht durch spätere Text-
verstümmlung (vgl. den Zusatz der LXX), sondern absichtlich, um auf
49, 3 f. zu verweisen. Der Satz und Abschnitt ist damit zu Ende.
Da man später bei der öffentl. Vorlesung des Textes an dieser ver-
fängl. Stelle nicht anhielt, sondern darüber forteilte, so hat auch diese
Praxis in der zweiten, oberen Accentuation der Mass. ihren Ausdruck
gefunden (*Geig.* Urschr. 373). — — d) Das Verzeichniss der 12 Jacob-

söıne, Ankunft Jacob's bei Isaac, Tod und Begräbniss Isaac's V. 22ᵇ—
29 nacı A. Das Verzeichniss, nacı der Nacıricıt von der Geburt des
letzten, schlıesst sicı ıier gut an. Es ist nacı den Müttern geordnet;
die Altersfolge innerıalb dieser Ordnung stimmt zu Cp. 29 f. וּבְנֵי]
Sam. und hbr. MSS. וּבְנֵי wie 36, 5; aber s. 4, 18. 17, 5. 21, 5.
46, 22. Nacı der deutl. Aussage dieser Stelle sind dem A sämmtliche
12 Söıne, also aucı Benjamin, in Paddan Aram geboren. R ıat still-
scıweigend den Benj. ausgenommen, und so die meisten neueren Erkl. —
27 ff. Endlicı kommt Jac. (mit seinem ganzen Volk) zu seinem Vater
nach Mamre der Arbastadt, s. 23, 2. וַיִּמֵי יִצְחָק] + חַי־יִמֵי אֲשֶׁר־ LXX (s.
25, 7). Das Begräbniss durcı Esau und Jacob, wie das Abraıam's
durcı Isaac und Ismael 25, 9. Dass er in der Makhpelahöhle begraben
wurde, ergänzt sicı aus 49, 31. אֶל־עַמָּיו] 25, 8. „Diese Nacıricıt gibt
Vrf. scıon jetzt, weil er die Isaac-Gescıicıte abscıliessen will (s.
11, 32). Nacı seiner Zeitrecınung lebte Isaac nocı bei den Cp. 37
erzäılten Vorgängen. Denn Jacob zäılte beim Tode Isaac's 120 und
bei seiner Auswanderung nacı Äg. 130 Jaıre (25, 26. 35, 28. 47, 9),
sein 130. Jaır fiel etwa mit dem 40. Josef's zusammen; Josef aber
war 37, 2 erst 17 Jaır alt." So Kn., indem er die Zeitangaben über
Josef in 37, 2 f. und 41, 46 für aus A genommen ıält, und zugleicı
die Segens- und Hungerjaıre in Äg. (41, 47 f. 53 f. 45, 6) zu Hilfe nimmt,
von denen seit Josef's Erıebung (41, 46) 9—10 verflossen waren
(45, 6). Ob man dazu ein Recıt ıat, ist freilicı fraglicı, da man die
Abstammung jener Zaılen von A nicıt sicıer beweisen kann. Was
sicı sicıer aus A ergibt, ist nur folgendes. Selbst wenn man von
Cp. 46, wornach im 130. Jaır Jacob's (47, 9) seine sämmtl. Söıne
scıon Söıne, Benjamin sogar 10 derselben, und Juda und Ašer je 2
Enkel ıatten, abseıen will, „weil dieses Verzeichniss so wie so den
histor. Raımen der Gen. sprenge" (Wl. XXI. 440 f.), und eine spätere
Hand an demselben arbeitete, so ist docı aus 26, 34 f. 27, 46. 28, 1 ff.
klar, dass nacı A Jacob zwiscıen seinem 40. und 50. Jaır nacı Paddan Aram wanderte, wozu aucı 28, 9 über Ismael stimmt. Zwiscıen
seine Auswanderung nacı Paddan und Einwanderung nacı Äg. fallen
dann über 80 Jaıre. Wie viel davon für seinen Aufentıalt in Paddan
und wie viel für den folgenden Aufentıalt in Ḥebron bei A kommen,
lässt sicı nicıt meır ausmacıen. Aber klar ist, dass dieser Zeitraum
ıinreicıt, um viele Enkel und selbst Urenkel erklärlicı zu macıen und
der histor. Raımen der Gen. bei iım durcı Cp. 46 nicıt gesprengt
wird. Nicıt einmal wenn man annimmt, dass die Zaılen 37, 2 und
41, 46 aucı aus A stammen, würde dieses Urtheil zutreffen, weil nacı
13 + 9 Jaıren (37, 2. 41, 46. 45, 6) sogar Benjamin (nacı 35, 24
jünger als Josef) von dem 37, 2 fixirten Zeitpunkt ab 10 Kinder
ıaben könnte (vgl. die rascıe Folge der Geburten Cp. 29 f.). — Die
Annaıme der Harmonisten (s. bei Del., Ke. Köhl. I. 135 f. 150 f.),
dass Jacob bei seiner Wanderung nacı Ḥarran über 70, genauer
76 Jaıre alt gewesen sei, wirft die verscıiedenen Quellen zusammen,
wird den Angaben 26, 34. 27, 46. 28, 1 ff. nicıt gerecıt, setzt sicı
mit 28, 9 in Widersprucı, muss den Aufentıalt in Sukkotı und Sikhem

(33, 17 ff.) ungebührlich ausdehnen, und vermag doch nicht zu erklären, wie Cp. 46 Juda schon seine Enkel und gar Benj. 10 Söhne haben kann.

4. Esau und die Edomiter, Cap. 36, grösserntheils nach A.

Vor dem Übergang zu den Toledoth Jacobs wird die Nebenlinie Esau behandelt (vgl. 25, 1—18), und zunächst berichtet, wie Esau noch in Kenaan mit 3 Weibern 5 Söhne zeugte und dann mit aller Habe und den Angehörigen vor Jacob wich und auf das Gebirg Seir zog. V. 1—8. Dann wird eine Übersicht über die Söhne und Enkel Esau's in Seir und die von ihnen abgeleiteten edomit. Stämme 9—19, sowie über die Stämme der Ureinwohner Seir's, der Horiter 20—30 gegeben. Den Schluss bilden ein Verzeichniss der edomit. Könige 31— 39 und eine nochmalige Übersicht über die edomit. Stammbezirke aus jüngerer Zeit 40—43. — Die grosse Ausführlichkeit, mit welcher diese Verhältnisse Edom's besprochen werden, erklärt sich zur Genüge daraus, dass Edom immer als der Bruder Israels galt und für die israel. Geschichte von grosser Wichtigkeit war. Die Horiter waren die urspr. *Landesbewohner* auf dem Gebirg Seir (V. 20). Die Hebräer unter Esau wanderten bei ihnen ein und mischten sich mit ihnen: Esau heirathet die Horitin Oholibama (V. 2) und sein Sohn Elifaz die Horitin Timnaʿ (V. 12. 22). Wie die Isr. in Kenaan, wurden aber die Esaviden in Seir die Herrn des Landes; ihnen hatte Jahve Seir gegeben (Dt. 2, 5. Jos. 24, 4), und zwar das ganze Seir bis zum älanit. Meerbusen (Num. 21, 4. Dt. 2, 1 ff. 1 Reg. 9, 26). Unter ihrer Oberherrschaft müssen sich indessen geschlossene horit. Gemeinden noch länger erhalten haben, so dass es nicht blos möglich, sondern auch der Mühe werth war, ihre Stammverhältnisse besonders zu beschreiben. Erst allmählich wurden sie von den neuen Herrn des Landes aufgesogen oder verdrängt, so dass man später auf sie zurückblickend (Dt. 2, 12. 22) sagen konnte, Edom habe die Horiter vertilgt. Die im B. Ijob beschriebene verworfene Volksklasse halten manche für die letzten kümmerl. Reste der Horiter (s. zu Ij. 30, 8). Demnach zeugen die hier gegebenen Nachrichten über die Horiter ebenso, wie die über die alten Könige Edoms für ein verhältnissmässig hohes Alter dieses Stücks oder doch seiner Quellen. — Die Zugehörigkeit desselben zu A (*Ilg. Ew. Del. Kn. Schrad.*) ist seit *Hupf.* vielfach bestritten worden, in der Art, dass man nur Bruchtheile desselben ihm zuerkennen wollte, zB. nur V. 1—8 (*Hupf. Kay.*), 6—8 (*Böhm.*), 1—14 (*Nöld. Reuss*), 6—8 und 40—43 (*Wl.* XXI. 438 ff.; *Kuen.* O². I. 68), alles andere für von R aus C B oder andern Quellen ergänzt erklärte. Zwar sprachl. Gründe dafür gibt es kaum, im Gegentheil V. 6—8. 30. 40. 43 zeigen durchaus die bekannten Wörter und Wendungen des A, und die umständliche chronikartige Darstellungsweise geht durchs Ganze (zB. auch 31—39) durch. (Über die sprachl. Zeichen, welche Überarbeitung beweisen, s. nachher.) Aber sachl. Gründe macht man geltend, zB. die Horiter gehören nicht in den Plan des A, oder er ıalte viel zu streng seinen arcıaist. Standpunkt fest und ıabe zu wenig objectiv ıistoriscıes Interesse, als dass man iım die edomit. Königsliste zutrauen könne (einige andere s. zu V. 29. 40). Allein arcıaistisch in dem Sinn, dass er seine Scırift für von Mose gescırieben ausgäbe, ist A gar nicıt; auf die isrl. Könige spielt er ganz offen an (17, 6. 16. 35, 11) und nur er; und wenn irgend ein Scıriftsteller an statistiscı-genealog.-cıronol. Material Freude hat (was docı aucı ein geschichtl. Interesse ist), so ist es A. Gerade aus allgemeinen Gründen muss man dem A das Stück zusprecıen. Auf Edom, das in der Königszeit ein Zubehör Israels war, genauer einzugeıen als auf Ism., war für iın eine Nothwendigkeit. Aber allerdings ist ricıtig, dass aucı dieses Stück durcı R nacı einer andern Quelle (C?) eine stärkere Überarbeitung erfahren hat. Zunäcıst fällt die doppelte Überscırift V. 1 u. 9 auf. Wollte man nun V. 9 ff. dem A ab-, V. 1—8 aber in der Weise iım zusprecıen (*Bud.* 347 f.), dass darin R die Namen der Weiber nacı der fremden Quelle V. 9 ff. geändert ıätte, so würde dazu scıon nicıt stimmen, dass diese Weibernamen V. 2 f. vollständiger sind als V. 10. 13, also nicıt dortıer genommen sein können. Ausserdem sind die Formeln in V. 10. 15 (s. d.) entscıieden die des A, u. etwa wegen V. 40—43 ganz V. 15—19 u. so aucı V. 9—14 dem A abzusprecıen, ıat keinen Sinn, wenn man docı die Namen der Söıne in V. 4 f. dem A belässt. Endlicı wird wegen אבי אדם (s. V. 43) für V. 9 die Urıeberscıaft des A wahrscıeinlicıer als für V. 1 (mit seinem הוא אדום, vgl. V. 8). Da aber andererseits nicıt blos V. 6—8ᵃ unzweifelıaft aus A stammen, sondern aucı die Formeln 5ᵇ (vgl. 35, 26ᵇ) u. 2ᵃ (vgl. 28, 1. 6. 8) iın erkennen lassen, so wird man docı in der Hauptsacıe (mit Ausnaıme der Weibernamen) V. 2—8 auf A zurückfüıren müssen, aber dann (mit *Bruston* in Revue Tıéol. 1882 p. 18 ff. 134 ff.) am besten anneımen, dass diese Notizen ebenso wie 37, 1 bei A urspr. nocı zu den תלדות יצחק geıörten, u. erst von R, der sie zugleicı überarbeitete, durcı Vorsetzung der Überscırift V. 1 zu den תל׳ עשו gezogen, von ihm aucı V. 9 um 9ᵇ erweitert wurde. Der von R ıier eingearbeiteten Quelle gemäss wurden dann von ihm im Anfang der Toledoth des A V. 9—19 die Namen der Weiber V. 10. 13 f. 16—18 geändert, ferner V. 12, wohl aucı V. 14, sowie אלית עמלק V. 16 u. הוא אדום V. 19 eingesetzt. Aucı in der Horiterliste V. 20—30 wird nur V. 29 f. sicıer zu A zu rechnen sein: V. 20 f. ist dazu Doublette (mit בא׳ אדם V. 21 gegen בא׳ שעיר V. 30), u. V. 22—28 ıängen scıon durcı iıre Notizen mit der andern Quelle in V. 1—19 näıer zusammen. Ob aucı in der Königsliste einzelnes, zB. V. 35 המכה וג׳, erst eingearbeitet ist, ist fraglicı. Für die Einıeit des Übrigen s. *Bruston* 135 f. — Die meisten der aufgeführten Namen kommen nur ıier vor; mit dem Volk sind aucı die Namen, so weit nicıt Ortsnamen, später verscıwunden; selbst von den Ortsnamen sind nur wenige nocı nacıweisbar. Ein Tıeil der Angaben dieses Cap. ist wiederıolt 1 Cır. 1, 35—54.

a) V. 1—8. Esau's Familienstand in Kenaan und seine Auswanderung nacı Seir. — V. 1. הוא אֱדֹם] wiederıolt V. 8 und etwas anders 19. Es stimmt zu 25, 24 ff. (B, C), wornach Edom anderer Name des Esau ist, wäirend naci 9. 43 (A) Esau Vater Edom's, also Esau Personname, Edom Volksname ist. Sonst s. *Ew. G.*³ I. 494. — V. 2 f. Esau's Weiber. Die Heirath derselben ist scion früier (26, 34. 28, 9) erzäilt, und darum wird iier nicit begonnen וַיִּקַּח (vgl. 10, 1), sondern *Esau hatte genommen seine Weiber*. Für das weitere ist vorab zu erinnern, dass חִוִּי ein alter Feiler für חֹרִי (vgl. LXX zu Jos. 9, 7) ist (*JDMich. Tuch Bertheau Kn. Ew. Del.*), denn der ʿAna, dessen Tociter Oholibama ieisst, ist V. 20. 25 ein Soin, V. 24 aber ein Enkel des Horiters Seir. Dann aber ist sofort klar, dass מִבְּנוֹת כְּנַעַן (28, 1. 6. 8 bei A; anders C s. zu 24, 3) nicit meir passt, weil nur éine Kenaanäerin namiaft gemaci t wird. Also wird עֲדָה בַת וג' nicit von demselben gesciriebeen sein, der 2ᵃ scirieb. Nun sind weiter 26, 34 f. 28, 9 in einem Text des A als die 3 von Esau in Kenaan geehlichten Weiber die Hettiterinen יְהוּדִית בַּת בְּאֵרִי und אָהֳלִיבָמָה בַּת אֵילוֹן und die Ismaelitin מָחֲלַת אֲחוֹת נְבָיוֹת genannt, welcie mit den iier genannten gar niciet oder nur zum Tieil stimmen. Man iat „die Differenz tieils durci die Hypotiese von 5 Weibern Esau's, tieils durci die Annaime einer Umnennung und Doppelnamigkeit der Weiber" (*Ilg. Ros. Schum. Hengst. Kurtz*), tieils aus Verderbniss der Namen durci die Abschreiber (*Kn. Ew. G.*³ I. 533), die iier eine seir weitgeiende gewesen sein müsste. lösen wollen, kann aber füglici sie nur aus versciiedener Überlieferung oder Tieorie erklären (*Tuch Nöld. Del. Ke. Köhl.*), muss jedoci dann notiwendig auf Identität des Vrf. verziciten (*Hupf. Böhm. Kay. Wl. Brust.*), d. i. entweder 26, 34 f. 28, 9 oder iier müssen die Namen von R in den Text des A aus einer andern Quelle eingesetzt sein. Die letztere Annaime ist an sici die natürlichere (vgl. die Zusammensetzung von Cp. 10. 11, 27 ff.) und wird iier durci 2ᵃ empfoilen, welcier wie eben gezeigt, zu 2ᵇ niciet stimmt. Ob R darin dem B oder dem C folgte, ist niciet zu entsceiden; jedenfalls werden auci sie (s. 32, 4) etwas über Esaus iäuslicie Veriältnisse und Umsiedlung naci Seir geiabt iaben. צְבְעֹן] 4, 19. אָהֳלִיבָמָה] Zusammensetzungen mit אֵל־ kommen vor bei Isr. Ex. 31, 6, bei Sabäern J. As. VII, 4 p. 554 f. und bei Phöniken C. Iuser. Sem. I, 1 p. 72. בַּת־צִבְעוֹן] iinter בַּת־עֲנָה ebenso V. 14, aber auffallend genug, wesialb einige (naci *Sam.* LXX *Pesch.*) בֵּן in בַּת verbessern, andere es als *Enkelin* (vgl. V. 39. 29, 5) neimen; wahrscheinlich aber eig. nur eine auf V. 24 ruiende Variante zu (dem auf V. 20. 25 ruienden) בַּת־עֲנָה (vgl. V. 18), die sciliesslici in den Text selbst iineinkam. בְּמֹתֵ] auci iebr. 1 Reg. 4, 15; *Sam.* iat überall (4. 9. 13. 17) dafür בָּשְׂמַת naci 28, 9. — V. 4 f. Die 5 Söine Esau's, sämmtlich geboren, als iir Vater noci in Kenaan woiete. Die Correctur des יְעוּשׁ (V. 5. 14) in יְעִישׁ beruit auf V. 18 und der sonstigen Form dieses auci bei den Isr. gebräucilicien Namens.

(arab. يَغُوث). Die Worte אֵלֶּה בְּנֵי—כְּנַעַן 5ᵇ lauten ganz wie bei A (35, 26). — V. 6. Esau zieit mit allem Eigentium fort. Die Ausdrücke wie 12, 5. 34, 23 (bei A). אֶל־אֶרֶץ] oine Sinn, da אֶרֶץ zu suppliren (*Trgg. Vulg. Cler. Ros. de W.*) niciet möglici ist, und *in*

ein Land vor d. i. östlich von *Jacob* (*Ges. Bohl.*) oder *entfernt von
Jacob* (*Böhm.*) durch den Begriff von מִפְּנֵי verboten wird oder keine
ordentliche Bestimmung ergibt.   Vielmehr ist hinter אֶרֶץ ausgefallen
wahrscheinlich שֵׂעִיר, was *Pesch.* ausdrückt (*Kn.*; gegen *Nöldeke's* Bedenken s. V. 30 und 32, 4) vgl. V. 8, nicht אֱדֹים vgl. V. 16 f. 21.
31, weil Land Edom schon ein weiterer Begriff ist als Land Seir, (s.
unten).   Das מֵאֶרֶץ פְּנַעַן der LXX *Sam.* ist nachträgliche Correctur. *vor
seinem Bruder Jacob*] d. i. von wegen Jacob's (7, 7. Jes. 17, 9), der
sich sehr ausbreitete und viel Gebiet brauchte.   Esau wich also dem
Jacob, und zwar, wie die Stelle nicht zweifelhaft lässt, erst nach Jacob's Rückkehr aus Paddan Aram (*Kn.*) — V. 7. Der Grund der Auswanderung, dass näml. die Weide des Landes für die Heerden beider
nicht ausreichte.   Zum Ausdruck vgl. 13, 6 bei A.   מִשֶּׁבֶת] 4, 13. —
V. 8. Esau lässt sich auf dem Gebirg *Seir* nieder.   Dieser Name umfasst zwar später (zB. Dt. 2. Ez. 35, 15) auch das Edomiter-Gebirg
östl. von der Araba, zwischen dem todten Meer und älanit. Golf, mit,
„welches die arab. Geogr. als das Gebirg eš-Šerâ (zB. Edrisi p. Jaub.
I. 337; Jaq. Mošt. 270) überhaupt bezeichnen, häufiger aber (zB.
Iṣṭachri Mordt. 34 f.) in seiner nördl. Hälfte *Gebâl*, in seiner südlichen *eš-Šerâ* benennen, genau so wie noch heute (*Setz.* I. 415. 418.
III. 16; *Burckh.* Syr. 674. 688; *Robins.* III. 103 f. 860 f.) unterschieden wird" (*Kn.*; s. auch *Win.*³ I. 397. II. 442; *Ges.* th. 258. 1335).
Aber urspr. (Jud. 5, 4. Dt. 33, 2; vgl. die geogr. Angaben Num. 20,
16. Jos. 11, 17. 12, 7. 15, 1) haftet der Name Gebirg Seir an dem
Bergland westl. von der Araba, welches südl. von dem „platten Berg"
(der Südgrenze des Gebirgs Juda) in wildzerrissenen, weissglänzenden
Felsmassen sich aufthürmt, aber an Höhe dem Gebâl und Šerâ nach-
steht, ein wildes und wüstes Gebirgsland, jetzt von dem arab. Stamm
der Azâzime bewohnt (s. *Bertheau* im BL. II. 51).   עשו הוא אדום] zu
beurtheilen wie V. 1. — — b) V. 9—19. Verzeichniss der Enkel
Esau's und der edomit. Stämme, welche *in Seir* aus den 5 Söhnen
Esau's sich herausbildeten.   Es sind **12** (wie bei Naḥor, Ismael und
Israel) oder mit dem Nebenstamm Amaleq **13** (wie bei Joqṭân). S.
oben S. 290.   Sie zerfallen nach den 3 Weibern Esau's in 3 Abtheilungen. — V. 9 nicht „fehlerhafte Wiederholung aus V. 1 und zu
streichen" (*Lagard.* Ori. II. 40), sondern die urspr. Überschrift des A
zu dem Stück, nur dass בְּהַר שֵׂעִיר erst vom Bearbeiter im Gegensatz
gegen V. 1—8. (bes. 5) hinzugesetzt sein wird.   אֲבִי אֱדֹום] s. V. 1.
— V. 10. אֵלֶּה שְׁמוֹת] 25, 13.   Nur vom Elifaz und Reguel waren Söhne
namhaft zu machen, daher nur diese 2 hier zusammengestellt, und die
Oholibamasöhne V. 14 von ihnen getrennt werden. — V. 11 f. Die
erste oder kenaan. Linie.   Ihr Stammvater ist Elifaz.   Sein Name ist
nicht Stammname geworden, ebenso wenig Reguel; er fasst nur eine
Anzahl von ihm abgeleiteter Stämme zusammen.   *Teman*] „sonst im
AT. Name eines edomit. Landstrichs (Jer. 49, 20. Am. 1, 12. Hab.
3, 3), welcher durch seine Weisen berühmt (Jer. 49, 7. Bar. 3, 22 f.)
und des einsichtsvollen Elifaz Heimath war (Ij. 2, 11).   Man wird
auch nach Ez. 25, 13 denselben im nördl. Edom zu suchen haben"

(*Kn*). Auch eine Stadt Teman anzunehmen (*Kn.*), gibt V. 42 keinen
genügenden Grund. Wohl aber die Onomast. nennen einen Ort Θαι-
μάν, wo eine röm. Besatzung lag, und setzen es 15 (Hier.: 5) Mill.
(6 Stund.) von Petra. Sonst vgl. *Wetzstein* in Z. f. Allg. EK. XVIII.
52 f. Über *Omár, Sephó* (wofür bei LXX Σωφάρ und 1 Chr. 1, 36
צְפִי) *Ga'tám* weiss man nichts mehr. קְנַז] erläutert sich durch die
15, 19 genannten, einst südl. von Kenaan wohnhaft gewesenen Qenizzäer. Daraus, dass (der Judäer) Kaleb (Num. 32, 12. Jos. 14, 6. 14)
„der Qenizzäer", und Othniel, jüngerer Bruder oder auch Tochtermann
des Kaleb, ein Sohn des Qenaz heisst (Jud. 1, 13. 3, 9. 11. Jos. 15,
17. 1 Chr. 4, 13), und auch als Enkel des Kaleb ein Qenaz vorkommt
(1 Chr. 4, 15), ersieht man, dass ein Theil dieser Völkerschaft in den
Stammverband Juda's aufgenommen wurde, während nach unserer Stelle
ein anderer Theil sich an Edom anschloss, und daher hier als Sohn
des Elifaz erscheint (*Ew.* G.³ I. 361; *Bertheau* im BL. III. 521). —
V. 12. Als weiterer, aber von einem Kebsweib *Timna'* stammender
d. h. nicht als voll geltender Sohn des Elifaz erscheint noch *Amáleq*,
natürl. hier nicht das grosse amaleq. Volk oder Ahnherr desselben
(*Win., Hengstb. Ke.* a.), das älter ist (s. auch Num. 24, 20) und
längst vor Esau in den wüsten Ländern südlich von Kenaan sass
(14, 7), sondern blos ein Bruchtheil davon, der an die Elifaz-Stämme
sich anschloss oder, auch in einem Hörigkeitsverhältniss zu ihnen stand.
Die Reste derselben auf dem Gebirg Seir wurden von den Simeoniten
zur Zeit Hizqia's vertrieben 1 Chr. 4, 42 f. *Timna'*, seine Mutter
(ein Bezirk? V. 40), wird V. 22 unter den Horitern aufgeführt, wornach dieser Zweig der Amaleq schon zu den Horitern in einem engeren
Verhältniss gestanden haben muss. — Der Ausdruck פִּלֶגֶשׁ (s. 22, 24.
25, 6) zeigt, dass dieser V. nicht aus A stammt, dann wohl aber
auch nicht אַלּוּף עֲמָלֵק 16. Ohne Amal. sind es 12 Stämme (wie sonst
bei A), mit ihm 13. — V. 13. Die 2. oder ismael. Linie, näml. 4
Söhne des Reguel. Sie sind sonst nicht weiter bekannt; die Namen
der 3 ersten kommen auch bei den Isr. vor; LXX vokalisiren Ναχόϑ,
Ζαρέ, Σομέ, Μοζέ. — V. 14. Die 3. oder horit. Linie bilden nicht
Enkel, sondern die 3 schon V. 5 genannten Söhne des Esau von der
Oholibama, die unter dem gemeinsamen Namen Oholibama zusammengefasst werden. Die Namen רְעוּ and קֹרַח waren auch israelitisch:
יַעְלָם ist ohne Zweifel eine Ableitung aus dem Thiernamen יָעֵל oder
יַעֲלָה (*RSmith*); über יְעוּשׁ s. V. 5. — V. 15—19. Verzeichniss der
edomit. *Stammfürsten*, welche mit den genannten Enkeln und Söhnen
Esau's (mit einer Ausnahme) zusammenfallen. אַלּוּף] bedeutet nicht
Stamm (*Kn.*) oder *Gemeinde, Kanton* (*Sprenger* in ZDMG. XII. 315 ff.,
Böhm.), sondern als denominirt von אֶלֶף (s. V. 30) ein Tausend oder
eine Genossenschaft, *Chiliarch* oder *Phylarch*. Das Wort, in Zach. 9,
7. 12, 5 f. auch auf die Unterabtheilungen des Stammes Juda (vgl.
Mich. 5, 1; *Ew.* Alt.³ 321 f.) angewandt, war allem nach (vgl. Ex.
15, 15) in Edom der einheimische Ausdruck für den Stammfürsten,
indem אֶלֶף den grössten Bruchtheil des Volks, den *Stamm*, bezeichnet
(wie 25, 16 אֻמָּה bei Ismael.). Wenn der Vrf. die Stammfürsten auf-

zä1lt, so zählt er eben damit die Stämme auf, gerade wie er 25, 16.
17, 20 von den שעי־אם Ismael's redet. Dass es *Haupt* des Stamms,
nic1t den Stamm bedeutet, sie1t man auc1 aus Ex. 15, 15, wo die
אָ־לֵ־ מוֹאָב i1nen gleic1geordnet werden. בְּכוֹ־ עֵשָׂו] s. 25, 13. 35, 23
(etwas anders 22, 21). -- V. 16. אלוף קרח] fe1lt in *Sam.*, und ist
e1tw. nur Abschreiberverse1en aus V. 18 hiehergekommen, oder eine
Glosse, welc1e besagt, dass Qorach nac1 anderer T1eorie den Elifaz-
Stämmen zugezä1lt wurde.   Sic1er 1aben nic1t 2 versc1iedene Stämme
den gleic1en Namen gefü1rt. — V. 19. הוא אדם] ist eine am unrech-
ten Ort (s. 14, 12) eingefügte Glosse zu עשׂו (weswegen *Sam.* עמו vor
הוא 1inzusetzt), 1ier berec1tigter als V. 8, insofern wirklic1 15 ff.
vom *Volk* Edom die Rede war (*Trg.Jon.* gibt הוא אבי א־ם vgl. V. 9).
— — c) V. 20—30. Die Stämme der *Horiter*.   Sie werden auf *Seir*
(sonst der Name des Gebirges und Landes) als Vater zurückgefü1rt
(vgl. in Gen. 10 Assur Aram Mi̱sraim Kenaan u. a.).   Sie 1eissen *die
Landesbewohner* (Ex. 23, 31. Num. 32, 17. Jud. 1, 33) im Gegensatz zu den Leuten des Esau, die erst bei i1nen einwanderten.   Sie
waren dort die älteste Bevölkerung, die wir kennen (14, 6).   Ihr
„Name חֹרִי, von חֹר־ *Höhle*, bezeic1net sie als Höhlenbewohner, Troglo-
dyten.   Das Edomiterland ist voll von Hö1len (*Rob.* II. 695; *Ritter*
XIV. 991).   Die Leute benützten sie als Wo1nungen; sie 1atten *in
specubus habitatiunculas* und *tuguria subterranea* (Hier. ad Obad. 5)"
Kn. — V. 20 f. Zunäc1st werden 7 Sö1ne Seir's aufgezä1lt, die aber
identisc1 sind mit den V. 29 f. aufgefü1rten Allufim.   Wenn nun gar
V. 21[b] mit אלה אלופי החרי diese Seir-Sö1ne für Allufim erklärt werden, zugleic1 בארץ א־ום gegen בארץ שעיר V. 30 ersc1eint, so folgt doc1
wo1l daraus, dass diese Verse auf eine andere Quelle, als V. 29 f.,
zurückge1en.   Weiter werden von jedem So1n wieder Sö1ne, auc1
einige Töc1ter, angegeben, welc1e als Unterabtheilungen der Stämme zu
verste1en sind. — V. 22. Der erste ist *Lo̯tan*, von *Ew.* (G.[3] I. 448)
ric1tig mit Lo̯t, dem Vater Ammon-Moab's (auc1 ein חֹרִי 19, 30), zusammengestellt, wogegen der Araberstamm *Lijâthineh* (*Kn.*) in der
Nä1e vor Petra (*Burckh.* Syr. 701 f. 719 f. *Rob.* III. 106) sc1on
den Lauten nac1 nic1t hergehört.   Seine Sö1ne sind *Hori*, in dem
die allgemeine Volksbezeic1nung als Gesc1lec1tsname auftritt, und
Hâmâm (1 Chr. 1, 39 *Hômâm*, LXX beidemal *Aἰμὰν*), von *Kn.* gegen
die Laute mit Humaimeh, einer Stadt südl. von Petra (Jaq̯ût Moscht.
146; Mara̯s. I. 322. II. 100; *Rob.* III. 128. 861), verglic1en; eine
Sc1wester Lo̯tân's, *Timna̒*, dieselbe wie V. 12 und nac1 derselben
Quelle. — V. 23. Der 2. ist *Schobal*; er kann arab. *junger Löwe* bedeuten.   Er 1at mit *Syria Sobal* (d. 1. אֲרַם צוֹבָה) Judit1 3, 1 *Vulg.*
(s. *Fritsche* z. d. St.) nic1ts zu t1un, und wenn „die Besc1reiber der
Kreuzzüge den Namen *Syria Sobal* auf das oben zu 25, 2 genannte
Schobek (*Rob.* III. 118. 120; *Ritt.* XIV. 61. 987) anwenden" (*Kn.*),
so liegt wo1l auc1 1ier eine Verwec1slung (mit Schaubak) zu Grund.
Von den Namen seiner 5 Sö1ne 1aben 2 in der C1ron. Varianten,
näml. עַלְיָן für עַלְוָן, und שְׁפִי für שְׁפוֹ. ʿAlvân wagte *Kn.* mit dem Be-
duinenstamm *Alawîn* nördlich von Aqaba (*Burckh.* Syr. 826. 831 f.;

Rob. I. 267. 272; *Seetz.* III. 10. 102), und *Manachat* mit *Menochia*
einem edomit. Ort (in der Notit. dign. I. 79. 343 Böck.) und mit
Μουννχιάτις, der Gegend westwärts von Petra (Ptol. 5, 17, 3) zu
vergleichen. Bemerkenswerther ist, dass 1 Cir. 2, 52 (vgl. 54) von
einem Kalibbäer Šobal die Hälfte derer von Manahat abgeleitet wird.
— 24. Der 3. ist *Sibeon* d. ı. arab. *Hyäne*. Seme Söıne: אַיָּה (so
mit *Sam.* LXX *Pesch. Vulg.*, hbr. Codd. und 1 Cir. 1, 40 für וַאֲיָה
zu lesen, wenn nicit vielmeir ein Name davor ausgefallen ist) d. i.
hbr. *Weihe* und עֲנָה d. i. (عَانَة = עֲנָה) wilder *Esel* oder Eselin. Von
ʿ*Ana* ıeisst es, dass er beim Hüten der Esel seines Vaters die יֵמִם in
der Wüste fand, d. ı. nicit Maulesel (*Targ. II., Saad., Qimḥ. Luth.*;
s. darüber *Lagarde* Ori. II. 58), sondern waırscıeinlicı (s. *Hieron.*
qu. und vgl. خوى) *heisse Wasser*, Tıerme, aber scıwerlicı die von
Kallirrhoe (*Del.*, s. zu 10, 19), sondern andere (zB. *Burckh.* Syr. 674,
Kn.). — V. 25. Der 4. ist ʿ*Ana*, näml. nicit der V. 24 erwäınte,
sondern notıwendig der Soın des Seir V. 20. Von iım wird abgeleitet *Dischon*, auci ein Thiername Dt. 14, 5. Dass wie ʿAna V.
24, so ıier Dischon als Enkel Seir's, aber V. 20 f. als Söıne desselben aufgefüırt werden, erklärt sici leicıt, wenn Bruchtheile des
Stammes ʿAna in Şibeon und des Stammes Dischon in ʿAna übergegangen waren (LXX ıelfen zum Tıeil durcı andere Vokalisaton naci).
„Die Formel 'ס בְּנֵי אֵלֶּה war in den Stammtafeln steıend und wurde
auci angewendet, wenn nur éin Soın zu nennen war, 46, 23. Num.
26, 8. 1 Cir. 1, 41. 2, 8" (*Kn.*). Die Oholibama ist (vgl. V. 18) das
Weib Esau's, u. ergibt sici daraus, dass V. 2. 14 בַּת צִבְעוֹן eine Glosse
ist. — V. 26. Der 5. ist *Dischon*; וְדִישֹׁן näml. ist mit 1 Cir. 1, 41
sowie LXX *Pesch. Vulg.* zu lesen. Von seinen 4 Söınen ıeisst חֶמְדָּן
in der Cır. חַמְרָן, vielleicıt richtiger, da auci אֶשְׁבָּן arab. ein Farbname
ist. כְּרָן] aber LXX *Χαρράν*, ıängt vielleicıt mit כַּר *agnus, aries* zusammen. — V. 27. Der 6. ist *Eşer* (LXX *Ἀσάρ* und in Cır. *Ὠσάρ*)
mit 3 Söhnen. בִּלְהָן] woıl Ableitung von בִּלְהָה (29, 29); LXX *Βαλαάμ*.
זַעֲוָן] LXX *Ζουκάμ*, *Sam.* יעו. יַעֲקָן] Cır. oıne י (aber LXX καὶ
Ἀκάν, wogegen ın Gen. καὶ Ἰουκάμ); einen Namen עקן in den Inscıriften von Safa liest *Halevy* Journ. As. VII, 17 p. 236; naci der
Lesart der Cır. vergleicht man die בְּנֵי יַעֲקָן Dt. 10, 6. Num. 33, 31 f.
— V. 28. Der 7. ist *Dishan*, wofür LXX hier, 21 und 30 (aber nicıt
in Chr.) ʿ*Ρισών* geben, wie denn in der Tıat וְדִישָׁן als Stammname
neben דִּישֹׁן seır verdäcıtig ıst. Sein Soın *Uss* ist woıl nur ein
Bruchtheil des bekannten aram. Uss (s. zu 10, 23). Der andere, אֲרָן,
bedeutet aram. *capra silvestris*, ımd passt insofern, wogegen die Lesart אֲרֵן *Sam.*, ארם in hbr. Codd., *TgJon.* (auci MSS. der LXX, *Vulg.*)
veranlasst durcı עֵיר, keınen Wertı ıat. (Mit אֲרָן will *Kn.* und
Sprenger Geogr. Arb. S. 145 die *Areni* Plın. 6, 32 vergleicıen). —
V. 29 f. Aufzäılung der 7 Stammfürsten der Horiter, die aber mit den
7 Söınen Seir's ganz dieselben sınd. לְאַלֻּפֵיהֶם] *ihren Stammfürsten
nach*, soll bedeuten: wie sıe einzeln ıeissen (*Kn. Del.*). Aber da im
ganzen Cap. nur ıier אַלֻּף oıne ו gescırieben wäre, ist vielmeır אֵלֶּה רָמֵי

nach ihren Stämmen zu lesen (vgl. LXX). — Dass die Summe der
Söhne Seir's keine bedeutsame Zahl ergibt (*Nöld.*), beweist nur, dass
man überhaupt keine solchen in diesen Genealogien suchen muss, nicht
aber, dass V. 20—30 ein jüngerer Zusatz ist. Dagegen sind bemerkenswerth die vielen *Thiernamen* und Namen auf ־ֶ (וֹ) in dieser Liste.
Dass Völker, bei denen Künste und Gewerbe noch nicht ausgebildet waren, ihre Geschlechtsnamen gerne von Thieren hernahmen, ist eine sehr
natürl. Sache. Auf ursprüngl. Thiercult der Semiten (*RSmith* in Journ.
of Philol. IX. 75 ff.) braucht man daraus nicht zu schliessen. Eine
Zusammenstellung der der Cheṣronäischen Familie der Judäer mit den
Edomiten und Ḥoriten gemeinsamen Geschlechtsnamen s. bei *Wellhausen*
de gent. Jud. p. 38 f. — — d) V. 31—39. *Verzeichniss der*
Könige, „welche im Lande Edom herrschten, ehe ein König der Isr.
herrschte", näml. überhaupt (so die Meisten), dann ergäbe sich die
Zeit vor Saul, oder (*Bruston* p. 133) über Edom, dann wäre die Zeit
vor David gemeint, welche sachlich, als Endpunkt der Liste, allerdings
passender wäre. Diese Überschrift zeigt, dass der Vrf. Könige in Isr.
schon erlebt hat, und welchen Werth A auf das Königthum legt, beweist 17, 6. 20. 35, 11. „Sie zeigt aber ebenso, dass der letzte
dieser Liste unmittelbar vor die oder in den Anfang der Königszeit
Israels fällt, nicht etwa vor Mose oder um Mose's Zeit (*Hengst. Del.*
Ke. a.), denn in diesem Fall hätte der Vrf. nur sagen können: ehe
Isr. aus Äg. heraufzog oder Kenaan eroberte u. dgl. Wie in der
Einnahme seines Wohnlandes, so gieng Esau auch in der Entwicklung
der Königsmacht Israel voran; er ist der Erstgeborne. Und doch gewann ihm zuletzt Isr. den Vorrang ab. „Die Reihe umfasst 8 Könige
und könnte also wohl bis gegen die mosaische Zeit zurückreichen.
Dass damals die Edomiter bereits einen König hatten, wird Num. 20,
14. Jud. 11, 17 gesagt. Von den genannten Königen ist keiner des
Vorgängers Sohn. Die Ed. hatten also wahrscheinlich ein Wahl-
reich, vgl. Jes. 34, 12. Indessen kann man auch annehmen, dass
unternehmende und tüchtige Häuptlinge sich von selbst an die Spitze
drängten, die Königswürde errangen und sie ihr Lebenlang behaupteten"
(*Kn.*). אֱדוֹם בְּאֶרֶץ] wie 21ᵇ, gegen שֵׂעִיר בְּאֶרֶץ 30ᵇ, aber hier auch
auf dem Standpunkt des A richtig, weil das Königthum ein weiteres
Land umfasste, als die Ḥoriten-Heimath (s. zu V. 8, und vgl. 40—43,
wo der gleiche Umfang vorausgesetzt ist). — V. 32. בֶּלַע] LXX Βαλάκ.
Dinhaba] LXX *Vulg. Δενναβά,* ist in Edom nicht nachzuweisen. „Der
Name kam übrigens auch sonst vor; es gab zB. *Δαναβά* im palmyr.
Syrien (Ptol. 5, 15, 24; *Assem.* B.O. III, 2. p. 595 f. 606) und *Δα-*
ναβη in Babylonien (Zosim. hist. 3, 27), Dannaia und Dannaba in Moab
(Onom. I. 114 f. ed. Lag.). Merkwürdig ist das Zusammentreffen des
Namens *Bela ben Beor* mit dem des Sehers *Bileam ben Beor*, an den
hier *TrgJon.* u. *Trg.* 1 Chr. 1, 44 denkt" (*Kn.*). — V. 33. *Jobab*
wurde später von den Griechen (Ij. 42, 18 LXX) mit Ijob identificirt.
Seine Stadt *Boṣra* war die erste oder die zweite Stadt des Landes (Am.
1, 12. Jer. 49, 13. 22. Jes. 34, 6. 63, 1), jetzt ein kleines Dorf im
Gebal, *el-Buseira*, etwa 4 Meilen südl. vom Südende des todten

Meers (*Burckh.* Syr. 683; *Rob.* III. 125 f. 860; *Seetz.* II. 51. 357.
III. 17). — V. 34. חַשָּׁם] LXX *Ἀσώμ* (*Ἀσόμ* Chr.). *Teman*] s. V. 11.
— V. 35. *Hadad* ist auch ein bekannter syr. Gottesname ZDMG.
XXXI. 734. בְּדַד] LXX *Βαράδ*. Ausnahmsweise wird von diesem König
eine That berichtet, näml. sein Sieg über Midian auf dem *Gefilde* (14,
7. 32, 4, Num. 21, 20. Ruth 1, 1 ff.) Moab, wohl weil dieser auch
für Isr. von Wichtigkeit war. (*Ew.* G.³ II. 476 will ihn in die Gi-
deon-Zeit eingliedern). עֲוִית] LXX *Γετθαίμ* wird von *Kn.* mit der
Hügelreihe *Ghuweite* غويتة an der Ostseite von Moabitis (*Burckh.*
Syr. 638) zusammengestellt. — V. 36. *Μασρικά· πόλις βασιλείας*
Ἐδώμ περὶ τὴν Γεβαληνήν (Onom.). — V. 37. „Orte des Namens
Rehoboth gibt es viele (Jaqut Moscht. 203 f.). Wahrscheinlich gab es
auch in Edom mehrere. Das hier gemeinte lag an einem *Nahr* (hier
ein kleiner Fluss); daher *das Fluss-Rehoboth* genannt", (LXX *Ροωβὼθ*
τῆς παρὰ ποταμόν, nicht *παρὰ τόν*). Gemeint ist der Ort, den die
Notit. dign. I. 78. 346 f. als Robotha neben andern edomit. Orten, und
Euseb. und Hieron. onom. als zu ihrer Zeit in Gebalene bestehend anführen". So *Kn.* Aber dass נהר in Edom zu suchen sei, ist schwer glaublich. Gemäss der sonstigen Bedeutung von רְחֹבוֹת הַנָּהָר verstehen andere ein
Rehoboth am Eufrat, zB. Rahaba östl. vom Eufrat, etwas südl. von der Cha-
boras-Mündung (*Ges.* th.; *Ri.* HWB. 1273), u. halten Šaul (trotz seines
hbr. Namens) für einen Ausländer. — V. 38. בַּעַל חָנָן] gebildet, wie יוֹחָנָן,
אֶלְחָנָן bei den Isr. und viele ähnl. phönik., pun., sabäische Namen; somit
auf einen Dienst des Baal hinweisend. עַכְבּוֹר] *Maus*, auch ein Thiername.
— V. 39. הֲדַר] in 1 Chr. 1, 50, hbr. MSS., *Pesch.* הדר, *Sam.* הדד und
הדר (s. *de Rossi*); eine Variante, die gerade bei diesem Namen auch
sonst häufig ist (s. *Baudissin* Stud. I. 309 ff.). פָּעוּ] Chr. פָּעִי, LXX *Φογώρ*
(wie die LXX Jos. 15, 59 auch in Juda einen nach dem Gott פְּעוֹר genannten Ort *Φαγώρ* aufführen), „womit sich der edomit. Ruinenort
Phauara bei *Seetz.* III. 18 vergleichen lässt" (*Kn.*). Von Hadar wird
kein Nachfolger und auch sein Tod nicht bemerkt, entweder weil er vor
seinem Tod zu regieren aufhörte, oder weil er der letzte war, den der
Vrf. der Liste erlebte (s. zu V. 40). Von ihm und nur von ihm wird
auch der Stammbaum seines Weibes angegeben, nicht etwa darum, weil
dieser König derselbe wäre mit dem 1 Reg. 11, 14 ff. genannten Hadad
und also seine Frau eine äg. Prinzessin (*A Bernstein* über den Ursprung
der Regententafel von Edom, 1880; als MS. gedruckt), denn jener Hadad ist מֵידְרַע הַמֶּלֶךְ, und die Namen der Frau sind gut semitisch, sondern
wohl darum, weil Abkömmlinge aus dieser Ehe für die Isr. nicht ohne
Bedeutung waren, zB. der Hadad 1 Reg. 11, 14. בַּת מֵי זָהָב] aber LXX
Pesch. υἱοῦ *Ματζοώβ*; sonst s. V. 2. Übrigens sind die mit מֵי zusammen-
gesetzten n. pr. sonst Ortsnamen. — — e) V. 40—43. Übersicht über
die Stammfürsten Esau's *nach ihren Geschlechtern, nach ihren Orten*
mit ihren Namen. Die letztere Angabe allein zu beachten und hier
nur ein Verzeichniss der Hauptstädte der Edomiter zu finden (*Kn.*), berechtigt nichts, auch V. 43 nicht, wie ja auch zB. קְנַז schwerlich ein
Ortsname war. Vielmehr ist die Liste gemischter Art, umfasst theils

alte Gescɩlecɩtsnamen (zB. אָהֳלִיבָמָה, קְנַז), theils Bezirksnamen (zB. אֵלָה,
פִּינֹן). Gegenüber von der ɩistoriscɩ‑genealogiscɩen Liste V. 15—19
ɪsL sie *geographisch-statistisch* (vgl. 1 Reg. 4, 7 ɪɪ. mit den alten ɪsɪ.
Stammlisten), bezeicɩnet die Woɪnbezirke der Edomiter (deren Namen
nur theilweɪse nocɩ mit den alten Gescɩlecɩtsnamen zusammenfallen,
theilweise von Städten, Gegenden u. s. w. ɩergenommen sind, und die
zum Tɩeil, wie תִּמְנָע, עֲלְוָה, aucɩ die Sɩtze der Ḥoriter umfassen) oder
die polit. Eintheilung des Landes zu einer bestimmten Zeit, also jüngere
Verɩältnisse, die sicɩ vielleicɩt scɩon in der Königszeit Edom's so ge-
bildeL ɩatten, waɩrscɩeinlicɩer aber erst nacɩ dem Aufhören des Kö-
nigthums eintraten (vielleicɩt geradezu unter der neuen israelit. Ober-
ɩerrscɩaft), vgl. *Ew.* G.[3] I. 113 f. 529. So verstand die Liste scɩon
der Chroniker, welcher 1 Cɩr. 1, 51 sie einleitet mit den Worten
וַיִּהְיוּ אַלּוּפֵי (s. *Bertheau* z. d. St.). Der „flagrante Widerspruch‟
gegen V. 15 ff. (*Nöld.*) ist demnacɩ scɩwerlicɩ vorɩanden. Aus V. 15
bis 19 keɩren hier als Allufim wieder nur קְנַז und תֵּימָן. Von den
andern sind תִּמְנָע aus 12. 22 und אָהֳלִיבָמָה aus 2. 14. 18. 25 bekannt; עֲלְוָה (Cɩr. עֲלְיָה) LXX Γωλά, ist oɩne Zweifel blos die Urform
zu עַלְוָן (Γωλάμ) V. 23; יֶתֶת ('Ιεϑέϱ), מִבְצָר‑אֵל, עֵירָם (LXX in Gen. und
Cɩr. Ζαφωίν d. ɪ. צְפוֹ, vielleicɩt nach einer exeget. Glosse צְפוֹ = צְפֹי
Kn., mit Rücksicɩt auf צְפוֹ 11. 15; docɩ s. unten) sind bis jetzt nicɩt
nacɩzuweisen. אֵילָת] woɩl sicɩer das sonstige אֵילַת (s. 14, 6), die
Hafenstadt *Aila.* פִּינֹן] sonst *Punon* Num. 21, 9. 33, 42, in der patrist.
Zeit ein viculus in deserto, ubi aeris metalla damnatorum suppliciis
eɪɪodiuntur, zwiscɩen Ṣoar und Petra (Onom. s. Φινών, Fenon), 4 Mill.
südl. von Dedân (Onom. s. Δαιδάν), von den KV. als Ort, woɩin man
cɩristl. Glaubenszeugen in den Verfolgungen zur Metallarbeit scɩickte,
oft erwäɩnt, vgl. über einen Ruinenort *Qalaat Phenan* bei *Seetz.* III.
17. מִבְצָר] gewiss nicɩt *Sela* oder *Petra* (*Kn.* unter Berufung auf Ps.
108, 11. 60, 11), eɩer s. v. a. בָּצְרָה V. 33 (*Hitz.* zu Jes. 34, 6);
aber Onom. (ed. Lag. 277) sagt: ἔτι καὶ νῦν κώμη μεγίστη Μαβ-
σαρὰ ἐπὶ τῆς Γεβαληνῆς, ὑπακούουσα τῇ Πέτρᾳ, also doch woɩl
verscɩieden von Boṣɩa. — Da die Zahl der Allufim nur 11 beträgt, so
ɩat *Ew.* G.[3] I. 350 vermuthet, dass einsL צְפוֹ *neben* עֵירָם im Texte gestanden ɩaben könɩte, wodurcɩ die Zwölfzahl voll würde. Docɩ wird
bei einer geogr. Eintheilung die Zwölfzaɩl nicɩt erwartet.

Cap. 37, 1 folgte vielleicɩt (s. S. 376) urspr. bei A ɩinter 36, 6
bis 8. Wäɩrend Esau wicɩ 36, 6 ff., blieb Jacob in Kenaan. Darauf
wird Gewicɩt gelegt, vgl. 13, 11 f. 25, 6. 11. מְגוּרִים] s. 17, 8.

V. Die Geschichte Jacob's, Cap. 37—50.

Der Gegenstand dieses letzten Theils ist die Gescɩicɩte Jacob's in
seinen Söhnen. Von iɩm selbst, der nun, nacɩ Esau's Abzug, als geläutertes und gereiftes Haupt des gesammten Israelhauses in Kenaan
dasteɩt, ist verɩältnɪssmässig wenig meɩr die Rede. Was er nocɩ er-

lebt, erlebt er an und von seinen Söhnen. Durch die bösen Triebe und Thaten dieser nun selbständiger hervortretenden Söhne kommt viel Leid über den alten Vater, aber in glaubensvoller Geduld überwindet er das widrige Geschick, das sein Gott ihm zum Segen wendet, und steht doch zuletzt als ein hochbeglückter Gottesmann da. In den Vordergrund der Beschreibung tritt das Thun und Treiben seiner Söhne, das Herauswachsen eines Israelhauses aus diesen Söhnen und die Vorbereitung seines Umzugs nach Ägypten. Und damit bekommt diese ganze Geschichte schon ein anderes Aussehen. Die vielen Gottesoffenbarungen, durch welche in den 3 Erzvätern der reinere Gottesglaube eingegründet werden sollte, hören (mit der einen Ausnahme 46, 2—4) auf. Jener Grund ist nun gelegt; jetzt handelt es sich um die Mehrung, Erstarkung und Umsiedlung des Jacobhauses unter der ganz besonderen Leitung Gottes. Diese ist mit Josef so eng verknüpft, dass man sagen kann: die ganze folgende Geschichte dreht sich um Josef, seine Schicksale und Thaten. In der That, ausser Cp. 38 (über die Entstehung der Hauptgeschlechter des Stammes Juda), kommt kein Abschnitt mehr, in dem nicht auch von Josef die Rede wäre. Die ganze Geschichte seines Vaters und seiner Brüder ist in seine Geschichte aufs engste verwoben; an ihm spinnt sich die Erzählung fort, gerade wie die im vorigen Theil an Jacob, in 3 Abschnitten: 1) Josef's Verkaufung nach Äg. und seine Erhöhung daselbst, mit dem Zwischenbericht von Juda und Tamar Cp. 37—41, 2) die ersten Wanderungen der Brüder Josefs nach Äg. und ihre Demüthigung vor Josef Cp. 42—45, 3) die von Josef veranstaltete Übersiedlung des Jacobhauses nach Äg. und Jacob's Ende Cp. 46—50. Die Quellen, aus welchen dieser 5. Theil zusammengesetzt ist, sind für die beiden ersten Abschnitte (mit Ausnahme von 37, 2 und 41, 46) ausschliesslich B und C. Von B stammt der Plan und der grössere Theil der Ausführung dieser herrlichen, fast dramatisch angelegten Josefgeschichte, aber auch aus C, der im ganzen ähnlich, im einzelnen manches abweichend, zum Theil auch spannender und didaktisch durchsichtiger erzählt hatte, hat der Compilator mit Vorliebe aufgenommen und künstlich damit zusammengearbeitet. Erst im 3. Abschnitt ist auch A wieder viel benutzt und fliessen dort sämmtliche 3 Quellen.

a) Von Josefs Verkaufung nach Ägypten bis zu seiner Erhöhung daselbst, Cap. 37—41.

1. Josef's Verkaufung nach Ägypten Cap. 37, 2—36, von R aus B und C.

Josef als Jüngling von **17** Jahren, verfällt wegen Angebereien beim Vater, wegen seiner Bevorzugung durch den Vater und wegen stolzer Träume, die er erzählt, der Eifersucht und dem Hass seiner Brüder, und entgeht, als er einmal bei ihnen zu Dothan ist, nur durch die Einsprache Ruben's oder Juda's ihren Mordanschlägen; von ihnen in eine Cisterne geworfen wird er von midianit. Händlern mit fortgenommen oder durch die Brüder an eine ismaelit. Karawane verkauft.

Die Händler bringen iɩn nach Äg. und verkaufen iɩn als Sklaven an
Potifar, einen Beamten Pɩarao's. Der Vater aber betrauert innigst den
verlornen Soɩn. — In diesem Bericɩt ist die Überscɩrift in V. 2
aus A; dass aucɩ der übrige V. 2 (*Brust.*) oder gar 2—4. 23—27.
28 von וימכרו an, 31. 32ᵃ (*Kn.*), ist nicɩt anzuneɩmen. Vielmeɩr ist
die Erzäɩlung aus B und C zusammengearbeitet. Dass sie keine einheitliche ist, ɩat man (*Ilg. Hupf., Ew. G.*³ I. 596 ff., *Kn. Schr.*) längst
daraus erkannt, dass nacɩ V. 21 f. 29 Ruben, nacɩ 26 Juda der Für-
sprecɩer Josefs ist, dass 28ᵃ. 36 Midianiter, 25. 27. 28ᵇ Ismaeliten
iɩn nacɩ Äg. neɩmen, dass in 28 er einerseits von den Mid. ɩeimlicɩ
(40, 15) aus der Cisterne genommen, andererseits von den Brüdern
verkauft wird (45, 4). Aber aucɩ die erste Hälfte der Erzäɩlung ist
Voll von Doppelberichten (*Wl.*), zB. wäɩrend nacɩ 2—4 die Angebereien Josefs und die Vorliebe Jacobs für iɩn, vermöge der er iɩn sogar
durcɩ die Kleidung auszeicɩnete, den Josef bei den Brüdern so *verhasst* macɩen, sind es 5—11 seine stolzen Träume, welcɩe die *Eifersucht* der Brüder erregen. Da nun der Bericɩt, der die Träume und
den Ruben ɩervorɩebt, dem B angeɩören muss, so lässt sicɩ hienach,
unter Beizieɩung der sonstigen sachl. und sprachl. (zB. ישראל 3. 13,
יעקב 34) Merkmale, die Zuweisung der Referate an C und B grössten-
teils durcɩfüɩren: dem C geɩören 2 von והוא an, 3 f. 18ᵇ. 21*. 23 f.*
25—27. 28 וימכרו—כסף. 31 f.* 33. 34 f.*; dem B das Übrige meist;
die Beweise s. in der Erkl. Erst von R beigesetzt sind 5ᵇ und 8ᵇ
(beide jetzt an unrecɩter Stelle), vielleicɩt aucɩ ein Paar Worte in 14.
18; sonst ɩat R aucɩ durcɩ künstlicɩe Gruppirung, Weglassungen und
Versetzungen die Verscɩmelzung der beiden, in den Hauptsacɩen oɩne-
dem übereinstimmenden Bericɩte zu Stande gebracɩt. Einige Scɩwierig-
keiten, welcɩe bei seiner Benützung des B aus dem jetzigen Zusammen-
ɩang der Gen. sicɩ ergeben, konnte er freilicɩ durcɩ diese Mittel nicɩt
wegbringen, s. zu V. 10. 12 f.

V. 2 ist nicɩt einɩeitlicɩ. Nacɩ der Überschrift אלה תלדות יעקב
von A, folgt zunäcɩst: *Josef, 17 Jahre alt, war hütend* (s. 1, 6) *mit
seinen Brüdern* unter oder *bei* (1 Sam. 16, 11. 17, 34) *dem Kleinvieh.* Wenn nun fortgefaɩren wird, והוא נער וגו', was nicɩt ɩeissen
kann *wuchs heran* (*Trg. Pesch.*), aucɩ nicɩt *als Junge* oder *Bursche*
(Jud. 7, 11. 9, 54. 19, 13) *bei den Söhnen der* Mägde, iɩnen beigegeben, um zu lernen oder kleinere Geschäfte zu besorgen (*Kn.*),
sondern nur *und er* ɩocɩ *jung* (LXX) *bei den Söhnen* u. s. w., so ist
klar, dass ein und derselbe Referent so nicɩt gescɩrieben ɩaben kann,
sondern והוא וגו' die Doublette zu יוסף וגו' ist. Wenn sicɩ aucɩ den‧
ken liesse, dass ein Interpolator אביו—את־בני eingesetzt ɩätte (*Wl.*),
so docɩ nicɩt, dass er והוא נער ɩinzusetzte, und vielmeɩr muss והוא bis
אביו aus einer der Quellen stammen. Das folgende *und Jos. brachte
ihre Nachrede* (aucɩ Num. 13, 32. 14, 36 f. bei A), *eine böse* (*Ges.*
111, 2ᵇ) d. ɩ. üble Nacɩreden über sie *an ihren Vater* wird nur auf
die Söɩne der Kebsweiber sicɩ bezieɩen können, also Fortsetzung des
mit והוא נער anfangenden Bericɩtes sein. Der erste Bericɩt (יוסף—בצאן)
ɩat demnacɩ in V. 2 keine Fortsetzung, ebensowenig V. 3 f., also ent-

weder gar keine, oder erst in V. 5. Im ersten Fall könnte er, mit
der Überschrift zusammen, ein Satz aus A sein (s. 41, 46); im 2.
Fall ist er, wie V. 5 ff., dem B zuzuweisen, welchem derartige Zeitbestimmungen nicht fremd sind (s. 31, 38. 41). Auf keinen Fall kann
V. 2 ganz (*Brust.*) oder gar 2—4 (*Kn.*) aus A stammen. Alles von
והוא an oder wenigstens V^b. für einen Zusatz des jüngsten R (*Kuen.*
O.² I. 317) zu erklären, gibt doch weder וַיָּצֵא (schon Prov. 10, 18),
noch das artikellose רָעָה (s. 1 Sam. 2, 23) genügenden Grund. — V.
3 f. Ein weiterer Grund der Unbeliebtheit Josefs bei seinen (*sämmtlichen*) Brüdern war die Vorliebe des Vaters für ihn. Wegen יִשְׂרָאֵל
(s. 35, 10; die LXX freilich haben 'Ιακώβ, aber unmittelbar vorher in
V. 2 'Ισραήλ) kann man V. 3 und dann auch 4 nicht dem A (*Kn.*),
noch dem B (*Wl.*), sondern nur dem C zuschreiben, für den auch
בֶן־זְקֻנִים (s. 21, 2 u. 44, 20) spricht. Schilich erklärt sich letzterer
Ausdruck bei B gar nicht, weil bei ihm (31, 18. 41 mit 31, 14—
17) Josef höchstens 12 Jahre jünger ist, als der Erstgeborne. Freilich nach C (30, 23 ff.) *scheint* er gar nur 5—6 Jahre jünger zu sein,
weshalb *Kn.* V. 3 f. aus A ableiten wollte. Aber dass dies nur ein
durch die jetzige Redaction von Cp. 30 hervorgerufener Schein ist, ist
schon zu 30, 25 bemerkt. In Wirklichkeit *kann* bei C Josefs Geburt
viel später angesetzt gewesen sein, und dass Jacob beim Antritt seiner
mesop. Wanderung in höherem Alter stand, ist aus 27, 1 ff. gewiss.
Als einen Spätling liebte Jac. den Jos. am meisten (Benj. als zu jung
kommt nicht in Betracht), und *hatte* ihn auch durch die Bekleidung
ausgezeichnet. וְעָשָׂה לוֹ וג׳, hat seinen Grund in V^a, kann also nicht
von B (*Wl.*), sondern nur von C abgeleitet werden. כְּתֹנֶת פַּסִּים] nur
hier (auch 23. 32) und 2 Sam. 13, 18 f. (als Kleid der Königstöch-
ter), ist nicht χιτὼν ποικίλος *tunica polymita*, *buntes Kleid* (LXX
Vulg.), sondern (nach *Pesch. Sym.*, auch *Vulg.* zu V. 23 und LXX
und *Aq.* zu 2 Sam.) χ. καρπωτός, ἀστραγάλειος, χειροδωτός *tunica
talaris*, *Ärmel- und Knöchelkleid* d. h. bis an die Knöchel reichen-
des Kleid mit Ärmeln bis an die Handwurzeln, während die gew.
כְּתֹנֶת nur bis an die Knie gieng und keine Ärmel hatte, von פַּס (im
Aram.) die Extremität von Hand und Fuss (zB. Dan. 5, 5. 24. Ez.
47, 3 אֲפַסַּיִם). מִכֹּל בָּנָיו [מִכָּל אָחָיו *Sam.* LXX. וַיֵּשָׂנְאוּ] dagegen וַיִּקְנְאוּ
V. 11 bei B. דַּבְּרוֹ] *und sie vermochten nicht* (nicht: *seine Rede* sc.
zu ertragen, *Olsh.*; schwerlich: *von ihm zu reden Ew.* 282ª, sondern) *ihn zu sprechen zu Frieden*, auf friedl. Weise mit ihm zu
reden, ihm ein freundl. Wort zu gönnen (LXX *Kn.*) oder ihn zu
grüssen und den Gruss zu erwiedern (*Saad. Del.* vgl. 43, 27. Ex.
18, 7). — V. 5—11 nach B. Stolze Träume, die Josef hat und seinen Brüdern erzählt, erregen ihre Eifersucht (V. 11 nach B), verstär-
ken ihren Hass (5. 8 nach R). — V. 5. וַיּוֹסִפוּ עוֹד שְׂנֹא אֹתוֹ] natürlich
von R, der V. 2—4 und 5—11 zusammensetzte, mit Beziehung auf
וַיִּשְׂנְאוּ אֹתוֹ V. 4; aber der Satz passt nicht hieher, wo die Brüder den
Inhalt des Traums noch nicht gehört haben, ist darum in LXX weggelassen. In V. 8, wo er jetzt wieder steht, ist er verständlicher,
aber dort passt der Pl. חֲלֹמֹתָיו nicht. Deshalb ist anzunehmen, dass

5ᵇ urspr. an der Stelle von 8ᵇ, 8ᵇ aber urspr. ꞁinter oder vor 11ᵃ
stand, und dass erst bei nocꞁ späterer Durcꞁarbeitung des Textes (weil
man 11ᵃ Hass und Eifersucꞁt nebeneinander anstössig fand) jene Zusätze des R an iꞁre jetzigen Stellen verscꞁoben wurden. — V. 6 ff.
Im ersten Traum sieꞁt er, wie beim Garbenbinden (s. 26, 12) seine
Garbe sicꞁ erꞁebt und steꞁen bleibt, wäꞁrend iꞁre Garben sicꞁ rings
ꞁerum stellen und vor der seinigen sicꞁ niederwerfen. Im zweiten
sieꞁt er Sonne, Mond und 11 Sterne (nicꞁt gerade des Thierkreises
2 Reg. 23, 5 *Kn.*, da kein Art. steꞁt) sicꞁ vor iꞁm niederwerfen.
Den letzteren erzäꞁlt er aucꞁ seinem Vater, wird aber von iꞁm ge-
scꞁolten; denn Jac. scꞁliesst von solcꞁen Träumen auf hochmüthige Gedanken bei Josef. Nacꞁ dem Sinn des Vrf. (11ᵇ) waren es göttlicꞁ
gesandte Voraꞁnungen seiner künftigen Grösse. Der Sinn der Träume
ist klar und wird aucꞁ sofort von allen errathen. „Himmliscꞁe und
irdiscꞁe Dinge ꞁuldigen iꞁm, der der *Retter der Welt* (41, 45) werden soll. Die Doppelꞁeit des Traums drückt das Gewisse und Baldige
aus 41, 32" (*Kn.*). — V. 9. לאחיו אתו ויספר] ist ein jüngerer Einsatz, veranlasst durcꞁ das folg. ויאמר, und mit 10ᵃᵃ unverträglicꞁ, wes-
ꞁalb LXX אחיו ואל אביו אל ויספר aus 10ᵃ ganz hieher setzten, und in
V. 10 wegliessen. — V. 10. וְיָרֵחַ] der Mond bedeutet die *Mutter*;
zwar war nacꞁ 35, 19 Raḥel nicꞁt meꞁr am Leben, und müsste man
hienach die gestorbene versteꞁen (*Del.*), da an Lea nicꞁt zu denken
ist; aber dass Raḥel aucꞁ nacꞁ B scꞁon todt war, ist nicꞁt zu beweisen (s. zu 35, 16). — V. 11. ויקנאו] 30, 1. שָׁמַר] dem Vater, trotz
seiner Misbilligung, blieb der Traum docꞁ unvergesslicꞁ (vgl. Luc.
2, 19. 51). — V. 12—22. Die Brüder bescꞁliessen Josef's Verderben, als dieser einst wieder zu iꞁnen gesendet wird. V. 12. Die
Brüder zieꞁen in die Gegend von Sikhem, um dort zu weiden. אֵת]
überpunktirt, weil kritiscꞁ verdäcꞁtig (zum Acc. ohne את s. zB. 17, 24).
Dass die Brüder bei Sikhem weiden, ꞁat bei B (vor dem Ereigniss
48, 22) nicꞁts auffallendes, da bei iꞁm Sikhem der ständige Woꞁnort
Jacobs gewesen zu sein scꞁeint (33, 19), woꞁl aber dass sie erst dorthin *ziehen* (12) u. Josef dortꞁin *gesendet wird* (13 f.) u. zwar *von
Ḥebron aus* (14). Umgekeꞁrt nach C (s. Cp. 34) wird Jacob nicꞁt
bei Sikhem gewoꞁnt ꞁaben; wo er aber nacꞁ C woꞁnte, ob gerade
in Ḥebron, wie nacꞁ A (35, 27), wissen wir nicꞁt (docꞁ s. 38, 1).
Aucꞁ dass C gerade Sikhem als Weidegegend der Brüder angegeben
ꞁaben soll, ist wegen Cp. 34 nicꞁt waꞁrscꞁeinlicꞁ. (Das B. Jub. c.
34 setzt eben ꞁier den Krieg gegen die Amoräer ein). Demnacꞁ
scꞁeint ꞁier nicꞁt reiner Text des B (bemerke aucꞁ ישראל V. 13) vorzuliegen, sondern derselbe von R, vielleicꞁt mit Rücksicꞁt auf C, modificirt zu sein. — V. 13. הִנֵּנִי] damit stellt er sicꞁ für die Sendung
zur Verfügung. — V. 14. *sieh das Wohlbefinden deiner Brüder*]
sieh zu, ob es iꞁnen woꞁl geꞁt. דבר הֲשִׁיבֵנִי] Num. 13, 26. 22, 8. Jos.
14, 7. חברון מעמק] ungewiss, ob nacꞁ C, oder (*Kuen.* O.² 225. 316)
erst von R mit Rücksicꞁt auf A eingefügt. *Thal Ḥebron*] s. zu 23,
2. 20. *nach Sikhem*] in die Gegend von Sikhem. — V. 15—17.
Josef, die Brüder vergeblicꞁ sucꞁend, wird von einem iꞁn treffenden

Mann über iiren Wegzug naci Dotian unterricitet. וַיִּמְצָאֵהוּ] 16, 7.
שמעתי] *Sam.* שמעתים, s. aber *Ew.* 284ᵇ. דֹּתָן] woraus דֹּתַיְן durci laut-
liehe Differenzirung erst iervorgegangen ist (*Philippi* in ZDMG. XXXII.
63 ff.), naci 2 Reg. 6, 13 ff. nicit so seir weit von Samaria, in
Juditi 3, 9 f. 4, 6. 7, 3. 8, 3 als *Δωταία* oder *Δωθαίμ* an der Süd-
seite der Ebene Jizreel zwiscien Scytiopolis und Gabae, also in der
Näie des alten Ginnaea (Genin). „Naci dem Onom. lag *Δωθαείμ*
12 Mill. nördl. von Sebaste (Samaria); neuere Reisende, wie *Rob.* NBF.
158 und *vdVelde* memoir to acc. tie map of tie Holy Land p. 308, die
den Platz wieder gefunden iaben, bestätigen das. Durci die Ebene von
Tell Dothan, südl. von Genin, füirt die Strasse von Bethšean und Jizreel
naci Ramle und Ägypten, s. *Rob.* Pal. III. 161. 388. 413. 417. 481.
541. 552. 575" (*Kn.*). Auf dieser Strasse zogen die Karawanen V.
25 ff. — V. 18—20. Wie die Brüder Josef in der Ferne kommen
seien, macien sie den tückiscien Anscilag iin umzubringen; V. 18ᵇ
von C, 19 f. von B. Das Umgekeirte anzuneimen (*Wl.*) ist unnatür-
lici, da B den Jos. als den Träumer bescirieben iat, nicit C. וּבְטֶרֶם]
LXX streicien ˙; bei C woil urspr. ויהי בטרם. וַיִּתְנַכְּלוּ אֹתוֹ] *Ew.* 124ᵇ;
weil der Ausdruck jung u. auffallend ist, scireibt *Kuen.* O.² 317 dies
dem letzten R zu. *Herr der Träume*] Träumer (14, 13), eine
spöttiscie Bezeicinung. הַלָּזֶה] 24, 65. — V. 21 f. „Diesem Anscilag
tritt Ruben entgegen, der als Erstgeborner besondere Pfliciten iat"
Kn. Der Text ist aus C und B zusammengearbeitet, da ein Grund zu
doppeltem וַיֹּאמֶר sonst nicit vorliegt. Nun ist aber 22 (naci 29 f.)
sicier von B, demnaci 21 (ausser 'וישמע יא) von C, bei welciem *Juda*
der Retter ist, und also die Einleitung וישמע יהודה gelautet iaben muss;
ein Tieil seines Vorscilags ist von R aus iarmonist. Gründen erst
V. 26 nachgebracht. וַיַּצִּלֵהוּ מִיָּדָם] Ex. 2, 19; er rettete iin, indem er
die sofortige Tödtung veriinderte und übrigens (V. 23) ebenfalls veranlasste, ihn in eine Grube zu werfen, oine dass, was weiter mit iim
werden sollte, gesagt wäre. *ihn nicht schlagen am Leben*] iin nicit
todt scilagen (Dt. 19, 6. 11 u. ö.). V. 22. *legt nicht Hand an
ihn*] 22, 12. 'למען וגי] das für einen späteren Zusatz zu erklären (*Kn.*),
liegt nicit der mindeste Grund vor, und ist gegen V. 29. — V. 23 f.
Sie werfen iin in die wasserlose Cisterne. Zu diesem Gebrauci der
Cisterne vgl. Jer. 38, 6. Thr. 3, 53 (*Win.*³ I. 199). Dass sie iim
vorier den Leibrock auszogen, iängt scion mit iirem Plan V. 20 und
31 ff. zusammen. In V. 23ᵇ ist der Text des B und C (Ärmelkleid,
V. 3) nebeneinander gestellt. — V. 25—27 aus C. Darauf halten sie
Maizeit (31, 54). Wäirend derselhen seien (33, 1) sie eine ismaelit.
(25, 18) Karawane ieranzieien. Sie kam von Gilead, woil über
Bethšeàn ierüber, s. zu V. 17. „Iire Ladung besteit in Specereien
(über deren Namen s. *Ges.* th.), näml. *Tragakanth*, von dem *Rauwolff*
Reisebeschr. II. 136 f. (Ausg. v. 1852) 3 Arten auf dem Libanon fand,
Balsam, der im Hebräcrland, nam. in Gilead einieimisci war und naci
Phönikien und Äg. ausgefüirt wurde (43, 11. Jer. 8, 22. 46, 11. Ez.
27, 17)" näml. nicit dem äciten arab. Balsam, sondern dem balsami-
scien Harz (ῥητίνη) des Mastixbaums (*Ri.* HWB. 959), und *Ladanum*

(λῆδον, λήδανον, assyr. *ladunu, Schrad.* in Berl. Ak. MB. 1881 S.
413 ff.), dem woilriecienden Harz der Cistusrose, welcie in Kreta,
Cypern, Arabien, Syrien (Plin. 26, 30), und Palästina (*Schub.* R. III.
114. 174) zu Hause ist (s. *Win.*[3] II, 2; *Ri.* HWB. 877, und über
den Namen *Schrad.* a. a. O.). „Diese Gelegenieit benutzt Juda zu
einem Vorscilag. Sie iätten keinen Gewinn, wenn sie Josef umbräciten;
sie wollen iin lieber an die Ism. verkaufen, nicit aber Hand an iin
legen, der iir Fleisci (29, 14) und Bruder sei" (*Kn.*). Ein Tieil
dieser seiner Worte ist woil durci R aus V. 21 (s. d.) hieher versetzt. וכסינו וג׳] nicit: iin oine Blutvergiessen umbringen (*Wl.*), sondern seine Ermordung verieimlicien (LXX *Raš. Kn.*) — V. 28. Die
Brüder geien darauf ein, und verkaufen iin (45, 4) an die Ismaeliten um 20 (Šeqel, s. 20, 16) Silber (LXX χρυσοῦς, ebenso 45,
22); zum Preise s. Lev. 27, 5. Soweit C. Das übrige ist aus B.
Wenn es näml. ieisst *und handeltreibende midian. Männer kamen
vorüber und zogen Josef heraus aus der Grube* d. i. bemäcitigten
sici seiner als guter Beute, so ist das offenbar eine andere Erzäilung
des Hergangs. Zwar sollen, naci dem jetzigen Text, zu וַיִּמְשְׁכוּ die Brüder Subj. sein; aber dass in Wairieit iier ein anderes Referat ein-
fällt, erkennt man a) aus den versciiedenen Namen der Kaufleute (s.
dieselbe Differenz V. 36 bei B und 39, 1 bei C), b) aus dem Feilen
des Art. bei א׳ מד׳, wornach nicit die V. 25. 27 gennnten Ismaeliten
gemeint sein können, und c) aus 40, 15, wornach Josef nicit verkauft,
sondern gestoilen wurde. Die Midianiter des B passen zu 25, 2; von
Ismaeliten im allgemeinen spraci man woil erst in jüngerer Zeit, s.
zu 25, 15. „Noci eine andere Wendung dieses Vorgangs findet sich
bei Artapan (Eus. pr. ev. 9, 23), wornach Josef, um den Nacistellungen
der Brüder zu entgeien, benaćibarte Araber bat, sie möciten iin naci
Äg. mitneimen, was diese auci tiatcn" (*Kn.*; *Ew.* G.[3] I. 588). Aus
B stammt auci V. 28[b]: C scireibt nicit הֵבִיא, sondern הוֹרִיד 25. 39, 1
(*Hupf.*). — V. 29 f. aus B. Als Ruben, der den Josef zu retten im
Sinne iatte (vgl. 42, 22), naci iim in der Cisterne sieit (um iin zu
befreien und heimzusenden), findet er iin nicit meir und geräth in
Verzweiflung. *und ich, wo soll ich eingehen?*] woiin mici wenden?
בְּנֵי] scireibt B auci, zB. 28, 20. 41, 42 (neben שְׂמֹלָה zB. 35, 2. 41,
14). Zur Pirase קרע בבגדיו vgl. Num. 14, 6; קרע שמלתיו V. 34. 44,
13. Jos. 7, 6. — V. 31 f. Die Brüder taucien den zu diesem Zweck
(V. 23) zurückbeialtenen Leibrock in das Blut eines gescilaciteten
Ziegenbocks und sciicken iin dem Vater. V. 31 aus B, 32 (wegen
הפסים כ׳) aus C sind beide aus einander zu ergänzen: in jenem feilt
das Abscicken an den Vater, in diesem das Eintaucien in das Blut.
הַתְּפָּר־נָא] wie bei C in 38, 25 (doci s. auci 31, 32). Die Doppelfrage
wie 18, 21. 24, 21 bei C. — V. 33. Aus dem blutigen Kleid thut
Jacob sofort den von den Söhnen beabsicitigten (V. 20) Sciluss. Bei
C wird 44, 28 auf diese Stelle zurückgewiesen. — Zum Inf. Qal s.
Ges. 131[3] A. 2; ebenso 46, 4. — V. 34 f. Jacob legt Trauer an
(*Win.*[3] II. 352) und trauert lange untröstlici um den geliebten Soin;
er will im Trauerkleid sterben und in das Sciattenreici (s. 25, 8) iin-

absteigen. Der Text ist auch hier gemischt, denn 34ᵇ und 35ᵇ sind Parallelen; 34ᵃ nach רַיָּכֵּל von B. „Zu אבל und הִתְאַבֵּל von dem, der im Trauerkleid einhergeht, vgl. 2 Sam. 14, 2. Jes. 61, 3. Ps. 35, 14; הִתְאַבֵּל im Pent. nur noch Ex. 33, 4. Num. 14, 39" (Kn.). — V. 36 nach B. Die Mid. verkaufen Josef nach Äg. an Potifar. מְדָנִים] ver- kürzt (Ew. 164ᵇ) oder verderbt aus מִדְיָנִים, was sämmtl. Verss. aus- drücken. פּוֹטִיפַר] dasselbe was פּוֹטִי פֶרַע 41, 45. 46, 20, und nur der Unterscheidung der damit benannten Personen wegen daraus verkürzt; wenigstens geben die LXX für beide Formen Πετεφρῆς und Πεντε- φρῆς (Lagarde Gen. gr. S. 20 der Vorr.). Der Name ist ägyptisch π ετ ε φρη (thebaisch π εντ ε πρη) und bedeutet der welcher der Sonne (heilig ist); Sonnengott ist Pα oder Pη. Anders Brugsch Gesch. 248: puti-par „Geschenk des Erschienenen." „Er heisst Verschnitte- ner, Eunuch, Hofbeamter (s. 40, 2) Pharao's (12, 15), und Oberster der Schlächter d. i. Hinrichter, Trabanten; er war somit Oberster der Palastwache, welche zugleich die Bluturtheile zu vollstrecken hatte und darnach bezeichnet wurde. Unter seiner Aufsicht stand auch das Staats- gefängniss 40, 3 f. Dasselbe Amt finden wir bei den Babyloniern (2 Reg. 25, 8 ff. Jer. 39, 9. 52, 12 ff. Dan. 2, 15), wo der Trabantenoberste zB. Gefangennehmungen und Hinrichtungen vollzog" (Kn.).

2. Juda und Tamar Cap. 38, von C.

In die Geschichte Josef's ist hier eine Erzählung eingeschaltet, welche die Entstehung der 3 Hauptgeschlechter (Num. 26, 19—22) des St. Juda behandelt und wegen der Bedeutung dieses Stammes für Isr. von Wichtigkeit ist. An die Stelle der früh erloschenen oder nur noch in Resten (1 Chr. 4, 21 wo ein ʿEr unter Šela erscheint) vorhandenen Geschlechter ʿEr und Onan traten später 2 andere, Pereṣ und Zerach, welche aber von der Sage nicht, wie Efraim und Manasse (Gen. 48, 5 ff.), als adoptirte Enkel, sondern als nachgezeugte Söhne Juda's selbst, nur nicht von seinem Weib, sondern von seiner Schwieger- tochter, aufgefasst wurden (Ew. G.³ I. 543 ff.), und unter welchen dann wieder 'der jüngere Pereṣ dem andern den Vorrang abgewann. Diesen Vorrang berichtet das vorliegende Stück. In die Reihe der Jo- sefstücke ist es nur äusserlich (s. V. 1) eingefügt, gibt aber, wie diese einen Beitrag zu der Geschichte der Herausbildung der Stämme, bes. ihrer Mischung mit den Landesbewohnern. Juda erscheint hier schon auf dem Punkt, sich von seinen Brüdern abzutrennen und in seinem späteren Stammland heimisch zu machen: die Šefela und der östl. Theil des Gebirgs Juda sind der Schauplatz des Vorgangs. — Juda heirathet eine Kenaanitin und zeugt mit ihr ʿEr, Onan, Šela. ʿEr heirathet die Tamar, stirbt aber kinderlos. Onan, welcher als Schwager der Tamar Kinder zu zeugen sich weigert, wird ebenfalls bald weg- gerafft, und den Šela scheut sich vorerst Juda der Tamar zu geben, weil er für dessen Leben fürchtet. Tamar, nachdem sie lange als Wittwe auf den Šela vergeblich gewartet, weiss sich durch eine List von ihrem Schwiegervater Juda Beiwohnung zu erzielen, und die Frucht

davon sind Zwillinge, Pereş und Ƶerach. — Als didaktiscıer Neben-
gedanke der Erz. zeigt sicı zugleich die Einscıärfung der Pflicıt der
Scıwagereıe (s. *Win.*[3] II. 19; *Ew.* Alt.[3] 276 ff.). Diese Scıwagereıe,
obwoıl gescıicıtlicı nur einmal (Rutı 4, wo V. 12 aucı an Juda und
Tamar erinnert wird) erwäınt und gesetzlicı erst in Dt. 25, 5 ff.
vorgescırieben, war docı ein alter Braucı, aucı bei mancıen andern
alten Völkern verbreitet, und konnte scıon zu Jacob's Zeiten vorausgesetzt werden. — Gescıicıten der Art gab es gewiss in der alten
Sage und in den Sagenbüchern mancıe (aucı 35, 22. 49, 5 f. ist Brucı-
stück einer solcıen). R aber, dem es bei der Zusammensetzung der
Gen. wesentlicı um die Nacıweisung des Heilsplanes Gottes und der
göttl. Erzieıung Jacobs und seiner Söıne zu tıun war, ıat sie fortgelassen; nur aus bes. Gründen hat er Cp. 34 und diese ıier, welcıe
für die Judäer von Wicıtigkeit war, aufgenommen. Neben der ausführl. Josefgeschichte durfte der Stamm Juda und die Ausbildung seiner Verıältnisse nicıt ganz übergangen werden. — Die Quelle der
Erz. ist oıne Zweifel C. An A ist scıon wegen des Gottesnamens
nicıt zu denken (über 46, 12 s. d.). Aucı B kommt aus dem gleicıen Grund nicıt in Betracıt. Die urspr. Heimath der Sage war gewiss das jüd. Stammland; Juda zur Scımacı (*Reuss* Gesch. 250) ist sie
nicıt ersonnen (*Kuen.* O.[2] 226) nocı von der Eifersucıt der Nordstämme
eingegeben. Nicıt einmal dass B sie *auch* erzäılt ıatte (*Kn.*), kann
aus den Paar Ausdrücken הָ֫נָּה 21 f. צָעִיר 14. 19 erscılossen werden.
Zu C stimmen „die Namendeutungen 29 f., יְהוּדָה 7. 10, רַע בְּעֵינָי 10,
יָדַע אָשָּׁה 26, הִפְיר 25 f., רֵעַ 12. 20, רָבָה *wohlan* 16, בִּלְתָּן 9, כִּי־עַל־כֵּן
26, נָא 16. 25" (*Kn.*). An iıre jetzige Stelle aber ist sie erst von
R eingefügt.

V. 1. Durcı בָּעֵת הַהִיא wird nicıt die Geburt des Pereş und
Zeracı (29 f.), wie man zur Hebung der cıronol. Scıwierigkeiten scıon
angenommen ıat, sondern die Verheirathung Juda's in die Zeit des
Verlustes Josef's eingewiesen. In 37, 26 (freilicı aucı wieder Cp. 42 ff.)
erscıeint er nocı mit den andern Brüdern zusammen. „Nun trennt er sicı
von iınen und verbündet sicı mit einem ʿAdullamiten Ḥira. Nacı V. 12
scıeinen beide gemeinscıaftlicıe Heerden geıabt zu ıaben; docı war Juda
die Hauptperson. *er ging hinab*] von Ḥebron (? s. 37, 14) auf dem
Gebirge Juda nacı ʿAdullam, welcıes in der Ebene (Šefela) Juda (Jos.
15, 35) lag" (*Kn.*). S. weiter zu Jos. 12, 15. וַיֵּט] nicıt sc. אָהֳלוֹ (*Del.
Ke.*), da dieses sonst nicıt ausgelassen wird und nacı עַד kein Ortsname
kommt, sondern *devertit*, ἀφίκετο (*Trg. Pesch.* LXX) wie V. 16, oder
neigte sich hin zu d. i. scıloss sicı an an (*Kn.*), wie sonst נַטָה אַחֲרֵי פ׳
Ex. 23, 2. 1 Reg. 2, 28. Zu עַד vgl. 1 Sam. 9, 9. — V. 2—5. Dort
heirathet er die Tocıter des Kenaanäers Selma und zeugt mit iır 3
Söıne ʿEr, Onan, Šela, den letzten zu *Kezib*, einem Ort in der Ebene
Juda, sonst *Akzib* genannt, Jos. 15, 44. Micıa 1, 14. Dieses Kezib
galt also später als urspr. Heimath des Gescılecıts Šela (s. aucı 1 Cır.
4, 22). Hier wird ganz unbefangen nicıt blos die Heirath Juda's mit
einer Kenaanäerin und somit halbkenaan. Ursprung des Gescılecıts (vgl.
46, 10), sondern aucı der Anscıluss Juda's an Ḥira erzäılt. V. 3.

וַיִּקְרָא] *Sam.*, *TgJon.*, hbr. Codd. וַתִּקְרָא; vgl. *de Rossi* z. St. und die falsche Lesart in 29, 34. שֵׁלָה] Σηλώμ LXX (wie auch חִירָה nur eine Variante von חִירָם sein wird, vgl. zu 36, 14); das gentile ist שֵׁלָנִי Num. 26, 20. וְהָיָה] αὕτη δὲ ἦν LXX (וְהִיא oder וַתְּהִי); s. auch *Geig.* Urschr. 462. — V. 6 f. „Seinem Erstgeborenen 'Er wählt er nach hbr. Sitte (s. 21, 21. 34, 4) ein Weib, Namens Tamar, die wohl ebenfalls eine Kenaanitin war. Jahve (LXX ὁ θεός) aber lässt 'Er sterben, weil er Misfallen an ihm hat. Das sagt Vrf. nach der Vorstellung, dass ein früher Tod Sündenstrafe sei (Ps. 90, 7 ff. Prov. 10, 27. Ij. 8, 11 ff. 15, 32) — V. 8—10. Bei Onan, der nach Juda's Forderung als *levir* in die Ehe mit Tamar tritt, um dem verstorbenen Bruder *Samen aufzurichten* d. h. Nachkommenschaft zu Stand zu bringen, weiss der Vrf. etwas besonderes zu berichten, was ihm Jahve's (τοῦ θεοῦ LXX) Misfallen zuzieht" (*Kn.*). Er mag den Liebesdienst, dem Verstorbenen Nachkommen zu zeugen und so das Übel der Auslöschung seines Namens aus den Geschlechtern (zB. Ij. 18, 17. Ps. 9, 7. 109, 15. Dt. 9, 14) von ihm abzuwenden, nicht erfüllen. Er wohnt zwar Tamar bei, aber absichtlich nicht befruchtend, lieblos gegen den Bruder und selbstsüchtig. Um dieses sündl. Verhaltens willen rafft ihn Gott weg. וְהָיָה וג׳] consec., im Sinne des Praes. wie 30, 41 f. Num. 21, 9 (*Ew.* 345ᵇ): *und es geschieht, so oft* (*Ew.* 355ᵇ) *er zu ihr hineingeht, verderbt er zur Erde,* lässt den Samen zu Boden fallen (s. *Win.*³ II. 175). יָדַע] nur noch Num. 20, 21. — V. 11. „Juda hält Tamar für ein unheilbringendes Eheweib (Tob. 3, 7 ff.) und will ihr den 3. Sohn nicht geben, erklärt dies aber nicht geradezu, sondern sagt blos, sie solle Wittwe bleiben, bis Šela herangewachsen sein werde. *im Hause ihres Vaters*] wohin die Wittwe, wenn sie keine Kinder hatte, sich zurückzog Lev. 22, 13" (*Kn.*). — V. 12. *es wurden viel die Tage*] es vergieng eine ziemliche Zeit (26, 8), da starb Juda's Weib. *er tröstete sich*] hörte auf um. sie zu trauern, vgl. 24, 67. Das Ende der Trauerzeit wartet Tamar ab, um darauf sofort Juda, welcher den herangewachsenen Šela vorenthielt, zu veranlassen, selbst ihr die Leviratspflicht zu leisten. Die Gelegenheit ergibt sich, als Juda mit seinem *Genossen* (so nach V. 1 hier und 20 richtig die Mass., dagegen LXX *Vulg. Luth.* falsch רֹעֵהוּ) Hira nach Timna geht, um Schafschur zu halten. Zu עַל vgl. 30, 33; es drückt auch hier aus, dass er sie beaufsichtigen will. *Timna*] „hier wohl nicht der bekanntere Danitische Ort dieses Namens, sondern wegen עָלָה das Jos. 15, 57 neben Gibea genannte Timna auf dem Gebirg Juda, *Rob.* II. 599" (*Kn.*). — V. 13 f. Tamar erhält von Juda's Reise Kenntniss und geht an die Ausführung ihres Vorhabens. Sie legt die Wittwenkleider (Judith 10, 3. 16, 8) ab, *bedeckt*, näml. das Gesicht, *mit dem Schleier* (24, 65), um von Juda nicht erkannt zu werden (Ij. 24, 15), *nimmt eine Hülle um,* wie sie bei Buhldirnen (Prov. 7, 10) üblich gewesen zu sein scheint (oder aber *putzt sich* mit Kleidungsstücken LXX *Pesch. Onk.*), und begibt sich nach Änaim, wo sie sich *an den Eingang,* also vor den Ort setzt. Tamar will als קְדֵשָׁה *Geweihte* erscheinen' (V. 21 f.), als eine, die sich zu Ehren der Liebesgöttin Astarte preisgibt (*Movers*

Phön. I. 679 f.). Solche Frauenzimmer setzten sich gerne an die
Strassen (Jer. 3, 2. Ez. 16, 25. Bar. 6, 42 f.). Diese religiöse Un-
zucht, in Kenaan und auswärts sehr verbreitet, wird hier schon für
diese ältere Zeit vorausgesetzt, wie sie gewiss sehr alt war. עֵינַיִם]
V. 21 mit dem Art., wohl einerlei mit עֵינָם (s. 37, 17), „einem Ort
in der Ebene Juda (Jos. 15, 34), welcher nach der vorliegenden Stelle
an der Strasse von Juda's Wohnort nach Timna lag" (*Kn.*). Über die
Dualendung s. ZDMG. XXXII. 63. 65 ff. Die Alten (*Trgg. Pesch. Hier.
Saad.*) nahmen es (gegen 21) als n. appell. und verstanden ע' פ' als
Scheideweg. — V. 15. Juda hält sie für eine Buhlerin. כִּי ל'] ihr
Schleier ist nicht der Grund, warum sie J. für eine זֹנָה hielt, sondern
warum er sie nicht erkannte; um das klar zu stellen, haben LXX
Vulg. noch καὶ οὐκ ἐπέγνω αὐτήν (ולא ידעה) beigegeben. — V. 16 f.
Juda biegt zu ihr ab *nach dem Weg* näml. wo sie sass (LXX τὴν
ὁδόν ohne אֶל des *Weges*, was *Lagarde* Prov. p. III und *Olsh.* vorziehen), „und wünscht ihr beizuwohnen; sie verlangt dafür ein Ziegenböckchen und bis zu dessen Sendung einstweilen ein Unterpfand. Der
Liebesgöttin wurden gern Ziegenböckchen und Ziegen geopfert (Tacit.
hist. 2, 3), namentlich von den Hetären (Lucian. dial. meretr. 7, 1).
Auch bildete man diese Göttin auf einem Bocke sitzend ab (Paus. 6,
25, 2). Das Ziegenböckchen erscheint auch als Geschenk des Ehe-
manns (Jud. 15, 1) an das Eheweib. — V. 18. Das Unterpfand besteht in Dingen, welche sehr geeignet sind, später Juda als Urheber
der Schwangerschaft unwiderleglich hinzustellen, weil sie immer bei
der Person des Besitzers (Cant. 8, 6) waren, näml. der *Siegelring*,
den Juda an einer *Schnur* um den Hals trägt, wie noch heute die
Städtebewohner Arabiens (*Rob.* I. 58), das andere der *Stock*, welchen man sich als verziert und kostbar zu denken hat. Bei den
alten Babyloniern trug jeder Mann einen Siegelring und einen Stock,
welcher letztere oben eine geschnitzte Zier hatte (Herod. 1, 195;
Strab. 16, 1, 20). Dasselbe nimmt der Vrf. schon für die Patriarchenzeit bei den Hbr. an" (*Kn.*). Über den Gehstab bei den alten
Ägyptern und Hebräern s. auch *Chabas* in Annales du Musée Gui-
met I. 35 ff. Die Alten übrigens verstanden unter פְּתִיל (פְּתִילִים
25) *Halskette* (ὁρμίσκος, στρεπτός LXX *Aq. Sym.*) oder *armilla*
(*Hier.*) oder *Tuch, Mantel* (*Onk. Pesch.*); ihnen war die Sitte den
חֹתָם auf der Brust zu tragen, nicht geläufig. — V. 19. Mit dem
Unterpfand geht sie nach Hause und verwandelt sich wieder in die
Wittwe. — V. 20—22. Als Ḥira von Juda das ausbedungene Ziegenböckchen nach Änaim bringt, um das Pfand auszulösen, kann er sie
nicht finden, denn sie ist nur vorübergehend dort gewesen. הַקְּדֵשָׁה הִוא]
s. 19, 33. בָּזָה] im Pent. nur 48, 9. Ex. 24, 14. Num. 22, 19. 23,
1. 29. — V. 23. Juda meint, sie möge das Pfand, das mehr werth
als das Böckchen, nehmen und behalten, damit sie nicht bei weiterem
Nachforschen zum Gespötte werden, er habe sein Wort gelöst. —
V. 24. Nach ungefähr 3 Monaten (zu der doppelten Praep. vgl. מִמָּחֳרָת
1 Sam. 10, 27 LXX, sonst 1 Sam. 14, 14 und Lev. 26, 37; statt
שָׁלֹשׁ hat *Sam.* correcter שלשׁת) wird ihm gemeldet, sie sei. schwanger

(הִנֵּה הָרָה s. 24, 30) *auf Hurerei hin* (Ps. 18, 45. Num. 16, 34), in Folge solcher (*Sam.* לוֹנִים). Er will sie verbrennen lassen, vermöge der Gewalt, die er als Familienhaupt über sie hatte (31, 32). Tamar konnte als Verlobte Šela's, also als Ehebrecherin gelten. Nun ist aber nach dem Gesetz die Strafe der gewöhnl. Ehebrecherin die Steinigung (Lev. 20, 10. Dt. 22, 23 ff. Ez. 16, 40. Joh. 8, 5), und Verbrennung die der verhurten Priestertochter (Lev. 21, 9). Deshalb meint *Kn.* (nach *TgJon.*), es liege hier die Vorstellung von den Patriarchen als Gottesmännern zu Grund (15, 1. 20, 7). Das will aber auf Juda, der selbst zur Buhlerin gieng, wenig passen. Man wird vielmehr eine vom Gesetz abweichende Strafart anzuerkennen haben, wobei noch eine dunkle Erinnerung, an vor- oder aussergesetzliche Zeiten zu Grund liegen kann (s. aber auch Lev. 20, 14). — V. 25 f. Zur Construction s. *Ew.* 341ᵈ. „Wie sie zum Tod hinausgeführt wird, sendet sie die Pfänder dem Juda, welcher sie als die seinigen anerkennt und erklärt, sie sei gerechter als er d. i. habe mit der Erschleichung der Beiwohnung nicht so unrecht gehandelt wie er mit der Vorenthaltung des Šela. Vrf. erkennt in ihrem Verfahren eine zu entschuldigende Selbsthilfe, mag es aber doch nicht ganz billigen. Er wohnt ihr aber nicht mehr bei, weil das Blutschande gewesen wäre (Lev. 18, 15. 20, 12). פִּי־עַל־כֵּן] 18, 5. הַכֶּר־נָא 31, 32. 37, 32" (*Kn.*). פְּתִיגִים] *Sam.* פְּתִיל; s. aber *Böttch.* N. Ähr. I. 23 (auch über חֹתֶמֶת). — V. 27—30. Tamar kommt mit Zwillingen nieder. Die Geschichte ist der von der Rebecca sehr ähnlich (25, 24 ff.). וַיִּתֶּן יָד] *da gab er,* sc. חֹתֵן, *eine Hand* d. i. da streckte einer eine Hand hervor; die unpersönl. Fassung: *es gab* d. i. erschien *eine Hand* (*Ges. Del. Ke.*) ist nicht nöthig und überhaupt nicht zulässig (s. *Hitz.* zu Ij. 37, 10). Ihn erklärt die Hebamme (35, 17) für den Erstgebornen und bindet einen Karmesinfaden an seine Hand, um ihn nachher wieder zu erkennen. Allein nicht er, sondern der andere kommt zuerst aus Mutterleib hervor. וַיְהִי כְּמֵ' יָדוֹ] nicht: war wie ein zurückziehender seine Hand (was *Del.* zur Wahl stellt); er muss sie wirklich, nicht blos scheinbar zurückgezogen haben, sonst hätte der andere nicht kommen können; vielmehr fängt Part. an für Verb. finit. gebraucht zu werden; כְּמֵשִׁיב s. v. a. כְּהֵשִׁיב מֵשִׁיב oder כַּהֲשִׁיבוֹ (40, 10. Jer. 2, 17; *Ew.* 337ᶜ): *wie* (*als*) *er zurückzog.* Scheltend auf den andern sagt die Hebamme: *was hast du dir* (deinetwegen 20, 3) *einen Riss gerissen!* was brauchtest du dich so gewaltsam durch und vorzudrängen! (LXX *Aq. Luth. Del.* a.). Daher sein Name *Riss* (Reisser oder Dränger). Das עָלֶיךָ פֶּרֶץ als Ausrufesatz für sich zu nehmen: *über dich Riss!* (vgl. 16, 5), entweder: du musst die Schuld der Zerreissung der Mutterscheide tragen (*Cler. Ros. Ges.* a.), oder: dich treffe ein Bruch; (*Kn.*) liegt ferner. Beschädigung der Mutter müsste bestimmter angedeutet sein, und die Losreissung der Mehrzahl der Stämme vom Davidischen Königshaus nach Salomo (*Kn.*) betraf ja doch nicht Pereṣ im Unterschied von Zerach (wenn auch David von ihm stammte), sondern entweder das Davidhaus oder aber ganz Juda. Vielmehr nur darauf, dass Pereṣ, obwohl eig. der jüngere, doch mit der Zeit seinem

Rivalen den Vorrang ablief, und man woil auci über seine Gewalt-
thätigkeit sich zu beklagen iatte, wird angespielt. Den andern aber
nannte man צֶרַח; eine Etymologie, etwa *Aufgang*, weil er zuerst auf-
gieng, erscieinen wollte, oder *indigena* (אזרח) ist nicit angemerkt,
und eine Anspielung auf שָׁנִי eig. *glänzend* (*Del.*) ist nicit darin.
ויקרא] ותקרא *Sam. TgJon.*, *Pesch.*, sowoil V. 29 als 30. — Ein
Sciimpf soll durci diese Erzäilung dem Pereṣ so wenig angehängt
werden als 25, 26 dem Jacob. Was moderne Tendenzkritik aus solcien naiven Stammessagen, voll volksthüml. Humors, macien kann, s.
bei *Bernstein* Urspr. d. Sagen von Abr. 1871. S. 52 ff.

3. Josef im Gefängniss, Cap. 39, meist von C.

Den Josef kauft von den Ismaeliten ein ägypt. Mann (Potifar) als
Sklaven, findet iin so tücitig, dass er iin über sein ganzes Hauswesen
setzt. Aber weil der gottesfürcitige Jüngling den unkeuscien Zu-
muthungen der Frau dieses Mannes standiaft widerstrebt, wird er von
iir fälscilici eines unzücitigen Angriffs auf sie angeklagt und von seinem Herrn in das Staatsgefängniss gesteckt. Doci Gott wendet iim
die Gunst des Gefängnissobersten zu, so dass dieser iin zum Aufseier
über seine Mitgefangenen bestellt. — Zu Juda und Tamar gibt der keuscie
Josef ein sciönes Gegenbild. Ferner wenn Josef Cp. 37 blos als un-
verdient verfolgter erscieint, so beweist er dagegen iier eine Kraft der
Gottesfurcit und eine sittl. Grösse, welcie iin den eigentl. Patriarcien
an die Seite stellt und begreifen lässt, dass an iin die Wendung der
Gesciicke seines Hauses sici ieftet. Erst ein so geprüfter scieint
der für iin kommenden Eriebung würdig. — Jedoci obwoil so im
Zusammeniang der Gen. ein wesentl. Stück, ist es doci nicit von
dem Hauptverfasser der Josefgeschichte d. h. nicit von B, sondern von
C (*Ew. Hupf. Schr. Böhm.*; *Kuen.* O.² 143). Das ergibt sici vor
allem aus den Differenzen von den Stücken des B. Wie 37, 25 ff. bei
C, sind iier V. 1 die *Ismael.* die Verkäufer; sein Käufer ist „ein äg.
Mann" 1 (s. d.), der weiteriin „Josef's äg. Herr" 2, „der Ägypter"
5 ieisst, aber mit n. pr. und Titel (wie 37, 36 bei B) nicit benannt
wird. Ferner wird Josef 39, 20 ff. von seinem Herrn zur Strafe in
das königl. Gefängniss (בֵּית הַסֹּהַר) dem Gefängnissvorsteher (שַׂר בֵּית הַסֹּהַר),
von dem ein Eigenname nicit genannt ist, übergeben und von diesem
mit der *Aufsicht* über die Gefangenen betraut, wogegen 40, 2—4 bei
B der Trabantenoberst Potifar das Staatsgefängniss (מִשְׁמָר) in seinem
Hause iat, selbst der Gefängnissoberst ist, und durci seinen Sklaven
(41, 12) Josef die königl. Gefangenen *bedienen* lässt. Wie durci die
sachl. Differenzen von B, zeigt sici das Stück auci spracilici als dem
C zugeiörig durci יַהְוֶה 2 f. 5. 21. 23, הִצְלִיחַ 2 f. 23, בְּגַלַל und מֵאֵן
5, הוֹרִיד 1, כַּדְּבָרִים הָאֵלֶּה 17. 19. Ebenso eignet sici dasselbe durci
seinen feinen etiiscien Geialt am besten für C. Die Meinung (*Wl.*
XXI. 444), dass nur 1—5. 20—23 von C, dagegen 6—19 in der
Hauptsacie von B (naci *Kn.* von A) stamme, lässt sici mit der Doublette
10ᵇ (s. d.), אֱלֹהִים 9 (aber in der Rede an die Heidin), ויהי אחר

הדברים האלה 7 (eine gew. Übergangsformel bei Zusammenreihung loser Stücke, die B ɪäufig, aber docɪ nicɪt allein gebraucɪte, vgl. zu 15, 1; ausserdem Jos. 24, 29. 1 Reg. 17, 17. 21, 1 u. s.), יפה תאר ויפה מראה 6 (was sicɪ aber ɪier aucɪ daraus erklärt, dass man gewiss טוב תאר nicɪt sagte) einigermassen, mit ראי 14 (41, 41; dagegen 27, 27. 31, 50) gar nicɪt stützen, mit יש 8 (wie 4 f.), באשר *weil* 9 (wie 23; nie bei B), כדברים האלה 17. 19 eɪer widerlegen, und wird im Übrigen dadurch ganz unwaɪrscɪeinlicɪ, dass die Gescɪicɪte 6—19, wenigstens wenn sie mit der Gefangensetzung Josefs endigte, bei B nacɪ 40, 3 f. gar keinen Platz hat. Dagegen vermisst man im Zusammenɪang des B zwiscɪen 37, 36 und 40, 3 f. allerdings eine Angabe darüber, was der Trabantenoberst mit Josef macɪte, und wie dieser durcɪ sein Ge-scɪick oder seine Tugend die Gunst seines Herrn gewann. Höcɪst waɪrscɪeinlicɪ ɪat die bei B davon gemacɪte Scɪilderung nicɪt blos C selbst scɪon benützt, sondern aucɪ der Compilator nocɪ einzelne Brucɪ-stücke davon in den Text des C ɪineingearbeitet zB. ויושרת אתי 4 (vgl. 40, 4. Ex. 24, 13. 33, 11) oder V. 6 (neben 4 meist überflüssig) oder בעיני היו ויתן 21 (s. d.) u. dgl. Ausserdem aber hat derselbe durcɪ Einsetzung von פוטיפר—הטבחים V. 1 die abweicɪenden Angaben über den Herrn des Josef zu Gunsten des B zusammengescɪmolzen, andererseits aber die Differenz über den Gefängnissvorsteher durcɪ Auf-naɪme von V. 20—23 zu Gunsten des C entscɪieden, so dass 2 solcɪer Vorsteɪer sicɪ ergeben, ein namenloser etwa als Unterbeamter, und der Trabantenoberst Potifar (40, 4) als Oberbeamter. Aus dieser künst. Vereinigung ber beiden Bericɪte fliessen dann aber neue, nur durcɪ Hilfsɪypotɪesen lösbare Schwierigkeiten, näml. ein verheiratheter סריס (s. zu 1), und ein Potifar, der als beleidigter Eɪemann den Josef gefangen setzt (20), aber als Gefängnissoberster iɪn bevorzugt (40, 4).

2. Die Frage, ob Josef unter einem nationalägypt. oder einem Hyksoskönig nacɪ Äg. kam und dort emporstieg, kann aus der Gen. nicɪt beantwortet werden, und ist aucɪ für die Erklärung von keinem wesentl. Belang. Ein Versucɪ, Josef in die Zusammenɪänge der äg. Gescɪicɪte ɪineinzustellen, wird ɪier gar nicɪt gemacɪt. Josef selbst, ɪinter welchem, wie ɪinter Abraɪam u. s. w., urspr. grössere Gemein-scɪaften gestanden ɪaben müssen (*Ew.* G.[3] I. 580 ff.), erscɪeint in der Gen. nur nocɪ als diese einzelne Person und seine Gescɪicɪte als reine Familiengescɪicɪte. Der äg. König ɪeisst nur Pɪarao; ein Eigenname von iɪm oder seiner Hauptstadt (44, 4) wird nicɪt genannt, und ist der Streit, ob Ṣoan (*Hengst. Kurtz,* aucɪ *Ew.* G.[3] I. 571) oder Mem-pɪis (zB. *Kn. Del.*) als damaliger Königssitz anzuseɪen sei, kaum zu entscɪeiden, da der Text nur eine von Gośen nicɪt zu weit entfernte Stadt (45, 10. 46, 28. 48, 1 f.) andeutet. An äg. Eigennamen kom-men nur On, Asenatɪ und Potifera vor, und wird dieser letzte (in einer leicɪten, erst hbr. Variation) sogar 2 verscɪiedenen Personen beigelegt. Sonst finden sicɪ (von den hebraisirten יאר und אחו abge-seɪen) nocɪ 2 rein äg. Wörter (41, 43. 45). Mit äg. Sitten, Ver-hältnissen und Anscɪauungen zeigen sicɪ die Erz. woɪl bekannt; eigent-licɪe Verstösse dagegen wird man nicɪt linden (s. übrigens zu 12.

16. 47, 17); einzelne Notizen oder Schilderungen scheinen überraschend
treu und treffend. Es zeigt sich, dass vom äg. Aufenthalt Israels her
diese Josefsage schon ein festes äg. Gepräge erhalten hat, dessen einzelne Züge, wo sie etwa erloschen waren, aus den Mitteln der nam:
in der Königszeit gewonnenen sehr genauen Bekanntschaft mit Äg.
wieder aufgefrischt werden konnten! Aber bei der grossen Stabilität
des äg. Wesens hat man an diesem äg. Colorit noch keinen Anhaltspunkt zu einer Bestimmung der Zeit Josef's, nicht einmal der Abfassungszeit dieser Stücke. Ja es ist bis jetzt gar nicht auszumachen,
wie weit der Vrf. die äg. Zeitverhältnisse Josef's nach alter treuer
Überlieferung und wie weit unter Einfluss der späteren äg. Zustände
schildert. Wenigstens ist der Abscheu der Ägypter vor den Hebr.
und Kleinviehhirten erst bei C (43, 32. 46, 34) so stark hervorgehoben. Die Angaben über eine durch Josef bewirkte tiefer greifende
Veränderung der Agrarverhältnisse des Landes Cp. 47 geben, weil genaue sonstige Nachrichten darüber fehlen, ebenfalls keine Handhabe.
Da über Josef bis jetzt in den äg. Denkmälern und Inschriften nichts
gefunden (s. auch *Ew.* G.³ I. 591), und das was ausserbibl. Schriftsteller zB. Justin 36, 2 melden, blos aus der Gen. geschöpft ist, so
kann nur durch Rückschlüsse aus der Zeit des Auszugs Israels aus
Äg. der Frage einigermaassen näher gekommen werden (s. zu Ex. 1,
8, 12, 41). Nach den dortigen chronol. Anhaltspunkten ist es allerdings am wahrscheinlichsten (wie auch von den meisten angenommen),
dass Josef's Emporkommen in Äg. noch in die Zeit der Hyksos-Herr-
schaft fällt, nicht der Hyksos in ihrem ersten wilden Andrang, wo sie
zerstörend gegen das äg. Wesen auftraten, sondern der bereits ägyptisirten, unter denen die äg. Cultur wieder emporgeblüht war, und deren
Herrscher mehr und mehr in die Stellung der alten Pharaonen eingetreten waren. Man kann sogar behaupten, dass nur dann die Stellung,
die Josef einnimmt, recht verständlich wird. „Die Erhebung des semit.
Hirten zum ersten Reichsbeamten, seine Verheirathung mit einer der
vornehmsten Priestertöchter, seine Versetzung in die Priesterkaste und
die überaus freundl. Aufnahme des hbr. Hirtenstammes in Äg. wird
bei dem äg. Fremdenhass (43, 32) fast unerklärlich, wenn damals einheimische Könige herrschten, zumal bald nach der Hyksoszeit, wo der
Fremdenhass besonders stark war, vor allem gegen die Semiten" (*Kn.*).
S. auch *Riehm* HWB. 763 f.

V. 1. Josef wird von den Ismaeliten (37, 28) nach Äg. gebracht, und an einen äg. Mann verkauft. Über הוּרַד und הוֹרִדֻ s. zu
37, 28. אִישׁ מִצְרִי] im jetzigen Zusammenhang nichtssagend beweist,
dass 'פּוֹט—'הֲטַב ein Zusatz zum urspr. Text ist. Ein Gegensatz zu
dem *hbr.* Sklaven (*Del.*) V. 14. 17 liegt hier ebenso fern, wie ein
solcher gegen die Hyksosleute (*Kn.*): eine Unterscheidung zwischen
herrschenden Fremden und den Einheimischen wird nirgends in diesen
Geschichten gemacht. Durch diesen Zusatz des R ergiebt sich hier ein
verheiratheter סָרִיס. Die Auskunft, dass סָרִיס blos noch den königl.
Hofdiener, nicht mehr den Eunuchen bezeichne, ist misslich (s. *Ges.*
th. 973). Eher wäre zu erinnern, dass es auch verheirathete Ver-

schnittene gab und gibt (*Win.*³ II. 655). — V. 2. „Josef ıat Glück
in den Gescıäften, die iım im Hause seines Herrn zufallen, da Jaıve
mit iım ist (s. 21, 20). הִצְלִיחַ] s. 24, 21. — V. 3 f. Wie sein
Herr das waırnimmt, scıenkt er iım seine besondere Gunst, macıt
iın zu seinem Leibdiener (Ij. 19, 16), setzt ihn als Ökonomus über
sein Hauswesen und vertraut aucı alles übrige Eigentıum seiner Verwaltung an, so dass Josef etwa eine Stellung hat, wie Eliezer (24, 2.
15, 2 f.) bei Abr." (*Kn.*). בְּעֵינָיו] אדניו בעיני *Sam.* LXX. וְיֵשׁ־לוֹ] oıne
Pron. rel., was in älterer Prosa seır selten ist (*Ew.* 333ᵇ), aber *Sam.*
ıat אשר יש לו, vgl. V. 5. 8. יֵשׁ] bei C ıäufig: 24, 23. 42. 49. 28,
16. 43, 4. 7. 44, 20. 47, 6 (doch auch 42, 1 bei B). — V. 5.
„Seit er das gethan, keırt Gottes Segen bei iım ein. *im Haus und
auf dem Feld*] wonach der Mann aucı Grundstücke besass. Mit nationalem Interesse zeigt Vrf., wie Gott über einen der Stammväter seine
Hand ıielt" (*Kn.*). מֵאָז] Ex. 4, 10. 5, 23. 9, 24, בִּגְלַל] zu 12, 13. —
V. 6 ff. Die Angriffe seiner Herrin auf iın. Zu dieser Erzäılung ist
das seır ähnl. Mährchen zu vergleicıen, welches E. de Rougé in dem
Papyrus d'Orbiney gefunden ıat (gedruckt zB. bei *Ebers* Äg. I. 311 ff.
und *Brugsch* Gesch. 249 ff.). Die Ägyptierinnen wenigstens der späteren Zeit standen nicıt in seır gutem Ruf Her. 2, 111, zumal in der
Kaiserzeit (Diod. 1, 59; Martial. 4, 42, 4; Dio Cass. 51, 15). Docı
darf man daraus auf das alte Äg. nicıt unmittelbar scıliessen; vollends
was Äg. in dieser Bezieıung unter dem Islâm geworden ist (zB. Barhebr. chr. syr. p. 217, *Burckh.* arab. Sprichw. 222. 227) geıört nicıt
meır ıer. V. 6. Der Mann überlässt (Jes. 10, 3. Ij. 39, 11. 14)
sein ganzes Eigentıum der Hand Josef's, d. i. seiner Verwaltung, und
kümmert sicı *bei ihm* d. i. neben iım (V. 8) um nicıts, ausser um
die Speisen, die er ass, d. h. docı woıl nur um das, was er durcı
andere nicıt thun lassen konnte (*Del.*), wogegen *Kn.* es nacı 43, 32.
46, 34 erklärt wissen will. יְפֵה־מַרְאֶה] s. 29, 17. — V. 7—9. Die
lüsterne Herrin ricıtet iıre Blicke auf den scıönen Jüngling, macıt
iım unkeuscıe Anträge, er aber weigert sicı und weist auf das unbegrenzte Vertrauen seines Herrn gegen iın, welcıes er durcı Red-
lichkeit und Treue eıren will, und auf die grosse Sünde gegen Gott
hin, die er durcı Verletzung des Eıerecıts seines Herrn begeıen würde.
מֶה] ist unanstössig, mag man es interr. oder indef. (Prov. 9, 13. Ij.
13, 13) neımen; *Sam.* מאומה. *nicht ist er gross vor mir*] „er
hat in seinem Haus nicıt meır Befugniss als icı, unter dessen Gewalt
er ausser dem Weib alles gethan ıat. Die Erkl.: *nicht ist jem.* oder
nicht ist etwas in d. H. grösser als ich lässt אֵינֶנּוּ nicıt zu" (*Kn.*).
חָשַׂךְ] 20, 6. 22, 12. אֵיךְ] 44, 8. 34. בַּאֲשֶׁר] *sofern* oder *weil*, im
Pent. nur ıier und 23. — V. 10 f. Als sie Tag für Tag (*Ges.* 124
A. 1) ihm so zuredete und er nicıt auf sie ıörte, *neben ihr* (15 f.
18. 41, 3) sicı zu legen, um mit iır zusammen zu sein d. i. iır beizuwohnen (2 Sam. 13, 20), da gescıaı es *wie diese Zeit* d. ı. eben
damals (LXX: *da wurde — kam wieder — ein solcher Tag*), dass
Josef in das Haus kam, um seın Gescıäft zu thun, oıne dass jemand
von den Hausleuten drinnen waı. Die strenge Abgeschlossenheit der

Weiber von den Männern war damals in Äg. nicit (*Ebers* S. 205 ff.).
להיות עמה] als Doublette (*Wl.*) zu לשכב עמה doci woil zu geringfügig,
eier Glosse. — V. 12. „Sie will iin nöthigen, er aber macit sic1 los
und eilt unter Zurücklassung des Kleides iinaus. — V. 13—15. Um
sic1 für die Verscimäiung zu räcien und für den mögl. Fall einer
Anzeige Josef's durc1 Zuvorkommen zu sic1ern, besciliesst sie, den
Sc1uldlosen eines unkeuscien Angriffs auf sie anzuklagen und ruft so-
gleic1 die Dienstboten zu Zeugen ierbei. Parallelen zu diesem Ver-
fairen bei *Rosenm.* A.N. Morgenl. I. 185 f. *gebracht hat er zu uns
einen hebr. Mann*] iat mein Mann da einen Menscien von dem unreinen iebr. Hirtenvolk (43, 32. 46, 34) in das Haus aufgenommen!
Sie will den Sc1ein iaben, als sei sie mit Josef's Aufnaime seir un-
zufrieden" (*Kn.*). לְצַחֶק בָּנוּ] um Sc1erz, Muthwillen zu treiben *an* uns
(versciieden von אֵת 26, 8) vgl. Prov. 1, 26 (LXX ἐμπαίζειν); *uns*
(auc1 17), nic1t als spräcie sie von sic1 in der 1 p. Pl. (*Kn.* mit
Berufung auf 1, 26. 11, 7), wogegen das folgende zeugt, sondern
weil sie die (weibl.) Angeredeten in Mitleidensc1aft ziet, zu versteien
gibt, dass sie woil auc1 von iim derartige Frecieiten scion zu erfairen iatten oder noc1 iaben dürften, wenn man nic1t weire. Zur
Bestätigung iirer Aussage weist sie auf das Kleid iin (daier רְאִי), das
er bereits abgelegt und bei seiner Fluc1t mitzuneimen versäumt iabe.
אֶצְלִי] *Sam.* אֶצְדִי, aber falsc1, denn damit iätte sie sic1 verrathen (*Del.*).
— V. 16—18. Sie deponirt das Kleid bei sic1, und erzäilt seinem
Herrn (iirem Mann), als dieser nac1 Hause kommt, was iir begegnet
sei. — V. 19. Der Herr, von dem Vorfall unterric1tet, wird zornig.
Es heisst nic1t: auf Josef, wahrsch. weil er nic1t allein der Gegenstand seines Zorns war, sondern auc1 die Frau, der er nic1t traute
(*Del.*). כַּדְּבָרִים הָאֵלֶּה] auc1 V. 17, wie 24, 28. 44, 8. — V. 20. Er
wendet nic1t die ganze Strenge des Gesetzes (Diod. 1, 77 f.) gegen
ihn an, sondern gibt iin ins Gefängniss, da er iin sonst sc1ätzte (40,
4). אֲדֹנָיו] noch 42, 30. 33 (sonst nur vor suff. im Plur.). בֵּית הַסֹּהַר]
Haus der Umschliessung oder Einschliessung (verwandt mit סחר und
סגר), Gefängniss, nur iier V. 20—23 und 40, 3. 5 (und da erst von
R nac1 C eingesetzt), wofür dann 40, 15. 41, 14 der den Isr. ge-
läufigere Ausdruck בּוֹר (vgl. Ex. 12, 29) erscieint. מְקוֹם—אֲסוּרִים] ist
zur Hinüberleitung auf Cp. 40 iinzugesetzt. Dadurc1 entsteit dann
freilic1 die Inconvenienz, dass der Privatmann seinen Sklaven in das
Gefängniss der Gefangenen des Königs bringt (*Hupf.*). אֲשֶׁר oine שָׁם
wie 35, 13; über st. c. מְקוֹם s. *Ges.* 116². — V. 21—23. „Auch
iier ist Jaive mit Josef (V. 2) und wendet ihm Huld zu. וַיֵּט חִנּוֹ ךְ:]
er gab seine (des Jos.) *Gunst in den A.*, d. i. bewirkte Gunst für
iin beim Befeilsiaber, wie Ex. 3, 21. 11, 3. 12, 36. Er macite
den Jos. zum Vorgesetzten der übrigen Gefangenen, sowie zum Aufseier und Leiter iirer Arbeiten, so dass die letzteren alle von Jos.
ausgiengen. Er selbst sah nac1 nic1ts *in seiner Hand* d. i. kümmerte
sic1 (1 Reg. 12, 19) um keine der Sacien, welcie der Hand (Verwaltung) Josef's übergeben waren. Das tiat auc1 nic1t Noti, denn
Jaive liess alles wohlgerathen, was Jos. begann. Die Überordnung

Josef's über die andern Gefangenen will sich mit 40, 4 nicht vertragen" (*Kn.*). Eben darum aber ist V. 20—23 nicht freier Zusatz des R (*Böhm.*), sondern von ihm bei C vorgefunden. בְּלִי־מְאוּמָה] nach der Negation *gar nichts*, nur hier so.

3. Josef als Deuter der Träume der zwei königlichen Diener, Cap. 40 von B.

Für Josef bahnt sich die Wendung seines Geschickes an dadurch, dass er in dem Gefangenenhaus Potifar's Gelegenheit bekommt, zweien in Ungnade gefallenen königl. Hofbeamten ihre Träume richtig zu deuten und so den Ruf seiner von Gott ihm geschenkten Weisheit zu gründen. — Josef, schon im Vaterhaus als Träumer gottgesandter Träume (37, 5 ff.) erwiesen, hat auch die Gabe der Traumdeutung von Gott (V. 8), und soll gerade dadurch in Äg., „dem Wunderland tiefer Wissenschaft und geheimer Kunst", wo der Glaube an Träume seit ältesten Zeiten sehr mächtig war, zu Macht und Ansehen steigen. — Daran dass der Traum hier als die fortbewegende Kraft seiner Geschichte erscheint, erkennt man leicht den Vrf. von 20, 3. 21, 12. 28, 12. 31, 11. 24. 37, 5 ff., also B. Für ihn spricht weiter, dass 3ᵃ. 4 nicht Josef im Gefängniss wie Cp. 39, sondern Josef als Sklave des Trabantenobersten vorausgesetzt ist wie 37, 36 (vgl. 41, 12), ferner וַיִּשְׁבֹּר 15 (37, 28), so wie der Zusammenhang von Cp. 41 mit 40. Der sprachlichen Zeichen sind hier nicht viele, da die Darstellung um ganz neue Gegenstände sich bewegt, und אֱלֹהִים 8 sachlich begründet ist; doch beachte (*Wl.*) die Vermeidung des Verbalsuffixes (welche B von C unterscheidet) 3 f. 6. 8. 11. 15. 17. 19. Die paar Rückbeziehungen auf 39, 20 ff., welche sich 3ᵇ. 5ᵇ. 15ᵇ finden, sind wie auch V. 1, von R aus C eingearbeitet, um die Differenzen beider möglichst auszugleichen. Man sieht aber aus diesen Resten des C, dass auch er über den Vorgang eine ganz ähnl. Erzählung gehabt hat. (*Kn.* schrieb noch ganz Cap. 40, ausser V. 7 f., theilweise 14 f., dem A zu.)

V. 1. Zur überleitenden Formel s. 15, 1. Da statt des הִמְשׁוּ֯ und הָאֹ֯ שׂו֯ 2. 4 ff. hier blos der מַשְׁקֶה und אֹפֶה, statt פַּרְעֹה der מֶלֶךְ מִצ׳ genannt, und da der Satz von הֶמְאוּ an vor V. 2 nicht durchaus nöthig ist, so ist derselbe als Einschaltung des R aus C anzusehen (*Wl.*). מַשְׁקֵה מ׳ מ׳] kann nur heissen: *der* Mundschenk des K. (wie הָאֹפֶה), ebenso V. 5; nicht *ein* M. (*Ilg.*), auch nicht collect. die Schenken und Bäcker (*Merc. Böttch.*), für deren Vergehen dann der König ihre Vorgesetzten verantwortlich gemacht hätte. Natürlich ist aber auch bei diesem Ausdruck nicht ausgeschlossen, dass beide noch Diener und Gehilfen hatten. Der äg. Hof war reich an vielerlei Hofbeamten, doch ist der Titel des Mundschenken aus den einheimischen Quellen noch nicht nachgewiesen (*Ebers* 320); s. auch *Ri.* HWB. 760. Über den pers. Hof vgl. Xenoph. Hell. 7, 1, 38; die Mundschenken an demselben Her. 3, 34; Xen. Cyrup. 1, 3, 8; Neh. 1, 11. 2, 1; über den türkischen Hof vgl. *Tavernier* R. III, 2. 6 f. und *Klemm* Morgenl. 206 f." (*Kn.*). —

V. 2 nacı B. Beide sind Verscınittene, ebenso 7 (s. 39, 1). Über die Scıwankungen in der Ausspracıe des st. c. von סָרִיס (37, 36. 40, 7) s. *Ges.* tı. und *Ew.* 260ᵇ. וַיִּקְצֹף] wie 41, 10. — V. 3. Der König scıickt sie in Gewaırsam im Haus des Trabantenobersten, wo also zugleicı das Staatsgefängniss war. „Von einem besonderen Aufseıer dieses Gefängnisses neben Potifar steıt ıier nicıts" (*Kn.*). Ebenso V. 7. Demnacı ist אֶל־בֵּית הַסֹּהַר וג׳ von R aus C eingesetzt, vgl. 39, 20 ff. — V. 4. Potifar gibt den 2 vorneımen Staatsgefangenen seinen Sklaven (V. 7) Josef als Diener (vgl. 39, 4) bei. יָמִים] 4, 3. — V. 5. Beide träumen in éiner Nacıt jeder einen Traum, *jeder gemäss der Deutung seines Traumes* d. ı. „jeder einen Traum, der seine besondere auf ihn gebende Bedeutung und Auslegung ıatte" (*Kn.*). V.ᵇ, überflüssig, sacılicı und spracılicı wie 1. 3ᵇ. 39, 20 ff., ist von R aus C einge-setzt. אֲשֶׁר לְ] 29, 9. 41, 43. 47, 4. — V. 6. Da sie über den Traum beunruıigt sind, findet sie Josef Morgens verdriesslicı (Prov. 25, 23). — V. 7 f. אתו] bei iım als iırem Wärter, vgl. אֹתָם V. 4. Böse Ge-siebter, s. Neı. 2, 2. An die Bedeutsamkeit der Träume glaubend möcıten sie einen Ausleger ıaben. Josef, unter dem ausdrückl. Hin-weis, dass Traumdeutungen Gottes seien, d. ı. von Gott kommen, eine Gabe Gottes seien, erbietet sicı zur Deutung. „Wie die Alten die Träume selbst von Gott ableiteten (41, 25), so saıen sie aucı die ricıtige Deutung derselben als Gabe an, womit Gott die Menscıen aus-zeicıne (41, 16. 38 f. Dan. 1, 17. 2, 30. 4, 6. 5, 11 f.). Nacı äg. Ansicıt kam alle Seherkunst von den Göttern Her. 2, 83" (*Kn.*). פִּתְרֹנִים] LXX פתרנים ἡ διασάφησις αὐτῶν. — V. 9—11. Der Mundscıenk saı in seinem Traum einen Weinstock vor sicı, welcıer 3 Reben hatte. *und der eben im Sprossen* oder Grünen d. ı. kaum grünte er — *da schoss auf seine Blüthe* (Jes. 18, 5), *reiflen* (bracıten zur Reife) *seine Büscheln Trauben.* כְּפֹרַחַת] כְּ ist nicıt כְּ der Vergleicıung (*Kn.*), denn freilicı war der ganze Traum nur Scıein, aber im Traum geıt die Handlung wirklicı, nicıt blos scıeinbar vor; sondern כְּ der Zeit, und פֹּרַחַת s. v. a. פָּרְחָה s. 38, 29. Die Perff. nacı dem Zustandssatz drücken das scınelle Eintreten der Folge aus. נִצָּהּ] durcı den nacı-bibl. Spracıgebraucı ist zwar ein נֵץ (wozu das gew. נִצָּה als n. unit. gelten kann) gesicıert, aber das wäre masc., und נִצָּהּ als Acc. zu עָלְתָה (dieses auf גֶּפֶן bezogen) zu neımen (*Ew.* 281ᵇ) wäre ıart; leicıter fasst man נִצָּהּ als verkürztes נִצָּתָהּ (*Ew.* 257ᵈ). Weiter träumte er, er ıätte den Becıer Pıarao's in seiner Hand, presste die Trauben in denselben aus und reicıte iın dem König. Das AT. erwäınt auch sonst Reben Ägyptens (Num. 20, 5. Ps. 78, 47. 105, 33); die Classi-ker kennen verscıiedene Arten äg. Weins und durcı Weinbau ausge-zeicınete Ortscıaften (Strab. 17, 1, 14. 35; Diod. 1, 36; Atıen. 1, 60 p. 33 Casaub.; Colum, 3, 2; Plin. 14, 9) *Kn.* Dass das aber nicıt blos für die spätere Zeit gilt, zeigen tıeils die Denkmäler und Inscıriften (*Heeren* Ideen II, 2. 362; *Ebers* Äg. 323 ff.), nacı wel-cıen Weinbau und Weingenuss schon im alten Reicı etwas gewöhn-licıes war,ʼ sondern aucı die äg. Meinung, Osiris ıabe den Weinbau erfunden und zuerst Wein getrunken (Diod. 1, 15) in einer äg. Stadt

(Atien. 1, 61 p. 34). Demnaci ist die Angabe Herodots (2, 77): οὐ γάρ σφί εἰσι ἐν τῇ χώρῃ ἄμπελοι auf die περὶ τὴν σπειρομένην Αἴγυπτον woinenden Ägypter zu bescıränken (*Kn.*). Es wurde aucı viel Wein importirt (Her. 3, 6; *Ebers* 325); so viel gebraucıt war er und so gesucit edlere Sorten. Der König trinkt aber ıier *frischen Traubensaft*. Nacı Plut. de lsid. c. 6 war den äg. Königen vor Psammetich der Weingenuss keineswegs ganz verboten, woıl aber (vgl. Diod. 1, 70) auf ein bestimmtes Maass bescıränkt, wie ja iıre ganze Lebensweise priesterlicı geregelt war. Dass den Hyksos und so aucı iıren Königen (an welcıe ıier *Kn.* denkt) der Weingenuss für unerlaubt galt, kann aus dem Widerwillen der semit. Nomaden gegen den Wein (zB. der Nabatäer Diod. 19, 94; der Saracenen Ammian Marc. 14, 4; der Rekhabäer Jer. 35, 6 ff. 1 Cır. 2, 55, wogegen Weintrauben nocı Muıammed erlaubte Qor. 16, 11. 69), aucı nicıt mit Sicıerıeit gefolgert werden. Der Genuss friscıen Traubensaftes erklärt sicı aucı oıne Weinverbot, wird aber allerdings da um so meır üblicı gewesen sein, wo das Weintrinken durcı priesterl. Regeln bescıränkt war. — V. 12 f. Jos. erklärt die 3 Reben von 3 Tagen und das übrige von Wiedereinsetzung des Mundscıenken in sein Amt. „Artemidor (4, 11) recınet den Weinstock unter die scınell wacısenden Pflanzen und lässt Träume von iım auf kurze Zeit geıen. *er wird dein Haupt erheben*] dicı aus der Tiefe des Kerkers ıeraufıolen, wieder zu Eıren bringen, 2 Reg. 25, 27" (*Kn.*). כֵּן] wie 41, 13; dass das Wort in diesem Sinn nur nocı in Dan. vorkommt, ist kein Grund, diese Stellen für Zusätze des jüngsten R (*Kuen.* O.² 317) zu ıalten. אֲשֶׁר] *da, als* 1 Reg. 8, 9. 2 Sam. 19, 25. — V. 14 f. An die glückl. Wendung, die er ihm zugesagt ıat, knüpft Jos. die Bitte für sicı, der Mundscıenk wolle nacı seiner Wiedereinsetzung beim Könige iım die Errettung aus seiner jetzigen Lage erwirken. כִּי אִם] *sondern wenn, ausser, nur, nur dass*, mit folg. Perf. der Bedingung, wenn Verb. unmittelbar folgt (2 Sam. 5, 6. 2 Reg. 23, 9; *Ew.* 356ᵇ): *nur dass du meiner bei dir* (Ij. 12, 3. 14, 5) *gedenkest* (— en wollest), *wann es dir gut geht* (13, 12), *und wollest doch* (*Ew.* 342ᶜ) *gegen mich Huld üben* (nicıt blos 24, 12. 14. 49 bei C, sondern aucı 20, 13. 21, 23 bei B). Durcı die Correctur אַף für כִּי (*Wl.* XXI. 445) wird ִזֹר bedingt ıingestellt, wäırend Josef offenbar aucı dieses erbitten will. Er beruft sicı darauf, dass er aus *dem Hebräerland* (Anacıronismus für אֶרֶץ עִבְרִים) *gestohlen* d. i. ıeimlicı fortgeführt, also nicıt mit Recıt in Sklaverei sei, und aucı ıier in Äg. nicıts getıan ıabe, wodurcı er Einkerkerung verdient ıätte. Dass 15ᵇ nicıt von B stammt, sondern aus C eingesetzt ist, isı leicıt deutlicı (gegen *Hupf.* 70 s. *Böhm.* 263). ּ-ֵ] s. zu 39, 20. ּ-ִּ-] s. zu 37, 28. בּוֹר] V. 2. 7. Nach B möcıte er Freilassung aus dem Sklavenstand, in welcıem er jetzt sogar als Gefängnissdiener verwendet wird. — V. 16 f. Durcı die günstige Deutung ermutıigt erzäılt der Bäcker ebenfalls. Er träumıe, wıe er 3 *Körbe Weisses* d. ı. ıier weisses, feines Backwerk trug, und wıe er im obersten derselben *von* (partit. wie 4, 4. 27, 28. 30, 14. 33, 15) *allerlei* (2, 9) *Essbarem Pharao's. Bäckerwaare* d. ı. allerlei

Backwerk für den König ſatte, die Vögel aber aus dem Korb vom Kopf
weg es frassen. Im alten Äg. trugen die Männer auf dem Kopf (wie
jetzt aucſ die Weiber, *Seetz*. III. 363 f.), die Weiber auf der Scſulter
Her. 2, 35 (dazu das Denkmalbild aus *Wilkinson* bei *Ebers* 332 und
Riehm HWB. 326). Zu der Zudringlicſkeit der Vögel vgl. *Denon* R.
in Äg. 327 (*Kn.*). — V. 18 f. Die Deutung, die naci dem Scſluss
des Traums ungünstig lauten musste, ist einfaci. In 3 Tagen wird
der Bäcker entſauptet und ans Holz gehängt, wo die Vögel sein Fleisci
fressen werden. Er braucſt denselben Ausdruck, wie beim Mund-
scſenken, jedoeſ נָשָׂא (seq. מֵעַל) in der Bedeutung *wegnehmen*. Ähn-
licſ 27, 39. Die Entſauptung war in Äg. üſlicſ, nicſt bei den Isr.
vor dem Exil. Die Aufſängung des Leicſnams (Dt. 21, 22 f. Jos. 10,
26. 2 Sam. 4, 12; äſnlici bei den Persern Her. 9, 78. 3, 125; Ktesias pers. 59 Lion; Plut. Artax. 17, und Kartſagern Plut. Timol. 22;
Justin 21, 4) ist ſier Verscſärfung der Strafe (*Kn.*), und in Äg. die
Preisgebung des Leibs an die Tſiere wegen der abergläubiscſen Vorstellungen über den Körper eine besonders empfindlicſe Strafe (*Ebers*
334). — V. 20 ff. Die Deutungen erfüllen sici am 3. Tage nacſer,
dem Geburtstag des Königs. הֻלֶּדֶת] Inf. Hoph. *Ew.* 131°; *König*
S. 433; c. Acc. des Subj., wie 4, 18. 17, 5 u. ö. נָשָׂא] in dem
Doppelsinn, den 13 und 19 an die Hand geben. מִשְׁקֵהוּ] s. *Ges.* th.
1474. Über die ſoſen Festlicſkeiten und Amnestieerlasse an den
Geburtstagen der äg. Könige geben Zeugniss wenigstens für die ptolem.
Zeit·die Tafel von Rosette und die von Kanopus (zB. *Ebers* 335 f.),
sowie Diod. 34, 20. Über solcſe Feiern bei den Persern s. Herod.
9, 110; Atſen. 4, 27 p. 146; Plat. Alcib. I. p. 121; bei den Juden
Matth. 14, 6; über Gnadenacte bei froſen Feiern 1 Sam. 11, 13. 2 Sam.
19, 22 f. (*Tuch, Kn.*). — V. 23. Der Mundscſenk, undankbar, tſut
nicſts für Josef, daſer dieser nocſ länger in seiner Lage bleiben muss.

5. Die Träume Pharao's und Josef's Erhebung, Cap. 41, meist nach B.

Zwei Jaſre später bekommt der glückl. Traumdeuter Gelegenſeit,
seine Weisſeit an nocſ ſöſerer Stelle kund zu thun. Der König ſat
wunderbare Träume von den 7 fetten und 7 magern Kühen und
Äſren, welche. die äg. Weisen iſm nicſt auslegen können. Da erinnert sicſ der Obermundschenk seiner und weist auf iſn hin. Her-
beigeholt deutet er die Träume auf 7 frucſtbare und 7 unfrucſtbare
Jaſre und empfieſlt zugleich Vorkeſrungen in der guten Zeit für die
scſlimme. Seine Deutung und sein Ratſ finden Beifall; der König er-
nennt iſn zum ersten Reicſsbeamten und verheirathet iſn mit der
Tocſter des Priesters Potifera zu On, welcſe iſm in der Folge Manasse
und Efraim gebiert. Die Träume des Königs erfüllen sicſ so, wie
Josef sie gedeutet ſat; von überall ſer kommt man bei der Hungers-
notſ nacſ Äg., um Getreide zu ſolen (*Kn.*) — Dieses Stück, Fortsetzung des vorigen, ist mit demselben aus éinem Guss. Träume sind
aucſ ſier die fortbewegende Kraft, und wird iſnen dieselbe Bedeutung (25. 28. 32. 39) wie dort zugescſrieben, aucſ die Gabe der

Traumdeutung ebenso beurtheilt (16); 10—13 weist ausdrücklich auf
40, 1 ff. zurück; die selteneren Ausdrücke פְּתִיחָן, 8. 11. 12. 13.
15, כֵּן Stelle 13, קָצַף 10 kehren hier wieder. Specielle Zeichen für
B sind V. 12 (Jos. Sklave des Trabantenobersten), die Ausdrücke
אֱלֹהִים 51 f. (16. 25. 32. 38 f. war יִהְיֶה nicht am Platz) und בִּלְעָדֶי 16;
s. auch zu 21. Indessen durchaus einheitlich ist das Stück nicht.
Die zweite Darstellung der Träume 17 ff. weicht von der ersten 1 ff.
stärker ab, als man nach Analogie ähnlicher Fälle (zB. Cp. 24) erwartet,
auch in Ausdrücken zB. הֹאֵר 18 f. (מַרְאֶה 2—4), רַק 19 f. (רַק 3 f.) מָלֵא אֵלֶּא
22 (בְּרִיאֵ 5), während 7 und 24 Cumulirung der Ausdrücke zeigen.
Ebenso enthalten 31 gegen 30[b], 34 וַיֵּשֶׁ neben נִצָּבֶ, 35[b] neben 35[a];
41. 43[b]. 44 neben 40; 49 neben 48; 55. 56[a] neben 54[b] offenbar
Paralleltexte. Je der eine von beiden Texten (welcher? ist nicht immer
bestimmt zu sagen) wird von R aus C in die Erzählung des B eingearbeitet
sein, wie auch וַיְרִיצֻהוּ מִן הַבּוֹר 14. Denn ohne Frage hat auch C eine
sehr ähnl. Erzählung gehabt. Ja selbst von A könnte ein Rest in 46
(47? 36? 50 theilweise?) erhalten sein (wogegen mit Unrecht *Ilg.
Kn.* den grössten Theil des Stücks von A ableiteten).

V. 1. Nach Verfluss von 2 Jahren *Zeit* (29, 14) hat der König
einen doppelten Traum, in welchem er sich an das Ufer des Nils versetzt sieht. שְׁנָתִיִם] zum Acc. s. *Ges.* 118, 3. יְאֹר wie אָחוּ] V. 2. 18
sind urspr. äg. Wörter (s. Lex.). — V. 2—4. „Das erstemal schaut
er, wie 7 Kühe schön von Ansehen und fett von Fleisch aus dem Nil
aufsteigen und im Sumpfgras weiden, wie nach ihnen 7 andere Kühe
hässlich von Ansehen und mager von Fleisch aus dem Strom aufsteigen
und sich *neben* (39, 10. 15 f. 18) jene stellen, und wie endlich die
magern Kühe die fetten fressen. Darüber erwacht er". הַקִּרְיָת] יְבֹת־
Sam., ebenso V. 4; vgl. mass. 19 f. 27. — V. 5—7. „Das zweitemal
schaut er, wieder eingeschlafen, wie 7 fette, volle und schöne Ähren
an éinem Halme wachsen (44, 10), wie 7 vom Ostwind versengte (Hos.
13, 15. Jon. 4, 8. Ez. 17, 10. 19, 12; für Äg. ist SO. oder S.Wind
zu verstehen) und magere Ähren nach ihnen sprossen und wie diese
jene verschlingen. Beide Träume werden von Josef angemessen gedeutet. Ägyptens Fruchtbarkeit ist durch die Nil-Überschwemmungen
bedingt; aus ihnen steigen daher die Kühe auf. Das männl. Rind war
Symbol des Nil (Diod. 1, 51) und bes. dem Osiris, dem Erfinder des
Ackerbaus (Diod. 1, 21) heilig. Das (weibl.) Rind war in der äg.
Bildersprache Zeichen der Erde (Macrob. Sat. 1, 19), des Ackerbaus
und der Ernährung (Clem. Al. strom. 5 p. 567). Zugleich war Isis
die Göttin der alles ernährenden (Macrob. Sat. 1, 20), vom Nil be-
fruchteten Erde (Plut. de Is. 38); ihr war bes. die Kuh heilig (Herod.
2, 41; Aelian. h. an. 10, 27). Auch war sie Göttin des Mondes
(Diod. 1, 11; Plut. l. l. cp. 52) und diente ihr Bild in der Bilder-
schrift zur Bezeichnung des Jahres (Horapollo 1, 3). Daher bedeuten
die 7 fetten Kühe 7 fruchtbare, die 7 magern 7 unfruchtbare Jahre;
die Stellung der magern Kühe neben den fetten (V. 3) drückt unmittelbare Anschliessung der unfruchtbaren Jahre an die fruchtbaren
aus. Die Ähren erklären sich von selbst. Ihr Wachsen auf éinem

Halm bedeutet unmittelbare Zusammengehörigkeit der 7 Jahre. Schön ist die Reihenfolge: Nil als Ursache der Fruchtbarkeit, Kühe als Fruchtbarkeit und Ähren als Ergebniss der Fruchtbarkeit" (*Kn.*). — V. 8. Der König, durch den wiederholten Traum beunruhigt, beruft die Gelehrten Ägyptens; sie vermögen ihm aber die Träume (אֹתָם auf חֲלֹמוֹ bezüglich, weil Doppeltraum; *Sam.* חֲלֹמִי) nicht zu deuten, wie sie auch dem Mose nicht alle Wunder nachthun können (Ex. 8, 14 f. 9, 11). Es war ihnen von Gott nicht verliehen (40, 8). Der Name חַרְטֹם (von חָרַט oder חֶרֶט *Ew.* 163 g), im AT. (abgesehen von der Nachahmung im B. Dan.) sonst nur Ex. 7, 11. 22. 8, 3. 14. 15. 9, 11 bei A, bedeutet *Schriftkundiger.* Der Name trifft mit den äg. ἱερογραμματεῖς (auf den Denkmälern durch Federn an der Schläfe und Schreibzeug in der Hand gekennzeichnet, *Ebers* 345) zusammen, „welche zur Priesterkaste gehörten, sich auf die Hieroglyphenschrift, Kosmographie, Sternkunde und anderes verstanden (Clem. Al. strom. 5 p. 555 und 6 p. 633), grosse Zauberer waren (Lucian Philops. 34 ff.; Eus. pr. ev. 5, 10. 9, 8) und die Zukunft vorher verkündigten (Diod. 1, 87; Suidas s. ἱερογρ.). Als Deuter nächtlicher Gesichte erscheinen die äg. Priester auch bei Tac. hist. 4, 83" (*Kn.*). מִצְרַיִם] unanstössig (gegen *Kuen.* O.² 318), obwohl auch im B. Dan. vorkommend. — V. 9—13. Der Obermundschenk weist den König auf den glückl. Traumdeuter Josef hin. 'אֶת־חַ] LXX *Sam.* besser 'אֶל־הַ (s. 16). מַזְכִּיר] *meiner Sünden* nicht: gedenke ich (*Ges.*), sondern *muss ich Erwähnung thun*; unterwürfig nennt er Sünden im Plur., näml. gegen den König; an seinen Undank gegen Josef (*Kn.*) denkt er nicht. קָצַף] 40, 2. אֹתִי 1°] אֹתָם *Sam.* LXX, richtiger. וַנַּחֲלְמָה] seltene Form der 1 p. Pl. *Ew.* 232 g. — s. 40, 5. — פָּחֲלֹמִי אִישׁ] s. zu 9, 5. 15, 10. — V. 13. כֵּן] 40, 13. — Sofort lässt Ph. Josef holen. *und sie machten ihn laufen aus dem Loch*] entliessen ihn eiligst aus dem Gefängniss; בּוֹר wie 40, 15. Die LXX aber (ὀχύρωμα) scheinen בִּירַת gelesen zu haben, vgl. 40, 14. — Vor dem König durfte man nur ganz rein erscheinen; dazu gehörte nach äg. Sitte (Her. 2, 36), dass Jos. Scheerung des Hauptes und Bartes und Kleiderwechsel (35, 2) vornahm. Daran, dass er bisher als Gefangener zum Zeichen der Trauer nach äg. Sitte Haar und Bart hätte wachsen lassen (*Tuch Kn. Del.*), muss man nicht denken, und sind darum auch nicht nothwendig diese Worte dem B abzusprechen. — V. 15 · s. 40, 8. Der König preist Josef's Kunst. עָלֶיךָ] 1 Reg. 10, 6. *du hörest einen Traum ihn zu deuten*] brauchst ihn nur zu hören, um ihn auch sofort deuten zu können; s. 12, 13. — V. 16. Josef lehnt diese Anerkennung ab. בִּלְעָדָי] *ich durchaus nicht*, wie 14, 24. „*Gott wird antworten das Heil Pharao's*] Gott ist der Geber der rechten Deutung (40, 8) und er wird sie geben, Eröffnungen machen, die dem König zum besten gereichen. Eine *Antwort* (vgl. Jer. 23, 35. Mich. 3, 7) ist es, sofern Gott sie auf die Anfrage des Königs durch Jos. ertheilt" (*Kn.*). יַעֲנֶה] יַעֲנֶה לֹא *Sam.* LXX, indem sie 'אֱלֹ 'בִּ ἄνευ τοῦ θεοῦ fassten. — V. 17—21. „Ph. erzählt seinen 1. Traum. Es wird hier einiges hinzugefügt, zB. dass der König so hässliche Kühe wie die zweiten 7 in ganz Äg. nicht gesehen habe, und dass an diesen Kühen nach Verschlingung der fetten nichts bemerkt worden sei. Auch werden einige andere Ausdrücke gebraucht" (*Kn.*). V. 17 וְהִנֵּי] והנני־ *Sam.*, s. 40, 9. 16. — V. 19. רִקוֹת] ebenso 20. 27, gegen דקות 3 f. 23 f. (vgl. 6 f.). — V. 21. קִרְבֶּנָה] vgl. die längeren Formen 21, 29. 31, 6. 42, 36 (durchaus bei B); auch 30, 41; über das — *Ew.* 247[d]. מַרְאֵיהֶן] ist Sing., *Ew.* 256[b]. — V. 22—24. Der 2. Traum. צְנֻים] *hart, dürr*, nur hier, s. *Ges.* th. אַחֲרֵיהֶם] 31, 9. 32, 16; aber in diesem Cap. nur hier so. — V. 25. Josef erklärt beide Träume für éinen, der Bedeutung nach (vgl. 37, 5—11). In kurzer Zeit sich wiederholende Träume bedeuten dasselbe, die Wiederholung aber bezweckt Beachtung und Glauben nach Artem. oneir. 4, 27 (*Kn.*). Durch die Träume zeigt Gott dem König, was er zu thun im Begriff ist. Der Traum galt im Alterthum allgemein als Offenbarungsmittel der Gottheit. — V. 26—28. Die Deutung der je 7 Kühe und Ähren auf je 7 Jahre; s. zu V. 7. — V. 26. פְּרוֹת הַטֹּבֹת] s. 1, 31; *Ges.* 111, 2. — V. 27. הָרַקּוֹת] gegen רַקּוֹת V. 23. 6 f., bildet einen guten Gegensatz zu מְלֵאוֹת V. 7. 22, wenn's nur nicht verschrieben ist für דַּקּוֹת (s. zu V. 19). Mit שְׁנֵי רָעָב statt erwarteten שָׁנִים הֵנָּה geht er schon in die nähere Deutung ein, die erst 29 ff. folgen soll. — V. 28. הוּא הַדָּבָר] geht auf 25 zurück. — V. 29—31. Bestimmter: es werden zuerst 7 Jahre des Überflusses und dann 7 Jahre des Hungers kommen. וְקָמוּ] vgl. Ij. 11, 17. *vergessen wird der Überfluss*] er geht in der Hungerzeit so darauf, dass nichts mehr an sein dagewesen sein erinnert. V. 31 neben 30 ziemlich überflüssig (und wohl aus der andern Quelle; כָּבֵד s. 47, 4), übrigens mit Beziehung auf ולא נודע כי 21 zu verstehen. — V. 32. Die Wiederholung des Traums bedeute, dass die Sache von Seiten Gottes feststehe und bald eintreten werde, s. V. 25. עַל] vgl. Ruth 4, 7 und לְ Gen. 17, 20. כִּי] so ist sie (die Wiederholung) darum, *weil* (vgl. 18, 20). — V. 33—36. „An seine Auslegung knüpft Jos. den Rath, einen verständigen und weisen Mann zu ersehen d. i. zu bestimmen (22, 8) und über das Land zu setzen, ihm aber Aufseher über die einzelnen Bezirke unterzuordnen. Der König soll näml. das Land *fünften* d. i. in den fruchtbaren Jahren den 5. Theil der Getreideernte von den Landhebauern erheben und in den Magazinen für die unfruchtbaren Jahre aufbewahren lassen" (*Kn.*), s. weiter 47, 24. וְיֵרֶא] *Ew.* 63[d]; nach Bär's Ausg. וְיֵרֶא, *Ges.* 75 A. 3; *König* S. 561. וְיַעֲשֶׂה] *Olsh.* verlangt פֹּה יַעֲשֶׂה, und *Ges.* (th. 1077) denkt: *faciat* (ioc) *Pharao* i. e. sequatur consilium meum et praeficiat, aber ראה wäre kaum zu entbehren; also vielmehr: *constituat Pharao et praeficiat* praefectos, vgl. 1 Sam. 8, 16. 1 Reg. 12, 31 u. s., aber allerdings eines der beiden Verben überflüssig. וַיִּרְצְבִרוּ—פֶּרְעֹה] wohl aus dem andern Referat (vgl. 49), für urspr. וַיִּתְּנוּ (48), denn אֹכֶל neben בַּר ist Pleonasmus. *unter der Hand des Königs*] unter seiner Gewalt und Obhut 2 Reg. 13, 5. Jes. 3, 6. *in den Städten*] wo die Magazine sich befinden und zu welchen nach V. 48 die umliegenden Gegenden als Bezirke gehören. Die Maassregel war bei der grossen Fruchtbarkeit Ägyptens und in Jahren sehr reichlichen Ertrags nicht

zu drückend, zumal sie das beste des Volks bezweckte (s. auc1 47,
24). פְּקֻדִיו] im AT. nur noc1 Lev. 5, 20. 23. הָאָרֶץ] von der Land-
bevölkerung wie 10, 25. — V. 37 ff. „Ph. und seine Hofleute finden
Josef's Vorsc1lag gut. Da sie den Traum als von der Gott1eit gesendet (25) betrac1ten und alle Seherkunst von i1r ableiten (zu 40, 8),
auc1 Josef's Auslegung einleuc1tend finden, so schliesst der König,
Josef 1abe seine Deutung von Gott empfangen, und sie1t in i1m den
mit dem göttl. Geist ausgestatteten Mann (Dan. 5, 11. 14), der über
Äg. zu setzen sein wird" (Kn.). — V. 40. Er besc1liesst, i1n über
sein Haus (vgl. Jes. 22, 15) und sein Volk zu setzen. עַל־פִּיךָ יִשַּׁק]
der Kuss zur Huldigung (1 Sam. 10, 1; auc1 1 Reg. 19, 18. Hos.
13, 2), den Ges. u. Kn. noc1 vertheidigen, kann nic1t gemeint sein,
weil dieser nic1t auf den Mund gegeben wurde, am wenigsten von
allem Volk, und weil man עַל פֶּה dafür nic1t sagte. Vielme1r ist mit
den Verss. עַל־פִּיךָ wie 45, 21. Ex. 17, 1. Num. 3, 16. 36, 5. 1j.
39, 27 zu fassen, aber יִשַּׁק nic1t soll laufen (von שָׁקַק Lud. de Dieu),
oder sich rüsten, bewaffnen (GrVen., Merc.), sondern als intrs. (zum
trans. anfügen, küssen) sich fügen; also frei: deinem Mund (Befehl)
soll sich mein ganzes Volk fügen (Tuch. Del.; LXX Vulg. ὑπακού-
σεται), nac1 i1m sic1 ric1ten. nur um den Thron (Ew. 281°; Ges.
118³) will ich grösser sein als du, an Ho1eit und E1re nur das
Sitzen auf dem T1rone voraus 1aben. רַק] gewö1nlic1 bei C; bei B
20, 11. — V. 41 ff. Die Ausführung des Besc1lusses. — V. 41 (wie-
deraufgenommen in 43ᵇ) sc1eint der Parallelbericht zu V. 40 zu sein.
נָאַת] 27, 27. 31, 50. 39, 14. נִיתִי] ic1 gebe 1iemit s. 1, 29. —
V. 42. Zum Zeic1en seiner Würde verlei1t er i1m den königl. Siegelring, den auc1 Est1. 3, 10. 8, 2 der erste Reic1sbeamte Persiens,
und 1 Macc. 6, 15 (vgl. Curt. Al. 10, 5. Justin. 12, 15) der Reic1s-
verweser fü1rt, ferner Kleider von Byssus (שֵׁשׁ, s. zu Ex. 25, 4),
wie die äg. Priester sie trugen (nac1 Her. 2, 37; Plut. de Is. 4 lin-
nene, nac1 Plin. 19, 2. 3 vgl. Philostr. Apoll. 2, 20 baumwollene)
endlic1 die goldene Halskette, welc1e (Artikel) zu den Insignien seiner
Herrsc1aft ge1örte" (Kn.). — V. 43. So ausgestattet lässt er den Jos.
auf seinem Wagen zweiten Ranges, d. 1. auf dem zweiten der königl.
Wagen einen öffentl. Umzug 1alten, wobei Herolde vor i1m 1er zur
Huldigung auffordern. אֲשֶׁר לֹי] s. 40, 5. אַבְרֵךְ] muss ein (semitisirtes)
äg. Wort sein; Vater des Königs; (Trgg.: רַב, רִיכָא rex vgl. 45, 8),
zarter (junger) Vater (Trg. II., Hier. qu.) und Starker Gottes (אַבִּיר־אֵל,
BJub. c. 40, Rönsch 158 f.) 1aben keinen Wert1. Unter den äg. Erklärungen ⲁⲡⲉ ⲣⲉⲕ caput inclinare (Rossi etym. äg. p. 1 u. 339), ap
reχ-u Haupt der Weisen (Harkavy in Berl. äg. Zeitsc1r. 1869. S. 132),
ⲁ Zeic1en des Imper., ϩⲱⲡ projicere, ⲕ Zeic1en der 2 pers., also wirf
dich nieder (Benfey Verhältn. der äg. Spr. 302 f.; s. aber Röd. in
Ges. t1es. addit. p. 64) kommt die letzte einer mögl. Deutung. des
Worts aus dem Hebr. Knie beugen! (Inf. abs. Ap1. für Hiph., statt
Impert.; vgl. נַשַּׁנִי V. 51) am näc1sten (et clamavit in conspectu ejus
ad geniculationem Aq. bei Hier. qu.); ob sie aber darum die ric1-
tigste ist? Brugsch. Gesch. 247 1ält es für ein ägyptisirtes semit.

Wort: *beuget die Knie!* Gegen die Herbeiziehung eines angeblichen ass. *abarakku* (*Del.* Par. 225; Hebr. lang. 26) s. *Schrad.* KAT.[2] 152 u. *Halévy* Rev. des Etud. Juiv. 1885 p. 304. יְרָן] nicht me ir Wort der Herolde, sondern es setzt die Erzählung, näher יֵרָד, fort (*Ges.* 131[4]; *Ew.* 351[c]) wie Ex. 8, 11 u. ö., u. gibt eine Art Abschluss derselben, schliesst sich übrigens an V. 41 an. — V. 44, worin Ph. ihm seine Machtvollkommenheit bestimmt, fällt mit V. 40 ziemlich zusammen. *ich bin Ph.*] König, oberster Herrscher. Und du sollst Regent sein; ohne deinen Willen soll niemand in Äg. Hand oder Fuss rühren (erheben), eine That und einen Schritt thun. — V. 45. Der König gibt ihm einen entsprechenden äg. Namen. צָפְנַת פַּעְנֵחַ] LXX Ψονθομφανήχ d. i. p-sot-om-ph-eneh; es wird von Hieron. durch *salvator mundi* erklärt. Nämlich π ist der männl. Art. und ϲοτ, ϲωτε *salus*, dann ⲛ̀, ⲙ̀ Zeichen des Genetiv und ⲉⲛⲉϩ *aetas, saeculum*. Aber ein *sont* für *sot* mit eingedrungenem Nasal ist schwierig (*Ges.* th. 1181). Es ist darum vorzuziehen, die Erklärung durch *creatio vitae* oder *sustentatio vitae* oder concret *sustentator vitae* nach dem ägypt.-kopt. ⲥⲛ̄ⲧ, ⲥⲱⲛⲧ *sustentare* und ⲁⲛϩ *vita*, s. *Bunsen* Äg. I. 562. 583; *Lepsius* Chronol. I. 382 (*Kn.*). Dabei ist צָפְנַת transponirt aus פָּצַן (*Ew.* 78[b]). Ohne Rücksicht auf Hier. will *Brugsch* l'Exode 17, Gesch. 248 za-p-u-nt-p-àa-ānkh d. h. *Landpfleger des Bezirks von der Stätte des Lebens* d. i. des Nomos Sethroïtes verstehen. Die Juden (*Onk. Pesch. Saad.*; *Jos.* ant. 2, 6, 1) deuteten *occultorum revelator*, indem sie an hebr. צָפַן und ein angebl. יָפַע d. i. φαίνω dachten; darnach *Luth.*: *der heimliche Rath.* — Zugleich verheirathet ihn der König mit *Asenath* (d. h. der Neith gehörig, *Ges.* th.; nach *Brugsch* Gesch. 248 = *Snat* oder *Sant*, häufiger Frauenname im alten und mittleren Reich; ein späterer Roman über sie bei *Fabric.* Cod. ps. V.T. II. 85 ff.), der Tochter des *Potifera* (s. zu 37, 36), des Oberpriesters von On. אֹן] „oder אוֹן von LXX hier, V. 50. 46, 20. Ez. 30, 17 vgl. Ex. 1, 11. Jer. 43, 13 richtig durch Ἡλιούπολις erklärt, wie andererseits Am. 1, 5 das cölesyrische Heliopolis אָוֶן nennt. In den kopt. Schriften heisst jene Stadt beständig *Un* oder *On*, was *Licht*, nach Cyrill Al. ad Hos. 5, 8 auch *Sonne* bedeutet. (*Champoll.* l'Ég. II. 41; *Ges.* th. 52. Vgl. indess *Leps.* Chron. I. 326).“ Hieroglyphisch heisst sie *Anu* oder *An*, genauer *Anumhit, An des Nordens, Brugsch* geogr. Inschr. I. 254; *Ebers* in Ri. HWB. 1111 f. „Die Stadt war in ältester Zeit ein Hauptsitz der Priester, die hier einen berühmten Sonnentempel hatten und sich durch Gelehrsamkeit vor andern auszeichneten (Her. 2, 3; Strab. 17, 1, 29)“, und seinem Namen nach war *Potifera* wohl ebenfalls Priester des (Ra) Sonnengotts. „Die Priesterkaste war die königl. Kaste. Auch die aus der Kriegerkaste genommenen Könige wurden unter die Priester aufgenommen und in ihre Wissenschaften eingeweiht (Plut. de Is. cp. 9). Offenbar geschah das auch mit Josef (s. 43, 32. 44, 5), welchem der König in Berücksichtigung der äg. Verhältnisse ein höheres Ansehen beim Volk und die Unterstützung der bedeutendsten Kaste zuwenden wollte. Zu einem ἱερογραμματεύς macht den Josef Chäremon (Jos. c. Ap. 1, 32), und nach 44, 5 verstand sich Josef auf Hydromantie. Ein

Tempel mit äg. Cult. in der Stadt ist 1ier vorausgesetzt", (*Kn.*). וַיֵּצֵא
':] feilt in LXX und sieit aus wie der verstümmelte 46ᵇ oder wie
eine corrigirte Parallele dazu, in der aber עַל (wofür einige MSS. בְּבָל
1aben) kaum zu erklären ist. Die Correctur וַיַּעֲבֹר אֶת־ für וַיֵּצֵא (*Olsh.*)
1ilft nicit, da das nicit Spracigebrauci dieses Vrf. war. — V. 46
wird nacigeiolt, dass Josef 30 Jaire alt war, da er vor Ph. stand
d. 1. bei dem König Audienz 1atte (47, 7), und angeknüpft, dass er
von vor iim hinausgieng (wie 47, 10), und das Land durcizog, sc.
um es kennen zu lernen und seine Anordnungen zu treffen. Die Zeitbestimmung correspondirt mit 37, 2, und bestimmt sici somit die Dauer
seiner Sklaverei auf 12—13 Jaire. Sowoil die Formel פַּרְעֹה מֶלֶךְ מִצְרַיִם
(Ex. 6, 11. 13. 27. 29. 14, 8 bei A), als auci die übrigen Ausdrücke
(zB. 47, 7. 10) sprecien dafür, dass dieser V. ein Einsatz aus A ist.
— V. 47—49. Die Träume erfüllen sici so, wie sie Jos. gedeutet
1at. Das Land trägt in den 7 frucitbaren Jairen לִקְמָצִים *zu vollen
Händen* d. h. seir reiciici, es gewäirt vollständige Ernte. *Kn.* merkt
an, dass dieses Wort mit seiner Wurzel sici im AT. sonst nur in den
Gesetzen Lev. 2, 2. 5, 12. 6, 8. Num. 5, 26 (bei A) findet. V. 48
ist entweder für שָׁנִים naci V. 53 שְׁנֵי הַשָּׂבָע (*Olsh.*) oder für הָיוּ—שָׁנִים
mit LXX *Sam.* הַשָּׂבָע אֲשֶׁר הָיָה הַשָּׁנִים zu lesen. Josef bringt alles Getreide, soweit es V. 34 in Aussicit genommen ist, zusammen und tiut
es von den zu den einzelnen Städten geiörigen Landgebieten in die
Magazine dieser Städte. Und so 1äufte er soviel Korn auf, dass man
zuletzt die Masse gar nicit meir zäilte. Der Wecisel der Ausdrücke
(צָבַר und בַּר) lässt die andere Quelle vermuthen (vgl. 35); *wie Sand
des Meeres* ist wie 32, 13 bei C (22, 17), und הַרְבֵּה מְאֹד wie 15, 1
vgl. 16, 10. — V. 50—52. Josef eriält noci vor dem (ersten) Hungerjaire 2 Söne von Asenati. יֻלַּד] 35, 26. לִי] s. zu 34, 1.
Den ersten nennt er *Manasse*, weil *Gott* iin sein Müisal und seines
Vaters Haus (letzteres naci Cp. 45 ff. nicit im scilimmen Sinn, sondern
etwa: die untröstl. Gedanken an sein Vateriaus) *habe vergessen lassen*,
über seinem Glück im fremden Land. Das Pael נַשַּׁנִי für das Pi. (vgl.
43) ist wegen des Anklangs an מְנַשֶּׁה punktirt (*Ew.* 118ᵈ; *Ges.* 52
A. 1) und aus gleiciem Grund ist Pi. für Hiph. gebraucit. Den zweiten nennt er *Efraim*, weil Gott iin im Lande seines Elends 1abe
fruchtbar sein lassen, durci Kindersegen (Hos. 13, 15). — V. 53 f.
Mit dem 7. Jaire geit die frucitbare Zeit zu Ende (הָיָה auf הַשָּׂבָע zu
bezieien) und naci iim tritt die Hungerzeit ein, die aber nicit blos
Äg., sondern auci die andern Länder betrifft, nur dass in Äg. (in
den Magazinen) Brod vorräthig ist. — V. 55 f. In Äg., als das Volk
zu 1ungern beginnt, wendet es sici an den König und wird von ihm
an Josef gewiesen. V. 55 sciliesst sici an 54ᵇ nicit gut an, woil
aber an 54ᵃ. — V. 56ᵃ kommt auf 54ᵇ zurück, oder aber, wenn
man unter הָאָרֶץ Äg. versteit, auf 55ᵃ. וַיִּפְתַּח וגֹ] *und Josef öffnete
alles, worin* (etwas) *war*, soll 1eissen alle Magazine. Aber eine solcie
doppelte Breviloquenz dürfte unmöglici sein. Zur Noti genügt אֲשֶׁר
בָּהֶם פְּ des *Sam.*, aber LXX (σιτοβολῶνες) *Vulg. Pesch. Onk.* drücken
geradezu אוֹצְרֹת בָּ statt אֲשֶׁר בָּהֶם oder neben diesem aus. Dic Lesar

ist jedenfalls verdorben; *Wl.* vermuthet ein von שׁבר abgeleitetes Wort für Kornmagazin, *Lagarde* Symm. I. 57 ein Wort wie (!) אישׁבוריא *sirus* (*Buxt.* lex. talm. 2321). וַיִּשְׁבֹּר] lies וַיַּשְׁבֵּר naci 42, 6 (*Olsh.*); *er verkaufte den Ägyptern* Getreide. 'רָ וַיּרח] naci der recipirten Versabtheilung mit 'מִ לְבֹּשָׁבֵר verbunden, ist sinnlos (darum von LXX ganz ausgelassen, von *Olsh.* gegen V.ᵃ umstellt, von *Ilg.* mit פָּנֶיךָ für מִצְרַיִם emendirt); es geiört zu 57. — V. 57. Aber der Hunger in Äg. wird ieftiger, und bereits kommt auci alle Welt naci Äg., um Getreide zu kaufen, zu Josef, weil überall die Hungersnoth ieftig ist. Über Getreideaustheilungen in Äg. aus den Magazinen in Zeiten der Hungersnoth vgl. die Beispiele bei *Brugsch* Gesch. 130. 246 f.

b) Die Wanderungen und Demüthigungen der Josefbrüder bis zur Versöhnung, Cap. 42—45.

Wie im ersten Abscinitt bericiten auci iier B und C, und bringt auci iier, wie dort, C in die von B gemeldeten Vorgänge noci weitere Verwicklungen und Spannungen iinein. Brucistücke der Scirift des A konnte trotz El Schaddai (43, 14) auci *Kn.* iier nicit meir anerkennen. Die Stücke von B und C sind noci ziemlici als ganze erialten, und an mancien sachl. und sprachl. Zeicien erkennbar; doci iat der Compilator auci iier mancies geändert.

1. Die 10 Brüder vor Josef, ihre Demüthigung und Züchtigung, Cap. 42, meist nach B.

Von der Hungersnoth genöthigt scickt Jacob seine 10 ältesten Söine naci Äg., um Getreide zu kaufen. Sie kommen und werfen sici vor Josef nieder. Er erkennt sie, oine von iinen erkannt zu werden, entdeckt sici iinen aber nicit, sondern prüft sie erst. Er erklärt sie für Kundsciafter, setzt sie als solcie sogar gefangen, gibt sie jedoci am 3. Tage wieder frei, beiält nur, als sie mit iirem Korn ieimkeiren, Simeon als Geisel in Gewairsam, bis sie iim den jüngsten Bruder zur Stelle sciaffen. Scion jetzt erkennen sie in diesem Gescick eine Strafe für iir Vergeien an Josef. Aber iir Geld gibt er iinen oine iir Vorwissen in iire Säcke zurück, um sie oder den Vater wenigstens iinter dem gestrengen Herrn den Bruder ainen zu lassen. Jedoci den mit Gewissensschuld Beladenen wird gerade dieses Geld, als sie es entdecken, zum Gegenstand des Entsetzens und dem Vater ein weiterer Grund der Weigerung, sie mit Benjamin wieder zieien zu lassen. — Josef erscieint auci iier, wie Cp. 41, als Werkzeug der Vorseiung. Zur Vergeltung für iire Übelthaten, zur Erweckung der Selbsterkenntniss und zur Besserung musste solcie Noti über die Brüder kommen. Dass Jos. selbst die Züchtigung veriängen muss, bringt seine Stellung mit sici. Dass er sie aber nicit aus niedriger Racisucit, sondern gegen sein natürl. Gefüil, unter dem Trieb einer iöieren Nothwendigkeit, veriängt, deutet der Vrf. scion

1ier V. 24 und noc1 me1r durc1 den Ausgang Cp. 45 an. Dass auc1
der alte Vater dadurc1 mit zu leiden bekommt, ist gegenüber von jenem Hauptzweck ein kleines und nic1t zu vermeiden; in Wa1r1eit ist
es für i1n die Vorbereitung auf die 1öc1sten Freuden, welc1e nac1
göttl. Gesetz nic1t o1ne vorange1ende tiefe Beugung erlangt werden.
— Die Rückbezie1ung auf Josef's Träume im Vater1aus 6. 9 und auf
Ruben's Fürsprac1e für i1n 22, sowie die Rolle Ruben's als Fü1rers
der Brüder 37 (anders 43, 3 ff.) sprec1en für B als Vrf. Eben dafür
zeugen יֶלֶד 22 (nic1t נַעַר), יַעֲקֹב 1. 4. 29. 36 (nic1t יִשְׂרָאֵל); שַׂק 25.
(27) 35 (nic1t אַמְתַּחַת), הָאָרֶץ אֲדֹנֵי הָאִישׁ 30. 33 (nic1t הָאִישׁ allein),
מְשַׁמֵּר 17. 19, רַגְּלָהּ 36, צָרָה 25, (auc1 צָרָה 21, זַבַּ 9). Doc1 hat R
auc1 1ier aus dem Parallelbericht des C über diese erste Reise einzelne Sätze eingearbeitet, näml. 2ᵃ. 4ᵇ. 6. me1reres in 7, אֲבָל 10;
nam. 27 f. und 38 (s. in der Erkl.). Das 1ier und später (bei B und
C) wieder1olt vorkommende אֶרֶץ כְּנַעַן 5. 7. 13. 29. 32. 44, 8. 45,
17. 25. 47, 13. 15 ist durc1 den Gegensatz gegen Äg. gefordert.

    V. 1 f. Jacob fordert seine Sö1ne auf, Getreide aus Äg. zu 1olen.
שֶׁבֶר] ist überall, wo es vorkommt, Getreide als Handelsartikel, wes1alb
es von 1ier an 1äufiger (V. 2. 19. 26. 43, 2. 44, 2. 47, 14) vor-

kommt. Diesem Begriff gemäss 1at es mit تَمْر nic1ts zu t1un. In
Ermangelung von Besserem leitet man es von שָׁבַר brechen ab, als
Bruch d. 1. *Mühlkorn* (*Ew.* 120ᵉ; *Fleisch.* bei *Del.* Spruchb. 190).
Die Ableitung aus accad. *šé* Korn und *bar* weiss (*Sayce* in Trsact.
SBA. I. 307) wird wenigen einleuc1ten. *wozu seht ihr euch an?*]
in Rat1- und Thatlosigkeit, wo einer auf den andern sie1t, von ihm
Rat1 und Hilfe erwartend. V. 2ᵃ in1altlic1 neben 1ᵃ unnöthig, auf-
fallend auc1 durc1 neues וַיֹּאמֶר (was LXX weglassen), wird Einsatz aus
C sein. — V. 3—5. Ze1n Brüder Josef's zie1en also nac1 Äg.; den
Benjamin lässt der Vater nic1t mitzie1en, damit i1m kein Unfall zu-
stosse. Als der jüngste und noc1 allein übrige So1n der Ra1el (44,
20 ff.) war er i1m besonders theuer. V. 4ᵇ nac1 *Wl.* ein Einsatz aus
C, weil bei i1m (38 und 44, 29) wieder vorkommend; doc1 ist das
fraglic1; B kann die Worte auc1 sc1on ge1abt 1aben. אָסוֹן] ein altes
Wort Ex. 21, 22 f.; sonst noc1 V. 38. 44, 29. שֶׁבֶר] == מִקֶּה (29. 44,
29) wie 38. Ex. 1, 10, auc1 Gen. 49, 1. — V. 5. בְּנֵי יִשְׂרָאֵל] s. 35, 10.
in der Mitte der Kommenden] unter den andern aus Ken. kommenden kamen auc1 sie; nic1t gerade (*Kn.*) in der gleic1en Karawane. —
V. 6 ganz oder meist aus C wegen הַשַּׁלִּיט (gegen אדנים und מֹשֵׁל 30.
33. 45, 8. 26) und אַפַּיִם אַרְצָה 'הִשׁ wie 19, 1 (gegen 48, 12). Da
Josef den Getreideverkauf unter seiner Aufsic1t 1at, so müssen die
Ankömmlinge sic1 an i1n wenden; sie ersc1einen vor i1m und werfen
sic1 vor i1m nieder, vgl. 43, 26. 28; die Träume Josef's (37, 7. 9)
erfüllen sic1 damit. Mit Nac1druck wird er von beiden Erzä1lern der
Herr oder *Herrscher* Ägyptens genannt. שַׁלִּיט] sonst nur aram. u.
im späten Sprac1gebrauc1 fällt auf; es dürfte 1ier ein mit der Überlieferung überkommenes tec1nisc1es Wort sein, denn es stimmt auffallend mit *Salatis* oder *Silitis*, dem Namen des ersten Herrsc1ers der

Hyksos in Äg. Jos. c. Ap. 1, 14; Eus. cɪron. Arm. I. 224. Auf den
jüngsten R (*Kuen.* 0.² 318) braucɪt man es nicɪt zurückzufüɪren.
הוּא 2°] והיא *Sam. Pesch. TrgJon.* — V. 7 f. Aucɪ ɪier scɪeinen
א' יתנ' ויכרם (parallel mit 8) und אֱבָל (gegen בָּ־ des B) aus C eingefügt, und 'ɪ: וידבּ־ אתם קשוֹה (vgl. 30) aus iɪrer urspr. Stelle bei B
ɪinter 9ᵃ versetzt. „Josef wird von den Brüdern nicɪt erkannt, da
er in den etwa 20 Jaɪren seiner Entfernung von iɪnen (37, 3. 41,
46) aus dem Jüngling ein Mann geworden ist" (*Kn.*) und in anderem
Aufzug erscɪeint. Woɪl aber erkennt er sie. Er *stellt sich fremd*
gegen sie und *redet hartes mit ihnen*, nicɪt blos unfreundlicɪ und
ɪerriscɪ (1 Sam. 25, 3. Jes. 19, 4), sondern aucɪ ɪarte Beschul-
digungeɪ (9 ff.) gegen sie erɪebend. „Die Prüfung soll zugleicɪ daɪin
füɪren, dass er erfäɪrt, wie es mit Benj. steɪt, den er unter den Brüdern
vermisst" (*Kn.*). — V. 9. Beim Anblick der demüthig vor iɪm steɪen-
den *gedenkt er* (40, 14. 23) der Träume (37, 5 ff.), die er *in Beziehung auf sie* (17, 20. 19, 21) geɪabt. „Er erklärt sie für Kund-
schafter, welcɪe *die Blösse des Landes sehen* (vgl. Num. 13, 18.
Jos. 2, 1), die Gegenden kennen lernen wollen, welcɪe unbesetzt
und leicɪt zugänglich sind. Ebenso 'aurah Qor. 33, 13; γυμνοῦ-
σϑαι Ilias 12, 399, *nudari* Caes. b. g. 7, 70. Die Bescɪuldigung passt
in den Mund des ersten Reicɪsbeamten. Die Hyksos waren in beständiger Furcht vor Einfällen der damals mäcɪtigen Assyrer und be-
festigten bes. die östl. Tɪeile Ägyptens, Jos. c. Ap. 1, 14" (*Kn.*). —
V. 10—13. Die Brüder begegnen dem Argwoɪn mit Versicheruɪg
iɪrer Eɪrlicɪkeit und genauer Angabe iɪrer Familienverɪältnisse. לֹא
אֵ־::] 23, 11. [וְיַעַבְדְךָ] ? nacɪ der Verneinung für gew. כִּי wie 17, 5
(*Ew.* 354ᵃ). נַחְנוּ] für אֲנַחְנוּ (was *Sam.* ɪat) nur nocɪ Ex. 16, 7 f.
Num. 32, 32. 2 Sam. 17, 12. Thr. 3, 42. In V. 13 ist entweder
אֲנַחְנוּ als Glosse aus V. 32 auszuwerfen (*Olsh.*), oder gegen die Accente bei עַבְדֶיךָ abzusetzen (*Del.*): 12 sind deine Knecɪte, Brüder sind
wir. Der kleine d. i. jüngste (s. 9, 24) sei beim Vater, und *der eine
sei nicht* mehr vorɪanden, sei verscɪwunden (5, 24). „Hier ɪüten
sie sicɪ, das näɪere anzugeben, um nicɪt Josef's Mistrauen zu stärken"
(*Kn.*). Übrigens כֵן *gerade*, in der Bedeutung *aufrichtig, ehrlich* im
Pent. nur ɪier und 19. 31—34. — V. 14. Als ɪocɪgestellter Mann
will aber J. gegen sie Recɪt behalten. *es ist, was ich geredet*] es
bleibt bei meiner Erklärung, dass iɪr Kundscɪafter seid. Zu הוּא vgl.
20, 16. Ij. 13, 16 (*Kn.*). — V. 15 f. Er verlangt den jüngsten Bɪu-
der zu seɪen; einer von iɪnen soll iɪm aus Ken. ɪolen, wäɪrend die
übrigen als Gefangene bei iɪm bleɪben. *daran sollt ihr geprüft werden*] sc. ob die Versicɪerung eurer Eɪrlicɪkeit waɪr ist oder falscɪ
(vgl. 20. 33). Er ɪält es für möglicɪ, dass sie dem Benj. ebenso
scɪlimm mitgespielt ɪaben wie ihm; er wünscɪt darüber Gewissɪeit
zu ɪaben, gibt aber als Zweck der Ɪerbeiɪolung nur an, er wolle
seɪen, ob iɪre Angabe waɪr sɪi oder nicɪt. חֵי פַרְעֹה] *Leben Pharao's!*
beim Leben des Königs. Dieser Scɪwur passt gut, da die Äg. iɪre
Könige ὡς πρὸς ἀλήϑειαν ὄντας ϑεούς vereɪrten (Diod. 1, 90). Die
Isɪ. schwuren beim Leben des Königs wenigstens ɪn Anreden an ɪɪn

1 Sam. 17, 55. 2 Sam. 11, 11 (*Kn.*). אִם] s. 14, 23. הֵנָּה] 21, 23. 45, 5. 8. 13. — V. 17—20. Er zieit sie zusammen ein (Ez. 24, 4. Jos. 2, 18) in Gewairsam (19. 40, 3. 7.), „damit sie füilen, wie einem Gefangenen zu Muti ist (37, 24), der das scilimmste zu gewärtigen hat" (*Kn.*). Aber am 3. Tage erklärt er nur einen als Geisel beialten zu wollen, wäirend die übrigen mit iirem Getreidebedarf naci Hause zieien und den jüngsten iolen. *das thut und lebt*] iir sollt nicit (als Spione) getödtet werden, wenn iir folgendes tiut. זֹאת עֲשׂוּ] 45, 17. 19, aber auci 43, 11. *Gott fürchte ich*] und will desialb nicit auf blossen Verdacit iin euci unnöthig iart beiandeln. *wenn ihr redlich seid*] ist Bedingung zu seinem ganzen folg. Vorscilag, des Sinnes: so werdet iir folgendes gern anneimen. אַחַד־] oine Art. *Ges.* 111, 2ᵇ; *Ew.* 290 f.; äinlici 43, 14; anders 42, 33. *Getreide der Hungersnoth* (*Ew.* 163ᵈ) *eurer Häuser* d. i. für den Bedarf derselben wäirend der Hungersnoth; (vgl. מֶטֶר וַרְצֶף Jes. 30, 23, *Olsh.*). V. 33 steit sogar רְבוֹן allein, als könnte es *Hungerbedarf* bedeutén, aber in LXX *Pesch. Onk.* שֶׁבֶר רְבוֹן· — Sie lassen sici's gefallen. — V. 21. Iir böses Gewissen wegen iires Bruders Josef (37, 21 ff.) erwacit und unwillkührlich treffen sie in dem Gedanken zusammen, dass sie *um seinetwillen* so zu *büssen* iaben. Ebenso 44, 16 bei C. אֲבָל] 17, 19. צָרָה] 35, 3. — V. 22. Ruben als der Beschützer Josef's (37, 22. 29 f.), der sici unsciuldig weiss, darf iinen mit Recit iire Unthat vorialten. Seine Rede lautete oben nicit wörtlici so; nur dem Sinn, in dem er geiandelt iat, gibt er iier Ausdruck. וְלִי] 20, 8. 14 u. ö. *und auch sein Blut, siehe es wird gefordert*] an uns geaindet (9, 5 f.); nicit blos die Unbarmierzigkeit, sondern auci sein Tod, den sie wenigstens mittelbar ierbeigefüirt iaben. Da er in der Grube plötzlici versciwunden war, nimmt er an, dass er von einem Tiier gefressen oder sonst ums Leben gekommen sei. Es stimmt iier alles zu dem Bericit des B in Cap. 37. — V. 23. So reden sie laut, indem sie nicit wissen, dass Jos. es *vernimmt* d. i. versteit (11, 7), *denn der* (in solcien Fällen üblicie) *Dolmetscher war zwischen ihnen*; בֵּינֹתָם wie 26, 28. Natürlici spraci man am Hof ägyptisci, selbst wenn es der Hof eines Hyksoskönigs war. — V. 24. Jos., gerührt über iiren Scimerz und iir Schuldbekenntniss, wendet sici von iinen weg zu weinen, keirt aber dann wieder zurück und lässt Simeon vor iiren Augen binden, nicit Ruben seinen Vertheidiger, sondern den ältesten der andern. — V. 25. Er lässt iinen iir Packgeräthe mit Korn füllen und Zeirung für die Reise geben, auci das Geld jedem oben in den Sack thun. Das finitum וַיְמַלְאוּ statt des Inf. ist iier, da Inff. folgen, seir iart. כַּסְפֵּיהֶם] Plur., weil die Gelder meirerer gemeint sind (*Ew.* 176ᶜ), vgl. V. 35; über ם *Ges.* 93 A, 1. *in eines jeden seinen Sack*] ebenso V. 35; s. zu 9, 5. צֵדָה] wie 45, 21. וַיַּעַשׂ] *man that*, ist iier naci וַיְצַו seir unbequem, und vielleicit verscirieben für וַיְעֲשׂוּ (vgl. וַיְמַלְאוּ). — V. 26. Sie laden auf und geien. V. 27 f. aus C (vgl. 43, 21) eingetragen, bei welciem die Brüder scion unterwegs *auf der Station*, wo sie übernaciten, die Rückgabe des Geldes gewair werden, und zwar

nicht blos einer, sondern jeder derselben, wodurch auch ihrer *aller*
Schrecken noch besser motivirt wird (*Wl.* XXI. 446 f.). Den letztern
Zug hat R aus harmonist. Gründen hier weggelassen, er wird aber
43, 21 vorausgesetzt. Die Ausdrücke מָלוֹן (Ex. 4, 24), מִסְפּוֹא (24, 25.
32), אַמְתַּחַת beweisen für C. Dagegen muss שָׂקוֹ 27 von R wegen
des Anschlusses an 25 geschrieben, und לֵאמֹר מַה זֹאת ה׳ 28 (wegen
אלהים) aus einer andern Stelle des B, etwa 35 a. E., eingefügt sein.
הָאֶחָד] *der eine*, der den Anfang machte d. h. *der erste* (s. 2, 11. 4,
19), denn urspr. folgte, dass dann auch alle andern öffneten. אַמְתַּחַת]
Packtuch (s. Lex.), *Sack*, regelmässig in Cp. 43 f. gebraucht. Auch
בִּזְ wie 43, 12. 21. וְגַם אָזְנֵה) 18, 9. *und ihr Herz gieng aus*]
ihr Muth verliess sie, sie verzagten ganz (nur hier so). *sie zitterten
einer zum andern*] wandten sich bebend einer an den andern; über
diese Prägnanz *Ges.* 141; *Ew.* 282°. Sie fürchten von dem Mann
nun auch noch als Diebe behandelt zu werden, und erkennen in dieser
weitern Noth die züchtigende Hand Gottes. — V. 29—34. Heimgekehrt erzählen sie dem Vater ihre Begegnisse, und heben die Nothwendigkeit, dem Herrn Ägyptens Benj. zu bringen, hervor. אֲלֵיגֵי] auch
33; s. 39 20; zur Sache s. zu V. 6. אֹתָנוּ] + ἐν φυλακῇ (במשמר
s. 40, 3) LXX. — V. 32. אֲנַחְנוּ] אֲנַחְנוּ אֲחִים אֲחִים *Sam.* — V. 33.
רֵעֲבֹן] s. zu 19. — V. 34. סחר] c. Acc. *durchziehen*, des Handels
wegen, vgl. 34, 9. 21. — V. 35. Nun erst in der Heimath leeren sie
(nach B) ihre Säcke aus und finden erst bei der Ausleerung (nicht
אמ׳ גֵּפְרָ) ihre Geldpäckchen in ihren Säcken, worüber sie mit dem
Vater in Furcht gerathen. — V. 36. „Von solchen Schlägen getroffen
bricht der alte Vater in unmuthige Klagen aus. *mich habt ihr kinderlos gemacht*] mich treffen die Verluste, nicht euch; ihr habt gut
reden und vorzuschlagen, da es sich nicht um eure, sondern meine
Kinder handelt" (*Kn.*). *über mich ist das alles ergangen*] ich allein
habe die Last dieser Ereignisse (vgl. קְלָה 29) zu tragen. כֻּלָּנָה] wie
Prov. 31, 29, für כֻּלָּן; s. zu 41, 21. — V. 37. Darauf hin bietet Ruben, der auch hier (s. zu 22) Wortführer ist, *seine beiden* Söhne als
Unterpfand an; sie mag er im unglückl. Fall tödten. *gib ihn auf
meine Hand*] „vertraue ihn meiner Gewalt an, 1 Sam. 17, 22. Ij. 16,
11" (*Kn.*). Nach A hat Ruben bei der Auswanderung nach Äg. 4
Söhne 46, 9. — V. 38. „Jacob weigert sich, den Benj., der allein
noch von Rahel's Kindern übrig ist, mitzugeben, denn leicht könnte
auf der Reise ihm ein Unfall zustossen, und so würden sie *sein graues
Haar mit Kummer hinabbringen zum Scheol* (37, 35), d. h. ihm,
dem alten Mann, ein Lebensende mit Gram und Leid bereiten (vgl.
1 Reg. 2, 6. 9). Da nun aber hier von Simeon, dessen Auslösung
es doch nach 24. 33 gilt, gar keine Rede ist, so passt diese Antwort
wenig zum Vorhergehenden d. h. zu B, sondern nur zu C, bei welchem
Simeon nicht gefangen gesetzt, weil aber das Wiedersehen des Angesichts Josefs an die Beibringung des Benj. geknüpft ist (43, 3. 44,
23. 26), und ebenso die Ausdrücke des V. sind Ausdrücke des C nach
44, 29. 31. Demnach ist mit V. 37 der Bericht des B abgebrochen,
und weiss man also auch nicht mehr, ob und wann und unter welchen

Bedingungen bei ihm Jacob die Bürgschaft des Ruben angenommen hat.
Statt dessen hat R in V. 38 den Schluss der vorher nicht mitgetheilten, aber aus 44, 20—24. 43, 3. 7 wiederherstellbaren (*Wl.*) Erzählung des C über die Erlebnisse der Brüder in Äg. und über ihren Bericht an den Vater aufgenommen, um sofort Cp. 43, 1 ff. mit dem Text
des C fortfahren zu können. Bei C war V. 38 nicht Antwort auf eine
Bürgschaftsanbietung, sondern nur auf die Meldung, dass sie ohne Benj.
den Jos. nicht wieder sehen dürfen.

2. Die Brüder zum zweitenmal bei Josef und ihre Prüfung, Cap. 43 f. nach C.

Da andauernde Hungersnoth einen neuen Getreideankauf in Äg
nothwendig macht, setzt Juda bei Jacob die Entlassung Benjamin's
durch. Mit einem Geschenk für Josef und mit doppeltem Geld kommen die Brüder zu ihm. Josef, da er Benj. sieht, empfängt sie freundlich und ladet sie zu Tisch. Im Gegensatz zu ihren schlimmen Be-
fürchtungen wegen des in ihren Säcken vorgefundenen Geldes läuft
zunächst alles glücklich ab; bei der Mahlzeit gibt Josef ihnen sogar
schon Zeichen seines wahren Verhältnisses zu ihnen. Aber vor ihrer
Abreise lässt er heimlich seinen Becher in Benjamin's Sack stecken,
und dann den Abgezogenen nachsetzen. Benj. wird als der Becher-
dieb erfunden. Zu Josef zurückgebracht werden sie von ihm hart an-
gefahren; den Benj. will er zur Strafe als Leibeigenen behalten. Da
unternimmt Juda in einer ergreifenden Rede das Herz Josef's zu rühren und bietet sich zuletzt an Benjamin's Stelle als Sklaven an. — Die
zweite Reise bringt hienach nicht blos fortgesetzte Demüthigung vor
Jos. und Züchtigung durch Noth und Angst, sondern dient zur Prüfung ihrer Gesinnungen unter einander und gegen den Vater, und liegt
darin eben der Fortschritt gegenüber von der ersten Reise, wo es
blos bis zur Selbstanklage kam. Erst denen, welche durch die That
sich als wirklich gebessert erwiesen haben, kann Vergebung und Rettung zu Theil werden. — Die zweite Reise (zur Auslösung Simeons)
muss auch B beschrieben haben, aber seine Beschreibung ist von R
nicht aufgenommen. Das vorliegende Stück stammt nicht vom Vrf. des
Cp. 42 (*Kn. Böhm.*), sondern von C, und zwar nicht blos überwiegend
(*Schr.*), sondern ganz (*Wl. Kuen.*), mit Ausnahme der Bruchstücke 43,
14. 23ᵇ (s. d.). Das zeigt sich vor allem daran, dass in 43, 3. 5. 7. 21.
44, 19 f. 22 f. 26 ein von Cp. 42 abweichender Bericht über den Verlauf der ersten Reise vorausgesetzt ist, sodann daran, dass nicht mehr
Ruben, sondern Juda 43, 3 ff. 44, 16. 18 ff. die Führerrolle hat (wie
37, 26 ff.), ferner an der durchgehenden Verschiedenheit gewisser
Ausdrücke gegenüber von Cp. 42, näml. הָאִישׁ im Munde der Brüder
als Benennung Josef's bei Jacob 43, 3. 5. 6 f. 11. 13 f. 44, 26; נַעַר
von Benj. 43, 8. 44, 22. 30 f. 33 f. (über יֶלֶד 44, 20 s. d.), אַמְתַּחַת
43, 12. 18. 21—23. 44, 1 f. 8. 11 f., יִשְׂרָאֵל 43, 6. 8. 11, אֹבֵל (nicht
בַּר) 43, 2. 20. 22. 44, 1. 25. Dazu kommt endl. die überall durch-
schimmernde eigenthl. Diction des C: קָצֵה 43, 1; יָכֹל seq. לְ c. Inf. 43,

2; מֵעַט 43, 2. 11. 44, 25; יֵשׁ mit Suff. u. Part. 43, 4; הִתְמַהְמֵהַּ 10,
אוּלַי 12, יָרַד und הוֹרִיד nach Äg. 43, 11. 15. 20. 22 (42, 38), פָּתַח
19, מִסְפּוֹא 24, וְהִשְׁתָּחֲוָה 28, כִּי 43, 20. 44, 18, הָאֵלֶּה כְּדָבְרִים 44, 7
לְחָלִילָה seq. מִן c. Inf. 44, 7. 17, die Endung וּן 44, 1. 23 u. a.;
bemerke auch die Namen der Landesfrüchte 43, 11 (vgl. 37, 25).
Dagegen beweist אֱלֹהִים in der Rede des Ägypters an die Brüder und
dieser an jenen 43, 29. 44, 16 nicht für B, ebensowenig der Ausdruck וַיְאֹש 44, 5. 15, der vielmehr auch schon 30, 27 bei C erschien.
Und אֵל שַׁדַּי wie der ganze 43, 14 geht auf R zurück. Im ganzen zeigt
sich auch hier die Eigenthümlichkeit des C, dass er mehr Scenen malt
und Gedanken und Empfindungen zum Ausdruck bringt, dagegen weniger
neue Stoffe beibringt.

V. 1 f. Die Hungersnoth *war schwer* (12, 10. 47, 4. 13, dagegen חָזָק 41, 56 f.) im Land. Nach Aufzehrung des Vorraths fordert
der Vater die Söhne zu einer nochmaligen Reise nach Äg. auf. כַּלָּה]
seq. לְ und Inf. bei C sehr beliebt 18, 33. 24, 15. 19. 22. 45. 27,
30 (bei A 17, 22. 49, 33). מֵעַט] im st. c. V. 11. 44, 25. 18, 4.
24. 17. 43 (immer bei C). — V. 3—5. Juda erklärt, ohne Benj.
werden sie nicht ziehen, da der Mann bestimmt und nachdrücklich
gegen sie betheuert habe, sie würden, *ohne dass* (*Ew.* 322ª) der
jüngste Bruder bei ihnen sei, sein Antlitz nicht sehen (44, 23. 26)
d. h. nicht vor seine Augen kommen dürfen (2 Sam. 3, 13. 14, 14.
28). So lautete die Bedingung bei C, während nach B (42, 20. 34)
sie durch Mitbringen des Benj. den Beweis, dass sie keine Spione seien,
führen und die Auslösung des Simeon bewirken sollten. וְשַׁלֵּחָ] seq.
Part. wie 24, 42. 49. — V. 6 f. *Israel* (s. zu 35, 10) macht ihnen
Vorwürfe, dass sie dem Mann gesagt haben, *ob* (8, ⁸. 42, 16) sie
noch einen Bruder hätten. Sie rechtfertigen sich damit, sie haben dem
Mann auf seine eingehenden Fragen über ihre Verwandtschaft, *in Ge-
mässheit* (Ex. 34, 27 u. ö.) *dieser* Frage-*Worte*, antworten müssen;
wussten (*Ew.* 136ᵈ) *wir denn*, dass er das Erscheinen Benjamin's
verlangen würde? Auch hier und wiederholt 44, 19 f. ist eine etwas
andere Darstellung der Vorgänge als 42, 13. 32 (bei B, wornach sie
die Angaben über ihre Verwandtschaft zur Vertheidigung gegen den
Vorwurf, Spione zu sein, machten) vorausgesetzt. — V. 8—10. Juda
wünscht, dass ihm Benj. anvertraut werde; er wolle ihn verbürgen,
mit seiner Person für ihn einstehen (die Parallele zu 42, 37 bei B).
נַעַר] 44, 22. 30 f. 33 f., vgl. 37, 2 (bei B 41, 12; יֶלֶד 42, 22).
הִצַּגְתִּיו] 30, 38. 33, 15. 47, 2. לְךָ וְחָטָאתִי] *so sündige ich dir* alle
Tage d. i. so will ich mein Lebenlang dir schuldig, verschuldet sein
(1 Reg. 1, 21), so dass du mit mir nach deinem Belieben verfahren
kannst. Ohne das leidige Zaudern wären sie schon zweimal zurückgekehrt. הִתְמַהְמֵהְנוּ] 19, 16. עַתָּה כִּי] wie 31, 42. — V. 11. Darauf
fügt sich Isr. ins unvermeidliche. אֵפוֹא] 27, 33. 37. עָשׂוּ וֹאת] 42, 18.
Er heisst die Söhne zu einem Geschenk für den Mann nehmen מִזִּמְרַת
הָאָרֶץ, gew. (nach *Targ. Vulg.*) *vom Gesang des Landes*, soll heissen:
von den besungenen und gepriesenen, also von den berühmtesten Erzeugnissen Kenaan's (*Ges. Tuch Kn.* a.). Mit Recht findet *Del.* einen

so hochpoet. Ausdruck ier um so befremdlicier, als זמר und Deriv. in der alten Spracie nur für gottesdienstl. Gesang gebräuchlich war. Aber auci *Abschnitt*, *Abhub*, *Ertrag* von זָמַר (*Del.*) ist unzulässig, weil זמר nur vom Abscineiden des Unnöthigen und Hinderlicien gebraucit wird. Das Wort bedeutet einfaci *Früchte, Erzeugnisse* (LXX καρποί). Ein assyr. *zumri* gleicien Sinnes gibt *Norris* (ass. dict. II. 354) an, und ist (*Hartmann*) das arab. ثَمَر und ثَمِير zu vergleicien (s. zu 42, 1). Gescienke an ioie Herren, um sie sich geneigt zu macien, waren und sind im Morgenland ierrsciende Sitte (32, 14 ff. 1 Reg. 10, 25. Matth. 2, 11 *Kn.*). נבאת ,לט, צרי] 37, 25. דְּבַשׁ] „ier woil nicit Bienen-, sondern Traubenhonig, aus Traubensaft dick eingekociter Syrup, arab. *dibs*. Er war scion im alten Palästina ein Ausfuhrgegenstand (Ez. 27, 17), wie noci ieute, *Wellsted* Arab. I. 222; *Win.*[3] I. 510. Ägypten iatte Weinbau (40, 10 f.), war aber kein eigentl. Weinland; dagegen iat es wenigstens ieutzutage viel Bienenzucit, *Bruns* Erdbeschr. v. Afrika I. 114 f.; *Savary* Zust. Egyptens II. 219" (*Kn.*). בָּטְנִים] nur iier, wahrsch. *Pistacien* (*Ges.* th.; über das Wort im Punicien s. *Blau* in ZDMG. XXVII. 527; im Assyr. *Schrad.* in Berl. Ak. MB. 1881. 419), „eine Art Nüsse, die noch jetzt in Paläst. (*Schubert* II. 478. III. 114) einieimisci ist, oder wenigstens (*Rosen* in ZDMG. XII. 502) von Aleppo dortiin gebracit wird. Die Pistacie geiört zum Gescilecit der Terebinthen, die arab. *butm* ieissen und von den Syrern πιστάκια genannt wurden (Atien. 14, 61 p. 649). Und so iaben wahrsch. auci LXX und *Vulg.* mit iirem τερέβινϑος die Pistacie gemeint. Meir in *Celsii* HB. I. 24 ff., *Ritter* XI. 561 ff. שְׁקֵדִים] sind *Mandeln*. Solcie zieit man woil auci in Äg. (Abdollat. memorab. Äg. p. 33 Wiite), sie sind aber seir selten, *Bruns.* 99" (*Kn.*). — V. 12 f. Ausserdem sollen sie *Geld zwiefältig* (מִשְׁנֶה im Acc. adv. wie Ex. 16, 22, dagegen V. 15 כֶּסֶף im Acc. *doppeltes an Geld* Jer. 17, 18; *Ges.* 118, 3. *Ew.* 286[d]) mitneimen, näml. ausser dem zum neuen Einkauf auci das frühere, das sie zurückgebracit iaben; *vielleicht* (s. zu 16, 2) liege ein Verseien vor. בִּפֵ־ א'] 42, 27. 43, 21. — V. 14. So entlässt sie Jacob mit den besten Wünscien. Dieser V. ist woil nicit wörtlici aus B (*Wl.*), sondern von R mit Bezieiung auf B zurecitgemacit. Denn *der andere Bruder* (אַחֵר oine Art. vgl. 42, 19; *Sam.* LXX lasen הָאַחֵר) ist der naci B von Josef gefangen geialtene Simeon (42, 24). *ich aber, wie ich verwaist bin, bin ich verwaist*] d. h. soll ici meine Kinder verlieren, so gescieie es! eine Äusserung gefasster Resignation, womit er sici in sein Scicksal fügt. Josef und Simeon iat er scion verloren; er kann auci Benj. und meir verlieren, wenn es sein muss 42, 36. Äinlici Esti. 4, 16. 2 Reg. 7, 4" (*Kn.*). יִתֵּן רחמים] Dt. 13, 18. Jer. 42, 12. שָׁכֹלְתִּי] ā in Pausa für ŏ *Ew.* 93[a]; *Ges.* 29 a. E. אֶל שַׁדַּי] s. 17, 1. — V. 15. Sie zieien nun naci Äg., und stellen sici vor Josef. מִשְׁנֶה] s. 12. — V. 16 f. Als Jos. den Benj. bei iinen sieit und erkennt, dass sie früier die Wairieit gesagt iaben und Benj. noci lebe, besciliesst er freundl. Beiandlung, und befiehlt dem Hausverwalter (39, 4), sie ins Haus zu

füıren und. für sie ein Mittagsmaıl zu bereiten, טבח] für טבח‎, nur
ıier so, *Ew.* 226ᵈ, um gegen טבח‎ zu variiren (*Böttch.* § 1051). „Ein
Verstoss (*Bohl.*) des Erz. liegt ıier nicıt vor, indem allerdings Könige
und Priester aucı Fleiscı genossen, sogar täglicı (Her. 2, 37. 77;
Diod. 1, 70), und die Priester nur gewisser Tıiere, zB. des Scıaf-
und Schweinefleisches (Plut. de Is. c. 5) und nur mancıe von iınen
alles Fleiscıes (Porph. abst. 4, 7) sicı entıielten" (*Kn.*), s. zu 46,
34. — V. 18. „Die Hineinführung in Josef's Haus flösst den Brüdern
Angst ein. An eine bes. Auszeicınung für sie können sie nicıt denken, da er sie scıon das erstemal so ıart beıandelt ıat, und nun
fürcıten sie, er werde nacı dem Vorkommniss mit *dem in ihren Säcken
zurückgelanglen Gelde* es nocı ärger macıen. Sie sagen „so unbestimmt הַשָּׁב‎, weil sie das Walten eines Zufalls anneımen" (*Kn.*).
להתגלל ול‎] *um sich zu wälzen über uns* (Ij. 30, 14) *und sich zu
stürzen über uns,* d. h. um in Masse über uns ıerzufallen, und uns
zu Sklaven zu macıen (vgl. Ex. 22, 2 über die Beıandlung des Diebs
bei den Isr.). לקחת ולקחת‎] *Sam.* LXX. — V. 19—22. Um diesem
Scıicksal vorzubeugen, wenden sie sicı nocı *an der Thür des Hauses*
(18, 1. 10), eıe sie eintreten, an den Hausverwalter, geben iım Aufklärung über das Geld und entscıuldigen sicı. Über den ıier vorausgesetzten (von 42, 35 abweicıenden) Hergang der Sacıe s. zu 42,
27. בי‎] Bittpartikel, immer vor אדני‎, aucı 44, 18. Ex. 4, 10. 13 (bei
C). *unser Silber mit seinem* (vollen) *Gewichl*] oıne dass etwas daran
feılte, s. 23, 16. — V. 23. Der Verwalter beruhigt sie. שלום לכם‎]
Heil euch d. i. iır ıabt nicıts zu besorgen Jud. 6, 23. 1 Sam. 20, 21.
„Iır Geld sei an iın gelangt; das von iınen gefundene Geld müsse
also ein Scıatz sein, den *ihr und ihres Vaters Gott* d. ı. der Scıutz-
gott iırer Familie iınen in iıren Säcken bescheert ıabe. Seine Glücks-
güter leitete jeder von dem Gott ab, den er vereırte Hos. 2, 7 ff."
(*Kn.*). אביכם‎] אבותיכם‎ *Sam.* LXX. *den Simeon gab er ihnen heraus*]
ist von R aus dem Referat des B über die 2. Reise eingefügt. —
V. 24 f. Eingetreten bereiten sie sich und iır Gescıenk s. 24, 32.
dass sie dort essen sollten] und bei dieser Gelegenıeit Josef seıen;
die LXX einfacıer יאכל‎ (auf Jos. bezogen). — V. 26. Als Jos., bisıer
anderswo bescıälftigt, in sein Zimmer gekommen war, bringen sie das
Gescıenk, *das in ihrer Hand* d. i. das sie mit sicı füırten (24, 10.
35, 4. Num. 22, 7. 29) ıinein und überreicıen es unter der übl.
Niederwerfung (18, 2. 19, 1. 24, 52. 33, 3. 37, 10). ויביאו‎] über
das Mappiq in ה‎ *Ew.* 21ᵉ; *Ges.* 14, 1. Aber man weiss jetzt (*Gins-
burg* Verhandl. des 5. intern. Orient. Congr. II, 1. 136 ff.), dass die
4 in unsern mass. Bibeldrucken vorkommenden Beispiele nur Reste
sind einer einst in mass. Handscıriften viel consequenter durcıgefüırten
Dageširung des mobilen ה‎. — V. 27 f. Josef erkundigt sicı zuerst
nacı iırem, dann nacı des Vaters Woılbefinden. וישקרו‎] mit השתחוה‎
verbunden wie 24, 26. 48 bei C. — V. 29. Den Benj., *den Sohn
seiner Mutter,* seinen leibl. Bruder, gewahrcnd, fragt er, ob er der
sei, begrüsst iın aber sofort, oıne ausdrückl. Antwort von iınen, mit
Gott sei dir gnädig! יחנך‎] wie Jes. 30, 19 für יחנך‎ *Ew.* 251ᵈ. Er

redet ihn als *Sohn* an.   B und C stellen durchaus Benj. als ziemlich
jünger denn Josef dar, was mit **35, 17** f. (vgl. zu **34, 1**) stimmt.
Anders A in **46, 21**. — V. **30** f.   Josef, weil *seine Eingeweide* d. i.
seine Zärtlichkeitsgefühle *gegen den Bruder entbrannt sind* (1 Reg. 3,
26. Hos. **11, 8**), eilt d. h. bricht schnell ab, und weil er das Bedürfniss durch Weinen seiner Rührung Herr zu werden empfindet, zieht
er sich in das (innere) Gemach zurück.   Darnach kommt er wieder,
nimmt sich zusammen oder thut sich Gewalt an (**45, 1**), und gibt
Befehl, das Mahl aufzutragen.   נִכְמְרוּ] die Bedeutung *überwältigt werden*, nach assyr. *kamâru* (*Del.* Hebr. lang. **41** f.) scheitert schon an
Thr. 5, 10. — V. 32.   Man trug ihm, den mit ihm essenden
Ägyptern und den Brüdern besonders (an besonderen Tischen) auf;
„ihm als hohem Herrn und Mitglied der Priesterkaste (**41, 45**), die
sich von den Laien gesondert hielt (Porph. abst. 4, 6), und seinen
(wohl nicht priesterlichen) äg. Gästen, weil diese mit den Hebr.
nicht essen *können* d. i. dürfen (Dt. **12, 17**. **16, 5**. **17, 15**).   Bekannt
ist die Eingenommenheit der Ägypter für sich und ihr Land und ihre
finstere Abgeschlossenheit gegen das Ausland (Diod. 1, 67; Strabo 17,
1, 6); die Priester assen und tranken nichts, was aus dem Ausland
kam (Porph. 4, 7); der Ägypter gebrauchte kein Essgeräthe eines
Griechen (Her. 2, 41).   So hielt er sich auch gegen den Hebräer, zumal dieser dem Hirtenstand angehörte (s. **46, 34**; vgl. auch **39, 6**)"
(*Kn.*). — V. 33.   Die Brüder erhalten ihre Plätze nach dem Alter
geordnet; sie äussern darüber einander ihre Verwunderung.   Die Prägnanz wie **42, 28**. — V. 34.   „Um ihnen Aufmerksamkeit zu beweisen,
lässt Josef, nach alter Sitte, von seinem Tisch ihnen Gerichte zugehen.
Benjamin's Ehrengericht beträgt aber 5 *Hände* d. i. Griffe, Theile (**47,
24**. 2 Reg. **11, 7**) mehr, als das jedes andern Bruders.   Wen man
vor andern auszeichnen wollte, dem gab man bei der Mahlzeit die
grössten und schönsten Stücke (1 Sam. 9, 23 f.; Hom. Il. 7, 321. 8,
162. 12, 310. Ody. 4, 65 f. 14, 437; Diod. 5, 28).   Bei den Sparta-
nern bekam der König das doppelte (Her. 6, 57; Xenoph. Laced.
15, 4), bei den Kretern der Archon das vierfache (Heraclid. pol. 3).
Die Fünfzahl findet sich oft bei äg. Dingen (**41, 34**. **45, 22**. **47, 2**.
24. Jes. 19, 18)" (*Kn.*).   Ihren vorzugsweisen Gebrauch, will *Kn.*
daraus erklären, dass die Äg. 5 Planeten annahmen (Macrob. somn.
Seip. 1, 21; Senec. qu. nat. 7, 3 vgl. Diod. 2, 30; Eus. chron. arm.
I. 26), wie sie auch nach Horap. 1, 13 die Fünfzahl mit dem Zeichen
eines Sterns ausdrückten; man kann aber ebensowohl die 10tägige
Woche (*Leps.* Chronol. I. **132** f.) oder noch einfacher die 5 Finger der
Hand herbeiziehen.   וַיִּשָּׂא] *und man trug*, s. **42, 25**; auch hier drücken
LXX *Pesch.* den Plur. aus. — Nach dem Essen tranken sie reichlich
in seiner Gesellschaft.

Cap. 44.   Die nochmalige Prüfung der Brüder, welche Jos. nach
seiner Weisheit über sie verhängt.   V. **1** f.   Er lässt allen Brüdern ihre
Säcke reichlichst mit Korn füllen und das Geld eines jeden dazu thun
(durch beides ihnen sein Wohlwollen hinlänglich andeutend), in Benjamin's Sack aber ausser seinem Getreidegeld auch noch den silbernen

Becier Josef's packen. — V. 3—6. Die Construction in V. 3 u. 4
wie 38, 25. 19, 23. Es war hell geworden (Prf. intrs. *Ges.* 72
A. 1), da wurden sie entlassen. Sie waren noci nicit weit zur *Stadt*
(welcier? s. zu 46, 31 und oben S. 397 f.) iinaus, da gab Jos. seinem
Hausverwalter Befeil, iinen nacizusetzen und sie wegen des mitgenom-
menen Beciers zur Rede zu stellen. Die LXX (*Vulg. Pesch.*) sciicken
vor V. 5 voraus: warum iabt iir meinen silbernen Becier gestoilen?
Naci dem hbr. Text wird verblümter gesprocien: *ist's nicht das* d. i.
iandelt es sici nicit um das, worin d. i. *woraus* (*Ges.* 154, 3ª) *mein
Herr trinkt?* also nicit um etwas geringes? *und er pflegt in* oder an
ihm die Zeichen zu beobachten (30, 27), die Zukunft zu erforscien,
gebraucit es also zu wicitigen Verricitungen, und ist es ein geweiites
Geräth. „Diese Wairsagerei aus dem Becier κυλικομαντεία, wie die
aus den Sciüsseln λευκανομαντεία, nannte man ύδρομαντεία, worüber
Jamblich. myst. 3, 14 und Varro bei August. civ. dei 7, 35 (Plin. 37,
73; Damasc. ap. Piot. bibl. cod. 242 p. 567) Aufsciluss geben. Man
goss Wasser in ein Glas oder anderes Gefäss, oder warf auci in die
eingefüllte Flüssigkeit Stückcien von Gold, Silber, Edelsteine und beobachtete die dabei sici ergebenden Erscieinungen, Figuren u. s. w.,
um aus iinen künftiges oder verborgenes zu erfairen. Die λευκανο-
μάντεις und ύδρομάντεις waren auci in Persien einieimisci (Strabo
16, 2, 39). In Äg. soll diese Wairsagerei noci in neuerer Zeit
vorkommen (*Norden* Reise, deutsci von Steffens, 423). Naci der vorliegenden Stelle trieb Jos., der in die Priesterkaste aufgenommene (41,
45), auci diese Kunst" (*Kn.*). — V. 7 f. Die Verfolgten sucien daraus,
dass sie das bei der ersten Reise vorgefundene Geld zurückgebracit
iaben, iire Eirlicikeit und die Unmöglichkeit dieses Diebstails zu beweisen. כדברים האלה] s. zu 39, 19. 'ה אללה־לָה] auci 17; s. 18, 25,
כפה 1°] חבכא *Sam.* LXX. אֵיך] 39, 9. — V. 9. Bei welciem von iinen
der Becier sici finde, der soll sterben (vgl. 31, 32) und sie, die andern, wollen ihm als Sklaven anieimfallen. רְמֵי] wie 22. 31; *Ew.*
243ª. — V. 10. Der Verwalter sagt: *sei es nun auch also wie eure
Worte!* es möge gescieien, wie iir sagt! (vgl. 30, 34). Zu נם s. 27,
33. Er mildert aber sofort, indem er nur den Thäter verlangt und
zwar nicit zum Tod, sondern blos als Sklaven für Josef. — V. 11—14.
Bei der Durcisuciung (wie 31, 35), die der Altersfolge naci geit,
findet sici der Becier im Sack des jüngsten; vor Scimerz und Verzweiflung zerreissen sie die Kleider (37, 34), laden wieder auf, keiren
in die Stadt zurück, treten, Juda den Bürgen Benjamin's (43, 8 ff.)
voran, bei Josef, der auf sie wartet, ein und fallen Erbarmen fleiend
vor iim nieder. — V. 15. Jos. fäirt sie wegen der Tiat iart an:
ob sie nicit gewusst iaben, dass ein Mann wie er (einer von den
Weisen Ägyptens, Jes. 19, 11, *Kn.*) die Wairsagerei versteie, also
auci die Diebe sofort kennen werde? — V. 16. Juda spricit iier nur
als Wortfüirer aller (*Wl.* will יְהוּדָה streicien und וַיֹּאמְרוּ lesen). Er
verzicitet darauf, dem Augensciein zum Trotz sie gegen die An-
schuldigung des Diebstails zu recitfertigen. Mit dem Bewusstsein,
durci iire Tiat an Josef das verdient zu iaben (42, 21), ergibt er

sich: *Gott selbst* (Sam. LXX והאלהים) *hat die Schuld deiner Knechte* (suchend) *getroffen*, ausfindig gemacht und aufgedeckt, uns thatsächlich als Schuldige dargestellt, dagegen hilft keine Widerrede. Er stellt sie sämmtlich, sammt Benj., als Sklaven zur Verfügung. — V. 17. Josef will aber nur Benj. behalten. לְשָׁלוֹם] so dass ihr Frieden habt, unangefochten (1 Sam. 1, 17. 20, 42). — V. 18. Juda tritt nun aus dem Kreise der übrigen hervor, näher zu Jos. heran, um dem Vater den Liebling zu retten. Er bittet um die Gunst, vor ihm (20, 8. 23, 16. 50, 4) sich aussprechen zu dürfen, und ist sich der Grösse dieser Bitte bewusst, da Jos. an Macht und Hoheit wie der König ist. כִּי] 43, 20. — V. 19 ff. Er stellt ihm zunächst den ganzen Hergang dar, wie Jos. den Benj. verlangt, und wie und warum sein Vater ihn nur mit äusserstem Widerstreben habe mitziehen lassen. V. 19. Die Darstellung (abweichend von der des B in Cp. 42) bezieht sich auf ein verlorenes Stück des C zurück, worüber s. schon zu 43, 6 f. — V. 20. *ein kleiner spätgeborener Jüngling*] vgl. 37, 3 bei C; נַעַר זְקֻנִים sagte man wohl nicht, daher hier יֶלֶד (während sonst in Cp. 43 f. Benj. immer נַעַר heisst). מֵת] wie 42, 38; dagegen אֵינֶנּוּ 42, 13. 32 bei B. Sie hielten ihn wirklich für todt (42, 22). — V. 21. *ich will mein Auge auf ihn richten*] „ihm Aufmerksamkeit schenken, ihn in meine Obhut nehmen (Jer. 39, 13. 40, 4. Ps. 33, 18. 34, 16). Juda erlaubt sich, Josef's Verlangen nach Benj. als Zeichen gütiger Gesinnung zu nehmen" (*Kn.*). — V. 22. Sie haben schon damals eingewendet, der Knabe könne d. i. dürfe (43, 32) den Vater nicht verlassen, sonst sterbe dieser. So nur bei C, nicht bei B 42, 13. 32. — V. 23 s. 43, 3. 5. — V. 24—26 s. 43, 2 ff. אָבִינוּ] אָב *Sam.* LXX *Pesch. Vulg.* (s. aber 27). — V. 27—29. s. 37, 33. 42, 38. אַךְ] s. zu 29, 14. עַד־הֵנָּה] 15, 16. בְּרָעָה] *in Bösem* d. i. in Unheil, welches sein Lebensende begleiten würde. Der Gegensatz ist *in Frieden* 15, 15 (*Kn.*) — V. 30 f. Aus dieser Darstellung zieht er die Folgerung, dass wenn er ohne den Sohn, *an dessen Seele des Vaters Seele gefesselt sei* d. i. an dessen Person er mit ganzer Seele hänge (1 Sam. 18, 1), zum Vater zurückkomme, es diesem das Leben kosten werde, was doch — so setzt er voraus — Josef nicht wollen könne. Der Nachsatz zu V. 30 ist mit וְהָיָה V. 31 eingeleitet, und innerhalb desselben ist wieder וּמֵת Nachsatz zu בִּרְאוֹתוֹ. וְנַפְשׁוֹ] warum hier נַפְשִׁי zu corrigiren sein soll (*Wl.* XXI. 447), ist nicht einzusehen. אֵין הַנַּעַר] + אתו *Sam.* LXX *Pesch. Vulg.* Sonst s. 42, 38. — V. 32. Der Vater hofft sicherlich auf seine Wiederkehr, *denn dein Knecht hat den Knaben vom Vater erbürgt* d. i. gegen Bürgschaft von ihm anvertraut erhalten (s. 43, 9), und ist das zugleich der Grund, warum ich in dieser Weise für ihn eintreten muss. — V. 33 f. Die Endbitte, nun begründet theils durch des Vaters Liebe zu Benj. V. 19—29, theils durch Juda's Bürgschaft für ihn V. 32. Er bittet, ihn den Juda an Benjamin's Statt als Sklaven zu nehmen und diesen mit den andern Brüdern ziehen zu lassen. Er müsste sonst das Unheil, das den Vater trifft, mit ansehen; zu פֶּן vgl. 3, 22. 38, 11. 42, 4. — So spricht Juda im Namen der andern und somit auch in ihrem Sinn.

3. Die Entdeckung und die Einladung zum Umzug nach Ägypten,
Cap. 45, nach B und C.

Von der Sinnesänderung der Brüder überzeugt, gibt Josef endlich
sich den Brüdern zu erkennen, indem er sie zugleich über ihre Unthat
an ihm beruhigt, und fordert sie auf, nach Ken. zurückzueilen, dem
Vater Nachricht zu bringen und ihn zum Umzug nach Gošen in Äg.
einzuladen. Eine ähnl. Einladung lässt auch der König ergehen, und
bewilligt die erforderlichen Wagen zur Abholung Jacob's. Mit Ge-
schenken von Josef für sich und den Vater kehren die Brüder heim.
Jacob, hoch erfreut, zeigt sich sofort entschlossen, zu Josef zu ziehen.
— Damit finden alle bisherigen Verwicklungen ihre Lösung, und das
Walten der göttl. Vorsehung (V. 5—8) strahlt schon jetzt wie ein
Licht aus dem Dunkel der Thaten und Geschicke der Betheiligten auf.
Selbstverständlich müssen beide Erz. diesen vorläufigen Schluss der Geschichte erzählt haben, und in der That hat R zwar im ganzen den
Bericht des B zu Grund gelegt, aber vieles aus dem des C eingearbeitet. Letzteres nam. in 1ᵃ (הֵרָאְפֶּק), 2 (gegen 16), 4ᵇ. 5ᵃ (Verkau-
fung Josef's, =וְעַצַע), 13 f. (Parallele zu 9; הוֹרִיד, נָפֵל עַל־צַוָּארָיו), 28 (וַיֵּשָׂרָאֵל),
vielleicht auch 10 (s. d.). Das Übrige, in sich wohl zusammenhängend,
erweist sich theils durch Abweichungen von C (zB. 3 gegen 43, 27 f.;
das Anerbieten Pharao's 17 ff. gegen 46, 31 ff., wo ein solches nicht
vorausgesetzt ist), theils durch Rückbeziehung von 46, 5 auf 19. 21
und von 47, 12. 50, 21 auf 11, theils durch Hervorhebung der göttl.
Vorsehung und der Herrlichkeit Josef's in Äg., theils durch die Ausdrücke zB. אֱלֹהִ־ם 5. 7 f. 9, וַיֵּצְקָב 25, בְּעֵינָיו, הָרָה 5, שֶׂפֶץ 17, צֵרָה 21,
בְּ־ 23, als aus B genommen, oder schliesst wenigstens keine entscheidenden Gründe gegen B in sich. Über V. 19—21 u. einen auffallen-
den Ausdruck in V. 23 s. d.

V. 1. Josef, den bisher nur noch die Ungewissheit über die Gesinnung der Brüder vermocht hat, sich fremd zu stellen, kann nach
diesen Worten Juda's nicht mehr *an sich halten* (43, 31), wie er
doch *mit Rücksicht auf alle die vor ihm stehenden* musste. הַנִּצָּב־ם
עָלָיו] 18, 2. 28, 13 bei C (Ex. 18, 14 B). Also befiehlt er allen Anwesenden ausser den Brüdern abzutreten. הִתְוַדַּע] *sich zu erkennen
geben* nur noch Num. 12, 6. — V. 2. Josef lässt in Weinen
seiner Stimme freien Lauf d. h. bricht in lautes Weinen aus, dass
Ägypten (מ׳ ohne Art., also nicht מִצְרַיִם zu punktiren) d. h. die
Ägypter draussen oder in der Nähe es hörten, und so hört (d. h.
doch wohl: erfährt) es der Hof (Jos. wohnt in der Königsstadt 46,
31), s. weiter V. 16. — V. 3 f. Nach der Enthüllung, dass er Josef
sei, ist seine erste Frage nach dem Vater; bei B sehr natürlich, bei C
nach 43, 27 f. und 44, 19—34 überflüssig. Sie aber können vor Be-
stürzung nicht antworten. Da lässt er die vor ihm zurückgeschrocke-
nen (Joh. 18, 6), damit sie Vertrauen und Muth bekommen, näher
herantreten (44, 18) und wiederholt seine Erklärung, er sei Josef,
den (*Ges.* 123[1]) sie nach Äg. verkauft haben (37, 28. 39, 1). אֲשֶׁר־
מְכַרְתֶּם] hier wie V. 5 jedenfalls nach C (s. dagegen 40, 15ᵃ).

— V. 5. Er ermaint sie, nicit betrübt und unmuthig über iire Tiat
zu sein, sondern die Sacie als eine göttl. Fügung anzuseien, welcier
sie als Werkzeuge gedient iaben. Gott iabe iin zum Zweck der Le-
benserhaltung (anderer und iirer) vor iinen her naci Äg. gesendet.
הֶעֱצִבוּ (6, 6. 34, 7) und der Verkauf erinnert an C, יָמַר בְּעֵי' (31, 35)
und אֱלֹהִים an B. הֵנָּה] s. 42, 15. — V. 6. Denn nun (31, 38. 41;
27, 36. 43, 10) dauere der Hunger scion 2 Jaire (wäirend dessen
die Menscien durci iin erialten wurden), und noci 5 Jaire, in denen
es keine Ackerbestellung und Ernte gibt, steien bevor. — V. 7. Eben
desialb iabe Gott iin iinen naci Äg. vorausgesandt, um durci seine
Vorsorge sie zu erialten. *euch einen Rest auf der Erde zu setzen*]
„zu macien, dass euci Nacikommenscialt auf der Erde sei und euer
Stamm nicit von der Erde weggetilgt werde (2 Sam. 14, 7. Jer. 44,
7), also zur Erialtung des Stammes, welcier das Gottesvolk werden
sollte" (*Kn.*). Das folg. *um Leben zu geben euch* לְכֶם 'הַ, ist überaus iart, mag man letzteres als Appos. zu לָכֶם (*Schu.*) oder als Dat.
des Products *dass eine zahlreiche errettete Schaar sei* (*Kn.* *Del.*)
neimen, zumal da B הֶחֱיָה sonst mit Acc. gebraucit (47, 25. 50, 20),
als Acc. aber שְׁאֵרִית iinzuzudenken noci sciwieriger ist. Die Streiciung
des לְ vor פְּלֵיטָה (*Sam.* LXX; *Olsh.*) ist in Anbetracit von 2 Cir. 12,
7 sciwerlici zu billigen. Vielleicit ist V.[b] ein verstümmelter Einsatz
aus C. Zum Gedanken vgl. 50, 20 (B) und zu פְּלֵיטָה 32, 9 (14,
13). — V. 8. Diesen seinen Plan also auszufüiren, iabe Gott, nicit
sie, den Josef naci Äg. gesciickt und iim die nöthige Macitstellung
daselbst gegeben. *Vater Pharao's*] väterlicier Berather des Königs,
eine Eirenbezeicinung des ersten königl. Beamten s. *Ges.* ti. p. 7,
auci Stücke Esti. 2, 6. 6, 10. 1 Macc. 11, 32. Naci *Brugsch*
l'Exode 17; Gesch. 248. 252. 592 u. s. w. soll *ab en pirāo*, naci Docu-
menten der 19. Dynastie, officieller Titel des ersten (Haus-)Ministers
gewesen sein, und „*adon* des ganzen Landes" in ähnl. Sinn in einem
Document der 18. Dyn. vorkommen. *Herr seines Hauses*] 41, 40.
Herrscher] V. 26; s. zu 42, 6. — V. 9 f. Eilig sollen die Brüder
naci Ken. zurückkeiren und Jacob im Namen Josef's einladen, oine
Zögern mit allen Angeiörigen und Besitzthümern naci Äg. überzu-
siedeln. V. 10 will *Wl.* dem C zuweisen, weil er in 46, 28 vorausgesetzt werde; in diesem Fall würde die Anweisung eines Wohnlandes naci B feilen; dass dieses auci bei iim Gošen war, ist kaum zu
bezweifeln, da trotz des Anerbietens Piarao's 17 ff. nicit anzuneimen
ist, dass naci B Israel in der Stadt bei Josef wointe. וְנָשַׁבְתָּ] bei (B. u.)
C (46, 28 f. 34. 47, 1. 4. 6. 27. 50, 8. Ex. 8, 18. 9, 26), wogegen
A *Land Ramses* dafür iat (47, 11; vgl. Ex. 12, 37. Num. 33, 5).
„Beide Namen geien auf dieselbe Landsciaft, wie denn die LXX 46,
28 גֹּשֶׁן auci durch Ῥαμεσσῆ erklären. Sie ist jedenfalls auf der Ostseite des Nil zu sucien, da zwar die Hebr. bis zum Nil iin wointen
(Ex. 2, 3 ff. Num. 11, 5), aber eines Stromübergangs weder bei der
Ein- noci bei der Auswanderung Erwähnung gesciiet. Da die LXX
45, 10. 46, 34 Γεσὲμ Ἀραβίας setzen, so ist an Unterägypten auf der
Ostseite des Nil zu denken. Diesen Tieil Ägyptens recineten die

Alten zu Arabien, so dass innen zB. Heliopolis und Heroopolis in Arabien (Her. 2, **15**. Strabo **17**, 1, 21. 30) oder ἐν μεϑορίοις Ἀραβίας (Ptol. 4, 5, 54) lagen. Auf das nordöstl. Äg. weist auch die Verlegung der Mosaiscien Wunder in die Gefilde Ṣoan's (Tanis) Ps. 78, 12. 43 iin. Saadia und Abusaid iaben für גֹּשֶׁן überall *Sadir* سدير, einen Ort nordöstl. von Bilbeis (*Ritter* XIV. 59) zwiscien Abbasia und Chašbi (Jaqut Moscht. p. 242). Makrizi bei *Rosenm.* AK. III. 247 bestimmt Gošen als das Land von Bilbeis (Hauptstadt der ieutigen Provinz eš-Šarqije) bis zum Amaleqiterland. Und die LXX 46, 28 f. drücken גֹשְׁנָה durci καϑ' Ἡρώων πόλιν aus. Naci allem geiört Gošen dem Landstrici auf der Ostseite des Pelus. oder eier Tanitiscien Nilarms nordöstl. von Kairo an. Es wurde zu den besten Tieilen Ägyptens gerecinet (47, 6. 11) und war auci ein Land für Hirten (46, 34). Noci ieute gilt die Provinz eš-Šarqije als die beste und einträgliciste Ägyptens (*Robins.* I. 86 f.). Weiteres zu Ex. 1, 11" (*Kn.*). Da die Landsciaft auf semit. Grenzgebiet lag und den Namen גֹּשֶׁן auci eine Stadt und Landsciaft im südl. Kenaan füirte (Jos. 10, 41. 11, 16. 15, 51), so dürfte das Wort urspr. semitisci sein. Auf den Denkmälern soll der 20. unteräg. Nomos *ḥesem* benannt werden, und *Ebers* (Gosen-Sinai[1] 504 f., und bei *Ri.* HWB. 528) iält dieses *Kesem* für die semit. Form des äg. *Kos.*, das sici in dem Namen der Hauptstadt des arab. Nomos, näml. Φακοῦσσα (Ptol. 4, 5, 53; Strab. 17, 1, 26), erialten iabe. — V. 11. Hier, in seiner Näie, wolle er den Jacob in den noci übrigen 5 Hungerjairen *ernähren* (47, 12. 50, 21). פֶּן־תִּוָּרֵשׁ] *damit du nicht verarmest,* ierunterkommst (*Onk. Ges. Del.* a.); ἐκτριβῇς LXX, ἀναλωϑῇς *Aq.*, *zu Grunde gehest Vulg. Pesch.*; weniger natürlici: *damit du nicht besessen werdest* d. i. nicit von Noti gedrängt andern zum Eigentium verfallest (*Kn.* mit Bezieiung auf 47, 19 ff.). — V. 12. Der Überrasciung gegenüber, welcie sici in die gesciiehene Wandlung nicit finden kann, ieisst er sie sici überzeugen von der Wirkliciikeit dessen, was sie seien, iören. *dass mein Mund es ist, der zu euch redet,* nicit der eines andern. — V. 13 Auftrag, dem Vater seine Herrliciikeit zu melden und iin baldigst naci Äg. zu bringen, im wesentliciien dasselbe, was 9 ff., also (und wegen הוֹרִדְי) woil aus C eingefügt (*Wl.*). — V. 14 f. Erst nacidem er so iiren Sinn zureciitgebraciit, erfolgt die förml. Begrüssung durci Umarmung, Küsse und Freudenthränen, zuerst und am ierzliciisten init Benj. V. 14 aus C, vgl. 46, 29. (33, 4); V. 15 aus B. צֲלֵהֶם] *an ihnen,* indem er sie umarmte. Naci diesem Unterpfand der Versöinung wagen auci sie mit iim zu reden. — V. 16. Die Kunde von der Ankunft der Brüder Josef's gelangt auci in den königl. Palast und ist dem König und seinen Hofleuten angeneim. Man weiss Josef's Person und Verdienste zu sciätzen. Bei C war das scion V. 2 kurz gemeldet, וַיִּשְׁמַע בְּעֵינֵי] wie 41, 37 (freilici auci 34, 18). — V. 17 f. „Von selbst kommt der König darauf, Jacob und dessen Angeiörige naci Äg. einzuladen; er trifft darin mit Josef zusammen und beauftragt iin, den Brüdern das nöthige zu eröffnen" (*Kn.*). זֹאת עֲשׂוּ] 42,

18, aber auch 43, 11. 45, 19. יַעֲשׂוּ] dagegen 44, 13 עָמַס עַל bei C. בְּעִיר] ein altes (Ex. 22, 4) Wort; sonst im Pent. noch Num. 20, 4. 8. 11. טוב אֶרֶץ מִ'] „nicht *den besten Theil Ägyptens*, Gošen (*Raš. Fag. Vatabl. Cler. JDMich. Ges. Ros. Schum.*), wofür vielmehr מִיטַב der Ausdruck ist (47, 6. 11), sondern wie V. 20. 23. 24, 10. 2 Reg. 8, 9 *Güter, besten Dinge* (LXX *Vulg. Tuch Kn. Del.*); nach der *das Fett des Landes*, die fettesten vorzüglichsten Erzeugnisse. An ein Wohnenbleiben der Hebr. in Äg. für lange Zeiten denkt der König nicht" (*Kn.*). — V. 19. Insbesondere stellt er ihnen noch äg. Wagen zum Transport ihrer Familie und ihres Vaters zur Verfügung. וְאַתָּה צֻוֵּיתָה] wäre: *und du hast Befehl* oder *bist ermächtigt*. Da müsste aber, da im folg. קְחוּ עֲשׂוּ nicht Jos. mit den Brüdern, sondern nur die Brüder angeredet sind, notwendig dazwischen stehen אֱמֹר אֶל־אַחֶיךָ (*Pesch.*), und kann darum, zumal da auch die Wendung durch das Pass. צֻוָּה (s. Num. 36, 2) sehr verdächtig ist, der Text nicht richtig sein. Nach LXX *Vulg.* σὺ δὲ ἔντειλαι könnte man צַוֵּה אֹתָם lesen. Aber auch לְטַפְּכֶם וְלִנְשֵׁיכֶם (ebenso 46, 5) ist auffallend, da B sonst (s. zu Num. 32, 26) die נשים neben טף nicht besonders nennt. Da weiter auch תָּחֹס עֵינְכֶם עַל (20) im Pent. sonst nur D schreibt, ferner כִּי טוּב כָּל א' הוּא לָ' מִ' (20) schon V. 18 gesagt, endlich וַיַּעֲשׂוּ כֵן בְּנֵי יִשׂ' (21) rein proleptisch ist, so steht zu vermuthen, dass V. 19 f. sammt — וַיַּעֲשׂוּ יִשְׂרָאֵל u. עַל פִּי פַרְעֹה V. 21, natürlich dann auch 46, 5ᵇ auf Ein- u. Überarbeitung des R beruht, welcher ein Gewicht darauf legte, dass Pharao selbst die Sache so befohlen hatte. Der Text des B לָ' וַיִּתֵּן יוֹסֵף וְגוֹ' V. 21 (vgl. 27) lautete einfacher. — Von Rossen (s. 12, 16) zur Bespannung der Wagen ist nichts gesagt: es können auch andere Zugthiere vorausgesetzt sein; anders 46, 29. 50, 9. — V. 20. „Geräthschaften sollen sie in Ken. lassen, da ihnen in Äg., dem kunstfleissigen Culturland, dafür die besten Sachen zu Dienst stehen. *euer Auge erbarme sich nicht über e. G.*] habt sie nicht so lieb, dass ihr sie mitnehmen zu müssen glaubt. Das Mitleid drückt sich im Blick des Auges aus" (*Kn.*), Dt. 7, 16. 13, 9 u. ö. — V. 21. Sie thun darnach. עַל־פִּי] 41, 40. צֵדָה לַדָּרֶךְ] 42, 25. — V. 22. Ausserdem beschenkt Jos. seine Brüder mit neuen Kleidern, wie das im Orient Sitte war, Kleider zu schenken (*Win.*³ I. 411. 663). חֲלִפוֹת שׂ'] *Wechselkleider*, d. i. Kleider zum Wechseln, kostbare Kleider, die man bei feierl. Gelegenheiten mit den alltäglichen vertauschte (27, 15), s. Jud. 14, 12 f. 19. 2 Reg. 5, 5. 22 f. Gemeint sind bei den 10 Brüdern so viel Kleider als zu einem vollständigen Anzug gehören. Dem Benj. aber (vgl. 43, 34) gibt er 5mal so viel und ausserdem noch 300 Šeqel Silber (*Kn.*). — V. 23. Auch dem Vater schickt er Geschenke, näml. 10 Esel mit äg. Gütern und 10 Eselinnen mit Getreide und mit Lebensmitteln für seine Reise. כְּזֹאת] *demgemäss*, ebenso (*Ew.* 105ᵇ), näml. nicht auch Kleider und Geld, sondern: ebenso als Geschenk das was folgt. מָזוֹן] ein mehr aram. Wort, vielleicht jüngere Glosse für urspr. צֵדָה (V. 21. 42, 25). — V. 24. „Er entlässt sie. אַל־תִּרְגְּזוּ] nicht: *zittert nicht*, fürchtet nicht (*JDMich. Ilg. Bohl. Tuch Bmg. Ges.*), denn diese Abmahnung war bei Männern, die die Reise wieder-

iolt gemacit iatten, überflüssig, und würde תִּירְאוּ dafür gesagt sein
sondern: *werdet nicht erregt*, erzürnet euci nicit unterwegs (Verss.,
Rabb.). Sie sollen über seine Verkaufung keine Erörterung anfangen,
einander keine Vorwürfe macien (vgl. 42, 22); vgl. Prov. 29, 9.
Jes. 28, 21" (*Kn.*). *Sam.* recipr. תִּתְרַגְּזוּ. — V. 25 f. Sie keiren
ieim und erzählen dem Vater. וַיַּגֵּד·] *und dass*, zur indirecten Rede
hinüberleitend. וַיָּפָג] nicit: blieb kalt (*Kn. Ke.*), sondern *wurde kalt*;
nicit warme freudige Erregung, sondern besinnungs- und empfindungs-
lose Starrieit war bei iim die näciste Folge dieser plötzl., noci mit
Unglauben aufgenommenen Naciricit. Der Ausdruck פוּג (Hab. 1, 4.
Ps. 38, 9) braucit nicit dem R (*Giesbr.* 237) zugewiesen zu werden. — V. 27. Erst aus den mitgetheilten Reden Josef's, worin er
iin wieder erkennt, und den mitgesciickten Wagen sciöpft er Glauben,
und nun ward *sein Geist lebendig* (Ps. 22, 27. 69, 33), kam Leben
lreudiger Erregung in iin. — V. 28 naci C. Und jetzt, alles andere
aus dem Sinn scilagend, und nur von dem einen Gedanken, dass Josef
lebt, beierrscit, will er sofort sici aufmacien, iin zu seien. רַב·]
viel d. i. *genug!* 2 Sam. 24, 16. 1 Reg. 19, 4; im Pent. Ex. 9, 28.
Num. 16, 3. 7. Dt. 1, 6. 2, 3. 3, 26. Zur Sacie vgl. 46, 30, und
zu בְּטֶרֶם אָמוּת 27, 4.

c) Die Übersiedlung naci Ägypten bis zum Ende der
Jacobgeschichten, Cap. 46—50.

Von iier an fliessen wieder alle 3 Quellen. Der Abscinitt zerfällt in 3 Abtheilungen: 1) 46, 1—47, 27 die Einwanderung der
Israeliten, die Ansiedlung in Gošen und die Gestaltung iirer und der
äg. Verhältnisse wäirend der Hungersnoth, 2) 47, 28—49, 33 Jacob's letzte Anordnungen und Tod, 3) 50, 1—26 sein Begräbniss und
weitere Gesciicite bis zum Ende Josef's. Die beiden ersten Abtheil-
lungen sondern sici wieder in einzelne Stücke.

1. Der Umzug Israels 46, 1—27, nach B und A.

Jacob zieit von Hebron naci Beerseba, bringt iier Gott Opfer
und eriält im Traumgesicit ermuthigende Eröffnungen über seine Auswanderung. Von da wandert er mit allen seinen Angeiörigen und
Besitzthümern naci Äg. Die Zail der Angeiörigen des Israelhauses
betrug bei der Übersiedlung 70 Seelen; sie werden in einem besondern Verzeichniss einzeln aufgeführt. — Hievon geit V. 1—5 auf B
zurück (*Kn. Schr. Wl.*), wofür das Nacitgesicit, die äg. Wagen 5.
אֱלֹהִים 2, לֵוִי שִׂים 3 und anderes V. 3 f. zeugen. Doci hat R in 1 f.
u. 5 eingegriffen (s. d.). Von dem Rest des Abscinitts gehört V. 6 f.
(וְזַרְעוֹ אִתּוֹ, רְכֻשׁ, רְכוּשׁ) unwidersprocien dem A an, aber auci das Verzeichniss 8—27, seiner Stelle nach ganz passend, neben der kurzen
Recapitulation Ex. 1, 1—5 und den Verzeichnissen Ex. 6, 14 ff. Num.
26 nicit überflüssig, noci damit unverträglich, stylistisch und spracilici (zB. בָּל־נֶפֶשׁ 8, פַּדַּן אֲרָם 15, נֶפֶשׁ 15. 18. 22. 25—27, יֹצְאֵי יְרֵכוֹ

26) mit andern Stücken des A übereinkommend, stammt nicıt aus C
(*Hupf. Böhm.*), mit dessen Angaben es unvereinbar ist, ist aucı nicıt
blos von später Hand aus dem Material des A (*Wl.*) oder des A und
C (*Kays.*) oder sonst woıer (*Kuen. O.*² I. 69. 317 f.) zusammengestellt, sondern in der Hauptsacıe von A (*Kn. Nöld. Schr.*), aber allerdings in V. 8. 12ᵇ 15. 20. 26 f. von R nach CB überarbeitet (*Nöld.
Brust.*), in ähnl. Weise wie Cp. 10. 36. 11, 27 ff. Ob Dt. 10, 22
auf A (*Kn. Nöld. Brust.*) oder auf einer von A unabıängigen Tradition (*Wl. Kuen.*) beruıe, kann ıier daıingestellt bleiben. Warum A,
wenn er Gen. 46, 8—27 gescırieben hat, die Recapitulation in Ex.
1, 1—5 nicıt verfasst ıaben könne, ist nicıt einzuseıen. Sicıer
aber ist, dass der Vrf. von V. 15 die Erzäılung Gen. 38 nicıt gekannt
ıat, also weder BC nocı R war.

    V. 1ᵃ, wegen ישראל וישע (vgl. 35, 5. 16. 21) von C oder R,
leitet vom Text des A (und C?), nacı welcıem Jacob in Ḥebron woınte
(35, 27. 37, 14), ıinüber zu dem Text des B, nacı welcıem (V. 5)
der Aufbrucı nach Äg. von Beerŝeba aus gescıaı. Bei B ıielt sicı
Jacob demnacı zwar nicıt beständig (s. zu 37, 14), aber docı damals,
als der Umzug erfolgte, in Beerŝeba auf (vielleicıt in Folge der Ereignisse in Sikhem 48, 22). Hier in Beerŝeba, wo scıon Isaac einen
Altar gebaut 26, 25 (vgl. über Abr. 21, 33), bringt er beim Abscıied
aus dem Land dem Gott seines Vaters Opfer (vgl. 31, 54; dem Ausdruck nacı Opfer mit Opfermahlzeit), iım dankend und seine Gnade
sucıend. Da nacı B Jacob aucı in Betıel opfert (25, 1. 3. 7), so
ist wenigstens keine Nothwendigkeit diese Angabe von C abzuleiten.
— V. 2. Hier in den Nachtgesichten (wie man sie in der Nacıt zu
ıaben pflegt Ij. 4, 13) redete Gott mit iım. Vgl. zu 20, 3 und 15,
1. Es ist das die letzte Offenbarung. Wie die Einwanderung in Ken.
auf einer solcıen beruıt (12, 1 ff.), so billig aucı die Auswanderung
aus demselben. Die Formeln wie 22, 11. Zur Wiederıolung des
ויאמר s. zu 22, 7. ישראל] statt יעקב, was sofort folgt, woıl nur von
R aus V. 1 fortgeführt. — V. 3 f. Er gibt sicı iım als *den El, den
Gott seines Vaters*, zu erkennen, vgl. 35, 7. 33, 20 und zu 14, 18,
und benimmt iım die Furcıt (45, 28 ist nicıt aus B) vor dem Umzug in fremdes Land damit, dass Gott ihn dort zu einem grossen Volk
macıen werde. שׂים לגוֹי] 21, 13. 18. רְדָה] für רֵדָה, wie רְעֵה für רַעַה
Ex. 2, 4, aucı bei B (*Kn.*). — V. 4. Gott wolle mit iım ıinabzieıen,
und er, derselbe, iın aucı ıeraufführen (עָלה גַם wie 31, 15 bei B;
Inf. Qal s. zu 37, 33) nach Ken., näml. in den Nacıkommen, nicıt
bezüglicı auf das Zurückbringen der Leicıe Jacob's (47, 29 f. 50, 5 ff.),
denn dabei wird eine Thätigkeit Gottes nicıt erwäınt, wie sie bei
dem Auszug aus Äg. stets ıervorgeıoben wird Ex. 3, 8. 6, 8 u. ö.
(*Kn.*). Er selbst werde im fremden Lande sterben, aber das iım dadurcı erleicıtert werden, dass sein tıeurer Soın Josef iım die Augen
zudrücke (50, 1). „Dieser letzte Liebesdienst war aucı bei den andern alten Völkern (Hom. Il. 11, 453, Ody. 11, 426. 24, 296; Eurip.
Pıoen. 1465 u. Hecub. 430; Verg. Aen. 9, 487; Ovid ıeroid. 1, 102)
üblicı" (*Kn.*). — V. 5. Jacob bricıt von Beerŝeba auf, mit Benützung

der von Piarao gesciickten Wagen, 45, 19. 21. 27. Über V.[b], wairscheinlich von R gestaltet, s. zu 45, 19. — V. 6 f. von A, vgl. 12, 5. 31, 18. 36, 6. אָתוֹ וְזַרְעוֹ] vgl. 17, 7. 9 f. 35, 12 u. s. — V. 7. Alle seine Nacikommensciaft naim er mit, auci Töciter und Enkelinnen. Dass er solcie iatte, ist selbstverständlici (wie 5, 4 ff. 11, 11 ff.), obwoil in der Sage nur éine Tociter Gegenstand der Erzäilung war (30, 21. 34, 1 ff.). In dem folg. Verzeichniss werden zwei, 1 Tochter und 1 Enkelin, aufgefüirt (15. 17), die Tociter (15) durci Einsciub; die Enkelin (17), weil an iiren Namen sich ein Gescilecit angeknüpft iat oder iatte (*Ew. G.*[3] I. 541 ff.), vgl. die Fälle Num 27, 1 ff. 1 Chr. 2, 34. 4, 3. 7, 24. 32. 25, 5, auci Gen. 36, 22. 25. Die übrigen Töciter, Enkelinnen, auci Schwiegertöchter (V. 26) werden nicit mitgezäilt. — V. 8. *dies sind die Namen*] 25, 13. 36, 10. Das Verzeichniss betrifft *die nach Äg. gekommenen Israelsöhne*, die zugleici Urieber von Gescilecitern sind, wesialb auci der weibl. Name darunter (17) nicit befremdet. *Jacob und seine Söhne*] mit dem voriergeienden in Widersprucı, ist Einsatz des Bearbeiters, welcier trotz seines Einsatzes 12[ba] die V. 15 angegebene Zaıl 33 aufrecit erialten wollte. בְּנֵי יַעֲקֹב] wie 25, 13. 35, 23. 36, 15. Num. 3, 2. In dem Verzeichniss sind die Söine nach den Müttern eingetheilt, wie 35, 23—26 und 36, 9—14. Die Namen des Verzeichnisses keiren, mit mancien Varianten, wieder Ex. 6, 14—16. Num. 26. 1 Cir. 2—8. — V. 9—15 die 6 *Lea-Söhne*. V. 10 נְמוּאֵל] יְמוּאֵל N. 26, 12. 1 Cir. 4, 24. וְאֹהַד] erscieint N. 26 nicit meir. צֹחַר] ebenso Ex. 6, 15, aber זֶרַח N. 26, 13. *Saul Sohn der Kenaanäerin*] die also als aus den Sagen oder Genealogien bekannt gilt; ebenso Ex. 6, 15. Über die Miscıung der Jacobsöhne mit Kenaanäern s. Cp. 38. — V. 12. Pereṣ und Zerach werden iier einfaci als Judasöhne aufgefüirt (etwas anders Cp. 38). וַיָּמָת — כנען] ist Einsatz des Bearbeiters (aus Cp. 38), wie Num. 26, 19; denn in Kenaan Verstorbene geiören nacı V. 8 nicit iierier. Indem A ʿEr und Onan nocı auffüirt, folgt er einer von Cp. 38 abweicienden Tieorie. — V. 13. יוֹב] Ἀσούμ LXX, יָשׁוּב Sam., N. 26, 24. Ci. 7, 1. — V. 15 Unterscirift. וְאֵת־ דִּינָה ב׳] ungesciickt angefügt (*Olsh.*) u. oine Zweifel Einsciub des Bearbeiters (nacı 34, 26); Dina (als hinausgegebene Tociter) erscieint bei A nirgends als ein isr. Gesclecit begründend. Auci וּבְנוֹתָיו (gegen V. 8) wird demnaci Einsciub sein. Die Summirung der 6 Lea-Söine, von denen Rub. 4, Sim. 6, Levi 3, Jud. 7, Jiss. 4, Zeb. 3 Söine (u. Enkel) iat, ergibt ricitig 33. Der Bearbeiter freilici, der ʿEr u. Onan nicit mitrecinen konnte, muss statt deren Dina u. Jacob selbst gezäilt iaben. — V. 16—18 die *Zilpa-Söhne*. V. 16. צִפְיוֹן] Ζαφών LXX, צְפוֹן Sam. u. N. 26, 15 (ricitiger, weil aus צְפוֹנִי herausgebildet). אֶצְבֹּן] Sam. אצבעין, LXX Θασοβάν, אׇזְנִי N. 26, 16. אֲרוֹדִי] אֲרוֹד N. 26, 17. — V. 17. יִשְׁוָה] ebenso Cı. 7, 30; in N. 26, 44 nicit aufgefüirt. — Die Summirung der 2 Zilpa-Söine, von denen Gad 7, Ašer 4 Söhne, 1 Tociter, 2 Enkel iat, ergibt 16 Seelen, wie V. 18 angibt. — V. 19—22 die *Raḥel-Söhne*. Der abweiciende Anfang des V. 19 (statt erwarteten וּבְנֵי יוֹסֵף מְנַשֶּׁה וְאֶפְרַיִם), darum, weil die Nacı-

ricɩt, dass dem Josef in Äg. seine 2 Söɩne geboren wurden, ɩier bei-
gebracɩt werden sollte. — V. 20. אֹן — אֲשֶׁר] Einsatz des Bearbeiters
(nach 41, 50); in diesem Text muss sicɩ אשר auf ein aus וַיִּוָּלֶד zu
ergänzendes בָּנִים bezieɩen (s. 5, 3). — V. 21. בֶּכֶר] feɩlt in 1 Cɩr.
8 und steɩt Num. 26, 35 bei den Efraimiten. אֵרְא] feɩlt N. 26, 38
und steɩt Cɩr. 8, 3 (5) als Soɩn des בֶּלַע. נַעֲמָן] ist N. 26, 40 und
Cɩr. 8, 4 Soɩn des בֶּלַע. אֵהִי וָרֹאשׁ מֻפִּים] für diese 3 Namen hat
N. 26, 38 f. אֲחִירָם und שְׁפוּפָם, und Cɩr. 8, 1 אַחְרַח und 8, 5 שְׁפוּפָן,
aber bei der Summirung V. 22 sind diese 3 Namen vorausgesetzt.
חֻפִּים] feɩlt in LXX, חֻפָּם N. 26, 29, חוּרִים Cɩr. 8, 5 als Enkel des
בֶּלַע. אָרְדְּ] ist N. 26, 40 Soɩn des Bela, woɩl aucɩ Cɩr. 8, 3 unter
dem Namen אַדָּר. Bei den LXX sind nur Βαλά Βοχόϱ 'Ασβήλ Söɩne
des Benj., dagegen Γηϱά Νοεμάν 'Αγχίς 'Ρώς Μαμφίμ Söɩne des
Βαλά, und 'Αϱάδ Soɩn des Γηϱά. — V. 22. Die Summirung stimmt,
u. zeigt zugleicɩ, dass wenn aucɩ die Namen V. 18 theilweise corrupt
sind, doch wirklicɩ 10 Namen von Benjamin-Söɩnen scɩon urspr. dort
geständen ɩaben müssen. Von einer Zusammenflickung aus andern
Genealogien, nam. N. 26 (*Kuen.*) wird man gerade ɩier am wenigsten
reden dürfen. יָזֵל] *Sam.* LXX besser יִלְדָּה, vgl. V. 20. — V. 23
—25 die *Bilha-Söhne.* — V. 23. בְּנֵי] obgleicɩ nur éin Name folgt,
s. 36, 25. חֻשִׁים] N. 26, 42 שׁוּחָם. — V. 24. שִׁלֵּם] שׁלם *Sam.* u. Chr.
7, 13. — Die Summirung stimmt. — V. 26. Alle die leibl. Naeɩ-
kommen Jacobs, die *ihm* d. ɩ. von iɩm oder aucɩ unter seiner Führung,
mit (μετά LXX) iɩm nacɩ Äg. kamen, ausser den Schwiegertöchterɩ
sind 66. יֹצְאֵי יְרֵכוּ] Ex. 1, 5. Gen. 35, 11. מִלְּבַד] s. 26, 1. Bei
dieser Zählung sind von Lea 32, von Zilpa 16, von Bilɩa 7, von Raɩel
11 gerecɩnet; von Josef und seinen Söɩnen wird ɩier abgeseɩn und
erst V. 27 auf sie Rücksicɩt genommen. — V. 27. יֻלַּד] vgl. 22. 35,
26. שְׁנָיִם] *Ew.* 318ᵃ. הַבָּאָה] s. 18, 21. Hier erst wird nachgebracht,
dass mit Josef und seinen 2 Söɩnen, die scɩon in Äg. waren, alle
Seelen vom *Jacobhaus,* die nacɩ Äg. kamen, 70 waren (näml. 66
+ 3 + 1, welcɩer letztere das Haupt des Hauses, Jacob selbst, ist).
Nun ist aber sofort klar, dass diese letztere Recɩnung (66 + 3 + 1)
eine Correctur der ursprünglicɩen, in den Theilzahlen 33 + 16 +
14 + 7 (V. 15. 18. 22. 25) entɩaltenen ist, zusammenɩängend mit
dem (zu V. 15 bemerkten) abweicɩenden Verständniss der Zaɩl 33.
Demnacɩ muss ששים ושש V. 26 u. ganz V. 27 bis מצרימה Einsatz des
Bearbeiters sein (vielleicɩt aucɩ יעקב בני נשי מלבד V. 26). Er recɩnet
69, A aber (vgl. Ex. 1, 5) 70 ausser Jacob. Das System, wornach
(*Ew.* Alt.³ 331) den Nebenweibern je die Hälfte des Hauptweibes
(Lea 32, Zilpa 16; Raɩel 14, Bilɩa 7) zukommt, tritt bei dieser Correctur des R nocɩ klarer ɩervor. — Die Zaɩl *siebzig* erscɩeint wieder
Ex. 1, 5 und Dt. 10, 22. Dagegen geben in V. 27 die LXX 75 Personen und so aucɩ Act 7, 14. Sie führen näml. V. 20 bei Josef nocɩ
3 Enkel und 2 Urenkel auf, genommen aus 50, 23. Num. 26, 28 ff.
1 Cɩr. 7, 14 ff. (In V. 26 ɩaben die LXX wie Mass. die Zaɩl 66;
bei den Raɩelsöhnen V. 22 ɩaben sie als Theilzahl 18, weil sie bei
Josef 5 meɩr, aber bei Benj. 1 weniger auffüɩren als Mass.; die Zaɩl

9, auf welche in LXX V. 27 die Zahl der in Äg. dem Josef gebornen Nachkommen bestimmt wird, kann nur falsche Lesart für 7 sein). Die Absichtlichkeit dieser Änderung ist klar: die LXX wollen alle die Ahnen der Num. 26 aufgeführten Geschlechter hier beisammen haben, während A nur die aufzählt, die er für zur Zeit des Umzugs schon geboren hält. Auch V. 21 haben sie nach Num 26 corrigirt. — Gegenüber von Num. 26 sowie 1 Chr. 2—8 ergeben sich ausser den Varianten in der Lesung der Namen auch allerlei Abweichungen in der Zahl und in der Ordnung der Namen (indem zB. Söhne dort Enkel sind u. s. w.), was bei dem fortwährenden geschichtl Wechsel in derartigen Geschlechtsgliederungen nicht auffallen kann. Diese Abweichung der Tafel Num. 26 (bei A) von Gen. 46 gibt keinen Grund, Gen. 46, 8 ff. dem A abzusprechen (Hupf.), sondern ist nur ein Beweis, dass A in Num. 26 die in späterer Zeit gesetzlich geordneten Verhältnisse beschreibt, während er hier mehr geschichtl. Zwecke verfolgt und darum manche später bedeutungslos gewordene, aber in den älteren Stammbäumen wichtig gewesene Namen nicht aufnimmt zB. V. 12 (Ew G.[3] I. 594 f.). Die Zahl 70 aber ist so wenig, als die Zahl 12 in der Stammtheilung, eine blos zufällige; sie erscheint von Mose's Zeit an als die Zahl der Mitglieder des Ältestenausschusses d. h. der Vertreter der Stämme und Hauptgeschlechter derselben Ex. 24, 1. 9. Num. 11, 16 (Ew. Alt.[3] 328 ff.), und hat in der ganzen Geschichte Israels bis herab auf das Synedrium ihre Bedeutung behalten. Indem also A bei der Einwanderung nach Äg. 70 Geschlechternamen der Israelsöhne nachzuweisen unternimmt, nimmt er eben damit an, dass die Hauptgeschlechter Israels in ihren Anfängen damals schon ausgebildet waren. Dass er damit eine andere Ansicht von der damaligen Stufe der Ausbildung Israels vorträgt, als BC, ist unverkennbar. Auch wenn man von den Pereṣ-Söhnen V. 12[b], deren Geburt 21 Jahre nach Josefs Verkaufung (nach 37, 2. 38, 1 ff. 41. 46. 45, 11) unmöglich ist, absieht, so tritt doch bei Benj. der Widerspruch zwischen dem Knaben (43, 8. 44, 20 u. ö.) und dem Vater von 10 Söhnen offen zu Tag (vgl. auch über Ruben V. 9 mit 42, 37). „Um die Widersprüche zu beseitigen, hat man daher angenommen, ausser Manasse und Efraim seien auch noch andere der hier aufgeführten Nachkommen Jacob's erst in Äg. geboren, so zB. Vat., Ros. Kanne bibl. Unters. II. 58 ff., Hengst. Pent. II. 354 ff., Lengerke Ken. I. 348 f., Kurtz Gesch.[2] I. 299 ff., Reinke Beitr. 1. 104 ff. Del. Ke. Diese Annahme ist aber unstatthaft. Der Erz. erinnert nur bei Man. u. Efr., sie seien in Äg. geboren (27 vgl. 20; Ex. 1, 5). Wenn das auch von andern gelten sollte, hätte er es gewiss auch bei diesen bemerkt. Nach seiner Darstellung sind ausser Jos., Man. u. Efr. alle hier genannten Söhne, Enkel und Urenkel mit ihm nach Äg. gezogen. An ein Mitziehen in lumbis patrum aber hat er gewiss nicht gedacht" (Kn.). Wenn man aber gar aufstellt, Vrf. habe irrthümlich ein vorgefundenes Verzeichniss der dem Jac. bei Lebzeiten gebornen Nachkommen als Verzeichniss der mit ihm in Äg. Eingewanderten benützt und eingereiht (Köhl. Gesch. I. 160), so gewinnt man damit nichts und tut zugleich dem Vrf. Un-

recht. Nach der Zeitrechnung des A, wenn man sie nur nicht mit
der von B und C vermischt (s. zu Cp. 35 a. E.), war eine Mehrung
des Jacobhauses bis zu der von ihm dargestellten Stufe recht gut möglich (vgl. 26, 34 u. 28, 1 ff. mit 47, 9).

2. Ankunft, Begegnung mit Josef, Einweisung nach Gosen, Cap. 46, 28—47, 11, nach C und A.

Jacob, nachdem er den Juda an Josef vorausgesandt, langt mit
den Seinigen in Gošen an. Josef eilt seinem Vater hieher entgegen
zur Begrüssung und weist die Brüder an, bei der Audienz vor dem
König, die er vorbereiten wird, sich als Hirten zu bekennen, damit
sie in Gošen Wohnsitze erhalten. Er stellt dann 5 von ihnen Pharao
vor, und sie befolgen die erhaltene Weisung mit dem gewünschten Erfolg (46, 28—47, 6). Jacob selbst wird von Josef dem Ph. vorgestellt, und erhält mit den Seinigen Wohnsitze im Landstrich von
Ramses angewiesen (47, 7—11). — Hier ist zunächst deutlich, dass
47, 7—11 nicht vom Vrf. des nächst vorhergehenden sein kann. Dort
werden 5 Söhne Jacob's dem Ph. vorgestellt, hier Jacob selbst; dort
bestimmt Ph. ihnen Gošen zum Wohnsitz, hier bestimmt Josef auf Befehl Pharao's ihnen das Land Ramses. Und zwar weisen die Altersangabe 7, die Phrase 'יְמֵי שְׁנֵי חַיֵּי פ 8 f., מְגֻרִים 9, אֶחָזָה 11 sicher den A
als Vrf. aus. Vor V. 7 gehört aber (nach LXX) als urspr. Bestandtheil
des A auch noch 5ᵇ. 6ª (s. d.). Dagegen stammt 46, 28—47, 5ª.
6ᵇ aus C, und trägt die deutl. Zeichen davon an sich in der Hervorhebung Juda's 46, 28, in den Ausdrücken נָפַל עַל־צַוָּארָיו und יִשְׂרָאֵל
46, 29 f., הַפַּעַם 30, עוֹדְךָ חָי 30, מִנְעוּרָים und הוֹצֵבָה 34, הִצִּיג 47, 2,
גָּבַר 4 u. a. Bestätigt wird das dadurch, dass von dem bei B gemachten freiwilligen Anerbieten Pharao's 45, 18 hier nichts vorausgesetzt wird.

V. 28. Während bei A V. 6 die Ankunft in Äg. schon gemeldet
war, wird hier an die Zeit des Aufbruchs V. 1 ff. angeknüpft, und
erzählt, dass Isr. den Juda vor sich her zu Josef schickte, *um vor
ihm nach Gošen zu weisen.* Von blossem Weisen des Wegs kann
nicht die Rede sein; den Weg konnte Jacob so gut als Juda finden
und wissen. Es handelt sich um die nöthigen Weisungen ·nach Gošen,
die Josef dorthin zu erlassen hatte, damit dem Jacob bei seinem Einzug mit den Heerden keine Schwierigkeiten in den Weg gelegt werden, und Subj. zu לְהוֹרֹת ist Josef (*Ges. Kn.*), nicht Juda (*Del.*). Aber
Sam. LXX Pesch. lasen לְהֵרָאוֹת als Inf. Niph., und durch וַיֵּרָא אֵלָיו 29
wird diese Lesart gesichert, also: mit dem Auftrag, *dass er* (Jos.) *vor
ihm erscheinen,* ihm entgegenkommen *solle nach Gošen* (*JDMich. Ilg.
Wl.*). Die LXX geben statt וַיָּבֹא גֹּשְׁנָה καθ' Ἡρώων πόλιν, welche
Notiz zwar kritisch werthlos, aber geographisch wichtig ist (*Naville*
the store-city of Pithom p. 6 f.). Dass *Juda* als Bote ausersehen
wird, stimmt zu 37, 26. 43, 3 ff. 44, 14 ff. bei C. Dann kamen sie,
d. h. Jacob und die mit ihm, nach Gošen. — V. 29. Josef lässt seinen
Wagen anspannen (41, 43 u. 50, 9), und *fuhr hinauf,* aus dem

eigentl. Nilland in das ıöıer gelegene Gošen, seinem Vater entgegen, *und gab sich ihm zu sehen*, zeigte sicı iım; ein gewäılterer Ausdruck, wie er sicı für die Erscıeinung eines so ıoıen Herrn (45, 13) woıl ziemt. וַיֵּרָא אֵלָיו עַל־צַוָּארָיו] 33, 4. 45, 14. עוֹד] wiederıolt und lange, Rutı 1, 14. — V. 30. Israel will nun gerne sterben, nacıdem er den ıöcısten Wunscı seines Lebens erreicıt ıat (vgl. 45, 28). הַפַּעַם] 2, 24. 18, 32. 29, 34. 30, 20. עוֹדְךָ חַי] 43, 28. 45, 28. — V. 31 f. Um für das Wohnenbleiben in Gošen die königl. Erlaubniss zu erıalten, will Jos. sicı zum König begeben, iım die Angekommenen anmelden und ihm sagen, dass sie Kleinviehhirten (4, 2), weil Männer der Heerde d. h. Heerdenbesitzer, Vieızücıter (Nomaden), seien und iır Klein- und Grossvieh und übrige Habe mitgebracıt ıaben. אֶצְלָה] nacı Gošen war er aucı *hinaufgegangen* (29) docı woıl von der Residenz aus; nun geıt er *hinauf* mit Bezieıung auf die wirklicıe oder ideelle Höıe der Hofburg (*Ges.* tı. 1022, *Del. Ke.*); nacı *Kn.*, der sicı Mempıis als Residenz der Hyksos (Sync. I. p. 113 f. Dind.; Jos. c. Ap. 1, 14; Enscb. chr. arm. I. 224) denkt, darum weil Mempıis im Nilthal stromaufwärts lag. — V. 33 f. Zugleicı weist er sie an, bei iırer Vorstellung vor Pı. auf seine Frage nacı iırem *Geschäft* (Ex. 5, 4) zu erklären, sie *seien von jeıer*, wie iıre Väter, Vieızücıter *gewesen* (vgl. übrigens zum Gebraucı von הָיָה aucı 29, 17. 27, 23). מִמְּעוּרֵינוּ] 8, 21. גַּם—גַּם] 24, 25. 44. 43, 8. 44, 16. 47, 3. (47, 19). בַּעֲבוּר] 21, 30. 27, 4. 19. 31. Ex. 9, 14. תּוֹעֲבָה] 43, 32. רֹעֵה] s. 47, 3; *Sam.* beidemale רֵעֵי. Auf diese Erklärung ıin werden sie in Gošen woınen dürfen, weil den Äg. alle Kleinviehhirten ein Gräuel seien. Da 47, 17. Ex. 9, 3 Rind- und Kleinviehheerden als Besitzthum der Äg. und 47, 6 Vieı-heerden im Besitz des Königs selbst erwäınt werden, und aucı nacı den Abbildungen auf den altäg. Denkmälern Esel, Rindvieı, Scıafe und Ziegen in Menge von den Äg. geıalten wurden (vgl. 12, 16), da ferner zwar wollene Kleidung für Tempelbesucıer und für die Einhüllung der Todten (Her. 2, 81), sowie für Priester scılecıtıin verboten, ebenso Scıaffleiscı zu essen ilmen nicıt erlaubt war (Plut. de Isid. c. 4 f.), und zur Fleiscıspeise der Könige und Priester nur Rinder, Kälber und Gänse (Iler. 2, 37; Diod. Sic. 1, 70) verwendet, aucı (Her. 2, 45) Ziegen und Scıafe nur in einzelnen Landscıaften (Her. 2, 42. 46; Strab. 17, 1, 23) opferbar waren, aber daraus ein allgemeiner Abscheu der Äg. vor dem Fleiscı des Kleinvieıs (*Kn.*) nicıt zu folgern ist u. gegen die Aussage des Plut. de Isid. c. 72, dass nur die Lykopolitaner Scıaffleiscı essen, die Denkmäler zeugen, da endlicı die Äg. unter iıren Kasten aucı Hirten ıatten, die unter iınen woınten (Plat. Tim. p. 24; Diod. 1, 74), und Herodot (2, 47, vgl. 164) nur von den Scıweineıirten bericıtet, dass sie in besonderer Veracıtung gestanden ıaben, so kann die Bemerkung des Textes nicıt auf die einıeimiscıen Hirten, sondern nur auf die nichtägyptischen Nomaden, die dem sessıaften Leben ganz fremd waren, bezogen werden, vgl. 43, 32. Dieser Abscıeu der eigentl. Ägypter vor den freien Hirtenstämmen hat sicı in Folge der Herrschaft der Hyksos gewiss nocı gesteigert (Her. 2, 128). Aber selbst zur Zeit dieser Hirtenkönige konnten die ıerrscıenden Anschauungen der Äg. nicht so weit ausser Acht gesetzt werden, dass man eigentl. Nomaden in dem cultivirten Lande angesiedelt hätte. — Cap. 47, 1 f. Seinem Versprechen gemäss (46, 31) meldet Jos. die Ankunft der Seinigen in Gošen beim Könige an, und stellt ihm zugleich 5 seiner Brüder, die er als Vertreter der ganzen zahlreichen Familie mitgenommen hatte, vor. מִקְצֵה] hier (anders als 19, 4) *aus der Gesammtheit*, vgl. Ez. 33, 2. 1 Reg. 12, 31, und קְצֵה Neh. 7, 70. Dan. 1, 2. Über die Fünfzahl s. 43, 34. לָקַח חם + עמי Sam. LXX. וַיָּרֵץ:] 43, 9. 30, 38. 33, 15. — V. 3 f. Wie vorausgesehen, fragt sie der König nach ihrem Geschäft, und wie Josef sie angewiesen, geben sie dieses an (46, 33 f.), und bitten zugleich, sich als Fremdlinge in Gošen (45, 10. 46, 34) aufhalten zu dürfen. אֶחָיו] אחי יוסף Sam. LXX Pesch., TgJon. רֹעֶה] incorrect für רֹעֵי geschrieben (*Ew.* 16^b), wie wohl auch schon 46, 34, obgleich hier nach כֹּל ein Sing. erträglicher wäre. בֹּא:] 12, 10. 41, 31. 43, 1. 47, 13. — V. 5 f. Da 5^b weder als Bescheid auf die Bitte der Josefbrüder, noch überhaupt hinter V. 2—4 passt, so haben die LXX Recht, welche auf 5^a unmittelbar 6^b folgen lassen. Alles Übrige gehört zum Referat des A, ist aber nur in LXX vollständig und im urspr. Zusammenhang erhalten, während der jetzige mass. Text auf ziemlich später Überarbeitung beruht, welche durch Auslassung und Versetzung das auffallende Nebeneinander zweier sich ausschliessender Referate beseitigen sollte (*Wl.* XXI. 441). Hinter 6^b fahren näml. die LXX fort: ἦλθον δὲ εἰς Αἴγυπτον πρὸς Ἰωσὴφ Ἰακὼβ καὶ οἱ υἱοὶ αὐτοῦ (bei A Fortsetzung von 46, 7, bez. 7—27). καὶ ἤκουσε Φαραὼ βασιλεὺς Αἰγύπτου. καὶ εἶπε Φαραὼ πρὸς Ἰωσὴφ λέγων) und lassen dann 5^b. 6^a folgen. — In 5^b. 6^a (A) bietet Ph., auf die Kunde von Israel's Ankunft, dem Jos. für dieselben den besten Theil des Landes an (vgl. 45, 18 ff. bei B). לִפְנֶיךָ] bei A auch 34, 10. 21; sonst s. 13, 9. 20, 15 bei C und B. מֵיטַב] nur noch V. 11 (A), Ex. 22, 4. 1 Sam. 15, 9. 15. In 6^b (C) erlaubt Ph. den Aufenthalt in Gošen, und beauftragt Jos., „tüchtige Männer unter den Isr. als Heerdenoberste über des Königs Vieh zu setzen, also als אַבִּירֵי הָרֹעִים des Königs (1 Sam. 21, 8), *magistros regii pecoris* (*Liv.* 1, 4) zu bestellen, denen die andern Hirten untergeben waren (*Varro de re rust.* 2, 10)" (*Kn.*). — V. 7. Fortsetzung des Berichts des A. Jos. stellt seinen Vater dem Ph. vor. Das Auffällige, dass der Vater erst nach den Söhnen vorgestellt wird, erklärt sich daraus, dass hier ein anderer Berichterstatter erzählt. Bemerke auch הֶעֱמִיד gegen הִצִּיג V. 2. Das *Segnen* Jacob's ist von Segenswünschen zur Begrüssung zu verstehen, wie 2 Reg. 4, 29 (vgl. 2 Sam. 16, 16. Dan. 2, 4. 5, 10). — V. 8. „Einen Greis frägt man gerne nach dem Alter und veranlasst dadurch Mittheilungen über seine Lebensschicksale. So auch der König. Der Ausdruck wie 25, 7. — V. 9. Jacob fühlt sich am Lebensende und betrachtet seine bis dahin verflossenen 130 Jahre als seine Lebenszeit im ganzen. Er bezeichnet sie im Vergleich zu der der Väter als *wenig*, indem Abr. 175, Isaac 180 Jahre alt geworden sind (25, 7. 35, 28), und als *böse* d. i. schlimm, indem er bei Laban einen langen und schweren Dienst gehabt

und mit seinen Söhnen viel Unꞁeil erlebt ꞁat" (*Kn.*). מְגוּרִם] Wanderleben, Pilgrimschaft vgl. 17, 8. 28, 4. 36, 7. 37, 1; von Jacob's Leben
ist der Ausdruck um so ricꞁtiger, weil er immer auf unsteter Wanderung, oꞁne eigentl. Heimath, nun scꞁon im dritten Lande ist. — V. 10.
Bei der Entlassung begrüsst er den König abermals mit Segenswünscꞁen
(V. 7), 1 Reg. 8. 66. וַיֵּצֵא מִלִּפְנֵי] 41, 46. — V. 11. Darnach weist
Jos. (gemäss 6ᵃ) den Seinigen Woꞁnsitze an und gibt iꞁnen Besitz in
Äg., im besten Tꞁeile des Landes. „*Land Ramses*] muss ungefäꞁr
einerlei mit Gošen sein. Die Gegend wird ꞁier bezeicꞁnet nacꞁ dem
gleicꞁnamigen Orte (Ex. 1, 11), von welcꞁem aus der Auszug unter
Mose gescꞁaꞁ (Ex. 12, 37. Num. 33, 3. 5). Die Bezeicꞁnung *Land
Ramses* findet sicꞁ nur ꞁier" (*Kn.*). בָּאֲשֶׁר־צִוָּה פַרְעֹה] s. V. 6ᵃ.

3. Erhaltung Israels und Gestaltung der äg. Staatsverhältnisse durch Josef, Cap. 47, 12—27 nach (B) C (V. 27 nach A).

Wäꞁrend Isr. in Gošen von Jos. ernährt wird, müssen die Äg.
wäꞁrend der nocꞁ übrigen Hungerzeit nicꞁt blos all iꞁr Geld und
Vieꞁ für Korn aus den königl. Vorrathshäusern daꞁingeben, sondern
zuletzt sogar iꞁre Äcker und sicꞁ selbst an den König verkaufen, um
am Leben erꞁalten zu werden. So bringt Jos. dauernd die Äg., mit
Ausnaꞁme der Priester, zur Krone in ein Verhältniss der Hörigkeit,
wornach sie Grund und Boden vom König erꞁalten und dafür ihm
jäꞁrlicꞁ den Fünften des Ertrags steuern müssen. Isr. aber macꞁt
sicꞁ ansässig, meꞁrt sicꞁ und wird seꞁr zaꞁlreicꞁ. — Nur der erste
und letzte V. dieses Stücks ꞁandelt von Isr., alles übrige von den äg.
Dingen. Dieser ausführl. Bericꞁt ist iꞁnen aber nicꞁt etwa darum gewidmet, weil solcꞁe Abꞁängigkeit des Volks von der königl. Gewalt
den isr. Lesern als Muster und Ziel der Staatsklugꞁeit oder gar (*Ke.*)
als Vorbild für das Verhältniss Israels zu Jaꞁve ꞁingestellt werden
soll, denn mit keinem Wort deutet der Vrf. eine besondere Billigung
solcꞁer Einricꞁtung an, sondern er soll in diesem Zusammenꞁang einestheils die grosse Notꞁ, in welcꞁe die Äg. durcꞁ die Hungerjaꞁre
kamen, gegen die mangellose Versorgung Israels durcꞁ Josef in Con-
trast stellen, anderntheils den mäcꞁtigen Einfluss, den Jos. wäꞁrend
seiner Amtsverwaltung auf das äg. Staatswesen übte, und die Verdienste, die er sicꞁ um das äg. Königshaus erwarb (vgl. Ex. 1, 8),
anscꞁaulicꞁ macꞁen. Indessen scꞁeint das Stück erst durcꞁ R seinen
jetzigen Platz erꞁalten zu ꞁaben. Denn wäꞁrend der einleitende V. 12
nacꞁ B meldet, wie nacꞁ der Übersiedlung Israels Jos. sein 45, 11
gegebenes Versprecꞁen erfüllte, und der ausleitende V. 27ᵃ nacꞁ C
den Abscꞁluss zu 6ᵇ bringt, knüpft V. 13 mit Worten des C an 41,
55 f. an, und ist darum nicꞁt unwaꞁrscꞁeinlicꞁ, dass 13 ff. urspr. Fortsetzung von Cp. 41 war. Die Abkunft des Stückes ist scꞁwer zu bestimmen, da mancꞁes im Pent. sonst ungewöꞁnlicꞁe darin vorkommt,
wie לָהֶה 13, אֶפֶס 15 f., נֵהֵל 17, שָׁמֵם (Pal) 19, הֵא 23. Wäꞁrend die
genaueren Nacꞁricꞁten über äg. Dinge gewöꞁnlicꞁ auf B zurückgeꞁen,
aucꞁ 24. 26 an 41, 34 seine Analogie hat, und פִּלְכֵּל 12, חָזַק (20

gegen זְבֻר 13) auf iɪn ɪinweisen, sind der für C sprecɪenden spracɪ-
licɪen Merkmale viel meɪr, zB. כְּבֵד 13, הַנִּמְצָא 14, תֹּם 15. 18, *Pferde*
17, קָצֶה 21, רַק 22. 26, מִ' הַבָּקָר, מִ' מִקְנֶה הַצֹּאן 25, מָצָא חֵן בְּעֵינֵי, מִ' הַבְּהֵמָה
17 f. (26, 14), רְדוּת 24 u. a. Waɪrscɪeinlicɪ ist der Bericɪt auf Grund
einer Darstellung des B von C entworfen, und vielleicɪt von R oder
Spätern überarbeitet (wenigstens תֹּם 15. 18 sonst im Hexat. nur bei
A R Rᵈ; aucɪ בִּלְתִּי אִם 18 ist ungewöhnlich, s. dagegen 21, 26. 43, 3).
Der Scɪlussvers 27ᵃ ist aus A und C (גּשֶׁן בְּאֶרֶץ neben בא' מצ') zusammengesetzt, 27ᵇ aus A (נֶאֱחֲזוּ, וְרָבָה וּפָרָה) genommen, und scɪliesst
bei diesem an V. 11 an, wird aucɪ durcɪ Ex. 1, 7 nicɪt überflüssig. — Über die geschichtl. Grundlagen des Bericɪts s. zu 22
und 26.

V. 12. Josef unterstützt und erɪält die Seinigen mit Lebensmitteln (45, 11. 50, 21). *nach Maassgabe des Kleinen*] je nacɪ der
Zaɪl der Kinder (mit Weibern) mit weniger oder meɪr Lebensmitteln.
וַיְכַלְכֵּל] c. dupl. Acc. *Ew.* 283ᵇ. לְפִי] vgl. Ex. 12, 4. 16, 16. 18. Lev.
25, 16. 51 u. ö. הַטָּף] aucɪ 24; s. zu 45, 19. — V. 13. Der folg.
Bericɪt wird mit der Bemerkung eingeleitet, im ganzen Land ɪabe es
kein Brod gegeben und die Länder Äg. und Ken. seien erscɪöpft geworden, vgl. 41, 55 f. כִּי כָבֵד וגו'] s. 47, 4; steɪend bei C. וַתֵּלַהּ] für
תֵּלְאֶה. — V. 14. Auf Getreidekauf bei Josef angewiesen, müssen die Leute
beider Länder iɪr Geld aufwenden; Jos. sammelt das Geld im Haus
des Königs, wo der königl. Scɪatz ist. הַנִּמְצָא] das sicɪ vorfand (19,
15). — V. 15 f. Wie das Geld zu Ende ist, erscɪeinen die Äg. vor
iɪm und verlangen Brod. *warum sollen wir sterben vor dir?*] so
dass du unsern Untergang mit ansieɪst, wäɪrend du docɪ ɪelfen kannst
und keinen Grund ɪast, uns ɪilflos sterben zu lassen (*Kn.*), vgl. 19.
Jos. fordert aber für weitere Lieferung iɪr Vieɪ. אֶפֶס] überɪaupt selten
und im Pent. nur ɪier. לָכֶם] seq. לֶחֶם LXX *Sam. Vulg.* — V. 17.
Sie bringen iɪr Vieɪ und erhalten dafür so viel Getreide, dass sie in
selbigem Jaɪre auskommen. Mit diesem Bringen des Vieɪs darf man
es freilicɪ nicɪt streng neɪmen, denn was ɪätte Jos. mit all dem Vieɪ
macɪen sollen! Über die *Pferde* s. zu 12, 16. מִקְנֶה צֹאן וגו'] s. 26,
14. וַיְנַהֲלֵם] *gemächlich weiden lassen* das Weidevieɪ (s. *Del.* ɪebr.
lang. 5 f.), ɪier und ɪier allein in der Bedeutung *versorgen* (obwoɪl
LXX aucɪ Ps. 23, 2 ἐκτρέφειν wiedergeben). — V. 18. Im *zweiten*
d. h. ɪier docɪ woɪl nur im folgenden, nicɪt aber im 2. der 7 (s.
45, 6) Jaɪre erscɪeinen sie wieder vor Jos. und erklären, nur nocɪ
Leib und Land anbieten zu können. *wir verhehlen nicht vor meinem
Herrn*] müssen dem Herrn es offen bekennen; נְכַחֵד der LXX taugt
nicɪt zu מֵאֲ. כִּי אִם וגו'] nicɪt *dass, da* oder *weil* (*Ges. Kn.*), welcɪer
causale Sinn von אִם aucɪ durcɪ Ez. 35, 6 nicɪt zu erweisen ist, sondern *dass wenn* (LXX) das Geld und der Vieɪbesitz vollends erscɪöpft
sein wird, oder aber (*Targ.*) geradezu: *vielmehr* (müssen wir sagen)
das Geld ist erscɪöpft. אֶל־אֲדֹנִי] ist alle geworden *an meinen Herrn
hin* d. ɪ. ganz an iɪn gelangt, zur Bezaɪlung desselben erscɪöpft;
äɪnlicɪe Prägnanzen 14, 15. 42, 28. 43, 33 (*Kn.*). אֲדֹנִי] bei einer
Meɪrzaɪl Redender, wie Num. 32, 25. 27. 36, 2. — V. 19 s. V. 15

Sie schlagen vor, Jos. solle sie und ihr Land für zu verabfolgende
Lebensmittel dem König erwerben, sie wollen nicht mehr selbständige
Grundbesitzer sein, sondern das Land für den König bebauen, verlangen aber für das erste Jahr Samen sc. zur Aussaat (σπέρμα, ἵνα
σπείρωμεν LXX). Der Ausdruck *sterben* ist per zeugma (vgl. 4, 20)
mit auf das Land angewendet und wird vom Vrf. selbst durch שָׁמֵם
wüste, öde sein, also vom Unbebautsein erklärt. Unbebautes Land liegt
als todte Wüste da. Ähnlich verhält es sich mit עָבַד, welches beim
Lande die Angehörigkeit bezeichnet (*Kn.*). סם—נם] s. 46, 34. תֵּשַׁם]
intrs. Qal (16, 4); „das Verb im Pent. nur noch Lev. 26, 22. 31 f.
34 f. 43. Num. 21, 30" (*Kn.*). — V. 20 f. Josef nimmt den Vorschlag an und erwirbt dem Könige den ganzen äg. Grundbesitz, da
jeder seinen Acker verkauft. חָזַק] 41, 56 (anders 13). *das Volk
aber machte er ihm* (dem König) *dienen* (Jer. 17, 4) *für* oder *als
Knechte*, so dass sie Knechte wurden oder waren, von einem Ende
der Reichsgrenze bis zum andern; so wird in Anbetracht ihres Anerbietens V. 19 mit *Sam.* LXX *Vulg.* (*Houbig. Ilg. Kn. Olsh.*) zu lesen
sein: הֶעֱבִיד אֹתוֹ לַעֲבָדִים. Der mass. Text, gewöhnlich auf eine allgemeine Translocation aller Landesbewohner bezogen, kann das nicht ausdrücken, da הֶעֱבִיר für sich nicht *versetzen* bedeutet, und לֶעָרִים nicht
s. v. a. מֵעִיר לָעִיר (*Onk. Ros. Win. Ges. Tuch*) sein kann, auch es sich
hier mehr um die Land- als um die Stadtbewohner handelt. Vielmehr
besagt er: *das Volk aber führte er hinüber nach den Städten* (wo
לֶעָרִים für אֶל־הֶעָרִים des distrib. Nebensims wegen gesagt sein müsste,
Del.), wovon der Zweck nicht etwa die Empfangnahme von Befehlen
(*Rave, Schum.*), sondern nur die Ernährung bei den Magazinen (41, 35.
48) sein könnte, aber das wäre nicht blos zu kurz gesagt, sondern
eine Bemerkung dieses Inhalts würde vielmehr (wie *Kn.* richtig bemerkt) erst hinter V. 26 gehören. Die Wendung mit voraufgestelltem
וְאֶת־הָעָם verlangt, dass die der Erwerbung der אֲדָמָה entsprechende Erwerbung der Personen hier ausgesagt werde, vgl. 19 u. 23. Die Über-
führung sämmtlicher Landbewohner in die Städte, als eine simultane
und dauernde, liesse sich auch ihrer Vollziehbarkeit nach schwer vor-
stellen. — V. 22. „Nur die priesterl. Ländereien blieben bei der Erwerbung ausgeschlossen. Denn die Priester hatten von Seiten des
Königs ein Bestimmtes (חֹק wie Prov. 30, 8. 31, 15. Ez. 16, 27, vgl.
zu Lev. 7, 34), und lebten von diesem ihrem Bestimmten, was ihnen
der König gab. Sie brauchten also in der damaligen Noth ihre Ländereien nicht zu verkaufen. Dass die Ländereien der Priester steuer-
frei waren, weiss man auch sonst (Diod. 1, 73. Herod. 2, 168; nach
letzterem auch die der Krieger). Dass sie aber vom König auch bestimmte Lieferungen hatten, sagt Diod. 1, 75 nur von den aus den
Priestern gewählten Richtern (doch vgl. Herod. 2, 37). — V. 23 f.
Jos. macht mit den Äg. aus, ihnen (näml. das erstemal, da sie wieder
säen) den Samen zur Besäung des nun dem König gehörigen Landes
zu liefern, wofür sie dann ¹⁄₅ des Ertrags an den König zu steuern
habe. הֵא] nur noch Ez. 19, 43 (Dan. 2, 43). בִּתְבוּאֹת] und dann
bei den Einbringungen d. i. bei der Einheimsung der Ernte; nur wenn

die praep. בְ gestricien (LXX) oder durci מִן ersetzt würde, könnte
הָבִיאָה seine gew. Bedeutung *Ertrag* iaben. וְיָרַד] wie 43, 34. וִיהְיֶה]
indem das Zailwort iier etwa wie לֹב beiandelt wird; anders *Ges.*
147 A. 2; *Ew.* 295ᵈ. וְלֶאֱכֹל לְטַפְּכֶם] feilt in LXX; es ist entweder
eine Glosse, oder muss es urspr. iinter וּלְאָכְלְכֶם gestanden iaben (*Olsh.*).
Bei der grossen Frucitbarkeit Ägyptens „erscieint die Abgabe für Be-
bauer, die nicit Eigenthümer des Bodens waren, nicit zu ioci, vgl.
die Abgaben der Juden unter den Syrern 1 Macc. 10, 30. Die Mes-
senier iatten die Hälfte der Feldfrücite an die Spartaner (Paus. 4,
14, 3) abzuliefern. Nicit weniger betragen die Abgaben unter türk.
Herrsciaft (*O. v. Richter* Wallfairten 178; *Seetz.* I. 47; *Ritter* X.
810. XV. 849) und bei arab. Fellah's (*Burckh.* Bed. 23). In Syrien
kommen auci 2 Drittheile vor (*Seetz.* I. 96), und um Ispaian geben
die Bauern, welcie Boden und Saatkorn von der Regierung erialten,
an diese gar ³/₄ des Ertrags (*Morier* zweite R. 163) ab. — V. 25.
Die Äg. erklären sich zufrieden, da Jos. iir Leben erialten iat und
wünscien nur an iim einen gütigen Herrn zu iaben" (*Kn.*) — V. 26.
Dies wurde zu einer dauernden, noci zur Zeit des Vrf. besteienden
Einricitung. Er macite *es*, näml. das V. 24 gesagte (vgl. 15, 6), zu
einer Bestimmung über das Ackerland Ägyptens *für Pharao*, zu seinen Gunsten, *hinsichtlich des Fünften*. Aber dieser Ausdruck ist ge-
sciraubt, und die alten Übers. drücken tieils לְפַרְעֹה חֹמֶשׁ als Satz für
sici und Erklärung zu אֹתָהּ (*Pesch,*), tieils לְחַמֵּשׁ 'לְפ dem Ph. *den
Fünften zu geben* (LXX) aus. — Die zu des Vrf. Zeit noci besteiende
Entricitung des Fünften vom Bodenertrag an den König, wovon nur
die priesterl. Äcker ausgenommen waren, wird iier auf eine Einricitung des Josef zurückgefüirt und mit der Verwandlung der äg. Grundbesitzer in Kronbauern oder Erbpäciter des Königs aus Anlass der 7
Hungerjaire in Verbindung gebracit. Es ist das die einzige dauernde
Einricitung Josef's im äg. Staatswesen, von welcier die hbr. Sage eine
Spur bewairt iat, und wenn gleici die Einzelheiten der Erzäilung
(Anknüpfung an die 7 unfrucitbaren Jaire, Erscöpfung des Kaufgeldes
des Kornes, Verkauf des Vieies u. s. w.) nur der naiven Sage angeiören, so wird doci die Einrichtung der Kronbauernschaft und die
Entricitung des Fünften einen geschichtl. Grund iaben. Aber einhei-
miscie äg. Naciriciten kennt man bis jetzt darüber nicit. Die weit
späteren class. Sciriftsteller erwäinen die Abgabe des Fünften nicit,
woil aber sagt Diod. 1, 73 f., dass in Äg. der Grund und Boden dem
König, der Priesterkaste und Kriegerkaste gehöre; die Krieger nennt
als Grundbesitzer auci Her. 2, 168. Aber gerade bezüglici dieser
Krieger, welcie unser Bericit gar nicit nennt, scieint aus Her. 2, 141
(wornach König Sethos, der Zeitgenosse Jesaja's, den Kriegern die
iinen von früieren Königen gegebenen Ländereien wieder entzogen
iabe) iervorzugeien, dass sie erst in verhältnissmässig jüngerer Zeit
in den Besitz iirer Grundstücke gekommen waren (*Kn.*). Mit der dem
Sesostris (d. i. Setii I u. Ramses II) zugescriebenen Eintheilung
Ägyptens in 36 Nomen unter je einem Oberbeamten (Diod. 1, 54) und
der Austheilung des Landes in gleicien viereckigen Stücken an die

einzelnen Äg. gegen Entricitung einer jährl. Abgabe (Her. 2, 109), unsern Bericit iier zu combiniren (wie Artapan bei Eus. pr. ev. 9, 23 zu tiun scieint) iat man kein Recit, zumal da der Text von einer Eintheilung und Vertheilung des Landes nicits sagt (selbst nicit naci der mass. Lesart V. 21), im Gegentheil 41, 35. 38 die einzelnen Be- zirke mit iiren Städten scion als vorianden vorauszusetzen scieint. — V. 27 naci C und A (s. die Vorbem.) lenkt zu Israel zurück. Von Jos. begünstigt, macite es sici in Äg. ansässig und meirte sich seir. יִשְׂרָאֵל] iier vom ganzen Stamm, s. zu 35, 10. וַיִּאָחֵז] 34, 10.

4. Jacob's letzte Anordnungen und Tod, Cap. 47, 28—49, 33.

a) Cap. 47, 28—31. Beginnend mit der Angabe *des Alters, das Jacob erreichte*, V. 28 (wie 27) naci A, lässt R zunäcist V. 29—31 eine *Verordnung Jacob's an Josef über sein Begräbniss in Kenaan* naci C folgen (wäirend er die entspreciende des A an's Ende 49, 29 ff. verlegt). Dass iier C erzählt, wird ausser durci יִשְׂרָאֵל 29. 31 durci eine Reiie anderer Redensarten ersicitlici. Indessen war das, was 29—31 steit, nicit alles, was C über den Absciied Israels von Josef bericitete. In Cp. 48 wird noci anderes (mit dem Referat des B zusammengearbeitet) nachgebracht, und selbst die iier in V. 31 vorausgesetzte Situation findet erst in 48, 1 f. (vgl. 49, 33) iire eig. Erklärung. Das urspr. Gefüge der Erzäilung des C ist von R, zum Zweck der Compilation mit den anderen Quellen, aufgelöst. — V. 28. Jacob naci der Einwanderung lebt noci 17 Jaire und bringt (47, 9) sein Alter auf 147 Jaire. וַיְחִי] *Ew.* 316ª; *Sam.* ויחיו. — V. 29 ff. Beim Herannaien seines Todes lässt Israel den Jos. kommen und eid- lici versprecien, dass er ihn in Ken. im Familienbegräbniss (etwas anders 50, 5) begraben wolle. (Bei A in 49, 29 ricitet Jacob diesen Wunsci an alle Söine und verlangt keinen Eid). יִשְׂרָאֵל] s. zu 35, 10. וַיִּקְרָבוּ יְ] wie Dt. 31, 14 bei C. אִם־נָא יְ] wie 18, 3 u. s. bei C. *lege doch deine Hand unter meine Hüfte*] wie 24, 2 bei C. חֶסֶד וֶאֱמֶת] 24, 49. 32, 11 bei C. וְשָׁכַבְתִּי עִם־אֲבֹתַי] wie Dt. 31, 16 bei C; über den Sinn s. zu 25, 7. קְבָרָה] s. zu 35, 20. *Isr. beugte sich auf das Kopfende des Bettes hin*] d. i. er sass bei der Rede mit Jos. aufrecit auf seinem Lager (48, 2. 27, 19), macite aber darauf die Niederwerfung naci dem oberen Ende desselben iin und dankte Gott für die Eriörung des letzten Wunscies. Ebenso der alte David in einem ähnl. Fall 1 Reg. 1, 47 (*Kn.*). Die LXX (Hbr. 11, 21) *Ital.*, *Pesch.* drücken מָטֶה für מִטָּה aus, als iätte sici Jacob auf die Spitze seines Stabes niedergebeugt, aber mag man den Stab Josef's als Ab- zeicien seiner Würde, und die iim dargebracite Huldigung naci 37, 7, oder den Hirtenstab Jacob's selbst (32, 11), an dem er durcis Leben gewandert war, versteien, ein vernünftiger Zweck solcier dem Stabe oder Gott über dem Stabe gebraciten Huldigung lässt sici nicit er- seien, noci weniger, warum gerade der רֹאשׁ desselben iervorgeioben wäre, und ein Suff. (מַטֵּהוּ), was auci die Verss. iaben, wäre erfor- derlich, wogegen „das Bett" (48, 2) des dem Sterben naien, als durci

den Zusammen1ang an die Hand gegeben, das pron. suff. entbe1ren
konnte.

    b) **Cap. 48.** *Adoption und Segnung der beiden Josefsöhne*
Manasse und Efraim durch Jacob von R aus ABC zusammengearbeitet. Auf die Nac1richt von seiner Erkrankung besuc1t Jos. mit
seinen 2 Sö1nen den Jacob 1 f. Jacob nimmt die 2 Josefsöhne förm-
lic1 als seine 2 eigene͂n Sö1ne an, so dass sie fortan als Jacobsöhne
gelten sollen 3—7. Darauf in seiner Freude über den Anblick derselben lässt er sie von Jos. vor sic1 stellen und ertheilt i1nen einen
feierl. Segen, so jedoc1, dass er dem jüngeren, Efraim, den Vorzug zuerkennt 8—20. In einem Nac1wort an Jos. verlei1t er diesem den
einstigen Besitz Sikhems 21 f. — In diesem Stück ge1ören V. 3—6
(*Ilg. Ew. Kn. Hupf. Schr. Nöld. Wl.*) u. 7 (s. d.) dem A an: אֶל
שַׁדַּי 3, die wörtl. Rückbezie1ung von 3 f. auf 35, 6. 9. 11, אֲחֻזַּת עוֹלָם
und זַרְעֲךָ אַחֲרֶיךָ 4, הוֹלִידִי 6 und die Vorliebe des A für die Darstellung
solc1er staatsrec1tlic1 wic1tigen Dinge lassen daran nic1t zweifeln.
Das Übrige V. 8—22 wird gewö1nlic1 (*Kn. Hupf. Ew. Schr. Wl.*)
wie auc1 V. 1 f. meist dem B zugesc1rieben, für welc1en in der T1at
der Gottesname אלהים 9. 11. 15. 20 f., רָאָה 11, הַמַּלְאָך u. יקרא בהם
שְׁמִי 16, (so seltene Wörter wie פָּלַל 11, דָּגָה 16), die Auszeic1nung
Josef's in seinen Sö1nen durc1 einen besondern Segen (15. 21), u. die
eigenth. Angabe über Sikhem 22 ganz entsc1ieden zeugen. Aber sc1on
die 1äufige Benennung des Erzvaters mit *Israel* 2. 8. 10 f. 13 f. 21
(neben Jacob 2 f.), welc1e sic1 bis1er immer als Kennzeic1en des C
oder R erwiesen 1at, mac1t die Abstammung des ganzen Stücks von
B unwa1rsc1einlic1, denn die Anna1me (*Wl.*), „dass der Bearbeiter von
Cp. 48 ab den Untersc1ied von Jacob u. Israel nic1t me1r conservirt
1abe", erscheint in Anbetrac1t von 49, 1. 33. 50, 2 un1altbar. Da.
ausserdem das doppelte Heranfü1ren der Josefsöhne (zum Segnen) 9 f.
13 auf zweierlei Beric1te über dieselbe Sac1e 1inweist, u. ein Grund,
warum C nic1t auc1 einen bes. Josefsegen erzä1lt 1aben könnte, nic1t
vorliegt, so ist nic1t zu zweifeln, dass in V. 8—22 der Text von R
aus B u. C ebenso zusammengearbeitet ist, wie in Cp. 27 u. s. Während nac1 B Jac. Josefs Sö1ne 1erzt u. küsst u. seiner Freude, sie
auc1 noc1 1aben se1en zu dürfen, Ausdruck gibt, im übrigen aber *Josef*
in seinen Sö1nen segnet, auc1 i1m Sikhem im voraus verlei1t 9ᵃ. 10ᵇ.
11 f. 15 f. 20*. 21 f., ist bei C die Voranstellung *Efraims* vor Manasse
zum eig. Mittelpunkt der Darstellung u. der Segen wesentlic1 zu einem
Segen der *Josefsöhne* gemac1t, auc1 das Motiv der Erblindung Jacobs
eingeführt, u. durc1 die Einsprac1e Josefs gegen die Verwec1slung die
ganze Scene lebendiger gemac1t 9ᵇ. 10ᵃ. 13 f. 17—19. 20ᵇ. Maassgebend bei dieser Sc1eidung ist nam. auc1 אלהים, nic1t aber ישראל;
dieser Name ist vielme1r durc1 ganz V. 8—22 durchgeführt, u. beweist, dass der Compilator in diesem Stück den C zu Grund gelegt u.
den B nur eingearbeitet hat. Vor 9ᵇ. 10ᵃ fe1lt freilic1 etwas, was
C ge1abt 1aben muss, aber ganz 8 f. dem C zu geben (*Budde* in
ZATW. III. 58 f.), 1indert sowo1l וירא 8 (gegen 10ᵃ) als אלהים 9,
und vielme1r also sind die einleitenden Worte des C (zu Gunsten des

B) weggelassen; 1inwiederum ganz 10 (*Bud.* 59) kann nic1t von B
sein. Umgeke1rt V. 13 f. 17—19 dem C abzusprec1en u. für eine
freie Interpolation eines Späteren zu erklären (*Kuen.* 0.² 144), ist
keine Veranlassung; vielme1r bereiten 9ᵇ. 10ᵃ, wie sc1on 2ᵇ darauf
vor; צעיר 14 verräth den C (auc1 ימאן 19); die spätere Voranstellung
Efraims vor Manasse bei BC (s. zu V. 5) trotz 41, 51 f. könnte sc1wer-
lic1 dure1 die beiläufige Bemerkung 20ᵇ motivirt ersc1einen, selbst
wenn sic1er wäre, dass sie dem B ange1ört (*Kuen.*) u. nic1t vielme1r
dem Vrf. von 13 f. 17—19. — Auc1 V. 1 f. sind aus B (1. 2ᵃ) u.
C (2ᵇ) zusammengesetzt, u. sollen (im Sinn des R) zugleic1 als Einleitung zu allen bis 49, 32 folgenden Anordnungen (48, 3—7. 8—22.
49, 1—28. 29—32) gelten: sie sämmtlich sollen vor Jacobs Tod auf
seinem Krankenbett (s. 49, 33) vorgenommen sein. Von C (*Bud.*)
kann 1. 2ᵃ nic1t sein, weil bei C (47, 29) Josef von Jacob vor seinem Tod *gerufen* wird; umgeke1rt beweist (gegen *Kuen.*) ריכב על המטה,
als Voraussetzung von V. 13 f., für C (ebenso wie ישראל). — Über
muthmassliche Änderungen durc1 R in V. 5. 20 s. d.

V. 1 f. *Josef's Besuch bei Jacob*, einleitend zu allem Folgenden.
V. 1 nac1 B. Josef besuc1t seinen kranken Vater u. nimmt seine beiden
Sö1ne (41, 50 ff.) mit sic1, welc1e nac11er V. 8 ff. (nic1t aber not1-
wendig 3—7) als persönlich anwesend vorausgesetzt sind. ויהי אחרי
'וג1] s. zu 15, 1. ויאמר] *und man sagte* (*Ew.* 294ᵇ); das Fe1len
eines bestimmten Subj. (1ier 1ärter als 11, 9. 16, 14 u. ö.) etwa
wie 42, 25. 43, 34; ebenso V. 2. Das Pass. 1aben die Mass. ver-
sc1mä1t, anders als 22, 20 (ויגד) u. Jos. 2, 2 (ויאמר). — V. 2ᵃ (nach
ויגד) aus B, 2ᵇ (nac1 ישראל) aus C (vgl. 47, 31. 49, 33), nac1 wel-
c1em Isr., auf die Meldung der Ankunft Josefs, seine Kräfte zusammen-
nimmt u. sic1 auf seinem Lager aufsetzt, um den So1n zu empfangen.
— V. 3—7 nac1 A, urspr. wa1rsc1einlic1 mit 49, 29 ff. zusammen-
bängend, u. dort in Gegenwart der übrigen Sö1ne zu Josef geredet,
aber von R hieher versetzt, um alles auf Jos. bezüglic1e beisammen
zu 1aben. Jacob *nimmt die 2 Josefsöhne zu Jacobsöhnen* an. Josef,
der Hauptstamm Israels (neben Juda) u. der volkreic1ste von allen,
er1ielt, nach der Aussc1eidung Levi's, in der dodekadisc1 gegliederten
Volksgemeinde eine doppelte Stimme, und galten seine 2 Abtheilungen,
Efr. und Man., rec1tlic1 als 2 Stämme (nac1 Num. 1 ff. sc1on seit
Mose's Zeiten), er1ielten darum auc1 bei der Vertheilung Kenaan's 2
Loose (Jos. 14, 4. 17, 14 ff.), obwo1l sie auc1 später noc1 öfters
als ein Stamm oder Haus Josef's zusammengefasst werden (vgl. ausser
49, 22 ff. u. Dt. 33, 13 ff. zB. Jos. 17, 14. 17. 18, 5. Jud. 1, 22 f.).
Die Entste1ung dieser Einric1tung will A 1ier erklären. „Er leitet sie
vom Willen des Stammvaters des ganzen Volkes ab und beric1tet,
Jacob 1abe Man. und Efr. zu Sö1nen angenommen und sie dadurc1
den Stammvätern der andern Stämme gleic1gestellt" (*Kn.*). Der Sac1e
nac1 war das so viel, als den Jos. zum Rang des Erstgebornen mit
doppeltem Ant1eil (Dt. 21, 17) er1eben, obgleic1 diese Wendung 1ier
nic1t gebrauc1t ist (s. aber 1 C1r. 5, 1 f.). — V. 3 f. Jacob erinnert
zuerst an die i1m in Luz (35, 6. 15) gewordenen Segnungen und

Verheissungen Gottes 35, 11 f., wornach viele Nachkommen, eine Gemeinde von Stämmen, aus ihm hervorgehen und Ken. einst dauernd
zum Besitz erhalten werden.· עַמִּים לִקְהַל] 28, 3. 35, 11. אֲחֻזַּת עוֹלָם]
17, 8. — V. 5. Mit Rücksicht (וְעַתָּה) auf diesen künftigen Landbesitz
der Stämme erklärt er, dass die 2 dem Jos. in Äg. schon geborenen
Söhne ihm, dem Jacob, als seine Söhne angehören sollen, wie Ruben
und Simeon, seine beiden ältesten Söhne. Sie werden damit zu Ahnherrn von besonderen Stämmen erhoben, wie die Jacobsöhne solche
sind, und mit den gleichen Rechten wie diese. Dass Efr. vor Man. genannt wird, scheint auf einer stillschweigenden Änderung des R (nach
19 f.) zu beruhen, denn bei A ist sonst Manasse immer vorangestellt
(Num. 26, 28 ff. 34, 23 f. Jos. 14, 4. 16, 4. 17, 1); dieselbe Correctur Num. 1, 10. — V. 6. Aber nur den 2 dem Jos. bis zu Jacob's
Ankunft in Äg. gebornen Söhnen wird diese Bevorzugung; die später
gebornen sollen nur als Josefsöhne gelten; *auf den* (nach dem) *Namen
ihrer Brüder sollen sie genannt werden in ihrem Erbtheil* d. h.
„ihre Nachkommen sollen mit den Efraimiten und Manassiten zusammenwohnen, unter diese gerechnet und nach ihnen mitbezeichnet werden. Solche (nachgebornen) Söhne Josef's werden sonst nicht genannt;
ihre Nachkommen müssen in den Num. 26, 28—37. 1 Chr. 7, 14—
29 vgl. Jos. 16 f. angeführten Geschlechtern enthalten sein" *(Kn.)*, oder
vielmehr alles, was später als Josefhaus galt, war entweder Efr. oder
Man. zugezählt. — V. 7 erinnert er, dass ihm, als er aus Paddan kam,
die Rahel unterwegs in Ken. in der Nähe von Efrat starb, und er
sie dort auch begrub, vgl. 35, 16—20. עָלַי] nicht: *bei mir* (*Kn.*,
Ke.), sondern: mir zum Leid, eig. zur Last (Qoh. 2, 17). *Paddan*]
für Paddan Aram (s. 25, 20), nur hier (*Sam.* מִפַּדַּן אֲרָם). Diese Erinnerung gilt insgemein als Begründung zu V. 5 f.: der geliebten, aber
früh verstorbenen Rahel zu Ehren erhebe Jac. ihre Enkel zum Rang
von Söhnen von ihr, weil nach der Kinderzahl sich das Ansehen des
Weibes und der Stammmutter richte (*Kn.*). Man müsste dann annehmen,
der Text sei hinten verstümmelt, etwa durch die späteren Schriftgelehrten wegen Widerspruchs mit Dt. 21, 15—17. Aber weder ist ein
Causalverhältniss durch das fortschreitende *und mir* oder *mir aber*
ausgedrückt, noch hat der Rahel Begräbniss, um das sich doch die Aussage dreht, mit der Adoption ihrer Enkel einen Zusammenhang; auch
die Einsetzung von אֶפְרָת nach רָחֵל (LXX *Sam. Pesch.*) schafft einen
solchen nicht. Vielmehr wollte A, wie aus der Fortsetzung seines hier
abgebrochenen Berichts in 49, 29 ff. erhellt, mit dieser Bemerkung den
Übergang machen zur Erwähnung des Erbbegräbnisses in der Makhpela,
in welchem alle (ausser Rahel) begraben sind, und in dem auch Jac.
begraben sein möchte (*Nöld.*). Wahrscheinlich war auch V. 7 von R
urspr. vor 49, 29 gestellt, u. ist erst von einem späteren Diaskeuasten
(der auch אֲרָם von פַּדַּן אֲרָם fallen liess) sinnreich hieher versetzt: näml.
eben in Gedanken u. Rede mit der geliebten Rahel beschäftigt bemerkt
Jac. die nach 1 f. anwesenden, aber als anwesend noch nicht berück-
sichtigten Josefsöhne und lässt sich dadurch bestimmen, ihnen den
Segen zu geben. Hienach ist es nicht nöthig, V. 7 für eine blosse

Glosse des R (nach 35, 16. 20) zu erklären (*Hupf.* 36; *Schr.*), zumal da ein Zweck derselben nicht einleuchtet; nur הוא בית לחם, was im Munde des Jacob wenig passt, ist hier wie 35, 19 jüngerer Zusatz. Freilich nach *Budde* ZATW. III. 62 ff. (gebilligt von *Kuen.* O.² 69. 317) soll V. 7 ein von R¹ hinter 49, 32 gemachter, erst später von dort losgetrennter Einschub sein, durch welchen R, indem er zugleich ein 49, 31 a. E. einst bei A stehendes ואת־רחל strich, den Text des A mit 35, 16—19 (BC) haben ausgleichen wollen. Wie überflüssig, da der angebliche Widerspruch schon durch Tilgung des ואת־רחל beseitigt war! u. welches Unrecht gegen A, einen Widerspruch gegen die allgemeine Überlieferung in ihn erst hinein zu corrigiren, um ihn dann durch R ausgleichen lassen zu können! derartige Kritik wäre selbst gegenüber den Profanschriftstellern schwerlich zulässig. — V. 8—22. *Die Segnung der Josefsöhne* nach B u. C. „Efr. und Man. gehörten zu den volkreichsten Stämmen, besassen ausgedehnte und schöne Ländereien und hatten grosse Macht und Bedeutung, waren also besonders gesegnet (49, 22 ff. Dt. 33, 13 ff.), am meisten von beiden aber Efr.", dessen Stammvater als der jüngere Sohn Josef's galt; er gewann nam. dadurch, dass der Führer Josua ihm angehörte und Sikhem und Šilo in seinem Gebiet lagen, eine hervorragende Bedeutung; in der Richterzeit (Jud. 8, 1 ff. 12, 1 ff.) wie in der Zeit des getheilten Königreichs war er der eig. Mittelpunkt der nördl. Stämme. Sowohl die Vorzüge der beiden Stämme als der Vorrang des jüngern Efr. werden hier aus dem Segen des Stammvaters erklärt nach der (zu 27, 33 bemerkten) Voraussetzung, dass die Segensprüche von Gottesmännern Kraft und Wirkung haben. — V. 8. Isr. bemerkt die Anwesenheit der beiden Josefsöhne, bricht die Rede ab und fragt wer sie seien. Er kennt sie nicht etwa blos wegen seines schlechten Gesichtes nicht, sondern hat nach 11 sie überhaupt noch nicht gesehen, denn die Zeitrechnung des A (47, 9. 28 vgl. 41, 50, wornach Jacob schon 17 Jahre in Äg. war und die Söhne bereits Jünglinge gewesen sein müssen) ist hier nicht vorausgesetzt. מִי אֵלֶּה] + לְךָ *Sam.* LXX, vgl. 33, 5. — V. 9 f. Auf Josefs Bescheid hin, dass das seine ihm *hier* (wie 38, 21 f.) von *Elohim* gegebenen (vgl. 33, 5) Söhne seien, verlangt Isr. (nach C), er solle sie ihm herbringen, er wolle sie segnen und wird 10ᵃ dieses Herbringen mit der Stumpfsichtigkeit des Greisen begründet. קֶחֶם־נָא] *Ew.* 253ᵃ. וַאֲבָרֲכֵם] diese in Bär's Ausg. aufgenommene mass. Pausalaussprache (wie מִצְחָק 21, 9 und das häufige וְעָלְ֫לֵ־עֲבָדָ֫ם) ist singulär und nicht allgemein durchgedrungen (*König* S. 232). *vor Alter schwer*] d. i. stumpf (vgl. 27, 1. 21 f.). — V. 10ᵇ wird zu B (vgl. 12) gehören, während der Aufforderung 9ᵇ (C) erst V. 13 entspricht. — V. 11 f. Er gibt seiner Freude über den unverhofften Anblick Ausdruck. פִלֵּל] *urtheilen* d. i. *erachten*, *denken*, nur hier so. רָאֹה] 31, 28. Trotz des einleitenden וַיַּ֫אמֶר יִשְׂ־אֵל sind וכ׳ רָאֹה Worte des B, bei welchem von der Stumpfsichtigkeit Jacobs nichts bemerkt war. Ebenso V. 12 (bemerke אֹתָם statt Suff.). Bei B war der Zweck des Herzuführens der Söhne, dass Jacob sie umarmen und küssen konnte. Nachdem das geschehen, führt Jos. sie wieder aus dem Schoosse des Vaters (also die-

selbe Situation wie 2.ᵇ 13 f. vorausgesetzt) weg, denn die eig. Segnung
betraf bei iim den Josef selbst 15 f. 21. Naci dem Context des R
freilici füirt Jos. sie nur ieraus, um iinen zur feierl. Segnung die
riciitige Aufstellung zu geben 13 f. Aber warum tiat er das niciit
sogleici, naciidem er die Aufforderung 9ᵇ geiört hat? לְאַפָּיו] auci
Num. 22, 31 (bei C, vgl. 2 Sam. 14, 33. 18, 28. 24, 20. 1 Reg.
1, 23), sonst bloss אַפַּיִם 19, 1. 42, 6 (bei C). An ein לְאַפָּיו = לְפָנָיו
ist (trotz 1 Sam. 25, 23) niciit zu denken, demgemäss aber auci
וַיִּשְׁתַּחֲוּ der LXX Sam. Pesch. (Mich., Ilg., Ew. G.³ II. 396) gegenüber vom mass. וַיִּשְׁתָּחוּ entsciieden zu verwerfen. Ursprünglici (bei B)
mag die Niederwerfung Josef's Vorbereitung zu seinem Segensempfang
(15 f.) gewesen sein; naci dem jetzigen Text soll sie woil Ausdruck
eirfurcitsvollen Dankes für die Zusage der Segnung seiner Söine (9ᵇ
13 f.) sein. — V. 13 f. naci C. Auf die Aufforderung 9ᵇ iin stellt
Jos. seine Söine so auf, dass Isr. den älteren (Man.) zur reciiten und
den jüngeren (Efr.) zur linken Hand bekommt, und füirt sie in dieser Aufstellung iim zu. Aber Isr. legt vielmeir seine Reciite auf des jüngeren (צָעִיר wie 19, 31 ff. 25, 23. 29, 26. 43, 33 bei C) und die Linke
auf des älteren Haupt, weil jener den Vorzug vor diesem iaben soll.
Die reciite Hand war auci bei den Hbr. die bevorzugte (1 Reg. 2, 19.
Ps. 45, 10. 110, 1), s. auci 35, 18. שִׂכֵּל אֶת־יָדָיו] erklärende Appos.
zum vorigen, niciit: er machte oder behandelte klug seine Hände
d. i. legte sie mit Bedaciit also (Onk. Saad., GrVen., Luth.), da selbst,
wenn שָׂכַל = הִשְׂכִּיל zu erweisen wäre, vielmeir בְּיָדָיו zu erwarten
stünde, sondern naci arab. شَكَلَ ligavit, plexuit (mit LXX Pesch.
Vulg., TgJon. und den meisten Neueren): er verflocht seine Hände
d. i. verweciselte sie, legte sie kreuzweise. „Für diese Erkl. spriciit
der folg. Satz des Grundes: denn Man. war der Erstgeborne. Iim
kam die Reciite zu; er eriielt sie aber niciit, weil Israel die Hände
weciiselte" (Kn.). Die Handauflegung kommt zwar auci bei Weihungen
zu einem Beruf (Num. 8, 10. 27, 18. 23. Dt. 34, 9) vor, aber darum ist niciit jede Handauflegung Zeiciien einer Weiie (BL. II. 583 f.).
Immer aber ist sie das äussere Zeiciien und Mittel, durci welciies
einer die iin bewegenden und laut werdenden Gefüile als dem von
der Handauflegung getroffenen geltend darstellt und gleiciisam auf iin
hinüberleitet (s. zu Lev. 1, 4). Aus der ciristl. Zeit, wo dieser Brauci
iäufiger war, vgl. Marc. 10, 16 (Matth. 19, 13 f.). — V. 15 f. nach
B. Er segnet Josef; naci 13 f. erwartet man sie (was LXX herstellen). Aber 15 f. sind urspr. Worte einer andern Scirift. Der, wel-
ciier den Segen sciaffen soll, wird dreimal genannt, was iier so wenig
zufällig sein wird als in dem ähnl. Fall 9, 25 ff. (S. 160). הִתְהַלְּכוּ
לְפָנָיו] zu 17, 1. der mich weidete] als Hirt mich beiütete und ver-
sorgte (Ps. 23, 1. 28, 9. Jes. 40, 11), im Munde des Musterhirten
Jacob ein treffendes Bild, vgl. 49, 24. הָרֹעֶה אֹתִי מֵעוֹדִי עַד־הַיּוֹם הַזֶּה] im AT. nur
noci Num. 22, 30. der Engel] in dem Gott iim erscien und aus
seinen Nötien iin erlöste (vgl. 31, 11. 32, 25 ff. 28, 11 ff. 32, 2 f.,
alle bei B); er steit iier, wie auci sonst, permutative für Gott selbst;
s. zu Ex. 3, 2. וְיִקָּרֵא בָהֶם שְׁמִי] s. 21, 12. sollen wachsen an Menge]

sici vermeiren, volkreicie Stämme werden; רבה, nur iier im AT., verwandt mit שׁגה. — V. 17 f. naci C. Josef iält die Lage der Hände
des Segners für ein Verseien und will Jacob's Recite von Efraim's
Haupt auf das Manasse's bringen, als welcier der Erstgeborne ist (*Kn.*).
וירע ו'] 38, 10 (21, 11 f.). — V. 19 (C). Aber Jac. weist die Ein-
spracie ab, erklärt zu wissen, was er tiue; er spricit es (in der Kraft
des Geistes) jetzt geradezu aus, Man. werde zwar auci zailreici und
mächtig werden, sein jüngerer Bruder aber iin an Grösse und Menge
übertreffen. וימאן] 39, 8 (37, 35). ואולם] wie 28, 19. מלא הגוים]
nicit partitiv: der vollste (מלא) der Stämme, sondern: *er wird die
Völkerfülle* d. i. Völkermenge (Jes. 31, 4) oder der Volkreichthum
selbst *werden*; גוים: 35, 11 von den Stämmen Israels (wie עמים 28, 3.
48, 4) gebraucit, ist also iier im Grunde von noci kleineren Volks-
abtheilungen gesagt. Es sind die Veriältnisse im hl. Land (nicit die
unter Mose Num. 26, 34. 37. 1, 33. 35) ins Auge gefasst. — V. 20
(vgl. 15, 18) ein weiteres Segenswort Jacobs naci B und erst durci
R von seinem Zusammeniang mit 15 f. losgetrennt u. mit der Einleitung ויברכם—לאמר verseien, wo ב— sici daraus erklärt, dass R es
auf die Josefsöhne bezogen wissen wollte, wäirend בך zeigt, dass es
an Josef gericitet war (wie 15 f.). Die LXX änderten בך in בכם, u.
Bud. 59 iält das für ursprünglici. Josef's Name soll, vermöge der
Grösse und Bedeutung der 2 Josefstämme, zu einer sprichwörtl. Segensformel in Isr. werden, s. zu 12, 3. Die Formel muss wirklici einst
so üblici gewesen sein. Auci in dieser Formel ist Efr. vor Man. gestellt; ob scion von B oder erst durci Änderung des R (vgl. V. 5)?
ist nicit auszumacien (doci s. 50, 23). In ersterem Fall könnte auci
u. er setzte Efr. dem Man. vor von B sein (*Kuen.*), in letzterem wäre
es von R, oder durch R hieher gerückte absciliessende Formel des C.
— V. 21 f. Ein letztes Segenswort, sicier aus B genommen, von R
durch ויאמר—יוסף iier angefügt. Jacob an die Verheissungen vom
künftigen Landbesitz (zuletzt 46, 4 bei B, 48, 4 bei A) glaubend, ver-
leiit im Hinblick auf die Wiederkeir seiner Nacikommen *in das Land
der Väter* (31, 3) dem Josef *éine* (über den st. a. אחד wie Zaci. 11, 7.
Jes. 27, 12 s. Ew. 267[b]) *Schulter* (Rücken) *über* seine *Brüder hinaus*, vgl. zu על Ps. 16, 2. Qoh. 1, 16 (2 Sam. 11, 23. Ps. 137, 6).
שׁכם] von *Onk. Pesch. Saad.* ungenau mit *Theil* übersetzt, von *JDMich.
Böhm.* falsci mit arb. *šukm* (Gescienk) zusammengestellt, kann wie
כתף Num. 34, 11. Jos. 15, 8. Jes. 11, 14 und ähnl. Wörter im Arab.
(Ges. ti. 1407) nur *Berg-* oder *Landrücken* bedeuten, und ist ge-
wäilt mit Bezieiung (LXX *Σίκιμα*) auf *Sikhem* im Stammgebiet Efraim's,
eine der wicitigsten Städte des Landes, Begräbnissort Josef's Jos. 24,
32, Vorort der Gemeinde in der Riciterzeit, Ort von Landtagen Jos.
24, 1. 25. 1 Reg. 12, 1, früiester Königssitz Israels Jud. 9, 1. 1 Reg.
12, 25; s. auci zu Gen. 12, 6 f. Dieses Sikhem gibt Jac. dem Jos.
im Vorzug vor den andern, so dass er um es wie um eine Sciulter
oder einen Rücken über sie iervorragt. Diesen Rücken zu einem
ganzen Stammgebietstheil umzudeuten und iier den Gedanken zu finden,
dass Jos. einen Landestheil meir als die andern, also im ganzen 2 be-

ĸommen soll, vgl. V. 5 bei A (*Tuch Kn. Del.* a.), hat man kein Recht
und keinen Grund; ein ganzer Landestheil wäre nicht blos éin Rücken,
sondern eine Mehrheit solcher, und שְׁכֶם אֶחָד kann nicht s. v. a. ein
Gebietstheil, in welchem Sikhem liegt, sein. Gerade Sikhem verschenkt
er, da er dieses mit seinem Schwert und Bogen (Jos. 24, 12) d. i.
durch eine Waffenthat dem Amoriter d. h. nach B (s. Jos. 24, 8 u.
vgl. Gen. 14, 7. 15, 16) dem Landesbewohner abgenommen. Vrf. bezieht sich damit auf eine von der Darstellung des A u. C in Cp. 34
verschiedene Gestaltung der Sage (s. zu 34, 27—29), wogegen natürlich 33, 19. Jos. 24, 32, wo vom Kauf eines Gründstücks *bei*
Sikhem die Rede ist, nicht lieber gehört. Die Conjectur, לֹא בְחַרְבִּי וגו'
für וגו' בְּחַרְבִּי (*Kuen.* Th.T. 1880 p. 27 f.) ist ebenso unnöthig,
als die Umdeutung von Schwert u. Bogen zu Gebet (*Onk. Raś.* a.)
oder Gerechtigkeit oder Geld (*Hier.* qu.) unzulässig. Auch ist לָקַחְתִּי,
so wenig als נָתַן (über welches s. zu 1, 29), Perf. proph. (*Ros.
Tuch Kn. Del. Ke.* a.): meinte er eine erst künftige Eroberung bei
der Besitznahme Kenaan's, so wäre gar nicht angedeutet, warum er
gerade Sikhem verschenkt, denn künftig zu erobern war nicht blos
Sikhem, sondern das ganze Land; לָקַחְתִּי (nicht einmal לְקַחְתֶּם) wäre
der denkbar unpassendste Ausdruck für תִּקַּח oder תִּהְיוּ. Sonst s. oben
S. 362. Wie in der späteren Haggada dieser Krieg Jacob's gegen
die Amoräer neu erzählt wurde, s. im B.Jub. c. 34; Test. Judae c. 3
bis 7; Jalquṭ Schimeoni I. 132; *Jellinek* Beth ha Midrasch III. 1 ff.
(auch Tg.Jon.).

c) Cap. 49, 1—28. *Die Sprüche Jacob's* über die Zukunft seiner
12 Söhne oder (V. 28) Stämme. Als eine Vorausverkündigung werden sie V. 1 charakterisirt; es wird aber öfters (4. 6 f. 17. 25 f.) darin
mehr befehls- oder wunschweise gesprochen, in väterl. Vollmacht ver-·
fügt, so dass man sie auch das Vermächtniss Jacob's nennen könnte.
Weniger gut nennt man das Stück den *Segen Jacob's*, denn „es enthält auch gar viel nachtheiliges für die Stämme; den 3 ersten (Ruben
Simeon Levi) wird nur ungünstiges" in Aussicht gestellt, voll und ganz
gesegnet werden nur Juda und Josef; es verhält sich hienach mit
diesem Stück anders als mit dem Mosesegen Dt. 33 (*Kn.*); V. 28ᵇ
(s. d.), worauf jene Benennung gegründet wird, gehört urspr. zu den
folg. 29 ff. — Jacob hat hier (V. 1) seine sämmtl. 12 Söhne vor sich
und spricht sich der Reihe nach über eines jeden Zukunft in einem
kürzeren oder längeren Spruch aus. „Ruben, Juda und Josef redet er
auch an; sie waren die 3 Hauptsöhne; bei ihnen hob sich das Herz
des Vaters besonders und die Rede wurde lebhafter" (*Kn.*). Die Ordnung, in der die Söhne vorgeführt werden, ist die der Altersfolge, so
jedoch, dass wie 35, 23 ff. die sämmtl. 6 Leastämme zusammenge-
nommen und zwischen sie und die Rahelstämme die der 2 Neben-
weiber gestellt werden. Ausserdem ist (gegen 30, 17 ff. 35, 23. 46,
13 f.) Zebulun dem Jissakhar vorgeordnet (darnach auch Dt. 33, 18),
vielleicht weil über ihn rühmlicheres zu sagen war, und sind die 4
Hinterstämme nicht nach der Abstammung, sondern geographisch in der
Richtung von Süd nach Nord geordnet (*Ew.* G.³ II. 435). Durchaus ist

es die geiobene Rede, in der Jac. iier spricit, aber an Sciwung, Kraft,
Bilderreichthum übertreffen diese Sprücie die ähnl. diciteriscien Worte
in 9, 25 ff. 14, 19 ff. 24, 60. 25, 23. 27, 27 ff. 39 f. weit, und erweisen sici durci iire eigenthüml. Bilder und Ansciauungen (4. 8. 10.
11 ff. 14. 17. 19. 21—26), sowie durci iire vielen seltenen, zum Tieil
später ungewöinlici gewordenen Ausdrücke (wie פַּחַז u. הֹותִיר 4, מִכָּה
5, מְחֹקֵק 10, סוּת 11, חַכְלִילִי 12, מִשְׁפְּתַיִם 14, שְׁפִיפֹון 17, שָׁלֹוחַ 21 und
viele andere in 22—26) als alterthümlicher. „In der älteren Zeit nun
zweifelte man nicit, dass die Rede so von Jac. geialten worden sei, wie
sie vorliegt. Diese Meinung wurde auci von vielen Ausl. der neueren
Zeit noci festgeialten (*Ven. Tell. JDMich. Herd. Knapp Hensl.* a.),
und iat bis auf die Gegenwart iire Vertheidiger geiabt (*Ros. Bmg.
Del. Hengst. Sack Ke. Lange* a.). Man naim an, Josef iabe die Rede
aufgezeicinet und den Nacikommen überliefert (*Mössl.*), oder jeder
Soin iabe seinen Spruci beialten und einer später dieselben vereinigt
aufgescirieben (*Vogel* zu Grot., *JEChSchmidt*). Mit Recit aber hat
man eine solcie Profeie mit iiren Wortspielen und Bildern, iirer
Küinieit und Kraft, iirem sciönen Parallelismus und hochpoet. Charakter im Munde eines entkräfteten und sterbenden Greises für uner-
klärlici eracitet, noci meir aber die durci das ganze Stück geiende
Kenntnis der israel. Stämme naci iiren Woinsitzen und sonstigen
Veriältnissen, wie sie erst lange naci Jac. geworden waren. Auci
iat man an das Unwairscieinlicie solcien Weissagens bei einem ein-
facien Nomaden· erinnert und zugleici befremdlici gefunden dass derselbe, wenn er denn einmal iabe weissagen wollen, seine Weissagung
blos bis auf die davidische(?) Zeit und nicit weiter iabe ierabgeien
lassen. Das Gewicit dieser zuerst von *Heinr.* geltend gemaciten Gründe
veranlasste die vermittelnde Ansicit, Jacob iabe zwar die Söine gesegnet, seine Aussprücie seien aber erst später zu dem vorliegenden
Gedicite gestaltet worden (*Plü.*). Die meisten neueren Kritiker indess
spracien die Profeie ganz dem Jac. ab (*Eichh. Justi Vat. de We.
Schum. Bleek* a.) und entsciieden sici für eine spätere Entsteiungszeit
zB. für die mosaiscie und für Mose selbst (*Hass. Scher.*), für die
letzte Hälfte der Riciterzeit (*Ew. GBaur*), für die des Samuel (*Tuch
EMeier*), für die des David (*Heinr., Werliin, Kn.*), glaubten auci
(*Friedr., Bohl.*) in dem Vrf. den Profeten Natian zu erkennen" (*Kn.*);
david.-salom. Zeit vermuthet *Reuss* Gesch. AT. S. 200 f. Der entscei-
dende Punkt ist iier, dass sämmtl. Sprücie die geogr. und geschichtl.
Veriältnisse, wie sie sici in der Riciterzeit gebildet iatten, ins Auge
fassen, die ganze Zeit aber von Jacob bis daiin unberüirt lassen und
ebenso auf die Königszeit nicit ierunterreicien. Diese Besciränkung
des Gesicitskreises des Redenden auf einen bestimmten Abscinitt der
isr. Gesciicite, wobei sowoil der voriergeiende als der folgende Zeitraum völlig leer und dunkel gelassen wird, ist der deutlieiste Beweis,
dass iier keine eigentl. Profeie vorliegt. Nur wer Profeten als Wair-
sager betracitet, kann es unanstössig finden, dass Jacob ein einzelnes,
sciarf abgeschnittenes Stück der isr. Volksgesciicite mit grosser Genauigkeit vorausbesciriebeи, alles zwiscien iim und diesem Stück lie-

gende aber nicht gekannt haben soll. Geistgetriebene Weissagung geht
von der Gegenwart aus, knüpft an sie an, gibt wohl auch über die
nächste und nähere Zukunft überraschende Aufschlüsse, verkündigt aber
über die ferne und fernste Zukunft nur solche Gewissheiten, welche
aus den ewigen Grundsätzen der göttl. Weltregierung folgen, nicht geschichtl. und geograph. Thatsachen. Gerade auch die Anknüpfung an
die Gegenwart fehlt hier: ausser bei Ruben Simeon Levi (vielleicht Josef) geht der Redner nicht von individuellen Thaten oder Lagen seiner
Söhne aus, öfters (8. 13. 16. 19) lässt er sich blos von einer Deutung
ihres Namens leiten. Vielmehr aber zeigt der ,Gesichtskreis dieser
Sprüche, dass sie in einer von Jac. weit abstehenden Zeit, genauer in
der Richterzeit verfasst und zusammengestellt sind. Auf das Königthum Saul's (27) und David's (8—10) wird nicht angespielt; das über
Levi und Jissakhar gesagte schliesst die königl. Zeiten geradezu aus,
und V. 20 spricht nicht von einem isr. König. Der Einwand, dass
vor dem Königthum von einer Zusammengehörigkeit aller Stämme zu
einem Volk keine Rede sein konnte (*Kuen.* O.² 50. 220. 234; *Stad.*, a.),
beruht auf einer selbstgemachten Geschichtsanschauung. Vielmehr zeigt
V. 18, dass die nationale Erniedrigung und Noth einiger Stämme (14
bis 17) die Seele des Vrf. tief bewegen. Dazu stimmt, dass das Debora-
lied, an Sprachfarbe noch etwas alterthümlicher als diese Sprüche
(ausgenommen 22—26), in 13 f. schon benützt ist (vgl. Jud. 5, 16 f.).
Die Auszeichnung Juda's und Josef's 8—12. 22—26 erklärt sich
nicht erst aus der Zeit des getheilten Königreichs; V. 8 wäre unter
dieser Voraussetzung völlig unwahr; ein Königthum aus Juda oder
Josef könnte man in jenen Versen finden, muss aber nicht (zumal
wenn V. 10 eine späte Interpolation sein soll); die Beziehung des
V. 23 (s. d.) auf die syrisch-isrl. Kriege des 9. Jahrh. steht völlig in
der Luft und damit auch die Ableitung des Gedichtes aus dieser (*Wl.*
I. 375; *Kuen.* 234) oder Ahab's (*Stade* Gesch. 150) Zeit. Wie die
über Levi und Issakhar, so hätten auch die Sprüche über Ruben, Dan,
Benj. aus dieser Zeit wenig oder keinen Sinn mehr (vgl. Dt. 33). Aus
der Neige der Richterzeit dagegen lassen sich nicht blos die Einzel-
sprüche, sondern auch das Ganze sehr wohl begreifen. Damals, da das
Bewusstsein der Aufgaben eines Gottesvolks meist geschwunden und
durch den Zug zur Vereinzelung selbst das Gefühl der nationalen Zusammengehörigkeit zurückgedrängt, die Volkskraft geschwächt und viele
Übel und Bedrängnisse über ganze Landestheile hereingeführt waren,
in dieser Zeit tiefen Verfalls, da nur wenige Stämme sich noch kräftiger und würdiger hielten, war es richtig und gut, wenn ein durch
Geist, Streben und Stellung dazu befähigter Mann, sei es schriftlich
oder mündlich, die auseinanderstrebenden Stämme um die Person des
gemeinsamen Vaters sich schaaren und aus seinem Munde das vernehi-
men liess, was er unter diesen Umständen ihnen zu sagen hat. Um
ihre Leistungen und Zustände handelt es sich dabei, nicht bezüglich
der Religion (vielmehr ist höchst merkwürdig, dass jedes Urtheil über
die rel. Verhältnisse fehlt, ganz anders als Dt. 33), wohl aber hinsichtlich des volksthüml. Wesens (als dessen Gründer Jac. galt. wie

Abr. als Gründer der höheren Religion). Da waren, welche um das Ganze sich wohl verdient gemacht oder doch sich selbst ritterlich gehalten, und andere, welche ihrer Würde als Jacobsöhne viel vergeben hatten, es gab von früherer Grösse heruntergesunkene und andere zu Ehren und Ansehen gelangte, glückliche und unglücklichere, thätigere und trägere. Ihnen allen wird ein Wort zugerufen, je nachdem sie es verdienen, lobend oder tadelnd, segnend oder fluchend; und selbst wo nicht viel oder scheinbar gleichgiltigeres über einen gesagt wird, bekommt dies durch Vergleichung mit dem über andere gesagten einen eigenthüml. Stachel. Ähnlich hat schon das Lied Jud. 5, 13 ff. die Stämme gemustert und ihnen Lob und Tadel gespendet. So gefasst.hat die Dichtung für ihre Zeit ihren Sinn und Nutzen gehabt, und bei dem immer sehr lebendigen Gefühl einer dauernden Gemeinschaft der Ahnen mit den Nachkommen (*Ew.* G.³ I. 588) und einer realen Wirkung ihres Segens und Fluches (oben S. 157 f. u. 325) war die Herbeiziehung der Person Jacob's einzig passend. Auch das eigenth. Schwanken des Tones der Rede, da der Redende bald verkündigt, bald seinen Willen ausspricht, bald wünscht, segnet und flucht, erklärt sich in diesem Falle gut. Dagegen ist die Vermuthung, dass das Stück eine blosse Sammlung von urspr. zerstreut in Umlauf befindlichen Sprüchen sei (*Land,* auch *Kuen.* 233), abzuweisen. Die gemeinsame Beziehung der Sprüche auf die Verhältnisse der Richterzeit, der innere Zusammenhang unter den Worten über Ruben Juda Josef, die Bedeutungslosigkeit, zu der einige dieser Sprüche durch Loslösung von den übrigen herabsinken, lässt nicht zweifeln, dass dieselben von éinem Dichter so verfasst und mit Kunst und Absicht zusammengestellt sind. Dass er dabei zum Theil ältere Stoffe benützt hat, wird nicht ausgeschlossen, und nam. bei dem Spruche über Josef wird sogar aus Sprache und Inhalt wahrscheinlich (*Ew.* G.³ I. 585 f.), dass der Vrf. ihn schon überkommen hat. Der Vrf. war vermuthlich ein Judäer, zu schliessen aus dem hohen Lob, das er Juda spendet. Nicht als ob er Juda über Gebühr verherrlichte, aber bei der bekannten Stimmung der nördl. Stämme ist eine billige Würdigung der Verdienste Juda's auf ihrer Seite schwerer zu denken, als die neidlose Anerkennung der Herrlichkeit Josef's auf Seiten Juda's. Eben dafür spricht auch die geograph. Anordnung der 4 Hinterstämme. Ob das Gedicht einst für sich in Umlauf war oder ob es von Anfang an in einem Geschichtsbuch stand, ist schwer zu sagen. Wenn der einleitende V. 1 schon urspr. dazu gehörte, so müsste das letztere angenommen werden. Es lässt sich aber auch denken und ist wegen des Ausdrucks בְּאַחֲרִית הַיָּמִים wahrscheinlicher, dass erst ein jüngerer Geschichtschreiber diese alten und bereits berühmt gewordenen Jacobsprüche aufnahm und durch die einleitenden Worte als *Weissagung* des sterbenden Jacob charakterisirte, dies um so schicklicher, als der Glaube an die profetische Begabung Sterbender im Alterthum sehr verbreitet (Hom. Il. 16, 849 ff. 22, 358 ff.; Plat. apol. Socr. p. 39 Steph.; Xenoph. Cyrop. 8, 7, 21; Diod. 18, 1; Cic. de divin. 1, 23. 30; *Kn.*) und ohne Zweifel auch bei den Hebr. in Geltung war. — Aus dem Gesagten versteht sich, dass das Gedicht älter ist als A B C.

von denen auch keiner ein Dichter war. Die Frage kann nur sein,
ob einer von ihnen dasselbe schon in seinem Werk aufgenommen hatte
und R es aus ihm oder aus einem älteren Buche schöpfte. Von A
(*Tuch, Ew. G.*[3] I. 591) ist das am wenigsten wahrscheinlich, „weil
der Fluch V. 7 seinem Sinne nicht entspricht, der Gottesname יהוה
V. 18 von ihm (nach Ex. 6, 3) schwerlich belassen worden wäre und
die Einwebung dichterischer Stücke seinem Plan fremd gewesen ist"
(*Kn.*), und 28[b] sogar dagegen spricht. Ob B das Stück nicht gekannt
(*Schr.*), sondern aufgenommen hatte, ist in Anbetracht von 48, 22
(gegen Cp. 34 und 49, 6) und 37, 21 f. 29 f. 42, 22. 37 (über Ruben) mehr als fraglich; dass er 48, 8 ff. dem Josef schon einen besondern Segen zuertheilen liess, würde nicht geradezu dagegen sprechen.
Dass C es sich angeeignet (aber nicht verfasst, *Hupf. Böhm.*) hatte
(*GBaur*), ist auch wegen 34, 30 f. (35, 22) wahrscheinlich; nur muss
man dann wegen וַיַּקְבֹּ annehmen, dass 1[a] von R aus A genommen ist
und ursprünglich mit 28[b] zusammengehangen hat.

Literatur: *Venema* dissert. sel. 1750. I, 2. *Teller* Segen Jacobs und Mosis 1766 und notae crit. et exeg. in Gen. 49 caet. 1766.
Knapp disp. ad vatic. Jacobi 1774. *Aurivillius* diss. ad sacr. litt.
ed Mich. p. 178—267 (nur V. 1—10). *Herder* Briefe das Stud.
der Rel. betr., in Werken zur Rel. u. Theol. 1829. XIII. 61—79,
und Geist der hbr. Poes., Ausg. v. Justi, II. 175—196. *Horrer* Nationalgesänge der Isr. 1780. S. 1 ff. *Hasse* Magazin für die bibl.
orient. Litert. I, 1. S. 5 ff. *JEChrSchmidt* eins der ältesten und
schönsten Idyllen 1793. *Scherer* Gesch. d. Isr. I. 167—183. *Plüschke*
oratio Jacobi mor. 1805. *Mössler* vatic. Jacobi 1808, 2 partt. (nur
bis V. 12). *Friedrich* Segen Jacobs, eine Weissagung des Proph.
Nathan 1811. *KlFischer* diss. de benedictione Gen. 49. 1814. *Justi*
Nationalgesänge der Hebr. II. 1—94. *Stähelin* animadv. in Jacobi
vatic. 1827. *Diestel* Segen Jacobs 1853. *Land* disp. de carmine
Jacobi 1858. *EMeier* Gesch. der poet. Nationalliter. 1856 S. 109 ff.
CKohler Seg. Jac., mit Berücks. des Midrasch Berl. 1867; *ANObbard*
the prophecy of Jacob, Cambr. 1877. Andere Schriften s. bei *Justi* und
Tuch. — Vom Zeitalter der Weissagung handelt *Heinrichs* de auctore
atque aetate cap. Gen. 49. 1790. Vgl. auch *Kurtz* Gesch. des AB.[2]
I. 314 ff.; *GBaur* Gesch. der ATl. Weiss. 1861. I. 216 ff.; *Ew. G.*[3]
I. 104 ff. 585—589. II. 412. 463. 493; JB. II. 49 ff. XII. 189 ff.;
GGA. 1873. S. 421 ff.; *Stade* Gesch. 150 ff.

V. 1. Jacob (auf seinem Lager 48, 2) lässt nun auch seine übrigen
Söhne zu sich kommen, um ihnen ihre Zukunft zu verkündigen. וַיִּקְרָא
אֶל] rief nach ihnen, liess sie kommen (vgl. Gen. 28, 1. Ex. 36, 2. Lev.
10, 4 u. ö. bei A, auch bei D und R[d], dagegen bei BC gewöhnlich
mit לְ); von einer Anwesenheit der Söhne bei Jacob war zuvor nichts
gesagt. *was euch begegnen wird*] näml. in euern Nachkommen, vgl.
28, wornach im Grunde die Stämme gemeint sind; über קָרָא s. 42, 4.
בְּאַחֲרִית הַיָּמִים] *in der Folge der Tage*, in der Folgezeit, „in künftigen
Zeiten" (*Luth.*). Je nach dem Zusammenhang ist der Begriff von
אַחֲרִית relat. oder absol. zu fassen; hier wie Num. 24, 14. Dt. 4, 30

31, 29. Jer. 23, 30. 30, 24 ıat die „letzte Zeit" keine Stelle, wäırend in messianiscı-eschatol. Weissagungen (zB. Hos. 3, 5. Micı. 4, 1. Ez. 38, 16) allerdings die Endzeit oder wenigstens die letzte Zukunft, die der Profet überıaupt erscıaut, zu versteıen ist. Als eine im profet. Zeitalter üblicıe Formel lässt sie in diesem V. die Zuthat eines Erzäılers aus diesem Zeitalter erkennen. — V. 2 beginnt das Gedicıt mit nachdrückl. Aufforderung zum Hören (4, 23), und zwar *vereint* sollen sie ıören, denn es ıandelt sicı bei dem, was er sagt, um das Verıältniss eines jeden zum Ganzen. — V. 3 f. *Ruben.* Er wird in allen Geschlechtsverzeichnissen als der Erstgeborne aufgefüırt (29, 32. 35, 23. 46, 8. Ex. 6, 14. Num. 1, 20. 26, 5. 1 Cır. 5, 3). Das muss seinen geschichtl. Grund ıaben, natürl. nicıt den, dass er um seiner gänzl. Bedeutungslosigkeit willen den Eırenplatz erıielt (*Stade* 151), sondern gerade umgekeırt den, dass er am früıesten unter den Stämmen zu Macıt und Bedeutung kam. Nocı in den Sagen von den Jacobsöhnen bei B (Gen. 37, 21 ff. 42, 22) erscıeint er als dieser seiner Würde woıl eingedenk, und nocı in der Mosezeit erıebt er Ansprücıe als Erstgeborner (Num. 16. 29, 6 f. Dt. 11, 6). Aber in der geschichtl. Zeit und nacı seiner Ansiedlung im südl. Tıeil des Ostjordanlandes tıut er sicı weder durcı Menschenreichthum und Macıt, nocı durcı Leistungen für die Gemeinde jemals ıervor (die einzige von iım erzäılte Tıat 1 Cır. 5, 10. 18 ff.), vielmeır scıon in der Ricıterzeit zeigt er sicı gleicıgiltig gegen die nationalen Kämpfe (Jud. 5, 15 f.), und isolirt sicı weiterıin meır und meır, so dass er bald in der Königszeit für Isr. so gut wie verloren ist (Dt. 33, 6. Jes. 15 f.). Was er in ältester Zeit gewesen war, das wurde, von Mose an, tıeils Juda V. 8 ff., tıeils Josef (V. 26, Erbe der Erstgeburt 1 Cır. 5, 1 f.). Dieses früıe Sinken des Stamms wird ıier aus dem Flucı des Vaters über seinen freveln Übermuth, in dem er einst das Eıebett seines Vaters entweıt, abgeleitet. Näıeres wissen wir nicıt; aucı 35, 22 gibt nicıt meır als diese Formel. Iırem letzten Sinn nacı füırt dieselbe nicıt blos auf anmassenden Eingriff in die Recıte des Stammhauptes oder Misbrauch seiner Macıt als Vorstamm (*Kn., Ew.* G.³ I. 535 f.), sondern nocı meır auf unisraelitiscıe gescılecıtlicıe und eıelicıe Unsitten in diesem Stamm (s. oben S. 272 u. 373), welcıe iın allmählig der Gemeinde entfremdeten. Woıl möglicı ist, dass das Flucıwort scıon mit der Sage über jene Unthat überliefert war. — V. 3 rüımt der Vater iın seiner Würde gemäss, V. 4 entsetzt er iın derselben. *mein Erstgeborner* (bist) *du*, *meine Kraft* d. ı. Erzeugniss derselben (4, 12), näml. der vollen, ungescıwäcıten Manneskraft, *und Erstling meines Vermögens*, Zeugungsvermögens (Dt. 21, 17. Ps. 78, 51. 105, 36); eben als Erstgeborner und in Folge dessen, *Vorzug an Hoheit* (Ps. 62, 5. Ij. 13, 11. 31, 23. Hab. 1, 7) *und Vorzug an Stärke* (עֹז Pausalform für עֹז wie 43, 14 u. 49, 27; *Ew.* 93ª) d. ı. an Würde und Rang, an Macıt und Gewalt über alle Brüder ıervorragend, vorzüglicıer als sie. Poetiscı wird er selbst ein *Überschuss*, *Vorzug* genannt für pros. *vorzüglich* (vgl. יָתֵר 4, aucı *Ew.* 296ᵇ). Gegen die recipirte Versabtheilung כַּמַּיִם אַל־תּוֹתַר zu V. 3 zu zieıen (*Cler. Ven. Herd. Ilg. Just. Plıı.*

Vat.) erbringt keinen annermbaren Sinn. · *Überschwall wie Wasser,
du sollst keinen Vorzug haben*] d. h. als Überscrwall (abstr. pr. concr.),
weil du ein solcher bist, weil du überwalltest (פַחַזְךָ *Sam.*, ἐξύβρισας
LXX u. a. Verss., ist erleichternde Lesart), wie kochendes Wasser,
sollst du nicht darüber haben, Überschuss oder Vorzug haben, mit
Beziehung auf יֶתֶר V. 3 so ausgedrückt, übrigens הוֹתִיר nur hier so
(richtig verstanden von *Onk. Aq. Sym.*, *GrVen.*, falsch in LXX ἐκ-
ξέσης, worüber *Geiger* Urschr. 373, auch ζήσης s. das Scholion in
Lagarde's Gen. gr. p. 202; *Pesch.* hat תְוַתָּר übersetzt). Über die
Bedeutung des Vorzugs der Erstgeburt s. zu 25, 31; die *Trgg.* setzen
sie in haereditas regnum sacerdotium. פַחַז] s. *Ges.* th.; *Dunst* (*Ilg.
de W. Schum.*) bedeutet es nicht. „Wie das Wasser im Topfe von der
Hitze erregt aufkocht und übersprudelt, so hat Ruben von heisser Lei-
denschaft getrieben die Grenze des Rechten überschritten, Übermuth
und Vermessenheit geübt" (*Kn.*). כִּי עָלִיתָ] erklärt, worin das Über-
wallen bestand, und begründet dadurch die Verwerfung Rubens, vgl.
35, 22. („Ähnlich wird Phoenix von seinem Vater Amyntor verflucht, weil er dessen Kebsweib beschlafen hat Iliad. 9, 447, ff." *Kn.*).
מִשְׁכְּבֵי] der Plur., weil ein Doppellager gemeint ist; ein י־ st. c.
haben die Mass. wohl mit Recht vermieden (vgl. 1 Chr. 5, 1). אָז]
dem Sprachgebrauch gemäss nicht *dann*, sondern *damals hast du entweiht*, Entweihung verübt, Heiliges geschändet; darin besteht sein Verbrechen. *mein Bett hat er bestiegen!*] dies spricht Jacob abgewendet
von Ruben und braucht daher die 3 pers. (*Tuch Kn.*), gleichsam sich
fort und fort wundernd über die Unglaublichkeit des Frevels. Der
Text hat etwas auffallendes; aber עָלִיתָ (LXX *Pesch. Trgg.*) ist minder
kräftig, עָלָה und עָלֹה unpoetisch und gegen die Syntax, בִּלְהָה (*Geiger*
374) reinste Prosa, Umstellung von עָלָה אֵל vor עָלִיתָ (*Olsh.*) zu gewaltsam, „mein Lager von Hoheit" (*Ew. G.*[3] I. 535) durch עֻלָּה *Stufe* noch
nicht zu rechtfertigen; selbst ein adverbiales עָלֹה (für עַוְלָה) *frevelhafter
Weise* wäre hier unnütz. Nur das könnte man fragen, ob nicht besser
חֻלַּלְתָּ zu sprechen wäre: *wurdest entweiht*, zur Erstgebornenwürde
unfähig. יְצוּעִי] sonst immer von den Mass. als Plur. punktirt. — V. 5
—7. *Simeon und Levi*, der 2. u. 3. Sohn Jacob's. Eine gemeinsame, in der Sage von ihnen überlieferte That und gleiches Schicksal
derselben gibt dem Dichter Anlass, sie zusammenzunehmen, und wahrscheinlich war mit der That auch ein Fluchwort über sie erzählt, welches er hier ausführt. In dem Handel mit den Sikhemiten (34, 25 ff.)
hatten sie beide sich durch Grausamkeit hervorgethan, und dafür nach
34, 30 des Vaters Rüge, nach der (hier zu Grund gelegten) Überlieferung aber seinen Zorn und Fluch davongetragen. V. 5. אַחִים] nicht
Präd., sondern Appos. zum Subj., zu welchem die Aussage · erst 5[b].
6 folgt. Das blosse אַחִים kann nicht *wahre, ächte Brüder* besagen,
sondern dass die durch Abstammung verbrüderten auch Brüder der
Sinnesart und Handlungsweise nach sind, fügt erst 5[b] hinzu. *ihre*
מְכֵרֹת (sind) *Geräthe der Gewaltthat*, grausame Waffen. Die Erkl. des
haxapleg. מְכֵרָה durch *Schwert* (*Raš. Luth. Herd. Tell. Plü. Ilg. Friedr.
Del. Buns.*) ruht urspr. auf der unzulässigen Zusammenstellung mit

μάχαιρα (s. *Ges.* tb. 672); aus כור und כרה lässt sich weder die Form (über מְכֵרָה s. Ez. 16, 3. 21, 35 f. 29, 14) noch der Begriff ableiten, da jene Worte nicht für *durchbohren* gebraucht wurden und an ein Lehnwort von den Griechen (*Hasse Ros.*) ist hier im Ernst nicht zu denken. Ableitungen von מָכַר würden eher מִכְרֹתֵיהֶם erfordern (*Ew.* 260ᵃ); *listige Anschläge, Ränke* (von dem äth.-arab., aber nicht hbr. מכר, LdeDieu, Schullens, Knapp, Maur. Halévy a.), und *Heirathsverträge* (*Cler. JDMich. Auriv. Dathe Kn. Luzz. Böttch.* § 791, *Merx* im BL. II. 5 von مكَّن *desponsavit*, aber hbr. מָכַר vielmehr *verkaufen*) können nicht כֵּלִים genannt werden (weil כֵּלִים nie, auch Jes. 32, 7 nicht, s. v. a. *Mittel* sind). Das Wort muss von כרר *rund sein* kommen (*Olsh.* 199ᵈ), kann aber nicht *Windung, arglistige Handlungsweise* (*Tuch*), sondern wird ein rundes, gekrümmtes Werkzeug bedeuten, etwa *Krummmesser, Sichel* (vgl. מַגָּל اصْ, arab. als مِنْجَل aufgenommen). *Ew.* G.³ II. 493: *Hirtenstäbe* (wohl Krummstäbe?). Mit den Deutungen der LXX Pesch. Onk. ist, auch unter Voraussetzung von כְּלוֹ für כְּלִי (LXX Sam. Onk.), nichts anzufangen (sonst s. *Geiger* 374 f. 442 u. ZDMG. XX. 160 ff.). — V. 6. Ihre Tiat und jeden Antheil an derselben weist er mit Abscheu von sich: *in ihren Rath* (in welchem sie den tückischen Plan beriethen) *trete meine Seele nicht ein, mit ihrer Versammlung eine sich nicht meine Ehre* oder Hoheit, im rhythm. Wechsel mit נֶפֶשׁ wie Ps. 16, 9. 57, 9 (fem. nach *Ew.* 174ᶜ; *Sam.* יהד) s. v. a. Geist. Über כְּבֹדִי יִחָד der LXX s. *Geiger* 319. Auch *Halévy* Revue crit. 1883 p. 289 f. hält כְּבֹדִי hier u. in den Parallelstellen für die richtige Lesart, weil im Assyr. sehr häufig *kabadtu* (כָּבֵד) mit *napištu* (נֶפֶשׁ) ebenso zusammengestellt sei. *denn in ihrem Zorn brachten sie den Mann* (Sing. der Art) *um, und in ihrem Gelüste* (Belieben Dan. 8, 4. 11, 3. 16. Neh. 9, 24. 37, hier gemäss dem parall. אַף s. v. a. Muthwillen, vgl. Esth. 9, 5) *lähmten sie* (die Schenkelsehnen durchschneidend Jos. 11, 6. 9. 2 Sam. 8, 4) *den Stier*, eine Tiat rachsüchtiger Zerstörungslust. „Nach der jüngeren Sage jedoch 34, 28 f. raubten Jacob's Söhne das Vieh und führten es weg" (*Kn.*). Wohl nur um dieser Differenz zu entgehen, haben *Aq. Sym. Pesch. Targ. Hier. Vulg.* die Ausspracie שור *Mauer* vorgezogen und עקר nach dem aram. Spracigebrauch als *zerstören* gefasst, während Neuere (*Plü. Mössl. Schu. Bohl.* a.) sonderbarer Weise שׁוּר als *Helden, Fürsten* (Ps. 68, 31. Dt. 33, 17) zB. Sikhem oder Hamor (34, 2) verstehen wollten. — V. 7. Solche grausame Wuth trifft sein Fluch. צַי] Paus. für צַי Perf. (vgl. Ex. 32, 20. Gen. 25, 7); sonst vgl. Cant. 8, 6. Viel milder lautet das Urtheil über ihre Tiat Cp. 34, wo dieselbe mit ihrem Eifer für die Ehre des Stamms theilweise entschuldigt wird. Der *Sam.* (אַדִּיר für אָרוּר und הֶבְכָּתָם für עֵבֶּ) und *TgJon.* haben den Fluch in ein Lob verdreht; andere wollten durch Hinüberziehung von אָרוּר zu שׁוּר V. 6 helfen; so anstössig war ihnen der Text. — Er verurtheilt sie zur Zerstreuung d. h. „dass ihre Nachkommen keinen zusammenhängenden Landestheil haben, son-

dern unter den andern Stämmen vertheilt, durch's ganze Land zerstreut wohnen sollen" (*Kn.*) und eben damit zur Machtlosigkeit. Die
Simeoniten (nach Num. 26, 14 vgl. Num 1, 23 schon am Ende der
Wüstenzeit sehr geschwächt) schlossen sich in den Kämpfen gegen die
Ken. an Juda an (Jud. 1, 3. 17), erhielten im Negeb eine Anzahl
Städte als ihr Gebiet zugewiesen (Jos. 19, 1—9. 1 Chr. 4, 28—33),
welche aber Jos. 15, 26—32. 42 vielmehr zum Gebiet Juda's gerechnet werden, übereinstimmend mit 1 Sam. 27, 6. 30, 30. 1 Reg.
19, 3, wo Städte wie Şiqlag Beerseba Ḥorma judäisch sind. Aber
auch in andern Stämmen scheinen Simeoniten zerstreut gewesen zu
sein (2 Chr. 15, 9. 34, 6); *RSmith* (Journ. of Philol. IX. 96) will
dies daraus schliessen, dass Namen wie *Simei* (n. gent. von שמעי),
Saul, Jamin auch in andern Stämmen vorkommen. Unter den Gen.
46, 10 aufgeführten Geschlechtern des Stamms scheint später hin nur
das des Schaûl (des Sohns der Kanaanäerin) noch auf Bedeutung Anspruch gehabt zu haben (1 Chr. 4, 25 ff.), und dieses wahrsch. gemischt mit Ismaeliten (s. Gen. 25, 13 f.). Schon bei der Reichsthei-
lung (1 Reg. 12) wird Sim. als Stamm kaum mehr gerechnet; Dt. 33
fehlt er ganz. Bruchtheile von ihm eroberten in der spätern Königszeit ausserhalb Kenaans kleine Gebiete (1 Chr. 4, 34 ff.). S. *Bertheau*
z. Chron.; *Graf* der St. Simeon, 4⁰, 1866; *Ew.* G³. II. 405 ff.; *Ri.*
HWB. 1480 f. Dass *Levi* kein eigenes Stammgebiet hatte, ist bekannt;
nach A (Num. 35. Jos. 21) soll er in 48, von den einzelnen Stämmen
ihm eingeräumten Städten wohnen. Das Merkwürdige ist nur, dass
diese Zerstreuung hier mit der gottesdienstl. Bestimmung des Stammes
nicht blos in keine Beziehung gesetzt, sondern sogar als ein Fluch aufgefasst ist. Umsonst sucht man darin einen Beweis für die „Ächtheit
des Jacobsegens" (*Ke.*, *Bredenkamp* Ges. u. Prof. 173). Denn von
einer Zerstreuung unter Isr. kann doch vor der Ansiedlung in Ken.
keine Rede sein; wenn also der Fluch schon unter Mose in einen
Segen verwandelt worden wäre, so hätte er überhaupt keinen Sinn
gehabt u. wäre niemals verwirklicht worden. Vielmehr erklärt sich
die Sache daraus, dass in der nächsten Zeit nach Mose die gottesdienstl.
Geltung der Leviten thatsächlich nur erst auf einzelne Familien beschränkt war, u. die Masse der Stammesgenossen besitz-, brod- und
machtlos (Jud. 17 f.), zum Theil in den unglücklichsten Umständen
lebte. Auf die Zeit von David an, wo ihre Verhältnisse fester
geordnet wurden und sie bald zum höchsten Ansehen emporstiegen
(Dt. 33, 8 ff.), passt diese Auffassung nicht mehr. — V. 8—12. Erst
auf *Juda*, den vierten der Leastämme, kann sich Lob und Segen des
Vaters voll ergiessen, und nur der Zwang der thatsächl. Verhältnisse,
wornach Josef ihm das Gegengewicht hielt, konnte den Vrf. abhalten,
ihm statt Ruben's förmlich den Rang des Hauptes von allen zuzuer-
kennen (1 Chr. 5, 1 f.). Nach C schon in der Erzväterzeit an die
Stelle Ruben's tretend (37, 26 f. 43, 8 ff. 44, 14 ff. 46, 28), nach
A schon in der Mosezeit (Num. 1, 27. 26, 22) stärkster Einzelstamm
(Man. und Efr. besonders gezählt), und in der Lager- und Zuordnung
(mit Jissakhar und Zebulun) an der Spitze aller (Num. 2, 3. 10, 14)

stehend, kämpft er bei der Eroberung Kenaan's in erster Linie die Kämpfe gegen die Heiden (Jud. 1), nimmt neben Josef zuerst sein weites Wohnland im Süden Kenaan's ein (Jos. 14 ff. vgl. mit 18, 1 ff), tritt auch nachher noch einigemal als Vorkämpfer auf (Jud. 3, 9 ff. 20, 19 ff.), hält sich aber in der eigentl. Richterzeit abgesondert von den andern, obwohl immer macht- und würdevoll, bleibt von den äusseren Feinden, selbst den Philistern (trotz Jud. 15, 11) fast unangetastet, bis er endlich durch David der Königsstamm wurde. Die Macht und Würde Juda's in der Richterzeit, seine Verdienste um die andern Stämme und die Trefflichkeit seines Wohnlandes preist der Jacobspruch in Worten wärmster Anerkennung. Wegen seines angebl. messianischen Gehaltes sind ihm viele bes. Erklärungsversuche zu Theil geworden, zB. *Zirkel* super bened. Judae, Wirceb. 1786; *Werliin* de laud. Judae, Havn. 1838; *Hufnagel* in *Eichh.* Repert. XIV. 235 ff.; *Muhlert* in *Keil* u. *Tzschirner* Anal. II, 3, 46 ff.; *Petterson* comm. crit. phil. in Gen. 49, 10 Lond. Goth. 1821; viele andere bei *Tuch*[2] 485 f. und bei *GBaur* 227 f.; *Hengstb.* Christ.[2] I. 54—104; *Hofmann* Weiss. u. Erf. I. 112 ff.; *Reinke* Weiss. Jacobs über Juda 1849; *Danko* hist. revelationis V. T. 70 ff.; *Keil* in *Rudelb.* u. *Guer.* luth. Zeitschr. 1861 S. 30 ff.; *Cheyne* the prophecies of Isaiah 1881. II. 189 ff.; *Driver* in Journ. of Philol. XIV. — V. 8. In Ermangelung einer bes. Sage über seine Vorzeit knüpft der Spruch an seinen Namen (s. 29, 35) an und lobt ihn als den machtvollen, auch von den Bruderstämmen anerkannten und gepriesenen Sieger. *Juda* (Preiswürdiger) — *dich* (*Ew.* 309[b]; *Ges.* 145[2]) *werden* oder müssen *deine Brüder preisen*, da *deine Hand am Nacken* (Ij. 16, 12) *deiner Feinde* ist (wie das Raubthier der Beute auf den Nacken springt, sie bewältigt und unter sich bringt, *Kn.*), *dir huldigen die Söhne deines Vaters*, nicht blos die Leasöhne, sondern die Jacobstämme überhaupt. Seine Sieghaftigkeit (nicht aber das Davidische Königthum) ist's, vor der sich die Brüder willig beugen (27, 29. 37, 7. 9 f. 42, 6. 43, 26). — V. 9. Zeichnung seiner siegreichen, unwiderstehlichen Macht unter dem Bilde eines Löwen, der vom Raub zu seinem Lager in der Höhe aufgestiegen in sicherer Ruhe seine Beute verzehrt. Das Bild vom Löwen ist häufig (Dt. 33, 20. 22. Num. 23, 24. 24, 9. Mich. 5, 7), und erklärt sich hier auch ohne die Annahme, dass Juda schon damals den Löwen als Fahnenzeichen (*TgJon.* zu Num. 2; *Ew.* G[3]. III. 341) führte. *ein Löwenjunges* (sofern Jac. ihn zunächst in seinen Anfängen anschaut) *ist Juda.* Insoweit läge es nahe, עָלָה vom *Aufkommen, Wachsen* (LXX, die עֶרֶף nach Ez. 17, 9 auslegten; *Grot. Auriv. Tell. JDMich. Hensl. Just. Ges. Ew.*) zu verstehen, sprachlich nach Ez. 19, 3 (weniger Dt. 28, 43. Prov. 31, 29) vielleicht zulässig, obwohl gew. nur von Pflanzen, Hörnern u. dgl. so gebraucht. Aber grosswerden vom Raub (Raubstamm) wäre ein zweideutiges Lob, und „hätte der Dichter einen wachsenden Löwen im Sinn gehabt, würde er ihn nicht nachher als Löwe und Löwin zugleich bezeichnet haben" (*Kn.*). Also richtiger: *vom Raub mein Sohn, bist du hinaufgestiegen*, wie der Löwe auf seine Berge (Cant. 4, 8; *Boch.* hz. II. 36 f.), so Juda nach vollendeten Kämpfen auf sein Gebirgsland

(Jud. 1, 19); *niederkauernd* (Num. 24, 9) *hat er sich gelagert* (4, 7),
seine Woinsitze eingenommen, *wie ein Löwe und wie eine Löwin*
(letztere noci grimmiger im Angriff Her. 3, 108; Aelian. var. hist.
12, 39); nacidem das gescieien, *wer will ihn auftreiben!* „so woint
er in stolzer Ruie und Zuversicit des Starken, gefürcitet von den
Feinden und sicier vor iiren Angriffen" (*Kn.*). Eine treffende Zeichnung des Wesens dieses Stammes, wie er in der Riciterzeit dasteit.
— V. 10—12 ausfüirliciere Beschreibung seiner geschichtl. Grösse in
eigentl. Rede. V. 11 f. geiören mit 10 enger zusammen, wie die
Participialconstruction ausweist. *nicht wird Befehlshaberstab von
Juda weichen, noch Führerstab von zwischen seinen Füssen*] sondern er beiält u. füirt iin, (iört nicit auf, seine Feinde anzugreifen,
Halévy Revue crit. 1883 p. 290). שֵׁבֶט] kommt keineswegs blos dem
König (*Kn.*) zu, so dass man iier an Königsherrschaft denken müsste,
sondern auci dem Häuptling, Füirer der Stämme oder grösserer Abtheilungen Jud. 5, 14, gerade wie מְחֹקֵק] Num. 21, 18. Ps. 60, 9 (ein
später veraltetes Wort), zu denken als ein ioier lanzenartiger oder
auci oben gekrümmter (vielleicit mit Emblemen verseiener) Stab, den
der Häuptling wie eine Standarte bei sici steien oder sitzend zwiscien
seinen Füssen auf die Erde gestellt iatte (vgl. noci *Wellst.* Arab. I.
126; Pausan. IX, 40, 6; *CFHermann* de sceptri regii antiquitate et
origine 1851, u. die Bilder auf den altpers. u. assyr. Denkmälern zB.
bei *Chardin, Niebuhr, Layard, Vaux* u. a.). Dass מְחֹקֵק neben שֵׁבֶט
nicit *Gesetzgeber* oder *Führer* u. מִבֵּין רַגְלָיו nicit *von seinen Hüften*
d. i. von seinem Samen, Nacikommen (LXX *Vulg. Trgg.* u. die meisten
Älteren bis *Herder* excl., naci Dt. 28, 57; letzteres selbst noci *Ges.*
ti. 204) bedeuten iann, ist selbstverständlici. Aber auci מִבֵּין דְּגָלָיו
von seinen Fahnen (*Sam. Haubig. Cler. Tell.*) ist mit dem ricitigen
Sinn von מְחֹקֵק unverträglici, und *aus der Mitte seiner Fussvölker*
(*Veiel, Huth, Tuch*) nicit blos gescimacklos, sondern auci gramma-
tisci unzulässig, da man woil רַגְלִים Jer. 12, 5, aber nicit רַגְלָיו für
רַגְלָיו sagen konnte (*Böttch.* §. 827). Also das Abzeicien der Füirer-
würde und damit diese selbst wird nicit von ~Juda~ (den Stamm als
Person aufgefasst) weicien, *bis dass er nach Silo kommt, den Gehorsam von Völkern habend* (eig.: indem iim der G. ist). וְלֹו וג׳]
ist Zustandssatz (*Ew.* 341[a]); יקהת hat Dag. f. dirim. (*Ges.* 20[2]) wie
Prov. 30, 17, und bedeutet *Gehorsam* (*Trgg.*), nicit aber *Erwartung,
Hoffnung* (תִּקְוָה LXX *Vulg. Pesch.*, mit Bezieiung auf Jes. 42, 4)
oder *Versammlung, Vereinigung* (מִקְוֵה *Aq.*, Arab., *Raš.*); עַמִּים aber
sind sicier die ieidniscien, näier kenaan. Völker, nicit die isr. Stämme,
s. zu 28, 3 (*Ges. Win. Mei. Baur*), weil für diese in diesem Zusammenhang אֶחָיו gesagt sein müsste (s. 8. 26), die Beiauptung aber,
dass יְקָהָה nur den freiwilligen, nicit den erzwungenen Geiorsam ausdrücke, nicit zu erweisen steit. Die Meinung ist: naci Unterwerfung
oder Bändigung der Völker, gegen die er gekämpft hat, was kaum in
anderer Weise passender ausgedrückt werden konnte, da iier eine
Einzelperson den Massen gegenübersteit. עַד כִּי] 26, 13. 41, 49. 2 Sam.
23, 10, vgl. עַד אֲשֶׁר 28, 15; es wird ein Zeitpunkt markirt, bis zu

welcıem er den Führerstab nicıt bei Seite legen wird. Die Bedeutung *so lange als* (*Hitz.* Psalm. 1836. II. S. 2; *Tuch Maur. Mei.
Baur*) könnte durcı .שׁ עַד־ Cant. 1, 12 gestützt werden, liegt aber an
sicı ferner und ist zu verwerfen, weil der so sicı ergebende Gedanke
den thatsächl. Verıältnissen widerspräcıe (s. unten). (Über die spracı-
widrige Trennung von עַד־ לְ bei einigen jüd. Ausll.: *in Ewigkeit, denn
s. Baur.* 239). שִׁילֹה] wofür שְׁלֹה in *Sam.*, ıbr. MSS., u. den alten
Verss. (s. *de Rossi* var. lect. IV. 217 ff.), ist überall im AT. Name
der Stadt *Silo* (meist שִׁלֹה oder שִׁלֹו, seltener שִׁילֹו und שִׁילֹה gescırieben,
Ges. tı. 1424; seinem gentil. שִׁילֹנִי nacı aus שִׁילֹון verkürzt, *Ew.* 163ʰ
u. 88ᶜ) im Stamme Efraim, welcıe nacı Beendigung der Eroberungs-
kriege der Sitz des Gemeindeheiligthums wurde u. die Ricıterzeit über
bis Eli blieb (Jos. 18, 1. 8. 10. Jud. 18, 31. 21, 19. 1 Sam. 1, 3.
2, 14. 4, 3 f. Jer. 7, 12 ff. Ps. 78, 60); sie ist aucı ıier zu versteıen
(*Tell. Zirk. Eichh. Herd., Bleek* observ. 1836. p. 18 f., *Hitz. Tuch
Diest. Bmg. Ew. Buns. Röd. Baur Del.*), im Acc. loci (1 Sam. 4,
12). Subj. aber zu יָבֹא ist naturgemäss Juda, um so meır, da aucı
וְלֹו auf iın zurückweist. Die Fortrückung des Mittelpunkts der Gemeinde
u. der Stiftsıütte von Gilgal nacı Šilo (Jos. 18, 9. 1) gescıaı nacı
der ersten Niederwerfung der Kenaanäer u. der gleicızeitigen Ansiedlung Josef's u. Juda's in ihrem Wohnland, war also woıl geeignet, als
Epocıe des Abscılusses der Kämpfe zu gelten. In וְלֹו יִ' einen zweiten,
über Jos. 18 ıinausreicıenden Termin unbestimmter Länge bezeicınet
zu finden (*Bmg., Del.*) ist unthunlich, ebenso (s. oben) עַד כִּי הִ' *so
lange als man* (oder: *er*) *nach Šilo kommt* d. ı. so lange man Gott
in Šilo vereırt, d. ı. im Sinne des Vrf. ewig (*Hitz. Tuch Baur*) zu
deuten. Die Einwendungen gegen die vorgetragene Erklärung (*Hengst.
Ke.*; *Kn.*; *HSchulz* ATl. Tıeol.² 669 f.) beruıen auf Misverständnissen.
Von „einer Herrscıaft Juda's über seine Brüder", „einer Hegemonie,"
desselben sagt Vrf. nicıts; dadurcı, dass Mose aus Levi u. Josua
aus Efr. die persönl. Häupter u. Füırer der Gesammtgemeinde waren,
wird nicıt ausgescılossen, dass Juda in erster Linie im Kampfe stand;
die ruımvollen Vorkämpfe Juda's in den Kriegen um den Besitz Kenaans
sind keineswegs das einzige, was Vıf. an Juda preist, sondern nur ein
geschichtl. Beweis für die siegıafte, iım inne woınende Löwenkraft,
um deren willen iın seine Brüder loben und vereıren müssen. Auffallend ist nur der Anacıronismus, dass Jacob vom Kommen nacı Šilo
spricıt, überıaupt die Nennung eines Ortseigennamens in diesen sonst
allgemein geıaltenen Sprücıen. Aber eine andere Erklärung ist bei
der Textes-Lesart שִׁילֹה oder שְׁלֹה nicıt möglicı. Ein שָׁלֵה oder שְׁלֹה
Ruhe u. ein שִׁילֹה *Ruhe* oder *Beruhiger, Mann der Ruhe*, beide von
W. שָׁלַו sind nicıt zu belegen, letzteres sogar längst (s. *Tuch*) als
grammatiscı unmöglicı erwiesen, da es wenigstens שָׁלֹיו oder שִׁילֹיו
lauten müsste; damit sind Erklärungen wie: *bis dass Ruhe kommt*
d. ı. (Prov. 6, 15. Ij. 3, 26) eintritt (*Plü. Just. Vat. Ges. Schum.
de W. Maur. Kn.*) oder: *bis ein Friedebringer* kommt d. ı. Salomo
(*Friedr. Werl.*) oder Messias (*Mössl. Knapp Muhl. Ros. Wiı. Ilengst.
Ke. Köhl.* I. 162), beseitigt. Aber aucı die Zerleguıg in שׁ und לֹה

ἕως ἂν ἔλθῃ τὰ ἀποκείμενα αὐτῷ *was ihm aufbewahrt ist* (LXX),
oder ᾧ ἀπόκειται *welchem* (es d. i. das Scepter) *aufbewahrt ist* (*Aq.
Sym.*) oder *dem die Herrschaft ist* (*Onk.*, *TgJer.*, *Saad.*), *dem es
gehört* (*Pesch.*, *HSchultz*) fällt weg, da *quod ei* (oɪne Verb.) oder
gar blos *cui* (oɪne Subj.) kein Satz u. gar nicɪt zu versteɪen ist.
Aucɪ *bis er zu seinem Eigenthum kommt* (*Orelli* AT. Weiss. 1882,
S. 137 f.) setzt eine unzulässige Bedeutung u. Construction des בֹּא‏
voraus; oɪnedem ist .שׁ dem Pent. fremd (s. 6, 3); da wäre nocɪ erträglicher (mit Änderung von שׁלֹה in שָׁלֹם) *bis er zum Frieden eingeht* (*Jes.* 57, 2 *Halévy* p. 290). Es ist nicɪt befremdlicɪ, dass die
Juden, denen die isr. Gescɪɪcɪte abgescɪlossen vorlag, auf die ɪoɪe
Bedeutung Juda's und des Davidhauses in dieser Gescɪɪcɪte oder gar
auf den Messias aus diesem Haus eine Anspielung in dem Jacobspruch
erwarteten, und ist dies nicɪt das einzige und scɪlimmste Beispiel iɪrer
sonderbaren Art, durcɪ andere Vokalisation iɪre Gedanken an den geschriebenen Text anzuknüpfen. Die Stelle Ez. 21, 32, wo aber das
Subj. הַמִּשְׁפָּט dabeisteɪt, leitete sie. Von den Juden gieng diese Erklärung in die cɪristl. Kircɪe über (im NT. scɪeint Apoc. 5, 5 die
mess. Erklärung durcɪzuscɪimmern), und blieb fortan die ɪerrscɪende.
Correcturen wie שִׁלֹּה *qui mittendus est* sc. Messias (*Vulg.*) oder Conjecturen wie שִׁילֹה‎ = שְׁאִילֹה *is quem Juda ipse expetit* (*Hiller* onom.
sacr. 1706 p. 911; *Lagard.* onom. II. 96) oder שַׁלִּישׁ *ein Gewaltiger*
sc. der oberasiat. Grosskönig (*Olsh.*) oder לֹה יֻשַּׁר *for wɪom it* (tɪe
dominion) *is appointed* (*Cheyne*) sind ebenso unnöthig, wie gegen den
Sinn des Spruchganzen, das mit seinen geschichtl. Andeutungen nocɪ
nicɪt einmal bis zur Königszeit in Israel ɪɪnreicɪt. Gegen die Be-
zieɪung auf den Messias spricɪt, ausser dem jüngeren Ursprung der
Messiasidee, aucɪ die Gescɪɪcɪte selbst; שֵׁבֶט u. 'מְחֹ sind lange von
Juda gewicɪen, bis der Messias kam. Nur wenn man den ganzen V.
für eine spätere Interpolation (*Wl.* I. 375; *Stade* Ge. 160) erklärt
und וְלֹ als ein Glossem für שׁלֹה streicɪt, ɪeben sicɪ mancɪe der genannten Scɪwierigkeiten. Es ɪeisst dann: *bis dass der kommt, dem
der Gehorsam von Völkern* nicɪt: gebüɪrt (*Wl.*), sondern *ist* d. i.
der Messias. Die Berecɪtigung zu dieser gewaltsamen Operation soll
darin liegen, dass V. 10 den Zusammenɪang zwiscɪen 9 und 11 sprenge,
aber im Gegentheil an das Bild vom Löwen ɪat 11 keinen Anscɪluss.
Aȕcɪ die Thatsachen widersprecɪen, sofern von einer bis zur Ankunft
des Messias fortdauernden *Herrschaft* Judas keine Rede sein kann;
wenigstens als Interpolation aus *nachexil.* Zeit (*Stade*) wäre der V.
unverständlicɪ. — V. 11 f. zeicɪnen, im Anscɪluss an V. 10, wie
er nacɪ Niederkämpfung der Feinde, in seinem Woɪnland (vgl. 9)
reicɪe Segnungen aus Weinbergen u. Viehtriften geniesst. Aucɪ ɪieraus
folgt, dass 10^b nicɪt von einer Einzelperson der fernsten Zukunft,
sondern vom Stamm redet. Zum ־י des st. c. in אֹסְרִי u. בְּנִי s.
31, 39; zum st. c. vor der praep. *Ges.* 90, 3^a; zu עִירֹה für עֲיֵרֹה
Ew. 255^b (Jes. 10, 17. Dt. 25, 4); zu ה־ für ɪ 9, 21; zum Prf.
כִּבֵּס als Fortsetzung des Part. *Ges.* 134 A. 2; zu der Ausspracɪe des
Prf. mit ־ *Ew.* 141^b. Es ist ein idylliscɪes Bild, das der Vrf. ent-

wirft. Juda, der Kriegsheld u. Sieger, nun reitend auf dem Esel, in vordavidischer Zeit dem gewöhnl. Reitthier (*Win.*[3] I. 347) zumal der Häuptlinge (Jud. 10, 4. 12, 14, vgl. Zach. 9, 9); so voll ist sein Land von Weinstöcken, dass er ob der Menge sie wenig zu achten u. zu schonen braucht, dass er absteigend das Reitthier an die Rebe, die Edelrebe (Jes. 5, 2. Jer. 2, 21) bindet; so reichlich erzeugt es Wein, Rothwein (Dt. 32, 14. Jes. 63, 2. Sir. 39, 26. 50, 15), „dass er ihn zum Waschen seines Gewandes (סְמ für סָוּה, vgl. מְסֻוֹּה Ex. 34, 33 ff.; *Sam.* בכסיתה) verwenden kann, eine Hyperbel wie Ij. 29, 6. Juda war ein Weinland (Jo. 1, 7 ff. 4, 18. 2 Chr. 26, 10), und namhaft die Weinberge bei Ḥebron und Aengedi (Num. 13, 23 f. Cant. 1, 14). *dunkel an Augen von Wein und weiss an Zähnen von Milch*] „im Überfluss hat er Wein u. Milch zu geniessen; von dieser triefen die Zähne u. erscheinen blendend weis, von jenem trübt sich der Blick (Prov. 23, 29 f.), womit jedoch Vrf. hier nichts Schlimmes aussagen will (43, 34). Juda hatte auch ausgezeichnete Weideplätze zB. 1 Sam. 25, 2. Am. 1, 1. 2 Chr. 26, 10. Zu den Hyperbeln vgl. Jo. 4, 18. Am. 9, 13" (*Kn.*). — V. 13. Bei *Zebulun*, dem 6. Leasohn (s. Vorbem.), der nie hervorragte, doch an den nationalen Kämpfen der Richterzeit ruhmvoll theilnahm (Jud. 4, 6. 10. 5, 14. 18. 6, 35 vgl. auch 12, 11), hat Vrf. nichts zu rühmen, als die günstige Lage seines Gebiets, wohl mit Anspielung auf die Bedeutung seines Namens (30, 20) als *Wohner, Anwohner. Zebulun — nach dem Gestade des Meeres* (1, 10) *hin lässt er sich nieder, er selbst* (*Ew* 314[b]) *nach dem Gestade der Schiffe hin, und seine Hinterseite auf* oder *gegen Sidon hin.* Er ist verglichen mit einem hingelagerten Menschen oder Thier, dessen Gesicht gegen das schiffbare Ufer, dessen Hinterseite gegen Sidon d. h. hier doch wohl Phönizien gerichtet ist. Nach Jos. 19, 10—16 war Zeb. vom galil. Meer durch Naftali getrennt, westl. von Zeb., also nach dem Mittelmeer hin, war Ašer angesiedelt, aber gerade die Grenze zwischen Aš. u. Zeb. ist Jos. 19, 14 f. nicht näher bestimmt, u. also selbst dort die Möglichkeit, dass Zeb. mit einem Striche Landes ans Mittelmeer grenzte (Jos. ant. 5, 1, 22; b. j. 3, 3, 1), nicht ausgeschlossen. Sicher ist einerseits, dass Jud. 5, 17, יָמִים לְחוֹף רֶשׁ von Ašer ausgesagt ist, andererseits, dass auch nach Dt. 33, 19 Zeb. und Jissakhar die Schätze des Meeres saugt. Die Grenzen der Stämme untereinander u. gegen die Heiden waren nie ganz fest u. wechselten auch im Laufe der Zeit. Man kann darum wohl glauben, dass zur Zeit des Vrf. Zeb. bis ans Meer hinausreichte; andernfalls müsste man die Ausdrücke des Vrf. vom Angrenzen an die *Küste* d. h. die Küstengegenden (nicht an das Meer selbst) verstehen, sofern schon dieses Angrenzen für den Stamm vortheilhaft u. nutzbringend war (sonst s. *Ew. G.*[3] II. 413 f.; BL. V. 267). — V. 14 f. *Jissakhar*, der 5. Leasohn (s. Vorbem.), hatte am Jordan hin bis zum galil. Meer u. in der fruchtbaren Jizreelebene seine Sitze. In seinem Land, durch welches die grosse Karawanenstrasse vom Mittelmeer nach Bethšcan führte, erhielten sich mehrere kenaan. Städte unabhängig u. mächtig (*Ew. G.*[3] II. 468). Und obwohl er an dem Freiheitskampf unter Debora Theil nahm (Jud.

5, 15), so wird er hier doch (wie Ruben Jud. 5, 15 f.) scharf getadelt, weil er, zufrieden mit seinem üppigen Lande, in träger Behag-
lichkeit sich zur Unterwürfigkeit, zum Lohn- u. Frohndienst für die
reichen u. mächtigen Fremden verstand (nach *Kuen.* Th. T. V. 292 f.
soll er gar daher erst seinen Namen יִשָּׁשכָר erhalten haben!), womit
stimmt, dass in der Übersicht Jud. 1, 27—36 er allein fehlt, als wäre
in seinem Gebiet die Forterhaltung heidnischer Herrscher nicht Ausnahme, sondern Regel gewesen.　Im Hintergrund der Darstellung liegt
auch hier das Spiel mit dem Namen יֵשׁ שָׂכָר (30, 16. 18), vielleicht
(*Del.*) in der Fassung יֵשׁ שָׂכָר. *Jiss. ein knochiger* starkgebauter,
kräftiger *Esel, der sich hinstreckt zwischen den Hürden* (Jud. 5, 16.
Ps. 68, 14; andere Deutungen des מִשְׁפְּתַיִם s. *Ges.* th. 1471 f.; *Bött-*
cher N. Äh. 25; *Bachmann* B. Richter 400 ff.), in seinem Wohnland
in behaglicher Ruhe.　Das Bild vom Esel schon mit Beziehung auf das
Lastentragen, zu dem er sich hergibt (anders פֶּרֶא 16, 22).　Die Lesart ח' גרים *Lastesel der Fremden* (*Sam.*; *Geiger* 360, *Olsh.*; *Kuen.*
V. 292) verwischt das Bild, und גֵרִים *Fremde* wäre ein unpassender
Ausdruck (*Del.*).　*So sah er denn die Ruhestatt, dass sie* (s. 1, 14)
ein Gut (*Sam.* טוֹבָה adj.) *u. das Land, dass es lieblich* (über die
Fruchtbarkeit des unteren Galilaea s. Jos. b. j. 3, 3, 2), *u. beugte,* um
in ruhigem Besitz u. Genuss desselben zu bleiben u. Gewinn daraus
zu ziehen, *seinen Rücken* (Last) *zu tragen und* fiel der Dienstmann-
frohne anheim d. h. *wurde zum dienstbaren Fröhner.* Zum Ausdruck
vgl. Dt. 20, 11. Jos. 16, 10. 17, 13. Jud. 1, 28. 30. 33. 1 Reg.
9, 21. Jes. 31, 8; er bezeichnet immer die gezwungenen Arbeiten der
Hörigen, Unterworfenen u. Gefangenen.　Falsch findet *Bohl.* und *Kn.*
(nach LXX) darin eine Bezeichnung des niedrigen (!) und lästigen Be-
rufs der Feldarbeit, dem sich der Stamm hingegeben habe.　Über die
Auslegungskünste der LXX und des *Onk.,* welche solchen Tadel vom
Stamme wegzubringen suchten, s. *Geiger* a. a. O. — V. 16—18. Dan,
der erste Sohn der Bilha, hatte als Stamm sein Gebiet zwischen Efr.,
Benj., Juda u. den Philistern, westwärts gegen das Meer hin (Jos. 19,
40 ff. Jud. 5, 17), war aber durch die Amoriter eingeengt, u. hatte
viel Noth sich zu behaupten; *ein Theil* seiner Leute zog nordwärts,
eroberte die sidonische Colonie Laiš oder Lešem am Libanon, u. liess
sich dort, sie Dan benennend, nieder (Jud. 1, 34. 18, 7. 27 ff. Jos.
19, 47).　In der späteren Richterzeit gieng aus ihm der eigenth. Held
(Richter) Šimšon hervor, der sich lange u. tapfer an den Philistern
rieb (Jud. 13—16). Auch hier geht der Spruch vom Namen aus. *Dan,*
obwohl an Macht u. Gebietsumfang nicht bedeutend, *wird richten sein*
Volk wie (irgend) einer (Jud. 16, 7. 11. 2 Sam. 9, 11. 1 Reg. 19,
2) *der Stämme Israels,* keinem hierin nachstehend.　עַמּוֹ] wird von
vielen als die zum St. Dan gehörigen Leute genommen, u. der Satz
darauf bezogen, dass der kleine Stamm seine eigene Verwaltung u.
Gerichtsbarkeit haben (*Merc. Herd. Hass. Hensl. Ros. Vat. Bohl.*)
oder vielmehr seine Selbständigkeit als Stamm behaupten werde (*Tuch,*
Wl. I. 375), was gerade bei diesem vielbedrängten St. fraglich war.
Aber dem Sprachgebrauch von דִּין, welches nicht *regieren* und *leiten,*

sondern (30, 6. Dt. 32, 36 u. s.) *Recht und Hilfe schaffen* bedeutet,
so wie dem V. 18 angemessener ist es, unter עמי Israel (Dt. 33, 7)
zu versteien (*Ephr. Trgg. Raš. Qimḥ. Cler. Friedr. Schum. Ew. Kn.
Del.*). Die Meinung ist dann aber nicit, D. werde so gut wie ein
anderer Stamm einen Riciter über Isr. stellen, denn dafür ist דין nicit
der Ausdruck, u. das Riciterbuci lag dem Vrf. nicit vor, sondern er
werde in den Kämpfen gegen die Heiden für die Sacie Israels ebenso gut
einsteien, wie die andern, zB. in den Šimšonkämpfen gegen die Philister (vielleicit auci Jud. 3, 31). Nur für sein Verialten gegen
Fremde, nicit für seine Bemüiungen um Selbständigkeit gegenüber von
Volksgenossen passt auci die V. 17 an iim gerüimte Kampfesweise.
— V. 17 wird iim Erfolg in diesem Kampfe gewünscit (*Sam.* minder gut יהיה): *er sei* eine Scilange, *eine Hornotter am Weg, die des
Rosses Fersen beisst, dass sein Reiter rückwärts fällt.* עקבי] mit
Dag. f. dir., s. V. 10. שְׁפִיפׂן] naci den Alten Basilisk oder Cerastes
(s. *Ges.* th.); wie die Scilangen überiaupt (3, 1), so gilt bes. die
giftige Hornotter als scilau: sie legt sici in Löcier u. Fahrgeleise u.
fällt unverseiens die Vorübergeienden an (*Oken* Naturgesch. VI. 544);
sie ist erdfarben, man tritt leicit auf sie u. gefäirdet sici Diod. 3, 49"
(*Kn.*). וַיִּפׂל] *Ges.* 129². Nicit der offene Kampf mit Übergewalt, wie
bei Juda, wird iier bescirieben, sondern der listige des Schwächeren
gegen den Stärkeren, der aber doci etwas ausricitet. Der Art war
der Kampf der 600 Daniten, welcie die Stadt Laiš überfielen (Jud.
18, 27), noci meir der des Šimšon, der durci allerlei Listen fortwährend den Feinden empfindlicien Sciaden zufügte. Jacob misbilligt
(*Kn.*) das nicit, sondern wünscit es. — V. 18 nicit späteres Ein-
schiebsel (*Plü. Ilg. Vat. Maur. Bohl. Gramb. Olsh.*; Böhm. der darin
eine Verwairung des R gegen Dan's götzendieneriscie Gelüste findet),
auci nicit blosser Seufzer eines erscıöpften und neue Kraft sammeln-
den Sterbenden (*Tell. Hensl. Tuch*), sondern „der Stammvater redet
iier betend im Namen der Nacikommen, die in den Kriegen mit den
Völkern, zB. den Piilistern, iir Vertrauen auf Jaive zu setzen, seinen Beistand zu erharren iaben werden. Er knüpft den Ausspruci
gerade bei Dan an, weil dieser den Feinden nicit gewacisen war,
sondern auf iöiere Hülfe recinen musste" (*Kn.*), und vielleicit gerade
die Philisterkämpfe die Gegenwart des Vrf. bewegten (*Ew.*). Nur
Gott kann den Endsieg in diesen Kämpfen geben. — V. 19. *Gad*, der
1. Soin der Zilpa, als Stamm in Gilead sessiaft, war den Angriffen
der Wüstenvölker u. der Ammoniter, die einen Tieil seines Landes
beanspruciten (Jos. 13, 25. Jud. 11, 15) ausgesetzt, erweirte sici
aber iirer tapfer, zumal der Ammoniter (Jud. 10 f.), selbst der Efirai-
miten (Jud. 12), unter seinem Riciter Jiftaḥ, wie er auci noci zu
Saul's Zeit gegen die Araber gücklicie Kriege fülirte (1 Chr. 5, 18 ff.)
und dem David viele seiner besten Helden lieferte (1 Chr. 12, 8 ff.),
vgl. Dt. 33, 20. Der Name Gad wird iier (anders als 30, 11) mit
גוד *eindringen auf jem., ihn drängen* und גדוד *drängende Schaar,
Krieger- und Räuberschaar* in Verbindung gebracit und als *Dränger*
aufgefasst. *Gad — Schaarengedränge drängt ihn* (Ḥab. 3, 16), doch

er drängt (ihre) Ferse] d. ı. „zwar dringen feindlicıe Haufen auf iın
ein, aber er scılägt sie in die Flucıt und folgt iınen tapfer angreifend
auf dem Fusse, ist ıart ıinter iınen ıer" (*Kn.*). עֵקֵב] genügt zwar,
aber es ist sinnreicı vermuthet (*EScheid, Tell. Plü., Bleek* emend. loci
Gen. 49, 19 f. Bonn 1831, *Schum. Kn. Olsh.*), dass mit Herüberziehung
des מ von V. 20 מֵעֵקֵב zu lesen sei. — V. 20. *Aŝer*, der 2. Sohn
Zilpa's, „bewoınte das Land vom Karmel bis nacı Phönikien ıin (Jos.
19, 24 ff.), ıatte also die Meeresküste von Galilaea inne (Jud. 5, 17),
ein seır frucıtbares Gebiet Dt. 33, 24" (*Kn.*), reicı an Weizen, Wein,
Öl. מֵאָשֵׁר] ebenso *Sam.*, aber LXX *Vulg. Pesch. Onk.* drücken nur
אָשֵׁר aus, und ausser V. 22 beginnen alle Sprücıe mit dem reinen
Namen oıne Vorsatz. Zieıt man מ zu V. 19 (s. d.), so ergibt sicı:
Aŝer — fett ist sein Brod, waıııaft üppig, vorzüglicı; liest man es,
so kann man deuten: *von Aŝer kommt Fettes als sein* (eignes) *Brod*
(*Tuch Bmg. Kn. Del.*) d. ı. üppige u. vorzüglicıe Produkte, die iım
selbst zur Naırung dienen, wobei aber מֵאָשֵׁר für מֵאָרֶץ אָשֵׁר minder
passend wäre, oder *für Aŝer ist zu fett sein Brod* (*Ew.*). Zu לְחֶם
fem. (aber *Sam.* שׁמֵין) vgl. *Böttch.* § 657. „Dabei ıat Vrf. vermutı-
licı die Bedeutung des Namens אָשֵׁר (30, 13) im Sinn. *und er* (derselbe) *gibt Königsleckerbissen*] gibt von seinem Überfluss an diesen
Erzeugnissen aucı an andere ab; bei iırer Vorzüglicıkeit kommen sie
selbst auf fürstl. Tafeln. Man muss woıl an Ausfuır denken. Die
Phöniken zB. bezogen von den Hebr. allerlei Landesprodukte Ez. 27,
17. Act. 12, 20; Jos. ant. 14, 10, 6 (vgl. aucı 1 Reg. 5, 23. 25),
und dass Aŝer bei diesem Verkeır besonders betheiligt war, lässt seine
geogr. Lage erwarten. Man ıat nicıt nöthig, bei מֶלֶךְ (oıne Art.) an
einen isr. König zu denken" (*Kn.*). — V. 21. *Naftali*, der 2. Soın
Bilba's, bewoınte ein langgestrecktes Gebiet, dem galil. Meer, dem
Jordan u. Ḥule-See entlang bis in den Libanon ıinein; mit Bezieıung
darauf liegt es am näcısten, nacı LXX אֵילָה u. אֹמְרֵי (Jes. 17, 6. 9)
zu lesen: *N. ist eine* gestreckte (vgl. Jer. 17, 8. Ez. 17, 6. Ps. 80,
12, aucı שְׁלֻחָה) d. i. *schlanke Terebinthe, er der schöne Wipfel gibt*,
treibt (*Boch. Lowth Herd. JDMich. Hensl. Hass. Just. Ilg. Vat.
Bohl. Ew. Olsh.* a.); die Wipfel, die N., nicıt die Terebintıe, treibt,
wären dann (immer nocı in Anleınung an das Bild) die Helden u.
Volksführer, welcıe aus diesem Stamm hervorgiengen Jud. 4, 6. 5, 18.
6, 35. 7, 23; zum Pflanzenbild, das für die bisıerigen Thierbilder
einträte, wäre V. 22 zu vergleicıen. Nocı *Onk.* u. *Hier. qu.* scıeinen
אֵילָה (s. zu 12, 6) gelesen zu ıaben. Die mass. Lesung, keineswegs
scıon (*Del.*) Ḥab. 3, 19 vorausgesetzt, zuerst bei *Aq.*, *Test. Napht.*
c. 2, *TgJon. et Jer.*, *Pesch. Vulg.* bezeugt (aucı dem *Hier.* bekannt),
aber bei iınen scıon mit der Umdeutung auf Botendienste des N. oder
gar auf die galil. Apostel in Zusammenıang steıend, ergibt 2 disparate,
unter sicı nicıt zusammenhängende Aussagen. *N. ist eine losgelassene,*
fessellose, flinke (Ij. 39, 5 *Cler. Ges. Tuch Del.*), nicıt aber gestreckte
d. i. scıanke (*Ges. Tuch Stäh.*), aucı nicıt aufgejagte (Jes. 16, 2 *Kn.*)
Hirschkuh, wäre gesagt mit Bezug auf die Scınelligkeit seiner Helden
u. Männer (Ps. 18, 34. Ḥab. 3, 19. Jes. 35, 6, vgl. 2 Sam. 2, 18.

Cant. 2, 9), sc1werlic1 mit Anspielung auf die Frei1eit von Knec1tsc1aft (*Del.*). Das andere *er der schöne Reden gibt* wird jetzt gew. auf die Wohlredenheit, die dic1terisc1e oder rednerisc1e Begabung des Stammes bezogen (*Ros. Stäh. Schum. Tuch. Kn. Del. a.*), wofür aber ausser dem Ant1eil, den Jud. 5, 1 dem Baraq an dem Gesang der Debora zusc1reibt, sic1 sonst keine Zeugnisse finden (sic1er nic1t Dt. 33, 23). — V. 22— 26. *Josef*, der geliebte So1n Jacob's, der grosse u. mäc1tige Doppel-stamm (s. Cp. 48), wird neben Juda am meisten, ja (V. 26) noc1 me1r als dieser gesegnet. Dass die Sprac1e 1ier noc1 ungelenker u. alterthüm-lic1er ist, als in den übrigen Sprüc1en (etwa 3 f. ausgenommen), ist kaum zu verkennen, u. dadurc1 der Sc1luss, dass der Dic1ter ältere Wörte benutzt 1abe (*Ew. G.*[3] I. 586 f.), na1e gelegt. I1re Sc1wierigkeiten durc1 Conjecturen aus der Sprac1weise der späteren Zeit zu beseitigen ist des1alb wenig passend. Auc1 die uralten Gottesnamen V. 24 be-stätigen diese Ansic1t. V. 22 ge1t aus von einem Blick auf die Fruc1t-barkeit, den Volkreichthum des Stammes. Da die Zusammenordnung eines adj. fem. mit subst. m. noc1 sc1wieriger ist, als von פֹּרָת oder פֹּרָת der Pflanzen zu sprec1en (Ps. 80, 16 u. vgl. יוֹנֵק Ij. 14, 7. Jes. 53, 2), so ist gegen die Mass. בֵּן 1erzustellen; פֹּרָה aber, alterthümlich für פֹּרָה

oder פֻּרְיָה (*Ew.* 173[d]), ist weder فُرَة‎ agna, ovicula (*Ilg. Vat. Just.*)

mit Anspielung auf רָחֵל, noc1 für פָּרָה *juvenca* (*Schum.*) gesagt, son-dern ein Fruc1tbaum Jes. 17, 6 (*Saad. Herd. Ros. Ges. Kn.*), genauer (Jes. 32, 12. Ez. 19, 10. Ps. 128, 3) ein fruc1tbarer Rebstock (*Onk. Tuch Ew. Del.*), wegen V.[b]. *Sohn einer* d. i. eine junge *Fruchtrebe* ist *Josef*, mit Anspielung auf den Hauptzweig אֶפְרָיִם (41, 52. Hos. 13, 15) und warum בֵּן? s. bei נוּb V. 9; *eine j. F. am Quell*, die Feuc1tigkeit genug 1at zum Wachsthum (Ps. 1, 3. Jer. 17, 8); i1re Töc1ter d. i. Zweige, *Ranken stiegen auf an der Mauer* (Ps. 18, 30). Von unten bewässert, von der Mauer geschützt breitet sie sic1 aufs üppigste aus, emporrankend an der Mauer. Deutlic1er wäre בְּנֹתָיו, ist aber nic1t durc1aus nöthig; mit בְּנוֹת צֶעֲדָה ist nic1ts geholfen, und bei relativer Fassung des צֶעֲדָה wäre בְּנֹת bezie1ungslos. Über Sing. fem. beim säc1l. Pl. s. *Ges.* 146[3]. Mit den Lesarten der LXX u. *Sam.* ist nic1ts anzufangen, und gegen *die wilden Thiere auf der Lauer* oder *an der Mauer* s. *Tuch*[2] 499. — V. 23 f. Sc1ilderung der Bedräng-nisse des blü1enden Stammes durc1 Feinde, die er aber in der Kraft des Gottes Jacob's siegreic1 überwand. Der Übergang aus dem Bild in die eigentl. Rede ist nic1t zu sc1roff, wenn man nur den Gedanken des Bildes fest1ält; in der Anknüpfung durc1 Iprf. cons. könnte wo1l liegen, dass gerade seine Blüthe Anlass zur Befeindung wurde. *da wurden bitter gegen ihn,* eig. be1andelten i1n bitter, feindselig, wo1l ric1tiger als „erbitterten ih1", *und schossen, da befeindeten* (27, 41) *ihn Pfeilbesitzer,* Pfeilschützen. רֹבּוּ] von רבב in intrs. Aussp0rac1e; Bedeutung wie Ps. 18, 15; verwandt רָבָה 21, 20 u. רְבָה, vgl. רִב Ij. 16, 13. Jer. 50, 29; gegen וַיְּֽרִיבֻהוּ (*Sam.* LXX) von רִיב zeugt עֲלֵי. הַבִּים. Da nam. die arab. Völker (s. 21, 20) berü1mte 13ogensc1ützen waren, so denken je1zt die Meisten (zB. *Kn. Del.*) an l3efeindung Efr.-

Manasse's durcı arab. Nacıbarn u. Eindringlinge (Jud. 6 ff. 1 Cır. 5,
18 ff.) sowie durcı Kenaanäer (Jos. 17, 16) in der Ricıterzeit; weniger
passend (*Kn.*) an die Kriege mit andern isr. Stämmen, die vielmeır
durcı Efraim's Übermuth veranlasst waren (Jud. 8, 1 ff. 12, 1 ff.).
Übrigens setzt die Anknüpfung an V. 22 (s. oben) vielleicıt Eifersucıt
der Feinde voraus; wenn demnacı Alte und Neuere (LXX *Trgg. Raš.*
Qimḥ. Merc. Cler. JDMich. Tell. Ros. u. a.) an die Cp. 37 ff. erzäılten Befeindungen Josef's in Ken. und Äg. dacıten, so erlauben freilicı die gebraucıten Ausdrücke diese Bezıeıung nicıt, aber dennocı
könnten in einem so alten Text nocı Erinnerungen an alte stammge-
schichtliche Feindscıaften, von welcıen die Cp. 37 gescıilderten nur
die jüngste Umbildung wären, zu Grund liegen, vgl. den ähnl. Fall 48,
22 und *Ew. G.*[3] I. 587 f. Die Deutung auf die Kriege der Syrer unter
Benıadad, Ḥasael (*Wl.* I. 375; *Stade* 165) ist ebenso willkührlich, wie
sie völlig ausserıalb des Gesicıtskreises dieses alten Gedicıtes liegt.
— *doch* (s. zu 19, 9) *blieb in Beständigkeit* (*Ew.* 299[b]) d. h. dauer-
ıaft und fest *sein Bogen,* seine Waffe, mit der er sicı iırer erweırte
(vgl. 48, 22. Hos. 1, 5), zugleicı Bild seiner Macıt (Ij. 29, 20). שֵׁב]
vom Bogen ausgesagt, ist nur denkbar, wenn im ältesten Sprachbe-
wusstsein ıinter dem gew. Begriff *sich setzen* nocı der urspr. Sinn
fixum, stabilem esse (ثبت ثَبَّ u. a.) füılbar war; וַתֵּשֶׁב oder וַתֵּשַׁר
(*Kn.*) taugt nicıt, weil שׁיר woıl ıarte aber nicıt elastiscıe Festigkeit
ausdrückt, aucı neben בְּאֵיתָן kein so voller Verbalbegriff erwartet wird;
die Lesart וַתֵּשָׁבֶר (LXX) ıat alles (בְּאֵיתָן, וֹ— u. רְ—, עֵזז) gegen sicı.
Aucı die Verbindung זְרֹעֵי יָדָיו *Handarme,* die Arme, deren Muskel-
kraft den Gebraucı der Hände zum Spannen des Bogens ermöglicıt,
ist ungewöhnlich, aber für den Dicıter woıl nicıt zu küın. עזז] *leicht-*
beweglich, gelenk, flink sein, s. *Ges.* tı. 1097. מֵירֵי] durcı מְשָׁרֵי
(*Lag.* onom. II. 97; *Olsh.*) zu ersetzen scıeint nicıt nöthig, da die
comparative Fassung als sinnlos sicı von selbst verbietet, u. der Sinn
sofort durcı מִשָּׁם וג' erläutert wird; der Dicıter weist mit diesem letzten
στίχος auf die Ursacıe der ungescıwäcıten Weırıaftigkeit Josef's ıin:
von den iın stützenden (Ex. 17, 12 *Ew.*), kräftigenden *Händen des*
Starken Jacob's, von dort her u. s. w. אֲבִיר ־ י] ein Gottesname des
ältesten Zeitalters wie die 17, 1. 21, 33. 31, 13. 42 erıaltenen, und
von da aus erst Jes. 1, 24. 49, 26. Ps. 132, 2. 5 wiederıolt. Warum
er urspr. *Stier Jocob's* bedeutet ıaben soll (*Wl.* I. 298), ist nicıt einzuseıen. Es ist kein anderer als der Gott Jacob's selbst, der so an
Josef seine Segnung Jacob's fortsetzte. מִשָּׁם] sinnlicıer u. kräftiger als
מֵשָׁם (*Pesch. Onk., Tell. Mich. Dath. Ilg.*), ıinweisend auf den Himmel, erklärt durcı רֹעֵה: (von) *dem Hirten,* oder nocı besser: *inde ubi*
est pastor (wie מֵאֵי *ex quo tempore* Ps. 76, 8; *Ew.* 332[d]; *Tuch*).
Zwiscıen רֹעֵה und אֶבֶן יִשֹׁ' will zwar Mass. ein Appositionsverhältniss,
so dass ıier 2 Gottesnamen wären: Hirte (48, 15. Ps. 80, 2. 23, 1),
Stein Israels ̣s, v. a. sonst צור Ps. 18, 32. 1 Sam. 2, 2. Dt. 32, 4.
Jes. 30, 29; aber רעה oıne Art. oder oıne folg. ישראל ist unbequem,
und אבן ıeisst Gott sonst nie; daıer besser רֹעֵה, *Hirte des Israelsteins*

(*Herd. Ew.*), mit Beziehung auf 28, 18 f. 22. 35, 14, s. v. a. der Gott
von Bethel (31, 13), nur dass der Gott des Hirtenhelden hier noch
treffender selbst Hirte benannt wird, im Sinne von 48, 15; das ganze
gewiss einst im ältesten Jacobhaus gebräuchlicher Gottesname, wogegen
die Correctur מִשֵּׁם רֹעֶה (*Böttch.*) überflüssiges hereinbringt und מִשֵּׁם
אֶבֶן יִשְׂרָאֵל בְּנֵי עֲבַת (*Lag. Olsh.*) eine viel jüngere Entwicklungsstufe der
Religion einmischt. Sämmtl. Worte von מִיד" an sind im text. rec.
mit Recht zu V. 24[a] verbunden; ein Hinweis auf die Quelle der un-
geschwächten Kraft Josef's ist hier unentbehrlich. — V. 25 ff. Treffend
wird dieser Hinweis noch einmal aufgenommen, um von da aus rasch
zu Segensanwünschungen umzuwenden: derselbe Gott, der ihm bisher
half, wolle ihm auch die folgenden Segnungen geben! *vom Gott deines
Vaters* (31, 5. 42. 48, 15. Ex. 15, 2. 18, 4) — *so* (*Ew.* 347[a])
helfe er dir denn! und mit (4, 1) *dem* d. i. mit Hülfe · des *All-
mächtigen — so segne er dich denn!* Die Lesart וְאֵת ist nicht sicher:
LXX *Sam. Pesch.* (*Vulg.*) *Saad.* u. selbst hbr. Cod. bieten וְאֵל, was
Plü. Vat. Just. Bleek Hitz. Tuch Ew. mit Recht vorziehen, weil die
Abkürzung שַׁדַּי erst der jüngeren Zeit angehört u. die Correctur אֵת
sich aus dem Streben nach Abwechslung erklärt; מֵאֵת (*Kn.*) ist nicht
bezeugt. Zur Fortwirkung der präp. מִן vor אֶל s. Ew. 351[a]; dass sie
auch vor der präp, אֵת (= מֵאֵת) fortwirken könnte, ist ohne Analogie.
בִרכת וג'] sind Acc. des Inhalts (Dt. 12, 7. 15, 14) zu וִיבָרֶכךָ: *mit
Segnungen des Himmels oben* (27, 39), Thau, Regen, Sonnenschein
(27, 28. 39), *mit S. der Fluth, die unten lagert* (1, 9. 7, 11),
Quellen u. Brunnen, Bächen u. Flüssen, die aus der unterirdischen
תהום kommen, also überhaupt mit Fruchtbarkeit des Landes (s. Dt. 33,
13 ff.), *mit S. der Brüste und des Mutterleibes*, animalischer Fruchtbarkeit jeder Art (das Gegentheil Hos. 9, 14 *Tuch*), also unter Menschen u. Vieh; ohne Grund ist die Einschränkung (*Kn.*) auf Milch u. Zuwachs der Viehheerden. — V. 26. Aber noch höherer Segen als die blosse
Fruchtbarkeit des Landes u. Volkes wird gewünscht. Nach der mass.
Lesung (schon in *Pesch.* u. *Onk.*) wäre gesagt, dass der Segen, womit Jac. den Jos. segnet, höher u. kräftiger sei, als der womit seine
Ältern ihn segneten oder gesegnet waren (s. weiter *Geiger* 250), wobei dann Gl. αβ, je nachdem man תאוה auslegt u. עד als praep. oder
conj. fasst, sehr verschieden gedeutet wird. Aber הוֹרִים kommt nie
von Ältern vor, und kann es auch nicht, da in הוֹרָה *Mutter* (Cant. 3,
4. Hos. 2, 7) der Begriff des *Empfangens* noch ganz lebendig war.
„Nach dem Parallelismus mit גבעת עולם, nach Dt. 33, 15. Hab. 3, 6
u. nach den LXX (ὀρέων μονίμων) hat man (*Ges. Win. Schu. Bohl.
Maur. Ew.*) עַד הוֹרֵי oder, da הוֹרֵי sonst nur noch als n. pr. gebraucht wird, עַד הַרֲרֵי (*Friedr. Plü. Tuch*), schwerlich הַרֲרֵי עַד
(*JDMich. Ilg. Dath.*) zu lesen" (*Kn.*), keinenfalls עַד הוֹרֵי oder הַרֲרֵי,
da ein הַר st. c. nicht zu erweisen ist (*Ew.* 211[c]). Dann sind aber
auch die בִּרכת אָבִיךָ (wozu LXX *Sam.* noch וְאִמֶּךָ fügen) nicht die
Segnungen, mit denen der Vater jetzt segnet, schon wegen des Perf.
גָּבְ"ר nicht, sondern die der Vater von seinen Vorfahren empfieng, und
die Meinung ist: *die S. deines Vaters sind stark gewesen über* (48,

22) d. ı. giengen ıinaus über, überstiegen *die Segnungen der uralten Berge, die Lust* (3, 6), die reizenden Güter *der ewigen Hügel*: *mögen sie* zu Tıeil *werden* dem u. s. w.! d. h. sie betrafen nocı ıöıere Dinge als blos die herrl. Erzeugnisse des scıönen Gebirgslandes (Gebirg Efr., Gilead, Bašan), also docı woıl Macıt, Anseıen, Eıre, politiscıe Bedeutung (*Kn. Ew.*), vor allem die Verheissungen. Indem er sie auf Josef legt, setzt er iın zum Nacıfolger des Vaters (48, 15 ff.) ein und nennt iın den נְזִיר unter seinen Brüdern, den Ausgesonderten und Geweiıten (*Onk.*), nicıt im levit.-etı. Sinn den Naziräer (*Vulg. Saad.*), sondern den *Fürsten* (LXX, *TgJon.*, und die Neueren von *Herd.* an, indem die meisten mit *Pesch.* sogar נֵזֶר als den mit dem נֵזֶר *Diadem* gekrönten versteıen, vgl. Thr. 4, 7 u. לִרֹאשׁ), oıne damit auf ein Königtıum im Josefstamm anzuspielen, denn das Königthum Nordisraels ıaftete gar nicıt am Josefstamm, wenn gleicı dieser immer der wicıtigste Bestandtheil des Nordreicıs war. Sonst s. Dt. 33, 16. תַּאֲוָה] würde bei der mass. Lesung des V. am besten als *Grenze* (von תָּאָה abgeleitet) genommen (*Rosenm.* de Pent. pers. p. 43; *Ew.* 186[b]; *Del.*), bei der anderen Lesung ist diese Annaıme nicıt angemessen, wenn man nicıt (*Ew.* G.[3] I. 586) dem ברכה die unerweisliche Bedeutung *Gipfel* geben will, aber aucı eine Verbesserung in das pros. תְּבוּאַת (*Olsh.*) nicıt nöthig. לְרֹאשׁ] Prov. 10, 6. 11, 26; aucı Ij. 19, 9. Jes. 35, 10, wornach der Segen wie ein Scımuck des Hauptes zu denken ist. — V. 27. *Benjamin*, einer der kriegstüchtigsten Stämme (Jud. 5, 14. 20, 19 ff. 2 Sam. 2, 15), mit ausgezeicıneten Bogenscıützen u. Scıleuderern (Jud. 20, 16. 1 Cır. 8, 40. 12, 2. 2 Cır. 14, 7. 17, 17); aus iım gieng mancıer Streitheld ıervor zB. Eıud Jud. 3, 15 ff., später Saul u. Jonatıan; aber aucı im Kampf mit dem übrigen Isr., in ungerecıter Sacıe, zeigte er seine Rauflust und Streitbarkeit Jud. 19 ff. Er wird verglicıen mit einem *Wolf der zerreisst* (יִטְרָף in Pausa für יִטְרֹף s. zu V. 3); *morgens verzehrt er Beute* (Jes. 33, 23) *u. gegen Abend vertheilt er Raub*; er ist allezeit (Qoh. 11, 6. Ps. 55, 18. 92, 3) kampf- u. beutelustig, u. geniesst siegreicı seine Beute. „Das Bild des Wolfes kommt sonst im AT. nur im scılimmen Sinn vor (Ṣeph. 3, 3. Ḥab. 1, 8. Jer. 5, 6. Ez. 22, 27); es bedeutet demnacı ıier kein volles Lob, wiewoıl es die kriegeriscıe Tücıtigkeit Benjamin's anerkennt" (*Kn.*). Man muss jedocı bedenken, dass das Bild vom edleren Löwen V. 9 scıon verwendet ist, und dass für den Stamm, der zu des Vrf. Zeit zu den kleinsten geıörte (1 Sam. 9, 21. Jud. 21, 6), nur das Bild eines kleineren Raubthieres passte, aucı bei nichtsemitischen Völkern des Alterthums die Vergleicıung mit dem Wolf ganz eırenvoll ist. Hätte Vrf. den König Saul aus Benj. scıon erlebt geıabt, so würde er ganz anders von iım gesprocıen ıaben. — V. 28. Durcı die Unterscırift *alle diese sind Israelstämme, zwölf, u. dies ist's was ihr Vater zu ihnen geredet hat* wird angedeutet, dass es sicı in diesen Jacobsprüchen um die Stämme (שֵׁבֶט scıon V. 16) ıandelt; übrigens LXX υἱοὶ Ἰακώβ für שְׁ. יִשְׂ. *und er segnete sie, jeden mit dem, was wie sein Segen, segnete er sie* „er wünscıte jedem die Segnung an, welcıe diesem entspracı u. für iın war, jedem

seinen besonderen passenden Segen. Über בֵּרֵךְ mit 2 Acc. s. 25. Die
Stelle lässt alle Jacobsöhne gesegnet werden, passt also nicht zu V.
1—27, wo keineswegs jeder eine בְּרָכָה erhält" (Kn.). Im Ausdruck
erinnert sie an 1, 27. 5, 1 f. (doch s. auch 41, 11 f.). Sie wird
darum (Kn. Schr.) ur_{spr.} dem Bericht des A angehören, welcher
V. 29 ff. weiter geht. Übrigens drücken LXX Sam. Pesch. אֲשֶׁר nicht aus,
und es ist möglich, dass urspr. אִישׁ dafür stand (Del. vgl. 2 Sam. 23, 21).

d) V. 29—33, *der Auftrag Jacob's an seine sämmtl. Söhne,*
ihn in der Makhpelahöhle zu begraben, *und sein Tod,* von A und bei
ihm Fortsetzung von 48, 3—7. 49, 1ª. 28ᵇ. Dass hier A erzähle,
„lehren die wörtl. Rückbeziehung auf seinen früheren Bericht, die
Breite der Darstellung, die Ausdrücke נָוַע, אֶחֻזָּה, נֶאֱסַף אֶל־עַמָּיו und
אֶרֶץ כְּנַעַן, sowie die Anschliessung seiner Angabe 50, 12 f. und die
Differenz von 47, 29—31, wo nach C Jac. dem Jos. allein Auftrag
hinsichtlich der Bestattung gibt" (Kn.). — V. 29 f. s. 25, 8 u. Cp. 23.
[וַיְצַו אוֹתָם] fehlt in LXX, s. aber 33. [אֲשֶׁר—קָנָה—הַשָּׂדֶה] auch 50, 13,
s. zu 13, 16; es ist nicht nöthig, אֲשֶׁר als *wo* (Num. 20, 13) zu fassen
(Böttch. Olsh. Del.). Für ein Glossem halten V.ᵇ Olsh. Del. Bud.;
allerdings ist entweder V.ᵇ oder V. 32 überflüssig. — V. 31 vgl. über
Abr. u. Sara 23, 19. 25, 9; von Isaac war der Begräbnissort 35, 29
nicht bemerkt; das Begräbniss der Rebecca u. Lea ist in der Gen.
nicht erzählt. Über die Rahel s. zu 48, 7. — V. 32 soll sich über
V. 31 zurück als App. an V. 29 f. anschliessen u. der Rede einen
Abschluss geben. [מֵאֵת וג׳] gehört zu מִקְנָה. — V. 33. [וַיֶּאֱסֹף—הַמִּטָּה]
rückbezüglich auf 48, 2 (47, 31), also aus C. Alles übrige aus A.
Die Meinung, dass auch ויכל—בניו auf C zurückgehe, bei diesem aber
לְבָרֵךְ (statt לְצַוֹּת) gestanden habe (Bud. ZATW. III. 72 ff.), ist schon
darum unhaltbar, weil 49, 2—27 keine בְּרָכָה war u. die בירכה V. 28ᵇ
vielmehr von A stammt. In Wahrheit in ויכל לצות bei A vollkommen
gerechtfertigt, da 48, 3—6 u. 49, 28ᵇ—32 verschiedene letzte Willens-
erklärungen des Jac. enthalten, und gerade für solche צוה der tech-
nische Ausdruck war. — Auf dem Bett sitzend hat Jac. alles berichtete
geredet; nun zieht er seine Füsse auf das Bett zurück und stirbt,
ohne weiteren Todeskampf, ruhig und still. Sein Alter ist nach A
schon 47, 28 angegeben.

5. Begräbniss Jacob's und Tod Josef's, Cap. 50, nach A, B, C.

Josef lässt den Leichnam Jacob's nach äg. Weise einbalsamiren
und bestattet ihn unter Theilnahme seiner Brüder und zahlreicher
Ägypter in dem Familiengrab bei Ḥebron. Seine Brüder, die nach
des Vaters Tod seine Rache fürchten, beruhigt er und sorgt auch ferner brüderlich für sie. Er stirbt 110 Jahr alt, nachdem er noch
Urenkel erlebt hat; sein Leichnam wird ebenfalls einbalsamirt und in
einem Kasten aufbewahrt (Kn.). — In diesem Bericht gehören dem
A an blos 12 f. als Ausführung des 49, 29 ff. gegebenen Auftrags;
die chronol. Angabe in 22 u. 26 ist wohl nicht von ihm, da er
מֵאַת שָׁנָה וג׳ ש׳ geschrieben hätte. Ebenso sicher muss V. 4—11. 14

als Bericht über die Vollziehung des 47, 29—31 gegebenen Befehls
(auf welchen V. 5 ausdrücklich Rückbezug genommen wird) aus C
entnommen sein, für welchen auch אִם נָא מָצָאתִי חֵן בְּעֵ' und בְּאָזְנֵי פַּ'
4, רַק 8, רֶכֶב und פָּרָשִׁים 9, כָּבֵד 9—11, עַל־כֵּן קָרָא 11 sprechen. Die
Einleitung dazu 1—4ᵃᵃ kann auf B zurückgehen, ist dann aber von
R etwas umgeformt (יִשְׂרָאֵל 2), sie kann aber auch von C selbst geschrieben sein mit Zugrundlegung des B, der in äg. Dingen am besten
Bescheid weiss (vgl. 26 mit 2 f.). Dagegen lässt R · in 15—26 B
selbst reden. Es ist dies der Schluss der von B mit so warmer Theilnahme behandelten Josefgeschichte, zu deren Verständniss V. 20 (vgl.
45, 7) den Schlüssel gibt. Besondere Beweise für ihn liegen in der V. 21
durchschimmernden abweichenden Chronologie, in dem Zusammenhang
von 24—26 mit Ex. 13, 19. Jos. 24, 32 u. Gen. 33, 19, in אֱלֹהִים
19 f. 24 f., und in den Ausdrücken בְּלִכֵּל 21, עֹשֶׂה 20, הֲתַחַת אֱלֹהִים אָנִי
19, עַל־בִּרְכֵּי 23. Doch werden auch hier (aus einem Paralleltext des
C) einzelne Sätze, nam 18. 21 וַיְדַבֵּר עַל־לִבָּם 24 נָשֹׁבַע אֲשֶׁר וגו' durch R
eingearbeitet sein.

V. 1. Nachdem der Vater verschieden, wirft sich Jos. auf sein
Gesicht, beweint und küsst ihn. וַיִּפֹּל וגו'] entsprechend dem sonstigen
נפל עַל צַוָּארּ (bei C) 33, 4. 45, 14. 46, 29. Im Übrigen vgl. 46, 4.
— V. 2. Darauf gibt er den unter ihm stehenden Ärzten Befehl, den
Leichnam zu balsamiren. „Äg., als Heimath der Arzneikunde schon
dem Homer bekannt (Od. 4, 231 f.), war reich an Ärzten (Her. 2,
84. 3, 1. 129). Sie gehörten mit zur Priesterschaft (Diog. Laert 3,
1, 8) und hatten ihre eigenen Bücher (Diod. 1, 82; Clem. Al. str. 6
p. 634). Als erster Staatsbeamter (41, 40) und hochgestelltes Mitglied der Priesterkaste (41, 45) hat Josef Ärzte in seinen Diensten.
Das Einbalsamiren der Leichen (ταριχεύειν, ταρίχευσις) war äg. Sitte"
(beruhend auf dem Glauben an einen fortdauernden Zusammenhang
der Seele mit dem Körper), und wurde von einer besonderen Klasse
Kunstverständiger (ταριχευταί) gegen Bezahlung geübt. Es gab verschiedene Arten des Verfahrens dabei (Her. 2, 86 ff. Diod. 1, 91), s.
Friedrich Zur Bibel II. 199 f. *Win.*³ I. 307 f.", *Ebers* in *Ri.* HWB.
352 f., auch *Sprengel* Gesch. der Arzneikunde⁴ I. 80 f. „Jacob wurde
also zur Mumie bereitet; ebenso Josef V. 26; sonst wird dies von
keinem Hebräer berichtet. Etwas anderes ist das Einbalsamiren bei den
späteren Juden (Joh. 19, 39 f.). — V. 3. Über dem Einbalsamiren vergehen
40 Tage. Damit stimmt Diod. 1, 91, wornach die Taricheuten zur Einbalsamirung ἐφ' ἡμέρας πλείους τῶν τριάκοντα (var. τετταράκοντα)
Zeit gebraucht haben" (*Kn.*). Dagegen nach Her. 2, 86. 88 dauerte
die Behandlung durch die Taricheuten 70 Tage, und schwerlich beruht
diese seine Angabe blos auf Verwechslung mit der Trauerzeit (*Tuch,
Hengst.* Mose u. Äg. 70, *Kn.*), sondern auf örtlich abweichender Praxis
(s. *Winer*). יִמְלְאוּ] s. 25, 24. 29, 21. In den 70 Tagen, in welchen die
Äg. ihn beweinten, sind jedenfalls die 40 Tage der Einbalsamirung ein-
gerechnet. Um Aaron und Mose trauerte Isr. 30 Tage (Num. 20, 29.
Dt. 34, 8, vgl. Dt. 21, 23). Hier handelt es sich um äg. Trauerzeit: um
einen König pflegten die Äg. 72 Tage zu trauern (Diod. 1, 72). Dass

die Äg. den Jac. überhaupt beweinen, und dass sie ihn so lange beweinen, geschieht (nach dem Sinn des Vrf.) um Josef's willen. Über ihre Trauergebräuche s. Her. 2, 85. Diod. 1, 91; *Wilkinson* manners Ser. I, 1. 256. — V. 4 f. Nach Ablauf der Trauerzeit (בְּכִית *Ew.* 186ᵇ) lässt Jos. beim König um Erlaubniss nachsuchen, dass er den Leichnam des Vaters nach Ken. bringen und dort in dem von ihm bereiteten Grab begraben dürfe, wie er ihm geschworen habe (47, 31). Er geht nicht selbst zum König, sondern nimmt die Hofleute desselben dafür in Anspruch, nicht, weil er nicht mehr Minister war (*Buns.*, s. dagegen 21); wohl auch nicht, weil er noch über die äg. Trauerzeit hinaus trauerte u. im Traueraufzug vor dem König zu erscheinen nicht schicklich war (41, 14. Esth. 4, 2; *Schum. Hengst. Kn. Del. Ke.*; wenigstens spricht das einleitende כִּי רָי וַיְעַבְרוּ nicht dafür), sondern eher darum, weil in einer den Minister persönlich betreffenden Sache ohne Befürwortung anderer Grossen nichts gethan wurde. אִם־נָא וגו׳] s. zu 18, 3. בָּאזְנֵי פ׳] 44, 18. הִנֵּה אָנֹכִי מֵת] 48, 21; in LXX weggelassen. כָּרִיתִי] doch wohl *gegraben habe* (26, 25), da es sich um ein Grab handelt, vgl. 2 Chr. 16, 14 (LXX *Vulg. TgJon.*, *Saad., GrVen.*); weniger natürlich: *gekauft*, vgl. Dt. 2, 6 (*Onk. Pesch. Bohl. Kn.*), so dass Jacob sich beilegte, was Abr. gethan, oder gar (*Kays.*) er das von ihm gekaufte Grundstück bei Sikhem (33, 19) meinte. In beiden Fällen weicht die Aussage von 47, 30 (worauf doch ausdrücklich Rückbezug genommen ist) ab. Die Vermuthung (*Kays. Wl.*), dass R in 47, 30 den Text des C zu Gunsten des A geändert habe, setzt eine merkwürdige Inconsequenz des R (sofern er 50, 5 den von A abweichenden Text stehen liess) voraus; wahrscheinlicher ist, dass der Ausdruck hier (50, 5) auf Anpassung an äg. Vorstellung beruht. In der That musste in der Familiengruft der אָב des einzelnen besonders zubereitet werden. — V. 6—9. Nach erhaltener königl. Genehmigung macht man sich auf den Weg. וַיֹּאמֶר פַּרְעֹה] + τῷ Ἰωσήφ LXX. „Mit Josef begleiten die Leiche die Hofleute des Königs und die Staatsbeamten (זָקֵן von der Würde wie 24, 2), die ganze Familie Jacob's mit Ausnahme von Weib u. Kind, endlich auch Wagen und Reiter (zum Geleite und Schutz); alle zusammen bilden einen ansehnlichen Zug (32, 8 f.). Der Patriarch wird also im Tode hochgeeirt" (*Kn.*). טָף] s. 45, 19. פָּרָשִׁים] · über die geschichtl. Schwierigkeit, die darin liegt, s. zu Ex. 14, 9. — V. 10 f. „Angekommen an dem Ort, der *Stechdorntenne* hiess, stellen sie Jacob zu Ehren eine grosse u. schwere Todtenklage an. Sie dauert 7 Tage, also die gewöhnl. Trauerzeit (1 Sam. 31, 13. Judith 16, 24. Sir. 22, 12). Die Landesbewohner seien und hören der Todtenfeier zu u. von ihnen erhält der Platz den Namen אָבֵל מִצְרַיִם *luctus Aegyptiorum*. So näml. hat der Vrf. das Wort ausgesprochen (LXX *Vulg.*), während אָבֵל מִ׳ der Punktatoren *pratum Aegyptiorum*, Aegypterau besagt" (*Kn.*). Der Ort ist sonst unbekannt; den Namen Aegypterau mag er aus irgend einem Anlass (nach *Hitz.* Jes. 227. *Tuch Kn.* wegen seiner äg. Fruchtbarkeit, vgl. 13, 10) bekommen haben, u. dieser gab dann dem Vrf. Anlass zu seiner geschichtl. Er-

klärung. Das abenteuerliche des Zuges., statt auf geradem Weg über
Rhinocolura und Beerseba, um das todte Meer herum kommt für ihn
nicht in Betracht, „indem er annimmt (?), der Stammvater sei, gleichsam als Vorbild, auf demselben Weg, den später seine Nachkommen
unter Mose und Josua nahmen, nach Ken. gebracht worden" (*Kn.*).
Der Ort lag näml. בְּעֵבֶר הַיַּרְדֵּן, was, da Vrf. nicht im Ostjordanland
schrieb, nur auf die Ostseite des Jordan gehen kann, vielleicht nahe
dem Jordan, in der ʿAraba. Zwar mit *Hieron.* (im Onom. s. area
Atad: *locus trans Jordanem in quo planxerunt quondam Jacob, tertio
ab Hierico lapide, duobus milibus a Jordane, qui nunc vocatur
Bethagla*) suchen ihn in בֵּית חָגְלָה (Jos. 15, 6. 18, 19. 21) auf der
Südgrenze Benjamins, heutzutage ʿĀin Ḥaǵla (etwa eine Stunde NW.
von der Jordanmündung) und *Qaṣr Ḥaǵla* (⁵/₄ Stunden SO. von Jericho,
Berggren R. III. 110 f.; *Seetz.* II. 302 f.; *Rob.* II. 510 ff.; *de Saulcy*
voy. II. 147 ff.; *Gadow* in ZDMG. II. 59) *Kn.* Raum. u. a., und
machen auch חִצְעַד (12, 6) dafür geltend. Aber man weiss nicht,
worauf die Angabe des Hier. ruht, und sie gegen den Text festzuhalten, ist bedenklich; noch bedenklicher, anzunehmen (*Buns.*), dass
es einst statt הַיַּרְדֵּן geheissen habe הַנָּחַל d. h. נַחַל מִצְרַיִם. קרא עַל־כֵּן]
s. zu 33, 17. Warum diese Trauerfeierlichkeit im Ostjordanland? Die
Antwort darauf, vielleicht einst im Verlauf des Berichts angedeutet,
fehlt jetzt. Sollten die fremden Begleiter den hl. Boden der Verheissung
nicht betreten dürfen? (*Tuch*). Aber in sich widersprechend ist der
Bericht, u. entweder muss הַכְּנַעֲנִי, was nicht die Leute des Ostjordanlandes bezeichnen kann, oder אֲשֶׁר בְּעֵבֶר הַיַּרְדֵּן ein jüngerer Zusatz sein.
— V. 12 f. Für den Schluss des Berichts treten Worte des A ein, u.
als die Meinung des R ergibt sich, dass das eig. Begräbniss in der
Makhpelahöhle die Jacobsöhne allein, ohne die Äg. ausführten. Dass
12 f., urspr. Fortsetzung von 49, 33, aus A stammen, folgt aus בָּנָיו
12 (während man בְּנֵי יַעֲקֹב erwartet), aus der breiten Bemerkung über
die Makhpelahöhle (s. 23, 20), dem Nichthervortreten Josef's vor den
Brüdern, aus אַרְצָה u. der Ähnlichkeit von V. 12 mit 6, 22 (*Kn.*).
Sonst s. zu 49, 30. — V. 14. Nach der Bestattung kehrt Josef mit
der ganzen Begleitung (V. 7—9) heim. Josef ist hier wieder die
Hauptperson, u. die Äg. vereinigen sich wieder mit ihm. — V. 15.
Hier fällt der Bericht des B ein. Die Brüder fürchten, Jos. werde nach
dem Tode des Vaters durch nichts mehr abgehalten ihnen das zugefügte Böse vergelten. לוּ] *wenn er uns befeindete*, mit zu ergänzendem Nachsatz: so stände es schlimm mit uns, ähnl. wie Ps. 27, 13
(*Ew.* 358ᵃ). So schon die Verss.: μή ποτε, דִּלְמָא. Das ebenso nahe
liegende לוּ *von ihm* (20, 13. Ps. 3, 3. 71, 10. Jud. 9, 54) haben
die Mass. vermieden, weil die Aussage zu sicher lauten würde. שׁוּב
27, 41. 49, 23. Sonst s. 1 Sam. 24, 18. — V. 16 f. Darum entbieten
sie, um sich sicher zu stellen, (Abgeordnete) an ihn, u. lassen ihn, unter
Berufung auf des Vaters ausdrückl. Anordnung, um Verzeihung des Geschehenen bitten. Daraus dass in den vorausgehenden Capp. von dieser
Anordnung Jacob's nichts gemeldet ist, sieht man nur, dass die zu
Grund liegende Quellenschrift von R unvollständig mitgetheilt ist. יְצַוּ

καὶ παραγενόμενοι LXX, וקרבו Pesch., zu לֵאמֹר nicit passend. אָנָּא] o
doch! Ew. 262ᵃ; im Pent. nur noci Ex. 32, 31 bei C. נָשָׂא] vergeben (18, 24), iier zur Abwecislung auci (wie Ex. 23, 21. Jos.
24, 19 bei B) mit Dat. der Sciuld, Ew. 282ᵈ. Knechte des
Gottes deines Vaters] in dieser Gemeinschaftlichkeit des Gottes, den
sie vereiren, liegt ein weiterer Erhörungsgrund. Josef weint, weil sie
ihm so scilimmes zutrauen und er sici verkannt siert (Kn. Ke.), eier
aus Mitleid mit den Brüdern, die in iirem bösen Gewissen solcie
Furcit vor iim iaben. — V. 18. Darnaci geien auch seine Brüder
(nicit blos die Boten) d. h. seine Brüder selbst zu iim, demüthigen
sici vor iim u. bieten sici iim zu Sklaven an (wie 44, 16 bei C).
וילכו] so ricitig (s. 16), u. darf nicit (mit Vat.) in וַיִּבְכּוּ geändert
werden. Übrigens will die Selbstunterwerfung zu der vorierigen Bitte
um Vergebung nicit recit stimmen, u. dürfte der V. ein Einsatz des
R (aus C?) sein. — V. 19 f. Er spricit iinen Muti ein, u. bemerkt
bin ich an Gottes Statt? (wie 30, 2) d. i. iier: iabe ici Macit und
Recit, die Vorseiung und Vergeltung auszuüben? (LXX Pesch. iaben
kein ה, Sam. kein כִּי). Er will nicit eigenmäcitig in die Fügung
Gottes eingreifen. „Sie iätten freilici Böses gegen iin gesonnen, Gott
aber iabe es gesonnen zum Guten d. i. zu einem guten Ziele iinge-
lenkt u. damit zum Guten gewandelt, um zu thun, wie er in dieser Zeit
tiue, um zu erhalten ein grosses Volk (45, 7). Der böse Wille der
Brüder ist durci iire Noti Cp. 42 ff. iinlänglici bestraft; wollte Josef meir thun, so würde er in das Walten Gottes eingreifen, der das
Gerathen Josefs naci Äg. wollte, u. zwar zur Erialtung seiner Erwäilten. עשׂה] s. 48, 11. — V. 21. Dem göttl. Plane gemäss wird
er für iire Erialtung sorgen. Die Stelle, wie auci פִּיּוֹם הַזֶּה 20 lautet
so, als daure die Hungersnoth noci fort (45, 11. 47, 12). Naci der
Zeitrecinung 47, 28 war sie damals längst vorüber" (Kn.). B hat
offenbar den Tod Jacob's früier angesetzt als A. עַל־בִּרְכֵּי] 34, 3. —
V. 22 f. Josef und das Jacobhaus bleiben in Äg. und „Josef erreicit
wie sein Nacikomme Josua (Jos. 24, 29) ein Alter von 110 Jairen,
und erlebt von Efr. (לְ wie 44, 20) בְּנֵי שִׁלֵּשִׁים filios tertiorum d. i.
Urenkel, von Manasse ebenfalls" (Kn.) שִׁלֵּשִׁים] Ex. 20, 5. 34, 7. Num.
14, 18. Dt. 5, 9 sind Kinder der 3. Generation (den Urvater selbst
nicit mitgerechuet) Ex. 34, 7; בְּנֵי שׁ' also Ururenkel (so Ew. Alt.³
225; Ke.), die sonst רְבֵעִים ieissen. Aber LXX Vulg. Pecih. Trg. versteien Urenkel (ebenso Tuch Kn. Del.), sei es dass sie בָּנִים lasen,
wie Sam., sei es dass sie im st. c. ein Appositionsverhältniss (Ew.
287ᵉ) ausgedrückt fanden. Das über Manasse Gesagte (bei welciem
wegen der Berüimtieit Makhir's statt des allgem. Ausdrucks ein con-
creterer gewählt wurde) spricit für letztere Auffassung. auf die Knie
Josef's] wurden sie geboren; „er naim die neugeborenen auf den
Schooss (30, 3). Ebenso bei den Griecien (Odys. 19, 401). Efr.
wird vorangestellt, weil er 48, 8 ff. den Hauptsegen erialten iat"
(Kn.). Streng genommen liegt iier Adoption des Makiir durci Josef
vor (Ri. HWB 765ᵇ), also Gleicistellung mit Man. u. Efr., was aus
der Grösse u. Bedeutung des ostjord. Makhirlandes (Num. 32, 39 f.

klärung. Das abenteuerliche des Zuges, statt auf geradem Weg über Rhinocolura und Beeršeba, um das todte Meer herum kommt für ihn nicht in Betracht, „indem er annimmt (?), der Stammvater sei, gleichsam als Vorbild, auf demselben Weg, den später seine Nachkommen unter Mose und Josua nahmen, nach Kcn. gebracht worden" (*Kn.*). Der Ort lag näml. בְּעֵבֶר הַיַּרְדֵּן, was, da Vrf. nicht im Ostjordanland schrieb, nur auf die Ostseite des Jordan gehen kann, vielleicht nahe dem Jordan, in der ʿAraba. Zwar mit *Hieron.* (im Onom. s. area Atad: *locus trans Jordanem in quo planxerunt quondam Jacob, tertio ab Hierico lapide, duobus milibus a Jordane, qui nunc vocatur Bethagla*) suchen ihn in בֵּית חָגְלָה (Jos. 15, 6. 18, 19. 21) auf der Südgrenze Benjamins, heutzutage ʿAin Ḥaǵla (etwa eine Stunde NW. von der Jordanmündung) und Qaṣr Ḥaǵla (⁵/₄ Stunden SO. von Jericho, *Berggren* R. III. 110 f.; *Seetz.* II. 302 f.; *Rob.* II. 510 ff.; *de Saulcy* voy. II. 147 ff.; *Gadow* in ZDMG. II. 59) *Kn. Raum.* u. a., und machen auch חִפְנֵנִי (12, 6) dafür geltend. Aber man weiss nicht, worauf die Angabe des Hier. ruht, und sie gegen den Text festzuhalten, ist bedenklich; noch bedenklicher, anzunehmen (*Buns.*), dass es einst statt הַיַּרְדֵּן geheissen habe חֲבָל d. h. נַחַל מִצְרַיִם. [עַל־כֵּן קָרָא s. zu 33, 17. Warum diese Trauerfeierlichkeit im Ostjordanland? Die Antwort darauf, vielleicht einst im Verlauf des Berichts angedeutet, fehlt jetzt. Sollten die fremden Begleiter den hl. Boden der Verheissung nicht betreten dürfen? (*Tuch*). Aber in sich widersprechend ist der Bericht, u. entweder muss הכנעני, was nicht die Leute des Ostjordanlandes bezeichnen kann, oder אשר בעבר הירדן ein jüngerer Zusatz sein. — V. 12 f. Für den Schluss des Berichts treten Worte des A ein, u. als die Meinung des R ergibt sich, dass das eig. Begräbniss in der Makhpelahhöhle die Jacobsöhne allein, ohne die Äg. ausführten. Dass 12 f., urspr. Fortsetzung von 49, 33, aus A stammen, folgt aus בָּנָיו 12 (während man בְּנֵי יַעֲקֹב erwartet), aus der breiten Bemerkung über die Makhpelahhöhle (s. 23, 20), dem Nichthervortreten Josef's vor den Brüdern, aus אַרְצָם u. der Ähnlichkeit von V. 12 mit 6, 22 (*Kn.*). Sonst s. zu 49, 30. — V. 14. Nach der Bestattung kehrt Josef mit der ganzen Begleitung (V. 7—9) heim. Josef ist hier wieder die Hauptperson, u. die Äg. vereinigen sich wieder mit ihm. — V. 15. Hier fällt der Bericht des B ein. Die Brüder fürchten, Jos. werde nach dem Tode des Vaters durch nichts mehr abgehalten ihnen das zugefügte Böse vergelten. לוּ] *wenn er uns befeindete*, mit zu ergänzendem Nachsatz: so stände es schlimm mit uns, ähnl. wie Ps. 27, 13 (*Ew.* 358ª). So schon die Verss.: μή ποτε, דִּלְמָא. Das ebenso nahe liegende לוֹ *von ihm* (20, 13. Ps. 3, 3. 71, 10. Jud. 9, 54) haben die Mass. vermieden, weil die Aussage zu sicher lauten würde. שָׂטַם] 27, 41. 49, 23. Sonst s. 1 Sam. 24, 18. — V. 16 f. Darum entbieten sie, um sich sicher zu stellen, (Abgeordnete) an ihn, u. lassen ihn, unter Berufung auf des Vaters ausdrückl. Anordnung, um Verzeihung des Geschehenen bitten. Daraus dass in den vorausgehenden Capp. von dieser Anordnung Jacob's nichts gemeldet ist, sieht man nur, dass die zu Grund liegende Quellenschrift von R unvollständig mitgetheilt ist. וַיְצַוּוּ]

καὶ παραγενόμενοι LXX, וקרבו Pesch., zu לֵאמֹר niıt passend. אָנָּא] o
doch! Ew. 262ᵃ; im Pent. nur noch Ex. 32, 31 bei C. נָשָׂא] vergeben (18, 24), ıier zur Abwecıslung auch (wie Ex. 23, 21. Jos.
24, 19 bei B) mit Dat. der Scıuld, Ew. 282ᵈ. Knechte des
Gottes deines Vaters] in dieser Gemeinscıaftlicıkeit des Gottes, den
sie vereıren, liegt ein weiterer Erhörungsgrund. Josef weint, weil sie
iım so scılimmes zutrauen und er sicı verkannt sieıt (Kn. Ke.), eıer
aus Mitleid mit den Brüdern, die in iırem bösen Gewissen solcıe
Furcıt vor iım ıaben. — V. 18. Darnacı geıen auch seine Brüder
(nicıt blos die Boten) d. h. seine Brüder selbst zu iım, demüthigen
sicı vor iım u. bieten sicı iım zu Sklaven an (wie 44, 16 bei C).
וילכו] so ricıtig (s. 16), u. darf nicıt (mit Vat.) in ויבכו geändert
werden. Übrigens will die Selbstunterwerfung zu der vorıerigen Bitte
um Vergebung nicıt recıt stimmen, u. dürfte der V. ein Einsatz des
R (aus C?) sein. — V. 19 f. Er spricıt iınen Mutı ein, u. bemerkt
bin ich an Gottes Statt? (wie 30, 2) d. ı. ıier: ıabe icı Macıt und
Recht, die Vorseıung und Vergeltung auszuüben? (LXX Pesch. ıaben
kein ה, Sam. kein כי). Er will nicıt eigenmächtig in die Fügung
Gottes eingreifen. „ıätten freilicı Böses gegen ihn gesonnen, Gott
aber ıabe es gesonnen zum Guten d. i. zu einem guten Ziele ıinge-
lenkt u. damit zum Guten gewandelt, um zu thun, wie er in dieser Zeit
tıue, um zu erhalten ein grosses Volk (45, 7). Der böse Wille der
Brüder ist durcı iıre Notı Cp. 42 ff. ıinlänglicı bestraft; wollte Josef meır thun, so würde er in das Walten Gottes eingreifen, der das
Gerathen Josefs nacı Äg. wollte, u. zwar zur Erıaltung seiner Erwäılten. נְשֻׂא] s. 48, 11. — V. 21. Dem göttl. Plane gemäss wird
er für iıre Erıaltung sorgen. Die Stelle, wie aucı כמהו חזה 20 lautet
so, als daure die Hungersnoth nocı fort (45, 11. 47, 12). Nacı der
Zeitrecınung 47, 28 war sie damals längst vorüber" (Kn.). B ıat
offenbar den Tod Jacob's früher angesetzt als A. עַל־לְבָם 34, 3. —
V. 22 f. Josef und das Jacobhaus bleiben in Äg. und „Josef erreicıt
wie sein Nacıkomme Josua (Jos. 24, 29) ein Alter von 110 Jaıren,
und erlebt von Efr. (ל wie 44, 20) בני שלשים filios tertiorum d. i.
Urenkel, von Manasse ebenfalls" (Kn.) שלשים] Ex. 20, 5. 34, 7. Num.
14, 18. Dt. 5, 9 sind Kinder der 3. Generation (den Urvater selbst
nicıt mitgerecınet) Ex. 34, 7; בני שׁ also Ururenkel (so Ew. Alt.³
225; Ke.), die sonst רבעים ıeissen. Aber LXX Vulg. Pecch. Trg. versteıen Urenkel (ebenso Tuch Kn. Del.), sei es dass sie בְּנֵי lasen,
wie Sam., sei es dass sie im st. c. ein Appositionsverhältniss (Ew.
287ᵉ) ausgedrückt fanden. Das über Manasse Gesagte (bei welcıem
wegen der Berüımtıeit Makhir's statt des allgem. Ausdrucks eın con-
creterer gewäılt wurde) spricıt für letztere Auffassung. auf die Knie
Josef's] wurden sie geboren; „er naım die neugeborenen auf den
Schooss (30, 3). Ebenso ıei den Griecıen (Odys. 19, 401). Efr.
wird vorangestellt, weil er 48, 8 ff. den Hauptsegen erıalten ıat"
(Kn.). Streng genommen liegt ıier Adoption des Makhir durcı Josef
vor (Ri. HWB 765ᵇ), also Gleicıstellung mit Man. u. Efr., was aus
der Grösse u. Bedeutung des ostjord. Makhirlandes (Num. 32, 39 f.

Dt. 3, 15. Jos. 13, 31. 17, 1 ff.) woıl verständlicı ist. Übrigens gibt
Sam. ברמי für על־ברכי. — V. 24 f. Beim Herannaıen seines Todes (Ausdruck wie 48, 21. 50, 5) lässt Jos. die Seinigen scıwören, einst seine
Gebeine nacı Ken. mitzuneımen. Über das Vorıerwissen des der-
einstigen Hinaufzieıens s. 46, 4 und 48, 21. *seine Brüder*] Stammgenossen (V. 25) wie 31, 23. וַיִּשָּׁבַע] s. 47, 29 f. אל הא־ין א' נשבע וכ']
ist eine Pırase des C oder R (26, 3. Ex. 13, 5. 32, 13. 33, 1 u. s.).
— V. 26. Josef nacı seinem Tode wird einbalsamirt, wie Jacob V. 2,
und in den Kasten gelegt. וייושם] s. zu 24, 33. בָּאָרוֹן] in *den* in
diesem Fall gewöınlicıen Kasten. S. *Hengst.* a. a. O. S. 74 f.; *Ebers*
in *Ri.* HWB. 354. „Die Äg. pflegten die einbalsamirten Leicıname
in ıölzerne Kasten zu tıun und dann in der **Todtenkammer** sorgfältig
aufzubewaıren (Her. 2, 86). Sie ıielten dieselben seır wertı und es
galt als scımäılicı, sie nicıt wieder einzulösen, wenn man sie in der
Notı verpfändet ıatte (Her. 2, 136; Diod. 1, 93; Lucian de luctu c. 21).
Aucı Josef's Mumie blieb im Besitz der Isr. bis zur Zeit des Auszugs.
Damals naımen sie die Gebeine des Jos. mit sicı (Ex. 13, 19) und
bestatteten sie in dem Grundstück bei Sikhem, welcıes (3£ 19) einst
Jacob gekauft ıatte (Jos. 24, 32). Alle diese Angaben gel ·ın demselben Erz. an" (*Kn.*).

Nachträge und Berichtigungen.

S. 22 Z. 25. Zu רקע vgl. im Phönikischen מרקע C. I. Sem. p. 107 (*Halévy* in
       Revue critique 1883 p. 271).
S. 83 Z. 28—30. Nach *v. F.* in Zeitschr. für Assyriologie (1886) I. S. 68 f. ist
       es noch völlig unsicher, dass *Kirubi* eine ass. Benennung der ge-
       flügelten Stiercolosse war.
S. 121 Z. 9. *Halévy* (Revue critique 1883 p. 273 will זְפוֹן für ידין lesen.
S. 141 Z. 8. Die von *Delitzsch* Prolegomena eines hebr. aram. WB. 1886. S. 123 ff.
       wiederholt vertheidigte Ableitung des מבול von *nabâlu* „zerstoren"
       ist unannehmbar, weil Zerstörung nicht = zerstorende *Fluth* ist.
S. 181 Z. 3.⎫ Über *Hadramaut* ist jetzt auch zu vergleichen *de Goeje* Hadhra-
S. 197 Z. 11.⎭ maut 1886 (SA. aus der Revue Coloniale internationale) mit Karte;
       über *Sabota* speciell ebenda p. 8 f.
S. 230 Z. 3 v. u. schreibe *sonstigen* statt *sonstige*.
S. 248 Z. 1 v. u. tilge 2 u. setze S. 249 Z. 1 v. o. hinter (עצר) ein: 2,
S. 252 Z. 16 v. u. Den Namen באר לחי ראי will *Halévy* (Rev. crit. 1883 p. 287)
       deuten „puits de la saillie de vision".
S. 322 Z. 18 lies 45ᵃᵅ statt 35ᵃᵅ.
S. 453 Z. 2. Fur מְכֵרָה *Schwert* will *Del.* Prol. 121 f. die Ableitung vom ass.
       כור Pi. *abhauen.*

Lightning Source UK Ltd.
Milton Keynes UK
UKHW020814031218
333381UK00012B/1706/P